教师招聘考试

语文专项突破

教学设计与案例分析

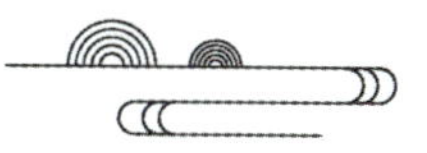

高分答题模板7个

精解对点练30题

集训专题练44题

山香教师招聘考试命题研究中心　主编

图书在版编目(CIP)数据

教师招聘考试．语文专项突破．教学设计与案例分析/山香教师招聘考试命题研究中心主编．-- 北京 ：首都师范大学出版社，2023.1

ISBN 978-7-5656-7168-5

Ⅰ．①教… Ⅱ．①山… Ⅲ．①语文课—教学法—教师—聘用—资格考试—自学参考资料 Ⅳ．①G451.1

中国版本图书馆CIP数据核字(2022)第206822号

教师招聘考试．语文专项突破

JIAOXUE SHEJI YU ANLI FENXI

教学设计与案例分析

山香教师招聘考试命题研究中心 主编

策划编辑 张文强

责任编辑 钱 浩 曹亮亮 封面设计 山香教育

首都师范大学出版社出版发行

地 址 北京市海淀区西三环北路105号

邮 编 100048

咨询电话 010-68418523(总编室) 010-68982468(发行部)

网 址 http://cnupn.cnu.edu.cn

印 刷 河南黎阳印务有限公司

经 销 全国新华书店

版 次 2023年1月第1版

印 次 2023年1月第2次印刷

开 本 787mm×1092mm 1/16

印 张 75.5

字 数 1535千

定 价 168.00元(全四册)

目录/CONTENTS

第一部分　教学设计框架与填充

第二部分 教学设计实操与运用

第三部分　案例分析方法与技巧

SHANXIANGEDU

第一部分

教学设计框架与填充

教师之路 从山香起步

考向分析

教学设计题是部分地区语文教师招聘考试中的必考题型，如福建、浙江、安徽、江西等地，而在湖南、江苏、山西、广东、天津等地则会根据各个地市的具体情况决定是否考查。

考查分类	重要程度	题量	每题分值	题型	地区示例
教学内容	★★★	1～2	4～10	主观题	浙江部分地区
教学目标	★★★★★	1	2～6	主观题	安徽、福建、浙江等
教学重难点	★★★★	1	2～5	主观题	安徽、贵州、湖北等
教学方法	★	（包含在完整教学简案中，不单独考查）		主观题	江苏、安徽等
教学过程	★★★★★	1～2	5～20	主观题	浙江、安徽、福建、山东、江西、江苏、云南等
教学反思	★	（包含在完整教学简案中，不单独考查）		主观题	浙江、安徽等

分值占比 0~20%

地区占比

76%　考查1篇
如福建、浙江、江西、安徽等

24%　不考查本部分内容
如湖南长沙、广东广州等

专题一　教学内容

命题规律探究

教学内容常从教学价值和教学认识两方面进行考查，主要考查题型为主观题，分值在4～10分，题量通常为1～2小题。

常考方向	高频大分值考点	每题分值
教学价值	某篇课文的教学价值	4～6
教学认识	某篇课文的教学认识	5～10

真题示例

浙江小学真题

《匆匆》是人教版小学语文六年级下册的一篇课文，如果你来执教这篇课文（2课时），请按要求完成教学设计。

《匆匆》

朱自清

燕子去了，有再来的时候；杨柳枯了，有再青的时候；桃花谢了，有再开的时候。但是，聪明的，你告诉我，我们的日子为什么一去不复返呢？——是有人偷了他们吧：那是谁？又藏在何处呢？是他们自己逃走了吧：现在又到了哪里呢？

我不知道他们给了我们多少日子，但我的手确乎是渐渐空虚了。在默默里算着，八千多日子已经从我手中溜去，像针尖上一滴水滴在大海里，我的日子滴在时间的流里，没有声音，也没有影子。我不禁头涔（cén）涔而泪潸（shān）潸了。

去的尽管去了，来的尽管来着，去来的中间，又怎样地匆匆呢？早上我起来的时候，小屋里射进两三方斜斜的太阳。太阳他有脚啊，轻轻悄悄地挪移了，我也茫茫然跟着旋转。于是——洗手的时候，日子从水盆里过去；吃饭的时

答题思路

本文是现代散文家朱自清写的一篇脍炙人口的散文。文章紧扣“匆匆”二字，细腻地刻画了时间流逝的踪迹，表达了作者对时光流逝的无奈和惋惜。

画“＿＿”部分是本文含义深刻的语句之一。这句话表达了作者对时间流逝，一去不复返，岁月匆匆，而无痕迹的感慨。

候，日子从饭碗里过去；默默时，便从凝然的双眼前过去，我觉察他去得匆匆了，伸出手遮挽时，他又从遮挽的手边过去；天黑时，我躺在床上，他便伶(líng)伶俐(lì)俐地从我身上跨过，从我脚边飞走了；等我睁开眼和太阳再见，这算又溜走了一日；我掩面叹息，但是新来的日子的影儿又开始在叹息里闪过了。

在逃去如飞的日子里，在千门万户的世界里的我能做什么呢？只有徘(pái)徊(huái)罢了，只有匆匆罢了。在八千多日的匆匆里，除徘徊外，又剩些什么呢？过去的日子如轻烟，被微风吹散了，如薄雾，被初阳蒸融了。我留着些什么痕迹呢？我何曾留着像游丝样的痕迹呢？我赤裸裸来到这世界，转眼间也将赤裸裸地回去吧？但不能平的，为什么偏要白白走这一遭啊？

你聪明的，告诉我，我们的日子为什么一去不复返呢？

画“﹏”部分用六个问句反映出作者心中的焦虑，向人生发出一种追问。而文章结尾一句“你聪明的，告诉我，我们的日子为什么一去不复返呢？”同样是问句，却显得忧伤、淡漠，像一片轻盈的叶子落在读者的心头，久久回味。正是这“急—缓—急—缓”的变化，使全文有了灵动的生命，使作者的情绪和感受更能引起共鸣。

问题

1. 简述这篇课文的教学价值。(4分) / 教学价值

答案：《义务教育语文课程标准》(2011年版)第三学段“阅读”目标中指出：“在阅读中了解文章的表达顺序，体会作者的思想感情，初步领悟文章的基本表达方法。在交流和讨论中，敢于提出看法，作出自己的判断。”本文是现代著名作家朱自清写的一篇脍炙人口的散文。文章紧扣“匆匆”二字，细腻地刻画了时间流逝的踪迹，表达了作者对时光流逝的无奈和惋惜。全文围绕“匆匆”展开叙述，先写日子一去不复返的特点；再写自己八千多个日子来去匆匆和稍纵即逝，作者思绪万千，由景及人，叹息不已。最后，作者发出内心的感叹。该课文可以帮助六年级的学生初步了解散文这一文体，在体会文中优美词句的同时感受作者对时光流逝的无奈和惋惜。

2. 为本文教学制定三维融合的教学目标。(4分)

答案：(1)会认、会写本课生字词，正确读写“挪移、蒸融、游丝”等词语。

(2)有感情地朗读课文，在朗读中了解课文的主要内容，体会、揣摩课文的表达顺序，体会作者表达的思想感情，感受课文的语言美，领悟作者细致描写、多用修辞等写作方法。

(3)抓住重点句段，体会作者表达的思想感情，懂得时间的宝贵，树立珍惜时间的意识。

3. 设计一个教学环节，引导学生理解品味文中含义深刻的语句。(6分)

答案:语句：我不禁头涔涔而泪潸潸了。

教学环节：

(1)自主合作，感知“头涔涔而泪潸潸”。

①读课文第1～3自然段，把你认为能令作者“头涔涔、泪潸潸”的句子，圈画出来，有感情地读一读。

②在小组内交流自己的收获。每个小组找准一个点进行合作学习，确定最佳展示方案，为集体展示做好准备。

③精读引领，体会“头涔涔而泪潸潸”。(根据学生汇报，顺学而导)

④出示句子：燕子去了，有再来的时候；杨柳枯了，有再青的时候；桃花谢了，有再开的时候。但是，聪明的，你告诉我，我们的日子为什么一去不复返呢？——是有人偷了他们吧：那是谁？又藏在何处呢？是他们自己逃走了吧：现在又到了哪里呢？

A. 引导学生谈体会。

B. 照应“头涔涔而泪潸潸”。

C. 引导学生体会句子中强烈的对比情绪。

⑤出示句子：我不知道他们给了我们多少日子，但我的手确乎是渐渐空虚了。在默默里算着，八千多日子已经从我手中溜去，像针尖上一滴水滴在大海里，我的日子滴在时间的流里，没有声音，也没有影子。

A. 读了这段话，你又有了什么样的感受？

B. 引导想象一滴水滴在大海里的情景。同学们，你看得到那一滴水吗？你听得到那一滴水的声音吗？

C. 体会用词的准确：算一算，八千多日子是多少年呢？为什么作者不用年，却要用日呢？

D. 体会作者的心情：当作者突然间想到了自己的青春年华已一去不复返，他会有什么样的心情呢？你能用一个词形容吗？

E. 引导有感情地朗读。

F. 二次回应“头涔涔而泪潸潸”：一想到这些，作者怎能不“头涔涔而泪潸潸”呢？我们再来读这一句。

⑥出示句子：去的尽管去了，来的尽管来着……但是新来的日子的影儿又开始在叹息里闪过了。

A. 生配乐朗读。

B. 感悟内容：这段话写了哪些小事？

C. 感悟表达：作者是运用什么样的语言把“时间”描写得如此生动、活泼呢？

D. 再读课文，体会拟人的生动，体会作者的无奈，体会叠词的婉转。

(2)小结

作者的八千多个日子就这样在不经意间溜走了，你们的四千多个日子，也这样无声无息地逝去了，一想到这些，我们怎能不“头涔涔而泪潸潸”呢？作者又怎能不“头涔涔而泪潸潸”呢？读——(生读：“我不禁头涔涔而泪潸潸了。”)

(3)反思拓展，不再“头涔涔而泪潸潸”。

学到这里，我真有一种坐不住了的感觉，你又想到了什么呢？今后你要怎样做？

4. 设计完整的板书。(3分)

答案：

匆　匆

朱自清

一去不复返、无影无踪	留恋
像针尖上的一滴水	短暂
跨走、飞走、溜走、闪过	无奈
如轻烟、如薄雾	惭愧
一去不复返	珍惜时间

补充设问

从“重视语文课程对学生思想情感所起的熏陶感染作用”的角度，写出你对《匆匆》教学的认识，不少于200字。／教学认识

答案：语文课程应通过优秀文化的熏陶感染，促进学生和谐发展，提高学生的思想道德修养和审美情趣，逐步形成良好的个性和健全的人格。《匆匆》是现代散文家朱自清写的一篇脍炙人口的散文，文章紧扣“匆匆”二字，细腻地刻画了时间流逝的踪迹，表达了作者对时光流逝的无奈和惋惜。文章处处流露着作者对时光流逝感到无奈和惋惜，告诫读者应当珍惜时间，不要虚度光阴。教学这篇课文的时候可以把重点放在启发学生理解文中深刻哲理方面，注重对学生情感态度与价值观的教学。

一、教学内容分析

(一)确定语文教学内容的依据

1. 依据课程标准的学段目标

分别掌握《义务教育语文课程标准》(2022年版/2011年版)和《普通高中语文课程标准》(2017年版)的内容,尤其要掌握学段要求和目标。

如有位老师在教一年级小朋友学习《春到梅花山》时,把教学内容确定为除了体会梅花的漂亮、梅花山的热闹外,还引导学生体会梅花高洁的品格,补充了毛泽东的《卜算子·咏梅》。尽管老师讲得激情四溢,但是一年级的孩子还是大眼瞪小眼——一点也不理解,有不少孩子忍不住开起了小差。老师让学生诵读这首诗时,学生的声音稀稀拉拉的,这显然与他们根本不能理解这首诗有关,更与老师不清楚学段要求和目标,将低段教学高段化有关。

2. 依据各单元的单元导语

(1)根据单元重点与编者意图来确定教学重点和要解决、要训练的内容。

(2)认真阅读单元导语,明确教材的编写意图。

3. 依据课文特征和课后练习

要特别注意课文特征与课后练习,语文课"教什么"在很大程度上是由课后练习或明或暗指示给教师的。

(二)语文教学内容设计的具体要求

1. 教学内容要恰当

语文教学内容的设计安排要根据语文教学目标确定。

2. 教学内容要充实

在语文教学设计中,内容不足的需补充,内容冗余的需删减。

3. 教学内容要做到重点突出、难点分散、疑点明确

课堂教学内容,切忌面面俱到,一定要做到重点突出,才能有针对性地解决问题。对于教学难点,应该划分层次,设置阶梯,一步一步来解决。对于疑点,要充分考虑学生实际,真正做到有疑而问,有问有答,解疑到位。

(三)各类文体教学内容的确立

1. 文言文

(1)认清字形,读准字音。特别注意不常见的生僻字、通假字、古今字、形同异义异读字的认读及理解。

温馨提示：

考生可以根据此确定教学设计“新授”中的提问、分析方向，避免疏漏。

(2)理解词义，掌握文言词汇。具体包括一词多义、古今异义、词类活用等，要能根据注释和工具书理解字词句的含义。

(3)分析句子，理解内容。要具体分析句子，理解文言文的内容。

(4)翻译训练。重点学习翻译的方法。

(5)深刻解读。理解文言文所表达的思想感情，说明的道理及其深刻内涵等。

2. 记叙文

(1)记叙文六要素

记叙文六要素包括：时间、地点、人物，事件的起因、经过、结果。要抓住复杂事件中的代表性人和事，把握文章的主题，研究人物形象和表现方法。

(2)记叙文中材料的选择

①把握内容的详略，点面结合；

②引导学生领会作者围绕中心选择、组织材料的匠心；

③懂得选择感情的聚焦点来反映生活，表达感情。

(3)记叙文的结构

①研究各段之间的联系及其对表达主题的作用。

②探究记叙文的结构，从把握文章线索，理解文章的开头、结尾、过渡和照应的作用等方面入手。

(4)记叙文的表达方式

记叙文的主要表达方式是叙述和描写，议论和抒情也常用。叙述和描写主要是再现画面，议论和抒情主要是渲染主题，增强文章的艺术感染力。

(5)记叙文的语言

记叙文的语言以朴素无华为主要特征，同时又具有丰富多彩的特点，讲究准确、鲜明、生动、形象。学习记叙文的语言，要抓住关键字、词、句，引导学生深入领悟，理解事件本质和人物形象。

3. 说明文

(1)说明对象的特征

①准确、清晰地指出说明对象的特征，了解说明对象；

②指导学生通过明确事物的特征来把握说明文的主要内容；

③让学生懂得在观察事物或表现事物的同时，应善于抓住事物的特征。

(2)说明的顺序

①指导学生了解说明顺序；

②理清文章脉络和说明对象；

③训练思维。

(3)说明方法

①分析文章使用的说明方法；

②认识作者使用的说明方法的合理性；

③把握事物的特征，学会准确说明事物；

④抓住最突出、最能体现课文特点的地方作深入分析。

(4)说明文的语言特色

①启发学生体会文章的语言特点，学会准确使用词语；

②使学生明白说明文在准确、通俗的前提下，为了增强文章的可读性和趣味性，也可呈现多样性的语言。

4. 议论文

(1)中心论点

①引导学生找出文章的中心论点；

②研究中心论点与分论点之间的逻辑关系；

③深入领会文章思想的深刻性、观点的科学性；

④鼓励学生联系生活实际作出自己的判断。

(2)论据

①明确论据自身的意义；

②分清论据的种类；

③理解论据与论点之间的关系。

(3)论证过程和方法

①教会学生辨析论点和论据的关系，认识文章论证的逻辑过程，加深对文章的理解，训练学生的思维；

②结合课文的具体内容明确论证方法，使学生掌握一些常用的论证方法。

(4)论证结构和语言

分析文章的论证结构及语言表达，联系课文实际有重点地进行分析，帮助学生认真体会、揣摩。

5. 诗歌

(1)领会意境，体会感情

①分析诗歌的意境；

②感受诗人的感情;

③把握诗歌的感情和艺术特色;

④认识诗歌的审美价值。

(2)品味语言,分析形象

要抓住诗眼和关键词语,推敲品味语言,分析形象。

(3)分析艺术构思和表现手法

引导学生分析诗人是如何描写事物的,寄予了怎样的感情,从而把握诗人要表达的主题。

(4)引导联读与仿写

①联读是从教学的深度和广度出发,找到具有相同主题、相同题材的诗作进行比较阅读,让学生能更好地理解诗歌的思想情感;

②仿写是培养学生语文实践能力的重要手段,既能使学生充分感悟诗歌的语言奥妙,又能提高学生遣词造句的能力,提升学生理解、想象的能力。

6. 散文

(1)抓住线索,理清结构

①引导学生抓住全文线索;

②分析全文的材料是怎样围绕线索布局的;

③归纳文章的主题;

④分析线索的同时,重视讲练结合、读写结合,提高学生的写作能力。

(2)品味语言,学习写法

引导学生分析和品味字、词、句,体会作者在"炼字""炼句"上下的功夫,以此丰富学生的语言积累,提高学生理解、运用语言的能力。

(3)感受意境,领会情思

①指导学生切分画面,了解并体会最主要画面的意境,丰富补充言外之意、画外之象;

②抓住关键性词语,进行细致的描摹,领会其中显性和隐性的含义;

③调动学生的生活经验和想象力,使学生进入作者所创造的意境中,感受作者的思想感情,并产生自己的情感体验;

④鼓励学生选择自己所喜欢的表达方式,将自己对意境的理解和自己的阅读感受表达出来,并与他人交流。

7. 小说

(1)理清故事情节

①抓住中心事件;

②理清情节的基本线索；

③分清故事场面。

(2)分析人物形象

①分析惟妙惟肖的肖像描写；

②分析个性化的语言；

③分析行动描写；

④分析心理描写。

(3)明确典型环境

①引导学生认识人物生活的环境，重点分析社会环境；

②明确人物性格形成和发展的根源；

③认识小说所反映的社会生活；

④理解小说的主题。

(4)概括主题意义

①引导学生在分析情节、人物和环境的过程中，把握作品的主题。

②适当介绍或指导学生查找有关资料，使学生了解与作品相关的作家经历、写作背景、创作动机以及作品的社会影响，加深对作家作品的理解。

二、教学价值

在语文教师招聘考试中，“教学价值”主要考查考生对课文内容的理解与认识，同时也是考查考生对《义务教育语文课程标准》(2022年版 / 2011年版)或《普通高中语文课程标准》(2017年版)内容的理解，考生需要知道题干提供课文所属年级，课文的主要内容(包括表达方式、思想感情、精神倾向等)，语文课程标准对应内容。

(一)考查形式

1. 材料

考查教学价值的题的材料通常为义务教育阶段或普通高中阶段现行的一篇课文(多为现代文)。

2. 问题

(1)简述这篇课文的教学价值。

(2)简要分析这篇课文的教学价值。

(3)如果针对×年级教学这篇课文，请简述这篇课文有什么教学价值。

(二)答题方向

1. 义务教育阶段或普通高中阶段的课程标准相关内容

答题时要根据课文年级、课文内容、课文分析明确写出相对应的课标的内容。

注:课程标准的内容部分可以从课程(基本)理念、课程目标、教学建议、评价建议几方面入手。

2. 课文分析

课文分析主要包括文体、主要内容、表达方式、思想情感、文章结构等内容,要求考生能够准确分析课文,理解课文。

3. 学生能力提升

学生能力提升要求写出学生学了该课文后能获得哪些知识、能力与技巧。

(三)高分答题模板

《义务教育语文课程标准》(2022年版/2011年版)要求第________学段的学生要________(学段要求/教学目标中的相关内容)/《普通高中语文课程标准》(2017年版)中要求________,学习________(文体)时要________,语文教学建议/课程基本理念指出________(教学建议中的相关内容)。《________》是一篇________(文体),运用________的表达方式,________的结构,讲述了________的内容,表达了________的思想情感。学习该课文,可以让________年级的学生感受文章的________(语言特色),获得________的积累,理解________的思想感情,学会使用________的方法,获得________的能力……

注:课文教学价值的确定需要考生分析课文得出结论,每篇课文的重点不一样,因此,答题时要结合实际,并不一定要严格按照答题模板表述。

(四)答题示例

1. 考查形式

(1)材料:四年级下册第一单元《乡下人家》课文内容。

(2)问题:简述这篇课文的教学价值。

2. 答题方向

(1)《义务教育语文课程标准》(2011年版)内容

①确定与课文相关联的课程标准内容

《乡下人家》是第二学段的一篇散文,对应的课程标准中的内容有:①能初步把握文章的主要内容,体会文章表达的思想感情。②语文课程还应通过优秀文化的熏陶感染,促进学生和谐发展,使他们提高思想道德修养和审美情趣,逐步形成良好的个性和健全的人格。③应该重视语文课程

对学生思想情感所起的熏陶感染作用，注意课程内容的价值取向。④阅读是运用语言文字获取信息、认识世界、发展思维、获得审美体验的重要途径。

②选取与自己答题方向相一致的课程标准内容

学生学习《乡下人家》既能学习作者的写作手法，又能感受乡下人家的美好生活，由此可以判断，课程标准①②③均可。

(2)课文分析

首先要分析《乡下人家》的主要内容，其次要论述《乡下人家》的表达，最后分析《乡下人家》的情感。

(3)学生能力提升

通过《乡下人家》的学习，可以引导学生学习文中的语言表达，体会文中的思想感情。

3. 参考答案

《义务教育语文课程标准》(2011年版)要求第二学段的学生要能初步把握文章的主要内容，体会文章表达的思想感情，课程基本理念指出语文课程应通过优秀文化的熏陶感染，促进学生和谐发展，使他们提高思想道德修养和审美情趣，逐步形成良好的个性和健全的人格。《乡下人家》是一篇散文(文体)，按照房前屋后的空间顺序和季节顺序交叉描写，讲述了乡下人家朴实、自然、和谐的生活的内容，表达了作者对乡下人家的欣赏和喜爱的思想情感。学习该课文，可以让四年级的学生感受乡村生活的美好，体会作者是通过怎样质朴又生动的语言展现乡村生活的，学习作者的表达方法，丰富自己的语言积累。同时，学习这篇课文也能引导学生在阅读中体会乡村自然、和谐的美。

三、教学认识

在语文教师招聘考试中，“教学认识”主要考查考生对《义务教育语文课程标准》(2022年版／2011年版)或《普通高中语文课程标准》(2017年版)内容结合课文内容的理解与认识，考生需要知道题干提供课文所属年级，语文课程标准对应内容。

(一)考查形式

1. 材料

考查教学认识的题的材料通常会让考生根据《义务教育语文课程标准》(2022年版／2011年版)或《普通高中语文课程标准》(2017年版)中的某句话写出对某篇课文教学的认识。

2. 问题

从“×××(课标内容)”的角度，写出你对《×××》(课文)教学的认识，不少于×字。

(二)答题方向

1. 对课文进行分析解读，确定教学方向。

2. 结合题干中要求的课程标准中的内容，对课文进行分析。

3. 在分析课文的同时，结合课文教学重难点写出对教学的认识。

4. 从教师教学的角度进行分析。

(三)高分答题模板

课标要求要________。《×××》讲的是________，描写________的内容，表达（抒发）了________的感情，重点是________。因此，教学这篇课文时，教师要________。

(四)答题示例

1. 考查形式

(1)材料：八年级上册第六单元《生于忧患，死于安乐》课文内容。

(2)问题：从“重视语文课程对学生思想情感所起的熏陶感染作用”的角度，写出你对《生于忧患，死于安乐》教学的认识，不少于200字。

2. 答题方向

(1)《生于忧患，死于安乐》是八年级上册第六单元的一篇论证严密、雄辩有力的说理散文，出自《孟子》。

(2)课程标准要求“重视语文课程对学生思想情感所起的熏陶感染作用”，所以语文课程应通过优秀文化的熏陶感染，促进学生和谐发展，提高学生的思想道德修养和审美情趣，逐步形成良好的个性和健全的人格。

(3)这篇课文的重点是学习文章中的哲理。

(4)教师在教学时应把重点放在启发学生理解文中深刻哲理方面，注重对学生情感态度与价值观的教学。

3. 参考答案

语文课程应通过优秀文化的熏陶感染，促进学生和谐发展，提高学生的思想道德修养和审美情趣，逐步形成良好的个性和健全的人格。《生于忧患，死于安乐》这篇文章通过造就人才和治理国家的问题阐发了忧患可以激励人奋发有为，磨难可以促使人有新成就的深刻哲理。孟子认为人才是在艰苦环境中造就的，但他又重视人的主观因素，提出“困于心，衡于虑，而后作”的观点，这样就把造就人才的主客观条件都说到了。教学这篇课文的时候可以把重点放在启发学生理解文中深刻哲理方面，注重对学生情感态度与价值观的教学。

真题精解

01 《火烧云》是部编版小学语文三年级下册的一篇课文，如果你来执教这篇课文，请按要求完成问题。　浙江真题

晚饭过后，火烧云上来了。霞光照得小孩子的脸红红的。大白狗变成红的了。红公鸡变成金的了。黑母鸡变成紫檀色的了。喂猪的老头儿在墙根靠着，笑盈盈地看着他的两头小白猪变成小金猪了。他刚想说“你们也变了……”，旁边走来个乘凉的人对他说：“您老人家必要高寿，您老是金胡子了。”

天上的云从西边一直烧到东边，红彤彤的，好像是天空着了火。

这地方的火烧云变化极多，一会儿红彤彤的，一会儿金灿灿的，一会儿半紫半黄，一会儿半灰半百合色。葡萄灰、梨黄、茄子紫，这些颜色天空都有。还有些说也说不出来、见也没见过的颜色。

一会儿，天空出现一匹马，马头向南，马尾向西。马是跪着的，像等人骑上它的背，它才站起来似的。过了两三秒钟，那匹马大起来了，腿伸开了，脖子也长了，尾巴却不见了。看的人正在寻找马尾巴，那匹马变模糊了。

忽然又来了一条大狗。那条狗十分凶猛，在向前跑，后边似乎还跟着好几条小狗。跑着跑着，小狗不知哪里去了，大狗也不见了。

接着又来了一头大狮子，跟庙门前的石头狮子一模一样，也那么大，也那样蹲着，很威武很镇静地蹲着。可是一转眼就变了，再也找不着了。

一时恍恍惚惚的，天空里又像这个又像那个，其实什么也不像，什么也看不清了。必须低下头，揉一揉眼睛，沉静一会儿再看。可是天空偏偏不等待那些爱好它的孩子。一会儿工夫，火烧云就下去了。

问题

简述这篇课文的教学价值。(4分) / 教学价值

补充设问

从“语文课程应引导学生丰富语言积累，培养语感”的角度，写出你对《火烧云》教学的认识，不少于200字。 / 教学认识

---

02 下面这篇文章是六年级上册第一单元的第一篇精读课文，单元语文要素是“阅读时能从所读的内容想开去”，请你按照要求完成问题。 浙江真题

草　原

老　舍

这次，我看到了草原。那里的天比别处的更可爱，空气是那么清鲜，天空是那么明朗，使我总想高歌一曲，表示我满心的愉快。在天底下，一碧千里，而并不茫茫。四面都有小丘，平地是绿的，小丘也是绿的。羊群一会儿上了小丘，一会儿又下来，走在哪里都像给无边的绿毯绣上了白色的大花。那些小丘的线条是那么柔美，就像只用绿色渲染，不用墨线勾勒的中国画那样，到处翠色欲流，轻轻流入云际。这种境界，既使人惊叹，又叫人舒服，既愿久立四望，又想坐下低吟一首奇丽的小诗。在这境界里，连骏马和大牛都有时候静立不动，好像回味着草原的无限乐趣。

我们访问的是陈巴尔虎旗。汽车走了一百五十里，才到达目的地。一百五十里全是草原。再走一百五十里，也还是草原。草原上行车十分洒脱，只要方向不错，怎么走都可以。初入草原，听不见一点儿声音，也看不见什么东西，除了一些忽飞忽落的小鸟。走了许久，远远地望见了一条迂

回的明如玻璃的带子——河！牛羊多起来，也看到了马群，隐隐有鞭子的轻响。快了，快到了。忽然，像被一阵风吹来似的，远处的小丘上出现了一群马，马上的男女老少穿着各色的衣裳，群马疾驰，襟飘带舞，像一条彩虹向我们飞过来。这是主人来到几十里外欢迎远客。见到我们，主人们立刻拨转马头，欢呼着，飞驰着，在汽车左右与前面引路。静寂的草原热闹起来：欢呼声，车声，马蹄声，响成一片。车跟着马飞过小丘，看见了几座蒙古包。

蒙古包外，许多匹马，许多辆车。人很多，都是从几十里外乘马或坐车来看我们的。主人们下了马，我们下了车。也不知道是谁的手，总是热乎乎地握着，握住不放。大家的语言不同，心可是一样。你说你的，我说我的，总的意思是民族团结互助。

也不知怎的，就进了蒙古包。奶茶倒上了，奶豆腐摆上了，主客都盘腿坐下，谁都有礼貌，谁都又那么亲热，一点儿不拘束。不大一会儿，好客的主人端进来大盘的手抓羊肉。干部向我们敬酒，七十岁的老翁向我们敬酒。我们回敬，主人再举杯，我们再回敬。这时候，鄂温克族姑娘们戴着尖尖的帽子，既大方，又稍有点儿羞涩，来给客人们唱民歌。我们同行的歌手也赶紧唱起来。歌声似乎比什么语言都更响亮，都更感人，不管唱的是什么，听者总会露出会心的微笑。

饭后，小伙子们表演套马、摔跤，姑娘们表演了民族舞蹈。客人们也舞的舞，唱的唱，还要骑一骑蒙古马。太阳已经偏西，谁也不肯走。是啊！蒙汉情深何忍别，天涯碧草话斜阳！

问 题

简述这篇课文的教学价值。(4分) / 教学价值

补充设问

从“重视语文课程对学生思想情感所起的熏陶感染作用”的角度，写出你对《草原》教学的认识，不少于200字。 / 教学认识

破题方法与参考答案

01 破题方法

《火烧云》是三年级下册的一篇散文，对应课程标准第二学段“阅读”目标和阅读教学建议的内容，通过分析可知文章的语言表达极具特色，是教学的重点。因此，不管是教学目标还是教学建议，考生可从语言表达方面寻找课程标准中的切合点；而学生能力提升部分也是提高了学生的语言表达能力。

参考答案

《义务教育语文课程标准》(2011年版)第二学段“阅读”目标指出：积累课文中的优美词语、精彩句段，以及在课外阅读和生活中获得的语言材料。《火烧云》是一篇非常优美的写景之作，作者以多个不同构词形式的词语和排比的修辞手法勾画了一幅绚丽多姿的火烧云图景，描写了火烧云的全过程，生动描绘了红霞飞舞、瞬息万变、目不暇接的奇妙景观。该课文可以使三年级的学生感受文章的语言美，激发学生的想象力，使学生在阅读中积累课文中的优美词语和精彩句段，达成第二学段的课程目标。

(共4分。答出对应的课标内容，得2分；对课文进行分析解读，确定语言表达为教学重点，得1分；写出学生能力提升方面内容，得1分)

补充设问

破题方法

(1)《火烧云》是三年级下册的一篇写景散文。

(2)课程标准要求“语文课程应引导学生丰富语言积累，培养语感”，所以语文课程应积累课文中的优美词语、精彩句段，以及在课外阅读和生活中获得的语言材料。

(3)这篇课文的重点是学习文章中的语言表达。

(4)教师在教学时应把重点放在引导学生品味文章语言的精妙，注重对学生语感培养的教学。

参考答案

《火烧云》这篇课文是一篇优美的写景散文，作者以时间推移为线索，以形象生动的语言描绘了傍晚时分，火烧云从上来到下去的变化过程，为我们勾画了一幅绚丽多彩的晚霞美景图。这篇课文以形象生动的语言，描绘了火烧云的奇妙景象，展示了一幅绚丽多姿的图景，表

达了作者对大自然的喜爱与赞美之情。因此，在教学这篇课文的时候，教师应该“引导学生丰富语言积累，培养语感”，引导学生抓住关键句，说出火烧云的特点，激发学生对大自然的好奇心，发挥想象力，品味文章语言的精妙。

02 破题方法

《草原》是六年级上册第一单元的第一篇精读课文，对应课程标准第三学段“阅读”目标和阅读教学建议的内容，通过分析可知文章的语言表达极具特色，情感抒发是教学的重点。因此，不管是教学目标还是教学建议，考生可从语言表达方面寻找课程标准中的切合点。

参考答案

《义务教育语文课程标准》(2011年版)第三学段“阅读”目标指出：在阅读中了解文章的表达顺序，体会作者的思想感情，初步领悟文章的基本表达方法。在交流和讨论中，敢于提出自己的看法，作出自己的判断。《草原》是一篇情景交融的散文，主要描述了作者老舍先生第一次进入内蒙古大草原时所看到的美丽景色，以及受到内蒙古同胞热情款待的情景。课文语言清新优美，线索清晰分明，赞美了草原的美丽风光，表达了蒙汉两族人民的深厚情谊，体现了祖国是各族人民团结友爱的大家庭。该课文不仅可以让六年级的学生学习文中优美的语言及表达方式，还能体会作者对草原的喜爱之情和文中表达的蒙汉情深的思想，进而实现《义务教育语文课程标准》(2011年版)中关于阅读教学的相关目标，提高学生的语文素养。

(共4分。答出对应的课标内容，得2分；对课文进行分析解读，明确语言表达和情感抒发为教学重点，得1分；写出学生能力提升方面内容，得1分)

补充设问

破题方法

(1)《草原》是六年级上册的一篇散文。

(2)课程标准要求“重视语文课程对学生思想情感所起的熏陶感染作用”，所以语文课程应通过优秀文化的熏陶感染，促进学生和谐发展，提高学生的思想道德修养和审美情趣，逐步形成良好的个性和健全的人格。

(3)这篇课文的重点是感悟作者的思想感情。

(4)教师在教学时应把重点放在引导学生感悟作者的思想感情，注重对学生情感态度与价值观的教学。

参考答案

《草原》是一篇散文，主要描绘了草原风光图、喜迎远客图和主客联欢图这三幅生动的画面。作者在最后引用“蒙汉情深何忍别，天涯碧草话斜阳”抒发了对草原的热爱之情和对蒙汉两族的深情厚谊。本文按照事情发展的顺序，通过写作者第一次访问内蒙古大草原时的所见、所闻、所感，依次描绘了草原的美丽风光、内蒙古人民热情迎客的场面与主客饮酒联欢的场面。通过这些画面的刻画，表现了草原的风光美、人情美和民俗美。因此，教学这篇课文时，教师应把重点放在引导学生感悟作者的思想感情方面，注重对学生情感态度与价值观的教学。

专题二　教学目标【高频考点】

命题规律探究

教学目标主要从教学目标的设计方面进行考查，主要考查题型为主观题，题量通常为1小题，每题分值在2~6分。

真题示例

安徽特岗真题

阅读以下材料，回答后面的问题。

《赫耳墨斯和雕像者》

赫耳墨斯想知道他在人间受到多大的尊重，就化作凡人，来到一个雕像者的店里。他看见宙斯的雕像，问道："值多少钱？"雕像者说："一个银元。"赫耳墨斯又笑着问道："赫拉的雕像值多少钱？"雕像者说："还要贵一点儿。"后来，赫耳墨斯看见自己的雕像，心想他身为神使，又是商人的庇护神，人们对他会更尊重些，于是问道："这个值多少钱？"雕像者回答说："假如你买了那两个，这个算添头，白送。"

这个故事适用于那些爱慕虚荣而不被人重视的人。

答题思路

本文选自《伊索寓言》，是一篇寓言。

画"＿＿"部分点明了本篇寓言的主旨，讽刺了爱慕虚荣的人。

问题

1. 结合文体特点，设计两个教学目标。(2分) / 教学目标

答案：(1)了解寓言的文体特点。

(2)感受本寓言的讽刺效果。

2. 以丰富学生语言积累和提升思维发展空间为目标，设计一次或两次教学活动。(4分)

答案：教学活动

(1)请同学们以小组为单位，简要概括这则寓言的主要内容。

(2)请同学们依据赫耳墨斯这一人物形象，改写这则寓言故事，重新设计情节，并赋予其新的寓意，完成后向全班同学展示。

(3)学生交流，教师巡视指导并提出意见。

(4)指一名学生展示，教师和其他学生进行评价。

一、教学目标的确定依据

(一)课程标准

课程标准规定了学科教学的目的、任务、内容及基本要求，它是编写教材、进行教学、评价教学质量的依据，也是制定教学目标的依据。

1. 编制的所有目标不应当超标。

2. 全部目标的合成不能低于标准的总体要求。

(二)教学内容

不同教材有不同的特点，不同的教学内容也有不同的教学要求。

要吃透教材，把握编者意图，顺着编者思路去设计教学目标，要根据教学内容的实际情况去考虑目标的侧重点。

(三)学生实际

学生是学习的主体，脱离学生实际的教学目标没有任何实用价值。

对学生年龄特点和实际学习能力必须予以充分考虑，在重视保护学生学习积极性的同时，还要适当照顾“两头”，即对学得较快与学得较慢的学生因材施教。

二、教学目标的表述方式

教学目标陈述的基本要素有四个：行为主体、行为动词、行为条件、表现程度。教学目标的陈述应该注意以下几点。

(一)行为主体应是学生，而不是教师

1. 教学目标陈述必须从学生的角度出发，行为主体必须是学生。

2. 判断教学效果的直接依据是学生有无具体的进步，而不是教师是否完成任务。

3. 有时行为主体“学生”两字没有出现，但也必须是隐含着的。

4. “使学生……”“提高学生……”“培养学生……”等陈述方式都是不符合要求的。

（二）行为动词要尽可能是可测量、可评价、可理解的

目标的行为动词要尽可能具有质和量的具体规定性，以便教学时把握和评价时使用。

例如：《谈骨气》的教学目标为“培养学生革命的骨气，提高学生写议论文的水平”，这种写法不仅主体不对，而且也无法测量和评价。

（三）行为目标陈述的两类基本方式

行为目标陈述有两类基本方式：结果性目标陈述方式、体验性或表现性目标陈述方式。

结果性目标陈述方式明确告诉人们，学生的学习结果是什么，所采用的行为动词要求明确、可测量、可评价。

体验性或表现性目标的陈述方式主要描述学生自己的心理感受、体验或明确安排学生表现的机会。所采用的行为动词往往是体验性、过程性的，这种方式指向无须结果化的或难以结果化的目标。

（四）必要时附上产生目标指向的结果行为条件

行为条件是影响学生产生学习结果的特定的限制或范围，为评价提供参照。

例如：“借助汉语拼音……”“结合上下文了解……”“45分钟能写出……”“课堂讨论时能……”。

（五）要有具体的表现程度

表现程度是指学生学习之后预期达到的最低表现水准，用以评价学习表现或学习结果所达到的程度。

例如：“45分钟能完成不少于500字的习作”。

三、教学目标高分答题模板

1. 从字、词、句、文章大意、写作线索、写作背景、文学常识等方面撰写。例如：

（1）认识、会写课后要求的生字词。

（2）正确、流利、有感情地朗读课文，复述文章大意。

（3）了解相关文学常识，有感情地诵读。

（4）能清楚地表述出文章的脉络和线索。

（5）体会文章××等表达手法的巧妙运用。

2. 通过××（反复朗读、品味、揣摩、合作探究、讨论等）过程，掌握××（表达技巧、写作手法、语言特色、文章意蕴）等。例如：

（1）反复朗读，感受××的形象，领会其象征意义及文章的丰富意蕴。

（2）通过合作探究，品味文章××的写作特点及语言特色。

(3)揣摩精美语句,体会××(虚实结合、动静结合、侧面描写……)的表现手法。

(4)品析重点段落,理解××(细节描写……)对刻画人物的作用。

(5)精读课文,学习寓情于景、情景交融的写作手法。在揣摩语言中把握文章主旨。

(6)分析文章刻画的人物形象,学习成功塑造人物形象的手法。

3. 从作品体现的亲情、友情、爱国情;积极的人生态度、实事求是的科学态度、团队合作的态度;热爱自然、尊重他人、宽容、珍惜、民族精神等价值观方面撰写。例如:

(1)体察作者对自然的感悟,深入理解生命意蕴,提高审美意识。

(2)能够从历史人物身上获取精神力量,树立远大志向和理想,体悟作者的爱国情感。

(3)唤起对××的感悟和思索,逐步养成积极的人生态度。

真题精解

01 阅读《语文》六年级下册口语交际"同读一本书"。写出本次口语交际的教学目标。(6分) / 教学目标　安徽真题

附:教材节选

阅读往往能唤起读者独特的感受,即使读同一本书,不同的读者,心得体会也可能不一样。让我们一起来开展班级读书会,围绕同一本书交流读书心得,分享阅读的收获。

可以围绕哪些话题交流读书心得呢?

◇这本书讲了一个什么样的故事?

◇你怎样评价主人公?你对哪个人物印象最深?为什么?

…………

选择一两个大家感兴趣的、值得讨论的话题展开深入交流。

交流之前,想想围绕话题谈论哪些具体内容。可以借助批注梳理思路,深入地表达自己的想法或观点。要以内容为依据,从书中找出例子来说明自己的观点。要勇于表达自己的真实想法,哪怕你的想法与大多数人都不一样。

交流时,认真听别人的发言,准确地理解别人的想法。对于不同的想法,想想他们的理由是什么。

和同学分享交流之后,说说你对这本书有哪些新的想法。

02 《四季之美》是五年级上册第七单元的一篇课文，本单元的语文要素是“初步体会课文中的静态描写和动态描写”，请根据以下课文片段和课后问题，完成该片段的教学目标设计。 浙江真题

夏天最美是夜晚。明亮的月夜固然美，漆黑漆黑的暗夜，也有无数的萤火虫翩翩飞舞。即使是蒙蒙细雨的夜晚，也有一只两只萤火虫，闪着朦胧的微光在飞行，这情景着实迷人。

秋天最美是黄昏。夕阳斜照西山时，动人的是点点归鸦急急匆匆地朝窠(kē)里飞去。成群结队的大雁，在高空中比翼而飞，更是叫人感动。夕阳西沉，夜幕降临，那风声、虫鸣，听起来也愈发叫人心旷(kuàng)神怡(yí)。

①反复朗读课文，体会作者笔下四季之美的独特韵味。背诵课文。

②读下面的句子，联系上下文，体会其中的动态描写。

◇即使是蒙蒙细雨的夜晚，也有一只两只萤火虫，闪着朦胧的微光在飞行，这情景着实迷人。

◇夕阳斜照西山时，动人的是点点归鸦急急匆匆地朝窠里飞去。

◇成群结队的大雁，在高空中比翼而飞，更是叫人感动。

问 题

完成该片段的教学目标。(5分) / 教学目标

---

03 阅读下文，回答问题。 福建真题

炉 火

臧克家

①金风换成了北风，秋去冬来了。冬天刚刚冒了个头，落了一场初雪，我满庭斗艳争娇的芳菲顿然失色，鲜红的老来娇，还有各色的傲霜菊花，一夜全白了头。两棵丁香，叶子簌簌辞柯了，像一声声年华消失的感叹。

②每到这个季节，十一月上旬，我就会生上炉火，一直到明年四月初，将近半年的时光，我进入静多动少的生活。每到安炉子和撤火的时候，我的心里总有些感触，季候的变迁，情绪的转换，给我打下了很鲜明、很深刻的印记。

③我的小四合院，每到冬季，至少要安六个炉子，日夜为它奔波，我的家人总是念咕说：安上暖

气多省事，又干净。我也总是用我的一套理由做挡箭牌：安暖气花费太大呀，开地道安管子多麻烦啊，几吨煤将放在何处？还得有人夜里起来烧锅炉……我每年这样搪塞，一直搪塞了二十一年。其实，别的都是假的，我中心的一条是：我爱炉火！

④我住北房，三明两暗。左右两间有两个炉子，而当中的会客厅，却冷冷清清，娇花多盆，加上两套沙发，余地供回旋的就甚少了。客人来了，大衣也不脱，衣架子成了空摆设。到我家做客的朋友们都说我屋子的温度太低了。会客室里确实有点冷清，而我的写作间兼卧室却暖和和的。炉子，成为我亲密的朋友，几十年来，它的脾气我是摸透了。它，有时暴烈，有时温柔，它伴我寂寞，给我安慰和喜悦。窗外，北风呼号，雪花乱飘，这时，炉火正红，壶水正沸，恰巧一位风雪故人来，一进门，打打身上的雪花，进入了我的内室，沏上一杯龙井，泡沫喷香，相对倾谈，海阔天空。水壶嗞嗞作响，也好似参加了我们的叙谈，人间赏心乐事，有胜过如此的吗？

⑤每晚，我必卧在床上，对着孤灯，夜读至十时，或更迟些。炉火伴我，它以它的体温温暖着我，读到会心之处，忽然炉子里砰砰爆了几声，像是为我欢呼。有时失眠了，辗转不能安枕，瞥看炉子里的红光一点，像只炯炯的明眸，我心安了，悠悠然，入了朦胧的境界。

⑥暖气，当然温暖，也干净，但是啊，它不能给我以光，它缺少性格与一种活力。我要光，我要性格，我要活力。

⑦我想到七八岁上私塾的时候，冬天，带上个铜“火箱”，里面放上几块烧得通红的条炭，用灰把它半掩住，“火箱”盖上全是蜂窝似的小孔，手摸上暖乎乎的，微微的火光从小孔里透露出来，给人以光辉，它不仅使人触感上感到温暖，而且透过视觉在心灵上感受到一种启示与希望的闪光。

⑧有这种生活经验的人，会饶有情趣地回忆起隆冬深夜，置身在旷山大野中，几个同伴围在篝火旁边取暖的动人情景。火，以它的巨大热量使人通体舒畅，它的火柱冲天而起，在黑暗中给人以一种巨大的鼓舞力量与向前冲击的勇气。在它的猛烈的燃烧中，迸出噼噼啪啪的爆炸，不像一声声鼓点吗？

⑨炉火当然不是铜“火箱”，也不是篝火，可是它们有着同样的性格：它们发热，它们发光，它们也能发出震撼人心的声响。几十年来我独持异议不安暖气，始终留恋着炉火，原因就在此。

问题

教学设计（教学对象是八年级学生）：依据文本，拟写本文的教学目标。（6分）/ 教学目标

破题方法与参考答案

01 破题方法

《义务教育语文课程标准》(2011年版)第三学段“口语交际”目标指出:“①与人交流能尊重和理解对方。②乐于参与讨论,敢于发表自己的意见。③听人说话认真、耐心,能抓住要点,并能简要转述。④表达有条理,语气、语调适当。⑤能根据对象和场合,稍做准备,作简单的发言。⑥注意语言美,抵制不文明的语言。”

结合题干内容和课标要求,由“要勇于表达自己的真实想法,哪怕你的想法与大多数人都不一样”可以得出教学目标①“要乐于参与讨论,敢于发表自己的意见”;由“要以内容为依据,从书中找出例子来说明自己的观点”可以得出教学目标②“以内容为依据,梳理思路,明确表达自己的观点”;由“交流时,认真听别人的发言,准确地理解别人的想法。对于不同的想法,想想他们的理由是什么”可以得出教学目标③“能分辨别人的观点是否有道理,理由是否充分”。

参考答案

①要乐于参与讨论,敢于发表自己的意见。

②以内容为依据,梳理思路,明确表达自己的观点。

③能分辨别人的观点是否有道理,理由是否充分。

(共6分。根据课标内容,并结合教材教学重点,设置切合的教学目标,每点2分)

02 破题方法

《义务教育语文课程标准》(2011年版)第三学段“阅读”目标指出:“能用普通话正确、流利、有感情地朗读课文。能联系上下文和自己的积累,推想课文中有关词句的意思,辨别词语的感情色彩,体会其表达效果。在阅读中了解文章的表达顺序,体会作者的思想感情,初步领悟文章的基本表达方法。在交流和讨论中,敢于提出看法,作出自己的判断。”

结合题干和课标要求,该段落的教学重点是赏析重点句子,由此可得出教学目标①“理解文中含义深刻的句子”;由“反复朗读课文,体会作者笔下四季之美的独特韵味。背诵课文”可以得出教学目标②“正确、流利、有感情地朗读课文,背诵课文,体会作者笔下夏秋之美的独特韵味”;由“联系上下文,体会其中的动态描写”可以得出教学目标③“学习本文通过动态描写刻画景物的写作方法”。

参考答案

教学目标

①理解文中含义深刻的句子。

②正确、流利、有感情地朗读课文，背诵课文，体会作者笔下夏秋之美的独特韵味。

③学习本文通过动态描写刻画景物的写作方法。

（共5分。根据课标内容，并结合该段落的教学重点，设置切合的教学目标，3个要点得5分）

03 破题方法

《义务教育语文课程标准》（2011年版）第四学段“阅读”目标指出：“能用普通话正确、流利、有感情地朗读。在通读课文的基础上，理清思路，理解、分析主要内容，体味和推敲重要词句在语言环境中的意义和作用。对课文的内容和表达有自己的心得，能提出自己的看法，并能运用合作的方式，共同探讨、分析、解决疑难问题。在阅读中了解叙述、描写、说明、议论、抒情等表达方式。欣赏文学作品，有自己的情感体验，初步领悟作品的内涵，从中获得对自然、社会、人生的有益启示。对作品中感人的情境和形象，能说出自己的体验；品味作品中富于表现力的语言。”

题干是一篇散文，散文的教学首先要重视朗读，让学生在读的过程中，自读自悟，感受语言美。其次，对散文的教学必须深入到文中，学会咬文嚼字，才能感受到语言的生动，从而深刻地理解文章所描绘的意境。最后，生动的细节是散文富有感染力的一个重要特点，一个细节的刻画，往往凝聚着丰富的情感，找到作者最想表达的情思和理趣，而不是分析人物，这一点对于叙事类散文尤其重要。

参考答案

教学目标

(1)正确、流利、有感情地朗读本篇课文；对文章有自己的见解，能感受到作者对“炉火的喜爱”；重点关注并学习文中涉及的对比、拟人等修辞手法。

(2)通过朗读，对文章整体有一定的感知和理解；通过小组合作的方式，共同探讨、分析文章思想感情；学会抓住关键词，加深对文章中蕴含感情的理解。

(3)体会作者对生活的热爱和积极向上的生活态度，学会热爱生活，发现生活中的乐趣。

（共6分。根据课标内容，并结合文章的教学重点，设置切合的教学目标，每点2分）

专题三　教学重难点

命题规律探究

教学重难点主要从教学重点和教学难点两方面进行考查，主要考查题型为主观题，分值在2～5分，题量通常为1小题。

常考方向	高频大分值考点	每题分值
教学重点	某篇课文的教学重点	2～5
教学难点	某篇课文的教学难点	2～5

真题示例

安徽特岗真题

阅读下面的课文，完成后面的问题。

《梅岭三章》　陈毅

一九三六年冬，梅山被围。余伤病伏丛莽间二十余日，虑不得脱，得诗三首留衣底。旋围解。

一

断头今日意如何？创业艰难百战多。
此去泉台招旧部，旌旗十万斩阎罗。

二

南国烽烟正十年，此头须向国门悬。
后死诸君多努力，捷报飞来当纸钱。

三

投身革命即为家，血雨腥风应有涯。
取义成仁今日事，人间遍种自由花。

（选自义务教育教科书《语文》九年级下册）

答题思路

《梅岭三章》是中国共产党人陈毅在被国民党四十六师围困时创作的七言绝句组诗作品。

画“＿”部分点明了本篇课文所属的学段。

1. 根据课文内容，确定教学重点。(2分)／教学重难点

答案：(1)有感情地反复诵读诗歌，理解诗歌凝练、含蓄的语言特色及多种修辞手法。

(2)结合诗歌内容，体会诗歌所包含的为革命献身的凛然正气和豪情壮志。

2. 三章诗歌内容上既相互联系又各有侧重。请设计两个有启发性的问题，以促进学生把握诗歌的深层含义和内在情感。(4分)

答案：(1)第一章第一句具有什么样的表现力量？运用的句式在诗中起着什么样的作用？

明确："断头今日意如何"，"断头今日"即"今日断头"的倒装，前置强调"断头"，表现出诗人觉察到必死的险恶处境并英勇地面对。这个设问句式的开头句，振起这一首诗乃至这一组诗的抒写情怀，慷慨壮烈，奠定了全章的感情基调。

(2)第三章"人间遍种自由花"表达了诗人怎样的思想感情？它同第一章首句有什么关系？

明确："人间遍种自由花"，预言革命理想必将实现。这首诗主要写诗人投身革命，追溯参加革命之时即为推翻反动统治而战斗，在面对当时必死险境时，表达理想必将实现的坚定革命信念和乐观革命精神。它与第一章首句首尾呼应，是对第一章首句自问的圆满回答。

一、教学重点确定方法

教学重点就是一节课教学内容的重中之重，是中心，学生掌握了此项内容，才能举一反三、触类旁通。因此确定教学重点要认真分析教材。

确定教学重点的方法有以下几点：

1. 符合《义务教育语文课程标准》(2022年版／2011年版)或《普通高中语文课程标准》(2017年版)中对本学段的目标要求。

2. 从各单元各课文之间的联系及每篇课文的内容中确定重点。

3. 依据学生拥有的知识、技能水平确定重点。绝大多数学生已经掌握或极易掌握的内容，即使是最基本的、最有用的内容，也不必列入教学重点。

4. 要从教师的个人文化素养、教学技能的实际水平出发。

二、教学难点确定方法

教学难点是学生学习的困难点、困惑点。确定教学难点首先要吃透课标，并把课程标准、教材和教学参考书整合起来，还要全面了解学生以及深入钻研教材，如此才能科学地确定教学难点。

确定教学难点的方法有以下几点：

1. 地位作用分析法。根据学习内容在教材知识体系中的地位和作用可以确定是否为教学难点。

2. 课题分析法。很多情况下学习内容的标题(课题)就明确了将要学习的主要内容,由此,可以根据学习内容的标题(课题)来确定教学的难点。

3. 习题分析法。分析教材中习题的安排和配置可以确定教学的难点。

4. 学情分析法。教师根据以前学生学习理解本节内容的困难程度或者根据知识本身的难易程度再结合学生的理解水平可以确定教学的难点。

真题精解

贵州真题

茅屋为秋风所破歌

杜　甫

八月秋高风怒号,卷我屋上三重茅。茅飞渡江洒江郊,高者挂罥长林梢,下者飘转沉塘坳。

南村群童欺我老无力,忍能对面为盗贼。公然抱茅入竹去,唇焦口燥呼不得,归来倚杖自叹息。

俄顷风定云墨色,秋天漠漠向昏黑。布衾多年冷似铁,娇儿恶卧踏里裂。床头屋漏无干处,雨脚如麻未断绝。自经丧乱少睡眠,长夜沾湿何由彻!

安得广厦千万间,大庇天下寒士俱欢颜!风雨不动安如山。呜呼!何时眼前突兀见此屋,吾庐独破受冻死亦足!

问　题

根据文章的内容,设计教学目标和教学重难点。(5分) / 教学重难点

破题方法与参考答案

破题方法

本题是一篇古代诗歌，教学古代诗歌的重点在于品味语言、感知形象、理解思想感情、鉴赏艺术手法和感受创作风格等。相比之下，鉴赏艺术手法和感受创作风格对学生而言难度更大一些。

除教学重点外，鉴赏古代诗歌的表达技巧是教学的难点，学生不仅要了解一些诗歌鉴赏的术语，更重要的是要理解表达技巧对诗歌传情达意的作用，还要体会到艺术手法所带来的独特的审美情味，而这一点恰恰是诗歌的魅力所在。

参考答案

(1)教学目标：

①反复诵读并背诵，体会古体诗在句式、用韵等方面的特点。

②结合注释理解诗歌内容，感受诗中描述的社会现实，体会诗人从中传达出的忧国忧民的情怀。

③品味诗歌写作手法、语言等方面的精彩之处，并在写作中有所借鉴。

(2)教学重难点

①教学重点：通过朗读品味诗歌的意境，体会作者忧国忧民的情怀。

②教学难点：品味诗歌写作手法、语言等方面的精彩之处，并在写作中有所借鉴。

(共5分。根据古代诗歌的教学重点，设置切合的教学目标，每点1分；写出鉴赏古代诗歌的教学重点和难点，每点1分)

专题四 教学方法

命题规律探究

教学方法以写一篇完整的教学设计的形式考查,不单独设问,考查题型为主观题。

真题示例

江苏徐州邳州中小学真题

请根据统编版语文八年级上册第25课《诗词五首》(节选),设计一篇完整的教学简案,要求包括教学目标、教学重难点、教学方法和教学过程等。(10分) / 教学方法

饮 酒(其五)①

陶渊明

结庐②在人境③,而无车马喧。
问君何能尔④?心远地自偏。
采菊东篱下,悠然⑤见南山。
山气⑥日夕⑦佳,飞鸟相与还。
此中有真意,欲辨已忘言⑧。

①选自《陶渊明集》卷三(中华书局1979年版)。《饮酒》是一组五言古诗,共20首,写于作者辞官归隐后。陶渊明(约365—427),一名潜,字元亮,浔(xún)阳柴桑(今江西九江)人,东晋诗人。
②〔结庐〕建造房舍。结,建造、构筑。庐,简陋的房屋。
③〔人境〕喧嚣扰攘的尘世。
④〔尔〕如此,这样。
⑤〔悠然〕闲适淡泊的样子。
⑥〔山气〕山间的云气。
⑦〔日夕〕傍晚。
⑧〔欲辨已忘言〕想要分辨清楚,却已忘了怎样表达。

答题思路

▎画“__”部分点明了本篇课文所属的学段。

▎画“﹏”部分说明要求设计完整的教学简案。

▎画“__”部分点明了所设计的教学简案至少要包含教学目标、教学重难点、教学方法和教学过程四方面。

答案：

《饮酒（其五）》教学简案

教学目标：

①有感情地诵读诗歌，能够熟读背诵。

②通过小组合作，品读诗句；通过讨论探究，把握诗歌主旨，体会诗歌韵律特点及所表达的思想感情。

③感悟诗人热爱自然，回归自然，淡泊名利的人生态度。

教学重点：

品读诗句，把握诗歌主旨，体会诗歌韵律特点及所表达的思想感情。

教学难点：

感悟诗人热爱自然，回归自然，淡泊名利的人生态度。

教学方法：

提问法、讲授法、讨论法等。

教学过程：

一、导入新课

我国古代的文人墨客有时爱喝点儿酒，他们喝了酒之后便会诗兴大发，给我们留下许多著名的诗文。比如欧阳修的“醉翁之意不在酒，在乎山水之间也”，又如李白的“举杯邀明月，对影成三人”“抽刀断水水更流，举杯消愁愁更愁”，再如苏轼的“明月几时有，把酒问青天”，等等。东晋诗人陶渊明他也爱喝酒，喝了酒之后还留下了以《饮酒》为题的一组古诗，今天我们就一起来学习其中的第五首。

二、背景介绍

1. 了解作者生平。

2. 了解相关背景知识。

三、品读诗文

1. 读准字音，把握节奏，找出诗歌的平仄格式和押韵规则。（学生自读，教师范读，学生齐读）

2. 结合诗歌旁的注释以及工具书，理解诗歌中的重要字词，读懂诗文。

3. 有感情地朗读，在朗读中感悟作者想要表达的思想感情。

四、感悟诗歌

1. 小组讨论，理解诗歌大意。

2. 问题引领，品味诗歌语言。

（1）这首诗除了题目是《饮酒》，诗歌的内容和饮酒没有什么太大的关系，那作者为什么要以

“饮酒”命题呢?

(2)诗人对自己住处环境的介绍看似前后矛盾,是作者酒后胡说吗?

(3)“心远地自偏”中的“远”的对象是什么?

(4)诗中营造了一个怎样的田园环境?表达了诗人怎样的心境?

(5)能否把“悠然见南山”中的“见”字改为“望”字?为什么?

(6)“此中有真意,欲辨已忘言”,陶渊明领会到的“真意”是什么?这两句诗传达了作者怎样的感受?

3. 再读诗歌,读出意味。(配乐,师先示范,学生齐读)

4. 合作探究,体悟诗歌感情。

(1)“采菊东篱下,悠然见南山”中写隐居的闲适生活,为何偏写“采菊”?“采菊”这一动作包含着诗人怎样的志趣?

(2)结合所学的诗句,说说这首诗的艺术特色。

(3)这首诗表达了作者怎样的思想感情?

(4)你最喜欢这首诗的哪一句呢?为什么?

五、布置作业

1. 背诵这首诗歌。

2. 发挥联想和想象,描绘你体会到的作品情境,写一篇300字左右的小练笔。

六、板书设计

饮酒(其五)

陶渊明

结庐/在人境,而无/车马喧。
问君/何能尔?心远/地自偏。
采菊/东篱下,悠然/见南山。
山气/日夕佳,飞鸟/相与还。
此中/有真意,欲辨/已忘言。

一、教学方法的类型

(一)常规教学方法

1. 讲授法

(1)分类

①讲述:教师向学生描绘学习的对象、介绍学习材料、叙述事物产生变化的过程。

②讲解：教师对概念、原理、规律、公式等进行解释说明和论证。讲解和讲述各有侧重，但在教学中常常结合使用。

③讲演：系统全面地描述事实，深入分析和论证事实并归纳、概括科学的结论。

(2)主要特点

讲授法的主要特点是教师自己的独白。

(3)优点

①能够充分发挥教师的作用，有利于教师在课堂教学中实施控制，使教师将知识系统连贯地传授给学生，学生能够在较短的时间内获得较多的知识，有利于培养学生的逻辑思维能力。

②能使教师在传授知识的同时，有目的、有计划地向学生进行思想政治教育，提高学生的思想政治觉悟。

(4)缺点

①教师活动多，学生活动少，因此教师得到的反馈就少，难以恰如其分地调节教学进程。

②因为教师讲得多，学生及时消化困难，需要有一个“反刍”和巩固的过程。

③由于主要是教师讲授，如果教师忽视启发学生的思维，就容易使学生处于被动，形成“满堂灌”，成为“注入式”。但如果教师注意调动学生的主动性和积极性，启发学生的思考，就可以成为启发式教学。

2. 谈话法

(1)概念

谈话法是以师生的相互谈话和问答为主要方式来组织课堂教学活动的方法。

(2)分类

①复习谈话：根据已学教材向学生提出一系列问题，通过师生问答的形式帮助学生复习、深化、系统化已学的知识。

②启发谈话：通过向学生提出未思考过的问题，一步一步引导他们去深入思考和探取新知识。

(3)优点

有助于激发学生的思维，调动学习的积极性，培养他们独立思考和语言表述的能力。

3. 讨论法

(1)概念

讨论法是学生在教师指导下为解决某个问题而进行探讨，辨明是非真伪，以获取知识的方法。

(2)优点

能更好地发挥学生的主动性、积极性，有利于培养学生的独立思考能力和口头表达能力，促进学生灵活地运用知识。

4. 演示法

(1)概念

演示法是教师通过展示实物、直观教具,进行示范性实验或采取现代化视听手段等,指导学生获得知识或巩固知识的方法。

(2)优点

加强教学的直观性,它不仅是帮助学生感知、理解基本知识的手段,也是学生获得知识、信息的重要来源。

5. 练习法

(1)概念

练习法是学生在教师指导下运用知识去完成一定的操作并形成技能、技巧的方法。

(2)分类

①按培养学生不同方面的能力分为口头练习、书面练习、实际操作练习。

②按学生掌握技能、技巧的进程分为模仿性练习、独立性练习、创造性练习。

6. 自学法

(1)概念

自学法也称自主学习,是学生在教师指导下,以自主学习为主,培养自主学习能力和习惯的一种教学方法。

(2)优点

①教会学生自主学习,是推进课程改革、实施素质教育的重要任务,也是现代科技、继续教育倡导的对人的要求。

②学生在校期间初步学会自学,逐步形成独立的学习能力,是将来立足社会、适应生活需要的基本技能,也是一种很有意义的学习方法。

7. “读·议·讲·练”法

(1)概念

以学生为主体、教师为主导,按照让学生“读一读”,师生“议一议”,然后由教师“讲解”,最后由学生“练一练”的阅读教学方法进行教学。

(2)特点

“读”是基础,“议”是关键,“讲”是解疑,“练”是应用,教师的指导贯穿始终。

(二)常用的语文教学方法

1. 朗读

(1)优点

①把单纯的视觉活动转化为复杂的综合感知活动，从而加强对书面语言的感知和理解。

②使沉睡的语言符号跳动起来，能够增强阅读的感受力、理解力、欣赏力。

③激活思维，陶冶情操，培养语感。

(2)基本要求

语音和语调的规范化：①语音包括读音正确，停顿恰当，音质自然，音量适中。

②语调包括高低适度，强弱适中，快慢适宜。

(3)常用方式

①教师范读。

示范胜过讲解，这是最好的指导方式。

②学生单读。

带有考查性或学生示范性，这是最好的训练方式。

③学生齐读。

适用于诗歌等音韵感和节奏感较强的作品。

④学生分角色读。

适用于戏剧等人物个性鲜明的作品。在引导学生正确朗读的同时，还要注意纠正那些不正确的朗读方法，如唱读、念经式、演戏式等。

2. 背诵

背诵作为传统古诗文教学的基本环节，历来为语文教学所重视，早经证明是切实有效的方法。

(1)大声诵读

指导背诵的最基本的方法，就是把理解和诵读结合起来。

大声诵读，每篇连续诵读五遍以上，随着诵读遍数的增加就会逐渐加深对文章内容的理解。尤其对一些背诵准确度不高的同学而言，出声背诵是解决问题的最好方法。

(2)抓住关键词语

所谓关键词语，一是指需要背诵的文句、语段的领头字词；二是紧紧抓住容易联想背诵内容支撑点的关键性动词。

(3)利用课文画面

如果文章画面感强，以画面形象来辅助记忆是一种良好的方法，有助于培养学生的联想和想象能力。

例如:李白的《望天门山》,可先按诗的意境勾画出一幅山、水、日、帆组合而成的简笔画。

依此背诵,不仅有利于对诗文意思的理解,也有助于记忆。

(4)遵循写作顺序

文章的写作顺序主要有时间顺序、空间顺序、逻辑顺序。

按照写作顺序来梳理文章的思路,寻找利于背诵的策略也是常见的背诵方法。

(5)整、分、联背诵法

整、分、联背诵法是指整体背诵法、分段背诵法与联合背诵法,这几种方法各有不同的特点、用途,并有一定的联系。

整、分、联背诵法要求学生先对课文进行整体阅读,然后对每个语段进行分别背诵,将每个段落背熟记牢,然后再将所有的段落联合起来进行记忆。

对于较长篇幅的古诗文背诵篇目,这种方法是切实、有效而便捷的。

(6)限时强制记忆

限时强制记忆是强制记忆法之一,要求在规定的某个时间段内完成对某些内容的快速记忆。用这种方法配合适当的检查会强化背诵的效果。

二、选用教学方法的依据

1. 依据教学目标和任务

每一节课都有具体的教学目标,方法选对了,目标就能顺利实现。

根据目标选择方法就像爬山和过河一样,去山那边就不适合乘船过去;即使会游泳的人,想要尽快到达河对岸,还是乘坐便捷的水上交通工具比较高效一些。

2. 依据教学内容

教学方法的选择和组合,必须依据教材的性质和具体内容的特点来决定。

例如:在《春》的教学中,就要结合文本语言优美、富有节奏感的特点选择半独立阅读法,通过四个层次的"读",逐渐达成理解内容,培养语感的教学目标。

3. 依据教学规律和教学原则

教学规律是不以人的主观意志为转移的客观存在,教学原则是教学规律的客观反映,是教学系统诸要素内在联系的理论概括。

教学方法的选择和组合必须遵循教学规律和教学原则。

4. 依据教师素质

任何教学方法都必须通过教师的具体操作来实现。

教师的素质结构包括知识结构、能力结构、心理结构、品德结构等。只有适应教师素养、能力的方法才能发挥作用。

例如：在整体感知课文的环节，朗读水平很好的教师可选择教师范读，若不然，就选择媒体辅助范读，这样才能起到示范与激励的作用。

5. 依据学生特点

教学方法的选择必须适应学生的基础条件和个性特征。

6. 依据教学环境条件

在选择教学方法时，还得考虑到教学的组织形式、教学的时间、教学设备等客观条件，根据不同的教学环境和教学条件，选择适合的教学方法。

真题精解

安徽真题

请根据人教版初中语文八年级下册《〈庄子〉二则》（节选），设计一篇完整的教学简案。要求包括教学目标、教学重难点、教学方法和教学过程等。（附：教材内容节录）（14分）/ 教学方法

庄子与惠子[①]游于濠梁[②]之上

庄子与惠子游于濠梁之上。庄子曰："鲦鱼[③]出游从容，是鱼之乐也。"惠子曰："子非鱼，安知鱼之乐？"庄子曰："子非我，安知我不知鱼之乐？"惠子曰："我非子，固不知子矣；子固非鱼也，子之不知鱼之乐，全[④]矣！"庄子曰："请循其本[⑤]。子曰'汝安知鱼乐'云者，既已知吾知之而问我，我知之濠上也。"

①〔惠子〕即惠施，战国时期哲学家，庄子的好友。
②〔濠（háo）梁〕濠水上的桥。濠，水名，在今安徽凤阳。
③〔鲦（tiáo）鱼〕一种白色小鱼。
④〔全〕完全，完备。
⑤〔循其本〕追溯话题本原。循，追溯。

破题方法与参考答案

破题方法

本题要求设计一篇完整的教学简案，要求教学目标、教学重难点、教学方法和教学过程等。本篇课文属于文言文，教学的对象是八年级的学生，针对文体特点和该学段的学情，应选择采用既能激起学生学习兴趣，又能系统讲授文言文的教学方法，故提问法、讲授法、讨论法是较为合适的。

参考答案

《庄子与惠子游于濠梁之上》教学简案

教学目标：

1. 积累常用的文言词语，疏通文意，把握文章内容。

2. 把握比喻的深意，领略故事中的旨趣。

3. 了解庄子和惠子两人在思想、性格、气质等方面的差异，感受“游濠梁”中反映的庄子生活的诗意。

4. 反复诵读，欣赏《庄子》中机智巧妙的论辩，感受其中的魅力和趣味。

教学重点：

1. 积累常用的文言词语，疏通文意，把握文章内容。

2. 把握比喻的深意，领略故事中的旨趣。

教学难点：

欣赏《庄子》中机智巧妙的论辩，感受其中的魅力和趣味。

教学方法：提问法、讲授法、讨论法等。

教学过程：

一、设置情境，导入新课

庄子的想象力极为丰富，语言运用灵活多变，能把哲理说得引人入胜。郭沫若曾评价说：“以思想家而兼文学家的人，在中国古代哲人中，实在是绝无仅有。”《庄子与惠子游于濠梁之上》虽然由庄子和惠子的论辩组成，但整体氛围轻松、闲适，让人感受到日常生活中的诗意并深受感染。下面让我们一起学习这篇课文。

二、检查预习，夯实基础

1. 通读文章，结合注释和工具书解决文中的生字词。

2. 走近庄子、惠子。（引导学生分享自己课前搜集的资料，教师相继进行补充）

三、初读课文，整体感知

1. 教师范读课文，提醒学生注意字音、节奏等。

2. 学生齐读，教师点评，重点指导朗读节奏及韵律。

3. 小组交流，尝试结合课下注释和工具书理解文章大意。

4. 教师指名学生说一说文章大意，并相机引导、点拨。

5. 师生共同探讨，解决重点文言字词。

6. 学生自由读课文，将文章翻译成现代汉语，并解决下列问题。

(1)这场辩论赛的辩题是什么？

(2)辩论双方是谁？

(3)正反双方的观点是什么？

四、再读课文，深入探究

1. 学生分角色朗读，读出感情，并体会庄子和惠子的论辩艺术。

2. 小组合作，探究：庄子与惠子的论辩十分巧妙，试说说巧妙在哪里。

3. 庄子为什么说他知道“鱼之乐”？谈谈你的理解。

4. 师生合作，共同讨论探究：你认为在庄子和惠子的论辩中，谁是胜者？为什么？

5. 结合上一节课的《北冥有鱼》一文，分析《庄子》语言表达的特点。

五、课堂小结，情感升华

两人论辩的结果且不论谁输谁赢，我们可以看到庄子与惠子思想、性格、气质等方面的差异，请结合文章内容，分析两人的性格。

六、布置作业

课后找一找《庄子》中的其他文章读一读，体会《庄子》文章中汪洋恣肆的特点、雄奇瑰丽的想象和机智巧妙的论辩。

（共14分。答出切合的教学目标，得2分，答出符合课程标准对应学段的要求及文体特点的教学重点，得2分，答出符合课程标准对应学段的要求及文体特点的教学难点，得1分；答出符合文体特点和学情的教学方法，得1分；课堂导入目标明确，得1分，富有启发性，得1分；教学活动设计中教学内容完整，得2分，教学手段合理，得2分，符合学生认知，得2分）

专题五　教学过程【高频考点】

命题规律探究

教学过程常从完整的教学设计方面考查，少数情况会针对导入语、结束语、板书部分的教学设计进行考查，主要考查题型为主观题，每题分值在5～20分，题量通常为1～2小题。

真题示例

山东泰安中小学真题

《青山处处埋忠骨》是教育部审定义务教育语文教科书五年级下册的一篇课文，通过文中描写毛主席动作、语言、神态的句子，体会他的内心世界是本文的学习目标之一。请你结合科学、合理的教学过程，引导学生达成目标，要求语言准确、清晰，教学环节完整。/教学过程(13分)

答题思路

画"___"部分点明了本篇课文所属的学段。

画"﹏﹏"部分说明了教学目标。

画"___"部分点明了要求设计一个教学过程。

答案：

《青山处处埋忠骨》教学设计

一、谈话导入，引入课题

1.（出示第四单元中导语的图片）谈谈你们眼中的毛主席是一个怎样的人。

2. 总结：毛主席确实很了不起，他是一位豪气冲天的诗人，写下了许多不朽的诗篇，比如《卜算子·咏梅》《沁园春·雪》。他是新中国的开国领袖，是他领导中国人民翻身得解放，过上了幸福的生活。今天，我们将走近毛主席，去了解他作为一名普通父亲的情感世界。

二、品读课文，领悟情感

(一)感悟悲痛，领略慈父情怀

1. 学生小组交流，教师相继点评引导。

(1)多媒体出示补充资料，请学生读资料，说说从这份资料中，你读懂了什么。(补充资料：毛岸英生平)

(2)“这次怎么会……”请学生尝试补充省略号省掉的内容。

2. 通过抓人物的语言、动作、心理活动的描写，深切地体会毛主席失去爱子时悲痛欲绝的心情。

3. 课文读到这儿，你对毛主席有了什么新的认识呢?(毛主席也和普通人一样，失去孩子也会感到痛苦，他是一个慈爱的父亲。)

(二)品味“抉择”，讴歌伟人胸襟

1. 明晓：两份电报，两种选择。

2. 毛主席想把岸英的遗体运回国吗？文章的哪一句话最能体现主席的这种愿望？交流并出示：“儿子活着不能相见，就让我见见遗骨吧！”从毛主席的心理活动中，你感受到了什么？

3. 毛主席能把岸英的遗体运回国吗？从“岸英是我的儿子，也是朝鲜人民的儿子，就尊重朝鲜人民的意愿吧”中感悟毛主席博大的胸怀！

4. 反复对比读，感受思想斗争的激烈

“儿子活着不能相见，就让我见见遗骨吧！”“岸英是我的儿子，也是朝鲜人民的儿子，就尊重朝鲜人民的意愿吧。”

5. 重点交流：“秘书将电报记录稿交毛主席签字的一瞬间，毛主席下意识地踌躇了一会儿，那神情分明在说，难道岸英真的回不来了？父子真的不能相见了？毛主席黯然的目光转向窗外，右手指指写字台，示意秘书将电报记录稿放在上面。”

(1)体会“难道岸英真的回不来了？父子真的不能相见了?”所表达的思想感情。

(2)“踌躇”是什么意思？毛主席既然已经做出了决定，为什么还会“踌躇”？

三、结语

这篇课文，通过语言、动作、神态、心理活动等细节的描写，使毛主席的形象在我们的心中更丰盈了。他是一个慈爱的父亲，更是一个伟人。

四、板书设计

慈父→神态、心理活动

伟人→语言、动作

一、导入

语文课堂教学的导入要求在一节课的开始，教师从本节课的具体内容出发，运用有效的方法，激发学生的学习兴趣和求知欲，使其产生学习动机，明确学习目的，进而把注意力集中到所学内容上。同时，通过各种艺术手段，给学生以美的享受。

导入的方法主要有以下几类：

1. 直接导入

直接导入即开门见山，教师的开场白是直接点题，用准确精练的语言，主动提出一堂课的教学内容，给学生一个整体的感觉。

例如《囚绿记》的教学导入：

今天我们来学习《囚绿记》，请同学们翻开课本。

2. 情境导入

情境导入法是指教师通过精彩的语言描绘，音乐、视频、图片、实物的呈现及学生的表演，创设切入主题的情境，从而使学生产生丰富的想象和身临其境的感受，激发浓厚的学习兴趣和强烈的情感体验，情不自禁地进入学习的情境。

这种类型的导入，重在感染，以景动人，以情感人。

例如《苏武传》的教学导入：

（播放歌曲《苏武牧羊》，配乐朗读）苏武留胡节不辱。雪地又冰天，穷愁十九年。渴饮雪，饥吞毡，牧羊北海边。心存汉社稷，旄落犹未还。历尽难中难，心如铁石坚，夜坐塞上时，听笳声入耳心恸酸。转眼北风吹，雁群汉关飞。白发娘，望儿归，红妆守空帏。三更同入梦，两地谁梦谁？任海枯石烂，大节不稍亏。终教匈奴心惊胆碎，拱服汉德威。

让学生理解苏武，体会苏武历经艰辛，持节不屈的高尚品格，并引起学生对于苏武故事探究的兴趣，使文言文不再枯燥无味。另外，教师声情并茂地朗诵一首诗或一段散文，也能创造良好的学习情境。

3. 故事导入

教师可通过寓言、故事、典故或传说等激发学生的兴趣，开发学生的思维。在作文教学、知识短文讲授中，如果这种方法运用得巧，可收到很好的效果。

例如《斑羚飞渡》的教学导入：

有这样一个故事，在一次森林大火中，蚂蚁家族为了那一线生的希望，面对熊熊大火，迅速地结成一个球体，冲向了火海。伴随着噼噼啪啪的声响，最外层的蚂蚁不断被吞噬、烧焦，但它们仍然紧紧抱在一起向前滚动着。噼啪声越来越响，蚂蚁团越来越小，最后滚出火海的蚂蚁只剩下了一小团……在生与死的抉择中,有谁不渴望生呢? 可是,这群蚂蚁却生得艰难,死得辉煌。今天,我们同样要聆听一个悲壮感人的故事,现在就让我们一起走进这动人的故事。

4. 悬念导入

悬念可以使人萌发出期待心理,从而产生扣人心弦的诱惑力,激起学生欲知其详的渴望。用设置悬念的方法开讲,可以有效地将学生的注意力吸引到既定的教学内容和教学目标上,给教学过程增添活力。

这种导语适合于通讯报道、报告文学、小说、戏曲等课文。

总的来说,悬念的设计要"新、精、奇",一下子击中学生的兴奋点。

具体而言,在内容上要突出主要人物、主要事件;在手法上既可浓缩全文,也可截取片段;在技巧上必须发人深省,留有余味,引人入胜。

例如《孔雀东南飞》的教学导入:

诗中的女主人公刘兰芝聪明贤惠,勤劳专一,可她为什么会被休弃呢? 想知道答案的话就跟我一起走进课文——《孔雀东南飞》,相信大家一定能从本节课的学习中找到答案。

5. 质疑导入

语文教师要针对教材的关键、重点和难点,巧妙设疑。

利用设疑导入,可以把学生的注意、兴趣、思维一下子吸引到所提的核心问题上来,并促使学生围绕核心问题阅读、思考,极大地诱发学生的求知欲,从而为整堂课的成功教学奠定基础。

例如《最后一课》的教学导入:

1976年,美籍华人丁肇中因发现J粒子而获得了诺贝尔物理学奖。在瑞典皇家科学院颁奖典礼上,这位美籍华人不用英语发言而用中文发言。这一异常举动,引起世界强烈的反响,感动了不同国家、不同肤色、使用不同语言的人们。他的这一举动为什么会引起人们强烈的反响呢? 学习了《最后一课》这篇文章后,我们就能揭晓其中的答案了。

6. 审题导入

教师先板书课题,然后从探讨题意入手,引导学生分析课题导入新课。

例如《土地的誓言》的教学导入:

教师先让学生独自分析题意,然后抛出问题:"你是如何理解这篇课文的题目的?"有学生说:"这个题目本身就有问题,土地怎么会发出誓言呢?"也有人说:"题目没问题,可以是拟人的修辞手法呀。"也有人说:"不能这样理解,应理解成作者面对土地时发出的誓言。"讨论愈演愈烈,教师马上接过话题:"题目到底该如何理解呢? 通过这节课的学习我们马上就能见分晓了,请同学们翻开课本。"通过分析有歧义的课题,勾起学生探究的欲望,为下面的教学打下了良好的基础。

7. 复习导入

复习导入是导入新课的常用方法。

孔子云"温故而知新"，回顾与课文有关的过去学过的知识，不仅能唤起学生对旧知的记忆，还能让学生产生一种亲切感，增强学生学习的信心。

例如《天净沙·秋思》的教学导入：

一提到秋天，人们总是与悲愁联系在一起，古今文学中也不乏愁秋悲秋的佳作。初中时我们学习过的马致远的《天净沙·秋思》就向我们描绘了一个悲愁至极的断肠游子的形象。今天我们要学习的毛泽东的《沁园春·长沙》也是写秋的，这首词又抒发了一种怎样的情怀呢？这节课就让我们一起来学习这首《沁园春·长沙》。

8. 要求导入

在导入中，明确地向学生提出本节课的教学目标和学习要求，可以使他们有强烈的方向感，清楚自己的学习任务和所要达到的目标，更好地控制自己，朝向目标努力。

例如《小麻雀》的教学导入：

今天我们学习《小麻雀》这篇课文，主要是指导同学们学会如何自己读书。自己读书当然不是随便看看就完了，而是要有目的、有要求地认真读、认真思考，求得深刻理解，学到本领。今天我们就来试一试。这一课的学习要求是：第一，学习作者是怎样写小麻雀的；第二，体会作者在写小麻雀的过程中寄托了什么样的感情，也就是要领会这篇文章的中心。这一堂课我们先来解决第一个问题，第二堂课再讨论第二个问题。

二、新授

（一）框架指导

1. 初读课文，整体感悟

①检查预习。

②自由朗读课文，思考文章主要讲了哪些内容。

2. 研读课文，深入理解

①默读课文，逐段逐层分析课文内容。

②研读重要字词、语句、段落。

③分析文章主旨。

(二)内容填充

1. 课堂提问

(1)精心选择问点

所谓问点,就是提问的切入点。

好的问点能起到牵一发而动全身的效果。

语文中可以设问的地方很多,这些问点也有一定的规律可循,综合当前的经验可总结为“五点十处”:

①“五点”即重点、难点、疑点、兴趣点、思维点。

②“十处”即关键处、空白处(指语文教材中对某些内容故意不写,或写得很简略,给读者留下了无限的想象空间和思考余地的地方)、疑难处、模糊处、含蓄处、矛盾处、变化处、重复处(指一个句子往往要反复说一次或两次,或在文章中重复几次,以强调某种特殊的感情的地方)、对比处、延伸处。

(2)发问技能

①掌握发问的时机

A. 学生注意力集中,可利用问题导出学习任务时。

B. 学生处于“愤”“悱”状态时。

C. 学生思绪找不到突破口时。

D. 学生注意力不集中,思维跑偏时。

②灵活运用多样的发问方法

A. 正问能够锻炼学生的正向思维,但不利于学生逆向思考。

B. 正反问结合可促使学生利用事物之间相反相成的矛盾关系回答问题,从问题对立面出发加深认识。

C. 要学会发散思维,提出的问题应趋向开放性,师生的问答应朝着不同的方向扩散,不拘泥于一个途径、一种方法,而是求得多种合乎条件的答案。

D. 可在教学提问中设置悬念,这样易引发学生的好奇心,对教学内容产生强烈的期待,使学生带着好奇心去主动思考和想象。

(3)候答技能

在进行课堂提问时,如果只给学生一两秒的时间去思考问题,并在学生还没有想好时就重复问题或请另外的学生回答,易使学生对回答问题失去信心,减少学生的思考,达不到训练学生思维能力的目的。因此,建议教师:

①依据问题的情况，留给学生足够的思考时间。

②在没有给予学生足够的线索或时间帮助他们思考之前，避免使用“想一想”的指令。

③促使学生在等候过程中逐渐养成良好的思维习惯。

④如果学生百思不得其解时，教师应适时对其进行引导和点拨。

(4)理答技能

理答就是教师对学生回答问题后的反应和处理，是课堂提问的重要组成部分。

理答既是一种教学行为，也是一种评价行为。

理答的常见策略：

①激励性理答

激励性理答分两种情况：

A. 学生对教师(或学生)所提问题回答正确时，教师应及时运用多种鼓励的形式予以肯定。

B. 回答不理想时，教师应先肯定其优点，然后指出或引导其认识到自己的不足。

②发展性理答

在学生回答不出、回答不完整或回答不确切的情况下，再次组织问题，进行理答。

③诊断性理答

教师在对学生的回答给予肯定或否定的评价时，在理答中有明确的判断，这是诊断性理答的显著特征。

一般可分为意义重复(重复学生的回答，把模糊在学生回答中的关键词通过重复点出来)、提升式肯定(当学生的回答不够完整的时候，教师在学生回答的基础上加以补充说明)、引导式否定(当学生回答出现错误时，教师及时指出其错误并引导其更正)等。

④再组织理答

再组织是教师理答的一种特殊形式，是指教师在理答的最后阶段，对学生过于零散的回答重新组织或概括，给学生一个更加准确、清晰、完整的答案，使学生的思路更加清楚，答案更加明晰，帮助学生形成正确的态度和价值观。

2. 课堂讨论

(1)讨论的类型

①专题型讨论

专题型讨论可以先设定目标，组织学生分头准备，并在认真准备的基础上，对专题展开讨论。

如讨论《从百草园到三味书屋》中先生态度的转变。

②案例型讨论

案例型讨论指结合课程上的教学案例，阐明某一理论的基本框架或内容，或者运用所学的理论知识组织学生对案例进行深入地讨论和分析。

如讨论《项链》中马蒂尔德太太的做法是否正确，有没有可以理解的地方。

③辩论型讨论

辩论型讨论指根据教学的需要，提出一个论辩性的命题，让学生分成若干个小组准备资料，并从各自观点出发，仁者见仁，智者见智地进行辩论讨论。

如讨论不同视角下对《黔之驴》的理解。

④创新型讨论

创新型讨论指以别开生面、与众不同的组织手法，指导和带领学生在新的领域进行创造性讨论。

如以一折课本剧的形式对《雷雨》进行“讨论”。

⑤引导型讨论

引导型讨论指根据教学要求，针对讨论现场出现的某些问题，教师适时指引和辅导，使讨论的结果按预定的目标及方向继续运行。

如讨论《项链》中造成马蒂尔德太太悲剧的原因。

⑥总结发言型讨论

总结发言型讨论指在各小组讨论的基础上，由每个小组推举代表，在限定的时间内，概括全组讨论的观点或提出自己的独特意见，在课堂上作总结性发言。

如试卷讲评课，让学生总结答题技巧。

(2)讨论的组织形式和适用场合

①同伴讨论

比较简单、相互启发就能解决的问题，活跃气氛。

②小组讨论

新课中的重难点以及启发思维的关键点。

如分析现象、弄明事理、总结方法、沟通联系等。

③全班讨论

学习中易错、模糊不清、持不同意见或者课堂中随机出现的问题。

④组合式讨论

在小组内意见比较一致，与其他组分歧较大的问题。

(3)讨论的过程与要点

①精选讨论问题

突发的学习问题；重难点、思维的迷惑点、思考的关键点。

②准备讨论材料

即时讨论可以要求学生先学习讨论所涉及的内容，激发学生回忆相关的背景知识和经验；预设的专题讨论，可以在一周前公布题目和参考书目，要求学生查阅并加工资料，写出发言稿，做好讨论准备。

③把握讨论时机

当学生产生疑惑的心理状态时；当学生思维不顺畅时；当学生思维活跃、主动提出有探讨价值的问题时。

④确定讨论方式

为了能激活更多学生参与的热情，教师在分组上要有所考虑，为更多人营造出可能的表达空间。

⑤巧妙引导讨论

营造民主、和谐、平等、乐于交流的讨论活动氛围；教给学生讨论技能，如倾听、清晰表达、轮流发言等；适时适当地引导学生围绕论题展开讨论。

⑥总结讨论结果

概括观点，积极评价，及时修正。

3. 对比阅读

①对比阅读的文本要有清晰的对比点，教师的阅读引导要有明确的方向，学生的阅读活动要有明确的目标。

②在具体教学时，教师需要有探究意识与创新意识，对教材教学内容和学生学习情况展开详细调查，以确立阅读对比视角，顺利引导学生进入到文本学习环节之中，促使他们快速建立阅读认识。

③对比阅读不能只是告知学生答案，必须让学生反复朗读诗句、集体讨论内容、个性体悟情感，在文本细读中，获得能力。

④在组织学生进行阅读活动时，要鼓励学生自主进行阅读，自主比较作者的写作风格。

4. 教学活动

(1)常态教学环节活动化

“常态教学环节”是指阅读教学中常态课堂教学的基本环节，如“导入—感知—解读—品析—拓展”等教学环节。

这些课堂教学环节的实施是阅读教学的一般规律，但对这些教学环节的处理方法不同，其效果也迥然不同。把常态教学环节活动化有以下几种设计：

①诵读活动

可设计为听读、尝试读、示范读、分角色读、分组读、对抗读等形式，让学生在参与活动时掌握朗读的技巧，揣摩人物的情感，享受朗读的快乐。

②探究活动

对文本的探究可用“问题引路”的活动方式，根据文本的内容设计问题。具体操作为：

A. 示范提问，即教师示范提出问题，或把握文章的主旨，或突破文本的重难点，给学生思维指向。

B. 自主试问，可要求学生尝试发问，即学生模仿教师提问的方式，就文本内容或学习的重难点自主发问。

C. 因疑置问，即学生真正走进文本以后，对文中的某一问题理解不透彻或根本不理解，为了满足学习的需要而自主置疑。

另外，在探究活动中，可给学生指示方法。常用的方法有：

A. 标题切入法。

B. 导语切入法。

C. 要点引入法，即根据文章内容要点设问。

③交流活动

如果是小组合作学习，可派小组代表交流本组的学习成果；对于小组学习中不能解决的问题，可采取生生交流、师生交流的方式，从而达到相互学习、取长补短、共同成长的目的。

④积累活动

每一节课的教学必须适时引导学生开展积累活动，不仅要给学生积累的时间，还要给学生积累的内容。

经过平时课堂学习的长期积累，学生可以开阔视野、积累知识，写作时才能文思泉涌。

学生课堂积累活动应采取新鲜活泼的方式，如故事会、诗词朗诵会、名言佳句背诵比赛等。通过丰富多彩的活动，学生可以在活动中积累，在快乐中求知，在积淀中进步。

(2)主体教学活动特色化

教师在执教一篇课文时，开展的课堂活动应有主次之分，要突出课堂特色的主体活动。

教师应精心设计，做到因课而异、因生制宜，具体有以下几种设计：

①表演活动

表演活动就是将课文改编为剧本，以课本剧的形式呈现。课本剧的表演能形象地再现课文内容，展现文本所反映的现实生活，让学生很快走进文本。课本剧表演的形式多种多样：

A. 角色表演：根据课本内容，以人物为核心，分不同的角色进行诵读表演。

B. 话剧表演：将课文改编为话剧进行表演。

C. 想象表演：教师要求学生对课文内容进行再创造，借助想象对课文的情节做必要的补充，然后进行表演的教学形式。

②辩论活动

在课堂上可就文章的内容巧妙地组织一些辩论活动，从而活跃课堂气氛，同时又使学生的思辨能力得以提升。

那么，怎样才能组织好课堂辩论活动呢？

A. 设计好辩题。辩题应是由课文中生发出来的，辩论活动的开展应是为学生解读文本、透彻理解文章的主旨服务的。

B. 确立辩论点。辩论时尽量从文本中找理由，找依据，也可适当地让学生联系自己的生活。

C. 确定辩论目标。开展课堂辩论，目的是提高学生认识事物的水平，通过正反双方的辩论，最终双方的观点应达成一致。

③接龙活动

为了在课堂教学中关注到更多的学生，让大多数学生参与到课堂学习中来，教师可根据教学的需要设计一些课堂接龙活动：

A. 让学生积累成语，可组织学生进行成语接龙活动。

B. 让学生积累名言佳句，可组织学生进行名言佳句接龙连珠活动。

C. 让学生疏通文言文的文意，可让学生进行接龙译句活动。

这些活动既可提高学生学习的积极性，又能使课堂教学面向全体学生，让每一位学生都学有所得。

④比拼活动

为了最大限度地激发学生学习的积极性与主动性，教师可在教学中组织一些学习比拼活动，把竞争的活力引进课堂，让学生在目标任务的驱动下紧张快乐地学习，从而开发学生潜能，提高学生的能力。

三、拓展延伸

（一）拓展延伸的含义

在教师的指导下，学生延伸、超越或超前于课本知识进行学习，以拓宽视野，吸收更多的知识信息，以课堂教学为主阵地，以课外阅读为辅助。

拓展延伸是以课文为基础、以课堂为起点，向课外知识、相关学科领域的延展活动。

拓展延伸即“拓展教学”，是指在文本的阅读教学中，经过教师的设计、学生的参与，共同完成的思维迁移发散活动。

（二）拓展延伸的类别

1. 按照方式方法

①想象联想拓展法。

②比较鉴赏拓展法。

③活动拓展法。

2. 按照差别化拓展

①从主题的角度进行拓展延伸。

②从情节的角度进行拓展延伸。

③从文体的角度进行拓展延伸。

④从作家的角度进行拓展延伸。

⑤从写作手法方面进行拓展延伸。

⑥从语言的运用方面进行拓展延伸。

（三）拓展延伸的误区分析

1. 拓展延伸与课文的距离

拓展要以课文为基础这是毫无疑问的，语文教学虽然强调“综合性”，但无论怎么“综合”，语文的拓展为语文教学服务这一宗旨不能改变。因此，我们在拓展教学中必须坚持语文课的主体地位，绝不能把语文课变成政治课、地理课。

2. 拓展延伸内容要适度

就适度而言，材料在范围、程度上，不能成为断线的风筝，放出去就收不回，而应该围绕核心，放得开，收得拢。

3. 因材施教问题

学生是教学活动的主体，不能适应学生认知能力的教育是失败的教育。课堂不能成为教师的独角戏，而是要成为互动中的合唱。

四、课堂小结

1. 归纳式结尾

学生往往不善于对所学知识进行整理归纳，这不利于知识的巩固。

归纳式结尾就是教师用准确精练的语言，对教学内容的重点及难点作出归纳总结，使学生明白知识线索，巩固知识内容，加深理解，强化记忆，从而对所学知识有着新的认识。

例如在讲授《泪珠与珍珠》的最后，教师可以这样安排结束语：

每一张照片、每一个故事都承载了太多真挚纯洁的情感。我总是想，会流泪的人是幸福的。因为流泪表示他们还有对生活的渴望和留恋，对真情的感动和拥有。从这个意义上说，无泪的人，也是世界上最痛苦的人。所以让我们珍惜泪水，珍惜这纯洁真挚的泪珠中凝聚的所有珍珠般晶莹美好的情感吧！我想这也是我们今天这堂课学习琦君文章的收获之一吧。

这样的结束语，概括性强，有利于学生抓住内容的要害和问题的精髓，起到画龙点睛的作用。

2. 照应式结尾

照应式结尾是教师用精练的语言对教学导入或教学过程中提出的问题进行回应从而结束课堂教学的方式。

前有伏笔，后有照应，教师在教学导入或教学过程中会提出一些关键性或目标性的问题，在教学结束时需要总结照应。

运用照应式结尾，教师不仅要回答所提出的问题，而且要在已学习的基础上升华学生对问题的认识。

例如在教学《我的叔叔于勒》时，教师先安排这样的导入语：

资本主义社会人与人之间是一种怎样的关系呢？马克思、恩格斯指出："资产阶级撕下了罩在家庭关系上的温情脉脉的面纱，把这种关系变成了纯粹的金钱关系。它使人与人之间除了赤裸裸的利害关系，除了冷酷无情的现金交易，就再也没有别的联系了。"《我的叔叔于勒》这篇小说就是从生活中的一个侧面，证实了这个论断的。

在结束本课教学时，教师又设计了这样的结束语：

菲利普夫妇对于勒由恐怖到希望、由盼望到躲避的态度变化的核心是什么呢？对！是钱！《我的叔叔于勒》一文就是从生活中这一侧面，形象地论证了马克思、恩格斯对资本主义社会人与人之间关系的著名论断，那就是"资产阶级撕下了罩在家庭关系上的温情脉脉的面纱，把这种关系变成了纯粹的金钱关系"。

该教师通过这样的照应式结尾，强调了文章的主旨，使学生更深刻地理解了文章的主题，达到了强化教学内容的目的。

3. 悬念式结尾

课堂教学的结尾也和文章的结尾一样，讲究悬念迭出，回味无穷，给学生一种课已结束但意犹未尽的感受。

因此，在课堂教学结束时，有时采用巧设悬念的方法，能收到"欲知后事如何，且听下回分解"的艺术效果。

例如在教授完《装在套子里的人》第一课时，教师可以这样设计课堂结尾：

恋爱，多么诱人的字眼。一个哲人说过，如果没有爱情，人间将成为一座坟墓。的确如此，就连别里科夫这样一个与世隔绝的人，也禁受不住爱情的诱惑，居然从套子里探出头来，要品尝一下恋爱的滋味了。像他这样的人，会获得姑娘的爱吗？他的爱情结局将会怎样呢？

这样的结尾，能激发学生的好奇心，在学生的心里留下悬念，诱导学生去阅读后面的故事情节。同时也为第二课时的教学作好了铺垫，使前后课时互相关联，形成一个整体。

4. 对比式结尾

对比式结尾是教师把学过的两个或两个以上的教学内容通过简洁明了的对比来结束课堂教学的方式。

运用对比式结尾要注意对比的内容要有可比性，比较时既要比较相同点，又要比较不同点，让学生看到同中之异、异中之同，从而澄清认识，加强理解，帮助记忆。

例如在讲授朱自清的散文《荷塘月色》一文，在最后可指导学生把该课文与刚刚学过的郁达夫的散文《故都的秋》进行比较，启发学生思考：

这两篇课文的作者都是现代文学史上著名的散文家，两篇课文相比，它们有什么共同之处？在描写景物方面各有什么特点？又分别寄寓了作者怎样的思想感情？

通过反复比较，学生很快明确了这些问题：这两篇课文都是写景的散文，描写景物都能抓住最有代表性的景物特征来写，而且材料典型，有详有略，体物入微，笔触细腻。但它们又各有特点：《故都的秋》以景衬景，巧妙布局，作者写北国之秋时，用南国之秋点染其间，南北交相辉映，形成鲜明比照，逼真地表现出故都之秋的情味和意境，衬托出北国之秋的可爱，直抒要用生命的三分之二来换取秋色永驻人间的深沉浓烈的赞颂之情；而《荷塘月色》则将写景与抒情、议论相结合，以景写民风民俗，写得文情并茂，情理相生，表现了作者对故乡的热爱，对故土的依恋，充满了深沉、浓郁的乡愁。

这样一比较，学生对散文的特点就有了比较具体的认识，而且对这两篇课文中描写景物的方法看得比较清楚，有利于学生加强记忆，为提高学生的写作水平奠定了知识基础。

5. 激情式结尾

从教学内涵来说，课堂教学的结尾并不意味着课堂教学的中止和教学活动的终结，恰恰相反，它应是课堂教学的继续和学习活动的延伸。

因此，当课文讲述结束时，可以运用充满激情的语言对主题、人物、情节加以引申性的总结，创设一种具有诗情的意境，激发学生感情，使学生学习情绪高涨，增强求知欲望，陶醉于“压轴戏”的艺术氛围之中，余音缭绕，催人奋进。

例如教学《祝福》这篇课文，当讲解课文结束时，教师可以用充满激情的语言作如下小结：

在旧中国，不止这一个祥林嫂啊！我们的祖母或祖母以上的无数代的劳动妇女们，都是从那种黑暗腐朽的封建社会生活过来的，都和祥林嫂一样被束缚、被愚弄、被压迫啊！她们在吃人的旧社会里痛苦地呻吟着，这难道不是封建社会造成的吗？今天，苦难的祥林嫂的时代一去不复返了，我们生活在自由幸福的时代，劳动妇女掌握了自己的命运，做了生活的主人，我们怎能不热爱今天的生活呢？为了祖国的繁荣富强，为了将来的生活更幸福，我们又怎能不奋发努力，学好本领呢？

这一激情式的结尾，不但使学生懂得了造成祥林嫂悲剧的原因，对祥林嫂的不幸遭遇寄予深切的同情，而且激励学生珍惜生活，勤奋学习，立志成材，报效祖国。

6. 评议式结尾

有些课文尤其是古文和外国文学作品，由于作者所处的时代以及思想上的局限性，往往是精华和糟粕、积极意义和消极意义并存，作者对一些事实、人物的记叙、评价缺乏客观、公正的态度，带有片面色彩，甚至宣扬一些消极、腐朽、没落的东西，腐蚀人们的灵魂。这就需要教师在教学过程中，尤其是在课堂结束时，联系课文的具体历史背景以及作者的创作思想，坚持用历史唯物主义和辩证唯物主义的观点，认真地加以评议，去伪存真，去粗取精，扬美抑丑，扬善抑恶，以帮助学生明辨是非，提高识别能力，全面、准确地认识历史事实和人物，寓思想教育于课堂教学的始终。

例如《鸿门宴》的结束语可以这样设计：

项羽也是有魅力的，他的魅力在于他不过乌江，保全气节。李清照在《夏日绝句》中写道："生当作人杰，死亦为鬼雄。至今思项羽，不肯过江东。"她认为项羽气势豪壮，令人敬仰，所以全诗都洋溢着对项羽的赞美和敬仰。一个"不肯"，表现了一种"死不惧而辱不受"的英雄豪气。如果渡过乌江，卷土重来，尚不知鹿死谁手。而项羽向天长叹："籍与江东子弟八千人渡江而西，今无一人还，纵江东父兄怜而王我，我何面目见之？纵彼不言，籍独不愧于心乎？"造就出那种"宁为玉碎，不为瓦全"的慷慨悲壮，这也是民族精神的精髓。

这一评议式的结尾，不仅在课文的基础上对其总结，而且扩展了学生的知识面，有助于学生全面、准确地把握课文内容，同时还有助于培养学生善于思考，勇于创新的精神。

7. 延伸式结尾

延伸式结尾是教师对教学内容进一步延伸拓展以结束课堂教学的方式。

延伸式结尾常常要跳出教材，把学生的目光引向课外，开辟广阔的第二课堂，让他们自己去获取知识。

教师要结合教学内容，或者鼓励学生主动去探求，或者要求学生用所学的知识进行实践，或者水到渠成地给学生介绍一些课外读物，或者造成悬念引导学生到课外去获取相关的知识，或者课内学习的是节选文字，课外则指导学生阅读原著等。

教师在运用延伸式结尾时要注意，提出的要求应是学生能独立做到的，要考虑学生课外资源的利用程度，避免提出的教学要求落空。

例如讲授完《林黛玉进贾府》，教师可以这样安排结束语：

序幕仅仅是开始，好戏还在后面。我们不能使时光倒流，但读《红楼梦》可以让我们看到封建社会，感知它，认识它，开阔眼界，了解生活，分辨真、善、美与假、恶、丑，提高思想境界。从另一方面讲，尽管有的同学看过《红楼梦》的电影或电视连续剧，但这些都经过了编导的改编和演员的再创造。如果我们不阅读原著，对于其中的高低优劣是没有发言权的。因此，我希望同学们都能在课余时间读一读在思想性和艺术性上都达到古代小说高峰的《红楼梦》。

这样安排能促使学生运用已知去获得未知，通过节选而阅读全篇，以此来不断扩大学生的阅读面，拓展学生的知识面。

语文课堂教学结尾的艺术说到底，是教师的知识、智慧、感情、口才以及课堂应变能力的综合体现。要想有个精彩的结尾，必须着意努力，犹如百米赛跑将近终点时，全力以赴，进行最后冲刺。结尾没有固定的模式和标准，它需要我们认真地去探索，细心地去总结，灵活地去运用。

五、作业

（一）作业设计的四个特性

1. 层次性

作业设计要根据学生的差异精心考虑，因人而异，分层设计，使不同发展水平的学生都能在自己能力范围内得到有效的训练。

2. 实践性

作业的设计要充分利用广阔的语文环境，引导学生在生活中学习语文，并把语文学习的成果运用于生活实践中，从而沟通语文和生活的联系。

3. 趣味性

作业形式上要力求多样化，使作业从单一的“写”的形式中走出来，力求听、说、读、写全面发展，并将其与演、唱、画等学生喜闻乐见的形式巧妙结合，让作业富有趣味性，具有吸引力。

4. 开放性

教师可以为学生安排一道自设题（由学生自己设计作业，自己完成），这种作业最能展示学生的质疑精神和创新精神，提高学生独立思考、独立活动的语文能力。

（二）作业布置的要求

1. 数量限度

要严格控制学生作业总量，作业量太大容易造成学生对作业的兴趣衰退，甚至产生厌学心理，同时也难以达到巩固、掌握知识的目的。

2. 时间长度

作业布置要谨慎斟酌学生作业时间。作业所需时间过长，学生的学习兴趣难以保持，作业所需时间过短，达不到巩固知识的目的，容易造成学生的懈怠。

3. 知识跨度

作业布置既要兼顾刚学到的“新知”，也要有以前学过的“旧知”，两者兼顾，相得益彰。

4. 难易程度

作业布置要注意考虑学生作业难度。应该根据学生现有的知识能力水平，设计适当的题型，让问题处于学生思维水平的“最近发展区”，使其对学生起到激励作用。

（三）作业的实施

1. 分层设计作业

教师可以实施分层作业，让学生进行差别化的选择以尊重学生的差异性，比如设计“消化和巩固性作业”“拓展性作业”和“探究性作业”。

这样的设计体现了层次性、区别性，立足于课堂教学的文本内容。但是要注意，分层作业应该尽量保证作业的任务量相一致。

2. 探究性作业

探究性作业是对课堂教学中讨论或拓展部分的进一步延伸，而为了促进探究性学习的深入展开，语文探究性学习不该仅限于语文课堂，因为它的广度和深度会受时间和空间的限制。

3. 实践性作业

实践性作业即要让学生关注现实生活，思考现实生活中出现的问题，表达自己的触动，思考解决问题的方法等。

例如：在教学戏剧类课文时，教师可以在有条件的情况下带学生观看舞台剧、电影等，或者在学校艺术节、文化节等活动中，指导学生写作剧本、表演戏剧，这些都是实践性作业的一部分。

但是，这种作业对现实条件的要求比较高，因此其不能成为语文作业的常态。

六、板书

板书设计是教师上课前制订的在黑板上书写的计划，包括内容和形式两个方面的设计。

板书是运用教学直观性原理，根据教学目的、教学内容、教学对象的不同，精心构思，以精要、形象、醒目、简洁的文字或图形显示在黑板上，帮助学生更好地理解教学内容。

板书是教师在教学过程中必用的教学手段之一。

(一)板书的作用

1. 反映教学思路，规范教学流程

板书设计对教师实施教案、实现教学意图发挥着很大的作用。

它反映教师的授课思路，规范教师的课堂教学流程。

教师依据板书设计既可以有条不紊地进行教学，又能把自己的教学内容、教学意图清晰地呈现出来。

板书是辅助教师进行课堂教学的有效手段之一。

2. 启迪学生思维，激发学习兴趣

优秀的板书以精练的语句、简洁优美的线条、醒目的符号点破教学主题，呈现教学的重点内容，指导学生领悟课文。

教师可以凭借独特的板书魅力，启迪学生的思维，激发学生的学习兴趣，给学生以美的熏陶和享受。

3. 画龙点睛，揭示教学重点

板书是一种教学艺术，既要醒目，又要悦目，对教学起画龙点睛的作用。

好的板书设计能让学生快速地从板书中把握文章的主旨，清楚文章的结构，领会学习的重点。

(二)板书的要求

1. 目的明确，概括性强

设计板书要吃透教材，明确目的，选准内容。

只有目的明确的板书才能发挥良好的作用。

板书还要有高度的概括性。

2. 布局合理，条理清晰

布局合理，就是要与内容相互呼应，能直观地反映出内容之间的逻辑联系；条理清晰，就是要清楚明晰地体现课文的写作思路，也要体现教师教的思路，促使学生较为顺畅地理解课文。

3. 书写正确、规范、美观

正确：不写错字、别字、病句，笔顺正确。

规范：不写任意简化字，不写繁体字，不生造词语。

美观：字迹大小匀称，排列整齐，疏密得当，行距合理。

（三）板书的内容

（1）能够表现主题思想的词句。

（2）能够反映作品结构或作者思路的词句。

（3）能够表明事物和现象特征的词句。

（4）能够表达事物本质和规律的词句。

（5）新出现的字、词、句。

（6）有价值的新知识。

（7）正音、正词。

（四）板书的基本类型

1. 词语式

词语式是以文章重点词语为主而设计的一种板书。

这种板书能促进学生更好地阅读课文，理解课文内容，有利于丰富学生的词汇，使用方便，便于设计，因此，使用也最为普遍。

例如《荷塘月色》词语式板书：

- 月下荷塘
  - 荷叶
    - 多 → 弥望 → 田田
    - 高美 → 亭亭 → 舞女裙
    - 颜色 → 点缀 → 白花
  - 荷花
    - 姿态 → 袅娜 → 开着(盛开)
    - 羞涩 → 打着朵儿(含苞)
    - 光亮 → 明珠 → 星星
  - 荷香：渺茫的歌声
  - 荷波：闪电、霎时、凝碧
  - 流水：脉脉

2. 提纲式

提纲式是以反映文章写作提纲为主的一种板书形式，以事情的发展为序的文章常采用这种板书形式。

这种板书能帮助学生总结、概括课文内容，指导学生写作构思，有利于选材和组织材料的训练。

例如《散步》提纲式板书：

		母亲	走大路	承上	
散步 → 分歧	{	我和妻子	责任重大 →	使命感	} 亲情
		儿子	走小路	启下	

3. 回环式

回环式指首尾相连、状如环形的一种板书形式。

采用这种板书，能使课文线索更加清楚，更能展现课文的表现手法，能化难为易，清楚简洁地呈现课文的脉络，促进学生抽象思维和布局谋篇能力的发展。

例如《麦琪的礼物》回环式板书：

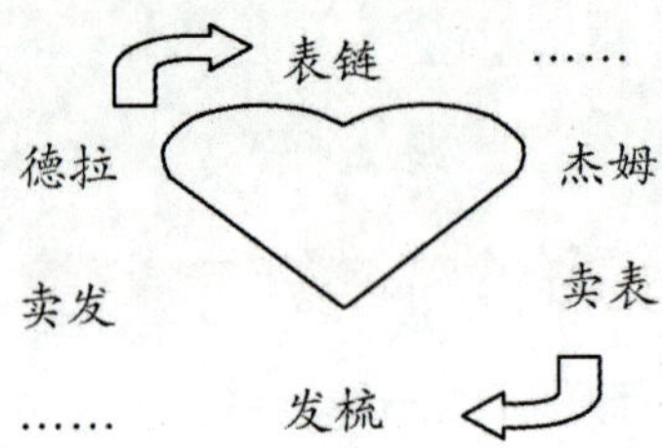

4. 对称式

对称式是以有形或无形，使板书内容上下、左右、前后等两部分对称的一种板书形式。

一般常用于段落结构匀称，或有对比成分的课文。

这种板书能够展示各部分内容的均衡，突出结构的匀称美。

例如《烛之武退秦师》对称式板书：

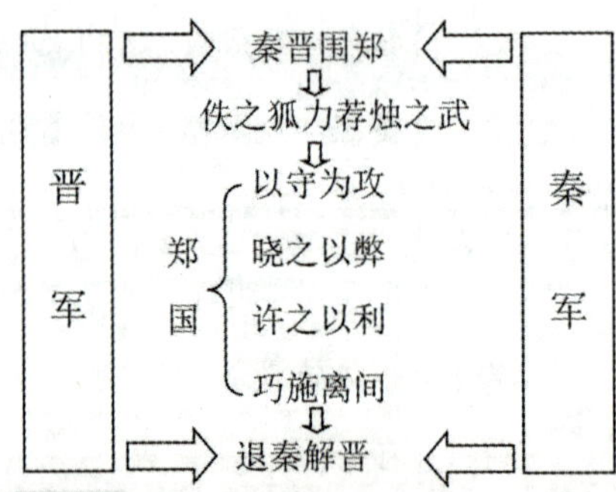

5. 表格式

表格式是用简单的表格反映文章的结构内容的一种板书形式。

这种板书能将课文内容简明扼要地展示出来，帮助学生理解段落间的内在联系，梳理课文的知识要点，以帮助学生更好掌握课文内容。

一般用于梳理事物各个方面的特征，事件发展过程中的各种情形，或比较不同对象在各个方面的异同等。

例如《醉翁亭记》表格式板书：

内容	总结	分析
路线	环滁—琅琊山—酿泉—醉翁亭	—
风景	朝暮之景—四时之景	山水之乐(醉景)
风俗	滁人游—太守宴—众宾欢—太守醉	宴游之乐(醉人)
心情	禽鸟乐—人之乐—乐其乐	与民同乐(醉情)

6. 形象式

形象式是指运用图形并通过必要的文字配合，展示教学内容的一种板书形式。

例如《再别康桥》形象式板书：

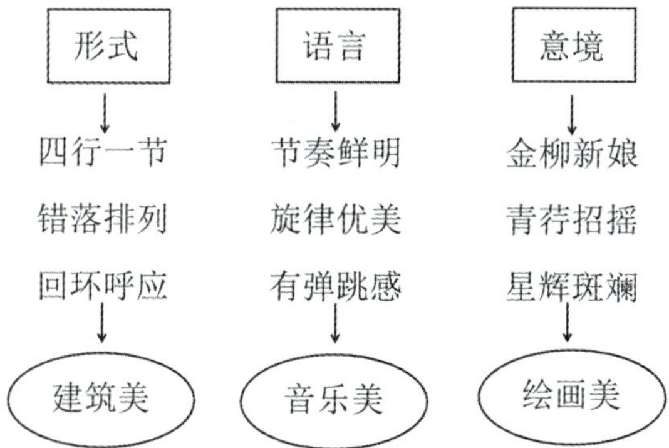

7. 对比式

对比式是教师把教学内容相互对立或对应的部分集中在一起呈现出来的板书形式。

这种板书能突出教学内容之间的联系和区别，使之形成鲜明的对照，能启迪学生的思维，使其思考为什么会产生如此对立或对应的现象，有利于学生进行探究性地学习。

例如《公输》对比式板书：

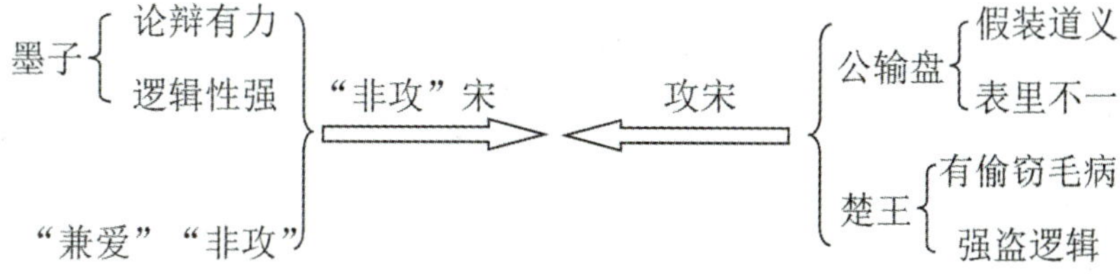

结果：无攻宋

体现：中华文化博大精深

8. 情节式

情节式是以展示小说故事情节为主的板书。这种板书有利于学生清楚地了解故事梗概，理解课文内容。

例如《药》情节式板书：

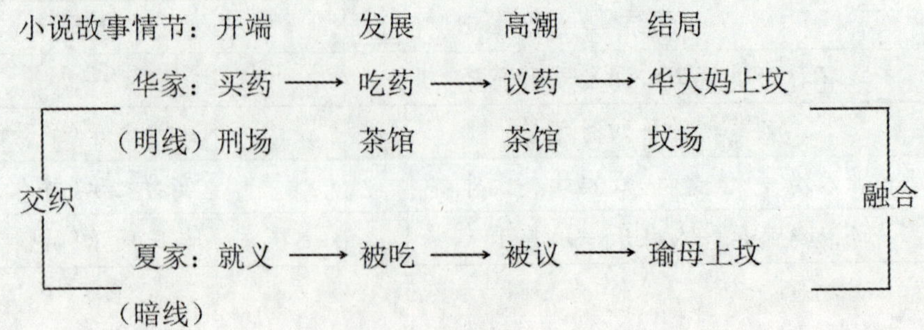

9. 概括式

概括式板书即把课文的内容用精练、简洁的词语进行概括性地说明。

这样处理，简单明了，条理性强，脉络清晰，有助于学生理清文章线索。板书的内容既体现了作者的写作思路，又反映了作者的写作意图。

例如《落花生》概括式板书：

种花生—收花生—吃花生—议花生

10. 线条式

线条式是以线条和文字配合组成的板书形式，不少板书都要辅之以线条。

这类板书把课文的情节线索，或作者的思想感情线索，以线条的形式展示，直观地呈现在学生面前。

例如《赤壁赋》由“景→情→理”的写作思路设计的线条式板书：

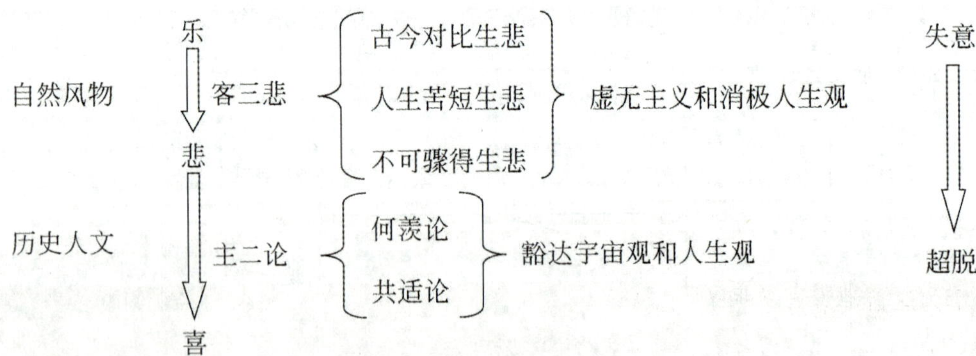

11. 综合式

综合式是文字、线条、标点、图案等各种方式综合运用设计的一种板书形式。

以塑造各种强烈的视觉形象，诉诸学生的感官。这种板书图文并茂，能全面兼顾，突出主体，帮助学生理解，激发学生兴趣，发展学生思维能力。

例如《兰亭集序》综合式板书：

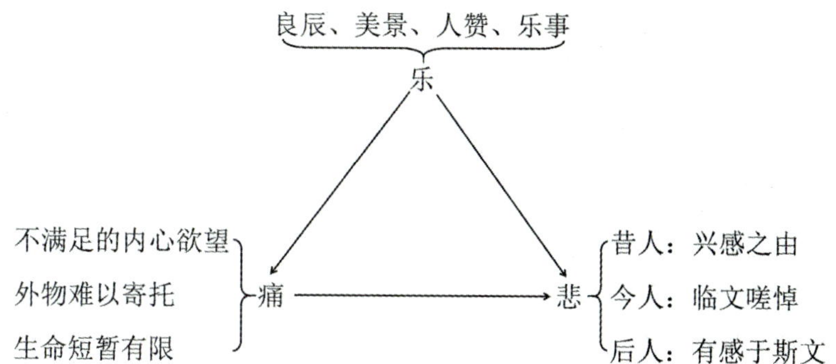

真题精解

01　云南真题

咏怀古迹(其三)

群山万壑赴荆门，生长明妃尚有村。
一去紫台连朔漠，独留青冢向黄昏。
画图省识春风面，环珮空归夜月魂。
千载琵琶作胡语，分明怨恨曲中论。

(1)请为这首诗设计教学思路。(5分)／教学过程

(2)请为这首诗设计教学板书。(5分)／板书

补充设问

(1)请为这首诗设计导入语。/导入

(2)请为这首诗设计课堂小结。/课堂小结

02 根据以下散文,完成课堂教学设计。(15分)　山东真题

要求:①目标明确,重难点突出。教学方法科学,突出基本能力培养,体现合作学习。②教学过程要完整,体现新课标理念。/教学过程

环滁皆山也。其西南诸峰,林壑尤美,望之蔚然而深秀者,琅琊也。山行六七里,渐闻水声潺潺,而泻出于两峰之间者,酿泉也。峰回路转,有亭翼然临于泉上者,醉翁亭也。作亭者谁?山之僧智仙也。名之者谁?太守自谓也。太守与客来饮于此,饮少辄醉,而年又最高,故自号曰醉翁也。醉翁之意不在酒,在乎山水之间也。山水之乐,得之心而寓之酒也。

若夫日出而林霏开,云归而岩穴暝,晦明变化者,山间之朝暮也。野芳发而幽香,佳木秀而繁

阴，风霜高洁，水落而石出者，山间之四时也。朝而往，暮而归，四时之景不同，而乐亦无穷也。

至于负者歌于途，行者休于树，前者呼，后者应，伛偻提携，往来而不绝者，滁人游也。临溪而渔，溪深而鱼肥，酿泉为酒，泉香而酒洌，山肴野蔌，杂然而前陈者，太守宴也。宴酣之乐，非丝非竹，射者中，弈者胜，觥筹交错，起坐而喧哗者，众宾欢也。苍颜白发，颓然乎其间者，太守醉也。

已而夕阳在山，人影散乱，太守归而宾客从也。树林阴翳，鸣声上下，游人去而禽鸟乐也。然而禽鸟知山林之乐，而不知人之乐；人知从太守游而乐，而不知太守之乐其乐也。醉能同其乐，醒能述以文者，太守也。太守谓谁？庐陵欧阳修也。

破题方法与参考答案

01 破题方法

(1)本题是一首古诗，教学时可从知人论世、感知形象、理解情感、品味语言和鉴赏表达技巧五方面切入。根据教学时的五个切入点可以确认大致的教学思路为：导入新课、朗读感知形象、品味鉴赏、课堂小结、布置课后作业。

(2)这首诗是一首咏史诗，诗人借咏昭君村、怀念王昭君来抒写自己的情感。在设计板书时应突出古今对比和事件发展的过程，故表格式、对比式和线条式板书较为适合这首诗的教学。

参考答案

(1)教学思路：

①导入新课

A. 讲述昭君出塞故事。

B. 解题。

C. 背景、作者简介。

②整体感知

A. 朗读诗歌，了解诗歌内容。

B. 找出直接抒发情感的一个词语。

③赏析诗歌

A. 思考：这首诗写的什么内容？怎么写的？为什么这样写？

B. 解读诗歌，理解诗歌中的典故、内容及作者情感等。

C. 讨论探究诗人表达情感的方式。

④鉴赏语言

A. 进行字、句解读。

B. 分析诗歌语言表达特色。

⑤课堂小结

教师总结诗歌的内容、表现手法、语言特色、思想情感。

⑥布置作业

就课文写一篇不少于500字的赏析文章。

（共5分。结合古诗教学方向，确定教学思路，包括导入新课、朗读感知形象、品味鉴赏、课堂小结、布置课后作业，得5分）

（2）教学板书：

咏怀古迹（其三）

人物	昭君	诗人
起因	绝代佳人，入宫见妒	才华横溢，入朝见妒
经过	画图省识，远离汉宫	不分忠佞，无辜遭贬
结果	身死异国，环珮空归	漂泊西南，有家难归
情感体现	千载之怨	深沉怨愤

（共5分。结合诗歌特点和内容，选择合适的板书类型，如表格式、对比式或线条式，看是否体现古今对比和事件发展的过程，酌情给3～5分）

补充设问

（1）破题方法

这首诗是一首咏史诗，诗人借咏昭君村、怀念王昭君来抒写自己的情感。在设计导入时可以从故事背景出发，运用故事导入或情景导入的方法，既能介绍这首诗的创作背景，又能营造情境，使学生有情感共鸣，激起学习兴趣。

参考答案

汉元帝年间，巴山楚水一个倾国倾城的女子，背负着民族的期望，义无反顾地踏上征途，走进了朔风劲草的茫茫大漠中，将她的一汪秋水化成一辈子的守望，种在了历史的青冢里。

唐大历年间，羁旅半生，历尽沧桑的杜甫，来到了昭君的家乡——湖北秭归。在势若奔驰的山林间，遥想800年前的美人，杜甫会生发怎样的感想呢？今天我们将通过《咏怀古迹（其三）》这首诗寻找答案。

(2)破题方法

这首诗是一首咏史诗，这是本诗的教学重点，所以在设计课堂小结时应再次点明，同时对本节课的教学目标作归纳总结。

参考答案

这是杜甫经过昭君村时所作的咏史诗。诗歌的主旨实际上是咏古迹以感己怀。杜甫一生，济世之志甚高，但终其一生，也未得一展抱负。肃宗朝虽任职京师，也只不过是一左拾遗。还因忧国惜才，疏救房琯，而触怒肃宗，差点获刑。虽然获救，却被疏远，最终郁郁辞官，漂泊西南。二人的遭遇、经历、处境，无处不相似。显然作者在怀古伤己，在咏叹昭君不幸的同时也在感慨自己的不幸，在表达昭君千载之怨的同时也在暗中表达自己的深沉怨恨。

02 破题方法

《醉翁亭记》是一篇古代散文，描写了滁州一带朝暮四季自然景物不同的幽深秀美，滁州百姓和平宁静的生活，特别是作者在山林中与民一齐游赏宴饮的乐趣。全文贯穿一个“乐”字，其中则包含着比较复杂曲折的内容。一则暗示出一个封建地方长官能“与民同乐”的情怀，一则在寄情山水背后隐藏着难言的苦衷。

教学中要求要能用普通话正确、流利、有感情地朗读。在通读课文的基础上，理清思路，理解、分析主要内容，体味和推敲重要词句在语言环境中的意义和作用。对课文的内容和表达有自己的心得，能提出自己的看法，并能运用合作的方式，共同探讨、分析、解决疑难问题。在阅读中了解叙述、描写、说明、议论、抒情等表达方式。欣赏文学作品，有自己的情感体验，初步领悟作品的内涵，从中获得对自然、社会、人生的有益启示。对作品中感人的情境和形象，能说出自己的体验；品味作品中富于表现力的语言。诵读古代诗词，阅读浅易文言文，能借助注释和工具书理解基本内容。注重积累、感悟和运用，提高自己的欣赏品位。

由以上内容可知，在设计本篇课文的教学设计时，首先要结合课标的要求及文体特点设计符合学情的教学目标，其次确定本篇课文的教学重难点。在设计教学过程时要结合散文教学的常用方法，做到逻辑清晰，有所侧重。

参考答案

《醉翁亭记》教学设计

一、教学目标：

1. 能够结合课下注释及古代汉语词典，正确理解本课的字词句，能正确地翻译课文，理解课文内容。

2. 掌握全文的脉络，品味文章的语言特色，理解写景、叙事和抒情相结合的方法。

3. 明白“与民同乐”的含义，理解这一思想的进步性和局限性，体会作者的旷达胸襟，学会正确看待挫折。

二、教学重难点

1. 教学重点：能够正确理解本课的字词句，能正确地翻译课文，理解课文内容；掌握全文的脉络，品味文章的语言特色，理解写景、叙事和抒情相结合的方法。

2. 教学难点：明白“与民同乐”的含义，体会作者的旷达胸襟，学会正确看待挫折。

三、教学方法

讲授法、讨论法、朗读法。

四、教学过程

（一）创设情境，导入新课

1. 春暖花开的季节，正是外出旅游踏青的好时机。前面一节课我们观赏了雄伟壮丽的岳阳楼，今天老师再带大家去安徽滁州的醉翁亭游览一番。

2. 引导学生根据课前收集的资料介绍作者和写作背景。

（二）朗读课文，疏通文义

检查预习：同学们，今天我们要去一同欣赏醉翁亭的美丽风光。在学习之前，我要先来验收一下同学们的预习成果。

（1）请同学们齐诵课文。（配乐）

（2）屏幕出示生字词，学生自读后指名读，齐读。根据课下注释和古代汉语词典翻译文中难理解的字词。

（3）以小组合作的形式疏通课文大意。（教师巡视，相机指导）

（4）以小组为单位，用接龙的形式翻译句子。

（5）通过对字词的理解和对文章的翻译，教师引导学生理解全文内容。

（三）再读课文，探究文章的结构

1. 通过前面的学习，同学们对课文内容已有了了解，下面请同学概括各段的主要内容。

2. 文章的内容间有怎样的内在联系呢？以小组合作的形式解决以下几个问题。

（1）作者在写醉翁亭之前先写了周围的景色，是按什么顺序写的？与下文内容有怎样的联系？

（2）山水美，自然有游人的乐趣，人们的乐趣表现在哪些地方？

（3）根据以上梳理，你认为文章结构有何特点？

（四）细读课文，分析内容

1. 欧阳修是怎么介绍滁州地理特点的呢？

2. 根据课文内容，用自己的话描述醉翁亭的位置、造型。

3. 文中都描写了哪些迷人风光？参照课文内容说一说。

（1）这里的景色美不胜收，清晨傍晚、春夏秋冬各不相同。清晨山间景色是怎样的呢？傍晚呢？一年四季呢？

（2）如果说第一段文字是从空间角度写景的话，第二段是从哪个角度写景的？

4. 文中第三段都讲了哪几个内容？概括说明。（滁人游—太守宴—众宾欢—太守醉）

（1）课文又是如何描写人们欢乐的场面呢？

（2）人们的欢乐体现在哪里？你能用自己的语言描述一下吗？太守见到这些，有着怎样的神态？

（3）如何来理解太守的醉呢？

（4）齐读第三小节，读出欢乐的气氛。

5. 齐读最后一段，想一想归途景致如何？宾客的心情如何？你能体会太守的心情吗？

（五）理清思路，明确主旨

1. 梳理文章的写作思路。（路线、风景、风俗、心情）

2. 如果用一个字概括这篇文章思想感情的话，你会选哪个字？（醉、乐）

3. 从文中勾画出写“醉”“乐”的句子，说说作者是因何而“醉”？又在“乐”些什么？（小组讨论、探究，教师相机引导、点拨）

4. 欧阳修被贬，尚能与民同乐，对你有什么教育意义？

5. 赏析其写作特色。

（1）欧阳修为这里的景、人、情而醉，写出了如此优美的一篇散文。而我们诵读此文，是否也能感到一份浓浓的醉意呢？那么，我们为何而醉？

(2)选择自己喜欢的段落或句子自由朗读,要用心去体会。思考:这些句子或段落为何能让我们陶醉?

(3)引导学生通过对课文语言的分析,总结课文的写作特色,教师相机引导、点拨。

(4)教师小结写作特色。

(六)板书设计

醉翁亭记

欧阳修

内容	总结	分析
路线	环滁—琅琊山—酿泉—醉翁亭	—
风景	朝暮之景—四时之景	山水之乐(醉景)
风俗	滁人游—太守宴—众宾欢—太守醉	宴游之乐(醉人)
心情	禽鸟乐—人之乐—乐其乐	与民同乐(醉情)

(共15分。答出切合的教学目标,得2分;教学重难点符合课程标准对应学段的要求及文体特点,得2分;答出符合文体特点和学情的教学方法,得1分;教学过程具有启发性,教学内容逻辑清晰,教学手段合理,符合学生认知,得8分;结合课文内容选用板书,能反映文章结构内容,得2分)

专题六　教学反思

命题规律探究

教学反思常以完整的教学简案的形式考查，一般情况下不会单独考查，考查题型为主观题。

真题示例

浙江金华永康小学真题

以下是人教版五年级下册电子课本，请根据教材内容，编写《杨氏之子》的教学设计，包括教学目标、教学重难点、教学过程、教学反思等内容。（附：教材内容节录）（17分）/ 教学反思

21 杨氏之子①

梁国杨氏子九岁，甚聪惠②。孔君平诣（yì）③其父，父不在，乃④呼儿出。为设果，果有杨梅。孔指以示⑤儿曰："此是君家果。"儿应声答曰："未闻孔雀是夫子⑥家禽（qín）。"

注释

① 本文选自《世说新语·言语》。
② 〔惠〕同"慧"。
③ 〔诣〕拜访。
④ 〔乃〕就，于是。
⑤ 〔示〕给……看。
⑥ 〔夫子〕古时对男子的敬称，这里指孔君平。

诣　禽

梁	诣	禽

- 正确、流利地朗读课文，读好下面的句子。背诵课文。
  - ◇ 孔指以示儿曰："此是君家果。"
  - ◇ 儿应声答曰："未闻孔雀是夫子家禽。"
- 借助注释了解课文的意思，说说从哪里可以看出杨氏之子的机智。

答题思路

①画"＿"部分点明了学段。

画"～"部分明确了要从教学目标、教学重难点、教学过程、教学反思四方面作答。

答案：

《杨氏之子》教学设计

教学目标：

1. 会写3个生字，会认2个生字，能正确读写文中词语。

2. 正确、流利地朗读课文，理解课文内容，理解文中含义深刻的句子。

3. 紧扣重点词句，感悟杨氏之子的“甚聪惠”；初步感受文言文简约的特点，体会故事中孩子应对语言的巧妙。

教学重点：

体会故事中孩子应对语言的巧妙。

教学难点：

理解课文的意思，感悟杨氏之子的“甚聪惠”。

教学过程：

一、导入新课

1. 古人写的诗叫古诗，那古人写的文章叫——古文。古文又叫文言文，它语句简短，字词的意思与我们现在的语言文字差别很大。今天，老师要带着大家一起学习一篇文言文，去认识一个聪慧的小孩。（板书课题）

2. 引导学生读课题“杨氏之子”。提问：谁知道课题的意思？（学生回答，教师相机引导、点拨）

二、初通课文，理解句子意思

1. 学习文言文，朗读很重要，你们会读吗？先请大家自由朗读课文，要求结合工具书读准字音。

2. 指名学生朗读，教师为学生正音。

3. 教师范读，引导学生注意教师的朗读节奏及语气、语调的变化。

4. 学生齐读课文，要求正确、流利。

5. 引导学生结合课文注释和工具书逐字逐句理解课文内容，并小组讨论，思考文章主要讲了件什么事情。

6. 请学生回答问题，其他学生补充，教师从旁引导、点拨。

7. 提问：知道了课文大意，你能告诉老师你读懂哪些句子的意思了吗？（教师带领学生逐字逐句理解文章内容）

三、再读课文，深入理解

1. 朗读课文，理解句意

（1）孔君平诣其父，父不在，乃呼儿出。

同学们知道孔君平来干什么吗?“其”在这里是“他的”,“他的”指谁的? 你怎么知道?(引导学生懂得联系上下文理解词句)

(2)为设果,果有杨梅。

谁给谁端来了水果? 是哪一种水果?

(3)孔指以示儿曰:“此是君家果。”

“此”指的是什么? 你怎么知道的? 君家指谁家? 君家和下文的夫子家都是尊称,夫子家就是您家(孔家)。

(再次引导学生联系上下文理解词句)

(4)儿应声答曰:“未闻孔雀是夫子家禽。”

①“应声”指的是什么? 请同学们联系语境推测一下。“未闻”又是什么意思?

②提醒学生注意这里的“家”和“禽”各自表示独立的意思,禽是鸟类。

2. 做游戏,加深对课文的理解

(1)教师说出句子意思,学生快速找到对应的句子。

(2)师生问答、抢答:杨氏子何许人也? 为何设果? 孔如何曰? 儿又如何曰?

3. 配乐再读课文,要求把文言文的韵味读出来。

四、咬文嚼字,探究生趣

1. 细读课文,找出你认为“杨氏子甚聪惠”的原因。

(1)理解孔君平的话

①你听懂了孔君平的言外之意了吗? 为什么孔君平单单指着杨梅说,不说其他水果呢?

②这么巧妙的弦外之音杨氏子听出来了吗? 他是怎么应答的?

③那么杨氏子的言下之意是什么呢? 这说明杨氏子怎么样?(不但会听,还会说)

(2)理解杨氏子的回答

比较“未闻孔雀是夫子家禽”和“孔雀是夫子家禽”这两句话,你发现了什么?

①用“未闻”显得不卑不亢,彬彬有礼。

②一般有文化、有涵养的成年男子,可以称为夫子。杨氏子称孔君平为“夫子”显得有礼貌。

(3)理解“应声答曰”

这么巧妙的回答,杨氏子思考的时间长吗? 从哪里看出来的? 由此看出杨氏子是一个怎样的孩子呢?

2. 小结

读书就是要咬文嚼字,要细细品味,这样才能把话中话读出来。这杨氏之子思维之敏捷,言语之巧妙,让人回味无穷! 让我们拿起课本,把这个聪慧的孩子记进心里。(齐读全文)

3. 小练笔

如果你是孔君平，听到杨氏子巧妙又不失礼貌的回答，会怎么夸杨氏子？而聪慧的杨氏子又如何应答呢？我们试着来写写他们俩后来的对话。

五、课外延趣

1.《杨氏之子》这个故事出自《世说新语》。这部书共有一千多个有趣的故事，记载了东汉后期到晋宋间一些名士的言行与轶事。

2. 拓展阅读。出示《口中狗窦》一文，引导学生结合注释自己读一读，争取读懂，然后讲给别人听，与他人分享阅读的快乐。

六、作业

推荐同学们课下读一读《世说新语》，希望课后同学们多读些古文，搜集一些精妙的语言，如谚语、幽默故事、对联、歇后语等，和同学们交流。也可以搜集相声、评书或影视剧的精彩对白，试着演一演，我们一起来开展一次语文综合性学习活动。

七、板书设计

杨氏之子（甚聪惠）

孔君平　　杨梅　　杨家果

杨氏子　（未闻）孔雀　孔家禽

八、教学反思

本文是一篇简短的文言小说，学习本课要引导学生理解课文内容，感受故事中人物语言的风趣机智。本课在教学时要一步一步，从易到难，从其文中之意到其文外之意，引导学生理解其语言、思想的精妙。所以在教学中从朗读入手引导学生理解大意，激发学生的学习兴趣，接着进入正题学习正文，同时，在学习结束时，安排拓展环节培养学生的阅读兴趣，检验学生本节课学习的文言文阅读方法。之后的作业则激发了学生学习文言文的兴趣，提高了学生学习的积极性，为之后的综合性学习奠定了基础，充分尊重了语文课程的实践性和综合性。

一、教学反思的内容

（一）写教学体会

1. 写下自己的成功之处

详细记录的内容，可以供以后教学时参考使用，并可在此基础上不断地改进、完善、推陈出新。

2. 写下自己的败笔之处

尽管课前做了充分准备，但很难做到无懈可击。如课题引入不自然，内容衔接不流畅，重点呈现不成功，突破难点不得法，课堂设问不明确，知识准备不充分，师生配合不默契，学生精力不集中等。对它们进行回顾、梳理，并对其作深刻地反思、探究与剖析，使之成为以后再教该内容时应吸取的教训。

(二)写教学机智

课堂教学中，随着教学内容的进行，师生间思维的发展以及情感的交流，往往会因为一些偶发事件的发生而产生智慧的火花。

这些随机产生的教学灵感，常常是不由自主、突然而至，若不及时利用课后反思去捕捉，便会因时过境迁而烟消云散，令人遗憾不已。

(三)写教学反馈

1. 记录学生的学情

传统意义的教学只注重教师的“教”，而忽略学生的“学”，及时捕捉来自学生方面的反馈信息，有助于教师更全面地了解学生，更深入地钻研教材。

学生的反馈信息包括：学生对课堂的兴趣，对教学方法的意见和建议，对教学效果的评价，对某个问题的认识和见解，尤其是学生在课堂练习和回答问题中表现的不足和遗憾，这些要及时整理记载。

2. 保存学生的创新

学生是学习的主体，教师应当充分肯定学生在课堂上提出的一些独到的见解，这样不仅可以使学生的好方法、好思路得以推广，还可以拓宽教师的教学思路，提高教学水平。

3. 分析学生的作业和试卷

好的教学效果并不是通过教师自己感觉出来的，而是通过课堂上的作业与测试确定的。

教师应在课后针对学生在作业和试卷中出现的问题，及时反思原因，寻求改进方法。

例如：对于不认真听讲和复习的学生应怎样加以教育，对于马虎出错及学习方法欠缺的学生应如何加以指点，对于自己没有讲清的知识点又该如何进行改进和补救等。

(四)写再教设计

一节课下来，静心沉思：摸索出了哪些教学规律，教法上有哪些大胆创新，知识点上有什么新的拓展，组织教学方面有几条新的招式，启发是否得当，操练是否到位等。及时记下这些得失，并进行必要的归类与取舍，考虑一下再教这部分内容时应该如何做，写出再教设计。

这样可以做到扬长避短、精益求精，让自己的教学水平有质的飞跃。

二、教学反思的作用

（一）有利于促进教学质量的提高

教学反思是教学活动的重要组成部分。

教师在教学反思中能有意识地观察教学现象和问题，并针对这些问题进行深入地反思，将思考后的体会和理解运用到实践中，通过反复的实践与思考获得最佳的教学效果。

因此，教学反思是促进教学有效性提高的重要途径。

（二）有利于教育理论向教学实践转化

教师除了要具有专业知识之外，还需要具备一定的教育理论修养和教学研究能力。

教学反思为教学理论向教学实践的转化提供了重要途径，通过教学反思教师能将所学的教育理论内化为教育思想，并自觉运用新的理念和认识来调整和优化自己的教学行为，进而达到预期的教学效果。

（三）有利于教学研究能力的提高

教学反思为教师进行教学研究提供了新的途径，教学反思是一个发现问题、分析问题并解决问题的过程，而这个过程也正是一个教学研究的过程。

教学反思可以使教师在自己的教学活动中观察教学现象，发现教学问题，并运用一定的教育理论和教育思想来分析这些问题，并尝试寻求解决这些问题的途径。

这个过程，教师不仅是教学的主体，还是研究的主体。通过反思，教师研究自己的教学观念、教学行为以及教学效果，达到了更新理念、改善行为、提升教学水平的目的，使自己真正成了教学的研究者。

（四）有利于培养学生的创新思维

教学活动中，学生具有“向师性”，教师的教学方式会以外显的语言、行为表现出来，无形中会促进学生创新思维的发展。

在教学反思中，教师以反思性的教学方式对学生的思维发展进行训练和培养，为学生的思维发展创造了良好的发展环境。具有反思性思维方式的教师在教学中也能引导学生不以经验来判断事物，而以批判否定的态度客观分析问题，这将使得学生敢于质疑，善于思考，促进了学生批评性思维和创新性思维的培养。

三、教学反思的方法

（一）反思日记

写反思日记为有针对性地改进教学，积累了良好的素材：这种反思方式使教师不断提高自己的课堂陈述水平，并带动认知成分的延伸，最终帮助教师形成个人教学风格。

（二）叙事研究

叙事研究是教学反思非常重要的方法，通常包括：

1. 对教育对象进行研究。

2. 对教育活动进行研究。

3. 对教育思想进行研究。

（三）行动研究

行动研究并不是一种独立的研究方法，而是一种教育研究活动，是一种教师为研究自己的工作而综合运用的各种有效的研究方法，是教师对事件采取的一种自我反思形式。

三　试题精解

以下是统编版七年级下册电子课本，请根据教材内容，编写《爱莲说》的教学设计，包括教学目标、教学重难点、教学过程、教学反思等内容。（附：教材内容节录）（13分）/ 教学反思

水陆草木之花，可爱者甚蕃。晋陶渊明独爱菊。自李唐来，世人甚爱牡丹。予独爱莲之出淤泥而不染，濯清涟而不妖，中通外直，不蔓不枝，香远益清，亭亭净植，可远观而不可亵玩焉。

予谓菊，花之隐逸者也；牡丹，花之富贵者也；莲，花之君子者也。噫！菊之爱，陶后鲜有闻。莲之爱，同予者何人？牡丹之爱，宜乎众矣！

破题方法与参考答案

破题方法

本题要求写一篇教学设计，包括教学目标、教学重难点、教学过程、教学反思等。在作答时首先要知道教学反思要反思哪些方面，然后根据所写的教学设计，找出值得反思的教学环节。

参考答案

《爱莲说》教学设计

教学目标：

1. 掌握重点文言字词的解释和文章的翻译。

2. 在理解的基础上背熟全文。

3. 理解语句的比喻意义，领会托物言志的写作手法。

4. 感受莲花的高洁之美和作者洁身自好的高尚品德。

教学重点：

掌握重点文言字词的解释和文章的翻译。

教学难点：

理解语句的比喻意义，领会托物言志的写作手法。

教学过程：

一、情景导入

由多媒体配乐展示荷花的图片（引入情景），学生回忆相关咏“莲”或“荷”的诗句，学生初步感受“莲”的形象。

二、诱思导学

教师出示学生自主学习的内容，点拨指导。

1. 学生自读课文：弄清字、词、节奏。

2. 学生自读把握语气和节奏。

3. 学生齐读课文，整体感知。

4. 分组疏通文意，学生对照注释及提示理解文意。

三、合作探究

教师出示学生探究的内容。（多媒体展示）

1. 什么是“说”？

2. 看课文注释，画出不能理解的句子。

3. 文章开头为什么先写陶渊明和世人的爱好？

4. 文中写了哪些花？重点写什么？为什么要写其他的花？

5. 文章仅仅是写花吗？采用了什么写法？花与人有什么关系？

6. 哪些地方是写莲的？从哪些方面写莲的？

7. 莲花有什么特点？作者为什么喜欢莲花？

8. 作者为什么发出“莲之爱，同予者何人?”的感叹？作者的感叹说明了什么？

学生分组讨论，与教师的点拨和学生的学习相结合。成绩不错的学生更注重积累，成绩略差的同学加深课文的理解并及时消化与整理。学生自主思考，深入理解文章内涵。

四、拓展延伸

1. 回忆曾经学过的与莲花有关的诗歌。

2. 写几句关于莲花的话（可以是对莲花的描写），学习本文的感受，对生活态度的思考。学生思考讨论后回答。

五、课文总结

1. 归纳主题（找出中心句）。

2. 了解本文衬托的写法。

3. 本文中，作者除了写莲，还提到了什么花？几次提到？作用是什么？

六、板书设计

爱莲说

周敦颐

生长环境——濯清涟而不妖　纯真自然，不媚于世

体态——中通外直　内心通达，行为正直

生长——不蔓不枝　不攀附权贵

香远益清　美名远扬

亭亭净植　高洁独立

风度——可远观而不可亵玩　自尊自爱，令人敬佩

托物——喻人

菊花牡丹　对比烘托

七、教学反思

我在教学设计中努力探求一种让学生参与课堂教学，把学生活动有机渗透到教学的各个环节中去的方法，着眼引导学生通过自学，培养他们动口、动手、动脑的能力，以获取知识，提高素质，增长能力。设计的重点放在学生通过自学，独立发现问题、解决问题、掌握知识的方法上，并把课堂当作他们能力展示的天地，激发他们参与教学活动的积极性。但是在其中令我不满意的是，不是所有的学生都能参与其中，有些学生的学习积极性还是没有调动起来，这种现象出现的原因主要有两点：一是内容太多，无侧重点，二是课堂朗诵不足。我应该在以后的教学中多多找寻方法，促进我和学生共同进步。

（共13分。答出切合的教学目标，得2分；教学重点结合课程标准对应学段的要求及文体特点，得1分；教学难点结合课程标准对应学段的要求及文体特点，得1分；教学过程具有启发性，教学内容逻辑清晰，教学手段合理，符合学生认知，得6分；结合课文内容选用板书，利于丰富词汇，得1分；教学反思中体现梳理回顾课堂教学，进行反思、探究，得2分）

专题七　试题集训

01 阅读以下材料，为本篇课文设计教学目标，并根据教学目标设计教学过程，简要说明每个环节的教学内容与教学方式。(10分)

与朱元思书

吴　均

风烟俱净，天山共色。从流飘荡，任意东西。自富阳至桐庐一百许里，奇山异水，天下独绝。

水皆缥碧，千丈见底。游鱼细石，直视无碍。急湍甚箭，猛浪若奔。

夹岸高山，皆生寒树，负势竞上，互相轩邈，争高直指，千百成峰。泉水激石，泠泠作响；好鸟相鸣，嘤嘤成韵。蝉则千转不穷，猿则百叫无绝。鸢飞戾天者，望峰息心；经纶世务者，窥谷忘反。横柯上蔽，在昼犹昏；疏条交映，有时见日。

(一)学生情况

八年级，48人。

(二)课时安排

1课时。

(三)教学条件

多媒体。

02《鸟的天堂》是部编版小学语文五年级上册的一篇课文，如果你来执教这篇课文，请按要求完成教学设计。

鸟的天堂

我们吃过晚饭，热气已经退了。太阳落下了山坡，只留下一段灿烂的红霞在天边。

我们走过一段石子路，很快就到了河边。在河边大树下，我们发现了几只小船。

我们陆续跳上一只船。一个朋友解开了绳，拿起竹竿一拨，船缓缓地动了，向河中心移去。

河面很宽，白茫茫的水上没有一点儿波浪。船平静地在水面移动。三支桨有规律地在水里划，那声音就像一支乐曲。

在一个地方，河面变窄了。一簇簇树叶伸到水面上。树叶真绿得可爱。那是许多株茂盛的榕树，看不出主干在什么地方。

当我说许多株榕树的时候，朋友们马上纠正我的错误。一个朋友说那里只有一株榕树，另一个朋友说是两株。我见过不少榕树，这样大的还是第一次看见。

我们的船渐渐逼近榕树了。我有机会看清它的真面目，真是一株大树，枝干的数目不可计数。枝上又生根，有许多根直垂到地上，伸进泥土里。一部分树枝垂到水面，从远处看，就像一株大树卧在水面上。

榕树正值茂盛的时期，好像在把它的全部生命力展示给我们看。那么多的绿叶，一簇堆在另一簇上面，不留一点儿缝隙。那翠绿的颜色，明亮地照耀着我们的眼睛，似乎每一片绿叶上都有一个新的生命在颤动。这美丽的南国的树！

船在树下泊了片刻。岸上很湿，我们没有上去。朋友说这里是“鸟的天堂”，有许多鸟在这树上做巢，农民不许人去捉它们。我仿佛听见几只鸟扑翅的声音，等我注意去看，却不见一只鸟的影子。只有无数的树根立在地上，像许多根木桩。土地是湿的，大概涨潮的时候河水会冲上岸去。“鸟的天堂”里没有一只鸟，我不禁这样想。于是船开了。一个朋友拨着桨，船缓缓地移向河中心。

第二天，我们划着船到一个朋友的家乡去。那是个有山有塔的地方。从学校出发，我们又经过那“鸟的天堂”。

这一次是在早晨。阳光照耀在水面，在树梢，一切都显得更加光明了。我们又把船在树下泊了片刻。

起初周围是静寂的。后来忽然起了一声鸟叫。我们把手一拍，便看见一只大鸟飞了起来。接着又看见第二只，第三只。我们继续拍掌，树上就变得热闹了，到处都是鸟声，到处都是鸟影。大的，小的，花的，黑的，有的站在树枝上叫，有的飞起来，有的在扑翅膀。

我注意地看着，眼睛应接不暇，看清楚了这只，又错过了那只，看见了那只，另一只又飞起来了。一只画眉飞了出来，被我们的掌声一吓，又飞进了叶丛，站在一根小枝上兴奋地叫着，那歌声真好听。

当小船向着高塔下面的乡村划去的时候，我回头看那被抛在后面的茂盛的榕树。我感到一点儿留恋。昨天是我的眼睛骗了我，那“鸟的天堂”的确是鸟的天堂啊！

(1)请写出这篇课文的教学价值。(4分)

(2)请为此文写一个三维融合的教学目标。(6分)

(3)设计一个教学环节,引导学生理解品味文中含义深刻的语句。(8分)

(4)设计完整的板书。(4分)

03 请根据统编版四年级上册《走月亮》设计一篇完整的教学简案,包括教学目标、教学重难点、教学方法、教学过程、教学反思等。(14分)

走月亮

秋天的夜晚,月亮升起来了,从洱海那边升起来了。

是在洱海里淘洗过吗?月盘是那样明亮,月光是那样柔和,照亮了高高的点苍山,照亮了村头的大青树,也照亮了,照亮了村间的大道和小路……

这时候,阿妈喜欢牵着我,在洒满月光的小路上走着,走着……啊,我和阿妈走月亮!

细细的溪水,流着山草和野花的香味,流着月光。灰白色的鹅卵石布满河床。哟,卵石间有多少可爱的小水塘啊,每个小水塘都抱着一个月亮!哦,阿妈,白天你在溪里洗衣裳,而我,用树叶做小船,运载许多新鲜的花瓣……哦,阿妈,我们到溪边去吧,去看看小水塘,看看水塘里的月亮,看看我采过野花的地方。

啊,我和阿妈走月亮……

村道已经修补过,坑坑洼洼的地方已经填上碎石和新土。就要收庄稼了,收庄稼前,要把道路修一修,补一补,这是村里的风俗。秋虫唱着,夜鸟拍打着翅膀,鱼儿跃出水面,泼剌声里银光一闪……从果园那边飘来果子的甜香,是雪梨,是火把梨,还是紫葡萄?都有。在坡头那片月光下的果园里,这些好吃的果子挂满枝头。沟水汩汩,很满意地响着。是啊,它旁边,是它浇灌过的稻田。哦,阿妈,这不就是我们家的地吗?春天,我们种的油菜开花了,我在田地里找兔草,我把蒲公英吹得飞啊飞……收了油菜,栽上水稻。看,稻谷就要成熟了,稻穗低垂着头,稻田像一块月光镀亮的银毯。哦,阿妈,我们到田埂上去吧,你不是说学校放假了,阿爸就要回来了吗?我们采哪一塘新谷招待阿爸呢?

啊,我和阿妈走月亮……

有时,阿妈给我讲月亮的故事,一个古老的传说;有时,却什么也不讲,只是静静地走着,走着。走过月光闪闪的溪岸,走过石拱桥,走过月影团团的果园,走过庄稼地和菜地……啊,在我仰起脸看阿妈的时候,我突然看见,美丽的月亮牵着那些闪闪烁烁的小星星,好像也在天上走着,走着……

多么奇妙的夜晚啊,我和阿妈走月亮!

---

04 阅读下面的课文,回答问题。

落花生

我们家的后园有半亩空地。母亲说:“让它荒着怪可惜的,你们那么爱吃花生,就开辟出来种花生吧。”我们姐弟几个都很高兴,买种,翻地,播种,浇水,没过几个月,居然收获了。

母亲说:“今晚我们过一个收获节,请你们的父亲也来尝尝我们的新花生,好不好?”母亲把花生做成了好几样食品,还吩咐就在后园的茅亭里过这个节。

那晚的天色不大好。可是父亲也来了,实在很难得。

父亲说:“你们爱吃花生吗?”

我们争着答应:“爱!”

“谁能把花生的好处说出来?”

姐姐说:“花生的味道很美。”

哥哥说:“花生可以榨油。”

我说:“花生的价钱便宜,谁都可以买来吃,都喜欢吃。这就是它的好处。”

父亲说:“花生的好处很多,有一样最可贵。它的果实埋在地里,不像桃子、石榴、苹果那样,把鲜红嫩绿的果实高高地挂在枝上,使人一见就生爱慕之心。你们看它矮矮地长在地上,等到成熟了,也不能立刻分辨出来它有没有果实,必须挖起来才知道。”

我们都说是,母亲也点点头。

父亲接下去说:“所以你们要像花生,它虽然不好看,可是很有用。”

我说:“那么,人要做有用的人,不要做只讲体面,而对别人没有好处的人。”

父亲说:“对。这是我对你们的希望。”

我们谈到深夜才散。花生做的食品都吃完了,父亲的话深深地印在我的心上。

(1)为这篇课文设计一个教学导入语。(4分)

(2)“议花生”的部分是这篇课文教学的重点,试设计该片段的教学过程。(6分)

05 下面是小学五年级下册的一篇课文《威尼斯的小艇》,请阅读以下教材内容,按要求完成后面的题目。

威尼斯的小艇

威尼斯是世界闻名的水上城市,河道纵横交错,小艇成了主要的交通工具,等于大街上的汽车。

威尼斯的小艇有二三十英尺长,又窄又深,有点儿像独木舟。船头和船艄向上翘起,像挂在天边的新月;行动轻快灵活,仿佛田沟里的水蛇。

我们坐在船舱里,皮垫子软软的像沙发一般。小艇穿过一座座形式不同的石桥。我们打开窗帘,望望耸立在两岸的古建筑,跟来往的船只打招呼,有说不完的情趣。

船夫的驾驶技术特别好。行船的速度极快,来往船只很多,他操纵自如,毫不手忙脚乱。不管怎么拥挤,他总能左拐右拐地挤过去。遇到极窄的地方,他总能平稳地穿过,而且速度非常快,还能急转弯。两边的建筑飞一般地倒退,我们的眼睛忙极了,不知看哪一处好。

商人夹了大包的货物,匆匆走下小艇,沿河做生意。青年妇女在小艇里高声谈笑。许多孩子由保姆伴着,坐着小艇到郊外去呼吸新鲜的空气。老人带了全家,坐着小艇上教堂去作祷告。

半夜,戏院散场了,一大群人拥出来,走上了各自雇好的小艇。簇拥在一起的小艇一会儿就散开了,消失在弯曲的河道中,远处传来一片哗笑和告别的声音。水面上渐渐沉寂,只见月亮的影子在水中摇晃。高大的石头建筑耸立在河边,古老的桥梁横在水上,大大小小的船都停泊在码头上。静寂笼罩着这座水上城市,古老的威尼斯又沉沉地入睡了。

(1)如果让你来设计课堂教学,请你为这篇课文的第一课时教学设计一则课堂导入语。(4分)

(2)请根据教材要求与课文内容,写出这个课时的教学目标、教学重点、教学难点,并就课文内容围绕小艇写的几个方面设计一个微型课堂。(14分)

06《圆明园的毁灭》是统编版小学语文五年级上册第14课的课文，如果你来执教这篇课文，请按要求完成教学设计。

圆明园的毁灭是中国文化史上不可估量的损失，也是世界文化史上不可估量的损失！

圆明园在北京西北郊，是一座举世闻名的皇家园林。它由圆明园、万春园和长春园组成，所以也叫圆明三园。此外，还有许多小园，分布在圆明园东、西、南三面，众星拱月般环绕在圆明园周围。

圆明园中，有金碧辉煌的殿堂，也有玲珑剔透的亭台楼阁；有象征着热闹街市的"买卖街"，也有象征着田园风光的山乡村野。园中许多景物都是仿照各地名胜建造的，如海宁的安澜园、苏州的狮子林、杭州西湖的平湖秋月；还有很多景物是根据古代文人的诗情画意建造的，如蓬岛瑶台、武陵春色。园中不仅有民族建筑，还有西洋景观。漫步园内，有如漫游在天南海北，饱览着中外风景名胜；流连其间，仿佛置身在幻想的境界里。

圆明园不但建筑宏伟，还收藏着最珍贵的历史文物：上自先秦时代的青铜礼器，下至唐、宋、元、明、清历代的名人书画和各种奇珍异宝。所以，它又是当时世界上最大的博物馆、艺术馆。

1860年10月6日，英法联军侵入北京，闯进圆明园。他们把园内凡是能拿得动的东西，统统掠走；拿不动的，就用大车或牲口搬运；实在运不走的，就任意破坏、毁掉。为了销毁罪证，10月18日和19日，三千多名侵略者奉命在园内放火。大火连烧三天，烟云笼罩了整个北京城。我国这一园林艺术的瑰宝、建筑艺术的精华，就这样化为一片灰烬。

(1)为本文教学制定三维融合的教学目标。(4分)

(2)本文为新授课，请设计完整的教学过程。(10分)

07 《铺满金色巴掌的水泥道》是人教版小学语文三年级上册的一篇课文，请按要求完成教学设计。

铺满金色巴掌的水泥道

一夜秋风，一夜秋雨。

我背着书包去上学时，天开始放晴了。

啊！多么明朗的天空。

可是，地面还是潮湿的，不时还能看见一个亮晶晶的水洼，映着一角小小的蓝天。

道路两旁的法国梧桐树，掉下了一片片金黄金黄的叶子。这一片片闪着雨珠的叶子，一掉下来，便紧紧地粘在湿漉漉的水泥道上了。

我走在院墙外的水泥道上。水泥道像铺上了一块彩色的地毯。这是一块印着落叶图案的、闪闪发光的地毯，从脚下一直铺到很远很远的地方，一直到路的尽头……

每一片法国梧桐树的落叶，都像一个金色的小巴掌，熨帖地、平展地粘在水泥道上。它们排列得并不规则，甚至有些凌乱，然而，这更增添了水泥道的美。

我一步一步小心地走着，一片一片仔细地数着。我穿着一双棕红色的小雨靴。你瞧，这多像两只棕红色的小鸟，在秋天金黄的叶丛间，愉快地蹦跳着、歌唱着……

要不是怕上课迟到，我会走得很慢很慢的。

一夜秋风，一夜秋雨。

当我背着书包去上学时，第一回觉得，门前的水泥道真美啊！

(1)请写出这篇课文的表达内容与教学方法。(6分)

(2)请为本篇课文设计教学目标。(4分)

(3)请为本篇课文设计一课时的教学过程。(10分)

08 请针对《梦回繁华》一课写一篇教学设计，要体现教学设计的合理性，巧妙性和独特性，要求包括教学目标、教学重难点、教学方法和教学过程等。(13分)

梦回繁华

毛　宁

北宋时期，商业手工业迅速发展，城市布局打破了坊与市的严格界限，出现空前的繁荣局面。北宋汴京商业繁盛，除贵族聚集外，还住有大量的商人、手工业者和市民，城市的文化生活也十分活跃。由此，绘画的题材范围在反映现实生活方面得到了极大的拓展，从唐代以描绘重大历史事件和贵族生活为主，扩展到描绘城乡市井平民生活的各个方面。张择端的《清明上河图》便是北宋风俗画作品中最具代表性的一幅。

张择端，主要活动于北宋末年至南宋初年，生卒年不详，山东东武人，字正道，又字文友。幼读书游学于汴京，徽宗朝进入翰林，据张著题跋，“后习绘画”，擅长界画，工舟车、人物、市街、城郭，自成一家。除《清明上河图》外，还有《西湖争标图》相传为他所画。据后代文人考订，《清明上河图》可能作于政和至宣和年间(1111—1125)。那正是北宋统治者在覆灭之前大造盛世假象，以此掩盖内忧外患的时期。建炎之后，南渡的北宋遗民怀念故土，在他们眼中，这幅图卷必有其特殊的意义，正是他们回首故土、梦回繁华的写照。透过此一观念来审视这幅千古名作，我们会发觉那隐藏于繁华背后的心情。

张择端画的《清明上河图》，绢本，设色，纵24.8厘米，横528.7厘米。作品描绘了都城汴京从城郊、汴河到城内街市的繁华景象。整个长卷犹如一部乐章，由慢板、柔板，逐渐进入快板、紧板，转而进入尾声，留下无尽的回味。

画面开卷处描绘的是汴京近郊的风光。疏林薄雾，农舍田畴，春寒料峭，赶集的乡人驱赶着往城内送炭的毛驴驮队。在进入大道的岔道上，是众多仆从簇拥的轿乘队伍，从插满柳枝的轿顶可知是踏青扫墓归来的权贵。近处小路上骑驴而行的则是长途跋涉的行旅。树木新发的枝芽，调节了画面的色彩和疏密，表现出北国早春的气息。画面中段是汴河两岸的繁华情景。汴河是当时南北交通的孔道，也是北宋王朝国家漕运的枢纽。巨大的漕船，舳舻相接，忙碌的船工从停泊在河边的粮船上卸下沉重的粮包，纤夫们拖着船逆水行驶，一片繁忙景象。汴河上有一座规模宏敞的拱桥，其桥无柱，以巨木虚架而成，结构精美，宛如飞虹。桥的两端紧连着街市，车水马龙，热闹非凡。一艘准备驶过拱桥的巨大漕船的细节描绘，一直为人们所称道：船正在放倒桅杆准备过桥，船夫们呼唤叫喊，握篙盘索。桥上呼应相接，岸边挥臂助阵，过往行人聚集在桥头围观。而那些赶脚、推车、挑担的人们，却无暇一顾。这紧张的一幕，成为全画的一个高潮。后段描写汴京市区的街道。在高大雄伟的城楼两侧，街道纵横，房屋林立，茶坊、酒肆、脚店、肉铺、寺观、公厕等一应俱全。各类店铺经营着罗锦布匹、沉檀香料、香烛纸马。另有医药门诊、大车修理、看相算命、修面整容，应

有尽有。街上行人摩肩接踵，络绎不绝，士农工商，男女老少，各行各业，无所不备。

《清明上河图》采用了中国传统绘画特有的手卷形式，以移动的视点摄取对象。全图内容庞大，却繁而不乱，长而不冗，段落清晰，结构严谨。画中人物有五百多个，形态各异。采用兼工带写的手法，线条遒劲，笔法灵动，有别于一般的界画。《清明上河图》是一幅写实性很强的作品，画中所绘景物，与文献中有关汴京的记载基本一致。《东京梦华录》中所记述的街巷、酒楼、饮食果子，以及“天晓诸人入市”“诸色杂卖”等，都能在这画面中找到生动的图释。画中的“孙羊店”“脚店”等，与《东京梦华录》中所记的“曹婆婆肉饼”“正店七十二户……其余皆谓之脚店”等，无有不符。画面细节的刻画也十分真实，如桥梁的结构，车马的样式，人物的衣冠服饰，各行各业人员的活动，皆细致入微。它不是一般热闹场面的记录，而是通过对各阶层人物活动的生动描绘，深刻地揭示出这一特定历史时期的社会生活状况。画中丰富的内容，有着文字无法取代的历史价值，在艺术表现的同时，也是为12世纪中国城市生活状况留下的重要形象资料。

09 根据以下文章，完成课堂教学设计。（13分）

要求：①目标明确，重难点突出。教学方法科学，突出基本能力培养，体现合作学习。②教学过程要完整，体现课标理念。

曹刿论战

《左传》

十年春，齐师伐我。公将战，曹刿请见。其乡人曰：“肉食者谋之，又何间焉？”刿曰：“肉食者鄙，未能远谋。”乃入见。问：“何以战？”公曰：“衣食所安，弗敢专也，必以分人。”对曰：“小惠未遍，民弗从也。”公曰：“牺牲玉帛，弗敢加也，必以信。”对曰：“小信未孚，神弗福也。”公曰：“小大之狱，虽不能察，必以情。”对曰：“忠之属也。可以一战。战则请从。”

公与之乘，战于长勺。公将鼓之。刿曰：“未可。”齐人三鼓。刿曰：“可矣。”齐师败绩。公将驰之。刿曰：“未可。”下视其辙，登轼而望之，曰：“可矣。”遂逐齐师。

既克，公问其故。对曰：“夫战，勇气也。一鼓作气，再而衰，三而竭。彼竭我盈，故克之。夫大国，难测也，惧有伏焉。吾视其辙乱，望其旗靡，故逐之。”

参考答案

1.教学目标：

(1)能借助注释和工具书理解本文的基本内容，并掌握常用的文言词汇；准确、流利地朗读、背诵、翻译课文。

(2)在朗读中感悟，读出感情；通过反复朗读，感受语言特点，体味作品的语言美；通过复述课文，理清文章思路，学习文章多角度描写景物的方法。

(3)理解作者所创设的意境，体会文中作者追求自由的情怀，把握文章的主旨；激发热爱祖国传统文化、热爱祖国大好河山的感情，养成健康的审美情趣。

教学过程：

环节一：导入新课

古人说："智者乐水，仁者乐山。"与自然融为一体是文人学士的共同追求，他们用心灵观察体会自然万物之美，赋予山水灵性。吴均的《与朱元思书》为我们留下了独具特色的富春江景，让我们一起去悉心体味、尽情观赏。

环节二：朗读课文，整体感知

(1)指名朗读课文。(同学评价)(课件出示朗读要求)

①重音——如"急湍甚箭，猛浪若奔"重音应落在"箭""奔"二字上。

②节奏——以"二二"节拍为主(多为四字句)，如"风烟/俱净，天山/共色"；对于整散相对的句子，应读得抑扬顿挫。

③语速——应慢一些，慢一些才能有时间去品味文中的意境。

④情感——流露出对富春江山水的由衷赞叹、无比向往之情。

(2)自由朗读课文。(注意体会文本语言上的特点)

提问：请谈谈文章的语言特点，并举例说明。

学生讨论，教师引导。

出示课件：

①句式整齐、音韵和谐，读来朗朗上口，节奏感极强。(泉水激石，泠泠作响；好鸟相鸣，嘤嘤成韵)

②整散相间，别具一番参差错落的韵致。(蝉则千转不穷，猿则百叫无绝。鸢飞戾天者，望峰息心；经纶世务者，窥谷忘反)

③形象生动，写景文字精当凝练，有一种独特的美。如：急湍甚箭，猛浪若奔(比喻、夸张)。负势竞上，互相轩邈(拟人)。泉水激石，泠泠作响；好鸟相鸣，嘤嘤成韵(对偶)。

环节三：合作探究，赏析文“美”

(1)小组内自由朗读课文。

①富春江景色的总体特点是什么？

②作者是如何描写山水的奇异的？

学生从文章中找出相应的语句并加以概括，教师明确。

③作者面对这“天下独绝”的“奇山异水”时流露出一种怎样的感情和志趣？

从文中找出相关语句，并加以分析。学生思考讨论。

(2)研读最后四句：横柯上蔽，在昼犹昏；疏条交映，有时见日。

学生思考，教师引导点拨。

环节四：拓展延伸

记得我们曾经学过许多描写山水的诗文。同学们能不能说几句？

环节五：布置作业

(1)完成课后练习。

(2)背诵课文。

(共10分。答出切合的教学目标，得2分；教学过程中情境导入具有启发性，教学内容完整，教学手段合理，符合学生认知，得8分。可酌情给分，每少一个关键环节扣2分)

2.(1)教学价值：

《义务教育语文课程标准》(2011年版)指出：要让学生在朗读中通过品味语言，体会作者及作品中的情感态度，学习用恰当的语气语调朗读，表现自己对作者及其作品情感态度的理解。此文讲的是作者与朋友们在“鸟的天堂”看到了大榕树和数不清的鸟，心里恋恋不舍。作者以清新流畅的笔触，发掘和描绘了自然之美，寄托了自己美好的情思，创造出一种清丽悠远的意境，流露出一种祥和宁静而又生机勃勃的田园牧歌般的生气。该课文可以使五年级的学生学会欣赏作品中的生动形象，体会作者用优美的笔触呈现出的如诗如画的田园情趣。

(共4分。答出对应的课标内容，得2分；对课文进行分析解读，确定语言表达和情感态度为教学重点，得1分；写出学生能力提升方面内容，得1分)

(2)教学目标：

①有感情地朗读课文，背诵喜欢的段落，体会文章语言的准确、生动。

②通过朗读，领悟作者抓住景物特点进行静态、动态描写的方法和寄情于景的表达方法。认识大榕树的奇特和美丽，想象大榕树上众鸟纷飞的壮观景象。

③受到热爱大自然、热爱美的教育，感受文中描写的人与自然和谐相处之美，增强保护生态环境的意识。

(共6分。根据课标内容，并结合教材教学重点，设置切合的教学目标，每点2分)

(3)语句:我们继续拍掌,树上就变得热闹了……有的飞起来,有的在扑翅膀。

教学环节:

环节一:有感情地朗读

①读一读,说说感受。(鸟多:到处,大、小、花、黑,应接不暇;快乐:叫、飞、扑)

②朗读指导:这两句能读出这里的什么特点来呢?(热闹)对,这就是它的动态美,这两句主要写出了"鸟的天堂"的动态,让我们一起来读出它的动态美。

③(看鸟多的图片)我们一起来看看众鸟纷飞的场面吧!提问:通过看这一幅幅图片,你想说些什么?你觉得鸟儿在这里生活得怎么样?再来读。鼓励学生畅所欲言,各抒己见,使讨论有实效,有质量,有利于培养学生的独立思考能力和创新意识。

环节二:理解句子含义

①这两句话讲了什么内容,你能从中读出什么?

②"到处都是鸟声,到处都是鸟影"中两个"到处"是什么意思,有什么作用?

③第一句话运用了什么修辞手法?有什么作用?

④第二句话运用了排比句说明了鸟得多,试着读一读。

环节三:扩展讨论交流

①仿照句子进行造句。

A. 运用"到处……到处……"仿造一个夸张句,表达"鸟的天堂"中鸟得多。

B. 运用"有的……有的……有的……"造句,表达"鸟的天堂"中鸟的不同姿态。

②同学们读得很好,假如你就是这里的一只小鸟,能说说你为什么喜欢这个地方吗?

(共8分。教学环节中情境导入具有启发性,得2分,教学内容完整,得2分,教学手段合理,得2分,符合学生认知,得2分)

(4)板书设计:

鸟的天堂
- 树
  - 大——独木成林
  - 盛——生命颤动
- 河 → 水——生命之源
- 鸟
  - 欢——鸣叫飞扑
  - 多——应接不暇

(共4分。结合课文内容选用板书,重点突出,逻辑合理,可酌情给分)

3.

《走月亮》教学简案

教学目标:

1. 会认、会写课后要求的生字词。

2. 有感情地朗读课文，背诵第4自然段。

3. 在朗读中感受月光下美丽的景象，体会“我”与阿妈之间浓浓的亲情，体会月光下“我”获得的无限乐趣。调动生活经验和情感体验，谈自己的体会。

4. 培养细心体察生活细节的能力，感受文章的意境美，品味文章的语言美。

教学重点：

会认、会写课后要求的生字词，感受月光下美丽的景象，体会“我”与阿妈浓浓的亲情，并调动生活经验和情感体验，培养细心体察生活细节的能力。

教学难点：

调动生活体验，发挥想象，想象文中的画面，感受文章的意境美，品味文章的语言美。

教学方法：

朗读法、讨论法、谈话法。

教学过程：

一、谈话导入

同学们，你们和妈妈一起散过步吗？你们去过什么样的地方？当你和妈妈在一起时，你有什么感受？（生答）我国南方一些地区的人们常在有月亮的晚上到户外月光下游玩、散步、嬉戏，称为“走月亮”，让我们与一位小朋友以及她的妈妈一起散步吧。

二、初读课文，整体感知

1. 学生自由读课文，运用工具书解决文中的生字词，可以与同桌讨论。

2. 学生自读课文。在读文过程中，勾画出自己不理解的地方。

3. 谈一谈读完课文后的感受。

4. 记忆字形，指导书写。

三、精读课文，深入理解

1. 自读课文，找出最喜欢的自然段，多读几遍，并谈谈自己的感受。

2. 全班交流，指导朗读。

（1）读课文第1自然段，提问：你们知道月亮是从哪儿升起来的吗？

（2）秋天月夜是怎样的景象？

（3）引导学生展开想象，想一想月光还照亮了哪些地方。

（4）指导朗读：体会月色下的美好意境。

（5）朗读第4自然段，请学生描述自己通过文本所想象到的美景，并通过朗读表达看到这般美丽的景色时的心情。

（6）自学第6自然段，并解决以下问题。

①秋虫、夜鸟此刻在做什么？

②能想象一下果园里的景色吗？

③作者已经嗅到了野花的香气，那他会看到怎样的景色呢？

④想象第6自然段的两处省略号所蕴涵的内容。

3. 当作者看到这么美丽迷人的景色时，内心会有什么感受呢？从哪里看出来的？

(1)引导学生通过回想自己和妈妈相处时的感受，理解作者的感受。

(2)引导学生想象文中描述的景色，并有感情地朗读课文。

4. 教师根据学生的理解，相机指导。

四、拓展延伸，交流情感

同学们，你们和妈妈在一起有没有感到幸福的时刻？把自己的感受在小组里讲一讲，然后全班交流。

五、布置作业

1. 继续搜集有关描写月亮的诗句或美文，字迹工整地抄写在摘录本上。

2. 背诵第4自然段。

六、板书设计

走月亮

景美———情浓

(调动感官走月亮)　四次“我和阿妈走月亮”

教学反思：

我今天执教的《走月亮》。在这节课的教学过程中，老师不再是“教”，而是“导”，学生不再是一味地“听”，而是自主地“学”，师生角色的变换了，学生学习方式的转变了。学生成了课堂的主人。学生通过自读、自悟，理解了语言文字；通过展开丰富的想象，感受到了亲情的美；通过有感情地朗读，抒发了自己的情感。总的来说，这节课教学有成功点，也有不足点：

成功之处在于给充足的时间让学生去读，去讨论。这篇课文反映的就是亲情，用充满诗情画意的散文形式表现出来，文章不仅描写的意境美，情感也真。我安排了充分的时间让学生去反复地读，读完以后，把自己的想法和小组同学交流、和全班交流。在交流中，学生互相启发，提高了认识。在学生理解课文的基础上，指导学生有感情地朗读课文，采用分层读、赛读、齐读等多种形式，使学生的情感得到了进一步的升华。

不足之处在于在整个教学过程中，我虽然意识到了应抓词抓句去重点体会，却没能走得扎实。如提到了母女之间的感情深但并未借此引导学生读课文，找出文中哪些地方写了意境美，哪些地方体现了母女情深，边读边画出有关语句会使学生们很快投入进去，调动积极性。这时应引导学生联系生活实际深入理解这些词句，可我却草草结束了。另外。课堂语言欠精练和规范。

在今后的教学中，我一定会把每一步都走扎实，使语文课丰富起来！

（共14分。答出切合的教学目标，得2分；教学重难点符合课程标准对应学段的要求及文体特点，得1分；答出符合文体特点和学情的教学方法，得1分；教学过程中导入目标明确，教学内容完整，教学手段合理，符合学生认知，得6分；选用概括式板书，脉络清晰，得2分；教学反思中体现梳理回顾课堂教学，进行反思、探究，得2分）

4.（1）导入语：

今天我们要学的课文是——《落花生》（可制作一张用花生做背景，写有课题和作者姓名的幻灯片），文章的作者是——（师指幻灯片，请学生齐读）。关于本文作者许地山，文后有一个介绍。请大家读一读“资料袋”，说说从“资料袋”里，你了解到了哪些信息？

（共4分。从课本内容出发，选择适当的导入方法，切合文章主题，激发学生浓厚的学习兴趣和强烈的情感体验，酌情给3～4分）

（2）①小组合作朗读课文“议花生”部分。

讨论：他们说到了花生的哪些好处？

先口头说，互相补充，然后各自尝试列出最主要的词语，再全班交流。

②分角色朗读“议花生”部分，思考并讨论：父亲怎样议花生？

“父亲说：‘花生的好处很多……’”你觉得哪些是重点词语？

“我们”所说的花生的好处是显而易见的，父亲指出的却是花生常常被人忽视的，却最重要的特点：花生虽然没有像桃子、石榴、苹果那样惹人喜爱的外表，但它一样结果，并且将成熟的果实埋在土里，一点不张扬，不求虚名，默默奉献。

③深入领会：父亲特别指出花生的最可贵之处，目的是什么？

希望“我们”能像花生那样，朴实无华，却很有用。

课文从议花生讲到做人，接着告诉我们一个深刻的道理。这种写法就叫借物喻人。

④讨论：父亲借花生来教育孩子们做什么样的人？

A. 师引导学生反复朗读父亲的话。

B. 说说你对父亲的话的理解。

⑤指导学生背诵课文第十自然段。

⑥联系生活实际，体会花生的品格与做人的道理。

在我们的周围也有许多像花生一样的人和物，让我们懂得要做有用的人的深刻道理。你能举出例子来说一说吗？（如貌不惊人的铅笔、橡皮，默默无闻的环卫工人、快递员……）然后结合课后的“小练笔”写一写。

（共6分。教学过程中教学内容完整，得2分，教学手段合理，得2分，重难点突出，得2分）

5.(1)导入语:

可以四处旅游是一件快乐的事情,不仅可以开阔眼界,还能换一种心情。今天,我们将跟随美国著名作家马克·吐温去意大利的古城威尼斯,看看那里的独特风光。(齐读课题《威尼斯的小艇》)

①出示威尼斯图片资料。(师一边出示图片,一边做向导,介绍威尼斯)

②作者看到那么多景物,为什么单单选小艇来写呢?生各抒己见。

师总结:威尼斯就是这样一座独一无二的水上城市,它吸引着世界各地的游客。马克·吐温游览后,对威尼斯的小艇情有独钟。小艇有哪些独特的魅力吸引了作者?让我们一起走近课文寻找答案。

(共4分。从课本内容出发,选择适当的导入方法,切合文章主题,激发学生浓厚的学习兴趣和强烈的情感体验,酌情给3~4分)

(2)教学目标:

①认识生字,能正确读写"操纵自如、交错、耸立、桥梁、小艇、威尼斯、静寂"等词语。

②通过朗读课文,了解威尼斯独特的地理风貌、小艇的特点及它同威尼斯水城的关系,领会抓住事物特点的表达方法。

③理解威尼斯是世界闻名的水上城市,小艇是威尼斯重要的交通工具,感受威尼斯的风土人情。

教学重点:了解小艇的特点和它在威尼斯水城中的作用。

教学难点:学习作者是怎样抓住事物特点把人物活动同景物、风景结合起来描写的。

微型课堂设计:

环节一:自读自悟

①怎么理解小艇是威尼斯的主要交通工具?

②小艇为什么能成为人们主要的交通工具?请同学们自由朗读课文,在文中找找答案。

环节二:研读课文,畅谈感受

①小艇的样子

A. 作者描写了小艇的什么特点?运用了什么修辞手法?有什么好处?

B. 为什么小艇要这样设计?

C. 作者坐在小艇上的感受又如何呢?谁来读读。(朗读第三段,指名读)

②船夫的驾驶技术

A. 威尼斯的小艇样子独特,坐在里面充满了情趣,但是要使小艇真正发挥它的作用,成为主要的交通工具,还得需要谁?

B. 船夫的驾驶技术怎么样？从哪可以看出船夫的驾驶技术特别好？这么好的驾驶技术主要表现在哪些方面？

C. 文中有一个词把他的驾驶技术体现得特别好，是哪一个词？

D. 在这一段中，作者使用了一些关联词语，你能快速地勾画出来吗？这些关联词语有什么作用？

E. 你能把船夫高超的驾驶本领读出来吗？(重读关联词语，指名读)

③小艇与人们的关系

A. 人们乘坐小艇去干什么呢？快速浏览最后两段，根据提示，筛选主要信息。

B. 想象一下，还有哪些人会乘坐小艇去做什么？(生想象，说话训练)

C. 白天的威尼斯和夜晚的威尼斯有什么不一样呢？

D. 小艇是威尼斯主要的交通工具，人们经常会乘坐小艇，小艇与人们的关系怎么样？

环节三：课后小结，布置作业

①学习这篇课文后，你有什么样的收获？

②布置作业。

A. 背诵课文前四个自然段，积累语言。

B. 领会抓住事物特点的表达方法，仿写。

环节四：板书设计

威尼斯的小艇

河道纵横　以艇代车

小艇：独木舟　新月　准确表达

船夫：水蛇　操纵自如　极富特点

关系：密切

(共14分。答出切合的教学目标，得2分；教学重难点，得2分；教学过程中教学内容完整，教学手段合理，符合学生认知，逻辑清晰，得8分；选用恰当的板书形式，突出课文中的关键词，得2分)

6. (1)教学目标：

①会认、会写本课的生字；理解并积累文中出现的四字词语。

②品读重点词句，学习概括表现昔日圆明园建筑辉煌的方法，并在实践中迁移运用。

③有感情地朗读课文，感受圆明园昔日的辉煌，形成民族自豪感。

(共4分。根据课标内容，并结合教材教学重点，设置三维融合的目标，可酌情给分)

(2)教学过程：

《圆明园的毁灭》教学过程

环节一：导入课文

①今天我们学习的课文是——《圆明园的毁灭》。

②检查预习情况。

环节二：理清篇章，聚焦“辉煌”

①理清脉络：轻声、快速地读一遍课文，想一想课文写了些什么？

②关注中心，聚焦“辉煌”

圆明园在北京西北郊，是一座举世闻名的皇家园林。

环节三：研读文本，感悟“辉煌”

①自读自悟，联系词句感“辉煌”

提出自学要求：接下来，让我们走进昔日的圆明园，并默读课文第2~4自然段，想一想从哪读懂了圆明园的举世闻名？圈一圈词语，画一画句子，简单地写一写批注，不懂的地方做标注。

②交流分享，联系表达悟“辉煌”

A. 结合圈画，自谈读书所感。

B. 图文结合，边读边悟，感布局之“辉煌”。

C. 以读促悟，领略建筑之“辉煌”。

a. 师生合作读，感受风格迥异之“辉煌”。

b. 生生比较读，感受风格迥异之“辉煌”。

c. 师生整合读，感受集大成之“辉煌”。

自由悟读“建筑之风格迥异”；自由体悟“感受之如梦如幻”。

D. 图文结合，领悟文物之“辉煌”。

a. 图文欣赏，读写联动，迁移写法。

b. 组图欣赏，演绎文物之辉煌。

c. 读写结合，演绎文物之辉煌。

作者用一句话写尽了圆明园浓缩了数千年的历史，收藏着数千年的文物。接下来，让我们学着第3段的样子来写写我们眼中的圆明园文物吧。

E. 以悟促诵，积累语言

熟读成诵；回看“辉煌”。

环节四：回顾与存疑

①回顾：结合“所学”看“辉煌”。

②存疑:结合"毁灭"看"辉煌"。

环节五:延伸学习,再赏"辉煌"

课后欣赏大型文化史诗电影《圆明园》,感受圆明园昔日的辉煌。

环节六:板书

圆明园 → 辉煌{布局 建筑 文物}→毁灭→感悟与反思

(共10分。教学过程中直接导入目标明确,得2分,教学内容完整,得2分,教学手段合理,得2分,符合学生认知,得2分,选用恰当的板书形式,总结、概括课文内容,得2分)

7.(1)表达内容:①这篇课文讲述了一夜秋风,一夜秋雨后,"我"无意中发现上学路上法国梧桐和水泥道的变化,然后开始观察,发现铺满金色巴掌的水泥道很美的故事,表现了"我"对铺满金色巴掌的水泥道的喜爱之情。

②教学方法:学习本篇课文,可以引导学生去了解大自然、走进大自然,进而激发他们热爱大自然的情感,养成积极的生活态度。同时,在接触大自然的过程中,也可以让学生逐步形成观察自然、了解自然的意识,养成认真观察的好习惯。

(共6分。表达内容方面,结合文章内容,理解分析作者思想感情,答出文章主要内容和"作者对水泥道的喜爱之情",得3分;选择符合文体特点和学情的教学方法,答出"引导学生了解大自然"相关内容,得3分)

(2)教学目标:

①会认、会写生字,正确、流利、有感情地朗读课文。

②通过朗读课文,体会并描述"我"在铺满金色巴掌的水泥道上行走的情形,认识"水泥道"的美丽。

③激发热爱大自然的感情和渴望了解大自然,走进大自然的愿望。

(共4分。根据课标内容,并结合教材教学重点,设置三维融合的目标,可酌情给分)

(3)教学过程:

环节一:导入

同学们,上节课我们学习了《铺满金色巴掌的水泥道》的一些重点生字词,下面老师来检查一下大家掌握得怎么样。(抽学生上讲台默写,让其他同学指出错误,老师总结点评)看来,大家在课下还是有认真巩固练习的,掌握得很不错!今天让我们继续深入学习课文,细细品读文章到底都说了些什么,作者的感情是怎样的,以及会给我们带来哪些启示。

环节二:细读课文,体会情感

①指名读,评读。

②课件出示秋风秋雨图,让学生谈感受。

③谈话过渡:一夜秋风,一夜秋雨之后,大自然发生了什么样的变化?“我”有了什么新发现呢?

A. 自由读第2~9自然段,思考:“我”新发现了什么?

B. 总结:用文中的话说一说。

C. 这个发现令“我”非常高兴,请大家有感情地读读这部分课文。

D. 有了新发现后,“我”是怎么做的?(一步一步小心地走着,一片一片仔细地数着)重读第2~9自然段,读出“我”的喜悦之情。

④学习最后两个自然段。

此时此刻,作者又有什么感受?(第一回觉得,门前的水泥道真美啊!)带着赞叹的语气读读这两个自然段。

环节三:拓展读文,阅读链接

①(课件出示)从我家到小学要经过一条大街,一条曲曲弯弯的巷子。我放学回家喜欢东看看,西看看,看看那些手工作坊、布店、酱园、杂货店、烧饼店、卖石灰麻刀的铺子、染坊……我到银匠店里去看银匠在一个模子上錾出一个小罗汉,到竹器厂看师傅怎样把一根竹竿做成筢草的筢子,到车匠店看车匠用硬木车旋出各种形状的器物,看灯笼铺糊灯笼……百看不厌。

②学生自由阅读,指名读,教师范读。

③互相交流,说说“我”的上学路是怎样的?“我”在上学路上都看到了什么?“我”有什么感受?

环节四:课堂小结

①这篇课文描写了上学路上水泥道的美。秋天一夜风雨过后天放晴了,“我”在上学路上,发现水泥道上布满了落叶,作者运用修辞手法详细描写了水泥道的美,最后动情地赞赏了水泥道的美。

②有感情地朗读课文,感受上学路上水泥道的美。

环节五:拓展练习

①根据短文内容填空。

A. 水泥道像铺上了一块彩色的地毯。

B. 梧桐树的落叶像一个金色的小巴掌。

C. 棕红色的小雨靴像两只棕红色的小鸟。

D. 我还知道:________像________。

②照样子写词语。

(湿漉漉)的水泥道　(亮晶晶)的水洼

(绿油油)的麦苗　(青灵灵)的树叶

环节六：板书设计

铺满金色巴掌的水泥道

(发现)	(用比喻手法描写)	(赞赏)
	水泥道——地毯	
水泥道上布满落叶	落叶——小巴掌	水泥道真美
	小雨靴——小鸟	

(共10分。教学过程中导入明确，作用明显，得2分，教学内容完整，得2分，教学手段合理，得2分，符合学生认知，得2分，选用恰当的板书形式，总结、概括课文内容，得2分)

8.

《梦回繁华》教学设计

一、教学目标

1. 学习课文，了解《清明上河图》在中国绘画史上的重要地位。

2. 熟读课文，掌握作者条理清晰地介绍画作的说明方法，揣摩作者准确且富于概括力的说明语言。

3. 品味作者精彩说明语言的运用，培养热爱祖国优秀传统文化的情感，增强民族自豪感。

二、教学重点

1. 梳理本文的说明顺序，理清作者的写作思路。

2. 了解本文主要采用的说明方法，理解作者是怎样恰当地选择和使用说明方法的。

3. 品味文章的语言，把握其既有科学性又富有文学色彩的特点。

三、教学难点

深入文本，了解名画背后的意蕴。

四、教学方法

朗读法、讨论法、谈话法。

五、教学过程

1. 激趣导入

有一件享誉古今中外的传世杰作，在问世以后曾被无数收藏家和鉴赏家把玩欣赏，它是后世帝王权贵巧取豪夺的目标，它曾辗转飘零，几经战火，历尽劫难……它曾五次进入宫廷，四次被盗出宫，演绎出了许多传奇故事，它是我国绘画史上的无价之宝，同学们知道这幅画是什么

吗？没错，正是《清明上河图》！（图片欣赏）

2. 初读课文，理清层次结构

课文可分为三层：

（1）由宋朝城市的发展繁荣，引出说明对象《清明上河图》。（第1段）

（2）介绍作者张择端生平，并引出画作的背景，呼应课题——梦回繁华。（第2段）

（3）具体介绍说明《清明上河图》的特点、内容、艺术特色和地位。（第3～5段）

3. 再读课文，理解文意

（1）题目解读："梦回繁华"生动形象，富有文采。"梦回"，指梦中回到某个地方。"繁华"，繁荣热闹，通常形容地方经济的发达。文题指明了本文要说明的内容不是现在的繁荣热闹的景象，而是北宋时期的热闹繁华的景象。

（2）课题"梦回繁华"有哪些深意？

①《清明上河图》让我们回忆古文明的灿烂，希望我们的下一代继承并弘扬这种繁华。

②反映了南宋人民渴望国家统一，回到当年繁华太平年代的强烈愿望。

③"梦回繁华"既有对宋朝科技文化繁荣的骄傲，又有对近代丢失中华文明先进性的遗憾。

（3）课文是怎样围绕"繁华"来说明《清明上河图》的？

①先介绍北宋城市经济的繁荣。

②再介绍张择端的绘画技艺和南宋人梦想的繁华。

③最后详写了《清明上河图》的内容和创作技法。

4. 合作探究

（1）课文详写了哪些内容，略写了哪些？为什么这样安排？

详写的有画的内容，画的艺术特色及地位，略写了张择端的生平，画的整体特点。这样安排详略得当，疏密有致，使文章中心和重点突出，便于读者了解北宋的繁华。

（2）说明顺序的使用

就全文来说，本文使用的是逻辑顺序。就说明《清明上河图》这幅画作的主题内容来说，主要采用的是空间顺序。

（3）再读课文找出文中用了哪些说明方法，并找出相应的例句。

举例子：张择端的《清明上河图》便是北宋风俗画作品中最具代表性的一幅。

列数字：纵24.8厘米，横528.7厘米。

引用："后习绘画"。

摹状貌：船夫们呼唤叫喊，握篙盘索。桥上呼应相接，岸边挥臂助阵。

打比方：结构精美，宛如飞虹。

(4)品味语言

再读课文,看本文的语言有什么特色?

5. 课堂小结

课文以“梦回繁华”为题,介绍《清明上河图》这一国宝级名画,描摹了北宋时期繁华的市井风情。丰富了人们对当时社会风貌的了解,激发了人们对古代生活的想象。画卷人物繁多,场景复杂,但作者介绍得条理清晰,细腻具体,不仅给人以美的感受,更让人学习了古代历史知识,了解了《清明上河图》高超的创作技巧、表现手法以及它的艺术价值。由此,我们由衷地为古人的智慧而自豪,为中华五千年文化的博大精深而骄傲。

6. 拓展延伸

(1)选取一件自己喜爱的事物,借鉴《梦回繁华》的说明特点写一篇小说明文,在班上交流一下。

(2)课外借阅《清明上河图的故事》,然后说说你对这幅名画有什么新的理解和认识,和同学们分享一下。

(共13分。答出切合的教学目标,得2分;教学重难点,得2分;答出符合文体特点和学情的教学方法,得1分;导入合理,目的明确,教学内容完整,教学手段合理,符合学生认知,逻辑清晰,得8分;可酌情给分,每少一个关键环节扣2分)

9.

《曹刿论战》教学设计

一、教学目标

1. 掌握文中的文言字词句,理解课文内容。

2. 学习和理解人物对话内容,学习运用对比的方法探究人物形象。

3. 明白长勺之战以弱胜强的原因,学习取信于民的道理,了解掌握战机的重要性,学习曹刿的爱国精神。

二、教学重难点

1. 教学重点:理解人物对话内容,学习运用对比的方法,探究文中人物形象;认识长勺之战以弱胜强的原因,学习取信于民的道理,了解掌握战机的重要性,学习曹刿的爱国精神。

2. 教学难点:把握作品精于剪裁的布局和无穷的艺术魅力,理解课文的主旨。

三、教学过程

(一)课堂导入

通过两年的学习,大家对我国的历史应该有了一定的了解。大家知道影响古代战争胜败的重要因素有什么吗?没错,战术、装备、人数等都对战争的结果都有着重要的影响。今天我们要学习的是一个以少胜多的战例，让我们走进课文，分析这场战争以少敌多、克敌制胜的关键究竟是什么。

（二）梳理字词，理解文意

1. 自读课文，对照注释扫除语音障碍。

2. 齐读课文，读准字音，读准节奏。（PPT展示重点字音和停顿）

3. 讨论生字词，合作解惑。

（1）对文中出现的“之”进行梳理。

（2）辨析下列词语古今意义的不同。

鄙、间、牺牲、狱、可以、再。

4. 疏通重难点句意，请同学用现代汉语讲述这个故事。

（三）细读课文，梳理脉络

1. 朗读文章，小组讨论概括段意，划分层次，指出作用。

2. 教师小结：全文通过记叙曹刿对战争的有关论述和指挥长勺之战的史实，说明要取信于民，运用正确的战略战术并掌握战机才能取胜的道理，表现了曹刿的政治远见和卓越的军事才能。

3. 教师提问：课文仅用二百多字就叙述了长勺之战的全过程，请同学们分析文章详略安排的特点。

（四）对比分析，探究人物

1. 角色演读论曹刿

小组分角色演读对话，讨论这些对话表现了曹刿怎样的性格特点？

2. 细节论辩识庄公

①再次阅读课文，用文中的一个字概括鲁庄公的特点？你怎么看出来的？

②思考：有的评论家说鲁庄公并不鄙？同学们怎么看？

③教师小结：鄙的鲁庄公也有不鄙的一面，一个人不可能十全十美，要辩证地看问题。

（五）课外延伸，推荐阅读

这篇课文选自《左传》，《左传》写战争，并不局限于正面的战斗场面描写，而重在描述战争胜败的内外因素。作为一部文学经典，《左传》中有许多值得我们学习思考的地方，许多常用的成语如“狼子野心”“一问三不知”“退避三舍”都出自《左传》，希望同学们课下能多读读《左传》中的其他名篇，走进经典，品味书香！

（共13分。答出切合的教学目标，得3分；教学重难点结合课程标准对应学段的要求及文体特点，得2分；导入具有启发性，教学内容完整，教学手段合理，符合学生认知，逻辑清晰，得8分；可酌情给分，每少一个关键环节扣2分）

第二部分

教学设计实操与运用

SHANXIANGEDU

教师之路 从山香起步

考向分析

教学设计题是部分地区语文教师招聘考试中的必考题型，如福建、浙江、安徽、江西等地，而在湖南、江苏、山西、广东、天津等地则会根据各个地市的具体情况决定是否考查。

考点分类	重要程度	每题分值	地区示例
识字与写字教学设计实操与运用	★	6～9	江苏南京、江西
阅读教学设计实操与运用	★★★★★	5～20	安徽、江西、浙江、江苏等
写作教学设计实操与运用	★	6～9	福建、湖南等

分值占比 0～20%

地区占比

49% 考查1篇
如福建、浙江、江西、安徽等

51% 不考查本部分内容
如湖南长沙、广东广州等

注：在教学设计实操与运用部分，考生需重点掌握阅读教学设计的相关内容。

专题一　识字与写字教学设计实操与运用

命题规律探究

识字与写字教学设计实操与运用专题在语文教师招聘考试中只有极少部分地区会涉及，如江苏南京、江西，题量一般在1道，每题分值在6～9分。

真题示例

江西小学真题

课文《妈妈睡了》统编版小学语文二年级上册(2017年秋季修订版)。

妈妈睡了。妈妈哄我午睡的时候，自己先睡着了，睡得好熟，好香。

睡梦中的妈妈真美丽。明亮的眼睛闭上了，紧紧地闭着；弯弯的眉毛，也在睡觉，睡在妈妈红润的脸上。

睡梦中的妈妈好温柔。妈妈微微地笑着。是的，她在微微地笑着，嘴巴、眼角都笑弯了，好像在睡梦中，妈妈又想好了一个故事，等会儿讲给我听……

睡梦中的妈妈好累。妈妈的呼吸那么沉。她乌黑的头发粘在微微渗出汗珠的额头上。窗外，小鸟在唱着歌，风儿在树叶间散步，发出沙沙的响声，可是妈妈全听不到。她干了好多活儿，累了，乏了，她真该好好睡一觉。

答题思路

画“__”部分是本节课教学重点，应引导学生发现生字。

在发现生字的同时，引导学生结合语句进行识记，鼓励学生仿写同类型词语。

问题

1. 第二自然段用了三个短语来描写妈妈的美丽。请用楷体认真地抄写下来，并按照样子各仿写一个。(4分)

答案：明亮的眼睛　弯弯的眉毛　红润的脸

挺翘的鼻子　黑黑的头发　纤细的手

2. 认真阅读全文设计本课的教学目标，确定重难点。(5分)

答案：(1)教学目标：①学习用普通话正确、流利、有感情地朗读课文，会认、会写本课生字词，了解课文中出现的词语的意思，积累部分词句；②反复诵读，借助插图展开想象，深入了解课文的思想内容及情感；③感受母爱，同时懂得关爱父母。

(2)教学重点：①认识本课生字词，会写课后要求的生字；②有感情地朗读课文，理解课文内容。

(3)教学难点：感受母子之间的爱，感悟亲情。

3. 认真阅读第二、三自然段，完成片段教学设计，要求在教学中进行随文识字，体现多种识字方法，并将课后相关练习融入其中。(9分)／怎样设计识字教学过程

答案：环节一：问题导入，引发思考。

①提出问题：同学们有没有观察过自己妈妈睡觉时的样子呀？(问题要贴近学生生活实际，引起学生的注意)

②引导学生畅所欲言，自由讲述妈妈在睡觉时的样子。

③在学生讨论交流的基础上，引导：有一个小朋友也观察了自己妈妈睡觉时的样子，并写了下来，现在就让我们一起去看看这位小朋友的妈妈在睡觉时是什么样的吧，看看跟你的妈妈有什么不一样。

环节二：朗读课文第二、三自然段，了解课文内容，学习生字。

①教师范读课文。

②学生自由练读，画出自己不认识的生字，用自己喜欢的方法记住这些生字的读音。

③小组内练读，选择自己喜欢的方式进行朗读，并讨论这两段话中出现了哪些生字，自己是用什么方式记住的。

④分类识记生字，在教师的引导下，学生总结识字方法。

A. 联系生活实际及动作演示识记：闭。

B. 利用形声字的规律识记：润、脸。

C. 利用偏旁部首及字的结构识记：等。

环节三:细读课文,深入理解课文内容。

①指名朗读,教师相机指导。

②读中感悟,体会深情。

A. 看看睡梦中的妈妈是什么样的,你从哪儿看出来的? 小组讨论。

B. 自由读第二自然段,看看还能读出什么。

C. 怎么理解“温柔”? 在你的生活中谁非常温柔?(学生朗读,体会妈妈对孩子的爱)

③总结。

通过学习这两段课文,我们知道了小作者的妈妈在睡觉时是美丽的、温柔的,更了解了妈妈是多么的爱我们,同学们真棒! 现在让教师考考你们,看谁回答得又快又好。(出示生字及问题,学生回答后,教师组织评价)

④练习。

读一读,照着说一说,看谁说得多。

明亮的眼睛　水汪(wāng)汪的眼睛　(　　)的眼睛

乌黑的头发　波(bō)浪(làng)似(shì)的头发　(　　)的头发

4. 读着课文,我们一起感受了“睡梦中的妈妈”的样子。请你写一写印象中某时刻妈妈的样子,不少于100字,题目自拟。(4分)

答案:

我的妈妈

没有离别,就不知团圆的珍贵。长期离家的我,每次归去,心里都涌动着喜悦。妈妈也是如此,她得到我要回去的消息,总是兴奋得睡不着觉,做不了事,很早便去车站,默默地等候。

她就待在出站口,或者席地而坐,或者依着栏杆,不时地往里望一望,焦虑和隐隐的担忧徘徊在她的脸上。她总是为我操着心,害怕她的宝贝女儿遇上坏人。直到看到我从站里出来,她才笑逐颜开地给我挥手。妈妈是温和的,她就那样慈祥地望着我向她飞奔过去,却并不迎上来。当我洪水猛兽般裹住她时,她才埋怨似的说:“慢点,慢点,别摔着了。”手掌则轻轻地抚着我的背,让我缓和呼吸。走的时候,又一边数落着“怎么又带这么多东西啊”,一边接过我手里的所有东西。

聚散有时,妈妈的爱却是无尽的,无论我走多远,妈妈总是微笑着等我回来。

一、怎样设计识字教学过程

在语文教师招聘考试中,识字教学过程设计一般与阅读教学结合考查,是在阅读过程中的教学设计,因此,考生在解答此类问题的时候不应将识字教学与阅读教学割裂开来,要在具体的内容中进行。

(一)考查形式

1. 材料

识字教学过程设计的材料通常为义务教育阶段现行的一篇课文(多为现代文)。

2. 问题

(1)试为这篇课文设计一个识字教学过程。

(2)为文中的生字词设计一个教学过程。

(3)认真阅读×××,完成片段教学设计,要求在教学中进行随文识字,体现多种识字方法……

> 温馨提示:
> 识字教学多出现在义务教育阶段,普通高中阶段基本不涉及。

(二)解答步骤

1. 提出生字

一篇课文,对所要教的生字,要根据课文中生字数量和难易程度以及学生的接受能力来确定。

(1)课文音同或形近的生字较多,可采用集中出示的方法来教学。比较生字在读音、字形或字义上的异同。

(2)课文中生字的意义与课文插图内容有密切联系,可采取看图分散出示的方法,通过图画的具体形象来理解词义,增强对生字音、形、义的记忆。

(3)课文生字很多,而且有一部分生字的意义难以理解,可采取集中一部分、分散一部分出示的方法来教学。

总结:提出生字的方法,要避免刻板的程式;为了调动学生识字的积极性、主动性,还可启发学生自己提出生字。

2. 教学生字

教学生字必须把字的音、形、义紧密地结合起来,但不同年级和不同的字应当有不同的侧重点。

(1)初入学的学生要突出字形的教学,因为初入学的学生在入学之前,就已经掌握不少字词的音和义,但不认识字形。

(2)随着年级的升高,应适当突出字义的教学,并对每个字进行具体分析。就小学低年级来说,和口语有差别、学生不易读准的字要注意指导字音;字义较抽象、离学生生活较远的字应侧重字义。学生升入小学中、高年级或初中以后,虽然有了掌握字形的能力,但对字形繁难的字,教师在教学中也应当着重检查指导。

3. 复习巩固

(1)防止把音、形、义割裂开来。

（2）注意从汉字的特点出发，加强对字的分析、综合、比较，加深对字的音、形、义的整体认识。

（3）把字的复习巩固放到语言环境之中，联系听、说、读、写，复习巩固识字。

（4）多练是复习巩固生字新词的有效途径。具体方法有：阅读、写话（习作）、做游戏、猜字谜、不同形式的竞赛等。

4. 运用生字

要在识字过程中引导学生学会运用，可以设置课堂检测或课堂练习，将生字带入句子或词语中，引导学生认识生字。

（三）识字教学方法

1. 比较联系法识字，区分形近字

在学习生字的过程中，让相似的字一起出现，在比较中识字，在联系中区别。如在学习“晴”字时，把“睛、情、请、清”出示在黑板上，让学生观察、比较和总结。

2. 趣味识字，培养识字兴趣

（1）猜谜语识字。低学段学生往往对谜语有着浓厚的兴趣，我们可以利用学生的这一心理特点，把猜谜和识字联系起来，激发他们识字的愿望。

（2）编顺口溜识字。

3. 创设游戏情境，培养识字能力

（1）开火车认字。它可以面向每一位学生，让教师及时发现学生对生字的掌握情况，对于识字能力差的，可以及时地进行指导，不至于掉队。

（2）小教师领读。教师是学生心目中的偶像，特别是低年级的学生，他们很喜欢模仿教师的一举一动。在课堂上，给他们这样一个表现自我的机会，能使他们产生主动识字的兴趣。

（3）添加笔画识字。中国的汉字的确十分奇妙，给汉字加一笔、减一笔、变一笔，都会出现不同的字。

（4）摘果子游戏。这种识字游戏一般用于把同一偏旁的生字进行归类，通过小组间的竞争来激发学生的识字兴趣。

此外，在识字的过程中，我们还可以模拟、设计其他一些活动情境，帮助学生识字，让学生乐于识字，从形象感知达成目的，强化学生有意识的独立识记能力。

4. “犯错”识字，通过对比加深印象

错误有时候也是教师教学和学生学习的一块有机肥料。在教学中，教师也可以有意犯错，让学生发现错误，替你纠正错误，从而体验到成功的快乐。

5. 运用语文方法识字

(1)熟字带生字法。利用学过的熟字进行形近字对比、同音字对比,运用去掉偏旁、拆分部件、减笔画、添笔画等方式将熟字变换成生字。

(2)同偏旁部首识字法。在教学认识同一类偏旁的生字时,鼓励学生自主探索它们的秘密,发现它们的共同点,揭示构字的规律,初步掌握构字特点。

(3)象形识字法。课本中的“山、石”这一类字是由古代的象形字演变而成的,这些字与实物都有许多相似处,低学段学生的形象思维能力比抽象思维能力要强得多,可以让学生观察实物或实物图片后再识记。

(4)形声识字法。汉字中有相当一部分的字是形声字,形旁表义,声旁表音。形声字的这一特点能比较有效地帮助学生理解、记忆字形。

(5)会意识字法。会意字比较容易掌握。如教学“从”字,请两位学生上台表演一人跟着一人走,形象的表演启发学生理解了“跟从”的意思,接着出示插图让学生观察,学生立刻就明白了“从”的字形和字义。

(6)归类识字法。根据字的组成规律或生活中的类别进行分类识字。如动物,分别有鸟类、兽类、昆虫类等,教师可以运用多媒体,把这些动物出示在画面上,并让它们动起来,这样,能吸引注意力,使学生集中精神,从而认识这些动物的名称。

二、怎样设计写字教学过程

在语文教师招聘考试中,写字教学过程设计一般与识字教学结合考查,是在识字过程中的教学设计,因此,考生在解答此类问题的时候不应将识字教学与写字教学割裂开来,要在具体的内容中进行。

(一)考查形式

1. 材料

写字教学过程设计的材料通常为义务教育阶段现行的一篇课文(多为现代文)。

注:写字教学多出现在义务教育阶段,普通高中阶段基本不涉及。

2. 问题

(1)试为这篇课文设计一个识字与写字教学过程。

(2)为文中的生字词设计一个教学过程。

(二)解答步骤

写字教学的一般过程为“指导—示范—练习—批改—讲评”。

1. 指导

指导要突出重点和难点,开始时要讲清要领,要引导学生观察重点笔画的形态特点。教师在分析笔画时,要指导学生运笔,掌握正确的运笔方法。

2. 示范

要让学生看清每一笔画的起笔、行笔、收笔以及运笔时的提、按、快、慢。对相似的笔画和字形,要在示范中进行比较,指出可能出现的不正确的写法。示范和指导要结合起来进行。边示范边指导,形象直观,效果较好。

3. 练习

低年级学生练习书写之前,可以先看着范字进行练习,作为练写的过渡。学生练习写字时,教师要巡视指导,发现带有普遍性的错误的,应该立即在全班予以纠正,对写字较差的学生要加强个别辅导。

4. 批改讲评

教师应该认真批改学生的写字作业,根据批改的情况,对学生的写字作业进行分析、评价,这是提高学生书写水平的重要一环。教师还可启发学生互相批改讲评,逐步提高学生的观察能力和鉴别能力。

(三)写字教学方法

写字教学常用的方法有:讲授法、观察法、示范法、比较法、实践法、熏陶法、多媒体辅助法等。

1. 讲授法

讲授法是教师用语言来讲解写字知识、书写要领的方法。讲授时应突出重点,解除疑难。语言要准确精练,通俗明白,有吸引力,富有启发性。

2. 观察法

观察法是教师有目的、有计划地引导学生用直接知觉去观察汉字的造型特点的方法。指导观察时要注意,一要有目的,有具体的观察要求;二要有顺序;三要动脑。

3. 示范法

教写字只靠讲不行,必须有书写示范。教师示范时应注意动作缓慢,可边示范边讲解,帮助学生看准字的形态,看清书写的过程,进而理解运笔造型的道理。引导他们眼看、耳听、心想,加深体验。

4. 比较法

运用比较方法帮助学生掌握字的特点。写字教学中有正确与错误、美观与丑陋、主要与次要的对比；比较的形式也有新旧知识之间的比较、示范比较、正误比较、练习情况自我比较等。比较时，学生可在教师的指导下进行比较，也可独立运用比较的方法认清字形，分析字的特点，有效地进行书写练习。

5. 实践法

学生写字，不是要口头懂得多少写字知识和书写规则，而是要在练习书写中体验和掌握书写技法，形成书写能力。练习书写要与观察、思考、记忆结合。要依据学生的年龄特点、心理特点和书写实际，合理安排时间、数量和难度，同时还要注意激发学生的积极主动性，使练好字成为学生的一种内心需要。

6. 熏陶法

熏陶法是学生在学习书法的过程中，教师运用多种教学手段，对学生进行熏陶感染，逐步培养学生审美趣味，引起审美心理的逐步变化的方法。运用熏陶法，应注意营造良好的学习环境，使学生受到环境的感染。如布置浓厚学习氛围的书法教室；引进文学艺术书法作品，增添书法欣赏的文化品位和趣味性；经常观察碑帖、字帖，让学生体悟中国书法的艺术美。

7. 多媒体辅助法

运用多媒体课件辅助教学，直观形象，富有动感，能激发学生的兴趣，引导学生更好地掌握写字方法与技巧，有效地提高教学效率。如运用多媒体演示汉字的笔画或书写过程，能促使学生尽快地掌握汉字的笔画书写要点和笔顺书写规则；运用多媒体展示名家书法作品或学生的优秀作品，能引导学生欣赏、品评，展示自己的习作并学会评价，从而不断地提高审美能力。

> **温馨提示：**
> 七种基本写字教学方法，每种方法都不能孤立地使用。应考虑学生的实际，因人而异，不同的教学内容综合运用各种方法。

三　试题精解

01 《田家四季歌》是统编版二年级上册识字单元第四课，请根据要求完成教学设计。(8分)

田家四季歌

春季里，春风吹，
花开草长蝴蝶飞。
麦苗儿多嫩，桑叶儿正肥。
夏季里，农事忙，

采桑养蚕又插秧。

早起勤耕作，归来戴月光。

秋季里，稻上场，

谷像黄金粒粒香。

身体虽辛苦，心里喜洋洋。

冬季里，雪初晴，

新制棉衣暖又轻。

一年农事了，大家笑盈盈。

jì	hú	dié	mài	miáo	sāng	féi	nóng	guī
季	蝴	蝶	麦	苗	桑	肥	农	归

dài	cháng	gǔ	lì	suī	xīn	kǔ	liǎo
戴	场	谷	粒	虽	辛	苦	了

季	季			吹	吹		
肥	肥			农	农		
事	事			忙	忙		
归	归			戴	戴		
辛	辛			苦	苦		

请针对课后生字，设计完整的教学过程。/ 怎样设计识字教学过程、怎样设计写字教学过程

02《传统节日》是统编版二年级下册识字单元第二课，请完成识字与写字的教学设计。(10分)／怎样设计识字教学过程、怎样设计写字教学过程

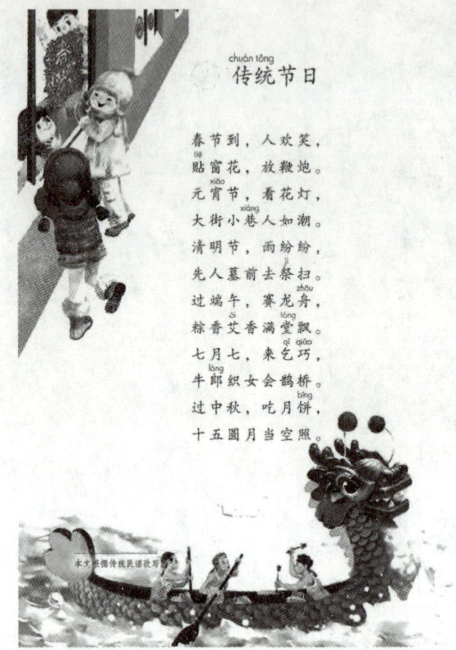

传统节日

春节到，人欢笑，
贴窗花，放鞭炮。
元宵节，看花灯，
大街小巷人如潮。
清明节，雨纷纷，
先人墓前去祭扫。
过端午，赛龙舟，
粽香艾香满堂飘。
七月七，来乞巧，
牛郎织女会鹊桥。
过中秋，吃月饼，
十五圆月当空照。
重阳节，要敬老，
踏秋赏菊去登高。
转眼又是新春到，
全家团圆真热闹。

传统(chuán tǒng)　贴(tiē)　宵(xiāo)　巷(xiàng)　祭(jì)　舟(zhōu)　艾(ài)　堂(táng)　乞(qǐ)　巧(qiǎo)　郎(láng)　饼(bǐng)　赏(shǎng)　菊(jú)

贴	贴		街	街	
舟	舟		艾	艾	
敬	敬		转	转	
团	团		热	热	
闹	闹				

朗读课文。背诵课文。

按照时间顺序排列下面的节日，再选一两个说说你是怎样过节的。

端午节　清明节　元宵节　春节　重阳节　中秋节

选做：我国很多民族有自己的传统节日，你知道哪些？

破题方法与参考答案

01 破题方法

①审题干，明要求。题干要求，设计完整的教学设计，那么在组织答案的时候，教学目标、教学重难点、教学过程等都是不能缺少的。②读材料，明重点。材料是二年级识字单元课文，那么，所设计的教学过程就要针对二年级学生的学习特点，要简单且易于接受。③组织答案。答案的组织就要符合完整的教学设计要求且贴合二年级学生的特点。

参考答案

教学目标：

1. 认识“季、蝴”等17个生字，正确书写“季、吹”等10个生字。

2. 正确、流利、有节奏地朗读课文并背诵全文。

3. 了解农家四季的主要活动和生活场景。

教学重点：

识字写字，朗读并背诵课文。

教学难点：

理解课文内容，体会农家生活的辛苦和快乐。

教学过程：

一、出示图片，谈话导入

1. 教师配乐出示农村风光图片，学生认真欣赏。

2. 鼓励学生交流自己看到的农村风光，结合自己的生活实际谈谈对农村生活的了解。

3. 教师过渡：农村的生活到底什么样，农民们一年四季都在忙些什么呢？这节课，老师就带领小朋友们到农村去体验农家的生活。

4. 教师板书课题“田家四季歌”，相机指导生字“季”的认识与书写，鼓励学生口头组词。

二、学习课文第1、2小节

(一)学习课文第1小节

1. 出示课文第1小节，鼓励学生自由朗读，读准字音，读通句子。

2. 指名学生朗读第1小节，出示词语卡片“春风吹、蝴蝶、麦苗、桑叶、肥”，指名学生认读，根据学生的朗读情况相机正音。出示“春、吹、肥”，引导学生写字，注意指导学生认识每个字的结构。

3. 学生再次练习朗读第1小节，将句子读正确，读流利，读出节奏。边读边看插图，说说在春天的乡村里都看到了什么。

4. 指名学生交流，引导学生将句子表达得清楚、通顺，鼓励学生用上一些描述性的词语。

(二)学习课文第2小节

1. 学生自由朗读第2小节，读准字音，读通句子。

2. 出示第2小节中的词语“农事忙、采桑养蚕、归来、戴月光”，指名学生认读。出示“农、事、忙、归、戴”5个字，引导学生学写生字，注意每个字的落笔。

3. 指名学生朗读第2小节，说说这个季节里农民都在忙些什么。

4. 根据学生的交流，教师相机出示农民采桑、养蚕、插秧的图片，并适当讲解，让学生直观感受夏季里农事的繁忙和农民的辛苦。

5. 鼓励学生想一想可以用哪些词语来描述农民的辛苦，在学生交流的基础上教师适时出示词语“起早贪黑、早出晚归、汗流浃背、披星戴月”。

6. 全班有节奏地齐读第2小节。

三、学习课文第3、4小节

(一)学习课文第3小节

1. 学生自由朗读第3小节，读准字音，读通句子。

2. 教师出示词语卡片:"稻上场、谷子、虽然、辛苦、喜洋洋",指名学生认读,相机正音并强调"场"在此处读第二声,"辛"是前鼻音。正音后再次指名学生开火车认读词语。

3. 指名学生朗读第3小节,说说秋天到了,农民们在忙些什么。

4. 重点理解"身体虽辛苦,心里喜洋洋"。

(1)鼓励学生结合自己的生活经验,联系春、夏季农民的劳动说说对这句话的理解。

(2)指导生字"辛、苦"的书写,交流识字方法,用熟字加熟字和熟字加偏旁的方法记忆生字。教师范写,并强调"辛"字第五笔横画要写长一点。

5. 全班有节奏地齐读第3小节。

(二)学习课文第4小节

1. 学生自由朗读第4小节。

2. 指名学生朗读第4小节

重点强调"了"这个多音字在本课要读"liǎo",表示结束的意思,它还有另外一个读音"le",鼓励学生用"了"的不同读音在具体的语言环境中加以区别,正确使用。

3. 学生再次朗读第4小节,说说自己眼前看到了什么。

4. 指名学生交流,引导学生将句子表达得清楚、完整,鼓励学生展开合理的想象。

5. 指名学生有节奏地朗读第4小节,全班有节奏地齐读。

四、整体回归,练习背诵

1. 学生再次朗读全篇课文,读出课文的节奏和韵味。

2. 学生在充分朗读的基础上练习背诵,教师提示可以按照季节顺序先分小节背诵。

五、课堂小结

同学们,田家的四季生活各不相同,虽然充满了辛苦的劳作,但也有满满的收获,让我们珍惜农民的劳动成果,爱惜每一粒粮食。有机会的话,也请小朋友们走进农家,真正体会他们的生活。

六、板书

田家四季歌

春:春风吹——麦苗嫩、桑叶肥

夏:农事忙——采桑养蚕、插秧

秋:稻上场——割稻、打谷

冬:雪初晴——制棉衣

辛苦快乐

(共8分。教学目标阐述明确,突出教学重难点得3分;教学过程完整、合理得3分;教学内容由浅入深、层层递进得1分,符合学生认知规律得1分)

02 破题方法

与第1题是同类型题，材料不同，教学内容要随机应变，但解题步骤是一致的，可参考第1题的破题方法。作为不常考的题型，两次系统练习，保证考生能掌握具体答题步骤。

参考答案

教学目标：

1. 认识“传、统”等15个生字，会写“贴、舟、艾、团、闹”等9个生字，有主动识字的兴趣。

2. 能正确流利地朗读诗歌，有积极的体验情绪。

3. 初步了解什么是传统节日，感受传统节日带来的独特体验。

教学重难点：

1. 认识15个生字，会写9个生字，能正确流利地朗读诗歌。

2. 了解什么是传统节日，在学习的过程中有独特的情感体验。

教学过程：

一、激趣导入

让学生先看两组日期，并说一说是什么节日。(教师用多媒体课件展示节日图片)

第一组：6月1日、9月10日、10月1日

第二组：正月初一(春节)、正月十五(元宵节)、八月十五(中秋节)

教师总结：学习了这篇课文，我们将知道更多关于我们国家的特有节日以及这些节日的风俗习惯。(板书课题)

二、探究新知

1. 初读课文，自主识字。

(1)教师范读，引导学生听读并注意儿歌中生字的读音，圈出生字，同时感知儿歌的节奏和韵味。

(2)教师组织学生自读课文，咬准字音。先大声自读课文一遍，尝试做到正确。然后同桌合作每人轮流读句子，相互检查读得是否正确。

(3)教师用多媒体课件展示生字，学生自主认读，将不认识的生字在课本上圈出来。

(4)教师领读生字，要求学生注意听字音、语调。

(5)抽取课文中的生字制成词语卡片，指名朗读，教师适时进行生字的朗读，并纠正指导。

(6)参与追气球识字游戏进行识字。

2. 合作探究识记生字的方法。

(1)学生齐读课文，熟悉课文内容。

(2)学生分小组交流、总结识记生字的方法。

(3)小组派代表展示交流成果。

(4)教师点评总结。

三、巩固生字,指导书写

1. 学生自主观察田字格中生字的位置,了解生字的结构。

2. 学生分小组交流生字特点,并提出书写时需要注意的地方。

3. 小组汇报交流结果,教师补充。

(1)书写“街”字时注意中间的书写。

(2)书写“转”字时注意左边“车”字的书写。

4. 学生描红,教师巡视指导。

5. 教师示范书写,根据学生的具体情况,提出书写时需要注意的地方。

6. 学生再次练习书写,教师巡视,纠正学生书写的姿势。

7. 小组成员展示作品,互评。

四、课堂基础过关训练

1. 加偏旁变成新字再组词。

占(　　)(　　)　专(　　)(　　)　才(　　)(　　)　市(　　)(　　)

2. 根据课文内容填空。

春节到,人欢笑,________窗花,________鞭炮。

元宵节,看花灯,________人如潮。

清明节,雨纷纷,先人墓前去________。

过端午,赛________,________满堂飘。

五、课后作业

1. 课下搜集一两个传统节日的由来,或是与节日相关的有趣的故事,下节课讲给同学听。

2. 巩固生字词。

六、课堂小结

1. 说一说你记住的生字。

2. 你从9个生字的书写过程中学习到了什么?

(共10分。教学目标全面且均衡,三个目标各1分;教学重难点设计合理得2分,每点1分;教学过程体现新课程理念,运用自主、合作、探究等学习方式,结合文本内容,有效引导学生参与得5分,每缺少一个重要教学环节扣1分)

专题二　阅读教学设计实操与运用

命题规律探究

在阅读教学设计实操与运用专题，命题人关于该内容的考查，主要是想要探知考生对课文内容的整体把握以及重点内容的提取，是否能通过具体的教学过程帮助学生对课文内容进行有效掌握。因此，考生要灵活运用多种教学方法，设计完整的教学过程，展现自己高超的教学能力。下面是近五年的真题分析：

常考方向	考查频率	每题分值
整篇课文教学设计	44%	10～20
句子教学设计	2%	5～9
段落教学设计	14%	6～15
解决某个问题教学设计	30%	5～10
补写教学设计	10%	6～12

真题示例

安徽亳州小学真题

以下是人教部编版四年级语文上册电子课本，根据教材内容，写《爬山虎的脚》第一课时的教学设计。主要包括教学目标、教学重难点、教学过程、教学反思等内容。(14分) / 怎样写整篇课文的教学设计

①学校操场北边墙上满是爬山虎。我家也有爬山虎，从小院的西墙爬上去，在房顶上占了一大片地方。

答题思路

第一自然段写出了爬山虎生长的位置，生长在“北边墙上”“西墙”，可以看出爬山虎喜阴的生长特性。

②爬山虎刚长出来的叶子是嫩红的，不几天叶子长大，就变成嫩绿的。爬山虎的嫩叶，不大引人注意，引人注意的是长大了的叶子。那些叶子绿得那么新鲜，看着非常舒服。叶尖一顺儿朝下，在墙上铺得那么均匀，没有重叠起来的，也不留一点儿空隙。一阵风拂过，一墙的叶子就漾起波纹，好看得很。

第二自然段加点词语，准确地描写了爬山虎刚长出的叶子的颜色，画“__”部分，生动地写出了爬山虎叶子在无风和有风的情况下的不同状态。

③以前，我只知道这种植物叫爬山虎，可不知道它怎么能爬。今年，我注意了，原来爬山虎是有脚的。爬山虎的脚长在茎上。茎上长叶柄的地方，反面伸出枝状的六七根细丝，这些细丝很像蜗牛的触角。细丝跟新叶子一样，也是嫩红的。这就是爬山虎的脚。

画“__”部分，写出了爬山虎的脚长在什么位置，长什么样子，颜色如何。这部分使用了细节描写，生动形象地将爬山虎的脚展现在读者面前。

④爬山虎的脚触着墙的时候，六七根细丝的头上就变成小圆片，【巴住】墙。细丝原先是直的，现在弯曲了，把爬山虎的嫩茎拉一把，使它【紧贴】在墙上。爬山虎就是这样一脚一脚地往上爬。如果你仔细看那些细小的脚，你会想起图画上蛟龙的爪子。

画“【】”的词语是动作描写，将爬山虎如何依靠自己的脚一步一步往上爬生动地描写了出来。

⑤爬山虎的脚要是没触着墙，不几天就萎了，后来连痕迹也没有了。触着墙的，细丝和小圆片逐渐变成灰色。不要瞧不起那些灰色的脚，那些脚巴在墙上相当牢固，要是你的手指不费一点儿劲，休想拉下爬山虎的一根茎。

答案：

《爬山虎的脚》教学设计

教学目标：

1. 会认、会写生字词，读准多音字“曲”；正确、流利、有感情地朗读课文，理解课文内容。

2. 找出课文中写得准确、形象的句子，感受作者细致的观察，了解爬山虎的脚的特点。

3. 学习作者的观察方法、表达方法。

教学重难点：

1. 找出课文中写得准确、形象的句子，了解爬山虎的脚的特点。

2. 体会作者是怎样用准确、生动的语言写出爬山虎脚的特点的。

第一课时教学过程：

一、质疑导入，激发兴趣

1. 引导交流：哪些同学见过爬山虎？你们看见的爬山虎是什么样的？

2. 过渡：你们仔细观察过爬山虎的脚吗？你们知道爬山虎的脚在哪里吗？叶圣陶爷爷就是一位善于观察、善于思考的人。今天我们就来学习他写的《爬山虎的脚》。

二、初读课文，整体感知

1. 引导学生自读课文，整体感知。出示自读要求：

(1)圈出课文中的生字词。

(2)思考课文每个自然段分别写了爬山虎的什么。

2. 指导生字读音和书写。

(1)指导读准字音。将“弯曲”放在句子中朗读，注意读准多音字“曲”的发音。

(2)指导书写“虎、隙”。(“虎”“隙”两个生字较难，教师在课堂上指导并练写，其他生字提示要点，学生课后再写)

3. 引导交流：每个自然段分别写了爬山虎的什么？

(1)引导学生再次快速浏览课文后，根据提取的信息汇报。

(2)引导学生梳理课文结构，了解课文内容。提问：想一想，哪些自然段可以合并在一起？

三、再读课文，探究学习

(一)学习第一自然段，了解爬山虎生长的位置

1. 引导学生自读课文，提取信息。出示自读要求：自读课文第一自然段，想一想爬山虎生长在哪些地方。

2. 交流：爬山虎的生长位置。

3. 讨论：自读第一自然段后，爬山虎给你留下了怎样的印象？课文中哪些词语带给你这样的感受？(引导学生围绕“满是”“一大片”两个词语，体会爬山虎的茂盛)

4. 指导学生朗读第一自然段。

(二)学习第二自然段，体会课文准确生动的表达

1. 过渡：我们从文字中仿佛看到了那一片布满外墙和屋顶的爬山虎，它是那样茂盛。

2. 出示：默读课文第二自然段，思考作者从哪些方面描写了爬山虎的叶子。(学生讨论交流，教师相机指导)

(1)发现爬山虎叶子的颜色变化。

(2)了解无风时爬山虎叶子的样子。

(3)品味起风时爬山虎叶子的样子。

3. 指导学生朗读第二自然段。

四、总结收获，体会细致的观察

1. 过渡：无论是叶子颜色的变化，还是“叶尖一顺儿朝下”铺得均匀的形态，以及微风拂过时，叶子轻微的震颤，都被叶圣陶爷爷敏锐的眼睛观察到了。

2. 提问：孩子们，你们觉得叶圣陶爷爷是怎样观察这些叶子的?

3. 总结：观察细致。

4. 小结：通过这节课，我们了解了文章的主要内容，也通过那些准确形象的语句，感受到了叶圣陶爷爷细致的观察，下节课让我们带着这些收获，再一起学习《爬山虎的脚》。

教学反思：

作为小学四年级的语文教学，在第一课时要带领学生解决课文中的生字词，只有学会了生字词，学生才能正确、流利、有感情地朗读课文，才能准确理解课文内容。该教学设计从学生生活中熟悉的植物引入话题，帮助学生初步了解爬山虎这种植物的特点，激发学生的阅读兴趣，并引导学生细读描写爬山虎叶子的段落，在理解文章内容的基础上，让学生通过品读重点语句，了解爬山虎叶子的特点，感受课文生动的表达，接着通过质疑引导学生进一步思考。在教学的时候，教师要注意合理确定每一课时的教学重点，并在最后进行总结，引导学生整体理解课文。

一、怎样写整篇课文的教学设计【高频考点】

在语文教师招聘考试中，整篇文章阅读教学属于常考题型，要求考生针对整篇文章设计完整的教学设计，能够灵活运用教学方法，充分调动学生的阅读兴趣。

(一)考查形式

1. 材料

整篇文章阅读教学过程设计通常是给出一篇课文，要求针对该篇课文进行完整的教学设计。

2. 问题

(1)下面是××版教科书×年级第×单元课文，请设计一篇完整的教学简案。

(2)请为下面课文设计一篇教学过程，要求包括教学目标、教学重难点、教学过程等。

(二)解答步骤

首先,阅读题干,确定题目要求。然后按照以下步骤组织答案,要做到步骤清晰,逻辑连贯。

1. 导入新课

(1)解题。解题的主要任务是揭示文章标题与内容之间的关系。

(2)介绍有关资料。包括作者生平、写作缘起、时代背景、社会影响等,这些可以作为理解课文的基础。

注:导入新课部分的内容还可以根据前文“教学过程”中的“导入”相关知识点进行填充。

2. 初读课文,整体感知

(1)认识生字新词。训练学生自己利用工具书识字解词,以培养学生的自学能力,不断扩大识字量和词汇量。

(2)通读。通过朗读、默读、教师范读、学生试读、自由阅读、分角色读、班级齐读等多种方式感知课文内容。

(3)整体感知文章的内容和形式。

(4)批画评点、质疑问难。引导学生对不懂的地方进行提问,同时教师也要提出相应问题引导学生理解课文。

3. 再读课文,深入分析

(1)分析阶段

①结构分析。把握作者的思路,注意开头结尾、层次段落、过渡照应和详写略写等结构方式。

②内容要素分析。如小说中的人物形象、故事情节,说明文中的事理,议论文中的论点、论据,诗歌中的意境,戏剧中的矛盾冲突等。

③写作技巧分析。如构思、剪裁的技巧,写人、写事、写景的方法,说明的方法,论证的方法,直接抒情和间接抒情的方法等。有些文章必须从写作方法的角度进行分析,才能深刻理解。

④语言分析。主要分析语言的规范性和艺术性,即语法分析、修辞分析、语言风格分析等。特别要注意那些对表现思想内容有重要作用的关键性语句,有些文章,只要掌握了重点语句,就抓住了全文的关键。

⑤重点分析。

a.特点,一篇文章中使其具有存在价值的区别于其他文章的本质特征。

b.要点,能够显示文章主旨的精华所在。

c.难点,学生难以理解的相关内容,需要教师着重加以指导。

d.疑点,文章中需要加以辨析的相关内容。

(2)综合阶段

综合是在分析的基础上进行的,是由局部到整体的概括过程,由现象到本质的抽象过程。综合阶段的基本任务是概括中心思想和总结写作特点。

4. 拓展延伸

在教学中进行适当的拓展延伸,将课堂教学与课外知识、社会实践有机地联系起来,有助于帮助学生灵活地运用课堂上学到的知识,体现语文的实践性和综合性。同时,适当的拓展延伸还有利于活跃课堂气氛,提高学生学习兴趣,为学生创造一个积极的学习氛围。

5. 课堂小结

课堂小结即对本节课教学知识点的总结,有利于梳理学生的思路,明确教学重点,进一步加深学生对课文的理解。

6. 课后作业(可省略)

可以是知识的积累与运用,可以是课堂学习内容的考查与巩固记忆,可以是课堂的拓展延伸,也可以是思考能力与创新能力的呈现。

7. 板书

根据课文内容,选择合适的板书类型进行板书,既要体现课文要点,又要对学生的学习有帮助。

温馨提示:

拓展延伸、课堂小结、课后作业、板书部分的内容还可以根据前文“教学过程”中的“拓展延伸”“课堂小结”“作业”“板书”相关知识点进行填充。

二、怎样针对某一内容写针对性教学设计【高频考点】

在语文教师招聘考试中,针对一篇文章中某一部分内容写教学设计考查地区比较少,主要集中在福建、山东等地。

(一)考查形式

1. 材料

一般是给出一篇现代文阅读材料,在完成阅读理解的基础上,会设置教学设计相关问题。

2. 问题

(1)《义务教育语文课程标准》(2022年版/2011年版)关于××学段×××要求/目标指出________。请你根据这一教学要求为第×自然段画线的语句写一份教学片段设计。

(2)阅读第×至第×段,完成关于这×个自然段的教学设计片段。设计要求:________(一般与材料紧密结合)。

(二)解答步骤

1. 明确教学目标。
2. 确定教学重难点。
3. 选择合适的教学方法。
4. 结合具体教学方法以及材料要求设计完整的教学过程。

(三)针对某一内容写针对性教学设计的方法

1. 词语教学设计

词语教学设计多是从课文中选出一个用得比较好的或具有重要作用的词语,让考生设计一个教学过程引导学生理解词语。词语教学设计通常有以下几个步骤:

(1)词语积累

①理解的词义,力求讲准讲清。词义负载着信息内容,概括地反映着事物和现象。对于生命力最强、使用最普遍、构词能力最强的基本词和常用词的词义,绝不能让学生在阅读中自行感悟,模糊理解。

②借讲词教学生字。

例如:"眺望""期望"中的"眺"和"期",在教学时可以教学生认读这两个字,增加学生的知识储备。

③注意读、讲、写新组合的熟字新词。利用熟字组成新词,是课文中悄然出现且为数不少的一类。

例如:学生学过"亲人"和"近处",后面课文出现"亲近"。学过"疾飞",后面课文出现"疾病",具有新的义项。这一类新词,大多是常用词,必须纳入辅导范围,从而扩大词汇,积累词汇。这样,抓识字的形式,抓词义的理解,抓组词扩词,抓新组合词,使生字词教学力度加强,从而为阅读教学作铺垫。

(2)词语品析

词义是固有的,稳定的。例如:"全神贯注"是指全副精神高度集中。这个词用在哪里,它的意思都是不变的。但在阅读教学中,不能仅满足于理解词语的意思,还要着力于理解词语在文章这个具体语言环境中的所指。即"谁在全神贯注?""因为什么事全神贯注?""全神贯注说明了什么?"等。因此,我们在阅读理解文章时,必须注意以下几点:

①以词义为基础。

例如:在《小珊迪》一文中,要体会小珊迪生活穷困悲惨,需通过"乞求"一词来理解。如果连

“乞求”即请求给予的意义都不懂，那么小珊迪向人乞求买他火柴的内在原因就体会不到了。所以，准确理解词义是理解内容的基础。

②由理解词义转入理解词在语境中的所指。

例如：《小珊迪》一文中，在问过“乞求”的意思后，紧接着问：“小珊迪为什么由‘请求’变为‘乞求’？”这样就能理解他怕失去卖出火柴的机会，为情势所迫，为生存所迫的深层原因。

③运用联想和想象，深入理解词语的内涵。

对于文章离学生生活实际较远，比较难理解的语句，我们要给学生搭桥、铺垫。

例如：《春蚕》一文中，写母亲养蚕的劳累，就可以从析解重点词语“每天”（天天如此，从不间断）、“深夜”（深秋夜晚寒冷、困乏）、“皱纹”（长年劳累、过早衰老）等入手，与学生已有的知识经验和情感体验连接起来，引导学生透过语言文字进行联想、想象，进入文字情境，它能直接培养学生敏锐而丰富的感受力，这是提高语文能力的根本。

④推敲词语的运用。

例如：“笋芽儿央求妈妈让她出土”，这里为什么用“央求”，而不用“要求”或“请求”？“虽然最大的裂缝已经用破布堵起来，但是风还是可以灌进来”，这里为什么用“灌”，而不用“刮”或“吹”？通过对关键词语的推敲，能进一步加深对文章的理解，体会作者表达的妙用。

⑤体会词语的色彩。

例如：在教《小雪花》时，可以分次出现“雪”“雪花”“小雪花”三个词语，引起学生浓厚的学习兴趣，使他们知道：“雪”指的是一种自然现象，“雪花”指的是雪的形状像花一样美（形象色彩），“小雪花”又增加了一种亲昵喜爱的情感（感情色彩）。讲关键词语时，有时从词语的色彩入手析解词语，新颖、独特，会激发学生的兴趣与情趣。

（3）词语拓展

词语的拓展一般是对词语的其他含义及使用方法的讲解，这一部分的内容可有可无，主要是为了增加学生的积累，丰富其见闻。

（4）小结

在词语的讲解之后适当地做一个总结，有利于学生对知识的把握，加深他们的理解和认识。

词语的教学绝不能脱离文本。这有两层意思，一层意思是词语的教学不可以与句、段的理解割裂开来，所谓“词不离句，句不离段”；另一层意思是词语（句子）的理解要符合文本所蕴含的情感基调，没有深层次的词语教学，没有与文本有效融合的词语教学，必然使词语缺乏自身的魅力，也会导致语文课堂的沉闷。

2. 句子教学设计

句子教学设计多是让学生设计某一句或几句话的理解的教学过程，这一句或几句话或是题干

中明确指出的，或是让考生自己选择的。句子教学设计通常有以下几个步骤：

（1）句子朗读

通过朗读中节奏、语调的处理，能培养学生的语感。学生有了敏锐的语感，势必大大提高理解词语、句子的能力，从而理解课文内容。

例如：学习叶圣陶《荷花》第二自然段描写荷叶和荷花的句子时，第一步先理解荷叶是“挨挨挤挤”的，荷花是“冒”出来的，体会她顽强的生命力，再对“展开、饱胀、破裂”这些重点词语进行朗读；第二步根据这些词语加以想象，在头脑中形成一幅生机勃勃的画面，自然而然地就把喜爱、赞美之情读出来了。

在该环节教师可以采用多种朗读形式，例如加动作读、配乐朗读、比赛读等，激发学生朗读的欲望，句子朗读到位了，学生对重点字词理解了，句子的意思也就清晰了。

（2）句子理解

可以从句中字词的品析，句子表达方式的判定，句子层意的划分，句中标点作用的分析，句子形式的欣赏，句子结构的划分，句子内容的赏析，句子表达优劣的比较，句中修辞手法的认识等方面入手。

例如：《鸟的天堂》中“那‘鸟的天堂’的确是鸟的天堂啊！”一句，可以先理解句中带引号的“鸟的天堂”指的是“大榕树”；“的确”就是“确实”的意思；不带引号的“天堂”是“乐园”的意思；感叹号是表达作者对大榕树的喜爱、赞美之情。然后联系全文，认识到这句话在文章中有着点明中心的作用。

（3）句子辨析

可以从句子表达特点与内在情感的品味，句子内涵、含义的揣摩，句子意味的品析，句子表达手法的探究，句子表达作用的研讨，句子表达效果的分析，句子在文中作用的探讨，句子与生活实际的连接等方面入手。

（4）句子的积累与运用

优秀的句子，教师在教学时要有意识地引导学生积累与运用，这有利于学生理解相似结构的句子，同时也有利于提高学生的写作表达水平，增加知识储备量。句子的积累与运用可以从抄写句子、句子的缩写、句子的扩写、句子的仿写和句式的变换等方面入手。

3. 段落教学设计

段落教学设计多是从课文中选出一段或几段内容让考生设计一个相应的教学过程。段落教学设计通常有以下几个步骤：

（1）初次朗读，把握段落大意

段落教学首先要引导学生有感情地朗读课文，并通过对段落中重要的字、词、句意思的把握理解段落大意。

(2)再次朗读，品味段落语言

教师要指导学生抓住精彩段落中的关键词语来体会、感悟、理解课文内涵。

例如：在教学《大作家的小老师》一文时，可以抓住一个“惊喜万分”，指导学生想象萧伯纳的内心想法，理解萧伯纳是想让小姑娘知道跟自己玩的是一个世界大文豪，并为此而感到惊喜、高兴，要读出萧伯纳的自夸、骄傲。

(3)分析段落结构

分析段落的结构有利于加深学生对文意的理解和把握。

例如：教学《“东方之珠”》第二自然段时可以这样设问：①这个自然段共有几句话？②围绕着哪一句话写的？③这段话主要写什么？

通过这样的教学，既教给学生读的方法，又培养了学生的分析概括能力。

(4)段落应用

段落应用主要是指该段落在文章中的结构作用、表达效果、内容特色、主旨思想等内容，是段落深层次的理解应用。

例如：教学《白杨》最后一自然段时，某教师这样说：默读最后一段话，想想爸爸为什么沉思，后来又微笑？爸爸的希望能实现吗？为什么？该教师的问题瞬间将全文的感情点了出来，学生在教师的引导下很容易就明白了文章的深刻含义。

(5)知识积累与运用

对于有特色的语段，教师在教学的最后，可以让学生进行句段的练习、仿写，加深理解，吸收运用，同时潜移默化地提高语言表达能力和写作水平。

4. 朗读教学设计及方法

朗读教学设计多是让考生设计某一篇课文(通常为现代文)的朗读教学。

> **温馨提示：**
> 朗读教学设计的重点在读上，考生要以读为基础，通过读理解课文、解决问题。考生在写作时可以在朗读教学设计模板上进行适当的增删，结构、内容合理即可，不需要完全按照模板进行。

(1)朗读教学设计

①导入新课

可以选择不同的导入方式进行导入，但要注意与教学内容相结合。

②初读课文，整体感知

A. 采用自己喜欢的读书方式读课文。

读准字音，把课文读通读顺；难以理解的字、词、句等，用笔做上记号；通过查字典、联系生活实际的方式解决生字词。

B. 检查自读情况。

指名读课文，学生评议，指出读得好的地方与不足之处；小组读，小组互评，教师巡视指导。

③细读课文，合作探究

A. 教师示范朗读，请学生注意其中的重音和停顿。

通过寻找段落的（动词）重音，谈谈理解；分角色朗读或表演。

B. 自由朗读课文，思考问题。（教师适当提出问题，引导学生朗读课文）

通过自主学习的形式，个人自由发言；教师予以积极评价，正确引导。

C. 快速默读，圈点勾画，提出问题。

通过小组形式展开交流，小组代表发言；教师进行引导、点拨。

④精读课文，拓展延伸

A. 自由选择朗读方式，阅读重点句子、段落，谈谈感受。

B. 在朗读过程中，引导学生通过关键词句把握文章脉络和内容，体味感情。

C. 仿造词 / 句，造句 / 写话，促进知识迁移。

D. 开放课堂，促进拓展。

⑤总结归纳，布置作业

A. 抄写生字词，背诵喜欢的段落，讲故事给父母听。

B. 搜集相关资料，深化对课文的理解。

C. 阅读课外知识。

⑥板书设计

板书可采用提纲式、图表式、对比式等类型。

（2）朗读教学方法

①有感情地朗读

在学生朗读时，要先引导学生把握好文本的情感，让学生做到有感情地朗读。每篇文章所要表达的情感都是不同的，因此教师在指导朗读时，要选择好训练的“点”，要细读文本，寻求朗读的最佳方法，要因文而异、因情而异且因人而异。在朗读教学中，教师也要讲求一个“精”字，指导学生进行朗读时，要抓住课文的重难点词句或者一些重要的段落精心地进行指导，使学生做到举一反三。这样可以让学生在朗读的时候目标更加明确，品悟起来也会更加充分，在朗读中切实提高自己品悟语言的能力。

②朗读时间要充分

应根据教材特点安排好每节课的朗读时间，要把朗读时间交还给学生，要有充分的时间让学生正确地读课文，要让全班的学生读完、读好。要有足够的时间让学生反复地读，读出感觉，读出味道，读出情趣。要鼓励学生多读，给学生充分的时间，让他们多读书，让学生通过所读的文字自己去体会，去领悟。

③精读领悟，重在“巧”

朗读仅停留在学生的自悟自得上是不够的，需要教师精心引导，让学生细心品味课文中的语言，让学生在朗读中养成好习惯，领悟作者的情感和文章的大意。学生的悟在于教师的巧妙、适时的引导。因为学生的认知水平是有限的，教师要根据学生的掌握情况，有重点、有目的地加以点拨和引导。

④发挥想象，演绎揣摩人物

朗读文章时，想象是领悟文章情感的前提，而领悟情感能够深化学生对情境的感知。因此，在朗读教学中，对于能揭示情境的一些词句，如描写神态、动作的词句，教师要引导学生通过想象进行再现，让学生迅速进入情境中体悟情感。

例如：在教学《草船借箭》的时候，教师可以让学生反复地朗读，让学生从语言中去揣摩、判断当时人物的内心动机和想法，然后再让学生在每一句话的旁边批注一些自己内心活动的词语来辅助理解课文内容。

⑤朗读形式多样，激趣入境

朗读的形式有很多，有范读、领读、齐读、表演读、分角色读等等。教师需要采用各种形式来激发学生的兴趣。其中范读指导必不可少，由于学生的模仿性很强，所以教师适时的范读是朗读教学不可缺少的部分。教师的范读以情感人，能使学生身临其境，引起共鸣，从而激发学生朗读的激情。

⑥培养朗读习惯，受益终生

语文朗读教学中，教师首先要训练学生“读到位”“边读边想”，善于发现并且及时纠正学生的一些不良读书习惯，如唱读、语速过缓、平淡乏味等。其次要培养学生“不动笔墨不读书”的好习惯，指导学生在读书的过程中适当地进行圈点勾画，这样能够让学生有效把握阅读内容的重点，还能够找出理解方面的疑难之处。最后要让学生了解并且学会运用速读、跳读、精读、略读、赏读等多种有效的阅读方法，让学生逐渐学会根据自己的阅读需求选择不同的读法，从而提高学生的学习效率。朗读在语文教学中发挥着重要作用，有效的朗读能够让学生在品读中去感受文章中的思想情感，揣摩作者的写作意图。

三、补写教学设计

（一）考查形式

一般是给出一篇教学设计或教学案例，在教学目标、教学重难点或者教学过程中挖空，让考生

根据题干要求将材料补写完整。

补写教学设计中补写的内容分为两种：一种是补写现代文阅读相关的内容，这种补写与解答现代文阅读题相类似，考查的是考生的阅读能力；另一种是补写教学的相关内容，这种补写是让考生补写设计类内容，考查的是考生的教学能力。（本部分主要讲解第二种补写内容）

（二）解题内容

这类题型是基于对教学设计和教学实录的组成部分以及各部分的功能有一定的了解，一般考查教学目标、教学重难点、课堂导入语、教学提问与明确、课堂结束语、板书设计、作业布置等。考生作答时应根据初高中学段的不同要求，合理编写各部分内容。

1. 补写的依据

（1）依据课文内容

补写教学设计题中的教学设计一般都是选自语文课本中的课文的教学设计，因此，考生在补写的时候首先要了解并分析课文内容，体会课文的内涵、情感、表达方式等。只有掌握了课文的重要内容，才有东西可写，才知道考查重点在哪里。

（2）依据教学目标

一般的补充教学设计题都会给出教学目标。考生在补写的过程中首先要分析其他教学环节的内容是否成功地解决了教学目标的要求，未解决的教学目标有哪些。这些未解决的教学目标便是补写教学设计中需要考生填写的内容。

（3）依据各环节总标题

在补写教学设计题的材料中一般会先给出该环节的总标题，这个总标题便是考生补写的依据。总标题中的信息能让考生确定教学方式是互动交流、小组讨论还是合作探究、朗读感悟；教学内容是课文主旨、思想感情还是人物形象、语言表达；教学环节是初步感悟、深入理解还是浏览大意、精读细读；等等。

（4）依据标题下的具体内容

在补写教学设计题中有的会让考生根据环节内容补充环节标题，这类题型考生在答题时不仅要分析、总结环节内容，还要观察其他环节的标题的语言结构与表达方式，每个环节的标题结构要尽量保持一致。

（5）依据材料后的问题

有时候，补写教学设计题答题空前后或问题中会为考生提供明确的答题方向，这个方向一般是比较具体的内容。

注：考生答题过程中要根据题干及材料、问题所给内容进行综合考虑。

2. 补写教学设计的答题技巧

(1)要以学生为学习的主体。

(2)要体现教师的点拨、引导作用。

(3)要根据前后文及材料后的问题确定补写内容的长或短、繁或简、具体或概括。

真题精解»

01 《我不能失信》是部编版小学语文教科书三年级下册的一篇略读课文。请你完成一份教学设计,教学设计包括教学目标和教学过程。(20分) / 怎样写整篇课文的教学设计

浙江真题

我不能失信

一个风和日丽的早晨,宋耀如一家用过早餐,准备到一位朋友家去做客。二女儿宋庆龄特别高兴,她早就盼着到这位伯伯家去了。伯伯家养的鸽子,尖尖的嘴巴,红红的眼睛,漂亮极啦!伯伯还说准备送她一只呢!

她刚走到门口,突然停住了脚步,皱起了眉头。

爸爸看见了,奇怪地问:“庆龄,你怎么不走啦?”

“爸爸,我不能去了!我昨天和小珍约好了,今天她来我们家,我教她叠花篮。”庆龄说。

“你不是一直想去伯伯家吗?改天再教小珍吧。”爸爸说完,拉起庆龄的手就要走。

“不行!不行!我走了,小珍来了会扑空的,那多不好啊!”庆龄边说边把手抽回来。

“那……回来你去小珍家解释一下,表示歉意,改天再教她叠花篮,好不好?”妈妈在一旁说。

“不,妈妈。您说过,做人要信守诺言。如果我忘记了这件事,见到她时向她道歉是可以的,但我已经想起来了,就不能失信了!”庆龄坚定地说。

“我明白了,我们的庆龄是个守信用的孩子。”妈妈望着庆龄笑了笑,说,“那你就留下来吧!”

送家里人出门后,庆龄一个人回到房间里,耐心地等候着。她一会儿拿起一本书看,一会儿又坐到琴凳上弹钢琴,平时很熟的曲子,今天却总是弹不准。可是,直到全家人吃过午饭回来,小珍也没有来。妈妈心疼地说:“我的女儿一个人在家,该多没意思啊!”庆龄仰起脸回答道:“一个人在家,是很没劲。可是,我并不后悔,因为我没有失信。”

02 语文教学中应渗透品德教育，以李绅的《悯农二首》之“锄禾”为例，在课堂提问环节中如何实现这个目标？请写出相应的教学设计。（10分）/ 怎样针对某一内容写针对性教学设计　**天津真题**

悯农二首·锄禾

锄禾日当午，汗滴禾下土。

谁知盘中餐，粒粒皆辛苦。

破题方法与参考答案

01 破题方法

第一步：审题干。根据题干可以判断教学对象是小学三年级学生，教学内容是一篇略读课文，这就决定了教学过程要重阅读，轻深入理解。第二步：根据课文，判断教学重难点。第三步：按照完整教学设计的流程组织答案。

参考答案

《我不能失信》教学设计

教学目标：

（1）正确、流利地朗读课文，联系上下文揣摩人物心理，有感情地朗读人物之间的对话。

（2）把握文章的主要内容，通过朗读感悟、思考和交流理解，感受宋庆龄诚实守信的可贵品质，联系生活实际在做人做事上获得启示。

（3）运用默读、朗读等方法培养独立阅读的能力。

教学过程：

环节一：板书课题，谈话导入

（1）同学们，今天老师要和大家一起来学习一篇名人小时候的故事，题目是《我不能失信》。谁能说说“失信”的意思？（失去信用）你知道“失信”的反义词是什么吗？（守信）这个题目还可以怎样说？（我要守信）

（2）课题质疑：“我”指的是谁呢？是说她在哪件事情上不能失信呢？

(3)宋庆龄是怎样的一个人物？PPT出示资料，自由读资料里的内容。今天我们就来学习一个宋庆龄小时候的故事——《我不能失信》。大家齐读课题。

环节二：初读课文，感知“信”

(1)课件出示朗读要求，学生齐读。

①借助拼音读课文。

②难读的地方多读几遍，把课文读通顺，读流利。

③用序号标出自然段。

(2)开火车读课文，检查自读情况，纠正字音。同时出示本文的生词及几个难读的词让学生认读：早餐、叠花篮、解释、歉意、道歉。

(3)小组探讨交流，“想想课文讲了一件什么事？故事告诉我们什么？”(出示课件，提示概括课文内容的方法)

①故事发生在什么时间？

②文中提到了哪几个人？他们之间有着什么样的联系？

③事情的经过是什么？结果又怎样？

(4)概括故事内容。(出示课件)

课文讲了一个星期天(时间)，宋耀如一家准备到一位朋友家去，二女儿宋庆龄很想去，可是她突然想起要教小珍学叠花篮，爸爸妈妈都劝她改天再教，但她为了不失信决定留下来。最终，小珍没有来，妈妈心疼庆龄一个人在家没意思，庆龄却说一个人在家是很没劲，可是她并不后悔，因为她没有失信。(人物、事情经过、结果)

这个故事告诉我们……(学生自由发言)

环节三：读悟结合，品味“信”

(1)默读课文，思考：从哪些语句可以看出宋庆龄守信用呢？画出相关语句，在旁边简单批注感受。

(2)“‘不行！不行！我走了，小珍来了会扑空的，那多不好啊！’庆龄边说边把手抽回来。”这里可以看出什么？

(3)“不，妈妈。您说过，做人要信守诺言。如果我忘记了这件事，见到她时向她道歉是可以的，但我已经想起来了，就不能失信了！”面对妈妈的提议，庆龄觉得这样好不好？为什么？

(4)回家后，妈妈知道小珍没来，庆龄白等了一上午后非常心疼。而庆龄却仰起脸回答：“一个人在家，是很没劲。可是，我并不后悔，因为我没有失信。”想象一下庆龄说这句话时会是怎样的语气和态度？根据理解朗读语句。

(5)根据对话你能否在宋庆龄说的每句话中恰当地加上一个表示语气的词?(学生默读思考,作批注,同学交流。教师指导朗读)

(6)除了对话,还有哪些语句能看出宋庆龄守信用呢?

①"送家里人出门后,庆龄一个人回到房间里,耐心地等候着。她一会儿拿起一本书看,一会儿又坐到琴凳上弹钢琴,平时很熟的曲子,今天却总是弹不准。"联系第一自然段理解,小庆龄本来是想留在家里的吗?从课文中找出理由。

②师生接读宋庆龄守信用的语句。

(7)小结:通过品读人物语言和动作,一个坚持守信的小庆龄仿佛站在我们面前。本单元的习作就是写一个你熟悉的人,要想使你写的人也能像宋庆龄这样特点鲜明,大家一定要注意描写这个人物的语言、动作。

环节四:讨论交流,深化"信"

(1)你能谈谈对最后小庆龄说的这句话的理解吗?

(2)你在日常生活中有没有遇到过类似的事?你是怎么处理的?读了本文后有什么感想?

环节五:课堂小结

"一诺值千金",守信是我们大家为人处事的基本准则,希望同学们也能像宋庆龄一样守信用,重诺言。

环节六:布置作业,延伸"信"

课外收集有关诚实守信的成语、俗语记在日记本上,找有关诚实守信的故事读一读。

环节七:板书设计

我不能失信

宋庆龄遵约定守信用

(语言、动作)

(共20分。教学目标阐述明确,具有可操作性,符合学科特点得3分;教学过程中的课堂导入自然流畅,富有启发性得2分;教学内容清晰明朗,内容充实,逐层递进得6分;课堂小结精练,作业量适当得4分;板书设计合理、一目了然得2分;整个教学设计内容完整,语言得当,格式整齐美观得3分;可酌情给分,每缺少一个关键环节扣3分)

02 破题方法

第一步:审题干。审读题干可以判断这不是整篇阅读教学设计。再细读题干,确定教学重点是"品德教育"。第二步:明重点,确定答题范围。按要求要在课堂提问环节表现教学重点,那么答案就要从课堂提问出发,不能偏离答题方向。

参考答案

(1)借助画面了解古诗的意思

①农民伯伯在干什么？这是什么时候？

②你们有没有在夏天的中午出去玩过？是什么感受？你们出去玩一会儿就这么热，那农民伯伯在地里干活又怎么样？

③农民伯伯干活辛不辛苦？你从哪句诗中感受到了农民伯伯很辛苦？

④用自己的话说说“谁知盘中餐，粒粒皆辛苦”的意思。

(2)拓展延伸

①指导学生有感情地朗读，体会诗句表达的情感。

②学习这首古诗后，你想对农民伯伯说些什么？你想对浪费粮食的人说些什么？

③孩子们，农民伯伯种粮食多辛苦啊！请听朗朗的妈妈是怎样对朗朗说的(录音)：朗朗，我们碗里的每一粒粮食都是农民辛辛苦苦种出来的，你一定要爱惜粮食啊！你能把朗朗妈妈的话用诗句表达出来吗？(谁知盘中餐，粒粒皆辛苦)

(3)体悟总结

这首《锄禾》告诉了我们什么道理？你们读了之后有什么感想？以后又要怎么做？

(共10分。联系生活实际，从课堂提问出发得2分；教学设计内容体现“渗透品德教育”目标得3分，偏离这一目标则该题不得分；针对性教学环节设计完整得3分，可酌情给分；教学内容完整，符合学生认知规律得2分)

专题三　写作教学设计实操与运用

命题规律探究

写作教学设计在语文教师招聘考试的所有地区中涉及较少，只有少数几个地区的个别年份考查过，如福建、湖南特岗等，每题分值在6～9分。

真题示例

福建小学真题

第三学段关于习作教学要求："懂得写作是为了自我表达和与人交流。有意识地丰富自己的见闻，珍视个人的独特感受。"请根据这一要求写一份记人作文教学片段设计（只需写出教学过程部分的设计）。（9分）/ 怎样设计习作教学过程

答题思路

画"＿"部分是教学设计的学段。

画"＿"部分是教学设计的主要要求与目标。

画"﹏"部分是教学设计的内容。

答案：

(1)导入

①同学们，从小时候到现在，我们身边有许多亲人和小伙伴，回想一下，他们中哪一位最令你印象深刻呢？

②学生回忆。

③揭示本次作文主题——写人。

(2)选材指导

①选定自己真正熟悉的人——好朋友、自己的父母或其他长辈，想清楚他／她的性格特点。

②简单介绍你们是怎么认识的，哪一件事情让他／她成为你的朋友。

③学生讨论。同桌交流，说说自己准备怎么写。

(3)教师指导

①要抓住这个人的特点，通过人物的外貌、动作、语言、神态描写，表现人物的特点。

②试列提纲。

③学生汇报，交流一些好的构思。

(4)学生自主写作

①学生打草稿，教师巡回指导。

②注意点：写好言与行。

(5)修改学生习作

①教师巡视，挑代表作品在全班朗读，学生讨论修改，发表自己的看法。

②学生互改作文，汇总整理作文中出现的问题，教师引导、点拨。

③出示教师修改过的句子，学生分析、解读。

④学生根据作文修改中发现的问题，重新修改作文。

一、怎样设计习作教学过程

(一)考查形式

一般会结合《义务教育语文课程标准》(2022年版／2011年版)中的学段要求／目标，明确要求针对某一类型作文设计教学过程。

(二)解答步骤

1. 教师引导，学生定向

在每次写作训练前，教师要明确地向学生提出训练目标，引出学生感受和表达的需要。当然，目标的设计，既要具体，切忌笼统空泛，又要有针对性，密切结合学生实际，充分估计学生的需要以及在写作中可能出现的问题，以便有的放矢，因势利导。

2. 教师指导，学生写作

(1)写前指导

①范文引路：可以是课文、课外作品、教师的“下水文”、学生的习作等，通过分析让学生理解一定的原则、方法。

②唤醒学生的生活积累、体验，挖掘“胸中积蓄”。

③采用情境教学，使学生产生写作的欲望。

④进行提示、点拨。

⑤通过阅读来启迪智慧，激发写作热情。

(2)作文过程中的指导

此环节多被忽视，是作文教学速度、效率偏低的原因之一。有的教师认为执笔作文是学生思考、写作的过程，教师只用等着批改和讲评。其实，这期间既需要个别指导，又需要集体指导，主要任务是：

①帮助学生解决行文过程中遇到的遣词造句、书写格式及其他具体问题。

②如果发现学生动笔后在取材、立意、构思、文体等方面碰到新问题，教师也可继续进行指导。指导的方式以个别为主，适当采用咨询、答疑的方法，有别于作文前的以集体为主的方式。

③在遇到带有全局性的较普遍的问题时，要集体指导，但不宜过多，以免打乱学生的文思。

3. 教师批改，学生参与

每批改一次作文，就是教师和学生进行的一次思想感情的交流。作文的批改可以是教师单独的批改，也可以是学生之间的相互批改。

4. 交流评讲，互相沟通

评讲的要求有：

(1)要有重点。每次评讲的内容要与命题、指导、批改的要求具有一贯性和集中性。每次评讲要突出一个重点，而这个重点又能够纳入整个作文能力训练的体系中。

(2)发挥多种功能。作文评讲要引导学生透过具体材料把握作文的规律；要开拓学生的思路，发展学生的思维能力；要包括对学生写作态度、写作习惯和文德文风的评价。

(3)调动学生的积极性。要恰当表扬，慎重批评，坚持正面教育，给予热情恳切的鼓励。

5. 归纳总结，再接再厉

(1)指导学生写作文后记，以总结本次作文的得失，消化批改和讲评的内容。

(2)针对学生作文中的问题布置练习，如修改病句的练习，重拟标题的练习，根据主题安排结构的练习，重写的练习等。

(3)指导学生修改习作，使其得到公开发表的机会。

(三)写作教学方法

1. 引导学生从生活中捕捉写作素材

引导学生平时多观察生活，多参加实践活动，积累对事物的认识和感受，多看，多听，多思，多问，丰富自身作文素材。

2. 鼓励学生大量阅读，丰富语言积累

阅读是作文的基础，要提高学生的写作能力，就要指导学生做好读书笔记，在阅读中指导学生体会阅读材料中的规律性知识。

3. 正确运用评价，激发学生写作兴趣

教师多给予学生写作正面评价，增强学生写作信心，培养写作兴趣。

二、怎样分析点评学生习作

（一）考查形式

1. 材料

分析点评学生习作的材料一般是相应学段学生的作文。

2. 问题

（1）请指出该习作的一个缺点，并提出具体的改进建议。

（2）下面是×年级学生的一篇作文，请为这篇习作拟写一则简短的作文评语。

（二）习作点评的要点

下文介绍的是关于习作点评的知识性内容，在实际作答时，考生需要根据写作文的学生的年段组织语言，并结合作文内容进行作答。

1. 分析方向

注意点	具体内容
中心	是否离题，是否按照题目要求来写。
选材	①是否围绕中心。 ②是否真实，符合生活实际。 ③是否新鲜有趣。
结构	①层次段落是否清楚。 ②过渡是否自然。 ③开头和结尾是否照应。
表达	①有没有把事情讲清楚，写完整。 ②详略得当，重要的人或事详写，不重要的略写。
语言	①句子是否通顺、准确，病句少。 ②有没有运用比喻、排比、拟人、夸张等手法。 ③有没有运用成语、俗语、谚语、名人名言、诗歌等优美词句。 ④标点符号运用是否恰当。

2. 作文易错点及修改建议

分类	易出现的错误	修改建议
立意方面	观点蜻蜓点水，浅尝辄止，言之无物，内容单薄。	首先，记叙文要思想感情健康，议论文要观点正确，确定立意下笔之前要先想好表达内容、事件及论点、论据，以便及时发现问题并改正。其次，要紧密围绕中心写作，目标始终如一，着墨于材料与中心的结合。
	观点起调太高，大而无当，议论卡壳，有理无据。	
	观点头绪太多，往而不返，旁逸斜出，互相干扰。	
选材方面	观点没有材料支撑，显得空泛苍白。	无论是记叙文还是议论文，文中的观点都需要有材料的支撑，不能泛泛而谈，否则会导致文章假大空。要把握“与中心无关的不写，与中心关系不大的略写，与中心关系密切的详写”这一原则。日常生活中要多读书，搜集材料，让自己的作文观点新颖，材料丰富。
	材料与中心思想冲突或不能论证中心思想。	
	材料陈旧，缺乏新颖内容。	
	取舍不当，详略不当。	
结构方面	文章标题与内容不合，导致中心不一。	文章标题是文章内容的反映，一定要紧扣文章中心；在文章结构上，可以是总—分、总—分—总等方式，同时正文中适当运用首尾照应、开篇点题、引起下文、作铺垫、设置线索等手法，以提高文章的可读性。
	结构概念差，无过渡衔接，首尾不相顾。	
	段落长短无度，轻重不分。	
语言方面	语言平淡，没有波澜，缺乏修饰。	语言上要注意辞藻的选择，恰当使用修饰语，使文章饱满、生动；用词要力求准确传神；要适当使用一定的修辞手法，增强语言的感染力；还可以适当引用诗词名句、名人名言，增强文章的文采；要适当地叙议结合、景情结合、情理结合。
	概括、叙述多，细致描写少，导致文章不生动。	
	语言描写轻重不分，详略不得当。	

3. 答题常用的习作评语

（1）习作评价优点常用语

优点类型	常用语
内容方面	①内容充实，文意明确，中心突出。 ②内容紧凑，详略得当，过渡自然。 ③论据丰富具有说服力。 ④观点明确，发人深思。
结构方面	①主题明确，结构严谨，思路清晰。 ②叙事有条不紊，论证严密有说服力。
语言方面	①朴实自然，简洁明快，亲切感人。 ②优美流畅，平实生动，富有气势。 ③语言具有哲理韵味，富有感染力。

(2)习作评价缺点常用语

缺点类型	常用语
内容方面	①论据不充足,类型单一,选材不恰当。 ②选材不够丰富典型,内容不够充实饱满。 ③表意不清,观点不明,轻重不当。
结构方面	①文章结构不完整,思路不清晰。 ②论据详略安排不当,重点不明。 ③论证不充分,方法单一,论证层次不清晰,缺乏说服力。
语言方面	①语言冗杂,重复赘余。 ②语言平淡无味,流水账式的叙述不能引起读者的阅读兴趣。 ③文章中出现病句、错字、标点符号使用错误、词语使用不当等现象。

4. 写好作文批语

(1)运用激励性语言进行表扬。

例如:这是我看到的很不寻常的见解,可以展开写;把范文中学到的模仿着用,这便是创造的开端;比喻贴切,有新意。

像这样对学生满怀着热情期望的激励性评语,可使学生更加努力奋发。

(2)运用幽默的语言进行批评。

对于学生作文中存在的问题,用幽默的方式指出来往往比直截了当地提出更能被接受。

例如:鲁迅先生曾给许广平的论文《罗素的话》写过一段评语:拟给90分,其中给你5分(抄工3分,末尾的几句议论2分),其余的85分都给罗素。

(3)选择恰当的句式写批语。

写批语时,除了运用常见的陈述句外,教师可灵活地选用疑问句、感叹句、省略句等句式,还要注意使用的语气。

三 试题精解

01 《义务教育语文课程标准》(2022年版)第四学段"表达与交流"要求:"写作要有真情实感,表达自己对自然、社会、人生的感受、体验和思考,力求有创意。"请以此要求为依据,写一份有关中国传统文化的作文教学设计(只需写出教学过程部分的设计)。(7分) / 怎样设计习作教学过程

02 从选材、语言、结构三个方面点评一篇小学三年级的作文片段。(6分) / 怎样分析点评学生习作 湖南真题

有趣的万圣节(节选)

接着,老师把我们集合起来一个一个地化妆。在这次活动中,老师为我们准备了鬼屋、越过线条、拿乒乓球等项目。其中,我最喜欢的一个项目是捉拿巫婆。它的游戏规则是这样的:1. 选10个人出来,5个人当巫婆,5个人当勇士;2. 巫婆必须不停地摇头,勇士手拿5个圈;3. 如果巫婆被套中了的话,那么,就不能给他礼物了。这局中我和其他4个人当勇士,另外5个人当巫婆。刚开始我太高兴,一连套了4次都没有成功,可我并没有灰心,我用双眼瞄准巫婆的头部,很平稳地一扔,"耶! 套进去啦! 套进去啦!"我兴奋地尖叫起来。其他同学也为我的成功欢呼起来。顿时,教室里成了一片欢乐的海洋。

破题方法与参考答案

01 破题方法

第一步:审题干。通过审读题干,可以判断,此次写作教学对象为初中学段学生,有一定写作基础,那么在教学过程中不需过多讲解写作基础知识。第二步:明要求。此次写作教学要围绕中国传统文化进行,不可跑题。第三步:按照正常写作教学过程组织答案。

参考答案

一、激趣导入

1. 播放《我的中国心》歌曲。

2. 引导:同学们,这首《我的中国心》歌词里写道"可是不管怎样也改变不了我的中国心""我的祖先早已把我的一切,烙上中国印"。你们可以想想,什么是我们每一个华夏子民身上的"中国印"? 同学们,其实我们从出生到成长,都会在中国固有的文化氛围里浸润,过传统节日,住传统房屋,吃传统食物,听传统曲目,这些一辈一辈流传下来的东西,好像没有特别稀奇的地方,然而就是这平常的"小事",组成了我们身上的"中国印"。这堂课,我们就了解传统文化,看看传统文化给我们的写作会带来什么样的启示。

二、了解传统文化

1. 小组交流课前搜集到的资料。

围绕什么是传统文化,传统文化包括哪些具体种类,你熟悉传统文化中的哪种种类展开讨论。

2. 小组展示。

学生比较熟悉的传统文化的种类有古诗词文、书法、古建筑、传统节日。绝大部分同学都有学前“国学启蒙”的经历，小学也学过古诗词，参加过猜灯谜活动，还有的同学习书法、画国画，学传统戏曲音乐，以及每个人都会参与的传统节日庆祝活动。

三、传统文化在写作中的落实

1. 哪些种类可以在我们的写作中落实?(小组讨论、教师点拨)

2. 请以某一节日为契合点，也可以从上面的任何途径中选一种，书写你熟悉的一种传统文化形式，将你的感受，写成一个小片段，表现出你和“传统文化”的关联和情感。

四、学生写作，小组内互相交流并班内展示

五、小结

传统文化不神秘，就在我们身边。我们从小耳濡目染，从尊老爱幼、待人友善，到刻苦勤奋、自强不息，从行为举止到吹拉弹唱，都有传统文化的影子。我们的职责就是，让传统继续下去。

六、作业

将小练笔扩写成不少于800字的习作。

(共7分。激趣导入时合理利用媒体设备得1分，目标明确得1分；教学内容体现新课程理念，运用合作、探究等学习方式得3分；课堂小结符合作文主题得1分；作业布置提升学生能力得1分)

02 破题方法

第一步：审题干，明要求，题干要求有明确的答题方向“选材”“语言”“结构”，答案就要从这三方面来答。第二步：阅读材料，寻找答题要点。第三步：结合选定的某一个答题方向及评析要点，从优缺点两方面答题。

参考答案

优点：作者选取万圣节众多活动中的一个，进行详细描写，符合“有趣”这一主题，选材恰当。语言描写、动作描写都很生动形象，“瞄准”“平稳”“一扔”“尖叫”生动再现了当时的场景以及“我”的心情。结构完整，行文流畅。

缺点：游戏规则介绍不够详细，比如第二点“勇士手拿5个圈”，之后要怎么做，并没有说明。

(共6分。答出符合主题、选材恰当，内容生动形象，结构完整的优点得4分，每少一点扣1分；答出游戏规则介绍不够详细的缺点，并结合具体内容得2分，不结合具体内容则扣1分)

专题四　真题集训

01 阅读以下文段，回答后面的小题。　江苏真题

“竖”：万岁枯藤

蒋　勋

①卫夫人给王羲之上的第三堂书法课是“竖”，就是写“中”这个字时，中间拉长的一笔。卫夫人把王羲之带到深山里，从枯老的粗藤中学习笔势的力量。

②她教王羲之看“万岁枯藤”，还让他在登山时攀缘一枝老藤，一根漫长岁月里长成的生命。孩子借着藤的力量，把身体吊上去，借着藤的力量，悬宕在空中。悬宕在空中的身体，可以感觉到一枝藤的强韧——拉扯不开的坚硬顽固的力量。

③老藤拉不断，有很顽强、很坚韧的力量，这个记忆变成对书法的领悟。“竖”这个线条，要写到拉不断，写到强韧，写到有弹性，里面会有一股往两边发展出来的张力。

④“万岁枯藤”不再只是自然界的植物，它已成为汉字书法里一根比喻顽强生命的线条。“万岁枯藤”是向一切看起来枯老、却毫不妥协的坚强生命的致敬。

⑤王羲之还在幼年，但是卫夫人通过“万岁枯藤”，使他在漫长的生命路途上有了对强韧力量的体会，也才有了书法上的进境。

⑥书法的美，一直是与生命相通的。

⑦“高峰坠石”让人理解了重量与速度。“千里阵云”让人学习了开阔的胸怀。“万岁枯藤”让人知道了强韧和坚持。

⑧卫夫人是书法老师，也是人生的老师。

（有删改）

(1)请围绕如下目标设计教学步骤，并简要说明设计意图。(6分)

目标：体会书法中的“竖”与“万岁枯藤”的形神兼似。

(2)设计读写活动:请从汉字楷书"点""横""钩""撇""捺"几个笔画中任选其一,以第⑦段为例指导学生仿写。(6分)

(3)"师法自然"是本文揭示的一条艺术哲理,为帮助学生深刻理解,请再举一例并简要分析。(3分)

(4)请设计本课板书。(3分)

---

02 下面这篇文章是五年级下册的一篇精读课文,请完成一份教学设计,教学设计包括教学目标和教学过程。 浙江真题

手　指

丰子恺

我们每个人,都随时随地随身带着十根手指,永不离身。一只手上的五根手指,各有不同的姿态,各具不同的性格,各有所长,各有所短。

大拇(mǔ)指在五指中,形状实在算不上美。身材矮而胖,头大而肥,构造简单,比人家少一个关节。但在五指中,却是最肯吃苦的。例如拉胡琴,总由其他四指按弦(xián),却叫他相帮扶住琴身;水要喷出来,叫他死力抵住;血要流出来,叫他拼命按住;重东西要翻倒去,叫他用劲顶住;要读书了,叫他翻书页;要进门了,叫他揿(qìn)电铃。讨巧的事,却轮不上他。例如招呼人,都由其他四指上前点头,他只能呆呆站在一旁;给人搔(sāo)痒,人舒服后,感谢的是其他四指。

常与大拇指合作的是食指。他的姿态可不如其他三指窈窕(yǎotiǎo),都是直直落落的强硬的线条。他的工作虽不如大拇指吃力,却比大拇指复杂。拿笔的时候,全靠他推动笔杆;遇到危险的事,都要他去试探或冒险;秽(huì)物、毒物、烈物,他接触的机会最多;刀伤、烫伤、轧(yà)伤、咬伤,

他消受的机会最多。他具有大拇指所没有的“机敏”，打电话、扳枪机必须请他，打算盘、拧(nǐng)螺丝、解纽(niǔ)扣等，虽有大拇指相助，终是要他主干的。

五指中地位最优、相貌最堂皇的，无如中指。他居于中央，左右都有屏障。他个子最高，无名指、食指贴身左右，像关公左右的关平、周仓(cāng)，左膀右臂，片刻不离。他永远不受外物冲撞，所以曲线优美，处处显示着养尊处优的幸福。每逢做事，名义上他是参加的，实际并不出力。他因为身体最长，取物时，往往最先碰到物，好像取得这物是他一人的功劳。其实，他碰到之后就退在一旁，让大拇指和食指去出力，他只在旁略为扶衬而已。

无名指和小指，体态秀丽，样子可爱。然而，能力薄(bó)弱也无过于他们了。无名指多用于研脂粉、蘸药末、戴戒指。小指的用处则更渺小，只是掏掏耳朵、抹抹鼻涕而已。他们也有被重用的时候。在丝竹管弦上，他们的能力不让于别人。舞蹈演员的手指不是常作兰花状吗？这两根手指正是这朵“兰花”中最优美的两瓣。除了这等享乐的风光事以外，遇到工作，他们只是其他手指的附庸(yōng)。

手上的五指，我只觉得姿态与性格，有如上的差异，却无爱憎(zēng)在其中。手指的全体，同人群的全体一样，五根手指如果能一致团结，成为一个拳头，那就根根有用，根根有力量，不再有什么强弱、美丑之分了。

拇　弦　擞　搔　窈　窕　秽　轧　拧　纽　仓　薄　庸　憎

拇	搔	痒	秽	轧	拧	螺	纽	扣	貌	仓	渺	享	庸	憎

◎默读课文，结合课文内容，说说五根手指各有什么作用。

◎课文的语言很风趣，如，“他永远不受外物冲撞，所以曲线优美，处处显示着养尊处优的幸福”。找出类似的语句体会一下，再抄写下来。

◎作者笔下的大拇指和食指分别让你想到了生活中的哪些人？和同学交流。

◎小练笔：仿照课文的表达特点，从人的五官中选一个，写一段话。

(1)教学目标设计。(5分)

(2)教学过程设计。(15分)

03 下面是统编版小学语文教科书三年级下册第一单元第3课《荷花》全文。 江西真题

③ 荷花

清早，我到公园去玩，一进门就闻到一阵清香。我赶紧往荷花池边跑去。

荷花已经开了不少了。荷叶挨挨挤挤的，像一个个碧绿的大圆盘。白荷花在这些大圆盘之间冒出来。有的才展开两三片花瓣儿。有的花瓣儿全展开了，露出嫩黄色的小莲蓬。有的还是花骨朵儿，看起来饱胀得马上要破裂似的。

“挨挨挤挤”“冒”用得真好！

这么多的白荷花，一朵有一朵的姿势。看看这一朵，很美；看看那一朵，也很美。如果把眼前的一池荷花看作一大幅活的画，那画家的本领可真了不起。

我忽然觉得自己仿佛就是一朵荷花，穿着雪白的衣裳，站在阳光里。一阵微风吹过来，我就翩翩起舞，雪白的衣裳随风飘动。不光是我一朵，一池的荷花都在舞蹈。风过了，我停止了舞蹈，静静地站在那儿。蜻蜓飞过来，告诉我清早飞行的快乐。小鱼在脚下游过，告诉我昨夜做的好梦……

过了好一会儿，我才记起我不是荷花，我是在看荷花呢。

本文作者叶圣陶，选作课文时有改动。

āi péng zhàng piān dǎo
挨 蓬 胀 翩 蹈

瓣 蓬 胀 裂 姿 势
仿 佛 随 蹈 止

有感情地朗读课文，注意读好下面的词语。背诵第2~4自然段。

花瓣儿　　花骨朵儿　　莲蓬　　衣裳

默读课文，说说你从哪些地方体会到了这一池荷花是“一大幅活的画”。

画出课文中你觉得优美生动的语句，和同学交流。

小练笔

第2自然段写出了荷花不同的样子，仿照着写一种你喜欢的植物。

［设计与问题］

(1)找出课文中你觉得优美生动的语句，选择一句用楷体认真抄写下来，并简要说明优美生动的理由。(3分)

(2)完成课后小练笔(不少于100字)。(4分)

(3)请依照《义务教育语文课程标准》(2011年版)的教学要求，为《荷花》设计一个完整的教学简案(含教学目标、教学重难点、课时安排、教学过程、作业布置、板书设计)。(15分)

04 文本解读与教学设计。

母亲的书

琦 君

①母亲在忙完一天的煮饭，洗衣，喂猪、鸡、鸭之后，就会喊着我说："小春呀，去把妈的书拿来。"

②我就会问："哪本书呀？"

③"那本橡皮纸的。"

④我就知道妈妈今儿晚上心里高兴，要在书房里陪伴我，就着一盏菜油灯光，给爸爸绣拖鞋面了。

⑤橡皮纸的书上没有一个字，实在是一本"无字天书"。里面夹的是红红绿绿色彩缤纷的丝线，白纸剪的朵朵花样。还有外婆给母亲绣的一双水绿缎子鞋面，没有做成鞋子，母亲就这么一直夹在书里，夹了将近十年。外婆早过世了，水绿缎子上绣的樱桃仍旧鲜红得可以摘来吃似的。一对小小的喜鹊，一只张着嘴，一只合着嘴，母亲告诉过我，那只张着嘴的是公的，合着嘴的是母的。喜鹊也跟人一样，男女性格有别。母亲每回翻开书，总先翻到夹得最厚的一页。对着一双喜鹊端详老半天，嘴角似笑非笑，眼神定定的，像在专心欣赏，又像在想什么心事。

⑥母亲为什么叫这本书为橡皮纸书呢？是因为书页的纸张又厚又硬，像树皮的颜色，也不知是什么材料做的，非常的坚韧，再怎么翻也不会撕破，又可以防潮湿。母亲就给它一个新式的名称——橡皮纸。其实是一种非常古老的纸，是太外婆亲手裁订起来给外婆，外婆再传给母亲的。书页是双层对折，中间的夹层里，有时会夹着母亲心中的至宝，那就是父亲从北平的来信，这才是"无字天书"中真正的"书"了。母亲当着我，从不抽出来重读，直到花儿绣累了，菜油灯花也微弱了，我背《论语》《孟子》背得伏在书桌上睡着了，她就会悄悄地抽出信来，和父亲隔着千山万水，低诉知心话。

⑦还有一本母亲喜爱的书，也是我记忆中非常深刻的，那就是触目惊心的《十殿阎王》。粗糙的黄标纸上，印着简单的图画。是阴间十座阎王殿里，面目狰狞的阎王、牛头马面，以及形形色色的鬼魂。依着他们在世为人的善恶，接受不同的奖赏与惩罚。惩罚的方式最恐怖，有上尖刀山，落油锅，被猛兽追扑等等。然后从一个圆圆的轮回中转出来，有升为大官或大富翁的，有变为乞丐的，也有降为猪狗、鸡鸭、蚊蝇的。母亲对这些图画好像百看不厌，有时指着它对我说："阴间与阳间的隔离，就只在一口气。活着还有这口气，就要做好人，行好事。"母亲常爱说的一句话是："不要扯谎，小心拔舌耕犁啊。""拔舌耕犁"也是这本书里的一幅图画，画着一个披头散发的女鬼，舌头被拉出来，刺一个窟窿，套着犁头由牛拉着耕田，是对说谎者最重的惩罚。所以她常拿来警告人。

⑧母亲生活上离不了手的另一本书是黄历。她在床头小几抽屉里，厨房碗橱抽屉里，都各放一本，随时取出来翻查，看今天是什么样的日子。黄历上一年二十四个节气，母亲背得滚瓜烂熟。每次翻开黄历，要查眼前这个节气在哪一天，她总是从头念起，一直念到当月的那个节气为止。我也跟着背："正月立春、雨水，二月惊蛰、春分，三月清明、谷雨……"但每回念到八月的白露、秋分时，不知为什么，心里总有一丝凄凄凉凉的感觉。小小年纪，就兴起"一年容易又秋风"的感慨。也许是因为八月里有个中秋节，诗里面形容中秋节月亮的句子那么多。中秋节是应当全家团圆的，而一年盼一年，父亲和大哥总是在北平迟迟不归。

⑨母亲当然还有其他好多书。像《花名宝卷》《本草纲目》《绘图列女传》《心经》《弥陀经》等的经书。她最最恭敬的当然是佛经。每天点了香烛，跪在蒲团上念经。一页一页地翻过去，有时一卷都念完了，也没看她翻，原来她早已会背了。我坐在经堂左角的书桌边，专心致志地听她念经，音调忽高忽低，忽慢忽快，却是每一个字念得清清楚楚，正正确确。看她闭目凝神的那份虔诚，我也静静地坐着一动不动。念完最后一卷经，她还要再念一段像结语那样的几句。最末两句是"四十八愿度众身，九品咸令登彼岸。"念完这两句，母亲宁静的脸上浮起微笑，仿佛已经度了终身，登了彼岸了。我望着烛光摇曳，炉烟缭绕，觉得母女二人在空荡荡的经堂里，总有点冷冷清清。

⑩《本草纲目》是母亲做学问的书。那里面那么多木字旁、草字头的字，母亲实在也认不得几个。但她总把它端端正正摆在床头几上，偶然翻一阵，说来也头头是道。其实都是外公这位山乡郎中口头传授给她的，母亲只知道出典都在这本书里就是了。

⑪母亲没有正式认过字、读过书，但在我心中，她却是博古通今的。

（有删改）

（一）文本解读

(1)本文以"母亲的书"为线索叙事写人，这样处理有什么好处?(4分)

(2)有人认为文中第⑦段主要表现母亲的迷信思想，你同意吗？请结合文本阐述你的看法并说明理由。(5分)

(3)本文在叙事写人中往往隐含着作者深层的情感，请从文中举出两个这样的例子并简要分析。(6分)

(二)教学设计(假定《母亲的书》是小学六年级讲读课文)

(4)《义务教育语文课程标准》(2011年版)关于第三学段阅读教学的目标和建议指出，阅读教学要细细品味语言，体会作者的思想感情，初步领悟文章的基本表达方法。请你根据这一教学要求为第⑥段画线的语句写一份教学片段设计(只需写出教学过程部分的设计)。(9分)

(5)请你根据文本特点和义务教育第三学段阅读教学目标，为本文的课堂教学设计一个主板书，并简要说明理由。(6分)

05 文本解读与教学设计。　福建真题

风雨中的菊花

①午后的天灰蒙蒙的，没有一丝风。乌云压得很低，似乎要下雨。就像一个人想打喷嚏，可是又打不出来，憋得很难受。

②多尔先生情绪很低落，他最烦在这样的天气出差。由于生计的关系，他要转车到休斯敦。

③离开车的时间还有两个小时，他随便在站前广场上漫步，借以打发时间。

④"太太，行行好。"循着声音望去，他看见前面不远处一个衣衫褴褛的小男孩伸出鹰爪般的小黑手，尾随着一位贵妇人。那个妇女牵着一条毛色纯正、闪闪发亮的小狗急匆匆地赶路，生怕小黑手弄脏了她的衣服。

⑤“可怜可怜吧，我已经三天没有吃东西了，给一美元也行。”考虑到甩不掉这个小乞丐，妇女转回身，怒喝一声：“滚！这么点儿的小孩就会做生意！”小乞丐站住脚，满脸的失望。

⑥真是缺一行不成世界，多尔先生想。听说专门有一种人靠乞讨为生，甚至还有发大财的呢。还有一些大人专门指使一帮孩子乞讨，利用人们的同情心。说不定这些大人就站在附近观察呢，如果孩子完不成定额，回去就要挨处罚。不管怎么说，孩子也怪可怜的。这个年龄本来应该上学，可是……

⑦多尔先生正思忖着，小乞丐走到他跟前，摊着小脏手：“先生，可怜可怜吧，我已经三天没有吃东西了，给一美元也行。”不管这个乞丐是生活所迫，还是欺骗，多尔先生心中一阵难过，他掏出一美元的硬币，递到他手里。

⑧“谢谢您，祝您好运！”小男孩金黄色的头发都黏成了一个板块，全身上下只有牙齿和眼球是白的，估计他自己都忘记上次洗澡的时间了。

⑨树上的鸣蝉在聒噪，空气又闷又热，像庞大的蒸笼。多尔先生不愿意过早去候车室，就信步走进一家鲜花店。

⑩“你要看点儿什么？”小姐训练有素，礼貌而又有分寸。她不说“买什么”，以免强加于人。

⑪这时，从外面又走进一人，多尔先生瞥见那人正是刚才的小乞丐。小乞丐很是认真地逐个端详柜台里的鲜花。“你要看点儿什么？”小姐这么问，因为她从来没有想过小乞丐会买鲜花。

⑫“一束万寿菊。”小乞丐竟然开口了。

⑬“要我们送给什么人吗？”

⑭“不用，请帮我写上‘献给我最亲爱的人’，下面再写上‘祝妈妈生日快乐！’”

⑮“一共是二十美元。”小姐一边写，一边说。

⑯小乞丐从破衣服口袋里哗啦啦地掏出一大把硬币，倒在柜台上，每一枚硬币都磨得亮晶晶的，那里面可能就有多尔先生刚才给他的。他数出二十美元，然后虔诚地接过有纸牌的花，转身离去。

⑰这个小男孩还蛮有情趣的，这是多尔先生没有想到的。

⑱火车终于驶出站台，多尔先生望着窗外，外面下雨了，路上没有了行人，只剩下各式车辆。突然，他在风雨中发现了那个小男孩，只见他手捧鲜花，一步一步地缓缓地前行，他忘记了身外的一切，瘦小的身体更显单薄。多尔先生看到他的前方是一块公墓，他手中的菊花迎着风雨怒放着。

⑲火车撞击铁轨的速度越来越快，多尔先生的胸膛中感到一次又一次的强烈冲击。他的眼睛模糊了。

（有删改）

（一）文本解读

（1）“风雨中的菊花”表层意义是什么，深层寓意又是什么？（3分）

（2）小乞丐要钱，分明是为了买花，却反复以“已经三天没有吃东西了”为理由，简要分析小乞丐这样做的原因。（3分）

（3）小说中小乞丐的外貌描写有多处，请简要分析其好处。（3分）

（二）教学设计

（4）《义务教育语文课程标准》（2011年版）第三学段“课程目标与内容”指出：“在阅读中了解文章的表达顺序，体会作者的思想感情，初步领悟文章的基本表达方法。”请根据上述三个目标要点，以《风雨中的菊花》第⑨段到第⑲段为教学内容，拟写一份教学设计（只写教学过程主要内容要点）。（15分）

（5）请给小说《风雨中的菊花》设计一则100字左右的教学导语。（5分）

06 阅读《圆明园的毁灭》，回答后面的问题。　山东真题

圆明园的毁灭

圆明园的毁灭是中国文化史上不可估量的损失，也是世界文化史上不可估量的损失！

圆明园在北京西北郊，是一座举世闻名的皇家园林。它由圆明园、万春园和长春园组成，所以也叫圆明三园。此外，还有许多小园，分布在圆明园东、西、南三面，众星拱月般环绕在圆明园周围。

圆明园中，有金碧辉煌的殿堂，也有玲珑剔透的亭台楼阁；有象征着热闹街市的“买卖街”，也有象征着田园风光的山乡村野。园中许多景物都是仿照各地名胜建造的，如海宁的安澜园、苏州的狮子林、杭州西湖的平湖秋月；还有很多景物是根据古代文人的诗情画意建造的，如蓬岛瑶台、武陵春色。园中不仅有民族建筑，还有西洋景观。漫步园内，有如漫游在天南海北，饱览着中外风景名胜；流连其间，仿佛置身在幻想的境界里。

圆明园不但建筑宏伟，还收藏着最珍贵的历史文物：上自先秦时代的青铜礼器，下至唐、宋、元、明、清历代的名人书画和各种奇珍异宝。所以，它又是当时世界上最大的博物馆、艺术馆。

1860年10月6日，英法联军侵入北京，闯进圆明园。他们把园内凡是能拿得动的东西，统统掠走；拿不动的，就用大车或牲口搬运；实在运不走的，就任意破坏、毁掉。为了销毁罪证，10月18日和19日，三千多名侵略者奉命在园内放火。大火连烧三天，烟云笼罩了整个北京城。我国这一园林艺术的瑰宝、建筑艺术的精华，就这样化为一片灰烬。

(1) 本文题目是“圆明园的毁灭”，但作者为什么要用那么多的笔墨写圆明园昔日的辉煌?(4分)

(2)阅读第2至第4自然段，完成关于这三段的教学设计片段。设计要求：通过有感情地朗读课文，深入了解圆明园辉煌的过去。(6分)

07 阅读以下现代文,回答后面的问题。 **湖北真题**

雪花那个飘

李德霞

一大早,天空就飘起了细碎雪花。

今天是腊月二十八,也是娘做年糕的日子。

这天,我是不会出门玩的,尽管二唤趴我家大门口喊我几次了,可我就是不挪窝。我爱吃现炸出锅的年糕,黄灿灿浸着油,皮子脆脆的,咬一口,“咔嚓咔嚓”响,那个香啊。我不出门的另一个原因,是我得看着娘,防止她给干姥姥送年糕。

干姥姥是个要饭的,常年在我们这一带乞讨。一只豁了边的碗,一根磨得乌黑油亮的打狗棍,晃晃悠悠来,晃晃悠悠去。今年冬天雪大,天气又冷,干姥姥干脆就住在我们村后面的破庙里。娘啥时认她做的干娘,我不知道。但我知道,娘时常偷偷摸摸给干姥姥送吃的,一块饼,一个窝头都送。

昨天晚上,娘从下房里端回了一盆糕面,我就知道,娘又要做年糕了。我悄悄对爹说:“爹你信不信,我娘一准会给干姥姥送年糕的。”爹不吭声,一口接一口地抽旱烟。我又说:“凭啥给她送?又不是我亲姥姥……爹你得拦着她。”爹嘿嘿一笑,拿烟袋锅轻轻敲了一下我的头,说:“你都六岁了,要拦,你自己拦。”

爹是村里的支书,忙,一大早就顶着雪花出门了。我记得,爹临出门时,意味深长地冲我一笑。我当然知道,爹这一笑是啥意思。

第一锅年糕炸出来,我迫不及待地往碗里装了一个,狼吞虎咽地吃起来。三个年糕下肚,我就打起了响亮的饱嗝。这时,炸完年糕的娘对我说:“年糕也吃了,还不出去找二唤玩?”

娘的心思我知道。我抹抹嘴说:“才不呢。我爹说了,让我看着你,不让你给干姥姥送年糕……”

“你爹真这么说的?我咋没听到?”

“那是你耳背。”

娘懒得理我,往碗里装了好几个年糕,拿笼布包了。提着要出门。我抢先一步,拦在门口。我说:“不准你给干姥姥送年糕!”

“大人的事,要你小孩子管?一边去!”

我想,我是拦不住娘了。我眨巴眨巴眼说:“那你……给我五分钱。买糖吃。”

娘没难为我,爽快地给了我五分钱。我拿着钱要走,看见娘跟在我后面。我大人似的说:“娘啊,走大路你就不怕被爹撞见?”

娘咯咯一笑，转身从后门走了。

大朵大朵的雪花，还在不紧不慢地飘……

等我买糖回来，娘送年糕也回来了。看娘一脸失落的样子，我就知道，娘没把年糕送出去。

进了院，娘正要开门，爹闪身从屋里出来，门神似的堵在门口。爹看着娘，笑一下，再笑一下。娘说："老四你笑啥？我不就给干娘送几个年糕吗？"

"你呢？"爹问我。吓得我"哧溜"把一颗糖吞进肚里。

"年糕送出去啦？"爹盯着娘，仍在笑。

娘突然变了脸："明知没送出去，你还问？老四，我问你，干娘是你撵走的吧？她住破庙里。碍你啥事了？"

爹说："我是支书，村里的事儿就归我管，大事，小事，我都管。"

"不就个破支书吗？管得太宽了……大过年的，你到底把她撵哪儿啦？"

爹还在笑。转身一把推开了屋门。娘抻脖子一看，张开的嘴像洞开的门，眼泪紧跟着就淌下来。

屋里，暖烘烘的炕头上，坐着笑眯眯的干姥姥……

雪花那个飘……

（有删改）

（1）如果将这篇文章增选为六年级课文，请你设计教学的三维目标。（7分）

（2）这篇课文叙事线索很复杂，如果确定了这个教学重点，请你设计相关的探究问题，组织学生讨论，最后做总结陈述。请写出设计的问题，以及简明的总结语。（8分）

08 以下材料为部编版义务教育教科书《语文》一年级下册中的《池上》。请根据学段课程目标，完成教学设计。(10分) 吉林真题

池 上

白居易

小娃撑小艇，偷采白莲回。

不解藏踪迹，浮萍一道开。

【教学目标】

知识目标：借助拼音认读5个生字，正确、工整地写出8个字。

能力目标：正确、流利、有感情地朗读古诗，理解“偷采”“不解”“藏踪迹”等词语的含义，品析人物形象，想象诗中描写的情境，体会诗中的趣味，背诵古诗。

情感态度与价值观目标：感受诗中的童趣和古诗的意境，感受乡村孩子质朴、纯真的童心之美，珍视美好童年。

---

09 阅读《回延安》教学设计(节选)，根据教学思路完成①~⑤空。(每空2分，共10分) 安徽真题

《回延安》教学设计(节选)

1. 检查预习情况

2. 简介诗作背景

(1)介绍诗人生平。

(2)介绍“信天游”的体裁特点。

3. 初读诗作，把握内容要点，领会诗歌情感

(1)明确朗读要求，初读诗作。

(2)引导学生概括诗作内容。

(3)引导学生领会诗作情感。

回到延安时：“手抓黄土我不放，紧紧儿贴在心窝上。”——①“________”

见到亲人时：“杜甫川唱来柳林铺笑，红旗飘飘把手招。”——②“________”

展望延安未来："延河滚滚喊'前进'！""光荣的延河还要在前头！"——"豪迈之情"

4. 再读诗作，结合写作手法体会诗作情感

(1)"满心话登时说不出来，一头扑在亲人怀……"——通过③________描写来抒发情感。

(2)"满窑里围得不透风，脑畔上还响着脚步声。"——通过④________描写来抒发情感。

(3)"羊羔羔吃奶眼望着妈，小米饭养活我长大。"——通过⑤________手法来抒发情感。

(4)"千声万声呼唤你，——母亲延安就在这里！"——通过直接抒情方式来抒发情感。

---

10 阅读以下文本选段，回答后面的问题。　江苏真题

我与地坛(节选)

史铁生

①我在好几篇小说中都提到过一座废弃的古园，实际就是地坛。许多年前旅游业还没有开展，园子荒芜冷落得如同一片野地，很少被人记起。

②地坛离我家很近。或者说我家离地坛很近。总之，只好认为这是缘分。地坛在我出生前四百多年就坐落在那儿了，而自从我的祖母年轻时带着我父亲来到北京，就一直住在离它不远的地方——五十多年间搬过几次家，可搬来搬去总是在它周围，而且是越搬离它越近了。我常觉得这中间有着宿命的味道：仿佛这古园就是为了等我，而历尽沧桑在那儿等待了四百多年。

③它等待我出生，然后又等待我活到最狂妄的年龄上忽地残废了双腿。四百多年里，它一面剥蚀了古殿檐头浮夸的琉璃，淡褪了门壁上炫耀的朱红，坍圮了一段段高墙，又散落了玉砌雕栏，祭坛四周的老柏树愈见苍幽，到处的野草荒藤也都茂盛得自在坦荡。这时候想必我是该来了。十五年前的一个下午，我摇着轮椅进入园中，它为一个失魂落魄的人把一切都准备好了。那时，太阳循着亘古不变的路途正越来越大，也越红。在满园弥漫的沉静光芒中，一个人更容易看到时间，并看见自己的身影。

④自从那个下午我无意中进了这园子，就再没长久地离开过它。我一下子就理解了它的意图。正如我在一篇小说中所说的："在人口密聚的城市里，有这样一个宁静的去处，像是上天的苦心安排。"

⑤两条腿残废后的最初几年，我找不到工作，找不到去路，忽然间几乎什么都找不到了，我就

摇了轮椅总是到它那儿去,仅为着那儿是可以逃避一个世界的另一个世界。我在那篇小说中写道:“没处可去我便一天到晚耗在这园子里。跟上班下班一样,别人去上班我就摇了轮椅到这儿来。”“园子无人看管,上下班时间有些抄近路的人们从园中穿过,园子里活跃一阵,过后便沉寂下来。”“园墙在金晃晃的空气中斜切下一溜阴凉,我把轮椅开进去,把椅背放倒,坐着或是躺着,看书或者想事,撅一杈树枝左右拍打,驱赶那些和我一样不明白为什么要来这世上的小昆虫。”“蜂儿如一朵小雾稳稳地停在半空;蚂蚁摇头晃脑捋着触须,猛然间想透了什么,转身疾行而去;瓢虫爬得不耐烦了,累了,祈祷一回便支开翅膀,忽悠一下升空了;树干上留着一个蝉蜕,寂寞如一间空屋;露水在草叶上滚动,聚集,压弯了草叶,轰然坠地,摔开万道金光。”“满园子都是草木竞相生长弄出的响动,窸窸窣窣窸窸窣窣片刻不息。”这都是真实的记录,园子荒芜但并不衰败。

⑥除去几座殿堂我无法进去,除去那座祭坛我不能上去而只能从各个角度张望它,地坛的每一棵树下我都去过,差不多它的每一平米草地上都有过我的车轮印。无论是什么季节,什么天气,什么时间,我都在这园子里待过。有时候待一会儿就回家,有时候就待到满地上都亮起月光。记不清都是在它的哪些角落里了,我一连几小时专心致志地想关于死的事,也以同样的耐心和方式想过我为什么要出生。这样想了好几年,最后事情终于弄明白了:一个人,出生了,这就不再是一个可以辩论的问题,而只是上天交给他的一个事实;上天在交给我们这个事实的时候,已经顺便保证了它的结果,所以死是一件不必急于求成的事,死是一个必然会降临的节日。这样想过之后我安心多了,眼前的一切不再那么可怕。比如你起早熬夜准备考试的时候,忽然想起有一个长长的假期在前面等待你,你会不会觉得轻松一点?并且庆幸并且感激这样的安排?

⑦剩下的就是怎样活的问题了。这却不是在某一个瞬间就能完全想透的,不是能够一次性解决的事,怕是活多久就要想它多久了,就像是伴你终生的魔鬼或恋人。所以,十五年了,我还是总得到那古园里去,去它的老树下或荒草边或颓墙旁,去默坐,去呆想,去推开耳边的嘈杂理一理纷乱的思绪,去窥看自己的心魂。十五年中,这古园的形体被不能理解它的人肆意雕琢,幸好有些东西是任谁也不能改变它的。譬如祭坛石门中的落日,寂静的光辉平铺的一刻,地上的每一个坎坷都被映照得灿烂;譬如在园中最为落寞的时间,一群雨燕便出来高歌,把天地都叫喊得苍凉;譬如冬天雪地上孩子的脚印,总让人猜想他们是谁,曾在哪儿做过些什么,然后又都到哪儿去了;譬如那些苍黑的古柏,你忧郁的时候它们镇静地站在那儿,你欣喜的时候它们依然镇静地站在那儿,它们没日没夜地站在那儿,从你没有出生一直站到这个世界上又没了你的时候;譬如暴雨骤临园中,激起一阵阵灼烈而清纯的草木和泥土的气味,让人想起无数个夏天的事件;譬如秋风忽至,再有一场早霜,落叶或飘摇歌舞或坦然安卧,满园中播散着熨帖而微苦的味道。味道是最说不清楚的,味道不能写只能闻,要你身临其境去闻才能明了。味道甚至是难于记忆的,只有你又闻到它你才能记起它的全部情感和意蕴。所以我常常要到那园子里去。

(1)阅读以上选段,完成一篇教学设计。要求体现新课标理念,有自己的思考。(20分)

(2)①请就你教学设计的目标拟写设计意图。(5分)

②就你教学设计中最精彩的活动环节说一说你为何要设计这个活动。(5分)

参考答案

1.(1)①找出文中描写"万岁枯藤"的句子,并大声朗读。

设计意图:确定教学范围,初步感知"万岁枯藤的力量"。

②教师提问:a.作者是怎么表现"万岁枯藤"的力量的?

明确:孩子借着藤的力量,把身体吊上去,借着藤的力量,悬宕在空中。

b.将"万岁枯藤"与书法联系有何用意?

明确:"万岁枯藤"已成为汉字书法里一根比喻顽强生命的线条。"万岁枯藤"是向一切看起来枯老、却毫不妥协的坚强生命的致敬。

设计意图:从外在和精神内涵两方面体会"万岁枯藤"的坚韧。

③为什么卫夫人要带王羲之看"万岁枯藤"?

明确:a.希望王羲之可以从枯老的粗藤中学习笔势的力量。b.让王羲之感觉到一枝藤的强韧——拉扯不开的坚硬顽固的力量。c.使王羲之在漫长的生命路途上有了对强韧力量的体会,也才有了他书法上的进境。

设计意图:引导学生从卫夫人的角度深入理解书法中的"竖"和"万岁枯藤"在形与神方面的相似之处。

(共6分。教学步骤设计符合题目中给定的目标,条理清晰,重点突出得3分,可酌情给分;设计意图符合教学步骤的具体内容,表述准确得3分,设计意图与教学步骤内容不对应,每错一个扣1分)

(2)活动主题:仿写句子

活动过程:

①学生齐读第7段。

②组内讨论,明确句式以及句式特点。

③组内代表发言,教师总结。

④教师板书笔画"捺",并引导学生总结"捺"的正确写法及特点。

⑤教师引导学生寻找"捺"的足迹,让学生写出含有笔画"捺"的字。

⑥仿写练习。

a.小组合作,根据第7段的句式特点,结合笔画"捺"的特点进行仿写。

b.教师巡视,相机指导。

c.小组代表展示组内成果。

d.小组互评。

e.学生投票,选出仿写最佳的一组。

f.教师针对各小组的仿写成果进行点评。

(共6分。活动主题明确得1分;活动过程根据段落内容合理展开得2分,未据此展开则该题不得分;体现合作、探究、讨论等学习方式得1分;教师合理引导,激发学生的学习兴趣得1分)

(3)中国的园林技术是师法自然的典范。中国古代园林中,有山有水。人工的山,石纹、石洞、石阶、石峰等都显示自然的美色。人工的水,岸边曲折自如,水中波纹层层递进,也都显示自然的风光。所有建筑,其形与神都与天空、大地自然环境吻合,同时又使园内各部分自然相接,以使园林体现自然、淡泊、恬静、含蓄的艺术特色。师法自然,融于自然,顺应自然,表现自然——这是中国古代园林体现"师法自然"的最大特色,也是它永具艺术生命力的根本原因。

(共3分。所举例子符合"师法自然"这一哲理得1分;分析的内容具体合理,语言连贯得2分;所举例子偏离"师法自然"则该题不得分)

(4)板书:

"竖":万岁枯藤

万岁枯藤:坚硬顽固、拉不断、很顽强、很坚韧
↓
"竖":拉不断、强韧、弹性、张力
} 生命

(共3分。板书设计突出重难点得2分;内容简洁,布局合理得1分;未突出重难点,不符合文本内容,则该题不得分)

2.(1)教学目标:

①读读记记"拇、搔、渺小、附庸"等生字词。概括课文主要内容,了解五根手指的不同特点。

②通过朗读，了解作者描写手指的方法。

③领悟课文蕴含的道理，感悟人生哲理。

（共5分。教学目标全面、均衡，突出文章重难点，得3分；目标符合学段特点和学生认知规律得2分；每缺少一个方面的目标扣2分）

（2）教学过程：

环节一：谈话导入

生活中平凡的人和事，常常会带给我们启示，像那个“我”至今还常常想起的顶碗少年，还有那一棵棵优雅自在，显示着勃勃生机的桃花心木。其实，生活中还有许多普普通通的事物，对于他们的存在，我们常常司空见惯、熟视无睹，可是，如果我们仔细观察、认真思考，这些普通的事物也会带给我们耐人寻味的启示。比如我们每个人手上的五根手指。今天，我们一起学习《手指》。

环节二：阅读质疑，自主体验

①想知道本文主要写了什么吗？请同学们快速打开课本，同桌互读课文，注意读准字音，读通句子，难读字词多读几遍。

②出示黑板检查字词。（指生读，齐读）

③请同学们默读课文，边读边想：课文主要写了什么？

④指名说，生补充，同桌互说。

⑤了解了课文内容之后，相信大家脑海里一定又产生了很多疑问，同桌之间先互相交流一下吧。

⑥质疑：课文写了五指的什么特点？运用了什么样的表达方法？你从中明白了什么道理？

环节三：合作质疑，互动体验

①请同学们按照自学要求，默读课文第2～5自然段，自学解决问题：

A. 画出描写五个手指特点的关键词语。

B. 思考作者是用什么方法将五指的特点表达这么具体的。

C. 把自己觉得有意思的部分多读几遍。

②交流汇报：谁找到了描写五指特点的关键词语？（指名说，生补充）作者用了什么方法把五指特点表达具体的？（指名说，生补充）

③谁愿意把自己觉得最有意思的部分读给大家听？（指导朗读）

④小结：我们可以看出，在作者的笔下，五指的神态栩栩如生，性格迥然不同，语言风趣幽默，结构清晰严谨，而这一切，都源于作者运用了多种表达方法，如果你们的写作中也运用多种表达方法，相信你们的作文会越来越出色！

环节四：变式质疑，深入体验

①丰老先生介绍完五指特点以后，又告诉我们一个道理，请大家齐读最后一个自然段。

②从这段文字中你明白了什么？

环节五：应用质疑，矫正体验

①进行课堂小练笔的活动。

②请同学们用自己平日的观察和自己积累的描写动作、神态的词语来写一写其余四指是怎样为自己争功的。

环节六：课堂小结

今天我们学习了《手指》，了解了五指的特点，同时也懂得了一个道理，让我们再次朗读最后一段话来结束这节课。(生齐读)

(共15分。课堂导入自然，富有启发性得1分，目标明确得3分；教学内容完整得3分；教学内容引导学生逐步深入理解文章得2分，符合学生认知规律得2分，体现新课程理念和运用自主、合作等多种学习方式得3分；课堂小结简单明了得2分)

3.(1)句子：荷叶挨挨挤挤的，像一个个碧绿的大圆盘。

理由：该句话运用比喻的修辞手法将荷叶比作“碧绿的大圆盘”，生动形象地写出了荷叶的颜色和形状。同时，“挨挨挤挤”也将荷叶的多和荷叶之间的姿态描写得活灵活现。

(共3分。找出句子并用楷体工整地抄写下来得1分；说明句子使用的修辞手法、描写事物的特点、词语分析等得2分)

(2)牵牛花已经开了不少了。花朵星星点点的，像一个个粉色的小喇叭。牵牛花在这些绿叶之间完全冒出来。有的半开半闭，显得羞羞答答的。有的完全盛开了，露出嫩黄色的小花蕊。有的还是花骨朵儿，看起来鼓鼓胀胀的马上要爆开似的。

(共4分。运用比喻、拟人、排比等修辞手法，且语句连贯、语言优美得3分；字数少于100字得1分，少于100字扣1～2分；没有使用第2自然段涉及的修辞手法则该题不得分)

(3)

《荷花》教学简案

教学目标：

①会认、会写课后要求的生字词，理解课文内容。背诵第2～4自然段。

②正确、流利、有感情地朗读课文，边读课文边想象画面，体会文中优美生动的语句，体会这一池荷花是“一大幅活的画”。

③能仿照课文第2自然段描写荷花不同样子的句子，写一种自己喜欢的植物。

④感受文章准确、生动的语言表达，积累语言；读出作者对荷花的喜爱之情，激发对大自然的热爱之情。

教学重难点：

①教学重点：会认、会写课后要求的生字词；体会文中优美生动的语句，体会这一池荷花是“一大幅活的画”。

②教学难点：感受文章准确、生动的语言表达；感受荷花的美，读出作者对荷花的喜爱之情。

课时安排：

1课时。

教学过程：

环节一：情境导入，激发兴趣

①哪些同学看过荷花？请用一个词来形容自己看过的荷花。

②从古至今，荷花就是文人描写、喜爱的对象。赞美荷花的诗文数不胜数。人们之所以喜爱荷花，不仅是因为荷花的美丽与清香，还因为它有“出淤泥而不染，濯清涟而不妖”的品质。你们想看看这样的荷花吗？今天这节课就让我们来一睹荷花的风采。（板书课题）

③生活中你见到的荷花是什么样的？（观看图片，生谈感受）

环节二：初读课文，巧攻字词

①学生自读课文，出示自读提示。

A. 读准字音，读通句子。

B. 遇到难读的句子多读几遍。

②课件出示词语。（小老师领读，开火车读）

A. 指导读音。注意“花瓣儿、莲蓬、花骨朵儿、衣裳”的读音。

B. 指导书写生字。（教师范写，学生跟写）

C. 理解词语：引导学生指出自己不理解的词语，小组之间讨论，教师引导、总结。

环节三：再读课文，整体感知

①浏览课文第1～3自然段，分别圈画出描写荷叶和荷花的句子。

②再读课文第1～3自然段，边读边圈画出你认为描写得最美的句子，把自己的感受和体会写在旁边，说一说为什么认为这句话写得美。

③小组之间交流讨论，教师以小组为单位提问。

环节四：研读课文，深入理解

①品读“姿态”

A. 感悟荷叶的姿态。

a. 出示：荷叶挨挨挤挤的，像一个个碧绿的大圆盘。

提问：你觉得荷叶长得怎么样？（根据学生回答相机教学）这句话运用了什么修辞手法呢？

b. 理解“冒”。出示“冒”在字典中的几种意思,你觉得这里应该是哪种意思呢?如果把“冒”字换成别的字可以吗?说说理由。

B. 文中描写了荷花的几种姿态?用一个词概括这几种荷花的姿态。

C. 小组交流。

a. 这几种姿态的荷花你最喜欢哪一种?说出你的理由,并通过朗读来表达喜爱之情。(教师指导朗读)

b. 想象:你觉得还有哪些姿态的荷花?用上“有的……有的……有的……”的句式造句。

②感悟荷花的美

A. 学习第3自然段。

a. 面对这么美的荷花,看看作者是怎么说的,齐读第3自然段。

b. 思考:为什么说一池荷花是“一大幅活的画”?“画家”指的是谁?

B. 学习第4自然段。

a. 任何人站在这“一大幅活的画”的面前都一定会有许多奇妙的感受,那作者呢?

b. 闭上眼睛让我们想象自己静静地站在荷花池中。(师配乐范读)请同学们睁开眼睛,说说你刚才看到了什么,听到了什么,感受到了什么。

c. 想象:如果你也变成了荷花,还有哪些小动物来告诉你什么?

环节五:作业布置

①历代的文人墨客写下了许多赞美荷花的古诗文,你知道哪些诗人写过赞美荷花的诗句?指名交流。(出示《小池》《晓出净慈寺送林子方》)

②大家都用文字表达了对荷花的喜爱之情,再来回顾一下叶圣陶爷爷笔下的荷花,分别是从哪几个方面描写的?尝试用这样的方法写写自己喜欢的花。

环节六:板书设计

荷 花

荷叶{冒
挨挨挤挤}多

荷花{半开
全开
未开}姿态美

(共15分。教学目标全面且均衡得3分,每少写一个方面的教学目标扣1分;教学重难点设计合理,分析准确得2分;课时安排合理得1分;教学导入自然、目标明确得1分,教学内容完整且正确体现教学目标得3分,能够逐步引导学生参与、自主思考并符合学生认知规律得2分,体现新课程理念得1分;作业量合适得1分,板书突出重点得1分;每缺少一个教学环节扣2分)

4.(1)本文以“母亲的书”为线索将全文串联起来，形散而神不散。通过孩子的视角探究“母亲的书”，勾勒出了母亲的形象，捕捉母亲的情感世界。

(共4分。答出“串联”“孩子视角”“母亲形象”“情感世界”等关键词，表述准确得4分)

(2)我不同意这个观点。在这一文段中，表面上是写母亲喜爱《十殿阎王》，相信生死轮回和因果报应，但我们不应把这段看成是作者为了表现母亲的迷信思想，而要琢磨作者这样写母亲的原因是什么。通过钻研文本，就能够明确作者这样写是为了表现母亲善良的品格和希望世界美好的愿望。

(共5分。判断为“不同意”得1分，判断为“同意”则该题不得分；理由阐述合理，内容表达完整得4分，其中，在阐述理由的时候，一定要谈及该段所表现的母亲的优秀品质和愿望，否则不得分)

(3)①作者通过对母亲“心中的至宝”——父亲的信——的描写，表达了母亲渴望父亲归来，却只能将满腔爱意寄托在几页信纸上的无奈与悲哀。

②作者写母亲在佛堂念经，通过对母亲念完佛经超脱神态的描写，对家里空荡冷清环境的描写，表现母亲渴望父亲归来却只能靠念经来安慰自己，排解内心的孤寂和痛苦的情感，也表现了作者内心的孤寂和对母亲的同情。

③作者说“母亲没有正式认过字、读过书，但在我心中，她却是博古通今的”充分表达了作者对母亲的赞美和为母亲骄傲的情感。

(共6分。可以通过母亲视父亲的信为至宝、母亲佛堂念经和母亲在作者心中的形象三方面来答母亲和作者的情感。分点作答，答出任意两点即可得满分，其中每个例子1分，结合例子分析内容2分)

(4)教学过程：

①教师指导学生阅读该片段。(要求：流利、有感情)

②小组合作，解决该片段中出现的生字新词。

③教师引导，梳理片段行文思路。

a.“母亲”为什么将“父亲”从北平的来信放在书页的夹层里？表达了什么？

b.“至宝”是什么意思？作者用“心中的至宝”来形容父亲的来信有什么作用？

c.“母亲”为什么在“花儿绣累了，菜油灯花也微弱了”的时候看父亲的信？

d.体会“悄悄”在句中的含义及作用。

e.从这个片段中你可以读到什么？

④联系上下文，体会该片段中的“书”在文章结构中所起的作用。

⑤教师小结。

⑥再读课文。(带着对文章的理解，有感情地朗读该片段)

（共9分。符合教学目标与内容，得2分；片段教学设计内容合理完整、逻辑清晰、重点突出得7分，其中要涉及对语言的品味、感情的体会和表达方法的领悟，每缺少一点扣2分）

（5）主板书：

母亲的书
- 橡皮纸书
  - 丝线、花样
  - 水绿缎子鞋面
  - 父亲的信——母亲心中的至宝
  - ——淳朴、贤惠、思念
- 十殿阎王
  - 内容
  - 做好人、行好事
  - 不要扯谎
  - ——善良、正直
- 黄历
  - 背黄历
  - 白露、秋分
  - ——对家人的思念
- 经书—念（背）经—无奈、寂苦
- 本草纲目—做学问的书—思念

理由：《母亲的书》是一篇以“母亲的书”为线索的文章，因此在设计板书时，可以通过不同的书对母亲不同的意义进行划分。以此做出来的板书更加清晰明了，便于学生理解文章的行文思路及写作顺序，并能明白作者在文章的写作中所表达的思想感情。

（共6分。符合文本特点和教学重难点，得2分；板书具有指导性和实用性，条理清晰、逻辑严密并体现教学过程得2分；理由至少答出板书的两点好处，每点1分）

5.（1）①从表面上看，“菊花”是小男孩买给母亲的那一束万寿菊，“风雨”是真实的环境描写，小男孩给母亲送菊花时外面正在下雨，“风雨中的菊花”就是小男孩在风雨中献给母亲的菊花。

②从深层来分析，“风雨”其实象征了小男孩所处的艰难环境，“菊花”是小男孩对母亲深切的哀思，“风雨中的菊花”表现了小男孩坚韧的品格和他对母亲的爱与怀念。

（共3分。从表层意义上看，答出“万寿菊”“环境”“献给母亲”等关键词，语言连贯得1分；从深层寓意上看，答出“风雨”和“菊花”的象征义，小男孩的品格和情感得2分）

（2）①小男孩可能确实因为贫困很久没有吃饭了。

②这个理由比买花的说法更容易乞讨到钱，能尽快凑够钱。

③他可能并不想提及母亲去世的事情，不想用母亲来让人们同情。

（共3分。结合上下文，可以从小男孩的现状、心理和讨钱的难易三方面分点作答，每点1分）

（3）①通过对他的外貌描写突出表现了小男孩生存环境的艰辛，体现了他的坚韧。

②在如此困难的情况下仍坚持攒钱给母亲买花，而没有拿钱改善自己的生活，更加表现了他对母亲深沉的爱。

③用小男孩外在的破烂与心灵的美好形成鲜明对比。

(共3分。从外貌描写分析出男孩的现状和品质得1分;答出对母亲的爱得1分;将外貌与心灵进行对比得1分)

(4)教学过程:

环节一:初读感知

①概括文章第⑨段到第⑲段的内容,划分层次。

明确:第⑨段到第⑲段写了小乞丐在花店买花和在风雨中去墓地给母亲送花的整个过程,以及多尔先生的心理变化过程。其中第⑨段到第⑰段是花店里的情节,第⑱、⑲段是多尔先生在火车上看到的画面。

②小乞丐给你的印象是什么样的?

明确:小乞丐虽然生活艰难,却坚持乞讨攒钱,用辛苦攒来的钱给母亲买花,表现了他的坚韧和对母亲深沉的爱。

环节二:细读文本

①花店里

A. 多尔先生为什么进花店?当时的环境如何?他在花店看到了什么?请同学们说一说。

B. 再读第⑨段到第⑰段,找出描写小乞丐的句子,写下感悟。

C. 指名学生说出自己圈画的描写小乞丐的句子,并说出这些句子好在哪里。

D. 多媒体出示描写小乞丐的句子,让学生品味其中蕴含的情感,教师引导学生总结细节描写的好处。

E. 多尔先生看到了这一切是怎么想的?找出文中句子。

②火车上,车窗外

A. 学生自由朗读,思考:多尔先生在火车上看到了什么?当时的环境如何?

B. 圈画出你觉得印象深刻的词句。教师引导学生思考这些句子为什么打动人。

C. 思考:多尔先生看到小男孩的举动后有什么反应?联系上文思考多尔先生思想情感的变化过程。

环节三:总结写法

①通过上面的学习,说一说作者是通过怎样的表达方法表达自己的感情的。

②小组讨论、探究,教师引导点拨。

环节四:教师小结

这名小男孩虽然是一名乞丐,但他没有沉沦,心中始终不曾忘怀对母亲的爱,用辛苦攒来的钱为去世的母亲买了一束菊花。题目“风雨中的菊花”既是实指,又象征了小男孩的坚韧品格和

对母亲的爱。文中的心理描写、环境描写等也都各有妙处，希望同学们在以后的写作中可以参考借鉴。

（共15分。符合题目中的三个目标要点得3分，每缺少一个要点扣1分；教学环节设置合理，由浅入深得3分；教学内容完整得4分，符合学生认知规律得2分，教师小结符合文本内容得2分；行文逻辑清晰，语言表达流畅得1分）

（5）教学导语：

同学们，大家有没有在街上看见过乞讨的人呢？其实很多地方都有乞丐，他们或是因为残疾不能养活自己，或是突遭重大变故一蹶不振。大多数乞讨者都会把得到的钱换成生活必需品，但有这样一个小男孩，他自己衣不蔽体、食不果腹，却用辛苦乞讨来的钱买了一束花。这个小男孩究竟为什么乞讨？又为什么没有用钱买些吃的喝的，而是买了一束花？现在就让我们一起走进这篇文章，在文章中找到答案。

（共5分。导入自然，能够激发学生的学习兴趣得1分；目标明确，能够让学生了解到文章的基本信息得2分；富有启发性，能够让学生自主探究得2分）

6.（1）作者运用对比的手法写出圆明园被毁前后的不同，给读者强烈的视觉冲击，圆明园昔日的辉煌被写得越是完美，世人对被毁的圆明园就越是痛心。作者不但用对比写出了差距，更写出了破坏者对我们国家历史宝物的残忍破坏。

（共4分。答出对比手法得1分，分析运用对比手法产生的表达效果得2分，答出破坏者的残忍得1分）

（2）教学设计片段：朗读感受，体味辉煌

导语：圆明园里究竟有些什么，能让作者毫不犹豫地说出“圆明园的毁灭是中国文化史上不可估量的损失，也是世界文化史上不可估量的损失！”这句话？

过渡：这节课，让我们再一次一起走进昔日辉煌的圆明园，感受那园林艺术的瑰宝、建筑艺术的精华吧！

①学习第2自然段

A. 从“举世闻名”这个词你读出了什么？这么一座举世闻名的园林属于我们中国，你想说什么？请你自豪地读一读。

B. 从“众星拱月”这个词你读出了什么？这里的星和月分别指什么？许多小园环绕在圆明园周围叫什么？想象一下它的布局。

C. 作者只用了一个比喻就把圆明园的整体布局形象生动地展现在我们面前。让我们一起来感受一下这美妙的布局！

②学习第3自然段

A. 从第一句话中你感受到了什么？让我们一起带着感情读一读。

B. 这句话中讲了哪些建筑？它们是怎么样的呢？

C. 其实句子中还藏着一个小秘密，请你仔细读读，看看作者把这些建筑分成了几类，你是从哪里看出来的？作者为什么把“殿堂”和“亭台楼阁”分为一类，把“买卖街”和“山乡村野”分为一类？

D. 这些相对应的建筑，作者是怎么把它们串联起来的呢？

E. 这么宏伟的建筑再加上这么美的文字，老师希望它们能深深地刻在你们的脑海里，谁能试着背一背？

F. 园中除了这些建筑，还有什么？再读读第3自然段，找找句子，想想是怎么写的。

G. 圆明园里这么多的景物真是让人数不胜数，举不胜举，文中作者一口气就用了八个“有”字，让我们一起来读读这象征着宏伟建筑的八个“有”。

H. 过渡：同学们，圆明园中除了这些建筑，其实还收藏着数不尽的历史文物（出示文物图片），请同学们从图片中选择任意两组，模仿课文的方法写一写。

③学习第4自然段

A. 读读你描写的文物和作者描写的。让我们来比比看谁写得更好，说说你的理由。

B. 这就是语言的魅力。这么多的宝贝都集中在圆明园，太辉煌了，不愧是举世闻名，所以（引读）——它又是当时世界上最大的博物馆、艺术馆。

C. 这么一个包罗万象、价值连城的博物馆、艺术馆就在我们中国，你觉得怎么样？让我们一起来自豪地读一读。

（共6分。教学片段内容符合题目中的设计要求得1分；导入语过渡自然，目标明确得1分；分段设计教学内容，且内容完整，重点突出，有效引导学生参与和思考得4分，缺少第2或4自然段的片段设计内容扣1分，缺少第3自然段的片段设计内容扣2分）

7.（1）教学目标：

①会认、会写文中的生字词，有感情地朗读课文，了解故事发展的脉络，能用自己的话讲述故事内容。

②通过分角色朗读课文，分析文中父亲与母亲的形象；品读重点句子，分析其写作手法，体会语言的表达效果；通过小组合作，探究文章的叙事线索。

③体会文中蕴含的情感，领悟文中父亲与母亲善良真诚的美好品质。

（共7分。教学目标全面均衡，阐述正确，具有可操作性，符合学生认知规律得6分，每缺少一个目标扣2分；语言表达流畅得1分）

（2）问题：文章中有两条行文线索，一条明线，一条暗线，请同学们找出来并说说它们的作用。

总结语：文章以娘给干姥姥送年糕为叙事明线，以爹把干姥姥接回家为叙事暗线，两条线索

相辅相成，更加突出体现了人性的善良和人情的温暖，主旨意蕴深刻，耐人回味。明线和暗线共同推进故事情节，使情节更加引人入胜。另外，爹将干姥姥接回家这条暗线的结尾出人意料，使得故事情节发展达到高潮，主旨更加明确动人。这启示我们要做善良、温暖、懂得关心他人的人。

（共8分。设计的问题体现文章的明暗两条叙事线索，符合学段特点得3分；总结语表明文章的明暗两条叙事线索得2分，表现两条线索的作用得2分，点明文章带来的启示得1分；如果问题不涉及文章的叙事线索，则该题不得分）

8.

《池上》教学设计

一、积累引入，以旧带新

（多媒体出示荷塘及荷花图片）初夏时节，看到这满池塘的荷花、荷叶让我想起了我们学过的一首和荷花有关的诗。今天我们要学的古诗二首中的这首古诗，讲的是夏日池塘里发生的一件事，它的题目是《池上》。

二、出示古诗，了解作者

（多媒体出示古诗及作者简介）白居易，字乐天，号香山居士。他的诗质朴自然，通俗易懂。白居易一生写诗数千首，是唐朝的多产诗人。

三、初读诗歌，整体感知

1. 学生自由读《池上》。

（1）大声朗读，读准字音，读通诗句。

（2）同桌互相正音。

（3）抽生读，相互评价。

2. 学习词语："撑小艇""踪迹""浮萍"。从字形上看，你发现了什么？（提示：从字形上你能猜出大概意思吗？）

3. 认读生字：撑、踪、迹、浮、萍。

四、教师范读，带动作读

1. 师范读，生练习读。

2. 师教学生带动作读诗。

3. 老师说意思，学生找对应的诗句。

五、吟诗炼字，体会意境

1. 出示：小娃撑小艇，偷采白莲回。相机品读：偷。

（1）在我们的生活中，一般不说偷，"偷"是不光彩的，人人都讨厌。这里的"偷"又该怎么理解呢？

(2)你有没有小时候偷偷瞒着大人做一些事,即使被大人发现了也不会责怪你?

学生交流自己小时候"偷偷"做的一些小恶作剧和顽皮之事。

(3)猜想一下,此时小娃的心情是怎样的?

(4)那你觉得这是一个怎样的小孩?

2. 这个小孩偷采莲蓬,真的没有被发现吗? 从哪里看出来的?

3. 抓住"不解"体会小娃的纯真、质朴,练习读出情趣。

4. 猜诗人:

(1)诗中不仅藏着一幅幅美丽的、有趣的画面,还藏着一个人呢,猜猜他是谁?

(2)你猜白居易此时正在岸边干什么?

(3)我来采访一下:请问白老先生,您为什么在偷偷地看,偷偷地乐?

5. 悟情感:

(1)这首诗里不仅藏着一个人,还藏着一份情呢。

(2)让我们带着这份情、这份趣再来读一读。

六、布置作业,拓展延伸

童年是一段美好、快乐的时光。古代的儿童和你们一样,一年四季,寒来暑往,除了读书之外,也有许多充满情趣的事情。比如夏天,可以去捕鸣蝉。课后请欣赏《所见》,体会其中的童年乐趣。

(共10分。教学设计内容符合教学目标的要求得3分;媒体运用有利于教学的实施和目标的实现得1分;教学设计环节完整得3分;教学内容完整,由浅入深、层层递进,符合学生认知规律得3分)

9. ①眷念之情;②喜悦之情;③动作;④听觉;⑤比兴。

(共10分。每空2分,前两空内容与"眷念""喜悦"的情感有关,后三空内容与抒发情感的写作手法有关)

10. (1)

《我与地坛(节选)》教学设计

教学目标:

①感受作者思想感情的变化,品味生命的顽强。

②体会借景抒情的写法。

③品味文章深沉绵密的语言特色。

教学重难点:

①体会作者思想变化的过程,体会借景抒情的写法。

②培养热爱生活的态度和不畏艰难的精神。

教学方法：

朗读法、小组合作探究法等。

教学过程：

环节一：导入

每个人都需要有自己的精神家园，朱自清的精神家园是荷塘世界，李乐薇的精神家园是她的空中楼阁，史铁生的精神家园则是一个曾经十分荒芜的园子——地坛。请同学们大声朗读课文。

环节二：速读课文

带着问题迅速默读课文，筛选信息，并归纳。

①“我”进入地坛时的精神状态如何？

明确：颓废、迷惘。

②当时作者在地坛里思考着什么问题？结果如何？

明确：他在想人为什么要出生，现在是否应该马上去死以及如何活着的问题。人的出生是上天交给人的一个事实，不受人的控制，而且只要出生就必定会死亡，不必着急。从此，他摆脱了自杀的念头，走出了死亡的阴影。

环节三：深入研读课文

①作者说“地坛离我家很近。或者说我家离地坛很近”，这两句话有什么区别？请小组组内讨论，并统一观点，选代表发言。

明确：二者的变化实质上表现了作者的心路历程。前二十年，他的生命按常态进行，自然是以家为中心。二十一岁时突至的残疾使他的人生道路急转直下，他为了排解内心的苦闷与困惑，来到地坛，又在地坛的启示下完成了他对生命的新认识，树立起自己的生命观、世界观，从而获得全新的生命。此时，地坛已经成为他精神的家园，灵魂栖息的所在。

②为什么说“园子荒芜但并不衰败”？用自己的语言概括。

明确：古园的荒芜冷落烘托了作者的悲苦命运，对生活的新的感悟。阳光灿烂，昆虫活跃，露珠晶莹，草木丛生，这是生命力的展现，使“我”感受到即便在无情的命运之中，生命依然是一种顽强的存在，其前景照样会缤纷多彩。

③“我”与地坛有怎样的宿命？请小组组内讨论，统一观点后请一位代表发言。

明确：“我”家与地坛很近；“我”与地坛有着相同的命运（“园子”荒芜，“我”残疾）；地坛顽强的生命力给了“我”重新生活的勇气，让“我”领悟到生命的内涵。

④为什么说地坛给了“我”坚强活下去的勇气，它们有怎样的特点呢？

明确：园子里的景物破败、荒芜、古旧，但又宁静，充满活力、生气，园子里的生命依然顽强，洋溢着生命的律动。作者的思想感情经历了一个从苦闷、绝望到充满希望的过程。正是地坛这种难以言传的包孕着永恒与瞬间、古老与新鲜、沉寂与涌动、博大与纤细的双重境界给了作家的心灵以强烈的震动。文章中的地坛概括地说，令作者感动的便是地坛在看似沉寂、荒凉、萧瑟、幽深之中的那种醇厚沉重、超然博大的历史沧桑和喧嚣不已、生生不息的生命意识。用文中的话概括即为：荒芜但并不衰败。

环节四：自由轻读

自由轻读文中景物描写部分，想象当时的情境，感受地坛在沉寂、荒凉、萧瑟的表面下蕴藏着的那种醇厚、沉静、超然博大的生命力。

环节五：作业

①抄写文中景物描写部分和作者对生死看法部分。

②读完《我与地坛》全文后试回答：经常来地坛的都有哪些人？他们为什么来地坛？

（共20分。教学目标全面且均衡，得3分，每缺少一点扣1分；教学重难点符合学情，分析正确，得2分；教学方法合理，得2分；教学过程中导入自然且目标明确，得2分；内容体现新课标理念，运用探究、合作等学习方式，详略得当、重点突出，逻辑严密，得6分；作业量适中，得2分；语言表述流畅，字迹工整，没有知识性错误，得3分；每缺少一个重要教学环节扣4分）

（2）①首先，这是一篇写景抒情散文，语言凝练生动、意蕴深厚。引导学生品味语言，有助于帮助学生建立良好的语感，加深情感体验，锻炼对散文的阅读理解能力，学习借景抒情的写作手法。

其次，引导学生感受作者思想感情的变化过程，品味生命的顽强，有助于帮助学生加深对文章内涵的理解，在学习中潜移默化，并与学生的生活经验相结合，有助于学生树立正确的世界观、价值观和人生观。

（共5分。设计意图与教学目标内容相符合得2分；点明每个教学目标对学生学习的益处得3分）

②我认为教学设计中最精彩的环节是“深入研读课文”。

首先，《普通高中语文课程标准》（2017年版）中指出：感受和体验文学作品的语言、形象和情感之美，能欣赏、鉴别和评价不同时代、不同风格的作品，具有正确的价值观、高尚的审美情趣和审美品位。该环节帮助学生循序渐进地分析文章，品味散文语言的优美及深厚意蕴，了解作者思想变化以及对生命的感悟，有利于提高学生的阅读理解能力和鉴赏水平。

其次，小组合作探究的学习方式符合课标的要求，既能锻炼学生团队合作及交际能力，又能锻炼学生自主学习、深入探究的能力，有利于提高学生的综合语文素养。

（共5分。点明最精彩的活动环节得1分；阐述设计理由得4分，至少从两个方面展开，每缺少一方面扣2分；在阐述理由的时候，要以学生为中心，最好结合课程标准的相关内容展开）

第三部分

案例分析方法与技巧

教师之路 从山香起步

考向分析

案例分析题是部分地区语文教师招聘考试中的必考题型，如安徽、福建、浙江、江西、湖北等地；而河南、江苏、云南、广东、湖南、吉林等地则并不统一，有的地市考，有的地市不考，有的年份考，有的年份不考。此外，天津、山东、山西、贵州等地则基本不考。

案例类型	考查频率	题量	每题分值	题型	地区示例
教学设计类	11%	1～2	2～10	主观题	安徽、江西、湖北、江苏部分地区、湖南部分地区
课堂实录类	21%	1～2	2～15	主观题	安徽、浙江部分地区、江西、福建、河南部分地区、湖北、江苏部分地区、吉林、湖南部分地区、广东部分地区、云南部分地区

分值占比 0～18%

地区占比

20% 考查1题
如安徽部分地区、浙江、江西、云南、广东部分地区、湖南部分地区等

9% 考查2题
如安徽部分地区年份、福建、湖北、江苏部分地区等

3% 考查3题
通常在安徽

68% 不考案例分析题
如山东部分地区、天津部分地区、黑龙江部分地区、广东部分地区等

命题规律探究

常考方向	重点考查地区	每题分值
教学设计的设计意图	安徽	6~9
教学设计 / 教学环节的分析评价	安徽、江西等	2~10
编者意图分析	安徽、云南	2~6
课标理念类	浙江、江西、福建、河南部分地区等	7~14
分析教师行为类	浙江、江西、福建、湖北部分地区等	6~15
借鉴意义类	安徽	6~9
总结类	安徽、江西、福建、湖北等	1~5

注：本部分"真题示例""试题精解""试题集训"引用的均为2022年以前的各地区历年真题，义务教育阶段的参考答案均以《义务教育语文课程标准》(2011年版)为基础。因教育部2022年4月印发了《义务教育语文课程标准》(2022年版)，在以后的考试中案例分析题可能会涉及2022年版课标的内容，故编者在"试题集训"的部分考题下除原有参考答案外，还会给出以2022年版课标为基础的参考答案。请各位考生在复习备考时注意。

专题一　案例分析分析内容

真题示例

安徽小学真题

以下是某位老师五年级上册第六单元习作"我想对您说"的教学案例，本案例存在若干不足，请你从教学目标和教师引导语等方面作简要评析。(6分) / 分析教师行为类

答题思路

附一：教材节选

> 你和爸爸妈妈可能是无话不说的好朋友，也可能平时你与他们的交流并不多。让我们借这次习作的机会，把平时想对他们说的话写下来，与他们真心"交谈"。
>
> 和他们说些什么呢？
>
> ◇可以回忆你们之间难忘的事，表达你对他们的爱。

◇可以讲讲你对一些事情的不同看法，让他们了解正在长大的你。

◇可以关注他们的生活，向他们提出建议，如，劝他们改掉一些你认为不好的习惯。

你想对父母说的话也许有很多，可以一一列出来，从中选出最想说的写成一封信。用恰当的语言表达自己的看法和感受，让他们体会到你的爱，理解你的看法，接纳你的建议。

附二：教学案例

师：同学们，今天我们上一节写作课。下面让我们一起看一下大屏幕。哪位同学给大家读一读这些名言？（多媒体出示关于父爱、母爱的名言，指名朗读）

多媒体导入提高了学生的学习兴趣，出示名言有助于调动学生的情绪，吸引学生的注意力。同时，出示名言可以丰富学生的积累，并运用到写作中去。

师：读了这些名言，同学们想到了谁？

生：想到了爸爸妈妈。

师：生活中你们和爸爸妈妈都是无话不说的好朋友吗？

生1：是的，我有什么秘密都会告诉妈妈。

生2：我爸爸妈妈都在外地打工，有些话我没有机会告诉他们。

师：是啊！有的同学平时与父母交流的机会并不多，心里一定有很多话想对他们说。可是有些话说不出口，或者不方便说，怎么办？

生：给爸爸妈妈打电话，发微信。

师：这节课，老师就为同学们创造一个机会，让同学们畅所欲言，一吐为快，向父母说说自己的心里话，好不好？

生：好！

师：我们今天的习作就是给自己的父母写一封信，信的格式大家还记得吧？（师详细讲解书信格式，开头称号、问候语、祝福语、署名、时间都要写在规定位置）哪位同学先来分享一下和父母之间的故事？

书信格式的讲解需要在具体的写作实践中进行，单纯格式的讲解容易枯燥无味，学生也不容易记住。

生1:我的妈妈很疼爱我,把我照顾得无微不至,就连我的书包都是她每天给我整理好。星期天,同学邀我出去玩,妈妈总是不放心,让我在家学习。让我觉得生活没有太多自由。

师:哪位同学接着分享?

生2:我想说说我的妈妈,我的妈妈是一个比较急性的人,而且个性很强势。妈妈非常疼爱我,关心我,生病的时候她把我照顾得很好。

师:解决了“有米下锅”的问题,下面我们就来讨论讨论“为炊有术”的问题。

师:题目是文章的“眼睛”,我们拟一个什么题目合适?

生1:“爸爸,我想对你说”或者“给爸爸的一封信”。

生2:“妈妈,你错怪我了”。

师:我们来明确一下文章中的人称。

生:使用第一人称。

师:写信就得使用第一人称。提到说话对象时,也就是对方时,应该使用哪个人称呢?

生:应该运用第二人称“您”或者“你”。

师:上面明确了人称。那信的正文怎样开头,才能让人眼前一亮,吸引读者呢?请看大屏幕,哪位同学给大家读读。

师:这些都是引子,引出你要说出的话,开头最好要开门见山,这些就是文章的中心。

生:我想对妈妈说:我已经长大了,别把我当孩子了。我先写妈妈把我当小孩的事,再写一件我已经长大,能做很多事的例子。

师:说得太好了,写出了具体事件,丰富了文章的内容。选取两件事,让文章条理清晰,有序、有理、有说服力。

师:文章的框架我们已经构建好了,下面我们应该怎样美化文章呢?就是我们与父母之间的事件,怎样淋漓尽致地表达出来,让人身临其境?

生:我们在叙述事件的时候,要抓住人物的外貌、语言和动作,细致地描绘。

面对学生的回答,教师需要进行适当的引导、点拨与评价,这是一堂好课所必需的,但是该教师缺乏这些内容,似乎教师提问只是为了进行下一步教学。

作文除了格式、写作技巧之外,写作内容也是很重要的,内容不精彩,格式与技巧再好也不是一篇优秀作文,而该教师的教学恰恰忽视了对学生选材的指导。

师:我们学过的描写方法还有哪些?

生:还有心理描写和环境描写。

师:同学们掌握了描写的方法。怎样结束文章才能意味深长,让人回味无穷呢?

生1:可以在文章的结尾段,写出自己想对父母说的话,表达自己的感情,点明文章的中心。

生2:结尾处可呼应开头。

师:这样文章的结构就完整了,情感也表达出来了。下面我们拿出手中的笔,和我们的父母说说心里话吧!

(生构思写作)

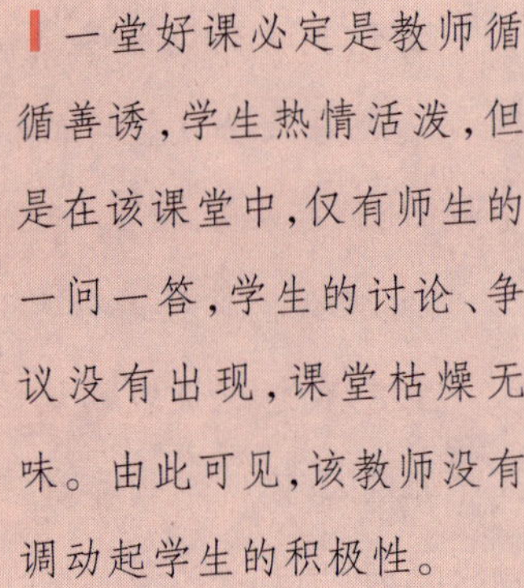
一堂好课必定是教师循循善诱,学生热情活泼,但是在该课堂中,仅有师生的一问一答,学生的讨论、争议没有出现,课堂枯燥无味。由此可见,该教师没有调动起学生的积极性。

答案:①第三学段习作教学目标要求:养成留心观察周围事物的习惯,有意识地丰富自己的见闻,珍视个人的独特感受,积累习作素材。写作教学建议也指出:写作教学应贴近学生实际,让学生易于动笔,乐于表达,应引导学生关注现实,热爱生活,积极向上,表达真情实感。但是,该教师在教学过程中将习作教学的重点放在写作技巧上,对于写作内容的指导有所欠缺,不利于学生写作能力的提高。

②教师是学习活动的组织者和引导者,要充分发挥教师在教学中的组织和引导作用。在教学中,面对学生多种多样的回答,该教师缺少引导、点拨与评价,以致学生并不知道自己回答的是否正确,不利于学生的写作,也不利于提高学生学习的积极性。

③学生是学习的主体,语文教学要积极倡导自主、合作、探究的学习方式。在该教学过程中,全程都是师生一问一答,缺少学生独立自主的合作、探究学习,不利于学生学习能力的提升。

④写作教学应抓住取材、立意、构思、起草、加工等环节,指导学生在写作实践中学会写作。该教师对学生写作技巧的教学完全是脱离实践的理论的灌输,违背了课标的理念。

一、答题思路指导

(一)解题步骤

1. 读题,作出判断。判断题目是分析教师行为,还是找出教师在教学中存在的问题等。

2. 提炼观点,适当举例,原理分析。

可从以下几个方面提炼观点与原理:

(1)教学目标:目标是否明确恰当,重点难点是否指向语文学习,等等。

(2)教学内容:是否充分并恰当地运用教材等文本资源、学生动态学习资源及其他母语资源等。

(3)教学过程:是否以学生为主体,学习实践探究过程是否丰满;教师引导是否有效适当;教学方式方法是否能帮助学生达成目标;等等。

(4)教学评价:诊断是否准确;激励是否有效;能否根据反馈信息,灵活调节教学进程;评价方式是否得当;是否重视全面育人;等等。

3. 如果是反面案例,可提出恰当的做法与改进措施。

(二)答题思路

1. 结合案例中的内容,分点解析(理论+对理论的简要解释+结合相应材料分析)。例如:

义务教育语文课程实施应从学生语文生活实际出发,创设丰富多样的学习情境,设计富有挑战性的学习任务,激发学生的好奇心、想象力、求知欲,促进学生自主、合作、探究学习。教师在教学中应该注重创设教学情境,培养学生自主学习、合作学习的精神,激发学生的求知欲。在材料中,教师在教学时采用一问一答的教学形式,既没有创设学习情境,又没有设计学习任务。这种做法不利于激发学生的求知欲,不能调动学生的学习兴趣。

2. 总结案例中的教师行为优劣和对学生学习的影响,如果教学内容存在不当之处,还可适当简述正确的做法。例如:

该教师的教学没有充分调动起学生学习的积极性,教师回答代替学生回答不利于学生学习兴趣的激发和学习能力的提升。该教师在教学时应将课堂还给学生,充分激发学生的学习兴趣,创设高效的学习环境。

温馨提示:

在作答案例分析题时,考生可以两个都用,也可以选择其中一个形式进行,但要注意,这些只是提供给学生一个答题思路与方法,并不是万能的,考生要学会根据实际情况灵活掌握。这需要考生多做题,多分析答案。

(三)案例分析题答题注意事项

1. 在答题时需要结合题目给出的材料，切忌生搬硬套，无中生有。

2. 在答题时要分条列述，逐条分析，将答案的重点放在前面，让改卷老师一目了然。切忌一段话下来，重点不突出，条理不清晰。

3. 在需要结合课标进行答题时，可将课标放在最前面，并尽量使用课标中的原话进行回答。

4. 在没有明确要求“结合课标”进行回答时，如果考生对课标内容背诵不熟练，也可以用理解性的语言进行表述。

二、答题方向与内容

(一)教学设计类案例分析答题方向与内容

1. 评教学目标

方向	内容
从教学目标制定看	①看教学目标是否是从语文核心素养方面来确定的。 ②看教学目标是否量化要求，是否体现学科特点。 ③看教学目标是否以课程标准为指导，体现学段、年级、单元教材特点，符合学生年龄和认识规律，难易适度。 ④看教学目标是否具有可实施性。
从教学目标达成看	①看教学目标是不是明确地体现在每一教学环节中。 ②看教学手段是否都紧密地围绕目标，为实现目标服务。 ③看课堂上是否能尽快地接触重点内容。 ④看重点内容的教学时间是否得到保证。 ⑤看重点知识和能力是否能得到巩固和强化。

2. 评教材处理

(1)看教师知识教授得是否准确、科学。

(2)看教师在教材处理和教法选择上，是否突出了重点，突破了难点，抓住了关键。

(3)看教学重点是否把握准确，教学难点是否把握准确并得到突破。

(4)看教学过程是否做到突出重点。

(5)看教材的组织、处理是否精心。

(6)看教师是否根据教学内容、教学目标、学生的知识基础、学生的认知规律以及心理特点，对教材进行合理的调整、充实与处理，重新组织、科学安排教学程序，选择合理的教学方法，使教材系统转化为教学系统。

3. 评教学程序

教学目标要在教学程序中完成，因此教学目标能不能实现就要看教师教学程序的设计和运作是否合理。教学程序评析包括以下几个主要方面：

方向	内容
看教学思路设计	①看教学思路设计是否符合教学内容实际，是否符合学生实际。 ②看教学思路的设计能不能给学生以新鲜的感受，调动学生学习的兴趣。 ③看教学思路的层次、脉络是不是清晰。 ④看教师的教学思路在课堂上的实际运作效果。
看课堂结构安排	①看课堂结构是否详略得当，重难点突出。 ②看各知识点的联系是否紧密、流畅，是否逻辑严谨、环环相扣。 ③看课堂教学顺序是否合理（一般应为先易后难，先简后繁）。 ④看各环节时间分配是否合理（一般导入环节、小结环节和作业环节应用时最短，其次为拓展环节和复习环节，最后重点应在新授内容上，新授内容中重点应在重难点知识上）。 ⑤看教学中的知识密度是否合理（要避免一次性塞给学生太多内容），是否留给学生足够的思考时间。

教学思路是教师上课的脉络和主线，它是根据教学内容和学生水平两个方面的实际情况设计出来的。它反映一系列教学措施怎样编排组合，怎样衔接过渡，怎样安排详略，怎样安排讲练等。

教师有时课上不好，效率低，很大程度上是教学思路不清，或教学思路不符合教学内容实际和学生实际等造成的。所以在做案例分析题时，考生可关注对教学思路的评析。

4. 评教学效果

（1）看教学效率是否高，学生思维是否活跃，课堂气氛是否热烈。

（2）看学生受益面是否广大，不同程度的学生是否在原有基础上都有进步。

（3）看教师是否有效利用45分钟，学生是否学得轻松愉快，积极性高。

（4）看是否能当堂问题当堂解决，学生负担是否合理。

5. 评学法指导

（1）看学法指导的目的要求是否明确。

（2）看是否能帮助学生认识学习规律，端正学习动机，激发学习兴趣，掌握科学的学习方法，养成良好的学习习惯。

（3）看是否能逐步提高学生的学习能力，有效地提高学生的学习效率。

（4）看学法指导的内容是否有利于实施。

6. 评能力培养

(1)看在教学过程中是否创设良好的问题情境，强化问题意识，激发学生的求知欲。

(2)看在教学过程中是否能挖掘学生内在的因素，并加以引导、鼓励。

(3)看是否能培养学生敢于独立思考、敢于探索、敢于质疑的习惯。

(4)看是否能培养学生善于观察的习惯和心理品质。

(5)看是否能培养学生良好的思维习惯和思维意识，教会学生在多方面思考问题，多角度解决问题的能力。

7. 评师生关系

(1)看能否充分确立学生在课堂教学活动中的主体地位。

(2)看能否努力创设宽松、民主的课堂教学氛围。

(二)课堂实录类案例分析答题方向与内容

1. 教师教学方面分析与评价的内容

环节	分析与评价内容
教学内容	①选择的教学内容是否科学合理。 ②教师能否能动地驾驭教材，并根据学生的实际发展水平，创造性地使用教材，科学地阐发重点，合理地拆分难点。 ③教师是否重视教学内容的文化内涵，体现科学性、人文性和社会性的融合。
教学过程	①教学设计是否合理有效。 ②教学设计是否以学情估量为起点、以学习目标为终点。 ③教师能否为学生提供主动参与学习、合作学习和自主学习的时间和空间，创设具有挑战性的形式和方法，营造能够激发学生学习兴趣和求知欲望的氛围，培养学生由学会知识提升为学会学习。
教学方法	①教师是否注重个性能力的培养。 ②教师是否理解和尊重学生的个体差异和发展权利，对学生个性差异的诱导和个性能力的培养有无创造性。 ③教师是否做到因材施教，使每一个学生都在自己的最近发展区内获得进步。
教学能力	①教师是否有良好的教学组织能力，能顺利地引导学生发现问题、解决问题。 ②教师是否善于启发诱导，能激发学生兴趣。 ③教师是否能集中学生注意力，善于机智地处理偶发事件等。

2. 学生学习方面分析与评价的内容

环节	分析与评价内容
学习方式	①自主学习：学生在学习时间、内容、方式等方面是否拥有较大的自主性，是否有自我评价学习的机会。 ②合作学习：能否根据不同学生的个性、特长，组织开展合作学习，学生参与的热情、情感体验如何。 ③探究学习：学生是否通过探究问题获取知识、学习有关技能和科学研究的方法、领悟科学的思想和精神。
参与程度	①参与的学生人数是否是大多数，是否涉及学生群体的各个层面。 ②学生是否参与课堂教学的各个环节，时间上是否有保证。 ③学生在参与教学活动中所解决的问题是否是深层次的问题，是以一种积极主动的姿态参与，还是被动地参与。
学习效果	①学生是否掌握了课程标准要求掌握的新知识，是否了解所学知识在生活中的应用，有关技能是否得到了有效的训练和提高，是否能在学习中生成新的问题。 ②学生通过探究活动获取知识的同时，他们的信息资料的搜集处理能力、合作交流能力和实践创新能力是否得到相应的发展和提高。 ③学生的学习兴趣、自信心是否进一步提高，与他人合作交流的愿望和求知欲是否增强，是否逐步形成各种良好的习惯与科学的价值观，师生间的关系是否更加融洽。

（三）课标中关于教学的相关内容

1. 义务教育阶段（2022年版）

（1）课程理念

①立足学生核心素养发展，充分发挥语文课程育人功能

义务教育语文课程围绕立德树人根本任务，充分发挥其独特的育人功能和奠基作用，以促进学生核心素养发展为目的，以识字与写字、阅读与鉴赏、表达与交流、梳理与探究等语文实践活动为主线，综合构建素养型课程目标体系；面向全体学生，突出基础性，使学生初步学会运用国家通用语言文字进行交流沟通，吸收古今中外优秀文化成果，提升思想文化修养，建立文化自信，德智体美劳得到全面发展。

②构建语文学习任务群，注重课程的阶段性与发展性

义务教育语文课程结构遵循学生身心发展规律和核心素养形成的内在逻辑，以生活为基础，以语文实践活动为主线，以学习主题为引领，以学习任务为载体，整合学习内容、情境、方法和资源等要素，设计语文学习任务群。学习任务群的安排注重整体规划，根据学段特征，突出不同学段学生核心素养发展的需求，体现连贯性和适应性。

③突出课程内容的时代性和典范性，加强课程内容整合

义务教育语文课程突出内容的时代性，充分吸收语言、文学研究新成果，关注数字时代语言生活的新发展，体现学习资源的新变化。强调内容的典范性，精选文质兼美的作品，重视对学生思想情感的熏陶感染作用，重视价值取向，突出社会主义先进文化、革命文化、中华优秀传统文化。注重课程内容与生活、与其他学科的联系，注重听说读写的整合，促进知识与能力、过程与方法、情感态度与价值观的整体发展。

④增强课程实施的情境性和实践性，促进学习方式变革

义务教育语文课程实施从学生语文生活实际出发，创设丰富多样的学习情境，设计富有挑战性的学习任务，激发学生的好奇心、想象力、求知欲，促进学生自主、合作、探究学习；引导学生注重积累，勤于思考，乐于实践，勇于探索，养成良好的学习习惯；关注个体差异和不同的学习需求，鼓励自主阅读、自由表达；倡导少做题、多读书、好读书、读好书、读整本书，注重阅读引导，培养读书兴趣，提高读书品位；充分发挥现代信息技术的支持作用，拓展语文学习空间，提高语文学习能力。

⑤倡导课程评价的过程性和整体性，重视评价的导向作用

义务教育语文课程评价要有利于促进学生学习，改进教师教学，全面落实语文课程目标。课程评价应准确反映学生的语文学习水平和学习状况，注重考察学生的语言文字运用能力、思维过程、审美情趣和价值立场，关注学生学习过程和学习进步。根据不同年龄学生的学习特点和不同学段的学习目标，选用恰当的评价方式，抓住关键，突出重点，加强语文课程评价的整体性和综合性。注重评价主体的多元与互动，以及多种评价方式的综合运用，充分利用现代信息技术促进评价方式的变革。

(2)课程内容——内容组织与呈现方式

①语言文字积累与梳理

本学习任务群旨在引导学生在语文实践活动中，积累语言材料和语言经验，形成良好语感；通过观察、分析、整理，发现汉字的构字组词特点，掌握语言文字运用规范，感受汉字的文化内涵，奠定语文基础。

【学习内容】

第一学段(1～2年级)

A. 认识有关人的身体与行为、天地四方、自然万物等方面的常用字；认识家庭生活、学校生活、社会生活中的常用字；学习书写笔画简单的字，初步体会汉字结构的主要特点。

B. 先认先写基本字，学习部首检字法，尝试发现汉字的一些规律，初步学习分类整理课内外认识的字；在生活中主动识字，发展独立识字能力。

C. 认读拼音字母，拼读音节，认识声调，借助汉语拼音认读汉字，学习音序检字法；在日常交际

情境中学习汉语拼音和普通话。

D. 诵读、记录课内外学到的成语、谚语、格言警句、儿歌、短小的古诗等，感受中华优秀传统文化，养成自主积累的习惯。

第二学段(3～4年级)

A. 在真实的语言文字运用情境中独立识字与写字，初步梳理常用汉字形、音、义之间的联系。

B. 关注校园内外汉字和标点符号的正确使用情况，整理自己的发现并和同学交流，互相正字正音。

C. 诵读、积累成语典故、中华文化名言、短小的古诗词和新鲜词语、精彩句段等，丰富自己的语汇，分类整理、交流，初步认识中华优秀传统文化蕴含的思想；在语言积累和运用过程中，体会同义词、反义词等词语的作用，发现、感受语言的表现力和创造力。

第三学段(5～6年级)

A. 主动通过多种方式独立识字，按照汉字字形结构等规律梳理学过的汉字。丰富自己的词语积累，注意词语的感情色彩。

B. 开展校园内外讲普通话、写规范字、正确使用标点符号情况的调查，整理、分享自己的发现。

C. 诵读优秀诗文，分主题梳理自己积累的成语典故、格言警句、对联等语言材料，并尝试运用到日常读写活动中，增强表达效果。

第四学段(7～9年级)

A. 在语言文字运用情境中，发现、感受和表现语言文字的魅力。围绕汉字、书法、成语典故、对联、诗文等方面内容，策划并开展语文学习、展示和交流活动，加深对语言文字及其文化内涵的认识和理解。

B. 梳理学过的语言现象，欣赏优秀作品的语言表达技巧，初步探究语言文字的运用规律。学习按照词类梳理字词，学习整理典型的语法、修辞应用实例。

C. 继续丰富自己的积累。分类整理、欣赏、交流所积累的词语、名句、诗文等，并在日常读写活动中积极运用，提升自身的中华文化修养。

【教学提示】

A. 根据学生的年龄特点和认知规律，紧密联系学生的生活实际，结合识字内容，选择适宜的学习主题，创设学习情境；激发学生识字、写字、诵读、积累、探究的兴趣，并注意将语言积累、梳理与体认社会主义先进文化、革命文化、中华优秀传统文化相结合；引导学生在识字、写字、语言积累中感受中华文化的魅力，激发热爱中华文化的情感。

B. 识字与写字是阅读和写作的基础，是第一学段的教学重点，也是贯串整个义务教育阶段的重要教学内容。识字与写字教学应结合学生的生活经验，采用形象直观的教学手段，创设丰富多彩的学习情境，综合运用随文识字、集中识字、注音识字、字理识字等多种识字方法，逐步发展学生的识字、写字能力。第一学段应多认少写，要求学生会认的字不一定同时要求会写，合理安排识字与写字的量。一年级第一、第二学期会认的字大致安排250个和350个，其中二分之一的字会写。应先认先写《识字、写字教学基本字表》中的字，充分发挥这些字构形简单、重现率高、组字构词能力强的特点，打好基础，举一反三。应重视学生的写字姿势，引导学生掌握基本的书写技能，养成良好的书写习惯。

C. 诵读、积累与梳理，重在培养兴趣、语感和习惯。引导学生增强语言积累和梳理的意识，教给学生语言积累和梳理的方法，注重积累、梳理与运用相结合。诵读材料要选择脍炙人口的千古名篇和名言名句，既要有文化内涵，又要短小精悍，朗朗上口。提倡日积月累，不要贪多求快；提倡熟读成诵，不要死记硬背。引导学生借助信息技术等多种方式汇总、梳理自己积累的语言材料，建立自己的创意语言资料库，并能学以致用。

D. 语音、文字、词汇、语法、修辞等方面的知识，要避免围绕相关知识的概念、脱离实际运用进行机械训练。在教学中应根据语言文字运用的实际需要，从遇到的具体语言实例出发进行指导。

E. 识字评价要考察学生认清字形、读准字音、掌握汉字基本意义的情况，在具体语言环境中运用汉字的能力，借助字典、词典等工具书查检字词的能力，帮助学生养成写规范字的习惯，减少错别字。第一、第二学段应多关注学生主动识字的兴趣，第三、第四学段要重视考察学生独立识字的能力。写字评价要考察学生对要求“会写”的字的掌握情况，重视书写的正确、端正、整洁，在此基础上，逐步要求书写流利。语文知识的概念不作为考试内容。

②实用性阅读与交流

本学习任务群旨在引导学生在语文实践活动中，通过倾听、阅读、观察，获取、整合有价值的信息，根据具体交际情境和交流对象，清楚得体表达，有效传递信息，满足家庭生活、学校生活、社会生活交流沟通需要。

【学习内容】

第一学段（1～2年级）

A. 阅读有关个人生活、家庭生活的短文，认识图文中相关的汉字，感受美好亲情；学习运用文明礼貌语言，与家庭成员、亲朋好友交流沟通，学会感恩。

B. 阅读有关学校生活的短文，认识图文中相关的汉字；学习与同学、老师文明沟通；乐于分享学校生活中的见闻和感受，热爱学习，热爱学校。

C. 在革命遗址、博物馆、公园、剧场、车站、书店、超市、银行等社会场所中，学习认识有关标牌、图示、说明书等，了解公共生活规则，学会有礼貌地交流。

D. 学习有关中华优秀传统文化的短文，将读到、听到、看到的故事讲给他人听。

第二学段（3～4年级）

A. 阅读有关家庭生活、学校生活、社会生活的短文，学习用口头和书面的方式，客观地表述生活中的见闻片段。学习写留言条、请假条、短信息、简单书信等日常应用文，注意称谓和基本格式，文明礼貌地进行交流。

B. 学习阅读说明、叙写大自然的短文，感受、欣赏大自然的奇妙与美好。学习用日记、观察手记等，展示自己观察自然、探索科学世界的收获。

C. 学习具体、清楚、生动地讲述有关老一辈无产阶级革命家和革命英雄、劳动模范、科学家的事迹，以及反映中华传统美德的故事。

第三学段（5～6年级）

A. 观察、思考日常生活，阅读记人叙事的优秀文本，学习通过口头表达、书面叙写，与他人交流身边令人感动、难忘的人和事。

B. 走进大自然，走进科学世界，走进社会，阅读参观访问记、考察报告、科技说明文、科学家小传等文本；学习记笔记、列大纲、写脚本、画思维导图等整理和呈现信息的方法；学习通过口头表述和多种形式的书面表达，分享观察自然、探索科学世界的所见所闻、所思所感。

C. 能写日记，关注家庭、学校、社区生活中发生的新鲜事。

D. 学习革命英雄和劳动模范的事迹，尝试用多种媒介方式记录、展示、讲述他们的故事，表达自己的崇敬之情。

第四学段（7～9年级）

A. 阅读叙事性和说明性文本，发现、欣赏、表达和交流家庭生活、学校生活、社会生活和大自然的美好，热爱生活，感恩生活。

B. 阅读科技作品，欣赏人类的科学创造，关注祖国的科技创新和社会主义建设成就，交流自己的发现与体会；学习为创造人类美好生活作出重要贡献的杰出人物的事迹，激发创造精神。

C. 学习跨媒介阅读与交流。通过多种媒介关注国内外政治、经济、社会、科技、文化等方面的新鲜事，比较不同媒介的表达效果，尝试探究不同媒介的表达特点；阅读新闻报道、时事评论等作品，关注社会主义建设新成果，就感兴趣的话题与同学进行线上线下讨论，根据目的与对象选择合适的媒介进行交流沟通。

【教学提示】

A. 应紧扣“实用性”特点，结合日常生活的真实情境进行教学。第一、第二学段可以围绕“我爱我家”“我爱上学”“文明的公共生活”等主题设计学习任务，引导学生学习日常生活语言，学会文明交往，学习表达生活；第三、第四学段可以围绕“拥抱大千世界”“创造美好生活”“科学家的故事”“数字时代的生活”“家乡文化探究”等主题，开展阅读与探究活动，引导学生关注社会，表达和交流自己在生活中的发现和感受。

B. 学习活动可以采用朗读、复述、游戏、表演、讲故事、情景对话、现场报道等学生喜闻乐见的形式，将识字、写字、阅读、写作、口语交际、搜集处理信息等融为一体；应加强对跨媒介阅读与交流的指导，充分利用数字资源和信息化平台，引导学生提高语言理解与运用能力，逐步增强语言表达的准确性、规范性。

C. 评价应注重学生在真实生活情境中语言运用的实际表现，围绕个人生活、学校生活、社会生活中阅读与交流的实际任务，评价学生实用性阅读与交流的能力。在评价中，应引导学生注意实用性阅读与表达的目的、对象、情境，以及交流效果，注意内容明确、条理清晰、语言简洁明了，注意应用文的基本格式和行文规范。

③文学阅读与创意表达

本学习任务群旨在引导学生在语文实践活动中，通过整体感知、联想想象，感受文学语言和形象的独特魅力，获得个性化的审美体验；了解文学作品的基本特点，欣赏和评价语言文字作品，提高审美品位；观察、感受自然与社会，表达自己独特的体验与思考，尝试创作文学作品。

【学习内容】

第一学段（1～2年级）

A. 阅读并学习讲述革命领袖、革命英雄、爱国志士的童年故事，表达敬仰之情和向他们学习的愿望。

B. 诵读表现自然之美的短小诗文，感受大自然的美景与变化。

C. 学习儿歌、童话，阅读图画书，体会童真童趣，感受多姿多彩的生活，初步体验文学阅读的乐趣。

第二学段（3～4年级）

A. 阅读并讲述革命故事、爱国故事、历史人物故事，感受幸福生活来之不易，表达自己对美好生活的向往，以及对革命英雄、仁人志士的崇敬之情。

B. 阅读描绘大自然、表现人类美好情感的诗歌、散文等文学作品，结合自己的生活体验，尝试用文学语言表达自己热爱自然、珍爱生命的情感。

C. 阅读富有想象力和表现力的儿童文学作品，欣赏富有童趣的语言与形象，感受纯真美好的童心，学习用口头或者图文结合的方式创编儿童诗和有趣的故事，发展想象力。

第三学段（5～6年级）

A. 阅读、欣赏革命领袖、革命先烈创作的文学作品，以及表现他们事迹的诗歌、小说、影视作品等，感受革命领袖、革命先烈伟大的精神世界和人格力量，认识生命的价值；运用讲述、评析等方式，交流自己的情感体验。

B. 阅读表现人与自然的诗歌、散文等优秀文学作品，感受大自然的奇妙，体会人与自然和谐相处的意义；用口头或者书面的方式表达对自然的观察与体验，抒发自己的情感。

C. 阅读表现人与社会的优秀文学作品，走进广阔的文学艺术世界，学习品味作品语言、欣赏艺术形象，复述印象深刻的故事情节，积累多样的情感体验，学习联想与想象，尝试富有创意地表达。

D. 阅读反映少年成长的故事、小说、传记等，交流自己获得的启示；学习运用细节描写等文学表现手法，描述自己成长中的故事。

第四学段（7～9年级）

A. 阅读反映中国革命各个时期的重大事件、伟大成就、代表性人物及其感人事迹的优秀文学作品，感悟革命领袖、革命英雄、模范人物的理想信念和奋斗精神，运用多种方式交流自己的阅读感受。

B. 阅读表现人与自然的优秀文学作品，包括古诗文名篇，体会作者通过语言和形象构建的艺术世界，借鉴其中的写作手法，表达自己对自然的观察和思考，抒发自己的情感。

C. 阅读表现人与社会、人与他人的古今优秀诗歌、散文、小说、戏剧等文学作品，学习欣赏、品味作品的语言、形象等，交流审美感受，体会作品的情感和思想内涵；尝试写诗歌、小小说等。

D. 领略数字时代精彩的文学世界，欣赏由经典文学作品改编的影视作品，感受不同媒介的艺术魅力。

【教学提示】

A. 可以根据学段学习要求，围绕多样的学习主题创设阅读情境。比如，第一学段“春夏秋冬”“多彩世界”“童心天真”“英雄的童年”，第二学段“饮水思源”“珍爱自然”“童年趣事”，第三学段“英雄赞歌”“壮丽山河”“爱与责任”“成长的脚印”，第四学段“光辉历程”“精忠报国”“社会万花筒”“人与自然和谐共生”，等等。在主题情境中，开展文学阅读和创意表达活动，引导学生感受文学之美、表达自己的独特感受，促进学生的精神成长。

B. 注意整合听说读写，引导学生综合运用朗读、默读、诵读、复述、评述等方法学习作品。重视古代诗文的诵读积累，感受文学作品语言、形象、情感等方面的独特魅力和思想内涵，提升审美能力和审美品位；鼓励学生在口头交流和书面创作中，运用多样的形式呈现作品，发挥自己的创造性；引导学生成长为主动的阅读者、积极的分享者和有创意的表达者。

C. 评价应围绕学生阅读文学作品的过程性表现进行。第一学段关注阅读兴趣，通过朗读和想象等，侧重考察学生对作品情境、节奏和韵味的大体感受；第二学段在阅读全文基础上，侧重考察学生对重要段落和语句的理解，以及对作品的语言和形象的具体感受；第三、第四学段，侧重考察学生对语言、形象、情感、主题的领悟程度和体验，评价学生文学作品的欣赏水平，关注研讨、交流以及创意表达能力。

④思辨性阅读与表达

本学习任务群旨在引导学生在语文实践活动中，通过阅读、比较、推断、质疑、讨论等方式，梳理观点、事实与材料及其关系；辨析态度与立场，辨别是非、善恶、美丑，保持好奇心和求知欲，养成勤学好问的习惯；负责任、有中心、有条理、重证据地表达，培养理性思维和理性精神。

【学习内容】

第一学段（1～2年级）

A. 阅读有趣的短文，发现、思考身边的鸟兽虫鱼、花草树木、家用电器等日常事物的奇妙之处，说出自己的想法。

B. 大胆提出生活和学习中遇到的问题，通过阅读、观察、请教、讨论等方式，积极思考、探究，乐于分享自己解决问题的办法，说出一两个理由。

第二学段（3～4年级）

A. 阅读有关科学的短文，尝试发现日月星辰、风雨雷电、山川草木等大自然的奥秘，依据事实和细节，运用口头和图文结合的方式，表达自己的观点和思考。

B. 阅读解决生活问题的故事，尤其是中华智慧故事，结合自己在生活中遇到的问题学习思考的方法，尝试运用列提纲、画思维导图等方式，表达故事中的道理。

C. 在日常学习和生活中，主动记录、整理、交流自己发现的问题和思考，学习辨析、质疑、提问等方法。

第三学段（5～6年级）

A. 阅读关于中华传统美德、社会公德等方面的短论、简评，结合校园或社会生活中的实际事例，学习有理有据地口头或书面表达自己的观点。

B. 在日常生活和学习中，发现并思考成语、对联、谚语、绕口令等多种语言现象的特点，体会不同的表达效果。

C. 阅读有关科学发现、技术发明的故事，用画思维导图等方式辅助，简洁清楚地表述科学家发现、发明的过程，学习科学家的创造精神，体会猜想、验证、推理等思维方法。

D. 阅读哲人故事、寓言故事、成语故事等，感受其中的智慧，学习其中的思维方法。

第四学段（7～9年级）

A. 阅读关于生活感悟、生活哲理方面的优秀作品，学习思考与表达的方法，结合生活经验和阅读材料，阐述自己的感悟和观点。

B. 学习关于科学探究方面的文本，联系自己的科学学习经历，围绕问题提出、探究过程、解决方法等进行专题式的研讨、演讲和写作。

C. 阅读诗话、文论、书画艺术论的经典片段，尝试运用其中的观点欣赏、评析作品。

D. 学习革命领袖的理论文章、经典的思辨性文本(包括短小的文言经典),理解作者的立场、观点与方法。围绕社会热点问题,以口头或书面方式参与讨论。

【教学提示】

A. 应根据学生思维发展的特点,在不同学段创设适宜的学习主题和学习情境。比如,第一学段“生活真奇妙”“我的小问号”,第二学段“大自然的奥秘”“生活中的智慧”“我的奇思妙想”,第三学段“社会公德大家谈”“奇妙的祖国语言”“科学之光”“东方智慧”,第四学段“生活的感悟”“探究与创造”“艺海拾贝”“理性的声音”,等等。将文本阅读和自主探究结合起来,为学生提供广阔的思考、表达和交流空间。

B. 应设计阅读、讨论、探究、演讲、写作等多种学习活动,引导学生学习发现、思考、探究问题的思路和方法。应注意不同学段的特点,避免操之过急、求之过深。第一学段,重在保护学生的好奇心、自信心,引导学生多观察相似事物的异同点,多问为什么;鼓励学生自由表达、充分表达,以表扬为主。第二学段,可通过具体例子引导学生知道事实与观点的不同。引导学生发表对文本的看法,尝试表达自己的观点,从文本中寻找证据支持自己的观点。第三学段,应引导学生分析证据和观点之间的联系,辨别总分、并列、因果等关系,有条理地表达自己的观点。鼓励学生对文本进行评价。第四学段,注意引导学生客观、全面、冷静地思考问题,识别文本隐含的情感、观点、立场,体会作者运用的思维方法,如比较、分析、概括、推理等,尝试对文本进行评价。引导学生基于阅读和生活实际,开展研讨等活动,表达要观点鲜明、证据充分、合乎逻辑。

C. 应鼓励学生借助现代信息技术,自主搜集和利用学习资源,拓展思路,支持自己的思考和论说。应引导学生学习搜集和选择信息的基本方法,关注信息的可靠性和权威性。能区分原始资料与间接资料,学会注明所援引资料的出处。

D. 评价要关注学生在问题研究过程中的交流、研讨、分享、演讲等现场表现,以及活动过程中产生的文字、表格、统计图、思维导图等学习成果,要特别关注学生思考的过程和思维的方法。

⑤整本书阅读

本学习任务群旨在引导学生在语文实践活动中,根据阅读目的和兴趣选择合适的图书,制订阅读计划,综合运用多种方法阅读整本书;借助多种方式分享阅读心得,交流研讨阅读中的问题,积累整本书阅读经验,养成良好阅读习惯,提高整体认知能力,丰富精神世界。

【学习内容】

第一学段(1~2年级)

A. 阅读富有童趣的图画书等浅易的读物,体会读书的快乐。

B. 阅读、朗诵优秀的儿歌集,感受儿歌的韵味和童趣。

C. 阅读自己喜欢的童话书,想象故事中的画面,学习讲述书中的故事。

第二学段(3～4年级)

A. 阅读表现英雄模范事迹的图书,如《小英雄雨来》《雷锋的故事》等,讲述英雄模范的动人故事。

B. 阅读儿童文学名著,如《稻草人》《爱的教育》等,感受作品传达的真善美,用自己喜欢的方式讲述故事大意。

C. 阅读中国古今寓言、中国神话传说等,学习其中蕴含的中华智慧,口头或书面分享自己获得的启示。

第三学段(5～6年级)

A. 阅读反映革命传统的作品,如《可爱的中国》《小兵张嘎》《闪闪的红星》等,讲述自己感受到的家国情怀和爱国精神。

B. 阅读文学、科普、科幻等方面的优秀作品,如《寄小读者》《十万个为什么》《海底两万里》等,学习梳理作品的基本内容,针对作品中感兴趣的话题展开交流。

C. 梳理、反思小学阶段的阅读生活,运用口头或书面方式,与同学分享自己整本书阅读的经历、体会和阅读方法。

第四学段(7～9年级)

A. 阅读革命文学作品,如《革命烈士诗抄》《红岩》《红星照耀中国》等,体会、评析革命领袖、革命英雄的爱国精神和人格魅力。

B. 独立阅读古今中外诗歌集、中长篇小说、散文集等文学名著,如《朝花夕拾》《骆驼祥子》《艾青诗选》《西游记》《格列佛游记》《钢铁是怎样炼成的》等。根据阅读进度完成读书笔记,针对作品的语言、形象、主题等方面的话题展开研讨。

C. 开展多样的读书活动,丰富、拓展名著阅读。借助多种媒介讲述、推荐自己喜欢的名著,说明推荐理由;尝试改编名著中的精彩片段;结合自己的阅读体会,尝试撰写文学鉴赏文章。

【教学提示】

A. 应统筹安排课内与课外、个人与集体的阅读活动,宜集中使用每学期整本书阅读课时,兼顾教师指导和学生自主阅读,保证学生在课堂上有时间阅读整本书。指导学生认识不同类型图书的特点和价值,根据自身实际确定阅读目的,选择图书和适宜的版本,合理规划阅读时间。应创设自由阅读、快乐分享的氛围,善于发现学生阅读整本书的成功经验,及时组织交流与分享;善于发现、保护和支持学生阅读中的独到见解。

B. 整本书阅读教学,应以学生自主阅读活动为主。引导学生了解阅读的多种策略,运用浏览、略读、精读等不同阅读方法;通读整本书,了解主要内容,关注整体与局部、局部与局部之间的关系;重视序言、目录等在整本书阅读中的作用。设计、组织多样的语文实践活动,如师生共读、同伴

共读，朗诵会、故事会、戏剧节，建立读书共同体，交流读书心得，分享阅读经验。

C. 根据开展读书活动的实际需要，合理推荐和利用适宜的学习资源，如拓展阅读的书目、参考资料，以及相关音频、视频作品等，激发学生的阅读兴趣，丰富阅读体验，拓宽阅读视野。借助信息技术为学生拓展学习空间，提供写作、展示、研讨和交流的平台。

D. 注意考察阅读整本书的全过程，以学生的阅读态度、阅读方法和读书笔记等为依据进行评价。教师可以围绕读书的主要环节编制评价量表，制作阅读反思单，引导学生从阅读方法、阅读习惯等方面进行自我反思、自我改进。

⑥跨学科学习

本学习任务群旨在引导学生在语文实践活动中，联结课堂内外、学校内外，拓宽语文学习和运用领域；围绕学科学习、社会生活中有意义的话题，开展阅读、梳理、探究、交流等活动，在综合运用多学科知识发现问题、分析问题、解决问题的过程中，提高语言文字运用能力。

【学习内容】

第一学段(1～2年级)

A. 围绕爱图书、爱文具、爱学习等主题，走进图书馆、阅览室、书店、文具店，在借用、购买、整理图书和文具的过程中，学习识字、说话、计算、设计、美化，学习与他人沟通、交流，养成爱书、爱文具的好习惯。

B. 在班级、学校或家里养护一种绿植或者小动物。综合运用语文、科学、数学等多学科知识，学习日常观察和记录。

C. 参与学校、社区举办的节日和风俗活动，留意身边的传统节日、风俗习惯等文化现象，感受和学习生活中的中华优秀传统文化。

第二学段(3～4年级)

A. 尝试运用科学、艺术、信息科技等相关知识和技能，富有创意地设计并主动参与朗诵会、故事会、戏剧节等校园活动。

B. 参观物质文化遗产，了解非物质文化遗产；关注传统节日节气、民俗风情、民间工艺、历史和传说等；探寻日常生活中龙凤、松竹梅兰等中华文化意象。积极参加学校、社区举办的文化主题活动，在活动中学习语文，获得多样的文化体验。

C. 选择自己发现和关心的日常语言、行为、校园卫生、交通安全、家庭教育等方面的问题进行调查研讨，尝试写出简单的研究报告，与同学交流。

第三学段(5～6年级)

A. 积极参加校园文化社团，参与学校和社区举办的戏曲、书法、篆刻、绘画、刺绣、泥塑、民乐等相关文化活动，体验、感知、传承中华优秀传统文化，运用多种形式分享自己的经验与感受。

B. 综合运用语文、道德与法治、科学、劳动等多方面的知识和技能，通过小组研讨，集体策划、设计参观考察活动方案，运用跨媒介形式分享研学成果。

C. 选取衣食住行、学校、地球、太空等某个方面，设计人工智能时代的未来生活，运用多样形式丰富自己的语言表达，呈现与分享奇思妙想。

第四学段（7～9年级）

A. 结合数学、物理、化学、生物学等学科学习，或者自己参与的科技活动，学习撰写并分享观察、实验研究报告。

B. 在心理健康、身体素质等方面，选择师生共同关心的问题，组织小课题组，开展校园调查，学习设计问卷、访谈、统计、分析，撰写并发布调查报告。

C. 在环境、安全、人口、资源、公共卫生等方面，选择感兴趣的社会热点问题，查找和阅读相关资料，记录重要内容，列出发言提纲，参加班级讨论。

D. 围绕仁爱诚信、天下为公、和谐包容、精忠报国、英勇奋斗、自强不息、明礼守法，以及科学理性、艺术精神等，选择专题，组建小组，开展学习与研究，运用多种形式分享学习与研究成果。

E. 组建文学艺术社团，开展相关文化活动，参与社区文化活动与文化建设；在参与过程中写出策划方案，制作海报，记录活动过程，运用多种媒介发布学习成果。

【教学提示】

A. 充分发挥跨学科学习的整体育人优势，增强跨学科学习的计划性和目标意识。根据不同学段学生生活的范围、学习兴趣和能力，精心选择学习主题和内容，组织、策划多样的学习活动。考虑每学期的课时安排，把握活动周期和难度。第一至第三学段以观察、记录、参观、体验为主，第四学段以设计、参与、调研、展示为主。

B. 要引导学生在广阔的学习和生活情境中学语文、用语文，提高交流沟通、团队协作和实践创新能力。注意引导学生掌握问题探究的基本步骤和方法，学会提炼、表达、呈现学习成果，着重培养学生综合运用多学科知识解决实际问题的能力。

C. 要拓展学习资源，增强跨学科学习的综合性和开放性。充分利用图书馆、互联网、社区生活场景、文化场馆等，为学生开展跨学科学习提供必要的支持；也可以结合学校和社区开展的文化活动进行语文跨学科学习。

D. 评价主要以学生在各类探究活动中的表现，以及活动过程中完成的方案、海报、调研报告、视频资料等学习成果为依据。教师可以针对主要学习环节和内容制订评价量表，邀请相关学科教师、家长、社会人士参与评价。评价要关注学生综合运用多学科知识思考问题、解决问题的态度和能力。评价以鼓励为主，既充分肯定学生的发现和创造，又引导学生自我反思提升，不断提高跨学科学习的质量。

(3)学业质量描述

①第一学段(1～2年级)

留心公共场所等真实社会场景中的文字,尝试认识标牌、图示、简单的说明性文字中的常用汉字;借助汉语拼音认读汉字,借助学过的偏旁部首推测字音字义,愿意向他人说出自己的猜想;遇到不认识的字,主动向他人请教。在学习与生活中,累计认识1600个左右常用汉字,能正确书写800个左右常用汉字。喜欢识字,有意识地梳理在日常生活中学习的汉字、词语,并尝试进行分类;愿意整理自己的学习成果,并向他人展示。

与人讨论交流,注意倾听,主动用礼貌用语回应;乐于表达自己的想法,遵守规则,主动合作,积极参与讨论,把自己的想法说清楚。看图说话,能描述一幅图画的主要内容,说出多幅图画之间的内容关联。留心观察周围事物,对写话有兴趣。

喜欢阅读图画书、儿歌、童话、寓言等,在阅读过程中能根据提示提取文本的显性信息,通过关键词句说出事物的特点,作简单推测;能借助关键词句复述自己读过的故事或其他内容,尝试对阅读内容提出问题;愿意向他人讲述读过的故事,乐于向他人展示自己的作品;喜欢积累优美的词句,并尝试在口头和书面表达中运用。

愿意为他人朗读自己喜欢的语段;朗读时能使用普通话,注意发音;注意用语气、语调和节奏表现对文本的理解和感受;愿意和同学交流朗读体验,能简单评价他人的朗读。喜欢读古诗,能熟读成诵;喜欢阅读故事,并与他人讨论。喜欢在学校、社区组织的朗诵会、故事会、课本剧表演等活动中展示。参加文学体验活动,能表达自己的体验、感受和发现,愿意用文字、图画等方式记录见闻、想法。

在跨学科学习和探究活动中有好奇心和求知欲,喜欢观察、提问,能用自己喜欢的方式呈现学习所得。

②第二学段(3～4年级)

能借助汉语拼音、工具书,在阅读中主动识字;能根据具体语境辨析多音多义字的读音和字义,辨识、纠正常见的错别字。在学习与生活中,累计认识2500个左右常用汉字。能使用硬笔规范、端正、整洁地书写1600个左右常用汉字。注意积累和梳理语言材料,能把具有相同或相似特征的汉字进行分类,愿意与他人交流分类的理由,感受汉字和汉语的魅力;能分类梳理日常生活中学到的词句,愿意用自己喜欢的方式整理学习成果,参加集体展示活动。

乐于在班级活动中交流展示,能根据需要用普通话交谈,认真倾听,把握对话的主要内容并简要转述;能按照一定的顺序讲述见闻,说出自己的感受和想法;能尝试根据语文学习经验和生活经验解决日常生活中的问题。能阅读常见的图文结合的材料,注意图文关联,初步把握材料的主要内容。能用表现事物特征的词语描摹形象,用积累的语言材料,特别是有新鲜感的词句描述想象的事物或画面；乐于书面表达，观察周围世界，能把自己觉得有趣或印象深刻、受到感动的内容写清楚；能根据表达需要，正确使用句号、感叹号、问号、冒号、引号等标点符号；能选择自己感兴趣的角度主动搜集信息，尝试用流程图和文字记录学习活动的主要过程，并向他人展示学习成果。

喜爱阅读童话、寓言、神话等，在阅读过程中能提取主要信息，借助阅读经验和生活经验预测情节发展；能结合关键词句解释作品中人物的行为，从某个角度分析和评价人物；能发现作品中的优美词语、精彩句段，并根据需要进行摘录；能借助上下文语境，说出关键语句、标点符号、图表在表达中的作用；能复述读过的故事，概括文本内容，根据自己的阅读理解提出问题并与他人交流；乐于和他人分享阅读所得，关注有新鲜感的词句，并有意识地在口头和书面表达中运用。

乐于参与读书交流活动，能诵读学过的优秀诗文，尝试用不同的语气、语调表达自己的理解与感受。主动阅读成语故事、寓言故事、神话故事、革命英雄故事等叙事性作品，能向他人讲述主要内容；能用自己喜欢的形式记录阅读感受与生活体验。参加文学体验活动，能记录活动过程，表达自己的感受；能按照童话、寓言等文体样式，运用联想、想象续讲或续写故事；能用日记等方式记录个人的见闻、感受和想法；能用便条、简短的书信等与他人交流。

参加跨学科学习活动，乐于观察、提问、交流，能参与简单的活动策划、组织工作；能根据不同学习活动主题搜集、整理信息和资料，提出自己感兴趣的问题；能用照片、图表、视频、文字等展示学习成果，并与他人分享。

③第三学段（5~6年级）

能独立识字，能借助工具书准确理解不同语境中汉字的意思。能辨识同音字、形近字，纠正错别字。在学习与生活中，累计认识3000个左右常用汉字。能用硬笔规范、端正、整洁地书写2500个左右常用汉字。有自觉识字的意识，在社会生活中发现自己不认识的字，能根据字形推断字音字义，并借助语境和工具书验证自己的推断；在学习中，能发现富有表现力的词句和段落，自觉记录、整理，乐于与他人分享积累的经验，并尝试在自己的表达交流中运用。

乐于参与讨论，敢于发表自己的意见；能认真、耐心倾听，抓住要点，并作简要转述；能根据对象和场合，作简单的发言。能根据积累的知识和经验初步判断信息真伪，感知情感倾向，形成自己对社会热点问题的初步认识；能概括说明性文字的主要内容或简单的非连续性文本的关键信息，初步判断内容或信息的合理性；能用准确的语言清楚地介绍、说明事物或程序，运用文本主要信息解决现实生活中的简单问题。养成留心观察周围事物的习惯，有意识地丰富自己的见闻，乐于表达自己独特的感受；能用多种媒介方式表达交流。能根据表达需要，准确使用常用的标点符号；能积极参与活动的策划与组织工作，围绕学习活动搜集材料，提供简单的活动设计方案；能围绕学习活动展开调查，从多方面获取活动各阶段的材料，并用多种方式有条理地记录学习活动过程，表达参与活动的感受。

独立阅读散文、小说、诗歌等文学作品，在阅读过程中能获取主要内容，用朗读、复述等自己擅长的方式呈现对作品内容的理解；能用文字、结构图等方式梳理作品的行文思路；能品味作品中重要的语句和富有表现力的语言，注意词语的感情色彩，通过圈点、批注等多种方法记录自己的阅读感受和体验，并主动与他人分享；能通过诵读、改写、表演等方式，表达自己对感人情境和形象的理解与审美体验；能借助与文本相关的材料，结合作品关键语句评价文本中的主要事件和人物，提出自己的观点或看法；能发现不同类型文本的结构方式和语言特点，感受作品内容、表现形式上的不同，积极向他人推荐，并有条理地说明推荐理由。在文学体验活动中涵养健康向上的审美情趣。

能与他人分享阅读作品获得的有益启示，有意识地运用积累的语言进行口头或书面表达。重视朗读，借助语气语调、重音节奏等传递汉语声韵之美，在反复朗读中加深对文本内容的理解。能主动阅读体现社会主义先进文化、革命文化、中华优秀传统文化的作品，在阅读、参观、访问过程中，结合具体内容或时代背景丰富对作品内涵的理解；能用多种方式记录、分享阅读、参观、访问的经历、见闻和心得体会。参加文学体验活动，能够围绕发现的问题，搜集资料、整理相关的观点与看法，结合学习积累和经验，初步形成自己的理解和认识；能主动梳理、记录可供借鉴的语言运用实例，比较其异同，积极运用于不同类型的写作实践中；在活动中积累素材，写简单的记实作文，内容具体、感情真实；写想象作文，想象丰富、生动有趣；能写读书笔记、常见应用文。

积极参加跨学科学习活动，能利用多种信息渠道获取资料，在简单的调查、访谈等活动中记录真实生活；能根据活动需要，结合自己的知识积累和生活经验提出要探究、解决的主要问题；能借助跨学科知识和相关材料，与同学合作探索解决问题的具体方法，运用相关知识解释自己的想法，记录探究的过程及结论，写简单的研究报告；能组织讨论和专题演讲，发表自己的观点，在交流反思中辨别是非、善恶和美丑。能根据校园、社会活动的需要，自己或与同学合作撰写活动计划、实施方案或活动总结。

④第四学段（7～9年级）

能根据语境，借助工具书，认清字形、读准字音、正确理解汉字的意思。在学习与生活中，累计认识3500个左右常用汉字，能规范、端正、整洁地书写常用汉字；在日常记录中使用规范、通行的行楷字，提高书写的速度。有探究汉字规律的意识，在社会生活中能根据字音、字形、字义三者的关系准确认读、正确理解遇到的生字新词；发现并积累不同语境下具有个性化特征的词句和段落，能根据自己的表达需要和习惯选择使用。

在讨论问题过程中，能积极发表自己的看法，做到有中心，有根据，有条理；能耐心专注地倾听，复述、转述完整准确，要点突出；能就适当的话题作即席讲话和有准备的演讲，有自己的观点，有一定说服力。阅读新闻报道、说明性文字以及非连续性文本，能区分事实与观点；能提取、归纳、概括主要信息，把握信息之间的联系，得出有意义的结论；能利用掌握的多种证据判断信息的真实性与可信度，能运用文本信息解决具体问题。阅读简单议论性文章，能区分观点与材料，并能解释观点与材料之间的联系；能运用实证材料对他人观点作出价值判断。能多角度观察生活，抓住事物特征，选择恰当的表达方式，合理安排详略，条理清楚地表达自己的感受和认识；能用多种媒介形式交流沟通；能使用常用的标点符号，准确地表情达意；能就共同关注的热点问题搜集资料，提取信息，概括观点，确立学习活动主题；能用流程图、文字等形式呈现活动设计方案；能围绕学习活动开展调查，用文字、图表、图画、照片等形式呈现学习成果；能利用图书馆等多种渠道获取资料，整理相关学习内容，完善自己的认识，撰写活动总结。

广泛阅读古今中外的诗歌、小说、散文、戏剧等文学作品，在阅读过程中能把握主要内容，并通过朗读、概括、讲述等方式，表达对作品的理解；能理清行文思路，用多种形式介绍所读作品的基本脉络；能从多角度揣摩、品味经典作品中的重要词句和富有表现力的语言，通过圈点、批注等多种方法呈现对作品中语言、形象、情感、主题的理解。能分类整理富有表现力的词语、精彩段落和经典诗文名句，分析作品表现手法的作用；能从作品中找出值得借鉴的地方，对照他人的语言表达反思自己的语言实践；能通过对阅读过程的梳理、反思，总结不同类型文学作品的阅读经验和方法；能与他人分享自己获得的对自然、社会、人生的有益启示，能借鉴他人的经验调整自己的表达，能根据需要，运用积累的语言进行口头或书面表达。

能通过口头或书面方式，向他人推荐中华优秀传统文化经典、革命文化和社会主义先进文化作品；能概括文学作品中的典型形象特征和典型事件，并归纳总结出一些文化现象，了解基本的中国古代文化常识；能根据具体情境要求，选择合适的文本样式记录经历、见闻和体验，表达感受、认识与观点。参加文学体验活动，能聚焦活动过程中发现的问题，围绕问题搜集资料、梳理信息、整理他人的观点与认识，概括提炼他人解决问题的方法与策略，用以解决自己的问题；能记录探究过程，归纳概括自己的发现，条理清晰地呈现问题解决的过程，并汇集学习成果。

能针对学习和生活中的问题，开展跨学科学习，根据需要策划创意活动，从相关学科材料中搜集资料，整合信息，发现解决问题的线索；能通过多种方式获取资料；能广泛搜集信息，关注信息的权威性和科学性；能运用实证性材料对相关问题作出合理的解释与推断；能通过梳理、分析材料提炼出自己的看法；能有条理地列出提纲，用策划书、调查报告、小论文等形式发表研究成果，力求格式规范、内容完整、条理清晰。通过合作，能综合运用绘画、表演、创作等多种活动样式开展校园活动和社会活动。

(5)课程实施——教学建议

A. 立足核心素养，彰显教学目标以文化人的育人导向

教师应理解核心素养的内涵，全面把握语文教学的育人价值，突出文以载道、以文化人。把立德树人作为语文教学的根本任务，清晰、明确地体现教学目标的育人立意。引导学生在学习语言

文字运用的过程中,逐步树立正确的世界观、人生观、价值观,体认和传承中华优秀传统文化、革命文化、社会主义先进文化,积淀深厚的文化底蕴,增强文化自信。

教师应充分认识语文课程工具性与人文性是统一的,从培养核心素养出发,把握四个方面整体交融的特点,设定教学目标时既有所侧重,又融为一体。注意在识字与写字、阅读与鉴赏、表达与交流、梳理与探究的过程中,整体提升学生的核心素养。注意教学目标之间的关联,避免将核心素养四个方面简单罗列。

B. 体现语文学习任务群特点,整体规划学习内容

教师要明确学习任务群的定位和功能,准确理解每个学习任务群的学习内容和教学提示。在此基础上,综合考虑教材内容和学生情况,设计不同类型的学习任务,依托学习任务整合学习情境、学习内容、学习方法和学习资源,安排连贯的语文实践活动。注重语文与生活的结合,注重听说读写的内在联系,追求语言、知识、技能和思想情感、文化修养等多方面、多层次发展的综合效应。

关注不同学习任务群之间的内在联系,以及同一学习任务群在不同学段的连续性和差异性;关注不同地区学校和学生的差异,合理安排学习内容,把握学习难度,组织学习活动。根据学生需求提供学习支持,引导学生在完成任务、解决问题的过程中积累语文学习经验,发展未来学习和生活所需的基本素养。注意减轻学生学习负担,避免死记硬背、机械训练;注意幼小衔接,减缓坡度,降低难度,增强学习的趣味性和吸引力。

C. 创设真实而富有意义的学习情境,凸显语文学习的实践性

学习情境的设置要符合核心素养整体提升和螺旋发展的一般规律。语文学习情境源于生活中语言文字运用的真实需求,服务于解决现实生活的真实问题。创设情境,应建立语文学习、社会生活和学生经验之间的关联,符合学生认知水平;应整合关键的语文知识和语文能力,体现运用语文解决典型问题的过程和方法。

创设学习情境,教师应利用无时不有、无处不在的语文学习资源与实践机会,引导学生关注家庭生活、校园生活、社会生活等相关经验,增强在各种场合学语文、用语文的意识,建设开放的语文学习空间,激发学生探究问题、解决问题的兴趣和热情,引导学生在多样的日常生活场景和社会实践活动中学习语言文字运用。

D. 关注互联网时代语文生活的变化,探索语文教与学方式的变革

教师要关注互联网时代日常生活中语言文字运用的新现象和新特点,认识信息技术对学生阅读和表达交流等带来的深刻影响,把握信息技术与语文教学深度融合的趋势,充分发挥信息技术在语文教学变革中的价值和功能。

积极利用网络资源平台拓展学习空间,丰富学习资源,整合多种媒介的学习内容,提供多层

面、多角度的阅读、表达和交流的机会，促进师生在语文学习中的多元互动。充分利用网络平台和信息技术工具，支持学生开展自主、合作、探究性学习，为学生的个性化、创造性学习提供条件。发挥大数据优势，分析和诊断学生学业表现，优化教学，提供及时、准确的反馈和个性化指导。积极关注教学流程、教与学方法、资源支持、学习评估等新变化，探索线上线下相结合的混合式语文学习。要正确认识信息技术对阅读习惯、写字能力、深度思考等可能产生的影响，扬长避短，使用适度，避免网络沉溺。

2. 义务教育阶段(2011年版)

(1)课程基本理念

①全面提高学生的语文素养

九年义务教育阶段的语文课程，必须面向全体学生，使学生获得基本的语文素养。

语文课程应激发和培育学生热爱祖国语文的思想感情，引导学生丰富语言积累，培养语感，发展思维，初步掌握学习语文的基本方法，养成良好的学习习惯，具有适应实际生活需要的识字写字能力、阅读能力、写作能力、口语交际能力，正确运用祖国语言文字。语文课程还应通过优秀文化的熏陶感染，促进学生和谐发展，使他们提高思想道德修养和审美情趣，逐步形成良好的个性和健全的人格。

②正确把握语文教育的特点

语文课程丰富的人文内涵对学生精神世界的影响是广泛而深刻的，学生对语文材料的感受和理解又往往是多元的。因此，应该重视语文课程对学生思想情感所起的熏陶感染作用，注意课程内容的价值取向，要继承和发扬中华优秀文化传统和革命传统，体现社会主义核心价值体系的引领作用，突出中国特色社会主义共同理想，弘扬以爱国主义为核心的民族精神和以改革创新为核心的时代精神，树立社会主义荣辱观，培养良好思想道德风尚，同时也要尊重学生在语文学习过程中的独特体验。

语文课程是实践性课程，应着重培养学生的语文实践能力，而培养这种能力的主要途径也应是语文实践。语文课程是学生学习运用祖国语言文字的课程，学习资源和实践机会无处不在，无时不有。因而，应该让学生多读多写，日积月累，在大量的语文实践中体会、把握运用语文的规律。

语文课程应特别关注汉语言文字的特点对学生识字写字、阅读、写作、口语交际和思维发展等方面的影响，在教学中尤其要重视培养良好的语感和整体把握的能力。

③积极倡导自主、合作、探究的学习方式

学生是学习的主体。语文课程必须根据学生身心发展和语文学习的特点，爱护学生的好奇心、求知欲，鼓励自主阅读、自由表达，充分激发他们的问题意识和进取精神，关注个体差异和不同

的学习需求，积极倡导自主、合作、探究的学习方式。教学内容的确定，教学方法的选择，评价方式的设计，都应有助于这种学习方式的形成。

语文学习应注重听说读写的相互联系，注重语文与生活的结合，注重知识与能力、过程与方法、情感态度与价值观的整体发展。综合性学习既符合语文教育的传统，又具有现代社会的学习特征，有利于学生在感兴趣的自主活动中全面提高语文素养，有利于培养学生主动探究、团结合作、勇于创新的精神，应该积极提倡。

④努力建设开放而有活力的语文课程

语文课程的建设应继承我国语文教育的优良传统，注重读书、积累和感悟，注重整体把握和熏陶感染；同时应密切关注现代社会发展的需要。拓宽语文学习和运用的领域，注重跨学科的学习和现代科技手段的运用，使学生在不同内容和方法的相互交叉、渗透和整合中开阔视野，提高学习效率，初步养成现代社会所需要的语文素养。

语文课程应该是开放而富有创新活力的。要尽可能满足不同地区、不同学校、不同学生的需求，确立适应时代需要的课程目标，开发与之相适应的课程资源，形成相对稳定而又灵活的实施机制，不断地自我调节、更新发展。

(2)教学建议

①充分发挥师生双方在教学中的主动性和创造性

学生是语文学习的主体，教师是学习活动的组织者和引导者。语文教学应在师生平等对话的过程中进行。

语文教学应激发学生的学习兴趣，培养学生自主学习的意识和习惯，引导学生掌握语文学习的方法，为学生创设有利于自主、合作、探究学习的环境。应尊重学生的个体差异，鼓励学生选择适合自己的学习方式。

教师应确立适应社会发展和学生需求的语文教育观念，注重吸收新知识，不断提高自身的综合素养。应认真钻研教材，正确理解、把握教材内容，创造性地使用教材；积极开发、合理利用课程资源，灵活运用多种教学策略和现代教育技术，努力探索网络环境下新的教学方式；精心设计和组织教学活动，重视启发式、讨论式教学，启迪学生智慧，提高语文教学质量。

②教学中努力体现语文的实践性和综合性

教师应努力改进课堂教学，整体考虑知识与能力、过程与方法、情感态度与价值观的综合，注重听说读写之间的有机联系，加强教学内容的整合，统筹安排教学活动，促进学生语文素养的整体提高。

重视学生读书、写作、口语交际、搜集处理信息等语文实践，提倡多读多写，改变机械、粗糙、繁琐的作业方式，让学生在语文实践中学习语文，学会学习。善于通过专题学习等方式，沟通课堂内外，沟通听说读写，增加学生语文实践的机会。充分利用学校、家庭和社区等教育资源，开展综合性学习活动，拓宽学生的学习空间。

③重视情感、态度、价值观的正确导向

培养学生正确的思想观念、科学的思维方式、高尚的道德情操、健康的审美情趣和积极的人生态度，是与帮助他们掌握学习方法、提高语文能力的过程融为一体的，不应该当做外在的附加任务。应该根据语文学科的特点，注重熏陶感染，潜移默化，把这些内容渗透于日常的教学过程之中。

④重视培养学生的创新精神和实践能力

语文教学要注重语言的积累、感悟和运用，注重基本技能训练，让学生打好扎实的语文基础。尤其要注重激发学生的好奇心、求知欲，发展学生的思维，培养想象力，开发创造潜能，提高学生发现、分析和解决问题的能力，提高语文综合应用能力。

⑤具体建议

学生生理、心理以及语言能力的发展具有阶段性特征，不同内容的教学也有各自的规律，应该根据不同学段学生的特点和不同的教学内容，采取合适的教学策略。

模块	具体建议
关于识字、写字与汉语拼音教学	识字、写字是阅读和写作的基础，是第一学段的教学重点，也是贯串整个义务教育阶段的重要教学内容。 低年级阶段学生“会认”与“会写”的字量要求有所不同。在教学过程中要“多认少写”，要求学生会认的字不一定同时要求会写。本标准附有“识字、写字教学基本字表”，建议先认先写“字表”中的300个字，逐步发展识字写字能力。 识字教学要注意儿童特点，将学生熟识的语言因素作为主要材料，结合学生的生活经验，引导他们利用各种机会主动识字，力求识用结合。 要运用多种识字教学方法和形象直观的教学手段，创设丰富多彩的教学情境，提高识字教学效率。 按照规范要求认真写好汉字是教学的基本要求，练字的过程也是学生性情、态度、审美趣味养成的过程。每个学段都要指导学生写好汉字。要求学生写字姿势正确，指导学生掌握基本的书写技能，养成良好的书写习惯，提高书写质量。第一、第二、第三学段，要在每天的语文课中安排10分钟，在教师指导下随堂练习，做到天天练。要在日常书写中增强练字意识，讲究练字效果。 汉语拼音教学要尽可能有趣味性，宜多采用活动和游戏的形式，应与学说普通话、识字教学相结合，注意汉语拼音在现实语言生活中的运用。

续表

模块	具体建议
关于阅读教学	阅读是运用语言文字获取信息、认识世界、发展思维、获得审美体验的重要途径。阅读教学是学生、教师、教科书编者、文本之间对话的过程。 阅读是学生的个性化行为。阅读教学应引导学生钻研文本，在主动积极的思维和情感活动中，加深理解和体验，有所感悟和思考，受到情感熏陶，获得思想启迪，享受审美乐趣。要珍视学生独特的感受、体验和理解。教师应加强对学生阅读的指导、引领和点拨，但不应以教师的分析来代替学生的阅读实践，不应以模式化的解读来代替学生的体验和思考；要善于通过合作学习解决阅读中的问题，但也要防止用集体讨论来代替个人阅读。 阅读教学应注重培养学生感受、理解、欣赏和评价的能力。这种综合能力的培养，各学段可以有所侧重，但不应把它们机械地割裂开来。 在理解课文的基础上，提倡多角度、有创意的阅读，利用阅读期待、阅读反思和批判等环节，拓展思维空间，提高阅读质量。但要防止逐字逐句的过深分析和远离文本的过度发挥。 各个学段的阅读教学都要重视朗读和默读。各学段关于朗读的目标中都要求“有感情地朗读”，这是指，要让学生在朗读中通过品味语言，体会作者及作品中的情感态度，学习用恰当的语气语调朗读，表现自己对作者及其作品情感态度的理解。朗读要提倡自然，要摒弃矫情做作的腔调。 应加强对阅读方法的指导，让学生逐步学会精读、略读和浏览。有些诗文应要求学生诵读，以利于丰富积累、增强体验，培养语感。 在阅读教学中，为了帮助理解课文，可以引导学生随文学习必要的语文知识，但不能脱离语文运用的实际去进行“系统”的讲授和操练，更不应要求学生死记硬背概念、定义。 要重视培养学生广泛的阅读兴趣，扩大阅读面，增加阅读量，提高阅读品位。提倡少做题，多读书，好读书，读好书，读整本的书。关注学生通过多种媒介的阅读，鼓励学生自主选择优秀的阅读材料。加强对课外阅读的指导，开展各种课外阅读活动，创造展示与交流的机会，营造人人爱读书的良好氛围。
关于写作教学	写作是运用语言文字进行表达和交流的重要方式，是认识世界、认识自我、创造性表述的过程。写作能力是语文素养的综合体现。写作教学应贴近学生实际，让学生易于动笔，乐于表达，应引导学生关注现实，热爱生活，积极向上，表达真情实感。 关于“写作”的目标，第一学段定位于“写话”，第二学段开始“习作”，这是为了降低学生写作起始阶段的难度，重在培养学生的写作兴趣和自信心。 在写作教学中，应注重培养学生观察、思考、表达和创造的能力。要求学生说真话、实话、心里话，不说假话、空话、套话，并且抵制抄袭行为。 为学生的自主写作提供有利条件和广阔空间，减少对学生写作的束缚，鼓励自由表达和有创意的表达。鼓励写想象中的事物，加强平时练笔指导，改进作文命题方式，提倡学生自主选题。 写作教学应抓住取材、立意、构思、起草、加工等环节，指导学生在写作实践中学会写作。重视引导学生在自我修改和相互修改的过程中提高写作能力。 要重视写作教学与阅读教学、口语交际教学之间的联系，善于将读与写、说与写有机结合，相互促进。要关注作文的书写质量，要使学生把作文的书写也当作练字的过程。 积极合理利用信息技术与网络的优势，丰富写作形式，激发写作兴趣，增加学生创造性表达、展示交流与互相评改的机会。

续表

模块	具体建议
关于口语交际教学	口语交际能力是现代公民的必备能力。应培养学生倾听、表达和应对的能力，使学生具有文明和谐地进行人际交流的素养。 口语交际是听与说双方的互动过程。教学活动主要应在具体的交际情境中进行，不宜采用大量讲授口语交际原则、要领的方式。应努力选择贴近生活的话题，采用灵活的形式组织教学。 重视在语文课堂教学中培养口语交际的能力，鼓励学生在各科教学活动以及日常生活中锻炼口语交际能力。
关于综合性学习	综合性学习主要体现为语文知识的综合运用、听说读写能力的整体发展、语文课程与其他课程的沟通、书本学习与生活实践的紧密结合。 综合性学习应贴近现实生活。联系生活中的实际问题开展学习活动，在实现语文学习目标的同时，提高对自然、社会现象与问题的认识，追求积极、健康、和谐的生活方式，增强抵御风险和侵害的意识，增强在与自然、社会和他人互动中的应对能力。 综合性学习应突出学生的自主性，重视学生主动积极的参与精神，主要由学生自行设计和组织活动，特别注重探索和研究的过程，要加强教师在各环节中的指导作用。 综合性学习应强调合作精神，注意培养学生策划、组织、协调和实施的能力。 综合性学习的设计应开放、多元，提倡与其他课程相结合，开展跨领域学习。跨学科学习，也应以提高学生语文素养为目的。 积极构建网络环境下的学习平台，拓展学生学习和创造的空间，支持和丰富语文综合性学习。
关于语法修辞知识	在教学中应根据语文运用的实际需要，从所遇到的具体语言实例出发进行指导和点拨。指导与点拨的目的是帮助学生更好地识字、写字、阅读与表达，形成一定的语言应用能力和良好的语感，而不在于对知识系统的记忆。因此，要避免脱离实际运用，围绕相关知识的概念、定义进行“系统、完整”的讲授与操练。 关于语言结构和运用的规律，须让学生在具有比较丰富的语言积累和良好语感的基础上，在实际运用中逐步体味把握。

3. 高中阶段

(1)基本理念

①坚持立德树人，增强文化自信，充分发挥语文课程的育人功能

祖国语文是中华儿女的精神家园，语文课程对继承和弘扬中华优秀传统文化、革命文化、社会主义先进文化，培养文化自信，推动文化的创新发展，具有不可替代的优势。

普通高中语文课程，必须以习近平新时代中国特色社会主义思想为指导，坚持立德树人，弘扬民族精神，融入社会主义核心价值观教育，培养热爱中华文明、热爱祖国、热爱人民、热爱中国共产党的深厚感情，以及热爱美好生活和奋发向上的人生态度，使学生逐步形成自己的思想、行为准

则，增强为中华民族伟大复兴而努力的历史使命感和社会责任感。坚持加强语文课程内容与学生成长的联系，引导学生积极参与实践活动，学习认识自然、认识社会、认识自我、规划人生，在促进学生全面而有个性的发展方面发挥应有的功能。

②以核心素养为本，推进语文课程深层次的改革

随着社会和教育事业的发展，语文课程更加强调以核心素养为本。要进一步改革语文课程的目标和内容，既要关注知识技能的外显功能，更要重视课程的隐性价值，还要关注语文课程在社会信息化过程中新的内涵变化；通过改革，让学生多经历、体验各类启示性、陶冶性的语文学习活动，逐渐实现多方面要素的综合与内化，养成现代社会所需要的思想品质、精神面貌和行为方式。

普通高中语文课程应继续引导学生丰富语言积累，培养良好语感，掌握学习语文的基本方法，养成良好的学习习惯，提高运用祖国语言文字的能力；语言文字运用和思维密切相关，语文教育必须同时促进学生思维能力的发展与思维品质的提升；语文教育也是提高审美素养的重要途径，要让学生在语言文字运用的学习中受到美的熏陶，培养自觉的审美意识和高尚的审美情趣，培养审美感知和创造表现的能力；语言文字的运用体现时代的发展状况和人的文化修养，语文课程应该引导学生自觉继承中华优秀传统文化和革命文化，吸收世界各民族文化精华，积极参与中国特色社会主义先进文化的建设与传播。

③加强实践性，促进学生语文学习方式的转变

语文课程作为一门实践性课程，应着力在语文实践中培养学生的语言文字运用能力。学习运用祖国语言文字的资源和实践机会无处不在，应增强学生学语文、用语文的自觉意识，积极利用信息技术以及身边的各种资源和机会，通过阅读与鉴赏、表达与交流、梳理与探究等语文实践，积累言语经验，把握语文运用的规律，学会语文运用的方法，有效地提高语文能力，并在学习语言文字运用的过程中促进方法、习惯及情感、态度与价值观的综合发展。

语文课程还应当适应当代社会的发展需要，为培养创新人才发挥重要作用。要引导学生在语言文字运用的过程中发现问题，培养探究意识和发现问题的敏感性，探求解决问题和语言表达的创新路径。

④注重时代性，构建开放、多样、有序的语文课程

普通高中语文课程应适应社会对人才的多样化需求和学生对语文教育的不同期待，精选学习内容，变革学习方式，确保全体学生都获得必备的语文素养；帮助学生认识自己语文学习的已有基础、发展需求和方向，激发学习兴趣和潜能，在跨文化、跨媒介的语文实践中开阔视野，在更宽广的选择空间发展各自的语文特长和个性。

普通高中语文课程应具有相对稳定的结构和富有弹性的实施机制。应在课程标准的指导下，提高教师水平，发展教师特长，引导教师开发语文课程资源，有选择地、创造性地实施课程；把握信

息时代新特点，积极利用新技术、新手段，建设开放、多样、有序的语文课程体系，使学生语文素养的发展与提升能适应社会进步新形势的需要。

(2)学科核心素养

学科核心素养是学科育人价值的集中体现，是学生通过学科学习而逐步形成的正确价值观、必备品格和关键能力。语文学科核心素养是学生在积极的语言实践活动中积累与构建起来，并在真实的语言运用情境中表现出来的语言能力及其品质；是学生在语文学习中获得的语言知识与语言能力，思维方法与思维品质，情感、态度与价值观的综合体现。主要包括"语言建构与运用""思维发展与提升""审美鉴赏与创造""文化传承与理解"四个方面。

①语言建构与运用

语言建构与运用是指学生在丰富的语言实践中，通过主动的积累、梳理和整合，逐步掌握祖国语言文字特点及其运用规律，形成个体言语经验，发展在具体语言情境中正确有效地运用祖国语言文字进行交流沟通的能力。

②思维发展与提升

思维发展与提升是指学生在语文学习过程中，通过语言运用，获得直觉思维、形象思维、逻辑思维、辩证思维和创造思维的发展，促进深刻性、敏捷性、灵活性、批判性和独创性等思维品质的提升。

③审美鉴赏与创造

审美鉴赏与创造是指学生在语文学习中，通过审美体验、评价等活动形成正确的审美意识、健康向上的审美情趣与鉴赏品位，并在此过程中逐步掌握表现美、创造美的方法。

④文化传承与理解

文化传承与理解是指学生在语文学习中，继承和弘扬中华优秀传统文化、革命文化、社会主义先进文化，理解和借鉴不同民族和地区的文化，拓展文化视野，增强文化自觉，提升中国特色社会主义文化自信，热爱祖国语言文字，热爱中华文化，防止文化上的民族虚无主义。

语文学科核心素养的四个方面是一个整体。语言是重要的交际工具，也是重要的思维工具；语言的发展与思维的发展相互依存，相辅相成。语言文字是文化的载体，又是文化的重要组成部分；学习语言文字的过程也是文化获得的过程。语言文字作品是人类重要的审美对象，语文学习也是学生审美能力和审美品质发展的重要途径。语言建构与运用是语文学科核心素养的基础，在语文课程中，学生的思维发展与提升、审美鉴赏与创造、文化传承与理解，都是以语言的建构与运用为基础，并在学生个体言语经验发展过程中得以实现的。

(3)课程目标

学生通过阅读与鉴赏、表达与交流、梳理与探究等语文学习活动，在语言建构与运用、思维发

展与提升、审美鉴赏与创造、文化传承与理解几个方面都获得进一步的发展;坚定文化自信,自觉弘扬社会主义核心价值观,树立积极向上的人生理想,为全面发展和终身发展奠定基础。

①语言积累与建构。

积累较为丰富的语言材料和言语活动经验,形成良好的语感;在已经积累的语言材料间建立起有机的联系,在探究中理解、掌握祖国语言文字运用的基本规律。

②语言表达与交流。

能凭借语感和对语言运用规律的把握,根据具体的语言情境和不同的对象,运用口头和书面语言文明得体地进行表达与交流;能将具体的语言文字作品置于特定的交际情境和历史文化情境中理解、分析和评价。

③语言梳理与整合。

通过梳理和整合,将积累的语言材料和学习的语文知识结构化,将言语活动经验逐渐转化为具体的学习方法和策略,并能在语言实践中自觉地运用。

④增强形象思维能力。

获得对语言和文学形象的直觉体验;在阅读与鉴赏、表达与交流、梳理与探究活动中运用联想和想象,丰富自己对现实生活和文学形象的感受与理解,丰富自己的经验与语言表达。

⑤发展逻辑思维。

能够辨识、分析、比较、归纳和概括基本的语言现象和文学现象,并能有理有据地表达自己的观点和阐述自己的发现;运用基本的语言规律和逻辑规则,判别语言运用的正误,准确、生动、有逻辑地表达自己的认识;运用批判性思维审视语言文字作品,探究和发现语言现象和文学现象,形成自己对语言和文学的认识。

⑥提升思维品质。

自觉分析和反思自己的语文实践活动经验,提高语言运用的能力,增强思维的深刻性、敏捷性、灵活性、批判性和独创性。

⑦增进对祖国语言文字的美感体验。

感受祖国语言文字独特的美,增强热爱祖国语言文字的感情。

⑧鉴赏文学作品。

感受和体验文学作品的语言、形象和情感之美,能欣赏、鉴别和评价不同时代、不同风格的作品,具有正确的价值观、高尚的审美情趣和审美品位。

⑨美的表达与创造。

能运用祖国语言文字表达自己的审美体验,表达自己的情感、态度和观念,表现和创造自己心中的美好形象;讲究语言文字表达的效果及美感,具有创新意识。

⑩传承中华文化。

通过学习运用祖国语言文字，体会中华文化的博大精深、源远流长，体会中华文化的核心思想理念和人文精神，增强文化自信，理解、认同、热爱中华文化，继承、弘扬中华优秀传统文化和革命文化。

⑪理解多样文化。

通过学习语言文字作品，懂得尊重和包容，初步理解和借鉴不同民族、不同区域、不同国家的优秀文化，吸收人类文化的精华。

⑫关注、参与当代文化。

关注并积极参与当代文化传播与交流，在运用祖国语言文字的过程中，坚持文化自信，提高社会责任感，增强为中华民族伟大复兴而奋斗的使命感。

(4)学习任务群(只摘选常考的前十一个学习任务群的重点内容)

学习任务群1　整本书阅读与研讨

本任务群旨在引导学生通过阅读整本书，拓展阅读视野，建构阅读整本书的经验，形成适合自己的读书方法，提升阅读鉴赏能力，养成良好的阅读习惯，促进学生对中华优秀传统文化、革命文化、社会主义先进文化的深入学习和思考，形成正确的世界观、人生观和价值观。

①学习目标与内容

A. 在阅读过程中，探索阅读整本书的门径，形成和积累自己阅读整本书的经验。重视学习前人的阅读经验，根据不同的阅读目的，综合运用精读、略读与浏览的方法阅读整本书，读懂文本，把握文本丰富的内涵和精髓。

B. 在指定范围内选择阅读一部长篇小说。通读全书，整体把握其思想内容和艺术特点。从最使自己感动的故事、人物、场景、语言等方面入手，反复阅读品味，深入探究，欣赏语言表达的精彩之处，梳理小说的感人场景乃至整体的艺术架构，理清人物关系，感受、欣赏人物形象，探究人物的精神世界，体会小说的主旨，研究小说的艺术价值。

C. 在指定范围内选择阅读一部学术著作。通读全书，勾画圈点，争取读懂；梳理全书大纲小目及其关联，做出全书内容提要；把握书中的重要观点和作品的价值取向。阅读与本书相关的资料，了解本书的学术思想及学术价值。通过反复阅读和思考，探究本书的语言特点和论述逻辑。

D. 利用书中的目录、序跋、注释等，学习检索作者信息、作品背景、相关评价等资料，深入研读作家作品。

E. 联系个人经验，深入理解作品；享受读书的愉悦，从作品中汲取营养，丰富自己的精神世界，逐步形成正确的世界观、人生观和价值观。用自己的语言撰写全书梗概或提要、读书笔记与作品评介，通过口头、书面形式或其他媒介与他人分享。

②教学提示

A. 指定阅读的作品，应语言典范，内涵丰富，具有较高的思想水平和文化价值。根据学生的生活实际和发展需要，注意选择反映中华优秀传统文化、革命文化和社会主义先进文化的作品。指定阅读的作品可从教材课文节选的长篇作品中选择，也可由师生共同商定3—5部作品，学生从中选择一部阅读；选择相同作品的学生可以自由组合，进行交流讨论。

B. 课时可安排在两个学期，宜集中使用，便于学生静下心来，集中时间和精力，认真阅读一本书。学生在反复阅读过程中，每读一遍，重点解决一两个问题，有些地方应仔细推敲，有些地方可以略读或浏览。阅读要有笔记，记下自己思考、探索、研究的心得。

C. 阅读整本书，应以学生利用课内外时间自主阅读、撰写笔记、交流讨论为主，不以教师的讲解代替或限制学生的阅读与思考。教师的主要任务是提出专题学习目标，组织学习活动，引导学生深入思考、讨论与交流。教师应以自己的阅读经验，平等地参与交流讨论，解答学生的疑惑。

D. 教师应善于发现学生阅读整本书的成功经验，及时组织交流与分享。应善于发现、保护和支持学生阅读中的独到见解。

学习任务群2　当代文化参与

本任务群旨在引导学生关注和参与当代文化生活，学习剖析、评价文化现象，积极参与中国特色社会主义先进文化的传播和交流，增强文化自信。

①学习目标与内容

A. 聚焦特定文化现象，自主梳理材料，确定调查问题，编制调查提纲，访问调查对象，记录调查内容，完成调查报告，就如何传播社会主义核心价值观、弘扬中华文化精神、反映中国人审美追求等专题展开交流研讨。

B. 关注当代文化生活，开展社区文化调查，搜集整理材料，对社区的文化生活方式、风俗习惯、思想观念、生活演变等进行分析讨论，增强弘扬社会主义核心价值观的自觉性。通过各种传媒，关注当代文化生活热点，聚焦并提炼问题，展开专题研讨，解释文化现象，积极参与社会主义先进文化建设，提高对各种文化现象的认识能力和阐释自己见解的能力。

C. 建设各类语文学习共同体（如文学社团、新闻社、读书会等），在阅读、表达中探析有关文化现象，拓展视野，培养多方面语文能力；通过社会调查、观看演出、参与文化公益活动等，丰富语文学习的方式，积极参与当代文化生活。

②教学提示

A. 以参与性、体验性、探究性的语文学习活动为主，增强课程内容与学生成长的联系，通过开放式学习，引导学生积极参与当代文化生活；注意调查访问与书面学习相结合，现状调查与比较研究相结合，分析研究与参与传播建设相结合，提高学生语文综合运用的能力。

B. 引导学生自主创建各类社团，开展各类语文学习活动，如读书交流、习作分享、辩论演说、诗歌朗诵、戏剧表演等。

C. 利用家庭资源以及学校图书馆、校史馆、档案馆等，研究社会生活中的文化现象；利用图书馆、博物馆、纪念馆、文化馆、美术馆、音乐厅、影剧院、名人故居、革命遗址、名胜古迹，以及其他文化遗产等，通过实地考察，深化对某一文化现象的认识。

学习任务群3　跨媒介阅读与交流

本任务群旨在引导学生学习跨媒介的信息获取、呈现与表达，观察、思考不同媒介语言文字运用的现象，梳理、探究其特点和规律，提高跨媒介分享与交流的能力，提高理解、辨析、评判媒介传播内容的水平，以正确的价值观审视信息的思想内涵，培养求真求实的态度。

①学习目标与内容

A. 了解常见媒介与语言辅助工具的特点。掌握利用不同媒介获取信息、处理信息、应用信息的能力。学习运用多种媒介展开有效的表达和交流。

B. 知道信息来源的多样性、真实性，辨识媒体立场，多角度分析问题，形成独立判断。

C. 关注当代网络文学和网络文化，坚持正确的价值导向，辩证分析网络对语言、文学的影响，提高语言、文学的鉴赏能力。

D. 建设跨媒介学习共同体，丰富语文学习的手段。

②教学提示

A. 教师可引导学生自主选择有关跨媒介的普及性著作进行研习。通过纸质文本、电子文本的阅读，或参观展览等途径，了解跨媒介的特点。

B. 教师要在学生感兴趣的媒介应用领域，创设应用场景，引导学生在实践中了解有关媒介对人们学习、工作、生活等方面的影响，并归纳分析，形成学习成果。

C. 通过实例分析，研讨多种媒介信息存储、呈现与传递的特点，分析合理选择、恰当运用不同类型的媒介对表现主题、传递信息、促进交往所产生的影响，加以总结，形成结论。

D. 教师应主要引导学生理解多种媒介运用对语言的影响，提高学生综合运用多种媒介有效获取信息、表达交流的能力，培养学生求真求实的态度。

学习任务群4　语言积累、梳理与探究

本任务群旨在培养学生丰富语言积累、梳理语言现象的习惯，在观察、探索语言文字现象，发现语言文字运用问题的过程中，自主积累语文知识，探究语言文字运用规律，增强语言文字运用的敏感性，提高探究、发现的能力，感受祖国语言文字的独特魅力，增强热爱祖国语言文字的感情。

①学习目标与内容

A. 在语文活动中，积累有关汉字、汉语的现象和理性认识，了解汉字在汉语发展和应用中的重

要作用，巩固和加深义务教育阶段所学的汉字知识；体会汉字、汉语与中华传统文化的关系及汉语的民族特性，增强热爱祖国语言文字的感情。

B. 通过在语境中解读词汇、理解语义的过程，树立语言和言语的相关性和差别性的观念。

C. 通过文言文阅读，梳理文言词语在不同上下文中的词义和用法，把握古今汉语词义的异同，既能沟通古今词义的发展关系，又要避免用现代意义理解古义，做到对中华优秀传统文化作品的准确理解。

D. 在自主修改病句和分析句子结构的过程中，体会汉语句子的结构特点和虚词的作用，进一步领悟语法规律。在学习文学作品时，观察词语的活用、句子语序的变化等，体会文学语言的灵活性和创造性。

E. 在运用口语和书面语表达的过程中，对比两种语体用词和造句的差别，体会口语与书面语的风格差异。

F. 反思和总结自己写作时遣词造句的经验，建构初步的逻辑和修辞知识，提高语用能力，增强表达的个性化。

②教学提示

A. 积累、梳理要有系统、有计划，要有步骤地、持续地进行。积累既是丰富学生词汇、表达方式等的需要，也是为以后的梳理所做的准备。要有布置，有鼓励和督促，持之以恒。

B. 本任务群的课时，在必修和选择性必修阶段，可以有两种分配方式：或集中安排，或穿插在其他学习任务群中。如何分配课时，由教材编者设计或教师根据自己的教学计划安排。

C. 本任务群在必修和选择性必修阶段，应贯串其他所有的学习任务群，与各个学习任务群中阅读与鉴赏、表达与交流、梳理与探究的语文活动有机结合在一起。每一个学习任务群，都要为“语言积累、梳理与探究”学习任务群提出问题，提供资料，准备必要的条件；有些学习任务群也可以与本任务群共同完成。例如，在既有书面语读写，又有口语活动的学习任务群中，即可探讨语体风格的问题。

D. 积累、整合与探究，都要边积累，边记录。必修阶段主要写语言札记，随时记录点滴材料。选择性必修阶段可试写短文，整合和解释有关现象。

E. 本任务群重在过程的典型性，不论是积累、梳理还是探究，都注重发展语感，增强对语言规律的认识，不追求知识点的全面与系统，切忌违背学生自主学习的精神，生硬灌输一些语言学条文。

F. 在完成任务的过程中，针对学习内容，可通过专门文章的阅读，引导学生深入思考。

学习任务群5　文学阅读与写作

本任务群旨在引导学生阅读古今中外诗歌、散文、小说、剧本等不同体裁的优秀文学作品，使学生在感受形象、品味语言、体验情感的过程中提升文学欣赏能力，并尝试文学写作，撰写文学评论，借以提高审美鉴赏能力和表达交流能力。课内阅读篇目中中国古代优秀作品应占1/2。

①学习目标与内容

A. 精读古今中外优秀的文学作品，感受作品中的艺术形象，理解欣赏作品的语言表达，把握作品的内涵，理解作者的创作意图。结合自己的生活经验和阅读写作经历，发挥想象，加深对作品的理解，力求有自己的发现。

B. 根据诗歌、散文、小说、剧本不同的艺术表现方式，从语言、构思、形象、意蕴、情感等多个角度欣赏作品，获得审美体验，认识作品的美学价值，发现作者独特的艺术创造。

C. 结合所阅读的作品，了解诗歌、散文、小说、剧本写作的一般规律。捕捉创作灵感，用自己喜欢的文体样式和表达方式写作，与同学交流写作体会。尝试续写或改写文学作品。

D. 养成写读书提要和笔记的习惯。根据需要，可选用杂感、随笔、评论、研究论文等方式，写出自己的阅读感受和见解，与他人分享，积累、丰富、提升文学鉴赏经验。

②教学提示

A. 运用专题阅读、比较阅读等方式，设置阅读情境，激发学生阅读兴趣，引导学生阅读、鉴赏、探究与写作。

B. 文学作品的阅读与写作，应以学生自主阅读、讨论、写作、交流为主。应结合作品的学习和写作实践，由学生自主梳理探究，使所学的文学知识结构化。

C. 教师应向学生提供有效的学习支持。如做好问题设计，提供阅读策略指导，适时组织经验分享和成果交流活动；在学习过程中相机进行指导点拨，组织并平等参与问题讨论；引导学生制订阅读计划，并要求阅读一定数量的经典文学作品，包括反映党领导人民进行革命、建设、改革伟大历程的作品，关心当代文学生活；鼓励和引导学生自主组织、举办诗歌朗诵会、读书报告会、话剧表演等活动，丰富学生的审美体验；创造更多展示交流学生作品的机会或平台，激发学生文学创作的成就感；引导学生进行自我反思性评价，为学生提供观察记录表、等级量表等自评互评的工具，促进学生不断进步。

学习任务群6　思辨性阅读与表达

本任务群旨在引导学生学习思辨性阅读和表达，发展实证、推理、批判与发现的能力，增强思维的逻辑性和深刻性，认清事物的本质，辨别是非、善恶、美丑，提高理性思维水平。课内阅读篇目中中国古代优秀作品不少于1/2。

①学习目标与内容

A. 阅读古今中外论说名篇，把握作者的观点、态度和语言特点，理解作者阐述观点的方法和逻辑。阅读近期重要的时事评论，学习作者评说国内外大事或社会热点问题的立场、观点、方法。在

阅读各类文本时，分析质疑，多元解读，培养思辨能力。

B. 学习表达和阐发自己的观点，力求立论正确，语言准确，论据恰当，讲究逻辑。学习多角度思考问题。学习反驳，能够做到有理有据，以理服人。

C. 围绕感兴趣的话题开展讨论和辩论，能理性、有条理地表达自己的观点，平等商讨，有针对性、有风度、有礼貌地进行辩驳。

②教学提示

A. 以专题性学习为主要方式。选择日常生活和学习中、历史或当今社会中学生共同关心的话题，要求学生通过阅读与鉴赏、表达与交流、梳理与探究等语文学习活动，阅读古今中外典型的思辨性文本，学习并梳理论证方法，学习用口头与书面语言阐述和论证自己的观点，驳斥错误的观点。

B. 教学过程要注重对学生思维过程和思维方法的引导，注意发展学生的辩证思维和批判性思维，注重培养学生思维的逻辑性。结合学生阅读和表达中遇到的实际问题，适时适度地引导学生学习必要的逻辑知识；相关知识的教学要简明、实用，能有效地帮助学生解决概念、判断、推理等方面遇到的问题；避免进行不必要的、机械的训练。

学习任务群7　实用性阅读与交流

本任务群旨在引导学生学习当代社会生活中的实用性语文，包括实用性文本的独立阅读与理解，日常社会生活需要的口头与书面的表达交流。通过本任务群的学习，丰富学生的生活经历和情感体验，提高阅读与表达交流的水平，增强适应社会、服务社会的能力。

①学习目标与内容

A. 学习多角度观察社会生活，掌握当代社会常用的实用文本，善于学习并运用新的表达方式。

B. 学习运用简明生动的语言，介绍比较复杂的事物，说明比较复杂的事理。

C. 具体学习内容，可选择社会交往类的，如会谈、谈判、讨论及其纪要，活动策划书、计划、制度等常见文书，应聘面试的应对，面向大众的演讲、陈述和致辞；也可选择新闻传媒类的，如新闻、通讯、调查、访谈、述评，主持、电视演讲与讨论，网络新文体（包括比较复杂的非连续性文本）；还可选择知识性读物类的，如复杂的说明文、科普读物、社会科学类通俗读物等。

②教学提示

A. 教学以社会情境中的学生探究性学习活动为主，合理安排阅读、调查、讨论、写作、口语交际等活动。

B. 社会交往类内容，在社会调查与研究过程中学习。

C. 新闻传媒类内容，在分析与研究当代社会传媒的过程中学习。如自主选择、分析研究一份报纸或一个网站一周的内容。分析其栏目设置、文体构成、内容的价值取向，撰写文字分析报告，多媒体展示交流。推荐最精彩的一个栏目、不同体裁的精彩文章若干篇，并说明理由。尝试选择传统媒体和新媒体写作。

D. 知识性读物类内容，自主选择一部介绍最新科技成果的科普作品或流行的社会科学通俗作品阅读研习。

学习任务群8 中华传统文化经典研习

本任务群旨在引导学生通过阅读中华传统文化经典作品，积累文言阅读经验，培养民族审美趣味，增进对中华优秀传统文化的理解，提升对中华民族文化的认同感、自豪感，增强文化自信，更好地继承和弘扬中华优秀传统文化。

①学习目标与内容

A. 选择中国文化史上不同时期、不同类型的一些代表性作品进行精读，体会其精神内涵、审美追求和文化价值。

B. 在特定的社会文化场景中考察传统文化经典作品，以客观、科学、礼敬的态度，认识作品对中国文化发展的贡献。

C. 梳理所学作品中常见的文言实词、虚词、特殊句式和文化常识，注意古今语言的异同。

D. 阅读作品应写出内容提要和阅读感受。选择一部(篇)作品，从一个或多个角度讨论分析，撰写评论。

E. 学习传统文化经典作品的表达艺术，提高自己的写作水平。

②教学提示

A. 重视诵读在培养学生语感、增进文本理解中的作用，引导学生积累古代作品的阅读经验。

B. 引导学生借助注释、工具书独立研读文本，并联系学习过的古代作品，梳理常用文言实词、虚词和特殊句式，提高阅读古代作品的能力。

C. 多角度、多层面地组织主题学习单元，引导学生合理运用精读、略读的方式，由点到面地体会中华传统文化的精深和丰富，初步认识所读作品在中国文化史上的贡献。

D. 组织学生在具有一定阅读量的基础上，展开交流和专题讨论，就传统文化的历史价值、时代意义和局限等问题，用历史和现代的观念进行审视，表达自己的看法。

E. 引导学生坚持在研读的过程中勤查资料，勤做笔记；围绕所读作品，利用图书馆、互联网查阅相关注释、评点等资料，加深和拓展对作品的理解；学习运用评点方法，记录自己的感受和见解，不断提高独立阅读能力。

学习任务群9 中国革命传统作品研习

本任务群旨在阅读和研讨语言典范、论辩深刻、时代精神突出的革命传统作品，深入体会革命志士以及广大群众为民族解放事业英勇奋斗、百折不挠的革命精神和革命人格；学习在社会主义

革命、建设、改革过程中涌现的英雄模范事迹，感受其无私无畏的爱国精神，体认为社会主义建设无私奉献、辛勤劳动、不断创造的高尚品质；进一步发展语言运用能力、思维能力和审美鉴赏能力；陶冶性情，坚定志向，形成正确的世界观、人生观和价值观。

①学习目标与内容

A. 诵读革命先辈的名篇诗作，体会崇高的革命情怀。精读反映革命传统的优秀文学作品，特别注意选择反映党领导人民进行革命、建设、改革伟大历程的作品，感受作品中革命志士、英雄人物和劳动模范的艺术形象，弄清作品的时代背景，把握作品的内涵，理解作者的创作意图，获得审美体验。结合自己的生活经验和阅读写作经历，发挥想象，加深对作品的理解，力求有自己的独到认识。

B. 阅读阐发革命精神的优秀论文与杂文，特别注意选择具有理论高度和引领作用的论著，分析其中论证的逻辑性和深刻性，体会革命理论著作严密逻辑和崇高精神有机结合的特点，提高理性思维水平。

C. 阅读关于革命传统的新闻、通讯、报告、演讲、访谈、述评等实用性文体的优秀作品，联系思想实际和亲身见闻，以正确的价值观，深入理解其内容，学习其写作手法。

②教学提示

A. 在选择阅读材料时，既要关注作品的思想深刻性和语言规范性，又要尽量有针对性；同时要视野开阔，努力发掘新的材料，尤其是具有现实意义的新材料，使这一任务群的内容，逐渐丰富起来。

B. 教师应利用多种形式，针对学生思想实际，敏锐发现热门话题，开展研讨活动，增强学生的论辩能力。也可在学生充分发表不同意见的基础上，邀请观点正确、有影响力的专家来指导、答疑或总结，以引导学生形成正确的结论。

C. 重视对作品有关背景的深入了解，可通过实地考察、人物访谈等课外活动，获取真实资料，撰写读书笔记，整理采访记录，撰写学习体会和感想，以加深对革命活动背景和英雄人物思想境界的深刻理解。也可与历史课、地理课结合，组织跨学科的学习活动，在提高思想水平的同时，提高学生口头交流、现场记录、文稿整理、理论论证的能力和水平。

学习任务群10　中国现当代作家作品研习

本任务群研习中国现当代代表性作家作品，包括反映改革开放以来的社会主义先进文化的作品，旨在大体了解现当代作家作品概貌，培养阅读现当代文学作品的兴趣，以正确的价值观鉴赏文学作品，进一步提高文学阅读和写作能力，把握中国现当代文学作品思想性、艺术性、观赏性有机统一的价值取向。

①学习目标与内容

A. 精读代表性作家作品，把握其精神内涵与艺术价值。至少选读10位现当代代表性作家的诗歌、散文、小说、戏剧方面的作品，大体了解现当代文学的发展概貌。

B. 关注当代文学创作动态，选读新近发表的有影响的作品及相关评论。

C. 养成撰写读书笔记的习惯，阅读作品应写出内容提要和阅读感受。选择喜欢的作品，从不同角度撰写作品评论，发表自己的见解。

D. 可根据自己的兴趣，选择喜欢的文学体裁，练习创作短篇作品。

②教学提示

A. 阅读材料可以是单篇作品，包括作家作品专集的选篇，也可以是长篇著作的节选。建议从体裁特征、题材内容、文学发展阶段等不同角度，组织现当代作家作品研习的专题内容。其中，反映社会主义先进文化的作品要占一定比例。

B. 要有足够的课时保证学生独立自主阅读，设计促进学生个性化体验的阅读活动。如创设多样化的学习活动，丰富学习体验；朗诵不同流派或作家的诗歌、散文，体悟作品的情感特点和语言风格；阅读剧本，把握戏剧冲突，并选择片段尝试表演。

C. 要有一定的课时开展研讨活动，交流阅读和写作的体会与感悟。重视学生研读后的交流和评价活动。如为"现当代作家作品研习读书报告会"做一份文案设计；在读书报告会上，推荐一部现当代作家作品，并说明理由；制作一份"现当代作家作品研读情况"调查问卷。

学习任务群11 外国作家作品研习

本任务群旨在引导学生研习外国文学名著名篇，了解若干国家和民族不同时期的社会文化面貌，感受人类精神世界的丰富，培养阅读外国经典作品的兴趣和开放的文化心态。

①学习目标与内容

A. 阅读外国文学经典作品，认识所读作品的地位和价值。

B. 撰写读书笔记，阅读作品应写出内容提要和阅读感受。选择感兴趣的作家、作品或话题，撰写评论。

C. 尝试探讨不同民族文学之间的共同话题和文化差异，尊重文化多样性，提升文化鉴别力。

②教学提示

A. 引导学生深入阅读作品，整体把握作品的情感基调与思想内涵。设计有挑战性的学习任务，激发学生阅读外国文学作品的兴趣，引导学生广泛阅读不同时期、不同国家的优秀文学作品。

B. 调动学生关于世界历史、地理以及不同民族文化的知识，促进对外国文学作品中的社会生活及心灵世界的理解。

C. 组织学生选择自己感兴趣的作家作品或专题，充分利用各种学习资源，拓展阅读，研讨交流。

…………

(5)学习要求

必修课程学习要求

①多读多想多写，多角度地观察生活，多方面地增进语文积累，丰富自己的精神世界、生活经历和情感体验，完善自我人格，提升人生境界。培养广泛的阅读兴趣，努力扩大阅读视野。学会正确、自主地选择阅读材料，读好书，读整本书，多媒介获取信息，提高文化品位，提高阅读与表达能力。必修阶段各类文本的阅读量不低于150万字。学会灵活使用常用语文工具书和网络，检索所需的信息和资料。学会以多种形式表达和交流自己对自然、社会与人生的感受和思考。

②发展独立阅读的能力。灵活运用精读、略读、浏览等阅读方法，从整体上把握文本内容，理清思路，概括要点，理解文本所表达的思想、观点和感情。努力从不同的角度和层面进行阐发、评价和质疑，对文本作出自己的分析判断。能借助注释和工具书，阅读中国古代作品，读懂文章内容，背诵一定数量的名篇。注重个性化阅读，学习探究性阅读和创造性阅读。养成相互切磋的习惯，乐于与他人交流自己的阅读鉴赏心得，展示自己的学习成果。

③阅读实用类文本，能准确、迅速地把握主要内容和关键信息，对文本所涉及的材料有自己的思考和评判。阅读论述类文本，能准确把握和评价作者的观点与态度，辨析观点与材料(道理、事实、数据、图表等)之间的联系。阅读古今中外文学作品，注重审美体验，能感受形象，品味语言，领悟作品的丰富内涵，体会其艺术表现力；努力探索作品中蕴含的民族心理和时代精神，了解人类丰富的社会生活和情感世界，增强民族文化自信。

④自主写作，自由表达，以负责的态度陈述自己的看法，表达真情实感，培育科学理性精神。书面表达观点明确，内容充实，感情真实健康；思路清晰连贯，能围绕中心选取材料，合理安排结构；进一步提高记叙、说明、描写、议论、抒情等表达方式的能力，并努力学习综合运用多种表达方式，力求有个性、有创意地表达。能推敲、锤炼语言，表达力求准确、鲜明、生动。学会用现代信息技术辅助交流。能独立修改自己的文章，乐于相互展示和评价写作成果。45分钟能写600字左右的文章。课外练笔不少于2万字。

⑤增强人际交往能力，在口语交际中树立自信，尊重他人，文明得体，仪态大方，善于倾听，敏捷应对。注意口语的特点，能根据不同的交际场合和交际目的，恰当地进行表达。借助语调和语气、表情和手势，增强口语交际的效果。学会演讲，做到观点鲜明，材料充实、生动，有说服力和感染力，力求有个性和风度。在讨论或辩论中积极主动地发言，恰当地应对和辩驳。朗诵文学作品，能准确把握作品内容，传达作品的思想内涵和感情倾向，具有一定的感染力。

⑥在语文学习中养成有意识地积累的习惯，积累有利于丰富自己运用的字词句篇语文素材、语言运用典型案例等。在积累的过程中，注重梳理。通过归纳、分类，逐步领悟语文运用的规律，自主建构相关的知识。尝试梳理文学作品的基本样式和概念，了解文学鉴赏的基本方法，在文学阅读过程中领悟鉴赏和创作的规律。注意观察语言、文学和中外文化现象，学习从习以为常的事实和过程中发现问题，培养探究意识和发现问题的敏感性。在探究活动中，勇于提出自己的见解，尊重他人的成果，不断提高探究能力，逐步养成严谨、求实的学风。

选择性必修和选修课程学习要求

①学习多角度、多层次地阅读，对优秀作品能够常读常新，获得新的体验和发现。借助工具书、图书馆和网络查找有关资料，加深对作品的理解。选择性必修阶段各类文本的阅读总量不低于150万字。在阅读鉴赏中，了解诗歌、散文、小说、戏剧等文学体裁的基本特征及主要表现手法，了解相关的中国古代文化常识，丰富传统文化积累，汲取思想、情感和艺术的营养，培养健康高尚的审美情趣，丰富、深化对历史、社会和人生的认识。

②选读古今中外文化论著，在整体了解论著内容的基础上，把握论著的主要观点和基本倾向，了解用以支撑观点的关键材料，拓宽文化视野和思维空间，提高文化修养。以发展的眼光和开放的心态看待传统文化和外来文化，关注当代文化生活，能通过多种途径开展文化专题研讨。学会尊重、理解作品所体现的不同时代、不同民族、不同流派风格的文化，尝试对感兴趣的古今中外文学作品进行比较研究或专题研究，理解作品所表现出来的价值判断和审美取向，作出恰当的评价。

③注意在生活和跨学科的学习中学语文、用语文，在学习和运用的过程中提高表达、交流能力。能综合运用在语文与其他学科中获得的知识、能力和方法，运用多种方式展开交流和讨论。留心观察社会生活，丰富人生体验，有意识地积累写作素材，广泛搜集资料，根据表达需要和体裁要求，尝试多种文本的写作，相互交流。在实践活动中增强口头应用的能力，能根据交际的需要，选择恰当的时机和场合，提出话题，敏捷应对，注意表达效果。参加演讲与辩论，学习主持集会、演出等活动。

④了解语言文字法规的有关内容，增强规范意识，学会辨析和纠正错误，提高语言文字运用的正确性和有效性。掌握学习语文的基本方法，学会灵活运用合适的方法解决语言文字运用中的问题。根据自己的特点，借鉴经验，适时总结，逐步形成富有个性的语文学习方式。

(6)教学建议

①发挥语文课程的独特功能，促进学生语文学科核心素养全面发展

普通高中语文课程应重视对学生情感、态度与价值观的正确引导。教学时应注意教学内容的价值取向，发挥语文课程的熏陶感染作用。尊重学生独特的学习体验，引导学生在语文学习中接

受优秀文化的熏陶，获得丰富的审美体验，形成良好的人文修养，树立正确的世界观、人生观和价值观。

语文学科核心素养的四个方面既各自独立，又相互依存；既各有侧重，又相互融通。必修和选修课程都应该围绕核心素养，整合阅读与鉴赏、表达与交流、梳理与探究，引导学生积极参与丰富多彩的语文实践活动，促进学生在语言建构与运用、思维发展与提升、审美鉴赏与创造、文化传承与理解等方面的全面发展。

②充分理解学习任务群的特点，处理好学习任务群之间的关系

普通高中语文课程设计了18个学习任务群，每个任务群都有各自的学习目标与内容，彼此之间又渗透融合、衔接延伸。教师可根据学习任务群的特点、学生的学习程度，结合自身的专业优势、教学风格，有规划、创造性地实施教学。教学中应统筹考虑各个学习任务群的特点，要明确不同学习任务群的定位和功能，妥善处理各个学习任务群之间的关系，避免遗漏缺失；要关注共同任务群在必修、选择性必修、选修课程中学习重点、呈现方式和深度广度的差异，避免简单重复。

③创设综合性学习情境，开展自主、合作、探究学习

应关注学生学习方式的转变，做好学生语文学习活动的设计、引导和组织，注重学习的效果。根据学生的发展需求，围绕学习任务群创设能够引导学生广泛、深度参与的学习情境。可通过多样的语文实践活动，融合听说读写，跨越古今中外，打通语文学科和其他学科、语文学习和学生的生活世界，运用优质的素材和范例，激发学生的学习兴趣和动力，提高语言文字运用能力。加强课程实施的整合，通过主题阅读、比较阅读、专题学习、项目学习等方式，实现知识与能力，过程与方法，情感、态度与价值观的整合，整体提升学生的语文素养。

鼓励学生根据个人兴趣、能力和特长，自主选择学习内容和学习方式，学会自我监控和学习管理，探索个性化的学习方法。要坚守语文课程的基本要求，恰当把握教学容量，不任意增加学生的学习负担，同时也要鼓励对语文学习有兴趣而且学有余力的学生追求更高的目标。

要根据学生身心发展和语文学习的特点，保护学生的好奇心、求知欲，鼓励自主阅读、自由表达，激发问题意识，引导他们体验发现问题、解决问题的过程。积极倡导基于学习任务群的专题学习，围绕语言和文化、经典作家作品、科学论著等，组织学生开展合作探究、研讨交流活动，鼓励学生以各种形式相互协作，展示与交流学习成果。合理利用信息技术，优化整合课堂教学，促进知识的迁移与运用。教师要注意引导学生在自主学习的基础上，学会倾听和分享、沟通和协作，掌握探究学习的方法，提高实践和创新能力。

④整体把握必修和选修课程，加强课程之间的衔接和统整

教学时要特别注意加强必修、选择性必修、选修三类课程之间的衔接和统整。既要整体把握必修和选修课程的关系，更要注意不同课程专属任务群和共同任务群的衔接。

必修课程的教学应立足于共同基础,重视日常语文积累,为学生学习选修课程奠定坚实根基。教学时要重点培养学生基本的语言文字运用、思考表达、文学作品阅读与鉴赏,以及文化传承、理解与创新等方面的素养。

选修课程的教学应突出差异性和层次性,鼓励开展个性探究,充分激发学生的学习兴趣和潜能。教学时要进一步培养学生的语言梳理和建构能力、文学作品的个性化体悟能力、科学思维和问题解决能力、文化理解和批判能力。选择性必修应注重学习"面"的广度,选修应注重学习"点"的深度。

⑤探索信息化背景下教与学方式的转变

要改变因循守旧的语文教学习惯,也要打破唯技术至上的观念,把握好技术与语文的关系,合理利用信息技术。要创设运用语言文字的真实情境,形成有意义的互动学习环境,帮助学生有效投入语文实践;要借助信息技术优化整合课堂教学,引导学生经历多样化的学习过程,促进学生在更广阔的语言环境中主动学习,实现知识的迁移与运用。要积极探索基于网络的教学改革,利用具有交互功能的网络学习空间,创设线上线下一体化的"混合式"学习生态,为课堂教学和课外学习服务。在信息化环境下,需要进一步探索教学流程、资源支持、教学支持、学习评估等影响学生学习的各种要素所发生的新变化,积极探索信息化环境下的语文教学模式。

⑥提高课程开发与设计的能力,实现教师与课程同步发展

教师要具有专业发展意识,努力建构教学共同体;应努力适应、积极参与语文课程改革,持续学习,更新观念,改进实践,提升教学水平;要善于与同行、学生合作,在集体备课、案例研讨等对话交流中学会自我反思,实现教学相长;应遵循语文学习任务群的教学规律,根据教学的实际需要,整合相关课程资源,拓展学生的学习视野,提高日常教学效率;要注意利用本学校、本地区的特色资源,关注教学过程中生成的资源,引导学生学习从现实生活中发现问题,提出活动主题,增强在各种场合学语文、用语文的意识,多方面地提高学生的语文素养。

(7)评价建议

①着眼于核心素养的整体发展

语文课程评价的根本目的在于全面提高学生的语文学科核心素养。评价的过程即学生学习的过程,应围绕阅读与鉴赏、表达与交流、梳理与探究等学习活动,在具体的语文学习情境和活动任务中,全面考查学生核心素养的发展情况。

语文课程评价要综合发挥检查、诊断、反馈、激励、甄别、选拔等多种功能,不宜片面强调评价的甄别和选拔功能。评价不仅要关注学生外在的学习结果,更要关注内在的学习品质。注意通过评价引导学生学会学习,自觉提升语文学科核心素养。

语文教师要有意识地利用评价过程与结果,发现学生学习的个性特点和具体问题,及时引导,

提出有针对性的建议，激发学生学习的动力。同时，依据评价结果反思日常教学，优化教学内容，调整教学策略，完善教学过程，为学生语文学科核心素养的发展提供有力支持。

②全面把握学习任务群的特点

语文课程评价要把握学习任务群的特点，综合统筹评价过程。每个任务群的学习目标与内容，各自独立又彼此关联。评价时既要突出每个任务群的学习重点，又要兼顾任务群之间的联系，体现学习目标、内容与评价的一致性。

评价时要充分考虑语文实践活动的特点，注意考查学生在活动中表现出来的参与程度、思维特征，以及沟通合作、解决问题、批判创新等能力，记录学生真实、完整的任务群学习过程。

③倡导评价主体的多元化

语文课程评价应面向全体学生，尊重学生的主体地位。评价要注重展示学生自我发展的过程。在保证基本目标达成的基础上，评价要考虑学生的个体差异，关注学生的不同兴趣、表现，满足不同发展需求。在具体学习任务的评价中，语文教师应提供细致的描述性反馈，提出具有操作性的建议，引导学生通过评价反馈，调整学习进程，梳理学习方法，确立学习目标，制订学习规划。

鼓励学生、家长、教师、教学管理人员等参与课程评价。语文教师应利用不同主体的多角度反馈，帮助学生更好地认识语文学习与个人发展的关系，学会自我监控和管理。学校应创造条件，引导学生参与多种评价活动，建构学习与评价的共同体，学会持续反思、终身学习。

④选用恰当的评价方式

语文学科核心素养需要在真实的语文学习任务情境中综合考查。语文教师应根据实际需要，整合诊断性评价、形成性评价、终结性评价等多种评价方式，考查学生核心素养的发展情况。每种评价方式都有自身的优势和局限，教师应根据特定的评价目的选择使用。可采用纸笔测试、现场观察、对话交流、小组分享、自我反思等多种评价方式，提高评价效率，增强评价的科学性和可靠性。对学生的评价，既要有对基本目标的确定性要求，确保底线；也要注意以恰当的方式对希望继续提高的学生予以引导。

学生语文学科核心素养的发展呈现鲜明的个体特点。教师要注意搜集学生在语文实践活动中产生的各类材料，如测试试卷、读书笔记、文学作品、小组研讨成果、调查报告、体验性表演活动和个人反思日志等。通过这些材料了解学生在任务群学习中表现出的个性品质和精神态度，建立完整的学习档案，全面记录学生核心素养的发展轨迹。有条件的地方，可以运用信息技术，丰富学生的表现性评价，形成多样化的学生成长记录，全面而科学地衡量学生的发展。

⑤明确必修和选修课程评价的重点和联系

必修课程评价应立足于共同基础，考查学生在不同学习情境和实践活动中学习和运用语言文字的基本能力。重点考查学生语文学习过程中的体验和感受、学习策略，以及梳理、探究能力，尤其是基于社会情境的阅读、表达与交流的能力，读写活动中的思维表现以及不同体裁文学作品的审美感知、评价欣赏、独立创作情况；还要考查对多样文化的理解，对当代文化现象的关注和评析，以及对未来文化发展的思考和展望等。

选择性必修和选修课程评价，要在关注共同基础的前提下，突出差异性和层次性，以促进学生的个性发展。

选择性必修的评价应该更关注学生语文学习内容“面”的广度。评价重点包括：语言积累、梳理与迁移运用能力；在独立研习古今中外经典作品过程中阐释文本阅读体验的能力；语言实践中的逻辑推理能力和实证意识，以及运用科学思想方法解决实际问题的能力；古代文化遗产的辨别，中外文化要义的理解，以及对科技文化的理解与反思等。

选修的评价应更关注学生语文学习内容“点”的深度。评价要注重学生在专题研讨中对语言运用现象和规律的探究，对学术论著语言特点的把握，语文实践活动中思维的严密性、深刻性和批判性；注重学生个性化地理解古今中外经典作家作品及其思想内涵、艺术价值；注重学生的多样文化认知，跨文化理解，文化批判、反思和创造等。

要明确必修课程评价与选修课程评价的区别和联系，选修课程评价要注意与必修课程衔接，在衔接中呈现体系和梯度。尤其是“整本书阅读与研讨”“当代文化参与”“跨媒介阅读与交流”“语言积累、梳理与探究”四个学习任务群，它们贯串必修课程和选修课程，在两类课程中有不同的广度、深度和难度。评价要注意区分重点和层次，考查学生完成不同难度的学习任务时语文学科核心素养发展的不同表现。

真题精解

01 以下是某教师在指导四年级下册习作例文《颐和园》时的教学片段： 浙江真题

师：同学们，我们通过《海上日出》《记金华的双龙洞》两篇课文学习了描写景物的方法，你们还记得他们是怎么介绍观察到的景物的吗？

生：《海上日出》按照早晨太阳变化的顺序，描绘了海上日出的壮观景象。

生：《记金华的双龙洞》按照游览的顺序依次介绍去双龙洞路上、洞口、外洞、孔隙、内洞的见闻感受及出洞情况。

师：真不错！聪明的你能不能找到这两篇课文在写作上的共同点呢？

生：我发现他们观察得很细致，让人身临其境。

生：我发现这两篇文章都是按一定的顺序写的。

生：我发现描写景物也不能随意乱写，要有一定顺序，不然可能会让人摸不着头脑或者头晕眼花。

师：你们真棒，善于总结、梳理，那么，如果让你按照游览的顺序写一个地方，把游览的过程写清楚，你准备怎么写呢？这节课我们要通过一篇习作例文的学习，进一步感知写景的方法，这篇例文是《颐和园》。

试着从学情、文本、教学方法等方面分析该教师的片段教学设计。(8分) / 分析教师行为类

02 阅读案例，完成问题。(9分)　安徽真题

以下是某学校语文丁老师在教学《秋天的雨》的片段：

一、导入

师：同学们，你们见过秋雨吗？你能把自己感受到的秋雨给大家说一说吗？你们猜一猜，秋雨有颜色吗？现在，让我们一起走进课文，感受一下秋天的雨。

二、初读课文，了解课文内容

1. 让学生自由轻声读课文，要求：①借助拼音，把生字的字音读正确。②把课文读正确，读流利，遇到难读的地方多读几遍。

2. 同桌互读课文，凡达到读得正确、流利的，由同桌打上"★"。

3. 检查自学情况：①检读生字词。②指名读课文。③鼓励学生上台读自己喜欢的段落。

4. 讨论：课文主要写了秋雨的什么？

三、精读课文，理解课文内容

1. 学习第一自然段。

(1)让学生自读课文。

(2)指名读课文，让学生说说为什么要这样读。

(3)讨论：为什么说秋雨"趁你没留意，把秋天的大门打开了"？

(4)启发学生想象：读了这一段，你仿佛看到了什么，听到了什么，想到了什么？

2. 学习第二自然段。

(1)学生自读课文,边读边想象秋雨的色彩。

(2)分小组读,并选派代表在班上参加赛读。

(3)班级赛读。

(4)讨论:为什么说秋雨是“五彩缤纷”的?由“五彩缤纷”这个词,你仿佛看到了一幅怎样的画面?

(5)让学生根据第二自然段的内容画一幅画,画后交流评议。

3. 学习第三至五自然段。

(1)学生自读课文。

(2)鼓励学生上台读自己喜欢的段落。

(3)讨论:①“秋天的雨,藏着非常好闻的气味”,除了课文中讲的几种气味,你还知道哪些气味?②秋雨“告诉大家,冬天快要来了”,动植物做了哪些准备?③为什么说“秋天的雨,带给大地的是一曲丰收的歌,带给小朋友的是一首欢乐的歌”?结合自己的生活说说感受,让我们带着这份喜悦到课外寻找吧。

问题

请对案例中丁老师的教学行为进行评析。/ 教学设计 / 教学环节的分析评价

破题方法与参考答案

01 破题方法

①本题8分,可答3～4点。

②问题要求从学情、文本、教学方法等方面分析,则考生在作答时最少要答出这三点。

③从学情分析,一般要考虑该教师的教学是否符合学情。由材料可知教师是在教学了两篇写景课文之后开展的习作例文的教学,这就说明学生已经有了一定的基础,且教师在上课之初即点明本节课与前面的课文是存在联系的,既巩固了旧知,又有利于学习新知,符合学生学情。

④从文本分析,一般要考虑教师的教学内容是否符合文本特点,由材料可知该教师的教学将学生与课文紧密结合,并能点明几篇课文编在一处的目的,有利于引导学生深入理解文本。

⑤从教学方法分析,一般要考虑教师在教学过程中所用教学方法的优劣。分析材料可知,教师以回忆提问的方式引导学生进入学习状态,又以提问引导学生将旧知与新知相连,这不仅有利于学生学习新知,同时也调动了学生的学习状态。

⑥此外,考生也可以从其他方面进行分析,如材料中出现了"真不错""你们真棒"的话语,就可以说该教师运用了激励式点评,有利于调动学生的积极性,激发学生的学习兴趣。

参考答案

①该教师能准确把握学情,在教学过程中及时引导学生复习旧知识,注重新旧知识的联系。在教学习作例文《颐和园》时,通过复习《海上日出》《记金华的双龙洞》两篇课文的写景方法引入新课的教学,让学生能够将新旧知识联系起来,有利于之后的习作教学。

②在教学过程中该教师遵循阅读教学是学生、教师、教科书编者、文本之间对话的过程这一理念,紧密结合文本,引导学生钻研文本,在主动积极的思维和情感活动中,加深理解和体验,有所感悟和思考。

③该教师运用提问的方法引导学生一步步进入新课教学,同时在教学过程中对学生的回答采取激励的评价方法,有利于提高学生学习的积极性。

02 破题方法

①本题9分,可答3~4点。

②问题要求考生对丁老师的教学行为进行评析,而材料给出了《秋天的雨》三个环节的教学片段,分别是"导入""初读课文""精读课文",考生可以根据各层次内容分别进行分析。

③导入部分老师一连运用了三个问题引入,可推知运用的是设疑导入,考生可以根据设疑导入的优缺点进行分析。

④分析环节二、环节三可知,频繁出现的是"读",而阅读教学的重点就是读,由此可以针对"读"的问题进行评析。

⑤通过分析可知,该教师的教学注重学生自主讨论、交流评议得出问题的答案,这既是"自主、合作、探究的学习方式"的运用,又是"学生主体,教师主导"的体现,考生可从这两方面进行分析。

⑥在朗读部分,出现了"同桌互读"和"检查自学情况"的内容,这其实是一种隐晦的评价,既是学生之间的评价,也是教师的评价,出现了两个评价主体,那么我们就可以说该教学片段评价主体多元化。(这个知识点在该题中不算很重要,考生在作答时也可不写)

参考答案

①运用设疑导入的方式，既激发了学生的学习兴趣，又引发了学生对课文内容的思考，一举两得。

②多次运用自主、合作、探究的学习方式，培养了学生的学习能力。

③多样化的朗读方式相结合，既有自读，又有分小组读以及赛读，每一步设置都有不同目的，既锻炼了学生能力，又引领学生深入感受了文本内容。

④学生是课堂的主体，教师是教学活动的组织者和引导者。该教师多次鼓励学生自主学习、自主展示就体现了这一点，这也是课标对新教学提出的新要求。

⑤培养了学生感受、理解、欣赏以及评价的能力。比如评价主体的多元化，课堂上既有教师评价，朗读部分还引入了同桌互评、小组评价等。

专题二　教学设计类案例分析答题指导

真题示例

江苏南京中小学真题

阅读以下教学设计，回答第(1)~(2)小题。

教学内容：《红楼梦》整本书

教学对象：高一学生

学习资源：①书本资源，包括周汝昌《红楼小讲》、王昆仑《红楼梦人物论》、蒋和森《红楼梦论稿》、王蒙《红楼启示录》、朱一玄《红楼梦资料汇编》；②视频，包括电视剧《红楼梦》等。

导入："一千个读者就有一千个哈姆雷特"，阅读曹雪芹的《红楼梦》，你会有哪些独特见解呢？

活动设计：

活动①：教师提供长达六周的阅读进度表，布置学生自主阅读，要求学生在每页上都要有固定的批注次数和批注表述格式。

活动②：要求学生整理自己的批注情况，再次细读文本，完成"人物关系思维导图"，并自定研究性主题，独立撰写2000字左右的研究报告。以上任务两周完成。

活动③：教师逐一点评学生撰写的研究报告，并督促学生修正、完善研究报告。

活动④：教师组织学生集体投票，推选优秀报告，予以班级表彰。

答题思路

《红楼梦》是一部具有世界影响力的人情小说，是中国封建社会的百科全书，教学《红楼梦》的整本书阅读对学生日后的学习有很大帮助。

这个教学的学习资源很丰富，能帮助学生更深入地理解红楼梦，同时多媒体资源的使用也更能调动学生学习兴趣。

给学生提供固定的任务内容有助于帮助学生养成良好的阅读习惯，同时也能避免学生的投机取巧。

教师的逐一点评不如学生的相互点评，相互点评能提高学生自身的能力。"督促"二字不合理，让学生有一种牵着鼻子走的感觉，容易让学生产生逆反心理。

适当的比赛与表扬能激发学生的好胜心，促使学生好好学习。

问题

(1)简要评析上述教学设计的优点。(6分)/教学设计/教学环节的分析评价

参考答案:①课标要求:感受和体验文学作品的语言、形象和情感之美,能欣赏、鉴别和评价不同时代、不同风格的作品,具有正确的价值观、高尚的审美情趣和审美品位。该教师引导学生深入理解文学名著《红楼梦》,有利于提高学生的审美鉴赏能力,感悟中华传统文化的美。

②整本书的阅读与研讨能引导学生通过阅读整本书,拓展阅读视野,建构阅读整本书的经验,形成适合自己的读书方法,提升阅读鉴赏能力,养成良好的阅读习惯。该教师在教学中让学生进行整本书的阅读与研讨,极大地提高了学生的学习能力。

③该教师创设综合性学习情境,让学生自主、合作、探究学习。该教师充分发挥学生的主体作用,围绕学习任务群创设能够引导学生广泛、深度参与的学习情境,整体提升学生的语文素养。

(2)针对"活动③",提出改进建议。(4分)

参考答案:①教师逐一点评学生撰写的研究报告虽然能够让学生知道自己的不足,但是不利于提高学生自主发现问题、解决问题的能力,且占用过多时间。教师应该引导学生相互评价、自主评价,让学生在评价中提升自身能力。这样也能够避免以教师的分析代替学生的理解。

②督促学生修正、完善研究报告容易让学生产生逆反心理,反而达不到预期效果。教师应以激励、评比等方法激发学生的积极性,引导学生自主进行修正、完善。

一、教学设计的设计意图

(一)考查形式

1. 材料

教学设计的设计意图类题目的材料通常为针对某篇课文的教学设计(片段)或教学过程(片段),这些材料通常只是教学设计的一个大框架,并不会很详细,却能体现写作者的思路。

2. 问题

(1)写出本教学实录环节×的设计意图。

(2)阅读下面的教学片段,写出该片段的设计意图。

(3)以补写教学设计的形式让考生写出每一步骤的设计意图。

(二)答题要点

设计意图的分析从另一方面来说即是对教师教学设计目的、作用的分析,考生在答题的过程中可以依据以下内容进行答题,也可以根据案例具体问题具体分析。答题时还要根据实际情况判断

温馨提示:

针对教学设计意图分析,考生除了掌握必要的知识点之外,还要能够灵活运用题干中所给的材料,结合材料中的内容进行分析。

是否增加课标的内容。

教学设计意图的分析常考类型及答题切入点如下：

1. 新课导入设计意图

(1)以猜谜的形式导入课题，使学生兴趣盎然地进入教学情境。

(2)进行简单导入、提问，目的是激发学生学习兴趣和求知欲望。

(3)短小的历史故事，点燃学生的学习热情，为理解课文奠定基础。

(4)联系实际，用贴近生活的事例导入新课，能激发学生的求知欲，让学生充满兴趣地学习。

(5)明确学习目标，有的放矢。因为学生只有明确目标，才能学有方向、学有动力，变被动接受为主动探索，并达到整体感知的目的。而且把学生想知道的作为教学内容，有利于调动学生的积极性。

(6)用音乐导入，能让学生产生无限丰富的想象，提高学生的阅读兴趣。因为课标将兴趣、习惯的培养贯穿始终，让学生喜欢阅读，感受阅读的乐趣。

(7)导入部分总的设计意图是调动学生学习兴趣，为学生的学习和教师的教学作铺垫。

2. 检查预习设计意图

(1)通过检查预习引导学生从字词入手进一步熟悉文本，夯实语文学习的基础，同时感知文本，厘清文章脉络，实现长文短教，为品读文本作好铺垫。

(2)帮助学生了解故事梗概，为进一步学习课文打下基础。

(3)预习环节既帮助学生温习了词语，又让学生凭借词语预习了课文内容，还进行了语言概括能力的训练。

3. 识字设计意图

(1)识字环节的设计让学生积累了基础知识，同时也让学生结合新认识的生字词通读课文，理解课文内容。

(2)认读词语，读准字音，帮助学生理解重点词语的意思。

4. 运用多媒体课件设计意图

(1)激发学生的学习兴趣，集中学生的注意力，调节课堂气氛，调动学生的学习积极性，还能培养学生的观察和思考能力。

(2)运用多媒体课件配上优美动听的音乐，让学生轻松愉快地凭借音乐感知画面形象，化抽象为具体，既有效地吸引了学生的注意力，又让他们在具体、形象的感知中轻松地区分出众多的颜色，体会到作者语言的精妙。学生在声情并茂朗读的基础上，结合课件，会有身临其境的感觉，不但可以保持兴趣，而且可以活跃思维，促进感悟，达到积累内化的目的。

(3)恰当使用多媒体课件创设情境能使学生身临其境，受到更真切的感染。

(4)通过多媒体画面，能激活学生已有的生活体验，从而产生新的阅读期待，促使他们感悟文中的情和景。

5. 诵读感悟设计意图

(1)以读为本，读中理解、读中感悟，尊重学生的独特感受，既加强了对读书的指导，又走进了文本。

(2)让学生通过“读—找—圈—议—悟”，深入文本，同时培养学生“不动笔墨不读书”的阅读习惯。

(3)对于重点句的理解，针对不同学生提出不同的回答要求，既能让后进生在难度降低的前提下也能尝试说一说，又能确保优等生的进一步发展。

(4)读写结合，“授之以鱼不如授之以渔”。传授方法，以读促写，读写结合，水到渠成。既锻炼了学生的写作能力，又加深了学生对课文内容的理解。

(5)重视自读自悟，整体感知，培养学生自己阅读的能力。让学生充分自读课文，学会抓住主线，厘清文章思路。

(6)让学生切实地学好语言和表达方法是提高语文能力的有效途径，更是语文教学走向科学、高效的途径之一。因此，教学时要引导学生理解感悟，还要抓表达，引导学生发现表达的特点，鼓励他们在口头和书面中迁移、运用。

(7)在指导学生有感情地朗读的基础上，让学生听课文录音，及时发现自己朗读中的不足，寻找差距。这样一来，学生既找到了学习的榜样，又不会被这个榜样束缚。学生在互相评价的过程中，潜移默化地掌握了朗读的技巧。

(8)教给学生抓住重点词语联系画面及结合上下文来理解课文的方法，培养了学生自读勾画、合作提高的良好学习习惯，训练了学生的语言文字认读能力，使学生真正成为语言的实践者。

6. 作业设计意图

(1)巩固学生基础知识，加强学生书写练习，让学生学会审题读题。

(2)考查学生课堂上的知识接受程度，以便为接下来的教学作指导。

(3)加深学生对课文的理解，巩固所学，锻炼学生的实际运用能力和思维能力。

7. 板书设计意图

板书的设计意图基本上可以从板书的作用方面考虑。

8. 创设情境设计意图

(1)课标的要求。

①识字：课标要求要运用多种识字教学方法和形象直观的教学手段，创设丰富多彩的教学情境，提高识字教学效率。

②口语交际：课标要求教学活动主要应在具体的交际情境中进行，不宜采用大量讲授口语交际原则、要领的方式。

③评价：评价宜在具体的交际情境中进行，让学生承担有实际意义的交际任务，并结合学生在日常生活和学习活动中的表现，综合考查学生真实的口语交际水平。

（2）创设情境有利于学生循着知识产生的脉络去准确把握学习内容。

（3）创设教学情境还能够帮助学生顺利实现知识的迁移和应用。

（4）创设教学情境有利于激发学生的学习兴趣。

（5）教学情境还能够使学生在学习中产生比较强烈的情感共鸣，增强他们的情感体验。

真题精解

01　安徽真题

《边城》教学设计（节选）

教学目标：

1. 品读文本，体味人物形象美和湘西特有的风俗美。

2. 研读文本，探究小说创作的初衷和意义。

教学重难点：

课文节选自小说《边城》，属于小说的开端，主要呈现了湘西特有的风土人情及淳朴的人际关系，塑造了单纯善良且情窦初开的少女翠翠形象。因此教学重点为品读课文中着力刻画翠翠形象的相关片段，从语言的细节描写中体会作者对人物心理的细腻刻画；教学难点为深入理解作者的创作意图。

课时安排：

一课时。

教学步骤：

一、初读文本

活动设计：

1. 检查预习，完成下面表格。

时间	章节	地点	人物	事件
两年前的端午节	四	茶峒镇上	翠翠、爷爷、傩送	翠翠邂逅傩送
一年前的端午节	五	茶峒镇上	翠翠、爷爷、天保	翠翠碰到天保
今年的端午节	六	渡头	翠翠、爷爷	翠翠偶遇婚嫁

2. 了解小说倒叙手法，体会其作用。

3. 讨论：作者为什么选端午节这个特定的时间来呈现故事？

（教学步骤一的设计意图：①________________）

二、细读文本

活动设计：

品读细节，讨论分析翠翠人物形象。

分析举例：

第四部分刻画翠翠形象，有个词语多次出现，对于刻画翠翠形象起到了重要的作用，请找出这个词语。

轻骂傩送——“你个悖时砍脑壳的！”

轻轻询问——“二老是谁？”

轻轻回话——“不是翠翠，不是翠翠，翠翠早被大河里鲤鱼吃去了。”

（教学步骤二的设计意图：②________________）

三、探究讨论

活动设计：

问题：在社会动荡不安的年代，作者为什么要创造一个唯美的湘西世界？

【助读资料】

背景：二十世纪二三十年代的中国，战火纷飞，百姓流离失所，城市中充斥着腐化堕落、物欲泛滥现象。21岁的沈从文怀着梦想来到北平，但倍感失望，内心极其失落。

（教学步骤三的设计意图：③________________）

问　题

阅读《边城》教学设计（节选），根据设计思路完成①～③题。（9分）/ 教学设计的设计意图

02 阅读口语交际课《打电话》的教学片段，写出该片段设计的意图。(6分) / 教学设计的设计意图

安徽真题

(现场模拟打电话，老师扮阿姨拨通阳阳家的电话，阳阳拿起电话听筒。)

阳阳：您好。

阿姨：你好，是阳阳吗？

阳阳：请问您是谁？

阿姨：我是你王阿姨呀！

阳阳：王阿姨好。

阿姨：我有事找你妈妈，她在家吗？

阳阳：妈妈不在家，她刚出门买菜去了。

阿姨：那请你转告她，下午2:00我在人民医院门口等她，一道去看望李琼老师，她生病住院了。

阳阳：阿姨，你们是下午2:00在人民医院门口见面对吗？

阿姨：对，如果你妈有什么不清楚的，叫她拨打这个电话给我：××××××，你把电话号码记下来不要忘了。

阳阳：好的，我记下了，谢谢王阿姨，再见。

阿姨：阳阳再见。

破题方法与参考答案

01 破题方法

①本题共9分，共3个空，每空3分。

②首先确定三个设计意图分别针对的是“初读文本”“细读文本”“探究讨论”三个环节。一般来说，“初读文本”是为了了解文本大意，梳理故事情节；“细读文本”是为了深入理解课文，包括语言表达、人物形象、表达技巧、思想感情等；“探究讨论”是针对性地阅读，是为了探究文本的深刻内涵。这是一个恒定的规律，在具体分析设计意图时可以以这个方向为导向。

③前文说过，设计意图的分析也相当于作用、目的的分析，因此在答题时可以分析每个环节中每一步骤的作用与目的。

参考答案

①通过端午节这个特定节日发生的事，理清小说的故事情节脉络。了解小说倒叙的写作手法及其作用。体会作者选端午节这个特定时间呈现故事的妙处：用典型的民俗活动推动故事情节的发展。

②通过语言描写，引导学生把握翠翠温柔、羞涩的性格特点，以及体会翠翠对傩送微妙的心理变化过程。

③补充社会背景资料，有利于学生思考作者的写作意图，深化对小说主题的理解，研究小说的艺术价值。

02 破题方法

①本题6分，可答2～3点。

②提取题干重要信息可知，这是一节口语交际课，在课堂上老师为学生创设了一个打电话的具体情境。由此考生可将其与课标相关内容联系起来，以理论+材料+分析的形式回答其意图。

③在这个打电话的片段中我们可以知道，重点是“阿姨”与“阳阳”之间的对话，是口语交际“培养学生倾听、表达和应对”的功能。

④此外，考生也可以结合口语交际教学的目标来回答，“打电话”是第一学段的教学内容，考生可从第一学段教学目标中找出相应理论支撑，而其设计意图即实现教学目标。（根据教学目标回答时，考生需要先知道这是哪一学段的教学内容，如果不能准确判断，不建议考生从该方向回答）

参考答案

①口语交际是听与说双方的互动过程，教学活动主要应在具体的交际情境中进行。该教师选择打电话这个贴近生活的方式，情境具体，更有利于学生展开口语交际训练，能更好地达到训练效果。

②口语交际应培养学生倾听、表达和应对的能力，使学生具有文明和谐地进行人际交流的素养。案例中，该教师创设具体的口语交际情境，能充分锻炼学生的倾听、表达和应对的能力，同时也能在口语交际过程中考查学生的口语交际水平，从而获得学习反馈。

二、教学设计／教学环节的分析评价【高频考点】

对教学设计的评价是一项重要的常规教学活动。评价的目的有两方面：一是对课堂教学的优劣作出鉴定，二是对课堂教学成败的原因作出评析，帮助总结经验、吸取教训，提高教学认识。经常开展评课，有利于教学问题准确诊断、正确决策和引导，有利于激励教师苦练内功、加快知识更新、优化教学艺术，有助于教师间相互学习、切磋技艺、交流经验。评课对于推进素质教育的实施，加强师资队伍的建设，全面提高教学质量有着不可低估的作用。

（一）考查形式

1. 材料

该题型的材料多为某篇课文的完整的教学设计或教学设计片段。这些材料有一个共同的特点——只列出各环节的框架结构及重要内容，不会有很详细的内容。

2. 问题

（1）比较阅读《×××》一课的两个教学片段，并分别加以评析。

（2）请对案例中老师的教学行为进行评析。

（3）请对案例中×老师设计的课堂环节进行评析。

（4）以上是《×××》一课的教学设计片段，请针对该片段写一个教学评析。

（5）简要评析上述教学设计的优点／不足之处，并提出改进建议。

温馨提示：
如果题干给出的教学设计是节选，就只需分析节选内容的规范性，而不需要抓住整体的不完整下笔。

（6）下面是《×××》的教学设计，请你谈谈其是如何落实课标识字／写字／阅读／写作／口语交际／综合性学习教学建议的。

（7）试分析该设计是如何落实×××的，如何体现课文的×××的。

(二)答题要点

1. 教学设计/教学环节的完整性和规范性

一份规范的教学设计必须体现一个完整的教学过程,所有必需的环节应明确写出,而且要前后一致,是一个整体的解决问题方案,而不是各个要素的简单的堆砌。

方向	内容
教学目标阐述	①要体现新课程标准的理念。 ②要体现不同学习者之间的差异。 ③目标的阐述要清晰、具体、不空洞。 ④要符合学科的特点和学生的实际。 ⑤要便于教学中进行形成性评价。
学习者特征分析	①要符合学习者认知特征、起点水平和情感态度。 ②要有足够的信息技术技能支撑教学设计。
教学策略选择与学习活动设计	①要体现多种教学策略的综合运用,一法为主,多法配合,优化组合。 ②教学策略既要发挥教师主导作用又要体现学生主体地位。 ③要能够成功实现教学目标。 ④活动设计要和策略一致,要符合学习者的特征。 ⑤教学活动要做到形式和内容的统一。 ⑥要既能激发学生兴趣又能有效完成教学目标。 ⑦要能表述清楚。
教学资源和工具的设计	①是否综合多种媒体的优势,信息技术的运用是否有效。 ②所运用的资源能否促进教和学,发挥作用。
教学过程设计	①教学思路要清晰(有主线,内容系统,逻辑性强),结构要合理。 ②要注重新旧知识之间的联系,重视新知识的运用。 ③教学时间分配要合理,要能突出重点,突破难点。 ④教学要有层次性,能够体现学生的发展过程。
学习评价和反馈设计	①要有明确的评价。 ②要有合理的习题练习,练习的内容、次数比较合理,有层次性。 ③要注重评价的多样性。 ④要针对不同的评价结果提供及时的反馈,而且以正向反馈为主。 ⑤要根据不同的评价信息,明确提出矫正教学行为的方法。
总结和帮助	①要有完整的课后小结。 ②要对学生学习过程中可能会产生的问题和困难有所估计,并提出可行的帮助和支持。 ③总结要有利于学生深入理解学习的主要内容,巩固课堂教学内容。

2. 教学设计/教学环节的可实施性

评价一个教学设计的优劣,还应从时间、环境、师生条件等方面来考虑其是否具有较强的可操作性。

(1)时间因素

即运用此方案于教学时,所需时间的多少,包括教师的教学时间、学生的学习时间等。教师的教学时间应含教师布置给学生的作业量,教学占用学生的课外时间量等。

(2)环境因素

对教学环境和技术的要求不高,可复制性较强。

(3)教师因素

方案简单可实施,体现教师的教学风格、特点及其预备技能。

(4)学生因素

针对学生的情况,对学生的预备知识、技能以及学习方法等方面的要求比较合理。

(5)内容因素

教学设计能否根据教学内容选取合适的教学方法,使学生得到正确的知识与能力,掌握学习方法,树立正确的情感态度与价值观。

3. 教学设计/教学环节的创新性

(1)既要发挥教师的主导作用,又要体现学生的主体地位。

(2)教法上要有创新,要能激发学生的兴趣。

(3)要有利于促进学生高级思维能力的培养。

(4)要体现新理念、新方法和新技术的有效应用。

(三)答题步骤

1. 对比类

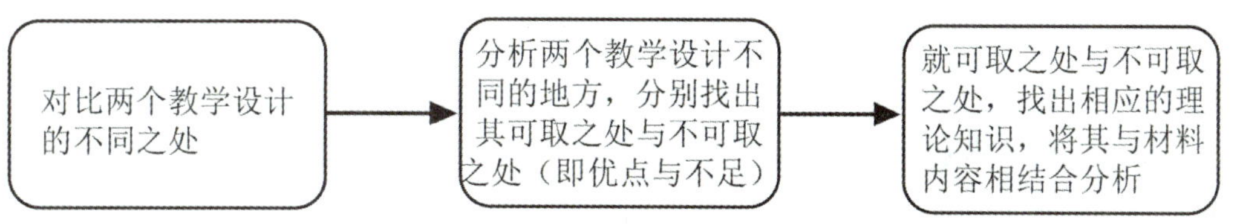

注:对比类教学设计/教学环节的分析题主要的答题点在两者不同的地方和一方比另一方做得好的地方。

2. 评析类

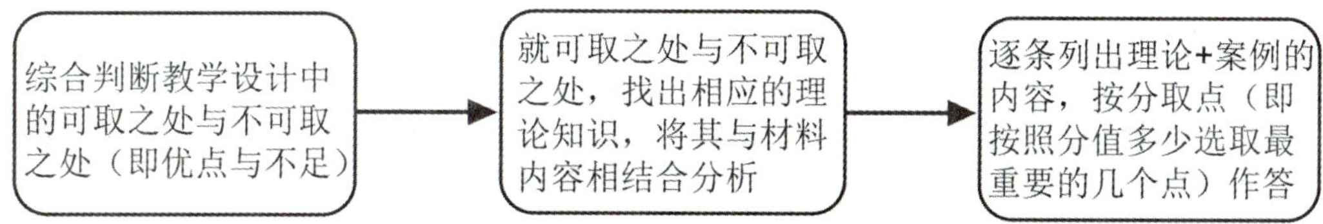

3. 落实／体现某个内容类

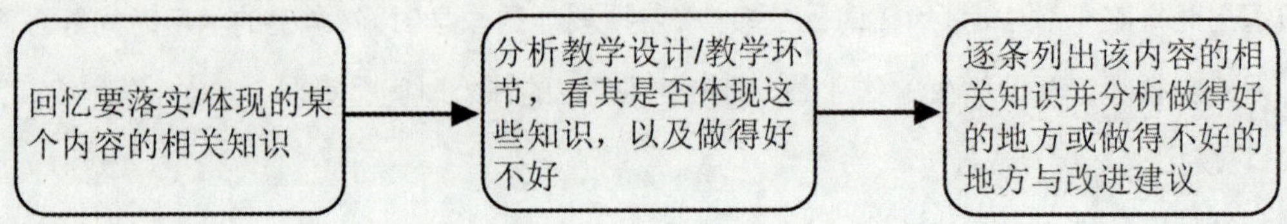

真题精解

01 材料见第1131页。　　安徽真题

问题

请简要评价《边城》教学设计（节选）。（3分）／教学设计／教学环节的分析评价

---

02 案例分析题（8分）　　江西真题

（1）引导学生确定“诗人多次提到‘追寻’，是在追寻什么？”这一核心学习任务；

（2）引导学生聚焦第二小节，关注到“追寻”的第一层意思：追寻“延河、枣园、南泥湾开荒、杨家岭讲话”等历史记忆；

（3）教师补充“延安精神”的资料，让学生认识到这些“地名”“事件”背后的深层含义，领悟诗人真正追寻的是令人向往和赞扬的“延安精神”；

（4）学生联系课文内容和查找的资料讨论“‘延安精神’具体指什么？”并完成下列练习。

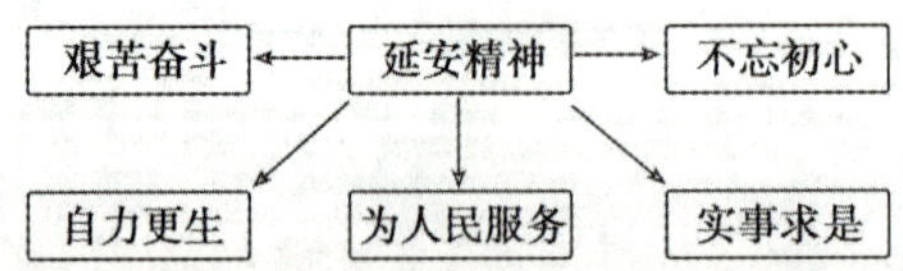

问题

以上是统编小学语文教科书四年级上册《延安，我把你追寻》一课的教学设计片段，请针对该片段写一个教学评析。（不少于200字）／教学设计／教学环节的分析评价

破题方法与参考答案

01 破题方法

①本题3分，可答1～3点。(建议多答，多写不扣分，少写不得分)

②“初读”“细读”“探究”的环节设计步步深入，循序渐进，尊重了学生的主体地位。

③“探究讨论”环节迎合了自主、合作、探究的学习方式。

④教学设计(片段)中没有可以体现教师作用的内容，一个好的教学设计应该体现教师的引导、点拨、评价等内容，所以，应该从优点与缺点两方面答题。

参考答案

优点：①学生是语文学习的主体，教师是学习活动的组织者和引导者，该教学设计中，设计了课前预习、完成表格、探究讨论这一循序渐进的环节，做到了课堂上以学生为中心。②《普通高中语文课程标准》(2017年版)要求要开展自主、合作、探究学习。该教学设计中，设计探究讨论环节，提供背景助读资料，积极激发学生的主观能动性，让他们在思考、交流、讨论中完成探究性学习。

缺点：缺乏启发式教学。《普通高中语文课程标准》(2017年版)要求根据语文学习的特点，保护学生的好奇心、求知欲，鼓励自主阅读、自由表达，激发问题意识。该教学设计缺少师生互动、生生互动的环节，没有体现教师引导学生发现问题、解决问题的环节设计，对学生的启发性不强。

02 破题方法

①本题8分，可答3～4点。

②材料中两次出现“引导”，并有“学生联系课文内容和查找的资料讨论”的内容，由此可以推知，该教师并不会直接给学生答案，或让学生作答，而是引导学生学习。这正是学生主体，教师主导的体现。

③综观该教学片段的四个环节，教师无一不是在引导学生深入理解文本。回忆课程标准中关于阅读教学建议的内容可知，这符合“阅读教学应引导学生钻研文本，在主动积极的思维和情感活动中，加深理解和体验，有所感悟和思考，受到情感熏陶，获得思想启迪，享受审美乐趣”的内容。

④该教学片段的后两个环节均提到“延安精神”，而教学目标中也有“情感态度与价值观”的要求，因此，可以将“延安精神”与学生的精神联系起来。教师之所以提到“延安精神”肯定是想要学生在潜移默化中受到熏陶感染。

⑤《延安，我把你追寻》这篇课文中有一个重要内容——“延安精神”，在该教学片段中，该教师也将“延安精神”放到了重要位置。因此在作答时，考生可直接回忆课程标准中关于“精神”方面的表述，将其与材料一一对应，选出相符合的内容，进行作答。

参考答案

①课标表示，学生是学习的主体，教师是学习活动的组织者和引导者。在教学设计片段中，该教师充分发挥了教师的点拨和引导作用，以提问的方式点出学生的核心学习任务，有助于学生更好地把握课文重难点。

②阅读教学应引导学生钻研文本，在主动积极的思维和情感活动中，加深理解和体验，有所感悟和思考，受到情感熏陶，获得思想启迪，享受审美乐趣。该教师引导学生聚焦第二小节的内容，有助于学生钻研文本，加深理解和体验，有所感悟和思考。

③该教师重视情感、态度、价值观的正确导向，将其渗透于日常的教学过程之中。他在教学过程中引导学生理解“延安精神”，有助于培养学生正确的思想观念，注重熏陶感染，潜移默化，引导学生梳理正确的人生观和价值观。

④语文课程丰富的人文内涵对学生精神世界的影响是广泛而深刻的，学生对语文材料的感受和理解又往往是多元的。因此，应该重视语文课程对学生思想情感所起的熏陶感染作用，注意课程内容的价值取向，要继承和发扬中华优秀文化传统和革命传统。该教师在教学过程中引导学生理解与体悟“延安精神”，正确把握了语文教育的特点。

三、编者意图分析

（一）考查形式

1. 材料

编者意图分析类的题目通常会给考生提供小学或中学课本中的课文内容。练习题编者意图分析通常是提供一篇课文及其课后的练习题；某两篇文章编在同一课或同一单元的编者意图分析通常是提供两篇或三篇文章。

2. 问题

（1）这两篇（或三篇）文章所在的单元的主题是“×××”，把它们编在同一课中的意图是什么？

（2）编者为什么把这两首诗（两篇文章）选编在同一课中，意图是什么？

（3）《×××》的练习中，设计了两道题目，请你分析这两道题目中，蕴含着编者怎样的意图。

(二)答题要点

1. 练习题的编者意图分析

(1)横向比较,洞察编者的意图。例如《掌声》一课:

习题:读一读,想一想。“小英在大家的注视下,终于一摇一晃地走上了讲台。”你认为大家注视的目光中包含了什么?

分析:该习题先出示难点句子,后面以问题的方式提示思考的内容和方向,考生要思考为什么这样安排。要从该问题引申到对前后文的分析上,进行横向比较。

编者意图:这则练习是训练阅读能力的。题目先出示难点句子,后面以问题的方式提示思考的内容和方向。这样绝不只是引导学生联系上下文来单纯地感悟,还有方法上的考虑,即向学生提示这种抠重点词理解、感悟句子的一般性方法,掌握了这种方法,在后续阅读中,学生就可尝试运用,从而达到“授人以渔”的目的。

(2)逆向溯源,推敲编者的意图。例如《珍珠鸟》一课:

习题:默读课文,说说珍珠鸟是怎样逐步“信赖”我的。

分析:编者设计这个问题只是着眼于学生对文本语言的感悟和理解吗?如果是这样,那一篇篇课文不就成了语文学习的终点了吗?语文学习的根本在哪里呢?顺着这个问题追溯下去,我们不难明白,在当下文选型的语文学习中,课文只是一个个的“例子”,是学生学习语文的“凭借”,我们在教学中,就是要用这一个个的“例子”,引导学生练好语文基本功,为后续学习和发展积蓄能量。

编者意图:这种探究性问题训练指向的是课文本身,课文读懂了,学习也就完成了。该习题旨在让学生学用结合,训练学生的概括能力和语言表达能力。

(3)综合梳理,探究编者的意图。例如《高尔基和他的儿子》一课:

习题:请你代高尔基的儿子给高尔基写一封信。

分析:这则练习,从形式上看,是写书信,而书信作为一种文体,对五年级的学生已不陌生;从内容上看,是针对高尔基写给儿子的信写回信,顺应了课文内容,与文本咬合紧密。它不仅具有将读与写有机结合起来训练学生的表达能力的作用,又有回应文本的价值取向、励志笃行的情意导向功能。由此可见,这一题不是单纯的表达练习,而是“代人立言”,具有很强的实践性和操作性,是全面培育学生语文素养的一个重要依托,必须下一番功夫。

编者意图:读写结合,锻炼、考查学生书信写作能力和语言表达能力;提高学生对课文的深入理解;培养学生的创新精神与思维能力;引导学生树立正确的人生观、价值观,全面培育学生的语文素养。

2. 某两篇文章编在同一课或同一单元的编者意图分析

(1)分析文章的共同点

凡是能放在同一课或同一单元的课文都有其共同点，或同是描写景物的，或同是描写亲情的，或同是演讲稿，或同是名著选读，或语言风格相似，或表达技巧相似。因此考生在解答这类题目的时候要抓住其共同点进行分析。例如：

《元日》和《清明》都是描写传统节日的，从不同侧面展现了中华优秀传统文化的魅力。把它们编排在同一篇课文中有利于学生了解不同中华传统节日的民间风俗。

(2)分析单元主题

不管是小学、初中还是高中，他们的课文都是以单元的形式排列组合的，而每一单元都有其主题，在该单元中的课文多是按照这个主题选取的。因此，考生在解答这类题目的时候可以从单元主题的方向作答，分析编者的意图。例如：

《谏太宗十思疏》和《阿房宫赋》所在单元的主题是"倾听理性的声音"，把它们编排在同一单元中有利于学生深入了解古人忧国忧民、心怀天下的品格，进而激发学生关注现实，深入思考。同时也有利于学生领会作者观点及其现实针对性，把握其解决现实问题的理性思维方式，鉴赏文章的说理艺术，学会在辩证分析与合理推理的基础上进行理性判断，养成大胆质疑、缜密推断的批判性思维习惯。

(3)分析文章作用

课本中放置的每一篇文章都有其作用，能够使学生获得某种知识、提高某种能力、树立某种观念、理解某种情感等。因此，考生在解答这类题目的时候可以从文章的作用方面分析。例如：

《我爱这土地》和《乡愁》放在同一单元，能提高学生鉴赏诗歌的能力，体会作者对祖国、家乡的热爱之情。

真题精解»

01 阅读下面的古诗，回答问题。　安徽真题

秋夜将晓出篱门迎凉有感

[南宋]陆游

三万里河东入海，五千仞岳上摩天。

遗民泪尽胡尘里，南望王师又一年。

题临安邸

［南宋］林升

山外青山楼外楼，西湖歌舞几时休？

暖风熏得游人醉，直把杭州作汴州。

问 题

编者为什么把这两首诗选编在同一课中，意图是什么?(4分) / 编者意图分析

---

02 人民教育出版社小学语文五年级下册课文《古诗词三首》的练习中，设计了两道题目，请你分析这两道题目中，蕴含着编者怎样的意图。(10分) / 编者意图分析　云南真题

题目如下：

练习一：读了这三首古诗词，你眼前浮现出怎样的情景？体会到怎样的乐趣？

练习二：小练笔，从本课中选一首自己喜欢的古诗词，改写成一篇短文。

附：《古诗词三首》课文

牧　童

［唐］吕岩

草铺横野六七里，笛弄晚风三四声。

归来饱饭黄昏后，不脱蓑衣卧月明。

舟过安仁

［宋］杨万里

一叶渔船两小童，收篙停棹坐船中。

怪生无雨都张伞，不是遮头是使风。

清平乐·村居

［宋］辛弃疾

茅檐低小，溪上青青草。醉里吴音相媚好，白发谁家翁媪？

大儿锄豆溪东，中儿正织鸡笼，最喜小儿亡赖，溪头卧剥莲蓬。

破题方法与参考答案

01 破题方法

①本题共4分,可从古诗共同特点和作用两方面作答。

②很明显可以看出,两首诗都是南宋诗人写的,南宋的一大特征是国土分裂,由此衍生了一批爱国诗人,而陆游和林升的这两首诗中均体现出了爱国情感。

③这两首诗均从景物描写过渡到表情达意上,考生需要准确分析诗中体现的情感,然后作答。

参考答案

这两首诗时代背景相同,主题相近,均为爱国诗篇,都从不同角度反映出作者对南宋政府苟安一隅,无心北伐的怨愤。把这两首诗选编在同一课,意在培养学生的爱国情操。

02 破题方法

①本题共10分,可先从体现的课标内容入手,接着分析两道练习题的目的、作用。

②练习一是一个内容理解题,只有学生理解了这三首诗词,才能回答,因此练习一的目的便在理解内容上,考生在作答的时候可以结合相关理论。

③练习二让学生改写古诗词,这既需要学生准确深入地理解课文内容,又需要学生有相应的写作水平,因此,这道题的编者意图考生可以从深入理解课文、提高写作水平方面作答。

参考答案

《义务教育语文课程标准》(2011年版)要求:阅读诗歌,大体把握诗意,想象诗歌描述的情境,体会作品的情感;诵读优秀诗文,注意通过语调、韵律、节奏等体味作品的内容和情感。练习一的问题有利于学生整体把握课文内容,体会作品情感,进而体会童年生活的纯真美好。练习二让学生选一首古诗词改编成一篇短文进一步加深了学生对文章的理解,同时也锻炼了学生的写作水平,提高了学生活学活用的能力。

专题三　课堂实录类案例分析答题指导

真题示例

江西小学真题

案例分析。

河北省赵县的洨河上，有一座世界闻名的石拱桥，叫安济桥，又叫赵州桥。它是隋朝的石匠李春设计并参加建造的，到现在已经有一千四百多年了。(选自统编版小学语文三年级下第三单元11课《赵州桥》第1段)

师：好，我们现在就来看，第一段话写了赵州桥是世界闻名的石拱桥，你们看出来了吗？第一段写了赵州桥历史悠久，很古老，有一千四百多年历史，这是座世界闻名又古老的桥，大家跟我一起说。

生：这是座世界闻名又古老的桥。

师：这就对了，再跟老师一起说，这是座世界闻名又古老的桥。

生：这是座世界闻名又古老的桥。

师：又是世界闻名的，又是古老的，你们看这句子填上去，全文的意思不就出来了吗？好！我们把这句子写在第一段前面，“赵州桥世界闻名、十分古老”。

(生写“赵州桥世界闻名、十分古老”)

师：同学们还要做笔记，写上一句话，叫“学会概括”，把一段话用一个简单的语句表达出来这就叫概括。

答题思路

引导学生抓住文段重点理解课文。

概括段落大意，既是内容，又是方法。

学习“概括”的方法与内容，在具体教学中让学生掌握知识。

问 题

以上是余映潮老师的教学实录片段，请写一个教学评析。(8分) / 分析教师行为类

参考答案：①阅读教学应引导学生钻研文本，在主动积极的思维和情感活动中，加深理解和体验，有所感悟和思考。教师应加强对学生阅读的指导、引领和点拨。该教师在教学过程中通过引导、点拨的方法带领学生学习课文，让学生理解课文，获得学习课文的方法。

②语文教学应培养学生自主学习的意识和习惯，引导学生掌握语文学习的方法，为学生创设有利于自主、合作、探究学习的环境。该教师在教学过程中引导学生学会概括课文内容，掌握"概括"的方法，锻炼了学生自主学习的能力。

③在阅读教学中，为了帮助理解课文，可以引导学生随文学习必要的语文知识，但不能脱离语文运用的实际去进行"系统"的讲授和操练，更不应要求学生死记硬背概念、定义。该教师在让学生学习"概括"的时候没有生硬地让学生记忆概括的概念、定义，而是结合具体课文，让学生在实践中学习，提高了学生学习的效率，避免了课堂的生硬。

温馨提示：
通过对历年真题的分析，我们总结出一个规律：凡是有名有姓的教师的教学实录，一般都是名师的优秀教学，分析的时候可以往好的方面分析。

一、课标理念类【高频考点】

(一)考查形式

1. 材料

课标理念类考题的材料多为针对某篇课文的课堂实录片段，这些内容或是师生问答的形式，或是教学叙事片段的形式。

2. 问题

(1)请你根据《义务教育语文课程标准》(2011年版)……的内容，简要评析这个教学片段。

(2)《义务教育语文课程标准》(2011年版)指出"……"，简要分析这个教学片段是如何有效落实这一点的。

(3)根据语文课程标准的……，从……方面评析这段教学实录。

(4)请用《义务教育语文课程标准》(2011年版)的相关理论，说说这则案例给我们哪些启示，并结合案例具体分析。

(5)阅读下面一则案例，并根据语文新课程的理念加以分析。

（二）答题要点

1. 分析案例中教师的教学。

2. 分析教学中体现的课标的内容。

3. 考生答题时要将课标的内容与材料结合分析，即理论结合实际。

> 温馨提示：一个教学案例中可能体现了多个课标的内容，考生要全面分析，分条列述；有时也可将课标理念与内容糅合表述。

（三）高分答题模板

模板一：该教师的教学体现了课标________（课标内容）的内容。教师在教学过程中________（分析教学行为）。

模板二：该教师在教学中________（分析教学行为），符合（迎合／体现）了课标________（课标内容）的要求（内容）。

真题精解

01 下面是一位教师关于“小草从地下探出头来，那是春天的眉毛吧？”（选自二年级下册《找春天》）这句话的教学片段实录：　**江西真题**

师：小朋友们，想一想春天来了，除了小草有变化，还有什么有变化呀？

生1：老师，春天桃花开了，柳树发芽了。

生2：老师，春天我又看到小青蛙了。

生3：老师，春天麦苗也长高了。

师：同学们很善于发现，课文上说“小草从地下探出头来，那是春天的眉毛吧？”那么你觉得桃花像春天的什么呀？柳树、小青蛙又像春天的什么呀？你能试着写一句吗？（课件出示：“________，那是春天的________吧？”学生练习仿写）

学生作品展示：A. 桃花悄悄盛开了，那是春天的耳朵吧？B. 冬眠的小青蛙睡醒了，那是春天的生命吧？C. 泉水欢快地跑着，那是春天的脚步吧？D. 河里的小蝌蚪出现了，那是春天的孩子吧？

问　题

请你结合《义务教育语文课程标准》（2011年版）相关理念，对以上教学片段进行分析。（9分）／课标理念类

02 以下是统编本三年级上册《司马光》教学实录片段，请结合新课程理论进行分析评点。(10分) / 课标理念类 河南真题

师：同学们生字写好了，再次回到课文。前面交流时，我们说读不懂文言文的时候需要看注释，接下来就请你们在注释的帮助下，用自己的话给同桌讲一讲。(同桌相互演练)

师：谁愿意讲讲？

生：一群小孩在庭院里玩，一个小孩爬上了缸口跌到了水中，其他小孩全都跑回了家，只有司马光拿起石头砸破了水缸，水流了出来，小孩得救了。

师：他讲得好吗？该怎么夸夸他呢？请你们来表扬表扬他。

生：你讲得很清楚，我需要向你学习。

师：你们在课堂上有这样的面对面交流真好，刚才这位同学讲的故事与课文有点出入，你们注意到了吗？他说的是爬上了缸口，用石头砸破的也是缸，但文章里边说的是？

生：瓮。

师：缸和瓮一样吗？怎么不一样？请看屏幕(出示)。

破题方法与参考答案

01 破题方法

①本题9分，可答3~4点。(标准的为3点，为防错答或漏答，可答4点)

②问题要求结合课标的相关理念进行分析，课标中能作为依据的有课程基本理念、第一学段阅读教学目标、教学建议(四个主要建议及关于阅读教学的具体建议)、评价建议(四个主要建议及关于阅读教学的具体建议)。

③教师用问题引导学生，让学生独立思考，自主回答，这是学生主体，教师主导的体现，考生可回忆相关理论。

④教师教学这句话的时候没有直截了当地进行字句翻译帮助学生理解句意，而是引导学生一步步根据自身经验进行理解，正确运用了教学方法。

⑤该教师在学生回答后说了“同学们很善于发现”，这是对学生的鼓励、表扬，是与评价相关的，而课标中与评价相关的多在“评价建议”中。

⑥朗读材料可知，在这个教师的课堂上，学生很活跃，能积极发言，无论是回答问题还是仿写句子，学习的兴致很高昂。这是教师能关注学生学习兴趣，注重提高学生写作能力的体现。（关于这一点，考生要学会推导，试卷篇幅有限，不可能将学生争相发言的情形完美呈现，因此多会采用以少见多的方法，考生需要观察学生及教师的反应，有时材料中也会明确给出）

参考答案

案例中这位老师的做法是值得我们学习的。

①学生是语文学习的主体，教师是学习活动的组织者和引导者。语文教学应在师生平等对话的过程中进行，教师要为学生创设有利于自主、合作、探究学习的环境。在材料的整个教学过程中，学生的发言和作品都十分精彩，这离不开材料中教师的引导。把课堂交给学生，为学生创设良好的学习环境，有利于学生学习活动的开展。

②重视启发式教学，引导学生钻研文本，在主动积极的思维和情感活动中，加深情感和体验；材料中教师引导学生理解句子时，循循善诱，体现了这一理念。

③注重形成性评价，注重激励、鼓励评价，有利于激发学生的学习兴趣，树立学生的自信心。案例中教师及时表扬学生的“善于发现”，激发了学生接下来的学习热情。

④二年级属于第一学段，第一学段的阅读教学要注重培养学生热爱阅读的兴趣，让学生喜欢阅读。同时，第一学段的写作教学定位于“写话”，这是为了降低学生写作起始阶段的难度，培养学生的写作兴趣和自信心。材料中学生的学习积极性较高，教师的教学方式灵活多样，这有助于学生阅读兴趣的提高。

02 破题方法

①本题10分，可答3～4点。

②首先提取材料重点：A. 该教师让学生读不懂文言文的时候看注释；B. 让学生根据注释自己理解课文；C. 在学生回答问题后进行了表扬；D. 在学生回答出错时及时点出并进行了纠正。

③其次将提取出来的重点与课标中的内容一一对应：A对应关于文言文阅读评价的评价建议注释部分，B对应以学生为主的相关理论，C对应激励性评价的相关内容，D对应教师的点拨引导作用的相关理论，C、D共同对应评价主体的多元化的相关理论。

④将上述理论内容挑选重点结合材料整理成文字写在答卷上。（注：如果不确定重点，或不确定自己有没有答到点子上可全部写出来，分条列述，但不应超过5点）

参考答案

①课标指出，评价学生阅读浅易文言文，重点考察他们能否凭借注释和工具书理解文章大意。该教师在教学过程中引导学生学习文言文时要看注释，教给了学生学习的方法。

②课标要求要注重评价主体的多元与互动，加强学生的自我评价和相互评价，促进学生主动学习，自我反思。该教师引导学生相互评价，有利于提高学生学习的积极性，充分发挥榜样的作用。

③学生是学习的主体，教师是教学的组织者和引导者，要充分发挥教师的点拨和引导作用。该教师在教学时面对学生回答出现的偏差，不是简单地批评、指正，而是发挥教师的点拨引导作用，引导学生主动发现问题，解决问题。

二、分析教师行为类【高频考点】

（一）考查形式

1. 材料

分析教师行为类考题的材料多为针对某篇课文的课堂实录片段，这些内容或是师生问答的形式，或是教学叙事片段的形式。

2. 问题

（1）分析教师在教学过程中使用的……。

（2）分析教师的教学所体现的……。

（3）请你从教学目标和教师引导语等方面作简要评析。

（4）结合课标分析该教师的行为。

（5）阅读下面一则教学案例，请对该教师的做法加以评析。

（6）请分析该教师……（某环节）的特点。

（二）答题要点

1. 明确指出该案例所考查的理论知识。例如：

该教师在材料中的________（识字／阅读／写作等）教学中，创设了一个________教学情境，对学生的学习起到了________作用，遵循／违背了________（相关理论知识）。

2. 结合案例中的内容，分点解析。（理论+对理论的简要解释+结合相应材料）例如：

教学活动主要应在具体的交际情境中进行，不宜采用大量讲授口语交际原则、要领的方式。在口语交际教学中要引导学生在具体的情境中进行学习、训练。该教师在进行说话课教学时，为

学生创造了一个真实具体的口语交际情境，选择了一个贴近生活的话题。“招待客人”是每一个学生都会遇到的情境，有利于学生迅速地进入状态，提高学生的学习兴趣。这样师生在充满生活情趣的情境中和谐、自然地开展对话，使教学真实而自然，让学生乐于表达，极大地提高了教学效率。

3. 总结案例中的教师行为优劣和对学生学习的影响，如果教学内容存在不当之处，还要简述正确的做法。例如：

兴趣是最好的老师，在教学中要激发学生的学习兴趣。该教师的教学枯燥无味，没有充分调动学生学习的积极性，教师回答代替学生回答使课堂成了教师的表演场，不利于学生学习兴趣的激发和学习能力的提升。

真题精解

01 以下是某教师在教学《桂林山水》时指导学生朗读的教学片段。(8分)　浙江真题

PPT出示课文片段：“漓江的水真静啊，静得让你感觉不到它在流动；漓江的水真清啊，清得可以看见江底的沙石；漓江的水真绿啊，绿得仿佛那是一块无瑕的翡翠。”

师：哪位同学能有感情地、美美地读读这一段？(师指名)

生：“漓江的水真静啊，静得让你感觉不到它在流动……”

师：同学们，他读得响不响亮，美不美？请你读得再响亮些，再美些，好吗？

生：(只好红着脸再大声读)……

师：读出感情了吗？读出漓江水的美了吗？请同学们再齐声朗读一遍。

生：(大声齐读)……

问题

这位教师的朗读教学存在哪些问题？如果是你，你会怎样指导学生朗读呢？／分析教师行为类

02 简要分析《会走路的树》一课的两则教学案例（片段）中教师的教学行为。（8分）/ 分析教师行为类　江苏真题

案例一：

师：瞧，春天的早晨多么美好，空气多么清新，花儿多么芬芳。咦，快看！还有一棵金色的小树在树林里走来走去，让树林显得更美丽了。

师：这时候小鸟看见了，很是好奇，树为什么会走路呢？你们会怎么想？

生：很好奇树为什么会走路。

师：我还没见过会走路的树呢！

生：你能让我到你身上坐一坐吗？

师：小树会怎么回答？

生：当然可以。

案例二：

师：瞧，春天的早晨多么美好，空气多么清新，花儿多么芬芳。咦，快看！还有一棵金色的小树在树林里走来走去，让树林显得更美丽了。

师：这时候，小鸟看见了，觉得怎么样？

生：很好奇。

师：小鸟，你为什么好奇呢？

生：树怎么会走路呢？我没见过会走路的树。

师：是啊！请你来好奇地问一问。

生：你能让我到你身上坐一坐吗？

师：很有礼貌！小鸟多有礼貌呀！你可真是彬彬有礼呀！面对如此彬彬有礼的小鸟，小树会怎么回答？

生：当然可以。来吧！

师：小树很友善，小树很热情。多热情的小树呀！

（同桌之间练读对话）

师：你能用你的朗读和表情表现出来吗？

（教师指名同桌对话，男女生对话）

师：就这样，他们快乐友好地相处着。你还从哪些地方看出他们俩友好快乐地相处？请你再来读读课文第2、3自然段，找找感受深的词语圈圈画画。

（板书：快乐友好）

生：小树带着小鸟玩了好一会儿，才把小鸟送回家。

师:你找到这一句。哪个词语看出他们俩友好快乐地相处?

生:“好一会儿”。

师:“好一会儿”说明了什么?

生:他们在一起时间长,不想回家,玩得很开心。

师:是啊!玩了好一会儿,才回家。请你读出快乐来。

生:小树带着小鸟玩了好一会儿,才把小鸟送回家。

破题方法与参考答案

01 破题方法

①本题8分,可答2~3点。

②这段材料是一个朗读教学片段,而题干中要求找出教师朗读教学存在的问题,这说明该教师的教学是有问题的,因此考生在分析的时候要带着这个方向思考。

③在材料中,教师只出现了三次:第一次让学生读句子,似乎没有毛病;第二次让学生读得“再响亮些,再美些”,其中隐含了一个信息,他觉得学生读得不好,学生读得不好教师却不进行指导,而是让学生再读,这就是该教师教学的第一个问题,没有进行适当的指导,而下面学生“只好红着脸再大声读”说明该教师的行为伤害到了学生,这就是该教师教学的第二个问题,评价不得当,打击了学生;第三次教师再次以提问的方式表达自己的不满,却仍没有指导,而是让全班朗读。

参考答案

①该教学片段中,当学生的朗读出现问题时,教师没有进行引导、点拨就让学生再次朗读,打击了学生的学习积极性。学生是语文学习的主体,教师是学习活动的组织者和引导者。当学生的学习遇到问题的时候,我会及时发挥教师的引导作用,对学生作适当的引导、点拨。

②当该学生的朗读没有达到教师的预期时,该教师直接从语言上表达了自己的意见,让学生重新读,打击了学生的自尊心和自信心。在教学过程中,要充分发挥语文课程评价的多种功能。面对学生的回答,我会发挥教学评价反馈和激励的功能,有效地促进学生的发展。

③在该教学片段中，教师只是在提问学生朗读，并没有进行指导，忽视了教师的作用。阅读教学是学生、教师、教科书编者、文本之间对话的过程，我会加强对学生阅读的指导、引领和点拨。

02 破题方法

①本题8分，可答2～3点。

②考生需要确定一点，两个材料是针对同一篇课文的教学实录，因此该题是偏向于对比的分析，考生在分析教师教学行为的时候一定要找准两个教学的差异点。

③首先针对同一部分的教学，两个教师的过程却一多一少，我们基本可以确定，过程少的是有问题的，接下来只需验证即可。

④案例一是典型的一问一答，没有评价点拨，也没有深入引导，课堂不活跃，学生回答也没有新意，这是该教师教学的问题所在。而案例二中的教学，教师循循善诱，引导点拨多管齐下，学生积极互动、想象丰富新意满满，这是该教师教学的优点所在。

参考答案

①教师应加强对学生阅读的指导、引领和点拨，但不应以教师的分析来代替学生的阅读实践，不应以模式化的解读来代替学生的体验和思考。案例一中的教学完全是教师提出问题，学生回答问题的模式，在该教学中教师的教是主动的，但学生的学却是被动的，不能激起学生学习的积极性。案例二中教师通过启发，让学生自主发现问题、解决问题，极大地提高了学生的学习积极性。

②阅读教学应引导学生钻研文本，在主动积极的思维和情感活动中，加深理解和体验，有所感悟和思考，受到情感熏陶，获得思想启迪，享受审美乐趣。案例一中的教师并没有对课文进行深入教学，提问与回答也都是课文中的内容，不利于学生对课文的理解。而案例二中的教师通过有感情的朗读，激发学生的思考和想象，引领学生走进文本，品味语言文字，通过小树与小鸟之间快乐友好的交往，感悟课文的深刻内涵，让学生在轻松、愉快的氛围中学习课文，加深了学生对课文的理解和掌握。

③一堂好的语文课应是注重朗读品味，注重情感熏陶、价值引领，以人为本，充满人文关怀的语文课。案例二中的教师便很好地做到了这一点，将知识与能力、过程与方法、情感态度与价值观融为一体。而案例一是典型的教师主体的旧式教学方式，需要改进。

三、借鉴意义类

(一)考查形式

1. 材料

借鉴意义类考题的材料多为针对某篇课文的课堂实录片段,这些内容以师生问答的形式呈现。

2. 问题

(1)请依据课文,从“×××”的角度评析下面的教学片段有哪些可取之处。

(2)下面是《×××》一课的教学片段,请你谈谈它对于×年级识字/写字/阅读/写作/口语交际/综合性学习课教学的借鉴意义。

(二)答题要点

1. 分析、总结该教师教学过程中好的教学行为反映(违反)的课标的内容。

2. 叙述、解说教师行为好(不好)在哪里,有什么作用(影响)。

3. 总结说出在××(文体)教学中要(应该)怎样做。

(三)高分答题模板

1. 高分答题模板一

课标要求________。该教师在教学中________(教学行为),有利于(激发了/提高了/锻炼了)学生________(作用、结果)。(因此,在________[文体]教学中,教师要________[相应要求、行为])

2. 高分答题模板二

在________(教学类型)教学中,教师要________(教学理念/课标内容/正确教学行为)。该教师在教学中________(教学行为),有利于(激发了/提高了/锻炼了)学生________(作用、结果)。

温馨提示:

一个教学案例中可能有不止一个具有借鉴意义的地方,考生要全面分析,分条列述。

真题精解

阅读李清照《如梦令》的教学实录片段，回答问题。　安徽真题

如梦令

[宋]李清照

常记溪亭日暮，沉醉不知归路。兴尽晚回舟，误入藕花深处。争渡，争渡，惊起一滩鸥鹭。

师：我们今天来学习李清照的一首词，谁来读？（生读）

师：读得好，我发现你每行的最后一个字读得都很重，为什么要读得重呢？

生：因为最后一个字都是在表达感情。

师：不全是，你再说。（师笑着说）

生：最后一个字押韵了。

师：古诗词最后一个字是韵脚，要念重音，你33个字，念对了32个。（师竖起大拇指）“兴”读得不对，“兴”是什么意思呢？

生：兴趣。

师：春游的时候有一个词？

生：兴致勃勃。

师：玩得很高兴，回来了，这叫——乘兴而去，兴尽而归。如果你没有玩高兴回来了，叫——

生：扫兴而归。

师：或者说败兴而归，谁再来读《如梦令》？（生读）

师：你有没有听出来两位同学读得不一样？哪里不一样？

生：断句。

师：这里不叫断句，叫停顿，你有没有听见他在哪里一定会停顿？

生：两个字后面。

师：两个字后面停一停对不对，为什么？

生：不一定对。

师：古诗词是有规律的，比如说五言诗《登鹳雀楼》背一下。（生背诵）

师：怎么停顿？

生：前两个字后面停顿。

师：前二后三。

师：《早发白帝城》背一遍。（生背诵）

师：前四后三，后三个字非常重要，这叫三言结构。后面三个字理解了，这首诗就理解了。《如梦令》这首词是前两个字很重要，读一读。

生：常记、沉醉、兴尽、误入、争渡、惊起。

师：这都是什么词？

生：动词。

师：讲事情都要用动词的，诗词都是根据这个来停顿的。（生读）

师：读诗歌要注意押韵、停顿。光这两点还不够，还有第三个秘籍。

生：抑扬顿挫。

师：有没有规律呢？哪个字长？哪个字短？我们根据什么来判断？我们在识字的时候，都知道声调吧，我们有哪几个声调？

生：一二三四声。

师：这个叫——（老师比画声调）阴平，阳平，上声，去声，三四声是仄声。平长仄短。这就是古诗词的朗读规律，如果我们用这首词的平仄谱个曲，这样来读。（师示范，生读）

师：你们用手比画再练读。（生练读）

师：如果这样拉长读，是不是就和刚才不一样？像唱歌一样好听，这个才叫美呀！谁再来读？（生读）

（选自薛法根教学实录，有改动）

问　题

谈谈本教学实录片段对小学古诗词教学的借鉴之处。（6分）/ 借鉴意义类

破题方法与参考答案

破题方法

①本题6分，可答2～3点。

②通读整个教学片段可知，教师以朗读为主线，这说明该教师重视朗读教学。

③在朗读教学的过程中教师又穿插了断句和字词理解，说明在教学过程中该教师注重品味语言。

④该教师的提问充满了循循善诱的意味，善于挖掘学生自己的想法，这说明该教师尊重学生自己的感受。

⑤从整个教学片段来说，该教师不会明确给出学生答案或结果，而是通过提问、引导、点拨的方式让学生自主思考，这就是学生主体，教师主导的体现。

参考答案

①各个学段的古诗词教学都要重视朗读，要让学生在朗读中通过品味语言，体会作者及作品中的情感态度，学习运用恰当的语气、语调朗读，表现自己对作者及其作品情感态度的理解。该教学实录片段中，教师非常重视对古诗词的朗读，在学生朗读的过程中发现重音、停顿、押韵、抑扬顿挫等问题并相机指导。

②要珍视学生独特的感受、体验和理解。教师应加强对学生阅读的指导、引领和点拨，但不应以教师的分析来代替学生的阅读实践，不应以模式化的解读来代替学生的体验和思考。该教学实录片段中教师尊重学生的感受和理解，重视启发式教学，在一问一答中引导学生读准字音。

③应尊重学生的主体地位，发挥教师的引导作用。该教学实录片段中教师充分地尊重了学生的主体地位，让学生在活动中读出古诗词的韵味，引导学生学习古诗词。

四、总结类

（一）考查形式

1. 材料

总结类考题的材料多为针对某篇课文的课堂实录片段，这些内容以师生问答的形式或是教学叙事片段的形式呈现。

2. 问题

(1)第X单元的语文要素是……。谈谈本教学实录片段是如何落实的。

(2)概括说明以上教学实录中教学……的教法。

(3)请评析该教师在……方面采用了哪些策略。

(二)答题要点

总结类案例分析题在答题过程中需要考生能够严格分析材料,根据材料中体现的内容进行总结,得出关于某类教学中教师应该怎么做或教师做了什么的结论。

作答这类题时,考生首要的任务是从材料中提炼出自己的观点,其次可将观点与相关理论知识相结合进行点评,发表自己的见解。

真题精解

阅读部编教材五年级上册第四单元课文《圆明园的毁灭》教学实录片段,回答问题。　安徽真题

学生:齐声朗读《圆明园的毁灭》第三自然段。

圆明园中,有金碧辉煌的殿堂,也有玲珑剔透的亭台楼阁;有象征着热闹街市的"买卖街",也有象征着田园风光的山乡村野。园中许多景物都是仿照各地名胜建造的,如海宁的安澜园、苏州的狮子林、杭州西湖的平湖秋月;还有很多景物是根据古代文人的诗情画意建造的,如蓬岛瑶台、武陵春色。园中不仅有民族建筑,还有西洋景观。漫步园内,有如漫游在天南海北,饱览着中外风景名胜;流连其间,仿佛置身在幻想的境界里。

老师:你看,作者用上"有""也有"等词语,就把它们联系起来,很有条理。这么多景物是世界奇迹,耳听为虚,眼见为实,我国古代的宫廷画师把当时园中最美的40处景色画出来,现在通过3D还原了,你最想去哪里看看?

学生:我最想去方壶胜境去看看。

老师:能说说理由吗?

学生:因为我在《忆圆明园轶事》中看到了"忆方壶胜境",所以我很想了解了解。

老师:真好,你课前查找资料,说明老师课前布置的"查资料"这个任务完成得特别棒!

学生:我想去平湖秋月,因为我们杭州也有平湖秋月,想看看两处有什么不同。

老师:同学们还有很多想去的,那我们一起去看看吧。

(老师播放视频)

老师:一个短片可以让我们领略昔日圆明园的盛景,如你所愿,能说说你看过的感受吗?

学生：我感到这里宛如仙境一般，就像短片中说的，秦始皇都没有办法建成的仙境。

问题

第四单元的语文要素是：结合资料，体会课文表达的思想感情。谈谈本教学实录片段是如何落实的。(4分) / 总结类

破题方法与参考答案

破题方法

①本题4分，可答2点。

②题干让考生分析案例如何落实语文要素，而语文要素是“结合资料，体会课文表达的思想感情”，这里面有两个重点，“结合资料”和“体会感情”。

③分析材料中的重点，教师首先点出关联词语让学生理解圆明园景的多，又用多媒体让学生体会圆明园景的精，还用课前查资料的任务让学生知道圆明园景的美。这里面的资料有课文本身、多媒体资料、课前查的资料，而这些均落脚在让学生体会圆明园的昔日辉煌上，也就更能让学生体会圆明园毁灭的屈辱历史，激发学生的爱国情感。

温馨提示：当案例材料过短的时候，往往教师的每一句话，每一个行为都可能成为你作答的点，需要你认真分析、思考。

参考答案

①教师让学生朗读课文，并指出“有”“也有”等词语，让学生了解圆明园的美丽与辉煌，有利于激发学生热爱祖国文化、仇恨侵略者野蛮行径的情感，增强振兴中华的责任感和使命感。

②教师课前布置“查资料”这个任务，让学生提前了解圆明园的相关信息，有利于激发学生学习和参与课堂的兴趣，更好地理解文章所要表达的思想感情。

③通过观看视频，能让学生更直观地领略圆明园昔日的盛景，再对比如今圆明园的毁灭，让学生的情感反应更强烈，更能理解课文要表达的思想感情。

专题四　真题集训

一、教学设计类案例分析

01 阅读统编版教材三年级上册第四单元口语交际“名字里的故事”教学过程，回答问题。 安徽真题

一、老师讲故事，感受名字里的意味。听老师讲名字里的故事。

二、讲得清楚有条理，听者礼貌有回应，讲述名字里的故事。

1. 明确交际要求，把了解到的信息讲述清楚。听别人讲话的时候，要礼貌回应。

2. 把名字里的故事讲清楚，要做到哪些？（明确：一是什么名字，二是名字的含义或故事）

3. 让我们用上这些“法宝”来讲一讲名字里的故事。讲的时候声音要响亮，吐字要清晰，还要注意讲述内容的条理性。

4. 谁愿意带上姓名牌，来介绍你名字里的故事？

5. 他讲得清楚吗？请你对照要求来评一评。

三、朋友之间相互评，评价交流促提升。

1. 现在就拿着你的姓名牌，到好朋友身边，互相交流名字里的故事吧。

2. 好朋友讲的时候，你觉得他讲得清楚吗？他讲的时候你做到有礼貌地回应了吗？请相互评一评吧！

四、拓展延伸，说说名字里的意味。

1. 名字里的时代变迁。（出示：张建国、陈卫东）

2. 名字里藏着的爱。（出示：吴阿菊、刘得福、沈冬梅）

3. 印刻人物特点的名字：一起来玩“猜猜乐”和“对对碰”。（刷子李、泥人张、张大力）

问　题

写出本教学实录第二环节的设计意图。（6分）

02 阅读安徒生《皇帝的新装》两个教学片段，回答问题。　安徽真题

《皇帝的新装》教学片段一

（一）导入

1. 作家作品简介。

2. 关于童话。

（二）课文朗读与分析

1. 分角色朗读课文，要求正确、流利、有感情地朗读。

2. 探究质疑，请按照“爱新装—看新装—穿新装—展新装”的顺序，给课文分段。

（三）自主学习

分别复述“爱新装”“看新装”“穿新装”“展新装”的内容。（每重复一部分后，教师用几个问题串起本部分的课文分析）

（四）合作探究

1. 皇帝是一个怎样的人？从课文中找出语句分析

2. 那些大臣又是怎样的人？从课文中找出语句分析。

3. 这篇文章讽刺了什么？告诉了我们什么道理？请归纳它的中心。

4. 想象这个皇帝游行完毕回到皇宫后会采取什么行动。

（五）作业

请展开想象的翅膀，学习安徒生夸张讽刺的笔法，为童话续写一个结尾。

《皇帝的新装》教学片段二

（一）你怎么知道这是一篇童话？

（二）你觉得文中最具夸张力（想象力）的地方在哪里？

（三）你认为闹剧成功上演的最主要因素是什么？

（四）你会怎么设计这篇童话的结尾？

（节选自《中学语文教学参考》2021年第1期）

问题

潘新和教授说：阅读离开了文体，必定是不得要领的。比较阅读《皇帝的新装》两个教学片段，并分别加以评析。（6分）

03 阅读“家乡文化生活”单元教学统筹规划，完成(1)～(2)题。 安徽真题

“家乡文化生活”单元教学统筹规划

(一)基本教学流程

1. 让学生了解学习目标、内容与任务，了解学习方法，了解与本单元相关的文化常识，选择适当的课题或项目，组建学习小组，拟定活动计划；

2. 开展课外实践，通过采访、调查、实地考察、网上查阅、进图书馆等多种方式搜集资料；

3. 回归课堂，整理资料，提炼并形成高质量的成果；

4. 通过多种方式在班级分享交流，相互学习；

5. 修改和完善学习成果，完成学习总结与反思。

(二)单元教学计划

1. 激趣导学课(1课时)

教学任务：指导学生阅读教材，了解本单元的学习任务；提供案例供学生欣赏，激发学生的学习兴趣。

学习资源：教材单元学习任务清单。

评核依据：学习笔记。

课外学习(1～3天)：浏览教材和单元学习任务书，了解本单元学习目标。

评核依据：圈点勾画。

2. 知识准备课(1课时)

教学任务：指导学生学习相关的“文化常识”“研究方法”(学习方法)和“文体常识”(写作常识)。

评核依据：任务书批注，学习笔记。

课外学习(3～5天)：自读单元学习任务书“掌握必备知识”部分；绘制思维导图。

评核依据：圈点勾画，思维导图。

3. 活动设计课(2课时)

教学任务：指导学生根据自己的选题建立学习小组，拟定活动方案。

评核依据：学习笔记，活动方案。

课外学习(30天左右)：指导学生根据活动方案开展学习，重点是搜集资料。

评核依据：活动记录，搜集的资料。

4. 成果提炼课(2课时)

教学任务：组织、指导学生整理资料，提炼成果，做好分享准备。

课外学习(3～5天)：整理资料，提炼研究成果；写学习总结。

5. 分享交流课(2课时)

教学任务:组织、引导学生分享学习过程和经验;展示学习成果,赏析评点,修改完善。

评核依据:学习成果,分析资料。

课外学习(3~5天):修改完善研究成果。

6. 总结评价课(1课时)

教学任务:组织、指导学生完成自我总结,小组总结,班级总结;根据单元学习要求,做单元测试。

学习资源:学习报告单。

评核依据:综合评价报告单、笔试成绩。

注:该计划中前五类课型的学习资源都是教材的单元学习任务书。

(节选自《中学语文教学参考》2020年第9期)

问题

(1)"家乡文化生活"单元教学计划安排,课内9课时,课外大约两个月。本单元学习活动可以贯穿在上半学期或下半学期。请简要概括这样安排的目的。(5分)

(2)为了帮助学生更好地完成本单元"学习任务",教师需要开发、丰富和完善教学资源,为学生提供有用的、有效的学习支撑。参照本单元教学计划中的"学习资源",你还可以从哪些方面开发教学资源?(5分)

04 阅读统编版义务教育教科书三年级下册的《古诗三首》,回答问题。　安徽真题

绝　句

[唐]杜甫

迟日江山丽,春风花草香。

泥融飞燕子,沙暖睡鸳鸯。

惠崇春江晚景

［宋］苏轼

竹外桃花三两枝，春江水暖鸭先知。

蒌蒿满地芦芽短，正是河豚欲上时。

三衢道中

［宋］曾几

梅子黄时日日晴，小溪泛尽却山行。

绿阴不减来时路，添得黄鹂四五声。

问题

这三首诗所在的单元的主题是“可爱的生灵”，把它们编在同一课中的意图是什么？（2分）

---

05 阅读《中国石拱桥》说课稿的“说教学过程”部分，回答问题。　湖北真题

1. 赏桥，了解桥之义

教师展示多种多样的桥的照片，组织学生交流：这些桥有什么共同特点？结合自己的观察和理解，用一句话说说什么是“桥”。

2. 说桥，领悟桥之理

(1)让学生快速默读全文，边读边勾画关键语句，结合文中的关键语句，把握课文主要内容并相互交流。

明确：①石拱桥的桥洞成弧形，在世界桥梁史上出现得比较早。这种桥不但形式优美，而且结构坚固，历经成百上千年仍在发挥作用。②中国石拱桥历史悠久，几乎到处都有，且大小不一、形式多样，有许多是惊人的杰作，如河北赵州桥、北京卢沟桥等。③为什么中国石拱桥会有如此光辉的成就？一是我国劳动人民的勤劳和智慧；二是我国石拱桥建造技术高超，用料省，结构巧，强度高；三是各种建材丰富，便于就地取材。④桥梁建设已成为我国走向世界的一张亮丽名片，如武汉长江大桥、港珠澳大桥等。

设计意图：既是对文本内容的熟悉，也是训练学生提取关键信息的能力，为小组探究活动提出问题，解决问题做准备。

(2)学生活动:以小组为单位,任选一个角度讨论,这篇文章为什么会放在初中阶段第一个说明文单元的第一篇?可从四个角度思考:①说明方法:通过组合关键语句已了解了本文的主要内容,其他内容是不是可以删除?为什么?②说明语言:本文语言准确严谨,但文中有一些不确定表述,如“大约”“可能”“几乎”等词多次出现,你如何看?请结合具体语句作简要分析。③说明顺序:赵州桥和卢沟桥的例子能调换先后顺序吗?为什么?文中还有这样的例子吗?④说明结构:开头两段讲石拱桥的特点是否多余?最后一段有什么作用?

设计意图:以上四个问题涉及重点不同,但是包括了说明方法、说明文语言的特点、说明顺序、篇章结构等重要知识。在尊重学生阅读体验的基础上,教师引导学生运用已学的说明文知识,并在文本讲解中穿插重点字词的积累。

3. 游桥,欣赏桥之美

学生活动:文中重点介绍赵州桥和卢沟桥,二者是怎样体现中国石拱桥特征的?分小组开展活动。

(1)绘制说明图:根据课文内容,画出赵州桥或卢沟桥的示意图,在相应位置上标出数据。

(2)整理导游词:根据课文内容。草拟有条理地介绍赵州桥或卢沟桥的导游词。

(3)赵州桥或卢沟桥介绍:根据课文内容、导游词以及自己的合理发挥,有条理、有重点、有详略、有趣味地为大家介绍一座桥。

设计意图:该活动是要让学生更加深刻地理解“赵州桥和卢沟桥是怎样体现中国石拱桥特征的?”

4. 布置课后作业练习

(1)完成本篇课文中的重点字的读音与书写、重点词语的记忆与理解等字词积累。

(2)根据文章内容,完成思考探究第一题。

(3)批注并交流文中还有哪些我们在课堂上没有说到的说明方法。

问题

分析这样的教学过程将使学生获得的语文知识和语文能力。(8分)

06 以下是一位教师对统编初中语文七年级上册第二单元教读课文《秋天的怀念》的教学设计，请你从教学目标和教学过程两方面进行综合评述。(6分) 湖南真题

《秋天的怀念》第一课时教学设计

教学目标：

(1)抓住人物语言、动作、神态等描写体会母爱，把握人物形象；

(2)通过"读写结合"等生动有趣的语言实践活动，学会描写爱；

(3)在读中提升情感，理解母爱内涵，唤起对母爱的共鸣。

教学过程：

(一)情境导入，整体把握(预计用时：3分钟)

教师简介史铁生的生平，再出示《合欢树》片段。有感情地朗读这段话，并说说从中读懂了什么，再过渡到本文的学习上，板书课题。并提问：作者在秋天怀念谁？为什么会在秋天怀念？明确：怀念母亲。

(二)品读课文，体会母爱(预计用时：15分钟)

找出文中关于母亲的语言、动作、神态描写的语句，师生一起有感情地朗读，并反复揣摩，体会母爱的深沉，把握母亲形象。

(三)读写结合，描写母爱(预计用时：20分钟)

史铁生通过一个个细节描写了母爱，让我们为之感动。我们的身边也有很多这样的爱的细节。出示学生习作《大爱无言》，指名朗读，小组评议：作品中写了哪些让人感动的细节？

片段写作训练：母亲最让我感动的一个细节。(8分钟)

交流、分享学生写作成果。

(四)总结评价，感恩母爱(预计用时：2分钟)

总结学生课堂表现。

提出母爱伟大而深沉，同学们要珍惜身边的幸福。

布置作业：为自己的母亲做一件力所能及的事。

07 某教师在一年级口语交际教学《我们的画》中设计了以下几组活动：　江西真题

活动一：教师在课前把教室布置成刚刚举办过“二年级画展”的样子，学生自由观赏，与环境互动，自然地萌发办自己班级画展的愿望。

活动二：让学生以小组为单位，介绍自己的画，请小组里的伙伴对自己的画提出修改意见，并进行修改。

活动三：教师出示自己的画，进行示范介绍，请学生介绍并为绘画作品提建议。为学生提供交际案例，让学生仿照老师的样子，自然、大方、有礼貌地向好朋友介绍自己的画，把话说完整，把图画的内容说清楚。好朋友要仔细倾听，认真评价。

活动四：以小组为单位，推选评委，带领大家评选“最受欢迎的画”。

活动五：请获奖的同学发表获奖感言，其余学生当小记者采访。

问题

请从教和学的角度评价这则设计。(10分)

08 人民教育出版社小学语文五年级下册课文《杨氏之子》的练习中，设计了两道题目，请你分析这两道题目中，蕴含着编者怎样的意图。(10分)　云南真题

题目如下：

练习一：参考注释，理解每个句子，再流利地朗读课文。

练习二：你认为杨氏之子的回答妙在哪里？和同学交流阅读心得。

附：《杨氏之子》课文

杨氏之子[①]

梁国杨氏子九岁，甚[②]聪惠[③]。孔君平诣[④]其父，父不在，乃[⑤]呼儿出。为设果，果有杨梅。孔指以示[⑥]儿曰[⑦]：“此是君家果。”儿应声答曰：“未[⑧]闻孔雀是夫子家禽。”

【注】①本文选自南朝刘义庆的《世说新语》，该书是一部主要记载汉末至晋代士族阶层言谈轶事的小说。②甚：很。③惠：同“慧”，智慧的意思。④诣：拜见。⑤乃：就，于是。⑥示：给……看。⑦曰：说。⑧未：没有。

09 阅读《哦，香雪》教学设计，完成(1)~(2)题。　安徽真题

【教学设想】

这篇小说收在人教版部编本教材《必修·上册》第一单元。七篇现当代中外作品(五首诗歌，两篇小说)围绕“青春”这一话题组织单元，“都是对青春的吟唱”。学习本单元的小说，要“思考作品的意蕴”，“把握小说叙事和抒情的特点”，“从语言、形象、情感等不同角度欣赏作品，获得审美体验”。《哦，香雪》是铁凝的代表作品之一，描写改革开放初期山村少女对现代生活的向往，字里行间渗透着别样的青春情怀，感人至深。教学时应引导学生尽可能深入地品读文字，读出体会和感动，培养审美敏感性。拟从情节梳理入手，由表及里，逐步走近人物，在环境氛围中沉潜，“还原”场景和心理活动等细节，品咂语文味。教师要激发学生阅读、思考，提供探讨交流的“场”，设置驱动性学习任务。

【教学目标】

1. 共情以共鸣，获得审美体验，认识作品的美学价值。

2. 披文入情，学习探究小说主题及其现实意义的方法。

【教学重难点】

1. 研习关于人物描写的文字，揣摩“香雪”这一人物形象。

2. 聚焦人物心理、自然环境等描写，探究作品表现的主题。

【教学方法】

讲授法，点拨法。

【教学时数】

1课时。

【教学过程】

一、导入话题

今天要学习的这篇小说，标题就很有意思。根据阅读印象，你认为去掉“哦”会怎么样呢?

设计意图：咬文嚼字，激发阅读兴趣；通过对标题的审察，捕捉作品塑造人物形象背后所要传达的东西，为后面探究主旨张本。

二、梳理情节

小说讲述了一个什么样的故事? 你能不能用简短的语言复述情节?

设计意图：整体感知作品的主要内容，获取基本阅读印象。既训练语言概括、表达能力，也引导学生由浅入深走进文本。

三、细读文本

1. 火车来了

(1)根据小说内容,还原在火车到来之前,台儿沟的自然环境和生活场景。

(2)火车终于开进了台儿沟。从"北京话"、矿冶学院女大学生两个人物中任选一个视角,交流关于"香雪"或"凤娇"的形象。

设计意图:"火车来了"带来台儿沟的显性变化,引导学生抓住叙事的逻辑起点赏析环境、场景描写,以点带面,感知故事中人物群像的日常生活及其整体背景。

2. 踏上火车

香雪已经有了一个父亲亲手做的"小木盒",还要用"娘"辛苦攒下的四十个鸡蛋去换自动铅笔盒,她毅然踏上了火车。对此,你怎么理解?

设计意图:"踏上火车"是一个不容忽视的镜头,引导学生关注主要人物的言行;把握情节推进的前后勾连,把握环境、情节和人物之间的关系。

3. 夜行三十里

香雪终于换回了梦寐以求的铅笔盒,为此她走了三十里夜路。作者用了不少笔墨来写这些。仔细揣摩,谈谈你对这部分文字的理解。

设计意图:聚焦细节描写,探究人物的内心世界及其反映的精神追求。

四、探究主题

1. 香雪归来

文中关于香雪归来之后的描写耐人寻味,值得反复咀嚼。

"那是欢乐的泪水、满足的泪水。"

"她们叫着香雪的名字,声音是那样奔放,热烈;她们笑着,笑得是那样不加掩饰,无所顾忌。"

"古老的群山终于被感动得战栗了,它发出洪亮低沉的回音,和她们共同欢呼着。"

设计意图:引导学生探究作者的创作意图,充分讨论;香雪既是独特的,又是群像的代表,始终与"台儿沟的姑娘们"保持着同一性。

2. "哦,香雪"

"叹词+人名"的表达带有强烈的情感倾向,引发读者的思考。"哦,香雪",香雪到底是个什么样的姑娘呢?

设计意图:呼应课堂起始环节,联系标题把握作品的审美价值;引导学生练习语言表达的概括能力,锻炼综合思维能力。

五、布置作业

1. 阅读与分享

青春,有着特殊的美好记忆;我们的青春,总能在经典作品中找到激荡的回音。课外搜寻并认真阅读一两篇表现美好青春印记的经典(名家名篇,比如汪曾祺《受戒》),将其中一篇推荐给同学,并说明推荐的理由。

2. 表达与交流

如果你有表达的冲动和交流的兴趣,可以"致我们的青春"为题,写一首小诗或一篇短文。

设计意图:引导学生扩展学习空间,将课堂学习向课下延伸,扩大、强化并反馈学习效果。

(本教学设计节选自《学语文》2020年第3期)

问　题

(1)该教学设计是如何落实"阅读教学是学生、教师、教科书编者、文本之间对话的过程"这一教学建议的。(6分)

(2)《普通高中语文课程标准》(2017年版)"学习任务群5文学阅读与写作"指出:"结合所阅读的作品,了解诗歌、散文、小说、剧本写作的一般规律。"以上教学设计是如何抓住文体特征实现教学目标的?(6分)

10 从教学目标和教学过程两方面说说《小狗包弟》教学设计的不足之处。(10分)　安徽真题

《小狗包弟》教学设计

教学目标:(一)学习叙事散文的写法,厘清叙事与抒情之间的关系。

(二)通过对重点词语和句子的揣摩品味,体会并感受作者的情感变化及忏悔后的人文关怀。

(三)厘清文章思路,学习叙事散文以小见大,蓄势伏笔的写作方法。

教学重点:品读语言,揣摩语句的含义,感受作者深重的歉疚、忏悔之意。

教学难点:学习以小见大、蓄势伏笔的写法。

教学方法:诵读法、对话法、探究法。

教学过程:(一)初读文章,感知内容

文题是"小狗包弟",叙述的主要对象是包弟,叙述人是"我"。

包弟：聪明伶俐、乖巧可爱。

当时的社会环境：混乱、疯狂。

（二）品读文本，体味情感

有感情地朗读相关文段，体会作者于朴实表达中所表现出来的发自内心的反思与忏悔。

作者感情的起伏变化：欢快—沉痛—忏悔。

（三）速读文本，走进作者

速读，学生说巴金先生的品质：善良、敢于说真话、敢于剖析内心，有悲悯心。

教师补充：2003年巴金先生被评为感动中国十大人物——“20世纪中国的良心”。

（四）发掘价值，获得启示

引导学生从思想价值、写作选材、表达真情实感等方面思考。

（呼唤人性，尊重生命；语言朴实，饱含深情）

（五）布置作业，延伸阅读

课后阅读巴金的《随想录》和张贤亮的《邢老汉和狗的故事》。

二、课堂实录类案例分析

01【案例】《荷花》（课堂实录节选）　江西真题

师：老师也来读个句子，你们体会体会，这个句子美在哪里。（出示句子，教师朗读）“白荷花在这些大圆盘之间冒出来”，句子很简单，不仔细品味，你是很难发现它的美的。

生1：我觉得这个“冒”字写得特别美，到底美在哪儿，我也说不清楚。

生2：我也觉得“冒出来”很美，让我觉得荷花长得很茂盛。

生3：我也认为“冒”很美，就是说荷花正在拼命地往上长。

师：好！既然大家都觉得这个“冒”字很美，那我们就来好好地体会体会，你们觉得这个“冒”字还可以换成别的什么字？

生：露，钻，长，顶，穿，伸……

师：但是，你们说的这些字眼作者用了没有呢？没有！尽管意思差不多，但是作者都没有用，就用了这个“冒”字，为什么？（学生都没有反应）不着急，好的字眼，美的字眼，需要用时间慢慢去品

味。这样,你们先读读这段课文。体会体会你觉得荷花从挨挨挤挤的荷叶之间怎样的长出来才叫作冒出来。

(学生自由朗读)

师:你觉得怎样的长出来才叫冒出来?

生:我觉得比较快的长出来是冒出来,不是很慢的长……

师:是啊,同学们,作者不用"长",不用"生",不用"钻",就用了"冒"这个字眼,为什么?因为冒让我们嚼出了荷花的急迫,荷花的激动,荷花的争先恐后,荷花的迫不及待,荷花的心花怒放。想不想看一看这样冒出来的荷花?

生(齐答):想!

师:(播放课件,随着音乐和画面,教师旁白)白荷花在这些大圆盘之间冒出来,那么急切,那么激动,那么争先恐后,那么心花怒放。看看这一朵,很美;看看那一朵,也很美。白荷花们仿佛想说些什么?仿佛又想做些什么?

(生欣赏摇曳多姿的荷花)

师:同学们,尽情地展开你想象的翅膀,你就是一朵白荷花,白荷花就是你自己。现在,你最想说些什么?最想做些什么?将它写在练习纸上。

问题

请评析该教师在培养学生的语感方面采用了哪些策略。(8分)

02　福建真题

摔鸡蛋

师:昨天,张老师给大家布置了什么任务?

生:把鸡蛋从四楼摔下去,有什么办法能让鸡蛋壳不破。

师:当时,你的第一感觉是什么?

生:我的第一感觉是难。

生:不太可能。

生:很刺激的。

师:现在的感觉怎样?

生:这么有难度的问题,我都能解决,我觉得很自豪。

生:我觉得很轻松,仿佛有一块石头从心头去掉的感觉,因为蛋壳没破。

师:想到些什么办法?

(一位学生上前展示空花篮里垫着海绵,鸡蛋装在小布袋里,拴在花篮的提手上)

生:这是我与陶莹合作的。

师:你怎么会想到与同学合作? 为什么不一个人做?

生:我觉得很多事情都需要大家一起来努力,这样才能想到更好的办法。

师:你很有现代人的意识。

(一位学生上前展示鸡蛋被层层包裹,系在自制的小降落伞下)

师:请告诉大家,你是怎么做的?

生:第一次实验时,我用两块海绵将鸡蛋包起来,用线捆住,摔到地上时,线松开了,鸡蛋壳破了。后来,我用油纸袋做了一个降落伞,系在鸡蛋上面,增加阻力,摔下去时,鸡蛋壳没破。

师:光脑子想还不行,还要动手实践。这是他两次实验的结果。今天我们班的同学想出了那么多办法,你们有什么感觉?

生:很高兴。

生:很激动。

生:很兴奋。

片段练习:

师:咱们小学生写作文,主要做到两条:感情真实,内容具体。昨天大家感到难,感到很刺激,今天大家完成后感到很自豪、很轻松。请大家捕捉一点自己当时真实的感受,用10分钟时间写出来,注意写出自己的心里话。

(生即时写作片段)

生:我写的是第一次听到要求时自己心里的想法。听到老师说,要把一个熟鸡蛋从四楼往下摔,并使鸡蛋壳不破,我的心里有一种不敢想象的想法。

师:他用这句话表达自己的感情是对的,还可以写得更简单些,谁能帮帮他?

生:我的心里有一种不可思议的想法。

生:我简直不敢想象。

师:对,写成"我简直不敢想象"就行了。这位老师不是在开玩笑吗? 又不是铁蛋,而是比纸更容易破的鸡蛋,怎么可能不破呢?

生:除非它是生的,而且是个鸟蛋,在空中遇到一股热气流,孵化出一只小鸟飞走了,这倒是有可能的。

（全体师生热烈鼓掌）

师：很有创意。哎呀，不得了，鸡蛋变鸟蛋，鸟蛋变小鸟飞走了。如果不是这样，对我来说，三个字：不可能。

（又一次热烈鼓掌）

师：这位同学思想很开放，想象很大胆。其实只要敢于去想，你们的想象力都是很丰富的。

生：哎，这个办法又失败了。

师："哎"这个很简单的字，把当时的什么给写出来了？

众生：难。

生：我烦躁极了，因为明天张老师要来上课，还给我们布置了一个任务，把一个煮熟的鸡蛋从四楼摔下去，有什么办法能使鸡蛋壳不被摔破？我的第一个办法是：往塑料袋里装满沙子，将鸡蛋放在中间，然后从1米高的地方摔下去。可是，落地时，沙子散开了，鸡蛋壳也破了。鸡蛋从1米高的地方摔下去都破了，更何况从四楼摔下去呢？

（生修改片段）

师：把你认为改得成功的地方让大家欣赏欣赏。

生："心里有一种获大奖的感觉，觉得自己既能干，又聪明，简直像个神童"改成"心里有一种获诺贝尔奖的感觉，觉得自己既能干，又聪明，简直像只快乐的小鸟"。

生：我实验成功后，简直像中国足球冲出亚洲一样，高兴得不得了，真想狂欢一天。

问 题

列出以上教学片段的5个优点。（15分）

03 阅读以下课堂实录，回答第（1）～（2）小题。 **湖北真题**

师：你们已经预习了《颐和园》，请每组来一个同学在黑板上写词语，依次写"长廊""葱郁""金碧辉煌""远眺"……他们都写出来了，但好不好看呢？

生：不好看。

师：你们预习得很认真，但平时要多练字。今天，我们换一种方法上课，害怕吗？

生：（摇头）不害怕。

师:(点头微笑)换什么方法呢?六个字——读课文,学作文。

师:请你们选择勾画出几个句子读一读。什么句子呢?文章骨架或提纲的句子。请班长先来说。

生:中心句是“颐和园到处有美丽的景色,说也说不尽,希望你有机会去细细玩赏”。

师:谁来评点班长的表现?我请一位对语文学习不太自信,也没有举手的同学来评点。

生:他找的中心句不符合老师的要求。

师:评点正确,那请你再说!

生:“北京的颐和园是个美丽的大公园”“进了颐和园的大门,绕过大殿,就来到有名的长廊”“颐和园到处有美丽的景色……希望你有机会去细细游赏”。

师:你找了三句,开头一句,结尾一句,然后进颐和园大门一句,那是不是进了大门就不走了呢?

生:“走完长廊,就来到了万寿山脚下”“登上万寿山……景色大半收在眼底”“从万寿山下来,就是昆明湖”。

师:我们再请几位同学把刚才说的再读一遍。

(生连起来读)

师:我们把游玩的过程记录下来就叫游记,反过来也叫记游。刚才勾画文章骨架,就是写记游搭架子的方法。我们现在来学搭架子,(板书:一学整体构思——首尾呼应;移步换景)什么是移步换景?边走边看,一路景物在变,你把它写出来,就是移步换景。请你们把刚才读过的句子再一个个读出来,我来点评……

师:边走边看就是移步换景。“颐和园到处有美丽的景色……希望你有机会去细细游赏”这是?

生:这是总结。

师:“总结”这两个字不好听。

生:游记的总结。

师:这是与开头相呼应的结尾,请注意“美丽”一词。

师:现在你们已经明白了写游记搭架子的方法。我们再选一个段落。请读“登上万寿山”这段。

(生齐读)

师:多数同学语速恰当,少数同学有点儿“抢”。慢一点,再齐读一遍。

(生齐读)

师:第一句有个词——“景色”,这告诉读者接下来要写景色。接下来写了哪些“景色”?

生:有树丛、琉璃瓦屋顶、宫墙、昆明湖、游船、画舫、城楼和白塔。

师:哦,这里没有分类,而分类很重要。根据文章再分下类,最先看到什么,然后看到什么,再看到什么。谁来说下?

生:景色是树丛、琉璃瓦屋顶、宫墙。

师:这是最先看到的,因为比较近,所以往下一看就看到这些。

生:然后在昆明湖上看到的是游船和画舫,再远看是城楼和白塔。

师:这一段实际上是分层写的,我们按分组接力读的方法来表现这样的层次感。

(生按要求读)

师:怎么写好一个景点?怎么用一段话叙述好一个景点的游记?(板书:二学段落表达——总提分说、层次分明)我们再来品味一下具体表达。先听我读"登上万寿山"这一段……

师:刚才我去掉了一些词语,你们觉得如何?

生:不好,不生动。

师:为什么像课文这样写就很生动?有什么窍门?

生:用了形容词,很生动,很形象;用了比喻,很形象,很有美感。

师:你们说得真好。要想使语言形象、生动有两种方法:第一种是形容。你们介绍一个人,怎么形容?

生:聪明的、活泼的、很帅的、淘气的……

师:(竖起大拇指)你们真聪明、可爱!真帅!第二种方法是比喻。你们夸赞一个女孩用什么比喻?

师:(板书:三学语言运用——生动形象,准确比喻)今天这节课……

(生概括自己的主要收获,教师布置课后作业,根据课文的写法写一篇游记)

问题

(1)分析教师的教学所体现的语文课程基础理论。(7分)

(2)分析教师在教学过程中使用的教学评价方式。(8分)

04 阅读古诗《草》教学片段，谈谈对低年级古诗教学的借鉴意义。(6分) 安徽真题

师：回家后谁愿意把这首诗背给奶奶听？(众生举手，师请一男生到台前)现在把我当作你的奶奶，奶奶没什么文化，耳朵有点聋，请你注意哟。

生：奶奶，我背古诗给你听好吗？

师：好。背什么古诗？什么时候学的？

生：背《草》，今天上午刚学的。

师：那么多花不写干吗写草啊？

生：(一愣)嗯，因为……因为草很顽强，野火把它的叶子都烧光了，可第二年它仍然能长出新芽。

师：哦，我明白了，背吧！

(生背)

师："离离原上草"是什么意思？我听不懂。

生：这句诗是说草原上草长得很茂盛。

师：还有什么"一岁一窟窿"？(众笑)

生：不是"一岁一窟窿"，是"一岁一枯荣"。枯就是干枯，荣就是茂盛，春天和夏天草长得很茂盛，到冬天就干枯。

师：你真棒，奶奶明白了。好，今天的课就上到这儿，请小朋友放学回家后把《草》这首古诗背给家里人听。

---

05 下面是某教师教学《鹿柴》时的教学实录片段，阅读并回答问题。 浙江真题

师：同学们，"鹿柴"是什么意思？谁能告诉老师？

(学生交头接耳，没有人举手回答)

师：××，你来回答。

生：……(回答不出)

师：坐下吧。同学们，在这首诗中，"柴"同"寨"，栅栏的意思，"鹿柴"在这里是一个地名，是王维辋川别墅之一。

师：那么，谁能来翻译一下这篇课文？(学生翻译不出来)

师：不会吗？那大家一起来看课件。

（出示PPT："空山不见人"——幽静的山谷里看不见人；"但闻人语响"——只听得说话的人语声响；"返景入深林"——落日的影晕映入了深林；"复照青苔上"——又照在幽暗处的青苔上）

师：大家一起来读一读，并背诵下来。

（生读，背诵）

师：好了，同学们已经知道了这首诗的意思了，那么，谁能说说这首诗的语言特色？（无人应答，教室里一片沉静）

师：那么我们先从第一句说，"空山不见人"这句话从正面描写了空山的杳无人迹……（师讲解）

问题

结合新课标分析该教师的行为。（8分）

06 阅读下面一则教学案例，请对该教师的做法加以评析。（8分） 浙江真题

【案例】期中考试成绩出来了，几家欢乐几家愁。为了缓解学生的压力，同时借机了解学生期中考试后的思想动态，有一位青年教师出了一道"心语"的作文题，让学生在作文中一吐为快。在批改作文时，教师发现班里一位女生写的是与一男生之间的那种朦朦胧胧的"爱"。学生闯进了"禁区"，而且大胆地把感情的事儿写进作文，这是该教师始料未及的。看到少女这些表达情爱的文字，他不知道该怎么办好。他真想狠狠地批评她一顿，但冷静思考后，他向几位老教师请教，也把作文给他们看了。最后他写下了这样的批语："我真羡慕你们这些年轻人，敢想，敢说，也敢爱。你的作文我读了好几遍，被你的真情所感动。我欣赏你作文里写的一句话：'希望我们都能实现自己的理想。'在这里我真诚地送给你一句话，'爱，和炭相同，烧起来，得想办法叫它冷却。如果任凭它烧，那就得把一颗心烧焦'。"学生看了老师的评语，深受感动，也深深地理解了老师的用意，慢慢收回了那份初恋的心思，把心思集中到了学习上。

07 假定清代纳兰性德的词作《长相思》为五年级的一篇课文，阅读以下教学案例，回答第(1)~(2)题。　福建真题

师：同学们，在王安石的眼中，乡愁是那一片绿了家乡的徐徐春风，而到了张籍的笔下，乡愁又成了那一封写了又折，折了又写的家书。那么，在纳兰性德的眼中，乡愁又是什么呢？请大家打开书本，自由阅读《长相思》这首词。注意，仔仔细细读上四遍，前两遍，注意生字和多音字，要把词念得字正腔圆；后两遍，注意词句内部的停顿。

(学生自由朗读课文《长相思》)

师：(课件展示《长相思》这首词)好，谁来读一读《长相思》？其他同学注意听，这首词当中的一个生字，一个多音字，他有没有读准。

(学生1朗读课文)

师：字音很准确，读得很棒！“风一更”，这个“更”是多音字，“聒碎乡心”的“聒”是生字，他都读准了。来，我们读一读，“风一更，雪一更，聒碎乡心梦不成”。

生：(齐读)风一更，雪一更，聒碎乡心梦不成。

师：再来一遍。

生：(齐读)风一更，雪一更，聒碎乡心梦不成。

师：很好！谁再来读一读《长相思》？其他同学注意听他朗读的时候是怎么停顿的。

生2：(朗读)山一程，水一程，身向榆关／那畔行，夜深／千帐灯。风一更，雪一更，聒碎乡心／梦不成，故园／无此声。

师：真好！你们有没有注意到，他读“身向榆关那畔行”的时候，哪个地方停顿了一下？

生：他在“身向榆关”的后面停顿了。

师：没错，那你们有没有注意到，他读“夜深千帐灯”的时候，哪个地方又停顿了一下？

生：他在“夜深”的后面停顿了。

师：对，这样就叫有板有眼。大家一起读这两句词“身向榆关／那畔行，夜深／千帐灯”。

生：(齐读)身向榆关那畔行，夜深千帐灯。

师：再来一遍。

生：(齐读)身向榆关那畔行，夜深千帐灯。

师：真好！同学们，读古代的诗词，不但要把它读正确，读得有节奏，还要尽可能读出它的味道来，比如“长相思”这个题目，我们可以有许多种读法，有的读“长相思”(快速而平淡)，有“长”的味道吗？有“相思”的感觉吗？

生：(齐答)没有。

师：比如这样读，“长——相——思”(缓慢而深情)，有感觉吗？有味道吗？

生:(齐答)有。

师:读词就要读出这样的味道来,你们试着读一读,争取读出自己的味道和感觉来。

(学生自由朗读)

师:谁来读一读《长相思》?要读出自己的味道和感觉。其他同学注意听,你听出了什么味道?什么感觉?

(学生3有节奏地朗读)

师:好一个“故园无此声”,有味道!还有谁想读?

(学生4有感情、有节奏地朗读)

师:好一个“聒碎乡心梦不成”!来,我们一起读,读出自己的味道和感觉来。

(学生有感情、有节奏地齐读)

…………

问题

(1)从教学方法的角度,评析本教学案例导入环节的优点。(6分)

(2)分析上述教学案例朗读指导的特点。(8分)

---

08 阅读以下两位教师执教《去年的树》一课时的教学导入,回答问题。 吉林真题

案例一:

(用多媒体播放一只小鸟在树上鸣叫的动画,约一分钟)

师甲:同学们,请看,一只美丽的小鸟在大树上,正动情地为它的好朋友大树唱歌,大树摇曳着茂盛的枝叶,正入神地听着……这是一幅多么美丽、动人的画面呀!

师甲:这只美丽的小鸟和这棵茂盛的大树,正在给我们讲一个美丽的故事,让我们一起走进这个优美的故事吧。(板书课题:去年的树)

案例二:

师乙:同学们,你们喜欢小鸟吗?看,有一只小鸟飞到黑板上来了。(几笔勾画出一只小鸟)同学们不要以为这是一只孤单的小鸟,它还有一位老朋友呢!那就是它朝夕相处的朋友——一棵茂

盛的大树。(又几笔勾画出一棵大树)

师乙:日本作家新美南吉就把这大树和小鸟写成了一篇童话,它的名字叫“去年的树”。(板书课题:去年的树)

师乙:请同学们齐读课题。

生:去年的树。(齐声读,缓慢、深情)

问题

(1)请分析两位教师教学导入的特点。(4分)

(2)你喜欢哪位教师的教学导入?请说明理由。(1分)

09 广东真题

孙老师在上《威尼斯商人》一课时,先让学生观看了《威尼斯商人》的影视片段,学生们都看得很入神。观看完毕,孙老师提问:“咱们班的同学想不想来表演一下?”学生们都很积极,跃跃欲试,最后孙老师选了9个同学,并把他们分成3组,每组1个女生和2个男生,让他们分别扮演鲍西娅、夏洛克和安东尼奥。学生准备后,表演正式开始。3个小组依次登场,演得惟妙惟肖,同学们看得兴高采烈,笑得前仰后合。表演结束后,时间已经过去大半,离下课只剩10分钟了,孙老师只好匆匆收尾。

问题

请从新课程的角度对孙老师的教学进行评析。(10分)

10 下面是三年级《石榴》一课教学片段实录，请谈谈它对阅读教学的借鉴意义。(6分) 安徽真题

师：下面检查预习，今天老师要来点刺激的！老师把这节课的生字词都藏到了石榴果的背后。石榴果越大，题目的难度也越大！自己选择来挑战！开始——

生：我选果子最小的那一个。(众笑)

师：1号题？1号题只有一个生字，你一定能读好！(生读)

师：读得太棒了！同学们，第一位挑战者初战告捷。接着来挑战吧！

生：我想选3号题。(读句子)

师：老师特别仔细地听了，有一个生字读音啊，读得非常标准！你能带大家读读这个词吗？(生领：咧开。生齐：咧开)

师：这句话中还有一个很长的句子，他也读得很流利。其实，在读长句子的时候只要注意句子的停顿，还有一些在意思上联系紧密的词，读得紧凑一些，你也能跟他读得一样流利！现在，自己试试，就读第二句话。(生自由读)

师：下面我们接着挑战！在2号题中啊，可出现了不少的生字，你能把它们都读准吗？自己先读读红色词语。

生：剥开、玛瑙、紧偎、嚼嚼、甜津津。

师：这段话中，有一个多音字，这个字呀，表示去掉外面壳的时候，它就读作本文的读音——bāo；让我们一起再读这个词——剥开。(生齐读)其实很多的多音字可以根据它的意思来选择它的读音。

师：同学们，在这段话中，还有一个多音字潜伏在里面，就是这个字——间。究竟它应该怎么读呢？请同学们根据它的意思来选择它的读音。

生：根据这个字在词语里的意思，它应该读作——jiàn。

11 阅读课文《记金华的双龙洞》的教学片段实录，并进行评析。(10分) 江西真题

师：作者是按什么顺序游览双龙洞的？在文中圈画出有关的词语，并且和同桌合作完成这张游程图。

生自学完成交流：金华城—罗店—入山—洞口—外洞—孔隙洞—内洞—出洞。

师：要是我们能把这些连起来说就更清楚了，对照课文内容，同桌互相说一说。（生互相练说）

师：你们说的就是课文的主要内容。你们看，金华城、罗店、入山、洞口，这是作者在去双龙洞——

生（齐答）：途中。

师：外洞、孔隙洞、内洞，这是作者正在——

生（齐答）：游览。

师：最后，原路——

生（齐说）：返回。

师：通过游程图我们知道了作者的游览过程，游览的顺序也就是作者的写作顺序，你们看，简单地说，作者先写了在途中，再写了——

生：游洞。

师：最后写了——

生：返回。

师：大家刚才说的就是这篇课文的段落结构。同学们，游记除了交代流程，还要抓住景点的特点写出自己所看到的、听到的，还有感受到的。这就是游记文体的特点。

---

12 阅读《〈世说新语〉二则》，回答问题。　安徽真题

咏　雪

谢太傅寒雪日内集，与儿女讲论文义。俄而雪骤，公欣然曰："白雪纷纷何所似？"兄子胡儿曰："撒盐空中差可拟。"兄女曰："未若柳絮因风起。"公大笑乐。即公大兄无奕女，左将军王凝之妻也。

陈太丘与友期行

陈太丘与友期行，期日中。过中不至，太丘舍去，去后乃至。元方时年七岁，门外戏。客问元方："尊君在不？"答曰："待君久不至，已去。"友人便怒曰："非人哉！与人期行，相委而去。"元方曰："君与家君期日中。日中不至，则是无信；对子骂父，则是无礼。"友人惭，下车引之。元方入门不顾。

（选自部编义务教育教科书《语文》七年级上册）

问题

编者把这两篇短文编在同一课中,有何用意?(6分)

13 阅读下面一则教学案例,谈谈你的看法。(8分) 浙江真题

陈老师是新入职的语文教师,对教学工作有极大的热情。这天,她执教人教版七年级上册第三单元的写作板块“写人要抓住特点”。她让学生选择一位熟悉的同学,用200字左右给他(她)“画”一幅肖像,写好后,读给同学们听,看看大家能否猜出写的是谁。陈老师特别强调要抓住人物与众不同的特点来落笔。陈老师的教案是按教材提示设计的,设计前也看过某名师的同题写作指导课录像,因此她对这堂课充满信心。

当堂小练笔顺利完成,可没想到,一到习作交流环节就出了问题。一位男生自告奋勇地站起来,刚读了第一句:“她有一双圆滚滚的凸起的牛眼睛……”就引起哄堂大笑,同学们不约而同地把目光投向后排的一位女生,这时,有一位调皮的男生大声喊出她的名字,那位女生顿时涨红了脸,伏在课桌上哭出声来。

陈老师十分尴尬,指着那位男生说:“你怎么可以这样写同学?”男生一脸委屈地嘟囔:“我是按您的要求写的呀!”同学们议论纷纷,课堂几近失控。陈老师定了定神,走下讲台向哭泣的女生道歉,然后对大家说:“同学之间要彼此尊重,这是一条基本原则,写作也要体现这条原则。”课堂这才渐渐安静下来。

课后,陈老师又仔细观摩名师同题课录像,这才发现,那位名师在写前指导时,就要求学生落笔要体现尊重和善意,而且在学生10分钟的课堂习作时也没闲着,不时查看学生习作情况并与之交流。陈老师思考了很多,写了好几页的教学反思。

14 下面是某教师执教《春》的教学实录(片段),请你抓住这段实录的特点,运用语文新课标理念,写一段300字以上的评析。(14分) 江西真题

[案例]

师:英国诗人雪莱说:"冬天已经来了,春天还会远吗?"表达了久经严冬的人们渴望春天到来的急切心情。中国是一个诗的国度,在每一个中国人的灵魂深处无不浸润着诗歌留下的痕迹,它早已深深地影响了我们的生活,在自觉或不自觉的潜移默化中流传下来。其中一定有不少描绘春天的诗句,请同学们说一说。

(生举起手)

生甲:孟浩然的"春眠不觉晓,处处闻啼鸟。夜来风雨声,花落知多少",杜甫的"好雨知时节,当春乃发生。随风潜入夜,润物细无声""迟日江山丽,春风花草香。泥融飞燕子,沙暖睡鸳鸯"。

生乙:朱熹的"胜日寻芳泗水滨,无边光景一时新。等闲识得东风面,万紫千红总是春"。

生丙:白居易的"日出江花红胜火,春来江水绿如蓝",苏轼的"竹外桃花三两枝,春江水暖鸭先知",贺知章的"不知细叶谁裁出,二月春风似剪刀"。

生丁:还有王安石的"春风又绿江南岸,明月何时照我还",叶绍翁的"春色满园关不住,一枝红杏出墙来",白居易的"几处早莺争暖树,谁家新燕啄春泥"。

师:同学们说得都很好,上述例子分别从色、形、声等方面描写春天,诗人将瞬间的感受定格成了永恒,看来春天历来是人们歌咏赞美的对象。想不想跟老师提前去感受一下春天的气息?

生:(齐回答)想。

师:(点击鼠标,屏幕显示出《春》的幻灯片,背景音乐出)

…………

15 阅读《曼谷的小象》教学片段实录,完成(1)~(2)题。 湖北真题

师:同学们往这儿看,这是什么地方呀?(画图)

生:禾田。

师:老师这儿的禾田和曼谷的禾田一样吗?

生:不一样。

师:你们看到的泰国曼谷近郊的禾田什么样?说一说。

生:我看到的泰国曼谷的禾田是绿油油的。

师:那我们就来看看吧,同学们,绿油油的禾田,(指图)这是不是绿油油呀?

生:不是。

师:这绿油油的禾田应该是怎么样的呢?你们说,老师来画。(师画)停不停呀?

生:不停。

师:看来这“绿油油”指的不是一小块,是一大片绿!同学们感悟得真好。

生:停。

师:真是绿油油,我还不满意,注意看绿油油的“油”,三点水的“油”,这不光是一大片长得像,还得怎么样?

生:还有亮光,阳光一照放着光泽。

师:同学们,你们想象着绿油油的禾田,把你们的感受读出来。

生:绿油油。(非常投入、陶醉地)

师:还有什么?

生:点缀着淡紫色野花的草地。

师:谁到前面来点缀点缀?

师:这里有深紫色,也有淡紫色。请选择选择。

(生上前选择)

师:这是什么颜色?

生:淡紫。

师:我要问你,你画这个花为什么要有一定的距离呢?

生:因为挨在一起就不叫点缀了,就叫连着了。

师(笑):对,所以你画的草地上盛开的花是……

生:星星点点。

师:你们看啊,这样一片草地。有这样星星点点的淡紫色的野花,就叫……

生:点缀。

师:这一点缀呀,我们的草地就更美了。

师:那你们看,今天为了让你们体会,老师穿的衣服是一种颜色,你们看我的衣服上点缀了什么?

生:老师外衣的领子上点缀了一朵小花。

师:怎么样?

生:漂亮。

师:对了,这也叫什么?

生:点缀。

师:你们看看,你们穿的校服,要是只有白色、黄色,多难看呀。于是设计师们用上一条红色,这么一点缀,真是漂亮。

师:同学们,这回你们再读这个词,感受可就不一样了。

生:“绿油油的禾田和点缀着淡紫色野花的草地,一直延伸到海边。”

(学生美美地齐读)

师:现在老师呀,想放一段电影,想看的同学举手!这位同学举手了,谁还想看,谁就闭上眼睛。

师:(配乐朗诵)“从橘红色的晨雾中……叫她阿玲。”

师:你们看到了吗?你们在哪儿看到的?

生:头脑中。

师:其实呀,有时我们读书,方法很多,比如刚才我们用看的方法,就是一边读句子,眼睛一边“过电影”,画出现了,抽象的语言文字也就变成画了。实际上,这一段课文要求背诵,你们过一遍电影,离背诵就只差一步之遥;同学们不信,你们就试试,把你们在脑子里看到的,咱说说,给老师们听听,好不好?我可以帮你们,准备开始。

生:“正在这时候……”

师:你们也跟阿玲打打招呼吧。(口语交际训练)

生:你好,阿玲!

师:同学们,你们好!

师:阿玲听到了你们的问候,会觉得你们班的孩子真有礼貌,她笑眯眯地看着你们,露出整齐的牙齿。

师:同学们,小象来到了我们的身边,阿玲就要指挥小象帮我们解决眼前的困难了。小象帮我们做了哪些事呀?这次你们可就要快速地浏览课文了,老师要求你们读书要有效率,整体上看看,小象帮我们做了哪两件事,用概括的语言说说。

生:拉车、洗车。

师:当然呢,我们得夸小象。请你这回细读课文,要眼到、心到,看看我们夸小象的句子,请用单行线把它画出来,眼离书本一尺远,谁画完,谁就可以说。

生:“啊,多么乖巧的小象!我们心中暗暗赞叹。”

生:“奇迹,真是奇迹!小象的绝技真令人佩服。”

师:太好了,你们真是读书很用心呀,我们再读一读。

(生读)

师：这回可要思考了，看第一句，第一句也是文章的一句重点句，看到这儿你能提出什么问题呢？自己试试看。

生：文章中为什么出现了两个“奇迹”呢？

师：你真会动脑筋。

生：小象的绝技是什么呀？

师：祝贺你发现问题。

生：小象的绝技为什么令人佩服？

…………

(1)评析这位教师教学词语“绿油油”“点缀”的效果及其原因。(5分)

(2)评析这位教师在语文教学过程中渗透的三种读书方法指导。(5分)

参考答案

一、教学设计类案例分析

1. ①创设了具体的口语交际情境。该教学实录第二环节要求讲名字里的故事，是一个比较具体的口语交际情境。

②培养了学生倾听、表达和应对的能力，使学生具有文明和谐地进行人际交流的素养。要求学生有礼貌地回应，把故事讲清楚，声音响亮，吐字清晰等，是为了培养学生具有文明和谐地进行人际交流的素养。

③鼓励学生在教学活动中锻炼口语交际能力。让学生自愿介绍自己名字里的故事，锻炼了学生的口语交际能力。

④提高学生对口语交际的认识和表达沟通的水平。让学生对照要求来评一评，有利于提高学生对口语交际的认识和表达沟通的水平。

(共6分。每点2分，答出3点即可，根据具体内容，可酌情给分)

2. ①《义务教育语文课程标准》(2011年版)指出“阅读教学应引导学生钻研文本”,这告诉我们文本对于阅读的重要性。《义务教育语文课程标准》(2011年版)还强调:“阅读教学要防止远离文本的过度发挥。”

②片段一中让学生朗读课文、梳理课文内容,教师串课文,让学生展开想象为童话续写结尾等,都体现出了对文本的重视,且紧扣文本设计由浅到深的问题,尊重学生的主体地位,重视启发式教学,运用自主合作探究式学习的教学方法,教师相机指导、点拨,有利于达到较好的课堂效果。

③片段二的问题设计体现了教师在进行阅读教学时,尊重学生个性化的阅读理解,如问题设计呈现“你觉得……”。但是该案例没有很好地紧扣文本进行教学,学生在没有深入了解文本内容的基础上回答这些问题有一定的难度,且教师没有进行有效的指导、点拨,可能会使学生产生畏难情绪,达不到理想的课堂效果。

(言之有理即可)

> ①《义务教育语文课程标准》(2022年版)要求:“学会运用多种阅读方法,具有独立阅读能力。”“在阅读中了解文章的表达顺序,体会作者的思想感情,初步领悟文章的基本表达方法。在交流和讨论中,敢于提出看法,作出自己的判断。”指出了要培养学生的阅读能力,同时突出阅读的重要性。
>
> ②片段一中让学生分角色朗读课文并探究质疑,同时设计了自主学习活动,体现出该教师重视培养学生的独立阅读能力,鼓励学生发表自己的看法。
>
> ③片段二中四个问题的设置重视培养学生的自主思考能力,引导学生提出自己的看法。但该案例设置的问题有一定的难度,且在案例中没有体现教师的指导和点拨。

(共6分。指出体现的课标内容得2分,具体分析每个片段得2分,根据具体内容,可酌情给分)

3. (1)①引导学生关注和参与当代文化生活;了解家乡的人和物,关注家乡的文化与风俗,深入认识家乡,对丰富家乡文化生活提出合理建议;回顾昨天,考察今天,展望明天,寻找情感归宿,增进对家乡的文化认同;积极参与中国特色社会主义先进文化的传播和交流,增强文化自信。

②“家乡文化生活”这一活动课,充分体现了语文是一门综合性、实践性的课程,所以只是在课内学习,或只在课外实践都是不可取的,并且家乡文化生活涉及的内容比较多,采访、调查、实地考察等都需要较长的时间,所以要贯穿半个学期。通过课内课程,学生能了解学习目标、任务与内容,教给学生相应的方法,确定学习的计划和要求等内容,学生又能通过课外学习真正参与

到实践中去，掌握语文实践的方法，然后再进行讨论与交流，提炼成果。

（共5分。每点2.5分，答出2点即可，根据具体内容，可酌情给分）

（2）①从当地的特色文化，比如历史、建筑、食物、文化遗产等方面开发。

②从当地的名人着手，比如经济、政治、文化等，哪个方面有影响力的都可以。

③从当地的人情世故、民风民俗等方面着手。

（共5分。每点2分，答出3点即得满分，根据具体内容，可酌情给分）

4. 这三首诗都通过对自然界中可爱的动植物的描写来描绘大自然的美景，凸显作者对大自然的喜爱之情。杜甫的“春风”“花草”“燕子”“鸳鸯”，苏轼的“桃花”“鸭”“蒌蒿”“芦芽”“河豚”，曾几的“梅子”“黄鹂”，等等，诗中呈现的是古代诗人眼中美丽的自然景象，多角度展现了大自然中生灵的可爱与美丽，让学生可以深刻体会本单元的主题——“可爱的生灵”，激发学生对大自然和大自然中可爱生灵的喜爱之情。

（共2分。答出这三首诗的共同特点得1分，答出共同作用得1分）

5. ①环节一的教学能引导学生理解课文内容，掌握观察和理解的能力。

②环节二的教学能让学生掌握说明文的特点和相关知识，积累生字词和重点语句，引导学生学会阅读的方法。

③环节三的教学能让学生正确掌握中国石拱桥的特征，锻炼学生语言表达的能力、写作能力和口语交际能力。

④环节四的课后作业的布置能帮助学生积累文中的重点字词，并引导学生自主掌握说明文的相关知识。

⑤该教师的教学过程锻炼了学生自主、合作、探究的学习能力，有助于提高学生识字与写字、阅读、写作、口语交际的能力，帮助学生掌握学习方法。

（共8分。每点2分，答出4点即得满分，根据具体内容，可酌情给分）

6. ①该教师从文章主旨出发，设计了教学目标，符合七年级学生的认知特点。首先学习课文，然后通过语言实践活动学习作者的写作手法，最后在读中提升情感，感悟作者的情感，体现了以学生为主体的原则。

②该教学过程的教学时间分配合理。先简单导入新课，引起学生的学习兴趣；再引导学生品读课文，理解文章内容；然后通过课堂活动引导学生自主学习，做课堂的主人；最后做简短的课堂小结。整个教学过程层次分明，条理清晰，充分考虑学情，符合七年级学生的认知特征。

（共6分。从教学目标评述得3分，从教学过程评述得3分，根据具体内容，可酌情给分）

7. ①《义务教育语文课程标准》（2011年版）关于口语交际教学建议指出：应培养学生倾听、表达和应对的能力，使学生具有文明和谐地进行人际交流的素养。在这个教学案例中，教师针对话题本身和小学生的特点,采用灵活多变的形式组成口语交际活动,符合课标的要求,值得我们学习。

②口语交际是听与说双方的互动过程。教学活动主要应在具体的交际情境中进行,不宜采用大量讲授口语交际原则、要领的方式。应努力选择贴近生活的话题,采用灵活的形式组织教学。这个教学案例,在"举办画展"的大情境统领下,先后设计了小组合作说画、评画,教师示范说画、评画,向好朋友介绍自己的画,推荐评委说画、评画,小记者采访等多个交际情境,极大地调动了学生的学习兴趣,同时让全班同学都能参与其中。

③《义务教育语文课程标准》(2011年版)要求要恰当运用多种评价方式,注重评价的多元与互动。该教师通过不同的评价方式让学生在评价中了解自己的优点和缺点,得到点拨,有利于提高学生的口语交际能力和语言表达水平,同时不同的评价语言也锻炼了学生的思维能力。该教师让交际主体根据不同的交际情境灵活应答,从而充分调动学生的参与热情,优化交际活动的效果,提高学生的交际能力。

①《义务教育语文课程标准》(2022年版)第一学段"表达与交流"指出:能认真听他人讲话,努力了解讲话的主要内容。与他人交谈,态度自然大方,有礼貌。积极参加讨论,敢于发表自己的意见。在这个教学案例中,教师设计教学活动,引导学生进行表达与交流的训练,符合课标的要求,值得借鉴。

②《义务教育语文课程标准》(2022年版)指出:学习活动可以采用朗读、复述、游戏、表演、讲故事、情景对话、现场报道等学生喜闻乐见的形式,将识字、写字、阅读、写作、口语交际、搜集处理信息等融为一体。在这个教学案例中,教师创设的活动情境,用情景对话的形式鼓励学生表达与交流,调动了学生的学习积极性,增强了学生的参与度。

③《义务教育语文课程标准》(2022年版)指出:过程性评价应综合运用多种评价方法,增强评价的科学性、整体性。在这个教学案例中,教师引导学生在教学活动中互相评价,既锻炼了学生的表达与交流能力,又让学生在评价中知道自己的优缺点,这样做不仅可以提高学生的思维能力,还能优化评价效果。

(共10分。答出3点即得满分,根据具体内容,可酌情给分)

8.《杨氏之子》是小学生初次接触的文言文,应多读少讲。练习一的设计意在让学生在读中感知,在读中感悟,熟读成诵,并学会根据课文注释理解文言文句子,从而丰富语文积累,培养语感,发展思维。练习二意在提高学生自主、合作、探究的学习能力,让学生在交流讨论中感受语言表达的艺术,提高说话的能力。

(共10分。每道题目的设计意图5分,根据具体内容,可酌情给分)

9.(1)①该教师在教学时充分考虑到教科书编者把《哦,香雪》一文编在"青春"话题所在单

元的意图，从文本特点出发，引导学生尽可能深入地品读文字，读出体会和感动，培养审美敏感性，明确学生学习文本的方法和要求，有利于学生对文章主旨的理解和把握。

②阅读是学生的个性化行为。阅读教学应引导学生钻研文本，在主动积极的思维和情感活动中，加深理解和体验，有所感悟和思考，受到情感熏陶，获得思想启迪，享受审美乐趣。要珍视学生独特的感受、体验和理解，教师应加强对学生阅读的指导、引领和点拨。该教师为学生创设了有利于自主、合作、探究的学习环境。在"细读文本"环节，教师引导学生去探究各个环节深层的含义，适时引导点拨学生对问题的深入思考、探究作者的创作意图等都体现了这一点。

（共6分。每点3分，答出两点即可，根据具体内容，可酌情给分）

（2）①《普通高中语文课程标准》（2017年版）指出："根据诗歌、散文、小说、剧本不同的艺术表现方式，从语言、构思、形象、意蕴、情感等多个角度欣赏作品，获得审美体验，认识作品的美学价值，发现作者独特的艺术创造。"

②《哦，香雪》是一篇小说，人物描写、环境描写及情感描写是其重点。该教学设计通过对文章几个场景的具体分析，来体现台儿沟外的人与台儿沟的人的不同，通过语言描写、心理描写、环境描写、人物对比等，引导学生体会文中的情感，获得审美体验。同时通过"探究主题"环节探究"香雪归来"的现实意义和文章标题的深刻含义来实现"探究小说主题及其现实意义的方法"的目标。

（共6分。指出体现的课标内容得3分，指出文体特征得3分，根据具体内容，可酌情给分）

10. ①从教学目标看，该教师忽视了对文章整体内容的把握。其次，目标（一）"学习叙事散文的写法，厘清叙事与抒情之间的关系"和目标（三）"厘清文章思路，学习叙事散文以小见大，蓄势伏笔的写作方法"有雷同。

②从教学过程看，教学过程对目标中"学习叙事散文的写法，厘清叙事与抒情之间的关系""学习叙事散文以小见大，蓄势伏笔的写作方法"的把握不够，没有很好地体现出这一教学过程。教师在教学过程中，没有引导学生探究思考，没有充分激发学生的研讨主动性，学生的主体地位体现不明显，缺乏探究式教学，这限制了学生思维的发展。

（共10分。从教学目标表述得5分，从教学过程表述得5分，根据具体内容，可酌情给分）

二、课堂实录类案例分析

1. ①阅读是运用语言文字获取信息、认识世界、发展思维、获得审美体验的重要途径。该教师首先通过阅读引导学生发现句子中的重点字"冒"，让学生在分析"冒"字用法时体会其表达效果。

②阅读教学是学生、教师、教科书编者、文本之间对话的过程。该教师通过分析作者为什么用"冒"字而不用其他字让学生发现"冒"的表达效果，帮助学生进一步理解句子，理解课文。

③阅读是学生的个性化行为。阅读教学应引导学生钻研文本，在主动积极的思维和情感活动中，加深理解和体验，有所感悟和思考，受到情感熏陶，获得思想启迪，享受审美乐趣。理解了句意之后，该教师让学生在阅读的过程中体会句子所表达的情感，让学生理解荷花从荷叶之间冒出来的急切、激动、争先恐后。

④在引导学生理解句子意思及情感的同时，该教师还加强了对学生阅读的指导、引领和点拨，多管齐下，培养了学生的语感，也在无形之中教给了学生学习的方法。

（共8分。答出3～4点即可，根据具体内容，可酌情给分）

2.①该教师充分发挥语文课程的激励功能，激活学生的思维。案例中对学生的回答教师都给予充分的肯定和鼓励，增强了学生的自信心，提高了学生的写作兴趣。

②该教师为学生自主写作提供了充分的空间，让学生积极思考和实践，鼓励学生自由表达及有创意的表达，培养了学生的写作兴趣和自信心。

③该教师注重培养学生观察、思考、表达及创造的能力，鼓励学生说真话、实话、心里话。

④该教师以学生为主体，教师进行指导和点拨，注重学生写作过程中搜集素材、构思立意、列纲起草、修改加工等环节，提高学生独立写作的能力。

⑤写作贴近学生实际，让学生易于动笔，乐于动笔，引导学生关注现实生活，表达真情实感。

（结合材料言之有理即可）

（共15分。每个优点3分，根据具体内容，可酌情给分）

3.(1)①语文课程必须根据学生身心发展和语文学习的特点，爱护学生的好奇心、求知欲，鼓励自主阅读、自由表达，充分激发他们的问题意识和进取精神，关注个体差异和不同的学习需求，积极倡导自主、合作、探究的学习方式。该教师鼓励学生间互相点评，充分体现了学生的主体地位，并且采用分组接力的朗读方式，倡导学生积极合作。

②语文课程是实践性课程，应着重培养学生的语文实践能力。语文课程应特别关注汉语言文字的特点对学生识字与写字、阅读、写作、口语交际和综合性学习等方面的影响。该教师在教学过程中，注重强调生字的书写与识记，培养学生朗读的好习惯，通过提问，循循善诱地引导学生自主思考，完成学习目标。

③语文课程应凸显教师的人文关怀，使学生受到真善美的熏陶，使学生的独特体验受到保护和尊重。该教师在教学过程中，鼓励缺乏自信的学生回答问题，并对其回答予以肯定，体现了语文课程基础理论中的语文课程的人文性。

（共7分。每点2分，答出3点即可得满分，根据具体内容，可酌情给分）

(2)①该教师在教学过程中使用了形成性评价的教学评价方式。形成性评价是在教学过程中为改进和完善教学活动而对学生学习过程及结果进行的评价。该教师在课堂上通过点名学

生写词语的方式对学生的预习情况进行了检查，并提出了针对性建议，是形成性教学评价的范畴。

②该教师使用了生生互评的评价方式。对于学生的回答，教师不直接给予评价，而是点名其他学生进行评价，并在此基础上鼓励学生表达自己的看法，这也是尊重学生主体地位的体现。

（共8分。需指出两种不同的评价方式并进行具体分析，每点4分，根据具体内容，可酌情给分）

4. ①《义务教育语文课程标准》(2011年版)第一学段阅读教学目标要求要“喜欢阅读，感受阅读的乐趣”。该教师在古诗教学中能通过创设情境，让学生在具体的情境中巩固所学，充分调动了学生学习的积极性，同时也加深了学生对课文的理解。

②古诗教学应激发学生的学习兴趣，培养学生自主学习的意识和习惯。该教师通过角色扮演活动调动学生学习的兴趣，不仅能加深学生对古诗的印象，而且能引导学生在课下自主学习。

③有些诗文应要求学生诵读，以利于丰富积累，增强体验，培养语感。古诗的背诵能丰富学生的积累，加深学生对古诗的理解与体会。

④古诗的教学可以通过创新的形式，在有趣的活动中考查学生的记诵积累，考查他们对诗文大意的理解。

①《义务教育语文课程标准》(2022年版)第一学段“阅读与鉴赏”要求：诵读儿歌、儿童诗和浅近的古诗，展开想象，获得初步的情感体验，感受语言的优美。该教师在古诗教学中，创设情境，引导学生诵读，可以加深学生对古诗的理解与体会。

②《义务教育语文课程标准》(2022年版)第一学段“阅读与鉴赏”要求：结合上下文和生活实际了解课文中词句的意思，在阅读中积累词语。该教师在学生诵读的过程中提出疑问，引导学生结合上下文自主分析词句的含义，既有利于培养学生的自主学习能力，又有利于激发学生的学习兴趣。

③该教师除了引导学生在课堂上自主学习，还引导了学生在课下自主学习，为学生创设了较好的学习情境。

（共6分。每点2分，答出3点即可，根据具体内容，可酌情给分）

5. ①关于诗文的阅读，《义务教育语文课程标准》(2011年版)要求：诵读优秀诗文，注意在诵读过程中体验情感，展开想象，领悟诗文大意。在该教学案例中教师让学生赏析语言，自己却直接讲解，不利于学生学习诗文能力的提升。要让学生在实践中提高学习能力。

②学生是语文学习的主体，教师是学习活动的组织者和引导者。该教师的教学没有尊重学生的主体地位，也没有发挥教师的点拨、引导作用。该教师应该在学生回答不出时对学生进行引导、点拨，不应直接说出答案。

③教师不应以自己的分析来代替学生的阅读实践，不应以模式化的解读来代替学生的体验和思考。该教师在学生回答不出时，直接以自己的回答代替了学生的回答，没有起到锻炼学生的作用。

④兴趣是最好的老师，在教学中要激发学生的学习兴趣。该教师的教学枯燥无味，没有充分调动学生学习的积极性，教师回答代替学生回答更是使课堂成了教师的表演场，不利于学生学习兴趣的激发和学习能力的提升。

①《义务教育语文课程标准》(2022年版)第二学段“阅读与鉴赏”要求：诵读优秀诗文，注意在诵读过程中体验情感，展开想象，领悟诗文大意。在该教学案例中教师让学生赏析语言，自己去直接讲解，不利于学生学习诗文能力的提升。要让学生在实践中提高学习能力。

②《义务教育语文课程标准》(2022年版)指出：义务教育语文课程实施从学生语文生活实际出发，创设丰富多样的学习情境，设计富有挑战性的学习任务，激发学生的好奇心、想象力、求知欲，促进学生自主、合作、探究学习。该教师的教学没有促进学生自主、合作、探究学习，而是直接由自己告诉学生答案，这样子不利于培养学生的自主思考能力。

③《义务教育语文课程标准》(2022年版)指出要增强学习的趣味性和吸引力。该教师以自己的回答代替学生的思考，这样的教学枯燥无味，不利于调动学生学习的积极性。

(共8分。答出3~4点即可，根据具体内容，可酌情给分)

6. ①该教师在教学开始的时候并没有给学生圈定作文的写作范围，只表明了让学生写出心里话，出发点是好的，想达到以学生为主体的教学效果，但忽视了教师为主导这一方面，缺乏对学生的指导作用，直接导致了学生在后来的写作中出现偏差。

②该教师在处理事件时体现了教师的教学机智，没有一味地批评学生，而是注重引导，体现了新课标要求的语文课程的育人功能，既保护了学生的自尊心，又起到了教育的目的。

③该教师以交流心得的形式写作文评语，体现了课标要求的“教学应在师生平等对话的过程中进行”，营造了和谐的交流氛围，拉近了与学生之间的距离。

(共8分。答出3~4点即可，根据具体内容，可酌情给分)

7. (1)①该教师通过讲授法和情境教学法，以王安石、张籍两人有相同思想感情的诗歌导入，引导学生进入特定情境，渲染气氛，营造学习氛围。

②该教师引导学生朗读课文，设定朗读目标，使用了导读法，充分发挥了师生双方的能动性，促进学生对诗文的领悟，激发了学生的学习兴趣，引导学生思考。

③“在纳兰性德的眼中，乡愁又是什么呢?”一句话利用设疑的方法，引起了学生的好奇心、求知欲，提高了学生学习的兴趣。

（共6分。每点2分，答出3～4点即可，根据具体内容，可酌情给分；偏离教学方法角度不得分）

（2）①注重培养学生良好的语感。案例中该教师着重指导学生注意断句以及要求学生读出"味道"，都是对学生语感的训练。

②坚持以学生为主体，教师是教学活动的组织者和引导者。该教师在教学过程中组织学生朗读，发现生字、多音字，并引导学生体会诗词中蕴含的感情，始终坚持以学生为主体。

③着重加强对学生阅读的指导、引领和点拨。该教师指导学生发现重难点，引领学生使用正确的方法朗读课文。

④重视朗读。在整个教学案例中，该教师始终以多样化的朗读方法，让学生在朗读中学习生字词，在朗读中体会课文断句的方法，在朗读中体会课文情感。

（共8分。答出3～4点即可，根据具体内容，可酌情给分）

8.（1）教师甲：灵活运用多媒体设备，创设符合文本内容的情景，引人入胜；教师的语言导入切合文本主旨，激起了学生的学习兴趣。教师乙：手绘符合文本内容的情境，体现出扎实的教学基本功；引导语精雕细琢，包含了作者、文本体裁等知识性内容；注重学生参与，导入环节与下一环节过渡自然。

（共4分。答出每位教师教学导入的特点得2分，根据具体内容，可酌情给分）

（2）示例一：我喜欢教师甲的教学导入。理由：手段现代化，生动有趣，具有很强的趣味性，可以激发学生的学习兴趣。

示例二：我喜欢教师乙的教学导入。理由：手绘符合文本内容的情境，体现出扎实的教学基本功，有利于提升教师在学生心目中的地位，引导学生努力学习；引导语精雕细琢，包含了作者、文本体裁等知识性内容，无形中强化了知识点；注重学生参与，导入环节与下一环节过渡自然。

（共1分。需指出喜欢的导入并答出理由，言之有理即可）

9.①该教师在教学过程中能够根据教学内容的特点积极运用多媒体创设教学情境，极大地激发了学生学习的兴趣，提高了学生学习的积极性。

②该教师在教学时能够让学生通过表演课本剧的形式积极参与到学习中去，学生在表演课本剧的过程中加深了对课文的理解，同时也锻炼了自己口语交际的能力。

③但是，该教师在教学过程中没有合理规划课堂内容，一味地让学生观看影视片段、表演课本剧，整节课看似很充实，但在课堂活动中浪费了太多时间，关于课文内容的教学寥寥无几，学生对于深层次的内容还是一无所知。教师应合理选择教学内容，将教学媒体的展示控制在十分钟之内，并将表演课本剧的活动安排在课余时间，以增强课堂上的教学效率。

（共10分。每点3分，答出3点即可，根据具体内容，可酌情给分）

10. ①《义务教育语文课程标准》(2011年版)要求:要努力建设开放而有活力的语文课程。该教师让学生自己选择题目难度的方法有利于激起学生的挑战心理,进而激发学生学习的积极性,为阅读教学创造一个活力四射的课堂。

②《义务教育语文课程标准》(2011年版)第二学段的教学目标要求:能联系上下文,理解词句的意思,体会课文中关键词句表情达意的作用。该教师在阅读教学的过程中,根据具体内容为学生讲解了词语的意思,既避免了单独进行词语教学的枯燥,又能让学生识用结合,加深学生的记忆与理解。

③在阅读教学中要用普通话正确、流利、有感情地朗读课文。各个学段的阅读教学都要重视朗读和默读。该教师将阅读贯穿教学的始终,让学生在阅读中学习课文、理解课文,有利于提高学生的阅读能力和表达水平。

①《义务教育语文课程标准》(2022年版)第二学段"阅读与鉴赏"要求:用普通话正确、流利、有感情地朗读课文。该教师在教学过程中注重阅读,将阅读教学贯穿整个案例,引导学生在读的过程中理解课文,有利于提高学生的阅读能力。

②《义务教育语文课程标准》(2022年版)第二学段"阅读与鉴赏"要求:能联系上下文,理解词句的意思,体会课文中关键词句表达情意的作用。该教师在阅读教学的过程中,根据具体内容为学生讲解了词语的意思,既避免了单独进行词语教学的枯燥,又能让学生识用结合,加深学生的记忆与理解。

③《义务教育语文课程标准》(2022年版)指出:义务教育语文课程实施从学生语文生活实际出发,创设丰富多样的学习情境,设计富有挑战性的学习任务,激发学生的好奇心、想象力、求知欲,促进学生自主、合作、探究学习。该教师设计了富有挑战性的学习任务,让学生自己选择题目难度,这样做激发了学生的求知欲,营造了充满活力的课堂氛围。

(共6分。每点2分,答出3点即可,根据具体内容,可酌情给分)

11. ①《义务教育语文课程标准》(2011年版)指出学生是学习的主体,教师是学习活动的组织者和引导者。在教学过程中应注意体现学生的主体性,案例中教师通过提出一个问题引导学生自行圈画出有关游览顺序的词语。

②《义务教育语文课程标准》(2011年版)强调积极倡导自主、合作、探究的学习方式。案例中教师引导学生通过与同桌合作交流的方式得出问题的答案,值得我们学习。

③语文教学应该注意把握教材的特点。《记金华的双龙洞》是一篇游记,案例中的教师紧紧抓住这一特点,通过提问引导学生归纳出游记文体的特点,体现了引导启发式教学的优点。

④整体来说案例中教师的做法是值得我们借鉴的,但是《义务教育语文课程标准》(2011年版)强调在教学过程中要对学生的学习及时作出鼓励和积极性的评价,因此这位教师如果在学

生回答后给予一些鼓励性的评价会更好地激发学生的学习兴趣，达到良好的教学效果。

①《义务教育语文课程标准》(2022年版)重视学生的自主、合作、探究学习。该教师在教学时设置了一系列问题，引导学生自主思考、探究，有利于培养学生的自主学习能力。

②《义务教育语文课程标准》(2022年版)要求语文课程面向全体学生，突出基础性。该教师在设计教学问题时，采用了循序渐进的方法，逐步引导学生思考。同时让同桌之间交流讨论，使全体学生都参与到了教学中，值得借鉴和学习。

③语文教学应该注意把握教材的特点。《记金华的双龙洞》是一篇游记，该教师抓住这一文体特点进行教学，引导学生自主归纳游记的文体特点，体现了引导启发式教学的优点。

④该教师的教学整体上是值得借鉴的，但该教师缺少了对学生回答的评价，如能采用鼓励性的评价可以更好地提高学生的学习积极性。

(共10分。答出3～4点即可，根据具体内容，可酌情给分)

12. ①这两篇文章均选自《世说新语》，编在同一课中有意让学生在学习过程中，积累文言文知识，提高文言文素养。

②《咏雪》赞赏了谢道韫的文学才华，《陈太丘与友期行》赞赏了元方的品格。这两篇文章放在一起，编者意在培养学生细心观察生活的能力，同时树立诚信为本的意识。

(共6分。答出这三首诗的共同特点得3分，答出共同目的得3分)

13. ①由该教学案例可以看出该教师在备课环节准备并不充分，没有做好课前预设。只考虑了教学目标和教材，没有进行学情分析，注定这节课是失败的。

②在课堂出现偶发事件时，该教师没有及时引导，而是一味地指责男生，打击了学生的学习积极性，对于女生也造成了一定的伤害。该教师应当利用教学机智，运用因势利导、幽默带过等方法及时化解该事件。这样做既能保护学生的自尊心，又能激发学生的学习积极性。

③该教师在课后及时进行反思，观看名师教学视频，找到了问题所在，体现了该教师善于利用教学反思提高教学能力，这种做法是非常值得借鉴的。

(共8分。答出3～4点即可，根据具体内容，可酌情给分)

14. ①语文课程应培育学生热爱祖国语文的思想感情，指导学生正确地理解和运用祖国语文，丰富语言的积累。语文课程应致力于学生语文素养的形成与发展，案例中的教师通过吟诵雪莱的诗，激起了学生诵读诗歌的兴趣，不仅使课堂充满了诗情画意，也在潜移默化地培养学生对中国古代诗歌的热爱之情。该教学实录对学生语文素养的培养是落到实处的。

②《义务教育语文课程标准》(2011年版)在7～9年级阅读教学中提出："诵读古代诗词，有意识地在积累、感悟和运用中，提高自己的欣赏品位和审美情趣。"春天本就是诗情画意的季节，

学生在此期间能够正确运用所学的古代诗歌去表达个人的情感，教师有意识地培养了学生对于古代诗歌的理解与运用。

③兴趣是拉近学生与文本距离的催化剂，教师在诗情画意的与学生吟诗颂春后能及时反馈学生回答的精髓，尊重了学生在课堂中的独特体会，既从“色、形、声”等方面巧妙地与朱自清《春》的具体内容衔接，又以视觉感极强的春景图展现春天的视觉美，配以优美的背景音乐，让学生身临其境地感受春天美的气息，从多种感官中诠释春的美。这样富有诗情画意、激发学生兴趣的导入，稳稳地锁住了学生思绪。

①《义务教育语文课程标准》(2022年版)指出：语文课程应引导学生热爱国家通用语言文字，在真实的语言运用情境中，通过积极的语言实践，积累语言经验，体会语言文字的特点和运用规律，培养语言文字运用能力；同时，发展思维能力，提升思维品质，形成自觉的审美意识，培养高雅的审美情趣，积淀丰厚的文化底蕴，继承和弘扬中华优秀传统文化、革命文化、社会主义先进文化，增强对习近平新时代中国特色社会主义思想的理解和认识，全面提升核心素养。该教师通过吟诵雪莱的诗，为学生创设了语言学习的情境，同时点明中国是诗的国度，潜移默化地培养学生对古诗的热爱之情，引导学生积淀文化底蕴，提升语文核心素养。

②《义务教育语文课程标准》(2022年版)第四学段“阅读与鉴赏”要求：诵读古代诗词，阅读浅易文言文，能借助注释和工具书理解基本内容。注重积累、感悟和运用，提高自己的欣赏品位。该教师有意识地培养学生对于古诗的诵读与欣赏能力，引导学生通过古诗表达自己的思想感情。

③兴趣是拉近学生与文本距离的催化剂，该教师尊重了学生在课堂中的独特体会，既从“色、形、声”等方面巧妙地与朱自清《春》的具体内容衔接，又以视觉感极强的春景图展现春天的视觉美，配以优美的背景音乐，让学生身临其境地感受春天美的气息，从多种感官中诠释春的美。这样富有诗情画意、激发学生兴趣的导入，稳稳地锁住了学生的思绪。

(共14分。答出3～4点即可，需结合课标内容作答，根据具体内容，可酌情给分)

15.(1)①《义务教育语文课程标准》(2011年版)要求：在阅读教学中，为了帮助理解课文，可以引导学生随文学习必要的语文知识，但不能脱离语文运用的实际去进行“系统”的讲授和操练，更不应要求学生死记硬背概念、定义。在案例中，教师把词语教学融入语言环境中进行，采用板画的方法引导学生理解“绿油油”“点缀”。这种教学方法不仅避免了极其枯燥的词语教学，同时也调动了学生的学习兴趣。将词语教学与学生实际加以结合，不仅降低了学生理解的难度，同时也具有启发性，帮助学生更好地理解、运用生词。

②语文教学应激发学生的学习兴趣，培养学生自主学习的意识和习惯，引导学生掌握语文

学习的方法，为学生创设有利于自主、合作、探究学习的环境。该教师通过词语与现实结合的方法为学生展示了一个便捷、高效的理解词语的方法，既教给了学生方法，又引起了学生的兴趣。

①《义务教育语文课程标准》(2022年版)指出：义务教育语文课程实施从学生语文生活实际出发，创设丰富多样的学习情境，设计富有挑战性的学习任务，激发学生的好奇心、想象力、求知欲，促进学生自主、合作、探究学习。该教师通过词语与现实结合的方法为学生展示了一个便捷、高效的理解词语的方法，既教给了学生方法，又激起了学生的兴趣。

②《义务教育语文课程标准》(2022年版)要求：结合上下文，例解词句的意思，体会课文中关键词句表达情意的作用。该教师将词语教学与学生实际加以结合，降低了学生学习的难度，又具有启发性，避免了枯燥的词语教学，可以帮助学生更好地理解词语。

(共5分。每点2.5分，答出2点即可，根据具体内容，可酌情给分)

(2)①在读中观察。在指导学生朗读句子的时候，该教师先引导学生读句子，然后指导学生观察图画。通过观察，学生纷纷进行描述，曼谷的景色在学生形象的描述中浮现了出来。通过观察、表达，学生很自然地体会到了文中语句表达的感情色彩。通过观察，教师不需要进行太多的指导，学生已经完全可以有感情地朗读句子。

②在读中想象。在熟悉了课文之后，该教师读课文让学生想象，这样不仅能让课文内容更加立体、形象地出现在学生的脑海中，同时也加深了学生的理解。学生边听教师配乐朗诵，边想象画面，抽象的语言在学生头脑中被转化为动态的画面，然后又深深地刻在了学生的脑子里，从而使课文语言得到转化，内化为学生的语言。

③在读中质疑。教师除了引导学生在读中思考，在读中想象外，还授意学生要学会质疑。教师让学生在文中画出夸小象的语句并让学生试着去提问题，一边质疑，一边再读课文，再解疑，引导学生把难以理解的语句在质疑解疑的过程中消化掉了。

(共5分。结合材料内容分析，每少答或错答一种读书方法扣2分，根据具体内容，可酌情给分)

图书反馈

重磅！真题重奖征集！

「凡提供当年度考试真题者，根据真题完整度，可获得0~500元现金奖励。」

具体请联系QQ:1831595423

（温馨提示：所提供真题须是当年度考试真题，且真实有效。最终解释权归山香教育所有）

亲爱的考生：

感谢您对山香教育的信任和支持，您的建议是我们前进的动力！为进一步提高图书质量，我们特向全国各地的考生开展有奖反馈活动。

1. **凡通过研发部QQ提供山香图书错题反馈者，均能获得价值99元的山香网课《高频考点》（基础版）大礼包1份。**
2. **凡通过图书反馈链接提供山香图书意见反馈者，可获得价值299元的山香网课《高频考点》（豪华版）超级大礼包1份。**

¥99 大礼包

¥299 超级大礼包

联系方式：400-600-3363　研发部QQ：1831595423

招教网
招考资讯抢先知晓

山香官网
一站式考编服务平台

山香网校
线上学习方便快捷

图书订正链接
全面勘误及时更新

教师招聘考试

语文专项突破

现代汉语积累与提升

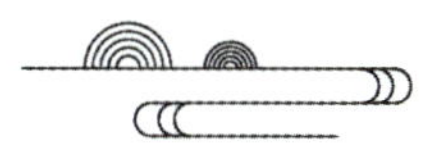

集训专题练617题

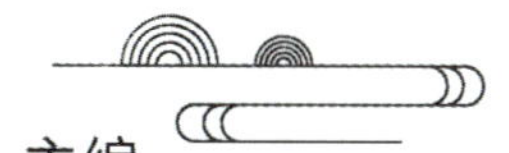

山香教师招聘考试命题研究中心　主编

图书在版编目(CIP)数据

教师招聘考试．语文专项突破．现代汉语积累与提升/山香教师招聘考试命题研究中心主编．-- 北京：首都师范大学出版社，2023.1

ISBN 978-7-5656-7168-5

Ⅰ．①教… Ⅱ．①山… Ⅲ．①语文课—教学法—教师—聘用—资格考试—自学参考资料 Ⅳ．①G451.1

中国版本图书馆CIP数据核字(2022)第206820号

教师招聘考试．语文专项突破

XIANDAI HANYU JILEI YU TISHENG

现代汉语积累与提升

山香教师招聘考试命题研究中心　主编

策划编辑　张文强

责任编辑　钱　浩　曹亮亮　　　　封面设计　山香教育

首都师范大学出版社出版发行

地　　址　北京市海淀区西三环北路105号

邮　　编　100048

咨询电话　010-68418523(总编室)　　010-68982468(发行部)

网　　址　http://cnupn.cnu.edu.cn

印　　刷　河南黎阳印务有限公司

经　　销　全国新华书店

版　　次　2023年1月第1版

印　　次　2023年1月第2次印刷

开　　本　787mm×1092mm　1/16

印　　张　75.5

字　　数　1535千

定　　价　168.00元(全四册)

目录/CONTENTS

第一部分　真题集训

附　录

第二部分　参考答案及解析

第一部分

真题集训

SHANXIANGEDU

教师之路 从山香起步

专题一　字音精准辨析高分突破

1. (安徽)下列词语中加点字的注音完全正确的一项是(　　)

A. 露(lòu)面　露(lòu)骨　落(luò)窠　丢三落(là)四

B. 脂(zhī)肪　造诣(yì)　漂(piǎo)白　漂(piāo)洋过海

C. 真谛(dì)　取缔(tì)　藏(zàng)族　藏(cáng)污纳垢

D. 祖籍(jí)　慰藉(jí)　涤纶(lún)　羽扇纶巾(guān)

2. (安徽)下列选项加点字读音正确的是(　　)

A. 柞蚕(zuò)　熨帖(yùn)　歆享(xīn)　寡廉鲜耻(xiān)

B. 削减(xiāo)　妻孥(nǔ)　等衰(cuī)　莘莘学子(shēn)

C. 呜咽(yè)　解元(jiè)　监生(jiàn)　不蔓不枝(màn)

D. 茎叶(jīng)　绯红(fěi)　羹匙(shí)　如法炮制(pào)

3. (安徽)下列选项加点字读音正确的是(　　)

A. 分娩(miǎn)　殷切(yīn)　歧路(qín)　寡不敌众(guā)

B. 硕士(shuò)　旷达(guǎng)　会稽(kuài)　庖丁解牛(páo)

C. 逞能(chěn)　瘫痪(tān)　狭义(xiá)　狡兔三窟(jiáo)

D. 倔强(jué)　锡铁(xī)　骈文(pián)　迫在眉睫(jié)

4. (福建)下列词语中加点字读音全都正确的一项是(　　)

A. 朝(cháo)奉　着(zháo)落　惩(chéng)罚　数(shǔ)不胜数

B. 偏颇(pō)　纯粹(cuì)　颤(chàn)动　潜(qián)移默化

C. 颐(yí)养　旋(xuán)涡　寒暄(xuān)　创(chuàng)伤

D. 熏陶(táo)　揣摩(mó)　下载(zǎi)　撒(sā)谎

5. (浙江)下列词语中加点的字,读音完全正确的一项是(　　)

A. 角(jiǎo)逐　聒(guō)噪　搞噱(xué)头　相形见绌(chù)

B. 匕(bǐ)首　谄(chǎn)媚　鄱(bó)阳湖　面面相觑(qù)

C. 洗濯(zhuó)　讪(shàn)笑　绵亘(gèn)蜿蜒　越俎(zǔ)代庖

D. 召(zào)唤　翌(yì)日　新冠(guān)病毒　莘莘(shēn)学子

6. (江西)下列加点字注音完全正确的一项是(　　)

A. 沟壑(hè)　洗濯(zhuó)　鳞次栉比(zhì)　潜移默化(qiǎn)

B. 讪笑(shàn)　绮丽(qǐ)　秩序井然(chì)　恪尽职守(kè)

C. 剽悍(biāo)　敛财(liǎn)　面面相觑(qù)　如法炮制(páo)

D. 谄媚(chǎn)　嗔怪(chēn)　乳臭未干(xiù)　舐犊情深(shì)

7. (江西)下列加点字的注音全部正确的一项(　　)

A. 雾霭(ǎi)　迁徙(xǐ)　惟余莽莽(wéi)　怒不可遏(è)

B. 分歧(qí)　砾石(lì)　安营扎寨(zā)　自吹自擂(léi)

C. 纤维(qiān)　黄晕(yùn)　恍然大悟(wù)　斗方大字(dǒu)

D. 收敛(liǎn)　棱镜(líng)　摧枯拉朽(xiǔ)　当之无愧(dāng)

8. (广东)下列词语中,加点字的读音相同的一项是(　　)

A. 中流　中肯　B. 劲敌　干劲　C. 伛偻　伛偻　D. 间断　间或

9. (山东)下列加点字的读音全部相同的一项是(　　)

A. 题材　提案　啼鸣　瓜熟蒂落　B. 缠绵　禅让　谗言　蟾宫折桂

C. 背包　疲惫　前辈　事半功倍　D. 勉强　强迫　强求　强颜欢笑

10. (山西)下列词语中的加点字,读音完全相同的一项是(　　)

A. 锤炼　捶胸　椎心泣血　B. 咯血　咳嗽　子弹壳儿

C. 饼铛　筼筜　安步当车　D. 桠枝　倾轧　鸦雀无声

11. (湖南)下列词语中,加点字的读音全部正确的一项是(　　)

A. 禅让(shàn)　粗糙(cāo)　胚胎(pī)　怙恶不悛(qūn)

B. 炽热(zhì)　粗犷(guǎng)　歼灭(jiān)　相形见绌(zhuó)

C. 荫庇(yīn)　埋怨(mái)　谙熟(ān)　面面相觑(qù)

D. 纤维(xiān)　氛围(fēn)　龋齿(qǔ)　浑身解数(xiè)

12. (河南)下列加点字的注音全都正确的一项是(　　)

A. 菜畦(qí)　睥睨(pì)　味同嚼蜡(jiáo)

B. 猝然(cú)　砭骨(fā)　五行缺土(xíng)

C. 悲怆(chuàng)　羸弱(yíng)　气冲斗牛(dòu)

D. 慰藉(jiè)　恣睢(suī)　断壁残垣(géng)

13. (湖南)下列词语中加点字,每对读音都不相同的一项是(　　)

A. 胳膊/胳肢窝　躯壳/金蝉脱壳　瓦砾/繁星闪烁

B. 模范/模样儿　下载/风雪载途　引擎/风驰电掣

C. 刹车/刹那间　铜臭/遗臭万年　粗犷/旷日持久

D. 震颤/颤巍巍　蔓延/顺蔓摸瓜　默契/提纲挈领

14.（云南）下列各组词中，加点字读音有误的一项是（ ）

A. 郴州(chēn) 句读(dòu) 恫吓(hè) 皈依(guī)

B. 奇葩(pā) 泥淖(zhào) 怯懦(qiè) 缫丝(sāo)

C. 舐犊(shì) 老妪(yù) 巷道(hàng) 鼻衄(nǜ)

D. 埋怨(mán) 沮丧(jǔ) 仫佬族(mù) 乐阕(què)

15.（云南）下列加点字读音正确的是（ ）［多选］

A. 淙淙(cōng)

B. 吮吸(shǔn)

C. 徘徊(huí)

D. 胡诌(zhōu)

E. 发酵(xiào)

16.（天津）下列词语中加点字的读音全部正确的一项是（ ）

A. 胡同(tòng) 分(fèn)外 瑕瑜互见(jiàn)

B. 黏(niān)合 妊娠(shēn) 醅(pèi)酒结庐

C. 江堤(dī) 新正(zhèng) 汩(gǔ)汩滔滔

D. 遒劲(jìn) 诳(kuáng)语 不揣(chuài)冒昧

17.（湖南）下列各组词语中，加点字的读音完全相同的一项是（ ）

A. 锲而不舍 契约

B. 商铺林立 卧铺

C. 不胫而走 茎叶

D. 一晃十年 晃悠

18.（陕西）下列词语中，加点字的读音全部正确的一项是（ ）

A. 针砭时弊(biān) 人才济济(jì) 叱咤风云(chà)

B. 虎视眈眈(dān) 并行不悖(bèi) 虚与委蛇(yí)

C. 垂涎三尺(yán) 草菅人命(guǎn) 乳臭未干(xiù)

D. 一曝十寒(bào) 自怨自艾(ài) 高屋建瓴(líng)

19.（吉林）下列词语中，加点字的注音全部正确的一项是（ ）

A. 菜畦(qí) 讪笑(shàn) 果脯(fǔ) 爱憎分明(zēng)

B. 殷红(yān) 压轴(zhóu) 证券(quàn) 叱咤风云(zhà)

C. 姊妹(zǐ) 抖擞(sǒu) 嫉妒(jì) 提纲挈领(qiè)

D. 颓唐(tuí) 恬静(tián) 棱角(líng) 扣人心弦(xián)

20.（天津）下列词语中加点的字，读音全都正确的一项是（ ）

A. 女工(gōng) 安土重(zhòng)迁 商埠(fù) 花团锦簇(cù)

B. 莅(lì)临 大放厥(jué)词 挟(xié)制 焉(yān)头耷脑

C. 懦(nuò)弱　　年高德劭(shào)　　两栖(qī)　　沁(qìn)人心脾

D. 遽(jù)然　　精神抖擞(sǒu)　　坍(tā)陷　　一柱擎(qíng)天

21. (吉林)下列词语中,每对加点字的读音均不相同的是(　　)[多选]

A. 殷勤/殷红　　咀嚼/咬文嚼字　　风调雨顺/南腔北调

B. 儒雅/懦弱　　侍奉/恃才傲物　　咄咄逼人/相形见绌

C. 卡片/关卡　　屏障/屏气凝神　　置之度外/度日如年

D. 辟谷/偏僻　　栅栏/姗姗来迟　　前仆后继/赴汤蹈火

22. (湖北)下列词语中,加点字的读音全部相同的一项是(　　)

A. 跋扈　拔云见日　　B. 侧身　恻隐之心

C. 痕迹　恨之入骨　　D. 惊骇　言简意赅

23. (湖北)下列词语中,加点字的读音全部相同的一项是(　　)

A. 遨游　傲慢无礼　　B. 胸脯　惊魂甫定

C. 嗔怪　嗔目而视　　D. 门槛　衣衫褴褛

24. (浙江)下列词语中,加点字的读音都不相同的一项是(　　)

A. 膝髁/脚踝　　雾霭/和蔼　　交柯错叶/百舸争流

B. 盘踞/居心　　着重/着陆　　窸窸窣窣/稀稀疏疏

C. 矗立/伫立　　星宿/整宿　　孑然一身/截然不同

D. 阡陌/纤巧　　关隘/谥号　　诲人不倦/后悔不已

25. (广东)下列词语中,加点字注音完全正确的一项是(　　)

A. 滋润(rùn)　　柏树(bǎi)　　唾手可得(tuò)

B. 提防(dī)　　绿茵(lǜ)　　图穷匕见(jiàn)

C. 箴言(zhēn)　　模仿(mó)　　居心叵测(bǒ)

D. 消弭(mī)　　强迫(qiǎng)　　博闻强识(zhì)

26. (安徽)下列词语中加点字的读音,完全正确的一项是(　　)

A. 秤(chèng)杆　　称(chēng)呼　　对称(chèng)　　匀称(chèn)

B. 澎湃(pài)　　鸿鹄(hú)　　埋(mán)怨　　藤蔓(wàn)

C. 琢(zhuó)磨　　磨坊(fāng)　　闲散(sǎn)　　抽噎(yē)

D. 陀(tuó)螺　　毽(jiàn)子　　饰(shǐ)品　　投奔(bēn)

27. (山西)下列加点字的注音完全正确的一项是(　　)

A. 摇曳(yì)　　泯灭(mǐn)　　饭甑(zèng)　　两鬓斑白(bìn)

B. 蒲葵(pú)　苍虬(qiú)　粳米(jīng)　因噎废食(yē)

C. 劝谏(jiàn)　福佑(yòu)　篆刻(zhuàn)　硕果累累(lěi)

D. 奇葩(bā)　调离(diào)　蘸水(zhàn)　漫天飞舞(màn)

28. (天津)下面词语中加点的字，每对读音完全相同的一项是(　　)

A. 蓓蕾／烘焙　拾级／拾麦穗　箪食壶浆／殚精竭虑

B. 倚重／旖旎　禅趣／口头禅　卷帙浩繁／秩序井然

C. 毗邻／聆听　包扎／扎辫子　济世安民／光风霁月

D. 翡翠／斐然　开拓／拓荒者　物产丰饶／百折不挠

29. (安徽)下列词语中加点字的注音，完全正确的一项是(　　)

A. 敬(jìn)业　文明(míng)　诚(chéng)信　友善(shàn)

B. 赞(zàn)扬　歌颂(sòng)　酬(chóu)谢　表彰(zāng)

C. 粉(fěn)红　翠绿(nǜ)　黑(hēi)紫　湛蓝(lán)

D. 角(jué)色　美差(chāi)　血(xuè)脉　相似(sì)

30. (山西)下列词语中，加点字的读音全部正确的一项是(　　)

A. 妯娌(lǐ)　题跋(bō)　簇拥(cù)　轩榭(xiè)

B. 佝偻(lóu)　濒临(pīn)　肖像(xiāo)　狙击(jū)

C. 喝彩(hè)　粗糙(cāo)　诘责(jié)　婆娑(suō)

D. 踌躇(chú)　脂粉(zhǐ)　栅栏(zhà)　纤细(qiān)

31. (广东)下列词语中加点的字，读音有两个错误的一项是(　　)

A. 坊(fǎng)间　名媛(yuán)　一场(chǎng)雨　扪(mén)心自问

B. 眩晕(yūn)　玩弄(nòng)　入场券(quàn)　管窥蠡(lí)测

C. 量(liáng)筒　处(chǔ)暑　芝麻糊(hú)　一哄(hōng)而散

D. 狙(zǔ)击　冗(lǒng)长　数(shǔ)来宝　龇(cī)牙咧嘴

32. (广东)下列各组词语中，加点字的读音有误的一项是(　　)

A. 蓓蕾(bèi)　侵占(qīn)　咀嚼(jué)　酝酿(niàng)

B. 狡黠(xiá)　惩罚(chéng)　凹陷(āo)　魑魅(chī)

C. 引擎(qíng)　翁媪(ǎo)　鞭笞(chī)　鸟瞰(kàn)

D. 裨益(pì)　麻痹(bì)　豆豉(chǐ)　皈依(guī)

33. (广东)下列词语中，加点字的读音全部正确的一项是(　　)

A. 女红(gōng)　商埠(fǔ)　安土重迁(zhòng)

B. 莅临(lì)　挟制(xié)　蔫头耷脑(yān)

C. 遽然(jù)　坍陷(tā)　一柱擎天(qíng)

D. 两栖(qī)　放哨(shào)　沁人心脾(qìn)

34. (广东)下列词语中,加点字的读音全部相同的一项是(　　)

A. 黑白颠倒　倒行逆施　B. 挑三拣四　挑拨离间

C. 称职　职称　D. 解剖　剖析

35. (浙江)下列词语中,加点字的注音全部正确的一项是(　　)

A. 暖和(hé)　掮客(qián)　茶篱(zhuǎ)　叱咤(chà)

B. 妊娠(shén)　执拗(niù)　冠冕(guān)　关卡(qiǎ)

C. 省悟(xǐng)　埋头(mái)　包扎(zā)　模样(mú)

D. 玩弄(nòng)　打烊(yǎng)　记载(zǎi)　折本(shé)

36. (福建)下列词语中,加点字读音全部正确的一项是(　　)

A. 胚(pēi)芽　处(chǔ)方　膝(qī)盖　稗(bài)官野史

B. 濒(bīng)临　号(háo)叫　骸(hái)骨　一蹴(cù)而就

C. 晕(yùn)车　擂(lèi)台　缱绻(quǎn)　参(cēn)差不齐

D. 发酵(xiào)　谥(shì)号　埋(mán)怨　豆蔻(kòu)年华

37. (云南)下列各组词中,加点字注音完全正确的一项是(　　)

A. 翁媪(ǎo)　薅草(hāo)　龃龉(jǔ)　乜斜(niè)

B. 笑靥(yàn)　觊觎(jì)　胼胝(bìng)　缫丝(sāo)

C. 龟兹(cí)　歃血(shà)　莱畦(qí)　鸩毒(zhèn)

D. 倥偬(zǒng)　自诩(yǔ)　整饬(chì)　腌臜(za)

38. (黑龙江)下列加点字中,注音全部正确的一项是(　　)

A. 箴言(zhēn)　急遽(jù)　绊脚石(pàn)　焚膏继晷(guǐ)

B. 挨近(ái)　赧颜(nǎn)　我们俩(liǎ)　逡巡不前(qūn)

C. 恫吓(dòng)　迷惘(wǎng)　颤巍巍(zhàn)　乘人之危(chéng)

D. 挣脱(zhèng)　中风(zhòng)　处方药(chǔ)　无稽之谈(jī)

39. (湖南)下列词语中,加点字的读音全部正确的一项是(　　)

A. 眼睑(jiǎn)　哺育(bǔ)　扎辫子(zā)　亘古未变(gèn)

B. 嫩绿(nèn)　铲除(chǎn)　紧箍咒(kū)　一蹴而就(cù)

C. 抽噎(yē)　崩裂(bèng)　户口簿(bù)　不屈不挠(láo)

D. 愤懑(mèn)　要挟(xiá)　绊脚石(bàn)　恃才傲物(shì)

40.（湖南）下列词语中，加点字的字音完全相同的一项是（　　）

A. 校对/校订　角色/角斗　参商/参差

B. 慰藉/狼藉　口供/供认　宿愿/星宿

C. 标识/识记　铜臭/乳臭　呜咽/吞咽

D. 矫正/矫形　负荷/荷载　更迭/更衣

41.（江西）下列加点字的读音完全相同的一项是（　　）

A. 骇异　言简意赅　　B. 笨拙　相形见绌

C. 暗淡　黯然失色　　D. 澄澈　合辙押韵

42.（山东）下列各组词语中加点的字，每对读音都相同的一项是（　　）

A. 抚恤/畜养　亲家/沁园春　啮噬/罪孽深重

B. 蜷伏/痊愈　按捺/百衲衣　譬如/穷乡僻壤

C. 孱弱/潺湲　戏谑/血淋淋　宿营/夙兴夜寐

D. 踟蹰/汤匙　泼辣/梁山泊　证券/隽语箴言

43.（山东）下列词语中加点字读音完全相同的一项是（　　）

A. 保镖　狂飙　标志　分道扬镳　彪炳千古

B. 缄默　掮客　抽签　草菅人命　从谏如流

C. 绯闻　斐然　徘徊　缠绵悱恻　蜚短流长

D. 膨胀　涨幅　账簿　苌弘化碧　怅然若失

44.（四川）下列词语中，加点字的读音全部相同的一项是（　　）

A. 溯流　夙愿　管束　火中取栗　　B. 跻身　畸形　羁绊　激浊扬清

C. 婵媛　蝉蜕　禅让　馋涎欲滴　　D. 麦穗　花卉　污秽　人才荟萃

45.（山西）下列词语的字形及加点字的读音全部正确的一项是（　　）

A. 训诂　绵亘(gèn)　商埠(fù)　挺而走险

B. 喟叹(kuì)　谙熟　狡黠　灯影幢幢(zhuàng)

C. 游弋(yì)　懵懂　敕造　淬炼真金(cuì)

D. 绮丽(qǐ)　雉堞(dié)　诅咒　桀骜不驯

46.（吉林）下列词语中，每组加点的字读音完全相同的一项是（　　）

A. 闷热/愁闷　星宿/宿愿　斗胆/斗殴

B. 殷红/殷切　口供/供认　提防/提高

C. 禅让/禅师　模具/模样　籍贯/古籍

D. 呵斥/呵欠　细胞/同胞　横财/蛮横

47. (新疆)下列加点字注音有误的一项是(　　)

A. 渲染(xuàn)　裂缝(fèng)　星宿(xiù)　奄奄一息(yǎn)

B. 一缕(lǚ)　挑剔(ti)　哽咽(yè)　卓有成效(zhuó)

C. 附和(hè)　侮辱(wǔ)　穴位(xué)　恪尽职守(kè)

D. 斡旋(wò)　咆哮(xiào)　堕落(duò)　叱咤风云(chà)

48. (四川)下列词语中,加点字的读音全部正确的一项是(　　)

A. 关卡(qiǎ)　发酵(jiào)　万物更新(gēng)

B. 柏油(bǎi)　诟病(gòu)　大有裨益(pí)

C. 殷红(yān)　对峙(zì)　越俎代庖(páo)

D. 屏息(bǐng)　肋骨(lè)　随声附和(hè)

49. (云南)下列各组词中,加点字注音完全正确的一项是(　　)

A. 复辟(bì)　岑寂(cén)　炽热(zhí)　阔绰(chuò)

B. 缄默(jiān)　菁华(jīng)　窥探(kuī)　酹酒(lèi)

C. 仓廪(lǐn)　摞起(luò)　掮客(jiān)　唱喏(rě)

D. 血泊(pō)　省亲(shěng)　婆娑(suō)　悚然(sǒng)

50. (重庆)下列词语中,加点字的注音全部正确的一项是(　　)

A. 被褥(rù)　庇佑(bì)　称职(chèng)　耿耿于怀(gěng)

B. 草垛(duò)　裹挟(xiá)　酗酒(xù)　瞻前顾后(zhān)

C. 挑剔(ti)　撰稿(zuàn)　窥伺(sì)　刨根究底(páo)

D. 充沛(pèi)　教诲(huì)　血腥(xīng)　贻笑大方(yí)

51. (湖南)下列词语的字形和加点字的读音有误的一项是(　　)

A. 教诲(huì)　冠冕堂皇(guān)　烦躁　一诺千金

B. 监督(jiān)　咄咄逼人(duō)　谄媚　扭转乾坤

C. 船艄(shāo)　模棱两可(líng)　眩晕　绿树成荫

D. 谙熟(ān)　迥然不同(jiǒng)　诘问　诡计多端

52. (山西)下列加点的字,读音完全相同的一项是(　　)

A. 诋毁　官邸　胼胝　中流砥柱　　B. 渲染　寒暄　萱草　煊赫一时

C. 狙击　雎鸠　痈疽　憨态可掬　　D. 骠勇　剽悍　飞镖　膘肥体壮

53. (云南)下列加点字的注音完全正确的一项是(　　)

A. 伶仃(líng)　喝彩(hē)　姹紫嫣红(chà)

B. 晨曦(xī)　忏悔(chàn)　风调雨顺(diào)

C. 戍守(shù)　污秽(huì)　白雪皑皑(ái)

D. 侥幸(xiǎo)　提防(dī)　丢三落四(là)

54. (四川)下列词语中加点字的读音,全部正确的一项是(　　)

A. 创伤(chuāng)　顷刻(qǐng)　弦外之音(xián)

B. 锁钥(yào)　隽永(juàn)　拾级而上(shè)

C. 讣告(fù)　毗邻(pí)　步履蹒跚(shuān)

D. 殷红(yān)　诤友(zhēng)　荦荦大端(luò)

55. (福建)下列词语中加点字的注音,全部正确的一项是(　　)

A. 剥(bō)皮　剥(bō)削　剥(bāo)蚀　剥(bāo)豆

B. 乘(chéng)法　承(chéng)载　乘(chèng)机　乘(chèng)兴

C. 搭(dā)腔　搭(dā)理　答(dá)应　答(dá)疑

D. 兴(xīng)奋　兴(xīng)许　兴(xìng)头　兴(xìng)味

56. (浙江)下列各组词语中加点的字,读音全都相同的一项是(　　)

A. 聆听　凌空　模棱两可　高屋建瓴　　B. 觊觎　谄谀　尔虞我诈　矢志不渝

C. 浸渍　陷阱　疾风劲草　泾渭分明　　D. 针灸　内疚　鸠占鹊巢　咎由自取

57. (安徽)下列词语中加点字的注音,正确的一项是(　　)

A. 粗犷(guǎng)　蹿(cuān)出　炽(zhì)热　千乘(shèng)之国

B. 脊(jǐ)梁　矜(jīn)持　瞑(míng)目　衣冠(guàn)楚楚

C. 戏谑(xuè)　强(qiǎng)迫　骨髓(suǐ)　怙恶不悛(quān)

D. 镌(juān)刻　作(zuò)坊　敛(liǎn)财　闭目塞(sè)听

58. (浙江)下列加点的字中,注音完全正确的一项是(　　)

A. 行(háng)伍　彳(chì)亍　着(zháo)装　少不更(gēng)事

B. 造诣(yì)　校(xiào)对　珐(fà)琅　茕(qióng)茕孑立

C. 蟊(máo)贼　弹劾(hé)　勖(xù)勉　鲜(xiān)有所闻

D. 圭臬(niè)　肖(xiào)像　迤(yǐ)逦　咄(duō)咄逼人

59. (湖北)下列加点字注音全正确的一项是(　　)

A. 桎梏(kù)　畸形(jī)　　B. 塑(suò)造　发酵(jiào)

C. 炽(zhì)热　愤懑(mèn)　　D. 潜(qián)伏　筵(yán)席

60.（云南）下列词语中，加点的字的读音全都相同的一项是（　　）

A. 塑造　朔方　闪烁　硕大　夙愿　　B. 款识　旗帜　对峙　卷帙　停滞

C. 衬托　思忖　皲裂　醇厚　淳朴　　D. 串供　窜改　篡夺　攒动　悲怆

61.（云南）下列各组词中，加点字读音完全正确的一项是（　　）

A. 金钗(chāi)　薅草(hāo)　单于(chán)　挟制(xié)

B. 嗔怒(zhēn)　整饬(chì)　硕大(shuò)　喘咄(duō)

C. 赡养(shà)　媲美(pì)　抓阄(jiū)　粳米(gēng)

D. 栅栏(zhà)　骁勇(yáo)　翩跹(xiān)　可恶(wù)

62.（浙江）下列加点的字中，注音有误的一项是（　　）

A. 迷惘(wǎng)　炫耀(xuàn)　晨曦(xī)　溺爱(nì)　干瘪(biě)

B. 怪癖(pǐ)　抹煞(shā)　憎恶(zēng)　累赘(zhuì)　翱翔(áo)

C. 磕绊(kē)　颤抖(zhàn)　巷道(hàng)　敷衍(fū)　沉湎(miǎn)

D. 量具(liáng)　藐视(miǎo)　犄角(jī)　瞠目(chēng)　摭拾(zhí)

63.（福建）下列词语中加点字注音全部正确的一项是（　　）

A. 给养(jǐ)　炽热(chì)　刽子手(guì)　自怨自艾(yì)

B. 怆然(qiàng)　赔偿(chǎng)　浣溪沙(huàn)　引吭高歌(háng)

C. 玷污(diàn)　埋怨(mán)　踱方步(duó)　揠苗助长(bá)

D. 鞭笞(chī)　针砭(biǎn)　沙家浜(bāng)　悄然无声(qiǎo)

64.（贵州）下列词语中加点的字，每对的读音都不相同的一项是（　　）

A. 梗概/田埂　迫击炮/迫切性　瓜熟蒂落/啼笑皆非

B. 篆书/椽子　空白点/空城计　愚公移山/向隅而泣

C. 拜谒/枯竭　冲锋枪/冲击波　恣意妄为/千姿百态

D. 陨石/功勋　倒胃口/倒栽葱　崇山峻岭/怙恶不悛

65.（贵州）下列词语中加点字的读音，完全相同的一项是（　　）

A. 删除　膻味　籼米　潸然泪下　　B. 信笺　歼灭　缄默　间不容发

C. 飙升　鱼鳔　剽悍　彪炳青史　　D. 血缘　戏谑　噱头　空穴来风

66.（青海）下列词语中加点的字，读音全都正确的一项是（　　）

A. 扼(é)要　游弋(yì)　风驰电掣(chè)

B. 娱(yú)乐　伺(cì)候　强(qiáng)人所难

C. 蓓蕾(lěi)　犒(kào)赏　锲(qiè)而不舍

D. 讹(é)诈　口供(gōng)　行若狗彘(zhì)

67.（江西）下列词语中，加点的字音有误的一项是（　　）

A. 绿茵（yīn）　鸟瞰（kàn）　成吉思汗（hán）　刻骨铭心（míng）

B. 勉强（qiǎng）　衣裳（shang）　崇山峻岭（chóng）　自怨自艾（yì）

C. 小孩儿（hái）　掠过（luè）　花骨朵儿（gū）　不屈不挠（náo）

D. 脊梁（jǐ）　兄弟（dì）　瞠目结舌（chēng）　茅塞顿开（sè）

68.（安徽）下列词语中加点的字，读音完全相同的一项是（　　）

A. 辩论　辨别　花瓣　辫子

B. 松懈　感谢　倾泻　邂逅

C. 垮台　挎包　胯骨　跨栏

D. 日暮　屏幕　羡慕　蓦然

69.（云南）下列加点字的读音，全都相同的一项是（　　）

A. 崎岖　颀长　畸形　出奇制胜

B. 讥诮　俊俏　地壳　悬崖峭壁

C. 隐讳　教诲　污秽　运筹帷幄

D. 贻误　怡然　遗失　百战不殆

70.（河南）下列选项中，每组词语中加点字读音都不相同的一项是（　　）

A. 塑料／追溯　逮住／力有未逮　数不胜数／数见不鲜

B. 棹着／泥淖　瞭望／撩起衣襟　徇私枉法／以身殉职

C. 字帖／剪贴　摇曳／生拉硬拽　缉拿罪犯／开门揖盗

D. 荒谬／绸缪　教诲／韬光养晦　识文断字／博闻强识

71.（天津）下列词语中加点的字，注音全都正确的一项是（　　）

A. 编纂（zuǎn）　尽（jǐn）量　倾（qīng）斜　入不敷（fū）出

B. 昵（nì）称　木讷（nà）　衣钵（bō）　因噎（yē）废食

C. 刍（chú）议　熟稔（rěn）　露（lù）脸　瘙（sào）痒难忍

D. 奇葩（pā）　笑靥（yǎn）　当（dàng）真　物阜（fù）民丰

72.（云南）下列加点字注音完全正确的一项是（　　）

A. 田圃（pǔ）　诘难（jié）　恣睢（suì）　作揖（yī）

B. 分外（fèn）　灰烬（jìn）　狡黠（xié）　星宿（xiù）

C. 禀请（bǐng）　阴晦（huì）　汲取（jí）　赔偿（sháng）

D. 晌午（shǎng）　襁褓（qiǎng）　瑟缩（sè）　拮据（jié）

73.（浙江）下列词语中加点的字的读音完全相同的一项是（　　）

A. 清澈　覆辙　撤除　风驰电掣　天寒地坼

B. 缜密　箴言　甄别　臻于郅治　忠贞不渝

C. 饯别　践约　兽槛　剑拔弩张　前车之鉴

D. 蓦然　膜拜　抹杀　漠不关心　秣马厉兵

74. (云南)下列词语中,加点字的读音全都正确的一项是(　　)

A. 包扎(zā)　殷红(yān)　损兵折将(zhé)　还看今朝(hái)

B. 劲敌(jìng)　答理(dá)　转弯抹角(mò)　悄无声息(qiǎo)

C. 阡陌(mò)　膝盖(qī)　舐犊情深(shì)　刚愎自用(bì)

D. 镌刻(juān)　恪守(kè)　迄今为止(qì)　煽风点火(shàn)

75. (江西)下列各项中加点字注音全部正确的一项是(　　)

A. 酝酿(niàn)　吹毛求疵(cī)　B. 熟稔(rěn)　浮想联翩(piān)

C. 地窖(giào)　衰草连天(shuāi)　D. 涟漪(qī)　嗷嗷待哺(bǔ)

76. (湖南)下列词语中加点的字,读音全都不相同的一项是(　　)

A. 诋毁　底蕴　邸所　低首下心　中流砥柱

B. 扉页　菲薄　斐然　匪夷所思　蜚短流长

C. 模棱　摹拟　落寞　莫逆之交　顶礼膜拜

D. 搁浅　奶酪　贿赂　洛阳纸贵　一丘之貉

77. (江西)“任”“单”“华”“仇”用于姓氏时,正确的一项是(　　)

A. réng　shàn　huà　chóu

B. rén　shàn　huà　qiú

C. rén　chán　huà　qiú

D. rèn　chán　huà　qiú

78. (江苏)下列选项中加点字读音相同的一项是(　　)

A. 费解/解散　商贾/余勇可贾　蔓延/顺蔓摸瓜

B. 藐视/邈远　强大/强颜欢笑　刹车/古刹钟声

C. 餍足/赝品　市侩/脍炙人口　渎职/买椟还珠

D. 嗔怪/缜密　舍弟/退避三舍　叱咤/姹紫嫣红

79. (江西)下列各组词语中加点字读音不完全一致的一项是(　　)

A. 一夫当关　当仁不让　当机立断　当行出色

B. 青山绿水　桃红柳绿　绿林好汉　律吕调阳

C. 天道酬勤　踌躇满志　未雨绸缪　运筹帷幄

D. 脍炙人口　栉风沐雨　博闻强识　独树一帜

80. (江苏)下列词语中,每对加点字的读音都相同的一项是(　　)

A. 难堪/劫难　蹒跚/姗姗来迟　B. 怂恿/踊跃　挑逗/挑拨离间

C. 拘泥/淤泥　烘托/哄堂大笑　D. 修葺/作揖　累赘/伤痕累累

81.（江苏）下列加点字读音全都相同的一项是（　　）

A. 峰峦　难处　喃喃　阻拦　波澜壮阔　　B. 剥皮　波动　传播　颠簸　拨乱反正

C. 大臣　丞相　继承　路程　墨守成规　　D. 嘹亮　辽阔　聊天　疗养　寥若星辰

82.（山东）下列词语注音有误的一项是（　　）

A. 狡诈(jiǎozhà)　吹嘘(chuīxū)　粗糙(cūcāo)

B. 消遣(xiāoqiǎn)　轻鄙(qīngbǐ)　狡黠(jiǎoxiá)

C. 揣摩(chuǎimó)　梗概(gěnggài)　偏执(piānzhí)

D. 炫耀(xuànyào)　愧疚(kuìjiǔ)　弥补(míbǔ)

83.（江苏）下列词语中，每对加点字的读音都不相同的一项是（　　）

A. 押解／解数　繁芜／抚摸　绯闻／诽谤　失怙／沽名钓誉

B. 伺候／伺机　沮丧／狙击　抽搐／畜生　膜拜／漠不关心

C. 济济／救济　污蔑／海蓝　缔造／真谛　剀切／白雪皑皑

D. 旋风／凯旋　蜷缩／缱绻　递送／孝悌　渎职／买椟还珠

84.（湖北）下列加点字注音全部正确的一项是（　　）

A. 亲昵(nì)　差(cāi)使　　B. 惬(qiè)意　垂涎(yán)欲滴

C. 堙(yān)没　戎马倥偬(zǒng)　　D. 蹉(cuō)跎　饶恕(shú)

85.（山西）下列词语中加点的字，每组读音都不相同的是（　　）

A. 桑梓／莘莘学子　矗立／相形见绌　勘测／看家戏

B. 迂回／长吁短叹　辟邪／鞭辟入里　搭讪／煽风点火

C. 嘱托／终成眷属　歼灭／阡陌交通　木槿／谨小慎微

D. 运载／载歌载舞　咀嚼／咬文嚼字　弓弩／驽马十驾

86.（福建）下列加点字读音完全一致的是（　　）

A. 怡悦　怠工　贻笑大方　百战不殆　　B. 揣度　湍急　惴惴不安　气喘吁吁

C. 诋毁　抵赖　刨根问底　中流砥柱　　D. 奴婢　裨益　稗官野史　髀肉复生

87.（江西）下列词语中加点字读音完全正确的一项是（　　）

A. 朔方(sú)　蜷缩(juán)　愠怒(wēn)　绽开(zhàn)

B. 呜咽(yè)　猝然(cù)　惩罚(chéng)　瞥见(piē)

C. 打颤(chàn)　眷念(juàn)　拭干(shí)　倔强(jué)

D. 挟持(jiá)　藩篱(fān)　差事(chāi)　面颊(jiá)

88.(天津)下列词语中加点字的读音全部都正确的一项是(　　)

A. 潜力(qián)　　哺育(bǔ)　　蒲公英(pú)　　亘古不变(gèn)

B. 眼睑(jiǎn)　　驰骋(chěng)　　扎辫子(zhā)　　一蹴而就(cù)

C. 抽噎(yē)　　缜密(shèn)　　户口簿(bù)　　不屈不挠(náo)

D. 埋怨(mái)　　解剖(pōu)　　绊脚石(bàn)　　逸兴遄飞(chuán)

89.(湖南)下列各组词语中,加点字的读音完全不相同的一项是(　　)

A. 参差　参商　参天大树

B. 积累　劳累　连篇累牍

C. 开辟　复辟　鞭辟入里

D. 没落　磊落　丢三落四

90.(浙江)下列词语中加点字的读音,全都正确的一项是(　　)

A. 妖娆(rǎo)　　环绕(rào)　　蹊跷(qiāo)　　百折不挠(ráo)

B. 秉性(bǐn)　　濒临(bīn)　　摒弃(bǐng)　　并驾齐驱(bìng)

C. 横祸(héng)　　附和(hè)　　应届(yìng)　　供认不讳(gòng)

D. 妍媸(chī)　　隽永(juàn)　　稽首(qǐ)　　鲜为人知(xiǎn)

91.(山西)下面词语中加点的字的拼音有错误的一项是(　　)

A. 电饼铛(chēng)　　B. 万头攒动(cuán)　　C. 啜泣(chuò)　　D. 玷污(zhān)

92.(江西)下列各项中加点字的读音,正确的一项是(　　)

A. 休憩(qì)　　樯橹(qiáng)　　畏葸(xǐ)　　弄巧成拙(chù)

B. 孱头(càn)　　踟蹰(zhuó)　　鹧鸪(zhè)　　桀骜不驯(ào)

C. 倏忽(shū)　　绸缪(móu)　　扁舟(piān)　　羽扇纶巾(lún)

D. 聒噪(guō)　　箴言(zhēn)　　诀别(jué)　　钟鼓馔玉(zhuàn)

93.(江西)下列词语中加点的字,每对读音都相同的一项是(　　)

A. 粗犷/空旷　随声附和/心平气和

B. 泛滥/门槛　鲜为人知/屡见不鲜

C. 塑造/追溯　贻笑大方/百战不殆

D. 急躁/燥热　鞠躬尽瘁/出类拔萃

94.(江西)下列加点字的读音,有错误的一项是(　　)

A. 谛(dì)听　　横(hèng)祸　　丢三落(là)四

B. 沮(jǔ)丧　　窥(kuī)视　　宁(nìng)缺毋滥

C. 褒(bāo)贬　　透辟(pì)　　卓(zhuó)尔不群

D. 当(dàng)真　　牵掣(chè)　　屡见不鲜(xiǎn)

95.(广东)下列加点字的读音完全正确的一项是(　　)

A. 关卡(kǎ)　　秘(mì)鲁　　不卑不亢(kàng)

B. 粗糙(cāo)　饿殍(piǎo)　怙恶不悛(quān)

C. 谄(chǎn)媚　徜(cháng)徉　瞠(chèng)目结舌

D. 酵(xiào)母　恪(kè)守　面面相觑(qù)

96. (广东)下列各组词语中,加点字读音有误的一项是(　　)

A. 囚犯(qiú)　悖逆(bèi)　澎湃(pài)　龋齿(yǔ)

B. 铿锵(qiāng)　奇葩(pā)　狙击(jū)　憔悴(qiáo)

C. 酋长(qiú)　怯懦(qiè)　麻痹(bì)　腈纶(jīng)

D. 窥探(kuī)　琵琶(pa)　喟然(kuì)　邋遢(lā)

97. (广东)下列读音有误的是(　　)

A. 悚(sǒng)然　机械(xiè)　小憩(qì)　所向披靡(mí)

B. 携(xié)手　唆(suō)使　塑(sù)料　赏(shǎng)心悦目

C. 叶(xié)韵　混淆(xiáo)　省(xǐng)亲　心花怒(nù)放

D. 拥(yōng)护　茅厕(cè)　摞(luò)起　望洋兴(xīng)叹

98. (湖南)下列词语中,加点字读音正确的一项是(　　)

A. 如饥似渴(shì)　B. 丢卒保车(chē)

C. 茅塞顿开(sāi)　D. 随声附和(hè)

99. (山西)下面词语中加点的字的拼音没有错误的一项是(　　)

A. 炽热(zhì)　B. 堤坝(tī)　C. 哈达(hā)　D. 皴裂(cūn)

100. (云南)下列加点字的读音全都正确的一项是(　　)

A. 应(yìng)用　角(jiǎo)逐　倾(qīng)向性　闷(mèn)声闷气

B. 绯(fēi)闻　飙(biāo)升　处(chǔ)女作　翘(qiáo)首以望

C. 剽(piáo)窃　尽(jìn)管　潜(qián)台词　书声琅琅(láng)

D. 提档(dàng)　挨(āi)批　混(hǔn)凝土　博闻强识(zhì)

101. (浙江)下列词语中加点的字,注音全都正确的一项是(　　)

A. 灰烬(jìn)　摇曳(yì)　脊骨(jǐ)　峥嵘岁月(zhēng)

B. 猝然(cù)　浙江(zhé)　饿殍(piǎo)　休戚相关(qì)

C. 匀调(tiáo)　赭色(zhě)　庇护(bì)　亘古不变(gèng)

D. 形骸(hái)　熨帖(yù)　恣意(zì)　舳舻千里(zhú)

102. (浙江)以下各项加点字中,读音全部正确的一项是(　　)

A. 徇私(xún)　发酵(jiào)　新冠肺炎(guān)

B. 皂甙(gān)　　穴位(xué)　　唯唯诺诺(wéi)

C. 汤匙(chí)　　落价(lào)　　强词夺理(qiáng)

D. 蹊跷(qiao)　　瓦窑堡(bǔ)　　诲人不倦(huì)

103. (天津)下列各组词语中，加点字的注音完全正确的一项是(　　)

A. 作揖(yī)　　蠕动(rú)　　角色(jiǎo)　　谆谆告诫(hēng)

B. 侍候(cì)　　创伤(chuàng)　　衣钵(bō)　　量体裁衣(liàng)

C. 纤细(qiān)　　塑料(sù)　　惆怅(cháng)　　诲人不倦(huì)

D. 洁癖(pǐ)　　檄文(xí)　　遏制(è)　　户枢不蠹(dù)

104. (山西)下列加点字的注音，全部正确的一项是(　　)

A. 谬论(miù)　　刹那(shà)　　谄媚(xiàn)　　琥珀(pò)

B. 震慑(shè)　　腼腆(tiǎn)　　肴馔(zhuàn)　　诘问(jí)

C. 眩晕(yùn)　　蹊跷(qī)　　滂沱(pāng)　　僵硬(jiāng)

D. 铿锵(kēn)　　旗帜(zhì)　　蜷缩(quán)　　揶揄(yè)

105. (山西)下列词语中，加点字读音不相同的一项是(　　)

A. 挨打　挨骂　挨饿　　　　B. 臂膀　肩膀　膀胱

C. 辟谷　辟邪　复辟　　　　D. 扁担　扁豆　扁圆

106. (山西)下列词语中，加点字注音完全正确的一项是(　　)

A. 造诣(yì)　　紊(wěn)乱　　妊娠(shēn)　　推本溯(sù)源

B. 氤氲(yùn)　　谥(shì)号　　黥(qíng)刑　　众口铄(shuò)金

C. 鬼蜮(yù)　　渊薮(shǒu)　　荏苒(rǎn)　　作祟(suì)

D. 字帖(tiē)　　恸(tòng)哭　　偌(ruò)大　　畏葸(xǐ)不前

107. (山西)下列各组词语中加点字的拼音完全正确的一项是(　　)

A. 桎梏(gù)　　畸(jī)形　　一曝(bào)十寒　　刚愎(bì)自用

B. 潜(qián)伏　　筵(yán)席　　面面相觑(qù)　　垂涎(xián)三尺

C. 发酵(xiào)　　愤懑(mèn)　　如火如荼(tú)　　秣(mò)马厉兵

D. 塑(suò)造　　拈(niān)来　　瞠(chēng)目结舌　　一蹴(cù)而就

108. (山西)下列加点字的注音，全部正确的一项是(　　)

A. 矗立(chù)　　伫立(zhù)　　迸溅(bèn)　　忍俊不禁(jīn)

B. 妥帖(tiē)　　别扭(bié)　　拖沓(tà)　　诲人不倦(huì)

C. 叱咤(zhà)　　颤抖(chàn)　　修葺(qì)　　悲天悯人(mǐng)

D. 契约(qì)　　忏悔(chàn)　　伶仃(dīng)　　香气四溢(yì)

109. (山西)下列各组加点字的读音,全部不同的一项是(　　)

A. 匍匐/果脯　瓜蔓/蔓延

B. 圈地/圈养　硕果/闪烁

C. 徘徊/低徊　陪伴/赔款

D. 露面/露骨　发酵/校对

110. (山西)下列词语中加点的字读音全部相同的一项是(　　)

A. 生辰　赈灾　妊娠　海市蜃楼　振奋精神

B. 湍急　瑞雪　喘气　不揣冒昧　惴惴不安

C. 嗫嚅　圭臬　罪孽　蹑手蹑脚　虫咬鼠啮

D. 凋零　惆怅　碉堡　风流倜傥　稠人广众

111. (重庆)下列画线字词注音完全正确的是(　　)

A. 芜湖(wú)　要塞(sài)　摧枯拉朽(cuí)

B. 溃退(kuì)　督战(dù)　倔强(jué)

C. 蛋挞(tà)　渲染(xuàn)　弄巧成拙(zhuō)

D. 铜陵(líng)　即已(jì)　钥匙(shi)

112. (重庆)下列画线字的注音,全部正确的一项是(　　)

A. 纵横捭阖(bǎihé)　稗官野史(bài)　扳平(bāi)　同胞(bāo)

B. 哺育(bǔ)　剥皮(bā)　薄纸(báo)　并行不悖(bèi)

C. 蓓蕾(bèilěi)　奔波(bō)　迸发(bèn)　投奔(bèn)

D. 奠基(diàn)　包庇(bì)　热泪满眶(kuàng)　麻痹(bì)

113. (湖北)下列加点字注音有错误的一项是(　　)

A. 金銮殿(luán)　卓越(zhuó)

B. 文绉绉(zhōu)　呵责(hē)

C. 绥靖(suí)　校对(jiào)

D. 窥伺(cì)　哺育(bǔ)

114. (江西)下列各组成语中,"差"的意义与读音相同的一项是(　　)

A. 差之毫厘　参差不齐　差三落四

B. 鬼使神差　钦差大臣　应付差事

C. 一念之差　南北之差　毫无差别

D. 屡出差错　听候差遣　差强人意

115. (重庆)下列词语中,画线字注音有误的有(　　)[多选]

A. 果脯(fǔ)　凫水(fú)　菲薄(fěi)

B. 收敛(liǎn)　逋慢(bū)　随声附和(fùhè)

C. 勒紧(lē)　落枕(lào)　委靡不振(mǐ)

D. 抹桌子(mā)　愤懑(mǎn)　打量(liáng)

116.（河南）下列加点字注音有误的一项是（　　）

A. 引吭（háng）　　憧憬（chōng）　　花团锦簇（cù）

B. 执着（zháo）　　和煦（xù）　　唾手可得（chuí）

C. 惬意（qiè）　　斑斓（lán）　　言简意赅（gāi）

D. 谛听（dì）　　分外（fèn）　　彬彬有礼（bīn）

117.（云南）多音字“和面”“和泥”中的“和”念（　　）

A. he（二声）　　B. huo（四声）　　C. hu（二声）　　D. huo（二声）

118.（江西）下列词语中加点的读音完全正确的一项是（　　）

A. 阻挠（ráo）　　恶劣（liè）　　朦胧（lòng）　　泛滥（làn）

B. 因为（yīn）　　苏醒（xǐng）　　甚至（shèn）　　婴儿（yīn）

C. 急躁（zào）　　霎时（shà）　　参差（cēn）　　趁机（chèng）

D. 兴奋（xīng）　　血液（xuè）　　看守（kān）　　似乎（sì）

119.（浙江）下列四项中拼音标注没有错误的一项是（　　）

A. 菁（qīng）华　　庇（bì）护　　呱（guā）呱坠地　　拈（niān）花惹草

B. 宁（níng）可　　请帖（tiě）　　悄（qiǎo）然无声　　心广体胖（pàn）

C. 滂（páng）沱　　泥（ní）古　　羽扇纶（guān）巾　　物阜（fù）民安

D. 蛮横（hèng）　　哂（shěn）笑　　不着（zhuó）边际　　不胫（jìng）而走

120.（山东）下列各组词语中加点字的读音，有三处错误的是（　　）

A. 匀称（chèn）　　拍手称（chēng）快　　角（jué）逐　　演员角（jiǎo）色

B. 处（chù）所　　医生处（chǔ）方　　放假（jià）　　久假（jiǎ）不归

C. 下载（zǎi）　　载（zǎi）歌载舞　　驻扎（zhā）　　包扎（zhā）伤口

D. 叶（yè）韵　　一叶（yè）知秋　　解（jiě）救　　浑身解（jiě）数

121.（江西）下列选项中，字形和加点字的注音完全正确的一项是（　　）

A. 翕动　　悄然（qiāo）　　滑如凝脂（zhī）　　络绎不绝

B. 抉择　　骨髓（suǐ）　　按图所骥（jì）　　迂回绵延

C. 朝晖　　龟裂（jūn）　　玲珑剔透（tī）　　聊胜于无

D. 爱慕　　驰骋（chěn）　　喋喋不休（dié）　　抑扬顿挫

122.（广东）下列词语中，加点字的字形及读音全部正确的一项是（　　）

A. 针贬（biān）　　气慨（gài）　　垂涎欲滴（xián）　　弱不经风（jīn）

B. 蕴含（yùn）　　柏树（bǎi）　　栉风沐雨（zhì）　　大腹便便（pián）

C. 模具(mó)　　瞻仰(zhān)　　一蹴而就(cù)　　振聋发溃(kuì)

D. 模仿(mó)　　吞噬(shì)　　一曝十寒(pù)　　自怨自艾(ài)

123. (江苏)下列语段中，加点字字音和空缺处字形全部正确的一项是(　　)

暮秋时节，宛如一(　　)画。细细的一脉水流，弯出一片芦苇荡，青灰色的芦花倒映在清澈的河水中。岸上，露水正附着在萝卜缨的绒毛上，露珠缀在叶边，微风过处，嘀嗒有声。等到路边晒满了萝卜缨，芦花雪满头时，残荷正在瑟瑟秋风中听雨……这时候，草色已是满眼赭黄，霜天(　　)廓，冬的大幕缓缓地拉开了。

A. 幅　zháo　zhū　廖　　　　B. 副　zhuó　zhě　寥

C. 幅　zhuó　zhě　寥　　　　D. 副　zháo　zhū　廖

124. (吉林)下列词语中，加点字注音和书写全部正确的是(　　)[多选]

A. 嫩芽(nèn)　　酬和(hé)　　人声鼎沸(dǐng)

B. 精致(zhì)　　和煦(xù)　　囊萤映雪(yíng)

C. 籍贯(jí)　　妖娆(ráo)　　微不足道(dào)

D. 宽恕(shù)　　伦理(lún)　　迫不急待(jí)

125. (安徽)下列词语中，字音字形完全正确的一项是(　　)

A. 附和(hè)　　埋(mái)怨　　龇(zī)牙咧嘴　　唾(tuò)手可得

B. 山涧(jiàn)　　湖泊(pō)　　铿锵(jiāng)有力　　杯水车薪(xīn)

C. 焦躁(zào)　　秉(bǐng)性　　如法炮(pào)制　　五体投(tóu)地

D. 河堤(dī)　　详(xiáng)细　　战车千乘(shèng)　　供(gōng)养不周

126. (河南)下列词语中字形与加点字字音全部正确的一项是(　　)

A. 讥诮(qiào)　　朔风(sù)　　尴尬　　锱铢必较

B. 慰藉(jiè)　　模样(mú)　　纯粹　　战战兢兢

C. 央浼(miǎn)　　月晕(yùn)　　干躁　　数见不鲜

D. 毗邻(bǐ)　　精髓(suǐ)　　辐射　　一蹴而就

127. (云南)下列词语中，字形和加点的字的读音全都正确的一项是(　　)

A. 缘份　　美轮美奂　　肖(xiāo)像　　惴(zhuì)惴不安

B. 雾霾　　独占鳌头　　羁(jī)绊　　遒劲(jìn)有力

C. 伏法　　众志成城　　聒(guō)噪　　博闻强识(zhì)

D. 博弈　　张灯结采　　游弋(yì)　　按捺(nài)不住

128. (江苏)下列各组词语中加点字的书写或注音有误的一项是( )

A. 愧怍(zuò)　魁梧　吹毛求疵(cī)　钟灵毓秀

B. 狡黠(xiá)　烦琐　潜(qián)滋暗长　尽态极妍

C. 膂(lǚ)力　商酌　荒谬(miù)绝伦　重峦叠嶂

D. 悲怆(cuàng)　慰籍　飞珠迸(bèng)玉　悲天悯人

129. (天津)下列词语中,加点的字的读音和字形全部正确的一项是( )

A. 渐染(jiān)　忝列(tiǎn)　上挡次(dàng)　一塌糊涂(tà)

B. 瓜葛(gě)　委靡(mǐ)　订书机(dìng)　惩前毖后(bì)

C. 稍息(shào)　依偎(wēi)　一服药(fù)　高屋建瓴(líng)

D. 揶揄(yé)　稂莠(liáng)　记账簿(bù)　抵掌而谈(zhǐ)

130. (安徽)下列词语中,字形和加点字的读音全部正确的是( )

A. 诤友(zhèng)　以偏概全　白炽灯(zhì)　流水淙淙(cóng)

B. 摈弃(bìn)　寸草春辉　倒胃口(dǎo)　半身不遂(suì)

C. 笺注(jiān)　再接再厉　溜烟(liū)　嗜书成癖(pǐ)

D. 晕车(yùn)　盘根错结　电饭煲(bāo)　鞭辟入里(pì)

131. (湖南)下列词语中,字形和加点字读音全部正确的一项是( )

A. 狼藉(jí)　惟妙惟肖　琐屑(xuè)　诚惶诚恐

B. 翘首(qiáo)　韬光养晦　热忱(chén)　恹恹欲睡

C. 呵斥(hè)　殚精竭虑　黝黑(yǒu)　无动于衷

D. 悄然(qiǎo)　安之若素　炽热(zhì)　坦荡如砥

132. (山东)下列成语的字形和加点字的读音都正确的一项是( )

A. 沧海一栗(sù)　纷至踏来(tà)　B. 莘莘学子(xīn)　不胫而走(jìng)

C. 扛鼎之作(gāng)　呱呱坠地(gū)　D. 心无旁骛(wù)　开门揖盗(jī)

133. (天津)下列各组中,加点字字音、字形全对的一项是( )

A. 期(qī)功　央浼(měi)　巢穴　应接不遑

B. 寥窄(suō)　迤逦(yǐlǐ)　愁怅　碎琼乱玉

C. 逋(bū)慢　省(xǐng)亲　岑寂　轻鸢剪掠

D. 优渥(wó)　贮(chǔ)存　泅水　锱珠必较

134. (重庆)下列字形和画线字注音全部正确的一项是( )

A. 追悼(dào)　串插　污秽(huì)　演译

B. 踱步(duó)　　宣闹　　姊妹(zǐ)　　呕歌

C. 胡骑(jì)　　规距　　浊流(zhuó)　　晃子

D. 奴隶(nú)　　凋敝　　恫吓(dònghè)　　针炙

135.(山东)下列各句中,没有错别字且加点字的注音全都正确的一项是(　　)

A. 自古以来,有鸡鸣犬吠的地方就被认为有人家和烟火,雄鸡啼曙(shǔ)更是作为吉祥之兆、光明之象、奋斗之声,受到众多诗人、画家的青睐(lài)。

B. 众声暄哗时代,大众网《独立调查》栏目秉(bǐng)持"调查传闻,还原真相,紧跟热点,回应关切"的宗旨,瞄(miáo)准公信力做新闻,争树百年品牌。

C. 地方政府只有积极推进改革,切实履行社会管理责任,才能摆脱经济利益的羁(jī)拌,切实解决拖欠农民工工资这一棘(jí)手问题。

D. 构建人类命运共同体是崇高的事业,我们只有摒(bìn)弃既往的孤立做法,认准目标,锲(qiè)而不舍,才能为人类开启一个共赢共享的新时代。

136.(重庆)下列字形和加点字注音全部正确的一项是(　　)

A. 亘古(yuán)　　蔽病　　刹那(chà)　　摇摇晃晃

B. 稀罕(han)　　赚钱　　金柝(tuò)　　高梁

C. 差遣(chāi)　　斑斓　　云鬓(bìn)　　即然

D. 上颌(hé)　　遭殃　　挚痛(chì)　　狂忘

137.(江西)下列词语中,字形和加点字的字音都正确的是(　　)

A. 曲高和寡　　伺候(cì)　　怯生生(què)　　不揣冒昧(chuǎi)

B. 驰骋疆场　　愠色(yùn)　　闹别扭(biè)　　闭目塞听(sāi)

C. 怙恶不逡　　煞尾(shā)　　处方药(chǔ)　　飞扬跋扈(fù)

D. 披星戴月　　咋舌(zé)　　舛误(chuǎn)　　唧唧喳喳(zhā)

138.(福建)下列词语中,加点字注音和字形全部正确的一项是(　　)

A. 誊(téng)写　　粗犷(kuàng)　　美轮美焕(huàn)

B. 拂(fó)晓　　遨(áo)翔　　按图索骥(jì)

C. 翕(xī)动　　鹰隼(sǔn)　　铤(tǐng)而走险

D. 搀(chān)扶　　陷井(jǐng)　　囫(wú)囵吞枣

答案速查

1	2	3	4	5	6	7	8	9	10	11	12	13	14	15
B	C	D	B	C	D	A	D	D	A	D	A	C	B	BD
16	17	18	19	20	21	22	23	24	25	26	27	28	29	30
A	B	B	A	C	AD	B	C	D	A	B	B	B	D	C
31	32	33	34	35	36	37	38	39	40	41	42	43	44	45
C	D	D	D	C	C	C	D	A	D	C	B	A	B	D
46	47	48	49	50	51	52	53	54	55	56	57	58	59	60
D	D	A	B	D	C	C	C	A	D	B	C	D	D	B
61	62	63	64	65	66	67	68	69	70	71	72	73	74	75
A	C	A	D	B	C	C	B	B	C	A	D	C	A	B
76	77	78	79	80	81	82	83	84	85	86	87	88	89	90
D	B	C	B	B	D	D	A	C	B	C	B	A	A	D
91	92	93	94	95	96	97	98	99	100	101	102	103	104	105
D	D	D	D	B	A	A	D	D	B	D	D	D	C	B
106	107	108	109	110	111	112	113	114	115	116	117	118	119	120
A	B	D	A	C	C	D	D	B	CD	B	D	D	D	C
121	122	123	124	125	126	127	128	129	130	131	132	133	134	135
C	B	C	BC	D	B	C	D	C	C	B	C	C	D	A
136	137	138												
B	D	C												

专题二　字形精准辨析高分突破

1.（福建）下列词语中，加点字字形全部正确的一项是(　　)

A. 震聋发聩　一蹶不振　震耳欲聋　振撼人心

B. 皓首穷经　浩然正气　明眸皓齿　浩如烟海

C. 瑕不掩瑜　白璧无暇　目不瑕接　自顾不暇

D. 落月屋梁　梁上君子　黄梁美梦　膏梁子弟

2.（安徽）下列词语中没有错别字的一项是(　　)

A. 关怀备至　筋疲力尽　含辛茹苦　迫不及待

B. 相题并论　追本溯源　针砭时弊　脍炙人口

C. 腾云驾雾　随遇而安　瞠目结舌　循章摘句

D. 心有灵犀　得心映手　绵里藏针　名胜古迹

3.（浙江）下列词语中，没有错别字的一项是(　　)

A. 滥觞　水波粼粼　锋芒毕露　鳞次栉比

B. 赝品　因地治宜　博彩众长　脍炙人口

C. 旁骛　幡然悔悟　锐不可挡　张皇失措

D. 气慨　集腋成裘　昭然若揭　竭泽而鱼

4.（广东）下列各组词语中书写完全正确的一组是(　　)

A. 喝彩　不醒人事　当仁不让　无缘无故

B. 渲染　不骄不燥　万象更新　待价而估

C. 毗邻　珠联璧合　自命不凡　精兵简政

D. 编纂　针砭时弊　痴心忘想　比比皆是

5.（湖南）下列词语中，有错别字的一项是(　　)

A. 壁垒　易拉罐　娇生惯养　独树一帜

B. 咋舌　顶梁柱　责无旁贷　黯然失色

C. 静谧　蒸馏水　花枝招展　立竿见影

D. 提练　满堂彩　无动于衷　别出心裁

6.（江苏）下列词语中，没有错别字的一项是(　　)

A. 贸然　春寒料峭　雾霭　雕梁画栋

B. 困厄　神采奕奕　推崇　和言悦色

C. 褴褛　饥肠漉漉　斡旋　自圆其说

D. 告罄　摧枯拉朽　藻饰　人情世故

7.（山东）下列词语中没有错别字的一项是(　　)

A. 晋级　打寒战　震古烁今　三翻五次

B. 淳厚　煞风景　九宵云外　拨乱反正

C. 抱病　吃空饷　宁缺毋滥　戴罪立功

D. 考察　交押金　搬师回朝　坐地分赃

8. (安徽)下列选项没有错别字的是(　　)

A. 事实上,很多国家为保护国家英雄都出台了相关法律,并不断完善。

B. 目前,我国已有超过1亿人次接种了新关疫苗,但距离国内形成群体免意还有相当距离。

C. 作为全球公认的百种最具危险入侵物种之一的红火邑,源自南美洲,拉丁名意指“无敌的”蚂蚁。

D. 春根正当时,农资是关键。能不能买到可靠、放心的农资,在很大程度上决定了收城。

9. (浙江)下列词语中没有错别字的一组是(　　)

A. 挪移　乖巧　实事求是　座无虚席　　B. 喧哗　昏暗　功无不克　哄堂大笑

C. 书藉　分析　万象更新　死得其所　　D. 阻止　风俗　别无所求　千均一发

10. (河南)下列词语中,书写全部正确的一项是(　　)

A. 安装　甘败下风　针贬　一筹莫展　　B. 自暴自弃　舶来品　川流不息　精粹

C. 粗犷　食不裹腹　一诺千金　天翻地覆　　D. 美仑美奂　竣工　水龙头　大拇指

11. (江苏)下列词语中,没有错别字的一项是(　　)

A. 寒暄　辐员　关怀倍至　沧海一粟　　B. 璀璨　部署　怙恶不悛　绵里藏针

C. 亲睐　嘻笑　食不果腹　弱不禁风　　D. 砥砺　觊觎　好高骛远　突如奇来

12. (江西)下列词语中有错别字的一项是(　　)

A. 黯然销魂　礼尚往来　震天动地　哀鸿遍野

B. 并行不悖　声名鹊起　不可估量　生灵涂炭

C. 大有裨益　龙盘虎据　不可胜数　饮水思源

D. 针砭时弊　震撼人心　应接不暇　直言不讳

13. (湖南)下列词语中,有错别字的一项是(　　)

A. 宣泄　安详　明信片　再接再厉　　B. 简练　缄默　挖墙角　计日成功

C. 凑合　朝廷　水蒸气　平心而论　　D. 文身　青睐　摄像机　悬梁刺股

14. (广东)下列词语中,没有错别字的一项是(　　)

A. 驰骋　磨砺　疾风劲草　罢绌百家　　B. 诀别　碑帖　川流不息　稗官野史

C. 问侯　峥嵘　飞扬跋扈　不经之谈　　D. 更迭　和蔼　不谙世事　迥然相异

15. (福建)下列词语中加点字的字形全部正确的一项是(　　)

A. 背道而驰　张弛有度　驰名中外　纲纪废弛

B. 白壁微瑕　作壁上观　原物璧还　坚壁清野

C. 成绩斐然　缠绵绯恻　妄自菲薄　匪夷所思

D. 励精图治　再接再厉　厉行节约　历历在目

16. (安徽)下列词语中没有错别字的一项是(　　)

A. 大器晚成　得天独厚　对答如流　夺夺逼人

B. 翻箱倒柜　扶摇直上　感激涕淋　高朋满座

C. 格物致知　刮骨疗毒　好善乐施　厚积薄发

D. 鸡毛蒜皮　即往不咎　兼收并蓄　娇生惯养

17. (广东)下列各组词语中,没有错别字的一组是(　　)

A. 天翻地复　铤而走险　罢黜百家　麻木不仁

B. 层出不穷　英雄辈出　别出心裁　悬梁刺骨

C. 出奇制胜　变化莫测　苦心孤旨　言简意赅

D. 世外桃源　金玉满堂　满腹经纶　国色天香

18. (江西)下列词语中没有错别字的一项是(　　)

A. 各行其是　否极泰来　姹紫嫣红　响彻云霄

B. 走投无路　纵横捭阖　缠绵绯恻　甘拜下风

C. 发人深省　穷兵独武　美轮美奂　暴殄天物

D. 墨守陈规　莫名其妙　刚愎自用　融为一体

19. (云南)下列词语中没有错别字的一组是(　　)

A. 修葺　赡养　针灸　如火如荼

B. 凋教　浩瀚　焕发　以逸待劳

C. 气概　对峙　纰漏　融会贯通

D. 浸渍　骁勇　惬意　精兵减政

20. (浙江)下列各组词中没有错别字的一组是(　　)

A. 淤积　绿茵场　娇健　独占鳌头

B. 联结　抠字眼　引申　拾人牙惠

C. 融资　殊不知　传诵　委曲求全

D. 繁衍　冠名权　坚韧　磬竹难书

21. (山东)下列词语中没有错别字的一组是(　　)

A. 荏苒　胡雏　瞌睡虫　金碧辉煌　繁文缛节

B. 通宵　怂恿　邻界点　哀声叹气　诚惶诚恐

C. 脉搏　援例　促狭鬼　得鱼忘筌　聊以慰籍

D. 讥诮　庇佑　常例钱　残精竭滤　缠绵悱恻

22.（安徽）下列成语没有错别字的一项是（　　）

A. 吐故纳新　苦心孤诣　贻笑大方　相濡以沫

B. 雕虫小计　如火如荼　姹紫嫣红　防微杜渐

C. 巧舌如簧　韬光养晦　吹毛求疵　欢呼鹊跃

D. 班门弄斧　甘之如饴　穷兵渎武　绞尽脑汁

23.（福建）下列词语中加点字的字形全部正确的一项是（　　）

A. 耳濡目染　相濡以沫　獳子可教　风流儒雅

B. 不辩菽麦　学问思辨　明辨是非　百口莫辩

C. 据理力争　龙盘虎据　前倨后恭　倔强倨傲

D. 观摩教学　摩肩接踵　临摹碑帖　心摹手追

24.（安徽）下列各句中，没有错别字的一项（　　）

A. 然而，随着岁月流逝，一些如串串珍珠般将太平洋和地中海连接在一起的古老城市，逐渐被人们遗忘，亚欧腹地日趋沉默。

B. 随着精准扶贫工作的不断深入开展，我国贫困人口持续大幅减少，贫困地区面貌明显改观，精准扶贫攻艰战取得了显著成绩。

C. 整个会议在和谐融合的气氛中进行，与会人员谈笑风声，会议主持人工会主席张强也一改平日严肃的神情而变得诙谐幽默。

D. 中国传统住房都讲究与周围环境的和谐统一，一般来说，在条件许可的情况下会尽量选择让住房座北朝南，背山面水。

25.（山西）下列各项中，没有错别字的一项是（　　）

A. 生命是母亲给我的，我能长大成人是母亲的血汗罐养的。

B. 春回大地，万像更新，以“春天的畅想”为主题的艺术节拉开了序幕。

C. 当好体育委员要有较强的组织能力，这方面我自忖与任何人相比都不逊色。

D. 这种积极的人生态度使他摆脱了面对岐路时的彷徨和失意的苦闷。

26.（浙江）下列各组成语书写完全正确的一项是（　　）

A. 无理谩骂　优柔寡断　蜂涌而至　坦陈己见

B. 绿草如荫　源远流长　出奇制胜　各行其是

C. 改弦更章　事必恭亲　人才倍出　无事生非

D. 劳民伤财　叹为观止　恻隐之心　不假思索

27.（江西）下列词语中有错别字的一项是（　　）

A. 刚愎自用　汗流浃背　寥寥无几　粉墨登场

B. 运筹帷幄　珠联璧合　殚精竭虑　字正腔圆

C. 立竿见影　自惭形秽　不假思索　火中取栗

D. 眼花缭乱　前仆后继　如影随形　明辩是非

28.（重庆）下列各组词语中，有两个错别字的一项是（　　）

A. 龙腾虎跃　相濡以沫　波澜壮阔　饕餮盛宴

B. 故步自封　鸠占鹊巢　委屈求全　融汇贯通

C. 人才汇萃　针贬时弊　一愁莫展　老羞成怒

D. 毋庸置疑　脱颖而出　不径而走　纷至踏来

29.（吉林）下列词语中，没有错别字的是（　　）（多选）

A. 诀窍　分歧　一筹莫展　在劫难逃

B. 奔驰　取缔　锋芒毕露　抑扬顿挫

C. 阔绰　亵渎　因地治宜　恪尽职守

D. 防碍　荆棘　进退维谷　浮想联篇

30.（湖北）下列词语书写全部正确的一项是（　　）

A. 修葺　一枕黄梁

B. 几率　突如奇来

C. 禀赋　姗姗来迟

D. 倜伥　贻笑大方

31.（安徽）下列各组词语中有错别字的一项是（　　）

A. 滋润　和蔼　腼腆　甜密

B. 旅行　考察　参观　游览

C. 推敲　探索　猜测　揣摩

D. 湛蓝　墨绿　绛紫　黛青

32.（山西）下列词语中，没有错别字的一项是（　　）

A. 孵化　慷慨　曙光　慢条斯里

B. 提纲　拜谒　鳞伦　惊涛骇浪

C. 烦琐　富饶　颓唐　如雷灌耳

D. 糨糊　窝囊　巍峨　大义凛然

33.（云南）下列词语书写完全正确的一项是（　　）

A. 沐浴　姣洁　冲耳不闻　锲而不舍

B. 罗网　恭敬　与日俱增　无动于衷

C. 折叠　笼统　蓦然回首　郑重其事

D. 象形　暄闹　因地治宜　吹毛求疵

34.（浙江）下列词语中没有错别字的一组是（　　）

A. 签署　发贴子　雍容华贵　万事俱备，只欠东风

B. 端详　螺丝钉　额手称庆　兵来将挡，水来土掩

C. 惊诧　震慑力　眼花嘹乱　一言既出,驷马难追

D. 延袭　扫描仪　不屈不挠　知彼知已,百战不殆

35. (山西)下列词语中,有错别字的一项是(　　)

A. 型号　摩肩接踵　骇人听闻　别出心裁　　B. 悲悯　因地制宜　迥然不同　根深缔固

C. 斟酌　了如指掌　情郁于中　孜孜不倦　　D. 犀利　殚精竭虑　拈轻怕重　得天独厚

36. (黑龙江)下列词语中,没有错别字的一项是(　　)

A. 寒喧　袅娜　流水账　随声附和　　B. 瞻养　温馨　双轨制　提纲挈领

C. 黯然　菲薄　狮子座　义愤填膺　　D. 百舸　桀骜　触摸屏　蔚然成风

37. (安徽)下列词语中书写正确的一组是(　　)

A. 惭愧　揣测　冷不丁　横冲直撞　　B. 雾凇　波滔　铁公鸡　等量齐观

C. 绿洲　瀑布　踢皮球　鳞次栉比　　D. 蜿蜒　倜傥　汗鸭子　循规蹈矩

38. (福建)下列各组词语中没有错别字的一项是(　　)

A. 青睐　安详　美轮美奂　励精图治　　B. 愁怅　浮躁　披星戴月　谈笑风生

C. 孪生　题纲　沧海桑田　名列前茅　　D. 斑斓　陨落　走投无路　委屈求全

39. (浙江)下列词语没有错别字的一项是(　　)

A. 清脆　湛蓝　发祥地　两全齐美　　B. 噩梦　感染　亲合力　礼尚往来

C. 眩目　跌宕　冠名权　轻歌曼舞　　D. 斑斓　裸露　爆发力　走投无路

40. (广东)“20世纪的一百年间,经过几代学者的追求、守护和探索、开拓,一系列甲骨文研究的标致性成果先后问世。新百年开局的近20年,甲骨文研究者们继续抵砺前行,不仅又推出一批重要著作,还发现了文字释读这一阻碍研究继续全面发展的短板。”上述文段中共有(　　)个错别字。

A. 0　　B. 1　　C. 2　　D. 3

41. (山东)下列各组词语中,没有错别字的一组是(　　)

A. 诀窍　拖沓　流览器　耳鬓厮磨　　B. 颓费　敦请　摄像机　分庭抗礼

C. 跌宕　晋级　荧光屏　寥若晨星　　D. 宵禁　爆裂　绘图仪　矫往过正

42. (湖南)下列选项中错别字最多的一项是(　　)

A. 中流砥柱　涵英咀华　刚愎自用　出类拔萃　行踪鬼秘

B. 随声附合　合盘托出　曲高合寡　空前绝后　政通人合

C. 罄竹难书　妄费心机　改弦易章　梳妆打扮　锋芒必露

D. 缘木求鱼　栩栩如声　通霄达旦　条分缕析　焕然冰释

43. (江苏)下面几组词语书写完全正确的一组是(　　)

A. 污染　清廉　竣工　迥然不同

B. 慰藉　慷慨　妥贴　自相矛盾

C. 防御　允诺　咨询　迫不急待

D. 辈分　屋檐　屹立　再接再励

44. (山东)下列词语中,有错别字的一项是(　　)

A. 喋血　硕大　痉挛　凋零

B. 迁徙　迭宕　鲨鱼　妊娠

C. 啰唆　粗犷　梗塞　麻痹

D. 赝品　戏谑　拘泥　衰落

45. (安徽)下列句子中没有错别字的一项是(　　)

A. 改进场馆制冰技术,不仅可以降低赛时能耗,减少炭排放,也能为场馆的赛后利用提供便利条件,让群众共享冬奥成果。

B. 探索浩瀚宇宙是人类共同梦想,要继续发挥新型举国体制优势,再接再励,推动中国航天空间科学技术创新发展。

C. 2020年,人类共同经历了一场惊心动魄的风险挑战,有乌云遮天,狂风骤雨,也有云开日出,美丽彩虹。

D. 在迈向中华民族伟大复兴的道路上,我们绝不能骄傲自满,止步不前,必须谦虚谨慎,戒骄戒燥,必须艰苦奋斗,锐意进取。

46. (浙江)下列词语中没有错别字的一项是(　　)

A. 勠力同心　营私舞敝

B. 欲盖弥彰　精神涣发

C. 随声附合　再接再厉

D. 班门弄斧　运筹帷幄

47. (湖北)下列词语书写全部正确的一项是(　　)

A. 睿智　金壁辉煌

B. 豆蔻　声名雀起

C. 家俱　暴殄天物

D. 嘉宾　关怀备至

48. (安徽)下列各组词语中没有错别字的一项是(　　)

A. 当仁不让　截长补短　呕心沥血　轻描淡写

B. 捉襟见肘　五体头地　屡教不改　抚躬自问

C. 滥竽充数　年高德劭　感激涕淋　山清水秀

D. 迫不急待　徒有虚名　优胜劣汰　光明磊落

49. (江西)下列词语中没有错别字的一组是(　　)

A. 废墟　诚挚　振耳欲聋　徇私枉法　　B. 羡慕　愧疚　好逸恶劳　别出心裁

C. 搏弈　巨擘　毫不犹豫　毋容置疑　　D. 驰名　危胁　受益匪浅　物竞天择

50. (云南)下列词语中没有错别字的一项是(　　)

A. 炫耀　决别　逢场作戏　苦心孤诣　　B. 荣膺　诓骗　人情炼达　一泻千里

C. 奥秘　凌驾　转弯抹角　进退围谷　　D. 驻足　屏障　恪尽职守　闲情逸致

51. (湖南)下列四组词语中,只有一个错别字的一组是(　　)

A. 一泻千里　蝉联冠军　越组代庖　喟然长叹

B. 焚膏继晷　哀声叹气　要言不烦　按步就班

C. 针砭时弊　大声喝采　共度难关　大有裨益

D. 风声鹤唳　勠力同心　筚路蓝缕　惮精竭虑

52. (河南)下列各选项中,没有错别字的一项是(　　)

A. 安详　纪录片　冥思遐想　翻来覆去　　B. 驽马　回形针　破釜沉舟　循规蹈矩

C. 誊写　冰激凌　好高骛远　深孚众望　　D. 搏弈　百叶窗　鞭辟入里　疏浚河道

53. (江西)下列句子中没有错别字的一项是(　　)

A. 流传于我省兴国县等地方的山歌,歌声优雅婉转,叩人心弦。

B. 今年世界环境日中国主题标志富有浓厚的文化气息,容易辩识。

C. 面对汶川大地震这样突如其来的灾难,中国人民众志成城,风雨同舟。

D. “嫦娥”传回的“第一幅月图”完美亮相,中国人的舞月之旅指日可待。

54. (湖南)下列词语中,没有错别字的是(　　)

A. 迄今　凌厉　附和　流水型　联袂　繁文缛节

B. 泄露　贸然　畏葸　黄粱梦　喝彩　事必恭亲

C. 签收　谩骂　燥热　唱双璜　临摹　珠联璧合

D. 蝉联　凋弊　葱茏　绊脚石　跳槽　犄角之势

55. (天津)下列各组词语中,没有错别字的一组是(　　)

A. 溃乏　矫情　所向披靡　汗流浃背　　B. 笃信　聪慧　日臻成熟　炙手可热

C. 搏奕　翘楚　以逸待劳　固若金汤　　D. 商埠　绰约　大相径庭　销声匿迹

56. (云南)下列选项中没有错别字的一项是(　　)

A. 润如油膏　重蹈覆辙　孜孜不倦　前仆后继

B. 断章取义　刻骨铭心　神色张惶　面面相觑

C. 言行相顾　与日俱增　根深蒂固　不求甚解

D. 心无旁骛　契而不舍　恃才放旷　莫名其妙

57. (江西)下列词语书写完全正确的一项是(　　)

A. 厮打　荒谬　锋芒毕陋　断章取义

B. 寒喧　狼藉　妇孺皆知　销声匿迹

C. 告磬　伧俗　一反既往　略胜一筹

D. 籍贯　肿胀　义愤填膺　张皇失措

58. (湖南)下列各句中,没有错别字的一项是(　　)

A. 书刊要装帧,门面要装潢,居室要装修,营造一个舒适温馨而又品味高雅的家可以说是工薪阶层中许多人的梦想。

B. 舞台上,弟弟的朗颂声情并茂,姐姐的伴奏锦上添花;母亲心中的那丝担忧很快便烟消云散了。

C. 2008年1月以来,中国居民物价指数CPI出现了明显的涨幅,不少低收入家庭倍感通货膨涨的压力。

D. 在骄阳的曝晒下,牵牛花偃旗息鼓,美人蕉慵倦无力,矜持的牡丹也耷拉下了高贵的头颅,失去了先前的神采。

59. (宁夏)下列词语中没有错别字的一组是(　　)

A. 竞标　临摹　吓马威　门庭若市

B. 坐落　松弛　协奏曲　融会贯通

C. 扫描　诙谐　天然气　振耳欲聋

D. 搏弈　巨擘　殊不知　毋庸置疑

60. (安徽)下列词语中没有错别字的一组是(　　)

A. 如椽巨笔　笔走龙蛇　妙笔生花　栩栩如生

B. 国泰民安　风调雨顺　举世闻名　出类拔萃

C. 全神贯注　聚精会神　专心致志　心无旁骛

D. 鞠躬尽瘁　惮精竭虑　含辛茹苦　呕心沥血

61. (福建)下列成语中没有错别字的一项是(　　)

A. 一筹莫展　相形见拙　黯然销魂　明辨是非

B. 生灵涂炭　驰骋疆场　仗义直言　计日程功

C. 英雄倍出　厉行节约　破釜沉舟　以逸代劳

D. 富丽堂皇　卑躬屈膝　味同嚼蜡　耳濡目染

62. (广东)下列词语无误的是(　　)

A. 痉挛　打腊　B. 眼眶　馈乏　C. 轮廓　蓝本　D. 藉贯　伎俩

63. (湖南)下列各组词语中,没有错别字的一项是(　　)

A. 悬念　告磐　斑驳　人情世故

B. 轻蔑　忸怩　愤慨　肆无忌惮

C. 嫌弃　恶耗　狼藉　见异思迁

D. 绰号　附合　震摄　安份守己

64. (浙江)下面四项中没有错别字的一项是(　　)

A. 我们渡过了难熬的高考时光。

B. 他犯下的罪行简直罄竹难书。

C. 我给同学们详细地介绍了写作背景。

D. 她在班级里的成绩始终名列前矛。

65. (云南)下列词语中,有错别字的一项是(　　)

A. 拈轻怕重　匿名

B. 南辕北辙　雄浑

C. 姹紫嫣红　苍穹

D. 眼花瞭乱　肆虐

66. (黑龙江)下列各句中,没有错别字的一项是(　　)

A. 丁肇中所说的“与物理无关的事情我从来不参与”,对那些欺世盗名、投机钻营的伪学者是一个提醒:学术贵在专一,应恪守学者本份。

B. 处于群体中的人,应当把团队利益放在首位,如果意见有分歧,要么自己认错,要么忍耐,要么干脆淡出那个群体,忌反复,忌聒躁,忌内讧。

C. 处于激烈竞争中的人很渴望能有一处宁静的港湾,室内外装潢高手一定能令你的家涣然一新,但不一定能给你的家带来脉脉温馨。

D. 在熙熙攘攘的大街上,邓丽君的歌不经意地飘来,在她的歌声中迈向中老年的人们会不由自主地停下脚步,恍若回到了自己的青春岁月。

67. (安徽)下列各句中,没有错别字的一项是(　　)

A. 由于以美国为首的域外势力插足南海,南海局势更加波诡云谲,而外媒对此评论,南海纷争背后是中美两个大国的政治搏弈。

B. 贫富悬殊的现象客观存在,毋庸质疑,各国政府从本国实际出发,建立制度保障,并采取多种途径,从根本上解决这个问题。

C. 受“厄尔尼诺”现象影响,自三月份以来,我国南方多省持续强降雨,以至许多地方江河湖泊水位不断上涨,防汛形势异常严峻。

D. 文学砥砺人生，一个与文学形同陌路的人，他的人生便少了滋味；当文学成为一个民族点缀的时候，这个民族的灵魂便成了游丝。

68. (湖南)下列词语中书写完全正确的一项是(　　)

A. 周道如砥　略胜一畴　长嘘短叹　寻章摘句

B. 怒不可遏　巧妙绝纶　人情练达　相得溢彰

C. 人迹罕至　来势汹汹　众目睽睽　尽态极妍

D. 断壁残垣　粗制乱造　合辙押韵　味同嚼腊

69. (云南)下列各组词语中，没有错别字的一组是(　　)

A. 平添　骁勇　秣马厉兵　路遥知马力

B. 描摹　肖像　白璧微瑕　信誊值千金

C. 披览　缕析　远见灼识　细嚼出滋味

D. 迁徙　熏淘　不翼而飞　海阔凭鱼跃

70. (江西)下列词语书写完全正确的是(　　)

A. 模型　炫耀　笨拙　孜孜不倦

B. 诸侯　慢骂　鞭笞　向隅而泣

C. 掂量　瞻仰　恣态　首屈一指

D. 和睦　诀窍　讴歌　匪夷所思

71. (山西)下面各组词语中有两个错别字的一组是(　　)

A. 嘉许　誓死如归　启奏　戛然而止

B. 慰籍　历久弥新　整敢　弱不禁风

C. 真谛　继往不咎　小憩　举步维艰

D. 抚恤　提纲携领　端倪　罄竹难书

72. (湖北)下列词语书写全部正确的一组是(　　)

A. 商洽　相形见绌　无精打采

B. 慰籍　忍俊不禁　出类拔萃

C. 灌溉　鸠占雀巢　留连忘返

D. 唢呐　毛骨耸然　麻木不仁

73. (湖南)下列各组词语中有错别字的一组是(　　)

A. 厮杀　募捐　嬉笑　若即若离

B. 遐想　驻足　谙熟　别出心裁

C. 辟谣　对弈　起迄　才疏学浅

D. 佳肴　报酬　噩耗　大有禆益

74. (广东)下列词语中没有错别字的是(　　)

A. 花岗岩　震憾

B. 螺丝钉　涤伦

C. 大排挡　马镫

D. 连锁店　疏浚

75. (湖北)下列词语全部书写正确的一组是(　　)

A. 辐射　披星带月

B. 委婉　迥然不同

C. 提炼　怡笑大方

D. 帐蓬　名列前矛

76. (河南)下列成语中没有错别字的一组是(　　)

A. 粉末登场　兔死狐悲　井底之蛙　　　B. 爱屋及乌　打草惊蛇　完璧归赵

C. 朝三暮四　入目三分　车水马龙　　　D. 座井观天　掩耳盗铃　少见多怪

77. (江西)下列选项中,字形不完全正确的一项是(　　)

A. 聊胜于无　再接再厉　莞尔一笑　收篙停棹坐船中

B. 相形见绌　缠绵悱恻　攻无不克　醉里语音相媚好

C. 有恃无恐　如鲠在喉　望洋兴叹　羌笛何须怨杨柳

D. 目不暇接　美轮美奂　司空见惯　湖光秋月两相和

78. (浙江)下面四项中有错别字的一项是(　　)

A. 湖南地处内陆而不能被内陆意识束缚,位居中部而不能甘居中游,这是毋庸置疑的。

B. 大型音乐舞蹈史诗《复兴之路》的恢宏气势和精彩表演,强烈地震撼了观众。

C. 素有“白如玉、明如镜、薄如纸、声如磬”之誉的景德镇瓷器,备受消费者青睐。

D. 候鸟们凭着体内孕藏的惊人能量,一路搏击风雨,书写了万里迁徙的生命奇迹。

79. (青海)下面成语没有错别字的一项是(　　)

A. 毕躬毕敬　按部就班　防患未然　雷霆万钧

B. 不记其数　发奋图强　和盘托出　恍然大悟

C. 荒谬绝伦　朗朗上口　滥竽充数　死心塌地

D. 故弄悬虚　东拼西凑　哄堂大笑　破釜沉舟

80. (江西)下列词语中,没有错别字的一项是(　　)

A. 亵渎　能屈能伸　迫不及待　披星戴月

B. 瑰梧　舍生取义　刻不容缓　两全其美

C. 狡黠　高深莫测　鸦雀无声　和言悦色

D. 虔诚　原形毕露　步步为赢　哄堂大笑

81. (安徽)下列词语中,没有错别字的一项是(　　)

A. 白头携老　举案齐眉　夫唱妇随　契阔同心

B. 扶危济困　雪中送碳　古道热肠　助人为乐

C. 色彩斑斓　五颜六色　五光十色　光怪陆离

D. 刻烛赋诗　凿壁借光　悬梁刺股　囊萤映雪

82. (安徽)下列词语中没有错别字的一项是(　　)

A. 残垣断壁　恶语相加　俯拾即是　　B. 沽名钓誉　耳儒目染　乔装打扮

C. 慈眉善目　无稽之谈　形直影单　　D. 一代鼎臣　抑恶扬善　囊荧照书

83. (福建)下列词语中没有错别字的一项是(　　)

A. 见风驶舵　不胫而走　月明星稀　各行其是

B. 流连忘返　汗流浃背　毛骨耸然　好高骛远

C. 半途而废　循私舞弊　世外桃源　真知灼见

D. 振聋发聩　风声鹤唳　陈词滥调　金榜题名

84. (浙江)下列成语加点字有误的一项是(　　)

A. 纨绔膏**梁**　爱**屋**及乌　急于**星**火　**栩**栩如生

B. 鱼目混**珠**　当**仁**不让　罪不容**诛**　城下之**盟**

C. 怙恶不**悛**　明火执**仗**　蚕食**鲸**吞　一**曝**十寒

D. 惨淡**经**营　筚路**篮**缕　白衣**苍**狗　耳**提**面命

85. (云南)下列句子中,没有错别字的一项是(　　)

A. 桥梁　专研　端详　与日巨增　　B. 教诲　秘诀　妨碍　莫名其妙

C. 尴尬　蓬松　陨落　搬师回朝　　D. 辩论　怄气　污蔑　穿流不息

86. (江西)下列句子中没有错别字的一项是(　　)

A. 无丝竹之乱耳,无案读之劳形。

B. 春风能解冻,和煦催耕种,裙剧微动摇,花气时相送。

C. 江南几渡梅花发,人在天涯鬓已斑。

D. 这个字如龙蛇盘绕,那个字似鹰隼雄立。

87. (福建)下列词语中有错别字的一项是(　　)

A. 步履蹒跚　礼上往来　煽风点火　恃才傲物

B. 独辟蹊径　追根溯源　肆无忌惮　不寒而栗

C. 生性怯懦　呕心沥血　瞠目结舌　同仇敌忾

D. 妄自菲薄　脍炙人口　苦心孤诣　叱咤风云

88. (浙江)下列四组词语中,没有错别字的一项是(　　)

A. 集思广益　寥若星辰　相形见绌　人迹罕至

B. 被水一战　好逸恶劳　耳熟能详　含辛茹苦

C. 迫不及待　正襟危坐　不辍劳作　追本溯源

D. 见义思迁　翻来覆去　喜出望外　暴风骤雨

89. (广东)下列句子中,没有错别字的一项是(　　)

①老兵喝了一口茶,茶气氤氲。

②他棱角分明的脸疙里疙瘩,如岁月在山岩上留下的凿痕。

③他时高时低的潮州腔粗线条地钩勒了自己曾经硝烟弥漫的人生。

④他沉稳的语调像一条缓缓流淌的河流。

A. ①②③　　B. ②③④　　C. ①②④　　D. ①③④

90. (安徽)下列各项中,没有错别字的一项是(　　)

A. 近几年,亚洲很多国家和地区已经在控制塑料袋的过渡使用方面,做出了禁令或征税尝试,但由于多方面的原因,执行情况并不理想。

B. 这两年《中国诗词大会》《国家宝藏》《见字如面》等一系列文化综艺类节目开始火曝,这对传统文化回归大众视野起到了有力的推动作用。

C. 伟大的精神能让我们在遇到艰难险阻的时候看到希望、看到光明,中国人民一定能依靠这种强大的精神力量攻克一个个难关,战胜洪水。

D. 半个世纪过去了,当年"东方红一号"工程带动的技术、工艺早已更叠换代,但它留下的航天精神却不断传承,成为我们的精神支柱。

91. (浙江)下面四组词语中有错别字的一项是(　　)

A. 一筹莫展　甘拜下风　言简意赅　一鼓作气

B. 悬梁刺股　天翻地覆　一如继往　草菅人命

C. 不胫而走　黄粱美梦　不落窠臼　额手称庆

D. 墨守成规　罄竹难书　声名鹊起　美轮美奂

92. (云南)下列词语中有错别字的一项是(　　)

A. 淳朴　惦记　辨别　悬梁刺股　　B. 脊梁　闲暇　惬意　高瞻远瞩

C. 怠慢　荡漾　奔驰　谈笑风生　　D. 粘贴　缥缈　包裹　再按再厉

93. (山西)下面词语中没有错别字的一项是(　　)

A. 美仑美奂　　B. 亲自坐阵　　C. 再接再励　　D. 孺子可教

94. (安徽)下列各句中,没有错别字的一项是(　　)

A. 针对美国政府对中国商品加征关税的行为,商务部回应,这种极限施压和讹诈的做法,背离双方多次蹉商的共识,也令国际社会十分失望。

B. 中央军委目前印发《传承红色基因实施纲要》,《纲要》指出,要着眼培养"四有"革命军人,煅造"四铁"过硬部队,扭住对党绝对忠诚这个根本。

C. 万众瞩目的俄罗斯世界杯于北京时间6月14日晚在莫斯科拉开大幕,中国元素随处可见,来自中国的小龙虾,吉祥物纪念币等备受各国球迷喜爱。

D. 毋庸讳言,敷衍塞责的教师确实存在,但我们更应该看到无数坚守岗位,默默奉献,甚至像李芳那样献出生命的辛勤园丁,他们才是教师队伍的主流。

95. (浙江)下面四组词语中没有错别字的一组是(　　)

A. 悬梁刺股　一筹莫展　不胫而走　黄梁美梦

B. 插科打诨　罄竹难书　饮鸩止渴　美轮美奂

C. 天崖海角　锋芒毕露　世外桃源　食不裹腹

D. 繁文缛节　额首称庆　蜂拥而至　川流不息

96. (广东)下列成语中,没有错别字的一项是(　　)

A. 老生长谈　　B. 闪烁其词　　C. 中流抵柱　　D. 连篇累椟

97. (山西)下面词语中有错别字的一项是(　　)

A. 杀一儆百　　B. 生灵涂炭　　C. 按步就班　　D. 如法炮制

98. (安徽)下列各句中,没有错别字的一项是(　　)

A. 绿树掩映下的红墙红瓦,在熙嚷喧闹的五四大街上显得宁静而大方,夜雨之后空气中飘荡的泥土味,为这座砖木结构的北大红楼又增添几分历史味道。

B. 近年来,我国推进汽车、交通、通信融合,搭建了比较完整的产业体系,在技术环境方面,5G、人工智能等连动布局,形成了较为完整的产业链条。

C. 北京世园会中国馆借鉴了人类早期巢居和穴居的古老智慧,因地制宜地创造出独特景观,让走进它的每一个人沉浸其中,品味人与自然的朴素关系。

D. 中俄深化战略协作不是权宜之计,不会因一时一事而改变,是双方在两国人民根本利益基础上作出的战略选择,是时代发展赋与两国的历史责任。

99. (云南)下列词语中没有错别字的一项是(　　)

A. 南辕北辙　出类拔粹　声色俱厉　B. 相形见绌　铤而走险　以身殉职

C. 中流砥柱　推心至腹　漫不经心　D. 相提并论　通宵达旦　焕然一新

100. (浙江)下面四组词语中,没有错别字的一项是(　　)

A. 妨碍　功夫片　钟灵毓秀　管中窥豹,可见一斑

B. 束装　吊胃口　坐无虚席　文武之道,一张一弛

C. 辐射　入场券　循章摘句　风声鹤唳,草木皆兵

D. 辟静　直辖市　秘而不宣　城门失火,殃及池鱼

答案速查

1	2	3	4	5	6	7	8	9	10	11	12	13	14	15
B	A	A	C	D	D	C	A	A	B	B	C	B	D	A
16	17	18	19	20	21	22	23	24	25	26	27	28	29	30
C	D	A	C	C	C	A	A	A	C	D	D	B	AB	C
31	32	33	34	35	36	37	38	39	40	41	42	43	44	45
A	D	B	B	B	D	A	A	D	C	C	B	A	B	C
46	47	48	49	50	51	52	53	54	55	56	57	58	59	60
D	D	A	B	D	D	A	D	A	D	A	D	A	B	C
61	62	63	64	65	66	67	68	69	70	71	72	73	74	75
D	C	B	C	D	D	D	C	A	D	B	A	C	D	B
76	77	78	79	80	81	82	83	84	85	86	87	88	89	90
B	B	D	C	A	C	A	D	D	B	D	A	C	C	C
91	92	93	94	95	96	97	98	99	100					
B	D	D	D	A	B	C	C	B	A					

专题三　词语精准运用高分突破

1.（安徽）下列句子中加点成语用法正确的是（　　）

A. 长江是中华民族的母亲河，也是中华民族发展的重要支撑。保护长江的重要性桃李不言，下自成蹊。

B. 银杏树也叫公孙树，祖父栽种，收果却要等到孙子辈。将根深深扎进大地，枝干在风雨雷电中砥砺生长，耐得住光阴一寸寸来雕刻打磨，笑对飒飒金风，结出因果报应，这就是银杏树的风格。

C. 如果任由App过度索权乱象野蛮生长，不仅个人信息泄露势必成为大概率事件，其带来的数据安全风险也不容小觑。

D. 近年来，针对老年群体的诈骗犯罪时有发生，五光十色的诈骗“套路”让许多老年人防不胜防。

2.（福建）下列各句中加点成语使用错误的一项是（　　）

A. 李阿姨的事迹十分感人，首当其冲地被评为全国道德模范。

B. 新老师虽然经验有限，但辅导学生作业还是绰绰有余的。

C. 你完全可以大胆工作，不必谨小慎微，提心吊胆。

D. 奶奶十分节俭，衣服破了也敝帚自珍，舍不得丢掉。

3.（浙江）下列句中的加点成语使用正确的一项是（　　）

A. 莫言的小说取材于现实，长篇累牍地描绘了广阔的社会风貌，获得了诺贝尔文学奖，真是实至名归。

B. 自从新经理到任后，对员工管理严格，求全责备，企业在他井井有条的管理下效益大幅提升。

C. “诚信”这一商业精神在徽州源远流长，一代代徽州人之所以能够取得商业上的奇迹，也与他们祖先传承下来的这一高尚品格有莫大关系。

D. 目前市里的教育机构水平良莠不齐，乱象丛生，成为学生和家长投诉的热点。

4.（广东）下列句子中，加点成语使用正确的一项是（　　）

A. 张教授待人和善，虚怀若谷，深受学生爱戴。

B. 小王缺钱用的时候总能左右逢源，从他父母和爷爷奶奶那里得到零用钱。

C. 他往四周一看，发现漫山遍野都是这种怪石，这时他心中就有了出奇制胜叛军的妙计了。

D. 王大妈爱干净在这一带是出了名的，她家中的各种物件总是摆设得有条不紊。

5.(湖南)下列句子中,画线成语使用有误的一项是( )

A.“正确的答案只有一个”这种思维模式,在我们的头脑中已不知不觉地根深蒂固。

B.每逢节假日,中央大街两旁的店铺,就会顾客盈门,生意葱茏。

C.列夫·托尔斯泰的皮肤藏污纳垢,缺少光泽,就像用枝条扎成的村舍外墙那样粗糙。

D.不一会儿,暴风雨就歇斯底里地开始了,顿时,天昏地暗,仿佛世界已到了末日。

6.(江苏)下列各句中加点词语使用正确的一项是( )

A.它沉溺于高山、大川、平野对它的欢呼致意,却从来没有到过这深深的峡谷的底部。

B.二十日夜起,长江北岸人民解放军中路军首先突破安庆、芜湖线……,二十四小时内即已度过三十万人。

C.面对扑朔迷离的案情,办案人员毫不懈怠,努力寻找蛛丝马迹。

D.第一次上讲台,他张皇失措地不知道该怎么办才好,一节课都在尴尬中度过。

7.(山东)下列各句中,加点的成语使用恰当的一项是( )

A.在这次演讲比赛中,来自基层单位的选手个个表现出色。他们口若悬河,巧舌如簧,给大家留下了深刻印象。

B.陶渊明早年曾几度出仕,后来因为不满当时黑暗腐败的政治而走上归隐之路,过起了瓜田李下的田园生活。

C.抗洪救灾形势严峻,各级领导都坚守岗位,没有擅离职守、久假不归现象,确保了人民群众生命财产的安全。

D.五四时期,革命青年为救亡图存、振兴中华而奔走呼号,奋不顾身,表现出高尚的爱国情操和不屈的斗争精神。

8.(安徽)下列句子中加点词语使用正确的一项是( )

A.老师非常关心我们,处处为我们着想,真是无所不至。

B.乌云越来越厚,一道闪电划过天空,吓得我手舞足蹈。

C.古人常说笨鸟先飞,我这样聪明的人才需要人一已百。

D.每到新春佳节,丰富多彩的文艺节目,真令人目不暇接。

9.(浙江)下列句子中加点的成语,使用正确的一项是( )

A.涨潮时,整个小镇几乎万人空巷,人们都站在堤坝上观看潮水的涌来。

B.我们只要精诚团结,便能三人成虎,众志成城,克服一切困难。

C.他的演讲引经据典,信口雌黄,赢得观众热烈的掌声。

D.老李和老郑是相敬如宾的老邻居了,现在却为一点琐事吵架,还招来警察调解。

10. (广东)下列各句中,加点的词语使用恰当的一项是( )

A. 藏式风格的楼宇鳞次栉比,民族特色的装饰随处可见,还有宽阔干净的街道,兼具各种风味的小吃门店……高原四月,雪花点缀的结古镇别具韵味。

B. 儒家经典在扬雄这里不仅是"不刊之鸿教",而且散发着迷人的文采之美,这与古板的传统看法三等九格。

C. 在互联网尚未普及的年代,图书馆成为最受大学生喜欢的地方,而饥不择食的阅读,根源于他们对于精神食粮强烈而迫切的需求。

D. 陶渊明对自然、对社会、对人生都进行了彻底的省察,所以他一生都甘于寂寞,不断思考、追求、探索,江郎才尽,著述连篇。

11. (福建)下列句子中加点的成语使用错误的一项是( )

A. 当前课外补习蔚为大观,孩子们失去了假日,背上了沉重的课业负担。

B. 虽然搜索马航MH370失联飞机的工作困难重重,但各国依然全力以赴。

C. 单单一个"小升初"就让许多家长和孩子焦头烂额,无计可施。

D. 想要不走"先污染后治理"的弯路,中国只能独辟蹊径,走科学发展道路。

12. (山东)下列各句中加点的成语使用恰当的一项是( )

A. 这位学者致力于相对冷门的服饰文化的研究,真可谓处心积虑。

B. 假如每个人都能见贤思齐,那就会创造出和谐的社会氛围。

C. 抗日题材影视剧虽多,尊重历史,不胡编乱造的却是沧海一粟。

D. 暑假期间同学相约一起登山涉水,亲近自然,以共享天伦之乐。

13. (安徽)下列句子中加点成语,使用正确的一项是( )

A. 游玩途中,不乏秀色美景,仰面遥望峰巅,但见色彩斑斓,彩霞满天;俯瞰清流,浮光掠影,清澈见底。

B. 中华文化积淀着中华民族最深沉的精神追求,是中华民族生生不息,发展壮大的丰厚滋养。

C. 许多企业之所以能成为行业佼佼者,关键就在于通过坚持不懈的努力,矢志不渝的创新收获了更强大的核心竞争力。

D. 脱贫攻坚与乡村振兴的内容和方式具有内在一致性,要多维度推动脱贫攻坚与乡村振兴的有效衔接,使"后扶贫时代"的工作事倍功半。

14. (湖南)下列各句中加点成语的使用,正确的一项是( )

A. 对于重污染天气的成因,不同的专家机构经常会有不同的说法,有的甚至互相矛盾,闹得满城风雨,在全国人大记者会上,有关部门对此给予了回应。

B. 在某些传染病暴发初期,医学专家最感到左右为难的是,如何判断和预测疫情的规模和发展趋势,以便为公共决策提供更多的科学依据。

C. 台湾《联合报》发表了一位专栏作家的一篇文章,他认为台湾有一些约定俗成的言语规则,客气、婉转、含蓄,若只听字面意思会感到很迷茫。

D. 在此次展览中,扬州市文物考古研究所精选了76件敝帚千金的珍贵文物参展,以汉唐文物为主,向参观者讲述扬州历史上的繁盛景象。

15. (江苏)下列句子中,加点成语使用正确的一项是( )

A. 青山绿水,偶尔有几只水鸟掠过船舷,眼前景象真是惟妙惟肖。

B. 南京瞻园的门和窗都力求精细而绝不粗俗,虽然简朴却别有用心。

C. 多年来,母亲为了孩子的成长,起早贪黑,积毁销骨,令人动容。

D.《西迁东还》再现了民国知识分子在抗战时局下跌宕起伏的命运。

16. (山西)下列各句中,加点的词语使用不恰当的一项是( )

A. 在上流社会里,他是又穷又硬的平民,到了平民中间,他又是屈尊下顾的文化分子。

B. 颠沛流离的生活,没有改变马克思的崇高要求,他矢志不渝为人类解放的崇高理想而不懈奋斗。

C. 马克思、爱因斯坦、弗洛伊德,他们因改变人类的命运而名垂千史,更令后人高山仰止。

D. 许多年轻人之所以热衷于选秀节目,是因为此类节目能给人一种心理预期,通过媒体炒作可以快速成名,成为明日黄花,引人瞩目。

17. (安徽)下列句子中,加点成语使用有误的一项是( )

A. 因此,教授和讲师都没法开设一定的课程,而是兵来将挡,学生要学什么,老师就得教什么;学院当局最怕老师们说"这我可教不了"。

B. 父亲去瑞士参加"国联"的会议,已经走了几天了。徽因一整天都一个人待在书房里。她一边看书,一边心神不宁地听窗外的雨声。

C.《白鹿原》中的朱先生就是这样一位德高望重的读书人。他精通文章,克己修身,为善乡里;他君子之风,山高水长,一直广受景仰。

D. 秋风渐起,秋雨连绵,已经是深秋季节,他们噤若寒蝉,在湿滑曲折的山路上瑟缩着,缓缓前进。

18. (河南)下列句子中,加点成语使用正确的一项是( )

A. 为将事故的危害减到最小,相关领导应对迅速,下车伊始便认真查看具体情况,指挥调度,赢得了群众与媒体的普遍好评。

B. 该媒体推出的“不忘初心，牢记使命”主题教育节目以真实鲜活的事例，感人至深的典型，鞭辟入里的颁奖词吸引了大批受众。

C. 这位书法家的作品不管十几个字还是几十个字，都倚马可待，一气呵成，并且字里行间显示出令人振奋的豪情。

D. 关于党员纪律的各项规定，对广大党员干部来说，诚为清规戒律，不容违反，它是使我们的党风政风日渐好转的重要保证。

19. (广东)下列句子中，加点成语的使用有误的一项是( )

A. 哈尔滨那古老的欧式建筑、美丽的松花江，已经构成了一幅美妙的图画，如果再配上一座钢琴博物馆，那将是一个名副其实的音乐之都。

B. 虽然这次考试仍然不尽如人意，但我努力了，也有了进步，而父亲对我付出的努力和已经取得的进步不赞一词，尽说一些丧气的话。

C. “僵尸企业”长期依赖于救助和帮扶，阻碍了技术革新和产品升级，不利于社会经济的发展，清理“僵尸企业”刻不容缓。

D. 正是得益于这座城市精神的熏陶，这些同学更加明白，成功不是一蹴而就的，它来源于一点一滴的积累。

20. (安徽)下列句子中关联词语使用不当的一句是( )

A. 如果我接受了他的礼物，就要按照他的意愿办事，这样，难免会违反国家的法纪。

B. 无论风沙或雨雪，不管洪水还是骄阳，院前的樟树总是枝繁叶茂，蓬蓬勃勃。

C. 虽然勃朗特姐妹诗歌创作的尝试获得成功，但是她们的小说轰动了英国文坛。

D. 因为中国特色社会主义已经进入新时代，所以社会的主要矛盾发生了相应的变化。

21. (福建)下列各句中加点成语的使用恰当的一项是( )

A. 两国家友好往来，已有一百多年历史，真可谓百年之好。

B. 为提高学生高考语文成绩，王老师处心积虑，想尽一切办法。

C. 我虽然能力有限，经验不足，但完成这项工作还是绰绰有余的。

D. 他家虽不富裕，但对公益事业十分热心，真是大方之家。

22. (湖南)下列句子中，加点熟语使用错误的一项是( )

A. 政治人物喜欢寻找“替罪羊”，其他领域的人物也是如此，这种思想几乎影响了所有中国人。

B. 为了偿还债务，他不得不采取“拆东墙，补西墙”的办法，把家中赖以为生的水牛给变卖了。

C. 绍兴的霉干菜，在北京饭桌上很受欢迎，这大概就是所谓的“物以稀为贵”吧。

D. 他自小没见过世面，好不容易进了城，只见车水马龙，大街小巷，如同蚂蚁进磨盘——条条是道。

23.(江苏)下列句子中加点词语使用正确的一项是( )

A. 邻近清明节,踏春的游人如潮。

B. 这座坚固的建筑物被表彰为“豆腐渣工程”。

C. 他夸夸其谈的演讲,赢得了大家阵阵掌声。

D.“台独势力”负隅顽抗,是没有出路的。

24.(天津)下列各句中加点的词语运用正确的是( )

A. 在今年全国“两会”上,温总理对于一些地方房价还没有回到合理价位,调控不能放松的表态,让市场对楼市调控政策放松的预期落了空。

B. 要解决愈演愈烈的医患矛盾,既需要运用法律武器制止违法行为,更需要从根本上釜底抽薪,进一步推进医药卫生体制改革。

C. 中国古典诗歌所用的许多物象,本是无情无知的,但经过历代诗人反复继承、运用和发展,积淀了丰厚的象征意蕴,成为传统的审美意象。

D. 毒胶囊事件是继三聚氰胺事件后又一起惊世骇俗的丑闻,它再次给有关部门敲响了警钟:药品安全大如天,万万不可掉以轻心。

25.(重庆)下列句子中,加点成语使用正确的一项是( )

A. 政府工作报告从大处着眼、小处着手,不说空话套话,措施具体而微,于细微之中处处体现着政府对百姓民生问题的关切。

B. 最美的是小镇的春天,草长莺飞,风声鹤唳,走进小镇就如同置身于世外桃源。

C. 他一直热衷于收藏,每当得到心仪的藏品,喜悦的心情总让他如坐春风,夜不成寐。

D. 欧阳教授在这所大学从事教学和研究工作二十余年,学问炉火纯青,性格外圆内方,深受同事和学生们的尊重。

26.(吉林)下列句子中,加点成语使用恰当的一项是( )

A. 全面建成小康社会时不我待,青年一代要勇立时代潮头,只争朝夕,在伟大实践中放飞梦想。

B. 行驶在滨海路上,一边是苍茫大海,一边是无际的农田,沧海桑田,美景如画,令人目不暇接。

C. 我们要提高电信安全意识,因为每天接到的让人不厌其烦的骚扰电话,有不少是以诈骗为目的的。

D. 美国采取大规模贸易保护主义措施的霸凌行径直指中国,大有挑起贸易战之势,其图谋无可非议。

27.(福建)下列句子中,加点成语使用正确的一项是( )

A. 修订更正汉字读音的方案要有战战兢兢的敬畏之心,慎重对待。

B. 创新需要头脑，需要灵光一现，但同时需要耐心，需要积功累行。

C. 由于新媒体和综艺节目的推波助澜，各种各样的歌手大量涌现。

D. 我国是一个缺林少绿的国家，植树造林，改善生态，依然山遥水远。

28. (安徽)下列各句中关联词语使用错误的一项是(　　)

A. 某些人无论受过高等教育，但是还是缺乏判断是非善恶的能力。

B. 因为我是一个非常平常的人，所以我也有缺点，也做过错事。

C. 社会和谐文明，衣食住行无忧，即使向期颐进军，也不为稀奇。

D. 苏格兰王子布鲁斯不仅没有绝望，而且重整军队，赶走了侵略者。

29. (江西)下列各句中，加点的成语使用不恰当的一项是(　　)

A. 中国古代文化是一座巍峨的高峰，不管我们在儒、释、道哪条路上行走，殊途同归，最终都必然会在山顶相遇。

B. 京剧大师梅兰芳先生不仅在舞台上风姿绰约，在日常生活中也气度不凡，无论何时何地，他总能让人为之倾倒。

C. 春姑娘就是这么任性，令人哭笑不得。四月天让你过冬！近期天气可谓五风十雨，阴晴不定，昨天气温还高至26℃，今日却骤降至12℃。

D. 按照新课改精神，教师应当以培养学生的综合能力为根本，当学生遇到疑难问题时，教师要善于启发引导，不要越俎代庖。

30. (福建)下列各句中加点成语的使用不恰当的一项是(　　)

A. 当今世界科技突飞猛进，我们更要勇于开拓，不断进取，如果故步自封，就会落后甚至被时代潮流所淘汰。

B. 碳排放过量会给地球生态环境带来严重的危害，如果不设法加以遏制，必然会威胁人类生存，全球性大灾难指日可待。

C. 旧的梦想总是被新的梦想所代替，很少有人能自始至终地记住自己做过的华丽缥缈的梦，因为现实需要人们不断调整梦想。

D. 国产电影中使用方言虽然符合电影的真实再现原则，但就怕有些演员蹩脚的方言不能添彩，反而弄巧成拙。

31. (广东)下列选项中，加点成语使用恰当的一项是(　　)

A. 余光中用手中的健笔，写满了对生命、人性、爱和孤独的感受，行文或斗折蛇行，或缠绵婉转，亦诗亦曲，如诉如画。

B. 如今,"植绿、护绿、爱绿、兴绿"已经融入市民的日常生活,尊重自然、顺应自然、保护自然的生态文明理念逐渐深入人心。

C. 伦理学如果脱离了时代、远隔了现实、冷落了生活,就会成为井底之蛙。

D. 从汉代到南北朝时期,"悲秋"的作品竟然数不胜数,这显然不是无独有偶,而是文人有意发扬宋玉开创的"悲秋"传统。

32. (湖南)下列句子中,加点成语使用正确的一项是(　　)

A. 这些人只顾追求个人利益,成天为自己的事奔忙,对群众的疾苦不以为然。

B. 爷爷由于动脉硬化,两只手会情不自禁地抖动起来,现在已经多年不写东西了。

C. 发展经济必须合理开发和利用自然资源,为了子孙后代绝不能做涸泽而渔的事情。

D. 许多旅行家在描写极光时往往讳莫如深,只说一些"无法用言语形容"之类的遁词。

33. (安徽)下列各句中加点成语用法不正确的一项是(　　)

A. 今天我们提倡的创新,并不是要抛开先哲时贤的成果另起炉灶,而是要站在前辈的肩膀上一步一个脚印地前进,并努力超越前人。

B. 鸽子能利用地球磁场来导向,相映成趣的是,研究人员新近发现一种细菌也能感应地球磁场,这种细菌在磁场中的行动方向就像是一个罗盘针。

C. 为了不让下一代输在起跑线上,年轻的父母纷纷送孩子去练钢琴,学围棋,上英语兴趣班,真是费尽心思,无所不为。

D. 这位代表说的虽不是什么崇论宏议,但他说的话发自肺腑,句句实在,没有套话和假话,因此我们要更加重视。

34. (吉林)下列句子中,加点词语使用不恰当的一项是(　　)

A. 少小离家老大回,看到家乡如今田园荒芜,我心里隐隐作痛。

B. 她总是希望和别人比品牌、比档次,这种攀比心理把她害得很苦。

C. 我十分仰慕这位科学家,但当我见到他时,内心却有点诚惶诚恐。

D. 登高望远,看到高山大川,沧海桑田的壮丽景色,我心潮澎湃。

35. (云南)下列各句中加点的成语使用不正确的一项是(　　)

A. 这位专家的回答让我有一种醍醐灌顶的感觉,实在没想到这个困扰我两年的问题他却理解得那么轻松。

B. 中国古典家具曾经非常受消费者青睐,后来很长一段时间市场上却没有了踪影,而在全球崇古风气盛行的今天,它又渐入佳境了。

C. 该产品的试用效果非常好，相信它大量投产后将不负众望，公司一定会凭借产品的优异品质在激烈的市场竞争中取得骄人业绩。

D. 为了救活这家濒临倒闭的工厂，新上任的厂领导积极开展市场调查，狠抓产品质量和开发，真可谓处心积虑。

36.（湖南）下列句子中，加点成语使用错误的一项是（　　）

A. “为中华之崛起而读书”，这是周恩来少年时就立下的鸿鹄之志。

B. 有人直言不讳地批评说，国内很多城市的建筑风格千篇一律。

C. 毕业联欢会上，王老师一番夸夸其谈，引得同学们掌声阵阵。

D. 如今，不少空巢老人孤单寂寞，只能靠看电视聊以自娱，打发时光。

37.（广东）下面加点词语使用正确的一项是（　　）

A. 数字文化产业只是文化产业的一部分，也只是丰富多彩的文化产业的表达形式之一，不能一味地追求形式表达的数字化，舍本逐末。

B. 调查发现，虽然大多数人知道不系安全带存在安全隐患，但是多数仍不以为然。

C. 为了迎接社团开放日，高一的学生干部倾巢而出，参与宣传活动。

D. 在北海景区，只见云海从好几处山峰的缝隙处，顺着山势而下，如瀑布一般倾泻而下，美轮美奂，夺人心魄。

38.（安徽）下列加点成语使用恰当的一项是（　　）

A. 俄罗斯和土耳其因俄战机被击落事件发生的口水战升级，双方吵得沸沸扬扬，俄总统扬言要报复，而土耳其总统警告俄方不要玩火自焚。

B.《拉贝日记》记载了南京大屠杀的历史一言九鼎，有力地控诉了日本帝国主义的侵略暴行。

C. “像保护眼睛一样保护生态环境，像对待生命一样对待生态环境”这一生态环保的“金句”，表明了习近平对环境保护一以贯之的坚决态度。

D. 世界关注的特金会于2018年6月12日在新加坡举行，国际社会普遍认为，如果相关方能够签订和平条约，韩国将首当其冲获得巨大安全利益。

39.（江西）下列句子中加点的词语使用不恰当的一项是（　　）

A. 这条公路修好才几个月，就到处坑坑洼洼，严重影响行车，实在是差强人意。

B. 骄傲的人终会黯然失色，只有真正谦虚的人才会永远鹤立鸡群。

C. 军乐团奏响《检阅进行曲》，万众瞩目的阅兵分列式开始了。

D. 大自然是崇高、卓越而美好的。它煞费苦心，创造了世界。

40. (云南)下列句子中,加点的成语使用恰当的一项是( )

A. 王大妈爱干净是这一带出了名的,家中的各种物件总是摆设得有条不紊。

B. 计算机是一种工具,尽管是高科技工具,拥有它,并不意味着一切工作都可以事倍功半,一蹴而就。

C. 当年他独闯上海,身无长物,是凭借着过人的毅力与吃苦精神创下这份家业的。

D. 时下的店名和商品名在吸收外来词时,追求时髦,哗众取宠,令人费解。这些叫人看不懂的名称,只能让人贻笑大方。

41. (浙江)下列句子中加点的成语使用不恰当的是( )

A. 远处连绵的山峰上一道残破的城墙依稀可见,山下面有条深谷,怪石峥嵘,溪流湍急,无路可通,正所谓一夫当关,万夫莫开。

B. 马金凤幼年从艺时嗓音毫无优势,后来却以清亮驰名,耄耋之年行腔依然高亢悦耳,她81年的舞台生涯中有多少值得探寻的奥秘啊!

C. "魔幻现实主义大师"加西亚·马尔克斯获得诺贝尔文学奖的名著《百年孤独》,一度在国内各大书店杳无踪迹,据说是因为版权问题。

D. 国外一些公司不明说裁员,而是给出几种让员工很难接受的"选择",使员工只得主动请辞,有人说这是明修栈道,暗度陈仓。

42. (湖南)下列各句中,加点的成语使用不正确的一项是( )

A. 汛期将至,该县未雨绸缪,做到了思路早确定,检查早开展,责任早明确,物资早准备,全力做好了防汛工作。

B. 无论在什么情况下,老师都会苦心孤诣地开导和教育我们,正如杜甫笔下的诗句一样:"随风潜入夜,润物细无声。"

C. 对于三维集团违规倾倒工业废渣,大量污染农田一事,当地政府官员讳莫如深,不愿意接受采访。

D. 教师的有偿家教行为屡禁不止,原因是其比较隐蔽,难以取证,加上学生家长投鼠忌器,不敢举报,因此能被查出有违纪行为的教师人数其实很少。

43. (安徽)下列句子中加点词语使用不当的一项是( )

A. 在技术和社会发展日新月异下,消费者需求并非一成不变。

B. 综合施策,形成合力,政策执行更加畅通,课后服务更加有序。

C. 跑步的环境正在发生翻天覆地的变化,奔跑者的身影绰绰有余。

D. 国际社会要勇于担当、勠力同心,共同构建人与自然生命共同体。

44. (云南)下列各句中,加点的成语使用恰当的一项是(　　)

A. 对于帝国主义日益加紧的经济、文化侵略,清政府不但未加抵抗,反而开门揖盗,助纣为虐。

B. 他虽然是第一次,但由于写的都是那天耳濡目染的事情,因此写得生动、新鲜、现实感强。

C. 你有什么困难尽管说出来,我们一定鼎力相助。

D. 北大荒虽然天荒地老,但经过农垦战士的开发,已成为我国重要的商品粮基地。

45. (天津)下列各句中,加点的成语使用不恰当的一项是(　　)

A. 实现共同富裕,缩小贫富差距,先富起来的地区绝不能再有人一己百的心理,要尽可能保证贫困地区有优先发展的机会。

B. 我们在欣赏《前赤壁赋》的华美辞藻时,如果不能深入理解其中蕴涵的哲理,从而进一步领略苏东坡自由的精神境界,则恐有买椟还珠之憾。

C. 在"互联网+"时代,社会快速发展,"创客"辈出,越是在这种时候,我们越要登高自卑,脚踏实地。

D. 在党中央的坚强领导下,在国家各部委和各兄弟省市的大力支持下,新疆军民团结奋斗众志成城,谱写出一曲气贯长虹的英雄颂歌,取得了抗旱救灾的决定性胜利。

46. (广东)下列句子中,加点的成语使用恰当的有(　　)[多选]

A. 近代中国内忧外患,强烈的社会责任感促使知识分子自觉自愿又步履维艰地开始了从器物技术到思想文化的现代性追求。

B. 碳排放过量会给地球生态环境带来严重的危害,如果不设法加以遏制,必然会威胁人类生存,全球性大灾难指日可待。

C. 这是一家国家级出版社,近几年来,出版了很多深受读者尤其是在校大学生喜爱的精品图书,不少作家都对它趋之若鹜。

D. 我读过弗莱的著作,很喜欢他那高屋建瓴的气势和包罗万象的体系,更欣赏他努力摆脱主观印象式品评的文学批评方法。

47. (黑龙江)下列句子中,加点成语使用恰当的一项是(　　)

A. 读书,要学会欣赏那些美轮美奂的文字,品味字里行间流露出的深厚意蕴,感受作品的艺术魅力。

B. 参加人才交流会的求职者人流如潮,然而高学历人才凤毛麟角,多家用人单位招聘不到专业对口的博士。

C. "秀我精彩"互动文艺晚会给观众带来了全新的视听体验,每当一个节目结束时,全场就爆发出如雷贯耳的掌声。

D. 为了促销，电视生产商纷纷打起了"绿色环保"的旗号，专家提醒，环保电视市场鱼龙混杂，购买时须认清"中国环境标志"。

48. (江西) 下列句中加点词语使用错误的一项是( )

A. 一篇课文，一道练习，就是语文学习之旅中千里之行的一小步，语文世界的广阔天地有无限风光，在召唤着你。

B. 低调的人深藏不露，从不盛气凌人，懂得时常反思自己。

C. 与他人发生争执时，你应该身临其境地为对方多想一下。

D.《信中国》节目以"信"为载体，讲述了书信背后鲜为人知的故事。

49. (安徽) 下列各句中关联词语使用正确的一项是( )

A. 一个人无论从小受到这样严格的教育的话，都会获得道德实践的勇气和力量。

B. 如果一两个月干旱无雨，这条小溪就不会干涸。

C. 虽然有时一阵冷风刮过，而且阳光洒到身上却很暖和。

D. 因为《史记》既是一部很有价值的历史著作，又是一部杰出的文学著作，所以鲁迅先生称之为"史家之绝唱，无韵之离骚"。

50. (湖北) 下列句子中加点成语使用恰当的一项是( )

A. 万紫千红的树木，碧蓝的远山，荡漾的河水，占据了乘客的视线。

B. 针对班上学生良莠不齐的现状，刘老师讲课时注意分层引导，同学们都很满意。

C. 做事情要未雨绸缪，不可临渴掘井；"船到江心补漏迟"啊，你要早做打算。

D. 面对即将喷薄而出的中国5G市场，各类通信设备厂商八仙过海，各显神通，使出浑身解数，期待能够获得更大的份额。

51. (湖南) 下列句子中加点的俗语运用不恰当的是( )

A. 部分同志急于求成，没有沉下心来联系群众，致使"土改"运动开展得不够深入，许多地方的"土改"工作都煮成了一锅"夹生饭"，农民的土地问题没有真正解决。

B. 山歌对唱是壮族歌坛上的一大亮点，男女青年们毫不吝啬自己的喉咙，摆开阵势互相唱起了对台戏，好不精彩。

C. 目前，各大型零售商的资金链都相当吃紧，一旦挺不住，他们极有可能通过降价出货变现，由此必然推倒多米诺骨牌，引发某个区域甚至多个区域的产品全线崩盘。

D. 过多地堆砌典故难免有掉书袋之嫌，恰到好处地引用、化用，才能让典故真正为文章主题服务。

52. (江苏)下列加点成语在句中使用恰当的一项是(　　)

A. 中国足球在全民期盼中前进,但是要达到不可一世的阶段还是需要很长的时间。

B. 古时读书人多是文武全才,驰骋沙场能英勇杀敌,撰作诗文则倚马可待,足为我们的典范。

C. 当年第二次世界大战,死于二战的人不计其数,但是还有很多领导人殚精竭虑地提倡和平原则。

D. 石景山区开办了北京第一家打工子弟学校,招收126名新生,但这对8万多名打工子弟来说,实在是不足挂齿。

53. (河南)下列加点的成语使用不恰当的一项是(　　)

A. 一个远涉重洋、寄身美国、茕茕孑立的中国弱女子,要控告有钱有势的美国地头蛇是何等艰难!

B. 孤苦伶仃的石家母子,冒着生命危险,把这把七星刀一直保存到解放。

C. 当一名人质实在是太累了,太紧张了,真可谓朝不虑夕。

D. 在已经气息奄奄的暮年,他坐在公园的石凳上沉思往事,突然发现自己所崇拜的只不过是个华而不实、自私自利的小人。

54. (江西)下列句子中,加点的词语使用不当的一项是(　　)

A. 现在,房地产市场如履薄冰,或许"暴利"时代开始远去,房地产生存环境及发展渠道开始逐渐规范也更狭窄。

B. 这些年来,随着人们接触的新事物越来越多,观念越来越开放,再加上经济水平的不断提高,中国人的自驾游活动搞得风生水起。

C. 四月,桃花朵朵盛开的庐山大林寺以它特有的魅力吸引了四方游客,我与多年未见的同学也在这里不期而遇。

D. 在慈善事业向前发展的大环境下,会有更多的或好或坏的事情出现,泥沙俱下,政府应维护公信力底线。

55. (山东)下列各句中,加点的成语使用最恰当的一组是(　　)

A. 随着发令枪响,百余名参赛健儿如白驹过隙,向着终点发起冲击,沿途观众也在不同地段给健儿们加油助威,将比赛的气氛推向高潮。

B. 美国没有履行这项神圣的义务,只是给黑人开了一张空头支票,支票上盖上"资金不足"的戳子后便退了回来。

C. 桃李不言,下自成蹊。这件丑事,即使你不说,也一定会有人知道,并会闹得沸沸扬扬。

D. 这所农村学校本来师资力量就非常薄弱,暑假期间,又有几位骨干老师调到其他学校,这真是釜底抽薪啊!

56. (山西)下列各句中,加点的词语使用不恰当的是( )

A. 对于任何竞技体育来说,假赛是绝对不能触碰的底线,从今天的比赛来看,如此明目张胆的假赛,可以说是到了猖狂的地步。

B. 居民不能一边抱怨雾霾遮天,一边又不愿安步当车节能减排,甚至还为雾霾天气增添更多的鞭炮烟花。

C. 那种果断的气势,不容置喙的威严,在战熠阳身上,通通如同与生俱来,令人敬佩。

D. 夜晚,城市霓虹闪烁,花天酒地。

57. (安徽)下列各项中,加点成语使用正确的一项是( )

A. 古往今来那些忠勇的烈士们,在他们临危授命的时候,一定是心怀国家,襟怀坦荡的。

B. 在安徽省中学生足球联赛决赛中,复兴中学队选手不孚众望,时隔4年再获联赛冠军。

C. 科考船能根据风向和海水流向选择合适角度,使船体坚如磐石,实现漂泊调查作业。

D. 每当阅读先贤书籍,常常为先贤的深刻思想拍手称快,恨不得立马和他当面交流所得。

58. (云南)下列句子中加点成语使用不正确的一项是( )

A. 有人说“百年修得同船渡”,是“缘”把我们连在一起;我说只有“志”才能让我们走到一起,因为我们“志道”相同,所以我们同心协力,众志成城,追求事业,成就自我。

B. 溪水西流,你要迈着沉重的步伐向东前进,你要看看东方之神叱咤风云的威武雄姿。

C. 作家们会用手中的笔写下生命的美好,令人向往;画家们会用手中的笔勾勒生命的美好,如诗如画;音乐家会用歌声唱出生命的美好,幽雅动人……

D. 处于豆蔻年华的我们,对异性产生倾慕之心是生理和心理发展到这一阶段的必然结果。

59. (山西)下列句子中加点成语使用恰当的一句是( )

A. 本届影展参赛作品的题材从山水风景、城乡面貌到百姓生活,包罗万象,无孔不入。

B. 时下田园风光游、农家乐等乡村旅游很流行,满足了人们寻欢作乐的愿望。

C. 去年春天来得早,春节刚过,北海公园就涣然冰释,让喜欢滑冰的人大失所望。

D. 这部小说的故事情节虽然不够生动,但有几个人物形象还是塑造得栩栩如生。

60. (湖南)下列句子中加点成语使用正确的一项是( )

A. 写作灵感是可遇而不可求的。灵感到来时,笔走龙蛇,三两下便能写好一篇文章;灵感未到时,任你搜肠刮肚也无从下笔。

B. 在鸦片战争之后相当长的一段时间里,我们总是被洋人侧目而视、低看一眼,因为我们国家大而不强,国民多而不富。

C. 对于是否应该在此时再度加息,美联储大佬们莫衷一是,多番讨论后仍未达成一致。

D. 老张可是个“妻管严”，他老婆常常对他耳提面命，他却只有顺从的份儿。

61. (江苏)下列各句中加点成语使用正确的一项是(　　)

A. 京城的白天，街上车水马龙，不绝如缕，各种小贩的叫卖吆喝声此起彼伏。

B. 文学是一种很艰难的艺术，从初学到成家，必须循序渐进，不可能一蹴而就。

C. 庄子与这个世界做了最长久的厮守，他那种对世界既恼又怜的丰富神情简直让人不可理喻。

D. 如今“百度贴吧”的一些“吧主”们明知收费删帖触犯法律，但最后的利益让他们孤注一掷，以身试法。

62. (河南)下列各句中加点成语使用正确的一项是(　　)

A. 尽管中华民族的传统文化绵延数千年，但近年来盲目的“英语崇拜”却让那些珠圆玉润、形象饱满的汉字越来越被忽视。

B. 中国建筑学与城市规划学领军人物吴良镛视城市为生命的有机体，倡导通过“新陈代谢”来延续城市的文脉和精神。

C. 在现实生活中，有许多人身居要职，却胸无城府，思想顽固不化，不思改革，甚至阻挠改革潮流。

D. 诗歌本来是高贵的文体，但是写诗的人鱼龙混杂，相应的诗歌作品的质量就难免参差不齐，因此诗歌不可避免地走向了衰落。

63. (安徽)下列加点的成语使用恰当的一项是(　　)

A. 西部大开发以来，富民兴陇迈出了坚实步伐，甘肃已逐步进入发展快车，历史性地解决了温饱问题，经济发展方兴未艾。

B. 入夏以来，白湖镇杨柳大圩迎来一年中最繁忙的时节，农民趁天气晴好抢抓农时，田间地头，到处是一派大快人心的景象。

C. 电视剧《都挺好》美轮美奂，凭借纯熟的叙事技巧，一流的表演水准，打破不同圈层的接受壁垒，产生强烈的审美冲击力。

D. 中国动画产业为国际动漫市场注入中国元素，制作水平蔚为大观，不少制作水平很高的动画作品吸引了国外同行们的关注。

64. (云南)下面各句中，加点词语使用恰当的一项是(　　)

A. 这个社区小组的服务项目很多，诸如订报送奶、补衣修鞋、代买菜粮等等，不一而足。

B. 现在，电子词典种类五花八门，质量良莠不齐，选购到真正让人满意的产品并不容易。

C. 他的音质很好，可惜师出无名，如果能有名师指点，他在音乐上肯定会有光明的前途。

D. 这一批年轻有为的科学家，正以无所不为的勇气在追求科学真理的征程上不懈地行进。

65. (江西) 下列句中加点词语使用错误的一项是( )

A. 在鲁国生死存亡之际，曹刿挺身而出，出谋划策，为鲁国赢得战争的胜利立下汗马功劳。

B. 一旦产生了小的灵感，要相信它的价值，并锲而不舍地把它发展下去。

C. 网络交友已是许多人玩腻了的游戏，可有些年轻人依然狂妄自大，一个个前赴后继地扎进去。

D. 在我国古代，一些心中荡漾着爱意的恋人们为自己倾心的"淑女""伊人"唱出了缠绵悱恻的动人情歌。

66. (湖南) 下列各句中，加点词语使用恰当的一句是( )

A. 近日，电视剧《平凡的世界》在央视热播，剧中劳动与爱情、挫折与追求、痛苦与快乐，日常生活与现实社会的冲突交织在一起，尤其是主人公孙少平在人生逆境中迸发的正能量，让许多观众想起了自己的蹉跎岁月。

B. 2015年感动中国年度人物——退休的外交官夫妇朱敏才、孙丽娜，没有选择北京安逸的生活，而是来到贵州偏远山区，不胜其烦地从拼音教起，义务支教。

C. 习近平在中央政治局常委会听取中央巡视组情况汇报时明确表示，反腐不能看人看地方下"菜碟"，对领导同志工作过的地方不能投鼠忌器，要全部扫描。

D. 我们不必求全责备春晚，也不必奢望春晚能够承担所有期待，它已被赋予了太多角色，变得气喘吁吁，我们应承认，春晚只是一场晚会。

67. (天津) 下列各句中，加点的词语使用正确的一项是( )

A. 长期以来，杀虫剂、除草剂、增效剂等各种农药所导致的污染，严重侵害着与农业、农村、农民息息相关的城市环境与市民生活。

B. 联合国大会曾经两次召开会议，讨论是否应该废除死刑的问题，但因各方立场南辕北辙，讨论无果而终。

C. "2015年度中国文化跨界论坛"日前在北京举行，届时来自世界各国的艺术家、企业家和媒体人围绕当前文化创意产业发展中的热点进行了交流。

D. 写一篇小说并不太难，但想要让自己的作品在擢发难数的小说中引起读者的广泛关注，就不那么容易了。

68. (云南) 下列句子中加点的成语使用恰当的一项是( )

A. 这么多树根在大地里面触类旁通，吸收着大地母亲给予的食粮的供养。

B. 庆祝"六一"的晚会上，两个小朋友模仿的小品让我们都忍俊不禁地开怀大笑。

C. 鸟儿将巢安在繁花嫩叶当中，高兴起来了，拉帮结派地卖弄清脆的喉咙。

D. "正确答案只有一个"这种思维模式，在我们头脑中已根深蒂固。

69.（安徽）下列各句中，加点成语使用恰当的一项是（　　）

A. 重阳节"突击敬老"，一哄而上之后的一哄而散，给老人心理带来了巨大落差。关爱老人，既要节日前后的爱心参与，更要细水长流地用心坚持。

B. 坐落在巢湖边上的三河古镇，风景如画，一年四季游客不绝如缕，他们穿梭在大街小巷，观美景，品美食，听戏曲，体验古镇特有的民俗文化。

C. 文化哲思类散文，或感悟文化现象，或评析世态人情，既充满理性思考，又不乏文化关怀。它往往旁征博引，引文自由活泼，结构密不透风。

D. 在学校组织的这次春游中，同学们兴致极高。他们呼朋引类，在山林中跑来跑去，在小溪旁载歌载舞，尽情享受大自然带给他们的欢乐。

70.（浙江）下列各句中，加点的成语使用恰当的一项是（　　）

A. 想起当年，有好事者要为钱锺书先生举办80寿辰庆典，他断然谢绝，批评说寿星是"花一些不明不白的钱，请一些不三不四的人，说一些不痛不痒的话"，此言至今如雷贯耳。

B. 在繁忙而紧张的高三学习中，父母见微知著的关怀，老师循循善诱的教导，使同学们备受感动和鼓舞。

C. 随着汽车价格逐渐走低，一些大城市私人购车数量不断攀升，而在一些中小城市个人拥有汽车的还是雪泥鸿爪。因此，汽车真正进入寻常百姓家尚待时日。

D. 他的绘画技法已是炉火纯青了，要模仿他一定要领会其精妙之处，否则极易画虎不成反类犬。

71.（云南）下列各句中，加点的成语使用不恰当的一句是（　　）

A. 山廊慢转，曲径轻摇，柳色乍染，黄莺初啼，几间茅屋在白云深处若隐若现，这一切令人耳目一新。

B. 故乡的槐树，成簇成片，遍布四野，似乎散漫凌乱，却又井然有序；似乎千篇一律，却又各具情致。

C. 满耳的阵阵蛙鼓，激昂亢奋地噪闹着，将静夜和旷野喧嚣得如同这季候一般，热情洋溢，生机勃勃。

D. 野花肆意开放，花丛间常可见一队队小而伶俐的麻褐色野兔，在那里追逐嬉戏，天真烂漫，活灵活现。

72.（安徽）下列句子中，加点词语使用恰当的一项是（　　）

A. 作为传承者，我们有责任弘扬民族优秀文化，使数千年人文之光薪火相传、熠熠生辉。

B. 一些网媒把肉麻、庸俗的内容冠以"娱乐"之名，导致低俗之风如火如荼，污染了社会。

C. 面对群众的困难,广大干部首先要心照不宣,解决他们的实际问题,绝不能坐视不管。

D. 这篇教育论文观点不明,条理不清,材料缺乏说服力,而且语病非常多,让人不忍卒读。

73. (云南)下列各句中,加点的熟语使用不恰当的一项是( )

A. 阿Q、祥林嫂、孔乙己、闰土,这些栩栩如生的人物形象都出自人们耳熟能详的经典作品。

B. 大厅里摆放着一块天然形成的奇石,形状酷似一只憨态可掬的大熊猫,真是巧夺天工。

C. 为应对金融危机,美国政府只好拆东墙补西墙,挪用巨额资金向濒临破产的银行注资。

D. 上大学不是为得到一纸文凭,把它当作求职的敲门砖,而是为了学习知识、提高素养。

74. (江西)下列各句中加点的成语使用恰当的一项是( )

A. 孩子们对"动漫"的情有独钟,推动着"动漫"产业朝着高质量、高速度、高盈利的方向发展,嗅觉灵敏的商家对此更是推波助澜。

B. 第三版百年《辞源》历时八年修订,呼之欲出。该书是通向中国传统文化的桥梁,有利于我们在国际对话中,运用中国古代文化的话语权,捍卫弘扬中国传统文化。

C. "吓死宝宝了""主要看气质""重要的事情说三遍"等流行语一路走来,在大量的流行语汇中登堂入室,入围网络流行语排行榜前列。

D. 食品(含药品)安全问题不是小问题,而是关系千千万万个百姓身心健康的大问题;也不是一般的小事,而是关系到人民生命安全的大事情。任何时候都不可忽视,更不能无所不为。

75. (云南)下列语句中,加点词语的感情色彩与其他三项不同的一项是( )

A. 从前对巴特农神庙怎么干,现在对圆明园也怎么干,只是更彻底,更漂亮。

B. 我希望有朝一日,解放了的干干净净的法兰西会把这份战利品归还给被掠夺的中国。

C. 在世界的某个角落,有一个世界奇迹。

D. 我们欧洲人是文明人,中国人在我们眼里是野蛮人。

76. (安徽)下列各句中,加点的成语使用恰当的一项是( )

A. 这位被誉为"农民诗人"的老人,善于在田间地头和锅台灶边捕风捉影,从普通百姓的日常小事中发现劳动之乐、生活之趣和人性之美。

B. 国务院制定了《城市房屋拆迁条例》,各地也据此条例制定了拆迁细则,这样,政府在拆迁工作中上下其手,从而保护了群众的利益。

C. 对农科和涉农专业的学生来讲,死读书,不实践,很可能就不辨菽麦;"知行合一",参加专业实践,则是将理论知识升华的最佳途径。

D. 在学校举办的国庆文艺晚会上,我们班的男生自编自演了一个话剧,两位同学将剧中的人物演得绘声绘色,得到了大家的热烈掌声。

77.（云南）下列词语中加点的成语使用不恰当的一项是（　　）

A. 当电影《2012》里每一个微弱的生命不断殊死挣扎时，那种生离死别使人感觉到我们似乎太渺小了，渺小得无与伦比。

B. 经过一阵紧锣密鼓之后，新计划终于得以实施。

C. 长期的武装冲突使巴以双方两败俱伤，许多巴勒斯坦政治家在纪念第六十三个“灾难日”时已经认识到了这一点，不再坚持“将以色列赶入大海”。

D. 船儿只管乘风破浪地一直走，走向那素不相识的他乡。

78.（江西）下列加点词语使用错误的一项是（　　）

A. 江西以它得天独厚的旅游资源，吸引着众多投资者前来投资开发。

B. 来到南昌滕王阁面前，看到了它影影绰绰的身影，我很高兴。

C. 近来美俄各自较劲，关系已到了剑拔弩张的地步。

D. 有时我甚至看到蝈蝈非常勇敢地纵身追捕蝉，而蝉则忘乎所以地飞起逃窜。

79.（云南）下列句子中，加点的成语使用恰当的一项是（　　）

A. 针对我国一些地方炫耀消费蔚为大观，造成粮食大量浪费的不良现象，一些网友自发组织起“光盘行动”，号召人们杜绝餐桌上的浪费。

B. 在本赛季中，CBA上届冠军北京队惜败山东队，遗憾地止步于半决赛，但马布里和队员们已经尽力，广大球迷们不应求全责备他们的表现。

C. 母亲节即将来临，正在紧张准备高考的学生何一舟为表爱心，去购物中心给母亲买礼物，面对琳琅满目、浩如烟海的商品有些不知所措。

D. 环境问题绝不是一个区域性问题，任何一个地方都难以独善其身，只有在全国范围实行统一的环保标准，污染问题才能得到彻底解决。

80.（安徽）依次填入文中横线处的词语最恰当的是（　　）

今日的库布齐已很难见到沙丘，更别提成片的沙漠。不仅是翠绿的森林和美丽的草地，不仅是带有植物清香的微风和________的鸟鸣，更重要的是，库布齐已变为人与自然和谐相处的乐园：在河流边、在森林里，时不时就会看到一串串深浅不一、________的野生动物脚印。

A. 隐晦　千姿百态　　B. 妖娆　形态各异

C. 含蓄　无奇不有　　D. 悠扬　丰富多彩

81.（福建）在下面空缺处依次填入词语，以下最恰当的一项是（　　）

面对日益严重的生态问题，尽快转变不当的生活方式和发展方式已经成为________。深入研究中国传统文化，特别是深入________儒家思想中生态方面的智慧，对当代中国，

________对全人类积极建设生态文明、实现科学发展具有重要的意义。

A. 十万火急　挖掘　以至　　B. 十万火急　开掘　乃至

C. 当务之急　开掘　以至　　D. 当务之急　挖掘　乃至

82. (浙江)事实表明，提升原始创新能力，把关键核心技术牢牢掌握在自己手中，这样才能让科技发展加速度更能持续。原始创新能力的提升，不是一朝一夕之事，不是轻而易举之事，但绝非不可能之事。要具有“板凳甘坐十年冷”的________，潜心基础研究，为开展世界级科学研究提供创新理念引导、奠定物质技术基础；具有“欲与天公试比高”的________，紧盯世界科技前沿，着力推进面向国家重大需求的战略高新技术研究；具有“亦余心之所善兮，虽九死其犹未悔”的________，在攻坚克难、追求卓越中抢占科技竞争和未来发展制高点，让科技发展加速度更能持续，在国际科技竞争中彰显中国优势。

依次填入横线中最合适的一组是(　　)

A. 耐力　壮志　自豪　　B. 韧劲　斗志　豪情

C. 隐忍　伟志　豪迈　　D. 坚韧　宏志　豪气

83. (广东)依次填入下列画横线部分的词语，最恰当的一项是(　　)

①________目前时机已经成熟，可以进行反攻了。

②他虽然只是高中毕业，但学问深厚，写了不少书，________于作家行列。

③那人东张西望，神色慌张，________十分可疑。

④这新奇的刺激兴奋了他的心，那种莫名的淡淡的惆怅一下子________了。

A. 基于　晋升　行迹　化为乌有　　B. 基于　跻身　形迹　涣然冰释

C. 鉴于　跻身　形迹　烟消云散　　D. 鉴于　晋升　行迹　化为泡影

84. (湖南)在下列语段中的横线处依次填入词语，最恰当的一项是(　　)

①保障性安居工程让无数住房困难家庭的居住条件得到了________。

②中国海域天然气水合物(可燃冰)，试采成功后，公众最________的就是其产业化工程。

③近年来零售商也在向人口密度比较大的二线城市进行________。

A. 改善　关注　扩张　　B. 改善　关切　扩展

C. 改变　关切　扩张　　D. 改变　关注　扩展

85. (浙江)下面这段话空缺处依次填入词语，最恰当的一项是(　　)

读书，是一种智慧。愚昧的人，一辈子像________在黑暗之中，________，浑浑噩噩，最终一事无成；智慧的人，一辈子像________在光明之中，________，天高地阔，最终创造出人生的华美乐章！

A. 行走　随波逐流　行进　乐观豁达　　B. 徘徊　多愁善感　游荡　从容不迫

C. 行进　乐观豁达　行走　随波逐流　　D. 游荡　从容不迫　徘徊　多愁善感

86. (湖南)依次填入下列句子中画横线处的虚词,最恰当的一项是(　　)

青年人富有理想和抱负,憧憬着美好的未来,这是青年的特点,也是优点。________需懂得,个人的抱负不可能孤立地实现,________把理想同时代和人民的要求紧密结合起来,用自己的知识和本领为祖国、为人民服务,________使自身价值得到充分实现。________脱离时代,脱离人民,必将一事无成。

A. 还　只有　就能　否则　　B. 但　只有　才能　如果

C. 仍　只要　才能　如果　　D. 但　只要　就能　然而

87. (江苏)下列依次填入文中横线处的词语,全部恰当的一项是(　　)

当祖国和人民需要的时候,子弟兵总是义无反顾地奔向最危险的地方,新冠疫情防控的________,是人民军队听从统帅号令、践行初心使命的实际行动。疫情________之后,根据党中央、中央军委决策部署,军队迅速________了联防联控工作机制,紧急抽组精兵强将奔赴疫情防控第一线。在疫情面前,人民子弟兵全力以赴、日夜备战,在特殊战场上扬我军威,汇聚成________、英勇奋斗、共克时艰的强大力量。

A. 狙击战　爆发　启用　同心协力　　B. 阻击战　爆发　启动　同心共胆

C. 阻击战　暴发　启动　同心协力　　D. 狙击战　暴发　启用　同心共胆

88. (山东)依次填入下列横线处的词语,最恰当的一组是(　　)

①春天的脚步近了,大草原上的冰雪渐渐________成了朵朵白色的“大蘑菇”,煞是壮观。

②人与人之间要减少误会,化解矛盾,和谐相处,那么加强彼此________是非常重要的。

③每天天还没亮,位于城郊的农贸市场、批发市场就________起来,人们又开始了一天的劳作。

A. 溶化　沟通　喧哗　　B. 溶化　勾通　喧闹

C. 融化　勾通　喧哗　　D. 融化　沟通　喧闹

89. (安徽)依次填入下列横线上的词语正确的一项是(　　)

让老年人“脱网”并不现实,________是合理引导老人上网行为并为他们提供更多替代性选择。同时,也应在丰富老年人生活方面多做努力。建设老年大学,丰富社区老年人文体活动……尽可能为老年人社交、健身和学习创造条件,让他们有动力放下手机、走出家门,不给他们________网络的机会。

A. 当务之急　沉迷　　B. 十万火急　沉思

C. 首当其冲　沉浸　　D. 迫不及待　沉沦

90.（浙江）在下面这段话空缺处依次填入词语，最恰当的一项是（　　）

春联是仅在春节这一特定时节张贴的对联，而对联还有其他种类，如婚联、寿联、挽联，以及为园林建筑________的楹联等。对联的撰写，往往注重其________与品位。尤其是名联佳对，文辞讲究，意蕴丰富，________起来朗朗上口，齿颊留香。对联或镌刻或书写，楷行隶篆，其中不乏艺术精品。

A. 题写　内涵　吟咏　　B. 题签　内涵　涵泳

C. 题写　蕴涵　涵泳　　D. 题签　蕴涵　吟咏

91.（湖南）依次填入下列句子中画横线处的词语，最恰当的一项是（　　）

①这个药方是由流传于民间的几个秘方综合________而来的。

②对于严复提出的"信""达""雅"的翻译标准，有学者________为："信"是忠于原作，"达"是忠于读者，"雅"是对文学语言的忠诚。

③"情"是散文的命脉和灵魂，对于散文的"情"来说，真挚________。

A. 衍化　解读　举足轻重　　B. 演化　解释　举足轻重

C. 衍化　解释　至关重要　　D. 演化　解读　至关重要

92.（江苏）在以下语段的空缺处填入词语，最恰当的一项是（　　）

《射雕英雄传》英译本出版以后，获得了英语读者一致好评，"大师般的叙事""高品质的梦幻故事"这样的评价________。译者郝玉青认为译文的生动和流畅感最为重要，"最糟糕的是你把每个字都翻译准确了，但译文读起来却毫无生趣"。她说的这种现象在国内并不少见，《老人与海》《了不起的盖茨比》等经典著作更是"重灾区"。新译本________却又令人________。网上有人专门开列了名著清单，向翻译者喊话"求放过"。正是________这样的情况，许多翻译者呼唤文学翻译"美"的回归！

A. 俯拾皆是　屡见不鲜　难以卒读　基于　　B. 俯拾皆是　层出不穷　不忍卒读　鉴于

C. 比比皆是　屡见不鲜　不忍卒读　鉴于　　D. 比比皆是　层出不穷　难以卒读　基于

93.（江西）下列语段横线处依次填入的词语最恰当的一组是（　　）

太阳________离我们很远很远，________它跟我们的关系非常密切。有了太阳，地球上的庄稼和树木________发芽、长叶、开花、结果；鸟兽、虫鱼________生存、繁衍。________没有太阳，地球上________不会有植物，也不会有动物。我们吃的粮食、蔬菜、水果、肉类，穿的棉、麻、毛、丝，都和太阳有密切的关系。埋在地下的煤炭，看起来好像跟太阳没有关系，其实离开太阳也不能形成，________煤炭是远古时代的植物埋在地层底下变成的。

A. 因为　所以　才能　才能　如果　就　因为

B. 虽然　但是　就能　就能　即使　也　因为

C. 虽然　但是　才能　才能　如果　就　因为

D. 因为　所以　就能　就能　如果　就　所以

94. (重庆)依次填入文中横线处的词语,最恰当的一项是(　　)

转过山脚,悄无声息地盘桓着一段古潭般________的河湾。一片暗绿扑上眉睫,浑身一阵清凉。溪水到这里更加澄澈,像一汪流动的绿玻璃。夹岸竹树环合,上面是翠盖蓊郁,中间的虬藤柔曼,纠挽披拂。只有两头逆射出来的波光云影,参差画出流水的________来。一棵倔拗的老柳树,偃卧在河面,________的枝叶梢头,兀立着一只鹭鸶,侧头睥睨着岸边的林子。

A. 深邃　蜿蜒　荒疏　　B. 幽邃　蜿蜒　稀疏

C. 深邃　曲折　稀疏　　D. 幽邃　曲折　荒疏

95. (吉林)依次填入以下一段文字横线部分的词语,最恰当的一项是(　　)

真正的诗意,不应只是优雅时光里读书弄茶的闲情逸致,更应是纵使身处________,依然不忘抬头看那柳梢的月、檐角的星。诗意不能带你渡过所有现实的难关,却能________智慧,________心灵,让平凡的生命,身在井隅,心向璀璨,追寻属于自己的不平凡。

A. 困境　启迪　抚慰　　B. 困境　启发　抚恤

C. 困难　启迪　抚恤　　D. 困难　启发　抚慰

96. (浙江)依次填入空缺处的词语,最恰当的一项是(　　)

与常规的计算机相比,生物计算机具有密集度高的突出优点。________用DNA分子制成生物电子元件,将比硅芯片上的电子元件要小得多,________可小到几十亿分之一米。________,生物芯片本身具有天然独特的立体结构,其密度要比平面型硅集成电路高10万倍。

A. 由于　甚至　所以　　B. 如果　甚至　而且

C. 只是　也许　也见　　D. 虽然　也许　然而

97. (湖南)依次填入下列语段中横线处的词语,恰当的一项是(　　)

咬文嚼字有时是一个坏习惯,________这个成语的含义通常不是很好。但是在文学,无论阅读或写作,我们________有一字不肯放松的谨严。文学借文字________思想情感;文字上面有含糊,就显得思想还没有________,情感还没有凝练。

A. 所以　必需　表示　透彻　　B. 虽然　必需　表示　精确

C. 虽然　必须　表现　精确　　D. 所以　必须　表现　透彻

98. (江苏)选出下列选项中合适的一项填入文中空缺处(　　)

南怀瑾先生说过,儒、道、佛三家分别开着不同的店,店内商品________,有钱没钱都可以进去逛逛，中华文化________，是中华民族精神追求的历史________，从传承传统文化入手，加强家风建设，救治浮躁的人心，再造________的时代新风，确实是远见卓识之举。

A. 奇货可居　枝繁叶茂　积淀　目不窥园　　B. 琳琅满目　源远流长　积淀　路不拾遗

C. 奇货可居　源远流长　积蓄　目不窥园　　D. 琳琅满目　枝繁叶茂　积蓄　路不拾遗

99. (江西)依次填入下列句子横线处的成语恰当的一项是(　　)

①这几幅画是他的早期作品，自是不能和他现在的创作________。

②作者笔下钗黛这两个姑娘，常常是被人________加以评价的。

③文学批评中，不应把形式的模仿和内容的抄袭________。

④后来列国纷纷称王，周王室更不算回事，至多能和宋鲁等小国君主________罢了。

A. 相提并论　等量齐观　同日而语　混为一谈

B. 等量齐观　混为一谈　相提并论　同日而语

C. 同日而语　相提并论　混为一谈　等量齐观

D. 混为一谈　同日而语　等量齐观　相提并论

100. (云南)依次填入下列各句横线处的词语最恰当的一组是(　　)

①民族的文化，对民族语言的发展，在一定程度上起着________的作用。

②半边残月从西山头落下去，夜晚里显得更加深沉________。

③飞机在黑夜里也能安全飞行，这最早是人们从蝙蝠身上得到的________。

A. 制约　宁静　启示　　B. 限制　安静　启示

C. 限制　宁静　启发　　D. 制约　安静　启发

101. (云南)在下面一段文字中，依次填入关联词语最恰当的一项是(　　)

分藏于大陆和台湾的元代名画《富春山居图》首次在台湾“合璧”展出。这是一幅描绘富春江两岸秀丽景色的画作，________年代久远，________画作的墨迹已有些黯淡，________丝毫掩盖不住它内在的神韵。

A. 因为　所以　但是　　B. 由于　而且　所以

C. 尽管　但是　所以　　D. 不仅　而且　但是

102. (浙江)依次填入下面的语段横线处的词语最为恰当的一组是(　　)

散文能够真正地见出一位作家的个性和________。阅读散文，我们能体会到鲁迅的________，冰心的________，梁实秋的幽默机智，丰子恺的清雅淡泊。“情”是散文的命脉和灵魂，对于散文的“情”来说，真挚________。

A. 情趣　冷峻深沉　温和娴雅　至关重要　　B. 情趣　冷峭阴沉　冲淡平和　至关重要

C. 情调　冷峭阴沉　温和娴雅　举足轻重　　D. 情调　冷峻深沉　冲淡平和　举足轻重

103. (山东)填入下面句子中的词语正确的一组是(　　)

教师在上课期间,需认真________教育职责,不得________长时间离开课堂,以免造成课堂秩序混乱引发安全事故。

A. 实施　擅自　　B. 履行　擅自

C. 实施　私自　　D. 履行　私自

104. (山西)依次填入括号的词语,恰当的一项是(　　)

体验和感悟是一种重要的阅读方法,它要求我们在阅读中(　　)般地感受文章的情境和人物的思想感情,或者以自己的生活经历和感受(　　)文章的相关内容,从而获得情感的共鸣和思想的启迪。

A. 身临其境　印证　　B. 设身处地　关照

C. 将心比心　目睹　　D. 推己及人　映射

105. (天津)在下面一段话空缺处依次填入词语,最恰当的一组是(　　)

最使我艳羡的还是园林艺术家化平淡为神奇的________。某些树木当植当伐;某些花卉当疏当密;何处须巧借地形,顺势筑坡;何处又宜少见轩敞,________:所有这一切都煞费心血,但又不露惨淡经营的痕迹,正像一帧名作脱稿前画师那奇绝而________的点睛之笔。

A. 用心　别树一帜　浑成　　B. 匠心　别树一帜　饱满

C. 匠心　别有洞天　浑成　　D. 用心　别有洞天　饱满

106. (江苏)依次填入下列横线处的词语,最恰当的一项是(　　)

在闻一多看来,不是唐朝成就了诗歌,而是诗歌成就了唐朝,故而诗歌成了唐朝的________。第一个从唐诗中选出________之作的当属严羽,他说:“唐人七言律诗,当以崔颢《黄鹤楼》为第一。”在严羽打开“潘多拉盒子”之后,七律桂冠便言人人殊,________。

A. 标示　独树一帜　莫衷一是　　B. 标志　独占鳌头　莫衷一是

C. 标志　独树一帜　众说纷纭　　D. 标志　独占鳌头　众说纷纭

107. (湖南)依次填入下面语段中横线处的词语最恰当的一组是(　　)

所谓书卷气,是一种饱读诗书后形成的________气质。书卷气来自读书,在幽幽书香的熏陶之下,浊俗可以变为清雅,奢华可以变为________,促狭可以变为开阔,偏激可以变为________。捧起书来吧,你会发现里面的风景美不胜收!

A. 高雅　淡然　平静　　B. 高贵　淡泊　平静

C. 高贵　淡然　平和　　D. 高雅　淡泊　平和

108. (山西)那种石窟门弄堂是上海弄堂里最有________之气的一种,它们带有一些深宅大院的________,有一副________的脸面,它们将________全做在一扇门和一堵墙上。

依次填入画横线部分最恰当的一项是(　　)

A. 权势　遗传　官邸　森严壁垒　　B. 权威　遗迹　官府　不可一世

C. 权威　遗传　官邸　不可一世　　D. 权势　遗迹　官府　森严壁垒

109. (浙江)在下面这段话空缺处依次填入词语,最恰当的一项是(　　)

我________过一些古老的树。每次用掌心去________沧桑的树皮,________其体温,________其内部的年轮,我都________。

A. 抚触　感受　揣摩　凝视　满怀深情　　B. 凝视　抚触　感受　揣摩　隐隐动容

C. 感受　抚触　揣摩　凝视　隐隐动容　　D. 揣摩　凝视　感受　抚触　满怀深情

110. (湖南)以下选项中,依次填入横线处最为恰当的一项是(　　)

①解放军向敌人的阵地________开炮。

②中场休息之后,足球赛________进行。

③工作人员的服务态度有了明显的________。

④我们要发扬优点,________缺点,做一名好学生。

A. 连续　继续　改进　改正　　B. 持续　连续　改善　改正

C. 连续　持续　改正　改善　　D. 持续　连续　改进　改正

111. (江苏)选出依次填入横线上最恰当的一组词语(　　)

网络谣言________于阴暗的环境,是经不起真相的照射的。因此,及时公布真相,让一夜成名的造谣者一时名毁,________。当然,某些时候,真相公布后,谣言还在继续以讹传讹,真相成了"孤家寡人",甚至真相与谣言相杂,________。因此战胜网络谣言,还要在力度上下功夫。

A. 滋生　急不可待　鱼龙混杂　　B. 滋生　迫在眉睫　混淆视听

C. 产生　急不可待　鱼龙混杂　　D. 产生　迫在眉睫　混淆视听

112. (山东)依次填入下列横线的词语最恰当的一组是(　　)

阅读是一项几乎没有门槛的活动,人人都可________文字之美;阅读又是一项由浅入深的精神历练,需要持之以恒才能________、窥其堂奥。这个世界需要书籍的火种来点亮,而一个追求内心________与圆满的人,也总有赖于阅读带来的精神刷新。

A. 领会　登峰造极　丰满　　B. 领略　登堂入室　丰富

C. 领略　登堂入室　丰满　　D. 领会　登峰造极　丰富

113. (江西)依次填入下列句子横线处的词语最恰当的一项是(　　)

王羲之、颜真卿的作品让我们认识到书法是心灵和性格的表现。王羲之酒后即兴而作《兰亭集序》,字体样式________。笔画疏密有致,大小自由随性,尤其是全篇二十多个“之”字,个个________,此帖被称为“天下第一行书”。颜真卿的侄儿在安史之乱中义不从贼,全家惨遭杀害,颜真卿________,写下《祭侄文稿》,其字笔画粗重,字字独立,痛切之情读之可感。此帖被称为“天下第二行书”。

A. 变幻莫测　别具一格　义正词严　　B. 变幻莫测　别有用心　义愤填膺

C. 变化多端　别有用心　义正词严　　D. 变化多端　别具一格　义愤填膺

114. (云南)依次填入下列横线处的词语,恰当的一组是(　　)

①今年“十一”国庆节,我去北京旅游,在故宫的人山人海中,竟与五年不见的小学同学________,真是太让人欣喜了。

②在IT业工作的小段向本报记者投诉,洗衣机出问题后,打电话给该品牌维修部的人员,但是他们都以各种理由________。

③日本政府各部门和政府机构近期公布了一系列令小泉内阁振奋的经济数据,显示日本经济复苏的力度正________增强。

④________是公安机关,其他公共权力部门________不应该接受“具有利害关系的企业和个人”任何形式的捐助和馈赠。

A. 萍水相逢　推脱　日见　不但/也　　B. 不期而遇　推脱　日渐　不单/也

C. 不期而遇　推托　日渐　不但/也　　D. 萍水相逢　推托　日见　不单/也

115. (浙江)在下面这段话空缺处依次填入词语,最恰当的一组是(　　)

笔、墨、纸、砚是中国传统文化的符号,它们在艺术创造中________地表现了中国古代书画艺术的神韵,记录了岁月的________,体现了古代文人的生活情趣。它们并没有因为当今高科技手段的出现而________,而是继续在书画艺术中展示了华夏民族的质朴和灵动。

A. 淋漓尽致　白驹过隙　湮没无闻　　B. 栩栩如生　斗转星移　湮没无闻

C. 栩栩如生　白驹过隙　销声匿迹　　D. 淋漓尽致　斗转星移　销声匿迹

116. (江苏)在下面一段话空缺处依次填入词语,最恰当的一组是(　　)

与众多欧西事物的“迁地弗良”不同,文学史这一著述形式进入中国以后,很快便________,而今已经变得枝繁叶茂。欧洲十九世纪兴盛一时的文学史,在十九世纪末遭遇了来自审美主义的________;二十世纪中叶,在美国学院占据主流的“新批评”更是公然拒绝文学史;尽管后来随着文学社会学、接受美学、新历史主义等研究路径的展开,文学史一度有复兴之势,但对这一学科进行理论反思的声音,一直________。

A. 落地生根 置疑 不绝如缕　　B. 入乡随俗 质疑 若隐若现

C. 落地生根 质疑 不绝如缕　　D. 入乡随俗 置疑 若隐若现

117. (山西)依次填入下列各句横线处的成语,最恰当的一组是(　　)

①张志把刚才发生在街头的那件事讲得________,我们都听得入迷了,当他突然转入另一件事时,我们都没反应过来。

②在模仿秀现场,有一个小伙子________地模仿了小沈阳的声音,赢得了现场观众热烈的掌声,并且他的场外投票在所有选手中也最高。因此,他获得了第一名。

③鲁迅在小说《祝福》中塑造的祥林嫂可谓________,使读者为她悲惨的人生掬了一把辛酸泪。

A. 呼之欲出 惟妙惟肖 绘声绘色　　B. 惟妙惟肖 绘声绘色 呼之欲出

C. 绘声绘色 惟妙惟肖 呼之欲出　　D. 惟妙惟肖 呼之欲出 绘声绘色

118. (江西)在括号内依次填入适当的关联词,正确的一项是(　　)

喝水的时候,(　　)用普通的杯子,(　　)把杯子倒过来,水(　　)不会往下流。(　　)在宇宙飞船里,水失去了重量,航天员要想喝到水,得使用一种带吸管的饮水袋。

A. 因为 所以 也 哪怕　　B. 即使 如果 也 因为

C. 如果 即使 也 因为　　D. 哪怕 也要 之所以 是因为

119. (云南)依次填入下面一段文字横线处的词语,最恰当的一项是(　　)

文学如泉,越品越见________;文学如茶,越品越知________;文学如酒,越品越感________。在文学的陶冶下,你会发现自己少了一份浮躁,多了一份宁静;少了一份庸俗,多了一份雅致;少了一份世故,多了一份纯真。

A. 醇厚 幽香 清冽　　B. 清冽 醇厚 幽香

C. 醇厚 清冽 幽香　　D. 清冽 幽香 醇厚

120. (湖南)下列句子中,对画横线词语解释有误的一项是(　　)

A. 富有创造性的人总是<u>孜孜不倦</u>地汲取知识。(勤奋努力,不知疲倦)

B. 每一朵盛开的花就像是一个<u>忍俊不禁</u>的笑容。(忍不住笑)

C. 一个人对于自己的职业不敬,从学理方面说,便是<u>亵渎</u>职业之神圣。(随意抛弃)

D. 对于错误,要冷静地分析前因后果,做将来的借鉴,以免<u>重蹈覆辙</u>。(走上失败的老路)

121. (山东)依次填入下列各句横线处的词语,最恰当的一项是(　　)

①教育部在日前发布的《关于做好2018年普通中小学招生入学工作的通知》中提出,“要________压缩特长生招生规模,直至2020年前取消各类特长生招生”。

②用手机扫“福”成为新“年俗一景”。阿里巴巴发布的数据显示，________除夕，全球有2.51亿用户集齐支付宝五“福”，2300余座城市参与该项活动。

③当地时间一月二十三日，特朗普签署行政命令，正式宣布美国退出TPP。分析人士指出，这可能对美国长期以来________其在经济和政治事务上的影响力产生不利影响。

A. 逐渐　截至　维持　　B. 逐步　截止　维护

C. 逐渐　截止　维护　　D. 逐步　截至　维持

122. (云南)依次填入下面各句横线上的词语，最恰当的一组是(　　)

①我想迅速抓紧时间去留住稍纵即逝的日子；我想凭时间的有效利用去弥补匆匆________的光阴。

②政府的房市调控效益马上显现，于是有人把房地产市场看作间歇性发作的精神病人，认为其不可________。

③北京目前规划发展11个新城，都是为了缓解中心城的人口、交通、居住等压力，并形成新的产业聚集区。新城基础设施、配套设施________要完善，这既要靠政策引导，也要靠市场的力量。

A. 流逝　捉摸　必须　　B. 流逝　琢磨　必需

C. 流失　捉摸　必需　　D. 流失　琢磨　必须

123. (浙江)依次填入下列各句画线部分最恰当的一项是(　　)

①这几年新建的楼房________，使这座城市更加繁荣。

②文艺晚会上，他们把自己的表演才能发挥得________。

③现在到人才市场应聘的人虽然很多，但________，用人单位要找到真正能胜任工作的人也不容易。

A. 星罗棋布　良莠不齐　目不暇接　　B. 目不暇接　淋漓尽致　鱼龙混杂

C. 鳞次栉比　淋漓尽致　良莠不齐　　D. 层出不穷　目不暇接　鳞次栉比

124. (山东)在下列语段中的横线处填词，最恰当的一项是(　　)

社会生活总体上看是喧嚣的，喧嚣是热闹的。热闹是热情，是闹，是热火朝天，也是载歌载舞；是一呼百应，是众声喧哗，是________，是添油加醋，是浓妆艳抹，是游行集会，是大吃大喝，是猜拳行令；是制造谣言，是吸引眼球，是人人微博，是个个微信；是真假难辨，是________，是鸡一嘴鸭一嘴，是结帮拉伙，确实是众声________！

A. 望风捕影　各执己见　喧哗　　B. 无中生有　莫衷一是　喧嚷

C. 无中生有　各执己见　喧嚷　　D. 望风捕影　莫衷一是　喧哗

125. (湖南)以下选项中,依次填入横线处最为恰当的一项是(　　)

设立“世界图书日”的基本宗旨是让各国政府与公众更加重视图书这一传播知识、表达观念、交流信息的形式,________传播媒体日益复杂先进,________图书依然是积极教育与批判思考的基础。这绝________专家学者的一孔之见,________经历史事件证明的真理,________应是我们努力的方向和学习的内容。

A. 如果　而　不是　就是　才　　B. 即使　但是　非　而是　更

C. 因为　所以　不是　却是　更　　D. 尽管　但是　不是　而是　也

126. (山西)写几年文章,可以________着精神,保证篇篇都是精品,但写三十年,就难免________、良莠不齐了。因此,编选这种总结性的文集,最大的________就是面对着那些当初草率付梓,如今________的文章。

依次填入画横线部分最恰当的一项是(　　)

A. 抖擞　鱼目混珠　惭愧　不堪入目　　B. 抖擞　泥沙俱下　羞愧　不堪入目

C. 抖擞　鱼目混珠　羞愧　一钱不值　　D. 抖擞　泥沙俱下　惭愧　一钱不值

127. (江苏)在下面一段话的空缺处依次填入词语,最恰当的一组是(　　)

在世界反法西斯战争胜利70周年来临之际,我们要________日本的右翼政客们,历史是绝不容________的。昧良心者多噩梦,长此以往,弄出个________不齐的毛病来,可对健康不利。当然,我们更要警惕的是,逆潮流而动者最终易成为________。

A. 正告　窜改　心率　不逞之徒　　B. 警告　篡改　心率　亡命之徒

C. 正告　篡改　心律　不逞之徒　　D. 警告　窜改　心律　亡命之徒

128. (河南)依次填入下面句子中横线处的词语,最恰当的一项是(　　)

①地球生物圈是自然界经过长期________形成的,它是人类生命活动的基础。

②终身教育改变了学校教育的功能,毕业证的获得并不意味着学习的________。

③舟曲地区多处山洪________,空前的泥石流灾害使人民生命财产蒙受了巨大损失。

A. 演化　中止　爆发　　B. 演化　终止　暴发

C. 变化　终止　爆发　　D. 变化　中止　暴发

129. (江西)将“光华、光彩、光辉、光芒”依次填入横线上,最恰当的一项是(　　)

这里有中国现代文学和学术史上________四射的一代骄子,教育家、哲学家、经济学家等等,都似一个个________璀璨的星座,许多学科领域闪耀着学人炫目的________,成为中国近代科技文化学术的一道________夺目的风景线。

A. 光彩　光辉　光芒　光华　　B. 光辉　光彩　光华　光芒

C. 光芒　光华　光辉　光彩　　D. 光华　光芒　光辉　光彩

130.（山西）依次填入下列各句横线处的成语，最恰当的一组是（　　）

①从社会发展来看，水与人们的生活________，已经成为生命的源泉、工业的血液、城市的命脉，所以大家要养成节约用水的习惯。

②建设法治中国，人人都是受益者、参与者和践行者。因此，“法治中国”并不仅限于庙堂之论，而是与每个公民________。

③作为人民公仆，只有与国家和人民________，把个人的荣辱、安危置之度外，才会得到群众的赞成，受到百姓的拥护爱戴。

A. 息息相关　休戚与共　休戚相关　　B. 休戚相关　休戚与共　息息相关

C. 休戚相关　息息相关　休戚与共　　D. 息息相关　休戚相关　休戚与共

131.（云南）依次填入下列横线处的词语，最恰当的一组是（　　）

办公人员座椅的高度是非常有讲究的。专家________，许多人办公座椅的高度都存在一定问题，久坐会________疲劳感，并出现腰酸背痛的毛病。正确的做法是：首先根据工作性质把办公桌调整到一个________的高度，然后再依据自身情况来调整座椅的高度。

A. 提出　产生　适合　　B. 提出　引发　合适

C. 提醒　产生　合适　　D. 提醒　引发　适合

132.（山西）从此就看见许多________的先生，听到许多________的讲义。解剖学是两个教授分任的。最初是骨学。其时进来的是一个黑瘦的先生，八字须，戴着眼镜，________一叠大大小小的书。一将书放在讲台上，便用了缓慢而很有________的声调，向学生介绍自己道：“我就是叫作藤野严九郎的……”

依次填入画横线部分最恰当的一项是（　　）

A. 陌生　新奇　挟着　顿挫　　B. 陌生　新鲜　夹着　抑扬

C. 陌生　新奇　夹着　抑扬　　D. 陌生　新鲜　挟着　顿挫

133.（山东）依次填入下列各句横线处的词语，最恰当的一组是（　　）

①在西藏问题上，中国政府的态度是明确的，立场是坚定的，决不允许任何别有用心的国家或组织________中国内政。

②今天，两千多位人大代表带着人民的期盼和嘱托，从祖国的各地专程赶往北京，共商________。

③中国银保监会的信息显示，四大银行的上市时间表基本排定，并________以先海外、后国内的顺序进行。

A. 干涉　国事　大概　　B. 干预　国事　大致

C. 干预　国是　大概　　D. 干涉　国是　大致

134.(云南)依次填入下列各句中横线处的词,最恰当的一组是(　　)

①近几年来,鄱阳湖加强了湿地保护,生态环境得到明显的改善,________成为世界候鸟最大的越冬栖息地。

②"永远的丰碑"记录着烈士们在血雨腥风的年代里,凭着坚强的信念和________的意志,坚持斗争不动摇的英雄事迹。

③30多公里道路大多在高山峡谷之间,由于强烈地震,地裂、桥断、车翻随处可见;垂直上百米的大面积山体滑坡,不仅把路封死截断,且滚石飞落,生死体验,________!

A. 从而　坚忍　动人心魄　　B. 进而　坚忍　惊心动魄

C. 进而　坚韧　动人心魄　　D. 从而　坚韧　惊心动魄

135.(湖南)依次填入下列句子中画横线处的词语,最恰当的一项是(　　)

①为了保证采掘工作顺利进行,前期的巷道________尤为重要,必须保质保量地按时完成。

②从陨铁的锻制到人工冶铁技术的出现,这一演进绝不是一蹴而就的,而是历经了600多年的________。

③林和靖"梅妻鹤子",隐居杭州孤山,________很清高,但也要写出"疏影横斜水清浅,暗香浮动月黄昏"的绝唱,才能成为名人。

A. 开辟　摸索　自然　　B. 开拓　摸索　固然

C. 开拓　探索　虽然　　D. 开辟　探索　诚然

136.(云南)依次填入下列各句横线处的词语,恰当的一组是(　　)

①1139年,金兀术撕毁________,再次大举南侵。岳飞奉命出兵反击,相继收复郑州、洛阳等地,大破金军精锐铁骑兵。

②案件驳回后仍需申请登记,登记费应重新核算,如前次申请已________款项应予扣除且前后数次登记费________不得超过应缴纳金额的二十倍。

③王小玉便启朱唇,发皓齿,唱了几句书儿。声音初不甚大,只觉入耳有说不出来的妙境:五脏六腑里像熨斗熨过,无一处不________;三万六千个毛孔像吃了人参果,无一个毛孔不畅快。

A. 和约　合计　核计　服帖　　B. 合约　核计　合计　服帖

C. 和约　核计　合计　伏帖　　D. 合约　合计　核计　伏帖

137.(广东)下列句子中,加点成语的使用全部正确的一项是(　　)

①当然,这种反思和检讨,很像是郢书燕说,人跟老天错会了意,借着原本跟吏治不相干的灾异来说事。不像今天这样,去检讨防灾的措施、救灾的体系,如何加强灾情的预报,等等。

②众所周知，中国金融系统的核心管理层就是“一行三会”，分别是央行、证监会、银监会和保监会。作为保监会主席的项俊波，就是金融系统的核心领导之一，抱关击柝，对金融行业有着巨大的影响力。

③但事实上，几尊“旭仔仙”都已经水分尽失，只差还没碎尽，化为尘土。而围绕它们周边的道士、和尚们还在大吹法螺、欺骗信众！

④国家二级生态林被摆上了拍卖桌，上级有关部门却刮目相看。我们应该查一查这背后到底是谁这么胆大，为何就没有一个部门站出来说“不”？

⑤为学须得师心自用，多请教师友，开阔眼界，唯有如此，方可不断进步。

⑥眼前，泛民议员动作越多、说话越狂、姿态越“硬”，正是色厉内荏、进退失据的一种表现。

A. ①②④　　B. ②③⑤　　C. ①③⑥　　D. ④⑤⑥

138. (山东)下列各句中加点成语的使用全都不正确一项是(　　)

①刚刚结束高考，小明就要准备志愿填报，众多的专业选择使他莫衷一是，迟迟不能定夺。

②在某些国人眼中，他们只能容得下小聪明，却容不下大智慧；容得下阿谀奉承之言，却容不下危言危行。

③近日，现实题材都市情感剧《我的前半生》甚嚣尘上，引发众多“追剧族”热捧，网友惊呼，看了该剧懂得了不少婚姻之道。

④最近单位组织员工去鲅鱼圈旅游，这个季节正是海鲜收获的时候，大家都期待着，因为这趟旅游不仅有优美壮阔的海景相伴，还可以大快朵颐，岂不美哉！

⑤产品比较是直接了解品质与需求的最佳方法，在决定购买之前，比较同级品牌的规格功能及价格是不二法门。

⑥一女子因琐事欲跳楼寻短见，民警和消防员苦心孤诣地对该女孩进行劝说，缓解女子的情绪，最终将其劝下，成功解救。

A. ①④⑤　　B. ①③⑥　　C. ②④⑤　　D. ②④⑥

139. (天津)下列各句中画线成语的使用，全都不正确的一项是(　　)

①1954年出生的清河镇木版年画第21代传人王圣亮，脸庞瘦削，头发稀疏，与当地农民别无二致，但每当和记者谈到木版年画时，他就显得很健谈。

②出游之前，看看百度热力图便能知道哪里人满为患、哪里万人空巷，避免仅在看过旅行攻略后就出发，却发现看海变成看人海的尴尬。

③他多次跑省、县有关部门，上下其手，发动单位力量，筹措项目资金，在他的带领下，全村立即启动了16公里村道延伸建设工程。

④我国对文化的传承态度不应是胶柱鼓瑟，而应是尊重文化传统，注重社会实际，注重变通、创新、开放、多元，注重在基础上的传承。

⑤鲁迅先生对于友人尤其是青年的爱护可以说是无所不为，这一点在后来的很多回忆文章中都谈到了，这也是先生身上最为可贵的品质之一。

⑥于是，以培养孩子某些特殊能力为目的的各种特长教育应运而生，如书法班、美术班、舞蹈班、音乐班等等，应有尽有，不一而足。

A. ①③⑥　　B. ①④⑥　　C. ②③⑤　　D. ②④⑥

140. （山西）下列各句中加点词语的使用，全都不正确的一项是（　　）

①司机张师傅冒着生命危险解救乘客的事迹，一经新闻报道，就被传得满城风雨，感动了无数市民。

②SPA 可以放松筋骨，减轻压力，促进新陈代谢。这种新的水疗法一传入国内就受到爱美女士的青睐，一些女明星更是趋之若鹜。

③为化解部分旅客的不满情绪，他们设立了“旅客投诉中心”，此举说明他们不仅有良好的服务意识，还有闻过则喜的雅量。

④一颗巨星陨落，划过天际时留下的是璀璨的光芒。有着光辉一生的钱学森在他驾鹤西去后，带给国人的是无尽的哀恸，而他生前的丰功伟绩和爱国情怀更让世人钦佩。

⑤中国航天紧紧瞄准世界最新科技，亦步亦趋地紧跟世界航天发展新动向，所以“太空漫步”才得以圆满成功。

⑥在剧本研讨座谈会上，与会的各方人士针对剧本内容，各抒己见，交谈甚欢，现场气氛非常热烈。

A. ①②④　　B. ①②⑤　　C. ②⑤⑥　　D. ③④⑥

141. （山东）下列各句中，加点的成语使用全都正确的一项是（　　）

①他这几幅书法作品笔走龙蛇，流畅飘逸，在本次书画展览会上刚一亮相就得到了大家的一致好评。

②有些人取得一点成绩就自以为很了不起，要荣誉，要待遇，一副不可一世的架势，弄得人际关系很紧张。

③这家社区开办的小区阅览室的图书流动很快，从未发生久假不归的现象，阅览室成了居民闲暇时的好去处。

④古代很多文人往往带有一种遗世独立的傲气，他们在官场失意后转而到山野里求田问舍，寄情山水，从而成就了自己的另一番诗意人生。

⑤虽然不相信自己会上当受骗,但由于电话那头的骗子言之凿凿,加上对方说出了自己的身份信息,单纯的他最终还是把钱汇给了对方。

⑥贫困落后地区保障和改善民生休戚相关,各级政府要把与群众生产、生活密切相关的社会建设放在更加突出的位置,着力提升贫困地区公共服务保障能力。

A. ②④⑥　　B. ①④⑤　　C. ②③⑥　　D. ①③⑤

142. (山西)下列各句中加点成语的使用,全都不正确的一项是(　　)

①诗歌解读就是专家也未必在行,就是将汉以前的古体诗拿给讲授古代文学的老师解读,也不见得句句都是十分到位的真知灼见。

②曾经一文不名之人,凭借自己的毅力和才智,经过艰苦努力,成为青年创业者的楷模。

③在飞驰的高速列车上,人们津津乐道地谈论着乘坐高铁出行带来的快捷与方便。

④面对灾害他奋不顾身,用行动阐释着大爱无疆,可灾害过后回到家,老父亲已经去世半月。他悲痛至极,真有百身何赎之感。

⑤中国文坛对莫言作品中所展现的高密东北乡的特点曾经多有批判之声,可自从其获得诺贝尔文学奖之后,移樽就教的人纷至沓来。

⑥一项社会调查显示,如果丈夫的收入低于妻子的收入,一部分男性难免会感到自惭形秽,甚至无端地对自己进行心理折磨。

A. ①③⑥　　B. ①②⑤　　C. ③④⑥　　D. ②④⑤

143. (湖南)下列成语中,意思相近的一项是(　　)

A. 镇定自若　胸有成竹　胜券在握　　B. 义愤填膺　怒不可遏　怒发冲冠

C. 向隅而泣　惨绝人寰　痛心疾首　　D. 日新月异　翻天覆地　白驹过隙

144. (江苏)下列语段中画横线的词语,使用不恰当的一项是(　　)

近年来,我国整理问世的历代文学巨匠的诗文专集、选集及各种汇编,更是卷帙浩繁,蔚为大观。随着国际文化交流的日益繁盛,各国文学读物大量出现,使人自顾不暇。这里有各种文化珍品的精译精编,有各国新作的争奇斗艳,也有选材不严的作品鱼目混珠,为读者所诟病,但就其主流来看,文学翻译家的辛勤劳动,大有益于我们文学的“外为中用”,大有助于文学新人的迅速成长,因此也是值得重视的。

A. 蔚为大观　　B. 自顾不暇　　C. 鱼目混珠　　D. 诟病

答案速查

1	2	3	4	5	6	7	8	9	10	11	12	13	14	15
C	A	C	A	B	C	D	D	A	A	A	B	B	C	D
16	17	18	19	20	21	22	23	24	25	26	27	28	29	30
D	D	A	B	C	C	D	D	C	D	A	D	A	C	B
31	32	33	34	35	36	37	38	39	40	41	42	43	44	45
B	C	C	D	D	C	A	C	A	C	A	B	C	A	A
46	47	48	49	50	51	52	53	54	55	56	57	58	59	60
AD	B	C	D	C	B	B	D	A	B	D	A	D	D	C
61	62	63	64	65	66	67	68	69	70	71	72	73	74	75
B	B	A	A	C	C	A	D	A	D	D	A	B	B	C
76	77	78	79	80	81	82	83	84	85	86	87	88	89	90
C	A	D	D	D	D	B	C	A	A	B	C	D	A	A
91	92	93	94	95	96	97	98	99	100	101	102	103	104	105
C	D	C	B	A	B	D	B	C	A	A	A	D	A	C
106	107	108	109	110	111	112	113	114	115	116	117	118	119	120
B	D	A	B	A	B	B	D	B	D	C	C	C	D	C
121	122	123	124	125	126	127	128	129	130	131	132	133	134	135
D	A	C	D	D	B	C	B	C	D	C	D	D	D	B
136	137	138	139	140	141	142	143	144						
C	C	B	C	B	D	A	B	B						

专题四　病句精准辨析高分突破

1. (江西)下列句子没有语病的一项是(　　)

A. 甲队在最后一分钟大举进攻乙队时,被乙队断球反攻,最终攻破甲队大门。

B. 善于灵活运用各种手法的文学作品,往往生动传神,富有感染力。

C. 每当站在中国地图前,使我产生无尽的联想。

D. 国家免收义务教育阶段的学杂费,这一举措降低了家长的经济负担。

2. (福建)下列句子有语病的一项是(　　)

A. 比赛场地设在能容纳两千人的大礼堂里。

B. 李明同学成绩这么好,是老师教育和她自身努力的结果。

C. 调查表明,将近70%的成年人有玩手机的习惯,这一习惯既浪费时间又影响健康。

D. 食品是否安全,是人们身体健康的基本保障,食品生产企业要高度重视食品安全问题。

3. (浙江)下列句子没有语病的一项是(　　)

A. "闪送"创立同城速递新样本。据统计,今年闪送服务已覆盖全国逾157座城市以上。

B. 学校教育弘扬传统文化,对于实现梦想,对于奠定和谐社会基础,对于中华民族的伟大复兴具有不可替代的作用。

C. 杭州举办2022年第19届亚运会,将推动奥林匹克运动,同时将提高杭州的国际知名度,促进杭州经济社会全面发展。

D. 社会公众普遍认为城市形象标志设计意义重大,这不仅需要政府和设计机构的努力,还需要全体市民的广泛参与和认同。

4. (安徽)下列各句中,没有语病的一项是(　　)

A. 山鸡椒的花、叶和果实均含芳香油,从油中提取的柠檬醛,为配制食用香精和化妆品香精的主要原料,都离不开它。

B. 海豚是海洋世界里最聪明的动物,它们有着丰富的情感和复杂的内心世界,对人类非常友好。

C. 古人类学家贾兰坡早期及国家文物局近期分别主持的两项重大考古发现表明,永定河这条天然走廊是"古人类移动的路线"。

D. 由于技术水平太低,这些产品质量不是比沿海地区的同类产品低,就是成本比沿海的高。

5. (江苏)下列句子中,没有语病的一项是(　　)

A. 不少外国游客在春节期间专程到中国旅游,体验过节的热闹气氛,"中国年"正逐渐被世界各个国家的人们认可,成为全球共同的节日。

B. 虽然农耕文化正在日益远离当下生活，但我们可以借助传统农耕器具、生活用品、娱乐器具、器物衣饰等讲述农耕文化。

C. 如果撑伞溜达一阵，发现裤脚虽湿却不肮脏，交通虽慢却不堵塞，街道虽滑却不积水，这些都证明这座城市的管理效果肯定不低。

D. 某卫视曾热播的《中餐厅》讲述中国人在异国开设中餐厅的故事为框架，贯穿传播传统美食文化的线索，彰显中国美食文化的自信和包容。

6. (安徽)下列句子中，没有语病的一项是(　　)

A. 国家海洋博物馆通过地球、海洋、生命、人类及相互依存共生的系统展示，揭示人海和谐的真谛，引导参观者更加热爱海洋、保护海洋和了解海洋。

B. 要让智能客服变得真正智能起来，商家在技术升级的同时，就应更加注重以人为本的经营理念，提升服务意识，改进服务态度，避免不陷入以技术为本的误区。

C. 与陆上火箭发射相比，海上发射通过海上航行灵活选择发射点和航落区，可有效解决火箭航区和残骸落区的安全性问题，大幅降低陆地发射的人员疏散成本。

D. 根据中国机电产品进出口商会的数据显示，今年一季度，受国内光伏组件价格快速下跌影响，海外新兴市场需求旺盛，我国组件产品出口量同比增长。

7. (天津)下列各句中，没有语病的一句是(　　)

A. 现行体育中考的弊端已非常明显——在应试化的体育教学中，学生倾向于短期突击为主，学校也专攻考试项目，兴奋剂也容易大行其道。

B. 目前，安全业界暂未能有效破除想哭(Wanna Cry)勒索病毒软件的恶意加密行为，个人计算机主机一旦被勒索软件渗透，用户只能通过重装操作系统的方式来解除勒索行为，但用户重要数据文件不能直接恢复。

C. “营改增”是我国近年来推出的一项重大的税制改革措施，对解决营业税重复征收问题、完善我国税制体系、优化产业结构和扩大经济发展具有重大意义。

D. 看涨的共享单车市场和摩拜、ofo的双雄争霸并不意味着毫无风险。无论在哪个城市，共享单车均面临着停车难、停车乱，如果没有合理的疏导，“解决最后一公里出行”很可能变成了“阻挡最后五十米交通”。

8. (江苏)下列句子中，没有语病的一项是(　　)

A. 张校长在运动会上特别强调，思想政治课改革要结合实际，讲求实效，应把政治常识和培养学生良好的品德结合起来。

B. 通过开展全民阅读活动，可以使全社会形成多读书、读好书的阅读氛围和社会风尚，让人们在阅读中开阔视野、增长知识、陶冶情操。

C. 作为一个全新的、相对成熟的行业，电子商务不仅冲击了历史悠久的传统商业模式，也在一定程度上改变了人们的生活方式。

D. 数字化时代，文字记录发生了变化，致使很多人提笔忘字，长此以往，将影响到汉字文化能否很好地传承。

9.（安徽）下列句子中，没有语病的一项是（　　）

A. 我们要牢固树立诚信教育，因为诚信关系到国家的整体形象。

B. 在新的时代我们要不忘初心牢记使命，把党的自我革命推向深入。

C. 许多人经常给自己制订计划，但真正付诸于行动的能有几个呢？

D. 很多教师注重用教材教语文，这说明教师的观念在不断提高。

10.（广东）下列句子中，没有语病的一项是（　　）

A. 很多人通过图片、影像等资料来解读藏区文化，慢慢地就形成了很多概念化的固定思维。

B. 这部影片被评价为"一部坦诚而深刻，勇敢不妥协，描述了人际关系的复杂，刻画了在面临生命终极时刻的希望和救赎"。

C. 淋巴瘤是一种易侵害青壮年人的令人不安的现象，在发病率上男性多于女性，沿海多于内陆，城市多于农村。

D. 现代人工作压力大，生活作息不规律，经常熬夜等，都会造成人体免疫功能下降，但是可能诱发各种疾病。

11.（广东）下列各句中，没有语病的一项是（　　）

A. 鲜明的导向、及时的纠偏、务实的举措，有利于革除督查检查考核中的作风积弊，切实减轻基层负担和干部担当作为。

B. 我们应当把这对父子的聊天记录视为一面镜子，不断用行动锤炼个人品德，书写家庭美德，弘扬社会公德。

C. 让农业强起来，让农村美起来，让农民富起来，让所有农民搭乘全面小康，这是世界上规模最大的执政党的庄严承诺。

D. 在热火朝天的建设年代，农民用面朝黄土背朝天的辛勤劳作，但是为新中国建立完整的工业体系提供了重大的支持。

12.（安徽）下列句子中，没有语病的一项是（　　）

A. 在我国西部贫困地区，地处偏远，经济滞后，受地理环境、风俗习惯等因素的影响，母婴健康水平与全国及东部发达地区存在着明显的差距。

B. 习近平指出，以屠呦呦研究员为代表的一代代中医人才，辛勤耕耘，屡建功勋，为造福人类健康、发展中医药事业做出杰出贡献。

C. 与一般智能机器人不同的是，情感机器人会更加有目的地获取与情感相关的有效信息，如人脸的表情和动作，语音的高低、强弱等。

D. 近日，中国华东地区持续出现严重雾霾天气，局部地区空气污染严重，安徽和浙江的部分地区的高速公路被迫关闭，航班起降也受到了严重影响。

13. (山东)下列句子中没有语病的一项是(　　)

A. 这场尚未完全消散的疫情，提升了公众的卫生习惯，戴口罩、勤洗手、常通风成为人们的共识。

B. 最近，有些地方发生了利用微信行骗的案件。骗子手段多种多样，诸如借口退税、中奖、发红包等为名的新型欺诈。

C. 对行星的探测和研究，既能够拓展和延伸人类活动的空间，也有助于解开地球自身的秘密，并对地球以外生命的寻找产生重要影响。

D. 在学习《荷塘月色》时，我们不就是重点阅读了文章景物描写的段落，着重分析了那些修辞手法的句子吗?

14. (安徽)下列选项中，没有语病的一项是(　　)

A. 踏上新征程，创造新辉煌，需要我们更多的平凡英雄，做出自己的贡献，把传承雷锋精神代代下去，为实现中华民族伟大复兴凝聚更强大的精神动力。

B. 自去年疫情以来，“随心飞”产品逐渐流行。航空公司打着不限次数、时间等宣传旗号，营造出一种想飞随时飞的便利氛围，成为凝聚消费者的重要流量入口，倍增出行频率高的消费者的青睐。

C. 鞋是用来穿的，不是用来炒的。遏制这种疯狂的做法和歪风邪气，监管部门应该坚决出手，通过法治手段为这轮炒鞋热降温。

D. 人们在互联网招聘平台上投出简历基于其专业可靠优质，高效资源配置的服务，以及带来的快捷对接渠道。

15. (江西)下列句子没有语病的一项是(　　)

A. 中考和高考评卷已经采取了对字迹潦草的试卷酌情扣分。

B. 为了防止埃博拉疫情不再大规模扩散，世界各国政府都加强了防范措施。

C. 珠算“申遗”成功后，不少网友认为，珠算是中华民族智慧的结晶，应该加以发扬和继承。

D. 由此看来，区分一个人是否拥有创造力，关键在于他是否留意自己细小的想法。

16. (江苏)下列句子没有语病的一项是(　　)

A. 据新华社报道,缅北地区发生军事冲突,已有至少2万余缅甸籍边民涌入中方境内临时避战。

B. 我们不能把在课堂上认真听讲、合作交流作为衡量一个学生品德好坏的标准。

C. 作为信息时代的公民,对扑面而来的海量信息要进行批判性思考和鉴别的能力。

D. 华亭县关山莲花台风景区成为我省继崆峒山、麦积山、敦煌鸣沙山风景区后第四个国家级风景名胜区。

17. (山西)下列各句中,没有语病的一句是(　　)

A. 走节俭型政府之路就是要采取严厉措施,从政府入手,从公务消费入手,坚决杜绝浪费,提高财政资金使用,将省下来的钱用在为民谋利的"刀刃"上。

B. 一代又一代儒家学者以"返本开新"为宗旨,不断对《论语》进行创造性的诠释,由此形成了中国思想史上的经学传统。

C. 随着中国国力的增强,全球范围的"汉语热"不断升温。尽管感慨汉字难写、难学,但全球有超过1亿多外国人学习汉语,有60多个国家将汉语教学纳入国民教育体系。

D. 发现苗头性问题就及时提醒,这既是对本人的监督,也给其他人敲响警钟,体现严管就是厚爱,增强政治生活的有效性。

18. (山西)下列句子中,没有语病的一项是(　　)

A. 科学家应该用专业的知识去传播科学理性的精髓,让科学获得最广泛公众的支持和理解。

B. 这次送温暖活动,社会各界给贫困山区学生捐赠了一批衣物、文具、图书等学习用品。

C. 儿童文学家曹文轩荣获"国际安徒生奖",该奖每两年评选一次,被誉为"小诺贝尔文学奖"。

D. 通过家长学校的学习,使家长们都认识到不适当管教孩子是不行的。

19. (云南)下列句子中,没有语病的一句是(　　)

A. 经过三年努力学习,他对自己考上理想的大学充满信心。

B. 初次相见时,还是十来岁的孩子,年龄的差距使我们没有太多话题,故而谈得极少。

C. 欣赏一首好诗不容易,创作一首好诗更不简单,小李对诗歌情有独钟,因此,他平时在这方面做了不少的努力。

D. 大家对护林员揭发林业局带头偷运木料的问题,普遍感到非常的气愤。

20. (云南)下列句子没有语病的一项是(　　)

A. 在节约型社会里,人们有效利用资源进一步增强。

B. 这篇小说完美地塑造了一个普通船长的光辉事迹。

C. 大家去郊游时一定要注意交通安全,防止不要发生意外事故。

D. 全国人大常委会副委员长许嘉璐日前表示,重视外语学习、忽视中文教育所产生的不良反应已经逐渐显现出来。

21. (山西)下列各句中,没有语病的一句是( )

A. 工信部指出,有些网络企业存在用户个人信息收集使用规则、使用目的告知不充分等。

B. 近年来世界艺术品拍卖价格屡创新高,许多有眼光的国际大商人纷纷购买、收藏有价值的艺术品,希望以这种投资方式实现资产保值和增值。

C. 司法人员要树立正确的法治观,抵制干扰的定力,严格依法履职,努力让人民群众在每一个司法案件中都感受到公平正义。

D. 乌镇互联网国际会展中心,由会议中心、接待中心和展览中心三大功能区构成,将最大限度满足举办会议、论坛、展览等。

22. (江苏)下列句子中,没有语病的一项是( )

A. 任何一种文明的发展都是与其他文明碰撞、融合、交流的过程,完全封闭的环境不可能带来文明的进步,只会导致文明的衰落。

B. 大观园旅游纪念品商场里摆满了名人字画、根雕作品、导游地图、佩饰等多种商品,琳琅满目,美不胜收。

C. 这家公司虽然待遇一般,发展前景却非常好,许多同学都投了简历,但最后公司只录取了我们学校推荐的两个名额。

D. 依托海量的普查成果,我国建成了包括重要地理国情要素、遥感影像及其他相关内容组成的地理国情数据库。

23. (广东)下列句子中,没有语病的一项是( )

A. 鲁迅写了《狂人日记》,被誉为中国近代文学史上里程碑式的作品,它开创了中国新文学的革命现实主义传统。

B. 齐白石是近现代中国绘画大师,早年曾为木工,后以卖画为生,其擅画题材十分广泛,包括人物、山水、虫鱼、花鸟无所不画。

C. 相关高校表示对学术不端问题的发现持零容忍态度,已经成立调查组并按照相关程序启动调查程序。

D. 国家版权局就《流浪地球》等8部影片发布了版权保护预警,要求网络服务商、电商网站及应用程序商店加快处理侵权内容及链接。

24. (山东)下列句子中没有语病,表意明确的一项是(　　)

A. 不管天气多么恶劣,他能按时到校学习。

B. 在人手紧缺的情况下,他主动挑起这项艰巨任务,获得大家一致好评。

C. 每次遇到困难时,他的眼前总是浮现妈妈鼓励的眼神和温柔的声音。

D. 最近接连发生重大安全生产事故,各企业必须认真排查安全隐患,坚决纠正违规行为,防止此类事故再发生。

25. (山东)下列各句中,没有语病,句意明确的一项是(　　)

A. 根据联合国安理会二四零一号决议,在叙利亚境内停止敌对行动后,有关各国应确保联合国及其合作伙伴运送医疗和手术设备的人道主义救援车队都能持续、顺畅并安全通过,使物资和设备送达叙全境。

B. 平昌冬奥会闭幕式"北京八分钟"文艺表演中,北京冬奥会会徽"冬梦"、蔚蓝的地球、孩童的笑脸、橄榄枝和梅花编织的花环等纷纷呈现,体现了中国推动构建人类命运共同体的大国担当。

C. 由于老年人对体力负荷的适应能力比较差,而运动需要有很长时间的适应期,因此老年人健身要避免做过于激烈的运动,千万不可急于求成。

D. 针对节后客流高度集中叠加的实际,铁路部门通过挖潜提效提升运力,科学合理优化旅行环境,创新升级服务模式,旅客出行更加便捷温馨。

26. (河南)下列各句中,没有语病的一项是(　　)

A. 根据中国电子商务研究中心的监测数据,2017年中国在线餐饮市场交易总额突破2000亿元,送餐人数日益庞大,已成为城市就业的一个重要行业。

B. 各大电视台表示,今年春晚坚决拒用"问题明星",要让德艺双馨的优秀艺人在舞台上亮相,用精彩的原创节目和良好的艺德,去感染观众,传播正能量。

C. 各级政府及其相关单位的负责人应该知道,是否把消防安全放在相应的重要位置,决定着他们在工作中对待人民生命财产安全的态度和做法。

D. 陆续播出的《将改革进行到底》《法治中国》《大国外交》《辉煌中国》等新闻专题类节目,展示了我国近年来一系列内政外交所取得的成果。

27. (山西)下列各句中,没有语病的一句是(　　)

A. 近年来,故宫博物院一直在努力挖掘文物背后的时代精神、人文价值、艺术造诣,力图让故宫的文化资源得到更好的呈现与利用。

B. 金沙遗址博物馆的"太阳神鸟"金箔,是古蜀国黄金工艺辉煌成就的典型代表,以其精致和神秘展示了古蜀人的智慧与魅力。

C. 作为21世纪的年轻人,我们渴望施展自身的意志和才华,做真正的自己,渴望有比"服从工作需要"更自由和更深层次的表达。

D. 连日来,海外舆论持续高度关注中国机构改革,普遍认为此次机构改革力度和范围都非常广,顺应了中国社会的发展趋势和老百姓的要求。

28. (天津)下列各句中没有语病的是(　　)

A. 国航已经禁止运输鱼翅,这反映了中国对濒危野生动植物贸易的态度发生了重大变化,此举给濒临灭绝的鲨鱼种群带来了一线生机。

B. 美国当局虽然已经预测到飓风"马修"的规模并进行了救灾部署,可是,在"马修"真正席卷美国之时,还是给美国造成了重创。

C. 自动驾驶汽车应该不惜一切代价保护其乘坐者吗?或者它们应该为了保护其他人而牺牲其乘坐者?答案无疑是肯定的。

D. 交通拥堵已成为我市发展的一大障碍,为此,市政府科学调配资金加大了对道路建设的投资力度,解放路立交桥的建成将大大减轻东西方向的堵车问题。

29. (重庆)下列句子中,没有语病的一项是(　　)

A. 日前,交通管理部门就媒体对酒驾事故的连续报道做出了积极回应,表示要进一步加大对交通违法行为的查处。

B. 地暖是采用地板辐射采暖,具有节省空间、供暖均匀、低碳环保等优点,日本、韩国等高纬度国家的采暖方式大都以地板辐射采暖为主。

C. 植物干细胞具有很强的自我更新能力,它们还可以分化为其他类型的植物细胞,最终产生出新的植物器官。

D. 旅游中常见的随地吐痰、乱扔垃圾、大声喧哗、插队等不文明、不礼貌的行为,对于具有文化教养的人是不能容忍的。

30. (广东)下列句子中,有语病的一项是(　　)

A. 三个学校的学生会主席团成员都在教导处开会,一起探讨本学期课外活动的安排问题。

B. 他郑重地把它放在写字台的抽屉里,又把抽屉锁上了。

C. 茶碗摆齐了,但是大家还在堂屋里等候着,等厨房里送年糕来。

D. 在工作方式发生改变的情境下,对职业病的分类与目录加以调整和扩容,成了很多人的呼声。

31.（山东）下列句子中，没有语病的一项是（　　）

A. 各级地方政府及相关单位应认真贯彻落实上级的各项决策部署，维护群众合法权益，确保社会安全稳定，以新气象新面貌迎接党的十九大胜利召开。

B. 适逢南京大屠杀80周年之际，加拿大安大略省计划将每年的12月13日设为南京大屠杀纪念日，却遭到了否认屠杀行为的日本政客的阻挠。

C. 相关部门8月底通报，京津冀21家企业存在环境污染问题，河北和河南部分地区仍存在燃煤锅炉整治不彻底，虚报完成情况，整改进展缓慢。

D. 每年秋季举行的军训是大学、中学新生履行国防教育和兵役义务的一种形式，目的是使学生树立爱国主义精神，增强国防观念，掌握基本的军事技能。

32.（湖南）下列句子中，没有语病的一项是（　　）

A.《再别康桥》的作者是新月派代表诗人徐志摩所写的。

B. 经过汶川大地震后，使我们对生命有了新的认识。

C. 在语文教学中，广大教师应当尽力引导学生去阅读中外经典名著。

D. “寻找最美乡村教师”公益大型活动启动仪式在京举行，各界知名爱心人士出席仪式。

33.（江西）下列句子没有语病的一项是（　　）

A. 我们在传承中国优秀传统文化的同时，不能停下开创新文化。

B. 邓稼先为中华民族核武器事业的开拓和奠基做出了卓越贡献。

C.《朗读者》之所以能够感动我们，是因为每一个主题都与我们有关，背后是有血有肉的真实人生。

D. 信息时代的公民，对扑面而来的海量信息要进行批判性思考和鉴别的能力。

34.（广东）下列句子中，没有语病的一项是（　　）

A. 在自动驾驶时代的大背景下，高精度地图作为产业发展的必要条件，率先布局的企业价值将迎来再一次提升。

B. 智能高速公路的核心理念是要构建人车路协同综合感知体系，构建路网综合运行监测与预警。

C. 这次博物馆的画展汇集了齐白石、徐悲鸿等中国画坛巨匠的大量珍品，且均为首次公诸于社会。

D. 贝多芬的《欢乐颂》是最伟大的古典音乐史上的一朵奇葩，它意境深邃、气势磅礴，其终曲音乐的艺术感染力超过了原诗。

35. (山东)下列各句中没有语病的一项是(　　)

A. 建设事业迅猛发展的新形势对建筑材料的生产提出了更高的要求。

B. 京新高速是"一带一路"标志性工程,通车后,北京至新疆乌鲁木齐的公路行车里程将比现有道路缩短至少1300公里左右。

C. 在"文明城市"创建活动中,我市不断加大环境违法行为惩治,整改各类突出的环境问题,有效遏制了辖区内的环境违法行为。

D. 电视栏目《朗读者》中"朗读"重文字,"者"重人,两者的融合为我们展现了许多有血有肉的真实人物,从而感动于他们丰富细腻的情感世界。

36. (山东)下列句子中没有语病的一句是(　　)

A. 近年一些县城主动"戴穷帽"折射出了"扶贫县"评选的公平与否。

B. 对个别领导治霾时无视企业生产污染环境的行为,媒体提出了批评。

C. 中国当代著名作家莫言被评为2012年"诺贝尔文学奖"的荣誉称号。

D. 但是在文学上,无论是阅读和写作,我们必须要有一字不肯放松的谨严。

37. (山西)下列各句中,没有语病的一句是(　　)

A. 玛格丽特事事争一流,不只在学业上出类拔萃,她的体育、音乐、演讲等也是学生中的佼佼者。

B. 据报道,美国每年的慈善资金能占到GDP的2.4%,有近80%来自国民。其中,最富有的美国人中20%所捐赠的钱,占了全部慈善款的三分之二。

C. 残奥会如同一堂生动的教育课,不仅让我们的心灵受到震撼,人性得以升华,更让我们对残疾人事业增添了一份深刻的理解和强烈的责任感。

D. "授人以鱼,不如授人以渔",这是能否解决贫困问题的基本方式,当然,这种经济发展必须是良性的、可持续的发展。

38. (湖南)下列句子中,没有语病的一项是(　　)

A. 面对频频发生的踩踏事件,许多专家认为,对学生进行良好的习惯培养和逃生技能的训练是避免发生此类事件的关键。

B. 该地煤矿事故频繁发生,造成大量的人员伤亡和巨大的财产损失,主要是由于缺乏安全意识和监督管理不力造成的。

C. 人们往往想到要学好数理化和外语等基础课,而对与这些基础课程密切相关的逻辑思维训练却常常被忽视。

D. 凡是在科学和学问研究上有成就的人,不少是在物质条件十分艰难的情况下,经过顽强刻苦的努力获得成功的。

39. (江西)下列句子中有语病的一项是(　　)

A. 在当代中国文艺生态中,春晚的地位和作用是无可替代的。自1983年第一届央视春晚以来,春晚在表达社会情绪、凝聚社会共识、塑造文化认同等方面,一直起着独特作用。

B.《红海行动》国家情怀意义深刻,战争场面真实震撼,许多电影人、影视工作者和业外人士纷纷为影片点赞。

C. 我们要牢固树立社会主义生态文明观,推动形成人与自然和谐发展的现代化建设新格局,为保护生态环境做出我们这代人的努力。

D. 作为最基本的公共产品,国家安全并非抽象的概念、遥远的事情,也不只是少数人的职责,而是像空气一样无处不在,与所有人的生活息息相关。

40. (江西)下列各句中有语病的一项是(　　)

A. 在南非北开普省的旷野中,一座座无线电接收器排列整齐,搜寻着来自遥远太空的信息。

B. 每一次的欺骗,都将损害人与人之间的信任,消解公众的善意和爱心。

C. 无论是大学还是新生,录取通知书都是一个具有仪式感的东西。

D. 道家研究人与自然的关系,不仅提出适应、和谐这样的总原则,还提出许多具体的原则和方法。

41. (安徽)下列句子没有语病的一项是(　　)

A. 当前的基础教育界,对核心素养的研究日益深入,是一个对教育价值观的认识逐步达成共识的时代。

B. 丝绸之路,一个诗般浪漫的名字,承载着沿线各国互通有无、各民族文明交流互鉴的辉煌历史。

C. 来到张家界景区,我被大自然巧夺天工的奇丽景观震撼了,迫不及待地掏出相机拍摄起来。

D. 对于那些以权谋私、严重损害人民群众利益、违法乱纪的干部,必须依法给予严厉的法律制裁。

42. (安徽)下列句子中没有语病的一项是(　　)

A. 人们透过这阴惨惨的浓雾,远远地凝望着这尊黑色的雕像徐徐沉进辽阔的大海。

B. 我今天得到了一个沉痛的教训,那就是,永远不要在发怒的时候处理任何事情。

C. 先生把平生的学问都教给了诸葛亮,为诸葛亮成为政治家和军事家打下了烙印。

D. 我虽然热爱祖国的山河大地,就是一草一木,一花一石,一砖一瓦,我也感到亲切,值得我留恋。

43.(浙江)下列各句中,没有语病的一项是(　　)

A. 学校到底该培养怎样的人?新时代的教育应该培养学生善于观察、善于思考、善于创造的水平。

B. 不少年轻人对"动漫"情有独钟,推动了"动漫"产业朝着高质量、高速度、高盈利发展,那些灵敏的商家便抓住机会来赚钱。

C. 总体来说,山寨文化的泛滥与其说是对草根创新精神的彰显和标榜,不如说是对国人产权意识严重缺乏的揭露与讽刺。

D. 冲突双方在民族仇恨的驱使下,虽然经过国际社会多次调解,紧张的局势不但没有得到缓和,反而愈演愈烈。

44.(浙江)下列句子中,没有语病的一项是(　　)

A. 只有当促进艺术电影繁荣成为社会共识,从源头的创作方到末端的受众方的各个环节都得到强有力的支持,艺术电影才能真正实现飞跃。

B. 据说当年徽州男人大多外出经商,家中皆是妇孺及孩童,为了安全,徽州的古村落老宅子大多为高墙深院、重门窄窗的建筑。

C. 工作之余,大家闲谈话题脱不开子女教育、住房大小、职务升迁,也照样脱不开为饭菜咸淡、暖气冷热、物价高低吐槽发声。

D. 我国重新修订《食品安全法》,目的是用更严格的监管、更严厉的处罚、更严肃的问责,切实保障"舌尖上的安全",被称为"最严食品安全法"。

45.(江西)下列各句中,没有语病的一项是(　　)

A. 现在的数字化时代,文字记录方式发生了重大变化,致使很多人提笔忘字,长此以往,将影响到汉字的传承。

B.《感动中国》不只是一本具有感召力,能打动人心的书,而是一面镜子,它能折射出这个时代,也能让我们静静地反思自己。

C."全民阅读"活动是丰富市民文化生活,引导市民多读书、读好书,使读书成为一种体现百姓精神追求的生活方式。

D. 网络谣言,不仅损害了公民权益,而且扰乱了社会秩序。事实表明,网络谣言的泛滥和滋生,会使许多人成为受害者。

46.(江西)下列没有语病的一句是(　　)

A. 大批灾区儿童重新走进了宽敞明亮的教室,坐上了崭新的木制桌凳,广大家长对此十分满意。

B. 临近毕业，同学们的学习态度有了明显的转变。

C. 我们在博物馆看到了恐龙的巨大骨架和早在人类出现以前就漫游在地球的柱牙象。

D.《教育部工作规则》是根据党中央的十六大提出的要深化行政管理体制改革、坚持依法行政和加强行政管理的基本准则。

47. (湖南)下列各句中，没有语病且句意明确的一项是(　　)

A. 谈到这次夺冠，他谦虚地表示，功劳应该归功于每一位队友、每一位工作人员和所有关心、支持球队的球迷。

B. 虽然由于受到洪水冲断铁路桥，本市的菜价有一定幅度的上涨，但整体来说涨幅不大，不会给市民正常生活带来太多不便。

C. 在几乎人人追求"一针见效""一夜成名"的时代，他不惧缓慢，静心沉淀，用潜心涵养成就生命之美，值得赞美与尊敬。

D. 他一开始的初衷是要用自己的能力与热情做一份让人刮目相看的事业，但在残酷的现实面前，他败下阵来，蜕变成急功近利、铤而走险的犯罪分子，令人唏嘘不已。

48. (湖南)下列各句中，没有语病的一句是(　　)

A. 我们应该更加有效地把人才资源转化为创新优势和发展优势，其中建立与中国特色社会主义制度相适应的人才评价制度是尤为关键。

B.《中国文化符号调查报告》显示，"大学生眼中最具代表性的中国文化符号"主要集中在传统文化、政治文化和非物质文化符号上。

C. 在电子阅读时代，阅读的载体、渠道和方式虽然都已经变了，但是阅读之于人类灵魂与未来的要义却从未发生改变。

D. 实践充分证明，在中国特色社会主义道路上，是实现社会主义现代化的必由之路，是创造人民美好生活的必由之路。

49. (浙江)下列句子中没有语病的是(　　)

A. 莫言获得诺贝尔文学奖之后，又默默地写了一本大约16万字左右的书。

B. 第27届浙江省青少年科技创新大赛注重培养青少年科学探究和创新实践。

C. 如今，不仅年轻人喜欢上网购物，一些老年人也加入"淘宝一族"的行列。

D. 贝克汉姆在巴黎圣日耳曼队夺冠后宣布即将退役，停止20年的辉煌职业生涯。

50. (福建)下列各句中，没有语病的一项是(　　)

A. 大学生就业已成为政府部门亟待解决的重大问题，各个部门应防止对毕业生的恶意歧视现象不再发生。

B. 作为语文教师，时刻应当不忘语文学科既要使学生获得语文素养，又要提高他们的思想文化修养。

C. 限制浪费的范围，并不能制止公共权力的滥用，因为它没有切断公共资金为个人办事的渠道，所以只是扬汤止沸。

D. 在相当长的一个时期里，越来越激烈的升学竞争和课业负担，使学生的生活空间和活动范围变得日益狭窄。

51. (云南)下列各句中没有语病的一项是(　　)

A. 树懒是一种哺乳动物，外形略像猴，头小而圆，毛粗而长，耳朵很小，尾巴短，灰褐色，毛上常附有绿藻，很像树皮。

B. 在一个不太大的空间里，由于万有引力的作用，十几颗甚至上百颗恒星聚成的恒星集团称为星团。

C. 现在，当我通读全书，十几年来陆续印刻在脑海中的记忆被清晰地唤醒，并连成一片，重温了自己从一个音乐教育专业的研究生成长为一个研究者的学术经历，回顾了我置身其间的我国学校音乐教育所走过的不平凡的发展道路。

D. 可以这样说，一个写不好对话的小说家是写不出杰出的长篇的，而对话的能力恰恰可以作为衡量一个小说家是否优异的关键因素所在。

52. (浙江)下列句子中没有语病的一项是(　　)

A. “五水共治”非有恒心才能抓到底，我们要有长期作战的思想准备，再接再厉。

B. 语文教学应减少问答环节，培养学生独立阅读和思考的习惯，使学生爱学语文、会学语文、学好语文。

C. 可惜，这部他创作了很久的巨著未及完篇，就过早地离开了我们。

D. 气候变化本是大自然的自我更新，而当今气候急剧变化的原因是由于人类活动产生过多的二氧化碳破坏了大气构成引起的。

53. (河南)下列句子中，没有语病的一项是(　　)

A. 世世代代的中华儿女培育和发展了独具特色、博大精深的中华文化，为中华民族克服困难、生生不息提供了强大精神支撑的原动力。

B. 阐释中华民族禀赋、中华民族特点、中华民族精神，以德服人、以文化人是中华文化很重要的一个方面。

C. 针对争议海域内中国执法船和护渔船遭到他国舰船的无理跟踪、骚扰甚至恶意阻挠，军地进行了海上联合维权演习。

D. 杭州地铁1号线贯通余杭、萧山等地，经过客运中心站、城站火车站等重要区域，并且连接火车东站，是未来沪杭、杭宁、杭甬等多条高铁汇集之处。

54.（安徽）下列句子没有语病的一项是（　　）

A. “一带一路”倡议，不仅可以推动沿线国家的经济建设，而且可为中国经济持续发展奠定基础，从而更好地展示一个负责任的大国形象。

B. 据权威资料显示，今年上半年，由于猪肉、蔬菜等价格的持续攀升，我国居民消费水平大幅增长，增长最快的是食品消费。

C. 解决民生问题，应当首先解决环境治理问题。那种先开发后治理，边开发边治理的做法，往轻处说是急功近利，往重处说就是罔顾民生。

D. 由于网络文化的快速发展和网络新词的不断出现，使国家语言文字规范面临极大挑战，这不能不引起有关部门的高度重视。

55.（安徽）下列句子中，有语病的一项是（　　）

A. 互联网、云计算、大数据等现代信息技术改变着人类的思维、工作、生活和学习方式，展示了世界发展的广阔前景。

B. 调查显示，人们的社会公德意识有了明显提高，如对闯红灯、浪费水电等行为，近半数的人表示“不可接受”。

C. 社会能否和谐发展，很大程度上取决于全体成员的思想素质。没有共同的理想、道德，就无法实现社会的和谐发展。

D. 中国传统文化中所蕴含的“包容”精神值得重视和倡导。狭隘的视野与心胸，无助于事业的成功和社会的进步。

56.（福建）下列各句中没有语病的一项是（　　）

A. 一种观念只有被人们普遍接受、理解和掌握，才能成为人们自觉遵守和严格奉行的准则。

B. 食品是否安全，是人们身体健康的基本保障，食品生产企业要高度重视食品安全的问题。

C. 创造适合学生发展的教育，既要道法自然，又要万法归宗，以尊重、自主、开明为原则。

D. 他如果能够正视过去，在吸取教训的基础上脚踏实地，努力学习，成绩肯定会大幅提高。

57.（福建）下列各句中没有语病、表意明确的一项是（　　）

A. 他马上召集常委会进行研究，统一安排了现场会议的内容、时间和出席人员，以及会议中应注意的问题。

B. 新规定对闯红灯、超速行驶等交通违法行为提高处罚分值，是为了充分发挥机动车驾驶人累积记分制度在预防道路交通事故、维护道路交通秩序中的作用。

C. 如何打造多层次良性发展的资本市场，解决保险业发展相对缓慢，如何确保银行业安全有效地支持经济稳定发展等，都是“老金融”们要面临的新课题。

D. 年仅22岁的正教授级研究员刘路3月31日前去北京大学百年讲堂，领取了凤凰卫视授予的“影响世界华人”奖杯。

58. (云南)下列句子中，没有语病的一项是( )

A. 水资源短缺严重制约着我国西部地区经济建设和生态建设的发展，而实现水资源的可持续利用是西部开发的关键。

B. 这种无纺布环保袋经过工艺处理后，具备了防水、易清洗、容量大，满足了消费者对环保袋的客观需求的优势。

C. 不少设计师只在乎技术精熟，却对设计缺少深刻理解，雕琢过度，缺乏艺术格调，远远谈不上平面设计中真正的“创意”。

D. 傅雷先生在谈到十三岁开始学习法文的经历时说，老师既有教的方法问题，也有自己念得不用功的原因。因此，成绩很糟，十分之九已忘记。

59. (云南)下列各句中没有语病的一句是( )

A. 对于在选文科还是选理科这个问题上，我曾犹豫过，最终还是选择了理科，因为听说学理科大学毕业后更有机会到国外去发展。

B. 有的儿童文学偏重于教育和理性，过多地注入了成人思想，孩子天性中的爱游戏、爱求知、爱趣味、爱幻想被忽略了。

C. 越来越多的下岗职工凭着再就业的优惠政策走上了创业之路，他们把国家贴息贷款的将近一半以上作为创业的启动资金。

D. 21世纪的整个世界面临技术革命的“第三次浪潮”，适者生存，谁不是强者，谁就不属于这个时代，就注定会被淘汰。

60. (安徽)下列句子中没有语病的一项是( )

A. “十三五”期间，中央企业高质量建设“一带一路”沿线项目3400多个，有力促进了当地经济社会发展。

B. 什么是好的教育？好的教育应该围绕以培养终身运动者、责任担当者、问题解决者和优雅生活者的目标。

C. 我们要大力发扬“三牛”精神，在落实长三角一体化、淮河生态经济带等重大发展战略上展现。

D. 乘着数字化、互联网、大数据的东风，我们的生产、生活必将更加便捷，中国经济高质量发展也必将动力十足。

61. (广东)下列选项中,有语病的一项是(　　)

A. 昆明市和寻甸县的公安部门共依法传讯了15名企业法人代表和项目负责人,目前正按照司法程序开展调查取证等工作。

B. 电子工业能否迅速发展,并广泛渗透到各行各业中去,关键在于要加速训练并造就一批专业技术人才。

C. 自从美国国会参众两院分别于今年上半年提出上述议案以来,我们已经多次就该案涉华消极内容向美方提出严正交涉。

D. 尽管奢侈品市场告别爆发增长时代,但中国奢侈品市场尤其是二手奢侈品市场仍拥有巨大吸引力。

62. (天津)下列各句中,没有语病的一句是(　　)

A. 中国文化心理学蕴含在浩如烟海的古籍中,若隐若现,犹如雾中之花,迷雾重重中若想拨云见日,就必须拥有一套好的研究方法。

B. 中国的历史是一幅漫漫长卷,有过恢宏灿烂的华章,也有过百余年的山河破碎、丧权辱国。中华民族的复兴大业,正是从这苦难中拉开帷幕的。

C. 按照法律规定,从事食品经营需要获得许可,但是目前一些网络食品经营者并没有取得资质,今后需要加大这方面的规范和管理。

D. 雾霾严重影响百姓的生活,要治理雾霾,既要靠完善治理大气污染的法律法规,又要靠调整经济结构、转变生活方式、使用清洁能源等措施来实现。

63. (福建)下列各句中没有语病的一项是(　　)

A. 从中国人民认识到再也不能错过历史机遇之日起,就开始了新的长征。

B. 我们单位新来的小丁,今年二十三岁,恰好比他父亲的年龄小一倍。

C. 城镇化建设要体现天人合一理念,构建生态与文化保护体系,实现城镇与自然和谐发展。

D. 参加修建水渠的劳动大军,响应号召,又快又好地进行施工任务,争取提前完成工程。

64. (广东)下列各句中,没有语病的一项是(　　)

A. 在专属于我市企业的两个绿色通道窗口,训练有素的业务专员熟练地检查材料是否符合规范,然后快速地走完审核流程,随后下面的窗口会顺利地打印执照、盖章。

B. 对于本身区位优势不甚明显,甚至地处“神经末梢”的城市来说,不断向上争取高铁,就成了一道极其难解的“必答题”,如此一来,不免让人想起过去一些“心酸”的往事。

C. 下一步,市场监管总局将继续扩大儿童和学生用品安全守护行动力度,重点抓好校园周边超市儿童和学生用品产品质量的专项整治。

D. 针对我市开工建设项目的绿色施工考量标准，主要围绕绿色运输、绿色作业和建筑垃圾资源化利用等所造成的。

65. (福建)下列没有语病的一项是(　　)

A. 部分网络写手随意糟蹋祖国的语言文字，甚至写作态度极为粗疏。

B. 促进社会收入公平的关键在于社会保障是否全覆盖。

C. 京广高速铁路连接着大多数主要的金融中心和大型城市。

D. 语言本身积淀着民族的历史和文化，是民族文化之根。

66. (云南)下列句子中，没有语病的一句是(　　)

A. 同学们修改自己的作文时，一定要注意找出并改正作文中的错别字。

B. 是否多阅读，也是提高一个作文技能的途径之一。

C. 中学生是培养健康情操的重要阶段。

D. 老王猜测，眼前这个年轻人大概有二十三四岁左右。

67. (广东)下列各句中，没有语病的一句是(　　)

A. 同时，成都新主城区的重新设置或者扩张，使得市区人口规模增加，住房需求也随之增加。

B. 一二线城市的土地供应会持续走低，一方面是城市总体规划的布局，另一方面也是限于18亿亩耕地红线造成的。

C. 上大学的时候，寒假时间短，又因为是冬天，行李包里主要从家里带些衣服、棉被、枸杞等，以吃食为主。

D. 研究人员最后发现，普氏野马是已知最早的驯化马后代，约5500年前由哈萨克北部波泰人饲养。

68. (山西)下面的句子没有语病的一项是(　　)

A. 要是这次高考名落孙山，我仍然选择就业之路。

B. 尽管这次高考名落孙山，我也要选择就业之路。

C. 只要这次高考名落孙山，我才会选择就业之路。

D. 即使这次高考名落孙山，我也不选择就业之路。

69. (安徽)下列各项中，没有语病的一项是(　　)

A. 根据中国铁路网统计数据显示，2020年5月份，全国铁路发送旅客1.57亿人次，日均发送508万人次。

B. 5G牌照发放一年来，网络建设速度和规模超出预期，我国5G基站以每周新增近1万左右的数量在增长。

C. 北京冬奥会协调委员会自2019年7月第四次会议以来，冬奥会相关场馆和基础设施建设进展十分顺利。

D. 文化的本质内涵可以具体细分为六个方面的组成因素，包括价值理念、思维方式、行为模式、社会规范等。

70. (吉林)下列句子中，没有语病的一项是(　　)

A. 学校组织同学们去钢铁厂参观，老工人的一席话深深触动了小芳的心，久久不能平静下来。

B. “2018年世界移动通信大会”2月26日在西班牙巴塞罗那举行，参观的人数超过十万左右。

C. 在央视的文化节目《国家宝藏》中，通过明星守护人的讲述，使观众看到了国宝的“前世今生”。

D. 中国的“无腿勇士”夏伯渝成功登顶珠穆朗玛峰，成为中国第一个依靠双腿假肢登上珠峰的人。

71. (福建)下列句子有语病的一项是(　　)

A. 在宾馆门口，辫子甩在胸前的一个姑娘倚门而立。

B. 几层用厚塑料布严密包裹着的小铁箱终于出现了。

C. 我得承认，这种情况使我受惠不浅，不然的话在许多危急关头我是无法逃脱的。

D. 杨先生不主张再把那封信送出去，虽然他认为明家不收他的信是故意污辱他。

72. (云南)下列各句没有语病的一项是(　　)

A. 沉浸在幸福中的人，往往会觉得时间过得太快。

B. 练武术和学舞蹈的动作要领有点截然不同。

C. “国际博物馆日”这天，组织了免费参观自然博物馆的活动。

D. 这朴素的话语多么深刻的蕴含着人生哲理啊！

73. (安徽)下列句子中，没有语病的一项是(　　)

A. 中国超级高铁试验，是在1500米的真空管里开展不同磁悬浮模式比例模型车进行测试，试验速度理论上有望达到时速1500公里每小时。

B. 针对众多消费者“同路不同价，熟客价更高”的质疑，滴滴打车公司近日进行了公开回应，称公司方面不存在任何“大数据杀熟”的行为。

C.《志愿服务条例》规定，志愿者应尊重志愿服务对象人格尊严，不得伤害志愿服务对象个人隐私，不得向志愿服务对象收取或变相收取报酬。

D. 2018年3月27日正式公布了《快递暂行条例》，是我国第一部专门针对快递业的行政法规，从制度层面奠定了快递业高质量发展的基础。

74.（江西）下列没有语病的是（　　）

A. 经过不懈的努力，国家图书馆在搜集、加工、存储、提供古典文献方面，已经形成具有中国特色的藏用并重的格局。

B. 市委要求，各学校学生公寓的生活用品和床上用品由学生自主选购，不得统一发放。

C. 法律专家的看法是，消费者当众砸毁商品只是为了羞辱或者宣泄自己的不满。

D. 她的歌声清亮、甜美、质朴、亲切，焕发着泥土的芳香，把人们带到了那美丽富饶的河西走廊。

75.（福建）下列句子中，没有语病的一项是（　　）

A. 文艺创作需要扎根本土，深植时代，提高作品的文化内涵和艺术价值。

B. 持续解决义务教育教师工资待遇落实是2019年关乎社会民生的大事。

C. 能否规范使用汉语言文字，代表着我们的国家尊严和传统文化的传承。

D. 中央财政教育支出安排超过一万亿元左右，是国务院今年的重点工作之一。

76.（山西）下面的句子有语病的一项是（　　）

A. 如果路上有老人摔倒，我就会马上过去扶他。

B. 虽然路上有老人摔倒，但是我会马上过去扶他。

C. 只要路上有老人摔倒，我就会马上过去扶他。

D. 哪怕路上有老人摔倒，我也不会过去扶他。

77.（湖南）下列句子中没有语病，表意明确的一项是（　　）

A. 西沙群岛是无可争议的中国领土，中国在西沙群岛建设防御设施，部署防御性武器，与美国在关岛部署军事设施一样，属于正当、合法的行为。

B.《美女与野兽》作为最被大家耳熟能详的童话故事之一，此前已经被翻拍过四次，其中，当属1991年版的最为经典。

C. 不仅愈演愈烈的金融违规行为在非金融机构和代理服务商中盛行，银行也加入其中。

D. 校庆活动期间，我校高度重视安全教育，采取多种措施做好安全工作，以防出现校园踩踏事件的发生。

78.（山东）下列各句中，没有语病，句意明确的一句是（　　）

A. 近视患者都应当接受专业医师的检查，选择合适的眼镜，切忌不要因为怕麻烦，爱漂亮而不戴眼镜。

B. 本市国税局绘制出“税源分布示意略图”，解决了税源管理辖区划分不清、争议扯皮等问题的发生。

C. 为加强国际交流,提高山东环保产业水平,省政府拟举办“生态山东建设高层论坛”暨第五届环保产业博览会。

D. 日本在野党强烈指责财务大臣“口无遮拦”,公开谈及政府去年入市干预日元具体汇率的行为是极不负责任的。

79. (江西)下列句子没有语病的一项是( )

A. 实现好、维护好、发展好最广大人民的根本利益,是党和国家一切工作的出发点和落脚点。

B. 一个人变好变坏,关键在于内因起决定作用。

C. 为进一步保障百姓餐桌安全,国家对施行已超过五年的《食品安全法》作了修订,因加大了惩罚力度而被冠以“史上最严”的称号。

D. 由于一至六号“神舟”飞船的成功返回,使中国加入了航天开发大国的行列。

80. (广东)下列句子中,没有语病的一项是( )

A. “啃老”现象的发生是有着深层次的社会原因的,仅靠道德或仅靠法律,都难以很好地解决问题。

B. 深陷债务危机的希腊和西班牙,失业率已经超过20%,主要是由于这两个国家实施大规模财政紧缩政策的原因所导致的。

C. 日前,交通管理部门就媒体对酒驾事故的连续报道做出了积极回应,表示要进一步加大对交通违法行为的查处。

D. 冒酷暑,顶风雪,走村入户,同干部群众共商脱贫致富奔小康大计——几年来,习近平总书记走遍了各个连片全国集中特困地区。

81. (江西)下列各句中没有语病的一项是( )

A. “魏晋风骨”这个词对于我们很陌生,读读鲁迅先生的《魏晋风度及文章与药及酒之关系》,会有很大的收获。

B. 据世界野生动物保护协会的最新统计结果显示,目前全世界的动物园的总数至少有900家以上。

C. 面对激烈的竞争,我们所缺乏的,一是面对困难的勇气不足,二是在复杂的形势下采取的策略不当。

D. 健康休闲是一种以恢复身心健康状态、丰富生活、完善自我为目的的闲暇活动。

82. (山东)下列各句中,没有语病的一句是( )

A. 日前,叙利亚总统就叙利亚目前局势发表演讲,提出了包括停火、对话、制定宪法和组建民主政府等内容的解决叙利亚危机的倡议。

B. 美国底特律市的人口已经由鼎盛时期的185万人下降到71万人，成为美国近60年来人口减少最多的城市，这反映出该市的经济已经陷于低迷状态。

C. 吉林市国际雾凇冰雪节围绕“大美吉林市，快乐冬之旅”为主题，陆续开展了冰雪文化展览、趣味滑雪表演、青少年短道速滑比赛等活动。

D.“我心目中的十位国学大师”投票评选结果揭晓，记者就此分别采访了学者任继愈和邵建，他们对评选结果发表了不同的意见。

83. (青海)下列各句中，没有语病的一项是(　　)

A. 如果不重视网络道德建设，一些道德败坏现象及消极落后思想就可能通过网络影响人们的身心健康，违反正常的社会秩序，损害改革发展的大局。

B.“蓝牙”是一种短距离无线传输技术，它能以内置的蓝牙芯片取代传统的线缆，让不同的设备在10米左右的距离之内，以无线的方式连接起来。

C. 李局长在新学期工作动员会上特别强调，思想政治课要改革，要结合实际，讲求效率，应该把政治常识和培养学生良好的品德结合起来。

D. 青年组的设计方案令人耳目一新，整座大桥横跨河面的部分，没有一个桥墩，桥身全靠铁索拉起，这在国内还是先例。

84. (江西)每个时代都有每个时代的偶像。我的偶像是钟南山，耄耋之年，毅然逆行，敢医敢言，国士担当；我的偶像是樊锦诗，从青春到白发，一腔爱，一洞画，一场文化苦旅；我的偶像是袁隆平，以消除饥饿为毕生梦想，播撒智慧，收获富足，一位真正的耕耘者；我的偶像是……选择一个偶像，不是在于他对祖国、对人民无怨无悔地付出，还在于他的非凡业绩、过人的智慧。这样的偶像，才是我们的民族引以为豪、不断战胜任何艰难险阻的栋梁，才无愧于这个时代赋予的历史使命和责任担当。

文中画横线的句子有语病，下列修改最恰当的一项是(　　)

A. 选择一个偶像，不仅在于他的非凡业绩、过人的智慧，还在于他对祖国、对人民无怨无悔地付出。

B. 选择一个偶像，不是在于他的非凡业绩、过人的智慧，而是在于他对祖国、对人民无怨无悔地付出。

C. 选择一个偶像，不仅在于他对祖国、对人民无怨无悔地付出，还在于他的非凡业绩、过人的智慧。

D. 选择一个偶像，不是在于他对祖国、对人民无怨无悔地付出，而是在于他的非凡业绩、过人的智慧。

85. (山东)正家风是中华民族的传统美德。自古以来,中国人就十分重视家风,流传着许多最美家风的感人故事。孟子成为一代旷世大儒,离不开孟母"三迁其家""断机教子"的教育;陶侃一生清白做人、廉洁为官,离不开陶母"截发延宾"的用心。关于家风的典籍耳濡目染,如北齐颜之推的《颜氏家训》、明朝吴麟征的《家诫要言》、清朝曾国藩的《曾国藩家书》等。这些中国古人留下至理名言和感人故事,作为中华优秀传统文化的重要组成部分,影响着一代又一代的中国人。

文中画横线的句子有语病,下列修改最恰当的一项是(　　)

A. 作为中华优秀传统文化的重要组成部分,中国古人留下这些感人故事和至理名言,影响着一代又一代的中国人。

B. 中国古人留下的这些感人故事和至理名言,作为中华优秀传统文化的重要组成部分,影响着一代又一代的中国人。

C. 作为中华优秀传统文化的重要组成部分,这些中国古人留下的至理名言和感人故事,影响着一代又一代的中国人。

D. 这些中国古人留下的至理名言和感人故事,作为中华优秀传统文化的重要组成部分,一代又一代的中国人深受影响。

86. (山东)当您踏上金星,您可能需要足够强大的遮光板。1989年,当厚重的云层拨开"麦哲伦号"探测器的雷达,金星的全貌第一次被人类有史以来看到了。金星是一个火焰肆虐的世界,您可知道,它拥有数量惊人的火山,有超过1600座大火山遍布其上,其中还有很多活火山?

文中画波浪线的句子有语病,下列修改最恰当的一项是(　　)

A. 当"麦哲伦号"雷达探测器拨开厚重的云层,金星的全貌被人类有史以来第一次看到了。

B. 当"麦哲伦号"探测器的雷达拨开厚重的云层,人类有史以来第一次看到了金星的全貌。

C. 当"麦哲伦号"探测器的雷达拨开厚重的云层,金星的全貌被人类有史以来第一次看到了。

D. 当"麦哲伦号"雷达探测器拨开厚重的云层,人类有史以来第一次看到了金星的全貌。

87. (江西)"五四"青年节之际,bilibili网站发布了一个"献给新一代的演讲"——《后浪》,犹如给青年们的一封信,激荡起青春之声。青年,总是与时代同行。面对近代以来的民族危亡,青年们前赴后继投入到追求真理、追求进步的斗争中,实现了中国人民和中华民族近代以来第一次全面觉醒;面对建国初期百废待兴,有志青年冲破重重阻碍回到祖国怀抱,投身建设,兴学助教;面对改革开放的大江大河,青年们选择了远方,风雨兼程,砥砺奋进。青年的新时代,提供了建功立业的人生机遇。时代托举起青年,青年也定不会辜负时代。今天的青年,以更积极、更主动的姿态,去实现自己的价值,寻求自身的存在。今年,一场突如其来的新冠肺炎疫情冲击神州大地，青年一代成为闪耀的群体。唯有从实践活动中锤炼，从探索求知中发现，就能在拼搏奋斗的“自我燃烧”中实现向上向善，站在奇迹的肩膀上，制造新的奇迹。时代的大潮奔涌，后浪推前浪，青年就是立于潮头的“后浪”。

文中画横线的句子有语病，下列修改最恰当的一项是(　　)

A. 唯有从实践活动中锤炼，从探索求知中发现，才能在拼搏奋斗的“自我燃烧”中实现向上向善，站在奇迹的肩膀上创造新的奇迹。

B. 唯有从实践活动中锤炼，从探索求知中发现，才能在拼搏奋斗的“自我燃烧”中实现向上向善的“自我构筑”，站在奇迹的肩膀上制造新的奇迹。

C. 唯有从实践活动中锤炼，从探索求知中发现，才能在拼搏奋斗的“自我燃烧”中实现向上向善，站在奇迹的肩膀上制造新的奇迹。

D. 唯有从实践活动中锤炼，从探索求知中发现，才能在拼搏奋斗的“自我燃烧”中实现向上向善的“自我构筑”，站在奇迹的肩膀上创造新的奇迹。

88. (广东)近百年来，“中医太落后”“中医不科学”等质疑之声不绝于耳。当前，中医无论是执业医生数量，还是医疗机构数量，都无法与西医等量齐观，医疗服务的天平在向西医倾料。“冰冻三尺，非一日之寒”，中西医的差距不是一天造成的，也不是一天就能拉平的。坚持中西医并重，需要中西医“一碗水端平”，中医与西医治疗理念不同，分属不同的医学体系。中医重整体，善用“坚盾”，更关注“病的人”；西医重局部，善用“利矛”，更关注“人的病”。其实，中医西医各有侧重，各有所长，没有必要分高低、论长短。二者不是对手，而是战友，其共同的敌人是疾病。治疗某种疾病，因人而异，一种医疗手段也好，两种医疗手段也好，一切以病人受益最大化为原则。无论中医西医，都不能包治百病。“单打独斗”的效果很难取得令人满意，因为是在治疗疑难疾病上。人类健康的星空，需要中西医联手点亮。

文中画横线的句子有语病，下列修改最恰当的一项是(　　)

A. “单打独斗”的效果很难取得令人满意，特别是在治疗疑难疾病上。

B. 因为在治疗疑难疾病上，所以“单打独斗”很难取得令人满意的效果。

C. “单打独斗”的效果，特别是在治疗疑难疾病上，使它满意很难取得。

D. 特别是在治疗疑难疾病上，“单打独斗”很难取得令人满意的效果。

89. (山西)作为对联大家族中的一个门类，春联有着悠久的历史，是中华优秀传统文化的重要组成部分。2005年，春联被列入第一批国家级非物质文化遗产名录。好的春联读来总是让人有唇齿生香之感。经济的发展和人们生活节奏的加快，手写春联离我们越来越远，取而代之的是烫金春联。人们甚至都不必特意去买，街头巷尾就有不少免费送的。那些春联看上去闪闪发光，

却千篇一律，毫无特色。用机器印制出来的，到底不如带有墨香味儿的春联有看头。每年临近春节的时候，一些老者总要写若干春联以应各方。就春联书写者的体会而言，在众目睽睽之下落笔挥毫，会有一种情绪高涨的心理感受，尤其是看到好的对联，或书写自咏春联，那真是喜上眉梢，纵横驰骋，得心应手，神来之笔常见。这种时候写出来的春联，是一种艺术的创造。这种场合，书者酣畅淋漓，尽兴挥洒；观者则眼随笔走，如饮佳酿。写得过瘾，看着也过瘾，都是一种艺术享受。

文中画横线的句子有语病，下列修改最恰当的一项是(　　)

A. 经济的发展和人们生活节奏的加快，使得手写春联离我们越来越远，取而代之的是精美的春联。

B. 经济的发展和人们生活节奏的加快，手写春联离我们越来越远，取而代之的是印刷精美的春联。

C. 随着经济的发展和人们生活节奏的加快，手写春联离我们越来越远，取而代之的是印刷精美的春联。

D. 随着经济的发展和人们生活节奏的加快，使得手写春联离我们越来越远，取而代之的是精美的春联。

90. (山西)其中最引人注目的，就是重聚变发动机，其高度达11公里，比珠穆朗玛峰还高2.2公里，每台发动机能提供150亿吨的推力，而这样的发动机总共有一万两千台。重聚变，顾名思义，就是由重原子进行的核聚变。目前人类能做到的，还只是利用氢原子进行的不可控核聚变，而电影中利用岩石为主要燃料进行核聚变，则需要更高的温度和更大的压强才能实现。正是有了重聚变发动机，才能让“流浪地球”计划成功，因为岩石在地球上到处都是，提供了无穷无尽的燃料。在电影中，太阳系脱离地球，不仅像扔标枪一样一下子飞出去，而且运用了转圈扔铁饼的方式，先把地球绕太阳的公转的轨道由圆形改为椭圆形，这里就牵扯到了霍曼转移轨道的概念。霍曼转移轨道是一种变换太空船轨道的方法，途中只需两次引擎推进，相对地节省燃料。把地球轨道从圆形变成椭圆形，目的是获得一个冲向木星的路径和速度，以便利用木星的引力加速，最终逃出太阳系。

文中画横线的句子有语病，下列修改最恰当的一项是(　　)

A. 地球逃出太阳系，不是像扔标枪一样一下子飞出去，而是采取了转圈扔铁饼的方式。

B. 太阳系脱离地球，不但像扔标枪一样一下子飞出去，而且采取了转圈扔铁饼的方式。

C. 太阳系脱离地球，不是像扔标枪一样一下子飞出去，而是运用了转圈扔铁饼的方式。

D. 地球逃出太阳系，不但像扔标枪一样一下子飞出去，而且采取了转圈扔铁饼的方式。

答案速查

1	2	3	4	5	6	7	8	9	10	11	12	13	14	15
B	D	B	B	A	C	B	C	B	A	B	C	C	C	D
16	17	18	19	20	21	22	23	24	25	26	27	28	29	30
D	B	C	A	D	B	B	D	D	B	C	B	A	C	A
31	32	33	34	35	36	37	38	39	40	41	42	43	44	45
A	C	C	A	A	B	C	A	B	C	B	B	C	A	A
46	47	48	49	50	51	52	53	54	55	56	57	58	59	60
B	C	B	C	C	B	B	B	C	C	C	B	A	D	D
61	62	63	64	65	66	67	68	69	70	71	72	73	74	75
B	A	C	A	D	A	D	D	D	D	B	A	B	A	A
76	77	78	79	80	81	82	83	84	85	86	87	88	89	90
B	A	C	A	A	D	A	B	A	B	B	D	D	C	A

专题五　标点符号精准运用高分突破

1. (江西)下列各句标点符号使用正确的一项是(　　)

A.“当你被生者遗忘,便是再一次死亡。”去年,墨西哥以亡灵节为题材的动画电影“寻梦环游记”让很多人感动落泪。

B. 考查文化的差异性,最重要的一方面就是怎么认识人类生命的问题,即生命观——万物包括人的生命从哪里来,生命怎样维系、怎样延续,生命的意义又在哪里。

C. 如果国家主权遭到贬损或剥夺,个人的一切就将失去保障(包括人权在内)。

D. 对英烈“污名化”的思潮,不是还原历史,而是歪曲历史,不是发现史实,而是颠倒黑白,不是学术研究,而是别有用心。

2. (安徽)下列句子中标点符号使用不正确的一项是(　　)

A. 我看他《塞上》一首,那一联云:“大漠孤烟直,长河落日圆。”这“直”字似无理,“圆”字似太俗。

B. 喷泉之所以漂亮,是因为有了压力,水滴之所以穿石,是因为有了目标。没有压力与目标的生活,不可能精彩。

C. 我们有了月亮,那无边无际的天空也是我们的了,那月亮不是我们按在天空上的印章吗?

D. 他站住了,脸上现出欢喜和凄凉的神情:动着嘴,却没有作声。

3. (广东)下列句子中,标点符号使用正确的一项是(　　)

A. 操场上的同学们正在打篮球、踢足球、和跑步。

B. 为提高小组合作学习的效率,我们应该考虑怎样才能让小组每个成员都积极地参与讨论,怎样才能使学习成果的交流展示更有效?

C. 多么壮阔啊! 黄果树瀑布……

D. 怎样去了解他们的故乡并向他们介绍地球?

4. (浙江)下列句子中,标点无误的一项是(　　)

A. 这里给人“家徒四壁”的感觉:朴素吸音的墙壁,一张榻榻米,仅此而已。这样的布置,简单得几乎到了“苦寒”的地步。

B. 雪花六角,晶莹且轻盈,可谓天之魂魄,雨之精灵。自高天降落,即是一生;雪者,天下之奇也。

C. 邀请名家开讲打造《读书沙龙》,组织歌手演出打造《民谣季》,举办儿童画展打造《艺术空间》……暑假期间这家书店开展的系列活动成为一道亮丽的文化风景。

D.“好,”他对我说:“现在你把左脚踏到那块岩石上,不要担心下一步,听我的话。”

5. (安徽)下列关于引号用法的说法不正确的一项是(　　)

A. 老师常教导我们“一日之计在于晨,一年之计在于春”。——这里引号表示引用。

B. 人们常说“开卷有益”,其实读读春联也是一种很好的学习。——这里引号表示否定。

C. 现在人们逛商场可以用“电子钱包”付款。——这里的引号表示词语有着特殊的含义。

D. 人们常接受“伸”,难容“屈”,认为“屈”太窝囊。——这里的引号表示着重论述的内容。

6. (江西)下列选项中,标点使用有误的一项是(　　)

A. 2020年10月,中共中央、国务院印发《深化新时代教育评价改革总体方案》提出改革目标,2035年要基本形成富有时代特征、彰显中国特色、体现世界水平的教育评价体系。

B. 我们把“三轻三慢”(轻言慢语、轻声慢步、轻拿慢放)和“吃得干净,吃得优雅”作为就餐文化。当学生从教室走向餐厅的那一刻,整齐的队伍,统一的服装,自然就会把“吃得干净”“吃得优雅”体现在言行中了。

C. 这是教育实践上的重大变革,也是教育理论上的突破和创新,旨在建构新时代的有中国特色的“教育新体系”:真实地将“五育”融合的突破口定位在劳动教育,确定了“一育引领,诸育融合”的总体思路。

D. 针对教师成长,我们提出教师专业发展“三专模式”:专业阅读,站在大师的肩膀上前行,专业写作,站在自己的肩膀上攀升,专业交往,站在团队的肩膀上飞翔。

7. (山东)下列句子中标点符号使用错误的一项是(　　)

A. 电影《夺冠》中,教练袁伟民的“中国女排,没有你,没有我,只有我们!”这句喊话,折射出祖国至上、团队协作、顽强拼搏的女排精神。

B. 选取优秀时评作为学习材料,从“道”的层面讲,有利于落实“立德树人”这一根本任务;从“术”的层面说,能够提高同学们写作议论文的能力。

C. “寒门贵养”究竟是不是洪水猛兽?其实,问题的答案,取决于前提的解释。

D. 2021年5月22日,“杂交水稻之父”袁隆平病逝,举世悲痛。他研究的杂交水稻已在印度、越南、菲律宾、美国、巴西……等国大面积种植。

8. (广东)下列句子中,标点符号使用正确的一项是(　　)

A. 俗话讲:日久见人心。心者思想也,常人之心,年月可现,哲人之心,世纪方知。

B. “没有效益的发展农民不买账。”副主任韦某说,“现在,村民们在村两委的带领下种桑养蚕,发展特色农业,每亩可以挣1万多元,日子一天比一天好。”

C. 中华文化是尚群的文化，小到家庭、大到国家、民族，都是群，而群就是公。《礼记·礼运》中所说的“天下为公”，已经成为至理名言。

D. 新鲜大米，手感滑爽，米粒光洁，透明度好，腹白很小（米粒上呈乳白色的部分），做出的米饭清香可口。

9.（广东）下列句子中，标点符号使用错误的一项是（　　）

A. 我——我——我只要见见我的萍儿。

B. 老张，就是原来的办公室主任，上周已经调走了。

C. 下班后到菜市场去收集一些菜叶，用盐一浸，这就是她们难得的佳肴。

D. 昆明翠湖海心亭有一副对联：“有亭翼然，占绿水十分之一；何时闲了，与明月对饮而三”。

10.（浙江）下列句子中标点符号使用正确的一项是（　　）

A. 王艳问我，李小佳的《小学生作文》你还给他没有？

B. 我听见母亲在说，一边亲吻着我一边不停地说：“噢，对不起，噢，对不起……”

C. 枣子必大了三四倍，要是真的干红枣也有那么大，那就妙极了！糖若放多了，它会起锅巴……

D. 但是，聪明的，你告诉我，我们的日子为什么一去不复返呢。

11.（吉林）下列句子中，标点符号使用不正确的一项是（　　）

A. 金钱能买到书籍，却买不到知识；能买到钟表，却买不到时间。

B. 朱自清曾这样赞美春天：“春天像小姑娘，花枝招展的，笑着，走着。”

C. 把报刊亭改造成志愿者服务站？还是生活便民服务亭？对此，人们意见不一。

D. 尊老爱幼、勤俭持家、知书达理……这些都是中华民族传承千年的美德。

12.（江西）下列句子中标点符号使用错误的一项是（　　）

A. 我不敢说生命是什么，我只能说生命像什么。

B. 以前可能因为年龄小，不知道珍惜时间，现在我体会到了“一寸光阴一寸金，寸金难买寸光阴。”这句话的真正含义。

C.《红楼梦》《三国演义》《西游记》《水浒传》是我国古代的四大名著。

D.“学习就怕‘认真’二字。”张老师说，“‘态度决定一切’，确实很有道理。”

13.（安徽）下列句子标点使用不正确的一句是（　　）

A. 燕子去了，有再来的时候；杨柳枯了，有再青的时候；桃花谢了，有再开的时候。但是，我们的日子为什么一去不复返呢？

B. 听说梅兰芳要卖房子，很多戏园子老板找上门来说："梅先生，您何必卖房子，只要您把胡子一剃，一登台，还愁没钱花。"

C. 从1949年出品的《三毛流浪记》到《家》《青春万岁》《建国大业》……每一部影片，都能唤起我们对中国电影的记忆。

D. 贝多芬没等兄妹俩从中醒过神来，就离开了茅屋，飞奔回客店，花了一夜工夫，把刚才弹的曲子——《月光曲》记录了下来。

14. (浙江)下列句子中，标点符号使用合乎规范的一项是(　　)

A. 走到一个十字路口，左拐；继续向前，走到第二个十字路口，还是左拐，跨过马路，就是图书馆。

B. 芸斋主人说：鲁迅先生有言：真的勇士敢于直面惨淡的人生，敢于正视淋漓的鲜血。

C. 蝴蝶有千般不是，还是有一桩长处：不做室中物！飞，则飞于野；舞，则舞于田。

D. "血战长空"以独特视角关注抗战时期中国空军的真实历史，剧中主要角色均有历史原型。

15. (浙江)下列各句中标点符号使用合乎规范的一项是(　　)

A.《新华字典》是我国第一部现代汉语规范字典，一本小小的"工具书"竟然历经数十年而不衰。

B. 她独自一个人在雨中走着，几乎忘记了一切，已分不清天上飘洒着的是雨还是雪？也不知道脸上缓缓流淌着的是水还是泪？

C. 归隐是旧时文人理想的一种生活——躬耕、沽酒、题诗、对弈……可是古往今来又有多少人愿意去过这样的生活呢？

D. "进化论嘛！"鲁迅先生微笑着说："我懂得你的意思，你的舌头底下压着个结论：可怕的进化论思想。"

16. (云南)下列各句中标点符号使用正确的一项是(　　)

A. 长寿长乐补酒有增加免疫力、抗老防癌之奇功，能调控血压、改善血凝状况，对腰腿痛、神经衰弱及不育症均有显著疗效。

B. 传染病要在人群中流行，必须同时具备三个条件：传染源、传播途径和易感染的人群，否则，就无法传播流行。

C. 我不知道进行这种报道、渲染的记者和编辑的主观意图是什么？是为了取得轰动效应，扩大报刊的销路？还是确信有这种事？

D. "就是——"她走近两步，放低了声音，极秘密似的切切地说，"一个人死了之后，究竟有没有魂灵的？"

17. (云南)下列各句中,标点符号使用正确的一项是(　　)

A. 为了促使学生高尚心灵的产生,我努力钻研语文教学方法,探索更为合理的教学设计,还参加了《目标教学》《写作创新》等课题的研究,并且把研究体会写成文章在报刊上发表。

B. 在写作教学中,黄老师尝试帮助学生创设"与人对话""与文本对话""与环境对话"的多维对话空间,以满足学生"尊重、认知、审美"的需要,激活学生对"自我实现"即创新写作的需要。

C. 当年做学生的经历,使我深感:学生在语文学习上的无奈、无聊、无方、无助,所以立志教学改革,找寻教学规律,力争使学生在经过自己所开辟的驿站时多得到一些补偿。

D. 必修课和选修课是一个相辅相成的关系:没有必修课就不能保证语文教学的基础与均衡性;而没有选修课则没有个性的培养与发展,充其量是一种平庸的训练,而非人性化的教育。

18. (湖南)下列句子中,标点符号使用错误的一项是(　　)

A. 通过学习,我们知道了宇宙里有些什么。

B. 他的这篇论文参考了《西游记》。(人民文学出版社1980年版)

C. 家里有一部《评注图像水浒传》,一打开,我就被一幅幅插图吸引住了。

D. 我每次读《阿长与〈山海经〉》的时候,都会被阿长那淳朴的爱所感动。

19. (云南)下列各句中,标点使用无误的一句是(　　)

A. 景阳冈上的武松:要么把老虎打死,要么被老虎吃掉,二者必居其一。

B. 广泛发动青少年高标准地开展以优质服务、优良秩序、优美环境、学习雷锋、先进人物为内容的竞赛。

C. 我站经销的呼和浩特市机床附件厂生产的各种规格动力卡盘,是适用于各种车床和普通转角的内、外圆磨床及自动化机床上的高效自动化夹具。

D. 田华同志自我介绍说,她认真看过这些信后,郑重地转给了有关部门,这种精神值得赞扬。不知道有关部门收到这些信后有何感想?

20. (浙江)下列各句中标点符号使用正确的是(　　)

A. 在全国中、小学创造教育研讨会上,"北京创造教育模式"条幅引人注目。

B. 李老师说:"学习要不断进步,否则就会退步。正所谓'学如逆水行舟,不进则退嘛!'"

C. "五一"期间,大街上到处摆着水果摊:西瓜、苹果、鸭梨、木瓜……走到哪儿都能闻得到诱人的香味。

D. 今年,"海尔"作为唯一的中国本土品牌入选世界100强,新华社、人民日报、中央电视台等300家新闻媒体对此进行了广泛的宣传。

21.(江苏)下列句子标点使用正确的一项是( )

A. 王一帆同学荣获《美德少年》的称号。

B. 我记不清你什么时候来泰州旅游的?

C. 我喜欢读的几本书——《家》《春》《秋》,这家书店都可以买到。

D. 我喜欢的动物有猫、狗、龟……等。

22.(山东)下列句子中标点使用正确的一项是( )

A. 茫茫星空,神秘、未知、寂寞。

B. 那时候你大概是十二、三岁的样子,还不懂这些人情世故。

C. 六年级三、四、五,班的同学参加了这次的献爱心活动。

D. 伟大的教育学家孔子提倡全民教育,他提出"有教无类"的主张。

23.(湖南)下列各句中,标点符号使用正确的一项是( )

A. 为了确保全省经济社会发展"开门红",省政府决定开展主题为"重实干、强执行、抓落实的专项行动",以此推动重点民生工程建设提速提质。

B. 孔子是中国古代伟大的教育家,他提倡全民教育,在教育上明确提出:"有教无类"的主张。

C. 你是坐飞机来呢?还是坐汽车来呢?还是坐轮船来呢?请尽快给我一个回复。

D. 胡适的学术活动的终极目的,就是在替中国人民的敌人——帝国主义、封建军阀、买办资产阶级起帮凶作用。

24.(云南)下列各句中,标点符号使用规范的是( )

A. 报名者请携带户口簿;身份证;高中毕业证书;体检证明;两张二寸近期免冠照片。

B. 心理学研究表明:影响儿童心理发展的有三个重要因素:遗传、环境和教育。

C. 常言说得好,"无酒不成宴"。酒的选择非常关键,因为它最能调动人的激情。

D. 我不知道这件事是谁做的?但我猜做这件事的人一定对我们的情况比较熟悉。

25.(云南)下列句子的标点符号使用全都正确的一项是( )

A. 古语云:"舟必漏而后入水,土必湿而后生苔"。几处渗漏,可使巨轮倾覆,一处管涌,能让长堤崩溃。

B. 小河对岸三四里外是浅山,好似细浪微波,线条柔和,蜿蜒起伏,连接着高高的远山。

C. 画面上的几个人:华盛顿、杰斐逊、富兰克林,都是美国的开国元勋。

D. 人生在世,最高价值的欣赏是什么?是事物外表的迷人美丽?还是出于自己直觉的驱使?

26. (广东)下列句子中,标点符号使用错误的一项是(　　)

A. 我忽然想在自家顶楼造一座竹建筑:以粗竹搭就一个架子,四周种植细竹。它既是竹林,又是竹屋。

B. "新的主题"与"新的人物"的重提,正是对当下时代的"现实世界"的自觉与深刻的"指认"。

C. "绝对壮观,难以用语言形容"!——在西昌卫星发射中心举行的新闻发布会上,一位老科学家激动地说。

D. 他的那双大头皮鞋真是"空前绝后"——前面露出脚趾头,后面露出脚后跟。

27. (云南)下列各句中,标点符号使用正确的一项是(　　)

A. 没有意思硬是说,那是瞎说;意思没有想清楚随便说,就是乱说;那都是没有把话说好。

B. 金老师对他学生说:"我们在学习上要不断进步,否则就要后退,古语不是说'学如逆水行舟,不进则退'嘛。"

C. 看到张明在带球过人时被撞倒在地,李山走过去问:"伤得严重吗?张明。"

D. 因为道路堵塞,考察组比平常多用了二、三个小时才赶到县城里。

28. (江西)下列各项中标点符号使用正确的是(　　)

A. "夺冠不是一件容易的事,"姚明苦笑了一下说:"人们往往只看到了鲜花和掌声,而忽视这背后的汗水和辛苦呀。"

B. 李四说:"我家地里杏树上有一窝斑斑,(斑斑,方言,即斑鸠)你看那树上斑斑乱飞,怕是有孩子在摘杏儿吧。"

C. 假如有这样一本书,能给"下海"或者将要"下海"者以警示,告诉他们何处有陷阱,怎样才能达到金光灿烂的彼岸,那该多好!

D. 毛泽东有两句诗:"独有英雄驱虎豹,更无豪杰怕熊罴",我从中感受到了共产党人的大无畏精神。

29. (安徽)下列各句中,标点符号使用正确的一项是(　　)

A. "你过来,"名叫五月玫瑰的牛说,"我给你一蹄子,让你永远不能忘记!"

B. 紫禁城城墙十米多高,有四座城门,南边午门;北边神武门;东西两边分别是东华门、西华门。

C. 雪莱的名句"如果冬天来了,春天还会远吗?",(《西风颂》)歌颂西方,表现出对社会变革的呼唤与期待。

D. 我翻了多少草皮也找不到一条蚯蚓。还有,我的眼睛坏了,天色一暗,找野菜就得一棵一棵地摸……

30.（云南）下列各项中标点符号使用有误的一项是（　　）

A. 希望别人怎样对待你，你就要怎样对待别人；你怎样对待别人，别人也就会怎样对待你。

B. 中医学认为，草莓性凉，味酸，无毒，具有润肺生津、清热凉血、健脾解酒等功效。

C. 现代画家徐悲鸿笔下的马，正如有的评论家所说的那样，“形神兼备，充满生机”。

D. 通过反复实践和思考，他终于明白了做这件事有什么意义？怎样才能把这件事做得更好，更有价值？

31.（广东）下列句子中，标点符号使用不正确的一项是（　　）

A. 没有能力时努力奋斗，积蓄能量；一旦有了能力，理想也就能轻松实现。

B. 他环顾四周的沙丘，隐隐地感到：这儿有什么东西发生了变化。

C. 考察队员们争论不休，却不能确定这两座雕像属于哪种文化？哪一个时代？

D. 他将手伸进口袋，不禁“哎呀”一声惊叫起来，他的黄铜烟盒滚烫滚烫的，仿佛在火上烤过一样。

32.（浙江）下列句子中的标点符号，使用正确的一项是（　　）

A. 第二代无线电话采用了数字技术，主要有泛欧数字无线电话、个人便携式电话、个人接入通信系统……等，具有双向互呼和越区切换性能。

B. 打陀螺讲求技巧，用力小了，陀螺旋转不起来，用力大了，陀螺又容易“栽跟头”，用力匀称，陀螺才能平衡而快速地旋转。

C. 贾母因问黛玉念何书？黛玉道：“只刚念了《四书》。”黛玉又问姊妹们读何书？贾母道：“读的是什么书？不过是认得两个字，不是睁眼的瞎子罢了！”

D. 科学对人类世界的影响有两种方式。第一种是大家熟悉的：科学直接地并且在更大程度上间接地生产出完全改变人类生活的工具。第二种是教育性质的——它作用于心灵。

33.（云南）下列标点符号使用错误的一项是（　　）

A. 不管怎么说，这几年经济发展是快的。

B. 什么叫领导？领导就是服务。几年前，我曾说过，愿意给教育、科技部门的同志当后勤部长。

C. 概括地说就是“尊重知识，尊重人才”八个字，事情成败的关键就是能不能发现人才，能不能使用人才？

D. 没有理想，没有纪律，就会像旧中国那样一盘散沙，那我们的革命怎么能够成功？我们的建设怎么能够成功？

34.（安徽）下列句子中标点符号使用正确的一项是（　　）

A. 走在街上的，是来来往往、形态各异的人：有的骑着马；有的挑着担；有的悠闲地在街上溜达。

B. 那个演哥哥的小朋友问我："你会豁虎跳吗？""不会"，我只好照实说。他撇了撇嘴："不会豁虎跳算什么老虎。"

C. 待一会儿，小珍珠鸟竟趴在我的肩头，它没醒，睡得好熟！还咂咂嘴，难道在做梦？

D. 瓢虫上有小圆点，特别漂亮。小圆点叫作"星"，有七星瓢虫、十四星瓢虫……。星点不同。

35.（江西）下列句子中标点有误的一项是（　　）

A. 为防控新冠肺炎疫情，出游聚会被取消，返工返校也被延迟，人们足不出户宅在家的同时，也过上了一种"云化"生活：云看展、云办公、云课堂、云卖房、云聚餐……

B. 新冠肺炎疫情就是一场大考，要求我们针对短板和不足，抓紧补短板，堵漏洞，强弱项，全面提高依法防控、依法治理能力，健全国家公共卫生应急管理体系。

C. "我是党员我先上""我是党员我带头"……作为门头沟的定点医院，京能集团京煤总医院组建了50人救治团队。

D.《柳叶刀》中题为《中国持续遏制新冠肺炎疫情》的社论表示，新冠肺炎疫情在中国得到迅速遏制令人印象深刻，为其他国家树立了令人鼓舞的榜样。

36.（天津）下列各句中标点符号使用正确的一项是（　　）

A. 郎咸平说："购买者在某些场合下，会把下岗职工推向社会，而改革结果是他们得到了国有资产。这就是经济学家一针见血指出的'改革利益属于少数人，而改革的成本由社会承担'（12月5日《北京现代商报》）。"

B. 郑筱萸案暴露出国家对行政许可项目进行监督管理的缺陷——即审批权力配置不科学、制约不合理、运行不公开、监督不到位。

C. 川剧的变脸被誉为"中国一绝，世界一绝"，但它到底是什么时期出现？谁是最先的发明者？已经无法考证，更没有具体的文献记载。

D. 山东花生油、优质豆油……价格均有小幅上涨，原因有三个：一是油菜籽涨价影响了食用油价格；二是民工返城、学生返校增加了食用油需求；三是铁路货运提价增加了运输成本。

37.（浙江）下列各句中，标点符号使用合乎规范的一项是（　　）

A. 父亲坚决地对母亲说："不是常对你说吗，我是不能轻易离开北京的。你要知道现在是什么时候？这里的工作多么重要！我哪能离开呢？"

B. 郑板桥是清代一位有名的书画家。他一生最杰出的成就，是在书画方面独树一帜，堪称“诗书画三绝”。

C.“她到哪里了？”一个着急的声音传来：“什么时候能赶到啊？”

D. 老师站在讲台上默默地注视着同学们：有的同学正在掩卷沉思；有的同学正在奋笔疾书。

38.（湖南）下列句子中，标点符号使用正确的一项是（　　）

A. 多数动物不像蓑鲉的兴趣那样折中，它们只选其一：要么斑纹，要么斑块，要么斑点。

B. 今天我们班到郊外分组活动，你是参加义务劳动小组呢？还是参加社会调查小组？

C. 程乃珊在“吾家有女初长成”这篇文章里，提到了她女儿爱读的《围城》《洗澡》等书。

D. 她看上去只有三、四十岁，与她的实际年龄相去甚远，简直让人不敢相信。

39.（湖南）下列各句中标点符号使用不规范的一项是（　　）

A. 各国政府——无论专制政府或共和政府，都驱逐他；资产者——无论保守派或极端民主派，都竞相诽谤他，诅咒他。

B.《论语》《谈美书简》《必须了解的世界100位名人》等书籍，也适合高三学生阅读。

C. 乌鲁木齐的大街上到处摆着水果摊，甜瓜啊、西瓜啊、伊犁苹果啊、库尔勒香梨啊……，走到哪儿都闻得见诱人的香味。

D. 人生在世，是追求纸醉金迷的物质享受，还是追求宁静淡泊的精神境界？

40.（江西）下列各句标点符号使用不规范的一项是（　　）

A. 如果说鸟类是大地上的标点，那麻雀便是最朴实、最常见的“逗号”：机灵、随意、无处不在。

B. 对于汉语的子民来说，寄居他乡，母语便是故乡的方言土语；置身异国，母语便是方块的中文汉字。

C. 郑板桥的字是有设计感的，熔楷、隶、行、草于一炉；同时兑入画竹、画兰的笔意，奇崛峭拔如“乱石铺街”。

D. 如果把“信仰”二字拆开，就会发现“信”与“仰”的关系竟那么紧密——信者，仰也；仰者，信也。

41.（湖南）下列句子中标点符号使用不规范的一项是（　　）

A. 章鱼有一个最大的本领——被敌人咬住不放时，它会通过喷墨、变色来摆脱袭击。

B. 无论是《结袜子》还是《侠客行》，从诗中我们能看出，李白对于刺客、侠客的身份似乎真的颇为仰慕。

C. 究竟何为“丧文化”？“丧文化”为何流行？我们又该如何评价这一文化现象？

D. 写文章前要想好：文章的主题是什么，用哪些材料，哪些详写？哪些略写等。

42. (江西)下列各句中,标点符号使用不正确的一项是(　　)

A. 互联网时代,阅读的水平似乎有降低之忧:低头族很多,却多是“读屏”的浅阅读;图书馆越修越好,好书却越来越难找。

B. 治理制假售假,如何走出“查了罚,罚了放,放了重操旧业”的恶性循环?解答打假的“复杂方程式”,需要治标又治本。

C. 读书,可以品宇宙之妙,茨威格认为,“一个人和书籍接触得愈亲密,他便愈加深刻地感到生活的统一,因为他的人格复化了。”

D. 做到谈情不忘义、顾亲不逾矩、护亲不过线,亲情才能高尚恒久,才能化为“润物细无声”的春雨。

43. (浙江)下列各句中,标点符号使用正确的一句是(　　)

A. 最近两天,京津地区、华北中南部、黄淮、江淮、汉水流域、贵州等地的日均气温达到入夏以来的最高值。

B.《新民丛报》虽然名为“报”其实却是期刊,是梁启超等人于1902年在日本横滨创办的,曾产生过较大影响。

C. 在市场的竞争日益激烈的当下,他不得不认真地思考公司的业绩为什么会下滑,怎样才能打开产品的销路?

D. 新鲜的大米,手感爽滑,米粒光洁,透明度好,腹白很小(米粒上呈乳白色的部分),做出来的米饭清香可口。

44. (安徽)下列语句,标点正确的一句是(　　)

A.“到底是今天去图书馆?还是明天去?”妈妈走进书房,大声问我。

B. 上了大学以后,我特别喜欢诵读唐诗,如:《蜀道难》《琵琶行》等。

C. 中华大地上,无数平凡的劳动者以高度的责任感,卓越的劳动创造和忘我的拼搏奉献,做出了不平凡的业绩。

D. 音乐,是撩动人们心情的“神仙的手指”,是维也纳灵魂之所在。

45. (浙江)下列各项中,标点符号使用符合规范的一项是(　　)

A. 秦少游《踏莎行》曰:“雾失楼台,月迷津渡。”一个迷字便摄住了月光的精髓。

B. 很怀疑人类对这个物质世界的认识真有穷尽的一天?按照事物的相对性推导,是否还存在一种与物质相对的反物质?

C. 我们班有个“班妈妈”,说话霸道而幽默。“班妈妈”这个外号是她自封的,理由实在让人无语:“我的地盘我做主,你们以后就是我的孩子了。”

D. 不用说别的,就是光听听这些课程的名称——《公正》《幸福》《聆听音乐》——你就有听下去的冲动。

46. (江西)下列句子中标点符号使用不当的一项是(　　)

A. 现在,青春是用来奋斗的,将来,青春是用来回忆的。

B. 过去、现在、未来,上下、左右,中国、外国,都是互相联系、互相影响、互相制约的。

C. “在考场上千万莫慌。”老师再三叮嘱说,“做题前一定要看清题目要求,答题要完整。”

D. 对联——汉语特有的文学形式,通常用毛笔竖着写。贴挂时,上联居右,下联居左。

47. (江西)下列句子中的标点正确的是(　　)

A. 余光中的:“乡愁”和“乡愁四韵”,是海外游子情深而优美的恋歌。

B. 在播音员的播音中,经常会出现一种现象:就是把该读去声的字读成上声。

C. 成败与自己的想象有着直接的关联。悲观的自己想象成是摆设,这足以使你不能取胜。乐观的自己想象成胜利者,将给你带来成功。

D. 我们在日常生活中应该从小事做起,力求做到“勿以恶小而为之,勿以善小而不为”。

48. (浙江)下面四句中的标点符号使用正确的一句是(　　)

A. 我最爱读李白、杜甫、白居易……等诗人的诗。

B. 晚上妈妈问我这些天都做了哪些事?我吞吞吐吐说不出来。

C. 老师找我女儿谈过话后,女儿说:“我有决心把学习搞好。”

D. 山谷里开满了娇艳的桃花,雪白的梨花,火红的杜鹃。

49. (浙江)下列各句中标点符号使用正确的一项是(　　)

A. 球迷们感到很迷惘,面对这场比赛,不知道是该继续呐喊助威呢,还是愤愤离开?

B. 屈原的诗句“路曼曼其修远兮,吾将上下而求索。”应成为我们不懈追求的箴言。

C. 然后他呆在那儿,头靠着墙壁,话也不说,只向我们做了一个手势:“放学了,——你们走吧。”

D. 有位作家说:“人要读三本大书:一本是‘有字之书’,一本是‘无字之书’,一本是‘心灵之书’”。

50. (浙江)下列语句中标点符号使用正确的是(　　)

A. 家园——这个饱含深情的温暖词汇,其基础全在于良好的人际关系。

B. 好的散文,无论叙事,写人,咏物,绘景都应很巧妙,能够引人入胜。

C. 此次我校冬季运动会的主题为《做阳光青年,展自我风采》,旨在展示我校素质教育的丰硕成果。

D. 诗圣杜甫的“读书破万卷,下笔如有神。”说的是读尽万卷书,写文章时就会才思泉涌。

51. (广东)下列句子中,标点符号使用符合规范的一项是( )

A. 杭州城市大脑是为城市生活打造的数字化界面,2016年起步建设:目前包括公共交通、城市管理、卫生健康、基层治理等11大系统48个应用场景,日均协同数据1.2亿条。

B. “第一个全景故宫就已经欲罢不能”“感谢数字技术让人类文明和优秀文化离我们更近”……疫情期间,人民网经文旅部、国家文物局授权首发50场精美线上展览,助力宅家战“疫”,收获众多网友点赞。

C. 垃圾短信是信息灰黑产业链上的长命霸王,即便是疫情防控阶段,民众依然可以随时感受到人在家中“宅”,“骗”从短信来。

D. 近日,中国纺织工业联合会和中国产业用纺织品行业协会联合发布了《民用卫生口罩》“团体标准”,其中包括针对儿童日常防护口罩发布的标准,涵盖13项指标。

52. (浙江)下面四项中的标点符号使用正确的一项是( )

A. “还愣着干吗? 难道等神仙来帮忙?”妈妈大声地训斥我,“还不快去把房间收拾收拾,等会儿班主任就来家访了,看你怎么办……”

B. 目前,我国18岁以下的“未成年人”约有3.7亿。他们的思想道德和精神风貌如何? 不仅关系到年轻一代自身能否健康成长;也关系到国家的前途和民族的命运。

C. 旅游景点大多承担着对广大群众进行历史文化教育的责任,具有公益性质,景区门票价格由谁定、如何定、定多少? 都需要充分论证。

D. 有些小企业由于规模小、技术、产品、管理水平落后,面临的竞争程度高、市场需求变化快,因而承担的风险往往要大于获得的效益。

53. (湖南)下列句子中,标点符号使用有误的一项是( )

A. “好香的干菜,——听到风声了吗?”赵七爷低声说道。

B. 我们齐声朗诵起来:“……俱往矣,数风流人物,还看今朝。”

C. 人还没看见,已经先听见歌声了;或者人已经转过山头了,歌声还余音袅袅。

D. 谁知道他今天是怎么搞的?

54. (浙江)下列各句中标点符号使用正确的一项是( )

A. 某电视台制作了一期以《品味消费美好》为主题的电视节目,极具影响力。

B. 怎么回事？各位同事？

C. 我要给爷爷理发，爷爷笑了："你？笤帚疙瘩戴帽子——充人哩。"

D. 六年级这学期的课程有：语文、数学、英语、音乐、体育、美术和科学。

55. (浙江)下列各句中，标点符号使用合乎规范的一项是(　　)

A. 25集电视剧《黄梅戏宗师传奇》正在影视基地拍摄。你打算双休日去参观呢？还是等到暑假再去？

B. 然后他呆在那儿，头靠着墙壁，话也不说，只向我们做了一个手势："放学了，——你们走吧。"

C. 屈原的诗句"路曼曼其修远兮，吾将上下而求索。"应成为我们不懈追求的箴言。

D. 近两年，我省经济发展迅猛，不说别的，你看街上的私家车如雨后春笋，一汽大众，长安福特，东风雪铁龙，广州本田，还有一些说不上名儿的，各种品牌应有尽有。

56. (山东)蓬莱阁是中国古代四大名楼之一，①是凝聚着古代汉族劳动人民智慧和艺术结晶的古建筑群。蓬莱阁的主体建筑建于宋朝嘉祐六年，②(1061年)，素以"人间仙境"著称于世，以"八仙过海"传说和"海市蜃楼"奇观享誉海内外。秦始皇访仙求药的历史故事和八仙过海的神话传说，给蓬莱阁蒙上了一层神秘色彩，历经风雨沧桑，③如今已发展成为以蓬莱阁古建筑群为中轴，蓬莱水城和田横山为两翼，四种文化(神仙文化、精武文化、港口文化、海洋文化)为底蕴，④山(丹崖山)、海(黄渤二海)、城(蓬莱水城)、阁(蓬莱阁)为格局，登州博物馆、古船博物馆、田横山、合海亭及黄渤海分界坐标等20余处景点为点缀，融自然风光、历史名胜、人文景观、休闲娱乐于一体的风景名胜区和休闲度假胜地。

文中画线处的标点，使用错误的一项是(　　)

A. ①　　B. ②　　C. ③　　D. ④

57. (浙江)下面四项中的标点符号使用正确的一项是(　　)

A. 造成这种事故的原因，公司领导认为主要有两个：一、具体施工单位对安全问题不重视，只抓生产进度，不抓安全；二、具体操作人员违反安全操作规程。

B. 国家有关法律文件对非法制造、贩卖、运输、持有毒品、非法种植罂粟、大麻等植物、引诱，教唆他人吸食、注射毒品等，都作了相应的处罚规定。

C. "陆资入台"可以使两岸在更广泛的领域实现优势互补、互利双赢，特别是在当前国际金融危机的形势下，更需要两岸携手、共渡难关。

D. 她独自一个人在林间小路上走着、想着、感动着，几乎忘记了一切，已分不清天上淅淅沥沥飘洒着的是雨还是雪？也不知道自己脸上缓缓流淌着的是水还是泪？

58.(重庆)下列句子标点符号使用有误的一项是(　　)

A.说什么“山不在高,有仙则名”,我却道“山不在名,有泉则灵”。

B.每当疼痛发作时,他就采用自己的“压迫止痛法”——用茶壶盖、烟嘴、玻璃球、牙刷把……顶住疼痛部位。

C.此种情况,一方面由于人民解放军英勇善战,锐不可当。另一方面,这和国民党反动派拒绝签订和平协定,有很大关系。

D.汤恩伯认为南京、江阴段防线是很巩固的,弱点只存在于南京、九江一线。

59.(江西)荷兰有“欧洲花园”,花卉王国的美誉。在上面句子中,引号的作用是(　　)

A.表示直接引用　　B.表示特殊含义

C.表示着重强调　　D.表示特定称谓

60.(江西)对于下面例句中破折号的说法正确的一项是(　　)

例句:它要是知道了连它自己也不属于村里的少年斯焦普卡——他愿意的话,就可以把它抓起来,交给母亲,用它和鲜花白菜一起熬汤喝——那可要大吃一惊了。

A.表示解释说明　　B.表示意思的转换,跳跃或转折

C.表示语音的延长　　D.表示意思的递进

61.(山东)下列各句中,关于标点符号使用的判断,正确的一项是(　　)

①根据编制规则,当股份公司有特殊情况发生时(如收购、合并、分拆、退市等),有关部门可以对指数进行临时调整。

②杭州富家子弟闹市飙车事件闹得沸沸扬扬,为什么“飙车”现象在一些城市愈演愈烈?是惩处偏弱,还是有“看不见的手”在起作用?我们希望有关部门对此好好查一查。

③这种惊人的事实证明:人如果老想着钱,看不到别有用心的人腐蚀进攻,就会误入歧途,可见这些事实是可以作为活教材的。

A.①②正确,③错误　　B.①正确,②③错误

C.①错误,②③正确　　D.①③错误,②正确

62.(江西)下列各句中,标点符号的使用合乎规范的一项是(　　)

A.“最美司机”吴斌用大爱阐释了生命的价值:76秒,是吴斌用生命履行了职责;76秒,吴斌用平凡成就了伟大;76秒,吴斌用行动诠释了人间大爱。

B.在一场暴风雨后,因家庭变故而失学的杜小康觉得自己“突然地长大了,坚强了”。

C.“冰塔儿”既简洁又生动,把葫芦形容得晶莹可人(不管是山楂还是荸荠)。

D.我追想为什么会有那样大的感情震荡,是为了民族而自豪?还是为了稼先而骄傲?

63. (江西)下列句子中,符号使用错误的一项是( )

A. 人的一生,总是在不停地尝试,尝试拥有,尝试放弃;人的一生,又始终在不断地追求,追求自由,追求幸福。

B. “还愣着干吗?”妈妈大声地训斥我:“还不快去把房间收拾收拾,等会儿老师来了,看你怎么办……”

C. 罪恶的子弹还在威胁着娇嫩的“和平之花”。

D. 罗丹说:“美是到处都有的。对于我们的眼睛,不是缺少美,而是缺少发现。”他鼓励我们向往生活,不断发现生活的美。

64. (云南)给下面句子加上正确的标点符号( )

我爱读________文摘周刊报________你呢________

A.《》,? B.“”,? C.《》。? D.“”。?

65. (江西)下列句子中,标点符号使用不正确的一项是( )

A. 春日的山茶,夏日的莲,秋日的枫,冬日的梅,都是茶室花品的代表,提醒茶人随时有谦卑的姿态。

B. 张岱在《西湖七月半》中写道:“小船轻幌,净几暖炉,茶铛旋煮,素瓷静递,好友佳人,邀月同坐,或匿影树下,或逃嚣里湖……”多美好的明代人文景致啊!

C. 一年分为四时,相传始于神农,春是“蠢”的意思,指万物由此而生;夏是“假”的意思,指万物假此而生;“秋”是“就”的意思,指万物由此而成熟;冬是“终”的意思,指万物至此而终成。

D.《中国味道》试图寻找一个崭新的充满烟火气息的温暖角度感受经典作品字里行间透露出的优雅和从容,领略千百年寻常日子里一茶一饭的生动气韵,在日常饮食之间带给人们强有力的文化归属感。

66. (山西)下列句子中,标点符号使用正确的一项是( )

A. 本来约好下午四点钟见面,可我足足等了两、三个小时,他才来。

B. 以《健康秩序、健康生活》为主题的中央电视台“3·15”电视宣传活动将由央视经济频道的11个栏目共同组织完成。

C. 乌鲁木齐的大街上到处摆着水果摊,甜瓜啊,西瓜啊,伊犁苹果啊,库尔勒香梨啊……走到哪儿都闻得到诱人的香味。

D. “许多故友一同上前线,但不见得都能回来。”他说:“与献身沙场的战友相比,我能够亲眼看到祖国一天天强盛起来,已经非常满足了。”

67. (江西)下列句子中,标点符号使用不正确的一项是(　　)

A. 从盈利模式与市场前景到传统自行车行业承受的冲击,从是否属于共享经济到文明用车与安全用车……共享单车火起来,引发了一场全民大讨论。

B. 泉州是我国唯一获得联合国认定的古代海上丝绸之路的起点城市,是中国文明走向世界的主要出发站,被誉为“世界宗教博物馆”,被联合国教科文组织定为全球第一个“世界多元文化展示中心”。

C. 从精心手绘到图文并茂的《微信操作说明书》,到教父母熟练使用各种出行软件,来自后辈们的“文化反哺”既避免了老人因知识脱节被边缘化,也能大大减缓其自身数字时代的寂寞空虚。

D. 海外代购猫腻,监管如何实现突破瓶颈? 山寨货横行乡里,傍名牌现象怎么整治? 治理制假售假,如何走出“查了罚、罚了放、放了重操旧业”的恶性循环? 解答好打假的“复杂方程式”,需要在治标不治本上下足功夫。

68. (江西)下列句子中,标点符号使用有误的一项是(　　)

A. 你万一梦到它时,千万啊,不要悚惧!

B. 它想那茂密的草原——你头上的、浓郁的乌丝。

C. 我的寂寞是一条蛇,静静的没有言语。

D. 它带给人的是柔情、是温馨、是爱和美。

69. (安徽)下列选项中标点符号使用正确的一项是(　　)

A. 如何处理危机应急机制和常规制度建设的关系,如何推进社会管理体制创新? 有许多理论和政策问题需要研究。

B. 中国政府发展面临着双重压力:既要深化改革,从“放权让利”转向注重“产权”与“制度”;又要实现政府自身变革。

C. 曼彻斯特大学的科学家研制出一种类似喷墨打印机的皮肤再造机。这种“打印机”所用的墨汁就是浸泡在营养液中的人体细胞。

D. 两百年间,西方不同类型的文本中——其中包括游记、史志、书简、通商指南、小说诗歌都出现有关契丹、蛮子的记述。

70. (山西)下列各句中,标点符号使用正确的一项是(　　)

A. 文件下达后,许多人都非常关心这个艰巨的任务到底丢给谁?

B. 世上哪有不存在矛盾的地方!

C. 这里的山啊、水啊、树啊、草啊，都是我从小就很熟悉的。

D. 农业是国家经济的基础，也是二、三产业的基础。

71. (江西)下列句子中，标点符号使用无误的一项是(　　)

A. 啊，你夜的叹息似的渐近的足音，我听得清不是林叶和夜风私语，麋鹿驰过苔径的细碎的蹄声！

B. 告诉我那里的月色！那里的日光！

C. 啊，你终于如预言中所说的无语而来，无语而去了吗？年轻的神？

D. 一定要走吗，请等我和你同行！

答案速查

1	2	3	4	5	6	7	8	9	10	11	12	13	14	15
B	B	D	A	B	D	D	B	D	B	C	B	B	C	C
16	17	18	19	20	21	22	23	24	25	26	27	28	29	30
D	B	B	C	C	C	A	D	C	B	C	B	C	A	D
31	32	33	34	35	36	37	38	39	40	41	42	43	44	45
C	D	C	C	B	A	B	A	C	B	D	C	B	D	C
46	47	48	49	50	51	52	53	54	55	56	57	58	59	60
A	D	C	C	A	B	A	D	C	B	B	A	C	D	B
61	62	63	64	65	66	67	68	69	70	71				
D	A	B	A	A	C	C	D	B	D	A				

专题六　修辞手法精准辨析高分突破

1.（安徽）下列句子中使用比喻手法的一项是（　　）

A. 飞流直下三千尺，疑是银河落九天

B. 窗含西岭千秋雪，门泊东吴万里船

C. 月落乌啼霜满天，江枫渔火对愁眠

D. 碧玉妆成一树高，万条垂下绿丝绦

2.（福建）下列对修辞手法判断正确的一项是（　　）

A. 东边日出西边雨，道是无晴却有晴。（对比）

B. 五岭逶迤腾细浪，乌蒙磅礴走泥丸。（反复）

C. 白发三千丈，缘愁似个长。（拟人）

D. 秋菊堪餐，春兰可佩。（对偶）

3.（浙江）下面作为“梨花院落溶溶月”的对偶句，最恰当的一项是（　　）

A. 柳絮池塘淡淡风

B. 榆英临窗片片雪

C. 带水芙蓉点点雨

D. 丁香初绽悠悠云

4.（江西）统编小学语文教科书四年级下册第13课老舍的《猫》有一句话：“或是在你写作的时候，跳上桌来，在稿纸上踩印几朵小梅花。”老舍先生使用的修辞手法和表达的感情分别（　　）

A. 夸张　喜爱　　B. 夸张　厌恶　　C. 比喻　厌恶　　D. 比喻　喜爱

5.（广东）下列诗句所运用的修辞手法与其他三项不一致的是（　　）

A. 遥望洞庭山水翠，白银盘里一青螺。

B. 瀚海阑干百丈冰，愁云惨淡万里凝。

C. 接天莲叶无穷碧，映日荷花别样红。

D. 金樽清酒斗十千，玉盘珍羞直万钱。

6.（山西）下列没有使用比喻修辞的一项是（　　）

A. 更多的时候，乌云四合，层峦叠嶂都成了水墨画。

B. 独有英雄驱虎豹，更无豪杰怕熊罴。

C. 叶子出水很高，像亭亭的舞女的裙。

D. 花白胡子恍然大悟似的说。

7.（广东）下列句子中，使用了明喻的修辞手法的一项是（　　）

A. 没有智慧的头脑，就像没有蜡烛的灯笼。

B. 中国是只沉睡着的雄狮。

C. 一阵风吹来，将天上的小绵羊赶走了。

D. 他摇曳着一头的蓬草，冲出门外上学去了。

8.(河南)下列诗句中,没有运用修辞手法的一项是( )

A. 嫦娥应悔偷灵药,碧海青天夜夜心。
B. 君不见高堂明镜悲白发,朝如青丝暮成雪。
C. 不知细叶谁裁出,二月春风似剪刀。
D. 飞流直下三千尺,疑是银河落九天。

9.(陕西)"花白胡子恍然大悟似的说"的修辞是( )

A. 比喻
B. 比拟
C. 借代
D. 双关

10.(福建)下列关于修辞手法的分析,正确的一项是( )

A."日出江花红胜火,春来江水绿如蓝。能不忆江南?"运用比喻、设问手法,描绘了春天美景,表达了作者对江南的喜爱之情。

B."五岭逶迤腾细浪,乌蒙磅礴走泥丸"运用夸张、借代、拟人手法,极言山势凶险,但在军人眼中却是非常渺小的。

C."相看两不厌,只有敬亭山"运用夸张手法,写诗人与敬亭山的相知相怜,突出了诗人精神上的孤独。

D."只见白浪翻滚,形成一堵两丈多高的水墙"运用比喻手法,把水浪比作"水墙"形容江潮浪头之高、气势之盛。

11.(广东)下列句子中,没有使用修辞手法的一项是( )

A. 姥姥家的菜园子里有五棵碗口粗的枣树,贴着园子墙里面,整齐地站成一排,枝繁叶茂、潇潇洒洒。

B. 一支被亢奋武装的大军发起了勇猛的攻击,汹涌澎湃、摧坚陷阵、势不可当。此刻还有什么不能做的事情吗?还有什么做不到的事情吗?

C. 向南方,时间的褶皱逆向展开;向南方,记忆伤痛;向南方,双眼叠翠,相对沉默。

D. 习见的环境都已变成实用的工具。比如我久住在一个城市里,出门看见一条街就想到朝某方向走是某家酒店,朝某方向走是某家银行。

12.(安徽)下列句子中,没有使用比喻的一项是( )

A. 手如柔荑,肤如凝脂。领如蝤蛴,齿如瓠犀。

B. 宗庙之事,如会同,端章甫,愿为小相焉。

C. 天街小雨润如酥,草色遥看近却无。

D. 马作的卢飞快,弓如霹雳弦惊。

13.(天津)下列熟语中,没有使用借代手法的一项是( )

A. 人为刀俎,我为鱼肉
B. 人皆可以为尧舜
C. 化干戈为玉帛
D. 情人眼里出西施

14. (安徽)下列语句中没有使用修辞手法的句子是(　　)

A. 儿童急走追黄蝶,飞入菜花无处寻。

B. 飞流直下三千尺,疑是银河落九天。

C. 可怜九月初三夜,露似真珠月似弓。

D. 荷尽已无擎雨盖,菊残犹有傲霜枝。

15. (江苏)下列选项中,未使用比拟手法的一项是(　　)

A. 一水护田将绿绕,两山排闼送青来。

B. 霜禽欲下先偷眼,粉蝶如知合断魂。

C. 寄蜉蝣于天地,渺沧海之一粟。

D. 明月不谙离恨苦,斜光到晓穿朱户。

16. (江苏)下列修辞手法中,对应错误的一项是(　　)

A. 门前流水尚能西!休将白发唱黄鸡。(比拟)

B. 遥望洞庭山水翠,白银盘里一青螺。(比喻)

C. 瀚海阑干百丈冰,愁云惨淡万里凝。(夸张)

D. 两岸青山相对出,孤帆一片日边来。(借代)

17. (湖南)下列语句中,没有使用比喻手法的一项是(　　)

A. 新一轮国企改革正强力推进,规模高达190万亿元的国有资产提质增效,将成为经济增长新引擎,开创高质量发展新局面。

B. 全面建成小康社会,重在“全面”,难在“全面”,需要我们处理好复杂的经济社会关系,统筹兼顾各方,如弹钢琴,协调才能奏出好乐曲。

C. 金钱和权力是会让人上瘾的毒药,它们会令贪婪的人在不知不觉中走向毁灭,如同飞蛾扑火一般。

D. 记者从市水文局、气象局获悉,20日8时至21日8时降水量给力,目前降雨还在继续,这场及时雨的到来,将有效缓解济南的旱情。

18. (广东)以下诗句中,所运用的修辞手法与其他三项不同的是(　　)

A. 青鸟不传云外信,丁香空结雨中愁。

B. 羌笛何须怨杨柳,春风不度玉门关。

C. 多少绿荷相倚恨,一时回首背西风。

D. 岐王宅里寻常见,崔九堂前几度闻。

19. (广东)下列选项中,只采用了对偶修辞手法的是(　　)

A. 马作的卢飞快,弓如霹雳弦惊。

B. 白日依山尽,黄河入海流。

C. 蓬山此去无多路,青鸟殷勤为探看。

D. 床头屋漏无干处,雨脚如麻未断绝。

20. (广东)对下列句子中使用的修辞手法,判断正确的一项是(　　)

A. 公园里的长凳上坐着两个人,一个“马褂”,一个“西装”。(比喻)

B. 农民们都说:“看见这样鲜绿的苗,就嗅出白面包子的香味来了。”(夸张)

C. 是谁创造了人类世界？是我们劳动群众。(反问)

D. 发出的声响如震川的虎啸，奔涌的浊流如腾飞的巨龙，悬垂的水流如张挂的天幕，激起的水珠如四溅的钢花。(顶真)

21. (浙江)下列各句中，采用的修辞手法依次是(　　)

(1)可怜九月初三夜，露似真珠月似弓。

(2)桃花潭水深千尺，不及汪伦送我情。

(3)感时花溅泪，恨别鸟惊心。

(4)横眉冷对千夫指，俯首甘为孺子牛。

A. 比喻　拟人　夸张　对比　　B. 比喻　夸张　通感　对偶

C. 拟人　通感　对偶　对比　　D. 夸张　拟人　比喻　对偶

22. (山西)下列句子中与“峰峦如聚，波涛如怒”采用同一种修辞手法的是(　　)

A. 浩浩乎如冯虚御风，而不知其所止。

B. 其声呜呜然，如怨如慕，如泣如诉。

C. 海水向岸上献殷勤，波浪的声音是那么亲热。

D. 山川相缪，郁乎苍苍。

23. (湖南)下列诗词名句所运用的修辞手法，与例句相同的一项是(　　)

例句：连峰去天不盈尺，枯松倒挂倚绝壁。

A. 无边落木萧萧下，不尽长江滚滚来。

B. 东船西舫悄无言，唯见江心秋月白。

C. 寻寻觅觅，冷冷清清，凄凄惨惨戚戚。

D. 问君能有几多愁？恰似一江春水向东流。

24. (湖南)下列句子中，没有运用修辞手法的一项是(　　)

A. 他面孔黄里带白，瘦得叫人担心，好像是大病初愈的人。

B. 有了崇高的理想、豪迈的气概和乐观的态度，还有什么困难是不能克服的呢？

C. 盼望着，盼望着，东风来了，春天的脚步近了。

D. 火辣辣的太阳把人的手和脊背都要晒裂了。

25. (江西)下面句子没有使用修辞手法的一项是(　　)

A. 盼望着，盼望着，东风来了，春天的脚步近了。

B. 山坡上卧着些小村庄，小村庄的屋顶上卧着点儿雪，对，这是张小水墨画，也许是唐代的名手画的吧。

C. 海日生残夜，江春入旧年。

D. 女娲亲手创造的这个聪明美丽的小生物目不转睛地看着女娲，好像表示感激。

26. (安徽)下列语句中没有使用比喻修辞手法的一句是(　　)

A. 刘备对关羽、张飞说："我得到了诸葛亮，就像鱼儿得到了水一样啊！"

B. 没有破水罐裂缝渗出来的水，主人哪能每天欣赏到这些美丽的花朵呢？

C. 高尔基说过"我扑在书上，就像饥饿的人扑在面包上"，真是发人深省。

D. 杭州素有"人间天堂"的美称，西湖就像镶嵌在"天堂"上的一颗明珠。

27. (安徽)下列各句中没有使用修辞手法的一项是(　　)

A. 争渡，争渡，惊起一滩鸥鹭。

B. 劝君更尽一杯酒，西出阳关无故人。

C. 日出江花红胜火，春来江水绿如蓝。能不忆江南？

D. 白发三千丈，缘愁似个长。不知明镜里，何处得秋霜。

28. (安徽)下列句子中没有用修辞手法的是(　　)

A. 极目远眺，碧绿如丝绒般的草原上是一头头黑白两色的奶牛。

B. 一道道高低错落的瀑布，宛如白练腾空，银花四溅，蔚为壮观。

C. 看着和小伙伴们一起玩耍的照片，我仿佛回到了小时候。

D. 鲜花与彩灯辉映，礼花伴歌声齐飞，天安门广场犹如欢乐的海洋。

29. (安徽)下列古诗句中所运用的手法表述错误的一项是(　　)

A. "洛阳亲友如相问，一片冰心在玉壶"运用了比喻的手法。

B. "飞流直下三千尺，疑是银河落九天"运用了夸张的手法。

C. "沧海月明珠有泪，蓝田日暖玉生烟"运用了拟人的手法。

D. "欲渡黄河冰塞川，将登太行雪满山"运用了对偶的手法。

30. (江西)"铁窗和镣铐，镣铐和坚壁，坚壁和重门，锁得住自由的身，锁不住革命精神。"这里运用的修辞手法是(　　)

A. 移就　　B. 拈连　　C. 映衬　　D. 错综

31. (福建)对下列诗句所运用的修辞手法分析不正确的一项是(　　)

A. 主人下马客在船——互文

B. 东边日出西边雨，道是无晴却有晴——双关

C. 遥望洞庭山水翠，白银盘里一青螺——比喻

D. 不以物喜，不以己悲——借代

32.（福建）对下列诗句所运用的修辞手法及其作用分析不恰当的一项是（　　）

A.“回眸一笑百媚生，六宫粉黛无颜色”这两句诗用拟人、夸张和对比的修辞手法描绘贵妃倾国倾城的美丽形象。

B.“时雨点红桃千树，春风吹绿柳万枝”这两句诗用对偶和比拟的修辞手法形象地描绘出春天生机勃勃的景象。

C.“春蚕到死丝方尽，蜡炬成灰泪始干”这两句诗用对偶、比喻和双关的修辞手法写出刻骨铭心的相思离恨。

D.“战士军前半死生，美人帐下犹歌舞”这两句诗用对比、对偶的修辞手法揭露将士间的矛盾，暗示战争必败的原因。

33.（福建）下列关于修辞手法的分析错误的一项是（　　）

A.“争渡，争渡，惊起一滩鸥鹭”运用反复的手法，表现词人急于寻路回家而奋力划船的情状。

B.“我到了自家房外，母亲迎了出来，接着便飞出来八岁的侄儿。”运用拟物的手法，写出侄儿心情急切和动作轻快。

C.“时间是勤奋者的财富，创作者的宝库；时间是懒惰者的包袱，浪费者的坟墓。”运用衬托的手法写出时间对不同人的不同意义和效应。

D.“可是当兵一当三四年，打仗总打了百十回吧，身上一根汗毛也没碰断。”运用夸张的手法，强调无敌勇士身经百战而没受一点损伤，夸赞战士的英勇。

34.（福建）下列关于修辞手法的分析错误的一项是（　　）

A.“穿的虽然是长衫，可是又脏又破，似乎多年没补，也没有洗。”这个句子使用了夸张的修辞手法，表现了孔乙己穷、懒散的特点。

B.“街上仿佛没有人，道路好像加宽了许多，空旷而没有一点凉气，白花花的令人害怕。”这个句子使用了比喻的修辞手法，表现道路的空旷和天气的炎热。

C.“大木匠看见老婆满脸黑云地看着他，情知要有一场暴风雨。”这个句子使用了比喻的修辞手法，表现了大木匠老婆生气时的样子。

D.“有的人活着，他已经死了；有的人死了，他还活着。”这个句子使用了对比的修辞手法，将两种人进行对比，贬斥前者，颂扬后者。

35.（福建）对下列一段话修辞手法的分析，不当的一项是（　　）

风是调皮的小男孩，抓把土抛向空中，趁机扯乱女孩子的长发；风是年老的画家，一味选择灰色调，造出黄昏的画面；风是不高明的小偷，溜进屋时弄响门，逃走时还在窗上留下了脚印。

A.运用了比喻的修辞手法，形象生动地写出风的特点。

B. 运用了拟人的修辞手法,写出风的顽皮、可恶和无孔不入的特点。

C. 运用了排比的修辞手法,三个句子的长度与句式风格很接近。

D. 几种修辞手法结合得自然和谐,恰到好处,共同突出了风的特点。

36. (湖北)下列句子修辞手法运用完全恰当的一项是(　　)

A. 他的话没有实质内容,空虚得像战鼓一样。

B. 夜深了,四周一片宁静,皎洁的月光像透明的轻纱笼罩着大地。

C. 蒲公英柔软的茎上顶着小黄伞,雄赳赳地守卫在道路两旁。

D. 那一棵一棵的大树,像我们的俘虏似的狼狈地躺在工地上。

37. (湖北)关于下列句子所使用的修辞手法判断错误的是(　　)

A. 大明湖四面荷花三面柳,像新磨的明镜,照出千佛山影。(比喻)

B. 日出江花红胜火,春来江水绿如蓝。(对偶)

C. 不知是漱玉的泉水温润了李清照,还是李清照照彻了漱玉的泉水。(顶真)

D. 轻轻敲开流水边人家的院门,院外青山入庭,院内清泉煮茶,还有不藏不掖、絮絮叨叨的家乡话。(拟人)

38. (江西)下列句子的修辞手法分析错误的一项是(　　)

A. 眼睛也像他父亲一样,周围都肿得通红,这我知道,在海边种地的人,终日吹着海风,大抵是这样的。(比喻)

B. 燕子去了,有再来的时候;杨柳枯了,有再青的时候;桃花谢了,有再开的时候。(排比)

C. 农民们都说,看见这样鲜绿的苗,就嗅出白面包子的香味儿来了。(夸张)

D. 宝剑锋从磨砺出,梅花香自苦寒来。(对偶)

39. (云南)对下列句子的修辞手法判断错误的一项是(　　)

A. 油蛉在这里低唱,蟋蟀们在这里弹琴。(拟人)

B. 徜徉在古诗的海洋里,陶渊明的悠然遐思,李太白的潇洒飘逸,杜子美的济世情怀,岑嘉州的边塞放歌,无不让人荡气回肠。(排比)

C. 大家都很喜欢她,因为她长得好像明星刘亦菲。(比喻)

D. 谁能断言那些狼藉斑斑的矿坑不会是人类自掘的陷阱呢?(反问)

40. (江西)下列选项中,未使用互文的一项是(　　)

A. 大城铁不如,小城万丈余。(杜甫《潼关吏》)

B. 明主不晓。(司马迁《报任安书》)

C. 燕歌赵舞为君开。(卢照邻《长安古意》)

D. 秦时明月汉时关。(王昌龄《出塞》)

41. (江西)对下列句子的修辞手法分析错误的一项是( )

A. 兵马俑有的颔首低眉,若有所思,好像在考虑如何相互配合,战胜敌人。(比喻)

B. 蜀道之难,难于上青天。(夸张)

C. 那是个停电的晚上,沙城铺天盖地地撕扯着黑暗中的一切,我缩在被窝里惊恐地竖耳听着。(比拟)

D. 舞蹈演员的手指不是常作兰花状吗?这两根手指正是这朵兰花中最优美的两瓣。(设问)

42. (江西)下列句子中运用的修辞手法判断完全正确的一项是( )

①那航船,就像一条大白鱼背着一群孩子在浪花里蹿。

②他总是微笑起来,而且将头仰起,摇着,向后拗过去,拗过去。

③挪威国旗耀武扬威,洋洋得意地在这个被人类冲破的堡垒上,猎猎作响。

④乱蛙一样,是蹦跳的脚步;火花一样,是闪射的瞳仁;斗虎一样,是强健的风姿。

A. ①拟人 ②反复 ③比喻 ④比喻　　B. ①比喻 ②反复 ③拟人 ④排比

C. ①比喻 ②夸张 ③拟人 ④排比　　D. ①拟人 ②夸张 ⑧比喻 ④比喻

43. (云南)下列对修辞手法及其作用分析不正确的一项是( )

A. 这棵大树依然挺立着,烈日烤灼着它,干渴折磨着它,然而它没有倒下,它坚韧而顽强地活着。(运用排比的修辞手法,突出了这棵大树所经受的种种磨难,表现了它的坚韧和顽强)

B. 接天莲叶无穷碧,映日荷花别样红。(运用对偶的修辞手法,描绘了一幅天高日丽、红碧交辉的彩色图画,令人心旷神怡)

C. 一个老城,有山有水,全在天底下晒着阳光,暖和而安适地睡着,只等春风来把它们唤醒。(运用拟人的修辞手法,将"老城"人格化,使之带有生命的感觉与意味,体现了老城暖和安适的特点)

D. 我就知道,我们之间已经隔了一层可悲的厚障壁了。(运用比喻的修辞手法,用"可悲的厚障壁"形象地表达出"我"与闰土之间因观念、地位、生活环境的差异所带来的精神上的隔膜)

44. (云南)下列句子没有使用修辞手法的一项是( )

A. 在北美的沙漠中,我是一株水土不服的故园里的橘树,我的诗篇不过是些苦涩的果实。

B. 山坡上卧着些小村庄,小村庄的房顶上卧着点雪。

C. 假山的堆叠可以说是一项艺术而不仅是技术。

D. 海浪发出汩汩的声音,像是谁在海底吐着气。

45. (广东)"在天愿作比翼鸟,在地愿为连理枝。(《长恨歌》)"这句诗中运用的修辞手法是( )

A. 比拟　　B. 夸张　　C. 对比　　D. 顶真

46. (天津)下列句子运用夸张手法不当的一句是(　　)

A. 山高水险石卡卡,红苕洋芋苞谷粑。要想吃碗大米饭,除非坐月生娃娃。等到大米找回来,娃娃已经满地爬。

B. 王老汉种的甜瓜,十几里外就闻到瓜香了。

C. 面片擀得一张纸,面条切下一条线。下到锅里莲花转,盛到碗里赛牡丹。

D. 玉米稻子密又浓,铺天盖地不透风。就是卫星掉下来,也要弹回半空中。

47. (江西)对下列各句使用的修辞手法及其作用分析不正确的一组是(　　)

A. "王羲之书如龙跳天门,虎卧凤阙;韦诞书如龙威虎振,剑拔弩张;萧子云书如荆轲负剑,壮士弯弓,雄人猎虎,心胸猛烈,锋刃难当。"句中运用了比喻、排比的修辞手法,描绘出他们书法艺术的独特。

B. "争渡,争渡,惊起一滩鸥鹭。"句中运用了反复的修辞手法,表现了诗人急于寻路回家,奋力划船的情状。

C. "花下也缺不了成群结队的清国留学生速成班,头顶上盘着大辫子,顶得学生制帽的顶上高高耸起,形成一座富士山。"句中运用夸张和比喻的修辞手法,写出了清朝留学生可笑的打扮和丑态。

D. "为什么我的眼里常含泪水,因为我对这土地爱得深沉。"句中运用发问的修辞手法,表现了作者对土地无比深沉的热爱之情。

48. (江西)"先生,给现洋钱,袁世凯,不行么?白白的米换不到白白的现洋钱,好像又被他们打了一个折扣,怪不舒服。"这句话的修辞手法是(　　)

A. 比喻　　B. 比拟　　C. 借代　　D. 夸张

49. (福建)对下列诗句所运用的修辞手法及分析,有误的一项是(　　)

A. "上有六龙回日之高标,下有冲波逆折之回川"——夸张,用高标接天挡日的景象,极写山势之高危,道路之难行。

B. "谈笑间,樯橹灰飞烟灭"——比喻,生动形象地写出曹军的船队被一把火烧得精光的情景,突出了周瑜的战功。

C. "今宵酒醒何处?杨柳岸,晓风残月"——设问,自问自答,融情入景,生动形象地突出了离愁别绪。

D. "此日六军同驻马,当时七夕笑牵牛"——对偶,以"六军"对"七夕","驻马"对"牵牛",信手拈来,自然流利,工整巧妙。

50. (湖南)下列句子与其所运用的修辞手法对应不正确的一项是(　　)

A. 你听过蒲公英梳头的声音吗？蒲公英有一蓬金黄色的头发，当起风的时候，头发互相轻触着，像磨砂纸那样沙沙地一阵细响，转眼间，她的头发全被风儿梳掉了！(拟人)

B. 你总听过风吹的声音吧？当微风吹过柳梢，当清风拂过明月，当狂风扫过巨浪，当台风横越山岭，你总听到些什么吧？(排比)

C. 圆规一面愤愤地回转身，一面絮絮地说，慢慢向外走，顺便将我母亲的一副手套塞在裤腰里，出去了。(借代)

D. 你善于用你的耳朵吗？你听见了世界的声音了吗？你用心听了吗？(反问)

51. (江苏)下列诗句中，没有运用比喻修辞手法的一项是(　　)

A. 酒徒飘落风前燕，诗社凋零霜后桐。(苏舜钦《沧浪亭怀贯之》)

B. 君当作磐石，妾当作蒲苇，蒲苇纫如丝，磐石无转移。(乐府诗集《孔雀东南飞　并序》)

C. 山月皎如烛，风霜时动竹。(韦应物《同褒子秋斋独宿》)

D. 冷晕侵残烛，雨声在深竹。(赵秉文《和韦苏州秋斋独宿》)

52. (山西)对下列句子的修辞手法的判断，正确的一项是(　　)

①朵朵白云在微风中翩翩起舞。　②无丝竹之乱耳，无案牍之劳形。

③水是眼波横，山是眉峰聚。　④铁肩担道义，妙手著文章。

A. ①比喻　②比拟　③比喻　④对偶　B. ①比喻　②借代　③比拟　④对比

C. ①比拟　②借代　③比喻　④对偶　D. ①比拟　②比喻　③借代　④对比

53. (陕西)李白的《早发白帝城》主要采用了什么修辞手法?(　　)

A. 比喻　B. 比拟　C. 夸张　D. 排比

54. (江西)选择合适的句子填入横线构成比喻，其中最恰当的一项是(　　)

工作中，我们有时会遭遇无意的伤害，但请记住，我们不可为之抛弃那一颗宽容之心。这就犹如________。

A. 牛虻叮上几口，老牛决不为此而停止耕耘

B. 马蹄踩踏到了鲜花，鲜花依旧簇拥着马蹄

C. 你不让它做一颗明星，它甘愿做一盏小灯

D. 山崩造成断崖，断崖却形成了壮观的瀑布

55. (江西)下列诗句中没有使用借代的修辞手法的是(　　)

A. 回眸一笑百媚生，六宫粉黛无颜色。　B. 故人西辞黄鹤楼，烟花三月下扬州。

C. 千里莺啼绿映红，水村山郭酒旗风。　D. 但使龙城飞将在，不教胡马度阴山。

56.（天津）下列诗句中，没有使用比拟手法的一项是（　　）

A. 东风便试新刀尺，万叶千花一手栽。　　B. 浮萍破处见山影，小艇归时闻草声。

C. 有情芍药含春泪，无力蔷薇卧晓枝。　　D. 唯有南风旧相识，偷开门户又翻书。

57.（江西）下列各项中，对修辞格使用理解有误的一项是（　　）

A. 叶子出水很高，像亭亭的舞女的裙。（比喻）

B. 秋水共长天一色，落霞与孤鹜齐飞。（对偶）

C. 蜀道之难，难于上青天。（夸张）

D. 有的人活着，他已经死了；有的人死了，他还活着。（排比）

58.（云南）下列对诗句的赏析不正确的一项是（　　）

A.《行路难（其一）》中“欲渡黄河冰塞川，将登太行雪满山”两句用“冰塞川”“雪满山”作比喻，说明诗人仕途受阻，济世安民的理想无法实现。

B.《山坡羊·潼关怀古》中“峰峦如聚，波涛如怒”两句分别从听觉和视觉两个方面写出了潼关的险要。

C.《己亥杂诗》中“落红不是无情物，化作春泥更护花”两句以落花为喻，展示诗人虽已辞官，但仍思为国效力的献身精神。

D.《过零丁洋》中“山河破碎风飘絮，身世浮沉雨打萍”两句以比喻方式写国势和身世，生动形象，而且蕴藏着深挚沉痛的感情，极有艺术感染力。

59.（江西）在下列句子中，与其他三句修辞手法使用不同的一句是（　　）

A. 塘中的月色并不均匀；但光与影有着和谐的旋律，如梵婀玲上奏着的名曲。（朱自清《荷塘月色》）

B. 大学同学的时候，他老远看见我们脸就涨红，愈走近脸愈红，红得我们瞧着都身上发热难过。（钱锺书《围城》）

C. 我在蒙胧中，又隐约听到远处的爆竹声联绵不断，似乎合成一天音响的浓云，夹着团团飞舞的雪花，拥抱了全市镇。（鲁迅《祝福》）

D. 无论哪一首激动人心的歌，最初在哪里听过，哪里的情景就会深深地留在记忆里。（吴伯箫《歌声》）

60.（江西）下列歇后语，根据修辞的手法划分，属于双关的一项是（　　）

A. 老九的弟弟——老实（十）　　B. 孙猴子的脸——说变就变

C. 徐庶进曹营——一言不发　　D. 热锅上的蚂蚁——走投无路

61. (云南)对下列各句修辞手法判断有误的一项是(　　)

A. 油蛉在这里低唱,蟋蟀们在这里弹琴。(拟人)

B. ……还要将脖子扭几扭。实在标致极了。(反语)

C. 希特勒、墨索里尼,不都在人民面前倒下去了吗?(反问)

D. 夺取全国胜利,这只是万里长征走完了第一步。(夸张)

62. (广东)"从远处看,郁郁苍苍,重重叠叠,望不到头。到近处看,有的修直挺拔,好似当年山头的岗哨;有的密密麻麻,好似埋伏在深坳里的奇兵;有的看来出世还不久,却也亭亭玉立,别有一番神采。"以上是某篇文章中对于翠竹的描述,对此分析正确的选项包括(　　)[多选]

A. 作者运用了比喻的修辞手法,表现出山上翠竹的修长茂密,充满自然美。

B. 作者运用了双关、排比的修辞手法,把山上的翠竹比拟成士兵,守疆卫国。

C. 作者运用了比喻、双关的修辞手法,强调山上的翠竹挺拔强劲、不畏严寒。

D. 作者运用了排比的修辞手法,铺陈出山上翠竹的各种姿态。

63. (山西)杨绛在《干校六记》中写道:"罗山无地可耕,干校无事可干。"没有用到的修辞手法是(　　)

A. 夸张　　B. 对仗　　C. 谐音　　D. 顶针

64. (浙江)下列"三十六计"中的计谋定名,全部借助了比喻的是(　　)

A. 远交近攻　顺手牵羊　反客为主　　B. 打草惊蛇　浑水摸鱼　调虎离山

C. 围魏救赵　以逸待劳　偷梁换柱　　D. 暗度陈仓　金蝉脱壳　欲擒故纵

65. (江苏)下列句子中,运用比喻的修辞手法的一项是(　　)

A. 我们呼唤,在现实生活中能有更多像鲁迅先生这样的人,为了民族的未来而思考,而奋斗。

B. 做客山中的妙处,尤在你永不须踌躇你的服色与体态,你不妨摇曳着一头的蓬草,不妨纵容你满腮的苔藓。

C. 衰败的大时代,精致的小人物。《受戒》和《倾城之恋》骨子里很像,我们几乎可以把《受戒》看作《倾城之恋》的乡村版。

D. 江南小镇有过升沉荣辱,但实在也未曾摆出过太堂皇的场面,因此也不容易产生类似于朱雀桥、乌衣巷的沧桑之慨。

66. (山西)阅读下面这首宋词,回答问题。

蝶恋花·晚止昌乐馆寄姊妹

李清照

泪湿罗衣脂粉满,四叠阳关,唱到千千遍。人道山长山又断,萧萧微雨闻孤馆。

惜别伤离方寸乱,忘了临行,酒盏深和浅。好把音书凭过雁,东莱不似蓬莱远。

词中画线句子运用了什么修辞手法?(　　)

A. 拟人　　B. 比喻　　C. 双关　　D. 夸张

67. (浙江)下列句子所运用的修辞方法及其表达作用,分析不当的一项是(　　)

A. 事实上他所教的古代语言,对他来说,也就是雨鞋和雨伞,使他借此躲避现实生活。

(运用比喻,说明别里科夫所教的古代语言,是他借以躲避现实生活的一个"套子"。)

B. 粉色荷花箭高高地挺出来,是监视白洋淀的哨兵吧。

(运用拟人,暗示白洋淀抗日游击队员具有高度的警惕性。)

C. 一个浑身黑色的人,站在老栓面前,眼光正像两把刀,刺得老栓缩小了一半。

(运用比喻和夸张,表现刽子手的凶恶和老栓的胆怯。)

D. 这种作风,拿了律己,则害了自己;拿了教人,则害了别人;拿了指导革命,则害了革命。

(运用排比,增强语势,一层层地揭示了主观主义的危害。)

68. (山西)"秦时明月汉时关"意思是"秦汉时的明月秦汉时的关",下列与这一表现手法相同的一项是(　　)

A. 烟笼寒水月笼沙　　B. 明月楼高休独倚

C. 一夜飞度镜湖月　　D. 夜吟应觉月光寒

69. (山东)下列各项中和例句使用的修辞手法相同的是(　　)

例句:柳条吐芽,点点鹅黄;海棠浴露,颗颗红玉;桃花满树,朵朵云霞。

A. 烟尘犯雪岭,鼓角动江城。

B. 霜禽欲下先偷眼,粉蝶如知合断魂。

C. 看见这鲜绿的麦苗,就嗅出白面馍馍的香味来了。

D. 久在樊笼里,复得返自然。

70. (山西)下列句子与其运用的修辞手法的对应,错误的一项是(　　)

A. 知否? 知否? 应是绿肥红瘦。(借代)

B. 无边落木萧萧下,不尽长江滚滚来。(对偶)

C. 白发三千丈,缘愁似个长。(夸张)

D. 丞相祠堂何处寻? 锦官城外柏森森。(反问)

71. (山西)"微风过处,送来缕缕清香,仿佛远处高楼上渺茫的歌声似的"(朱自清《荷塘月色》)所用的修辞手法是(　　)

A. 借代　　B. 通感　　C. 排比　　D. 双关

72. (山西)对下列各句的修辞手法判断有误的一项是( )

A. 她的举动像只小野猫儿,她的思想却像个死牛。(明喻)

B. 伊太太顶着一脑袋乱棉花进来了。(暗喻)

C. 夫妇是树,儿女是花,有了花的树才能显出根儿深。(暗喻)

D. 天空的白云像棉花糖一样。(明喻)

73. (山西)下列各项中,修辞手法的使用相同的一组是( )

①井底点灯深烛伊,共郎长行莫围棋。(《新添声杨柳枝词二首》)

②春蚕到死丝方尽,蜡炬成灰泪始干。(《无题》)

③桃花潭水深千尺,不及汪伦送我情。(《赠汪伦》)

④昔人已乘黄鹤去,此地空余黄鹤楼。(《黄鹤楼》)

A. ①④　　B. ①②　　C. ②③　　D. ③④

74. (河北)"微风过处,送来缕缕清香,仿佛远处高楼上渺茫的歌声似的"一句中,将属于嗅觉的清香,巧妙写为属于听觉的歌声。下列句子中,没有采用这种修辞手法的一项是( )

A. 月光是隔了树照过来的,高处丛生的灌木,落下参差的斑驳的黑影。

B. 风睡林眠,泉边传来的鸟声清晰可闻,就像是被清泉洗濯过的嫩叶。

C. 马蹄声孤独又忧郁地自远至近,洒落在沉默的街上如白色的小花朵。

D. 月光下,那低头思故乡的离愁在湖边浅水里静泊成一叶沉思的小舟。

答案速查

1	2	3	4	5	6	7	8	9	10	11	12	13	14	15
D	D	A	D	A	D	A	A	C	D	D	B	A	A	C
16	17	18	19	20	21	22	23	24	25	26	27	28	29	30
A	D	D	B	B	B	C	D	A	D	B	B	C	C	B
31	32	33	34	35	36	37	38	39	40	41	42	43	44	45
D	A	C	B	B	B	D	A	C	B	A	B	A	C	A
46	47	48	49	50	51	52	53	54	55	56	57	58	59	60
D	D	C	B	D	D	C	C	B	B	B	D	B	D	A
61	62	63	64	65	66	67	68	69	70	71	72	73	74	
D	AD	D	B	B	D	B	A	D	D	B	B	B	A	

附　录

SHANXIANGEDU

教师之路 从山香起步

附录Ⅰ 常见易错成语集录

A

哀鸿遍野：形容到处都是呻吟呼号、流离失所的灾民的悲惨景象。

爱屋及乌：比喻爱一个人而连带地关心到跟他有关的人或物。

安步当车：慢慢地步行，就当作是坐车。

安身立命：指生活有着落，精神有所寄托。

安之若素：(遇到不顺利情况或反常现象)像平常一样对待，毫不在意。

按部就班：指按照一定的条理，遵循一定的程序(做事)。

按图索骥：按照图像寻找好马，比喻按照死规矩机械、呆板地做事，也泛指按照线索寻找目标。

暗度陈仓：比喻暗中进行某种活动。

B

百尺竿头，更进一步：比喻学问、成就等达到了很高程度以后仍继续努力。

稗官野史：泛称记载轶闻琐事的文字。

阪上走丸：形容形势发展很快，就像斜坡上滚弹丸一样。

抱残守缺：比喻保守不知改进。

抱薪救火：比喻因为方法不对，虽然有心消灭祸患，结果反而使祸患扩大。

暴虎冯河：比喻有勇无谋，冒险蛮干。

暴殄天物：任意糟蹋东西。

闭门造车：比喻不问客观实际，单凭主观办事。

筚路蓝缕：驾着柴车，穿着破旧的衣服去开辟山林。形容创业的艰苦。

鞭辟入里：形容能透彻说明问题，深中要害。

鞭长莫及：比喻力量达不到。

别无长物：没有多余的东西，形容穷困或俭朴。

不卑不亢：既不自卑，也不高傲，形容待人态度得体，分寸恰当。

不负众望：不辜负众人的期望，褒义。

不胫而走：没有腿却能跑，形容传布迅速。

不刊之论：比喻不能改动或不可磨灭的言论，形容言论确当，无懈可击。

不可理喻：不能够用道理使他明白，形容蛮横或固执，不通情理。

不可思议:不可想象,不能理解。

不可终日:指一天都过不下去,形容局势危急或心中惶恐。

不郎不秀:形容人不成材,没出息。

不落窠臼:指文章或艺术等有独创风格,不落旧套。

不容置喙:不容别人插嘴说话。

不塞不流,不止不行:比喻只有破除旧的、错误的东西,才能建立新的、正确的东西。

不为已甚:指对人的责备或处罚要适可而止。

不瘟不火:指表演既不沉闷也不过火。

不修边幅:形容不注意衣着、容貌的整洁。

不一而足:不止一种或一次,而是很多。

不易之论:内容正确、不可更改的言论。

不虞之事:没有料想到的事。

不足为训:不值得作为遵循或效法的准则。

C

参差不齐:形容水平不一或很不整齐。

蚕食鲸吞:用各种方式侵占吞并。

沧海遗珠:大海里的珍珠被采珠者所遗漏。比喻为人所忽视的珍品或被埋没的人才。

草菅人命:把人命看作野草,指任意残杀人民。

侧目而视:斜着眼睛看人,不敢用正眼看。形容拘谨畏惧而又愤恨的样子。

差强人意:现在表示大体上能够使人满意。

晨钟暮鼓:比喻让人警觉醒悟的话。

城下之盟:泛指被迫签订的条约(多指不平等的)。

充耳不闻:塞住耳朵不听,形容不愿听取别人的意见。

抽薪止沸:抽去锅下的柴草来停止锅里开水的沸腾,比喻从根本上解决问题。

出神入化:形容技艺达到了绝妙的境界。

吹毛求疵:比喻故意挑剔毛病,寻找差错。

春风化雨:比喻良好的教育。

唇齿相依:嘴唇和牙齿互相依靠,不能离开,比喻关系密切。

唇亡齿寒:嘴唇没有了,牙齿就会感到寒冷,比喻关系密切,利害相关。

D

大方之家:指学识渊博或学有专长的人。

大快人心：坏人受到惩罚或打击，使大家非常痛快。

大相径庭：形容彼此相差很远或矛盾很大。

当仁不让：遇到应该做的事就要积极主动去做，不退让。

得陇望蜀：比喻贪得无厌。

登堂入室：比喻学识或技能由浅入深，循序渐进，达到更高水平。

等量齐观：指不管事物间的差别，同等看待。

顶礼膜拜：比喻崇拜到极点，多用于贬义。

东山再起：比喻人失势后又重新恢复地位。

洞若观火：形容看得清楚明白。

E

耳濡目染：耳朵经常听到，眼睛经常看到，指不知不觉中受到影响。

耳提面命：不仅是当面告诉他，而且贴近耳朵提醒、叮嘱。形容教导恳切。

F

翻云覆雨：比喻反复无常或玩弄手段。

方枘圆凿：形容格格不入。

方兴未艾：事物正在发展，一时不会停止。

防微杜渐：在错误、坏事刚冒头的时候就加以制止，不使其发展。

分庭抗礼：比喻双方平起平坐，实力相当，可以抗衡。

纷至沓来：纷纷到来，连续不断地到来。

焚膏继晷：点着灯烛接替日光来照明。形容夜以继日地工作或努力学习。

粉墨登场：今多借指登上政治舞台（含讥讽意）。

凤毛麟角：比喻稀少而珍贵的人才或事物。

G

甘之如饴：比喻甘愿承担艰难和痛苦。

感同身受：现多指虽未亲身经历，但感受就同亲身经历过一样。

刚愎自用：倔强固执，自以为是。

高屋建瓴：在房顶上用瓶子往下倒水，比喻居高临下的形势。

各行其是：各自按照自己以为正确的去做。

功亏一篑：比喻一件大事只差一点人力、物力未能完成，含有惋惜的意思。

沽名钓誉：故意做作或用某种手段以谋取名誉。

蛊惑人心:指用欺骗引诱等手段迷惑、搞乱人的思想。

故步自封:比喻安于现状,不求进步。

管窥蠡测:比喻眼光狭窄,见识短浅。

鬼斧神工:形容建筑、雕塑等技艺的精巧。

H

骇人听闻:(多指社会上发生的坏事)使人听了非常吃惊。

含英咀华:比喻琢磨和领会文章的要点和精神。

汗牛充栋:形容书籍很多。

河清海晏:比喻天下太平。

涸辙之鲋:比喻处于困境急待援助的人。

怙恶不悛:坚持作恶不肯悔改。

涣然冰释:比喻疑虑、误会等完全消除。

讳莫如深:紧紧隐瞒。

绘声绘色:形容叙述、描写生动逼真。

毁家纾难:指捐献全部家产,帮助国家缓解危难。

火中取栗:比喻冒危险给别人出力,自己却上了大当,一无所得。也指冒险行事,使自己蒙受损失。

J

积重难返:长期形成的不良的风俗、习惯不易改变。也指长期积累的问题不易解决。

集腋成裘:比喻积少可以成多。

计日程功:可以数着日子计算进度,形容在较短期间就可以成功。

济济一堂:形容很多有才能的人聚集在一起。

间不容发:两物中间容不下一根头发,形容事物之间距离极小,也形容与灾祸相距极近,情势极其危急。

见微知著:见到微小的迹象,就能察知事物发展的趋势或问题的实质。

胶柱鼓瑟:比喻拘泥固执,不能变通。

敬谢不敏:表示推辞做某事的婉辞。

久假不归:长期地借用不归还。

K

侃侃而谈:理直气壮、从容不迫地说话。

空穴来风：有了洞穴才有风进来，比喻消息和传说不是完全没有原因的。现多用来比喻消息和传说毫无根据。

苦心孤诣：用尽心思刻苦钻研，达到别人所不能达到的境界。

脍炙人口：指美味人人爱吃，比喻好的诗文或事物，人们都称赞。

L

良莠不齐：好的坏的混杂在一起。

鳞次栉比：多形容屋舍等密集。

令人发指：形容使人极度愤怒。

令行禁止：有令必行，有禁必止，形容严格执行法令。

流言蜚语：毫无根据的话。

炉火纯青：比喻学问、技术等达到了纯熟完美的地步。

屡试不爽：多次试验都没有差错。

M

买椟还珠：比喻没有眼光，取舍不当。

满目疮痍：形容受到战乱、灾祸严重破坏后的景况。

貌合神离：表面关系密切，而实际怀着两条心。

每况愈下：比喻情况越来越坏。

美轮美奂：形容房屋高大华丽，也形容装饰、布置等美好漂亮。

门可罗雀：形容宾客很少，十分冷落。

门庭若市：形容交际来往的人很多。

明日黄花：比喻已失去新闻价值的报道或已失去应时作用的事物。

目无全牛：比喻技艺到了极为纯熟的地步。

沐猴而冠：比喻表面上装扮得像个人物，而实际并不像。

N

泥沙俱下：比喻好坏不同的人或事物混杂在一起。

P

抛砖引玉：谦辞，比喻用自己粗浅的、不成熟的意见引出别人高明的、成熟的意见。

蓬荜生辉：谦辞，用以表示别人来到自己家里或别人给自己题赠的字画等物张挂到自己家里而使自己非常光荣。

否极泰来：指坏的到了尽头，好的就来了。

Q

期期艾艾:形容口吃。

杞人忧天:比喻为不必要的事情而忧虑。

气味相投:思想作风和意趣情调都一样,互相合得来。

恰如其分:形容说话办事正合分寸。

巧言令色:指用花言巧语和假装和善来讨好别人,也指讨好别人的花言巧语和伪善态度。

罄竹难书:形容罪行多得写不完。

求全责备:指苛责别人,要求完美无缺。

趋之若鹜:像鸭子一样,成群地跑过去,多比喻许多人争着去追逐某种事物(含贬义)。

R

忍俊不禁:指忍不住笑。

忍痛割爱:忍受痛苦放弃自己心爱的东西。

如履薄冰:如同踩在薄冰上面一样,比喻做事非常小心谨慎,存有戒心。

如数家珍:比喻对所讲的事情十分熟悉。

S

三缄其口:形容说话十分谨慎,不敢或不肯开口。

三人成虎:比喻谣言或讹传一再反复,就有使人信以为真的可能。

色厉内荏:外表强硬,内心怯懦。

闪烁其词:形容说话吞吞吐吐。

身无长物:除自身外再没有多余的东西,形容贫穷。

生灵涂炭:形容人民处在极端困苦的环境中。

拾人牙慧:比喻拾取别人的只言半语当作自己的话。

始作俑者:比喻恶劣风气的创始人。

首当其冲:比喻首先受到攻击或遭遇灾难。

数典忘祖:比喻忘掉自己本来的情况或事物的本源。

T

弹冠相庆:多指一人当了官或升了官,他的同伙也互相庆贺将有官可做(含贬义)。

韬光养晦:比喻隐藏才能,不使外露。

醍醐灌顶:比喻灌输智慧,使人彻底醒悟。

投鼠忌器:比喻欲除恶而有顾忌。

脱颖而出:比喻人的才能全部显示出来。

W

万人空巷：家家户户的人都从巷子里出来了，多用来形容庆祝、欢迎等盛况。

望其项背：能够望见别人的颈的后部和脊背，表示赶得上或比得上(多用于否定式)。

危言危行：讲正直的话，做正直的事。

微言大义：精微的语言和深奥的道理。

蔚为大观：丰富多彩，成为盛大的景象(多指文物等)。

文不加点：形容写文章很快，不用涂改就写成。

无所不至：没有达不到的地方；指凡能做的都做到了(用于坏事)。

X

宵衣旰食：天不亮就穿衣起来，天黑了才吃饭，形容勤于政务。

虚与委蛇：对人假意敷衍应酬。

Y

洋洋大观：形容事物繁多，丰富多彩。

一蹴而就：形容事情轻而易举，一下子就能完成。

一鳞半爪：比喻零星片段的事物。

一言九鼎：说话有分量，作用很大。

贻笑大方：让内行笑话。

颐指气使：不说话而用面部表情或口鼻出气发声来示意。形容有权势者随意指挥别人的傲慢态度。

以耳代目：形容不亲自调查研究，听信别人的话。

以邻为壑：比喻把灾祸推给别人。

越俎代庖：比喻超过自己的职务范围，去处理别人所管的事情。

Z

昭然若揭：真相大白。

振聋发聩：比喻用语言文字唤醒糊涂的人。

炙手可热：手一挨近就感觉很热，比喻气焰很盛，权势很大。

捉襟见肘：原指衣服破烂，后来也比喻顾此失彼，应付不过来。

自怨自艾：本义是指悔恨自己的错误，自己改正，现仅指悔恨。

附录Ⅱ 关联词语分类例释

关系类型	解释	关联词语	例句
并列	表示两种或两种以上的情况都存在，且平行并列、程度相当。	既A，又B　又A，又B　有时A，有时B　一方面A，一方面B　一边A，一边B　一会儿A，一会儿B　不是A，而是B　并非A，而是B　是A，不是B	天安门广场西侧的人民大会堂既高大，又庄严。
递进	表示后一种情况的程度更深一层。	不但A，而且B　不但不A，反而B　尚且A，何况B　别说A，连B也	他不但成绩优秀，而且品德高尚。
转折	表示情况与预想相反，或者前后逻辑关系对立。	虽然(虽是、虽说、虽则、虽、尽管、固然)A，但是(可是、然而、但、却、还、也、而)B	这里的花虽然很多，但是没有奇花异草。
因果	表示一事物是另一事物出现的原因或结果。	因为A，所以B　之所以A，是因为B　既然A，那么B	她之所以今天没到校，是因为生病了。
承接	表示事情或动作的发生前后连贯、有秩序。	首先(起先、先)A，然后(后来、随后、再、又)B　刚A，就B　一A，就B	我一出门，就遇见了我的同学。
条件	表示事情或动作的发生需要或排斥某条件。	只要(只需、一旦)A，就(都、便、总)B　只有A，才B　无论A，都B	你只要在这签字，就能享受八折优惠购买本商场任何一款商品。
选择	表示两种或两种以上情况不同时存在。	或者A，或者B　是A，还是B　不是A，就是B　要么A，要么B　要不A，要不B　与其A，不如B　宁可A，也不B	我比他身体强壮，这项任务与其交给他，不如让我去完成。
假设	表示假定某种情况出现了，就会引发另一种情况。	如果(假如、假使、假若、假设、倘若、倘使、若是、若、要是、万一)A，就(那么、那、便、则)B　即使A，也B　再A，也B	如果明天下雨，我就去栽树。

附录Ⅲ　标点符号用法

（中华人民共和国国家标准，有改动）

一、范围

本标准规定了现代汉语标点符号的用法。

本标准适用于汉语的书面语（包括汉语和外语混合排版时的汉语部分）。

二、术语和定义

下列术语和定义适用于本文件。

1. 标点符号

辅助文字记录语言的符号，是书面语的有机组成部分，用来表示语句的停顿、语气以及标示某些成分（主要是词语）的特定性质和作用。

注：数学符号、货币符号、校勘符号、辞书符号、注音符号等特殊领域的专门符号不属于标点符号。

2. 句子

前后都有较大停顿、带有一定的语气和语调、表达相对完整意义的语言单位。

3. 复句

由两个或多个在意义上有密切关系的分句组成的语言单位，包括简单复句（内部只有一层语义关系）和多重复句（内部包含多层语义关系）。

4. 分句

复句内两个或多个前后有停顿、表达相对完整意义、不带有句末语气和语调、有的前面可添加关联词语的语言单位。

5. 语段

指语言片段，是对各种语言单位（如词、短语、句子、复句等）不做特别区分时的统称。

三、标点符号的种类

1. 点号

点号的作用是点断，主要表示停顿和语气。分为句末点号和句内点号。

(1)句末点号

用于句末的点号,表示句末停顿和句子的语气。包括句号、问号、叹号。

(2)句内点号

用于句内的点号,表示句内各种不同性质的停顿。包括逗号、顿号、分号、冒号。

2. 标号

标号的作用是标明,主要标示某些成分(主要是词语)的特定性质和作用。包括引号、括号、破折号、省略号、着重号、连接号、间隔号、书名号、专名号、分隔号。

四、标点符号的定义、形式和用法

(一)句号

1. 定义

句末点号的一种,主要表示句子的陈述语气。

2. 形式

句号的形式是"。"。

3. 基本用法

(1)用于句子末尾,表示陈述语气。使用句号主要根据语段前后有较大停顿、带有陈述语气和语调,并不取决于句子的长短。

示例1:北京是中华人民共和国的首都。

示例2:(甲:咱们走着去吧?)乙:好。

(2)有时也可表示较缓和的祈使语气和感叹语气。

示例1:请您稍等一下。

示例2:我不由地感到,这些普通劳动者也同样是很值得尊敬的。

(二)问号

1. 定义

句末点号的一种,主要表示句子的疑问语气。

2. 形式

问号的形式是"?"。

3. 基本用法

(1)用于句子末尾,表示疑问语气(包括反问、设问等疑问类型)。使用问号主要根据语段前后有较大停顿、带有疑问语气和语调,并不取决于句子的长短。

示例1:你怎么还不回家去呢?

示例2:难道这些普通的战士不值得歌颂吗?

示例3:(一个外国人,不远万里来到中国,帮助中国的抗日战争。)这是什么精神?这是国际主义的精神。

(2)选择问句中,通常只在最后一个选项的末尾用问号,各个选项之间一般用逗号隔开。当选项较短且选项之间几乎没有停顿时,选项之间可不用逗号。当选项较多或较长,或有意突出每个选项的独立性时,也可每个选项之后都用问号。

示例1:诗中记述的这场战争究竟是真实的历史描述,还是诗人的虚构?

示例2:这是巧合还是有意安排?

示例3:要一个什么样的结尾:现实主义的?传统的?大团圆的?荒诞的?民族形式的?有象征意义的?

示例4:(他看着我的作品称赞了我。)但到底是称赞我什么:是有几处画得好?还是什么都敢画?抑或只是一种对于失败者的无可奈何的安慰?我不得而知。

示例5:这一切都是由客观的条件造成的?还是由行为的惯性造成的?

(3)在多个问句连用或表达疑问语气加重时,可叠用问号。通常应先单用,再叠用,最多叠用三个问号。在没有异常强烈的情感表达需要时不宜叠用问号。

示例:这就是你的做法吗?你这个总经理是怎么当的??你怎么竟敢这样欺骗消费者???

(4)问号也有标号的用法,即用于句内,表示存疑或不详。

示例1:马致远(1250?—1321),大都人,元代戏曲家、散曲家。

示例2:钟嵘(?—518),颍川长社人,南朝梁代文学批评家。

示例3:出现这样的文字错误,说明作者(编者?校者?)很不认真。

(三)叹号

1. 定义

句末点号的一种,主要表示句子的感叹语气。

2. 形式

叹号的形式是"!"。

3. 基本用法

(1)用于句子末尾,主要表示感叹语气,有时也可表示强烈的祈使语气、反问语气等。使用叹号主要根据语段前后有较大停顿,带有感叹语气和语调或带有强烈的祈使、反问语气和语调,并不取决于句子的长短。

示例1:才一年不见,这孩子都长这么高啦!

示例2:你给我住嘴!

示例3:谁知道他今天是怎么搞的!

(2)用于拟声词后,表示声音短促或突然。

示例1:咔嚓! 一道闪电划破了夜空。

示例2:咚! 咚咚! 突然传来一阵急促的敲门声。

(3)表示声音巨大或声音不断加大时,可叠用叹号;表达强烈语气时,也可叠用叹号,最多叠用三个叹号。在没有异常强烈的情感表达需要时不宜叠用叹号。

示例1:轰!! 在这天崩地塌的声音中,女娲猛然醒来。

示例2:我要揭露! 我要控诉!! 我要以死抗争!!!

(4)当句子包含疑问、感叹两种语气且都比较强烈时(如带有强烈感情的反问句和带有惊愕语气的疑问句),可在问号后再加叹号(问号、叹号各一)。

示例1:这么点困难就能把我们吓倒吗?!

示例2:他连这些最起码的常识都不懂,还敢说自己是高科技人才?!

(四)逗号

1. 定义

句内点号的一种,表示句子或语段内部的一般性停顿。

2. 形式

逗号的形式是“,”。

3. 基本用法

(1)复句内各分句之间的停顿,除了有时用分号(见分号基本用法第一条),一般都用逗号。

示例1:不是人们的意识决定人们的存在,而是人们的社会存在决定人们的意识。

示例2:学历史使人更明智,学文学使人更聪慧,学数学使人更精细,学考古使人更深沉。

示例3:要是不相信我们的理论能反映现实,要是不相信我们的世界有内在和谐,那就不可能有科学。

(2)用于下列各种语法位置:

①较长的主语之后。

示例1:苏州园林建筑各种门窗的精美设计和雕镂功夫,都令人叹为观止。

②句首的状语之后。

示例2:在苍茫的大海上,狂风卷集着乌云。

③较长的宾语之前。

示例3:有的考古工作者认为,南方古猿生存于上新世至更新世的初期和中期。

④带句内语气词的主语(或其他成分)之后,或带句内语气词的并列成分之间。

示例4:他呢,倒是很乐意地、全神贯注地干起来了。

示例5:(那是个没有月亮的夜晚。)可是整个村子——白房顶啦,白树木啦,雪堆啦,全看得见。

⑤较长的主语中间、谓语中间或宾语中间。

示例6:母亲沉痛的诉说,以及亲眼见到的事实,都启发了我幼年时期追求真理的思想。

示例7:那姑娘头戴一顶草帽,身穿一条绿色的裙子,腰间还系着一根橙色的腰带。

示例8:必须懂得,对于文化传统,既不能不分青红皂白统统抛弃,也不能不管精华糟粕全盘继承。

⑥前置的谓语之后或后置的状语、定语之前。

示例9:真美啊,这条蜿蜒的林间小路。

示例10:她吃力地站了起来,慢慢地。

示例11:我只是一个人,孤孤单单的。

(3)用于下列各种停顿处:

①复指成分或插说成分前后。

示例1:老张,就是原来的办公室主任,上星期已经调走了。

示例2:车,不用说,当然是头等。

②语气缓和的感叹语、称谓语或呼唤语之后。

示例3:哎哟,这儿,快给我揉揉。

示例4:大娘,您到哪儿去啊?

示例5:喂,你是哪个单位的?

③某些序次语("第"字头、"其"字头及"首先"类序次语)之后。

示例6:为什么许多人都有长不大的感觉呢?原因有三:第一,父母总认为自己比孩子成熟;第二,父母总要以自己的标准来衡量孩子;第三,父母出于爱心而总不想让孩子在成长的过程中走弯路。

示例7:《玄秘塔碑》所以成为书法的范本,不外乎以下几方面的因素:其一,具有楷书点画、构体的典范性;其二,承上启下,成为唐楷的极致;其三,字如其人,爱人及字,柳公权高尚的书品、人品为后人所崇仰。

示例8:下面从三个方面讲讲语言的污染问题:首先,是特殊语言环境中的语言污染问题;其次,是滥用缩略语引起的语言污染问题;再次,是空话和废话引起的语言污染问题。

(五)顿号

1. 定义

句内点号的一种,表示语段中并列词语之间或某些序次语之后的停顿。

2. 形式

顿号的形式是“、”。

3. 基本用法

(1)用于并列词语之间。

示例1:这里有自由、民主、平等、开放的风气和氛围。

示例2:造型科学、技艺精湛、气韵生动,是盛唐石雕的特色。

(2)用于需要停顿的重复词语之间。

示例:他几次三番、几次三番地辩解着。

(3)用于某些序次语(不带括号的汉字数字或“天干地支”类序次语)之后。

示例1:我准备讲两个问题:一、逻辑学是什么?二、怎样学好逻辑学?

示例2:风格的具体内容主要有以下四点:甲、题材;乙、用字;丙、表达;丁、色彩。

(4)相邻或相近两数字连用表示概数通常不用顿号。若相邻两数字连用为缩略形式,宜用顿号。

示例1:飞机在6000米高空水平飞行时,只能看到两侧八九公里和前方一二十公里范围内的地面。

示例2:这种凶猛的动物常常三五成群地外出觅食和活动。

示例3:农业是国民经济的基础,也是二、三产业的基础。

(5)标有引号的并列成分之间、标有书名号的并列成分之间通常不用顿号。若有其他成分插在并列的引号之间或并列的书名号之间(如引语或书名号之后还有括注),宜用顿号。

示例1:“日”“月”构成“明”字。

示例2:店里挂着“顾客就是上帝”“质量就是生命”等横幅。

示例3:《红楼梦》《三国演义》《西游记》《水浒传》,是我国长篇小说的四大名著。

示例4:李白的"白发三千丈"(《秋浦歌》)、"朝如青丝暮成雪"(《将进酒》)都是脍炙人口的诗句。

示例5:办公室里订有《人民日报》(海外版)、《光明日报》和《时代周刊》等报刊。

(六)分号

1. 定义

句内点号的一种,表示复句内部并列关系分句之间的停顿,以及非并列关系的多重复句中第一层分句之间的停顿。

2. 形式

分号的形式是";"。

3. 基本用法

(1)表示复句内部并列关系的分句(尤其当分句内部还有逗号时)之间的停顿。

示例1:语言文字的学习,就理解方面说,是得到一种知识;就运用方面说,是养成一种习惯。

示例2:内容有分量,尽管文章短小,也是有分量的;内容没有分量,即使写得再长也没有用。

(2)表示非并列关系的多重复句中第一层分句(主要是选择、转折等关系)之间的停顿。

示例1:人还没看见,已经先听见歌声了;或者人已经转过山头望不见了,歌声还余音袅袅。

示例2:尽管人民革命的力量在开始时总是弱小的,所以总是受压的;但是由于革命的力量代表历史发展的方向,因此本质上又是不可战胜的。

示例3:不管一个人如何伟大,也总是生活在一定的环境和条件下;因此,个人的见解总难免带有某种局限性。

示例4:昨天夜里下了一场雨,以为可以凉快些;谁知没有凉快下来,反而更热了。

(3)用于分项列举的各项之间。

示例:特聘教授的岗位职责为:一、讲授本学科的主干基础课程;二、主持本学科的重大科研项目;三、领导本学科的学术队伍建设;四、带领本学科赶超或保持世界先进水平。

(七)冒号

1. 定义

句内点号的一种,表示语段中提示下文或总结上文的停顿。

2. 形式

冒号的形式是“:”。

3. 基本用法

(1)用于总说性或提示性词语(如“说”“例如”“证明”等)之后,表示提示下文。

示例1:北京紫禁城有四座城门:午门、神武门、东华门和西华门。

示例2:她高兴地说:“咱们去好好庆祝一下吧!”

示例3:小王笑着点了点头:“我就是这么想的。”

示例4:这一事实证明:人能创造环境,环境同样也能创造人。

(2)表示总结上文。

示例:张华上了大学,李萍进了技校,我当了工人:我们都有美好的前途。

(3)用在需要说明的词语之后,表示注释和说明。

示例1:(本市将举办首届大型书市。)主办单位:市文化局;承办单位:市图书进出口公司;时间:8月15日—20日;地点:市体育馆观众休息厅。

示例2:(做阅读理解题有两个办法。)办法之一:先读题干,再读原文,带着问题有针对性地读课文。办法之二:直接读原文,读完再做题,减少先入为主的干扰。

(4)用于书信、讲话稿中称谓语或称呼语之后。

示例1:广平先生:……

示例2:同志们、朋友们:……

(5)一个句子内部一般不应套用冒号。在列举式或条文式表述中,如不得不套用冒号时,宜另起段落来显示各个层次。

示例:第十条　遗产按照下列顺序继承:

　　第一顺序:配偶、子女、父母。

　　第二顺序:兄弟姐妹、祖父母、外祖父母。

(八)引号

1. 定义

标号的一种,标示语段中直接引用的内容或需要特别指出的成分。

2. 形式

引号的形式有双引号““　””和单引号“‘　’”两种。左侧的为前引号,右侧的为后引号。

3. 基本用法

(1)标示语段中直接引用的内容。

示例:李白诗中就有“白发三千丈”这样极尽夸张的语句。

(2)标示需要着重论述或强调的内容。

示例:这里所谓的“文”,并不是指文字,而是指文采。

(3)标示语段中具有特殊含义而需要特别指出的成分,如别称、简称、反语等。

示例1:电视被称作“第九艺术”。

示例2:人类学上常把古人化石统称为尼安德特人,简称“尼人”。

示例3:有几个“慈祥”的老板把捡来的菜叶用盐浸浸就算作工友的菜肴。

(4)当引号中还需要使用引号时,外面一层用双引号,里面一层用单引号。

示例:他问:“老师,‘七月流火’是什么意思?”

(5)独立成段的引文如果只有一段,段首和段尾都用引号;不止一段时,每段开头仅用前引号,只在最后一段末尾用后引号。

示例:我曾在报纸上看到有人这样谈幸福:

“幸福是知道自己喜欢什么和不喜欢什么。……

“幸福是知道自己擅长什么和不擅长什么。……

“幸福是在正确的时间做了正确的选择。……”

(6)在书写带月、日的事件、节日或其他特定意义的短语(含简称)时,通常只标引其中的月和日;需要突出和强调该事件或节日本身时,也可连同事件或节日一起标引。

示例1:“5·12”汶川大地震

示例2:“五四”以来的话剧,是我国戏剧中的新形式。

示例3:纪念“五四运动”90周年

(九)括号

1. 定义

标号的一种,标示语段中的注释内容、补充说明或其他特定意义的语句。

2. 形式

括号的主要形式是圆括号“(　)”,其他形式还有方括号“[　]”、六角括号“〔　〕”和方头括号“【　】”等。

3. 基本用法

(1)标示下列各种情况,均用圆括号:

①标示注释内容或补充说明。

示例1:我校拥有特级教师(含已退休的)17人。

示例2:我们不但善于破坏一个旧世界,我们还将善于建设一个新世界!(热烈鼓掌)

②标示订正或补加的文字。

示例3:信纸上用稚嫩的字体写着:"阿夷(姨),你好!"。

示例4:该建筑公司负责的建设工程全部达到优良工程(的标准)。

③标示序次语。

示例5:语言有三个要素:(1)声音;(2)结构;(3)意义。

示例6:思想有三个条件:(一)事理;(二)心理;(三)伦理。

④标示引语的出处。

示例7:他说得好:"未画之前,不立一格;既画之后,不留一格。"(《板桥集·题画》)

⑤标示汉语拼音注音。

示例8:"的(de)"这个字在现代汉语中最常用。

(2)标示作者国籍或所属朝代时,可用方括号或六角括号。

示例1:[英]赫胥黎《进化论与伦理学》

示例2:〔唐〕杜甫著

(3)报刊标示电讯、报道的开头,可用方头括号。

示例:【新华社南京消息】

(4)标示公文发文字号中的发文年份时,可用六角括号。

示例:国发〔2011〕3号文件

(5)标示被注释的词语时,可用六角括号或方头括号。

示例1:〔奇观〕奇伟的景象。

示例2:【爱因斯坦】物理学家。生于德国,1933年因受纳粹政权迫害,移居美国。

(6)除科技书刊中的数学、逻辑公式外,所有括号(特别是同一形式的括号)应尽量避免套用。必须套用括号时,宜采用不同的括号形式配合使用。

示例:〔茸(róng)毛〕很细很细的毛。

(十)破折号

1. 定义

标号的一种,标示语段中某些成分的注释、补充说明或语音、意义的变化。

2. 形式

破折号的形式是"——"。

3. 基本用法

(1)标示注释内容或补充说明(也可用括号,见括号基本用法第一条;二者的区别另见破折号与括号表示注释或补充说明时的区别)。

示例1:一个矮小而结实的日本中年人——内山老板走了过来。

示例2:我一直坚持读书,想借此唤起弟妹对生活的希望——无论环境多么困难。

(2)标示插入语(也可用逗号,见逗号基本用法第三条)。

示例:这简直就是——说得不客气点——无耻的勾当!

(3)标示总结上文或提示下文(也可用冒号,见冒号基本用法第一、二条)。

示例1:坚强,纯洁,严于律己,客观公正——这一切都难得地集中在一个人身上。

示例2:画家开始娓娓道来——

数年前的一个寒冬……

(4)标示话题的转换。

示例:"好香的干菜,——听到风声了吗?"赵七爷低声说道。

(5)标示声音的延长。

示例:"嘎——"传过来一声水禽被惊动的鸣叫。

(6)标示话语的中断或间隔。

示例1:"班长他牺——"小马话没说完就大哭起来。

示例2:"亲爱的妈妈,你不知道我多爱您。——还有你,我的孩子!"

(7)标示引出对话。

示例:——你长大后想成为科学家吗?

——当然想了!

(8)标示事项列举分承。

示例:根据研究对象的不同,环境物理学分为以下五个分支学科:

——环境声学;

——环境光学；

——环境热学；

——环境电磁学；

——环境空气动力学。

(9)用于副标题之前。

示例：飞向太平洋

——我国新型号运载火箭发射目击记

(10)用于引文、注文后，标示作者、出处或注释者。

示例1：先天下之忧而忧，后天下之乐而乐。

——范仲淹

示例2：乐浪海中有倭人，分为百余国。

——《汉书》

示例3：很多人写好信后把信笺折成方胜形，我看大可不必。(方胜，指古代妇女戴的方形首饰，用彩绸等制作，由两个斜方部分叠合而成。——编者注)

(十一)省略号

1. 定义

标号的一种，标示语段中某些内容的省略及意义的断续等。

2. 形式

省略号的形式是“……”。

3. 基本用法

(1)标示引文的省略。

示例：我们齐声朗诵起来：“……俱往矣，数风流人物，还看今朝。”

(2)标示列举或重复词语的省略。

示例1：对政治的敏感，对生活的敏感，对性格的敏感，……这都是作家必须要有的素质。

示例2：他气得连声说：“好，好……算我没说。”

(3)标示语意未尽。

示例1：在人迹罕至的深山密林里，假如突然看见一缕炊烟，……

示例2：你这样干，未免太……！

(4)标示说话时断断续续。

示例：她磕磕巴巴地说：“可是……太太……我不知道……你一定是认错了。”

(5)标示对话中的沉默不语。

示例:“还没结婚吧?”

“……”他飞红了脸,更加忸怩起来。

(6)标示特定的成分虚缺。

示例:只要……就……

(7)在标示诗行、段落的省略时,可连用两个省略号(即相当于十二连点)。

示例1:从隔壁房间传来缓缓而抑扬顿挫的吟咏声——

床前明月光,疑是地上霜。

…………

示例2:该刊根据工作质量、上稿数量、参与程度等方面的表现,评选出了高校十佳记者站。还根据发稿数量、提供新闻线索情况以及对刊物的关注度等,评选出了十佳通讯员。

…………

(十二)着重号

1. 定义

标号的一种,标示语段中某些重要的或需要指明的文字。

2. 形式

着重号的形式是“ . ”标注在相应文字的下方。

3. 基本用法

(1)标示语段中重要的文字。

示例1:诗人需要表现,而不是证明。

示例2:下面对本文的理解,不正确的一项是:……

(2)标示语段中需要指明的文字。

示例:下边加点的字,除了在词中的读法外,还有哪些读法?

着急　子弹　强调

(十三)连接号

1. 定义

标号的一种,标示某些相关联成分之间的连接。

2. 形式

连接号的形式有短横线“-”、一字线“—”和浪纹线“～”三种。

3. 基本用法

(1)标示下列各种情况,均用短横线:

①化合物的名称或表格、插图的编号。

示例1:3-戊酮为无色液体,对眼及皮肤有强烈刺激性。

示例2:参见下页表2-8、表2-9。

②连接号码,包括门牌号码、电话号码,以及用阿拉伯数字表示年月日等。

示例3:安宁里东路26号院3-2-11室

示例4:联系电话:010-88842603

示例5:2011-02-15

③在复合名词中起连接作用。

示例6:吐鲁番-哈密盆地

④某些产品的名称和型号。

示例7:WZ-10直升机具有复杂天气和夜间作战的能力。

⑤汉语拼音、外来语内部的分合。

示例8:shuōshuō-xiàoxiào(说说笑笑)

示例9:盎格鲁-撒克逊人

示例10:让-雅克·卢梭(“让-雅克”为双名)

示例11:皮埃尔·孟戴斯-弗朗斯(“孟戴斯-弗朗斯”为复姓)

(2)标示下列各种情况,一般用一字线,有时也可用浪纹线:

①标示相关项目(如时间、地域等)的起止。

示例1:沈括(1031—1095),宋朝人。

示例2:2011年2月3日—10日

示例3:北京—上海特别旅客快车

②标示数值范围(由阿拉伯数字或汉字数字构成)的起止。

示例4:25～30g

示例5:第五～八课

（十四）间隔号

1. 定义

标号的一种，标示某些相关联成分之间的分界。

2. 形式

间隔号的形式是“·”。

3. 基本用法

（1）标示外国人名或少数民族人名内部的分界。

示例1：克里丝蒂娜·罗塞蒂

示例2：阿依古丽·买买提

（2）标示书名与篇（章、卷）名之间的分界。

示例：《淮南子·本经训》

（3）标示词牌、曲牌、诗体名等和题名之间的分界。

示例1：《沁园春·雪》

示例2：《天净沙·秋思》

示例3：《七律·冬云》

（4）用在构成标题或栏目名称的并列词语之间。

示例：《天·地·人》

（5）以月、日为标志的事件或节日，用汉字数字表示时，只在一、十一和十二月后用间隔号；当直接用阿拉伯数字表示时，月、日之间均用间隔号（半角字符）。

示例1：“九一八”事变　“五四”运动

示例2：“一·二八”事变　“一二·九”运动

示例3：“3·15”消费者权益日　“9·11”恐怖袭击事件

（十五）书名号

1. 定义

标号的一种，标示语段中出现的各种作品的名称。

2. 形式

书名号的形式有双书名号“《　》”和单书名号“〈　〉”两种。

3. 基本用法

(1)标示书名、卷名、篇名、刊物名、报纸名、文件名等。

示例1:《红楼梦》(书名)

示例2:《史记·项羽本纪》(卷名)

示例3:《论雷峰塔的倒掉》(篇名)

示例4:《每周关注》(刊物名)

示例5:《人民日报》(报纸名)

示例6:《全国农村工作会议纪要》(文件名)

(2)标示电影、电视、音乐、诗歌、雕塑等各类用文字、声音、图像等表现的作品的名称。

示例1:《渔光曲》(电影名)

示例2:《追梦录》(电视剧名)

示例3:《勿忘我》(歌曲名)

示例4:《沁园春·雪》(诗词名)

示例5:《东方欲晓》(雕塑名)

示例6:《光与影》(电视节目名)

示例7:《社会广角镜》(栏目名)

示例8:《庄子研究文献数据库》(光盘名)

示例9:《植物生理学系列挂图》(图片名)

(3)标示全中文或中文在名称中占主导地位的软件名。

示例:科研人员正在研制《电脑卫士》杀毒软件。

(4)标示作品名的简称。

示例:我读了《念青唐古拉山脉纪行》一文(以下简称《念》),收获很大。

(5)当书名号中还需要书名号时,里面一层用单书名号,外面一层用双书名号。

示例:《教育部关于提请审议〈高等教育自学考试试行办法〉的报告》

(十六)专名号

1. 定义

标号的一种,标示古籍和某些文史类著作中出现的特定类专有名词。

2. 形式

专名号的形式是一条直线,标注在相应文字的下方。

3. 基本用法

(1)标示古籍、古籍引文或某些文史类著作中出现的专有名词,主要包括人名、地名、国名、民族名、朝代名、年号、宗教名、官署名、组织名等。

示例1:孙坚人马被刘表率军围得水泄不通。(人名)

示例2:于是聚集冀、青、幽、并四州兵马七十多万准备决一死战。(地名)

示例3:当时乌孙及西域各国都向汉派遣了使节。(国名、朝代名)

示例4:从咸宁二年到太康十年,匈奴、鲜卑、乌桓等族人徙居塞内。(年号、民族名)

(2)现代汉语文本中的上述专有名词,以及古籍和现代文本中的单位名、官职名、事件名、会议名、书名等不应使用专名号。必须使用标号标示时,宜使用其他相应标号(如引号、书名号等)。

(十七)分隔号

1. 定义

标号的一种,标示诗行、节拍及某些相关文字的分隔。

2. 形式

分隔号的形式是“/”。

3. 基本用法

(1)诗歌接排时分隔诗行(也可使用逗号和分号,见逗号基本用法第一条/分号基本用法第一条)。

示例:春眠不觉晓/处处闻啼鸟/夜来风雨声/花落知多少。

(2)标示诗文中的音节节拍。

示例:横眉/冷对/千夫指,俯首/甘为/孺子牛。

(3)分隔供选择或可转换的两项,表示“或”。

示例:动词短语中除了作为主体成分的述语动词之外,还包括述语动词所带的宾语和/或补语。

(4)分隔组成一对的两项,表示“和”。

示例1:13/14次特别快车

示例2:羽毛球女双决赛中国组合杜婧/于洋两局完胜韩国名将李孝贞/李敬元。

(5)分隔层级或类别。

示例:我国的行政区划分为:省(直辖市、自治区)/省辖市(地级市)/县(县级市、区、自治州)/乡(镇)/村(居委会)。

五、标点符号的位置和书写形式

（一）横排文稿标点符号的位置和书写形式

1. 句号、逗号、顿号、分号、冒号均置于相应文字之后，占一个字位置，居左下，不出现在一行之首。

2. 问号、叹号均置于相应文字之后，占一个字位置，居左，不出现在一行之首。两个问号（或叹号）叠用时，占一个字位置；三个问号（或叹号）叠用时，占两个字位置；问号和叹号连用时，占一个字位置。

3. 引号、括号、书名号中的两部分标在相应项目的两端，各占一个字位置。其中前一半不出现在一行之末，后一半不出现在一行之首。

4. 破折号标在相应项目之间，占两个字位置，上下居中，不能中间断开分处上行之末和下行之首。

5. 省略号占两个字位置，两个省略号连用时占四个字位置并须单独占一行。省略号不能中间断开分处上行之末和下行之首。

6. 连接号中的短横线比汉字“一”略短，占半个字位置；一字线比汉字“一”略长，占一个字位置；浪纹线占一个字位置。连接号上下居中，不出现在一行之首。

7. 间隔号标在需要隔开的项目之间，占半个字位置，上下居中，不出现在一行之首。

8. 着重号和专名号标在相应文字的下边。

9. 分隔号占半个字位置，不出现在一行之首或一行之末。

10. 标点符号排在一行末尾时，若为全角字符则应占半角字符的宽度（即半个字位置），以使视觉效果更美观。

11. 在实际编辑出版工作中，为排版美观、方便阅读等需要，或为避免某一小节最后一个汉字转行或出现在另外一页开头等情况（浪费版面及视觉效果差），可适当压缩标点符号所占用的空间。

（二）竖排文稿标点符号的位置和书写形式

1. 句号、问号、叹号、逗号、顿号、分号和冒号均置于相应文字之下偏右。

2. 破折号、省略号、连接号、间隔号和分隔号置于相应文字之下居中，上下方向排列。

3. 引号改用双引号“﹃”“﹄”和单引号“﹁”“﹂”，括号改用“︵”“︶”，标在相应项目的上下。

4. 竖排文稿中使用浪线式书名号“﹏”，标在相应文字的左侧。

5. 着重号标在相应文字的右侧，专名号标在相应文字的左侧。

6. 横排文稿中关于某些标点不能居行首或行末的要求，同样适用于竖排文稿。

六、标点符号用法的补充规则

（一）句号用法补充规则

图或表的短语式说明文字，中间可用逗号，但末尾不用句号。即使有时说明文字较长，前面的语段已出现句号，最后结尾处仍不用句号。

示例1：行进中的学生方队

示例2：经过治理，本市市容市貌焕然一新。这是某区街道一景

（二）问号用法补充规则

使用问号应以句子表示疑问语气为依据，而并不根据句子中包含有疑问词。当含有疑问词的语段充当某种句子成分，而句子并不表示疑问语气时，句末不用问号。

示例1：他们的行为举止、审美趣味，甚至读什么书，坐什么车，都在媒体掌握之中。

示例2：谁也不见，什么也不吃，哪儿也不去。

示例3：我也不知道他究竟躲到什么地方去了。

（三）逗号用法补充规则

用顿号表示较长、较多或较复杂的并列成分之间的停顿时，最后一个成分前可用“以及（及）”进行连接，“以及（及）”之前应用逗号。

示例：压力过大、工作时间过长、作息不规律，以及忽视营养均衡等，均会导致健康状况的下降。

（四）顿号用法补充规则

1. 表示含有顺序关系的并列各项间的停顿，用顿号，不用逗号。下例解释“对于”一词用法，“人”“事物”“行为”之间有顺序关系（即人和人、人和事物、人和行为、事物和事物、事物和行为、行为和行为等六种对待关系），各项之间应用顿号。

示例：〔对于〕表示人，事物，行为之间的相互对待关系。（误）

〔对于〕表示人、事物、行为之间的相互对待关系。（正）

2. 用阿拉伯数字表示年月日的简写形式时，用短横线连接号，不用顿号。

示例：2010、03、02（误）

2010-03-02（正）

（五）分号用法补充规则

分项列举的各项有一项或多项已包含句号时，各项的末尾不能再用分号。

示例：本市先后建立起三大农业生产体系：一是建立甘蔗生产服务体系。成立糖业服务公司，主要给农民提供机耕等服务；二是建立蚕桑生产服务体系。……；三是建立热作服务体系。……。（误）

本市先后建立起三大农业生产体系：一是建立甘蔗生产服务体系。成立糖业服务公司，主要给农民提供机耕等服务。二是建立蚕桑生产服务体系。……。三是建立热作服务体系。……。（正）

（六）冒号用法补充规则

1. 冒号用在提示性话语之后引起下文。表面上类似但实际不是提示性话语的，其后用逗号。

示例1：郦道元《水经注》记载："沼西际山枕水，有唐叔虞祠。"（提示性话语）

示例2：据《苏州府志》载，苏州城内大小园林约有150多座，可算名副其实的园林之城。（非提示性话语）

2. 冒号提示范围无论大小（一句话、几句话甚至几段话），都应与提示性话语保持一致（即在该范围的末尾要用句号点断）。应避免冒号涵盖范围过窄或过宽。

示例：艾滋病有三个传播途径：血液传播，性传播和母婴传播，日常接触是不会传播艾滋病的。（误）

艾滋病有三个传播途径：血液传播，性传播和母婴传播。日常接触是不会传播艾滋病的。（正）

3. 冒号应用在有停顿处，无停顿处不应用冒号。

示例1：他头也不抬，冷冷地问："你叫什么名字？"（有停顿）

示例2：这事你得拿主意，光说"不知道"怎么行？（无停顿）

（七）引号用法补充规则

"丛刊""文库""系列""书系"等作为系列著作的选题名，宜用引号标引。当"丛刊"等为选题名的一部分时，放在引号之内，反之则放在引号之外。

示例1："汉译世界学术名著丛书"

示例2:“中国哲学典籍文库”

示例3:“20世纪心理学通览”丛书

(八)括号用法补充规则

括号可分为句内括号和句外括号。句内括号用于注释句子里的某些词语,即本身就是句子的一部分,应紧跟在被注释的词语之后。句外括号则用于注释句子、句群或段落,即本身结构独立,不属于前面的句子、句群或段落,应位于所注释语段的句末点号之后。

示例:标点符号是辅助文字记录语言的符号,是书面语的有机组成部分,用来表示语句的停顿、语气以及标示某些成分(主要是词语)的特定性质和作用。(数学符号、货币符号、校勘符号等特殊领域的专门符号不属于标点符号。)

(九)省略号用法补充规则

1. 不能用多于两个省略号(多于12点)连在一起表示省略。省略号须与多点连续的连珠号相区别(后者主要是用于表示目录中标题和页码对应和连接的专门符号)。

2. 省略号和“等”“等等”“什么的”等词语不能同时使用。在需要读出来的地方用“等”“等等”“什么的”等词语,不用省略号。

示例:含有铁质的食物有猪肝、大豆、油菜、菠菜……等。(误)

含有铁质的食物有猪肝、大豆、油菜、菠菜等。(正)

(十)着重号用法补充规则

不应使用文字下加直线或波浪线等形式表示着重。文字下加直线为专名号形式(见专名号);文字下加浪纹线是特殊书名号(见书名号用法补充规则第六条)。着重号的形式统一为相应项目下加小圆点。

示例:下面对本文的理解,<u>不正确</u>的一项是(误)

下面对本文的理解,不正确的一项是(正)

(十一)连接号用法补充规则

浪纹线连接号用于标示数值范围时,在不引起歧义的情况下,前一数值附加符号或计量单位可省略。

示例:5公斤~100公斤(正)

5~100公斤(正)

（十二）间隔号用法补充规则

当并列短语构成的标题中已用间隔号隔开时，不应再用“和”类连词。

示例：《水星·火星和金星》（误）

《水星·火星·金星》（正）

（十三）书名号用法补充规则

1. 不能视为作品的课程、课题、奖品奖状、商标、证照、组织机构、会议、活动等名称，不应用书名号。下面均为书名号误用的示例：

示例1：下学期本中心将开设《现代企业财务管理》《市场营销》两门课程。

示例2：明天将召开《关于“两保两挂”的多视觉理论思考》课题立项会。

示例3：本市将向70岁以上（含70岁）老年人颁发《敬老证》。

示例4：本校共获得《最佳印象》《自我审美》《卡拉OK》等六个奖杯。

示例5：《闪光》牌电池经久耐用。

示例6：《文史杂志社》编辑力量比较雄厚。

示例7：本市将召开《全国食用天然色素应用研讨会》。

示例8：本报将于今年暑假举行《墨宝杯》书法大赛。

2. 有的名称应根据指称意义的不同确定是否用书名号。如文艺晚会指一项活动时，不用书名号；而特指一种节目名称时，可用书名号。再如展览作为一种文化传播的组织形式时，不用书名号；特定情况下将某项展览作为一种创作的作品时，可用书名号。

示例1：2008年重阳联欢晚会受到观众的称赞和好评。

示例2：本台将重播《2008年重阳联欢晚会》。

示例3：“雪域明珠——中国西藏文化展”今天隆重开幕。

示例4：《大地飞歌艺术展》是一部大型现代艺术作品。

3. 书名后面表示该作品所属类别的普通名词不标在书名号内。

示例：《我们》杂志

4. 书名有时带有括注。如果括注是书名、篇名等的一部分，应放在书名号之内，反之则应放在书名号之外。

示例1：《琵琶行（并序）》

示例2：《中华人民共和国民事诉讼法（试行）》

示例3:《新政治协商会议筹备会组织条例(草案)》

示例4:《百科知识》(彩图本)

示例5:《人民日报》(海外版)

5. 书名、篇名末尾如有叹号或问号,应放在书名号之内。

示例1:《日记何罪!》

示例2:《如何做到同工又同酬?》

6. 在古籍或某些文史类著作中,为与专名号配合,书名号也可改用浪线式"﹏",标注在书名下方。这可以看作是特殊的专名号或特殊的书名号。

(十四)分隔号用法补充规则

分隔号又称正斜线号,须与反斜线号"\"相区别(后者主要是用于编写计算机程序的专门符号)。使用分隔号时,紧贴着分隔号的前后通常不用点号。

七、标点符号若干用法的说明

(一)易混标点符号用法比较

1. 逗号、顿号表示并列词语之间停顿的区别

逗号和顿号都表示停顿,但逗号表示的停顿长,顿号表示的停顿短。并列词语之间的停顿一般用顿号,但当并列词语较长或其后有语气词时,为了表示稍长一点的停顿,也可用逗号。

示例1:我喜欢吃的水果有苹果、桃子、香蕉和菠萝。

示例2:我们需要了解全局和局部的统一,必然和偶然的统一,本质和现象的统一。

示例3:看游记最难弄清位置和方向,前啊,后啊,左啊,右啊,看了半天,还是不明白。

2. 逗号,顿号在表列举省略的"等""等等"之类词语前的使用

并列成分之间用顿号,末尾的并列成分之后用"等""等等"之类词语时,"等"类词前不用顿号或其他点号;并列成分之间用逗号,末尾的并列成分之后用"等"类词时,"等"类词前应用逗号。

示例1:现代生物学、物理学、化学、数学等基础科学的发展,带动了医学科学的进步。

示例2:写文章前要想好:文章主题是什么,用哪些材料,哪些详写,哪些略写,等等。

3. 逗号、分号表示分句间停顿的区别

当复句的表述不复杂、层次不多,相连的分句语气比较紧凑、分句内部也没有使用逗号表示停顿时,分句间的停顿多用逗号。当用逗号不易分清多重复句内部的层次(如分句内部已有逗号),

而用句号又可能割裂前后关系的地方，应用分号表示停顿。

示例1：她拿起钥匙，开了箱上的锁，又开了首饰盒上的锁，往老地方放钱。

示例2：纵比，即以一事物的各个发展阶段作比；横比，则以此事物与彼事物相比。

4. 顿号、逗号、分号在标示层次关系时的区别

句内点号中，顿号表示的停顿最短、层次最低，通常只能表示并列词语之间的停顿；分号表示的停顿最长、层次最高，可以用来表示复句的第一层分句之间的停顿；逗号介于两者之间，既可表示并列词语之间的停顿，也可表示复句中分句之间的停顿。若分句内部已用逗号，分句之间就应用分号（见逗号、分号表示分句间停顿的区别示例2）。用分号隔开的几个并列分句不能由逗号统领或总结。

示例1：有的学会烤烟，自己做挺讲究的纸烟和雪茄；有的学会蔬菜加工，做的番茄酱能吃到冬天；有的学会蔬菜腌渍、窖藏，使秋菜接上春菜。

示例2：动物吃植物的方式多种多样，有的是把整个植物吃掉，如原生动物；有的是把植物的大部分吃掉，如鼠类；有的是吃掉植物的要害部位，如鸟类吃掉植物的嫩芽。（误）

动物吃植物的方式多种多样：有的是把整个植物吃掉，如原生动物；有的是把植物的大部分吃掉，如鼠类；有的是吃掉植物的要害部位，如鸟类吃掉植物的嫩芽。（正）

5. 冒号、逗号用于“说”“道”之类词语后的区别

位于引文之前的“说”“道”后用冒号。位于引文之后的“说”“道”分两种情况：处于句末时，其后用句号；“说”“道”后还有其他成分时，其后用逗号。插在话语中间的“说”“道”类词语后只能用逗号表示停顿。

示例1：他说：“晚上就来家里吃饭吧。”

示例2：“我真的很期待。”他说。

示例3：“我有件事忘了说……”他说，表情有点为难。

示例4：“现在请皇上脱下衣服，”两个骗子说，“好让我们为您换上新衣。”

6. 不同点号表示停顿长短的排序

各种点号都表示说话时的停顿。句号、问号、叹号都表示句子完结，停顿最长。分号用于复句的分句之间，停顿长度介于句末点号和逗号之间，而短于冒号。逗号表示一句话中间的停顿，又短于分号。顿号用于并列词语之间，停顿最短。通常情况下，各种点号表示的停顿由长到短为：句号＝问号＝叹号＞冒号（指涵盖范围为一句话的冒号）＞分号＞逗号＞顿号。

7. 破折号与括号表示注释或补充说明时的区别

破折号用于表示比较重要的解释说明，这种补充是正文的一部分，可与前后文连读；而括号表

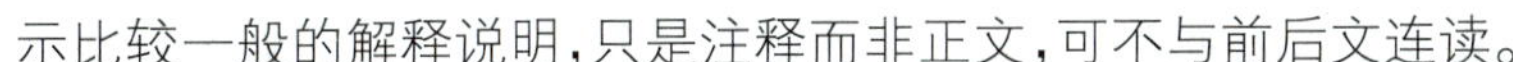

示比较一般的解释说明，只是注释而非正文，可不与前后文连读。

示例1：在今年——农历虎年，必须取得比去年更大的成绩。

示例2：哈雷在牛顿思想的启发下，终于认出了他所关注的彗星（该星后人称为哈雷彗星）。

8. 书名号、引号在“题为……”“以……为题”格式中的使用

“题为……”“以……为题”中的“题”，如果是诗文、图书、报告或其他作品可作为篇名、书名看待时，可用书名号；如果是写作、科研、辩论、谈话的主题，非特定作品的标题，应用引号。即“题为……”“以……为题”中的“题”应根据其类别分别按书名号和引号的用法处理。

示例1：有篇题为《柳宗元的诗》的文章，全文才2000字，引文不实却达11处之多。

示例2：今天一个以“地球·人口·资源·环境”为题的大型宣传活动在此间举行。

示例3：《我的老师》写于1956年9月，是作者应《教师报》之约而写的。

示例4：“我的老师”这类题目，同学们也许都写过。

（二）两个标点符号连用的说明

1. 行文中表示引用的引号内外的标点用法

当引文完整且独立使用，或虽不独立使用但带有问号或叹号时，引号内句末点号应保留。除此之外，引号内不用句末点号。当引文处于句子停顿处（包括句子末尾）且引号内未使用点号时，引号外应使用点号；当引文位于非停顿处或者引号内已使用句末点号时，引号外不用点号。

示例1：“沉舟侧畔千帆过，病树前头万木春。”他最喜欢这两句诗。

示例2：书价上涨令许多读者难以接受，有些人甚至发出“还买得起书吗？”的疑问。

示例3：他以“条件还不成熟，准备还不充分”为由，否决了我们的提议。

示例4：你这样“明日复明日”地要拖到什么时候？

示例5：司马迁为了完成《史记》的写作，使之“藏之名山”，忍受了人间最大的侮辱。

示例6：在施工中要始终坚持“把质量当生命”。

示例7：“言之无文，行而不远”这句话，说明了文采的重要。

示例8：俗话说：“墙头一根草，风吹两边倒。”用这句话来形容此辈再恰当不过。

2. 行文中括号内外的标点用法

括号内行文末尾需要时可用问号、叹号和省略号。除此之外，句内括号行文末尾通常不用标点符号。句外括号行文末尾是否用句号由括号内的语段结构决定：若语段较长、内容复杂，应用句号。句内括号外是否用点号取决于括号所处位置：若句内括号处于句子停顿处，应用点号。句外括号外通常不用点号。

示例1:如果不采取(但应如何采取呢?)十分具体的控制措施,事态将进一步扩大。

示例2:3分钟过去了(仅仅才3分钟!),从眼前穿梭而过的出租车竟达32辆!

示例3:她介绍时用了一连串比喻(有的状如树枝,有的貌似星海……),非常形象。

示例4:科技协作合同(包括科研、试制、成果推广等)根据上级主管部门或有关部门的计划签订。

示例5:应把夏朝看作原始公社向奴隶制国家过渡时期。(龙山文化遗址里,也有俯身葬。俯身者很可能就是奴隶。)

示例6:问:你对你不喜欢的上司是什么态度?

答:感情上疏远,组织上服从。(掌声,笑声)

示例7:古汉语(特别是上古汉语),对于我来说,有着常人无法想象的吸引力。

示例8:由于这种推断尚未经过实践的考验,我们只能把它作为假设(或假说)提出来。

示例9:人际交往过程就是使用语词传达意义的过程。(严格说,这里的“语词”应为语词指号。)

3. 破折号前后的标点用法

破折号之前通常不用点号;但根据句子结构和行文需要,有时也可分别使用句内点号或句末点号。破折号之后通常不会紧跟着使用其他点号;但当破折号表示语音的停顿或延长时,根据语气表达的需要,其后可紧接问号或叹号。

示例1:小妹说:“我现在工作得挺好,老板对我不错,工资也挺高。——我能抽支烟吗?”(表示话题的转折)

示例2:我不是自然主义者,我主张文学高于现实,能够稍稍居高临下地去看现实,因为文学的任务不仅在于反映现实。光描写现存的事物还不够,还必须记住我们所希望的和可能产生的事物。必须使现象典型化。应该把微小而有代表性的事物写成重大的和典型的事物。——这就是文学的任务。(表示对前几句话的总结)

示例3:“是他——?”石一川简直不敢相信自己的耳朵。

示例4:“我终于考上大学啦！我终于考上啦——!”金石开兴奋得快要晕过去了。

4. 省略号前后的标点用法

省略号之前通常不用点号。以下两种情况例外:省略号前的句子表示强烈语气、句末使用问号或叹号时;省略号前不用点号就无法标示停顿或表明结构关系时。省略号之后通常也不用点号,但当句末表达强烈的语气或感情时,可在省略号后用问号或叹号;当省略号后还有别的话、省略的文字和后面的话不连续且有停顿时,应在省略号后用点号;当表示特定格式的成分虚缺时,省略号后可用点号。

示例1：想起这些，我就觉得一辈子都对不起你。你对梁家的好，我感激不尽！……

示例2：他进来了，……一身军装，一张朴实的脸，站在我们面前显得很高大，很年轻。

示例3：这，这是……？

示例4：动物界的规矩比人类还多，野骆驼、野猪、黄羊……，直至塔里木兔、跳鼠，都是各行其路，决不混淆。

示例5：大火被渐渐扑灭，但一片片油污又旋即出现在遇难船旁……。清污船迅速赶来，并施放围栏以控制油污。

示例6：如果……，那么……。

（三）序次语之后的标点用法

1. “第”“其”字头序次语，或“首先”“其次”“最后”等做序次语时，后用逗号（见逗号基本用法第三条）。

2. 不带括号的汉字数字或“天干地支”做序次语时，后用顿号（见顿号基本用法第二条）。

3. 不带括号的阿拉伯数字、拉丁字母或罗马数字做序次语时，后面用下脚点（该符号属于外文的标点符号）。

示例1：总之，语言的社会功能有三点：1. 传递信息，交流思想；2. 确定关系，调节关系；3. 组织生活，组织生产。

示例2：本课一共讲解三个要点：A. 生理停顿；B. 逻辑停顿；C. 语法停顿。

4. 加括号的序次语后面不用任何点号。

示例1：受教育者应履行以下义务：（一）遵守法律、法规；（二）努力学习，完成规定的学习任务；（三）遵守所在学校或其他教育机构的制度。

示例2：科学家很重视下面几种才能：（1）想象力；（2）直觉的理解力；（3）数学能力。

5. 阿拉伯数字与下脚点结合表示章节关系的序次语末尾不用任何点号。

示例：3　停顿

　　3.1　生理停顿

　　3.2　逻辑停顿

6. 用于章节、条款的序次语后宜用空格表示停顿。

示例：第一课　春天来了

7. 序次简单、叙述性较强的序次语后不用标点符号。

示例：语言的社会功能共有三点：一是传递信息；二是确定关系；三是组织生活。

8. 同类数字形式的序次语，带括号的通常位于不带括号的下一层。通常第一层是带有顿号的汉字数字；第二层是带括号的汉字数字；第三层是带下脚点的阿拉伯数字；第四层是带括号的阿拉伯数字；再往下可以是带圈的阿拉伯数字或小写拉丁字母。一般可根据文章特点选择从某一层序次语开始行文，选定之后应顺着序次语的层次向下行文，但使用层次较低的序次语之后不宜反过来再使用层次更高的序次语。

示例：一、……

(一)……

1. ……

(1)……

①／a.……

(四)文章标题的标点用法

文章标题的末尾通常不用标点符号，但有时根据需要可用问号、叹号或省略号。

示例1：看看电脑会有多聪明，让它下盘围棋吧

示例2：猛龙过江：本店特色名菜

示例3：严防“电脑黄毒”危害少年

示例4：回家的感觉真好

——访大赛归来的本市运动员

示例5：里海是湖，还是海？

示例6：人体也是污染源！

示例7：和平协议签署之后……

SHANXIANGGEDU

第二部分

参考答案及解析

教师之路 从山香起步

专题一　字音精准辨析高分突破

1. B　【解析】A项，露(lù)骨。C项，取缔(dì)。D项，慰藉(jiè)。

2. C　【解析】A项，熨帖(yù)，寡廉鲜耻(xiǎn)。B项，削减(xuē)，妻孥(nú)。D项，绯红(fēi)，羹匙(chí)，如法炮制(páo)。

3. D　【解析】A项，歧路(qí)，寡不敌众(guǎ)。B项，旷达(kuàng)。C项，逞能(chěng)，狡兔三窟(jiǎo)。

4. B　【解析】A项，着(zhuó)落。C项，创(chuāng)伤。D项，下载(zài)。

5. C　【解析】A项，角(jué)逐。B项，鄱(pó)阳湖。D项，召(zhào)唤。

6. D　【解析】A项，潜移默化(qián)。B项，秩序井然(zhì)。C项，剽悍(piāo)。

7. A　【解析】B项，安营扎寨(zhā)。C项，纤维(xiān)。D项，棱镜(léng)。

8. D　【解析】A项，加点字分别读作zhōng / zhòng。B项，加点字分别读作jìng / jìn。C项，加点字分别读作lóu / lǚ。D项，加点字均读作jiàn。

9. D　【解析】A项，加点字分别读作tí / tí / tí / dì。B项，加点字分别读作chán / shàn / chán / chán。C项，加点字分别读作bēi / bèi / bèi / bèi。D项，加点字均读作qiǎng。

10. A　【解析】A项，加点字均读作chuí。B项，加点字分别读作kǎ / ké / ké。C项，加点字分别读作chēng / dāng / dàng。D项，加点字分别读作yā / yà / yā。

11. D　【解析】A项，胚胎(pēi)，怙恶不悛(quān)。B项，炽热(chì)，相形见绌(chù)。C项，荫庇(yìn)，埋怨(mán)。

12. A　【解析】B项，猝然(cù)，砭骨(biān)。C项，羸弱(léi)，气冲斗牛(dǒu)。D项，断壁残垣(yuán)。

13. C　【解析】A项，加点字分别读作gē / gā，qiào / qiào，lì / shuò。B项，加点字分别读作mó / mú，zài / zài，qíng / chè。C项，加点字分别读作shā / chà，xiù / chòu，guǎng / kuàng。D项，加点字分别读作chàn / chàn，màn / wàn，qì / qiè。

14. B　【解析】B项，泥淖(nào)。

15. BD　【解析】A项，淙淙(cóng)。C项，徘徊(huái)。E项，发酵(jiào)。

16. A　【解析】B项，黏(nián)合，醅(pēi)酒结庐。C项，新正(zhēng)。D项，遒劲(jìng)，不揣(chuǎi)冒昧。

17. B　【解析】A项，加点字分别读作qiè / qì。B项，加点字均读作pù。C项，加点字分别读作jìng / jīng。D项，加点字分别读作huǎng / huàng。

18. B　【解析】A 项，人才济济(jǐ)，叱咤风云(zhà)。C 项，垂涎三尺(xián)，草菅人命(jiān)。D 项，一曝十寒(pù)，自怨自艾(yì)。

19. A　【解析】B 项，压轴(zhòu)。C 项，嫉妒(jí)。D 项，棱角(léng)。

20. C　【解析】A 项，商埠(bù)。B 项，大放厥(jué)词。D 项，坍(tān)陷。

21. AD　【解析】A 项，加点字分别读作 yīn / yān，jué / jiáo，tiáo / diào。B 项，加点字分别读作 rú / nuò，shì / shì，duō / chù。C 项，加点字分别读作 kǎ / qiǎ，píng / bǐng，dù / dù。D 项，加点字分别读作 bì / pì，zhà / shān，pū / fù。

22. B　【解析】A 项，加点字分别读作 bá / bō。B 项，加点字均读作 cè。C 项，加点字分别读作 hén / hèn。D 项，加点字分别读作 hài / gāi。

23. C　【解析】A 项，加点字分别读作 áo / ào。B 项，加点字分别读作 pú / fǔ。C 项，加点字均读作 chēn。D 项，加点字分别读作 kǎn / lán。

24. D　【解析】A 项，加点字分别读作 kē / huái，ǎi / ǎi，kē / gě。B 项，加点字分别读作 jù / jū，zhuó / zhuó，sū / shū。C 项，加点字分别读作 chù / zhù，xiù / xiǔ，jié / jié。D 项，加点字分别读作 qiān / xiān，ài / shì，huì / huǐ。

25. A　【解析】B 项，图穷匕见(xiàn)。C 项，居心叵测(pǒ)。D 项，消弭(mǐ)。

26. B　【解析】A 项，对称(chèn)。C 项，磨坊(fáng)。D 项，饰(shì)品，投奔(bèn)。

27. B　【解析】A 项，摇曳(yè)。C 项，硕果累累(léi)。D 项，奇葩(pā)。

28. B　【解析】A 项，加点字分别读作 bèi / bèi，shè / shí，dān / dān。B 项，加点字分别读作 yǐ / yǐ，chán / chán，zhì / zhì。C 项，加点字分别读作 lín / líng，zā / zā，jì / jì。D 项，加点字分别读作 fěi / fěi，tuò / tuò，ráo / náo。

29. D　【解析】A 项，敬(jìng)业。B 项，表彰(zhāng)。C 项，翠绿(lǜ)。

30. C　【解析】A 项，题跋(bá)。B 项，濒临(bīn)，肖像(xiào)。D 项，脂粉(zhī)，纤细(xiān)。

31. C　【解析】A 项，坊(fāng)间。B 项，眩晕(yùn)。C 项，芝麻糊(hù)，一哄(hòng)而散。D 项，狙(jū)击，冗(rǒng)长，龇(zī)牙咧嘴。

32. D　【解析】D 项，裨益(bì)。

33. D　【解析】A 项，商埠(bù)。B 项，蔫头耷脑(niān)。C 项，坍陷(tān)。

34. D　【解析】A 项，黑白颠倒(dǎo)，倒行逆施(dào)。B 项，挑三拣四(tiāo)，挑拨离间(tiǎo)。C 项，称职(chèn)，职称(chēng)。D 项，加点字均读作 pōu。

35. C　【解析】A 项，暖和(huo)，笊篱(zhào)，叱咤(zhà)。B 项，妊娠(shēn)。D 项，打烊(yàng)。

36. C　【解析】A 项，膝(xī)盖。B 项，濒(bīn)临。D 项，发酵(jiào)。

37. C　【解析】A 项，乜斜(miē)。B 项，笑靥(yè)，胼胝(pián)。D 项，自诩(xǔ)。

38. D　【解析】A项，绊脚石(bàn)。B项，挨近(āi)。C项，颤巍巍(chàn)。

39. A　【解析】B项，紧箍咒(gū)。C项，崩裂(bēng)，不屈不挠(náo)。D项，要挟(xié)。

40. D　【解析】A项，加点字分别读作jiào / jiào，jué / jué，shēn / cēn。B项，加点字分别读作jiè / jí，gòng / gòng，sù / xiù。C项，加点字分别读作shí(zhì) / shí，xiù / xiù，yè / yàn。D项，加点字分别读作jiǎo / jiǎo，hè / hè，gēng / gēng。

41. C　【解析】A项，骇异(hài)，言简意赅(gāi)。B项，笨拙(zhuō)，相形见绌(chù)。C项，加点字均读作àn。D项，澄澈(chè)，合辙押韵(zhé)。

42. B　【解析】A项，加点字分别读作xù / xù，qìng / qìn，niè / niè。B项，加点字分别读作quán / quán，nà / nà，pì / pì。C项，加点字分别读作chán / chán，xuè / xiě，sù / sù。D项，加点字分别读作chí / chí，pō / pō，quàn / juàn。

43. A　【解析】A项，加点字均读作biāo。B项，加点字分别读作jiān / qián / qiān / jiān / jiàn。C项，加点字分别读作fēi / fěi / pái / fěi / fēi。D项，加点字分别读作zhàng / zhǎng / zhàng / cháng / chàng。

44. B　【解析】A项，加点字分别读：sù / sù / shù / lì。B项，加点字均读作jī。C项，加点字分别读作chán / chán / shàn / chán。D项，加点字分别读作suì / huì / huì / huì。

45. D　【解析】A项，商埠(bù)，“挺而走险”应为“铤而走险”。B项，灯影幢幢(chuáng)。C项，“敇造”应为“敕造”。

46. D　【解析】A项，加点字分别读作mēn / mèn，xiù / sù，dǒu / dòu。B项，加点字分别读作yān / yīn，gòng / gòng，dī / tí。C项，加点字分别读作shàn / chán，mú / mú，jí / jí。D项，加点字分别读作hē / hē，bāo / bāo，hèng / hèng。

47. D　【解析】D项，叱咤风云(zhà)。

48. A　【解析】B项，大有裨益(bì)。C项，对峙(zhì)。D项，肋骨(lèi)。

49. B　【解析】A项，炽热(chì)。C项，掮客(qián)。D项，省亲(xǐng)。

50. D　【解析】A项，称职(chèn)。B项，裹挟(xié)。C项，撰稿(zhuàn)。

51. C　【解析】C项，模棱两可(léng)。

52. C　【解析】A项，加点字分别读作dǐ / dǐ / zhī / dǐ。B项，加点字分别读作xuàn / xuān / xuān / xuān。C项，加点字均读作jū。D项，加点字分别读作piào / piāo / biāo / biāo。

53. C　【解析】A项，喝彩(hè)。B项，风调雨顺(tiáo)。D项，侥幸(jiǎo)。

54. A　【解析】B项，锁钥(yuè)。C项，步履蹒跚(shān)。D项，诤友(zhèng)。

55. D　【解析】A项，剥(bāo)皮，剥(bō)蚀。B项，乘(chéng)机，乘(chéng)兴。C项，答(dā)应。

56. B　【解析】A项，加点字分别读作líng / líng / léng / líng。B项，加点字分别读作yú / yú / yú / yú。C项，加点字分别读作jìn / jǐng / jìng / jīng。D项，加点字分别读作jiǔ / jiù / jiū / jiù。

57. C　【解析】A项，炽(chì)热。B项，衣冠(guān)楚楚。D项，作(zuō)坊。

58. D　【解析】A项，着(zhuó)装。B项，校(jiào)对。C项，鲜(xiǎn)有所闻。

59. D　【解析】A项，桎梏(gù)。B项，塑(sù)造。C项，炽(chì)热。

60. B　【解析】A项，加点字分别读作sù / shuò / shuò / shuò / sù。B项，加点字分别读作zhì / zhì / zhì / zhì / zhì。C项，加点字分别读作chèn / cǔn / cūn / chún / chún。D项，加点字分别读作chuàn / cuàn / cuàn / cuán / chuàng。

61. A　【解析】B项，嗔怒(chēn)。C项，赡养(shàn)，粳米(jīng)。D项，骁勇(xiāo)。

62. C　【解析】C项，颤抖(chàn)。

63. A　【解析】B项，怆然(chuàng)，赔偿(cháng)。C项，揠苗助长(yà)。D项，针砭(biān)。

64. D　【解析】A项，加点字分别读作gěng / gěng，pǎi / pò，dì / tí。B项，加点字分别读作zhuàn / chuán，kòng / kōng，yú / yú。C项，加点字分别读作yè / jié，chōng / chōng，zì / zī。D项，加点字分别读作yǔn / xūn，dǎo / dào，jùn / quān。

65. B　【解析】A项，加点字分别读作shān / shān / xiān / shān。B项，加点字均读作jiān。C项，加点字分别读作biāo / biào / piāo / biāo。D项，加点字分别读作xuè / xuè / xué / xué。

66. C　【解析】A项，扼(è)要。B项，强(qiǎng)人所难。D项，口供(gòng)。

67. C　【解析】C项，掠(lüè)过。

68. B　【解析】A项，加点字分别读作biàn / biàn / bàn / biàn。B项，加点字均读作xiè。C项，加点字分别读作kuǎ / kuà / kuà / kuà。D项，加点字分别读作mù / mù / mù / mò。

69. B　【解析】A项，加点字分别读作qí / qí / jī / qí。B项，加点字均读作qiào。C项，加点字分别读作huì / huì / huì / wéi。D项，加点字分别读作yí / yí / yí / dài。

70. C　【解析】A项，加点字分别读作sù / sù，dǎi / dài，shǔ / shuò。B项，加点字分别读作zhào / zhǔ，liào / liāo，xùn / xùn。C项，加点字分别读作tiè / tiē，yè / zhuài，jī / yī。D项，加点字分别读作miù / móu，huì / huì，shí / zhì。

71. A　【解析】B项，木讷(nè)。C项，露(lòu)脸。D项，笑靥(yè)。

72. D　【解析】A项，恣睢(suī)。B项，狡黠(xiá)。C项，赔偿(cháng)。

73. C　【解析】A项，加点字分别读作chè / zhé / chè / chè / chè。B项，加点字分别读作zhěn / zhēn / zhēn / zhēn / zhēn。C项，加点字均读作jiàn。D项，加点字分别读作mò / mó / mǒ / mò / mò。

74. A　【解析】B项，答理(dā)。C项，膝盖(xī)。D项，煽风点火(shān)。

75. B　【解析】A项，酝酿(niàng)。C项，地窖(jiào)。D项，涟漪(yī)。

76. D　【解析】A项，加点字分别读作dǐ / dǐ / dǐ / dī / dǐ。B项，加点字分别读作fēi / fěi / fěi /

fěi / fēi。C 项，加点字分别读作 mó / mó / mò / mò / mó。D 项，加点字分别读作 gē / lào / lù / luò / hé。

77. B 【解析】"任""单""华""仇"用于姓氏时，正确的读音分别为"rén""shàn""huà""qiú"。

78. C 【解析】A 项，加点字分别读作 jiě / jiě，gǔ / gǔ，màn / wàn。B 项，加点字分别读作 miǎo / miǎo，qiáng / qiǎng，shā / chà。C 项，加点字分别读作 yàn / yàn，kuài / kuài，dú / dú。D 项，加点字分别读作 chēn / zhěn，shè / shè，zhà / chà。

79. B 【解析】A 项，加点字均读作 dāng。B 项，加点字分别读作 lǜ、lǚ、lù、lǚ。C 项，加点字均读作 chóu。D 项，加点字均读作 zhì。

80. B 【解析】A 项，加点字分别读作 nán / nàn，shān / shān。B 项，加点字分别读作 yǒng / yǒng，tiǎo / tiǎo。C 项，加点字分别读作 nì / ní，hōng / hōng。D 项，加点字分别读作 qì / yī，léi / lěi。

81. D 【解析】A 项，加点字分别读作 luán / nán / nán / lán / lán。B 项，加点字分别读作 bāo / bō / bō / bǒ / bō。C 项，加点字分别读作 chén / chéng / chéng / chéng / chéng。D 项，加点字均读作 liáo。

82. D 【解析】D 项，愧疚(kuìjiù)。

83. A 【解析】A 项，加点字分别读作 jiè / xiè，wú / fǔ，fēi / fěi，hù / gū。B 项，加点字分别读作 cì / sì，jǔ / jū，chù / chù，mó / mò。C 项，加点字分别读作 jǐ / jì，wū / shì，dì / dì，kǎi / ái。D 项，加点字分别读作 xuàn / xuán，quán / quǎn，dì / tì，dú / dú。

84. C 【解析】A 项，差(chāi)使。B 项，垂涎(xián)欲滴。D 项，饶恕(shù)。

85. B 【解析】A 项，加点字分别读作 zǐ / shēn，chù / chù，kān / kān。B 项，加点字分别读作 yū / xū，bì / pì，shàn / shān。C 项，加点字分别读作 zhǔ / shǔ，jiān / qiān，jǐn / jǐn。D 项，加点字分别读作 zài / zài，jué / jiáo，nǔ / nú。

86. C 【解析】A 项，加点字分别读作 yí / dài / yí / dài。B 项，加点字分别读作 chuāi / tuān / zhuì / chuǎn。C 项，加点字均读作 dǐ。D 项，加点字分别读作 bì / bì / bài / bì。

87. B 【解析】A 项，朔方(shuò)，蜷缩(quán)，愠怒(yùn)。C 项，打颤(zhàn)，拭干(shì)。D 项，挟持(xié)。

88. A 【解析】B 项，扎辫子(zā)。C 项，抽噎(yē)，缜密(zhěn)。D 项，埋怨(mán)。

89. A 【解析】A 项，加点字分别读作 cēn / shēn / cān。B 项，加点字分别读作：lěi / lèi / lěi。C 项，加点字分别读作 pì / bì / pì。D 项，加点字分别读作：luò / luò / là。

90. D 【解析】A 项，妖娆(ráo)，蹊跷(qiao)，百折不挠(náo)。B 项，秉性(bǐng)，摒弃(bìng)。C 项，横祸(hèng)，应届(yīng)。

91. D 【解析】D项，玷污(diàn)。

92. D 【解析】A项，弄巧成拙(zhuō)。B项，踟蹰(chú)。C项，羽扇纶巾(guān)。

93. D 【解析】A项，加点字分别读作guǎng / kuàng，hè / hé。B项，加点字分别读作làn / kǎn，xiǎn / xiān。C项，加点字分别读作sù / sù，yí / dài。D项，加点字分别读作zào / zào，cuì / cuì。

94. D 【解析】D项，屡见不鲜(xiān)。

95. B 【解析】A项，关卡(qiǎ)，秘(bì)鲁。C项，瞠(chēng)目结舌。D项，酵(jiào)母。

96. A 【解析】A项，龋齿(qǔ)。

97. A 【解析】A项，所向披靡(mǐ)。

98. D 【解析】A项，如饥似渴(sì)。B项，丢卒保车(jū)。C项，茅塞顿开(sè)。

99. D 【解析】A项，炽热(chì)。B项，堤坝(dī)。C项，哈达(hǎ)。

100. B 【解析】A项，角(jué)逐，闷(mēn)声闷气。C项，剽(piāo)窃，尽(jǐn)管。D项，挨(ái)批，混(hùn)凝土。

101. D 【解析】A项，摇曳(yè)。B项，浙江(zhè)，休戚相关(qī)。C项，亘古不变(gèn)。

102. D 【解析】A项，徇私(xùn)。B项，皂甙(dài)。C项，强词夺理(qiǎng)。

103. D 【解析】A项，角色(jué)，谆谆告诫(zhūn)。B项，侍候(shì)，创伤(chuāng)。C项，纤细(xiān)，惆怅(chàng)。

104. C 【解析】A项，刹那(chà)，谄媚(chǎn)。B项，诘问(jié)。D项，铿锵(kēng)，揶揄(yé)。

105. B 【解析】A项，挨打(ái)，挨骂(ái)，挨饿(ái)。B项，臂膀(bǎng)，肩膀(bǎng)，膀胱(páng)。C项，辟谷(bì)，辟邪(bì)，复辟(bì)。D项，扁担(biǎn)，扁豆(biǎn)，扁圆(biǎn)。

106. A 【解析】B项，氤氲(yūn)。C项，渊薮(sǒu)。D项，字帖(tiè)。

107. B 【解析】A项，一曝(pù)十寒。C项，发酵(jiào)。D项，塑(sù)造。

108. D 【解析】A项，迸溅(bèng)。B项，别扭(biè)。C项，悲天悯人(mǐn)。

109. A 【解析】A项，加点字分别读作fú / fǔ，wàn / màn。B项，加点字分别读作quān / juàn，shuò / shuò。C项，加点字分别读作huái / huí，péi / péi。D项，加点字分别读作lòu / lù，jiào / jiào。

110. C 【解析】A项，加点字分别读作chén / zhèn / shēn / shèn / zhèn。B项，加点字分别读作tuān / ruì / chuǎn / chuāi / zhuì。C项，加点字均读作niè。D项，加点字分别读作diāo / chóu / diāo / tì / chóu。

111. C 【解析】A项，摧枯拉朽(cuī)。B项，督战(dū)。D项，即已(yǐ)。

112. D 【解析】A项，扳平(bān)。B项，剥皮(bāo)。C项，迸发(bèng)。

113. D 【解析】D项，窥伺(sì)。

114. B　【解析】A项，“差”字的读音分别是chā、cī、chā。“差”字的意思分别是“相差”“长短、高低”“相差”。B项，“差”字的读音均为chāi。“差”字的意思均为“派遣”。C项，“差”字的读音均为chā。“差”字的意思分别为“差错”“差别”“差别”。D项，“差”字的读音分别为chā、chāi、chā。“差”字的意思分别为“错误”“派遣”“稍微”。

115. CD　【解析】C项，勒紧(lēi)。D项，愤懑(mèn)，打量(liang)。

116. B　【解析】B项，执着(zhuó)，唾手可得(tuò)。

117. D　【解析】“和”的读音：[hè]和谐地跟着唱：曲高和寡。[huó]在粉状物中加液体搅拌或揉弄使有黏性：和面、和泥。[huò]把粉状或粒状物掺和在一起，或加水搅拌使成较稀的东西：和药、奶里和点儿糖、和弄、和稀泥。量词，用于洗衣服换水的次数或一剂药煎的次数：衣裳洗了三和水。[hú]打麻将或斗纸牌时某一家的牌合乎规定的要求，取得胜利。故选D。

118. D　【解析】A项，阻挠(náo)，朦胧(lóng)。B项，婴儿(yīng)。C项，趁机(chèn)。

119. D　【解析】A项，菁(jīng)华，呱(gū)呱坠地。B项，宁(nìng)可，心广体胖(pán)。C项，滂(pāng)沱，泥(nì)古。

120. C　【解析】A项，演员角色(jué)。C项，下载(zài)，载歌载舞(zài)，包扎伤口(zā)。D项，叶(xié)韵，浑身解(xiè)数。

121. C　【解析】A项，悄然(qiǎo)。B项，“按图所骥”应为“按图索骥”。D项，驰骋(chěng)。

122. B　【解析】A项，“针贬”应为“针砭”，“气慨”应为“气概”，“弱不经风”应为“弱不禁风”。C项，模具(mú)，“振聋发溃”应为“振聋发聩”。D项，自怨自艾(yì)。

123. C　【解析】由语境可知，第一处需要填的是修饰“画”的量词。作量词时，幅：用于布帛、呢绒、图画等。副：①用于成套的东西；②用于面部表情、人的样子等；③用于嗓音。所以第一处应填“幅”，排除B、D两项。由“寥廓”可排除A项，再验证“附着(zhuó)”“赭(zhě)黄”是正确的，故选C。

124. BC　【解析】A项，酬和(hè)。D项，“迫不急待”应为“迫不及待”。

125. D　【解析】A项，埋(mán)怨。B项，铿锵(qiāng)有力。C项，如法炮(páo)制。

126. B　【解析】A项，朔风(shuò)。C项，央浼(měi)，“干躁”应为“干燥”。D项，毗邻(pí)。

127. C　【解析】A项，“缘份”应为“缘分”，肖(xiào)像。B项，“独占螯头”应为“独占鳌头”，遒劲(jìng)有力。D项，“张灯结采”应为“张灯结彩”，按捺(nà)不住。

128. D　【解析】D项，悲怆(chuàng)，“慰籍”应为“慰藉”。

129. C　【解析】A项，“上挡次”应为“上档次”，一塌糊涂(tā)。B项，瓜葛(gé)。D项，稂莠(láng)，“抵掌而谈”应为“抵掌而谈”。

130. C　【解析】A项，白炽灯(chì)。B项，“寸草春辉”应为“寸草春晖”，半身不遂(suí)。D项，“盘根错结”应为“盘根错节”。

131. B 【解析】A项，琐屑(xiè)。C项，呵斥(hē)。D项，炽热(chì)，“坦荡如坻”应为“坦荡如砥”。

132. C 【解析】A项，“沧海一栗”应为“沧海一粟”，“纷至踏来”应为“纷至沓来”。B项，莘莘学子(shēn)。D项，开门揖盗(yī)。

133. C 【解析】A项，“应接不遐”应为“应接不暇”。B项，窸窣(sū)，“愁怅”应为“惆怅”。D项，优渥(wò)，贮(zhù)存，“锱珠必较”应为“锱铢必较”。

134. D 【解析】A项，“串插”应为“穿插”，“演译”应为“演绎”。B项，“宣闹”应为“喧闹”，“呕歌”应为“讴歌”。C项，胡骑(qí)，“规距”应为“规矩”，“晃子”应为“幌子”。

135. A 【解析】B项，“暄哗”应为“喧哗”。C项，“羁拌”应为“羁绊”。D项，摒(bìng)弃。

136. B 【解析】A项，亘古(gèn)，“蔽病”应为“弊病”。C项，“即然”应为“既然”。D项，挚痛(zhì)，“狂忘”应为“狂妄”。

137. D 【解析】A项，怯生生(qiè)。B项，闭目塞听(sè)。C项，“怙恶不逡”应为“怙恶不悛”，飞扬跋扈(hù)。

138. C 【解析】A项，粗犷(guǎng)，“美轮美焕”应为“美轮美奂”。B项，拂(fú)晓，“遨翔”应为“翱翔”。D项，“陷井”应为“陷阱”，囫(hú)囵吞枣。

专题二　字形精准辨析高分突破

1. B 【解析】A项，“震聋发聩”应为“振聋发聩”，“振撼人心”应为“震撼人心”。C项，“白璧无暇”应为“白璧无瑕”，“目不瑕接”应为“目不暇接”。D项，“梁上君子”应为“梁上君子”，“膏梁子弟”应为“膏粱子弟”。

2. A 【解析】B项，“相题并论”应为“相提并论”。C项，“循章摘句”应为“寻章摘句”。D项，“得心映手”应为“得心应手”。

3. A 【解析】B项，“膺品”应为“赝品”，“因地治宜”应为“因地制宜”，“博彩众长”应为“博采众长”。C项，“旁骛”应为“旁骛”，“锐不可挡”应为“锐不可当”。D项，“气慨”应为“气概”，“竭泽而鱼”应为“竭泽而渔”。

4. C 【解析】A项，“不醒人事”应为“不省人事”。B项，“不骄不燥”应为“不骄不躁”，“待价而估”应为“待价而沽”。D项，“编篡”应为“编纂”，“痴心忘想”应为“痴心妄想”。

5. D 【解析】D项，“提练”应为“提炼”。

6. D　【解析】A项，“雕梁画栋”应为“雕梁画栋”。B项，“和言悦色”应为“和颜悦色”。C项，“槛褛”应为“褴褛”，“饥肠漉漉”应为“饥肠辘辘”。

7. C　【解析】A项，“三翻五次”应为“三番五次”。B项，“九宵云外”应为“九霄云外”。D项，“搬师回朝”应为“班师回朝”。

8. A　【解析】B项，“新关疫苗”应为“新冠疫苗”，“群体免意”应为“群体免疫”。C项，“红火邑”应为“红火蚁”。D项，“春根”应为“春耕”，“收城”应为“收成”。

9. A　【解析】B项，“功无不克”应为“攻无不克”。C项，“书藉”应为“书籍”。D项，“千均一发”应为“千钧一发”。

10. B　【解析】A项，“甘败下风”应为“甘拜下风”，“针贬”应为“针砭”。C项，“食不裹腹”应为“食不果腹”。D项，“美仑美奂”应为“美轮美奂”。

11. B　【解析】A项，“辐员”应为“幅员”，“关怀倍至”应为“关怀备至”。C项，“亲睐”应为“青睐”，“嘻笑”应为“嬉笑”。D项，“突如奇来”应为“突如其来”。

12. C　【解析】C项，“龙盘虎据”应为“龙盘虎踞”。

13. B　【解析】B项，“挖墙角”应为“挖墙脚”，“计日成功”应为“计日程功”。

14. D　【解析】A项，“罢绌百家”应为“罢黜百家”。B项，“裨官野史”应为“稗官野史”。C项，“问侯”应为“问候”。

15. A　【解析】B项，“白壁微瑕”应为“白璧微瑕”。C项，“缠绵绯恻”应为“缠绵悱恻”。D项，“厉厉在目”应为“历历在目”。

16. C　【解析】A项，“夺夺逼人”应为“咄咄逼人”。B项“感激涕淋”应为“感激涕零”。D项，“即往不咎”应为“既往不咎”。

17. D　【解析】A项，“天翻地复”应为“天翻地覆”。B项，“悬梁刺骨”应为“悬梁刺股”。C项，“苦心孤旨”应为“苦心孤诣”。

18. A　【解析】B项，“缠绵绯恻”应为“缠绵悱恻”。C项，“穷兵独武”应为“穷兵黩武”。D项，“墨守陈规”应为“墨守成规”。

19. C　【解析】A项，“针炙”应为“针灸”。B项，“凋教”应为“调教”。D项，“精兵减政”应为“精兵简政”。

20. C　【解析】A项，“娇健”应为“矫健”。B项，“拾人牙惠”应为“拾人牙慧”。D项，“磬竹难书”应为“罄竹难书”。

21. C　【解析】A项，“胡绉”应为“胡诌”。B项，“邻界点”应为“临界点”，“哀声叹气”应为“唉声叹气”。D项，“残精竭滤”应为“殚精竭虑”。

22. A　【解析】B项，“雕虫小计”应为“雕虫小技”。C项，“欢呼鹊跃”应为“欢呼雀跃”。D项，“穷兵渎武”应为“穷兵黩武”。

23. A　【解析】B项,“不辩菽麦”应为“不辨菽麦”。C项,“龙盘虎据”应为“龙盘虎踞”。D项,“心摹手追”应为“心慕手追”。

24. A　【解析】B项,“攻艰战”应为“攻坚战”。C项,“谈笑风声”应为“谈笑风生”。D项,“座北朝南”应为“坐北朝南”。

25. C　【解析】A项,“罐养”应为“灌养”。B项,“万像更新”应为“万象更新”。D项,“岐路”应为“歧路”。

26. D　【解析】A项,“蜂涌而至”应为“蜂拥而至”。B项,“绿草如荫”应为“绿草如茵”。C项,“改弦更章”应为“改弦更张”,“事必恭亲”应为“事必躬亲”,“人才倍出”应为“人才辈出”。

27. D　【解析】D项,“明辩是非”应为“明辨是非”。

28. B　【解析】A项,没有错别字。B项,“委屈求全”应为“委曲求全”,“融汇贯通”应为“融会贯通”。C项,“人才汇萃”应为“人才荟萃”,“针贬时弊”应为“针砭时弊”,“一愁莫展”应为“一筹莫展”。D项,“母庸置疑”应为“毋庸置疑”,“脱颖而出”应为“脱颖而出”,“不径而走”应为“不胫而走”,“纷至踏来”应为“纷至沓来”。

29. AB　【解析】C项,“因地治宜”应为“因地制宜”。D项,“防碍”应为“妨碍”,“浮想联篇”应为“浮想联翩”。

30. C　【解析】A项,“一枕黄梁”应为“一枕黄粱”。B项,“突如奇来”应为“突如其来”。D项,“惆伥”应为“惆怅”。

31. A　【解析】A项,“甜密”应为“甜蜜”。

32. D　【解析】A项,“慢条斯里”应为“慢条斯理”。B项,“鳞论”应为“鳞轮”。C项,“如雷灌耳”应为“如雷贯耳”。

33. B　【解析】A项,“姣洁”应为“皎洁”,“冲耳不闻”应为“充耳不闻”。C项,“笼统”应为“笼统”。D项,“暄闹”应为“喧闹”,“因地治宜”应为“因地制宜”。

34. B　【解析】A项,“发贴子”应为“发帖子”。C项,“眼花嘹乱”应为“眼花缭乱”。D项,“延袭”应为“沿袭”,“知彼知已,百战不殆”应为“知彼知己,百战不殆”。

35. B　【解析】B项,“根深缔固”应为“根深蒂固”。

36. D　【解析】A项,“寒喧”应为“寒暄”。B项,“瞻养”应为“赡养”。C项,“义愤填赝”应为“义愤填膺”。

37. A　【解析】B项,“波滔”应为“波涛”。C项,“鳞次栉比”应为“鳞次栉比”。D项,“汗鸭子”应为“旱鸭子”。

38. A　【解析】B项,“愁怅”应为“惆怅”。C项,“题纲”应为“提纲”。D项,“委屈求全”应为“委曲求全”。

39. D　【解析】A 项，“两全齐美”应为“两全其美”。B 项，“亲合力”应为“亲和力”。C 项，“眩目”应为“炫目”。

40. C　【解析】C 项，“标致性”应为“标志性”，“抵砺前行”应为“砥砺前行”。

41. C　【解析】A 项，“流览器”应为“浏览器”。B 项，“颓费”应为“颓废”。D 项，“矫往过正”应为“矫枉过正”。

42. B　【解析】A 项，“涵英咀华”应为“含英咀华”，“行踪鬼秘”应为“行踪诡秘”。B 项，“随声附合”应为“随声附和”，“合盘托出”应为“和盘托出”，“曲高合寡”应为“曲高和寡”，“政通人合”应为“政通人和”。C 项，“妄费心机”应为“枉费心机”，“改弦易章”应为“改弦易张”，“锋芒必露”应为“锋芒毕露”。D 项，“栩栩如声”应为“栩栩如生”，“通霄达旦”应为“通宵达旦”，“焕然冰释”应为“涣然冰释”。

43. A　【解析】B 项，“妥贴”应为“妥帖”。C 项，“迫不急待”应为“迫不及待”。D 项，“再接再励”应为“再接再厉”。

44. B　【解析】B 项，“迭宕”应为“跌宕”。

45. C　【解析】A 项，“炭”应为“碳”。B 项，“再接再励”应为“再接再厉”。D 项，“戒骄戒燥”应为“戒骄戒躁”。

46. D　【解析】A 项，“营私舞敝”应为“营私舞弊”。B 项，“精神涣发”应为“精神焕发”。C 项，“随声附合”应为“随声附和”。

47. D　【解析】A 项，“金壁辉煌”应为“金碧辉煌”。B 项，“声名雀起”应为“声名鹊起”。C 项，“家俱”应为“家具”。

48. A　【解析】B 项，“五体头地”应为“五体投地”。C 项，“感激涕淋”应为“感激涕零”。D 项，“迫不急待”应为“迫不及待”。

49. B　【解析】A 项，“振耳欲聋”应为“震耳欲聋”。C 项，“搏弈”应为“博弈”，“毋容置疑”应为“毋庸置疑”。D 项，“危胁”应为“威胁”。

50. D　【解析】A 项，“决别”应为“诀别”。B 项，“人情炼达”应为“人情练达”。C 项，“进退围谷”应为“进退维谷”。

51. D　【解析】A 项，没有错别字。B 项，“哀声叹气”应为“唉声叹气”，“按步就班”应为“按部就班”。C 项，“大声喝采”应为“大声喝彩”，“共度难关”应为“共渡难关”。D 项，“惮精竭虑”应为“殚精竭虑”。

52. A　【解析】B 项，“怒马”应为“驽马”。C 项，“誉写”应为“誊写”。D 项，“搏弈”应为“博弈”。

53. D　【解析】A 项，“叩人心弦”应为“扣人心弦”。B 项，“辩识”应为“辨识”。C 项，“风雨同丹”应为“风雨同舟”。

54. A　【解析】B项，“事必恭亲”应为“事必躬亲”。C项，“唱双璜”应为“唱双簧”。D项，“凋弊”应为“凋敝”。

55. D　【解析】A项，“溃乏”应为“匮乏”。B项，“灸手可热”应为“炙手可热”。C项，“搏奕”应为“博弈”。

56. A　【解析】B项，“神色张惶”应为“神色张皇”。C项，“根深蒂固”应为“根深蒂固”。D项，“契而不舍”应为“锲而不舍”。

57. D　【解析】A项，“锋芒毕陋”应为“锋芒毕露”。B项，“寒喧”应为“寒暄”。C项，“告磬”应为“告罄”。

58. A　【解析】B项，“颂”应为“诵”。C项，“膨涨”应为“膨胀”。D项，“堰”应为“偃”。

59. B　【解析】A项，“吓马威”应为“下马威”。C项，“振耳欲聋”应为“震耳欲聋”。D项，“搏弈”应为“博弈”。

60. C　【解析】A项，“如掾巨笔”应为“如椽巨笔”。B项，“出类拨萃”应为“出类拔萃”。D项，“惮精竭虑”应为“殚精竭虑”。

61. D　【解析】A项，“相形见拙”应为“相形见绌”。B项，“仗义直言”应为“仗义执言”。C项，“英雄倍出”应为“英雄辈出”，“以逸代劳”应为“以逸待劳”。

62. C　【解析】A项，“打腊”应为“打蜡”。B项，“馈乏”应为“匮乏”。D项，“藉贯”应为“籍贯”。

63. B　【解析】A项，“告磬”应为“告罄”。C项，“恶耗”应为“噩耗”。D项，“附合”应为“符合”或“附和”，“震摄”应为“震慑”，“安份守己”应为“安分守己”。

64. C　【解析】A项，“渡过”应为“度过”。B项，“磬竹难书”应为“罄竹难书”。D项，“名列前矛”应为“名列前茅”。

65. D　【解析】D项，“眼花瞭乱”应为“眼花缭乱”。

66. D　【解析】A项，“本份”应为“本分”。B项，“聒躁”应为“聒噪”。C项，“涣然一新”应为“焕然一新”。

67. D　【解析】A项，“搏弈”应为“博弈”。B项，“毋庸质疑”应为“毋庸置疑”。C项，“以至”应为“以致”。

68. C　【解析】A项，“略胜一畴”应为“略胜一筹”，“长嘘短叹”应为“长吁短叹”。B项，“巧妙绝纶”应为“巧妙绝伦”，“相得溢彰”应为“相得益彰”。D项，“粗制乱造”应为“粗制滥造”，“味同嚼腊”应为“味同嚼蜡”。

69. A　【解析】B项，“信誊值千金”应为“信誉值千金”。C项，“远见灼识”应为“远见卓识”。D项，“熏淘”应为“熏陶”。

70. D　【解析】A项，“笨绌”应为“笨拙”。B项，“漫骂”应为“谩骂”。C项，“恣态”应为“姿态”。

71. B　【解析】A项，“誓死如归”应为“视死如归”。B项，“慰籍”应为“慰藉”，“整敢”应为“整改”。C项，“继往不咎”应为“既往不咎”。D项，“提纲携领”应为“提纲挈领”。

72. A　【解析】B项，“慰籍”应为“慰藉”。C项，“鸠占雀巢”应为“鸠占鹊巢”，“留连忘返”应为“流连忘返”。D项，“毛骨耸然”应为“毛骨悚然”。

73. C　【解析】C项，“起迄”应为“起讫”。

74. D　【解析】A项，“震憾”应为“震撼”。B项，“涤伦”应为“涤纶”。C项，“大排挡”应为“大排档”。

75. B　【解析】A项，“披星带月”应为“披星戴月”。C项，“怡笑大方”应为“贻笑大方”。D项，“帐蓬”应为“帐篷”，“名列前矛”应为“名列前茅”。

76. B　【解析】A项，“粉末登场”应为“粉墨登场”。C项，“入目三分”应为“入木三分”。D项，“座井观天”应为“坐井观天”。

77. B　【解析】B项，“醉里语音相媚好”应为“醉里吴音相媚好”。

78. D　【解析】D项，“孕藏”应为“蕴藏”。

79. C　【解析】A项，“毕躬毕敬”应为“毕恭毕敬”。B项，“不记其数”应为“不计其数”。D项，“故弄悬虚”应为“故弄玄虚”。

80. A　【解析】B项，“隗梧”应为“魁梧”。C项，“和言悦色”应为“和颜悦色”。D项，“步步为赢”应为“步步为营”。

81. C　【解析】A项，“白头携老”应为“白头偕老”。B项，“雪中送碳”应为“雪中送炭”。D项，“囊莹映雪”应为“囊萤映雪”。

82. A　【解析】B项，“耳儒目染”应为“耳濡目染”。C项，“形直影单”应为“形只影单”。D项，“囊荧照书”应为“囊萤照书”。

83. D　【解析】A项，“见风驶舵”应为“见风使舵”。B项，“毛骨耸然”应为“毛骨悚然”。C项，“循私舞弊”应为“徇私舞弊”。

84. D　【解析】D项，“筚路篮缕”应为“筚路蓝缕”。

85. B　【解析】A项，“与日巨增”应为“与日俱增”。C项，“搬师回朝”应为“班师回朝”。D项，“穿流不息”应为“川流不息”。

86. D　【解析】A项，“案读”应为“案牍”。B项，“裙剧”应为“裙裾”。C项，“几渡”应为“几度”。

87. A　【解析】A项，“礼上往来”应为“礼尚往来”。

88. C　【解析】A项，“相形见烛”应为“相形见绌”。B项，“被水一战”应为“背水一战”。D项，“见义思迁”应为“见异思迁”。

89. C　【解析】③中“钩勒”应为“勾勒”，①②④正确，故选C项。

90. C　【解析】A项，“过渡”应为“过度”。B项，“火曝”应为“火爆”。D项，“更叠”应为“更迭”。

91. B 【解析】B项,“一如继往”应为“一如既往”。

92. D 【解析】D项,“再按再厉”应为“再接再厉”。

93. D 【解析】A项,“美仑美奂”应为“美轮美奂”。B项,“亲自坐阵”应为“亲自坐镇”。C项,“再接再励”应为“再接再厉”。

94. D 【解析】A项,“蹉商”应为“磋商”。B项,“煅造”应为“锻造”。C项,“吉样物”应为“吉祥物”。

95. A 【解析】B项,“饮鸠止渴”应为“饮鸩止渴”。C项,“天崖海角”应为“天涯海角”,“食不裹腹”应为“食不果腹”。D项,“额首称庆”应为“额手称庆”。

96. B 【解析】A项,“老生长谈”应为“老生常谈”。C项,“中流抵柱”应为“中流砥柱”。D项,“连篇累椟”应为“连篇累牍”。

97. C 【解析】C项,“按步就班”应为“按部就班”。

98. C 【解析】A项,“熙嚷”应为“熙攘”。B项,“连动”应为“联动”。D项,“赋与”应为“赋予”。

99. B 【解析】A项,“出类拔粹”应为“出类拔萃”。C项,“推心至腹”应为“推心置腹”。D项,“通霄达旦”应为“通宵达旦”。

100. A 【解析】B项,“坐无虚席”应为“座无虚席”。C项,“循章摘句”应为“寻章摘句”。D项,“辟静”应为“僻静”。

专题三　词语精准运用高分突破

1. C 【解析】A项,桃李不言,下自成蹊:比喻为人诚挚,自会有强烈的感召力而深得人心。语境中用来形容“保护长江的重要性”不恰当。B项,因果报应:佛教指事物的起因和结果,今生种什么因,来生结什么果,善有善报,恶有恶报。语境中用来形容银杏树结果的特点,使用不恰当。C项,不容小觑:不能小看,不能轻视。D项,五光十色:形容色彩鲜艳,式样繁多。语境中用来形容“诈骗‘套路’”,使用不恰当。

2. A 【解析】A项,首当其冲:指最先受到攻击或遭遇灾难(冲:要冲)。语境中用来形容“被评为全国道德模范”不恰当。B项,绰绰有余:形容很宽裕,用不完。C项,谨小慎微:对琐细的事情过分小心谨慎,以致流于畏缩。D项,敝帚自珍:破扫帚,自己当宝贝爱惜,比喻东西虽不好,可是自己珍视。

3. C 【解析】A项,长篇累牍:篇幅很长,内容很多。此处感情色彩错误。B项,求全责备:苛责别

人，要求完美无缺。此处不符合语境。C项，源远流长：源头很远，流程很长；形容历史悠久。D项，良莠不齐：指好的坏的混杂在一起。此处不能用于形容“水平”。

4. A　【解析】A项，虚怀若谷：胸怀像山谷那样深而且宽广，形容十分谦虚。B项，左右逢源：形容做事得心应手，怎样进行都很顺利；也形容办事圆滑。用在此处不合语境。C项，出奇制胜：用奇兵或奇计战胜敌人，泛指用对方意想不到的方法来取胜。该词语后不能跟“叛军”，此处使用不当。D项，有条不紊：有条理，有次序，一点儿不乱。多形容说话、做事，此处用来形容“物件摆设”不恰当。

5. B　【解析】A项，根深蒂固：比喻基础稳固，不容易动摇。B项，生意葱茏：形容充满旺盛的生命力。用在此处不符合语境。C项，藏污纳垢：隐藏尘垢，聚集污物。比喻包容坏人坏事。D项，歇斯底里：形容情绪异常激动，举止失常。在此处是运用了拟人的修辞手法，使用正确。

6. C　【解析】A项，沉溺：陷入不良的境地（多指生活习惯方面），不能自拔。此处使用对象错误。B项，度过：让时间在工作、生活、娱乐、休息中消失。渡过：由这一岸到那一岸，通过江河等。此处应用“渡过”。C项，扑朔迷离：形容事物错综复杂，难于辨别。D项，张皇失措：慌慌张张，不知所措。与后文语义重复。

7. D　【解析】A项，巧舌如簧：意为舌头灵巧得就像乐器里的簧片一样，形容能说会道，善于狡辩。此处不合语境。B项，瓜田李下：泛指容易引起嫌疑的地方。此处不合语境。C项，久假不归：意为长期借去，不归还。此处望文生义。D项，奔走呼号：意为一边奔跑，一边喊叫，形容为办成某事而到处宣传，以争取同情和支持。

8. D　【解析】A项，无所不至：没有达不到的地方；凡能做的都做到了（用于坏事）。与语境不符。B项，手舞足蹈：双手舞动，两只脚也跳起来，形容高兴到极点。与语境不符。C项，人一己百：比喻以百倍的努力来弥补自己的不足，以赶上别人。与语境不符。D项，目不暇接：指东西太多，眼睛看不过来。

9. A　【解析】A项，万人空巷：指家家户户的人都从巷里出来（观看或参加某些大的活动等），多用来形容庆祝、欢迎等盛况。B项，三人成虎：比喻谣言重复多次，就能使人信以为真。不合语意。C项，信口雌黄：形容不顾事实，随口乱说。不合语意。D项，相敬如宾：形容夫妻互相尊敬像对待宾客一样。此处使用对象有误。

10. A　【解析】A项，鳞次栉比：像鱼鳞和梳子的齿一样，一个挨着一个地排列着，多形容房屋等密集。B项，三等九格：旧时指人的等级，引申为分高下、不平等。不能用来形容两种看法的不一致，此处使用错误。C项，饥不择食：比喻急需的时候顾不得选择。此处用来形容“阅读”不当，可改为“如饥似渴”。D项，江郎才尽：泛指才思枯竭。与后面的“著述连篇”相互矛盾，使用错误。

11. A 【解析】A项，蔚为大观：丰富多彩，成为盛大的景象（多指文物等）。不能用来形容“课外补习”，此处使用对象有误。B项，全力以赴：把全部力量投入进去。C项，焦头烂额：形容十分狼狈窘迫。D项，独辟蹊径：自己开辟一条路，比喻独创一种新风格或者新方法。

12. B 【解析】A项，处心积虑：千方百计地盘算（多含贬义）。不符合语境。B项，见贤思齐：见到贤能的人就想向他看齐。C项，沧海一粟：形容非常渺小，而非稀少的意思。不符合语境。D项，天伦之乐：指家庭中亲人团聚的快乐。不能用在同学之间，此处使用错误。

13. B 【解析】A项，浮光掠影：像水面的光和掠过的影子一样，一晃就消逝，形容印象不深刻。此处用来形容“清流”不恰当。B项，生生不息：事物不断地发展、产生。C项，矢志不渝：发誓立志，不改变。此处用来形容“创新”不恰当。D项，事倍功半：形容花费的气力大，收到的成效小。用在此处不符合语境。

14. C 【解析】A项，满城风雨：形容事情传遍各处，到处都在议论着（多指坏事）。此处感情色彩不符。B项，左右为难：左和右两方面都受限制，处处不得其便。“如何判断和预测疫情的规模和发展趋势”不符合两边为难的处境。C项，约定俗成：指某种事物的名称或社会习惯是由人们经过长期实践而认定或形成的。D项，敝帚千金：比喻东西虽不好，可是自己珍视。此处使用对象不当。

15. D 【解析】A项，惟妙惟肖：形容描写或模仿得非常好，非常逼真。不能用来形容“眼前景象”。B项，别有用心：言论或行动中另有不可告人的企图。不符合语境。C项，积毁销骨：累积过多毁谤，而使人难以生存自立。此处望文生义。D项，跌宕起伏：形容事物多变化，不稳定。

16. D 【解析】A项，屈尊：降低身份俯就。下顾：下视；称客人来访。B项，矢志不渝：立誓决不改变自己的志向。C项，高山仰止：比喻崇高的德行，令人景仰。D项，明日黄花：比喻已失去新闻价值的报道或已失去应时作用的事物，此处使用对象有误。

17. D 【解析】A项，兵来将挡：比喻不管对方使用什么计策、手段，都有对付办法；也比喻针对具体情况采取相应对策。B项，心神不宁：形容心情不平静。C项，山高水长：比喻人品德高尚，声誉流传久远。也比喻恩德、情谊深厚。D项，噤若寒蝉：形容不敢作声。此处不符合语境。

18. A 【解析】A项，下车伊始：旧时指官吏初到任所，现指刚到一个新地方或新工作岗位。B项，鞭辟入里：形容能透彻说明问题，深中要害。多形容言论，此处使用对象不当。C项，倚马可待：形容文思敏捷，写文章快。此处望文生义。D项，清规戒律：借指束缚人的死板的规章制度。此处感情色彩错误。

19. B 【解析】A项，名副其实：名称或名声与实际相符合。B项，不赞一词：原指文章写得很好，别人不能再添一句话。现在也指一言不发。该成语用在此处属于望文生义。C项，刻不容缓：片刻也不能拖延，形容形势紧迫。D项，一蹴而就：踏一步就成功，形容事情轻而易举，一下子就能完成。

20. C 【解析】C项,该句没有转折关系。根据实际情况可知,勃朗特姐妹诗歌创作的尝试并未获得成功,因此,此句关联词后的内容错误,应在"尝试"后加"未"。

21. C 【解析】A项,百年之好:永久的好合,指男女结为夫妇。此处使用对象有误。B项,处心积虑:千方百计地盘算(多含贬义)。此处感情色彩错误。C项,绰绰有余:形容很宽裕,用不完。D项,大方之家:原指懂得大道理的人,后多指精通某种学问、艺术的人。此处望文生义。

22. D 【解析】A项,替罪羊:比喻代人受过的人。B项,拆东墙,补西墙:比喻处境困难,临时勉强应付。把水牛卖了还债解决不了根本问题,该熟语用于句中符合语境。C项,物以稀为贵:指事物因稀少而觉得珍贵。D项,蚂蚁进磨盘——条条是道:比喻办法多、门路广。该熟语在句中不能用以表示有很多道路,不符合语境。

23. D 【解析】A项,邻近:位置接近。此处词语使用错误,应为"临近"。B项,豆腐渣工程:比喻质量很差、极不坚固的建筑工程。结合语境,此处词语使用不正确。C项,夸夸其谈:说话或写文章浮夸,不切实际。结合语境,此处词语使用不正确。D项,负隅顽抗:(坏人)凭借险要的地势等条件顽固抵抗。

24. C 【解析】A项,"对"和"对于"的用法差不多,但是"对"所保留的动词性较强,句中"对于"应改为"对"。B项,釜底抽薪:比喻从根本上解决问题。和前面的"从根本上"语义重复。C项,积淀:积累沉淀;所积累沉淀下来的事物(多指文化、知识、经验等)。D项,惊世骇俗:常指因言行异于寻常而使人震惊。该词语不能用来形容"事件",此处使用错误。

25. D 【解析】A项,具体而微:内容大体具备而形状或规模较小。此处使用对象有误。B项,风声鹤唳:形容惊慌疑惧。此处使用对象有误。C项,如坐春风:好像置身于和暖的春风里,形容受到良师的教诲、熏陶。此处使用对象有误。D项,外圆内方:指人外表随和,内心却很严正。

26. A 【解析】A项,时不我待:时间不等人,指要抓紧时间。B项,沧海桑田:大海变成农田,农田变成大海,形容世事变化很大。用在此处不符合语境。C项,不厌其烦:不嫌麻烦。用在此处不符合语境。D项,无可非议:没有什么可以指摘的,表示言行合乎情理。用在此处不符合语境。

27. D 【解析】A项,战战兢兢:形容因害怕而微微发抖的样子;小心谨慎的样子。不能用来形容"敬畏之心"。B项,积功累行:指积聚功德,累积善事。此处望文生义。C项,推波助澜:比喻促使或助长事物(多指坏的事物)的发展,使扩大影响。该词语为贬义词,用在此处感情色彩不当。D项,山遥水远:比喻路途遥远。

28. A 【解析】A项,应改为"虽然(虽)……但是……"。

29. C 【解析】A项,殊途同归:通过不同的道路走到同一个目的地,比喻采取不同的方法而得到相同的结果。B项,风姿绰约:形容女子风度姿态柔美的样子。C项,五风十雨:形容风调雨顺。与句意不符。D项,越俎代庖:一般用来比喻超过自己的职务范围,去处理别人所管的事情。

30. B　【解析】A 项，故步自封：比喻安于现状，不求进步。B 项，指日可待：（事情、希望等）不久就可以实现。此处感情色彩不当。C 项，自始至终：从开始到结束。D 项，弄巧成拙：想要巧妙的手段，结果反而坏了事。

31. B　【解析】A 项，斗折蛇行：形容道路、河流等曲折蜿蜒。此处使用对象有误。B 项，深入人心：某种思想理论、学术主张等能感动人心，并被理解接受。C 项，井底之蛙：井底下的青蛙只能看到井口那么大的一块天，比喻见识狭小的人。此处使用对象有误。D 项，无独有偶：虽然罕见，但是不只一个，还有一个可以成对儿（多用于贬义）。此处感情色彩错误。

32. C　【解析】A 项，不以为然：不认为是对的，表示不同意（多含轻视意）。此处望文生义，可改为“不以为意”。B 项，情不自禁：抑制不住自己的感情。此处与语境不符，可改为“不由自主”。C 项，涸泽而渔：抽干池水捉鱼，比喻只图眼前利益，不作长远打算。D 项，讳莫如深：紧紧隐瞒。此处望文生义。

33. C　【解析】A 项，另起炉灶：比喻重新做起，也比喻另立门户或另搞一套。B 项，相映成趣：互相衬托、映照而显得很有趣。此处用来形容“鸽子和细菌二者都能感应地球磁场”使用恰当。C 项，无所不为：没有什么不干的，指什么坏事都干。用来形容父母“送孩子去练钢琴，学围棋，上英语兴趣班”感情色彩错误。D 项，崇论宏议：指高明卓越的议论。

34. D　【解析】A 项，荒芜：（田地）因无人管理而长满野草。B 项，攀比心理：是消费心理的一种，是指脱离自己实际收入水平而盲目攀高的消费心理。C 项，诚惶诚恐：原是君主时代臣子给君主奏章中的套语，现在常用来形容惶恐不安的样子。D 项，沧海桑田：大海变成农田，农田变成大海，形容世事变化很大。用在此处不符合语境。

35. D　【解析】A 项，醍醐灌顶：比喻灌输智慧，使人彻底醒悟。B 项，渐入佳境：比喻境况逐渐好转或兴趣逐渐浓厚。C 项，不负众望：不辜负大家的期望。D 项，处心积虑：千方百计地盘算（多含贬义）。用在这里褒贬色彩不当。

36. C　【解析】A 项，鸿鹄之志：常用于比喻远大的志向。B 项，千篇一律：指诗文公式化，泛指事物只有一种形式，毫无变化。C 项，夸夸其谈：指说话或写文章浮夸，不切实际，属于贬义词。该词用于句中，不符合语境。D 项，聊以自娱：姑且用以自我娱乐宽慰。

37. A　【解析】A 项，舍本逐末：舍弃事物的根本的、主要的部分，而去追求细枝末节，指轻重倒置。B 项，不以为然：不认为是对的，表示不同意（多含轻视意）。此处不符合语境，可用“不以为意”。C 项，倾巢而出：比喻出动全部力量（多含贬义）。此处感情色彩不当。D 项，美轮美奂：形容新屋高大美观，也形容装饰、布置等美好漂亮。此处用来形容“自然风景”，使用不当。

38. C　【解析】A 项，沸沸扬扬：像沸腾的水一样喧闹，多形容议论纷纷。此处用来形容双方吵架不恰当。B 项，一言九鼎：一句话的分量像九鼎那样重，形容所说的话分量很重，作用很大。用在

此处不符合句意。C 项，一以贯之：泛指用一种思想理论贯穿于始终。D 项，首当其冲：指最先受到攻击或遭遇灾难，用在此处不符合句意。

39. A 【解析】A 项，差强人意：大体上还能使人满意。不符合语境。B 项，鹤立鸡群：比喻一个人的才能或仪表在一群人里头显得很突出。C 项，万众瞩目：大家十分关注，目不转睛地注视。D 项，煞费苦心：形容费尽心思。

40. C 【解析】A 项，有条不紊：有条理，有次序，一点儿不乱。该词语多形容说话、做事，此处用来形容“物件摆设”不恰当。B 项，事倍功半：形容花费的气力大，收到的成效小。此处应为“事半功倍”。C 项，身无长物：形容贫穷。D 项，贻笑大方：让内行笑话，已含有“让人”之意，与前面的“让人”语义重复。

41. A 【解析】A 项，一夫当关，万夫莫开：形容地势险峻，易守难攻。此处望文生义。B 项，耄耋之年：指年纪十分大的时候。C 项，杳无踪迹：指一点踪迹都没有，谓不知去向。D 项，明修栈道，暗度陈仓：用来比喻用假象迷惑对方以达到某种目的。

42. B 【解析】A 项，未雨绸缪：指趁着天没下雨，先修缮房屋门窗，比喻事先做好准备。B 项，苦心孤诣：费尽心思钻研或经营，达到别人达不到的境地。该词用于句中，不符合语境。C 项，讳莫如深：紧紧隐瞒。D 项，投鼠忌器：比喻想打击坏人而又有所顾忌。

43. C 【解析】A 项，日新月异：每天每月都有新的变化，形容进步、发展很快。此处用来形容“技术和社会发展”，使用正确。B 项，畅通：通行或通过顺利，无阻碍。此处用来形容“政策执行”，使用正确。C 项，绰绰有余：形容很宽裕，用不完。不能用来形容“奔跑者的身影”，此处使用错误。D 项，勠力同心：齐心合力，团结一致。此处用来形容国际社会“共同构建人与自然生命共同体”，使用正确。

44. A 【解析】A 项，开门揖盗：开了门请强盗进来，比喻引进坏人来危害自己。B 项，耳濡目染：形容听得多见得多了之后，无形之中受到影响。此处不合语境。C 项，鼎力相助：大力相助。该词语为敬辞，用在此处不当。D 项，天荒地老：指经过的时间很久。此处望文生义。

45. A 【解析】A 项，人一己百：比喻以百倍的努力来弥补自己的不足，以赶上别人。此处不符合句意。B 项，买椟还珠：比喻没有眼光，取舍不当。C 项，登高自卑：比喻事情的进行有一定的顺序。D 项，气贯长虹：气势磅礴，像是要贯通天空的长虹一样。形容正气旺盛，精神崇高。

46. AD 【解析】A 项，步履维艰：行走艰难。B 项，指日可待：（事情、希望等）不久就可以实现。不符合语境。C 项，趋之若鹜：像鸭子一样，成群地跑过去，形容许多人争着去追逐某种事物（含贬义）。不符合语境。D 项，高屋建瓴：在房顶上用瓶子往下倒水，形容居高临下的形势。

47. B 【解析】A 项，美轮美奂：形容新屋高大美观，也形容装饰、布置等美好漂亮。该词不能用于形容“文字”，不符合语境。B 项，凤毛麟角：比喻稀少而可贵的人或事物。该词在句中形容“高学历人才稀少”,符合语境。C项,如雷贯耳:像雷声穿过耳朵一样,形容人的名声很大。该词不能用于形容“掌声”,不符合语境。D项,鱼龙混杂:比喻坏人和好人混在一起。该词不能用来形容“环保电视市场”,不符合语境。

48. C　【解析】A项,无限风光:一指人非常风光,二指风景非常好。B项,盛气凌人:形容傲慢的气势逼人。C项,身临其境:指亲自到了那个境地。不合语境。D项,鲜为人知:指很少有人知道。

49. D　【解析】A项,“无论……都……”应改为“如果……就……”。B项,“如果……就……”改为“即使……也……”。C项,“虽然……而且……”改为“虽然……但是……”。

50. C　【解析】A项,万紫千红:形容百花齐放,颜色艳丽。不能用于形容“树木”。B项,良莠不齐:指好的坏的混杂在一起。含贬义,不能形容“学生”。C项,未雨绸缪:趁着天没下雨,先修缮房屋门窗,比喻事先做好准备。D项,喷薄而出:形容水涌起或太阳上升的样子。此处不能用来形容“市场”。

51. B　【解析】A项,夹生饭:半生不熟的饭,比喻开始没有做好,再做也很难做好的事情,或开始没有彻底解决以后也很难彻底解决的问题。B项,唱起了对台戏:比喻采取与对方相对的行动,来与对方竞争或反对、搞垮对方。此处不能用来形容“山歌对唱”。C项,多米诺骨牌:把骨牌按一定距离竖立起来排成行,只要碰倒一张,后面的便会一张碰一张地相继倒下。D项,掉书袋:讽刺人爱引用古书词句,卖弄才学。

52. B　【解析】A项,不可一世:自以为在当代没有一个人能比得上,形容极其狂妄自大。用在此处感情色彩不当。B项,倚马可待:形容文思敏捷,写文章快。C项,殚精竭虑:指用尽精力,费尽心思。用来形容“提倡和平原则”不恰当。D项,不足挂齿:不值得一提。此处不合语境,可改为“杯水车薪”。

53. D　【解析】A项,茕茕孑立:孤零零一人站在那里。形容孤单,无依无靠。B项,孤苦伶仃:形容孤单困苦、无依无靠。C项,朝不虑夕:形容情况危急。D项,气息奄奄:形容呼吸微弱,快要断气的样子。也比喻事物衰败没落,即将灭亡。此处不符合语境。

54. A　【解析】A项,如履薄冰:好像踩在薄冰上,形容谨慎戒惧。此处使用对象有误。B项,风生水起:风从水面吹过,水面掀起波澜。形容事情做得有生气,蓬勃兴旺。C项,不期而遇:没有约定而意外地相遇。D项,泥沙俱下:泥土和沙子都跟着流下来,比喻好坏不同的人或事物混杂在一起。

55. B　【解析】A项,白驹过隙:白马在细小的缝隙前一闪而过,形容时间过得飞快。此处望文生义。B项,空头支票:比喻不能或不想实践的诺言。C项,桃李不言,下自成蹊:比喻为人诚挚,自会有强烈的感召力而深得人心。此处感情色彩错误。D项,釜底抽薪:抽去锅底下的柴火,比喻从根本上解决问题。此处望文生义。

56. D　【解析】A项，明目张胆：形容公开地、无所顾忌地做坏事。B项，安步当车：慢慢地步行，就当作是坐车。C项，不容置喙：指不容许别人插嘴说话。D项，花天酒地：形容沉湎于吃喝嫖赌的荒淫腐化生活。使用对象有误。

57. A　【解析】A项，临危授命：在危亡关头勇于献出生命。B项，不孚众望：不能使大家信服。不符语境，此处应改为“不负众望”。C项，坚如磐石：像磐石一样坚固。比喻极为坚定，不可动摇。此处望文生义。D项，拍手称快：拍着手喊痛快，多指仇恨得到消除。此处望文生义。

58. D　【解析】A项，众志成城：大家同心协力，就像城墙一样的牢固，比喻大家团结一致，就能克服困难，得到成功。B项，叱咤风云：形容声势威力很大。C项，如诗如画：像诗和画一样美丽。D项，豆蔻年华：指女子十三四岁的年纪。句中主语不仅包括女性，还包括男性，使用对象有误。

59. D　【解析】A项，无孔不入：是空隙就钻进去，比喻不放过任何一个机会(多指做坏事)。此处不符合语境。B项，寻欢作乐：指追求享乐、放纵的生活。该词含贬义，用在此处感情色彩有误。C项，涣然冰释：形容嫌隙、疑虑、误会等完全消除。此处望文生义。D项，栩栩如生：形容艺术形象非常生动逼真，像活的一样。

60. C　【解析】A项，笔走龙蛇：形容书法笔势雄健活泼。用于形容“文章”不恰当。B项，侧目而视：不敢从正面看，斜着眼睛看，形容畏惧而又愤恨。句中误将该成语理解为“轻视”。C项，莫衷一是：不能得出一致的结论。D项，耳提面命：形容恳切地教导。此处误将该成语理解为“命令”。

61. B　【解析】A项，不绝如缕：多形容局势危急或声音细微悠长。使用对象有误，此处应改为“川流不息”。B项，一蹴而就：踏一步就成功，比喻事情轻而易举，一下子就能完成。C项，不可理喻：不能够用道理使他明白，形容固执或蛮横，不通情理。句中想表达的意思是“不为人理解”。D项，孤注一掷：比喻在危急时把全部力量拿出来冒一次险。此处应改为“铤而走险”。

62. B　【解析】A项，珠圆玉润：像珠子那样圆，像玉石那样滑润，形容歌声婉转优美或文字流畅明快。用在此处不符合语境。B项，新陈代谢：泛指新的事物滋生发展，代替旧的事物。C项，胸无城府：指为人胸怀坦荡，不用心机。用在此处不符合语境。D项，鱼龙混杂：比喻坏人和好人混在一起。用在此处不符合语境。

63. A　【解析】A项，方兴未艾：事物正在兴起、发展，一时不会终止。B项，大快人心：指坏人受到惩罚或打击，使大家非常痛快。用在此处望文生义。C项，美轮美奂：形容新屋高大美观，也形容装饰、布置等美好漂亮。使用对象有误。D项，蔚为大观：丰富多彩，成为盛大的景象(多指文物等)。使用对象有误。

64. A　【解析】A项，不一而足：不止一种或一次，而是很多。B项，良莠不齐：指好的坏的混杂在一起。用来形容“质量”不恰当。C项，师出无名：出兵打仗而没有正当理由，泛指做某件事缺乏正当理由。用在此处不符合语境。D 项，无所不为：没有什么不干的，指什么坏事都干。该词语为贬义词，用在此处感情色彩不当。

65. C　【解析】A 项，挺身而出：形容面对艰难或危险的事情，勇敢地站出来。B 项，锲而不舍：雕刻一件东西，一直刻下去不放手，比喻做事情能坚持到底，不半途而废；也比喻有恒心，有毅力。C 项，前赴后继：前面的人上去，后面的人就跟上去，形容奋勇前进，连续不断。用在此处感情色彩不当。D 项，缠绵悱恻：形容内心悲苦难以排遣，也形容诗文、音乐等婉转凄切。

66. C　【解析】A 项，蹉跎岁月：光阴白白地过去，指虚度光阴。用在此处不符合语境。B 项，不胜其烦：指烦琐得使人受不了。用在此处不符合语境。C 项，投鼠忌器：比喻想打击坏人而又有所顾忌。D 项，求全责备：苛责别人，要求完美无缺。其后不能加宾语，不能用在此处。

67. A　【解析】A 项，息息相关：呼吸相关联，形容关系密切。B 项，南辕北辙：心里想往南去，却驾车往北走。比喻行动和目的相反。不能用于形容“立场”。C 项，届时：到时候。用在此处不符合语境。D 项，擢发难数：形容罪恶多得像头发那样，数也数不清。此处用于形容小说的数量不恰当。

68. D　【解析】A 项，触类旁通：掌握了关于某一事物的知识，而推知同类中其他事物。用在此处不符合语境。B 项，忍俊不禁：忍不住笑。用在此处语义重复。C 项，拉帮结派：拉起一帮人结成集团，也说拉帮结伙。用在此处不符合语境。D 项，根深蒂固：比喻基础稳固，不容易动摇。

69. A　【解析】A 项，细水长流：比喻节约使用财物或人力，使经常不缺；也比喻一点一滴地做某件事，总不间断。B 项，不绝如缕：像细线一样连着，差点儿就要断了，多形容局势危急或声音细微悠长。此处望文生义。C 项，密不透风：封得很密，一点空隙也没有。用在此处不符合语境。D 项，呼朋引类：招引同类的人，多指坏人结成一伙做坏事。使用对象有误。

70. D　【解析】A 项，如雷贯耳：像雷声穿过耳朵一样，形容人的名声很大。不能用来形容话语。B 项，见微知著：见到一点儿苗头就能知道它的发展趋向或问题的实质。不合语境，可改为“无微不至”。C 项，雪泥鸿爪：鸿雁在雪泥上踏过留下的痕迹，比喻往事遗留下的痕迹。用在此处不符合语境。D 项，画虎不成反类犬：比喻模仿得不到家，反而弄得不伦不类。

71. D　【解析】A 项，耳目一新：听到的看到的都换了样子，感到很新鲜。B 项，千篇一律：指诗文公式化，泛指事物只有一种形式，毫无变化。C 项，生机勃勃：形容充满生气活力，生命力旺盛。D 项，活灵活现：形容描述或模仿的人或事物生动逼真。不能用来形容“野兔”，使用对象有误。

72. A　【解析】A 项，薪火相传：比喻师生传授，学问和技艺一代代地继承下去。也比喻种族、文化等代代相传。B 项，如火如荼：原比喻军容之盛，现用来形容旺盛、热烈或激烈。多用于褒义，用在此处感情色彩有误。C 项，心照不宣：彼此心里明白，不必明说。用在此处不符合语境。D 项，不忍卒读：不忍心读完，多形容文章悲惨动人。用在此处不符合语境。

73. B　【解析】A项,耳熟能详:听的次数多了,熟悉得能详尽地说出来。B项,巧夺天工:精巧的人工胜过天然,形容技艺极其精巧。用在此处不符合语境。C项,拆东墙补西墙:比喻处境困难,临时勉强应付。D项,敲门砖:比喻借以求得名利的初步手段。

74. B　【解析】A项,推波助澜:比喻促使或助长事物(多指坏的事物)的发展,使扩大影响。属于贬义词。用在此处感情色彩不当。B项,呼之欲出:指人像等画得逼真,似乎叫他一声他就会从画里走出来,泛指文学作品中人物的描写十分生动;也指某事即将揭晓或出现。C项,登堂入室:比喻学问或技能由浅入深,循序渐进,达到更高的水平。用在此处不符合语境。D项,无所不为:没有什么不干的,指什么坏事都干。用在此处感情色彩不当。

75. C　【解析】A项,漂亮:好看,美观,出色。B项,战利品:作战时从敌方缴获的武器、装备等。C项,奇迹:想象不到的不平凡的事情。D项,文明人:具有较高文化的人。在语境中,A、B、D三项中的加点词都是用于反讽的褒义贬用词,而C项是褒义词。

76. C　【解析】A项,捕风捉影:比喻说话或做事时用似是而非的迹象做根据。此处褒贬不分,用在此处不符合语境。B项,上下其手:指玩弄手法,暗中作弊。此处望文生义。C项,不辨菽麦:形容缺乏实际知识。D项,绘声绘色:形容叙述、描写生动逼真。不能用来形容“表演”。

77. A　【解析】A项,无与伦比:没有能比得上的(多含褒义)。该词语用在此处不当。B项,紧锣密鼓:锣鼓点敲得很密,比喻正式或公开活动前的紧张的舆论准备,也形容准备工作进行得紧张、急促。C项,两败俱伤:争斗的双方都受到损失。D项,素不相识:向来不认识,不熟悉。

78. D　【解析】A项,得天独厚:独具特殊优越的条件,也指所处的环境特别好。B项,影影绰绰:模模糊糊,不真切。C项,剑拔弩张:形容形势紧张,一触即发。D项,忘乎所以:由于过度兴奋或骄傲自满而忘记了言行应该把握的分寸。用在此处不符合语境。

79. D　【解析】A项,蔚为大观:丰富多彩,成为盛大的景象(多指文物等)。用在此处使用对象有误。B项,求全责备:苛责别人,要求完美无缺。其后不能加宾语,使用不当。C项,浩如烟海:形容文献、资料等非常丰富。使用对象有误。D项,独善其身:意思是做不上官,就搞好自身的修养。现在也指只顾自己,缺乏集体精神。

80. D　【解析】隐晦:(意思)模糊,不明显。妖娆:娇艳美好;妩媚多姿。含蓄:包含;(言语、诗文)意思含而不露,耐人寻味;(思想、感情)不轻易流露。悠扬:形容声音时高时低而和谐。第一空形容“鸟鸣”,用“悠扬”更合适。千姿百态:形容姿态多种多样,各不相同。形态各异:指很多事物形状、姿态、形式不尽相同,各有特色。无奇不有:什么稀奇的事物都有。丰富多彩:内容丰富,种类多样。结合第一空,可以判断第二空填入“丰富多彩”更合适。

81. D　【解析】十万火急:形容事情紧急到了极点。当务之急:当前急切应办的事。第一空用“当务之急”更为合适,符合“(当前)面对日益严重的生态问题”的状况。挖掘:挖,发掘。开掘:文艺上是指对题材、人物思想、现实生活等深入探索并充分表达出来。语段更侧重“儒家思想中生态方面的智慧”的挖掘，而非表达，故第二空用“挖掘”更为合适。以至：直到，表示在时间、数量、程度、范围上的延伸；用在下半句话的开头，表示由于上文所说的动作、情况的程度很深而形成的结果。乃至：甚至，表示事情所达到的程度和范围，并常有进一层的意思。故第三空用“乃至”更符合句意。

82. B　【解析】耐力：耐久的能力。韧劲：顽强持久的劲头。隐忍：把委屈、不满等藏在内心，勉强忍耐。坚韧：坚固有韧性。壮志：伟大的志向。斗志：战斗的意志。伟志：远大的志向。宏志：宏大的志向。自豪：因为自己或者与自己有关的集体或个人具有优良品质或取得伟大成就而感到光荣。豪情：豪迈的情怀。豪迈：气魄大，勇往直前。豪气：英雄气概；豪迈的气势。根据语境“板凳甘坐十年冷”，此处填“韧劲”更合适。运用排除法可知本题选B项。

83. C　【解析】基于：介词，根据。鉴于：介词，表示以某种情况为前提加以考虑；连词，用在表示因果关系的复句中前一分句句首，指出后一分句行为的依据、原因或理由。填入①句中横线处的应为“鉴于”。晋升：提高(职位、级别)。跻身：使自己上升到(某种行列、位置等)。填入②句中横线处的应为“跻身”。行迹：行动的踪迹。形迹：举动和神色；痕迹；迹象。填入③句中横线处的应为“形迹”。化为乌有：变得什么都没有了，形容一下子丧失或落空。涣然冰释：形容嫌隙、疑虑、误会等完全消除。烟消云散：形容事物消失净尽。化为泡影：变成像水泡和影子那样会迅速消失的东西，形容转眼间就全部落空。填入④句中横线处的应为“烟消云散”。

84. A　【解析】改善：改变原有情况使好一些。改变：事物发生显著的差别；改换，更动。①句中居住条件变好应用“改善”。关注：关心重视。关切：关心。②句“产业化工程”是公众最关心重视的内容，此处应用“关注”。扩张：扩大(势力、疆土等)。扩展：向外伸展；扩大。③句应用“扩张”，表示零售商销售范围的扩大。

85. A　【解析】行走：走。行进：向前行走。徘徊：在一个地方来回地走；比喻犹疑不决。游荡：闲游，闲逛。随波逐流：随着波浪起伏，跟着流水漂荡，比喻自己没有主见，随着潮流走。多愁善感：形容人感情脆弱，容易发愁或感伤。乐观豁达：对人处事都十分积极。从容不迫：非常镇静、不慌不忙的样子。第二空所填词语与“浑浑噩噩”应是并列关系，应是与其表达意思相近的词，分析四个选项的词义，“随波逐流”更合适一些。故选A。

86. B　【解析】第一处，前文说明青年的特点、优点，后文则指出“个人的抱负不可能孤立地实现”，其前后文之间存在明显的转折关系，填入关联词“但”更符合题意。第二处与第三处，其所在句子之间存在条件关系，意在强调“把理想同时代和人民的要求紧密结合起来，用自己的知识和本领为祖国、为人民服务”是“使自身价值得到充分实现”的条件，因此填入关联词“只有……才能……”更符合题意。第四处，“必将一事无成”是推论的结果，表假设，因此填入关联词“如果”更符合题意。

87. C 【解析】狙击战:指埋伏在隐蔽地点伺机袭击敌人的战斗。阻击战:指以防御手段阻止敌人增援、逃跑或进攻的战斗。据此判断,第一空填入"阻击战"更恰当。爆发:火山内部的岩浆突然冲破地壳,向四外迸出;突然发作,(事变)突然发生。暴发:突然发财或得势(多含贬义);突然发作。"暴发"侧重于突发性,多用于洪水、传染病等;"爆发"侧重于猛烈性,多用于火山、重大事件等。因此,第二空填入"暴发"更恰当。启用:开始使用。启动:(法令、规划、方案等)开始实施或进行。据此判断,第三空填入"启动"更恰当。同心协力:统一认识,共同努力。同心共胆:心志一致。据此判断,第四空填入"同心协力"更恰当。故选C项。

88. D 【解析】溶化:(固体)溶解。融化:(冰、雪等)变成水。根据题意,应选"融化"。沟通:使两方能通连。勾通:暗中串通,勾结。根据题意,应选"沟通"。喧哗:声音大而杂乱。喧闹:喧哗热闹。根据题意,应选"喧闹"。故选D项。

89. A 【解析】当务之急:当前急切应办的事。十万火急:形容事情紧急到了极点。首当其冲:指最先受到攻击或遭遇灾难。迫不及待:急迫得不能再等待。此处是说当前最紧急的是"合理引导老人上网行为并为他们提供更多替代性选择",应用"当务之急"。沉迷:深深地迷恋。沉思:深思。沉浸:浸入水中,多比喻人处于某种气氛或思想活动中。沉沦:陷入罪恶的、痛苦的境地。此处是说不要给老人迷恋网络的机会,应用"沉迷"。故选A项。

90. A 【解析】题写:书写(标题、匾额等)。题签:①原指题写书签(贴在线装书书皮上写着书名的纸条或绢条),现也指题写书名。②指题写的书签或书名。第一空是指为园林建筑写的楹联,应用"题写"更合适。内涵:①逻辑学上指一个概念所反映的事物的本质属性的总和,也就是概念的内容。②(语言、作品等)所包含的内容。③内在的涵养。蕴涵:包含。第二空与"品位"相关应填"内涵"。吟咏:有节奏有韵调地诵读(诗文)。涵泳:指对文学艺术鉴赏的一种态度和方法,对文学艺术作品的鉴赏应该沉潜其中,反复玩味和推敲,以获得其中之味。第三空是指名联佳对读起来朗朗上口,应填"吟咏"。故选A项。

91. C 【解析】①处,衍化:发展变化。演化:演变,多指自然界的变化。此处指的是秘方的发展变化,因此填入"衍化"一词更符合题意。②处,解读:阅读解释;分析研究;理解体会。解释:分析阐明;说明含义、原因、理由等。此处是对"信""达""雅"作解释说明,因此填入"解释"一词更符合题意。③处,举足轻重:所处地位重要,一举一动都关系到全局。至关重要:相当地重要,要紧关头时不可缺少。此处强调的是"真挚"对于"散文的'情'"的重要性,因此填入"至关重要"一词更符合题意。故选C项。

92. D 【解析】俯拾皆是:只要弯下身子来捡,到处都是。形容地上的某一类东西、要找的某一类例证、文章中的错别字等很多。比比皆是:到处都是。强调多且常见。第一空强调好评多且常见,而不是易得,应填入"比比皆是"。屡见不鲜:经常看见,并不新奇。层出不穷:接连不断地出现，没有穷尽。第二空的主语是“新译本”，强调新译本接连不断地出现，应填入“层出不穷”。难以卒读：文笔太差，读不下去。不忍卒读：不忍心读完，多形容文章悲惨动人。第三空强调新译本质量差，让人读不下去，应填入“难以卒读”。基于：根据。鉴于：表示以某种情况为前提加以考虑；用在表示因果关系的复句中前一分句句首，指出后一分句行为的依据、原因或理由。第四空填“基于”更合适。故选D项。

93. C　【解析】“很远很远”和“关系密切”构成转折关系，前两空应选择表示转折的关联词“虽然……但是……”，排除A、D两项。“没有太阳”属于假设，应选择表示假设的关联词“如果”，排除B项，故选C项。

94. B　【解析】深邃：深；深奥。幽邃：幽深。形容古潭般的河湾，应用“幽邃”。蜿蜒：（山脉、河流、道路等）弯弯曲曲地延伸的样子。曲折：弯曲；（事情发展、故事情节）复杂，变化多。此处用“蜿蜒”更恰当。荒疏：（学业、技术）因平时缺乏练习而生疏。稀疏：（物体、声音等）在空间或时间上的间隔远。形容老柳树的枝叶，应用“稀疏”。故选B项。

95. A　【解析】困境：困难的处境。困难：事情复杂，阻碍多；穷困，不好过；工作、生活中遇到的不易解决的问题或障碍。语段中“身处”与“困境”搭配更合适。启迪：开导；启发。启发：阐明事例，引起对方联想而有所领悟。语段中“启迪”与“智慧”搭配更合适。抚慰：安慰。抚恤：（国家或组织）对因公受伤或致残的人员，或因公牺牲以及病故的人员的家属进行安慰并给以物质帮助。语段中“心灵”与“抚慰”搭配更合适。故选A项。

96. B　【解析】第二空前后显然是递进关系，排除C、D两项。第三空，最后一句话涉及的“立体结构”与前文不存在因果关系，排除A项。第一空，“如果”表假设，指出了使用的可能性，符合语境。故选B项。

97. D　【解析】“咬文嚼字有时是一个坏习惯”与“含义通常不是很好”之间为因果关系，故第一空应填“所以”。必需：动词，指一定要有，不可少。必须：副词，表示事理上和情理上必要，一定要。根据语境，第二空应填“必须”。表示：用言语行为显出某种思想、感情、态度等，主语通常是人。表现：指表示出来。第三空应填“表现”。透彻：（了解情况、分析事理）详尽而深入。精确：非常准确，非常正确。由横线前的“思想”可知，第四空应填“透彻”。故选D项。

98. B　【解析】奇货可居：指商人把难得的货物囤积起来，等待高价出售；也比喻凭借某种独特的技能或成就，作为要求名利地位的本钱。琳琅满目：比喻各种美好的东西很多（多指书籍或工艺品）。此处形容商品多，应用“琳琅满目”。枝繁叶茂：形容枝叶繁密茂盛，比喻家族人丁兴旺，后代子孙众多。源远流长：源头很远，流程很长；比喻历史悠久。根据后文中的“历史”可知，此处应填“源远流长”。积淀：积累沉淀；所积累沉淀下来的事物（多指文化、知识、经验等）。积蓄：积存；积存的钱。“民族精神追求”的应是历史积淀，此处应填“积淀”。目不窥园：形容埋

头读书。路不拾遗:东西掉在路上没有人捡走据为己有,形容社会风气很好。前文说“加强家风建设”,对应的应是道德品质,应选“路不拾遗”。故选B项。

99. C 【解析】同日而语:放在同一时间谈论,指相提并论(多用于否定式)。相提并论:把不同的或相差悬殊的人或事物混在一起来谈论或看待(多用于否定式)。混为一谈:把不同的事物混在一起,说成是同样的事物。等量齐观:不管事物间的差异,同等看待。把早期的几幅画和现在的创作放在同一时间谈论,第一空应填“同日而语”更合适,采用排除法,故选C项。

100. A 【解析】制约:甲事物本身的存在和变化以乙事物的存在和变化为条件,则甲事物为乙事物所制约。限制:规定范围,不许超过。“民族文化对民族语言的发展起着……作用”,第一空应填“制约”,排除B、C两项。宁静:(环境、心情)安静。安静:没有声音;没有吵闹和喧哗。夜晚的环境更加静,第二空应填“宁静”。启示:启发提示,使有所领悟;通过启发提示而领悟的道理。启发:阐明事例,引起对方联想而有所领悟。“飞机在黑夜里也能安全飞行”是从蝙蝠身上得到的启发提示,第三空应填“启示”。故选A项。

101. A 【解析】“年代久远”与“画作的墨迹已有些黯淡”是因果关系,应用表示因果关系的关联词“因为……所以……”。“画作的墨迹已有些黯淡”与“丝毫掩盖不住它内在的神韵”是转折关系,应用表示转折关系的关联词“但是”。故选A项。

102. A 【解析】情趣:性情志趣。情调:指思想感情所表现出来的格调。冷峻深沉:形容冷酷严峻,思想感情不外露。冷峭阴沉:形容态度严峻,话语尖刻,脸色阴暗。第二空这里用来形容鲁迅,应用“冷峻深沉”,排除B、C两项。温和娴雅:形容(性情、态度、言语等)使人感到亲切文雅。冲淡:使某种气氛、效果、感情等减弱。平和:形容性情或言行温和。举足轻重:所处地位重要,一举一动都关系到全局。至关重要:形容相当地重要,要紧关头时不可缺少。第四空强调的是“真挚”对于“散文的‘情’”的重要性,因此填入“至关重要”一词更符合题意,排除D项,故选A项。

103. D 【解析】实施:实行(法令、政策等)。履行:实践(自己答应做的或应该做的事)。第一空“教育职责”应搭配“履行”,排除A、C两项。擅自:对不在自己职权范围内的事情自作主张。私自:背着组织或有关的人,自己(做不合乎规章制度的事)。第二空“离开课堂”应是私自做出的决定,排除B项。故选D项。

104. A 【解析】身临其境:指亲自到了那个境地,获得某种切身感受。设身处地:设想自己处在别人的地位或境遇中。将心比心:拿自己的心去比照别人的心,指遇事设身处地替别人着想。推己及人:用自己的心思来推想别人的心思;设身处地替别人着想。由词义可知,第一空应填“身临其境”。印证:证明与事实相符;用来印证的事物。关照:关心照顾;照应;口头通知。目睹:亲眼看到。映射:照射。由词义可知,第二空应填“印证”。故选A项。

105. C　【解析】用心：指集中注意力，多用心力，或者指怀着的某种念头。匠心：意为巧妙的构思。根据题意可知，文段谈论的对象为“园林艺术”，故第一空应填“匠心”。别树一帜：指另外树起一面旗帜，形容与众不同，另成一家。别有洞天：指另有一种境界，形容景物等引人入胜。结合语境可知，第二空应填“别有洞天”。浑成：指天然生成，常形容文学艺术作品等自然、浑然一体、不见雕凿的痕迹。饱满：指丰满、充足。结合题干，“饱满”不能用来修饰“点睛之笔”，故第三空应填“浑成”。故选C项。

106. B　【解析】标示：标明，显示。标志：表明特征的记号或事物。第一空，从语法角度来分析，此处应使用名词，而“标示”是动词，故应使用“标志”，排除A项。独树一帜：单独树立起一面旗帜，指自成一家。独占鳌头：借指居首位或第一名。第二空，从后面“当以崔颢《黄鹤楼》为第一”可知，句中应是说“占首位的作品”，应使用“独占鳌头”，排除C项。莫衷一是：不能得出一致的结论。众说纷纭：各种各样的说法。根据前文“言人人殊”，最后用“莫衷一是”更合适。故选B项。

107. D　【解析】高雅：高尚，不粗俗。高贵：达到高度道德水平的；极为贵重；指地位高、生活优越的。饱读诗书形成的应为“高雅”气质，第一空应填入“高雅”，排除B、C两项。淡然：形容不经心，不在意。淡泊：恬淡；不追求，不热衷。根据句意可知第二空填“淡泊”，排除A项。平静：（心情、环境等）没有不安或动荡。平和：（性情或言行）温和；（药物）作用温和，不剧烈；平静，安宁；（纷扰）停息。“平和”与“偏激”相对。故选D项。

108. A　【解析】权势：权柄和势力。权威：使人信服的力量和威望。根据句意应选“权势”。遗传：生物体的构造和生理机能等由上代传给下代。遗迹：古代或旧时代的事物遗留下来的痕迹。根据“权势之气”应选“遗传”。官邸：由公家提供的高级官员的住所。官府：旧时称行政机关，特指地方上的。根据“深宅大院”可知应选“官邸”。森严壁垒：森严指整齐严肃，壁垒泛指防御工事。不可一世：自以为在当代没有一个人能比得上，形容极其狂妄自大。文段强调的是“石窟门弄堂”的厚重感，应选“森严壁垒”。故选A项。

109. B　【解析】只有专注地看古老的树，才能进一步感受古树，故第一空应填“凝视”。紧接着，用掌心去触摸树皮，因此第二空应填“抚触”。抚触了树皮，就能感受树皮的温度，故第三空应填“感受”。古树的年轮不能用肉眼直接观察出，因此，需要通过推测、判断才能知晓，故第四空应填“揣摩”。最后，作者为自己眼前的这棵古老的树而动容，故第五空应填“隐隐动容”。故选B项。

110. A　【解析】连续：指一个接一个。持续：指延续不断。继续：指（活动）连下去；延长下去；不间断。改进：指改变旧有情况，使有所进步。改正：指把错误的改为正确的。改善：指改变原有情况使好一些。①句中“开炮”这一动作应是一个接一个的，填入“连续”；②句中“足球赛”这

一活动应是在中断后连下去，填入“继续”；③句中修饰“服务态度”应是表示改变原来的情况，有进步，填入“改进”；④句中“缺点”应与“改正”搭配。故选A项。

111. B　【解析】滋生：繁殖；引起。产生：由已有事物中生出新的事物；出现。网络谣言是从阴暗的环境中繁殖出来的，第一空应选“滋生”。急不可待：急得不能再等，形容十分急切。迫在眉睫：形容事情临近眼前，十分紧迫。“急不可待”形容心情，“迫在眉睫”形容事情，第二空应用“迫在眉睫”。鱼龙混杂：比喻坏人和好人混在一起。混淆视听：以假象或谎言使人分辨不出是非真伪。“真相与谣言相杂”指事情，第三空应用“混淆视听”。故选B项。

112. B　【解析】领会：领略事物而有所体会。领略：了解事物的情况，进而认识它的意义，或者辨别它的滋味。“文字之美”需要“领略”，第一空应用“领略”。登峰造极：登上峰顶，到达最高处，比喻水平达到最高点。登堂入室：比喻学问或技能由浅入深，循序渐进，达到更高的水平。阅读需要持之以恒是为了逐步达到更高的水平，因此第二空应用“登堂入室”。丰富：（物质财富、学识经验等）种类多或数量大。丰满：充足；（身体或身体的一部分）胖得匀称好看；（鸟类的毛）多而密。第三空应用“丰富”。故选B项。

113. D　【解析】变幻莫测：变化多端，难以揣测。变化多端：形容变化很大，表示程度、大小、高低等极不相同的变化。在文中形容字体式样应用“变化多端”，排除A、B两项。别具一格：指另有一种风格。别有用心：指言论或行动中另有不可告人的企图，多为贬义。“别有用心”不能用来形容“王羲之的书法”，排除C项。义正词严：指道理正当，措辞严肃。义愤填膺：指胸中充满义愤。“义愤填膺”显然更符合文中颜真卿侄儿全家被反贼杀害时颜真卿的悲愤之情。故选D项。

114. B　【解析】萍水相逢：比喻向来不认识的人偶然相遇。不期而遇：没有约定而意外地相遇。“我”与“小学同学”之前认识，第一空应填“不期而遇”，排除A、D两项。推脱：推卸。推托：借故拒绝。“维修部的人员”推卸与自己有关的事，第二空应填“推脱”，排除C项。日渐：一天一天慢慢地。日见：一天一天地显示出；逐渐地。不但：用在表示递进的复句的上半句里，下半句里通常有连词“而且、并且”或副词“也、还”等相呼应。不单：不仅。“公安机关”与“其他公共权力部门”是并列关系，结合语境，应用“不单……也……”。故选B项。

115. D　【解析】淋漓尽致：形容文章、谈话等详尽透彻，发挥充分，也形容暴露得很彻底。栩栩如生：指艺术形象非常逼真，如同活的一样。根据所描述的对象可知，第一空应填“淋漓尽致”。斗转星移：表示时序变迁，岁月流逝。白驹过隙：白马在细小的缝隙前一闪而过，形容时间过得飞快。根据语境可知，第二空应填“斗转星移”。湮没无闻：埋没，无人知晓。销声匿迹：形容隐藏起来或不公开出现。根据语境可知，第三空应填“销声匿迹”。故选D项。

116. C　【解析】落地生根：比喻迁移他乡长期定居的情形。入乡随俗：到一个地方就遵从当地的风俗习惯。结合文段内容,第一空用“落地生根”更恰当。质疑:提出疑问。置疑:怀疑(多用于否定式)。文中不是否定句,故第二空应用“质疑”。不绝如缕:像细线一样连着,差点儿就要断了,多形容局势危急或者声音细微悠长。若隐若现:形容隐隐约约。第三空用“不绝如缕”更恰当。故选C项。

117. C　【解析】呼之欲出:形容人像等画得逼真,似乎叫他一声他就会从画里走出来,泛指文学作品中人物的描写十分生动;指某事即将揭晓或出现。惟妙惟肖:形容描写或模仿得非常好,非常逼真。绘声绘色:形容叙述、描写生动逼真。第①句说的是张志把“街头的那件事”讲述得非常生动,应选“绘声绘色”。第②句说的是一个小伙子模仿“小沈阳的声音”模仿得非常逼真,应选“惟妙惟肖”。第③句说的是《祝福》中“祥林嫂”的形象描写十分生动,应选“呼之欲出”。故选C项。

118. C　【解析】文中第一句话属于条件假设关系,在“如果……”的前提条件假设下套入“即使……也……”句式,假设说明在宇宙飞船中用普通杯子无法喝水的情况;第二句话是对前一句进行原因说明,属于因果关系,所以最后一个括号填入“因为”。故选C项。

119. D　【解析】醇厚:(气味、滋味等)纯正浓厚。幽香:清淡的香气。清冽:清冷,清凉。根据词语的前后搭配,应为泉清冽、茶幽香、酒醇厚,故选D项。

120. C　【解析】亵渎:轻慢;不尊敬。A、B、D项解释正确,故选C项。

121. D　【解析】逐渐:渐渐。逐步:一步一步地。①句中填入“逐步”更为合适。截至:截止到(某个时候)。截止:(到一定期限)停止。②句中填入“截至”更为合适。维持:使继续存在下去,保持。维护:维持保护,使免于遭受破坏。③句中填入“维持”更为合适。故选D项。

122. A　【解析】流逝:像流水一样消逝。流失:指自然界的矿石、土壤自己散失或被水、风力带走,也指河水等白白地流掉;泛指有用的东西流散失去;比喻人员离开本地或本单位。第一空指时间像流水一样消逝,故用“流逝”。捉摸:猜测,预料(多用于否定句)。琢磨:雕刻和打磨(玉石);加工使精美(指文章等)。第二空应填“捉摸”。必须:表示事理上和情理上必要,一定要;加强命令语气。必需:一定要有,不可少。第三空应填“必须”。故选A项。

123. C　【解析】星罗棋布:像星星似的罗列着,像棋子似的分布着,形容多而密集。良莠不齐:指好的坏的混杂在一起(莠:狗尾草,比喻品质坏的)。目不暇接:形容东西太多,眼睛看不过来。淋漓尽致:形容文章、谈话等详尽透彻,发挥充分,也形容暴露得很彻底。鱼龙混杂:比喻坏人和好人混在一起。鳞次栉比:像鱼鳞和梳子的齿一样,一个挨着一个地排列着,多形容房屋等密集。层出不穷:接连不断地出现,没有穷尽。第一空用来形容楼房,应填“鳞次栉比”;第二空用来形容表演发挥的程度,应填“淋漓尽致”;第三空用来形容人才能力,应填“良莠不齐”。故选C项。

124. D 【解析】望风捕影：比喻说话或做事时用似是而非的迹象做根据。无中生有：把没有的说成有，指凭空捏造。根据后面的“添油加醋”可知，第一空填入“望风捕影”更恰当，排除B、C两项。各执己见：指各自坚持自己的看法。莫衷一是：指不能得出一致的结论。根据“真假难辨”“鸡一嘴鸭一嘴”可知，第二空填入“莫衷一是”更恰当，排除A项。喧嚷：指(好些人)大声地叫或说。喧哗：形容声音大而杂乱。文中指众人意见不一，吵吵闹闹，纷纷杂杂，因此第三空填入“喧哗”更恰当。故选D项。

125. D 【解析】“传播媒体日益复杂先进”与“图书依然是积极教育与批判思考的基础”是相互对立的两件事情，应使用表示转折的关联词，C项可排除。“传播媒体日益复杂先进”是已经发生的事，不能使用表示假设的关联词“如果”“即使”，A、B两项可排除。根据排除法可知，答案选D项。

126. B 【解析】鱼目混珠：拿鱼眼睛冒充珍珠，比喻拿假的东西冒充真的东西。泥沙俱下：泥土和沙子都跟着流下来，比喻好坏不同的人或事物混杂在一起。根据“良莠不齐”可选出意思相近的“泥沙俱下”。惭愧：因为自己有缺点、做错了事或未能尽到责任而感到不安；谦辞，多用于受到别人的称赞表示不敢当。羞愧：感到羞耻和惭愧。结合语境应选“羞愧”。不堪入目：指形象丑恶，使人看不下去。一钱不值：一个铜钱都不值，比喻毫无价值。根据“草率付梓”可知应选“不堪入目”。故选B项。

127. C 【解析】正告：严正地告诉。警告：提醒，使警惕；对有错误或不正当行为的个人、团体、国家提出告诫，使认识所应负的责任。这是对犯错误者的一种处分。第一空用于比较正式的场合，应用“正告”。窜改：改动(成语、文件、古书等)。篡改：用作伪的手段改动或曲解(经典、理论、政策等)。符合句意的为“篡改”。心率：心脏搏动的频率。心律：心脏跳动的节律。“心律不齐”为固定搭配，此处应用“心律”。不逞之徒：因失意而胡作非为的人。亡命之徒：指不顾性命，犯法作恶的人。根据“逆潮流而动者”可知，应用“不逞之徒”。故选C项。

128. B 【解析】演化：演变(多指自然界的变化)。变化：事物在形态上或本质上产生新的状况；事物在形态上或本质上产生的新状况。由自然界可知，句①应选“演化”。中止：(做事)中途停止，使中途停止。终止：结束、停止。拿到毕业证不代表学习的终止，因此句②应选“终止”。“山洪暴发”是固定搭配。故选B项。

129. C 【解析】“光芒四射”“光华璀璨”“光彩夺目”是固定的词语搭配。故选C项。

130. D 【解析】息息相关：呼吸相关联，形容关系密切。休戚与共：彼此共同承受幸福与灾祸。休戚相关：彼此间祸福互相关联。①用来修饰“水与人们的生活”之间的关系，根据“已经成为生命的源泉、工业的血液、城市的命脉”可知，应选“息息相关”。②用来修饰法治中国与公民的关系，根据“建设法治中国，人人都是受益者、参与者和践行者”可知，应选“休戚相关”。③根据“作为人民公仆，只有与国家和人民”，便知强调的是公仆与国家和人民共同承受幸福、灾祸，应选“休戚与共”。故选D项。

131. C 【解析】提出：揭示，提请考虑、讨论、接受或采纳。提醒：从旁指点，促使注意。因此第一空用“提醒”更合适。产生：由已有事物中生出新的事物；出现。引发：引起；触发。办公座椅高度有问题，久坐必然会产生疲劳感，这是直接的因果关系，因此第二空应用“产生”。适合：符合（实际情况或客观要求）。合适：符合实际情况或客观要求。第三空要求用形容词以限定“高度”，因而应用“合适”。故选C项。

132. D 【解析】“新鲜”与“陌生”搭配得当。挟着：用胳膊夹着。抑扬：（声音）高低起伏。顿挫：（语调、音律等）停顿转折。根据“缓慢”应选“顿挫”。故选D项。

133. D 【解析】干涉：过问或制止，多指不应该管硬管；关涉，关联。干预：过问（别人的事）。“干涉”语意较重，“干预”语意较轻，此处应用“干涉”。“共商国是”这样的词汇是固定的，不能写成“共商国事”。大概：大致的内容或情况；不十分精确的或不十分详尽的；表示不很准确的估计。大致：大体上，基本上；大概，大约。此处应用“大致”。故选D项。

134. D 【解析】从而：上文是原因、方法等，下文是结果、目的等；因此就。进而：表示在已有的基础上进一步。第一空前文写湿地的“生态环境得到明显的改善”，导致的结果是这里成为“最大的越冬栖息地”，应填“从而”，排除B、C两项。坚忍：（在艰苦困难的情况下）坚持而不动摇，侧重于不动摇。坚韧：坚固有韧性，侧重于不间断。动人心魄：激动人心；非常动人。惊心动魄：形容使人感受很深，震动很大。第三空联系前文“生死体验”，应填“惊心动魄”，排除A项。故选D项。

135. B 【解析】开辟：强调开创、创立。开拓：是指采掘矿物前进行的修建巷道等工序的总称。第①句用“开拓”恰当。摸索：试探着（行进），寻找（方向、方法、经验等）。探索：多方寻求答案，解决疑问。第②句表述的是冶炼钢铁技术的进步，用“摸索”比较合适。自然：表示理所当然。虽然：表示承认甲事为事实，但乙事并不因为甲事而成立。固然：表示承认某个事实，引起下文转折；表示承认甲事实，也不否认乙事实。诚然：实在；固然（引起下文转折）。第③句表述的是林和靖的清高是事实，但他也还要依赖诗歌来流芳百世，用“固然”更符合句意。故选B项。

136. C 【解析】和约：交战双方订立的结束战争、恢复和平关系的条约。合约：合同（多指条文比较简单的）。①中语境是金与宋的战争，应用“和约”。合计：合在一起计算，后面往往直接跟着具体数量。核计：核算。“核计”后面往往跟着核计的对象，所以，②应该是“核计”“合计”。服帖：驯服、顺从，也作伏帖；妥当、平妥。伏帖：舒适。③根据前一句“五脏六腑里像熨斗熨过”，推断应该为“伏帖”。故选C项。

137. C 【解析】郢书燕说：比喻穿凿附会，曲解原意。抱关击柝：守门和巡夜的人，泛指位卑禄薄的小官。该成语用在句中不符合语境。大吹法螺：佛教管讲经说法叫吹法螺，比喻说大话。刮目相看：用新的眼光来看待。该成语用在句中不符合语境。师心自用：形容固执己见，自以为是。该成语用在句中不符合语境。色厉内荏：指外表强硬而内心怯懦。故选C项。

138. B 【解析】莫衷一是：不能得出一致的结论。一般用于多个人，此处不符合语境。危言危行：说正直的话，做正直的事。符合语境。甚嚣尘上：形容对传闻之事议论纷纷。现多形容某种言论十分嚣张（含贬义）。不符合语境。大快朵颐：指饱食愉快的样子。符合语境。不二法门：指独一无二的门径。符合语境。苦心孤诣：费尽心思钻研或经营，达到别人达不到的境地。不符合语境。故选B项。

139. C 【解析】别无二致：没有两样；没有区别。万人空巷：家家户户的人都从巷子里出来（观看或参加某些大的活动等），多用来形容庆祝、欢迎等盛况。此处应用形容人多的成语。上下其手：指玩弄手法，暗中作弊。该词语为贬义词，此处使用错误。胶柱鼓瑟：比喻固执拘泥，不能变通。无所不为：没有什么不干的，指什么坏事都干。该词语为贬义词，此处使用错误。不一而足：不止一种或一次，而是很多。故选C项。

140. B 【解析】满城风雨：形容事情传遍各处，到处都在议论着（多指坏事）。此处为英雄事迹，褒贬不当。趋之若鹜：像鸭子一样，成群地跑过去，形容许多人争着去追逐某种事物（含贬义）。此处为正面宣传SPA，误用了贬义词。闻过则喜：听到别人指出自己的缺点、错误就感到高兴。形容虚心，对自己要求严格。成语运用正确。驾鹤西去：指人得道成仙，飞往西天（传说中仙人多以鹤为坐骑），今用作婉辞，称所尊敬的人去世。成语运用正确。亦步亦趋：比喻自己没有主张，或为了讨好，每件事都效仿或依从别人，跟着人家行事。此处写中国航天的成功，不应用贬义词。各抒己见：各自发表自己的意见或见解。成语运用正确。故选B项。

141. D 【解析】笔走龙蛇：形容书法笔势雄健活泼。该词用于句中正确。不可一世：自以为在当代没有一个人能比得上，形容极其狂妄自大。该词用于句中正确。久假不归：长期借去，不归还。该词用于句中正确。求田问舍：只知道购置田宅家产而没有远大的志向。该词不能用来形容遗世独立、归隐山林的志趣。言之凿凿：话说得有根有据，非常肯定。该词用于句中正确。休戚相关：彼此间祸福互相关联。该词不适合用来形容“保障和改善民生”这一对象，应改为“至关重要”。故选D项。

142. A 【解析】真知灼见：正确而透彻的见解。文中再用“十分到位”来修饰，语义重复。一文不名：一个钱也没有（名：占有）。此处使用正确。津津乐道：形容很感兴趣地谈论。与后文的“谈论”语义重复。百身何赎：愿百死己身以换回死者的生命，表示极沉痛地悼念。成语使用正确。移樽就教：端着酒杯到别人跟前一起饮酒，以便求教，泛指主动前去向人请教。此处使用正确。自惭形秽:原指因自己容貌举止不如别人而感到惭愧,后来泛指自愧不如别人。与前文“感到”语义重复。故选A项。

143. B　【解析】A项,镇定自若:指面对紧急情况或灾难时冷静的表现。胸有成竹:比喻做事之前已经有通盘的考虑。胜券在握:比喻很有把握,相信自己一定可以成功。B项,义愤填膺:形容胸中充满义愤。怒不可遏:指愤怒得不能抑制,形容愤怒到了极点。怒发冲冠:指因怒而头发直竖,把帽子都顶起来了,形容非常愤怒。这三个词语都有“愤怒”的意思。C项,向隅而泣:指面对着屋子的一个角落哭泣,形容感到孤独,绝望,十分悲伤。惨绝人寰:人世上还没有过的悲惨,形容悲惨到了极点。痛心疾首:形容痛恨到极点。D项,日新月异:每天每月都有新的变化,形容进步、发展得快。翻天覆地:形容变化巨大而彻底,也指闹得很凶。白驹过隙:本意指白马在细小的缝隙前一闪而过,形容时间过得飞快。

144. B　【解析】A项,蔚为大观:丰富多彩,成为盛大的景象(多指文物等)。B项,自顾不暇:照顾自己都来不及(哪里还能顾到别人)。用在此处不符合语境。C项,鱼目混珠:拿鱼眼睛冒充珍珠,比喻拿假的东西冒充真的东西。D项,诟病:指责。

专题四　病句精准辨析高分突破

1. B　【解析】A项,结构混乱,“甲队……反攻”是被动句,“最终……大门”是主动句,两个句子合在一起,主动句变为了“甲队最终攻破甲队大门”,应去掉“被”或在“最终”前加上“乙队”。C项,主语残缺,应删去“使”。D项,“降低”和“经济负担”搭配不当,应改为“减轻了家长的经济负担”。

2. D　【解析】D项,两面对一面,应删掉“是否”。

3. B　【解析】A项,“逾”意为“超过、越过”,与“以上”意思重复,应删去其中一个。C项,成分残缺,应在“奥林匹克运动”后加上“的发展”。D项,根据句意,需要政府、设计机构和全体市民参与的是“城市形象标志设计”这件事,不是“社会公众普遍认为城市形象标志设计意义重大”,代词“这”指代不明。

4. B　【解析】A项,“为配制食用香精和化妆品香精的主要原料,都离不开它”句式杂糅,可去掉“为……的主要原料”或“,都离不开它”。C项,“主持”与“发现”搭配不当,可删去“分别主持”。D项,关联词位置不当,导致主语不一致,可将“不是”移至“质量”之前。

5. A　【解析】B项,“生活用品”与“器物衣饰”有交叉关系,不能并列,应删去其中一个。C项,搭配

不当，“管理效果”不能与“不低”搭配，可将“不低”改为“不错”。D项，句式杂糅，可改为“讲述……的故事”或“以……的故事为框架”。

6. C 【解析】A项，语序不当，应将“热爱海洋、保护海洋和了解海洋”改为“了解海洋、热爱海洋和保护海洋”。B项，否定失当，“避免”和“不”双重否定表肯定，应删去“不”。D项，“根据……”和“……显示”两个结构套用在一起形成句式杂糅，应删去“根据”或“显示”。

7. B 【解析】A项，“学生倾向于短期突击为主”句式杂糅，可删去“为主”。C项，“扩大经济发展”搭配不当，可改为“促进经济发展”或者“拉动经济发展”。D项，“均面临着停车难、停车乱”成分残缺，可在其后加上“的问题”。

8. C 【解析】A项，“把政治常识和培养学生良好的品德结合起来”不合逻辑，应在“政治常识”后加“的教学”。B项，缺少主语，应删掉“通过”。D项，成分残缺，“文字记录”不能发生变化，应在其后加上“方式”；一面对两面，应将“影响到汉字文化能否很好地传承”改为“影响到汉字文化的传承”。

9. B 【解析】A项，“树立”和“教育”搭配不当，应将“教育”改为“意识”。C项，“诸”有“之于”的意思，“付诸于”成分赘余，应删去“于”。D项，“观念”和“提高”搭配不当，应将“提高”改为“更新”。

10. A 【解析】B项，缺少宾语，应在句号前加上“的作品”。C项，“淋巴瘤”与“现象”搭配不当，应将“现象”改为“疾病”。D项，关联词语使用不当，应将“但是”改为“甚至”。

11. B 【解析】A项，“减轻”和“作为”搭配不当，应改为“切实减轻基层负担，更好地激励干部担当作为”。C项，成分残缺，应在“全面小康”后加上“的快车”。D项，关联词语使用不当，后两句不存在转折关系，应删去“但是”。

12. C 【解析】A项，缺少主语，删除句首介词“在”。B项，语序不当，应将“为造福人类健康、发展中医药事业”改为“为发展中医药事业、造福人类健康”。D项，“安徽和浙江的部分地区”有歧义，未说明“部分地区”对应的是浙江省或二者都包括。

13. C 【解析】A项，搭配不当，“提升”不能和“习惯”搭配，可将“提升”改为“改变”。B项，“借口……”和“……为名的”两个结构套用在一起形成句式杂糅，应删去“为名的”。D项，成分残缺，应在“修辞手法”前加上“运用”。

14. C 【解析】A项，语序不当，应将“需要我们”改为“我们需要”，将“把传承雷锋精神代代下去”改为“把雷锋精神代代传承下去”。B项，搭配不当，应将“凝聚消费者”改为“拉拢消费者”，“倍增”改为“备受”。D项，搭配不当，应改为“是基于其专业可靠优质的服务，以及带来的高效资源配置、快捷对接渠道”。

15. D 【解析】A项，“采取了”缺少宾语，应在“扣分”后面加上“的措施”。B项，语义重复，“防止”与“不再”任删其一。C项，语序不当，应将“发扬和继承”改为“继承和发扬”。

16. D　【解析】A项，语义重复，“至少”和“余”删去其中一个即可。B项，一面对两面，应在“在课堂上”后加上“是否”。C项，动宾搭配不当，应将“进行”改为“提高”或删去“的能力”。

17. B　【解析】A项，“提高财政资金使用”搭配不当，应在其后加上“效率”。C项，语义重复，“超过”和“多”重复，二者可删其一。D项，“体现”后面缺少宾语中心词，应在“厚爱”后加“的原则”。

18. C　【解析】A项，语序不当，应把“最广泛”调换到“公众”后面。B项，“衣物”不属于学习用品，应删去。D项，缺少主语，“通过”和“使”应删去其一。

19. A　【解析】B项，有歧义，没有讲明白“十来岁的孩子”指谁。C项，“这方面”指代不明，未表明到底是指欣赏好诗，还是指创作好诗。D项，有歧义，应在“揭发”后加上“的”。

20. D　【解析】A项，在“资源”后加“的意识”。B项，搭配不当，应将“事迹”改为“形象”。C项，双重否定表肯定，“防止”与“不要”删掉其中一个。

21. B　【解析】A项，宾语残缺，应在句号前加“情况”。C项，缺谓语动词，“抵制干扰的定力”应改为“提高抵制干扰的定力”。D项，成分残缺，“满足”后缺少宾语，应在“等”后加“需要”。

22. B　【解析】A项，语序不当，“碰撞、融合、交流”应改为“碰撞、交流、融合”。C项，搭配不当，“录取”和“名额”搭配不当，应将“名额”改为“人”。D项，句式杂糅，“包括……”“……组成”杂糅，删去“组成”。

23. D　【解析】A项，偷换主语，应将“鲁迅写了《狂人日记》”改为“鲁迅写的《狂人日记》”。B项，“包括”和“无所不画”同时使用导致句式杂糅，应删去其中一个。C项，表述不当，应将“对学术不端问题的发现持零容忍态度”改为“对学术不端的问题持零容忍态度”，“启动调查程序”改为“启动调查工作”。

24. D　【解析】A项，关联词语缺失，应在“他”后面加上“都”。B项，“挑起……任务”搭配不当，应为“挑起……的重担”或“承担……任务”。C项，搭配不当，“眼前”不能浮现“声音”，应改为“他的眼前总是浮现妈妈鼓励的眼神，耳边总是听到妈妈温柔的声音”。

25. B　【解析】A项，医疗设备包括手术设备，应删掉“和手术”；“持续、顺畅并安全”语序不当，应改为“安全、顺畅并持续”。C项，关联词使用不当，应删去“由于”。D项，成分残缺，应在“旅客”前加“使”。

26. C　【解析】A项，搭配不当，“送餐人数”不能成为“行业”，应在“已成为”前面加上“送餐行业”。B项，语义重复，“德艺双馨”与“优秀”可删去其一。D项，语序不当，应改为“我国近年来内政外交所取得的一系列成果”。

27. B　【解析】A项，“挖掘”与“造诣”搭配不当，应将“造诣”改成“趣味”或删除“、艺术造诣”。C项，“施展”和“意志”不搭配，应将“我们渴望施展自身的意志和才华”改为“我们渴望磨炼自身的意志并施展自身的才华”或删除“意志和”。D项，“力度”和“非常广”不搭配，应将“力度和范围都非常广”改为“力度非常大，范围非常广”或删除“力度和……都”。

28. A　【解析】B 项,“美国当局虽然”语序不当,第一句的主语是“美国当局”,而后面句子的主语是“飓风‘马修’”,前后主语不一致,第一个关联词应放在主语前面,应改为“虽然美国当局”。C 项,“答案无疑是肯定的”表意不明,“肯定”的指向不明,因为前面是两个问题,到底是肯定哪个问题,不明确。D 项,“减轻东西方向的堵车问题”搭配不当,“减轻”与“问题”不搭配,应为“减轻……压力”。

29. C　【解析】A 项,成分残缺,应在句号前加上“力度”。B 项,“大都以地板辐射采暖为主”句式杂糅,删去“大都”或改为“大都是地板辐射采暖”。D 项,主客颠倒,应改为“具有文化教养的人对于旅游中常见的随地吐痰、乱扔垃圾、大声喧哗、插队等不文明、不礼貌的行为是不能容忍的”。

30. A　【解析】A 项,句子有歧义。“三个学校的学生会主席团成员”既可以理解为“三个不同的学校的学生会主席团成员”,也可以理解为“同一个学校的三个学生会主席团成员”。

31. A　【解析】B 项,“适逢……之际”句式杂糅,应删去“之际”或将“适逢”改为“在”。C 项,成分残缺,应在“进展缓慢”后加上“的问题”,句子有歧义,“部分地区”指代不明,是指河南还是二者皆有。D 项,“履行”与“国防教育”搭配不当,应将“履行国防教育和兵役义务”改为“接受国防教育和履行兵役义务”。

32. C　【解析】A 项,句式杂糅,“所写的”“的作者”任删其一。B 项,主语缺失,应删去“使”。D 项,语序不当,“公益大型”应改为“大型公益”。

33. C　【解析】A 项,成分残缺,“停下”缺宾语,应在“开创新文化”后加“的步伐”。B 项,语序不当,应为“奠基和开拓”。D 项,动宾搭配不当,应去掉“的能力”或将“进行”改为“提高”。

34. A　【解析】B 项,成分残缺,应在“预警”后面加上“系统”。C 项,偷换主语,应在“均为”前加上“这些珍品”;成分赘余,“诸”的意思是“之于”,应删去后面的“于”。D 项,语序不当,应将“最伟大”和“古典音乐史上”调换位置。

35. A　【解析】B 项,“至少”和“左右”矛盾,可删去任意一个。C 项,成分残缺,“加大……惩治”应改为“加大……惩治力度”。D 项,成分残缺,应在“从而”后加上“使我们”。

36. B　【解析】A 项,一面对两面,“公平与否”应改为“不公平”。C 项,搭配不当,应将“被评为”改为“荣获”,并将“的荣誉称号”删去。D 项,关联词错误,“和”应改为“还是”。

37. C　【解析】A 项,“她的体育、音乐、演讲等也是学生中的佼佼者”搭配不当,应改为“她在体育、音乐、演讲等方面也是学生中的佼佼者”。B 项,“最富有的美国人中 20% ”有歧义,应改为“有 20% 来自最富有的美国人,他们……”。D 项,一面对两面,应删去“能否”。

38. A　【解析】B 项,重复赘余,应删去“由于”或“造成的”。C 项,重复赘余,应删去“对”。D 项,自相矛盾,“凡是”与“不少”所表达的范围不一致,语义相互矛盾,可删去“凡是”。

39. B　【解析】B 项,“电影人”与“影视工作者”重复,可删去“电影人、”。

40. C　【解析】C 项,“无论是大学还是新生”和后面语句不搭,导致句子前后主语不一致,应改成“无论是对于大学还是新生”。

41. B　【解析】A 项,“基础教育界”不是“时代”,主语缺失。C 项,“巧夺天工”指精巧的人工胜过天然,形容技艺极其精巧,在这里形容自然景观属于用词不当,应删去。D 项,“依法”和“法律”语义重复,可任删其一。

42. B　【解析】A 项,“透过”和“浓雾”前后矛盾,应将“浓雾”改为“薄雾”。C 项,“打下了烙印”搭配不当,应将“烙印”改为“基础”。D 项,关联词搭配不当,应删去“虽然”。

43. C　【解析】A 项,“培养”和“水平”搭配不当,应把“水平”改为“能力”。B 项,成分残缺,应在“发展”前加上“的方向”。D 项,第一句的主语是民族仇恨,第二句的主语是冲突双方。可将“冲突双方在民族仇恨的驱使下”改为“在民族仇恨驱使下的冲突双方”。

44. A　【解析】B 项,“妇孺”指妇女和儿童,与后面的“孩童”重复,应删去“及孩童”。C 项,句式杂糅,可改为“也照样脱不开饭菜咸淡、暖气冷热、物价高低”。D 项,偷换主语,应在“被称为”前加上“《食品安全法》”。

45. A　【解析】B 项,关联词语搭配不当,把“而是”改为“而且是”。C 项,中途易辙,应删掉“是”。D 项,语序不当,“泛滥”“滋生”调换顺序,应先“滋生”后“泛滥”。

46. B　【解析】A 项,搭配不当,应将“坐上”改为“用上”。C 项,不合事理,看到的应该是“柱牙象的化石”。D 项,句意不完整,应在“基本准则”后面加上“制定的”。

47. C　【解析】A 项,语义重复,应将“归功于”改为“归于”。B 项,成分残缺,应在“铁路桥”的后面加上“的影响”。D 项,语义重复,“一开始”和“的初衷”删去其一。

48. B　【解析】A 项,语义重复,应删去“是尤为关键”中的“是”或“尤为”。C 项,语序不当,“虽然”应放到“阅读的载体、渠道和方式”之前。D 项,主语残缺,应删去“在……上,”。

49. C　【解析】A 项,“大约”与“左右”词义重复,应删去其中一个。B 项,成分残缺,应在“实践”后加“的能力”。D 项,用词不当,应把“停止”改为“结束”。

50. C　【解析】A 项,成分赘余,应删去“不”。B 项,语序不当,应将“时刻”与“应当”位置互换。D 项,“越来越激烈”与“课业负担”搭配不当,可在“课业负担”前加上形容词“沉重的”;“生活空间”与“活动范围”的内容有交叉,二者并列不妥,可任删其一。

51. B　【解析】A 项,逻辑顺序不当,先讲外形后讲毛色,应将“毛粗而长,”放在“灰褐色”前面。C 项,主语缺失,应在“重温”前加上“我”。D 项,句式杂糅,应去掉“所在”。

52. B　【解析】A 项,不合逻辑,“非有恒心才能抓到底”否定失当,应改为“非有恒心不能抓到底”。C 项,偷换主语,“这部他创作了很久的巨著未及完篇”应改为“他未及这部创作了很久的巨著完篇”。D 项,句式杂糅,“的原因”“由于……引起的”保留其一即可。

53. B 【解析】A 项,成分赘余,应删去“的原动力”。C 项,成分残缺,应在“恶意阻挠”后加“的现象”。D 项,偷换主语,“地铁 1 号线”不是“汇集之处”,可在“是”前加上“火车东站”。

54. C 【解析】A 项,语序不当,“可以推动沿线国家的经济建设”和“可为中国经济持续发展奠定基础”位置对调。B 项,句式杂糅,“据”和“显示”删掉任意一个。D 项,介词滥用导致主语残缺,“由于”和“使”删掉其中一个。

55. C 【解析】C 项,两面对一面,应在“全体成员的思想素质”后面加上“的高低”。

56. C 【解析】A 项,逻辑顺序错误,应将“接受、理解和掌握”改为“理解、接受和掌握”。B 项,两面对一面,应删掉“是否”。D 项,关联词位置不当,导致本句有两个主语,应将“如果”放在“他”的前面。

57. B 【解析】A 项,搭配不当,“问题”应与“提出”搭配,可将“以及”改为“提出了”。C 项,成分残缺,“解决保险业发展相对缓慢”中宾语缺失,应在后面加上“的问题”。D 项,表意不明,“前”既可用作形容词,组成词组“3 月 31 日前”,表示“以前”;又可用作动词,组成词语“前去”,表示“前往”,因此用在句中会产生歧义。

58. A 【解析】B 项,句式杂糅,应改为“具备了防水、易清洗、容量大的优势,满足了消费者对环保袋的客观需求”。C 项,成分残缺,应在“缺乏”前加“作品”。D 项,关联词语位置不当,应把“既有”提到“老师”前面。

59. D 【解析】A 项,“对于……”和“在……上”不能混在一起使用,应改为“对于选文科还是选理科这个问题”或“在选文科还是选理科这个问题上”。B 项,缺少中心语,可以在“爱幻想”后加“的特性”之类的中心语,或删去“天性中的”,并在“爱幻想”后加“的天性”。C 项,“将近”和“以上”语义矛盾,二者可任删其一。

60. D 【解析】A 项,语序不当,应将“3400 多个”移到“沿线项目”前。B 项,句式杂糅,应去掉“以”。C 项,成分残缺,应在“展现”后加上“新作为”。

61. B 【解析】B 项,两面对一面,应将“要”改为“能否”。

62. A 【解析】B 项,成分残缺,“丧权辱国”后没有中心词,可加上“的昏暗”。C 项,搭配不当,可将“加大”改为“加强”。D 项,句式杂糅,可删除末尾的“来实现”。

63. C 【解析】A 项,语序不当,应为“中国人民从认识到”。B 项,倍数词使用错误,应改为“恰好是他父亲年龄的一半”。D 项,“又快又好地进行施工任务”成分赘余,应删去“任务”两字。

64. A 【解析】B 项,成分残缺,应在“争取”后加上“发展”。C 项,搭配不当,“扩大”应改为“加大”。D 项,句式杂糅,应删去“所造成的”。

65. D 【解析】A 项,逻辑错误,应改为“部分网络写手写作态度极为粗疏,甚至随意糟蹋祖国的语言文字”。B 项,语句前半段是“促进收入公平”,后半段为“是否全覆盖”,一面对两面,应改为

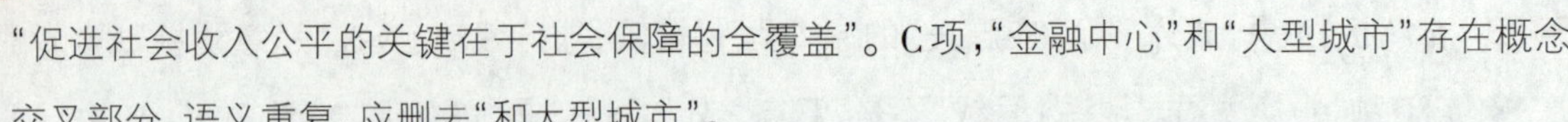

“促进社会收入公平的关键在于社会保障的全覆盖”。C项，“金融中心”和“大型城市”存在概念交叉部分，语义重复，应删去“和大型城市”。

66. A　【解析】B项，“是否”和“之一”两面对一面，应删去“是否”。C项，“中学生”和“重要阶段”搭配不当，应把“中学生”改为“中学”。D项，“大概”和“左右”词义重复，应删去其中一个。

67. D　【解析】A项，搭配不当，“人口规模”与“增加”不搭配，应把“增加”改为“扩大”。B项，句式杂糅，应删去“造成的”。C项，“衣服、棉被”不属于“吃食”。

68. D　【解析】句子之间是假设条件关系，用“即使……也”关联词合适，A、B、C三项关联词使用错误。

69. D　【解析】A项，“根据……显示”杂糅，应删去“根据”或“显示”。B项，“近”和“左右”重复，应删去其中一个。“新增”和“增长”重复，可删去“新增”。C项，中途易辙，应将“北京冬奥会协调委员会”移至“第四次”前。

70. D　【解析】A项，偷换主语，可在“久久不能”前面加上“使她”。B项，前后矛盾，可将“左右”删去，或将“超过”改为“在”。C项，缺少主语，删去“通过”或“使”。

71. B　【解析】B项，语序有误，应改为“用几层厚塑料布严密包裹着的小铁箱终于出现了”。

72. A　【解析】B项，前后矛盾，应删去“有点”。C项，缺少主语，没有说明是谁组织了活动。D项，语序颠倒，应把“蕴含着”放到“多么深刻”之前。

73. B　【解析】A项，“时速1500公里”和“1500公里每小时”重复，应删去“时速”或“每小时”。C项，“伤害”与“个人隐私”搭配不当，可将“伤害”改为“侵犯”。D项，主语缺失，应把“公布了《快递暂行条例》”改为“公布的《快递暂行条例》”。

74. A　【解析】B项，“生活用品和床上用品”是包含与被包含的关系，可删去“和床上用品”。C项，“只是”与“或者”相互矛盾，且“羞辱”与“不满”搭配不当，可删去“羞辱或者”。D项，“焕发”和“芳香”搭配不当，可将“焕发”改为“散发”。

75. A　【解析】B项，搭配不当，“解决……落实”应改为“解决……问题”。C项，两面对一面，“能否”应改为“能”。D项，“超过”和“左右”矛盾，可删去“左右”。

76. B　【解析】B项，句子之间不存在转折关系，关联词使用错误。

77. A　【解析】B项，不合逻辑，“最”和“之一”不能搭配。C项，语序不当，关联词语位置错误，“不仅”应该放在“行为”后面。D项，句式杂糅，“出现”与“的发生”应删去其一。

78. C　【解析】A项，不合逻辑，属否定失当。“切忌不要”中的“忌”本身就含有“不要”的意思，应删去“切忌”或“不要”。B项，句式杂糅，将句尾“的发生”去掉或将“解决”改为“避免”。D项，表意不明，“公开谈及”和“极不负责任的”主语是“在野党”还是“财务大臣”表意不明确，存在歧义。

79. A　【解析】B项，句式杂糅，“关键在于内因”与“内因起决定作用”用一个即可。C项，成分残

缺，“被冠以‘史上最严’的称号”前缺主语，可在“因加大了”前加“新《食品安全法》”。D 项，成分残缺，可删掉句首的“由于”。

80. A 【解析】B 项，“主要是由于”和“的原因所导致的”套用在一起形成句式杂糅，应删去“的原因所导致的”。C 项，成分残缺，应在句号前加上“力度”。D 项，语序不当，应改为“走遍了全国各个集中连片特困地区”。

81. D 【解析】A 项，主客颠倒，应将“‘魏晋风骨’这个词对于我们很陌生”改为“我们对‘魏晋风骨’这个词很陌生”。B 项，“据……”和“……显示”两个结构套用在一起形成句式杂糅，应删去“据”或“显示”；“至少”和“以上”重复，二者可删其一。C 项，否定词使用不当，应删去“不足”和“不当”。

82. A 【解析】B 项，偷换主语导致搭配不当，应在“成为”前加“该市”。C 项，句式杂糅，应将“围绕”改为“以”。D 项，“发表了不同的意见”表意不明，未指明是两位学者之间的意见不同，还是两位学者对评选结果有不同意见。

83. B 【解析】A 项，“道德败坏现象及消极落后思想就可能……违反正常的社会秩序”主谓搭配不当，可将“违反正常的社会秩序”删去。C 项，“把政治常识和培养学生良好的品德结合起来”并列不合逻辑，成分残缺，应在“政治常识”后加上“教学”。D 项“还是先例”动宾搭配不当，“先例”一词，只能和表示否定的谓语结合使用，应改为“还没有先例”或“还是首例”。

84. A 【解析】画横线的句子首先是关联词语使用错误，“不是”应与“而是”连用，“不仅”应与“还”连用，由前后文内容可知应用“不仅……还……”；其次是逻辑顺序的错误，“不仅……还……”连接的内容应是递进关系，因此，应将“他对祖国、对人民无怨无悔地付出”和“他的非凡业绩、过人的智慧”调换位置。因此本题应选 A 项。

85. B 【解析】文中画横线的句子的主语应是“至理名言和感人故事”，“中国古人留下的”修饰主语，故选 B。

86. B 【解析】画波浪线的句子语序不当，只有先拨开云层，才能看到金星的全貌。因此，应改为“当‘麦哲伦号’探测器的雷达拨开厚重的云层，人类有史以来第一次看到了金星的全貌”。

87. D 【解析】关联词语搭配不当，“唯有……就”应为“唯有……才”；词语搭配不当，“制造”的含义是用人工使原材料成为可供使用的物品，“创造”的含义是想出新方法、建立新理论、做出新的成绩或东西，所以“制造……奇迹”应为“创造……奇迹”；句子“才能在拼搏奋斗的‘自我燃烧’中实现向上向善”成分残缺，应补充为“才能在拼搏奋斗的‘自我燃烧’中实现向上向善的‘自我构筑’”。综上所述，应选 D 项。

88. D 【解析】A 项，“取得令人满意”搭配不当，可在“满意”后加上“的效果”。B 项，“因为”“所以”引领的内容不构成因果关系，且“因为”引领的是介词短语，成分残缺。C 项，末句的“使”字对应的句子成分残缺，另有杂糅和搭配不当之嫌。

89. C　【解析】A项，成分残缺，“精美”前缺少动词“印刷”。B项，中途易辙，“经济的发展和人们生活节奏的加快”没有表述完整，又出现“手写春联”这个新的陈述对象。D项，成分残缺，“随着经济的发展和人们生活节奏的加快，使得手写春联离我们越来越远”缺少主语；“精美”前缺少动词“印刷”。

90. A　【解析】“太阳系脱离地球”错误，由文章内容可知是“地球逃出太阳系”，排除B、C两项。D项，关联词使用错误，“不但……而且……”是递进关系，而由文章内容可知该句应为并列关系。

专题五　标点符号精准运用高分突破

1. B　【解析】A项，《寻梦环游记》是电影名，应将引号换成书名号。C项，括注是对“一切”的解释，应将“（包括人权在内）”放到“一切”的后面。D项，“不是……而是……”三个句子并列，应将“而是歪曲历史”和“而是颠倒黑白”后面的逗号换成分号。

2. B　【解析】B项，“喷泉之所以漂亮，是因为有了压力”和“水滴之所以穿石，是因为有了目标”是两个分句，中间应用分号隔开。

3. D　【解析】A项，用了连词“和”的地方，就不能再在“和”的前面用顿号，所以应删去第二个顿号。B项，虽有疑问代词，但为陈述语气，应将问号改为句号。C项，主谓倒装式感叹句的叹号不能在句中，应将叹号改为逗号，省略号改为叹号。

4. A　【解析】B项，“自高天降落，即是一生”的主语是“雪花”，应将第一处的句号改为逗号；分号前后的内容并不存在并列、转折、承接或因果的关系，且分号前的句子意思已经表达完整，所以将分号改为句号。C项，三个书名号均应改为引号，“读书沙龙”“民谣季”“艺术空间”是活动的名称，因此应用引号。D项，应将冒号改为逗号。插在话语中间的“说”“道”类词语后只能用逗号表示停顿。

5. B　【解析】B项，“开卷有益”是一个成语，最早出自陶渊明的“开卷有得，便欣然忘食”，所以此处的引号表示引用。

6. D　【解析】D项，“专业阅读，站在大师的肩膀上前行”“专业写作，站在自己的肩膀上攀升”“专业交往，站在团队的肩膀上飞翔”是三个并列的分句，因此应将第三个和第五个逗号改为分号。

7. D　【解析】D项，省略号和“等”不能同时使用，可删去省略号。

8. B 【解析】A项,“常人之心,年月可现”与“哲人之心,世纪方知”属并列关系,中间应使用分号。C项,“小到家庭”后应使用逗号,因为顿号是表示词语之间的并列,而“小到家庭”和“大到国家、民族”二者是句和句之间的关系。D项,括号中的内容是对“腹白”的解释,应紧挨在“腹白”之后。

9. D 【解析】D项,引文完整且独立使用,句末的句号应放在引号里面。

10. B 【解析】A项,该句是对话,因此逗号应改为冒号,后面的句子应加上引号。C项,第一个逗号应改为破折号,后面的内容起强调作用。D项,该句是疑问句,最后的句号应改为问号。

11. C 【解析】C项,当句中有两个或两个以上的选择分句,且是一个完整的句子,表达的是完整的意思时,只在句末用一个问号,所以应将第一个问号改为逗号。

12. B 【解析】B项,引号里的内容不是独立使用的,为间接引语,应删除引号内的句号。

13. B 【解析】B项,引号里的句子是疑问句,应将句末句号改为问号。

14. C 【解析】A项,“还是左拐”后的逗号应改为分号,因为到图书馆分为“三步走”,它们之间是并列关系。B项,冒号连用错误,第二个冒号应改为逗号。D项,“血战长空”是电视剧的名字,应用书名号。

15. C 【解析】A项,“工具书”指《新华字典》,在这里无特殊意义,所以应删去其引号。B项,后两句为陈述句,两个问号应分别改为逗号和句号。D项,“鲁迅先生微笑着说”为插入语,后面的冒号应改为逗号。

16. D 【解析】A项,“能调控血压”“改善血凝状况”为两个分句,分句之间用逗号,应将两句之间的顿号改为逗号。B项,如果用冒号,冒号要管到句终,而实际上三个条件只包括“传染源、传播途径和易感染的人群”,故应将冒号改为破折号。C项,第一个问号应改为句号,这是一个陈述句;第二个问号应改为逗号,这是一个选择问句,在最后用一个问号即可。

17. B 【解析】A项,课题的名称不用加书名号,应将书名号改为引号。C项,没有比较大的停顿不要用冒号,应删掉冒号。D项,冒号应改为逗号,前句和后面的分说,语气上是承接关系,不是总分关系。

18. B 【解析】B项,括号里的内容是对《西游记》的解释,所以句号应该放在括注后。

19. C 【解析】A项,主语为武松,两个“要么”是他的选择,而不是对武松的解释,故应将冒号改为逗号。B项,“学习雷锋、先进人物”与前面三项并列不妥,应将第三个顿号改为逗号。D项,“值得赞扬”后的句号改为逗号,因为从“她认真看过这些信后”到句末是对田华同志自我介绍内容的转述。最后一句虽包含疑问代词“有何”,却是陈述句,应将问号改为句号。

20. C 【解析】A项,“中小学”是一个词组,中间不能用顿号。B项,“学如逆水行舟,不进则退”,“嘛!”并不在引用范围,应将单引号放在“退”后面。D项,“人民日报”是报纸名,应加书名号。

21. C 【解析】A项,书名号用于书名、篇名、报纸名、刊物名等,“美德少年”是称号,应将书名号改为引号。B项，虽有疑问代词“什么”，但本句为陈述句，应将问号改为句号。D项，“等”表示省略，所以省略号和“等”可任删其一。

22. A　【解析】B项，“十二三岁”在本句中为概数，应将中间的顿号删去。C项，“三、四、五班”表示班级，故“五”后面的逗号应删去。D项，“全民教育”为教育领域术语，应加上引号。

23. D　【解析】A项，“重实干、强执行、抓落实”为专项行动的主题，应将后引号放在“的专项行动”前面。B项，“全民教育”为教育领域术语，应加上引号。“在教育上明确提出”与后文内容之间停顿短暂，应将冒号删去。C项，前三句为选择问句的分句，应将前两个问号改为逗号。

24. C　【解析】A项，并列词语或短语之间的停顿，应用顿号，故应将全部分号改为顿号。B项，句中两重冒号使用不合规范，后两句有解释说明的关系，应将“表明”后面的冒号改为逗号。D项，第一句为陈述句，应将问号改为逗号。

25. B　【解析】A项，引号内引用的是完整的话，应将句号放在引号内。C项，“华盛顿、杰斐逊、富兰克林”为解释说明的话，位于句子中间时，应将冒号和逗号都改为破折号。D项，由“是……还是……”表明是选择问句，应将“美丽”后的问号改为逗号。

26. C　【解析】C项，引用老科学家说的话，完整且独立，所以感叹号应放在引号内。

27. B　【解析】A项，最后一句话是对前面内容的总括，故第二个分号应改为冒号。C项，主语和谓语倒置时，问号应放在句末，所以应将问号改为逗号，句末的句号改为问号。D项，根据句意，“二三个小时”表示的是一个大概的数字，故应删去顿号。

28. C　【解析】A项，前后都有说话的内容，应将“说”后的冒号改为逗号。B项，括号里的内容是对“斑斑”的解释，应紧接在“斑斑”后，放在逗号前。D项，引号前边为冒号，且引号里的内容为完整的话，故应将逗号改为句号，放入引号内。

29. A　【解析】B项，“南边午门”“北边神武门”和“东西两边分别是东华门、西华门”是并列分句，且分句中未用逗号，所以应将两个分号改为逗号。C项，“《西风颂》”是对“如果冬天来了，春天还会远吗?”的注解，因此括号及其内容应该放在引号后面。D项，“蚯蚓”后面的句号应改为逗号，因为这句话并未说完。

30. D　【解析】D项，句中的“什么”“怎样”不是提问，而是“明白”的陈述内容，前一个问号应改为逗号，后一个问号应改为句号。

31. C　【解析】C项，“这两座雕像属于哪种文化”“哪一个时代”都是前面“不能确定”的内容，为陈述语气，故应将第一个问号改为逗号，第二个问号改为句号。

32. D　【解析】A项，省略号与“等”重复，删去省略号。B项，全句一逗到底，层次不清，应将“用力大了”和“用力匀称”前面的逗号改为分号，同时将“技巧”后面的逗号改为冒号，因为该句为总

分句。C项，三句皆为陈述句，应将前两个问号改为句号，又因第三句是贾母未说完的话，应将第三个问号改为逗号。

33. C 【解析】C项，该句是陈述句，句末问号应改为句号。

34. C 【解析】A项，分句之间的停顿用逗号，应将句中的分号都改为逗号。B项，“不会”是“我”说的话，应将“‘不会’，”改为“‘不会。’”。D项，省略号前后的话有联系，应删掉省略号后面的句号。

35. B 【解析】B项，句子内部并列词语或短语之间的停顿要用顿号，应将“抓紧补短板，堵漏洞，强弱项”中的逗号改为顿号。

36. A 【解析】B项，破折号和“即”二者只能保留其一，可将破折号改为逗号；分句之间用逗号，应将三个顿号都改为逗号。C项，“但它到底是什么时期出现”“谁是最先的发明者”虽有疑问代词，但是陈述句，应将两个问号改为逗号。D项，句中无省略，应将省略号删除；分句之间的停顿用逗号，故应将分号改为逗号。

37. B 【解析】A项，“不是常对你说吗”为疑问句，应将第一个逗号改为问号；“你要知道现在是什么时候”是陈述句，第一个问号应改为逗号。C项，“一个着急的声音传来”为插入语，应将冒号改为逗号。D项，两个“有的……”句式为分句，停顿时应用逗号，故应将分号改为逗号。

38. A 【解析】B项，选择问句中，最后一个分句末尾用问号，所以应将第一个问号改为逗号。C项，《吾家有女初长成》为文章，应将引号改为书名号。D项，“三四十岁”在句中为概数，应删去句中顿号。

39. C 【解析】C项，联合短语之间用逗号，应将“啊”之后的顿号都改为逗号；省略号前后的内容构成完整的句子，应将省略号后边的逗号删去。

40. B 【解析】B项，“说”后用冒号，提起下文，应将第一个逗号改为冒号。

41. D 【解析】D项，句子是陈述句，应将问号改为逗号。

42. C 【解析】C项，“茨威格认为”后边为逗号，且引号里边的内容是此句中的一部分，所以应将句号放在引号外。

43. B 【解析】A项，句子停顿错误，此句存在大小层次的并列，应将“京津地区、华北中南部、黄淮、江淮、汉水流域、贵州等地”改为“京津地区，华北中南部，黄淮、江淮、汉水流域，贵州等地”。C项，后两句为他认真思考的内容，应将最后的问号改为句号。D项，括号里的内容是对“腹白”的解释，应将其放在“腹白”的后面。

44. D 【解析】A项，选择问句只需要在句末加一个问号，应将第一个问号改为逗号。B项，冒号赘余，应删去冒号。C项，并列短语之间用顿号，应把“责任感”后的逗号改为顿号。

45. C 【解析】A项，第二个“迷”字作为强调部分，应加上引号。B项，该句为怀疑的内容，是一般陈述句，应将两个问号改为句号。D项，最后一句并未起到补充说明的作用，应将第二个破折号改为逗号；不能视为作品的课程的名称，不应该使用书名号，应将三个书名号改为引号。

46. A　【解析】A项，“现在，青春是用来……”与“将来，青春是用来……”相互照应，应将第二个逗号改为分号。

47. D　【解析】A项，没有比较大的停顿不要用冒号，应删去冒号；《乡愁》和《乡愁四韵》为作品名，应加书名号。B项，冒号和后面的“就是”重复，可以把冒号换成逗号，或者删去“就是”。C项，第一句是对后面几句的总述，应将第一个句号改为冒号；“悲观的自己想象成是摆设，这足以使你不能取胜”和“乐观的自己想象成胜利者，将给你带来成功”相照应，属于并列关系，应将第二个句号改为分号。

48. C　【解析】A项，省略号和“等”重复，应删去省略号。B项，该句为陈述句，应将问号改为逗号。D项，并列短语之间要用顿号隔开，应将两个逗号改为顿号。

49. C　【解析】A项，该句为陈述句，末尾的问号应改为句号。B项，引号里的内容属于句中的一部分，应将引号内的句号去掉。D项，引号里的内容为作家说的话，应将句号放到后双引号之前。

50. A　【解析】B项，“叙事”“写人”“咏物”“绘景”之间为并列关系，应将逗号改为顿号。C项，“做阳光青年，展自我风采”是活动主题，应将书名号改为引号。D项，引号内的内容不是单独的一句话，应将句号改为逗号，并放到引号外。

51. B　【解析】A项，冒号前后的内容并不存在解释说明的关系，应将冒号改为逗号。C项，“人在家中‘宅’”“‘骗’从短信来”是两个分句，应将顿号改为逗号。D项，“团体标准”不具有特殊含义，也不是着重论述和强调的，应删去引号。

52. A　【解析】B项，“他们的思想道德和精神风貌如何”不是一个完整的单句，只是后面两句的主语，不应用问号，应用表句中停顿的逗号；选项中的分号并没用错，这是逗号活用为分号，以强调“他们的思想道德和精神风貌”的重要性。C项，“由谁定、如何定、定多少”这几个词组是谓语性质的，它们与“景区门票价格”一起作了“都需要充分论证”的主语，实际上整个句子是陈述性的，应将问号改为逗号。D项，分句之间层级划分不明显，应将“规模小”“面临的竞争程度高”后面的顿号都应改为逗号。

53. D　【解析】D项，虽有疑问词，但表示陈述语气，应将问号改为句号。

54. C　【解析】A项，“品味消费美好”为电视节目的主题，应将书名号改为引号。B项，倒装疑问句中，问号位置应后置，所以应将第一个问号改为逗号。D项，停顿较小，应删去冒号。

55. B　【解析】A项，选择问句只在句末用一个问号，句中各分句之间用逗号，应将第一个问号改为逗号。C项，引号里的内容属于句中的一部分，应将引号内的句号去掉。D项，“一汽大众”“长安福特”“东风雪铁龙”为并列词语，应将后面的逗号改为顿号。

56. B 【解析】“(1061年)”是对“宋朝嘉祐六年”的注解，应紧跟在“宋朝嘉祐六年”后面，所以②处的逗号应删去。

57. A 【解析】B项，“非法制造、贩卖、运输、持有毒品”“非法种植罂粟、大麻等植物”“引诱，教唆他人吸食、注射毒品”三句是并列关系，应将“持有毒品”后面的顿号改为逗号，“植物”后面的顿号改为逗号，“引诱”后面的逗号改为顿号。C项，“两岸携手”与“共渡难关”为联合短语，应将顿号改为逗号。D项，“走着”“想着”“感动着”是谓语的并列，应将中间的两个顿号改为逗号；后两处的疑问都作了句子成分，第一处是“分不清”的宾语，第二处是“知道”的宾语，而且这两句都是陈述语气，因此应将第一个问号改为逗号，第二个问号改为句号。

58. C 【解析】C项，“一方面”和“另一方面”相互对照，应将第一个句号改为分号。

59. D 【解析】荷兰地属欧洲，荷兰的支柱产业是花卉，因此“欧洲花园”是属于荷兰的特定称谓。

60. B 【解析】“他愿意的话，就可以把它抓起来，交给母亲，用它和鲜花白菜一起熬汤喝”为插入语，插入的是与斯焦普卡相关的内容，与主句的主语不一致，因此破折号表示意思的转换，跳跃或转折。

61. D 【解析】①括注是对“特殊情况”的解释，应将括注放在“情况”的后面。③“人如果老想着钱，看不到别有用心的人腐蚀进攻，就会误入歧途”强调的是“证明”，“可见这些事实是可以作为活教材的”强调的是“事实”，应将“歧途”后的逗号改句号。

62. A 【解析】B项，“突然地长大了，坚强了”没有起强调作用，应删掉引号。C项，括注内容是对前文“葫芦”的解释说明，应将括注放在“葫芦”的后面。D项，后面的两句话是对第一句话的解释说明，应将“震荡”后的逗号改为冒号；句中“是……还是……”为选择问句，选择问句只在最后一个问句加问号，第一个问号应改为逗号。

63. B 【解析】B项，“妈妈大声地训斥我”为插入语，后面的冒号应改为逗号。

64. A 【解析】“文摘周刊报”为报纸名，应加上书名号；“文摘周刊报”其后应用逗号，表示一句话内部的停顿；“你呢”表疑问，应在句末加上问号。故选A项。

65. A 【解析】A项，“春日的山茶”“夏日的莲”“秋日的枫”为句子内部的并列短语，应将它们后边的逗号改为顿号。

66. C 【解析】A项，表示概数的数字中间不用顿号，应删去“两、三”之间的顿号。B项，节目主题不用书名号，应将书名号改为引号。D项，“某某说”前后的引语是同一个主语时，“说”后面不用冒号，应将冒号改为逗号。

67. C 【解析】C项，“微信操作说明书”不能被视为作品，应将书名号改为引号。

68. D 【解析】D项，“是柔情”“是温馨”“是爱和美”为三个并列的分句，应将两个顿号改为逗号。

69. B 【解析】A项，句子虽有疑问词，但整体是个陈述句，应将问号改为逗号。C项，“墨汁”应加引号,它是标示语段中具有特殊含义而需要特别指出的成分。D项,“小说诗歌”后应加破折号,前后两个破折号连用,标示插入语。

70. D　【解析】A项,此句为陈述句,应将问号改为句号。B项,“哪有”表疑问,此句为疑问句,应将叹号改为问号。C项,“山啊”“水啊”“树啊”“草啊”属于联合短语,联合短语中间应该用逗号,而不是顿号,故应将顿号改为逗号。

71. A　【解析】B项,“那里的月色”和“那里的日光”为两个并列分句,且叹号用于语气强烈的祈使句末尾,应将第一个叹号改为逗号。C项,该句为倒装疑问句,应将第一个问号应为逗号。D项,“一定要走吗”为疑问句,应将逗号改为问号。

专题六　修辞手法精准辨析高分突破

1. D　【解析】D项,把“柳枝”比作“绿丝带”,运用了比喻的修辞手法。(备注:本题目设置不严谨,根据安徽省教师招聘考试官方公布的答案,本题应选D项,但是A项中也运用了比喻的修辞手法。)

2. D　【解析】A项,运用了双关的修辞手法,“晴”,谐音双关,暗喻“情”。B项,五岭山脉蜿蜒曲折,气势雄壮,绵延千里,在红军看来,也不过是腾跃着的细小的波浪,高大巍峨的乌蒙山脉也不过是往后滚动的小泥球,这里运用了缩小夸张的修辞手法。C项,说“白发”有“三千丈”长,运用了扩大夸张的修辞手法。

3. A　【解析】此句出自晏殊《无题·油壁香车不再逢》。对偶就是用结构相同或相近,字数相等的一对短语或句子对称排列起来表达相对、相近或相关的意义的一种修辞手法。对比四个选项可知,A项与题干中的句子互为对偶,“梨花”对“柳絮”,“院落”对“池塘”,“溶溶月”对“淡淡风”。故选A项。

4. D　【解析】老舍《猫》中的这句话运用了比喻的修辞手法,将猫的脚印比作梅花,表达了作者对猫的喜爱之情。

5. A　【解析】A项,运用了比喻的修辞手法,将洞庭的水比作“白银盘”,将洞庭的山比作“青螺”。B项,说冰有百丈厚,云有万里长,运用了扩大夸张的修辞手法。C项,说“莲叶”“接天”,运用了扩大夸张的修辞手法。D项,“清酒斗十千”“直万钱”运用了扩大夸张的修辞手法。

6. D　【解析】A项,运用了比喻的修辞手法,把“乌云四合,层峦叠嶂”的景象比作“水墨画”。B项,运用了比喻的修辞手法,把“中国革命道路上的拦路虎”比作“虎豹”“熊罴”。C项,运用了比喻的

修辞手法，把“叶子”比作“亭亭的舞女的裙”。D项，运用了借代的修辞手法，“花白胡子”指代长着花白胡子的那个人。

7. A　【解析】A项，本体为“没有智慧的头脑”，比喻词为“像”，喻体为“没有蜡烛的灯笼”，该句运用了明喻的修辞手法。B项，本体为“中国”，用“是”代替比喻词，喻体为“沉睡着的雄狮”，该句运用了暗喻的修辞手法。C项，喻体为“小绵羊”，没有出现本体和比喻词，该句运用了借喻的修辞手法。D项，喻体为“蓬草”，没有出现本体和比喻词，该句运用了借喻的修辞手法。

8. A　【解析】A项，没有使用修辞手法。B项，写早晨还是满头的黑发，到傍晚就变成了雪白一片，运用了夸张的修辞手法。C项，运用了拟人和比喻的修辞手法，“裁”字是拟人，“似剪刀”是比喻。D项，运用了夸张和比喻的修辞手法，“三千尺”是夸张，“疑是银河”是比喻。

9. C　【解析】“花白胡子”指代长着花白胡子的那个人，运用了借代的修辞手法，故选C项。

10. D　【解析】A项，“能不忆江南?”是说要“忆江南”，用否定句表示肯定的内容，用的是反问的修辞手法。B项，句中省略了主人公“红军”，所以这句话没有使用拟人的修辞手法。C项，“诗人与敬亭山的相知相怜”将“敬亭山”拟人化，用的是拟人的修辞手法。

11. D　【解析】A项，句中说枣树“站成一排”，将枣树拟人化，运用了拟人的修辞手法。B项，说大军的攻击“汹涌澎湃、摧坚陷阵、势不可当”，运用了夸张的修辞手法；“此刻还有什么不能做的事情吗? 还有什么做不到的事情吗?”表达的是“此刻没有不能做的事情，没有做不到的事情”，运用了反问的修辞手法。C项，句子一连三个“向南方”引起后文，运用了排比的修辞手法。

12. B　【解析】B项，该句话的意思是“在宗庙祭祀，或者是诸侯会盟及朝见天子的时候，我愿意穿着礼服，戴着礼帽，做一个小小的司仪”，没有运用比喻。

13. A　【解析】A项，运用了暗喻的修辞手法，把别人比作“刀”，把自己比作“鱼肉”。B项，运用了借代的修辞手法，“尧舜”指代人群中优秀的人物。C项，运用了借代的修辞手法，“干戈”和“玉帛”分别指代战争与和平。D项，运用了借代的修辞手法，“西施”指代美丽的女子。

14. A　【解析】A项，没有使用修辞手法。B项，瀑布有“三千尺”运用了扩大夸张的修辞手法，将飞流直下的瀑布比作“银河”运用了比喻的修辞手法。C项，“露”像“真珠”，“月”像“弓”，运用了比喻的修辞手法。D项，用“擎雨盖”比喻荷叶，运用了比喻的修辞手法。

15. C　【解析】C项，这句话出自《赤壁赋》，将苏子与客比作“蜉蝣”和“沧海一粟”，运用了比喻的修辞手法。

16. A　【解析】A项，运用了借代的修辞手法，以“白发”指代“老年”。

17. D　【解析】A项，将“190万亿元的国有资产”比作“经济增长新引擎”。B项，将“统筹兼顾各方”比作“弹钢琴”。C项，将“金钱和权力”比作“毒药”。D项，没有使用比喻的修辞手法。

18. D　【解析】A项，青鸟传信，丁香结愁，将青鸟与丁香拟人化，运用了拟人的修辞手法。B项，

“羌笛”用“怨”,“春风”用“度”,将“羌笛”与“春风”拟人化,运用了拟人的修辞手法。C项,用“相倚”“恨”“回首”“背”来描写“绿荷”,将其拟人化,运用了拟人的修辞手法。D项,“岐王”对“崔九”,“宅里”对“堂前”,“寻常见”对“几度闻”,运用了对偶的修辞手法。

19. B　【解析】A项,运用了对偶、比喻、互文的修辞手法。B项,“白日”对“黄河”,“依”对“入”,“山尽”对“海流”,运用了对偶的修辞手法。C项,将青鸟拟人化,写青鸟“殷勤”“探看”,运用了拟人的修辞手法。D项,“雨脚如麻”运用了夸张和比喻的修辞手法。

20. B　【解析】A项,“马褂”“西装”以部分代整体,运用了借代的修辞手法,不是比喻。C项,自问自答,运用了设问的修辞手法,不是反问。D项,以“……的……如……的……”的句式连续循环四次,运用了排比和比喻的修辞手法,不是顶真。顶真是指上句的结尾与下句的开头使用相同的字或词,前后句子首尾相连,上下相接,用以修饰两句子的声韵的方法。

21. B　【解析】(1)句运用了比喻的修辞手法,将“露”比作“真珠”,将“月”比作“弓”;(2)句运用了夸张的修辞手法,说“桃花潭水”“深千尺”;(3)句运用了通感的修辞手法,将感觉的“感”“恨”实体化为视觉的“花溅泪”,听觉的“鸟惊心”;(4)句运用了对偶的修辞手法,“横眉冷对”对“俯首甘为”。

22. C　【解析】例句中一个“怒”字把河水拟人化,运用了拟人的修辞手法,表达了诗人吊古伤今而产生的满腔悲愤之情。C项,“献殷勤”和“亲热”将海水和波浪拟人化,运用了拟人的修辞手法。

23. D　【解析】例句运用了夸张的修辞手法,通过写山峰距离天空不足一尺,突出了山峰的高耸。A项,运用了对偶的修辞手法,“无边落木”对“不尽长江”,“萧萧下”对“滚滚来”。B项,“东船西舫”运用了衬托的手法,用四周的安静来衬托琵琶女技艺的精湛。C项,运用了反复的修辞手法,形象委婉地表达了作者在历经家国之难后的愁苦之情。D项,前句问,后句答,运用了设问的修辞手法;将“愁”比作“春水”,运用了比喻的修辞手法;认为“愁”有“一江”那么多,运用了夸张的修辞手法。

24. A　【解析】A项,没有运用修辞手法。B项,“还有什么困难是不能克服的呢?”意思是“没有什么困难是不能克服的”,运用了反问的修辞手法。C项,“盼望着”语言重复,运用了反复的修辞手法;“春天的脚步”将春天拟人化,运用了拟人的修辞手法。D项,太阳把人的手和脊背都要“晒裂”了,运用了夸张的修辞手法。

25. D　【解析】A项,“盼望着”语言重复,运用了反复的修辞手法;“春天的脚步”将春天拟人化,运用了拟人的修辞手法。B项,“卧着”将小村庄和雪拟人化,运用了拟人的修辞手法;将雪后美景比作“小水墨画”,运用了比喻的修辞手法。C项,“海日”对“江春”,“生残夜”对“入旧年”,运用了对偶的修辞手法。D项,没有运用修辞手法。

26. B　【解析】A项,运用了比喻的修辞手法,将“我”比作“鱼儿”,将“诸葛亮”比作“水”。B项,这

句话运用了反问的修辞手法,没有运用比喻的修辞手法。C项,运用了比喻的修辞手法,将“我扑在书上”的状态比作“饥饿的人扑在面包上”。D项,运用了比喻的修辞手法,将“西湖”比作“明珠”。

27. B　【解析】A项,“争渡”两次重复,运用了反复的修辞手法。B项,没有运用修辞手法。C项,“能不忆江南?”实际上是说“能忆江南”,运用了反问的修辞手法;“江水绿如蓝”将江水的颜色比作蓝草的颜色,运用了比喻的修辞手法。D项,认为“白发”有“三千丈”,运用了夸张的修辞手法。

28. C　【解析】A项,运用了比喻的修辞手法,将“草原”比作“丝绒”。B项,运用了比喻的修辞手法,将“瀑布”比作“白练”。C项,没有运用修辞手法。D项,运用了比喻的修辞手法,将“天安门广场”比作“欢乐的海洋”。

29. C　【解析】C项,运用了用典的修辞手法,运用了“鲛人泣泪”“暖玉生烟”两个典故。

30. B　【解析】A项,移就是有意识地把描写甲事物的词语移用来描写乙事物。一般可分为移人于物、移物于人、移物于物三类。B项,拈连指甲乙两个事物连在一起叙述时,把本来只适用于甲事物的词语拈来用到乙事物上。此句中,将“自由的身”和“革命精神”连在一起叙述,把本来只适用于“自由的身”的铁窗、镣铐、坚壁、重门用到“革命精神”上,因此是拈连手法。C项,映衬是利用客观事物之间相类或相反的关系,以次要形象映照衬托主要形象的写作技法,有正衬和反衬两种形式。D项,错综,交错配合,把本来写成整句的句式故意写得长短不齐,参差错落的修辞手法。

31. D　【解析】D项,这句话实际上是说“不以物喜,不以物悲;不以己喜,不以己悲”,运用了互文的修辞手法。

32. A　【解析】A项,“回眸一笑百媚生,六宫粉黛无颜色”没有使用拟人的修辞手法。

33. C　【解析】C项,运用的是对比和比喻的修辞手法,鲜明透彻地说明了时间对四种不同人的不同意义和效应。

34. B　【解析】B项,虽然使用了比喻词“仿佛”“好像”,但是不构成比喻。

35. B　【解析】B项,作者运用拟人的修辞手法,称“风是调皮的小男孩”“风是年老的画家”“风是不高明的小偷”,作者对风并没有厌恶的态度,因此选项中的“可恶”属于无中生有。

36. B　【解析】A项,“战鼓”常用以鼓舞士气,句中用来比喻内容空洞,不妥。C项,句中运用了比喻、拟人的修辞手法,但把“柔软的”蒲公英比作“雄赳赳”的卫士也不够妥当,没有注意本体与喻体特点的相关性。D项,句中“俘虏”的意思是“打仗时捉住的敌人”,用来形容大树不合适。

37. D　【解析】拟人的修辞手法就是把事物拟人化,将本来不具备人的动作和感情的事物变成和人一样具有动作和感情的样子,D项没有出现拟人化的事物。

38. A　【解析】A项,没有使用修辞手法。

39. C　【解析】C项,此处"好像"表示比较,不是比喻词,所以这句话没有运用比喻的修辞手法。

40. B　【解析】A项,"大城"与"小城"互相补充。C项,"燕歌"与"赵舞"互相补充。D项,"秦时"与"汉时"互相补充。

41. A　【解析】A项,运用了拟人的修辞手法,将兵马俑拟人化。

42. B　【解析】①句,运用了比喻的修辞手法,将"航船"比作"大白鱼"。②句,"拗过去,拗过去"运用了反复的修辞手法。③句,运用了拟人的修辞手法,"耀武扬威""洋洋得意"将国旗拟人化。④句,三个句子构成排比。故选B项。

43. A　【解析】A项,运用的是拟人的修辞手法,将大树拟人化,突出了它坚忍顽强的品格。

44. C　【解析】A项,运用了比喻的修辞手法,将"诗篇"比作"果实"。B项,运用了拟人的修辞手法,将"小村庄"和"雪"拟人化,使他们具有人的动作"卧"。C项,没有使用修辞手法。D项,运用了拟人的修辞手法,将海浪拟人化。

45. A　【解析】诗句运用了比拟的修辞手法,将唐玄宗和杨贵妃当作"比翼鸟""连理枝"来写,极言两人感情之深。

46. D　【解析】D项,句子对玉米秆、稻子秆现实中并不存在的性状加以夸张,导致夸张失真。玉米秆和稻子秆具有韧性,但不具有弹性。而句中不仅赋予其"弹"这一特性,还过度夸大了这一伪特性,使主要夸张对象"密""浓"被弱化了。

47. D　【解析】D项,"发问"不属于修辞手法,且此处自问自答,运用的是设问的修辞手法。

48. C　【解析】因为银圆上有袁世凯的头像,所以用银圆上的标志来代替银圆本身。用"袁世凯"指代银圆。该句的修辞手法属于借代中的以特点代整体。

49. B　【解析】B项,"谈笑间,樯橹灰飞烟灭"用了借代和夸张的修辞手法,用"樯橹"来指代曹军战船,用夸张的修辞手法极言周瑜深谙谋略、从容镇定的大将风度和卓越的指挥才能。

50. D　【解析】D项,句子并未运用反问的修辞手法。反问是无疑而问,把要表达的确定意思包含在问句里。

51. D　【解析】D项,运用了借代的修辞手法,用"晕"指代"月光"。

52. C　【解析】①句"白云""起舞"运用了比拟的修辞手法。②句"丝"指弦乐器,"竹"指管乐器,这里指代奏乐的声音;"案牍"原意是公文、文书,在这里指代繁忙的公务。该句运用了借代的修辞手法。③句"水是眼波横,山是眉峰聚"的意思是:水像美人流动的眼波,山如美人蹙起的眉毛。该句运用了比喻的修辞手法。④句"铁肩"对"妙手","担道义"对"著文章",运用了对偶的修辞手法。故选C项。

53. C　【解析】《早发白帝城》原文为:"朝辞白帝彩云间,千里江陵一日还。两岸猿声啼不住,轻舟

已过万重山。”这首诗意在描写自白帝城至江陵，水急流速，舟行若飞的情景。全诗运用夸张的修辞手法，将诗人愉快的心情和江山的壮丽多姿、顺水行舟的流畅轻快融为一体，写得悠扬飘逸、浑然天成。

54. B　【解析】句子的中心思想是即使遭遇无意的伤害也要保持宽容的心。A 项，老牛即使被牛虻叮也不停止工作，体现的是老牛的辛勤与尽责。B 项，鲜花即使被马蹄踩踏，也仍簇拥着马蹄，体现的是宽容。C 项，不能做明星也要做小灯照亮别人，体现的是奉献。D 项，即使成了断崖，也能活出自己的精彩，体现的是坚强不屈。

55. B　【解析】A 项，运用了借代的修辞手法，以“粉黛”指代六宫中的女性。B 项，没有运用借代的修辞手法。C 项，运用了借代的修辞手法，以“绿”指代绿树，“红”指代“红花”。D 项，运用了借代的修辞手法，以“胡马”指代外来侵略者。

56. B　【解析】A 项，运用了比拟的修辞手法，将“东风”拟人化。B 项，运用了对偶的修辞手法，“浮萍破处”对“小艇归时”，“见山影”对“闻草声”。C 项，运用了比拟的修辞手法，认为芍药“有情”，蔷薇“无力”。D 项，运用了比拟的修辞手法，写南风能“开门户”“翻书”。

57. D　【解析】排比是把内容相关、结构相同或相似、语气一致的几个（一般要三个或三个以上）词语或句子排列起来的一种修辞手法。D 项只有两句，不属于排比。

58. B　【解析】B 项，《山坡羊·潼关怀古》中“峰峦如聚，波涛如怒”两句分别从视觉和听觉两个方面写出了潼关的险要。

59. D　【解析】A 项，运用了通感的修辞手法，将“光与影”的视觉与“名曲”的听觉互通。B 项，运用了通感的修辞手法，将脸红的视觉与“发热”的感觉互通。C 项，运用了通感的修辞手法，将“爆竹声”的听觉与“浓云”的视觉互通。D 项，没有运用修辞手法。

60. A　【解析】双关是利用词的多义及同音（或音近）条件，有意使语句有双重意义，言在此而意在彼。A 项，利用“十”的同音字，让句子具有两层含义：一是排行老十，二是性格老实。

61. D　【解析】D 项，运用的是比喻的修辞手法，将“夺取全国胜利”的过程比作“万里长征”。

62. AD　【解析】句子将“修直挺拔”的翠竹比作“山头的岗哨”，将“密密麻麻”的翠竹比作“埋伏在深坳里的奇兵”运用了比喻的修辞手法。用“有的……有的……有的……”构成排比，运用了排比的修辞手法，故本题选 A、D 两项。

63. D　【解析】顶针（顶真），亦称联珠、蝉联，是一种修辞手法，是指上句的结尾与下句的开头使用相同的字或词，前后句子首尾相连，上下相接，用以修饰两句子的声韵的方法。例句并没有运用顶针的修辞手法。

64. B　【解析】A 项，“顺手牵羊”借助了比喻。B 项，“打草惊蛇”“浑水摸鱼”“调虎离山”都借助了比喻。C 项，“偷梁换柱”借助了比喻。D 项，“金蝉脱壳”借助了比喻。

65. B　【解析】A、C、D三项没有运用比喻的修辞手法。B项，运用了比喻的修辞手法，将头发比作“蓬草”，将胡须比作“苔藓”。

66. D　【解析】“唱到千千遍”是指送别时家中亲人将那《阳关曲》唱了一遍又一遍，“千千遍”运用了夸张的修辞手法，极力渲染离别场面。

67. B　【解析】B项，运用的是比喻的修辞手法，将“高高地挺出来”的荷花箭比作“监视白洋淀的哨兵”，借荷花箭写出了白洋淀人民同仇敌忾的雄姿。

68. A　【解析】例句“秦时明月汉时关”运用的是互文的修辞手法。A项，“烟笼寒水月笼沙”意思是“轻烟、月色笼罩着寒水和白沙”，运用了互文的修辞手法。B项，“明月楼高休独倚”意思是“当明月照着高楼时不要独自倚立”，没有运用修辞手法。C项，“一夜飞度镜湖月”意思是“一夜之间飞跃过月光下的镜湖”，运用了夸张的修辞手法。D项，“夜吟应觉月光寒”意思是“长夜独自吟诗不寐，必然感到月光的寒冷”，运用了通感的修辞手法。

69. D　【解析】例句将“柳条”“海棠”“桃花”比作“鹅黄”“红玉”“云霞”，运用了比喻的修辞手法；三个分句句式相同，运用了排比的修辞手法。A项，运用了借代的修辞手法，用“烟尘”“鼓角”指代战争。B项，运用了比拟的修辞手法，赋予“霜禽”“粉蝶”人的动作和情态。C项，运用了夸张的修辞手法，为了表达麦苗鲜绿的效果，超前预见了白面馍馍的香味。D项，运用了比喻的修辞手法，将“樊笼”比作官场。

70. D　【解析】D项，前句设问，后句回答，属于自问自答，运用的是设问的修辞手法。

71. B　【解析】“微风过处，送来缕缕清香”属于嗅觉描写，“仿佛远处高楼上渺茫的歌声似的”属于听觉描写，将嗅觉与听觉互相沟通，运用了通感的修辞手法。

72. B　【解析】B项，“伊太太顶着一脑袋乱棉花进来了”，运用了借喻的修辞手法，句中没有本体和比喻词，只有喻体。

73. B　【解析】①运用了双关的修辞手法，“烛”音同“嘱”，“围棋”音同“违期”。②运用了双关的修辞手法，“丝”音同“思”。③运用了夸张的修辞手法，说“桃花潭水”有“千尺”深。④运用了用典的修辞手法，写传说中的仙人已经乘着黄鹤远去，这里只剩下一座空荡荡的黄鹤楼，表达了作者对时间流逝的感叹和美好梦想的向往。

74. A　【解析】例句中所描写的修辞手法为通感。A项，没有运用修辞手法。B项，运用了通感的修辞手法，将属于听觉的“鸟声”，巧妙写为属于视觉的“嫩叶”。C项，运用了通感的修辞手法，将属于听觉的“马蹄声”巧妙写为属于视觉的“白色的小花朵”。D项，运用了通感的修辞手法，将属于感觉的“离愁”巧妙写为属于视觉的“一叶沉思的小舟”。

教师招聘考试

语文专项突破

现代文阅读与写作

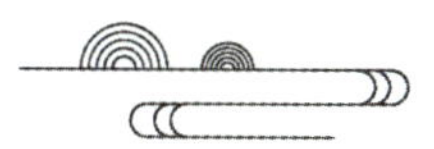

高分答题模板48个

精解对点练27篇

集训专题练32篇

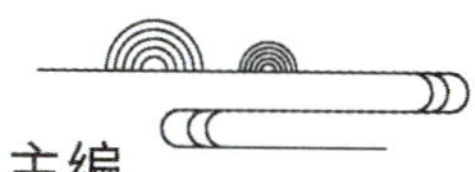

山香教师招聘考试命题研究中心　主编

图书在版编目(CIP)数据

教师招聘考试．语文专项突破．现代文阅读与写作 / 山香教师招聘考试命题研究中心主编．-- 北京 ：首都师范大学出版社，2023.1

ISBN 978-7-5656-7168-5

Ⅰ．①教… Ⅱ．①山… Ⅲ．①语文课－教学法－教师－聘用－资格考试－自学参考资料 Ⅳ．①G451.1

中国版本图书馆 CIP 数据核字(2022)第 206823 号

教师招聘考试．语文专项突破

XIANDAIWEN YUEDU YU XIEZUO

现代文阅读与写作

山香教师招聘考试命题研究中心　主编

策划编辑　张文强

责任编辑　李军政　曹亮亮　　　　封面设计　山香教育

首都师范大学出版社出版发行

地　　址　北京市海淀区西三环北路 105 号

邮　　编　100048

咨询电话　010-68418523(总编室)　　010-68982468(发行部)

网　　址　http://cnupn.cnu.edu.cn

印　　刷　河南黎阳印务有限公司

经　　销　全国新华书店

版　　次　2023 年 1 月第 1 版

印　　次　2023 年 1 月第 2 次印刷

开　　本　787mm×1092mm　1/16

印　　张　75.5

字　　数　1535 千

定　　价　168.00 元(全四册)

前言 PREFACE

翻开这本书的你，已然有了成为一名光荣的人民教师的打算。既如此，那么教师招聘考试(简称“招教考试”)就会是你人生的一道“分水岭”，决定了你未来的职业方向。

招教考试是一场选拔性考试，遵循限额择优录取的原则。随着就业形势的严峻，它的报考人数激增，入编难度随之水涨船高。多数情况下，入编与否，只在分毫之间。因此，在笔试角逐中争取高分，不仅是“刚需”，也是“急需”。

而对招教考试有一定了解的朋友都知道，这项考试并非全国统考，它的考查内容、考查形式都有着很强的地域偏向。但由时间跨度看趋势，我们发现现在的招教考试已经越来越重视对考生综合素质、专业素质的考查。其中综合素质能力主要通过增加公共基础知识的命题来拓展，专业素质能力则主要通过增加学科专业知识的命题来提升。

众所周知，学科专业知识与教育综合知识不同，主要表现为：

一、理解、应用类知识点远多于识记类知识，备考难度大。

二、知识跨度从小学至大学，备考体量大。

三、招教对专业知识的考查有其特色考点、题型，无法用过去知识积累直接应对。

…………

千言万语，只为告诉你：学科专业知识已然是你入编之路上的“拦路虎”。要么突破它，从此前程无忧；要么无视它，与梦想擦肩而过。

我已经听到了你的答案。那好，让我们一起聊聊这套书的独特之处。

一是“专”。专为招教语文学科考点题型量身打造，依托大分值必考点，将语文学科专业知识拆分为四，即现代文阅读与写作、古诗文阅读与鉴赏、现代汉语积累与提升、教学设计与案例分析，做到“专项专练”，不在招教考点及常考题型之外多加赘述，难度与招教真题相匹配，让你的备考之路事半功倍。

二是“全”。全面收集全国招教真题，用真题归纳各个考向；以考向为枝干，全面强化方法技巧、丰富真题示例、打磨答题模板，全心全意为你奉上这套语文学科备考大餐。

三是“准”。有讲有练，学练结合，精准对练，快速提升；答案严谨，反复核查，标注要点，评分科学，让你“学得舒心，答得放心”。

最后强调一句：**这是一套市面上少见的招考语文全能备考书！**

相信我，好的选择是成功的开始，山香团队愿你以此书为桨，在知识的海洋里乘风破浪！

山香图书研发部

注：为了帮助考生更好地吃透真题，我们对部分真题材料做了拓展延伸。同时为了最大限度保持真题原貌，我们适当保留了真题各构件格式的不统一。特此说明。如有不当，敬请谅解。

目录/CONTENTS

第一部分 现代文阅读理解

第二部分 写 作

SHANXIANGEDU

第一部分

现代文阅读理解

教师之路 从山香起步

考向分析

现代文阅读理解题是大部分地区语文教师招聘考试中的必考题型，如天津、山东、山西、安徽、江苏、湖南、福建、广州等地。以下是语文教师招聘考试现代文阅读近5年真题分析：

文本分类	考查频率	题量	每题分值	题型	地区示例
文学类文本	57%	3～5	2～6	主观题	安徽、福建
				客观题+主观题	山西、湖南、广州
论述类文本	26%	2～5	1～6	客观题	安徽亳州、山西忻州、天津滨海新区等
				客观题+主观题	湖南部分地区、山西部分地区
实用类文本	17%	3～5	1～6	客观题+主观题	浙江杭州、广东部分地区等
				客观题	山东部分地区

分值占比 0～35%

地区占比

63% 考查1篇
如安徽、福建、浙江杭州等

29% 考查2篇
如安徽亳州、天津滨海新区等

8% 考查3篇
如广东惠州、湖南长沙雨花区等

专题一　文学类文本阅读

命题规律探究

文学类文本阅读常以小说和散文为材料进行考查，主要考查题型为主观题，分值在2～6分，题量在3～5小题；偶有地区辅以客观题综合考查。以下是语文教师招聘考试中文学类文本阅读近5年真题分析：

常考方向	高频大分值考点	每题分值
情节类	情节作用类	3～5
结构思路分析类	句段作用	2～4
环境描写类	—	2～4
形象类	人物形象的概括与分析 人物形象（物象）的作用	2～6
语言赏析类	体会重要词句的含义	2～6
内容要点概括探究类	标题探究类	2～5
探究分析类	探究分析类	4～6

一、破解情节类题型

真题示例

浙江杭州小学真题

现代文阅读

(1)【这是在塔克拉玛干沙漠边缘长大，刚刚成年的一匹公狼。】它承袭了祖辈在大漠里奔袭捕杀养成的桀骜不屈的野性，两眼闪着生机蓬勃、特立独行的气息和气吞万里的寒光。

(2)狼有昼伏夜出的习性，很少在白天出窝。可公狼不然，青天白日的照样在荒漠上游荡。它矫健、敏捷、凶悍，那森冷凛然的目光不是在沙漠里寻找猎物，而总在扫视天空，好像它的猎物潜藏在哪片云朵后面，潜藏在天空蔚蓝色的深处。

(3)它在等待和寻找一只鹰。

(4)那是一只曾经捕杀了它的父亲，又捕杀了它的母亲的一只食狼鹰。当时公狼还在哺乳期，父母太饥饿了，青天白日的到荒漠上觅食，它跟随在后面撒欢。突然，从乌孜别里山方向飞过来一只巨鹰，这就是凶猛强悍，以狼和黄羊为食的食狼鹰。乌孜别里山本来没有形体巨大的猛禽，这只食狼鹰不知什么时候从什么地方落户到这里，成了塔克拉玛干沙漠边缘狼的天敌。

(5)那时，公狼还不知道食狼鹰对于狼意味着什么，站着看稀奇。

答题思路

文章开头“【】”部分，以塔克拉玛干沙漠开始描写，渲染出了一种雄壮、开阔的野性美，并交代了故事主人公是一匹公狼。

第二自然段，铺垫和转折并存，画“＿”部分，写这匹“公狼”改变习性，造成了悬念，埋设伏笔。

画“＝”部分，写出了这篇文章的主要冲突——食狼鹰捕杀公狼父母。也是下文公狼一系列行为的原因。

(6)食狼鹰从高空俯冲而下,箭镞般迅猛。当它意识到危险,拼命逃跑时,食狼鹰已经逼近,巨翅扇起的风飞沙走石。父亲见状猛扑过来,用身体阻挡食狼鹰的攻击。近在咫尺的食狼鹰随即改变了攻击目标,一只钢钩般的爪子抓住了父亲的后腰。父亲号叫着转过头,欲同天敌拼一死活。不料食狼鹰老练而迅速地伸出另一只爪子,准确无误地钩进了父亲的双眼。

(7)那一刻,公狼目睹了食狼鹰的凶猛,凶猛到没有可能抵挡。对于相对弱小的狼来说,除了被捕杀似乎再无其他选择。不久,母亲同样丧命于食狼鹰的利爪。

▍文章第四至七自然段运用插叙的手法,使文章起波澜,也补充了故事情节,使情节更完整。

(8)公狼是在对食狼鹰的仇恨和恐惧中长大的,是在对父母痛苦的思念中长大的。仇恨、恐惧和思念,最终熔铸成了向那只食狼鹰讨还血债的欲望。因此,它走上了光天化日之下的荒漠,向仇敌挑战……

(9)食狼鹰终于出现了,悠闲、高傲地在辽阔的天际盘旋,如同在巡视自己的领地。【公狼冲着仇敌仰天发出一声宣战般的长啸,而后不紧不慢地小跑。】食狼鹰一阵回旋作势后,敛翅俯冲而下,像一道黑色的闪电射向公狼。

▍第九自然段“【】”部分,“不紧不慢”写出了公狼的自信以及战胜仇敌的决心。

(10)公狼开始加速,撒开四蹄向一片灌木丛狂奔,那是展示公狼全部野性和活力的狂奔。从天而降的食狼鹰还是以迅雷不及掩耳之势逼近了公狼,一只钢钩般的爪子抓住了它的后腰。公狼感到钻心的疼痛,但它没有停止狂奔,更没有像父辈那样掉转头与食狼鹰相搏。

(11)其实,对狼的攻击,食狼鹰的第一爪不是杀手,而是激发狼回头反击的伎俩;当狼回头欲以死相拼时,食狼鹰才使出撒手锏——迅雷不及掩耳地将备用的利爪钩进狼的双眼。

(12)从对父母被捕杀惨痛景象的记忆中,从一次又一次同类遭捕杀的血淋淋的场面中,公狼掌握了食狼鹰的伎俩。因此它克制、遏制住了自己的本能和天性,绝不回头,继续狂奔。而食狼鹰这时完全不必等待狼的回头,它完全可以用另一只爪子,抓住狼的脖颈或脑门,腾空而去。但食狼鹰墨守惯用的章法套路,固执地、坚定不移地在等待狼的回头,被狂奔的公狼拖着朝前飞。

▍画曲线部分,写出了公狼的智慧——知己知彼。

(13)公狼已经狂奔到了灌木丛的边缘,食狼鹰还抱着胜券在握的信心在等待。公狼拖着张开翅膀的食狼鹰,狂奔进了灌木丛,食狼鹰被灌木丛撕扯成了碎片。

(14)痊愈后的公狼成了塔克拉玛干沙漠的狼王。

文章第九至十三自然段,描写了公狼对食狼鹰的宣战—引诱—战胜的整个过程。

第十四自然段,公狼战胜食狼鹰,最终称王,收束全文。

问题

1. 阅读全文,完成情节图。(4分) / 考向1:概括情节类

等待寻找仇敌→［　　　　］→［　　　　］→最终收获称王

答案:父母惨遭猎杀;自信挑战仇敌

2. 第(12)自然段中食狼鹰的"伎俩"具体指什么?正确的一项是(　　)(3分)

A. 第一爪激发狼反击,再使出撒手锏。

B. 从高空俯冲而下,箭镞般迅猛。

C. 准确无误地利用利爪钩进狼的双眼。

D. 抓住狼的脖颈或脑门,腾空而去

答案:A

解析:食狼鹰猎杀狼时用第一爪激发狼反击,然后快速将备用的利爪钩进狼的双眼,致对方于死地,排除B、D两项。C项,缺少前半部分的内容。故选A。

3. 品味第(9)自然段中画线句子中加点词语的表达效果。(2分)

公狼冲着仇敌仰天发出一声宣战般的长啸,而后不紧不慢地小跑。

答案:"不紧不慢"写出了公狼为了吸引食狼鹰的注意力,诱惑其进入设计的圈套,实施复仇计划的智慧。

4. 公狼最终成了塔克拉玛干沙漠的狼王,你认为有哪些原因?先用关键词概括,再从文中找出一句,不少于三点。(3分) / 考向1:概括情节类

答案:(1)公狼敢于改变习性,乃至遏制本能,挑战自我。例如"绝不回头,继续狂奔"。

(2)公狼能做到知己知彼,能牢牢抓住食狼鹰墨守成规,固执不知变通的特点。例如"从对父母被捕杀惨痛景象的记忆中,从一次又一次同类遭捕杀的血淋淋的场面中,公狼掌握了食狼鹰的伎俩"。

(3)公狼能运用智慧进行斗争,自然应该成为种族的头领。例如"公狼拖着张开翅膀的食狼鹰,狂奔进了灌木丛,食狼鹰被灌木丛撕扯成了碎片"。

5. 下列对文章的分析和理解,不正确的一项是(　　)(3分)

A. 本文是微型小说,虽然篇章短小,但情节相对完整,情节设计可谓一波三折,扣人心弦。

B. 小说在写公狼与食狼鹰决斗时,将公狼的狂奔与食狼鹰的从天而降写得惊心动魄,公狼的狡猾本性一览无遗。

C. 塔克拉玛干沙漠、乌孜别里山山麓、丛生的灌木、漫漫的风沙……作者为故事的发展设置了一个苍凉劲美的环境,很好地凸显公狼的形象。

D. 微型小说必须"以小见大",即通过短篇幅展示大主题。本文明写公狼与食狼鹰之间的决斗,实则是站在人类的视角去揭示社会生活的内在意义。

答案:B

解析:B项,"公狼的狡猾本性一览无遗"表述有误,应该是赞扬了"公狼知己知彼战胜食狼鹰的智慧"。

补充设问

1. 小说中第(6)自然段描写公狼父亲被食狼鹰捕杀的情节有什么作用?请结合全文进行赏析。/考向2:情节作用类

答案:第六自然段描写公狼父亲被捕杀的情节运用了插叙的手法。作用如下:①使文章起波澜,调动读者阅读的兴趣;②补充故事细节,使故事前因后果明了;③为下文作铺垫,使公狼的复仇势在必行。

2. 这篇小说的情节是如何展开的?/考向3:情节手法类

答案:本篇小说在开篇通过环境描写,渲染雄壮开阔的氛围,为文章奠定了情感基调,行文中设置悬念、埋设伏笔,吸引读者阅读兴趣;第四至七自然段描写公狼父亲被捕杀的情节,运用了插叙手法,补充故事情节,使情节更完整;第九至第十三自然段,详细描写公狼诱杀食狼鹰的全部过程,通过动作、细节的描写,将聪明睿智、不达目的誓不罢休的公狼形象和墨守成规、骄傲自负的食狼鹰形象形成了鲜明对比;最后,公狼称王,是读者喜闻乐见的结局。

考向1 概括情节类

命题方向

1. 用一句话或简明的语句概括故事情节。

2. 文中共写了哪几件事？请依次概括。

3. 概括小说的某一部分内容（包括开端、发展、高潮和结局四部分中的一部分）。

4. 小说情节一波三折，请概括出情节发展的跌宕之处。

> 温馨提示：
> 审读题干时要注意"情节""脉络""过程""概括""梳理"等字眼。

答题技巧

1. 基本方法

（1）寻找文章线索

文章中常见的线索包括：

①人物线索

也叫线索人物，即贯穿整个故事始终，由他（她）引出故事或者主要人物的人。

例如：《我的叔叔于勒》中的"我"就是整篇文章的线索人物。

②事物线索

例如：莫泊桑的《项链》中"项链"就是事物线索，女主人公借项链、丢项链、赔项链、还债务、发现项链是赝品等一系列情节都与此有关。

> 温馨提示：
> 找线索可以从以下五点出发：文章的标题；各段反复出现的事物；文中议论抒情的语句；作者的思想感情（变化）；某一人物的见闻感受。

③感情线索

例如：《最后一课》中就是以"爱国主义情感"作为贯穿全文的情感线索。文中小弗郎士思想情感的变化：从贪玩、不爱学习到热爱法语；从怕老师到理解、同情并敬爱老师；从幼稚不懂事，拼不出一个法语单词到认为法语学习十分容易，这都是爱国主义精神感染的结果。镇上人们认真学习法语，韩麦尔先生努力把平生所学在最后一堂课上传授给听课者，也是他们爱国主义的具体表现。

④事件线索

例如：《落花生》就是以"种花生—收花生—尝花生—议花生"的顺序来写的，其中"议花生"是重点。

⑤时间线索

例如：鲁迅的《社戏》就是按照“戏前—戏中—戏后”的时间线索写的。

⑥地点线索

例如：《参观人民大会堂》不仅按照参观顺序来写，而且以参观者每到一处的踪迹开头点明参观的地点，再抓住每一处所见所闻具体描述。

⑦对比冲突线索

例如：鲁迅的《祝福》中，祥林嫂与鲁四老爷的矛盾冲突，是构成情节的主要线索。

(2)厘清文章结构

小说可以按照开端、发展、高潮、结局来划分文章结构。

(3)抓住场面

小说中的场面就是人物活动的场所。一般一个场面可以概括为一个情节，厘清场面，全文的情节也就清楚了。

2. 答题注意事项

(1)从寻找线索，厘清文章结构层次，抓住重要场面、重要事件等方面概括文章的主要情节。

(2)答题时概述事件，必须按照“何时何地何人做何事”的格式加以概括(材料没有提及的除外，但是“何人做何事”必须要有)。

(3)要注意题干的具体要求与概括顺序，做到有的放矢，先后有序。

3. 答题步骤

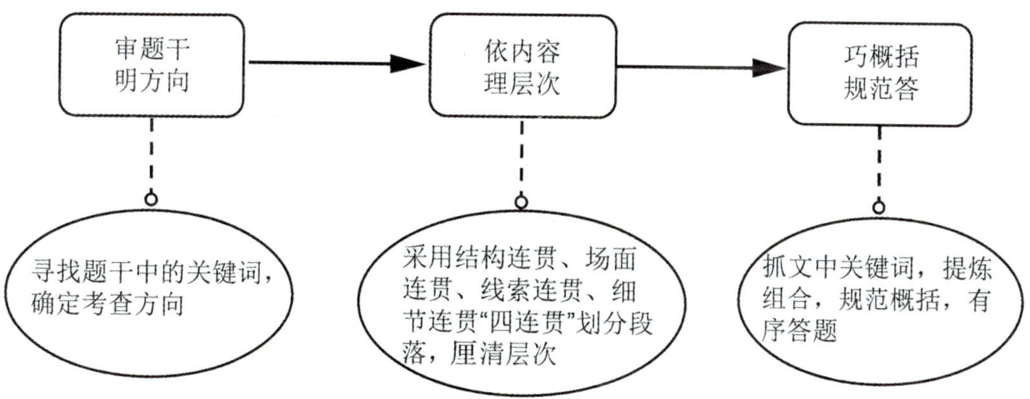

高分答题模板

1. 完整的叙述模板

按照“何时何地何人做何事”的格式加以概括，有的要素不能缺失，尤其是“何人做何事”。即：什么时间+什么地点+什么人+做了什么事情(如有必要，可再加上该事情的结果和产生的影响)。

2. 从主人公的角度叙述的参考模板

故事较复杂、涉及的人物较多时，要避免前后情节的相互交错。注意把握事件涉及的对象，从同一角度概括，做到前后贯通。常用模板：某人做某事。

考向2 情节作用类【高频考点】

温馨提示：注意题干中有无某某情节（情景、段、开头、结尾）等字眼；注意题干中有无"作用""意义""效果"等字眼。

命题方向

1. 文中的×××情景在小说中起什么作用。

2. ×段写的××事件在文中起什么作用。

3. ×××情节在文中出现多次，请结合文章说明这样写有什么效果。

答题技巧

1. 不同类型情节及作用

开头的类型及作用

(1)开头的类型及作用

①一般开头

a. 开门见山，引出下文；

b. 引出下文，为后面的情节作铺垫；

c. 交代故事发生的时间、地点等。

例如朱自清的《背影》开头：我与父亲不相见已二年余了，我最不能忘记的是他的背影。（文章开篇直接点题，直叙其事，单刀直入，开宗明义）

②设疑开头

a. 设置悬念，引出下文；

b. 引起读者的思考或阅读兴趣。

例如宗璞的《紫藤萝瀑布》开头：我不由得停住了脚步。（开头简洁地设置悬念，能一下子抓住读者的心，激发人们的兴趣和思考，起到引人入胜的效果）

③写景开头

a. 交代故事发生的环境；

b. 渲染气氛；

c. 烘托人物心情。

例如莫泊桑的《福楼拜家的星期天》开头：那时福楼拜住在六层楼的一个单身宿舍里，屋子很简陋，墙上空空的，家具也很少。他很讨厌用一些没有实用价值的古董来装饰屋子。他的办公桌上总是散乱地铺着写满密密麻麻的字的稿纸。(文章开头写住所的陈设，表明福楼拜生活的简朴，创作的勤奋。文章的开头从环境入手，展示人物活动的环境或交代故事发生的背景，渲染气氛以此烘托人物，展开故事)

(2)中间情节的作用

①补充叙事，揭示矛盾关系；

②照应前文，或为后文情节发展作铺垫、埋伏笔；

③推动情节发展或转折。

(3)结尾的类型及作用

①出人意料的结尾

出人意料的结尾

a. 结构安排上，使平淡的故事情节陡然生出波澜，产生震撼人心的效果；

b. 表现手法上，与前文的伏笔相照应，使人觉得意料之外情理之中。

例如莫泊桑的《项链》结尾："唉。可怜的玛蒂尔德，不过我那一串本是假的，顶多值得五百金法郎！……"(直到结尾才点出项链是假的，但前面已经埋下了伏笔，借项链时主人一口答应，还项链时主人没有打开盒子检查等信息，暗示了项链是不值钱的，使结尾既出人意料又在情理之中)

②令人伤感的结尾

a. 能更好地深化主题；

例如：鲁迅的《药》中，华小栓、夏瑜的死(悲剧)揭示了辛亥革命的不彻底性。

b. 能更好地表现人物性格，塑造人物形象；

例如：鲁迅的《药》中写华小栓吃了人血馒头后的死，凸显了群众(华老栓)的愚昧性格。

c. 这种结尾令人感动，令人回味，引人思考。

例如：《杜十娘怒沉百宝箱》中，最后以杜十娘的死引起读者的思考。

③大团圆的结尾

a. 表达效果上，能给读者留下广阔的想象空间，耐人寻味；

b. 情感体验上，能给读者以欣慰、愉悦之感；

c. 主题上，能凸显美好人格，符合大众审美追求，容易引起读者的共鸣。

④戛然而止的结尾

留下空白，给读者留有回味的余地。

例如鲁迅的《药》结尾：他们走不上二三十步远，忽听得背后"哑——"的一声大叫；两个人都竦然的回过头，只见那乌鸦张开两翅，一挫身，直向着远处的天空，箭也似的飞去了。（小说结束在一片阴冷的氛围中，“乌鸦”充满象征意义，耐人寻味又戛然而止）

2. 情节作用型题目的5个突破口

（1）从情节作用本身出发

①为下文情节作铺垫或埋下伏笔；

②照应前文或标题；

③设置悬念，引出下文情节；

④推动情节发展或转折，产生波澜，出人意料；

⑤作为文章线索，贯穿全文。

（2）从情节与人物形象的关系出发

即从情节本身对人物性格塑造的具体作用进行答题。

（3）从情节与环境的关系出发

即考虑这一情节是否描写了自然环境或暗示了社会环境。

（4）从情节与主题的关系出发

一般是点题、突出主题或揭示主旨等。

（5）从情节与读者感受的关系出发

即站在读者角度考虑情节的作用。

> **温馨提示：**
> 做情节作用题时要遵循“4+1”的模式寻找突破口，即：情节、人物、环境、主题、读者。

3. 答题步骤

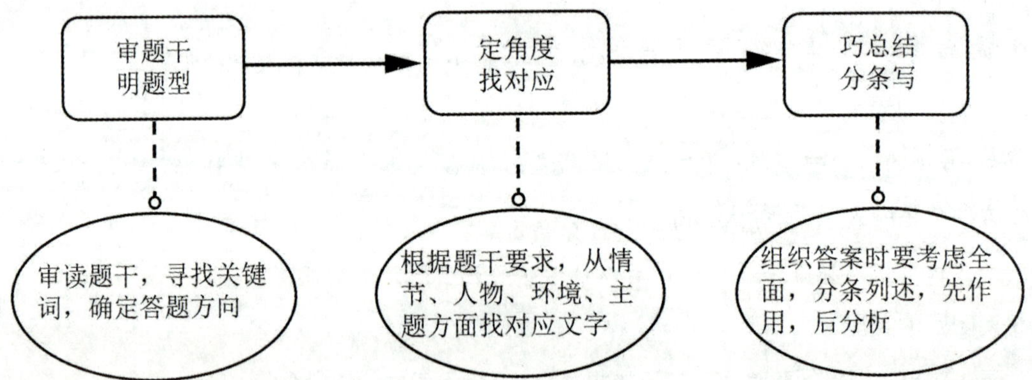

高分答题模板

1. 情节与人物关系答题模板

①这篇文章通过________的内容，塑造了________的人物形象；

②文中通过对________事件的描写，表现了人物________的性格或精神；

③作者通过对________的描写，刻画了人物________的心理。

2. 情节与环境关系答题模板

①作者通过对________的描写，突出 / 烘托 / 交代了________(人物活动)的环境；

②文中________情节的设置使环境更具典型性。

3. 情节与主题关系答题模板

①文中________情节的描写，揭示 / 表达 / 寄托 / 暗示了________的主题，意味深长；

②作者通过对________情节的描写，深化了________的主题，使文章内涵更加深刻；

③文中________情节的描写，突出了________的主题，让读者能更好地体会文章的深刻内涵。

4. 综合应用答题模板

文中________情节的设置交代了________(冷峻、严峻、壮阔、肃穆等)的环境，刻画了________(压抑、痛苦、坚定、犹豫等)的心理特征，有助于塑造________(瞻前顾后、意志坚定、善良等)的人物形象，揭示文章________(热爱生命、热爱自然等)的主题。

注：根据具体题目要求，要能将前三种答题模板综合灵活运用。

答题常用词

情节作用题

1. 开头：开门见山、总领全文、引起下文、为下文作铺垫、埋伏笔、设置悬念、吸引读者、引起读者阅读兴趣。

2. 中间情节：过渡、承上启下、推动情节发展、产生波澜。

3. 结尾：震撼人心、意料之外情理之中、深化主题、引人思考、耐人寻味、引起读者共鸣、回味无穷。

考向3 情节手法类

命题方向

1. 小说有明暗两条线索，分别是什么？这样处理有什么好处？请简要分析。

2. ×××部分在人称的运用上有什么特点？有何效果？

3. 本文在叙述手法上有何特色？请赏析。

温馨提示：审读题干时要注意题干中是否有“线索”“叙述”“情节展开”“构思”“布局”等字眼。

4. 这段文字在文中有何作用?

5. 文章结尾有什么作用?

答题技巧

情节手法包括情节叙述手法和情节结构手法。

1. 情节叙述手法

(1)叙述人称(视角)

①第一人称

增加事件、人物叙述的真实性,给人以身临其境之感,拉近作者与读者的距离,使情境显得更为真切,便于抒发情感和进行心理描写。

例如:《鲁滨逊漂流记》就是以第一人称进行叙述的小说。

②第二人称

增加亲切感,拉近叙述者和读者的距离,增强文章的抒情性和亲切感,便于情感交流。

③第三人称

不受时间和空间的限制,能够比较自由灵活地反映客观内容。可以深入人物内心,将人物的心理活动告诉读者,还可以展示不同人物在不同地点同时发生的事情。

例如:海明威的《老人与海》就是以第三人称进行叙述的小说。

(2)叙述方式

类别	含义	作用	例子
顺叙	也叫正叙,按照时间(空间)的先后顺序来写。	情节发展脉络分明,层次清晰。	《开国大典》就是按照开国大典的进行顺序进行叙述的。
倒叙	根据表达的需要,把事件的结局或某个最重要、最突出的片段提到文章的前边,然后再从事件的开头按事情发展的先后顺序进行叙述。	①增强文章的生动性; ②使文章产生悬念,引人入胜; ③避免叙述的平淡和结构的单调。	《十六年前的回忆》中,在第一自然段中先写了作者对父亲李大钊的死感触很深,再写了父亲死的过程。
插叙	在叙述中心事件的过程中,为了帮助展开情节或刻画人物,暂时中断叙述的线索,插入一段与主要情节相关的回忆或故事的叙述方法。	①对主要情节起补充衬托的作用; ②推动情节发展,有助于情节的展开; ③使情节更完整,结构更严密; ④让文章情节有波澜,结构富有变化,避免平铺直叙。	《故乡》中"我"和"母亲"谈到闰土时插入少年闰土和"我"的友谊的片段,就是使用了插叙。 插叙作用

续表

类别	含义	作用	例子
补叙	也叫追叙，是行文中用三两句话或一小段话对前边说的人或事作一些简单的补充与交代，使事件的整个过程更加清晰完整。	①有助于更好地表达主题；②使文章结构完整，行文跌宕起伏；③突出人物形象。	《小英雄雨来》在结尾时交代雨来没有死的原因。
平叙	一种是“花开两朵，各表一枝”，即先说甲的事，再说乙的事，两边都交代清楚。一种是时而说甲，时而说乙，按照情节发展的需要轮番叙述。	可以把头绪纷繁、错综复杂的事情写得眉目清楚，有条不紊。	一般来说，平叙只有在写较长的文章时才用得上，如《林海雪原》《水浒传》等。

易混知识点辨析

补叙和插叙的区别

插叙：插入的是基本事件之外的有关情况，去掉它并不影响事件本身的完整性。

例如《孔乙己》：“傍午傍晚散了工，每每花四文铜钱，买一碗酒，——这是二十多年前的事，现在每碗要涨到十文，——靠柜外站着，热热的喝了休息。”这里的插叙是对所提及的事情或情况作某些解释，表明今昔情况的变化，即表明酒价的上涨。

补叙：补入的是基本事件发展之中的有机环节，去掉它会影响事件本身的完整性。

例如《智取生辰纲》：叙述在黄泥岗松林内七个贩枣的客商劫走了生辰纲。看到这里，读者自然生疑：同一桶酒，贩枣客商喝得，为什么杨志等人就喝不得？这时，作者不慌不忙地交代了吴用、晁盖等七人的姓名，并介绍了使用障眼法、当面吃酒以瓢下药的经过。这样，通过补叙使得事件真相大白。

此外，补叙可以在篇中，也可以在篇末，而插叙只能在篇中，不能在篇末。

2. 情节结构手法

类别	含义	作用
悬念	指作者为了激活读者的“紧张与期待的心情”，在艺术处理上采取的一种积极手段。它包括“设悬”和“释悬”两个方面。	最主要作用就是吸引读者，引人入胜。
铺垫	它是为了衬托主要人物或事物而铺叙另外的人物或事物以作衬垫。	蓄积气势，突出文章主旨；增加情节张力，使情节具有合理性。

续表

类别	含义	作用
伏笔	作者在叙述中，对将要描述的人物、事件预先作提示或暗示，以求前后呼应。	使文章前后呼应，结构严谨，情节发展更合理。
照应	又叫呼应，是篇章间的伏笔照应。	使情节连贯，脉络清晰，结构紧凑。
抑扬	指对写作对象或欲扬先抑或欲抑先扬，陡然一转，出乎读者意料。	使文势曲折多变，使文章产生峰回路转、跌宕起伏的效果，增强作品的可读性。
对比	指把两种对立的事物或者同一事物的两个不同方面，放在一起相互比较。	渲染气氛、表现人物或突出主题。
衬托	指描绘某一事物来表现另一事物的艺术手法，分为正衬和反衬两种。	使文章更生动，人物、事物形象更突出，主题更鲜明。
突转	某种意料外的反转，或是形成人物性格的“急剧变化”。	有意料之外、情理之中的效果，对表现小说主旨起到画龙点睛的作用。
设置线索	可作线索的有：人、事、物、情、时间、空间等，要特别留意文章的标题。	以“××”为线索，贯穿全文，能够起到串联故事情节、突出人物形象、表现文章主题的作用。
卒章显志	在文章结尾时，用一两句话点明中心、主题的手法就叫卒章显志。	可以增加文章的深刻性、感染力，有“画龙点睛”的艺术效果。

易混知识点辨析

铺垫和伏笔的区别

铺垫是衬托，作者尽管是在次要人物或事件上下功夫，其着眼点却是主要人物或事件。且铺垫是“显性”的，为了达到衬托的目的，对起陪衬作用的部分往往大肆渲染，笔墨较多。

例如：《背影》开头写家境贫穷，接着写到“父亲”到车站送别，和车夫讲价钱，上车给“我”占座位，并帮“我”铺好大衣等四件事。作者写这些是要告诉读者家里这样穷，可是“父亲”还是让“我”穿的好一点。同时也道出“父亲”作为一家之主，生活压力这么大还是费尽心力来照顾“我”，可见“父亲”对“我”是怎样一种感情。写到“父亲”去买橘子给“我”解渴时，“我”感激“父亲”，理解父爱这种激动的心情就一发不可收。作者感情进入高潮，作品内容也进入高潮。

伏笔是对将要在作品中出现的人物或事件，预先提示或暗示，以求前后呼应，常常与“照应”配合使用。且伏笔是“隐性”的，通常比较隐蔽，在没有看到“照应”之前，貌似“闲笔”，通常只有一两笔，点到即止。

例如：《最后一课》，文章开始写小弗郎士上学路上看到许多人在布告牌前看什么，并且交代

最近一些坏消息都是从那儿传出来的，作者还顺便列举几例。那么今天是什么消息呢，小弗郎士没有去看，不知道。作者暂不交代，读者也不知道。任由情节向前发展，待到上课时，韩麦尔先生宣布这是最后一堂法语课，阿尔萨斯和洛林已被普鲁士士兵侵占，韩麦尔、小弗郎士他们就要沦为亡国奴时，小弗郎士恍然大悟为什么布告牌前会有那么多人，今天布告牌上什么消息就不言而喻了。

3. 答题步骤

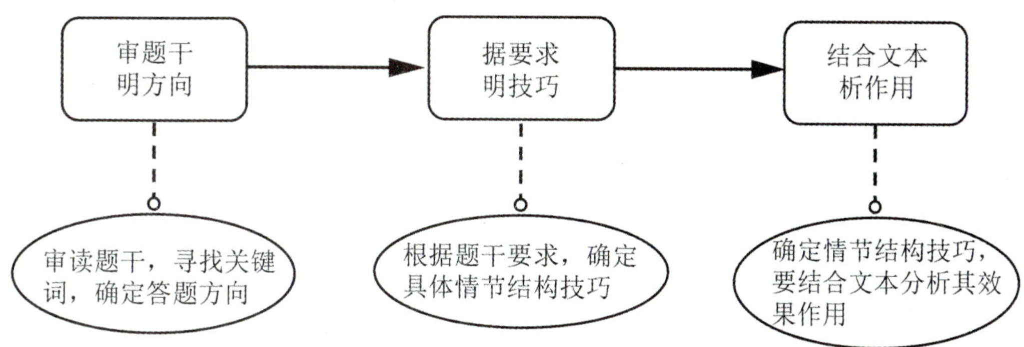

高分答题模板

1. 叙述人称答题模板

文章采用________（人称），达到了________（不同叙述视角的具体作用）的效果。

2. 叙述方式答题模板

这篇文章采用了________（具体叙述方式），将________（某人某事）放在________（开头、中间、结尾等），使文章________（不同叙述方式的作用）。

3. 情节结构手法答题模板

文章中的________（某一情节）运用了________（具体情节结构手法），使________更________（具体情节结构手法作用）。

4. 综合型答题模板

本文采用________（人称），以________（具体叙述方式）的形式，叙述了________（结合文本：某人、某事等），达到了________（不同叙述视角的具体作用）效果，文中还使用了________（具体情节结构手法），使________更________（具体情节结构手法作用）。

注：简单概括就是“点出情节技巧+结合文本分析+分析效果作用”。

温馨提示：

情节手法类题经常和作用类题同时考查，那就要联系情节、人物、环境、主题等方面进行答题。

三　试题精解

01 阅读下面的文章，回答问题。　天津真题

刘家兄弟

贾平凹

贾家沟的泥水匠，最有名的是加力老汉。老汉如孔子一样，徒子七十二，徒孙三千。每年三月初三，是老汉的生日，徒子徒孙都要赶来，老汉设了酒席，然后各方徒子徒孙在门前场地里表演单砖砌墙，乱石拱墓，八磅大锤打大石齐楞见线。如此表演，连续几天几夜，合格者，师傅牵手入席，淘汰者，哪儿来的哪儿回去，所带寿礼分文不收，所设酒席，滴水不予。

加力老汉，并不姓贾，也不是贾家沟的原籍。贾家沟的人记得，有一天村里来了母子三人，那妇人粗手大脚，面黑如漆，两个儿子都是一米七八个头，一身力气。这老大便是刘加力，老二叫刘加列。母子三人住在老爷庙里，给人打短工为生。因为都没有手艺，就只好打土坯，见天可打出一垒土坯，或是给人家扯大锯，两人粗的原木，一天解开六页木板。过了三年，刘加列吃不下苦，在四乡游手好闲起来，又染上赌博，输掉了家里的积存，寒冬腊月，一顶帽子都戴不上。他一身好膘，左眉中间断了两截，人称断刀眉，每每剥脱外衣，露出从脖子下一直长到肚脐窝的黑毛，蹲下身去，用屁股只一蹶，七八百斤的石磙碌碡就忽地立栽起来。然后便去向人讨钱，有五元的，有七元的，一分不少，若翻起脸来，断刀眉骤然飞动，扑过来常常抱住对方的大腿……慢慢乡里为恶，成了这一带害物。贾家沟曾酝酿过撵刘家出村，但谁也不敢领头，刘家就趁机买房，从此正正经经成为贾家沟的人家了。

到了民国二十三年，本地方出了“金狗、银狮、梅花鹿”三个大土匪头子，这地面便一二十年里不得安宁，常在三更半夜，枪声一起，村人就携老扶幼，弃家而逃。加力母子也跑了几回，加列就烦了，说家里要粮没粮，要钱没钱，怕谁个怎的，就在一次跑贼中未走。没想那金狗领着土匪进村，抓住了加列要他入伙。过后加列对娘提说入伙之事，被娘一场臭骂，没敢去。后来有人给加力说媒，加列便向娘要媳妇，气得娘嘴脸乌青，吐过几次血。加力干涉，他竟扬着斧头要见个死活。从此便学起喝酒，越喝量越大，家里又没多余钱，就出门要投金狗，娘抱住不放苦苦哀求，说伤天害理之事万万干不得，加列便吼道：“不要我去，我要赌钱，你给我一百元吧，我要媳妇，你现在就给我娶一个！”娘便拿头来抵，他一闪身，娘撞在墙头，血流满面，他趁机就跑了。

投了金狗，加列练出双手打枪，深得重用。先在南山跑了半年，抢了好多财宝，后来又因分赃不平，与金狗伤了和气，投奔了梅花鹿。一个半夜，他回到家里，将一包银元哗啦倒在床上，给娘和兄耀眼，加力一把抓着丢在门外，兄弟两人斗打起来，结果加力腿上挨了一枪，自此，兄弟成了冤家对头。

为了替加列赎罪，加力母子在贾家沟沿门磕头。不久加力只身去河南拜师学艺，回来专为四乡八村盖房修舍，分文不取。他腿受枪伤后微瘸，用力不比前几年，但人极聪慧，为人和气，泥水手艺越做越好，深得村邻惜爱，慢慢远近人家就有送子拜师的，一年之内竟带了十六个徒弟。后来娶了一家做生意的女子，成全了家庭，几年后，生养了三男二女。加力一心忙在他的事业上，远近人家，都以加力盖房、拱墓为荣，加力的声誉一天一天远振开来。

加列在外也混得人模狗样，在山阳县打死了一个有钱的镇长，便将那姨太太收作婆娘。这婆娘生得小巧，好日子过惯了，说话、做事不知轻重，平日出门，加列在前，她随后，右有护兵，左有保镖，威风得厉害。第二年清明节时，那婆娘在贾家沟后四十里的石家坪打秋千，围看的人黑压压一片，那婆娘越发得意，不想一用劲，断了裤带，裤子溜了下来，加列在下顿时黑了脸，便一枪打去，那婆娘一跟头栽下来死了。

贾家沟村前的河边，是陡峭峭的黑石大崖。早些年里，土匪才闹世，村人就在崖壁上凿石洞，洞口大如门，里边有一间房的，也有三间四间房大的。每每听说土匪来了，村人就将钱财物件，背上石洞。石洞外壁上凿有石窝子，斜栽上石碓、木桩，上洞时架木板为路，上一节，抽一节板，上至洞口，木板抽空，土匪就是赶到山下，也只有望洞兴叹。后来，金狗、银狮、梅花鹿等大土匪也在最陡处凿洞避身。没想，三股土匪相继闹翻，金狗、银狮联合攻打梅花鹿，梅花鹿携带家眷躲进石洞，整整三天三夜，河滩里往上打枪，石洞口往下打枪，结果石洞上打下一人，河滩里也躺了三具尸。金狗、银狮动起怒来，就在山下放火烧洞，烧了两天两夜，石洞里没粮没水了，加列在洞里反了戈，打死了梅花鹿一家大小，夜里自己从洞口拉一麻绳往下溜。溜到半崖，梅花鹿的小老婆并未打死，在上用刀斩断了麻绳，加列就掉进山下火堆，等刨出来，已成了盆子大一团黑炭。

加列死于烈火，贾家沟连夜打火把、灯笼庆贺，加力母子也在庆贺人群中，放了一串鞭炮，一家三代将黑炭搬回。但是，当装在一口二斗瓮里埋掉时，全家却一片恸哭。加力在那里修了一碑，上刻着“做人不做加列”六个大字。

（有删改）

问　题

小说写加列打死镇长，收其姨太太做婆娘，又一枪打死婆娘，这一情节有何作用？请简要分析。（5分）／考向2：情节作用类

补充设问

(1)请简要概述加力、加列兄弟二人不同的人生轨迹。 /考向1:概括情节类

(2)小说结尾为什么要这样写?请结合全文进行赏析。 /考向3:情节手法类

02 阅读下面的文章,完成后面的问题。

太阳渐渐地隐没到树林中去了,晚霞散射着一片凌乱的光辉,映到茫无际涯的淡绿的湖上,现出各种各样的色彩来。微风波动着皱纹似的浪头,轻轻地吻着沙岸。

破烂不堪的老渡船,横在枯杨的下面。渡夫戴着一顶尖头的斗笠,弯着腰,在那里洗刷一叶断片的船篷。

我轻轻地踏到他的船上。他抬起头来,带血色的昏花的眼睛,望着我大声说道:

"过湖吗,小伙子?"

"唔,"我放下包袱,"是的。"

"那么,要等到天明啰。"他又弯腰做事去了。

"为什么呢?"我茫然地,"我多给你些钱不能吗?"

“钱？你有多少钱呢？”他的声音来得更加响亮了，教训似的。他重新站起来，抛掉破篷子，把斗笠脱在手中，立时现出了白雪般的头发，“年纪轻轻，开口就是‘钱’，有钱就命都不要了吗？”

我不由得暗自吃了一惊。

他从舱里拿出一根烟管，饱饱地吸足了一口，接着说：“看你的样子也不是一个老出门的。哪里来的呀？”

“从军队里回来。”

“军队里？……”他又停了一停，“是当兵的吧，为什么又跑开来呢？”

“我是请长假的，我妈病了。”

“唔！……”

两个人都沉默了一会儿，他把烟管在船头上磕了两磕，接着又燃第二口。

夜色苍茫地侵袭着我们的周围，浪头荡出了微微的合拍的呼啸。我的心里偷偷地发急，不知道这老头子到底要玩什么花头。于是，我说：“既然不开船，老人家，就让我回到岸上去找店家吧！”

“店家，”老头子用鼻子哼着，“年轻人到底不知事，回到岸上去还不同过湖一样的危险吗？到连头镇去还要退回七里路。唉！年轻人……就在我这船中过一宵吧。”

他擦着一根火柴把我引到船艘后头，给了我一个两尺多宽的地方。好在天气和暖，还不至于十分受冻。

当他再擦火柴吸上了第三口烟的时候，他的声音已经和缓多了。我躺着，一面细细地听着孤雁唳过寂静的长空，一面又留心他和我谈的一些江湖上的情形，和出门人的秘诀。

“……就算你有钱吧，小伙子，你也不应当说出来的，这湖上有多少歹人啊！……我是欢喜你这样的孝顺孩子。是的，你的妈妈一定比我还欢喜你，要是在病中看见你这样远跑回去，只是，我呢？……我，我有一个桂儿。你知道吗？我的桂儿，他比你大得多呀！你怕不认识他吧？外乡人……那个时候，我们爷儿俩同驾着这条船，我给他收了个媳妇……”

“他们呢？”

“他们？那一年，北佬来，你知道了吗？北佬打了败仗，从我们这里过，我的桂儿给北佬兵拉着，要他做伕子。桂儿，他不肯，脸上一拳！我，我不肯，脸上一拳！……小伙子，你做过这些个丧天良的事情吗？……

“小伙子！你看，我等了一年，我又等了两年，三年……我的儿媳妇改嫁给卖肉的朱胡子了，我的孙子长大了。可是，我看不见我的桂儿，我的孙子他们不肯给我……他们说：‘等你有了钱，我们一定将孙子给你送回来。’可是，小伙子，我得有钱呀！

“结冰，落雪，我得过湖；刮风，落雨，我得过湖……

“年成荒，捐重，湖里的匪多，过湖的人少，但是，我得找钱……

“小伙子，你是有爹妈的人，你将来也得做爹妈的。我欢喜你，要是你真的有孝心，你是有好处的，像我，我一定得死在这湖中。我没有钱，我寻不到我的桂儿，我的孙子不认识我，没有人替我做坟，没有人给我烧纸钱……我说，我没有丧过天良，可是天老爷他不向我睁开眼睛……”

他逐渐地说得悲哀起来，终于哭了，不住地把船篷弄得呱啦呱啦地响；他的脚在船舱边下力地蹬着。可是，我寻不出来一句能够劝慰他的话，心头像给什么东西塞得紧紧的。

外面风浪渐渐地大了起来，我翻来覆去地睡不着，他也翻来覆去地睡不着。

可是，第二天，又是一般的微风，细雨，太阳还没有出来，他就把我叫起了。他的脸上丝毫看不出一点异样的表情来，好像昨夜间的事情，全都忘记了。

我目不转睛地瞧着他。

“有什么好瞧呢？小伙子！过了湖，你还要赶你的路程呀！”

离开渡口，因为是走顺风，他就搭上橹，扯起破碎风篷来。他独自坐在船艘上，毫无表情地捋着雪白的胡子，任情地高声朗唱着：

我住在这古渡前头六十年。

我不管地，也不管天。

我凭良心吃饭，我靠气力赚钱！

有钱的人我不爱，无钱的人我不怜！

（有删改）

问题

作品为什么以渡夫的任情高歌为结尾？结合全文，谈谈你的看法。（8分）/ 考向2：情节作用类

补充设问

（1）试分析本文叙述方式上的特征。/ 考向3：情节手法类

(2)作品是怎样叙述渡夫的故事的？这样写有什么好处？请简要分析。／考向1：概括情节类+考向2：情节作用类

《古渡头》——问题(2)

破题方法与参考答案

01 破题方法

第一步：审题干，明题型。抓取题干中关键词“情节”“作用”，首先可以判断出该题的考查方向是情节作用。第二步：定角度，找对应。根据题干要求，寻找关于“加列打死镇长，收其姨太太做婆娘，又一枪打死婆娘”的相关情节，从人物、作用、情节等方面组织答案。第三步：巧总结，分条写。全面考虑，分条列述，先写作用，后写分析，清晰明了。

参考答案

①表现人物特点，这一情节表现出加列祸害一方、凶恶狠毒的性格特点。

②形成对比，这一情节与加力成家是因为德行技艺形成对比，与加力的家庭幸福美满形成对比。

③突出主题，这一情节突出了作者对恶的鄙视和鞭挞。

④为情节发展作铺垫，这一情节为后文写加列与大土匪梅花鹿反戈，打死梅花鹿一家大小作铺垫。(共5分。每少答1点扣1分，语言表述给1分)

补充设问

(1)破题方法

第一步：审题干，明方向。根据题干关键词“概述”，可以判断这是考查概括情节题。第二步：依内容，理层次。根据小说结构，可以选择场面连贯法对小说进行段落划分，厘清层次。第三步：巧概括，规范答。分别在文章中寻找关于“加力”“加列”兄弟二人的关键词句，提炼组合，规范概括。

参考答案

①加力人生轨迹：随母亲和弟弟来到贾家沟，打土坯、扯大锯养家糊口，后来为弟弟赎罪拜师学艺，归来为乡亲盖房修舍，娶妻生子，声名远振。

②加列人生轨迹：随母亲和哥哥来到贾家沟，吃不了苦，变得好吃懒做，横行乡里，后来加入土匪，最后被土匪梅花鹿的小老婆割断绳索，烧成了黑炭。

(2)破题方法

第一步：审题干，明方向。根据题干可以得知本题考查结尾的作用，可以从情节安排、情节作用和情节手法上入手。第二步：据要求，明技巧。找到文章最后一段，分析其中运用的情节手法。第三步：结合文本，析作用。要先明确情节手法，然后根据情节手法结合全文分析文章的中心思想。

参考答案

运用了对比手法，将贾家沟乡亲知道加列死后欣喜庆祝的场景与加力一家一片恸哭形成鲜明对比。表现了为祸乡里的加列之死大快人心的同时，又写出了身为家人对至亲之死的悲伤，后加力立“做人不做加列”碑，升华了主旨，表现了作者端正的价值观。

02 破题方法

第一步：审题干，明题型。由题干“为什么以渡夫的任情高歌为结尾”可知此题属于探究小说情节作用类题目。第二步：定角度，找对应。找到文章结尾渡夫任情高歌的位置。第三步：巧总结，分条写。可从艺术结构、情感表现、人物形象、思想内容等多个角度加以分析。

参考答案

①艺术结构上，通过突转产生戏剧性效果，最后以歌声结尾，余韵悠长，耐人寻味；②情感表现上，以渡夫的无表情代替哭泣，以任情高歌代替诉苦，强化了表现苦难的力度；③人物形象上，既表现渡夫的洒脱豪放，也反衬他的现实痛苦之深，使渡夫的形象更加丰满；④思想内容上，从批判社会现实的黑暗到表现渡夫追求自由生活的信念，深化了作品的主题。(共8分。每点2分，答出4点即得满分)

补充设问

(1)破题方法

第一步:审题干,明方向。根据题干中“本文叙述方式上的特征”可知此题属于探究小说情节手法类题目。第二步:据要求,明技巧。根据文章内容,首先可以判断最明显的叙述特征是叙述视角,其次还要考虑从叙述方式、结构手法等角度。第三步:结合文本,析作用。根据确定的情节手法类型结合文本具体分析其作用。

参考答案

①叙述视角,小说以“我”的介入,使渡夫的故事更加真实可信,拉近与读者的距离。②通过“钱”的角度切入故事,设置悬念,引起读者的阅读兴趣。③以渡夫自述的角度行文,使他的故事简练而集中。

(2)破题方法

第一步:审题干,明题型。由题干中“怎样叙述渡夫的故事”以及“有什么好处”可知此题属于概括情节类和情节作用类的综合题目。第二步:定角度,找对应。要寻找小说叙述视角、故事切入角度等。第三步:巧总结,分条写。从叙述视角、切入角度、情节作用等角度加以分析。

参考答案

①以“我”的视角来叙事,使事件显得真实可信;②以“钱”为话题,引入渡夫的故事,唤起读者的阅读兴趣;③采用对话形式,以渡夫之口自述他的经历,使叙事更加集中;④情景描写与渡夫讲述相结合,赋予渡夫故事哀而不伤的诗意美。

二、破解结构思路分析类题型

真题示例

浙江金华永康小学真题

阅读下文，回答问题。

《建水记[注]（之四）》

于坚

看哪，这原始之城，依然像它被创造出来之际，藏在一座朱红色的、宫殿般的城楼后面，“明洪武二十年建城。砌以砖石，周围六里，高二丈七尺。为门四，东迎晖，西清远，南阜安，北永贞。”（《建水县志》）如果在城外20世纪初建造的临安车站下车，经过太史巷、东井、洗马塘、小桂湖……沿着迎晖路向西，来到迎晖门，穿过拱形的门洞进城，依然有一种由外到内，从低到高，登堂入室，从蛮荒到文明的仪式感，似乎“仁者人也”是从此刻开始。

高高在上的是朝阳、白云、鸟群、落日、明月、星宿，而不是摩天大楼。一圈高大厚实的城墙环绕着它，在城门外看不出高低深浅，一旦进入城门，扑面而来的就是飞檐斗拱、飞阁流丹、钩心斗角、楼台亭阁、酒旌食馆、朱门闾巷……主道两旁遍布商店、酒肆、庙宇、旅馆……风尘仆仆者一阵松弛，终于卸载了，可以下棋玩牌了，可以喝口老酒了，可以饮茶了，可以闲逛了，可以玩物丧志了，可以一掷千金了，可以浅斟低唱了，可以秉烛夜游了……忽然瞥见“小楼一夜听春雨，深巷明朝卖杏花”那类女子——建水的卖花女与江南的不尽相同，这边的女性身体上洋溢着一种积极性，结实、健康、天真——正挑着一担子火红欲燃的石榴，笑呵呵地在青石铺成的街中央飘着呢。不免精神为之一振，先去买几个来解渴。

答题思路

画“＿”部分引用《建水县志》，是为了将今日建水与其“原始之城”的风貌关联起来，写的是建水绵延不断的历史传承。

画“～”部分，大量堆叠同类词语或词组，以此形成繁复恣肆的修辞效果，同时也表现了物阜民安的世俗生活气象。

作者从原始之城写到今日建水，是以时间的延续为思想线索（这是一条暗线），将建水同时置于历史文化传承与当下日常生活中来描写，体现了这座古城经久不衰的生命活力。

街面上，步行者斜穿横过，大摇大摆，扶老携幼，走在正中间，俨然是这个城的君王。满大街的雕梁画栋、摊贩食廊、耄耋之辈……令司机们缩头缩脑，不敢再风驰电掣。城门不远处就是有口皆碑的临安饭店，开业都快七十年了，就像《水浒传》里描写过的那种。【铺面当街敞开，食客满堂，喝汤的喝汤，端饭的端饭，动筷子的动筷子，晃勺子的晃勺子，干酒的干酒，嚼筋的嚼筋，吆五喝六，拈三挑四，叫人望一眼就口水暗涌，肚子不饿也忍不住抬腿跨进去。拖个条凳坐下，来一盘烧卖！这家烧卖的做法是明代传下来的，肥油和面，馅儿是肉皮和肉糜。大锅猛蒸，熟透后装盘，每盘十个，五角一个。】再来一土杯苞谷酒，几口灌下去，夹起一枚，蘸些建水土产的甜醋，送入口中，油糜轻溢，爽到时，会以为自己是条梁山泊好汉。

> 加点文字部分，可以看出文章是以空间顺序为线索进行叙述的（这是一条明线），随着空间的转换带领读者领略建水的历史与烟火。

> 画“【】”部分，运用大量笔墨写了建水城内临安饭店中食客满堂的场面，以此表现建水城独具特色的地方风物；重点描写烧卖的做法，并且说“这家烧卖的做法是明代传下来的”，以此表现建水城的历史传承。

临安饭店后面，穿过几条巷子走上十分钟，就是龙井菜市场，那郑屠、张屠、李屠、赵屠……正在案上忙着呢。如果是七月的话，在某个胡同里走着，忽然会闻见蘑菇之香，环顾却是老墙。墙头上挂着一窝大黄梨。哪来的蘑菇耶？走，找去，必能在某家小馆的厨房里找到，叫作干巴菌，正亮闪闪的，在锅子中央冒油呢。这临安大街两边，巷子一条接一条流水般淌开去。在电子地图上，这些密密麻麻的小巷是大片空白，电子地图很不耐烦，只是标出一些大单位的地点和最宽的几条街，抹去了建水城的大量细节，给人的印象，似乎建水城是个荒凉的不毛之地。其实这个城毛细血管密集，据统计，建水城3.3平方公里的范围内有30多条街巷，550多处已经被列为具有保护价值的文物性建筑，这是很粗疏的统计。许多普通人家雕梁画栋的宅子、无名无姓的巷道并不在内。在巷子里面，四合院、水井、老树、门神、香炉、杂货铺、红糖、胡椒、土纸、灶房、明堂、照壁、石榴、苹果、桂花、兰草、绵纸窗、凉粉、米线、青头菌、炊烟、祖母、媳妇、婴孩、善男信女、市井之徒、酒囊饭袋、闲云野鹤、翩翩少年、三姑六婆、环肥燕瘦、虎背熊腰、花容月貌、明眸皓齿、慈眉善目、鹤发童颜……此起彼伏，鳞次栉比。

> 画“____”部分中的“电子地图很不耐烦”地忽略了建水毛细血管一样密集的巷子，这种表述意在强调建水的巷子丰富生动，只有通过实地游走方可感知。

在这个城里，有个家的人真是有福啊。他们还能够像四百年前的祖先们那样安居乐业，不必操心左邻右舍的德行，都是世交啦。有一位绕过曲曲弯弯的小巷，提着在龙井市场买来的水淋淋的草芽（一种建水特有的水生植物，可食，滚油翻炒数秒起锅，甜脆）、莴笋、茄子、青椒、豆腐、毛豆、肉糜、茭瓜……一路上寻思着要怎么搭配，偶尔向世居于此的邻居熟人搭讪，彼此请安。磨磨蹭蹭到某个装饰着斗拱飞檐门头的大门前（两只找错了窝的燕子拍翅逃去），咯吱咯吱地推开安装着铜质狮头门环的双开核桃木大门，抬脚跨过门槛。绕过照壁，经过几秒钟的黑暗，忽然光明大放，回到了曾祖父建造的花香鸟语、阳光灿烂的天井。从供销社退休已经三十年的祖母正躺在一把支在天井中央的红木躺椅上，借着一棵百年香樟树的荫庇瞌睡呢。

（有删改）

【注】建水：县名。在云南省，旧称临安。

最后一段写归家，提及“曾祖父”“祖母”，并以“香樟树的荫庇”作结，意在说明普通人家一代代的平凡生活蕴含着生生不息的文化传承。

问题

1. 简要分析文章的语言特色。（2分）

答案：文章语言优美，尤其是大量堆叠同类词语或成语，以此形成繁复恣肆的表达效果，同时也表现了物阜民安的世俗生活气象；文章语言既朴实自然又韵味无穷，给人以美的感受。

2. 概括文章最后一段的作用。（3分）/ 考向2：句段作用

答案：文章最后一段总结全文，深化主题。通过写归家，提及“曾祖父”“祖母”，并以“香樟树的荫庇”作结，意在说明普通人家一代代的平凡生活蕴含着生生不息的文化传承。

3. 有人认为本文应着重描写建水城的历史文化，没必要在饮食描写上花费大量笔墨。对此你怎么看？（4分）/ 考向2：句段作用

答案：①写饮食，就是写建水城独具特色的地方风物及其历史传承。

②写饮食，就是写人的日常生活和城的烟火气息，这是文章所要表现的建水古城的城市品格。

补充设问

本文采用空间和时间两条线索行文,请分别加以简析。 / 考向1:行文思路分析

答案:①文章以空间的转换为行文结构,展开对建水的描写,从城外的临安车站开始,依次写穿过城门,经过街道、商场、胡同小巷,最后进入家庭院落;②文章以时间的延续为思想线索,将建水同时置于历史文化传承与当下日常生活中来描写,体现了这座古城经久不衰的生命活力。

考向1 行文思路分析

命题方向

1. 从结构上分析作品为什么先写×××再写×××。

2. 纵观全文,从情节的发展分析××的心理变化。

3. 文章主要写了××内容,请就此梳理作者的写作思路。

4. 作者描写×××的景色,却从另一面写起,这样安排材料好不好?请简要分析。

5. 作者围绕××写了哪些事?

答题技巧

1. 分析线索及答题方法指导

(1)常见线索

①人物线索:人物的见闻、感受或事迹。

②物品线索:某一具有特殊意义的物品。

③感情线索:作者或作品中主要人物的思想感情线索。

④事件线索:中心事件。

⑤时间或空间线索:事情发展中时间或空间上的变化。

(2)答题方法指导

分析线索及其作用可从以下角度入手:

①从表现手法下手:看是否有以物喻人、借物抒情等表现手法。

②从标题入手:看是否有关键词贯穿全文。

③从文中反复出现的事物入手:看是否围绕这一事物组织材料。

④从文中议论、抒情句子入手:看是否表现了感情变化或揭示主题。

2. 概括整体或局部的思路结构

(1)结构思路类型

①相承：包括承接关系和递进关系，通常表现为由叙事到议论或抒情，由写景到议论或抒情。

②相并：包括并列关系和对照关系，通常有并列式、对比式等。

③相属：包括总分关系和分总关系。

(2)答题方法指导

作答行文思路分析题，需要掌握如下行文思路“五字诀”：

①明——明确文体，把握全貌

通过阅读，明确文章内容，是写人叙事、写景状物，还是阐发哲理，概括文章主要叙述了什么事情或者谈论了什么问题，不同的文章类型，行文思路应该有所不同。

②圈——圈点勾画，抓关键句

在阅读过程中，要特别关注文章的开头、结尾，每一段的起始句、收束句，这些地方往往被作者安排上中心句，以起到总领或收束内容的作用。

③标——标示段意，显露脉络

在找出中心句后，分析概括一个自然段表达的意思，给每一段来一个总结，用一句简明扼要的话标示出文段的段意。这样做的目的是把成百上千字的文章浓缩成几句话，显露出文章内在的脉络。

④理——理清思路，把握结构

分析段落之间的内在联系，划分文章层次。重视具有前后衔接、勾连、照应作用的语言标志；重视有区分层次作用的标点符号，如分号、冒号、句号等。

⑤通——通读全段，合成段意

无明显信息的段落，应该通读全段，找出概括性语句或关键词语，分析合成段意。这些都没有时，要考虑句间的关系，先划分层次，概括出各层意思，再综合考虑。

3. 答题步骤

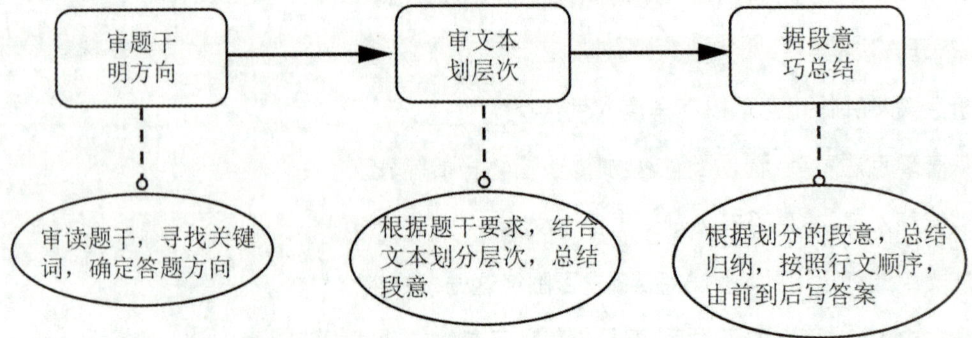

高分答题模板

1. 线索作用题答题模板

本文围绕________(文章线索)/以________为线索,讲了/叙述了________(中心事件、标志物品等),表达了________(作者或文中主要人物)的思想感情。

2. 梳理文章思路答题模板

本文先讲了________,再讲了________,接着讲了________,最后讲了________。

考向2　句段作用【高频考点】

命题方向

1. 作者为什么要写这一句(段)?
2. 说说画线处的句子在文中的作用。
3. ×××句(段)在文中有何作用?
4. 作者这样写有什么作用(好处、效果、目的等)?

温馨提示:审读题干时要注意题干中有无"作用""句(段)""为什么"等字眼。

答题技巧

1. 不同位置句段的作用

(1)首句(段)的作用

①开篇点题

a. 总括全文,点明主旨;

b. 表达与主旨相关的某种感情(奠定感情基调)。

例如《背影》的开头:"我与父亲不相见已二年余了,我最不能忘记的是他的背影。"(开门见山,直接点题,揭示了文章主旨,引起下文)

②开篇未点题

a. 引出下文或与下文形成对照;

b. 为下文作铺垫。

例如《植树的牧羊人》的开头:"想真正了解一个人,要长期观察他所做的事。如果他慷慨无私，不图回报，还给这世界留下了许多，那就可以肯定地说，这是一个难得的好人。”（开篇未点题，留下悬念，引起读者兴趣，为下文主角的出场作铺垫）

③景物描写式开篇

a. 从结构上看，起铺垫的作用；

b. 从景物描写上看，起衬托、勾勒环境、提供背景、营造（渲染）某种气氛的作用。

例如《驿路梨花》的开头：“山，好大的山啊！起伏的青山一座挨一座，延伸到远方，消失在迷茫的暮色中。”（以环境描写开篇，点明了时间“暮色”，周围群山连绵，提供了写作背景）

（2）中间句（段）的作用

①中间句段较短

在结构上的作用是承上启下（过渡）。

②中间句段较长

在内容上的作用是扩展思路、丰富内涵、具体展示、深化主题或照应全文。

例如《台阶》中的句段：“父亲就是这样准备了大半辈子。塞角票的瓦罐满了几次，门口空地上鹅卵石堆得小山般高。他终于觉得可以造屋了，便选定一个日子，破土动工。”（承接上文父亲准备造屋的过程，引起下文描写父亲怎么造屋）

（3）结尾句（段）的作用

①首尾呼应，使结构更加完整；

例如《海底世界》的开头：“你可知道，大海深处是怎样的吗？”结尾：“海底真是个景色奇异、物产丰富的世界！”（首尾呼应，再次点题，总结全文）

②揭示并深化主旨，或总结全文；

例如《背影》的结尾：“我读到此处，在晶莹的泪光中，又看见那肥胖的、青布棉袍黑布马褂的背影。唉！我不知何时再能与他相见！”（内容上：结尾再现父亲背影，直抒思念之情。结构上：呼应开头，首尾圆合）

③暗示主题或者强化作者情感；

④含蓄委婉，引人深思。

（4）反复出现的句子的作用

①内容上：有突出内容（主旨）、强化感情等作用；

②结构上：有交代线索、前后呼应等作用；

③表达上：有强调或一唱三叹之效。

例如《春》中的句子：“盼望着，盼望着，东风来了，春天的脚步近了。”（两个“盼望着”强烈地表达出了作者对春天的期待和喜爱之情）

2. 答题步骤

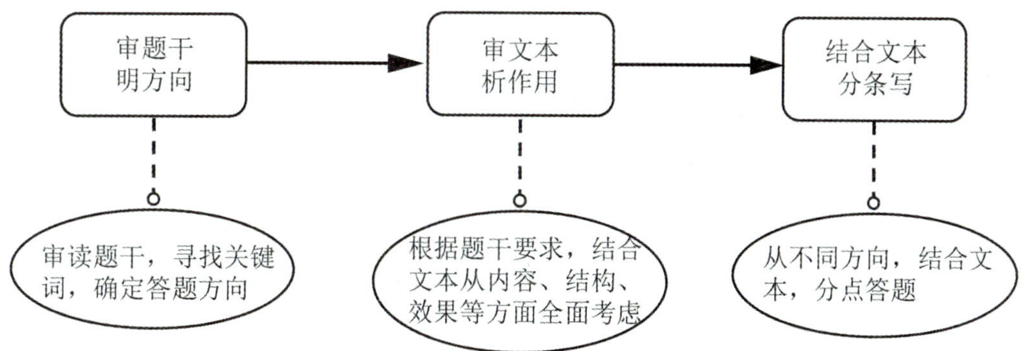

高分答题模板

1. 首句(段)作用答题模板

文章第________段________(开门见山、揭示主旨等)，交代了________(主要人物、重要事物)的________，为下文的________作铺垫/环境描写渲染了________(沉重、欢快、悲伤、平和等)氛围，为全文奠定了感情基调。

2. 中间句(段)作用答题模板

①内容上，主要描写了________(结合文本，主要人物的什么事，重要事物的有关信息)，展示了________(主要人物、重要事物)的________，丰富了文章内涵/深化了文章________(主旨)；②结构上，承接上文________，引起下文________。

3. 结尾句(段)作用答题模板

该句(段)深化了________(文章主旨)/总结全文/强化了作者的________(某种感情)/引人深思……

试题精解

01 阅读下面文字，回答问题。　江苏真题

宠　物

阿　城

①金先生有六十多了，就喜欢个动物。1949年，家里还养着条狼狗，左邻右舍早就恨那狼狗吓人，政府一说要灭狗，街坊们就控诉金家的“日本狼狗”。金先生紧着解释家里的这条狗是蒙古狼犬，跟日本不沾边儿，但蒙古狼犬也是狗，在灭之列，一索子套走，脖子上还系着金先生摸得油腻柔

软的勒头。

②金先生藏着悲苦好几年，回回往街门口站，就恍惚觉得狗又来蹭自己的腿，伸手虚摸摸，什么都没有啦。

③金先生于是就养了只猫，很平常的品种，毛色黄白相间，像虎，可虎是黄条里有黑道儿。邻居也有养这样的猫的，金先生于是心很安。

④猫干净，自己到外头土里拉屎，完了还知道自己用土盖上。金先生想，这猫祖宗不知是遭过多大的罪，才这么一代一代小心着。狗也干净，可是耿直，老想打架，像长不大的愣小子，不像猫一有风吹草动就上树上房了。

⑤猫洗脸，一只爪子举着，动脸，舌头舔来舔去，要是人早一脸唾沫了。猫洗了脸，就定定地看个什么地方，好像女人洗澡觉得叫人瞅见了，于是恨恨的，或者呆呆的一脸春思。

⑥金先生常买个鱼头鱼肚肠什么的，放在盘子里给猫吃，看着猫将头一抻一抻地吃完。猫吃完了，跳到金先生怀里舔金先生的手。金先生闻闻手，怪，没有鱼腥味儿。

⑦三年自然灾害的时候，金先生实在是拿不出东西给猫吃，急昏了头，喂了猫一回树叶儿，猫恶心得在门柱子上蹭嘴。金先生苦笑，唉，猫知道上树，要吃树叶子还用得着我操心吗？

⑧猫自己跑了。金先生担了几天心，后来想，跑了跑了吧，别让人吃了就行。猫不仁义，这上头就不如狗。狗不嫌家贫，儿不嫌母丑。可气节当不了饭哪，倒是不仁不义兴许活得下来。一个畜生，能怎么着呢？

⑨猫一走，家里就闹耗子了。金先生夜里躺在床上听耗子丁零哐啷地闹，想，闹什么呢？家里的吃食是人挣来的，人都不够，你们还搜寻什么呢？瞎忙。

⑩腊月里的一天，金先生开抽屉找东西，刚拉开，一条大耗子窜出来，翻身逃走了。抽屉里吱吱叫，一大股鼠臊味儿冒出来，原来大耗子下了一窝小耗子。

⑪小耗子还没睁眼哪，小爪哆嗦着，灯一照，半透明，像蜡烛头儿。金先生想，这可怎么办，我这儿成产科了。

⑫金先生怕小耗子冻着，就很小心地把小耗子们挪到自己床上靠炉子的一边儿放好，一回身儿，瞧见大耗子在桌子底下瞪着自己。金先生说，你这个当娘的，怎么办呢？

⑬金先生还真不知道怎么办。大耗子不走，金先生认为是娘放心不下，就到门外隔着玻璃往自己屋里瞧。

⑭大耗子蹿上床，一只一只地把小耗子叼走。小耗子在娘的嘴里四脚儿乱蹬。金先生在外面叹气了，说，连耗子也不信咱们，这人也真做得没意思了。

⑮金先生进来找耗子洞。找着了，说，这一家老小是守寒窑哪。于是搬箱挪柜，空开耗子洞的前面，再把炉子摆在耗子洞的附近。

⑯自此金先生在家里轻手轻脚,像个房客,生怕惊动了洞里的房东。

⑰每每金先生斜躺在床上,两手放在脑后,看着耗子洞,琢磨着看不见觉得到的宠物,想,吃不上个什么,暖和着吧。

⑱冬日的阳光照进来,金先生睡着了,宠物们一只一只地出来了。

(有删改)

问题

分析画线语句在小说中的作用。(4分) / 考向2:句段作用

补充设问

猫出走之后金先生出现了怎样的心理变化? / 考向1:行文思路分析

02 阅读下面的文章,完成后面问题。

虹关何处落徽墨

石红许

在冬天,在春天……为了寻找一截久违的徽墨,我孑然一人蹀躞在虹关[注]墨染了一样的旧弄堂里,闯进一栋又一栋装满了故事的深宅老院。我安慰自己,哪怕是能遇见寸许徽墨,也心满意足。行走在虹关,我一次又一次向墨的深处挺进,去追寻墨的风月身影。

婺源一文友善意地提醒我,虹关徽墨以及制作徽墨的人很难找了,你这样没有目的地寻找,不啻白费心神徒劳无功。我不甘心,相信在虹关的后人中一定还有人掌握了徽墨制作技艺,他们会告诉我很多关于徽墨的记忆。

欣慰的是,季节扯起的丹青屏风里,总有一棵需十余个大人合抱的千年古樟,华盖如伞,累了,就在树下坐一坐,仰望绵延浙岭,聆听"吴楚分源"的回声。穿村而过的浙源水、徽饶古道在炊烟袅

袅里把日常琐碎的生活串成一幅恬谧幽静的水墨画，人在画中，画在人中，昔日贩夫走卒、野老道者的身影渐行渐远在徽墨涂抹的山水间，一丝淡淡的忧伤悄然在心里泛浮，随着雨滴从瓦片上、树叶间滚落下来，把人带进梦里故园。

一堵堵布满青苔的墙壁上还隐约留存着经年的墨迹，那是徽墨的遗韵吗？石板路上，不时与村人擦肩而过；老宅门内，不时与老人目光相撞。在虹关，我拾掇了一串烙上徽墨温度的词语：质朴、慈祥、安然，小桥、流水、人家……虹关，允许我拾取半截残墨，记下一串与徽墨有关联的大街小巷地名。

虹关伫立，徽墨式微。近百年来，科技的迅猛发展带来了五花八门的书写工具，使得人们迅速地移情别恋，墨与砚台的耳鬓厮磨，也早被墨汁横插一杠，固态墨便黯然失色，近年来渐渐被人遗忘。到后来，实现了从纸张到数字化的华丽转身，书写也已成为少数人的事情了，墨块更是被束之高阁，制墨传习几乎无人问津。

墨，松烟的精灵，千百年来忠实地在纸上履行职责，一撇一捺站立成墨黑的姿势，氤氲香气里传承着中国文字的博大精深。徽墨，制作滥觞于南唐，兴盛于明清，享有“落纸如漆，万古存真”之美誉。有权威人士言之凿凿指陈，北京故宫博物院还保存着数十块虹关徽墨。徽墨无声，虹关有幸，虹关人因此而自豪。水口、民居，显然还有徽墨等，不负众望，终于为虹关换来了“中国历史文化名村”的金字招牌。

虹关徽墨，不小心遗失在古村落、古驿道边，等待人们去擦亮这张泛着黑色光泽的名片——“徽墨名村”。在一栋民居内，我兴奋地发现，有人在挖掘、研发传统徽墨工艺，遗憾不见墨工，不知那一双手是怎样捣鼓着黑色的诗篇。不大的台面上摆放了刀、小锤、木槽、墨模等工具，还有一些看不懂的物品，想必都是与徽墨有关的器皿、墨料。壁板上挂有制墨工序图《一块墨的前世今生》：点烟、和料、烘蒸、杵捣、揉搓、入模、晾墨、描金。从采取数种原料到试磨鉴定墨质，一锭墨才得以面世，具体制作起来，其工序之繁复岂是图解所能说得清楚的，想想真不容易。一锭墨，千杵万揉，浓缩的精华，浓缩的是民族文化的瑰宝。

不经意间，我瞥见阁楼上稳站着一个白髯飘飘、仙风道骨的先生，便主动打招呼，他问询了我的来意，邀请上楼喝茶座谈，我，一个找寻徽墨的陌生人，沿着屋内与厢房连成一体的木质楼梯，漫步走上阁楼，轻轻地踏在楼板上，咿呀作响，我生怕踩醒了乾隆年间经营徽墨的原始账本，生怕踩碎了岁月的痕迹，更生怕踩破了一截遗落的留着明代指纹的徽墨。

先生姓叶，一个隐者、居士、制笔者，放弃大城市的舒适，只身走进虹关，设立工作室，执刀执笔，刻刻写写画画。兴致来了，叶老师挥毫泼墨，正是徽墨磨出的浆液、芳香、光泽，正是新的徽墨传人制作出的徽墨。磨墨时，细润无声，我却听到了墨与砚台的喁喁细语。触摸着徽墨的韵律，我看到了，看到了徽磨沿着纸的纹理在翩翩起舞，“入纸不晕、书写流利，浓黑光洁”。真想只做一个

书者。舀一瓢清清的湖水，每日轻柔磨墨，从容铺纸，蘸墨挥洒，过上一段墨落纸上荡云烟的幽静生活。

家里书桌内一角散落着几块早年留下的普通用墨，七公分长，其侧分别有描金楷书“金不换”“凝香”字样，背面还有莲荷、白鹤等图纹，虽谈不上金贵，但仍散发着幽幽暗香，还有儿时习书的悠悠往事。回想小时候上学时，练毛笔字要买描红本、砚台，还有长条形的墨块。磨墨时总是弄得满手漆黑，便到校外小水塘边去洗干净，再继续练字。与墨的亲密接触也就是上世纪七十年代中期的那几年，以后偶尔再接触毛笔，已经是蘸着液态的墨汁了。我想，那时研磨的墨一定是虹关的徽墨吧。这样一想便感到一丝慰藉，回头再看黄灿灿油菜花簇拥的虹关，一身原生态的粉墙黛瓦着装，仿佛特别的亲切，烟雨蒙蒙中弥漫着老家的气息，一股乡愁莫名袭来。

在虹关寻墨，我不为藏墨之好，只是警醒自己要时刻保持一颗对文化敬畏的心。在寻找徽墨中，我领略到徽墨走过的千年历程，也感受到浓淡相宜的虹关凸显出的古村文化。这是墨润心灵的过程，这是沉醉馨香的过程，这也是国学照耀的过程。虹关，坐落在和风细雨敲开的绿茵茵帷幔里，是徽墨润开的一首唐诗，深入其中似穿越在一阕宋词里，时光铺陈，岁月静好。

蓦然间，发现村口一小店屋檐下旗幡招展——“有徽墨出售”，我加快脚步走去，带一截虹关徽墨，去描绘心中的故乡。

（选自《散文选刊》，有删改）

【注】虹关，即虹关村，古徽州村落，是“徽墨”产地之一，位于今江西省婺源县。

问题

(1)请结合文章内容梳理作者的写作思路。(3分) / 考向1：行文思路分析

(2)文章在记叙寻墨的同时，为什么还用大量笔墨描绘虹关古村？(3分) / 考向2：句段作用

破题方法与参考答案

01 破题方法

第一步:审题干,明方向。根据题干中的“画线语句”“作用”可知这是考查句段作用类题型。第二步:审文本,析作用。从内容、结构、效果方面分析画线句子作用。第三步:结合文本,分条写。从不同角度,分条组织答案。

参考答案

①运用动作、心理描写刻画了金先生的形象,给读者留下深刻印象;②表现金先生善良仁厚的性格;③点明题意;④引出结尾的场景。(共4分。每点1分,答出4点即得满分)

补充设问

破题方法

第一步:审题干,明方向。根据题干“心理变化”可知这是考查行文思路分析类题型。第二步:审文本,划层次。找到文本中描写猫出走之后的段落,划分层次,概括主角心理变化历程。第三步:据段意,巧总结。根据段意,按照行文顺序书写答案。

参考答案

①由对猫命运的担心,到对猫不用再跟自己受罪的释怀;②由对猫不仁义的责怪,到对猫求活路出走的谅解。

02 (1)破题方法

第一步:审题干,明方向。根据“写作思路”可以得出这是考查行文思路分析类题型。第二步:审文本,划层次。根据题干要求,针对文本划分层次,概括段意。第三步:据段意,巧总结。根据层意的划分,总结思路,分点答题。

参考答案

文章首先写追寻徽墨,接着写徽墨式微以及拥有的悠久历史,然后写欣赏徽墨的制作工艺,最后写在村口小店寻到徽墨,如获至宝。(共3分。思路清晰,语句通顺,得3分;每漏写一部分扣1分)

(2)破题方法

第一步:审题干,明方向。文章第三、四、六、七段重点描写了虹关古村,由此可以判断该题实际上是考查句段作用类题型。第二步:审文本,析作用。找到文中对应内容,从内容、结构、效果方面分析作用。第三步:结合文本,分条写。从不同角度,分条组织答案。

参考答案

①虹关具有优美的自然风光和丰厚的文化底蕴;②虹关是徽墨的产地,徽墨也成就了虹关;③虹关引发了作者的乡愁;④增添了寻墨历程的情趣,丰富了主题。(共3分。每点1分,答出3点即得满分)

三、破解环境描写类题型

真题示例

广东广州花都区中小学真题

阅读下面的文章,回答后面的问题。

推算起来,该是七十年代最后一个雪天。载着新兵的闷罐子列车由东向西,经郑州再向北,过了黄河,便见窗外有几道纺线般的雪絮儿划下来,先是一团一团地在风中旋转,渐渐地有了铺天盖地的气势,很快就在旷野结起一层半透明的雪壳。及至到达终点,已是满世界银白。

半个月的基础训练后,新兵分配。新兵石平阳的顶头上司是李四虎。李四虎是全营著名的老兵油子,尤其爱捉弄人,但他有技术,炮兵业务堪称行家里手,关键时候总少不了他为连队挣面旗子。

石平阳下到班里不久,李四虎曾经非常真实地踢了他一脚。那天训练传诵炮兵口令,正忙乱间一阵冷峭的干风刮来,将石平阳手中的口令纸掀得稀里哗啦。石平阳本来就很紧张,又听又算又记又传,忙得顾头不顾腚。情急中,他把刚刚接受的一组口令写在炮架上,自然没有想到这一行为产生的严重后果。铅笔又细又尖,在炮架上划出了极刺耳的声音。尽管这个动作只在瞬间就

答题思路

画“___”内容是自然环境描写,渲染了氛围,为下文作铺垫。

画“___”内容,在本自然段属于倒叙,使故事起波澜,设置悬念,引起读者阅读兴趣。

完成了，但还是被正在组织训练的李四虎一眼瞅见了。李四虎立即下达暂停口令，把小红旗往后腰一戳，神色匆匆地跑过来，往指尖上蘸了口唾沫，摸了摸铅笔划过的地方，结果发现有几道曲里拐弯的铅笔线无论如何也抹不掉了。李四虎心疼得倒吸一口冷气，仍不死心地反复抹，抹着抹着就突然转过身来，两只狼一般的眼珠子放了道绿光，死盯着石平阳，腮帮子又鼓了鼓，那充满激情的一脚便照准石平阳的屁股踹过来。

▍画“﹏”内容，通过动作和神态描写，将李四虎爱惜炮筒的形象刻画得入木三分。

然后召开班务会。李四虎首先发言，说：“咱们当炮手的，靠炮吃饭，靠炮做人。可你得首先爱惜它。你别以为它没长脑袋，我觉得它是有灵性的，它懂得人情世故。知道咱们最老的班长吧？就是连部荣誉室靠门左边挂着的那位。黄风岩战斗中他缴获了一门小钢炮，是打不响的。连长下命令让他扔，他没扔，硬是从山西长治扛到东北锦州，扛了几个月几千里地，闲了就擦，就拆开捣腾。后来怎么样？在锦西马家堡战斗中，半个连的步兵被人家地堡火力点压在洼子里，抬不起头，急得营长抢过炸药包要去拼命。这时候咱老班长就把炮架上了。老班长说：伙计，你就是哑巴也该哼一声了，我背你背了这么远，过铁路要轻装行军，我把干粮都扔了也没舍得撇下你，今儿个你可得还我这个情。结果呢，它还真响了，而且响了六次，硬是把敌人的火力点掀掉了。老班长牺牲后，这炮任谁也弄不响，报废了。你说邪门不邪门？所以呀，我说……”

石平阳不吭气。那一脚踢过来的时候，他愣了一下并暗中攥紧了拳头，但他终于没有打出去……随着班务会的不断深入，他越来越发现在这个老兵的身上有一种他十分亲切的东西。“班长，我对你没意见！”他很崇敬很真诚地看着李四虎，又补充一句：“真的，我不会撒谎，这是心里话。我明白了。”

李四虎半张着嘴看了他好几秒钟，突然咧嘴笑了：“响鼓不用重槌敲，明白就好，当然不能有意见。能看出来，你石平阳是条血性汉子，只要你舍下身子跟我干，我保你能成为咱连的高级炮手！”又把脑袋转向耿其明，“老耿你说是不是？”

▍画“＿”内容，体现了文章语言通俗这一特点，真实地反映了军人军营生活以及战友之间的包容与情谊。

耿其明忙说："那是那是。石平阳你刚来，有些情况不了解。你去问问，搞训练，搞内务评比，咱们班啥事落后过？"

石平阳生在鄂西，家乡的山水虽说不上四季如春，却也有多半日子风和日丽，远山近水清秀宜人，野花翠竹很能滋润人的骨骼。乍一到这荒凉的北方山区，又遇上个滴水成冰的季节，身体颇有些吃不消。先流鼻血，后烂手，冻疮专拣指关节处长，奇怪的是烂了肉还不觉得疼，只是睡觉焐暖了才奇痒难忍。偏碰上个认炮不认人的李四虎，一上炮场就发狠，凶得山摇地动，细得放屁都管。一旦发现士兵的动作失误，就跳起来骂，特别是石平阳。脏话丑话如拧开的水龙头，骂得满炮场臭烘烘的。有时候骂急了石平阳也发恨，鸟班长也太轻贱人了，再有本事你不也就是班长么，干嘛耍那么大的威风？不过，他渐渐能理解李四虎的行为了。

石平阳的逆来顺受不屈不挠终于感动了上帝。一次休息的时候，李四虎把石平阳的手拽过去，着实看了一阵子，看相般地数了数那上面结了疤或没结疤的烂处，又抠了抠手心茧花的厚度，然后说："石平阳呵，有人说我专门针对你，听说了吗？"

"听说了，班长。"石平阳低着头回答。

"你信么？"

"我父亲打菜刀，专拣好钢，在炉膛里淬几次火，菜刀刃口又韧又利，方圆几十里都用我们家的菜刀……"

"哦？"李四虎似乎有些意外，"石平阳，我还真没把你看错哇！"

李四虎从裤兜里摸出一个脏乎乎的小本子："石平阳哇，我这个人，就看重友情，你对我真心实意，我就对你负责到底。这炮，说简单也简单，明眼的技术你都掌握了。可要说学问也真有学问，这些都是我自个儿揣摩出来的小道道，教程上没有，用上新鲜词儿，就叫感觉。有些是炮上的，有些是班上的。这个，送给你了！"最后这句话，语气很重，像是宣布一项重要决定。

（选自《弹道无痕》，有删改）

▎画"＿＿"内容，通过次要人物耿其明的话从侧面刻画李四虎治军有方的形象。

▎画"～～"部分的环境描对比强烈，突出训练环境的恶劣，为下文石平阳生冻疮，被班长骂等情节作铺垫。

问题

1. 下列对小说相关内容和艺术特色的赏析，不正确的一项是(　　)(2分)

A. 小说开头交代故事发生的年代、地点与季节，渲染了寒冷的氛围，也为下文写石平阳身体不适作铺垫。

B. 文中耿其明的话从侧面表现了炮兵业务精湛的李四虎还是一个治班有方、令战士佩服的优秀领导者。

C. 小说擅长用通俗的语言叙述故事情节，比较真实地反映了和平年代军人的军营生活和丰富的内在情感。

D. 小说插叙老班长的故事，既为了体现老班长与小钢炮的深厚感情，也为了表现老班长的技术无人能及。

答案：D

解析：D项，“为了表现老班长的技术无人能及”说法错误，是为了表现老班长的成功除了技术，更多的是热爱、执着和专注的精神。

2. 第一段的环境描写在文中具有什么作用？结合全文进行简要分析。(4分) /考向2：环境描写的作用

答案：(1)交代了事件发生的时间和人物活动的场所，增加了文章的真实性，推动了故事情节的发展。(2)通过自然环境描写渲染气氛，为后面的内容作铺垫。

3. 结合作品简要分析李四虎的人物形象特点。(5分)

答案：(1)粗犷：①踹石平阳一脚以示惩罚，行为粗野；②在炮场上脏话、丑话连篇，语言粗鲁。

(2)温情：①反复抹大炮上的铅笔线，爱惜大炮(内心细腻)；②给士兵们讲述老班长的故事，以情动人；③查看石平阳手上的烂处与老茧，关心战友；④将自己掌握的技术全部送给石平阳，帮助战士(热心待人、提携后进)。

补充设问

小说中的环境描写有何特点？ /考向1：概括环境描写的特点

答案：小说第一自然段有集中的环境描写，自然环境真实，能让人身临其境，感同身受。

考向1 概括环境描写的特点

命题方向

1. 文章第×自然段中的环境描写，突出了×××怎样的特点？
2. 找出文中环境描写的句子，分析其特点。
3. 概括××段所写景物的特点并进行分析。

温馨提示：审读题干时要特别注意题干中是否有“环境”“景物”“特点”“特征”等字眼。

答题技巧

1. 基础知识

常说的环境描写包括自然环境描写和社会环境描写。

(1)自然环境描写

自然环境是指自然界的景物，如对日月星辰、山川河流、花草树木、鸟兽鱼虫、时序节令、风雨雪霜等自然景物的描写。自然环境描写又称为景物描写。

(2)社会环境描写

社会环境描写是指对一定历史时期的社会生活、社会风尚、风土人情的描写；在具体的文章中则指对人物的活动有影响的阶级关系、人际关系、居室陈设以及民俗民风等环境因素的描写。社会环境描写必须具有鲜明的时代色彩。

温馨提示：概括环境特点与诗歌题型“描绘了怎样的画面”形似。

2. 答题步骤

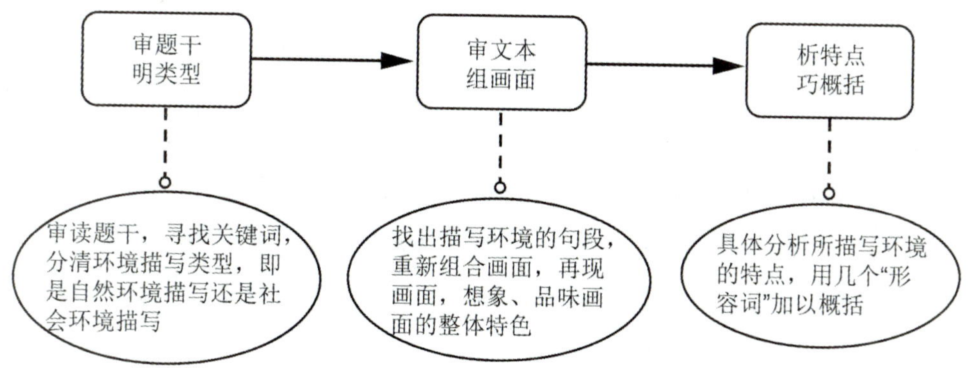

高分答题模板

文中环境描写具有________的特点，渲染/烘托了________的氛围/起了________的作用。

注：环境描写特点极少单独考查，一般与环境描写的作用共同考查。

答题常用词

清丽、清新、恬静、优美，凝重、沉郁、压抑，雄浑、壮美、旷远、辽阔，凄美、萧条、孤寂、冷清，等等。

考向2　环境描写的作用

命题方向

1. 概括××段环境描写的特点并简析其作用。
2. 文中有多处景物描写，请分析其功能。
3. 分析文中画线部分的景物描写对情节发展的作用。
4. 阅读文中画线部分的景物描写，请说明作者的写作意图。
5. 文中第×段的环境描写对塑造××的形象有何作用？

温馨提示：审读题干时要注意题干中有无“写景意图”“景物描写作用”“环境作用”“写景目的”等字眼。

答题技巧

分析环境描写的作用一般可以从人物、情节、主题以及环境本身等多个角度去考虑。具体角度看以下分析：

1. 自然环境描写答题角度及作用

自然环境描写答题角度及作用

(1)环境本身

①点明时间、季节等；

例如《边城》：“大老从一个吊脚楼甬道走下河去了，老船夫也跟着下去。到了河边，见那只新船正在装货，许多油篓子搁在河岸边。一个水手正用茅草扎成长束，备作船舷上挡浪用的茅把。”（“吊脚楼、油篓子、茅把”是湘西土家族的地域风情的展现，是地域文化的展示，充满浓郁的地域特色和民族特色）

②交代故事背景，渲染故事氛围，奠定感情基调。

例如《药》：“街上黑沉沉的一无所有，只有一条灰白的路，看得分明。灯光照着他的两脚，一前一后的走。”（“黑沉沉”“灰白”冷色调的词语，营造了一种阴暗、悲凉的氛围）

(2)情节

①为下文情节作铺垫；

②暗示或推动情节发展。

例如《曹操煮酒论英雄》："酒至半酣，忽阴云漠漠，聚雨将至。从人遥指天外龙挂，操与玄德凭栏观之。操曰：'使君知龙之变化否？'玄德曰：'未知其详。'操曰：'龙能大能小，能升能隐；大则兴云吐雾，小则隐介藏形……"（因为天气的变化，引出了对"龙"的评论，从而推动了情节的发展）

（3）人物

①烘托人物心情；

②揭示人物性格，塑造人物形象；

③暗示人物命运。

例如：《边城》中"天已快夜，别的雀子似乎都休息了，只杜鹃叫个不息。石头泥土为白日晒了一整天，草木为白日晒了一整天，到这时节各放散出一种热气。空气中有泥土气味，有草木气味，还有各种甲虫类气味……"（一边是景物的蓬勃、生气、杂乱；一边是孤单、凄凉，有生气但纷乱的内心。映衬了翠翠孤单、烦乱的心情）

（4）主题

深化作品主题。

例如：《秋天的怀念》中"又是秋天，妹妹推我去北海看了菊花。黄色的花淡雅，白色的花高洁，紫红色的花热烈而深沉，泼泼洒洒，秋风中正开得烂漫。我懂得母亲没有说完的话。妹妹也懂。我俩在一块儿，要好好儿活……"（作者详细描绘了绚丽多姿的各色菊花，让人感受到菊花的勃勃生机。表明作者已在母爱的感召下开始了积极乐观的新生活，深化了母爱的伟大与崇高这一主题）

2. 社会环境描写答题角度及作用

（1）环境本身

①交代人物活动及其成长的背景；

②揭示各种复杂的社会关系。

例如：《曹操献刀》开头，写司徒王允以过生日为名，把众位官员邀约到家中，忽然掩面大哭："今日并非贱降，因欲与众位一叙，恐董卓见疑，故托言耳。董卓欺主弄权，社稷旦夕难保。想高皇诛秦灭楚，奄有天下；谁想传至今日，乃丧于董卓之手。"（这段话，是借王允之口，向读者传达了"曹操献刀"这段故事的时代背景，董卓废少帝为弘农王，立留王刘协为皇帝，即汉献帝，引得朝野震怒。乱世出英雄，为曹操的出场提供了社会环境）

（2）人物

①交代人物身份，表现人物性格；

②交代影响、决定人物性格的因素。

例如:《变色龙》中,开头是警官奥楚蔑洛夫走过的市场“四下里一片沉静。广场上一个人也没有。商店和饭馆的门无精打采地敞着,面对着这个世界,就跟许多饥饿的嘴巴一样;门口连一个乞丐也没有”。(只用寥寥数笔就真实地再现出沙皇统治的社会的一片萧条败落的景象,反映出十九世纪八十年代俄国社会的阴森恐怖的黑暗面貌。这种社会环境正是产生迎合现实、阿谀逢迎的奥楚蔑洛夫性格的土壤,而奥楚蔑洛夫的精神又维护了腐败黑暗的社会制度。因此,鞭挞奥楚蔑洛夫性格,具有更重要的社会意义)

(3)主题

①揭示社会本质特征;

②揭示主题。

例如《骆驼祥子》:“这一天天气热极了,祥子直到下午才拉上活计。没成想刚刚还闷热难耐,一下子就乌云滚滚,要下雨。很快雨就下大了,祥子想找个背雨的地方歇一会儿,坐车的客人不同意,祥子无奈的在大雨中深一脚浅一脚的行进……”(当日烈到人不能忍受的程度,祥子还不得不拉车挣钱;当雨暴到人不能行走的程度,祥子还不得不在雨中挣钱。通过这样的环境描写,展现了祥子吃苦耐劳、勤劳的本性,从而揭示了旧社会劳动人民生活的疾苦和悲惨的主题)

3. 答题步骤

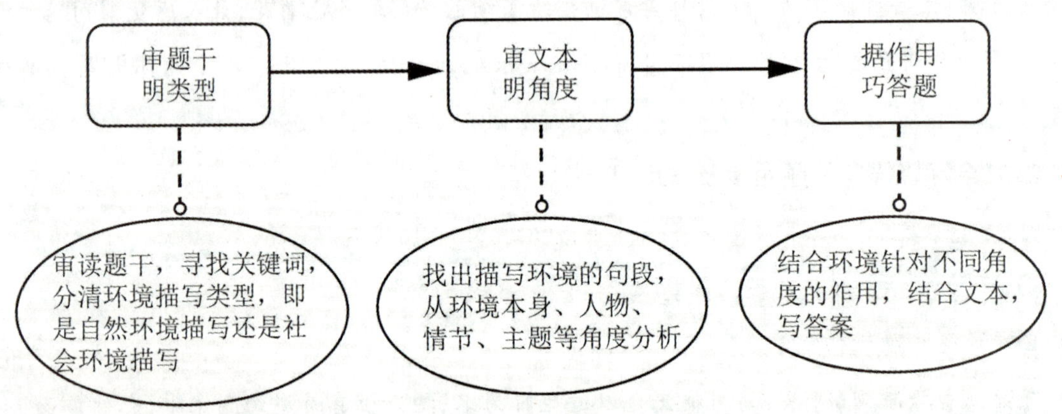

高分答题模板

1. 自然环境描写的作用答题模板

(1)________具体描写了________(景色特点)的景色,营造了________(悲伤、悲凉等)的气氛,奠定了________(灰暗、无奈、痛苦等)的感情基调。

(2)烘托了人物________的思想感情,塑造了人物________的性格特点。

(3)推动了________情节的发展,为下文________情节的展开作铺垫。

(4)表达(深化)了________的主题。

2. 社会环境描写的作用答题模板

(1)突出(烘托、描写、交代)了________,为________活动提供了背景,与________(情节)形成对比。

(2)烘托(衬托、映衬)了________(思想品质、精神世界),有助于塑造________的形象。

(3)触发了________思想(情感)的转变,推动了情节的发展。

三　试题精解

01 阅读下面的文字,完成文后问题。

严冬海猎

陈秉汉

风静了,天空像硕大无朋的冰块银晃晃闪着寒光。严寒的海面弥漫着乳白色的雾气。海肚天脚一片胭红。怕冷的夕阳像喝醉了酒,醉醺醺地没入暮霭中。这是霜冻的征兆。几十年未遇的寒流袭来,往日闹市般的海湾冷冷清清。

"海龙——"海滩那边传来渺远的呼唤声。

"哎——"礁石上赤条条地爬上一个十四五岁的少年。他迅速穿上一件赤褐色的渔民衣服。衣服又宽又长,过了膝盖,袖口也卷了几卷,分明是他爸爸穿过的。

一年四季,海龙喜欢在这里洗澡、潜水,即使这样的鬼天气也不例外。现在正是尖头鱼最肥最值钱的季节,海龙的爸爸有一种祖传捕鱼绝招,越是天寒地冻效果越好;深夜走到沙滩,仰头喝下一瓶酒,脱下衣服,跳进海里。尖头鱼便迎着热气游过来……可是爸爸出海妈妈就心跳,所以爸爸不让海龙学这种原始的捕鱼法。但海龙觉得有趣,几次要跟着下海,被爸爸骂回来。最近爸爸连续几个晚上下海捕鱼,风寒侵入肌体,生起病来,家里仅有的一点钱在药煲里化作一缕缕轻烟。欠下一屁股债。年关在即,爸爸躺在床上发愁。

听到妈妈的喊声,海龙跳下礁石,赤着脚板,沿着沙滩走回来。

一家人正围着低矮的桌子吃晚饭。爸爸舀了一碗粥汤,弓着腰,埋头就着番薯连皮带根艰难地咀嚼吞咽,不时停下来咳嗽。有时咳嗽得喘不过气来,妹妹便给他捶捶腰背。

海风穿过破屋石缝,像吹箫一样呜呜响。爸爸头也不抬地说:"阿龙,天气这么冷,你别去耍海水了,弄出病来怎么办!"

"浸浸海水少生病，邻居老叔说的。"海龙抓了一个番薯端着碗到屋外吃，看看海边的天色变化。

天黑下来，爸爸咳嗽着躺下，妈妈和妹妹也上床睡觉了。海龙装作睡着的样子，爸爸的咳嗽声和呻吟声渐渐静了，才蹑手蹑脚溜下床，溜到门外。

大海一片漆黑。墨兰的苍穹缀满星星，洒下淡淡的星光。海滩像一片蒙蒙轻雾。海龙全副武装，用尖担挑着鱼篓、干柴捆，快步向海滩走去。他那稚嫩的脸蛋此刻十分凝重暗淡，和夜色融成一体。他不会喝酒，掏出两个还有些烫手的番薯，拍掉草木灰。连皮吞进肚里。他把尖担插在湖水线上，爬上礁屿，解开柴捆，划了几根火柴。柴枝熊熊燃烧起来，照的海面红光闪烁。他脱下衣服，迅速溜下海里。深夜的海水不同白天，像冰一样。海龙感受到裂肌砭骨的寒冷。他没有反悔，没有退缩——爸爸忍受得了，自己为什么忍受不了。他咬咬牙，挥动双臂，捞水擦擦身体。敏感的尖头鱼已经感受到一团热气，它们笨拙地迎着热气游过来。海龙激动得心怦怦跳，忘记了寒冷，牙齿叼着鱼篓，双手左右开弓，左一条右一条，像捞漂浮在水里的萝卜，一一把它们丢进篓里。

海潮不断上涨。海龙随海水不断上浮，到插尖担的地方，鱼篓满了。要是爸爸便立即上岸小跑回家，钻进孩子们用体温焐热的被窝……不！此刻礁屿附近的尖头鱼还很多，他太舍不得离开了。可是鱼篓满了，没地方放呀！他爬上礁石，添了柴火，拿过裤子，用石头把裤带砸成两段，一段把裤角扎牢，把娄里的鱼倒进去，再用另一段扎了口，海龙带着鱼篓又一次溜下海里，身子接触到密密麻麻的尖头鱼，他激动的热血沸腾，忘记了寒冷，忘记了饥饿，忘记了困乏，抓鱼的动作越来越快……他狂了，傻了，恨不得把海里的尖头鱼都抓进自己的鱼篓里。

后半夜，爸爸醒来发现海龙不见了，赶紧和妈妈向海滩寻来，一脚深一脚浅，跌跌撞撞呼唤着儿子的名字。妈妈一个踉跄，脚下好像绊着什么，软绵绵的，只见海龙光着屁股，倒在地上，旁边的担子一头是鱼篓一头是用裤子改装的袋子，都盛满银晃晃的尖头鱼。妈妈搀扶着海龙，爸爸挑起担子，一步一步走回家里。

海龙清醒过来，喝下一碗热水，钻进妈妈妹妹的暖被窝。冰冷的身子接触到妹妹，妹妹惊醒了，"哇"的一声大哭起来。妈妈说："哥哥捡回来好多好多的鱼哩。"妹妹揉揉惺忪睡眼，见地上许多尖头鱼，不禁破涕为笑。刺骨的寒风发出尖厉的哨音，穿过小屋的石缝溜走了，<u>黎明前的大海静了，静得像守着摇篮的母亲……</u>

（有删改）

问 题

阅读文中两处画线部分的景物描写,请分别说明作者的描写意图。(4分) / 考向2:环境描写的作用

补充设问

文中第一自然段画线句子的环境描写有何特点? / 考向1:概括环境描写的特点

02 阅读下面的文章,完成小题。

哀　伤

契诃夫

刀割一样的冷风迎面吹来,雪花的迷雾在打转儿,田野、电线杆、树木都看不见了。旋匠[注]格里戈里·彼得罗夫,这个当年在加尔钦乡里无人不知的出色手艺人,同时又是最没出息的农民,此刻正赶着一辆雪橇把他生病的老伴送到地方自治局医院去。

不幸是从昨天傍晚开始的。昨晚他回到家里,像往常一样喝得醉醺醺的,又开始骂人,挥舞老拳。老太婆瞧了一眼她的冤家,那眼神却是他从来没有见过的。往日,她那双老眼里布满了痛苦和温顺,可现在她的眼神严厉而呆板,倒像是圣像上的圣徒或者快要死的人。吓呆了的旋匠赶紧向邻居借了一匹老马,立即把老太婆往医院里送。

"你呀,玛特廖娜,那个……"他又小声嘟哝,"要是巴维尔·伊凡内奇问起我打不打你,你就说:'从来没打过!'往后我再也不打你了。我凭十字架向上帝起誓!再说,难道我是生性狠毒才打你的?随手就打了,没有道理。我心疼你哩。换了别人就不会这么伤心,可我现在急着送你去看病

……我尽力了。瞧这风雪，好大呀！上帝啊，你发怒吧！只求你保佑我们别迷路……”他感到奇怪，老太婆脸上的雪怎么老也不化。问她什么，她不答应，同样叫人害怕。最后，为了探个明白，他没有回头，只是去摸她的手。手冰冷，拉起后像鞭子一样落下去。

这下旋匠哭了。他不只可怜老太婆，更感到懊丧。他想：他还没来得及跟老太婆好好过日子，对她表表心意，疼爱她，怎么她已经死了。他跟她共同生活了四十年，但这四十年像在雾里一般过去了。酗酒，打架，受穷，没过上一天好日子。而且，像故意气他似的，正当他感悟到要疼爱老太婆，离了她就没法生活，他实在对不起她的时候，老太婆却死了。

“是啊，她还常常去讨饭！”他回想往事，“是我打发她去向人家讨面包的，麻烦事！她，蠢婆娘，再活上十年就好了，要不然，恐怕她以为我当真是那种人。圣母娘娘，我这是往什么鬼地方赶呀？现在不用去看病了，现在该下葬了。往回走！”

旋匠掉转马头，使劲抽他的马。道路变得越来越难走了。现在，连车轭都看不见了。雪橇有时撞到小松树上，黑糊糊的东西擦伤他的手，在眼前闪过。视野之内又变得白茫茫一片，风雪飞旋。

“再从头活一次就好了……”旋匠想道。

他回想起，四十年前玛特廖娜是个年轻、漂亮、快活的姑娘，富裕人家出身。父母把女儿嫁给他，贪图他有好手艺。本来完全可以过上好日子，但不幸的是，婚礼后他烂醉如泥，一头倒在暖炕上，从此就迷迷糊糊，好像直到这一刻都还没有清醒过来。除了喝酒，倒头躺下，打老婆，此外就什么也记不起来了。

密密层层的大雪渐渐变得灰暗了。黄昏已经来临。

“再从头活一次就好了……”旋匠想道，“我要添置一套新工具，接受定货……把钱都交给老太婆……是的！”

后来他无意中把缰绳弄丢了。他寻找起来，想把缰绳捡起来，却怎么也不行。他的手活动不了了……

“算了……”他心想，“反正马认路，它会拉回家的。这会儿真想睡一觉……趁下葬以前，安魂祭以前，最好歇一歇。”

旋匠闭上眼睛，开始打盹。不久他听到马站住不走了。他睁眼一看，自己面前有一堆黑糊糊的东西，像是小木屋，又像大草垛……

他真想从雪橇上爬下来，弄清楚是怎么回事，可是全身懒得宁愿冻死，也不想动弹了……于是他安静地睡着了。

他醒过来时，发现已经躺在一间四壁油漆过的大房间里。窗外射进明亮的阳光。旋匠看到床前有许多人，第一件事他就想表明自己是个稳重而懂事的人。

“请来参加老太婆的安魂祭，乡亲们！”他说，“还要告诉东家一声……”

“唉，算了，算了！你躺着吧！”有人打断他。

“天哪，是巴维尔·伊凡内奇！”旋匠看到身边的医生吃惊地说，“老爷哪！恩人哪！”

他想跳下床，扑通一声给医生跪下，但感到手脚都不听他的使唤。

“老爷！我的腿在哪儿？胳膊呢？”

“你跟胳膊和腿告别吧……都冻坏了！唉，唉，你哭什么呀，你已经活了一辈子，谢天谢地吧！恐怕活了六十年了吧——你也活够了！”

“伤心呀，老爷，我伤心呀！请您宽宏大量原谅我！要再活上那么五六年就好了……”

“为什么？”

“马是借来的，得还人家……要给老太婆下葬……这世上的事怎么变得那么快！巴维尔·伊凡内奇！卡累利阿榨木烟盒还没有做得，槌球还没有做得……”

医生一挥手，从病房里走了出去。这个旋匠——算是完了。

（选自契诃夫《哀伤》，有删改）

【注】旋匠：对手工艺人的称呼。

问题

小说中环境描写很成功，请概括第一段中环境描写的特点，并分析其表达效果。(4分) / 考向1：概括环境描写的特点 / 考向2：环境描写的作用

《哀伤》—问题

破题方法与参考答案

01 破题方法

第一步：审题干，明类型。根据“描写意图”可知本题考查的是环境描写的作用类型题。第二步：审文本，明角度。找到文中画线句子，从环境本身、人物、情节、主题等角度进行分析。第三步：据作用，巧答题。根据环境描写的不同作用结合文本写答案。

参考答案

开头部分:(1)交代故事发生的地点和时间。海面、海肚天脚,交代了故事的地点是海边。夕阳、暮霭,交代了时间。(2)渲染冷寂的气氛,为故事的开展作铺垫。"严寒的海面""怕冷的夕阳""几十年未遇的寒流""冷冷清清"渲染了一种冷寂的气氛,为人物的出场作铺垫。暗示少年正是因为生活所逼不得不下海,烘托出少年坚强的性格。

结尾:深化小说的主题。结尾用"大海静了,静得像守着摇篮的母亲"来衬托少年完成海猎之后家庭的宁静快乐,揭示出这一家庭备受生活苦难折磨的生存现状,同时也衬托出少年坚强、懂事、富有责任感的性格,深化了作品的主题。(共4分。每个画线句子的描写意图2分)

补充设问

破题方法

第一步:审题干,明类型。根据文章第一自然段画线句子判断,描写的是自然环境。第二步:审文本,组画面。审读画线句子,重组写景画面,品味整体特色。第三步:析特点,巧概括。选用几个合适的形容词来概括具体环境描写特点。

参考答案

"乳白""胭红"色彩对比明显,在太阳将落未落之际,营造出一种冷寂的氛围,写出了环境的寒冷。

02 破题方法

第一步:审题干,明方向。根据题干中"概括第一段中环境描写的特点""分析其表达效果"可知,该题是一道综合考查环境描写的特点以及作用的题。第二步:审文本,明类型。审读文本,判断描写的是自然环境还是社会环境,确定答题角度。第三步:析特点,据作用,概括答题巧总结。

参考答案

(1)特点:寒冷凄凉、哀伤悲怆。(2)表达效果:第一段开头的自然环境描写为整个小说定下了苍凉、阴冷、悲怆、哀伤的基调,同时也照应了小说的标题"哀伤"。(共4分。准确概括出环境描写的特点得2分,分析表达效果得2分)

四、破解形象类题型

真题示例

安徽小学真题

阅读下面的文字，完成后面的问题。

《我下过的一盘大棋》

毕飞宇

在我刚刚走上社会的那阵子，最为流行的东西是围棋。远的不说，就在我们那一排单身汉的宿舍里头，每一间宿舍都有自己的围棋盘。两三个人，或三四个人，也许正说着话呢，也许正吃着饭呢，其中的一个拿起一颗黑子，“啪”的一下，一盘棋就算开始了。

高手的对弈大部分在夜间。在我的记忆里，高手的对弈通常都很枯寂，两个人，一言不发，需要很长的时间才会下出一手棋。他们的对弈很少有人看，即使有人看了，那也是观棋不语的。

但大部分情况却不是这样。情况正好相反，臭棋篓子的对弈会带来众人的围观。这一来有趣了，围观的人一下子就把自己看作了“智囊”，他们不停地提建议、提规划，最后呢，下棋的人成了幸福的傀儡。

我有一个同事，姓严，标准的高智商，属于夜间下棋的那种人。突然有那么一天，严老弟对我说：“你怎么不下棋呢？”我笑笑说：“我这样的智商怎么可以下棋呢？”他说：“可惜了，下棋很有意思的。”

暑期到了，学校里放了假，我和严老弟都没有回老家。就在那一天的夜里，严老弟陪着我在足球场上逛到了下半夜。也许是走累了，也许是他的棋瘾犯了，严老弟在黑咕隆咚的球场上对我说：“我教你下棋吧。”一想起空空荡荡的暑假，我说，好吧。

答题思路

第一自然段介绍社会环境，故事背景，为下文作铺垫。

画“__”内容设置悬念，为下文引出本文主人公——严老弟作铺垫。

第三自然段通过对“臭棋篓子”种种行为的描写，从侧面凸显主人公棋艺的精湛。

画“__”内容，属于刻画人物形象中的直接描写，直接点明主人公智商高，棋艺精湛。

画“__”内容是语言描写，通过严老弟的回话，表现出严老弟热爱下棋，热心肠的特点。

严老弟是个好老师。不只是给我讲，还送来了许多书。严老弟说："我看的就是这些书。"我说："把这些书看完了我就会下棋了？"严老弟很肯定地告诉我："那当然。"

大约过了一个月，我给严老弟提了一个建议，我们每天夜里下一盘棋，你先让九子，等我赢了，再让八子。严老弟说："好。"

【我人生的第一盘棋就是授九子棋。严老弟并没有像和别人下棋那样，端坐在我的正面。他是侧着坐的，一直在抽烟。这盘棋就这样开始了，他下一颗白子，我下一颗黑子。他再下一颗白子，我再下一颗黑子。还没到一个小时，问题来了，我吃惊地发现整个棋盘上没有一块黑棋是活的。这让我相当紧张。按照这样的态势发展下去，用不了十分钟，棋盘上将"白茫茫大地真干净"。我的脸开始充血，我得想点办法，至少活一块棋。】

▌画"【】"部分内容，详细描写了"我"与严老弟下第一盘棋时的场景，从侧面表现出严老弟棋艺的精湛，以及下棋时的全神贯注。

严老弟看出了我的企图，他对我说："你可以先保住一个角。"

这正是我想做的。保住一个角。我清楚地记得我当时想"保住"的是右下角。道理很简单，棋盘的右下角，严老弟他还没有"打入"呢。换句话说，这里只有我的黑棋，没有他的白棋。

我不再和严老弟纠缠了，开始补我的右下角。一连补了两手棋之后，我问我的严老弟："活了么？"

严老弟看了一眼，说："活了。"

我的心情很好，顺手又补了一手棋，说："数数吧，看看我总共有几目棋。"

严老弟却不说话了，他的眼睛开始"盯着"右下角，看，往死里看。最后，他提起一颗白子，"点"进来了。我说："黑棋不是已经活了么？"严老弟很低调，说："试试看，试试看吧。"

▌画"____"部分，通过严老弟之口，从侧面表现出其虽有高超的棋艺，但在"我"这个生手面前仍然谦虚、低调。

结果是这样的，也就是七八手棋，我的右下角全死了，死光光。我尽力控制住我的情绪，问他："你不是说右下角活了的么？"

严老弟告诉我："本来是活了的。你又补了两手，这就活不成了。"

（选自2021年3月12日《文化艺术报》）

问　题

1. 小说开头三段写几种"对弈"，似乎与"我"下棋没有多大关系，为什么要写这些内容呢？试作简要分析。(5分)

答案：(1)交代故事发生的背景，为下文写"我"和严老弟下棋的情节作铺垫。(2)通过对几种"对弈"类型的人的解说，引出本文的主人公——严老弟，是"属于夜间下棋的那种人"，即下棋高手。

2. 以严老弟为例，分析概括本篇小说刻画人物形象的艺术手法。(6分) / 考向2：人物形象塑造手法

答案：(1)正面描写。①语言描写。"可惜了，下棋很有意思的""我教你下棋吧""试试看，试试看吧"这几句语言描写反映了严老弟喜欢下棋，热心肠，低调、谦虚的性格特点。②细节描写。"严老弟却不说话了，他的眼睛开始'盯着'右下角，看，往死里看"表现出严老弟的沉着、冷静、全神贯注。③动作描写。"他提起一颗白子，'点'进来了"表现出严老弟高超的棋艺。

(2)侧面描写。①严老弟给"我"送许多关于下棋的书，从侧面反映严老弟爱学习，刻苦钻研棋艺。②"我吃惊地发现整个棋盘上没有一块黑棋是活的。""结果是这样的，也就是七八手棋，我的右下角全死了，死光光。"用"我"的惨败，侧面表现出严老弟的棋艺高超。

3. 小说标题"我下过的一盘大棋"有怎样的意蕴？请简要分析。(4分)

答案：以"我下过的一盘大棋"为题，简洁明了地揭示了文章的中心事件，同时暗示这次下棋对于"我"来说意义不一般。"下棋"是贯穿全文的线索，结构全文。"一盘大棋"暗示这盘棋有特殊的意义和内涵，结合文章内容可知，这句话揭示了本文的主旨：不管是下棋还是做事，都要适可而止、过犹不及。

补充设问

1. 文中“严老弟”是个怎样的人？ /考向1:人物形象的概括与分析

答案:严老弟是一个高智商且棋艺精湛的人,对待下棋这一活动认真、专注,对待棋艺欠佳的人也能谦虚、包容。

2. 文章写“臭棋篓子”和“我”的形象有何作用？ /考向3:人物形象(物象)的作用

答案:文章通过描写“臭棋篓子”以及“我”的形象,增加故事的真实性,通过对比有利于凸显主人公严老弟的人物形象。

考向1 人物形象的概括与分析【高频考点】

命题方向

1. 请简要分析×××这一人物形象。
2. 小说中的主人公有哪些性格特点？请简要分析。
3. ×××有哪些优秀的品质？请结合文本分析。
4. ×××是一个怎样的人？请简要概括。
5. 画线句表现了人物什么样的性格特点？

温馨提示:
审读题干时要注意题干中是否有“文中”“全文”“形象”“性格”“品质”“概括”“分析”等字眼。

答题技巧

1. 基础知识

人物形象,由外在形象和内在形象两部分组成:

(1)外在形象:包括人物外貌的突出特点、身份、出身、地位、经历、年龄、性别等。

(2)内在形象:包括人物的性格、精神品质、教养、气质、能力、喜好等。

2. 答题角度

(1)从小说中交代的人物身份、地位、经历、教养等方面入手

这些直接决定人物的言行,影响人物的形象(性格)。

(2)借助描写方法分析人物形象

小说对人物的外貌、语言、动作、心理等的描写,能揭示人物的思想感情和性格特征。除正面的、直接的描写外,还可以通过其他人或景来进行侧面描写。

(3)借助故事情节分析人物形象

一方面要抓住故事情节的矛盾冲突来看人物性格的内涵,一方面要关注重要场面和精彩细节

中人物形象的特点。

(4)借助环境描写分析人物形象

从环境尤其是社会环境入手，看人物性格成长的背景，社会环境是人物性格成长的基石。小说中的环境描写可以揭示人物的精神世界、烘托人物的思想性格。

温馨提示：

形象特点不等于性格特点，形象特点＝性格特点＋身份地位。如果分析性格特点，不需要写出人物的身份；如果分析形象特点，则必须结合其语言动作、穿戴打扮等，写出人物的身份、职业、地位，如农民、科学家、士兵、商人等。如果只要求概括，那就只概括要点，不必分析。

3. 答题步骤

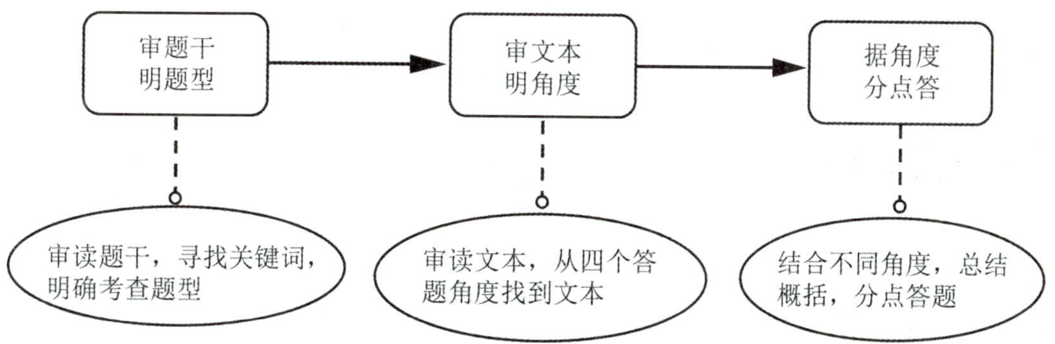

高分答题模板

人物形象的概括与分析题答题模板一般按照“总—分”的形式：

总：________(文中某人物)是一个________(身份地位)的人。分：他/她________(性格特点1)，可从________(结合文本分析)看出；他/她________(性格特点2)，可从________(结合文本分析)看出……

答题常用词

人物形象的概括，有较固定的术语。如正面人物常用以下词语概括：正直、公正、勤劳、勤奋、善良、仁慈、乐于助人、宽容、大度、严于律己、聪明、机智、深谋远虑、有志气、有作为、专一、坚定、坚强、勇敢、忠贞、忠诚、真诚、诚实、谦虚、清高、节俭、简朴、廉洁、博学、能干、一视同仁、正直无私、义无反顾、执法如山、刚正不阿、冰清玉洁、克己奉公、忍辱负重、表里如一、贫贱不移等。

如反面人物可以用以下词语概括：自私、小气、懒惰、吝啬、邪恶、无耻、卑鄙、愚蠢，鼠目寸光、斤斤计较、飞扬跋扈、臭名昭彰、小肚鸡肠、畏畏缩缩、贪赃枉法、表里不一、嫌贫爱富、落井下石、无事生非、助纣为虐、为虎作伥等。

考向2　人物形象塑造手法

命题方向

1. 以××形象为例，谈谈文章在塑造人物形象时运用了哪些表现手法。

2. 试分析文中画线处的表现手法与表达效果。

温馨提示：

审读题干时要注意题干中是否有“手法”“技巧”“刻画”“表现”等字眼。

答题技巧

1. 人物塑造常用手法

(1)人称

第一人称：叙述亲近自然，给人生动真实之感。

第二人称：便于情感交流，增强抒情性和亲切感。

第三人称：叙述不受时空限制，自由灵活。

(2)人物描写

<table>
<tr><th colspan="2">分类</th><th>作用</th></tr>
<tr><td rowspan="4">直接描写
(正面描写)</td><td>肖像、神态、动作描写</td><td>更好地展现人物的内心及性格特征。</td></tr>
<tr><td>语言描写</td><td>①刻画人物性格，反映人物心理活动，促进故事情节的发展；
②描摹人物的语态，使形象栩栩如生、跃然纸上。</td></tr>
<tr><td>心理描写</td><td>①直接表现人物的思想和内在感情；
②表现人物的思想品质；
③推动情节发展。</td></tr>
<tr><td>细节描写</td><td>①刻画人物的性格、爱好、追求；
②深化主题；
③推动情节发展；
④渲染时代氛围、地方特色；
⑤表现人物心情、心理活动。</td></tr>
<tr><td rowspan="3">间接描写
(侧面描写)</td><td>借助次要人物烘托</td><td rowspan="3">①引发读者的联想与思考；
②含蓄曲折地刻画人物形象。</td></tr>
<tr><td>借助物象烘托</td></tr>
<tr><td>借助环境烘托</td></tr>
</table>

2. 答题步骤

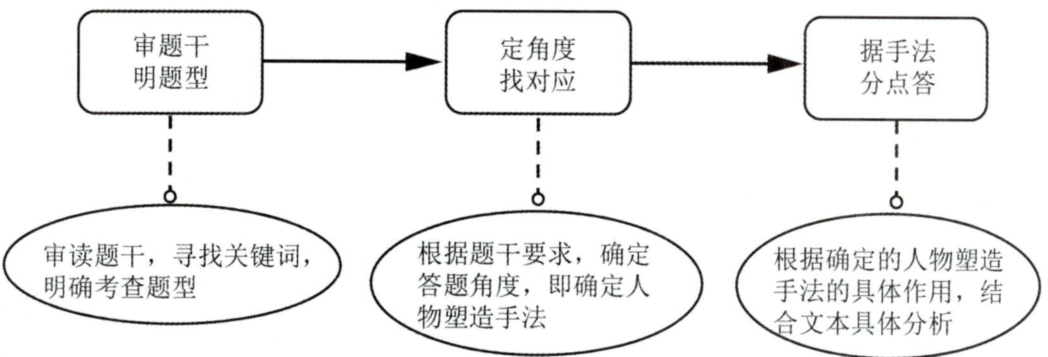

高分答题模板

文章通过________（具体人物塑造手法），从正面／侧面表现________的________形象／性格特征。

考向3　人物形象（物象）的作用【高频考点】

命题方向

1. ×××在文中多次出现，请简要分析其对人物刻画的作用。

2. 你认为作者刻画×××有什么用意？

3. 你认为作者塑造的人物形象有怎样的社会意义？请结合文章内容分析。

4. 文章以“××”为纽带连接人物、安排情节，这样处理有什么作用？请简要分析。

> **温馨提示：**
> 审读题干时要特别注意题干中是否有“作用”“意义”“好处”等字眼，还要区别问的是主要人物、次要人物作用还是物象作用。

答题技巧

1. 人物形象的作用答题方向

（1）主要人物形象的作用

①人物本身

思考人物的典型性，看其对其他人物是否存在正衬或反衬的作用。

②结构方面

分析主要人物性格特点，不仅要考虑其对情节的推进作用，还要注意其是否为文章线索。

③内容方面

主题：要思考人物反映的社会现实和寄托的情感，给人的启示等。

社会：要注意分析人物形象的社会意义以及人物形象的艺术价值给人们带来的某种启示等。

例如《祝福》中“祥林嫂”这一艺术形象，不仅极其真实地反映了封建社会千千万万农村劳动妇女共同的悲惨处境，而且极其形象而深刻地揭示了造成她们悲剧命运的社会根源与阶级根源。这就是祥林嫂这一形象的典型意义之所在。

(2)次要人物形象的作用

次要人物形象的作用

①衬托主要人物

衬托有正衬和反衬两种，答题时要注意点明是哪种衬托以及是怎样衬托的。

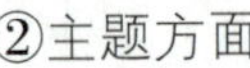

②主题方面

次要人物有鲜明的性格特点，与主要人物一起丰富、深化主题。

③情节方面

或是线索人物，起贯穿全文的作用；或负责推动情节的发展。

④表达效果

从次要人物的视角叙事，是故事的见证者，增加表达的真实性，使其更为亲切自然。

例如《祝福》中“鲁四老爷”这一形象，是当时农村中地主阶级的代表人物。政治上迂腐、保守，思想上守旧、反动，为人自私、冷酷。他的存在是造成祥林嫂悲剧的一个重要原因。

2. 事物形象(物象)的作用答题方向

(1)人物塑造方面

衬托人物品格，突出人物形象。要特别注意物象本身特点以及与主要人物之间的联系。

(2)情节方面

物象作为组织和推动故事情节发展的线索，具有串联情节，使结构更加严谨的作用。

> **温馨提示：**
> 分析人物形象或物象作用要根据文本实际作答，这些答题角度提供的是答题方向，切忌生搬硬套。

(3)环境方面

揭示或暗示时代特色、氛围以及人物活动的具体环境。

(4)主题方面

物象往往具有衬托或象征意义，有揭示或深化主题的作用。

(5)读者方面

引起读者兴趣，激发读者想象等。

3. 答题步骤

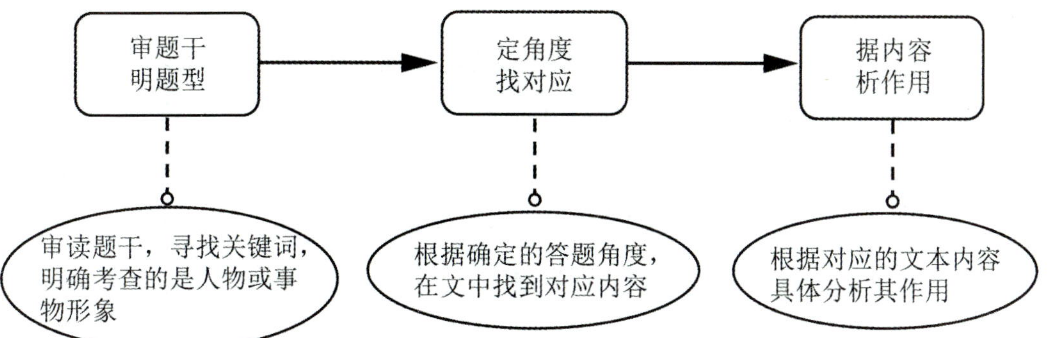

高分答题模板

1. 人物形象的作用答题模板

________是文章的主要/次要人物，在文章中的作用有：①烘托(衬托)________(人物)+具体分析；②突出作品的主题+具体分析；③是文章的线索/推动故事情节的发展+具体分析；④是故事的见证者，使表达更为真实亲切+具体分析。

2. 事物形象的作用答题模板

________在文中暗示了________(某人物)活动的________(环境、时代特色)，突出了________(某人物)的________特点，表达了________的主题，同时具有线索作用，串联起文章故事情节，使结构更加严谨。

试题精解

01 阅读以下文章，回答后面的问题。　**湖南真题**

堂　号

袁炳发

(1)听母亲讲，我们家从山东东平闯关东落户黑龙江时，发生过一件事。

(2)当时父辈兄弟三人奔赴同乡至黑龙江苇子沟，立足未稳，即遭遇水灾，全镇子人陷入困顿，几乎家家缺吃少穿。

(3)一天深夜，我家邻居——造纸厂的会计张爷，突然被鸡叫声惊醒，以为黄鼠狼乘人之危又来吃鸡，便手拎棍棒冲出门去。

(4)冲出门的张爷，月色之下，定睛一看，哪是什么黄鼠狼，是一窃贼在鸡窝行窃。此时窃贼也听见门外的动静，慌乱中丢物而逃。张爷将其所遗之物拿进屋中，亮灯一看，是个布袋子，里面装着张爷家两只芦花母鸡。

(5)张爷把母鸡放出之后，凑近灯下看布袋子，发现上面印着三个大字“敦本堂”。张爷想起，前些日子我大伯去他家借一斗玉米，用的正是这个袋子！

(6)当时听母亲讲这件事时，我还小，对“敦本堂”三个字不甚明白。上小学一年级后，父亲告诉我：“敦本堂”是我们这一支袁氏的堂号。那时候，家族堂号是一个标识或者说符号，更是一个家族自我建设的动力，也就是家风和对外立身的信誉。

(7)翌日一早，张爷拿着空袋子来到我们家，也不说话，将空袋子置于地上，瞥我大伯一眼，鼻子哼了一声，扭头走了。

(8)我大伯见状，傻眼了，马上让我父亲去看下自家的布袋子在不在。

(9)当我父亲告诉大伯，我们家的布袋子的确不在了时，我大伯当时就哭了，说：“这人丢不起呀！”

(10)我父亲说：“丢什么人，又不是我们干的，袋子是让人偷走了。”

(11)我大伯说：“谁知道是这么回事呀？咱们百口莫辩！”

(12)我大伯哭得很伤心，感觉对不起老祖宗，没有保护好家族名声。说着，就安排我父亲和叔叔收拾东西，回山东老家东平去，不在此处丢人现眼了。

(13)我父亲急了：“我们是敦厚本分之家，不能就这么不明不白地受冤屈。”说罢父亲掉头出去了。

(14)父亲要把这件事调查明白！

(15)事件发生时，正是阴历九月初，早晚有霜冻。夜间野兽出洞都会留下足迹，人畜如果晚间出来，踩出的痕迹也会像石膏一样凝住。我父亲在路上仔细查看，循着一串可疑的足迹追出镇子，一追就是十几里地，追到了另一个屯子。那天半夜时分，我父亲带着两个人回来了，一个中年男人，一个十几岁的半大小子。三人直奔张爷家。

(16)原来，偷鸡的是那个十几岁的半大小子，中年人是他的父亲，一起过来赔罪来了。

(17)这件事的结果不说大家也能猜得出来，我们家和张爷家的嫌隙弥合了。这件事的发生，非但没有给我们家族抹黑，反而赢得了许多好名声，苇子沟的人一下子就接受了我们家。

(18)我们家以敦厚本分立家，赢得了远近邻居的信任。这件事之后，张爷在造纸厂的厂长面前，极力举荐大伯哥儿仨到造纸厂上班。

(19)哥儿仨到纸厂上班后，专选苦脏累给钱多的活干，两三年间，就挣得一份不错的家业。而且，当时从山东来时，只有大伯一人娶亲，经过几年打拼，我父亲和叔叔每人都娶了一位好姑娘。就这样，我们家不仅没有退回到老家山东，倒是深深扎根在黑龙江了。

(20)扎根之后，大伯在正堂的一张桌子上，把祖辈牌位供上，并把堂号“敦本堂”三个字的横幅挂于牌位上方的墙上。

(21)几年后，“文革”开始，红卫兵的“破四旧”将我家的牌位、堂号掷于火堆，焚烧一尽。

(22)当时，大伯为了保护堂号，和红卫兵们厮打起来。结果，大伯的一条腿被红卫兵们打伤致残。

(23)从此，大伯每天都郁郁寡欢。几个月后，大伯去了趟县城，家里人不知他去干什么，问他也不作答，只是从大伯舒坦的面容上，猜测他可能是到县城做了一件大事。

(24)这个谜，直到大伯去世时才揭开。

(25)那天，病中的大伯奄奄一息，我大伯母给大伯换寿衣，当大伯母除去大伯身上的旧衣时，我们袁氏家族的大人小孩，都在我大伯的前胸看到了刺上去的三个字——敦本堂。

(26)大伯母急忙问大伯：“那次你去县城就是刺字去了吗？”

(27)大伯吃力地点点头之后，长吁一口气，就咽气了。

(28)时隔多年，回想自己为官多年，竟一尘不染，这才猛然惊觉：其实，大伯前胸上的那三个字，早已扎在我心里的最深处了。

（选自《安徽文学》2017年第6期，有删改）

问　题

结合全文，分析概括文中“大伯”的形象特点。(6分) / 考向1：人物形象的概括与分析

《堂号》—问题

补充设问

(1)小说通过什么手法来塑造“大伯”的人物形象？ / 考向2：人物形象塑造手法

(2)文中出现的“我”的“父亲”有何作用？ / 考向3：人物形象(物象)的作用

02 阅读下面的文字，完成后面的问题。

儿　子

苏　童

小孟站在柜台前没有动，他数了数小盒里的彩色蜡烛，你得给我五盒，他说。那位小姐美丽的眼睛里露出一丝厌烦，她说，对不起，我只能送你一盒，这是我们老板定的规矩。他逼视着小姐说，送不起就别送，我买总可以吧？后来老板就出来了，他息事宁人地拿了四盒小蜡烛给小孟，嘴里说了一串很快又很难懂的话。

小孟骑着摩托车向西郊而去，他母亲现在随他妹妹住在那里的居民小区里。小孟记不清有多长时间没见他母亲的面了，他妹妹在电话里说他已经三个月没去看望母亲了，他感到歉疚，所以当他妹妹问他知不知道后天是什么日子时，他立刻想起来了母亲的生日，他说，我记着呢，是六十大寿，生日蛋糕早就定好了。小孟不是那种不孝之子，他常常向他的知己朋友透露他的第一次婚姻破裂的原因，他的前妻什么都好，还是大学生，文学素养很高，她的语言天赋就被用来贬低和丑化他母亲了，有一次她对他说，你母亲天天忙里忙外的，怎么还那么胖？她说着还捂嘴哧哧地笑，小孟说他当时二话没说就给了她一个耳光，一个星期后他们就离婚了。

正逢下班，街上交通很拥挤，小孟不得不放慢摩托车的车速，偶尔地他伸手到后座上摸一摸那盒蛋糕，蛋糕安然无恙。小孟想象着母亲在家里翘首等待他的情景，他知道她的脾气，这么长时间不去看她，她一定生气了，她会说，你来干什么？你心里还有我这个妈吗？母亲怎么数落他他也会赔笑脸的，他记得母亲从来不喜欢甜点，这盒蛋糕最后会被他自己消灭一半，母亲会在一边很满足地看他吃，从小到大一直是这样的，小孟兀自一笑，他想象着母亲坐在他身边，手里拿着一块浸过水的手巾，随时准备替他抹去脸上的奶油。

小孟将摩托车停在建材公司的门口，黑鱼正好从门里出来，小孟低头调整蛋糕盒的位置，黑鱼就站在他身后看，黑鱼说，放不稳，吃掉算了。别闹，这是我母亲的生日蛋糕。黑鱼说他要赶时间去工人新村，要小孟捎他一程。小孟有点儿犹豫，黑鱼取出头盔戴上，跨上了摩托车的后座，他说，我给你捧着这蛋糕。

他带着黑鱼往工人新村去，他随口问了一句，去工人新村干什么？黑鱼却吞吞吐吐起来，他说，找大个子，谈夹板的事。小孟似乎愣了一下，紧接着问，谁要的货？黑鱼说，还没有下家呢，这不是去看货吗？黑鱼越是闪烁其词，小孟越是穷追不舍，多少钱一张？这次黑鱼沉不住气了，你想干什么？摩托车停在一幢居民楼前，他问黑鱼，大个子是姓黄吧？黑鱼不解地点点头，说，那就一起进去坐坐？小孟从黑鱼手中接过蛋糕盒，他说，进去看看老朋友。

隔着门就听见了洗牌的声音，屋里乌烟瘴气的，黑鱼凑到大个子耳边说了句什么，大个子说，急什么？等打完这一圈牌再说。大个子没有认出小孟，他就提着蛋糕盒站在大个子身边看牌，黑

鱼说，你怕谁抢你的蛋糕吃啊？小孟就走到一边把蛋糕盒放在电视机上，他看了看盒子里的蛋糕，发现那上面的几个红红绿绿的字已经扭结在一起，无法辨认了。

大个子手气不错，他们一来他就和了个清一色，小孟忍不住地渲染那只关键的九饼，黑鱼面有愠色，用一种冰冷的语调说，你还会打牌？小孟能猜到黑鱼在想什么，小孟嘿地一笑，意味深长地拍了拍黑鱼的肩膀，他说，我看完这圈牌就走。

小孟确实没有什么阴谋，但黑鱼如坐针毡，并且有意站到大个子一边，把小孟和大个子隔得远远的，大个子要上厕所，他就让小孟来替他，他说，你替我打两副，输赢都算我的。

小孟看了看黑鱼，黑鱼指了指自己的手表，他说，再不走你的蛋糕就坏啦。小孟盯着自己手上的牌，他没有注意到大个子在电视机那里停留的动作，他没有想到大个子的肚子这么饿，不分青红皂白就打开了他的蛋糕盒，他没有想到大个子一口就吃掉了小半块蛋糕，而且把那么一个高级的蛋糕抓得像一堆烂面团似的。他真的没有想到，后来他回忆起黑鱼突然爆发的那阵怪笑，后来他知道黑鱼在笑什么了，但事情已经无法挽回，他后来看见的就是这个一片狼藉的蛋糕，蛋糕上的那八个字被吃掉了两个，剩下的也失去字的形状了。

大个子发现了自己的过失，他说，我以为是我家的呢。小孟想大个子你又不跟我做生意，怎么把我的蛋糕给吃了？小孟心里这么暗暗骂着，嘴上却说，没关系，吃了我再买一盒。小孟看见那几盒彩色小蜡烛，有的散在电视机上，有的落在了桌上，他都收起来，放进了夹克的口袋里。临出门时他看了眼蛋糕盒，他说，这蛋糕就留给你们吃吧，我再去买一盒。

黑鱼跟在小孟的身后说，哪儿还有蛋糕卖？蛋糕店都关门了！小孟突然停住脚步，屋里的人看见他抓过蛋糕盒，狠狠地扣在黑鱼的头上，他们看见黑鱼的脑袋上像顶了一顶式样新颖的帽子，黑鱼对小孟的袭击猝不及防，他张大嘴看着小孟，小孟没说什么，突然哈哈一笑，然后他冷静地绕过麻将桌，朝四个人的后背每人拍了一下，扬长而去。

外面已经是万家灯火。小孟现在能够想象到母亲和妹妹她们等得忧心如焚，可是他可以向天发誓他不是故意的，他确实没想到看一圈牌会花这么长的时间。

小孟的摩托车向西郊急驰而去，路上他清晰地听见了从口袋里传来的那种声音，他猜到是那些彩色小蜡烛被折断了。这下好了，他在蛋糕店里所做的一切都变得荒诞可笑了，小孟想今天也许并不是一个好日子，不是好日子，却是他母亲六十大寿的日子，不管怎样他也得赶回去，赶回去为母亲祝寿。小孟曾经路过两家夜间营业的点心店，橱窗里陈列着各种诱人的大蛋糕，但是小孟没有下车，小孟只想早点儿赶到母亲身边，其实有没有蛋糕他也无所谓，他了解他母亲的脾气，他更懂得他们的母子感情，带不带蛋糕他都是他母亲的儿子。

（有删改）

问题

(1)小说在刻画“小孟”这个形象时，突出了他的哪些性格特征？请简要概括。(6分)/考向1：人物形象的概括与分析

(2)你认为作者刻画“大个子”这一形象有什么作用?(6分)/考向3：人物形象(物象)的作用

《儿子》—问题(2)

补充设问

作者通过哪些手法塑造了“小孟”这个形象？/考向2：人物形象塑造手法

破题方法与参考答案

01 破题方法

第一步：审题干，明题型。通过题干中的“分析概括”“形象特点”可知此题是人物形象的概括与分析类题型。第二步：审文本，明角度。通过题干中的“大伯”确定文本中对应内容。第三步：据角度，分点答。根据文中与“大伯”相关内容，从不同角度分点归纳答题。

参考答案

(1)有闯劲儿，有志气。能从山东东平闯关东落户黑龙江，而不是畏惧未知，停留原地。

(2)有自尊心，重视家族名誉。“大伯”发现张爷误会他们是小偷时会落泪，并提出回山东，说明他有自尊心，并且重视家族名誉。

(3)勤劳能干，不怕辛苦。他们哥儿仨在造纸厂工作的时候，专选苦脏累给钱多的活干，两三年间，就挣得一份不错的家业。

(4)执着坚守,注重传承。“大伯”在红卫兵“破四旧”时拼命阻拦,堂号被毁后郁郁寡欢并将堂号刺在了自己的前胸。

(共6分。每点2分,答出3点即得6分;仅答出形象特点没有分析的,每点扣1分)

补充设问

(1)破题方法

第一步:审题干,明题型。通过题干中的“手法”“塑造”可以判断此题是考查人物形象塑造手法类题型。第二步:定角度,找对应。根据题干要求,在文中找到对应内容,确定人物塑造手法。第三步:据手法,分点答。根据确定的人物塑造手法,分点答题。

参考答案

①正面描写:a.语言描写。通过大伯的话“这人丢不起呀!”直接表现其强烈的自尊心。b.神态、动作描写。“哭得很伤心”“郁郁寡欢”“舒坦”等词语都体现了“大伯”极重视家族声誉,注重家风传承。

②侧面描写。通过“堂号”的兴衰,从侧面表现“大伯”对家族荣誉的重视以及家风传承的坚守。

(2)破题方法

第一步:审题干,明题型。根据题干中“作用”可以判断此题是考查人物形象(物象)的作用类题型,且要求分析的是次要人物“我”的“父亲”的人物形象作用。第二步:定角度,找对应。根据次要人物形象的作用,在文中找到对应内容。第三步:据内容,析作用。根据找到的对应内容,具体分析其作用。

参考答案

“父亲”作为小说中的次要人物,推动了情节的发展,比如“父亲”调查清楚“偷鸡”事件,维护了“家族”的声誉;通过“父亲”与“大伯”的对话,从侧面表现了“大伯”这个主要人物的人物形象。

02 (1)破题方法

第一步:审题干,明题型。通过题干中的“性格特征”“概括”可知此题是人物形象的概括与分析类题型。第二步:审文本,明角度。通过题干中的“小孟”“性格特征”确定文本中对应内容。第三步:据角度,分点答。根据文中与“小孟”“性格特征”相关的内容,从不同角度分点归纳答题。

参考答案

①有孝顺母亲的心,但在一定程度上忽略了母亲的感受。小说的主要事件是儿子给母亲过生日,反映了他孝顺的特点。但后来他贪玩误事,忽略了母亲的感受。②喜欢占小便宜,有心机。通过他买蛋糕的言行表现了他喜欢占小便宜;通过他对黑鱼说去看老朋友表现了他有心机。③暴躁。把蛋糕扣在黑鱼头上。(共6分。每点2分,答出3点即得6分;仅答出性格特征没有分析的,每点扣1分)

(2)破题方法

第一步:审题干,明题型。根据题干中"作用"可以判断此题是考查人物形象(物象)的作用类题型,且要求分析的是次要人物"大个子"的人物形象作用。第二步:定角度,找对应。根据次要人物形象的作用,在文中找到对应内容。第三步:据内容,析作用。根据找到的对应内容,具体分析其作用。

参考答案

①衬托主要人物小孟。一是大个子上厕所时信任小孟,让小孟替他打牌,衬托小孟善于与人交往;二是大个子因为肚子饿就随便吃了小孟为母亲祝寿的蛋糕,而小孟虽心里骂着,但嘴上却说没关系,衬托小孟遇事有心机,也能原谅他人的性格特征。②推动情节发展。因为黑鱼提到大个子做夹板生意,小孟自己也做生意,就想去坐一会儿;大个子打牌要上厕所,让小孟顶一下,没想到大个子把小孟买的蛋糕吃了一些,这才有了后面的情节。③深化主题。通过对大个子形象的塑造,来描述小孟如何处理事情,揭示了"要心态平和、积极健康地处理好生活中遇到的烦恼"的主题。(共6分。答出"衬托""推动情节发展""深化主题"得3分,分别结合内容分析得3分)

补充设问

破题方法

第一步:审题干,明题型。通过题干中的"手法""塑造"等词可以判断此题是考查人物形象塑造手法类题型。第二步:定角度,找对应。根据题干要求,在文中找到对应内容,确定人物塑造手法。第三步:据手法,分点答。根据确定的人物塑造手法,分点答题。

参考答案

(1)正面描写。通过语言、神态的描写,表现出小孟的性格特征,如文章开头他向柜台小姐索要五盒彩色蜡烛,表现的是小孟贪小便宜的性格特征。通过和黑鱼的对话,表现出小孟有心机。

(2)侧面描写。通过小孟与妻子离婚前因后果的描写,表现出小孟孝顺且暴躁的性格特征。

五、破解语言赏析类题型

真题示例

湖南岳阳中小学真题

阅读下面文章,完成文后试题。

《大婶和流浪猫》

贾飞黄

①流浪猫是城市的一部分。

②作为一个有三千多年被驯养史的物种,猫“对付”人的本领或许是刻在基因里的。它们用娇滴滴的声音叫住路人讨食,吃饱后舔舔嘴巴拂袖而去;它们敏锐地对怀恶意者“敬”而远之,对软心肠者欲擒故纵,若即若离的态度更让人揪心;它们水灵灵的眼睛惹人怜爱,有着让人不设防的娇柔身躯(相比之下流浪狗们就常常遭人戒备);它们善于攀爬跨越,城市里高低错落的建筑设施是它们独享的“立体交通”;它们懂得利用城市里的种种设施,在喷泉喝水,在空调外机下躲雨,在刚熄火的汽车下取暖,在地下停车场夏乘凉冬避寒……它们是与人相处的高手,是动物中“城市求生”的专家。

③静谧的校园里有猫,温馨的小区里有猫,热闹的旅游景点里有猫,高端大气的商务区里有猫。在都市人的行色匆匆之间,猫们伸懒腰、晒肚皮、追逐求偶,少惹凡尘,与世无争。它们蹲在豪车天窗上舔毛,趴在自行车筐里酣睡,视“财富”“成功”如浮云。

答题思路

第一自然段独立成段,引人注意,引起下文。

第二自然段中加点词语,表现出流浪猫在城市生活中的如鱼得水,运用修辞手法,生动形象地写出了流浪猫在与人与城市相处中的自由自在。

画“__”的句子通过拟人的修辞手法,生动形象地写出了流浪猫不惹凡尘、自由自在的性格特点。

④对猫们而言，城市是开放的，也是平等的。

⑤我如今住的小区楼下，便有一处流浪猫的猫舍。那是在自行车库的角落里，用一个破旧的橱柜搭成的。虽然简陋，却颇受这一带的猫们钟爱，少时四五只，多时八九只，啸聚于此。主动负责打点这处小窝的，是一个五六十岁的妇女，小区里的人叫她猫婶。每天晚饭时分，就能听见她招呼猫们开饭的吆喝声，望见她矮矮小小提着猫粮口袋和矿泉水桶有些吃力的身影。春夏秋冬，四五年未曾间断。

⑥我和大婶攀谈过几次。想象中肯照顾这些流浪猫的人，应该是慈眉善目面容的。大婶不是。耷拉的八字眉，高颧骨，两片薄嘴唇，很有些刻薄相。嘴上一刻不停地训斥着猫们，抱怨它们吃相难看、浪费粮食；或者对空咒骂小区住户养的狗，抢吃猫粮，咬坏食盆。猫们倒不介意。老的少的，公的母的，亲人的怕生的暴脾气的，在大婶面前都丢掉古灵精怪，不矜持地招之即来，围着食盆吃得呼噜作响，尾巴根根竖成桅杆。这个时候，它们才退去游侠儿的孤傲，显露出漂泊的饥馑与风霜。

画“＿”的句子，通过想象与现实的对比，以及肖像描写，以外貌的普通反衬大婶的内心的美丽善良。

⑦我想，大婶几年如一日照看流浪猫们，靠路人投喂般一时兴起的“爱心”是不够的，总得憋着一股劲才行。

⑧一天，我见到大婶拿着看起来簇新的被子，给猫舍“铺床”。她说是小区里一个年轻姑娘搬走时送她的，说我走了，被子留给猫们，做个窝好过冬。大婶感慨说：现在的年轻人好啊，心善。我突然心里一动。大婶，还有那个姑娘，还有许多未见过面的、悄悄往猫舍送过猫罐头和肉饭的邻居们……人们对流浪猫们释放的善意，折射着一座城市的心意。

⑨春天，窗外又有了猫们喧闹的声音。小区里来了新租客，猫舍里也来了新猫。也有猫老去，也有猫消失。大婶依旧絮絮叨叨地照料着它们。人，猫，这座城市，都开始了新的一年——这样，不也挺好的吗？

（选自2018年6月2日《人民日报》，有删改）

第九自然段表达了人对流浪猫释放的善意以及人和动物可以和谐共处的态度，体现了城市中人们的爱心与人情味。

问题

1. 文章开头“流浪猫是城市的一部分”单独成段有何作用?(2分)

答案:独句成段可以充分引起读者注意,引起下文,起到突出强调的效果,更好地点明猫是城市中不可分割的一部分。

2. 第②段中作者为什么说“它们是与人相处的高手,是动物中‘城市求生’的专家”?请分点概括回答。(2分)

答案:①它们善用娇滴滴的声音讨食;②它们能辨别善恶,保护自己;③它们善于攀爬跨越,自在生活;④它们懂得将各种设施为己所用。

3. 请从修辞手法的角度对下面句子进行赏析。(2分) / 考向2:表达技巧鉴赏

它们蹲在豪车天窗上舔毛,趴在自行车筐里酣睡,视“财富”“成功”如浮云。

答案:运用拟人的修辞手法,生动形象地写出猫们少惹凡尘、与世无争、悠闲自在的性格特点。

4. 请从写作手法或人物描写的角度分析下面句子的表达效果。(3分)

耷拉的八字眉,高颧骨,两片薄嘴唇,很有些刻薄相。

答案:通过细节描写和外貌描写,欲扬先抑,将大婶有些刻薄相的外貌与她关爱和呵护城市流浪猫的善举形成反差,突出了大婶的善良和对猫的关爱。

补充设问

1. 阅读下面句子,说说加点词在文中的含义。 / 考向3:体会重要词句含义

(1)猫“对付”人的本领或许是刻在基因里的。

(2)它们敏锐地对怀恶意者“敬”而远之。

答案:(1)“对付”的含义是“应付、将就”,联系语境来看,它的含义应为“与人相处的方法”。

(2)“敬”有“尊敬”的意思,但联系上下文来看,它的含义应为“害怕而不敢接近”。

2. 试分析本文的语言风格。 / 考向1:语言艺术鉴赏

答案:本文语言幽默、风趣,在描写猫时生动形象,善于运用修辞手法,赋予猫鲜活的灵魂。

考向1 语言艺术鉴赏

命题方向

1. 赏析文中画线部分的语言特点。

2. 画线部分突出的语言特色是什么?请举例分析。

3. 本文在语言表达上很有特色，试从某一角度加以分析。

4. 本文的语言充满生活气息，请结合全文对此加以赏析。

答题技巧

1. 答题方向

语言艺术鉴赏一般从语言特点、语言风格以及语言特色三方面进行分析。

(1)语言特点

①炼字

动词、形容词的使用，准确、简练、深刻、含蓄、直白、突出、生动、形象、传神、充满想象等。

②叠词

a. 语言生动形象，具有绘画美；

b. 韵律铿锵悦耳，具有音乐美；

c. 句式整齐，具有形式美；

d. 强化词语含义，起到强调作用；

e. 上下文联系紧密，有一气呵成之感。

③反复

突出某种意思，强调某种情感，具有强烈的抒情性和感染力。

易混知识点辨析

叠词和反复的区别

1. 解释不同

叠词：以词的形状来判断，组成词的单个字是同一个字；单个字的组成部分也要是同一个字或偏旁。

反复：根据表达需要，有意让一个句子或词语重复出现的修辞方法，特意重复使用某些词语、句子或者段落等。

2. 作用不同

叠词：叠词运用得恰到好处，可以使所描绘的自然景色或人物特征更加形象；可以使表达的意象更加确切；可以使语句音律和谐，朗朗上口。

反复：强调，增强语气或语势。起到反复咏叹，表达强烈情感的作用；还可以使文章的格式整齐有序，又回环起伏，充满语言美。

3. 表现形式不同

叠词：叠词是连着出现，例如：寻寻觅觅，冷冷清清，凄凄惨惨戚戚。

反复：反复是重复出现，例如：我知道了，知道了，知道了。

④化用成语

使语言富有文采，典雅优美。

⑤句式

长短句交错使用，整句散句的结合，句式形成参差效果，错落有致，节奏顿挫，音韵和谐。

⑥修辞

如比喻、排比、拟人、对偶、反问等，使语言表达准确、鲜明生动，情感真挚、强烈。

(2)语言风格

①豪放：题材多为雄心伟业；景物境界开阔；动词富有力度，形容词色彩鲜明；多用排比、夸张、反复、反问等修辞手法。

②柔婉：对象纤巧细致；情感细致缠绵；画面色调柔和；修辞上少用排比、夸张、反问。

③直露：作者的观点及态度表达方式比较直接。

④含蓄：不直接表情达意，而是托物言志，借景抒情；多用象征、设问、比喻等手法。

⑤质朴：语言通俗，口语化明显，少用修辞。

⑥华丽：讲究声韵和谐，多用修辞。

⑦庄重：话题严肃，语言凝重，句式整齐。

⑧诙谐：风趣幽默，多用夸张、比喻、反问。

⑨简洁：多用短句，语势流畅。

⑩细腻：多用长句和辩证性语言。

(3)语言特色

从语言的地域特色、时代特色、生活特色等角度考虑，如果是小说中人物的语言还要注意考虑与其身份地位、文化程度、性格心理相符。还可以根据文章题材来分析语言特色，如乡村题材(包括人物语言)，常常通俗朴实，具有地方特色；城市小市民题材，常常细腻委婉，寓意深刻。

温馨提示：
小说、散文、诗歌的答题角度是相同的，要学会举一反三、触类旁通。

2. 答题步骤

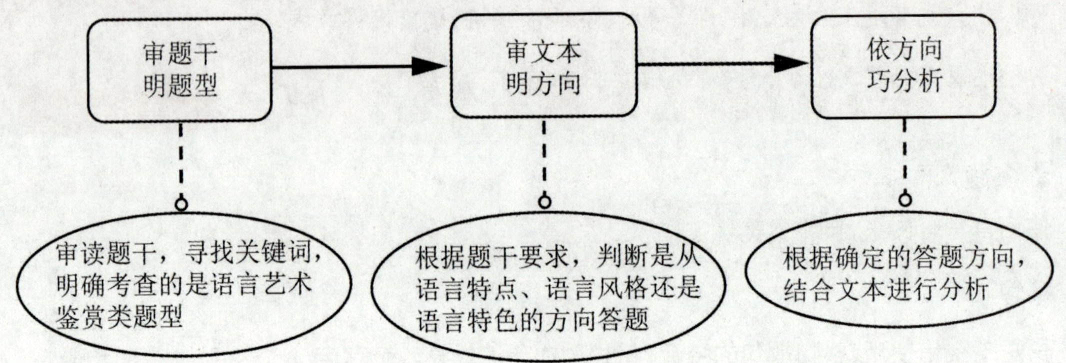

高分答题模板

文章语言________(语言整体特色)使用大量________(表达技巧及具体语言特色)形成了________(表达效果)的表达效果，表现了________(文章主题)，给人以________(主观感受)的感受。

答题常用词

1. 语言特色类答题词：清新雅致、清新自然，委婉含蓄、平实质朴、冲淡自然、华美绚丽、绚丽飘逸、豪迈雄奇、雄浑豪放；优美、含蓄、豪放、质朴、华丽等。

2. 语言风格：豪放、雄奇、沉郁、直率、婉约、婉转、风趣、工丽；苍凉雄健、委婉蕴藉、飘逸洒脱、苍凉悲壮、缠绵悱恻、情真意切、气势雄壮、自然流畅、忧郁激愤、沉郁顿挫、清新典雅、婉约凄切、新鲜活泼、气势磅礴、奇特新颖、平白清新、语淡情浓等。

3. 表达效果：美、惊艳、意犹未尽、用语新颖、不落俗套、真切深刻、平易近人、意在言外、言在此而意在彼、欲说还休等。

4. 框架答题词：运用了……；表达了……；生动形象地写出了……；体现了……。

考向 2　表达技巧鉴赏

命题方向

1. 文中画线句子主要运用了什么修辞手法？有何作用？

2. 文章开头(结尾)这样写有什么好处?

3. 本文主要运用了什么手法来描写×××? 请结合有关具体内容,简要分析其作用。

答题技巧

1. 答题方向

鉴赏表达技巧类问题可以从修辞手法、表现手法、表达方式和行文技巧四个方面进行。

(1)常见修辞手法及作用

①比喻

化平淡为生动;化深奥为浅显;化概括为具体;化抽象为形象。

②拟人

化物为人,形象生动;拉近距离,情切自然;便于对话,交流情感。

易混知识点辨析

比喻和拟人的区别

1. 比喻

就是打比方,利用事物间相似的地方,借一个事物说明另一个事物的方法,是将一物比作另一物。

例如:轻浮的人正在不知不觉中走向毁灭,就像飞蛾扑火那样。

2. 拟人

就是把人的特征给予事物,让事物如人一样说话、活动、有感情,是将一物比作人。

例如:波浪一边歌唱,一边冲向高空,去迎接那雷声。

③借代

以简代繁,以实代虚,以奇代凡。

④夸张

a. 烘托气氛,增强联想,增加感染力;

b. 突出特征,揭示本质,给人以启示。

⑤对偶

a. 整齐匀称,节奏感强,增加感染力;

b. 突出特征,揭示本质,给人以启示。

⑥排比

a. 内容集中,增强气势;

b. 叙事透辟，条分缕析；

c. 抒情强烈，有节奏感。

⑦反复

增强感染力，突出思想，强调情感。

易混知识点辨析

排比和反复的区别

1. 排比

是把内容相关，结构相同或相近，语气一致的三个或三个以上的短语，句子连接起来运用的一种修辞方法。恰当地运用排比，能加强语言气势，使思想内容层层深入，增强文章的感染力和说服力。

例如："沙丘的移动虽然慢，可是所到之处，森林全被摧毁，田地全被埋葬，城郭变成丘墟。"该句用了三个结构相同的主谓短语把风沙的危害写得极其具体，其语势如泻堤之水，不可阻挡。

2. 反复

是为了突出某个意思，强调某种感情特意重复某个词语或句子。

例如："杀死了人，又不敢承认，还要诬蔑人，说什么'桃色事件'，说什么共产党杀共产党，无耻啊！无耻啊！""无耻啊！无耻啊！"运用了反复的修辞方法，突出了闻一多先生对反动派杀害李公朴先生的满腔愤怒，使反动派的丑恶嘴脸跃然纸上，一览无遗。

⑧反问

加强语气，激发读者情感。

(2)常见表现手法及作用

①象征

a. 使抽象的思想、概念形象化；

b. 使思想感情含蓄、耐人寻味。

例如：《雨巷》中的"丁香一样的颜色，丁香一样的芬芳，丁香一样的忧愁。"这里运用象征的手法，把抽象的忧愁写成丁香一样的淡紫色的可感、可嗅。这就是法国象征主义者强调的"客观对应物"在感觉上的分化、组合。

②渲染(衬托)

对环境或对次要形象(人物)进行浓墨重彩的描写，突出主要表达对象。

例如："在热闹的都市，诗人无心外出，只身在客店里，对着孤灯，抱膝而坐。灯影照着他，只有墙上的影子陪伴他！"通过环境描写渲染出一种孤寂的氛围。

③抑扬(先抑后扬/先扬后抑)

a. 使文章曲折有波澜;

b. 突出喜欢、赞美或批评、讽刺的感情。

例如:课文《丑石》中就用了欲扬先抑的手法,先描写"丑石"的丑,毫无用处,不招人喜欢,在写被天文学家发现"丑石"其实是一块陨石,获得了盛赞。既表达了作者看人不能只看外表而要注重内在的人生感悟,也使读者获得启发。

④对比

凸显对象的特点,使形象更加鲜明。

⑤衬托

突出所要表现事物的特点,强化思想感情。

易混知识点辨析

对比和衬托的区别

1. 对比

指的是相反或相似的两种事物互相比照,以共同表现某种思想或意境,对比双方不分主次。

例如:"有缺点的战士终究是战士,完美的苍蝇终究不过是苍蝇"运用对比手法,通过战士与苍蝇的对比,让读者辨清好坏。

2. 衬托

指的是以次要事物为陪衬突出一个主要事物,一方是工具,一方是目的,两者主次分明。

例如:"这时候最热闹的,要数树上的蝉声与水里的蛙声;但热闹是它们的,我什么也没有"运用了衬托的手法,写树上的蝉声与水里的蛙声是为了反衬"我"内心的落寞。

⑥联想(想象)

丰富文章内容,使人物形象更丰满、生动。

⑦以小见大

通过写某个小人物、小事件、小物件来表现社会整体或社会现象,有升华文章主旨的作用。

例如:杨绛的《老王》,通过对"老王"这个小人物的描写,表现特殊时期的人性之美,同时提出一个社会性问题:社会应不应该以人道主义精神来关心不幸。

⑧动静结合

a. 以静衬动:突出事物的动态特征;

b. 以动衬静:突出环境静谧、安静、寂静等特点。

例如:"乍然而起的水鸟,或是偶然跃水而跳的鱼,会将山和寨子照映在水中的倩影搅得颤颤如醉。”通过飞起的鸟儿和跳跃的鱼儿，衬托了山和寨子的寂静。

⑨虚实结合

a. 丰富文章内容，增添文章内涵；

b. 鲜明地刻画人物的性格，凸现事物、景物的特点；

c. 集中地揭示文章主旨。

例如：毛泽东的《沁园春·雪》：“山舞银蛇，原驰蜡象”是实景；“须晴日，看红装素裹”是虚景。

⑩点面结合

叙写事件全过程是面，抓住某个特殊情节或细节是点，二者结合既能反映出事物的全貌，又能突出重点，更好地表现主题。

例如：《荷塘月色》中“曲曲折折的荷塘上面，弥望的是田田的叶子。叶子出水很高，像亭亭的舞女的裙。层层的叶子中间，零星地点缀着些白花，有袅娜地开着的，有羞涩地打着朵儿的；正如一粒粒的明珠，又如碧天里的星星，又如刚出浴的美人。微风过处，送来缕缕清香，仿佛远处高楼上渺茫的歌声似的。这时候叶子与花也有一丝的颤动，像闪电般，霎时传过荷塘的那边去了。叶子本是肩并肩密密地挨着，这便宛然有了一道凝碧的波痕。叶子底下是脉脉的流水，遮住了，不能见一些颜色；而叶子却更见风致了。”这个就是典型的点面结合的例子。先从面上说整个荷塘的风致，然后逐点展开写。

(3)常见表达方式及作用

常见表达方式有：叙述(记叙)、描写、抒情。

①叙述(记叙)

该内容可见P16情节叙述手法。

②描写

描写大致有四种类型：人物描写、环境描写、场面描写和细节描写。

A. 人物描写及其作用

a. 肖像描写：揭示人物身份、境遇、所处的社会环境，以形传神，表现人物内心世界和性格特点。

b. 行动描写：展示人物精神面貌，直接体现人物性格。

c. 语言描写：表达人物情感，反映人物性格特征，折射出人物所处时代的特点。

d. 心理描写：揭示人物内心，刻画人物性格。

B. 环境描写及其作用

包括自然环境和社会环境。

a.显示作品背景、点明时间、地点及社会背景;

b.衬托人物性格、表现人物的精神面貌;

c.推进情节发展,增加故事的真实感;

d.突出文章主题,反映社会生活;

e.抒发思想感情,袒露作者胸怀。

C.场面描写及其作用

a.鸟瞰式

即从整体着眼、较全面地、概括地写出场面的总的景象和总的气氛。这种方法,不求点上的细微,而求面上的广度,关键是写出一个完整的艺术画面。

b.特写式

即把场面中具有代表性、特征性的典型情景集中、细致地突现出来。

D.细节描写及其作用

细节描写是指抓住生活中的细微而又具体的典型情节,加以生动细致的描绘,它具体渗透在对人物、景物或场面描写之中。

a.可以促成情节的曲折和复杂;

b.可以表现人物鲜明的个性;

c.可以展现环境景物的独有特征;

d.可以增强主题的表现力。

③抒情

抒情方式包括直接抒情、间接抒情。

A.直接抒情

使感情表达得朴实真切,震撼人心。

B.间接抒情

a.借景抒情

使情和景互相感应、互相交融、互相依托,从而创造一种物我一体的艺术境界,完善地表达作者的思想感情,有极强的感染力。

b.借物抒情

自身所要抒发的感情、表达的思想寄寓在此景此物中,使感情更加有感染力。

c.议论抒情

加深情感宣泄,深化主题。

(4)常见的行文技巧及艺术效果

类别	含义	作用
开门见山	开篇直入正题，不拐弯抹角，不拖泥带水。	①强调突出中心，使主题鲜明突出； ②总领全文； ③总起下文； ④行文不枝不蔓，干脆利落。
卒章显志	结尾点明文章主旨或作者的思想感情。	①深化文章内容，升华主题思想； ②总结全文，使结构完整； ③有水到渠成之感，有强调之效。
照应题目	文章正文与题目照应。	①紧扣中心写作，不枝不蔓，行文紧凑集中； ②反复点扣题目，对中心有强调突出之效。
首尾呼应	文章开头与结尾照应。	①重复开头内容，强调突出中心、深化主题； ②首尾遥相呼应，结构完整严谨。
前后照应	上下文内容间的前呼后应。	①使内容完整，真实可信； ②构思精巧，行文缜密，结构圆合严密。
伏笔	叙事性作品中为下文情节内容的出现预设的埋伏。	①使内容完整，真实可信； ②构思精巧，行文缜密，耐人寻味； ③结构圆合严密。
铺垫	在一个人物出场前或一个事件发生前，预先布置局势，安排一些情节场景作为征兆，制造气氛。	通过铺垫，可以渲染气氛，形成“山雨欲来”的情势，促使读者产生期待、盼望的急迫心情，这样就大大增强了作品的吸引力。
线索	作者组织材料的思路在文章中的反映，是把文章的全部材料贯串成一个有机整体的脉络。	①使文章叙述的事情更简洁明了，更容易突出主题，使中心明确； ②使读者有更清晰的观感； ③使文章有更清晰的逻辑，做到围绕中心组织材料，条理井然，显得内容集中，脉络清晰。

2. 答题步骤

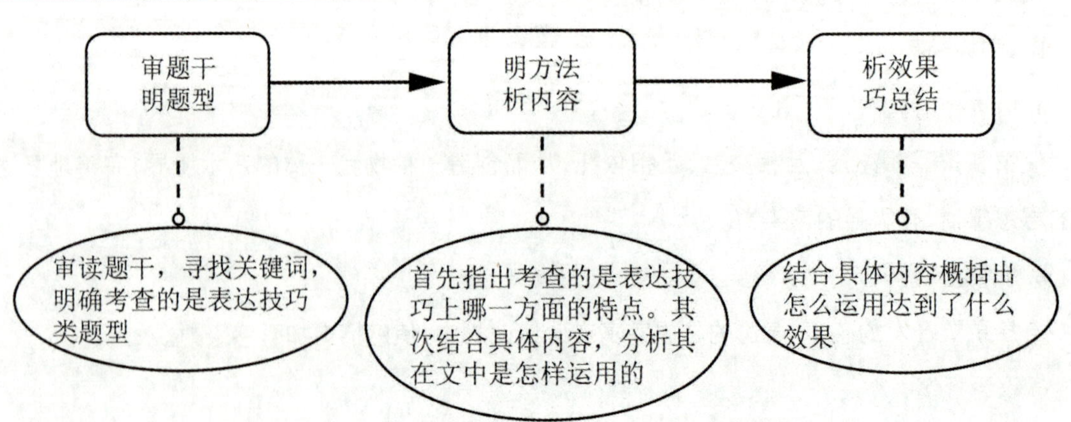

高分答题模板

运用________(具体表达技巧)+具体分析,如:达到了________效果/表达了________情感/成功塑造了________的形象等。

答题常用词

1. 修辞手法方向:各类修辞、生动形象、形式优美、富有节奏、韵律和谐……

2. 表现手法方向:思想含蓄、耐人寻味、浓墨重彩、对比衬托、烘云托月……

3. 表达方式方向:直接抒情、情切自然、真实生动、灵活自如、条理清晰……

4. 行文技巧方向:主题鲜明、总领全文、总起下文、升华主题、行文紧凑……

5. 答题框架词:……与……形成对比,突出……特点(情感);作者联想或想象……内容,表达……情感;为……作铺垫;营造……氛围。

考向3 体会重要词句含义【高频考点】

命题方向

1. 理解文中加点词语的含义。

2. 请结合上下文赏析画线词语/句子。

3. “×××”一词/句强调的是什么。

4. 请联系全文,说说你对××句的理解。

答题技巧

1. 体会重要词语的含义

(1)联系作者意图,分层次

体现作者观点态度、思想主旨的词语含义往往比较丰富,理解时除了理解其在语境中产生的意义外,还要联系作者的创作意图,理解其深层含义。

(2)联系手法,挖掘背后意思

理解运用写作手法的关键词语,需借助这些手法,挖掘词语中所蕴含的意思,分析其起到的表达效果。

(3)结合语境,明确指代内容

有指代作用的词语,在文中指代的内容可以是词、短语、句子,也可以是句群、段落。

凡是使用代词的地方,所指代的内容前后必有交代。阅读时要善于找到代词前后的交代,捕捉文章前后与之对应的信息,并注意整体意思的贯通,紧扣关键的词语或句子。

解答时要通过理解上下文,再由近及远地捕捉相关信息,经过分析、归纳来推断词语的指代义。

(4)分析语境,理解临时词义

有临时词义的词语要结合上下文,抓住关键词句来理解。

2. 体会重要句子的含义

(1)句内三看

①看句中的关键词

关键词常常是有多重意义的词语,理解句意首先要理解这些关键词的具体含义。

②看修辞

判断是否使用了修辞手法,有什么效果,表达了怎样的情与理。

③看语句内部结构关系,语句所指的对象是什么

要把该对象由具体抽象为一般,个体扩大为类型,明白句子的表层含义。

(2)句外三看

①看位置特点(段首尾、开头、文末)

明确其结构作用。

②看相邻句

主要是上下文。根据语境分析,句子的含义就会相对明朗。

③看段章的中心

联系文章主旨与写作目的,弄清其深层含义,有时句子还有警策意义(类似于名言),注意提炼概括。

3. 答题步骤

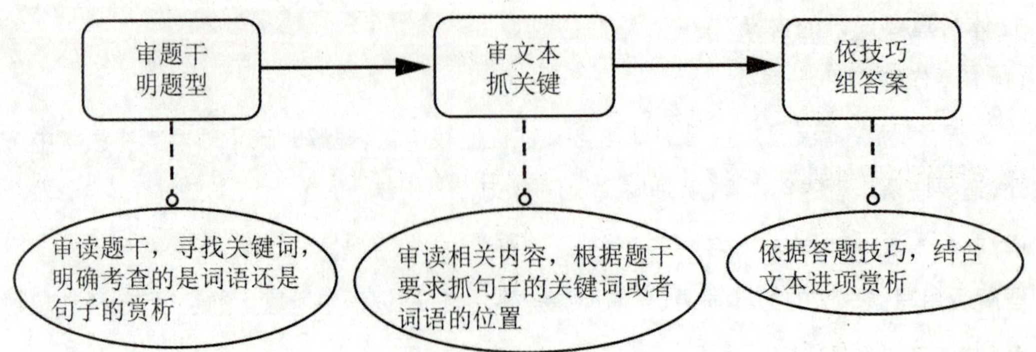

高分答题模板

这个词语 / 句子运用了________(艺术手法)，________(具体艺术手法的作用)的写出了 / 表达了________。

注：体会重要词句含义题没有固定的答题模式，不同的句子或词语有不同的答题要点，要灵活运用答题技巧，答题模板仅供参考，切忌生搬硬套。

试题精解

01 阅读下面的文本，回答后面的问题。 福建真题

①"背叛"炊烟，需要勇气。

②生活在鄂西南山区的人，似乎从出生之日起，就已被命运圈养在了重重大山怀抱里，整日里要和炊烟相依为命。

③或许是命运的驯化，温顺的山区人顾家，更恋家。每天，村人执拗地在炊烟上挂满家的味道，倔强地把炊烟定格成为家的方向。一天天，一年年，炊烟被雕琢成了人们心灵的归宿，剪不断，理还乱。很多人甚至一辈子都没走出炊烟划出的半径。

④在我眼里，炊烟就是宣布吃饭的口令。

⑤在那个饥肠辘辘的年代，对于还是个孩子的我来说，食物散发出的诱惑，无疑令我无法抗拒。至于下顿将着落在哪儿，我大抵是不会去理会的。我心里只有炊烟。发展到了最后，就算全村的炊烟同时升起，哪一道炊烟是自家的，我能一眼分辨出。

⑥那时，炊烟不仅滋润了我的肠胃，也滋润了我的梦。

⑦可我从来不是一个懂得感恩的人。相反,我回报给炊烟的,大多是怨,是恨:恨它营养不够丰富,恨它花样太过单一,更恨它有时还填不饱我肚子。

⑧与我对炊烟的矛盾态度相比,父母从来怀着一颗虔诚之心。他们能看懂炊烟的表情,也能读懂炊烟的语言。炊烟生病了,父母精心呵护着,助它早日康复;炊烟失落了,父母安慰开导着,帮它尽快振作。炊烟有灵性。虔诚的心,换来了炊烟的信任。它配合着父母,苦苦支撑着摇摇欲坠的日子。

⑨然而,在父母虔诚的背后,其实也蜷缩着一颗不安分守己的心。父母领着我在日子里摸爬滚打的同时,矢志不渝送我去读书。他们已领教了日子的苦。他们不想将这种苦留成"财产",等我去继承。为了孩子长远计,父母替我谋划着对炊烟的"背叛"。

⑩背叛,是需要勇气的;勇气,则需要成本。为了抵抗不断膨胀的生活,搀扶起勇气,父母几乎把腰弯得和大地平行,瞪大疲惫的眼睛,在日子里翻拣着能对抗生活的元素。

⑪在异乡,任我踮脚眺望,却看不到一丝炊烟。内心的空虚惆怅如同滚着的雪球。

⑫在炊烟的浸泡里长大的人,炊烟就是他的根。一个人,一生里烙印着三条根,那是从国别、地域、家庭三者文化差异中沉淀出来的。"背叛"了炊烟,就斩断了地域和家庭这两条根,<u>我这一生,注定将处于失根后的无根状态。</u>这时,在记忆里存活的新鲜炊烟,仿佛一封封家书,用眼眸盖上思念的邮戳,不时呼唤着我回去。

⑬每一年,我都会回故乡,只为亲手摸摸升腾的炊烟。摸着它,我才能暂时找回丢失已久的乡音,才能短暂回收久违了的踏实内心。

⑭这些年,每次回去,家乡都有变化。村人的生活水平真正像是芝麻开花。在欣慰的同时,我却觉得与故乡又生疏隔膜了几分。现代化的炊具,不断打压着炊烟氤氲的范围。我希冀的炊烟,越发地单薄瘦削。

⑮我知道,终有一天,故乡会被膀阔腰圆趾高气扬的现代化日子改写。

⑯我也知道,总有一天,我再也看不到炊烟。

⑰我更知道,一缕缕炊烟,终会在我记忆的窖藏中酝酿成一种乡愁,继而在我的记忆里,站成一道道风景,更站成一位位亲人。

⑱背叛,总是要付出代价。没有了炊烟,也就失去了故乡,再也没有远道而来的消息,能把一种叫幸福的感觉催生。

⑲失去了炊烟,我们注定还有别的希望。

问 题

第⑫段中画线句子“我这一生，注定将处于失根后的无根状态”，请分析句子含义。(5分) / 考向3：体会重要词句含义

《“背叛”炊烟》—问题

补充设问

(1)从表达技巧方面赏析句子“我知道，终有一天，故乡会被膀阔腰圆趾高气扬的现代化日子改写”。/ 考向2：表达技巧鉴赏

(2)试分析文章的语言特色。/ 考向1：语言艺术鉴赏

02 阅读下面的文字，完成后面的问题。

汴京的星河

叶文玲

孩提时，我有许多美丽的憧憬，天真的梦。那时，我最喜欢看天上的星河。夏夜仰望那缀满星星的夜空，我会几个小时地坐对发痴，小脑瓜里整个儿盘旋着关于星星月亮的种种神话传说。于是，我总相信月宫里有嫦娥，早晚有一天会从那影影绰绰的桂花树下飘飘走出，而那璀璨的星星呢，一定是那些调皮的小仙女随意抛撒的宝石珠贝。我很想什么时候飞上天去，抓住天幕的一角轻轻一抖，让这些明亮得耀眼的珠宝纷纷飞落下来，穿过云端，落到人间。

傻念头想过万万千，我却从不以为可笑，倒觉得这些记忆，永远像蜜汁一样醇甜。

大概就因为这颗未泯的童心吧，一些别人认为是不算稀奇的事，在我，却总要兴奋得大喊大叫。

现在,我就又想叫喊了:最近,我真的看见了天上落下的星河——那明亮得耀眼的珠宝。

那是在汴京——开封。这个赫赫有名的宋代京都汴梁城,果真又一次牵下了天上的星河,让无数次揣想过《东京梦华录》笔下灯宵月夕的我,感到如此新奇和庆幸。

素享盛誉的汴京,果不负人愿。在月华皎皎的元宵节,它再次以花光满路千门如昼的姿颜,呈现了它非同寻常的辉煌。

非是我这个初来乍到的外来客言辞夸大,我总觉得在汴京看灯会,别有一番意趣,在灯会中看汴京,别有一番别处难以得见的古城神韵和京都风光。

这种新奇有趣的感觉缘何而来?是因了那些盏灯,也因了那看灯的人,也因了那挂灯的街。

先说那街。

汴京的街,古今相映成趣,一片繁荣。路这厢,高高耸立起一幢幢现代化大楼;路那厢,则一色是明清风味的木柱木门木栅,特别是那雕镂朱漆的木窗棂,很能教人想起白话小说中所写的布衣小帽的"市井人家"。甚至连门口那长垂的竹帘一动,你都会蓦然一惊:是要走出一位肩搭长巾鼻头抹了点白粉的"酒保",还是珠钗满头罗裙曳地的"女娇娃"?

且说那人。

也许正月正是"闲月"吧,不大的汴京城竟拥集了这么多的"闲人"。

紧挨着相国寺的小商品市场,设在一条长而又长的窄巷内,天天人头攒动,熙来攘往,那琳琅满目的小摊和形形色色的顾客,还真像升平鼎盛的北宋"相国寺万姓交易"的盛况呢!那儿,摆着那么多卖各色小吃的食摊,香气四溢,烟雾腾腾,碗盏叮咚,吆声大作。那个素享盛名的"第一楼",更是整日顾客盈门,座无虚席。这一切,不也大有向以时令小吃著称天下的汴京城遗风么?但是,我晓得,这盛况,这胜景,前些年是断断没有的,假如没有改革开放的新经济政策带来的繁荣,一向贫寒的豫东农民,能这样衣帽鲜亮亮、脸上油光光地率领举家老小来开封大饱眼福和口福吗?

今年,到开封游逛的人特别多,游逛的最主要目的,就是来观灯。

再说那灯。

我们抵达之时,虽是正午,却见鼓楼、龙亭这些主要街区,俱已"东风夜放花千树"了。

说也怪,越盼淡月胧明,偏偏日落迟迟,待挨得黄昏近,笑语喧,好心的主人却又劝阻道:此时去观灯,保准你们挨都挨不到跟前!

纵然心急难耐,也只好耐下心来,远远地站在门口,放眼眺望长街,果然是人潮滚滚,黑压压一片。虽未亲临,可是一阵阵传来的欢声笑浪,越发教人心痒痒得如痴如醉了。

好容易等到了"灯火阑珊"时。哦,这话儿也许不算准确,已是夜露生凉月横中天了,兴致浓浓的观灯人,还是一簇簇一队队的蜂拥不绝。

<u>汴京城名不虚传,而汴京人也果有奇术异能!你看那一盏盏巧夺天工的彩灯,真个是收尽了</u>

祥云五色荧煌炫转，那千百盏争奇斗俏的灯，一一地当街密密地排列开来，交相辉映，金碧四射。近近地看，真是千姿百态，大放光华，直教人眼花缭乱；远远地看，只见高高低低，五颜六色，飞旋流转，闪闪烁烁，道它是银河垂地，一点也不夸张。不信的话，此时你抬头望望中天，平日如练的素月，也悄然失色，端端地消淡了很多光华。

古人观灯，只能欣赏那奇巧百端的扎灯技艺，点的是蜡烛，糊的是绢纸，纵然巧夺天工，也难经风吹雪打；而今的灯，有了科学技术辅佐，自然更加高明。你看那腾跃而起的奔马灯浑身通亮，那纵马奔驰的勇士目光如炬；那能与人对话的机器娃娃灯前趋后仰，憨态可掬；那大书“为民作主”的扇子灯来回穿梭，熠熠生辉。

呵，怪不得，所有的看灯人都不恋恋于那些只有光色，只亮不转的小灯，却把以上那些巨大的，既有传统技巧，又有现代化特色的新鲜有趣的大转灯，密匝匝地围了个水泄不通。

一点不错，尽管灯节是古代传统，但人，毕竟是80年代的人，现代人最仰慕的还是科学技术和现代文明啊！

兴尽欲归时，在长街的拐角处，却又见到了一幅叫我怦然心动的景象——一间小木楼的门窗呀地一声启开，一根长竿软软地伸将出来，竹竿头上，滴溜溜地悬了一盏八角宫灯，那宫灯虽小，款式却玲珑剔透，做工也极精致细巧。一时间，我没看清灯壁上那悠悠旋转的花卉图样，只觉得像飘过去一簇飞花，一团流云……

我看得呆了，循了那挑灯的手望去，恍恍的灯影下，只见是一个穿猩红雪衫的姑娘。许是那衣衫太红，那灯光太朦胧了，我看不清姑娘的眉眼儿，只见她那笑盈盈的脸蛋儿，被身上那件红衫，手中的那盏红灯，映照成了一团艳艳的红云……

那红云，那灯彩，久久地晃在我的眼前，直伴着我进入梦境。

午夜，我果然重温了少年时的梦——我见那闪闪烁烁的星星，却从天河里飞溅下来，变成了“灯雨”，洒落在汴京城……

（本文有删改）

问题

(1)作者的兴奋情绪在文中画横线部分表现为怎样的语言特点？(3分) ／考向1：语言艺术鉴赏

(2)请从修辞手法角度分析下面的句子。(3分) / 考向2:表达技巧鉴赏

你看那腾跃而起的奔马灯浑身通亮,那纵马奔驰的勇士目光如炬;那能与人对话的机器娃娃灯前趋后仰,憨态可掬;那大书"为民作主"的扇子灯来回穿梭,熠熠生辉。

补充设问

根据全文,分析作者"感到如此新奇和庆幸"的深层意蕴。 / 考向3:体会重要词句含义

破题方法与参考答案

01 破题方法

第一步:审题干,明题型。根据题干中"分析句子含义"可知此题考查的是体会重要词句含义类题型中的体会重要句子题。第二步:审文本,抓关键。审读句子,抓关键词"失根""无根状态"。第三步:依技巧,组答案。判断句子是否使用表达技巧,理解关键词含义。

参考答案

"根"是指炊烟、故乡。①"失根"是指"我""背叛"炊烟,走出乡村。②"无根"是因为家乡一直在变化,"现代化的炊具,不断打压着炊烟氤氲的范围",现代文明逐渐取代传统的生活方式。③作者对故乡既有"背叛"与逃离,又有思念与牵挂,表达了作者对故乡深沉的爱。(共5分。解释"失根"得2分,解释"无根"得2分,总结含义得1分)

补充设问

(1)破题方法

第一步:审题干,明题型。根据题干中"表达技巧"可知此题考查的是表达技巧鉴赏类题型。第二步:明方法,析内容。分析句子使用哪种表达技巧,再结合具体内容分析。第三步:析效果,巧总结。分析所使用的表达技巧的效果,结合文本总结答题。

参考答案

运用拟人手法，生动形象地写出了随着时代的进步、社会的发展，故乡传统农耕生活必然会逝去，最终被占据绝对优势的富裕、先进、现代化的生活取代。这句话蕴含作者对这种变化既欣慰、期望，又充满伤感、留恋的矛盾复杂的情感。

(2)破题方法

第一步：审题干，明题型。根据题干中“语言特色”可知此题考查的是语言艺术鉴赏类题型。第二步：审文本，明方向。从“语言特色”方向入手分析句子。第三步：依方向，巧分析。根据确定的答题方向，结合文本进行分析。

参考答案

本文多用对比，深入剖析作者内心，语言含蓄，情感略显沉重，带有浓浓的乡愁。

02 (1)破题方法

第一步：审题干，明题型。根据题干中“语言特点”可知此题考查的是语言艺术鉴赏类题型。第二步：审文本，明方向。题干有限制词“兴奋情绪”，在该限制词下具体分析画线句子的语言特点。第三步：依方向，巧分析。结合文本，组织答案。

参考答案

①用词夸饰，辞彩绚丽。如“巧夺天工”“千姿百态”具有明显的夸张色彩。

②运用铺陈、排比语句，从不同角度描绘彩灯的绚丽。

③语气急切，用副词“果有”“真个”等加强语气，用“你看”“你抬头”等表现急于分享的兴奋心情。(共3分。每个语言特点1分，答出3点即得满分)

(2)破题方法

第一步：审题干，明题型。根据题干中“分析下面的句子”可知此题考查的是表达技巧鉴赏类题型。且有限制词“从修辞手法角度”。第二步：明方法，析内容。审读句子，抓关键词“那……那……”“憨态可掬”等。第三步：析效果，巧总结。根据修辞手法具体作用结合文本分析。

参考答案

①运用拟人的修辞手法。“前趋后抑”“憨态可掬”将机器娃娃灯描绘的活灵活现，突出了汴京灯的现代化特色。

②运用排比的修辞手法。不仅展现了汴京灯的巧夺天工，千姿百态，还表现出了作者观灯时兴奋、惊喜的情态。(共2分。答出“拟人”与“排比”得1分，结合内容分析得1分)

补充设问

破题方法

第一步：审题干，明题型。根据题干中“深层意蕴”可知此题考查的是体会重要词句含义类题型中的体会重要句子题。第二步：审文本，抓关键。审读句子，回归文本，联系上下文。第三步：依技巧，组答案。联系文本，总结归纳。

参考答案

①庆幸遇上了改革开放的好时代，对城市发展新气象感到新奇。

②有感于游人众多，人民生活富裕，精神焕发。

③现代科技让汴京灯节重现历史繁华，实现了“我”的“星河梦”。

六、破解内容要点概括探究类题型

真题示例

山东临沂莒南县、临沭县真题

阅读以下文字，回答问题。

《妈妈的茶篮》

春雷一起，时节点一到，绵绵春雨轻轻飘落，滋润着青葱翠绿的茶园，茶树从冬日的沉醉中苏醒开来，睁开朦胧的双眼，抽枝吐芽，等茶芽长到一芽二叶的时候，妈妈就会带领她的姐妹们背起茶篮上茶山了。

妈妈没文化，没有赶上女娃可以上学的年代。但这没有影响妈妈好强的性格。十六七岁妈妈就成了生产队的采茶组组长，妈妈采茶时是快乐的，她采到哪里，山歌就飘到哪里。那个时候妈妈是一个水灵灵的妹子，乌黑发亮的头发，两个齐腰的大辫子，加上妈妈勤快嘴甜，三姑六婆纷纷前来说媒，但是外公一直不点头。寨子的人就跟外公开玩笑：“老李，若不赶紧将你女儿许配人家，你家门槛都要被踢烂呢。”外公总是先吸一下烟筒，淡淡地说：“还小呢，家里面再使两年。”

答题思路

第一自然段，开门见山，照应题目。

画“____”句子，直接点明“妈妈”的性格特点——好强，为下文埋下伏笔。

所有的缘分都是老天冥冥中注定的，1979年夏天的一个傍晚，妈妈像往常一样采完茶回家，那天妈妈背着一天的劳动成果(满满的一大篮茶)，很是兴奋，哼着欢快的歌儿走在回家的路上，因为走得太急，没有看清脚下有块石头，摔倒了。茶撒得一路都是，偶遇回家探亲的爸爸，并且被爸爸看到最窘迫的自己，妈妈含羞的低着头，脸庞涨得红彤彤的，赶紧将茶收拾好，压根就没敢抬头看我爸。也许就是上天注定的缘分，我爸就看上我妈了。

画“＿”句子，设置悬念，引起读者阅读兴趣。

爸妈结婚的时候，外公给妈妈做了一个非常精致的茶篮，外公把满怀的希望寄托在茶篮里送给出嫁的女儿。

人有悲欢离合，月有阴晴圆缺，祸不单行，1988年，父亲病故。记得父亲出殡的时候，所有的亲人都很担心妈妈，因为自从爸妈结婚后，夫妻恩爱，生育了我们姐弟三人，有一个幸福美满的家庭。随着爸爸的突然离去，养活三个小娃的重担就落在妈妈一个人的肩上了，其中的艰辛可想而知。当所有人都在为我们姐弟三人的未来担心的时候，妈妈用坚毅的眼神看了看墙上挂着的那只茶篮，眼里噙着泪默默地说：“只要茶篮在，希望就在，宝贝们，妈妈会为你们努力的。”从此妈妈承担了所有属于爸爸妈妈的责任，既当爹又当妈，没白天没黑夜地在茶园里劳作着。就是那一年，妈妈种植了很多新茶园，为我们上学攒下了学费。有人也劝过妈妈让她改嫁，父亲走的时候妈妈才28岁，28岁是多么美好的年华，但是妈妈怕我们姐弟三人受苦，硬生生用她那单薄的肩膀为我们撑起了一片蓝天。

画“～”句子，出人意料，情节波折，“妈妈”的人生陡转直下，为下文“妈妈”独自带大三姐弟作铺垫。

当寨子里的小伙伴一个一个辍学的时候，妈妈告诫我们，做她的儿女必须好好念书，因为她就是没有文化，吃了不少亏，而且我爸最大的遗愿就是我们三姐弟都能读书。我们三姐弟带着这份沉甸甸的爱，走进了学校的课堂。功夫不负有心人，我们三姐弟都读了书，完成了爸爸的遗愿，了却了妈妈的心愿。

画“＿”句子，照应前文“妈妈”的性格特点——好强。

2013年弟弟考上了研究生。当录取通知来到家的时候，弟弟却犹豫了：读还是不读？读，妈妈还要再辛苦三年；不读，就与难得的进修机会失之交臂。就在弟弟愁眉不展的时候，妈妈表态了："儿子，一定要读，学费没问题！只要妈妈的茶篮还在，你的学费就没有问题。"最后在妈妈的坚持下，弟弟读完了研究生。

2016年，因原单位经营出现问题，我得重新择业。在我万念俱灰的时候，妈妈来接我的儿子回老家。妈妈走的时候，抚着我的头，轻轻地说："一切有妈，放心吧，一定能找到工作的。"因为妈妈的鼓励，我回到了家乡，找到了新的工作。当我到新单位报到后，回老家接孩子，打开家门，妈妈和儿子都不在家。我习惯性地看了一下妈妈挂茶篮的地方，茶篮也不在家。哎！老妈肯定带着儿子采茶去了。我赶紧跑到茶山去看，果然，妈妈和儿子在忙着采茶，忙得不亦乐乎。看到我，妈妈笑笑说："回来了，回来了就赶紧采茶。"我连忙点头。这时候儿子奶声奶气地说："妈妈，婆婆说，今天采茶卖的钱要拿给我做学费。"听着儿子稚嫩的童音，我的眼泪像断线的珠子一样刷刷地往下掉。

> "茶篮"是本文的线索，贯穿全文，也是"妈妈"坚韧不拔品质的象征。

妈妈用她那布满茧子的手，采了一辈子的茶，用坏了无数的茶篮。但是只要还有竹子，就能编织茶篮，我们的未来就充满了希望。

问题

1. 综合全文，简要分析"茶篮"这一意象在本文中的作用。(4分) / 考向3：特定指向信息概括

答案："茶篮"是本文的线索，贯穿全文。文章以"茶篮"为主线，记叙了父母相识、母亲供养孩子读书、带"我"的儿子采茶等一系列故事。同时，"茶篮"也象征着母亲身上坚韧不拔、不向命运低头的品质，寄托了作者对母亲深沉的爱和赞美之情。

2. 这篇散文叙述的只是一位平凡母亲的平凡小事，但却情感真挚、意蕴丰富。请结合本文内容谈谈你的理解。(5分) / 考向1：主旨概括及探究

答案：本文记叙了母亲年轻时的受欢迎、与父亲的相识、父亲病故母亲扛起家庭重担、供三个孩子读书、供弟弟读研、接“我”的儿子回老家等诸多小事。通过典型的语言描写，使一个勤劳、坚强的母亲形象跃然纸上。面对困难从不放弃希望，绝不向苦难低头，正是这种品质和精神支撑着母亲的一生，而母亲也将这样的精神传递给了下一代。文章饱含作者对母亲的敬佩与爱，同时，也向读者说明了一个道理：只要还有双手，未来就充满希望。

补充设问

作者以“妈妈的茶篮”为标题有何好处？ / 考向2：标题探究类

答案：以“妈妈的茶篮”为题，简单明了，“茶篮”作为全文线索，推动故事情节发展，且充满悬念，吸引读者，并且具有象征意义，象征“妈妈”坚韧不拔的品质。

考向1 主旨概括及探究

命题方向

1. 品味全文，谈谈你得到的人生启示或感悟。

2. 请结合全文，谈谈你对文章主题的理解和感悟。

3. 本文的主旨，有人认为是表现×××，有人认为是表现×××。你赞同哪种看法？请结合文章内容加以探究。

4. 联系选文主旨，理解文中句子“×××”的含义。

答题技巧

1. 主旨概括及探究方法

(1)标题提示法

标题能使读者获得文章的总印象，能或显或隐地传达文章的主旨。有的标题概括了文章的中心，体现了文章的主要内容；有的标题直接揭示了文章的中心思想。

(2)段意串联法

即概括各段段意，然后归纳中心。概括时要注意在各段段意之间加上过渡词语，同时区分重点段落和非重点段落，做到详略得当。

(3)首尾归纳法

文章的开头常常有开篇点题、统领全文、点明或暗示中心思想、引出话题的作用,而结尾常有点明中心、升华主题的作用,因此抓住首尾,有助于把握主题。

(4)关键词句归纳法

即抓住文章关键的议论、抒情句和每段的中心句。这类句子往往有画龙点睛之功效,能帮助我们把握文章主题。

(5)从分析文章的背景入手

分析文章的中心,有时还需了解、分析相关背景,弄清文章内容与背景的关系,了解文中的事件和人物是在什么背景下产生、活动的,写作的意图是什么。

2. 答题步骤

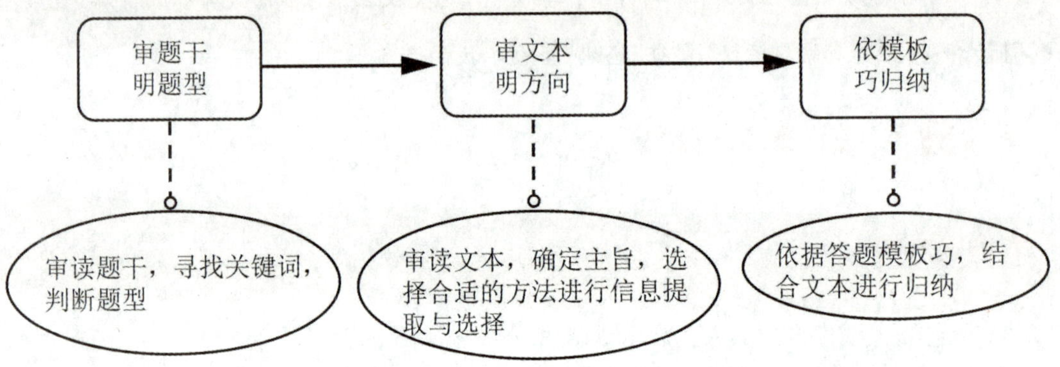

高分答题模板

本文记叙了(描写了、通过)________的故事(事迹、经过、事件等),表现了(反映了、歌颂了、批判了)________的思想(性格、精神、实质),抒发了作者________的感情。

考向2 标题探究类

命题方向

1. 结合文本,谈谈本文以“×××”为题目的好处。

2. 小说题目“×××”有深层意蕴,请简要分析。

3. 题目能不能换成×××? 请陈述你的理由。

答题技巧

1. 标题作用

（1）以时间、地点、环境为标题

①点明时间、地点、环境、创设背景，渲染氛围；

例如：《故都的秋》的标题就直接点明了地点是“故都”，时间是“秋”，为文章创设了写作背景。

②突出小说主题；

例如：《故乡》的标题直接点明故事发生的地点，通过描写作者对“故乡”的感觉变化，进一步探讨小说表达的主题。

③线索作用、设置悬念作用。

例如：《秋天的怀念》的标题点明了时间“秋天”，“怀念”一词缺少宾语，从而设置了悬念，激发了读者的阅读兴趣。

温馨提示：

标题的作用也可以用作标题探究类题型的答题方向。

（2）以物件为标题

①结构线索，文章结构严谨；

例如：《项链》全文按照借“项链”——丢“项链”——还“项链”的顺序进行记叙，结构严谨。

②设置悬念，引发联想；

例如：《柳叶儿》以平凡无奇的“柳叶儿”为题，引起读者阅读兴趣，想要一探究竟，看看这“柳叶儿”有何神奇之处。

③概括故事情节，寄托人物情感，揭示主题，隐含比喻义、象征义。

例如：《小木船》写发生在“我”与陈明之间的事情。“我”与陈明之间的友谊，从破裂到恢复，都与一只小木船有紧密的联系。而“我”后来一直珍藏着小木船，表明了“我”和陈明之间友谊非常深厚。小木船已成了“我”和陈明友谊的象征。

（3）以人物为标题

①突出人物形象；

例如：《焦裕禄》直接以人物为题，让人一目了然。

②暗示故事情节；

例如：《阿长与〈山海经〉》题目暗示了文章就是围绕阿长和《山海经》之间发生的故事展开叙述的。

③紧扣中心，突出主题。

例如：《小英雄雨来》的标题体现了雨来的形象特点，突出了文章的主题。

(4)以形象特征为标题

①铺开情节,呼应细节;

②对比讽刺,强化效果。

例如:《装在套子里的人》抓住人物形象的特征,强化表达效果。

(5)以事件为标题

①突出主要故事情节;

②紧扣中心,突出主题。

例如:《林黛玉进贾府》《鲁提辖拳打镇关西》都是以事件为标题,通过标题就能掌握文章主要情节。

(6)以问题为标题

设置悬念,引发思考。

例如:《丧钟为谁而鸣》《钢铁是怎样炼成的》都是以问题为标题,设置悬念,引起读者阅读兴趣,引发读者思考。

2. 标题优劣类(更换标题类)答题要点

①这个题目是文章的线索或有概括主要内容、制造悬念、讽刺、双关的作用。

②这个题目有助于突出某个人物形象。

③这个题目有助于突出文章的某个主题。

④替代的题目有这样那样的缺点。

3. 答题步骤

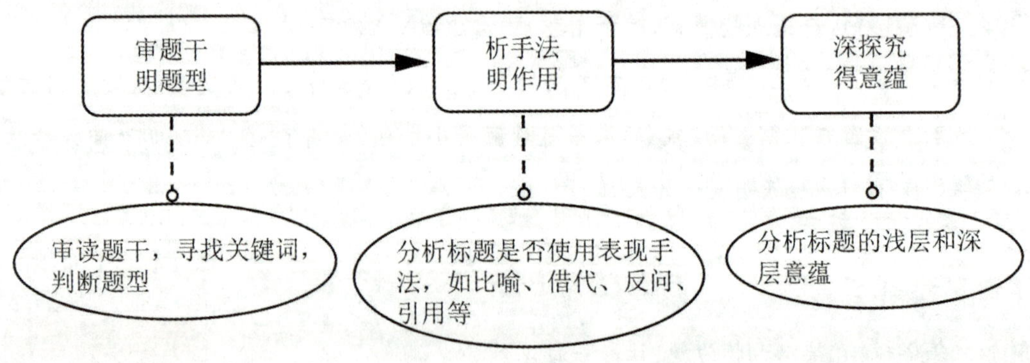

高分答题模板

以________为标题,风格________(简明、新颖巧妙、含蓄隽永等),运用________手法+具体作用分析。

考向3 特定指向信息概括

命题方向

1. ×××,这是为什么?请简要分析。

2. 从全文看,×××的理由主要有哪些?

3. 简要概括本文×××的主要特点。

答题技巧

“特定信息”是指“原因”“结果”“作用”“意义”“影响”“方式”“特点”“情感”等方面的信息,这类信息的概括是散文阅读的常考题型。

1. 检索提炼信息的三种方法

(1)摘取法

有些信息显示在重要句子中,概括时可摘录句子或句子中的重要词语。

(2)合并法

需要概括的内容往往不是一个方面,这时最好的方法就是将有关的两个或两个以上的意思分别摘取出来并组合在一起。

(3)层析法

需要概括的内容,文中无明显的对应关键句时,则可将原文内容分层,层层分析后归纳概括。

2. 答题步骤

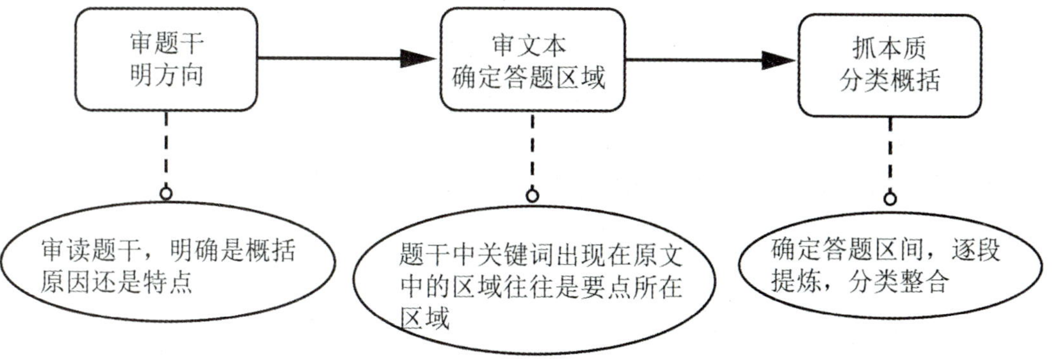

高分答题模板

因该类题型具有特殊性,并无固定答题模板,考生可依据答题步骤灵活答题。

三 试题精解

01 阅读下面的文字，完成后面的小题。　山西真题

夜雨漂流的回忆

叶　紫

十六年——一九二七——底冬初十月，因为父亲和姊姊的遭难，我单身从故乡流亡出来，到长沙天心阁侧面的一家小客栈中搭住了。那时我的心境底悲伤和愤慨，是很难形容得出来的。因为贪图便宜，客栈的主人便给了我一间非常阴暗的，潮霉的屋子。那屋子后面的窗门，靠着天心阁的城垣，终年不能望见一丝天空和日月。我一进去，就像埋在活的墓场中似的，一连埋了八个整天。

天老下着雨。因为不能出去，除吃饭外，我就只能终天地伴着一盏小洋油灯过日子。窗外的雨点，从古旧的城墙砖上滴下来，均匀地敲打着。狂风呼啸着，盘旋着，不时从城墙的狭巷里偷偷地爬进来，使室内更加增加了阴森、寒冷的气息。

一到夜间，我就几乎惊惧得不能成梦。我记得最厉害的是第七夜——那刚刚是我父亲死难的百日(也许还是什么其他的乡俗节气吧)，通宵我都不曾合一合眼睛。我望着灯光的一跳一跳的火焰，听着隔壁的钟声，呼吸着那刺心的、阴寒的空气，心中战栗着！并且想着父亲和姊姊临难时的悲惨的情形，我不知道如何是好！……而尤其是——自己的路途呢？交岔着在我的面前的，应该走哪一条呢？……母亲呢？……其他的家中人又都漂流到什么地方去了呢？

窗外的狭巷中的风雨，趁着夜的沉静而更加疯狂起来，灯光从垂死的挣扎中摇晃着，放射着最后的一线光芒，而终于幻灭了！屋子里突然地伸手看不见自己的拳头，我偷偷地爬起来了，摸着穿着鞋子，伤心地在黑暗中来回地走动着。一阵沙声的，战栗的夜的叫卖，夹杂于风雨声中，波传过来了。听着——那就像一种耐不住饥寒的凄苦的创痛的哀号一般。

“结——麻花——哪！……”

“油炸——豆——腐啊！……”

随后，我站着靠着床边，怀着一种哀怜的，焦灼的心情，听了一会。突然地，我的隔壁一家药店，又开始喧腾起来了！

时钟高声地敲了一下。

我不能忍耐地再躺将下来，横身将被窝蒙住着。我想，我或者已经得了病了，因为我的头痛得厉害，而且还看见屋子里有许多灿烂的金光！

隔壁的人声渐渐地由喧腾而鼎沸！钟声、风雨的呼声和夜的叫卖，都被他的喧声遮拦着。

我打了一个翻身，闭上眼睛，耳朵便更加听得清楚了。

"拍！呜唉唉——呜唉唉——拍——拍……"

一种突然的鞭声和畜类的悲鸣将我惊悸着！我想，人们一定是在鞭赶一头畜生工作或进牢笼吧！然而我错了，那鞭声并不只一声两声，而悲鸣也渐渐地变成锐声的号叫！

黑暗的，阴森的空气，骤然紧张了起来，人们的粗暴而凶残的叫骂和鞭挞，骡子(那时候我不知道是怎样地确定那被打的是一头骡子)的垂死的挣扎和哀号，一阵阵的，都由风声中传开去。

全客栈的人们大部惊醒了，发出一种喃喃的梦呓似的骂詈。有的已经爬起来，不安地在室中来回地走动！……

我死死地用被窝包蒙着头颅很久很久，一直到这些声音都逐渐地消沉之后。于是，旧有的焦愁和悲愤，又都重新涌了上来，房子里——黑暗；外边——黑暗！骡子大概已经被他们鞭死了，而风雨却仍然在悲号，流眼泪！……我深深地感到：展开在我的面前的艰难的前路，就恰如这黑暗的怕人的长夜一般：马上，我就要变成——甚至还不如——一个饥寒无归宿的，深宵的叫卖者，或者一头无代价的牺牲的骡子。要是自己不马上振作起来，不迅速地提起向人生搏战的巨大的勇气——从这黑暗的长夜中冲锋出去，我将会得到一个怎样的结果呢？

父亲和姊姊临难时的悲惨的情形，又重新显现出来了，从窗外的狭巷的雨声之中，透过来了一丝丝黎明的光亮。我沉痛地咬着牙关地想，并且决定：

"天明，我就要离开这里——这黑暗的阴森的长夜！并且要提起更大的勇气来，搏战地，去踏上父亲和姊姊们曾经走过的艰难的棘途，去追寻和开拓那新的光明的道路！……"

(有删改)

问　题

鲁迅先生评价叶紫的创作时说过："作者已经尽了当前的任务，也是对于压迫者的答复：文学是战斗的！"请谈谈本文是如何具体表现"我"的战斗性的。(6分) ／考向3：特定指向信息概括

补充设问

(1)请结合全文，谈谈你对文章主题的理解和感悟。 ／考向1：主旨概括及探究

(2)结合文本，谈谈本文以“夜雨漂流的回忆”为题目的好处。／考向2：标题探究类

《夜雨漂流的回忆》—补充设问(2)

02 阅读下面的文章，完成后面的问题。

挺拔之姿

朱以撒

晋人普遍有好竹之癖，打开魏晋史册，一群生机勃勃我行我素的人就涌了出来，在山阴道上的竹林深处，放浪形骸，快然自足，得大自在。

这当然是我三十几岁以后才意识到的。我和魏晋间人相近之处，就是有过比较长的山野生活，与竹相近。常常会站在山顶，看山峦连绵起伏，竹海无际。那时我想着自己的出路，如果能像一竿竹子这般凌空而起那就好了。竹海里纤尘不染，枝叶让天水洗净，摇曳中偶尔闪过阳光的光泽，它们的顶端是最先接触到每一天太阳的光芒的，不禁使我艳羡。山野稼穑，先是基于温饱的认识——每一竿竹都可以构成生存的支架，把一个个家庭托住，不至于坠入饥寒之中。而每一枚笋，春日之笋也罢，冬日之笋也罢，对于一位腹内空洞的人而言，简单地烹调之后，无异于美味了。那些没有成为餐桌美味者，不舍昼夜继续伸长，令人仰望。那些被山农认为是成熟了的竹子，在叮叮咚咚的刀斧声中倒下，削去枝叶，顺着规划好的坡道滑下，被长长的平板车载着，进入再加工的程序。和竹子一样，人也是善于生存的植物，贫瘠清苦中也会挣扎着生长。我注意到一些竹子的确没有长好，是吃力地拱出石块的，此后也就一直不能顺畅，总是被压制着扭曲着，不禁让人生出怜悯。只是我一直认为它会更具备倔强的美感，它的根后来制成了一个老者形象的工艺品，比其他的更有铁枝虬干的峥嵘了。

待到我在鹤峰原度假，已经到了闲适的年龄了。风随夕阳西下而愈加强劲，一些植物已在形态上仓皇失措，叶片翻飞如鸟兽惊散。竹林在随风俯仰中显示了一种从容，在徐徐的摇曳里，山野之风的张狂之力往往被斯文地化解开来。在魏晋的文字中有不少“徐徐”的记录，“徐徐”看起来只是肢体上的动作，实则是内心的从容优雅。内心慢了，整个人的举止也就慢了，斯文了，有风度了。竹被称为四君子之一，它在四君子中是最为清俊的，风来了，风过了，余韵袅袅。

竹子从笋尖出土就开始了笔直向上的里程，追慕光明，从而略去了许多天下扰攘。竹子作为人格气节的象征是有道理的。屈原的《离骚》充满了香草的芳香，可惜，他写的都是湘沅泽畔之物。他一定离竹林很远吧，要不，他一定会以孤竹自况，向楚怀王表示自己砥节立行的井渫之洁和安穷乐志卓然自异于俗常的格调——以竹子作为喻体，会胜过那些优柔的香草，也会使屈原风骨遒劲，

不至于最终绝望而自沉汨罗。当然，竹子在我眼中也有一些孤高兀傲的意象。争相轩邈，思逐风云，都像梁山好汉单干时那般独标奇崛。相比于王维在夜间的竹林里又是弹琴又是长啸，弄得一片喧哗，我则以为竹下独坐静听风来会更与竹默契。李白就是这般静静地坐在敬亭山上的。竹是清肃之物，郑板桥曾在《兰竹石图》上题写了“各适其天，各全其性”，认为它是循自然之道的。如果它是一个人，一定是心怀素淡，性喜萧散，有一些不可犯之色。每一个人的内心都会有一个位置来安放一竿竹子，或者一片竹林。所谓风骨，就是内在的支撑。

一个人爱竹，在他笔下会有哪一些流露呢，真要用两个字说道，那就是“清”和“简”了。庾子山在《小园赋》中有不少数字，不过最让人欣赏的是“一寸二寸之鱼，三竿两竿之竹”，读到此处，清出来了，简也出来了。在魏晋这样一个尚竹时代，竹是环境的背景，也是心境的背景，如果观察他们的雅集轨迹，竹林七贤、金谷宴集、兰亭修禊，都是在茂林修竹间，在这里挥麈清谈、稽古观心，是很有一些清简之趣的，像王羲之的《大道帖》、王献之的《鸭头丸帖》、王珣的《伯远帖》，都那么小，一张便笺般大小，清简出风尘，三笔两笔，精气神都聚于此了。在笔墨清简的背后是唯美的人格——一个人可以奇点、怪点，也可以不循常轨剑走偏锋，却不可落入尘俗的泥淖里。想想当年的阮籍，以青眼、白眼待人，相比于今人内怀奔竞之心，好冠盖征逐之交，那时节的人在处理人的关系上显然清简得多。

我是在农耕兄弟的老房舍里大量的竹器中看到竹子之力的，力透到寻常生活的每一个角落，紧紧地箍住了一家人的生活、一个村子的生活，不使失散。渐渐地，在竹林环绕中的人们也有了坚韧和忍耐。实在的劳作泥泥水水寒暑无间，使人长于自守，默然无语。而另一面又使我察觉到民风的强悍，只是平素在体力蓄积着，不使外泄。所不同的是农耕者远没有竹子的挺拔俊秀，少年时过早地负重，后来再也长不高了。尽管我离开那里很久了，我还是固执地认为他们就是一片会行走的竹子。

回到城里看到的更多是与园林建筑相匹配的纤纤细竹，优雅而有骨感。进入古色古香的庭院，玩味钟鼎彝器、瓦甓青花，又翻动图籍残纸。忽然有一缕淡淡的流逝感浮了上来——日子是越发小巧婉约起来了。算算此时，是农历的六月七月之交，时晴时雨，山野在潮湿中，无数的竹鞭在奋力吮吸，竹节争先向上，风雅鼓荡，场面奇崛，整座山岭充盈着大气与生机，让热烈的阳光照彻。

问题

文章写出了竹子的哪些精神气质?(6分) / 考向3：特定指向信息概括

补充设问

(1)请结合全文,谈谈你对文章主题的理解和感悟。/考向1:主旨概括及探究

(2)结合文本,谈谈本文为何以“挺拔之姿”为题。/考向2:标题探究类

破题方法与参考答案

01 破题方法

第一步:审题干,明方向。根据题干判断,要概括的是内容。第二步:审文本,确定答题区域。第三步:抓本质,分类概括。从表现手法、社会环境等方面答题。

参考答案

(1)通过语言描写、心理描写、社会环境描写等多种描写手法,揭示了当时社会的动荡,体现了当时“我”及人们生活的真实境况,迫使“我”“从这黑暗的长夜中冲锋出去”,表现出“我”的战斗性。

(2)文章结尾直抒胸臆,“要提起更大的勇气来,搏战地,去踏上父亲和姊姊们曾经走过的艰难的棘途,去追寻和开拓那新的光明的道路”,表达了“我”对光明的向往,体现了“我”的战斗性。

(共6分。从描写手法方面作答得3分,从抒情技巧方面作答得3分,仅答出手法与技巧没有揭示深刻内涵的扣3分)

补充设问

(1)破题方法

第一步:审题干,明题型。根据题干中“文章主题”可知此题考查的是主旨概括及探究类题型。第二步:审文本,明方向。审读文本,确定主旨,选择合适的方法进行信息提取。第三步:依模板,巧归纳。依据答题模板,结合文本进行归纳。

参考答案

本文写了“我”孤身“漂流”的原因、时间以及流亡所到之地，为了摆脱目前被压抑的状况，为自己找到新生之路，“我”最终决定继承父亲和姊姊的遗志，起来抗争。

(2)破题方法

第一步：审题干，明题型。根据题干中“题目的好处”可知此题考查的是标题探究类题型。第二步：析手法，明作用。分析标题运用的修辞等手法。第三步：深探究，得意蕴。分析标题的浅层和深层意蕴。

参考答案

标题运用象征和比喻修辞，用“夜雨”象征社会环境的黑暗和“我”受到的压迫。将“我”的逃亡比喻成漂流，体现了“我”渺茫的前途。

02 破题方法

第一步：审题干，明方向。“文章写出了竹子的哪些精神气质？”是属于特定指向信息概括的题目，“哪些”要求写出多种，“精神气质”则要求归纳概括。第二步：审文本，确定答题区域。本题对象是“竹子”，内容主要涉及③～⑦段。第三步：抓本质，分类概括。仔细对照文本内容进行归纳。

参考答案

①“竹林在随风俯仰中显示了一种从容，在徐徐的摇曳里，山野之风的张狂之力往往被斯文地化解开来”可以看出竹子优雅的精神气质；②“竹子在我眼中也有一些孤高兀傲的意象”可以看出竹子孤高兀傲的精神气质；③“一个人爱竹，在他笔下会有哪一些流露呢，真要用两个字说道，那就是‘清’和‘简’了”，可以看出竹子清简的精神气质。（也可答坚韧忍耐、争先向上）（共6分。每点2分，需结合内容分析，答出3点即可）

补充设问

(1)破题方法

第一步：审题干，明题型。根据题干中“文章主题”可知此题考查的是主旨概括及探究类题型。第二步：审文本，明方向。审读文本，确定主旨，选择合适的方法进行信息提取。第三步：依模板，巧归纳。依据答题模板，结合文本进行归纳。

参考答案

文章从不同角度评价竹子，实则是在评价人的品格，且作者高度赞扬拥有和竹子一样精神特质的高尚的人。

(2)破题方法

第一步：审题干，明题型。根据题干可知此题考查的是标题探究类题型。第二步：析手法，明作用。分析标题是否运用了艺术手法。第三步：深探究，得意蕴。分析标题的浅层和深层意蕴。

参考答案

以“挺拔之姿”为题，直接体现竹子的姿态，也从侧面表现出作者对竹子的喜爱之情。

七、破解探究分析类题型

真题示例

四川特岗真题

阅读以下文章，回答后面的问题。

《散步》

林贤治

①我喜欢散步。

②据说，一些名人如甘地、卢梭、托尔斯泰也都是喜欢散步的。但是他们与我无关。我喜欢散步，决不是出于对他们的模仿。散步完全是个人的事情。

③推想起来，对空间的渴望，恐怕是最原初的动机。无论是会议大厅那貌似天空的拱圆形屋顶，还是工作室的欲坠非坠的天花板，都在时间中构成了一种潜隐的威胁，何况多出卫士般永远肃立的墙壁呢。

④走出户外以后，世界也不是没有规范的。但是，在楼群，灯柱，梯级，斑马线，众多的缠绕中间，毕竟存在着无限多可选择的道路。回避即选择。身外许许多多物事，本可以不同自己发生任何的关联。譬如，偶一抬头便赫然看见太阳，设想低首而行，世上的光华灿烂又于我何有呢？所以，哲学家使用了“在场”一词。我即是我，既可以在场，也可以不在场，我行故我在。

答题思路

本文以喜欢散步开篇，以否定带着负担的散步作结，文章多角度地表达了作者对散步的理解，章法严谨，浑然一体。

⑤散步时，我不带同伴，只带影子。集体行动是反散步的。说到舞蹈，我就不喜欢双人舞和多人轮舞。无条件地接受他人的约束，响应一种近于严密的节律，这种形式的艺术，纯粹是古代贵族王公及其豢养的优伶的遗传。我喜欢独舞。至于散步，则自如多了，简直没有节奏。或疾或徐，步调全没有法则。倘使路旁多出一位褴褛的瞽者，或是一株待活的蔷薇，都可以随时停下来。

第五自然段中使用了对比的手法，如将室内的约束和室外的自由对比，将个人的散步和群舞对比，表现了作者的好恶取舍，突出了文章的中心。

⑥行行重行行。没有行囊，没有远方的呼唤和近身的催促，无须尝旅人的苦辛。只要想散步，披一件夏威夷衬衫就足够了。风起时，再加一件大衣，随手把衣领倒竖起来也不失为一种风度。其实，于散步的人来说，根本不管什么风度不风度。这时，需要的只是鞋子，或穿或趿，尽凭一时的兴会。赤足也未尝不好，就怕少了草地罢了。总之，鞋与不鞋，全为了取悦自己。

⑦按照传统的关于阴阳的说法，散步主阴；以它的柔静，实在不宜称作运动的。王维诗："行到水穷处，坐看云起时。"很可以为散步写意。书本上的所谓自由，大约指的就是这样一种随意性罢？散步是没有目的的。没有目的，自然没有探寻。无须寻找的道路叫什么道路呢？其实，散步只是走，并非走路。散步不是为了通往哪一道门。门是另一种存在。

⑧自由无所思。即便有所思，也当自行消失于一片散漫优游之中了。罗丹的思想者，以拳头支持沉重的颅脑，因为紧张，致使全身的肌肉绷到发直。状态有如此不同。柏格森说："像思想家那样行动，像行动家那样思想。"思想是需要状态的。状态决定一切。一天，我照例作着散步，突然发现双手空空荡荡，仿佛从来没有过的空空荡荡，这才觉得：我应当握着一点什么！

纵观全文，作者喜欢散步的原因有二：一是可以无拘束的行走；二是可以无拘束的思考。

⑨然而接着想，果真有那么一种用具握在手中，还能叫做散步吗？

（有删改）

问题

1. 文中画线句“其实，散步只是走，并非走路”的含义是什么?(5分)

答案：散步并不是为了探寻一种道路而走路，而是没有任何目的性，只是随意地走，步调节奏不受规则限制，是在散漫优游中自由而无所思，是一种纯粹的消遣，也是一种行为和思想上追求的理想的自由生存状态。

2. 请简要概括文章的思路。(5分)

答案：本文紧扣散步这一主题，以“我喜欢散步”引出下文，先说明“散步完全是个人的事情”，不是对名人的模仿，不受法则的约束，仅凭自己一时的兴会，是取悦自己的活动，然后阐述散步“自由无所思”，援引名言，并通过与“思想者”的对比，引申出了作者对散步状态的所思所想。

3. 本文与朱自清的《荷塘月色》都写了散步，你认为朱自清的散步属于本文所说的散步吗？请简要分析。(5分) / 探究分析类

答案：我认为朱自清的散步不属于本文所说的散步。林贤治所言的散步是一种强调自我的消遣方式，随心所欲，无所顾忌，无所思考和惦念，不关心太多的外界环境和事物，不会有探寻的目的，没有思想的紧张感，也没有身心的压力。而朱自清在《荷塘月色》开篇中即提出“这几天心里颇不宁静”，显然是为了在散步中探寻情绪的出口，排遣内心的愁闷，通过写景抒发自己的情感，想寻找安宁但又不可得，幻想超脱现实但又无法超脱的复杂心情，没有真正达到心灵的自由和超脱。(言之有理即可)

命题方向

1. 文中提到×××，有人认为×××，请你谈谈你的看法。
2.《×××》中对×××的看法与本文不同，你认为该如何去看。

答题技巧

1. 依据原文思路，把握作者的情感态度

把握作者的情感态度，这是答好探究题的第一步。这就要求我们要特别注意文中的议论性和抒情性语句，把握住这些，就能很好地理解作者的情感态度及价值观。

2. 紧扣题目要求，在文本中寻找依据

探究性阅读讲求个性化认识，但认识不能超出文本这一基础，切不可只对文本作粗略肤浅的浏览就妄作分析，妄下判断，而犯误解文意的方向性错误。

3. 熟悉题型并掌握题目所涉及的必要知识

①探究意蕴

从作品、作者、读者等角度进行；体会文中人、事、景、物中体现出的表层含义；从民族心理、人文精神等方面挖掘其深层含义。

②探究标题

思考标题的表层含义和在文中的含义(引申义、比喻义、象征义)等；思考标题是否点明写作对象的特点或写作内容；思考标题是否表达了作者的主观感情和态度；思考标题是否揭示文章的主旨；思考标题是否是文章的线索；思考标题是否运用了某种艺术手法，对读者有什么影响。

③探究启示感悟

立足文本，从文本角度、读者个人角度、社会角度等谈启示感悟。

④探究创作意图

依据文本看创作意图，作者的选材、写作的重心、结构的安排以及议论抒情的语句等，体现创作意图；联系作者看创作意图，作者的生活经历、人生态度、审美趣味、创作背景等，决定创作意图。

4. 联系生活实际举例子，例子要具体，要与所要表达的内容相吻合

举例子时要做到：

①具体，泛泛而谈往往没有深度；

②所举的例子要与所要表达的内容相吻合，能印证作者的立场、观点、态度和情感；

③所举的例子不能是原文中的例子，应是原文之外的事例材料。

高分答题模板

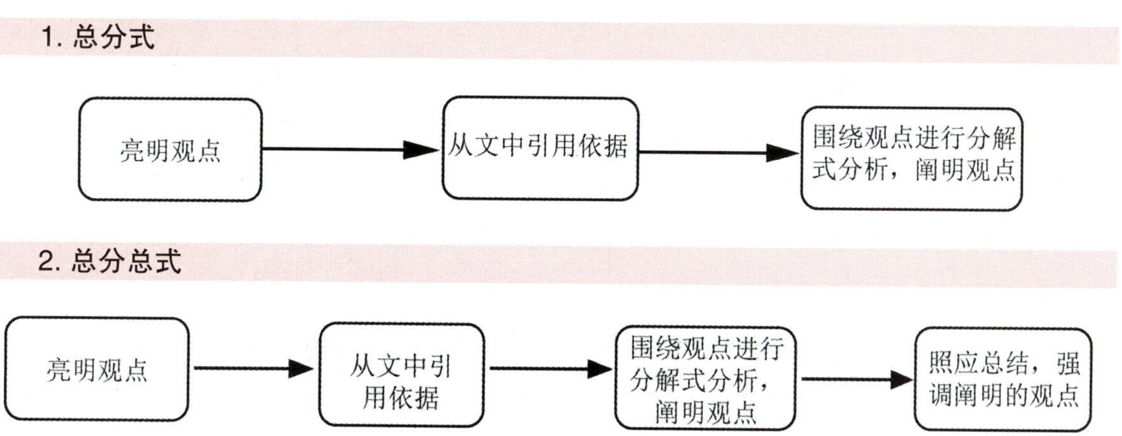

1. 总分式

2. 总分总式

三 试题精解

阅读以下文章，回答后面的问题。

午夜失眠，索性起床望窗外的风景。

以往赏夜景，都不是在冬季。春夜，我曾望过被月光朗照得荧光闪闪的春水；夏夜，我望过一叠又一叠的青山在暗夜中呈现的黝蓝的剪影；秋夜，曾见过河岸的柳树在月光中被风吹得狂舞的姿态。只有冬季，我记不起在夜晚看过风景。也难怪，春夏秋三季，窗户能够打开，所以春夜望春水时，能听见鸟的鸣叫；夏夜看青山的剪影时，能闻到堤坝下盛开的野花的芳香；秋夜看风中的柳树时，发丝能直接感受到月光的爱抚，那月光仿佛要做我的一绺头发，从我的头顶倾泻而下，柔顺光亮极了。而到了寒风刺骨的冬季，窗口就像哑巴一样暮气沉沉地紧闭着嘴，窗外除了低沉的云气和白茫茫的雪之外，似乎就再没什么可看的了。

雪山东侧的那簇灯火先自消失了。是凌晨一时许了，想必挖沙人已停止了夜战，歇息去了。而南侧的那簇灯火仍如白莲一样盛开着。我盯着那灯火，就像注视着挚爱的人的眼睛一样。以往归乡，我在小路上散步总是有爱人陪伴。夏季时，我走着走着就要停下脚步，不是发现野果子了，就是被姹紫嫣红的野花给吸引住了。我采了野果，会立刻丢进嘴里。爱人笑我是个“野丫头”。有时蚊子闹得凶狂，我就顺手在路边折一根柳枝，用它驱赶蚊子。而折柳枝时，手指会弥漫上柳枝碧绿而清香的汁液。那时我觉得所有的风景都是那么优美、恬静，给人一种甜蜜、温馨的感觉。可自从爱人因车祸而永久地离开了我，我再望风景时，那种温暖和诗意的感觉已荡然无存。当我孤独一人走在小路上时，我是多么想问一问故乡的路啊：你为什么不动声色地化成了一条绳索，在我毫无知觉的时候扼住了他的咽喉？你为什么在我感觉最幸福的时候化成了一支毒剑，射中了我爱人的那颗年轻的心？青山不语，河水亦无言，大自然容颜依旧，只是我的心已苍凉如秋水。以往我是多么贪恋于窗外的好山好水，可我现在似乎连看风景的勇气都没有了。

我很庆幸在这个失眠的冬夜里，我又能坦然面对窗外的风景了。凌晨两点多，南侧雪山的灯火也消失了。三座雪山没有因为灯火的离去而黯淡，相反，它们在星光下显得更加的挺拔和有光华。当你的眼睛适应了真正的黑暗后，你会发现黑暗本身也是一种明亮。仰望天上的星星，我觉得它们当中的哪一颗都可以做我身边的一盏永久的神灯。而先前还如花一样盛开的人间灯火，它们就像我爱人的那双眼睛一样，会在我为之无限陶醉时，不说告别，就抽身离去。雪山沐浴着灿烂的星光，焕发出一种孤寂之美。那隐隐发亮的一道道雪痕，就像它浅浅的笑影一样，温存可爱。凌晨四时许，星光稀疏了，而天却因为黎明将至呈现着一股深蓝的色调，雪山显得愈发得壮美了。我想我在望雪山的时候，它也在望我。我望雪山，能感受到它非凡的气势和独特的美；而它望我的房屋，是否只是一头牛的影子？而我只是落在这牛身上的一只飞蝇？

我还记得1998年河水暴涨之时，每至黄昏，河岸都有浓浓的晚雾生成。有一天我站在窗前，望见爱人从小路上归家。他的身后是起伏的白雾，而他就像雾中的一棵柳树。那一瞬间，我有一股莫名的恐慌感，觉得这幻影一样的雾似乎把爱人也虚幻化了，他在雾中仿佛已不存在。现在想来，死亡就像上帝撒向人间的迷雾，它说来就来，说去就去。它能劫走爱人的身影，但它奈何不了这巍峨的雪山。有雪山在，我的目光仍然有可注视的地方，我的灵魂也依然有可依托的地方。

我感谢这个失眠的长夜，它又给予了我看风景的勇气。凌晨的天空有如盛筵已散，星星悄然隐去了，天空只有一星一月遥遥相伴。那月半残着，但它姿态袅娜，就像跃出水面的一条金鱼。而那颗明亮的启明星，是上帝摆在我们头顶的黑夜尽头的最后一盏灯。即使它最后熄灭了，也是熄灭在光明中。

问题

著名散文评论家红孩说：“在唯美的前提下，散文无外乎有三种成分：第一，提供多少情感含量；第二，提供多少文化思考含量；第三，提供多少知识含量。”请结合文章探究本文提供的是哪种“含量”，并简要陈述。(7分) / 探究分析类

破题方法与参考答案

破题方法

本题是探究分析类题型，谈感悟，应该紧扣文本。从文本中引用依据，围绕观点作分析论述。根据个人生活经验和阅读经验解读文本，阐明自己的见解。可以通过学过的文章，间接掌握的人生经验，以联想和想象帮助准确探究。

参考答案

第一种：①对自然之美的热爱，如“雪山沐浴着灿烂的星光，焕发着一种孤寂之美”；②对爱人的无限追思，表现了深沉的夫妻之爱，如作者和她的爱人在那个黄昏的小路上行走的情景；③对生活的热爱之情，如采野果吃、贪恋风景等。

第二种：①自然是永恒的，生命因领略其美而得到安宁、永恒；②一切美好的事物总是短暂的，应该如何去面对这些失去？这篇文章也表达了作者对生命的思考；③苦痛过后，生命的枝叶上依然跃动着光的赞歌，“即使它最后熄灭了，也是熄灭在光明中”体现了对生命的感悟和文化的思考。

（共7分。答出文章提供的是哪种“含量”给1分，陈述理由给6分，能自圆其说即可）

专题二　论述类文本阅读

命题规律探究

论述类文本阅读常以社会科学类和自然科学类文本为材料进行考查，主要考查题型为客观题，分值在3～9分，题量在2～3小题；偶有地区辅以主观题综合考查，如天津南开、山西忻州等。

常考方向	1. 筛选并整合文中信息	2. 理解词句	3. 论证关系类	4. 主观题
每题分值	1～3	1～3	1～3	2～6

真题示例

天津静海区中小学真题

阅读下面的论述类文本，完成后面的问题。

汉字是世界上历史最悠久、使用人口最多的文字。汉字形体在从甲骨文到小篆、隶书、草书、楷书的发展岁月中，大体上经历了从图形化到线条化，再到笔画化三个阶段的演变，这个演变过程是一个从难到易、从繁到简、从不规范到较规范的进步过程，汉字演变的总趋势是不断简化，不断规范化。

汉字之所以要简化，一方面是由于汉字自身的发展需要。汉字起源于图画，本身就存在着笔画繁多，结构复杂、难认难写的缺点；另一方面是由于社会不断发展，汉字的使用者和使用范围不断增加和扩大，要求汉字能够认写迅速、运用方便，而汉字的复杂繁难却使各种抄写、印刷事务不能快捷。正是在这种矛盾之下，汉字不能不适应社会政治、经济、文化生活的需要而趋速就简。所以，汉字简化是人们在使用汉字过程中自然生长出来的要求，是社会发展的诉求，是不可阻挡的历史潮流。当然，汉字的简化绝不是随心所欲的简化，而是要根据汉字规律，逐步地科学地简化，简化的目的是使汉字有规范可循，更利于汉字在全社会的流通。

答题思路

圈点阅读：边读边画出关键词句。第一自然段画“＿”部分为中心句，本文论述中心为“迫切要求汉字简化的规范化、标准化的现实因素”。

对照原文：对照选项句与原文意思是否有出入。3题A项与第二自然段画“＿”部分对应，强调“汉字的简化不是随心所欲的简化”。

汉字之所以要规范化，首先从文字的特性看，文字是代替语言的交际工具，为了适应人们相互交际的需要，必然要求文字使用的规范化。其次，从汉字字形演变和汉字使用看，【汉字字形的演变是以产生变异为前提的，无变异就无全部汉字的发展史，】而异体的产生是汉字使用者的群众性行为，汉字使用越普及，异体也就越多。但存在过多的异体，将影响汉字在全社会的统一使用。为整理异体字繁乱的现象，使汉字的使用规范化，我国历史上继秦"书同文"以后，每隔几百年就要做一次汉字正字法的整理工作。新中国成立后，党和政府有领导、有计划、有步骤地开展了汉字简化、规范化工作，并建立起了现代的汉字规范。改革开放以来，我国同世界各国在经济、文化、教育、科技等方面的交流日益密切频繁，尤其是在人类已经进入了大数据信息时代的今天，文字与社会的关系从未有过如此的密切；同时，伴随着世界各地孔子学院的开办，世界上出现了新一波"汉语热"，汉语在全球的影响力越来越高，规范、简化汉字在国际上的影响也愈来愈大，弃繁就简已成为现在和未来的大趋势。反观国内，社会上汉字使用的规范化意识仍然不太理想，在一些报刊、影视、商标、广告、牌匾上，滥用繁体字、异体字，生造简化字的现象，屡见不鲜。所以，要求汉字简化的规范化、标准化，比任何时代都显得迫切。

（摘编自邓雪琴《关于汉字简化规范化的历史回顾与思考》）

▍速览选项，对应文本：仔细辨别文本与选项。1题D项与第三自然段画"＿＿"部分进行比对分析，为"指代错误"；3题B项与第三自然段"【】"部分进行对比，为"指代内容阐述有误"。

▍联系上下文，判断论证方法：第三自然段画"～～"部分体现文本从古与今、中与外方面对汉字规范化进行对比，运用了对比论证法。

▍速览选项，对应文本：仔细辨别文本与选项。3题C项与第三自然段"＿＿"部分对应，关注表时间的关键词"每隔几百年"。

问题

1. 下列关于原文内容的理解和分析，正确的一项是（　　）（2分）／考向2：理解词句

A. 汉字始终在发展变化，每个汉字形体都有甲骨文、小篆、隶、草、楷的演变过程。

B. 汉字形体不断演变，不断进步，让汉字成为世界上最古老、使用者最多的文字。

C. 汉字自身的发展和社会的发展要求汉字要简易好用，汉字简化是必然的发展趋势。

D. 异体字在汉字的规范化过程中，总体表现为消极作用，严重阻碍汉字的统一使用。

答案:C

解析:A项,无中生有,"每个汉字形体"说法太过绝对,且文中并没有提到。B项,因果关系错误,不能由原文推出"汉字形体不断演变,不断进步"是"汉字成为世界上最古老、使用者最多的文字"的原因。D项,从文中第三自然段"但存在过多的异体,将影响汉字在全社会的统一使用"可知"总体表现为消极作用,严重阻碍……"的应是"过多的异体",而不是"异体字"。

2. 下列对原文论证的相关分析,不正确的一项是(　　)(2分) / 考向3:论证关系类

A. 文章善于从多角度展开论证分析,如分析论证"汉字简化、规范化"的原因。

B. 文章在分析"汉字简化"的原因之后,又提出了汉字简化的要求,条理清晰。

C. 文章论证"汉字规范化"的原因时,按照从内因到外因的顺序逐层推进分析。

D. 文章尾段立足时代,又联系国内外具体背景,指出了规范、简化汉字的迫切性。

答案:C

解析:"从内因到外因的顺序逐层推进"说法错误,都是文字本身发展的原因,并无外因。

3. 根据原文内容,下列说法正确的一项是(　　)(2分) / 考向1:筛选并整合文中信息

A. 起源于图画的汉字,它的发展变化是必然的,从群众中产生的简化字应该得到推广。

B. 文字在使用过程中都有规范和变异两个方面,文字没有统一的规范,就会失去交际作用。

C. 我国每个时期都有汉字正字法,它促进了汉字的发展,如秦朝"书同文"和现代汉字规范。

D. 汉字的简化和规范化,两者互有联系,相互约束,共同推动着汉字不断向前发展变化。

答案:D

解析:A项,"从群众中产生的简化字应该得到推广"说法绝对化,由原文第二自然段"汉字简化是人们在使用汉字过程中自然生长出来的要求,是社会发展的诉求,是不可阻挡的历史潮流""汉字的简化绝不是随心所欲的简化"可知。B项,文中第三自然段只指出汉字具有变异性,而不是"文字"。C项,"每个时期都有汉字正字法"说法错误,原文第三自然段"我国历史上继秦'书同文'以后,每隔几百年就要做一次汉字正字法的整理工作"。

补充设问

本文运用了什么论证方法? / 考向4:主观题

答案:文中对汉字规范化工作的描述,时间跨度大,从秦"书同文"到建国后,再到改革开放,是古与今的对比;又从国际上和国内对汉字使用规范化的重要性进行阐述,是中与外的对比。因此,本文运用了对比论证的方法。

考向1 客观题：筛选并整合文中信息【高频考点】

命题方向

1. 下列理解，不符合原文意思的一项是；

2. 下列关于作者写作本文的原因的表述，不符合原文意思的一项是；

3. 下列关于×××的表述，不能体现原文意思的一项是。

答题技巧

1. 基本方法

筛选信息，就是按照题目要求，仔细审视材料，比较鉴别，筛掉次要信息，保留主要信息。整合信息，就是对经过筛选后保留下来的文字做进一步处理，对词语和句子进行必要的合并、转换、组合，用简明、流畅的语言，写出符合要求的答案。

(1)读——粗读全文，整体把握

通读全文，厘清文章结构，明确论述对象、文本思想内容和主要观点。

了解文本内容，解题时根据具体的选项找到对应区间，找到原文中相应的内容，并进行分析对比。

(2)审——审清题干，速览选项

审清题干，明确题目的要求是什么，如：选择"正确"的还是"错误"的。

要快速浏览选项，以保证在阅读文章时能快速建立文章和选项之间的关联。

(3)找——准确查找，确定区间

在原文中找出各选项对应的语句，要找准确，找全面，不可遗漏。

有时对应的语句可能不止一处，因此要仔细辨别，筛选出需要的内容。如果确实不止一处，则要进行整合，使之相互补充。

(4)比——对照分析，判断正误

对照原文，仔细、全面地分析，包括选项中所用概念或词语的内涵意义或外延意义，事物存在的状态(必然、可能)，条件的类型(充分、必要、充要)，程度的深浅，范围的大小，语意的轻重，时间的先后，内容的主次等。

对比之后，自然会发现选项与原文存在的差别。可以采用排除法，先将那些明显的或把握大的错项排除。如果仍有个别选项拿不准，可以反复揣摩，结合文意判断。

2. 答题注意事项

论述类文本客观题选项与原文比对方法：

角度①：比对词语

命题者通常会采用删词、添词、改词等手段来设置部分选项，常在以下词语中“设陷阱”：

比对词语	比对特征	思考趋向
范围、程度、数量、频率	比对选项和原文中的一些表范围、程度、数量、频率的关键词，如：全部、都、一些、部分、相关、所有、人人、必须、一定、严重、非常、可能、似乎、少数、几个、总是、偶尔、有时等	以偏概全
时态	比对选项和原文中的一些表时态的关键词，如：已经、曾经、过去、现在、目前、将要、之后、必将、如果、未必、完成等	混淆时态
肯定或否定	比对选项和原文中的一些表肯定或否定的关键词，如：没有、无、无非、拒绝、妨碍等	混淆是非
指代	比对选项和原文中的一些表指代意义的关键词，如：这、这些、此、与之相反等	指代错误

角度②：比对内容

命题者通常会采用内容调换、改变、混淆等手段来设置部分选项，常在以下内容中“设陷阱”：

比对内容	比对特征	思考趋向
概念的内涵（属性、作用、发展趋势等）	比对选项和原文，看是否增加或减少“的”“了”等虚词，或者是换了一个意义相近的词语或句子而改变了意思	偷换概念
原文出处	比对选项和原文，选项句和原文整体意思相近，但找不到具体依据	无中生有
主语不同	比对选项和原文，看是否把甲的观点、发现说成乙的观点、发现，选项常常出现“××的观点是”这样的句式	张冠李戴
因果关系	比对选项和原文中出现与因果相关的语句或标志因果关系的关联词，将“因”错判为“果”，把“果”错判为“因”，属于因果颠倒；把没有因果关系的说成有因果关系，属于强加因果	因果混乱

［思考应用］

用“比对词语”或“比对内容”法判断下列选项的正误，如果错误，说明理由。

对应原文	选项及分析
我国历史上继秦“书同文”以后，每隔几百年就要做一次汉字正字法的整理工作。	我国每个时期都有汉字正字法，它促进了汉字的发展，如秦朝“书同文”和现代汉字规范。 判断：<u>混淆时态</u> 理由：<u>表时态的关键词不同，原文“每隔几百年”，选项则是“每个时期”。</u>
汉字字形的演变是以产生变异为前提的，无变异就无全部汉字的发展史。	文字在使用过程中都有规范和变异两个方面，文字没有统一的规范，就会失去交际作用。 判断：<u>张冠李戴</u> 理由：<u>主语不同，原文“汉字字形”，选项则是“文字”。</u>

3. 答题步骤

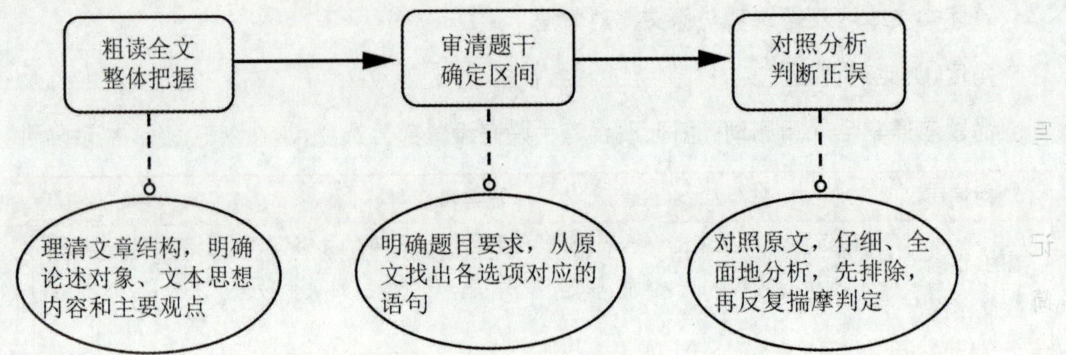

考向2 客观题:理解词句

命题方向

1. 根据原文内容,下列说法不正确的一项是;

2. 根据文章内容,下列说法不正确的一项是;

3. 下列关于原文内容的理解和分析,正确的一项是。

答题技巧

1. 基本方法

(1)替换法

主要解决读得懂、读得下去的问题。

社会科学类文本写作是用术语概括纷杂的自然现象或社会文化现象,阅读时换一种方法进行“还原”,从一般性到特殊性,把抽象的理论变成具体可感的一个对象。如:把“通俗历史热”替换为“百家讲坛”这种更容易被接受的具体的事物。

(2)圈画法

主要使人更能集中注意力,提高效率,迅速抓住重点。

阅读时勾画词句:每段的中心句(关注段落结构)、重要概念及其解释(关注论述对象和核心观点)、代词(关注指代内容)、关联词(关注句间关系)、作者观点句(关注论证方法)。如:阅读文本时勾画“这种矛盾”,联系上下文可知,“这种矛盾”指汉字的繁难和社会发展要求汉字简化之间的矛盾。

(3)跳读法

主要解决速读和厘清结构的问题。

总体跳读首先对全文的顺序有整体的了解,最重要的是用于厘清段落结构,全文按什么顺序写的,每一段主要写什么,全文是什么结构(总分式、层递式等)。

阅读时时刻关注文本论述对象,一般来说论述对象就是题目,或从文本节选自哪里能看出来。记住论述对象,就是抓住了关键,阅读时知道根据"要点"作出取舍。如:文本中论述对象是"汉字简化规范化",那段落中"汉字形体"便是铺垫,要点应在"汉字演变的总趋势"后。

2. 答题注意事项

关注选项的表述是不是符合原文逻辑,换言之,选项信息与原文信息是不是"等值"替换。

原文和选项语言替换的几种常见类型:

(1)从字数上来说,分为"繁变简"和"简变繁"两种方式。如:"益起争端"变为"更加引起纠纷",为"简变繁";"使用者不必从头学起即可操作科技黑箱"变为"使用简单方便",为"繁变简"。

(2)从概念范围上来说,分为"大变小"和"小变大"两种方式。如:"债务人违约时"变为"债务人不偿还债务时",这是大概念变为小概念,属于"大变小";反之,则属于"小变大"。

(3)从句间关系上来说,分为"因果位置互换"等,将原因替换为结果,两者位置颠倒。

3. 答题步骤

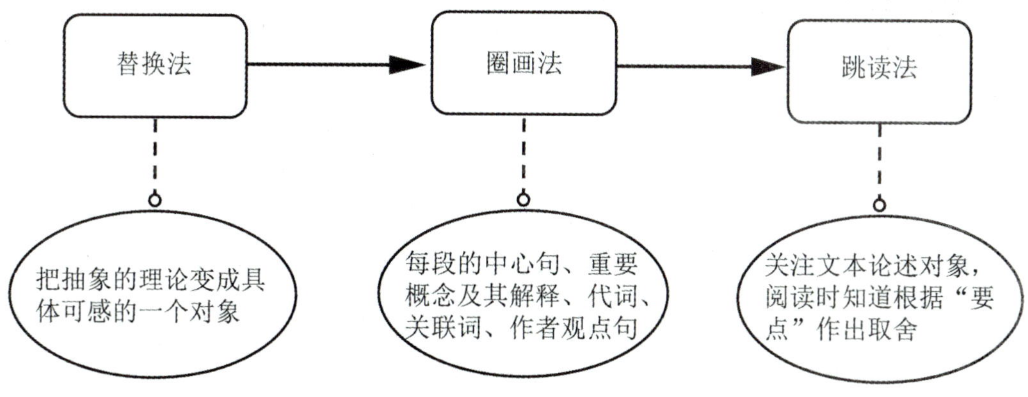

考向3 客观题:论证关系类

命题方向

1. 下列对原文论证的相关分析,不正确的一项:

2. 下列关于文章的论证思路的分析，说法正确的一项。

答题技巧

1. 基本内容

(1)文体意识三要素

①论证：用理由去证明观点的过程。

②论点：论证者所持的观点，代表了论证者对某一问题的看法、见解、主张、态度。在论证过程中要保持论点的前后一致性，不能偷换论点。

③论据：用来证明论点的理由，一般包括两大类。

一是事实论据，是对客观事物的真实的描述和概括，包括具体事例、概括事实、统计数字等。

二是理论论据，是指那些来源于实践，并且已被长期实践证明和检验过，断定为正确的观点。它包括经典性的著作和权威性的言论，以及自然科学的原理、定律、公式等。

(2)论证类型

①立论：就某一问题或者事物提出自己的见解和主张，表明自己的态度，而且要阐明持这种态度和主张的理由。

②驳论：就某一事物或问题发表议论，揭露和反驳别人错误的言论。

在立论过程中，往往需要提到一些错误的见解和主张，对此加以否定和反驳，以增强论证的效果。

(3)基本论证方法

①事实论证：用典型事例作为依据来证明论点的方法，也就是经常说的摆事实。

②道理论证：用已知的公认的道理、原则作为论据来证明个别性的论点，巧妙地借用或化用古今中外的名言警句、成语典故、诗词名句、俗语等。

③对比论证：将两种性质截然相反或有差异的事物进行比较。有两种情况，一种是将发生在某一时期、某一区域的两种性质截然相反或有差异的事物进行比较，这叫“横向对比”；另一种是将同一事物在不同的时间、地点的不同情况进行比较，这叫“纵向对比”。

④比喻论证：用比喻来说明道理的方法，就是用人们容易理解的事物或道理来说明不容易理解的深奥的事物或道理。

2. 答题注意事项

(1)明确文章的论点

概括论点应注意，概括出来的论点要简洁，要分清中心论点和分论点，分清论点和结论，有修辞手法的句子不能作为论点，必须是完整而鲜明的肯定性判断的句子。

(2)分析论据

区分事实论据和道理论据,看清楚是事例还是名言、诗句等。

(3)辨析论证方法

阅读时关键是要领会作者所引事实是从哪个方面、哪个角度、哪个层次去证明中心论点,理解它与中心论点的内在联系。判断比喻论证方法,要注意和比喻的修辞手法进行区分,比喻论证是用比喻来说明道理的手法,表现为一个说理的过程,而不是一个简单的把抽象的事物形象化的比喻句。

3. 答题步骤

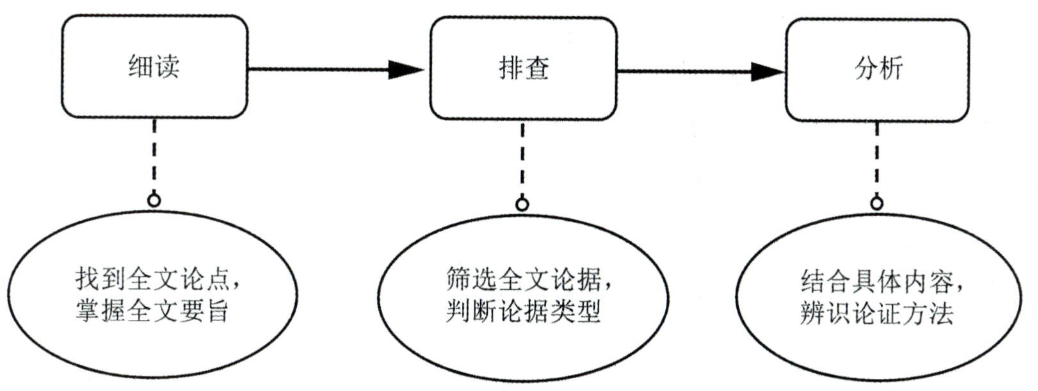

考向4 主观题

命题方向

1. 概括×××的特性,并说明关系;
2. 本文运用了哪两种论证方法,有什么作用;
3. 为什么说“……”,句子好在哪;
4. 归纳本文主旨。

答题技巧

1. 基本方法

分析论证方法及作用

(1)分析论证方法及作用

判断句子或语段使用了哪种论证方法,按“事例论证—道理论证—对比论证—比喻论证”的顺序进行排查，结合各论证方法的特点，快速确定论证方法。

论证方法	作用	答题模式举例
事实论证	真实具体，使论证更有说服力	列举……（概括事例），具体有力地论证了……观点，从而使论证更具体、更有说服力
道理论证	精辟深刻，增强论证的说服力	用……（论据），深刻有力地论证了……观点，增强了论证的说服力和权威性
对比论证	对照鲜明，突出（强调）观点	将……和……（论据）加以比较，突出（强调）了……的观点
比喻论证	生动形象，使论证更通俗易懂，易于接受	将……比作……，生动形象地论证了……的观点，从而把抽象深刻的道理阐述得形象生动、浅显易懂

（2）概括文章主旨、论点

文章主旨即文章中心论点。在社会科学类文本中介绍的事物特征或所说明的事理就是文章主旨。

①看标题

特别是标题中的修饰、限制成分往往就是说明对象的特征，如《雄伟的人民大会堂》。

②抓中心句（关键句）

不少文章有集中陈述说明对象特征的语句，如《苏州园林》《人类的语言》。

③概括段意，综合概括

不少文章的主旨贯穿于文章的内容中，要在理解全文内容的基础上，归纳文章的主旨。阅读时，先把全文各段的大意连贯起来，加以综合概括，然后指出作者要表达的观点、态度、感情等。如《大自然警号长鸣》可归纳出主旨：我们的自然生态环境已遭到严重破坏，所以要坚决制止破坏自然生态环境的行为。

（3）理解句子含义

材料中的重要句子主要包括：结构上起统摄、领起、承接作用的句子；有一定内涵、寓意乃至有言外之意的句子；运用某种修辞手法的句子；语段中的总结句。

①关注句子在文中的位置，从结构上说明重要句子在文中谋篇布局方面的作用。

②结合上下文，弄清要理解的句子与其前后所形成的内在联系。

③分析运用了艺术手法的句子，思考作者意图，理解句子深层含义。

④分析句子结构，抓主干，把握句子的基本意思。

2. 答题注意事项

（1）要准确判断该论据所对应的直接观点，不能想当然地将论据直接论证的观点归为中心论

点，要准确把握观点与材料之间的内在联系，另外对于论证方法的表述要准确、全面。

(2)文章主旨需要客观分析，找出体现作者倾向性的句子，着眼于叙议中点明、在结论中重申的观点。

(3)句子含义的分析，要围绕文章的中心思想，通过对句子中的词汇、修辞等方面进行具体的分析，从而发掘出句子所包含的思想内容。

高分答题模板

1. 论证方法及作用类

(1)本文运用了事实论证的方法，举________的事例通俗易懂、有力地证明了________的观点，使论证更具体、更有说服力。

(2)本文运用了道理论证的方法，引用了________的名言(格言或俗语等)，证明了________的观点，从而使论证更概括、更深入。

(3)本文运用了对比论证的方法，将________和________比较，突出强调了________的观点。

(4)本文运用了比喻论证的方法，将________比作________，证明了________的观点，从而把抽象深奥的道理阐述得生动形象、浅显易懂。

2. 归纳总结类

本文围绕________(中心论点)，从________(分论点，根据材料写全)展开论述，最后表达了作者________的________观点(一般在首段或末段找)。

3. 句子含义类

该句有着________(统摄全文、领起下文、承上启下)的作用，运用了________(修辞手法)，表层含义为________，深层含义为________，表达了作者________的观点(态度或感情)。

答题常用词

论证方法作用题

1. 事实论证：通俗易懂、更具体、更有说服力、真实具体。

2. 道理论证：更概括、更深入、精辟深刻。

3. 对比论证：突出、强调，对比鲜明。

4. 比喻论证：生动形象、形象阐述、浅显易懂、更易接受。

真题精解

01 论述类文本阅读。 广东真题

考古学界和陶瓷学界一般认为，要烧造出瓷器，至少需要三个先决条件在同一时空中产生作用：一是瓷土或高岭土的应用，二是窑炉烧成温度达到1200℃，三是釉的发明。

综合分析上述瓷器生成的三个先决条件，我们不难发现：虽然“原料是瓷器形成的最基本的条件，是瓷器形成的内因，烧成温度和施釉则是属于瓷器形成的外因”。但是，在这三个先决条件上，我国都不具有唯一性优势。其一，瓷土并非大熊猫，绝非中国所独有，世界许多地方都发现有瓷土，即是明证；其二，窑炉达到1200℃的烧成温度，在当时生产力水平普遍低下的情况下，中国人丝毫不比外国人更容易获得成功；其三，如果说埃及和美索不达米亚早在公元前三千年即有了“釉陶”的话，那么在釉的发明和使用上我国更不占先机。此即意味着，试图直接从瓷器生成的三个先决条件入手，找寻中国人发明瓷器的原因可能是徒劳的。

事实上，当我们将中国瓷器发展史放置到中国乃至人类文化发展史中去系统分辨和考察之后，便会意识到：“尚玉”文化史可能是中国人发明瓷器的第四个重要条件。

人类社会发展史已经证明，对玉这种材料及其制品，中国是特别情有独钟的国度。考古发掘资料表明，至晚从河姆渡文化开始，“尚玉”文化不仅已经产生，而且开始流行起来。此后至今的七千余年里，形成了一部绵延不断的“尚玉”文化发展史。究其原因，不外乎两个：一是作为“石之美”者的玉，具有与生俱来的审美性特征，这也可以叫作“自然原因”。二是“人文原因”，即至晚从春秋战国时期开始，玉被儒家道德化、宗教化、政治化之后，便具有了深刻的思想性内涵。毫无疑问，在中国古代社会，“尚玉”已早早成为一种较普遍的社会文化风尚。

值得进一步注意的是，在中国文人文化中，将瓷与玉直接相关联，甚至“以玉喻瓷”蔚然成风，晚到唐代时期已经出现。据初步搜寻，唐代“以玉喻瓷”的文献即有文人陆羽在《茶经》中有“越瓷类玉”的表述等。两宋时期，“以玉喻瓷”得到进一步发展：文人苏东坡在《试院煎茶》诗中有“定州花瓷琢红玉”“分无玉碗捧蛾眉”；南宋文人蒋祈在《陶记》里，更是直接用“饶玉”来称呼景德镇的青白瓷。到了明清时期，文人“以玉喻瓷”现象就更为普遍了，尤其是在一些瓷器鉴赏类的文字中。据此，我们不难得出如下基本判断：至晚从唐代开始，在文人文化中，瓷器之“似玉”度的高低，已然成为衡量其审美性乃至思想性之高低的重要尺度。玉文化对瓷文化的深刻影响可见一斑。

另外，中国瓷器烧造史也已告诉我们，不仅单色釉瓷，即便是后来十分流行的彩绘瓷，“莹润如玉”也都一直是中国瓷业界的最高审美追求与标准，是判别瓷器品质高下的重要尺度。从这个意义上讲，这种“似玉”的精致化审美追求，不仅是中国瓷人一直追求的最高境界，更是导致中国人发明瓷、创烧瓷器的重要外在文化因素。

由此我们不难看出，在十分发达而丰厚的玉文化背景下，无论是文人们的“以玉喻瓷”，抑或是瓷业界心向往之的“莹润如玉”的追求，无不预示着将“尚玉”文化视为中国人发明瓷器之重大而直接的外部性因素，是比较合逻辑的推理。

（摘编自《“瓷”，凭什么你是“中国”?》，《新华文摘》2019年第21期）

问题

(1)下列关于原文内容的理解和分析，正确的一项是(　　)(3分) / 考向2：理解词句

A. 烧造瓷器至少需要三个条件产生作用，这是考古学界和陶瓷学界的一般看法。

B. 无论是瓷器的原料还是烧成温度和施釉，这些条件我国都不具有唯一性优势。

C. “尚玉”文化产生并流行于河姆渡文化，这在人类社会发展史已经得到证明。

D. 将瓷与玉关联并形成“以玉喻瓷”风气，最早出现在了中国唐代文人文化中。

(2)下列对原文论证的相关分析，不正确的一项是(　　)(3分) / 考向3：论证关系类

A. 本文可分两部分，前两段为第一部分，后五段为第二部分，两者为总分结构。

B. 第三段为过渡段，由上文论述瓷器发明的三个条件过渡到下文的第四个条件。

C. 烧造瓷器的四个条件中，原料是内因，温度、施釉和“尚玉”文化则是外因。

D. 文章论证了中国人发明瓷器的原因，主要采用了对比论证和事实论证的方法。

(3)根据原文内容，下列说法不正确的一项是(　　)(3分) / 考向1：筛选并整合文中信息

A. 在釉的发明和使用上，我国要晚于埃及和美索不达米亚，它们早在公元前三千年就已经有了“釉”。

B. 除了瓷土或高岭土、烧成温度和釉的发明，“尚玉”文化史可能是中国人发明瓷器的第四个重要条件。

C. 玉被儒家道德化、宗教化、政治化，是中国古代社会“尚玉”成为社会文化风尚的原因之一。

D. 不管是中国瓷人，还是至晚从唐代开始的文人“尚玉”文化，对瓷器“似玉”的追求都成了一种审美追求。

补充设问

请概括本文的主旨。 / 考向4：主观题

02 阅读季羡林的《传统文化与现代化》，完成后面的问题。　天津真题

传统文化与现代化

先声明一句：对于"文化"的含义的理解五花八门。我在这里所说的"文化"是广义的文化，包括人类创造的物质和精神两个方面的一切优秀的东西。

传统文化代表文化的民族性，现代化代表文化的时代性。二者都是客观存在，是否定不掉的。二者之间的关系是矛盾统一，既相反，又相成。历史上所谓现代化，是指当时的"现代"，也可以叫作时代化。

所谓现代化或者时代化，必须有一个标准，这就是当时世界上在文化发展方面已经达到的最高水平。既然讲到世界水平，那就不再是一个国家或一个民族的事情。因此，不管哪一个时代、哪一个国家的现代化，总是同文化交流分不开的。文化交流是人类历史上以及现在人类最重要的活动之一。现代化或者时代化一个最重要的内容就是进行文化交流，大力吸收外来的文化，加以批判接受。对于传统文化，也要批判继承，二者都不能原封不动。原封不动就失去生命活力，人类和任何动物植物失去了生命活力，就不能继续生存。

在历史上任何时代，任何正常发展的国家都努力去解决传统文化与现代化的矛盾。这一个矛盾解决好了，达到暂时的统一，文化就能得到进一步的发展，国家的社会生产力也会得到进一步的发展，经济就能繁荣。解决不好，则两败俱伤。只顾前者则流于僵化保守；只顾后者则将成为邯郸学步，旧的忘了，新的不会。

中国历史上的事实可以充分证明上述的看法。试以汉代为例。汉武帝在位期间是汉代国力达到顶峰的时代。在政治方面和经济方面都有辉煌的成就。在文化思想方面，董仲舒的"罢黜百家，独尊儒术"，可以说是保存传统文化的一种办法。但是当时的人们并没有仅仅对儒家思想抱残守缺，死死抱住不放，而是放眼世界，大量吸收外来的东西。从那时候起，许多外国的动物、植物、矿物，以及其他产品从西域源源传入中华，比如葡萄、胡瓜、胡豆、胡麻、胡桃、胡葱、胡蒜、石榴、胡椒、苜蓿、骆驼、汗血马、璧流离等都是当时传入的。西域文化，比如音乐、雕刻等也陆续传入。稍晚一点，佛教也传了进来。另一方面，中国的丝和丝织品也沿着丝绸之路传到了中亚和欧洲。总之，汉武帝及其以后的长时间中，一方面发扬传统文化，一方面大搞"时代化"。尽管当时不会有什么时代化或现代化之类的概念，人们也许根本没有意识到他们是在进行这样伟大的事业；但是他们确实这样做了，而且取得了辉煌的成果。历史的辩证法就是如此。文化交流大大地促进了汉代文化的发展，也促进了国际上文化的发展。汉武帝前后的时代遂成为中国历史上最光辉灿烂的时代之一。

我再举唐代作一个例子。李唐的家世虽然可能与少数民族有某一些联系，但是几个著名的皇

帝，特别是唐太宗，对保护中华民族，主要是汉族的传统文化做了大量的工作。文学、艺术、书法、绘画、哲学、宗教等文化的各个方面都得到了可喜的发展。中华文化还大量向外国输出，日本是一个显著的例子。唐太宗本人，武功显赫，文治辉煌。他是政治家、军事家，又是书法家和诗人。贞观时代，留居长安的外国人数量极大。他们带来了各自国家的物质和精神文化，又带回中国文化。盛唐时期遂成为中国历史上最兴盛的时期之一，长安成为当时世界上第一大都会，唐王朝成为经济最发达、力量最雄厚的国家。

例子还可以举出一些来，但是这两个已经够了。这一些例子透露了一条规律：在中国历史上，凡是国力强盛时，对外文化交流，也可以叫作时代化，就进行得频繁而有生气。这反过来又促进了本国社会生产力的发展，使国力更加强盛。凡是国力衰竭时，就闭关自守，不敢进行文化交流。这反过来更促成了国力的萎缩。打一个也许不太确切的比方：健康的人，只要有营养，什么东西都敢吃，结果他变得更加健康；患了胃病或者自以为有病的人，终日愁眉苦脸，哼哼唧唧，嘀嘀咕咕，这也不敢吃，那也不敢动，结果无病生病，有病加病，陷入困境，不能自拔。

清朝末年，被外国殖民主义者撞开了大门，有识之士意识到，不开放，不交流，则国家必无前途；保守者则大惊失色，决定死抱住国粹不放，决不允许时代化。当时许多有名的争论，什么夷夏之辨，什么体用之争，又是什么本末之分，都与此有关。这是一个国家似醒非醒时的一种反映，其中也包含着传统文化与现代化的斗争。以后经历了民国、军阀混战、国民党统治等混乱的时期，终于迎来了解放。

在解放初期，我们的国家是健康的。对于传统文化不一概抹杀，对于外来文化也并不完全拒绝。对于保护传统文化曾有过一点极“左”的干扰，影响不是很大。到了“四人帮”肆虐时期，情况完全变了。“四人帮”一伙既完全不懂传统文化，又患了严重的“胃病”，坚决拒绝一切外来的好东西。谁要是想学习外国的一点好东西，“崇洋媚外”“洋奴哲学”等莫须有的帽子就满天飞舞，弄得人人谈“洋”色变。如果“四人帮”不垮台，“胃病”势将变成“胃癌”，我们国家的前途就岌岌可危了。十一届三中全会以后，我们国家又恢复了健康。我们既提倡保护传统文化，加以分析，批判继承，又提倡对外开放，大搞现代化。纵观几千年的中国历史，人们不能不承认，这是盛世之一，是最高的盛世，是正确处理传统文化与现代化这一对矛盾的典范。从这正确的处理中，我们可以看出，所谓“全盘西化”是理论上讲不通、事实上办不到的。世界上还没有哪一个西方以外的国家全盘西化过。

1987年6月6日

（选自《季美林文集》第六卷，有删改）

问题

(1)概括传统文化与现代化的主要特性,并说明两者之间的关系。(3分) / 考向4:主观题

《传统文化与现代化》—问题(1)

(2)传统文化与现代化的矛盾解决不好会产生什么后果?(2分) / 考向4:主观题

(3)为什么说盛唐时的长安是当时世界上第一大都会?(2分) / 考向4:主观题

(4)本文主要运用了哪两种方法来论证?(2分) / 考向4:主观题

(5)请归纳本文的主旨。(3分) / 考向4:主观题

---

03 阅读下面的文字,完成后面问题。　山西忻州真题

“移情作用”是把自己的情感移到外物身上去,仿佛觉得外物也有同样的情感。这是一个极普遍的经验。自己在欢喜时,大地山河都在扬眉带笑;自己在悲伤时,风云花鸟都在叹气凝愁。

移情作用是和美感经验有密切关系的。移情作用不一定就是美感经验,而美感经验却常含有移情作用。美感经验中的移情作用不单是由我及物的,同时也是由物及我的。所谓美感经验,其实不过是在聚精会神之中,我的情趣和物的情趣往复回流而已。

姑且先说欣赏自然美。比如我在观赏一棵古松,古松的形象引起清风亮节的类似联想。我忘记古松和我是两件事,我就于无意之中把这种清风亮节的气概移置到古松上面去。同时我又不知不觉地受古松的这种性格影响,自己也振作起来。所以古松俨然变成一个人,人也俨然变成一棵古松。真正的美感经验都是如此,都要达到物我同一的境界,我们根本就不分辨所生的情感到底是属于我还是属于物的。

再比如说书法。其实书法可列于艺术,是无可置疑的。它可以表现性格和情趣。颜鲁公的字就像颜鲁公,赵孟頫的字就像赵孟頫。横直钩点等等笔画原来是墨涂的痕迹,但是在名家书法中我们常觉到"骨力""姿态""神韵"和"气魄"。

移情的现象可以称之为"宇宙的人情化",因为有移情作用然后本来只有物理的东西可具人情,本来无生气的东西可有生气。从理智观点看,移情作用是一种错觉。但是如果把它勾销,不但艺术无由产生,即宗教也无由出现。艺术和宗教都是把宇宙加以生气化和人情化,把人和物的距离以及人和神的距离都缩小。它们都带有若干神秘主义的色彩。所谓神秘主义其实并没有什么神秘,不过是在寻常事物之中见出不寻常的意义。

美感经验是人的情趣和物的姿态的往复回流,我们可以从这个前提中抽出两个结论:一、物的形象是人的情趣的返照。深入所见于物者亦深,浅入所见于物者亦浅。比如一朵含露的花,在这个人看来只是一朵平常的花,在另一个人看或以为它能象征人生和宇宙的妙谛。我们可以说,各人的世界都由各人的自我伸张而成。欣赏中都含有几分创造性。二、人不但移情于物,还要吸收物的姿态于自我,还要不知不觉地模仿物的形象。所以美感经验有陶冶性情的功效,心里印着美的意象,常受美的意象浸润,自然也可以少存些浊念。

(选自朱光潜《谈美书简》,有删改)

问题

(1)下列关于原文内容的表述,不正确的一项是( ) / 考向1:筛选并整合文中信息

A. 在物我合一的境界中,移情作用最容易发生,因为我们根本就不分辨所产生的情感到底是属于我还是属于物。

B. "移情"是当我们聚精会神地观照审美对象时,就会产生把我们的生命和情趣注入对象中,使对象显示出情感色彩的现象。

C. 当观察者欢喜时,看见大地山河都在扬眉带笑;悲伤时,看见风云花鸟都觉得它在叹气;凝愁时,他已经获得真正的美感经验了。

D. 人在观赏古松时,古松的形象引起高风亮节的类似想象,古松俨然变成一个人,人也俨然变成一棵古松。

(2)下列理解和分析,不符合原文意思的一项是(　　)/考向1:筛选并整合文中信息

A. 美感经验中,移情作用不仅表现在把人的情感移置到物的身上,同时也有物的姿态对人的影响。

B. 移情作用和美感经验二者关系密切,移情作用离不开美感经验,是产生美感经验的必要条件。

C. 艺术和宗教的产生离不开移情作用,因为把人和物以及人和神的距离缩小,有赖于移情作用。

D. 我们常说"字如其人",颜鲁公的字就像颜鲁公,赵孟頫的字就像赵孟頫,这都是把墨涂的痕迹看作有生气、有性格的东西,把字在心中所引起的意象移到字本身上面去。

(3)根据原文内容,下列说法不正确的一项是(　　)/考向1:筛选并整合文中信息

A. 移情作用是一种错觉,是指观察者把情感外射到事物上去,使原本没有生命的东西仿佛有了感觉、思想、意志和活动。

B. 人们从一草一木中见到生气和人情,深浅程度不同,各人的世界都由各人的自我伸张形成。

C. 自然美景和书法等艺术都可以作为审美对象,不过人们欣赏自然美景时要物我两忘,而欣赏书法则只需要把握创作者的情感。

D. 美感经验有陶冶性情的功效,心里印着美的意象,常受美的意象浸润的人,自然也可以少存些浊念。

破题方法与参考答案

01 (1)破题方法

第一步:替换法,把抽象的理论变成具体可感的一个对象,文本侧重论述"'尚玉'文化对瓷文化的影响"。第二步:圈画法,勾画每段的中心句、重要概念及其解释、代词、关联词、作者观点句。前面围绕"瓷器生成的三个先决条件",后面则侧重"第四个条件——'尚玉'文化对瓷文化的影响"。第三步:跳读法,关注文本主要论述对象,阅读时知道根据"要点"作出取舍。

参考答案

B【解析】A项,"烧造瓷器至少需要三个条件产生作用"表述错误,文章第一自然段是"至少需要三个先决条件在同一时空中产生作用"。C项,"人类社会发展史已经得到证明"的是"对玉

这种材料及其制品，中国是特别情有独钟的国度”，而非“‘尚玉’文化产生并流行于河姆渡文化”，见原文第四自然段。D项，原文第五自然段为“晚到”，而非“最早”。

(2)破题方法

第一步：细读，找到全文论点，掌握全文要旨。瓷器生成的三个先决条件是原料、烧成温度和施釉，第四个重要条件是“尚玉”文化史，“似玉”的精致化审美追求是中国人发明瓷、创烧瓷器的重要外在文化因素。第二步：排查，筛选全文论据，判断论据类型。第三步：分析，结合具体内容，辨识论证方法。

参考答案

A【解析】A项，这两部分应为并列结构，而非总分结构。

(3)破题方法

第一步：粗读全文，整体把握。厘清文章结构，明确论述对象。第二步：审清题干，确定区间。明确题目要求，从原文找出各选项对应的语句。第三步：对照分析，判断正误。对照原文，关注表时态的关键词“已经”，仔细、全面地分析，先排除，再反复揣摩判定。

参考答案

A【解析】A项，原文第二自然段是“如果说埃及和美索不达米亚早在公元前三千年即有了‘釉陶’的话，那么在釉的发明和使用上我国更不占先机”，选项把“釉陶”说成了“釉”。

补充设问

破题方法

第一步：看出处。第二步：抓中心句(关键句)。不少文章有集中陈述说明对象特征的语句，如文中“瓷器生成的三个先决条件”，“‘尚玉’文化视为中国人发明瓷器之重大而直接的外部性因素”等。第三步：概括段意，综合概括。不少文章的主旨贯穿于文章的内容中，要在理解全文内容的基础上，归纳文章的主旨。

参考答案

瓷器生成的三个先决条件是原料、烧成温度和施釉，第四个重要条件是“尚玉”文化史，“似玉”的精致化审美追求是中国人发明瓷、创烧瓷器的重要外在文化因素。

02 (1)破题方法

第一步:看标题。特别是标题中的修饰、限制成分往往就是说明对象的特征。明确论述对象为“传统文化与现代化”。第二步:审清题干,确定区间。明确题目要求,从原文找出两者对应的自然段。第三步:圈重点句,归纳总结。梳理思路,概括两者的关系。

参考答案

传统文化代表文化的民族性,现代化代表文化的时代性。二者都是客观存在,是否定不掉的。二者之间的关系是矛盾统一,既相反,又相成。(共3分。答出传统文化和现代化各自的特性,即“民族性”和“时代性”得1分;答出两者之间的共性“客观存在”得1分;阐明两者之间的关系得1分)

(2)破题方法

第一步:看标题。明确论述对象为“传统文化与现代化”。第二步:审清题干,确定区间。明确题目要求,从原文找出“传统文化与现代化的矛盾”对应的自然段。第三步:圈重点句,归纳总结。

参考答案

解决不好,则两败俱伤。只顾前者则流于僵化保守;只顾后者则将成为邯郸学步,旧的忘了,新的不会。(共2分。答出“两败俱伤”得1分;答出只顾其一分别产生的后果得1分,每个要点0.5分)

(3)破题方法

第一步:关注句子在文中的位置,从原文中找到对应自然段。第二步:结合上下文,弄清要理解的句子与其前后所形成的内在联系。该句前文是介绍原因。第三步:分析句子上下文,抓主干,梳理思路。

参考答案

①盛唐时的皇帝,对保护中华民族,主要是汉族的传统文化做了大量的工作。文学、艺术、书法、绘画、哲学、宗教等文化的各个方面都得到了可喜的发展。②盛唐时留居长安的外国人数量极大。他们带来了各自国家的物质和精神文化,又带回中国文化。(共2分。答出对传统文化的保护和外国人在文化发展上的贡献,且阐述合理得满分,每少答一点扣1分)

(4)破题方法

第一步:细读,找到全文论点,掌握全文要旨,论点围绕"如何解决传统文化和现代化的矛盾"。第二步:排查,筛选全文论据,判断论据类型,包括"汉武帝前后时代的文化""盛唐时期文化""清朝末年闭关锁国""改革开放"等。第三步:分析,结合具体内容,辨识论证方法。

参考答案

①举例论证(事实论证),通过汉代和唐代的对外文化交流说明现代化对国家发展的助力。②对比论证,将清末的闭关锁国和新中国的对外开放进行对比,说明正确处理传统文化和现代化这一矛盾的重要性。[共2分。答出举例论证(事实论证)和对比论证得1分;结合文章内容分别具体分析两种辩证得1分。每少答一种辩证方法或具体分析内容扣0.5分]

(5)破题方法

第一步:看标题。特别是标题中的修饰、限制成分往往就是说明对象的特征。论述对象是"传统文化与现代化"。第二步:抓中心句(关键句)。不少文章有集中陈述说明对象特征的语句,如文中"在历史上任何时代,任何正常发展的国家都努力去解决传统文化与现代化的矛盾""我们既提倡保护传统文化,加以分析,批判继承,又提倡对外开放,大搞现代化"。第三步:概括段意,综合概括。不少文章的主旨贯穿于文章的内容中,要在理解全文内容的基础上,归纳文章的主旨。阅读时,先把全文各段的大意连贯起来,加以综合概括,然后指出作者要表达的观点、态度、感情等。

参考答案

我们要批判地继承传统文化,批判地接受现代化,正确处理传统文化和现代化这一矛盾。(共3分。答出"批判地继承""批判地接受"和"正确处理矛盾",且表述准确得满分,每少答一点扣1分)

03 (1)破题方法

第一步:粗读全文,整体把握。厘清文章结构,明确论述对象为"移情作用""美感体验"。第二步:审清题干,确定区间。明确题目要求,从原文找出各选项对应的语句。第三步:对照分析,判断正误。对照原文,仔细、全面地分析,先排除,再反复揣摩判定。

参考答案

C【解析】C项,说的是"移情作用",原文中指出:"所谓美感经验,其实不过是在聚精会神之中,我的情趣和物的情趣往复回流而已。"

(2)破题方法

第一步:粗读全文,整体把握。厘清文章结构,明确论述对象为"移情作用""美感体验"。第二步:审清题干,确定区间。明确题目要求,从原文找出各选项对应的语句。第三步:对照分析,判断正误。对照原文,关注表肯定或否定的关键词,仔细、全面地分析,先排除,再反复揣摩判定。

参考答案

B【解析】B项,逻辑关系有误,原文说的是"移情作用不一定就是美感经验,而美感经验却常含有移情作用",并非必要条件。

(3)破题方法

第一步:粗读全文,整体把握。厘清文章结构,明确论述对象为"移情作用""美感体验"。第二步:审清题干,确定区间。明确题目要求,从原文找出各选项对应的语句。第三步:对照分析,判断正误。对照原文,仔细、全面地分析,先排除,再反复揣摩判定。

参考答案

C【解析】C项,根据第三自然段的"真正的美感经验都是如此,都要达到物我同一的境界"可知该项"欣赏书法则只需要把握创作者的情感"理解错误。

专题三　实用类文本阅读

命题规律探究

实用类文本阅读常以新闻、传记、报告、科普文章为材料进行考查，主要考查题型为客观题+主观题，分值在3~19分，题量在3~5小题；偶有地区仅考查客观题，如山东临沂等。

常考方向	1. 综合性选择题	2. 归纳概括题	3. 比较材料异同题
每题分值	1~3	2~6	3~6

一、文体特征

（一）实用类连续性文本

实用类连续性文本通常是由句子和段落构成的文本，句子是文本的最小单位。考查内容包括说明文、记叙文等。

（二）实用类非连续性文本

实用类非连续性文本是以清单、表格、图表、图示、广告、时间表、目录、索引等形式呈现的阅读材料，具有直观、简洁、醒目、概括性强、易于比较等特点。

阅读实用类非连续性文本要重点了解新闻、传记、调查报告、科普文章的文体基本特征。

1. 新闻。新闻具有真实性，即它是一种客观存在着的真实的信息，真实性是新闻的生命。新闻具有新鲜性，即它是新近发生的事实的报道。新闻具有传播性，即它可以通过媒体传播到四面八方。

2. 传记。传记基本特点是真实性和文学性。真实性是传记的第一特征，不允许夸大、缩小，因此也形成了传记独特的语言风格，大多比较朴素平实。但传记不同于一般的枯燥的历史记录，它具有文学性。它是写人的，有人的生命、情感在内；它通过作者的选择、剪辑、组接，倾注了爱憎的情感；它需要用艺术的手法加以表现，以达到传神的目的，在人物刻画上也较多采用白描手法等。

3. 调查报告。调查报告是围绕一个时期党和国家的中心任务，根据客观实际需要，有针对性地对某一具体事件或具体问题进行调查研究，分析总结出经验，回答广大群众所关心和迫切要求解决的问题。现实性是调查报告的灵魂。调查报告是客观现实的如实反映，不论是总结经验、研究新事物，还是揭示事实真相，必须以充分、确凿的事实为依据。

4. 科普文章。科普文一般是以通俗的形式介绍某种事物或现象，说明它的形态、特征、性质、意义、成因及其功能和作用等。主要包括科学小品和介绍性说明文，新课标考查以前者为主。科学小品是一种以科学为题材的小品文，用文学笔法来写，一般短小精悍、通俗易懂、语言丰富多彩、形式生动活泼。

二、综合性选择题

真题示例

山东日照岚山区中小学真题

阅读下面的文字，完成后面的问题。

材料一：

中央领导人在2021年春节团拜会上的重要讲话中指出“在中华文化里，牛是勤劳、奉献、奋进、力量的象征。人们把为民服务、无私奉献比喻为孺子牛，把创新发展、攻坚克难比喻为拓荒牛，把艰苦奋斗、吃苦耐劳比喻为老黄牛”。这“三头牛”的一个显著的特征，就是“出力奉献”。

一元复始，万象更新。我们已经迈入2021年，这是我国现代化建设进程中具有特殊重要性的一年。在这个重要时间节点上，我们要以什么样的精气神为全面建设社会主义现代化国家开好局、起好步？

中央领导人在2021年春节团拜会上的讲话，深情回首了过去一年，既有惊心动魄的风云突变，又有豪情万丈的砥砺前行，热情礼赞了中国特色社会主义制度具有无比强大的生命力和创造力！中国人民和中华民族具有无比强大的凝聚力和向心力！

中央领导人强调，只要全党全国各族人民紧密团结在党中央的周围，就没有任何困难能够难倒我们，就没有任何力量能够阻挡中华民族实现伟大复兴的铿锵步伐！中央领导人多次号召发

答题思路

理解精神内涵：定位相关内容，对材料一中画“___”部分出现的概念——“三牛”精神进行分析，理解其背后的精神内涵和所赞扬的品格。

扬孺子牛精神、拓荒牛精神、老黄牛精神。此次再次提及，正是要在辞旧迎新之际，激扬风雨无阻向前进的壮志豪情，凝聚越是艰险越向前的团结力量，在新的伟大征程上披荆斩棘、开拓创新、坚毅前行。所谓“九牛爬坡，个个出力”，就是人人都要有同心同德、和谐相处、团结拼搏、不畏艰难、勇往直前的精神。

这种“九牛爬坡，个个出力”的精神，在中国抗疫战斗中得到了充分的展现，正如2020年9月8日，中央领导人在全国抗击新冠肺炎疫情表彰大会上指出的，“在这场同严重疫情的殊死较量中，中国人民和中华民族以敢于斗争、敢于胜利的大无畏气概，铸就了生命至上、举国同心、舍生忘死、尊重科学、命运与共的伟大抗疫精神”。中央领导人总结的伟大抗疫精神，同中华民族长期形成的特质禀赋和文化基因一脉相承，是爱国主义、集体主义、社会主义精神的传承和发展，是中国精神的生动诠释，丰富了民族精神和时代精神的内涵。

“孺子牛”“拓荒牛”“老黄牛”是家喻户晓的美好形象，是底蕴深厚的文化意象，蕴含着中国人民自强不息、砥砺奋进的精神密码。唯有精神上站得住、站得稳，一个民族才能在历史洪流中屹立不倒、挺立潮头。

征途漫漫，惟有奋斗。正如中央领导人强调的：“我们通过奋斗，披荆斩棘，走过了万水千山。我们还要继续奋斗，勇往直前，创造更加灿烂的辉煌！”历史只会眷顾坚定者、奋进者、搏击者，而不会等待犹豫者、懈怠者、畏难者。千千万万的“孺子牛”“拓荒牛”“老黄牛”，乘风破浪、爬坡向前，我们的明天就一定会更加美好！

（摘编自澎湃新闻，有删改）

材料二：

九牛爬坡，个个用力。在中国人心中，“老黄牛”历来被赋予勤勤恳恳、埋头苦干、忠于职守、任劳任怨的象征意义。近日，在全国政协新年茶话会上，中央领导人勉励全党全国发扬“三牛”精神，其中就包括“艰苦奋斗老黄牛”的精神。

速览选项，对应文本：仔细对比文本与选项。材料一第四自然段画“﹏”部分与2题A项进行比对，原文强调“辞旧迎新”的时间点。

体会文化底蕴：材料一中画“＿”部分体现了“孺子牛”“拓荒牛”“老黄牛”是人民心中的美好形象，代表了中国人民自强不息、砥砺前行的美好品质。

发扬“老黄牛”精神，需要勤恳奉献、忠诚实干，面对挫折更需要艰苦奋斗、负重前行。世上没有坐享其成的好事，要幸福就要奋斗。【近百年来，我们党团结带领亿万中华儿女历经千难万险，在民族危亡时浴血奋战，在一穷二白时奋发图强，在时代发展中劈波逐浪，攻克了一个又一个看似不可攻克的难关，创造了一个又一个彪炳史册的人间奇迹。】特别是刚刚结束的2020年，来自政治、经济、文化、军事、社会、国际、自然等领域的挑战纷至沓来。在泰山压顶的危难时刻，全党全国各族人民展现出的韧劲和百折不挠的精神，沉着应对，迎难而上，在极不寻常的年份创造了极不寻常的辉煌：疫情防控取得重大战略成果，经济增长率先实现由负转正，脱贫攻坚任务如期完成，各方面工作取得新的进展，社会大局保持稳定……不朽奇迹背后，始终如一贯穿着老黄牛般的奉献和实干精神。

今天，全面建设社会主义现代化国家新征程已经开启，中华民族伟大复兴向前迈出了新的一大步。人间万事出艰辛，伟大复兴绝不是轻轻松松敲锣打鼓就能实现的。我们必须准备付出更为艰巨、更为艰苦的努力。【2021年，我们面临着世界经济形势仍然复杂严峻、复苏不稳定不平衡、疫情冲击导致的各类衍生风险等诸多挑战。】面对重大历史关头、重大考验，我们要永远保持清醒头脑，继续发扬筚路蓝缕的精神，一直保持实干兴邦的劲头，以“老黄牛”的精神敢于战胜前进道路上的一切困难和挑战，为把党和人民事业长长久久推进下去汇聚精神力量。

【“块块荒田水和泥，深翻细作走东西。老牛亦解韶光贵，不待扬鞭自奋蹄。”】实现中华民族伟大复兴，我们已经走过万水千山。站在“两个一百年”的历史交汇点，我们要不断强化和弘扬艰苦奋斗精神，要当好艰苦奋斗的老黄牛，以一往无前的奋斗姿态、风雨无阻的精神状态，不畏艰险，勇毅前行，用实干奋斗交出一份新时代的精彩答卷！

（摘编自新华网，有删改）

▍对照阅读：圈定问题涉及区域，找出原文相关语句，材料二中画“＿”部分与1题D项对照，原文意为“创造的辉煌体现了人们始终坚持老黄牛般的奉献和实干精神”。

▍筛选论据，判断方法：边读边画出相关词句。材料三中画“【】”部分为论据，列举了近百年来的艰苦奋斗、特殊时期的挑战，还引用了诗句，可判断为事实论据、道理论据。

问题

1. 下列对材料相关内容的理解和分析,不正确的一项是(　　)(3分)/考向:综合性选择题

A. 2021年是重要的时间节点,这一年在我国现代化建设进程中具有特殊重要性,用什么样的精气神开好局、起好步是我们思考的关键。

B. 中华民族实现伟大复兴,需要全党全国各族人民团结在党中央的周围,这样就没有任何困难能难倒我们,没有任何力量能够阻挡我们的步伐。

C. 抗疫精神诠释了中国精神,丰富了民族精神和时代精神内涵,继承了中华民族的文化基因,是"九牛爬坡,个个出力"精神的集中体现。

D. 在极不寻常的年份里,只有我们始终如一坚持"老黄牛"般的奉献和实干精神,各方面工作才能取得新的进展,社会大局才能保持稳定。

答案:D

解析:"只有我们始终如一坚持'老黄牛'般的奉献和实干精神,各方面工作才能取得新的进展,社会大局才能保持稳定"说法有误。"始终如一坚持'老黄牛'般的奉献和实干精神"是"各方面工作取得新的进展,社会大局保持稳定"的条件之一不是必要条件,题干说法太绝对。

2. 根据材料内容,下列说法不正确的一项是(　　)(3分)/考向:综合性选择题

A. 牛的形象很美好,是因为牛的文化意象底蕴很深厚。在辞旧迎新之际,更能激扬壮志豪情,更能凝聚越是艰险越向前的团结力量。

B. 要幸福就要奋斗,因为世上没有坐享其成的好事。在我们党的领导下创造了一个个彪炳史册的奇迹,跟践行"老黄牛"精神息息相关。

C. 人间万事出艰辛,民族伟大复兴不可能一蹴而就。国际环境风云变幻,国内疫情冲击等诸多挑战,需要我们付出更为艰辛的努力。

D. 实现中华民族伟大复兴,我们已经走过万水千山。站在历史的交汇点,需要继续传承和发扬"老黄牛"精神,更需要我们坚定信念。

答案:A

解析:"在辞旧迎新之际,更能激扬壮志豪情,更能凝聚越是艰险越向前的团结力量"中"更能"表述有误,材料一第四自然段"此次再次提及,正是要在辞旧迎新之际……开拓创新、坚毅前行",强调"辞旧迎新"这一时间点之所以"再次提及"的目的性和重要性。

3. 下列各项中，最适合作为论据来支撑材料二观点的一项是（　　）（3分）/ 考向：综合性选择题

A. 牛上唱歌牛下坐，夜归还向牛边卧。

B. 人生得饱万事足，舍牛相齐何足言。

C. 但得众生皆得饱，不辞羸病卧残阳。

D. 横眉冷对千夫指，俯首甘为孺子牛。

答案：C

解析：根据材料二的内容可知中心论点是"艰苦奋斗老黄牛"的精神。A项，主要写牧童之乐。B项，劝慰自己要活得舒心，就要学会知足，学会随遇而安。C项，歌颂牛任劳任怨、志在众生、唯有奉献、别无他求的性格特点。D项，上句写对待敌人的毫不屈服的斗争精神，下句写对待人民的甘愿奉献的无私态度。

4. 材料二使用了哪些论证手法？请简要说明。（4分）/ 考向1：归纳概括题

答案：（1）举例论证（事实论证）。列举近百年来，创造的彪炳史册的奇迹；列举极不寻常的年份创造了极不寻常的辉煌。

（2）引用论证（道理论证）。结尾段引用诗句进一步阐释"老黄牛"精神。

5. 新时代为何要继续发扬"三牛"精神？请结合材料一、材料二相关论述谈谈你的看法。（6分）/ 考向1：归纳概括题

答案：（1）牛是勤劳、奉献、奋进、力量的象征，又被赋予了忠于职守、任劳任怨、团结拼搏、开拓创新的内涵。

（2）牛是底蕴深厚的文化意象，蕴含着中国人民自强不息、砥砺奋进的精神密码，充分体现了民族特点。

（3）疫情防控、脱贫攻坚需要"三牛"精神，全面建设社会主义现代化国家、实现中华民族伟大复兴更需要"三牛"精神。

命题方向

1. 下列针对上述材料的概括分析，不正确的一项是；

2. 材料×在论证语言上的特点不包括以下哪一项；

3. 根据材料内容，下列说法不正确的一项是；

4. 下列表述不能直接说明"……"的一项是。

答题技巧

1. 基本方法

根据题目要求区分信息的主次、轻重，去粗取精，去伪存真，挑选并整合出符合要求的信息。

（1）应注意文体特征。因为不同文体其传达的信息重点不同，信息传达的方式也有不同。新闻，应关注最具价值的动态；传记，应关注传主的性格特征、情感态度和价值观念；报告，应关注调查所获得的事实和结论；科普文章，应关注科学新动态、新发现。

（2）应以准确解读文本为基础。只有把握了内容要点，才能有效地检索、筛选信息；只有把握了文章中心，才能准确地整合信息。

（3）在操作上，要学会根据题干的提示或选项的内容在文本中找到对应的信息区域，以便快速、准确地筛选、整合信息。

2. 答题注意事项

命题者在设题时常设置的陷阱角度有以下几个方面：

（1）范围失当（以偏概全）：注意修饰语与限制词，如：一些，有些，几乎，除……之外，到……为止，绝大多数，全都，全部，有时，凡，所有，一切，各种；关注“可能”“大概”“也许”“差不多”等修饰限制词。

（2）因果倒置：故意把“因”变成了“果”，或把“果”变成“因”等，强加因果关系。

（3）张冠李戴：甲做的事改为乙做的。

（4）无中生有：指选项的内容在原文中根本找不到依据，纯属凭空捏造。

3. 答题步骤

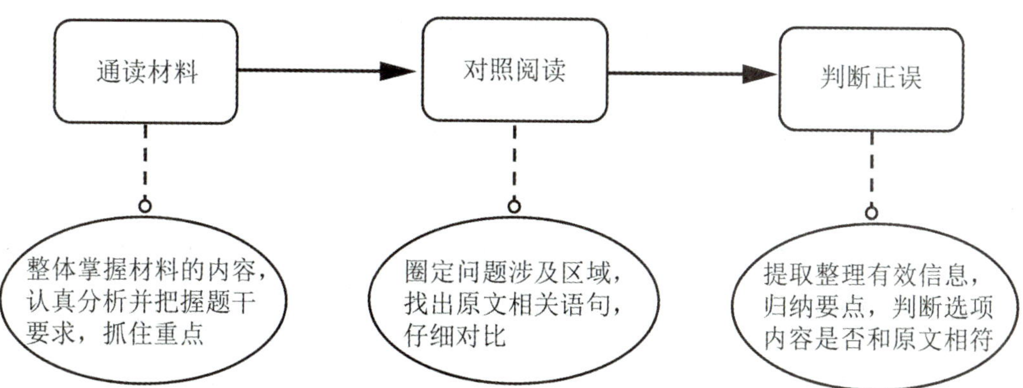

三、主观题

真题示例

广东惠州高中真题

实用类文本阅读。

材料一：

如何利用移动设备更好地辅助学习是当前教育领域广泛关注的话题，而对于移动学习是否真正能够促进学习绩效，不少研究者对此进行了各种类型的研究。

研究者利用RFID和PDA在地理实验室内观察岩石并开展探究性学习，结果表明基于移动设备的探究性学习有利于提高学习者的学习绩效和探究能力。研究者发现，利用移动设备支持协作学习不仅能够提高小组成员的参与度、互动行为频率和交互质量，而且能够显著提升学习绩效。在基于iPad的博物馆实地探访活动中，实验组学生在博物馆中进行移动学习，而对照组学生在课堂中采用传统的多媒体教学进行学习，结果表明在场馆中开展移动学习对学生的学习绩效、学习兴趣具有积极影响，并且有助于增强学生对本土传统文化的认同感。

有研究者采用移动学习策略引导五年级的小学生在田野中学习本土文化，实验班的学生通过PDA学习本土文化，而控制班采用传统方式即教师的引导来学习本土文化，结果发现实验班学生的学习绩效反而比控制班学生低。

在历史博物馆中利用移动设备辅助学习的实验研究中，研究人员把知识水平相当的62名学生随机分配到使用平板电脑(嵌入电子学习单)、使用纸质学习单、自由参观(既不使用平板电脑也不使用纸质学习单)三个小组中，结果显示三个小组的学习绩效并没有显著性差异。

(摘编自《移动学习能促进学习绩效吗?》)

答题思路

明确目的，整体呈现：根据题目要求，确定“移动设备学习和传统多媒体教学”涉及区域，将需要提取的文字勾画出来，对材料一中画“＿＿”部分进行整理，归纳要点。

材料二：

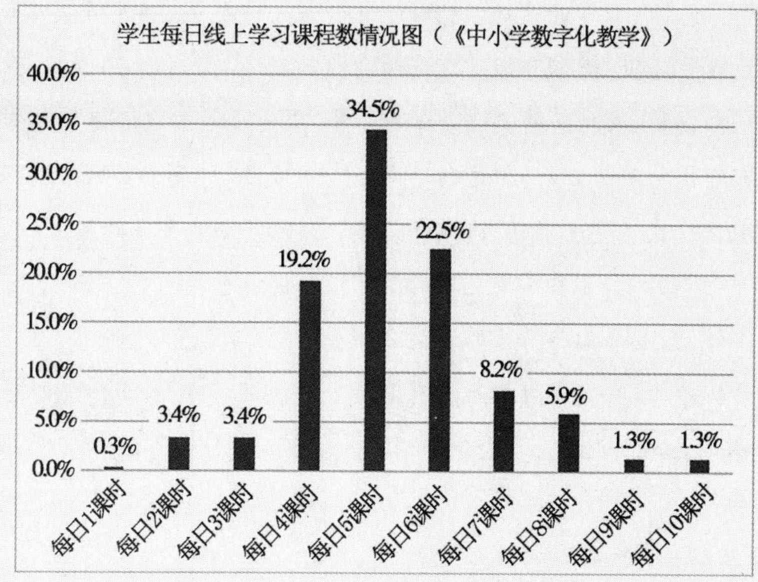

▍观察图表，进行信息转化：材料二中的柱状图表，反映了"学生每日线上学习课程数情况"，可知每日2课时和每日3课时占比均为3.4%，每日9课时和每日10课时占比均为1.3%，与2题B项中"课时越多则比例越少，与此相似的是课时越少比例也越少"说法不符。

材料三：

在线教育需要家庭提供规范性、规训式教学场景。在家学习，学生周边缺乏教师的督促和同学之间有意无意的互相监督。此时，无论是电脑、手机里的游戏，还是收藏夹里的电视剧，甚至是微信群里的各种轰炸消息，都会成为他们高效学习路上的挡路虎，在传统的教学中，课堂教学是学生了解和掌握道德规则和行为准则的主要场所，家庭教育只是作为一种"隐性补贴"存在。当网络授课成为主导模式时，家庭从"次要习得空间"成为最重要的教育空间，完成社会化的重担就落在了家庭教育上。不少学生家长缺乏相应的理论基础和教育意识，无法将学生成功地引入教学情境中。

▍确定范围，找出异同：题干涉及在线教学，明确范围，提取信息，材料三画"～"部分即是在线教学目前存在的"教学场景"问题，对有效信息进行剪辑组合，形成全面的答案。

与传统面对面授课相比，在线教学的知识、呈现方式发生了很大变化，目前，借助连麦互动、屏幕书写等方式，已经可以实现实时音频互动。但是，在网络授课中，由于师生经常要关注技术操作问题，使得干扰因素变多，认知负荷加重，影响深入、认真的思考和学习。

（摘编自《中国青年报》2020年2月7日）

材料四：

有研究者认为，融洽的师生关系是有效教学的前提。脑科学研究也告诉我们，在人类接受学校教育阶段，离不开师生交往和生生交往。在教学中，情绪促进认知，师生面对面的交流是学习最重要的内容，而线上教学虽然有师生之间的互动，但这种单向的互动和大家在一个紧密的时空全方位交流完全不可同日而语。

在信息技术进军中小学教育的过程中，技术在一定范围的滥用已经引起了人们的警惕，在一些学校，老师们将学生的考试分数、每个孩子做题时间都进行统计排序，这种只看数据而没有看到活生生的人的做法因失去了育人的意义而遭到非议，这也给信息技术与教学的融合增加了现实的阻力。

（摘编自《疫情之下，网络之上，在线教学的挑战究竟是什么？》，《网经社》2020年3月10日）

确定范围，找出异同：材料四画“　”部分反映了“教学过程中师生关系”“技术滥用”等问题，强调信息技术给教学带来的阻力，对关键信息进行总结归纳。

问　题

1. 下列表述不能直接说明“移动学习是否真正能够促进学习绩效”的一项是（　　）（3分）/ 考向：综合性选择题

A. 利用RFID和PDA在地理实验室内观察岩石并开展探究性学习，有利于提高学习者的学习绩效和探究能力。

B. 在基于iPad的博物馆实地探访活动中，实验组学生进行移动学习，对照组学生采用传统的多媒体教学方式。

C. 采用移动学习策略引导五年级的小学生在田野中学习本土文化，实验班学生的学习绩效反而比控制班学生低。

D. 在历史博物馆中利用移动设备辅助学习的实验研究，发现知识水平相当的三个小组的学习绩效没有显著差异。

答案：B

解析：B项，只说明了两个组的学习方式，并未说明研究的结果。

2. 下列对材料相关内容的概括和分析,不正确的一项是(　　)(3分) / 考向:综合性选择题

A. 研究显示,利用移动设备作为辅助学习手段,有的能够促进学习绩效,有的学习绩效反而更低,而有的则没有显著性差异。

B. 根据学生线上学习课程数可知,每日开设5课时的比例最高,而课时越多则比例越少,与此相似的是课时越少比例也越少。

C. 家庭在传统教学中是学生的"次要习得空间",网络授课成为主导模式后则变为最重要的教育空间并担负起完成社会化的重担。

D. 信息技术的滥用使得对学生考试分数和做题时间进行统计排序,这种做法不仅遭到了非议,也阻碍了信息技术与教学的融合。

答案:B

解析:B项,"课时越多则比例越少,与此相似的是课时越少比例也越少"的说法不准确,其中每日2课时和3课时、每日9课时和10课时的比例均相同。

3. 与传统授课相比,在线教学主要需要关注哪些问题?请结合材料简要分析。(6分) / 考向1:归纳概括题

答案:(1)关注教学场景(教学情境)的变化。电脑和手机中的各种游戏、电视剧、微信消息等信息容易妨碍学生的学习,家长相应理论基础和教育意识的缺失也难以把学生成功引入教学情境中。

(2)关注知识、呈现方式的变化。师生因需关注技术操作问题,导致干扰因素变多,使得认知负荷加重,影响深入、认真的思考和学习。

(3)关注师生关系问题。单向的线上教学虽有师生之间的互动,但这种互动和大家在一个紧密的时空全方位交流不能相提并论,容易影响师生关系的融洽和教学效果的提高。

(4)关注技术的滥用问题。一些学校的老师因太过注重对学生学习情况的数据分析而使育人意义缺失。

补充设问

归纳材料一中移动设备学习和传统的多媒体教学在学习效果方面的异同点? / 考向2:比较材料异同题

答案:相同点:移动设备支持协作学习和传统的多媒体教学都有利于提高学习者的学习绩效和探究能力。不同点:移动设备支持协作学习有利于提高小组成员的参与度、互动行为频率和交互质量,有利于显著提升学习绩效。传统的多媒体教学有助于增强学生对本土传统文化的认同感。

考向1 归纳概括题

命题方向

1. 材料×和材料×的主要观点是；
2. 根据×则材料并结合实际，请你提出几点措施；
3. 根据材料和你的理解，概括出××的内涵，分析其背后反映的××特点。

答题技巧

1. 基本方法

（1）认真审题，准确把握题干指向。理解文本内容，准确把握文本的主要观点和基本倾向，以此作为答题的基础。

（2）以正确的标准评判作者的观点和基本倾向。掌握评价标准，对“评价”题，应按照真、善、美的评判标准对文本的主要观点和基本倾向加以评判。评价应做到尊重事实，客观周全，体现个性，追求深刻。

（3）正确而全面地表述自己的意见。应根据题干指向进行探究，探究应以“提出自己的见解”为度，应言之成理、持之有据、自圆其说。

2. 答题注意事项

（1）抓住反映精神实质的材料进行分析，对其进行人生价值和时代精神的发掘整理，并结合自身思考进行个性化解读。

（2）依据文本中的有效信息，解读作品主旨，探讨创作背景和意图并利用题干与注释提示，联系知识储备，解读创作意图。

（3）理解把握全文，确立明确观点并结合文本实例，合理全面分析并尊重原文信息，表明得出结论的依据，提出自己的见解。

3. 答题步骤

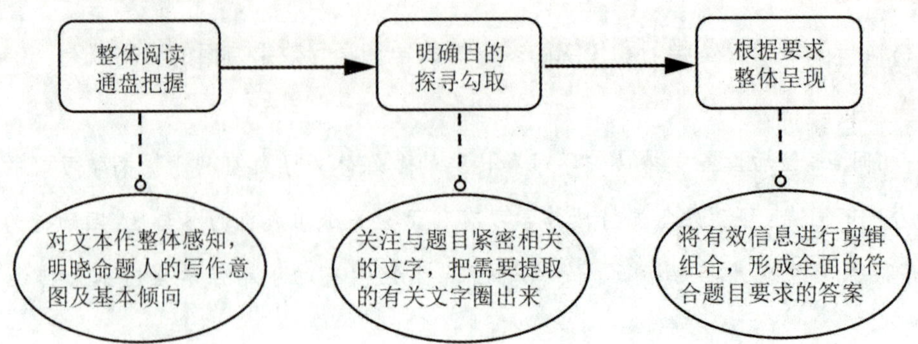

高分答题模板

归纳概括类

表达了作者________的观点（看法），通过对________研究得出________结论，面对社会中________的现象，我提出以下措施：第一，________；第二，________；第三，________。

考向2　比较材料异同题

命题方向

1. 与××相比，××主要应关注哪些问题？请结合材料简要分析；
2. 以上×则材料中，侧重点有什么不同？请结合材料简要分析。

答题技巧

1. 基本方法

对比阅读，即把内容相关而又不同的两种或多种材料联系起来进行比较式阅读，分析其相同点和不同点，是一种同中求异、异中求同的思维过程。

异中求同：指通过甄别、筛选、提炼，解开不同阅读材料的表面现象，找出它们的共同特征。

同中求异：指通过分析、探寻同类阅读材料的相异之处，从而找出阅读材料的个性特征。

（1）确定对比的范围，选好对比的角度。对比范围和角度的确定由阅读的目的来决定。随着阅读目的的千差万别，阅读的对比形式自然也就各有不同。

（2）对比是要找出阅读材料中的相同点与不同点，这是掌握和运用对比阅读的关键性一环。只有准确地找出阅读材料的异同点，才有可能进行具体的对比阅读。

（3）在对比阅读的整个过程中，思维必须要有条理性，特别是作宏观对比时，应有对比的侧重点，应根据个人实际情况，灵活运用多种阅读方法，尤其要注意仔细研读材料。研读有利于分析材料的异同，发现材料之间的细微差别。

2. 答题注意事项

（1）结合题干要求进行对照阅读，分析其相同点和不同点。对于文章而言，我们可以进行选材比较、结构比较、立意比较、语言风格比较、表达方式比较、问题比较等。

（2）同中求异和异中求同是两种完全相反的思维方向，针对不同的文本需要选用合适的思维方式。

3. 答题步骤

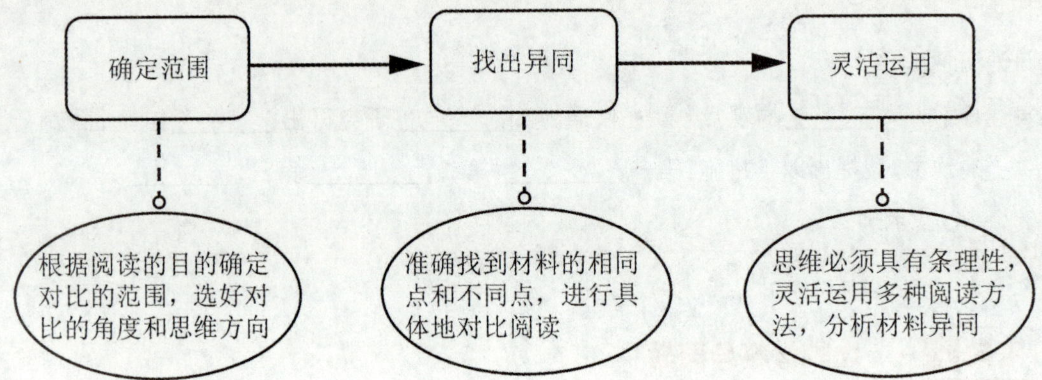

高分答题模板

将材料×和材料×进行对比，可知两者具有________的相同点，都涉及（或围绕）________，不同点在于________方面，材料×侧重于________，材料×侧重于________。

真题精解

01 阅读下面文章，完成后面的问题。　江苏真题

材料一：中国互联网络信息中心的调查显示，截至2020年6月，中国60岁以上的网民已接近1亿（9700万），这意味着中国2.5亿老年人中有38.8%的人已经上网。

然而“能”上网并不意味着“会”上网，从传统信息平台切换到纷繁复杂的互联网平台，老年人难免会晕头转向。

部分老年人沉迷于网络小说、短视频或游戏不能自拔，成为不折不扣的“网瘾老年”；“食醋能洁白牙齿”“多吃辣容易得阿尔茨海默病”“戒烟之后身体更坏”……在各种“震惊体”和养生类文章面前，老年人往往成为谣言传播的“易感人群”；还有些老年人平时省吃俭用，却在网络中被虚假投资利诱，被仿冒亲友诈骗。

“无根据的事例、不科学的结论、粗糙的剪辑画面”，这些看起来漏洞百出的文章、视频为何能得到“银发族”的青睐？仔细推究，当面临海量信息时，老年人由于受教育程度、思维定式和生活经历所限，表现出对信息的选择、理解、质疑以及思辨的反应能力也较为有限。另外，由于年轻人工作忙，与老年人的沟通交流较少，精神世界的空虚使得他们喜欢转发信息以吸引关注，创造谈资。

科技进步、数字变革正在深刻地改变人们的生活习惯，也让社会管理更加高效，如“健康码”这

类的信息技术在此次防疫期间功不可没。但在便利了大多数人的同时,“无健康码不得乘坐公共交通”“无健康码不得进入商场”的管理方式,让部分老年人因为不会使用智能设备在公交车上成为“众矢之的”,最终“落荒而逃”。

疫情期间,买菜、缴纳水电费、取快递等很多生活事项,都需要通过“扫一扫”或者在五花八门的App上完成,这让很多老年人无法置身事外。

在老年人融入“数字生活”的过程中,往往需要跨越数字设备——数字技能——数字思维三道坎,其中是否掌握数字技能、是否具备数字思维主要靠老年人主观努力。一些从农村到北上广深等一线城市帮儿女带孩子的候鸟型老年人,为了和异地亲朋保持联系、为了更好地融入大城市,不得不“赶鸭子上架”,反而成为老年人中的“创新者”。

另外一些因为其丰富的业余爱好,在参加合唱、参与广场舞等业余生活中,或主动或被动地拥抱数字生活。有趣的是,调查发现,老年女性对新媒体(以微信为例)的接受度显著高于男性。日常生活中也不难发现,老太太们在各类社交媒体上的存在感似乎比老先生们强,这也导致了不同性别老年人幸福感上的差异。

相反,也有部分老年人的成长与生活经历,使他们习惯于简单机械命令式的灌输,这与强调自主创新的数字思维背道而驰。此外,近年来针对老年人的“精准网络诈骗”手段防不胜防,在家人的反复渲染下,不少老年人产生“科技恐惧”,他们拒绝新媒体的理由很简单:“现在不熟的电话号码一概不接,因为老年人容易受骗啊!微信里肯定也有很多诈骗,我不想学。”对于老年人而言,记忆力、视觉能力、行动力等都有一定程度的下降,不断更新迭代的软件、设备反而让他们觉得越来越麻烦。移动互联网相关的各项应用从产品设计到功能开发的各个环节都更加追新求变,更难顾及老年用户的需求和习惯。所以,有时老年人拒绝新事物,实在是无可奈何的选择。

(摘编自周裕琼等《网络时代,如何帮助老年人适应“数字化生活”》)

材料二:《吾老之域》报告显示,长辈们在数字产品使用上的活跃表现,主要来自两个途径:反哺与自学。这种现象,最直观的投射集中在微信。调查发现,目前子孙对长辈的反哺还停留在较浅层面,排名靠前的微信反哺功能依次为:发红包、发语音、视频聊天、语音聊天等工具性技能。相反,诸如发布、点赞评论朋友圈,选择公众号等偏重于内容性的反哺较少。针对此,《吾老之域》报告呼吁青年人能够在老年人出现诸如轻信谣言等“不适”时,暂时将抱怨放一放,转而采取一种高质量陪伴的方式与其耐心对话。

家庭微信反哺的最终目的不是“让老年人都学会”,而是在过程中消解数字时代里老中青三代间固守的认知错位,促进形成一种更健康、更和谐的代际相处模式。无数数据显示老年人正在积极融入数字世界,家庭其他成员也应意识到反哺不能用蛮力,必要时需“妥协或接纳”。

(摘编自王聪聪、何桑柔《中国家庭已形成“数字反哺”》)

材料三：囿于年龄、知识结构、生活习惯等诸多因素，老年人对于数字技术的认知和接受相对迟缓，在使用上相比年轻人更是慢不少。这是一个客观现实，却不是一个命定的现实。这里面，既有老年人自身的原因，比如学习新技术的意愿弱，也有社会环境和技术的因素，比如公共服务和技术进步忽略老年人的现实需求，更有对老年人的认知偏见和年龄歧视。不假思索地用“老年人”这种笼统的概念一概而论，不去用心地条分缕析，不仅强化了社会对于老年人与数字生活的偏见，也在一定程度上阻碍了数字技术服务向老年群体的渗透。

坦率地说，老年人与数字技术之间是有鸿沟，而问题的关键，首先是想不想去填上这条鸿沟，以及如何去填上鸿沟。为不会扫码的老年人开辟专门通道是一种填法，组织老年人开展智能设备的学习交流也是一种填法。老年人手机的一度热销，也提醒我们，完全可以提供满足老年人需求的技术服务和操作平台。

（摘编自张洋《别让偏见阻碍老年人的数字生活》）

(1)材料一在论证语言上的特点不包括以下哪项(　　)(3分)/ 考向：综合性选择题

A. 生动形象　　B. 准确严密

C. 晦涩难懂　　D. 诙谐幽默

(2)根据材料内容，下列说法不正确的一项是(　　)(3分)/ 考向：综合性选择题

A. 老年人喜欢转发信息是因为年轻人工作忙，精神世界的空虚使得他们以此吸引关注、创造谈资。

B. 疫情防控期间，一个健康码就难倒了不少老年人，可见科技进步、数字变革往往是把“双刃剑”。

C. 对老年人的认知偏见可能会演化为社会整体的价值判断，那些隐性老年歧视有可能转变为显性歧视行为，甚至成为一种社会常态。

D. 弥合老年人“数字鸿沟”需要年轻子女的“数字反哺”，现实中技能性反哺少于内容性反哺。

(3)根据三则材料并结合实际，为了让老年人更好地融入数字生活，请你提出几点措施。(5分)/ 考向1：归纳概括题

真题精解
01—问题(3)

补充设问

归纳主动或被动融入数字生活和拒绝融入数字生活的老年人的异同点？ /考向2：比较材料异同题

02 阅读下面材料，完成后面的问题。 广东真题

材料一："宅经济"就是"宅"在家里的经济。在日本，特定群体的消费内容和模式不仅定义了一种居家消费文化，也直接推动了动漫、电子游戏及衍生产业的发展。在上世纪70年代的美国，由于环境污染和交通拥堵，人们希望借助远程办公摆脱通勤之苦。如今，互联网及信息技术的普及使得大众消费和工作模式发生根本转变，以往集中化的消费及工作被远程在线、分布式、个体化的模式所取代。至此，"宅经济"进入数字化时代。

居家消费中，网上购物火爆。据预测，2019～2023年全球在线餐饮外卖市场年均增长率将超过15%。远程办公市场同样可观。据调研，在全球范围内，有超过1/4的受访者表示，每周至少有部分时间远程办公，对亚太地区的受访者而言，这一比例更是高达37%。

技术是驱动"宅经济"持续增长的重要因素。互联网、社交媒体、移动应用打破物理空间界限，使得距离不再是问题。技术与产业相互作用，巨大的需求催生商业模式创新，推动产业变革，产业的发展则进一步促进技术优化和成熟。

"宅经济"的发展也面临挑战。企业需要平衡用户体验和效率之间的矛盾，避免因协同不足导致效率降低的问题。随着云计算、物联网、机器人、人工智能等技术应用日趋成熟，效率制约因素逐步消减，"宅经济"也将更受欢迎。

材料二：买菜靠配送、看病靠在线问诊、上课靠网络直播、健身也远程……疫情影响下，大家自觉"宅在家"，带火了一批"宅经济"业态。

疫情期间，"宅经济"的快速增长，一类受益于巨大的市场需求，比如生鲜电商、在线医疗。此次疫情让生鲜电商脱颖而出，巨大的需求刺激销量暴涨；对疾病的担忧，去医院的风险，疫情带来的多重焦虑让很多人选择了新的途径——网上问诊。还有一些属于相关行业的自救叠加需求，比如在线教育、直播健身等。疫情期间，线下培训班全部暂停，借由延迟开学，多家教育培训机构以"停课不停学"的名义迅速推出了免费课程。在一定程度上补救了学员流失等带来的巨大损失。

疫情过后，这些行业的火爆还会持续吗？业内人士认为，随着生活、工作逐步恢复调整，一些“宅经济”业态难免会有所降温。但此次疫情促使数字技术进入大规模应用阶段，也进一步培养了线上消费习惯，相关行业需要进一步提供更为优质的服务，将疫情期间的流量变现，才能实现可持续发展。

材料三：面对这段“静默期”，实体门店纷纷开始在艰难中寻求“自救”，借助“宅经济”占位突围，并慢慢恢复元气。

疫情的冲击，让实体商家们开拓了线上渠道。一位服装业商家努力将线下实体最大限度地“搬”到线上，通过“直播带货”加“微信群秒杀”的销售模式，短短数天他卖出去了1000多件衣服，并把店里的库存销售一空。餐饮业则在变换着经营模式，提供更优的服务，饭店由“聚餐”变“送餐”。某实体火锅店在疫情期间推出外卖订餐，为了方便食客过把“火锅瘾”，他们还提供电热火锅。市民一个电话，他们把饭菜送到家中。

同时也出现了有社会担当的单位、企业打造网上平台助商家“过冬”。疫情暴发以后，某传媒集团很快便推出“蔬菜同城免费配送”活动，蔬菜、瓜果、肉类、调料等生活用品一应俱全，以方便宅在家中的市民群众。该集团还依托自身的微信公众平台，为受新冠肺炎疫情影响的商家提供帮助，当日推出“饭店免费入驻平台，市民点餐免配送费”的两免活动，一时间商家纷纷入驻。

(1)下列针对上述材料的概括分析，不正确的一项是(　　)(2分) / 考向：综合性选择题

A.“宅经济”的市场规模较大，疫情期间大部分人都在远程办公。

B.疫情倒逼了生鲜电商和在线医疗等行业发展，但疫情之后是否能保持业态恒温则还不能确定。

C.一些有社会担当的单位和企业的慷慨帮助直接使得部分实体门店在疫情期间实现了占位领先。

D.“宅经济”在疫情期间尤为突出，其重点变现在社交游戏、视频、在线教育、线上电商、外卖等行业。

(2)请根据材料和你的理解，概括出“宅经济”的内涵。“宅经济”的走热折射出我国经济怎样的特点?(5分) / 考向1：归纳概括题

(3)在疫情影响之下,很多商铺关闭,大部分的小区都实行封闭管理,许多上班族、学生也在家进行线上办公和学习,带火了生鲜配送、在线医疗、在线办公、线上教育、游戏娱乐等“宅经济”。对于“宅经济”,你怎么看?(5分) / 考向1:归纳概括题

补充设问

归纳“宅经济”下实体商家和线上渠道的异同点? / 考向2:比较材料异同题

破题方法与参考答案

01 (1)破题方法

第一步:通读材料,整体掌握材料的内容,认真分析并把握题干要求,抓住重点。材料一主要围绕“老年人数字化生活的困境”展开论述。第二步:对照阅读,圈定问题涉及区域,找出原文相关语句,仔细对比。本题考查论证语言的特点,分析选项所给特点在原文中是否有对应依据。第三步:判断正误,提取整理有效信息,归纳要点,判断选项内容是否和原文相符。

参考答案

C【解析】A项,如“落荒而逃”形象地写出了老年人在数字生活中的情态。B项,由第一自然段“中国60岁以上的网民已接近1亿(9700万),这意味着中国2.5亿老年人中有38.8%的人已经上网”可知论证语言准确严密。C项,材料一的语言通俗易懂,并不是晦涩难懂。D项,如“不折不扣的‘网瘾老年’”“老太太们在各类社交媒体上的存在感似乎比老先生们强”等语言诙谐幽默。

(2)破题方法

第一步:通读材料,整体掌握材料的内容,认真分析并把握题干要求,抓住重点。材料的论述对象为“老年人与数字化生活”。第二步:对照阅读,圈定问题涉及区域,找出原文相关语句,仔细对比。从材料二找出“数字反哺”对应的语句。第三步:判断正误,提取整理有效信息,归纳要点,判断选项内容是否和原文相符。

参考答案

D【解析】D项,由材料二第一自然段“目前子孙对长辈的反哺还停留在较浅层面……选择公众号等偏重于内容性的反哺较少”可知,现实中技能性反哺多于内容性反哺。

(3)破题方法

第一步:整体阅读,通盘把握。文本关注“老年人数字化生活的困境”“数字反哺有限”等问题。第二步:明确目的,探寻勾取。从老年人与数字化生活出发,关注老年人自身、家人、社会环境和技术等因素相关内容。第三步:根据要求,整体呈现。将有效信息进行剪辑组合,形成全面的符合题目要求的答案。

参考答案

①老年人自身:主观上要积极拥抱数字生活,提高数字技能和数字思维能力。②家庭中青少年成员:积极对老年人进行数字反哺,耐心帮助他们。③数字技术行业:产品设计、功能开发等要顾及老年人的习惯和需求。④社会公共服务行业:消除对老年人的认知偏见和年龄歧视,畅通数字技术服务向老年人渗透的渠道。(共5分。每个方面各1分,答出四个方面得4分,语句连贯、表达合理得1分,每少答一点扣1分)

补充设问

破题方法

第一步:确定范围。根据题干要求确定好对比的范围,选好对比对象。第二步:找出异同。准确找到“老年人在数字生活中的现状”的相同点和不同点,进行具体地对比阅读。第三步:灵活运用。思维必须具有条理性,分析材料异同。

参考答案

相同点:主动或被动融入数字生活和拒绝融入数字生活的老年人在掌握数字技能、学习数字思维上存在困难。

不同点：主动或被动融入数字生活的老年人主要靠主观努力，在防疫期间不得不学习“扫码”，为了与异地亲朋保持联系，为了丰富的业余爱好等。

拒绝融入数字生活的老年人受成长和生活经历影响，习惯于简单机械命令式的灌输，缺乏数字思维，市面上电子产品设计不符合他们的需求和习惯，主观上拒绝接受新事物。

02 (1)破题方法

第一步：通读材料，整体掌握材料的内容，认真分析并把握题干要求，抓住重点。材料的论述对象为“宅经济”。第二步：对照阅读，圈定问题涉及区域，找出原文相关语句，仔细对比。从材料三找出“实体门店”“线上”等对应的语句。第三步：判断正误，提取整理有效信息，归纳要点，判断选项内容是否和原文相符。

参考答案

C【解析】材料三中提到“实体门店纷纷开始在艰难中寻求‘自救’，借助‘宅经济’占位突围”“同时也出现了有社会担当的单位、企业打造网上平台助商家‘过冬’”，“有社会担当的单位、企业”只是为实体门店提供了平台，“实现占位领先”的是实体门店的“自救”。

(2)破题方法

第一步：整体阅读，通盘把握。对文本作整体感知，论述“各行业受宅经济的影响而发生的转变”。第二步：明确目的，探寻勾取。关注与“宅经济”紧密相关的文字，圈出来对经济方面的影响的相关文字。第三步：根据要求，整体呈现。将有效信息进行剪辑组合，形成全面的符合题目要求的答案。

参考答案

内涵：“宅经济”是一种在家中利用网络办公、从事商务工作以及进行消费的经济模式。

特点：“宅经济”走热，折射出我国消费市场的强大韧性。疫情期间，居民外出减少，住宿、餐饮等行业的销售和客流明显下降，但与此同时，网上生鲜、远程办公、网络直播等逆势发展，展现了中国消费市场长期稳定和持续升级的大趋势。

（共5分。准确概括“宅经济”的内涵得2分，答出“消费市场的强大韧性”得1分，答出“长期稳定”和“持续升级”各得1分）

(3)破题方法

第一步：粗读全文，整体把握。明确论述对象为“宅经济”。第二步：审清题干，确定区间。明确题目要求，从原文找出“‘宅经济’火爆后各行业现状”的相关文字。第三步：圈重点句，归纳总结。结合实际生活，提出自己的见解。

参考答案

“宅经济”逆势火爆，疫情加速“宅经济”时代到来，成为推动经济增长的“硬核”力量。疫情之后的经济变化，增加了“宅经济”的跑道容量，更多消费者选择“宅经济”，它能够满足生活的刚需，是安全的、新的选择；“宅经济”激发了消费潜力，激活了消费市场，推动了消费升级，引发行业进一步发展变革，推动企业加强线上服务、线上管理，推动服务业的数字化发展。我们应继续加强技术革新，推进5G网络、数据中心等基础设施建设，为智能经济的发展和产业数字化提供基础支持，促进数字化技术在各个领域渗透，激发“宅经济”获利；同时经营者也应着力提高发展核心技术，创新商业发展模式，进一步精准搭建消费平台，提供优质服务，保障消费者的消费体验和满意度；消费者应该努力尝试新型消费模式，积极参与，结合自身消费需求，宅在家里，合理购物。（共5分。答出“宅经济”到来的原因、好处得2分；答出个人、经营者和消费者面对“宅经济”的到来应如何做得3分）

补充设问

破题方法

第一步：确定范围。根据题干要求，确定好对比的范围，选好对比对象“线上渠道”“实体商家”等。第二步：找出异同。准确找到各行业的相同点和不同点，进行具体地对比阅读。第三步：灵活运用。思维必须具有条理性，分析材料异同。

参考答案

相同点：疫情影响下，受“宅经济”线上市场火爆形势的影响，实体门店利用“宅经济”转变经营模式，开通线上渠道，“服装业”将线下实体转为线上直播带货，餐饮业也推出外卖订餐，有些单位、企业推出“蔬菜同城免费配送”活动等，它们都开辟了线上市场。

不同点：线上渠道的网上购物、餐饮外卖、生鲜电商、在线医疗、在线教育等行业受疫情影响，巨大的市场需求刺激销量迅速增长，它们解决了物理空间界限，让人们足不出户就可以满足生活需求，也逐渐改变了人们的消费习惯；它们需要云计算、物联网、机器人、人工智能等技术应用的支持。实体门店则将线下实体最大限度“搬”到线上，通过“直播”“微信群”“外卖订餐”等模式进行“自救”。

专题四 真题集训

01 阅读下面文章,回答后面的问题。 安徽真题

胡桃云片

丰子恺

①凭窗闲眺,想觅一个随感的题目。

②说出来真觉得有些惭愧:今天我对于展开在窗际的"一·二八"战争的炮火的痕迹,不能兴起"抗日救国"的愤慨,而独仰望天际散布的秋云,甜蜜地联想到松江的胡桃云片。也想把胡桃云片隐藏在心里,而在嘴上说抗日救国。但虚伪还不如惭愧些吧。

③三四年前在松江任课的时候,每星期课毕返上海,黄包车经过望江楼隔壁的茶食店,必然停一停车,买一尺胡桃云片带回去吃。这种茶食是否松江的名物,我没有调查过。我是有一回同一个朋友在望江楼喝茶,想买些点心吃吃,偶然在隔壁的茶食店里发现的。发现以后,我每次携了藤箧坐黄包车出城的时候必定要买。后来成为定规,那店员看见我的车子将停下来,就先向橱窗里拿一尺糕来称分量。我走到柜上,不必说话,只需摸出一块钱来等他找我。他找我的有时两角小洋,有时只几个铜板,视糕的分量轻重而异。每月的糕钱约占了我的薪水的十二分之一。我为什么肯拿薪水的十二分之一来按星期致送这糕店呢?因为这种糕实有使我欢喜之处,且听我说:

④云片糕,这个名词高雅得很,"云片"二字是糕的色彩形状的印象的描写。其白如云,其薄如片,名之曰云片,真是高雅而又适当。假如有一片糕向空中不翼而飞,我们大可用古人"白云一片去悠悠"之句来题赞这景象。但我还以为这名词过于象征了些。因为糕的厚薄固然宜于称片,但就糕的轮廓的形状上看,对于上面的"云"字似觉不切。这糕的四边是直线,四根直线围成一个长方形。用直线围成的长方形来比拟天际缭绕不定的云,似乎过于象征而有些牵强了。若把"云片"二字专用于胡桃云片上,那么我就另有一种更有趣味的看法。

⑤胡桃云片,本是加有胡桃的云片糕的意思。想象它的制法,大约是把一块一块的胡桃肉装入米粉里,做成一段长方柱形,然后用刀切成薄薄的片。这样一来,每一片糕上都有胡桃肉的各种各样的切断面的形状。胡桃肉的形体本是非常复杂,现在装入糕中而切成片子,就因了它的位置、方向及各部形体的不同,而在糕片上显出变化多样的形象来。试切下几片糕来,不要立刻塞进口里,先来当作小小的画片观赏一下。有许多极自然的曲线,描出变化多样的形象,疏疏密密地排列在这些小小的画片上。倘就各个形象看:有的像果物,有的像人形,有的像鸟兽。就全体看:有时像蠹鱼钻过的古书,有时像别的世界的地图,有时像古代的象形文字,然而大都疏密无定,颇像现在窗外的散布着秋云的天空。古人诗云:"人似秋云散处多。"秋天的云,大都是一朵一朵地分散而

疏密无定的。这颇像胡桃云片上的模样。故我每吃胡桃云片便想起秋天，每逢秋天便想吃胡桃云片。根据了这看法而称这种糕曰“胡桃云片”，岂不更为雅致适切而更有趣味吗？

⑥松江人似乎曾在胡桃云片上发现了这种画意的。他们所制的糕，不像别处的产物似的仅在云片中嵌入胡桃肉，他们在糕的四周用红色的线条作一黄金律的缘，而把胡桃的断面装点在这缘线内。这宛如在一幅中国画上加了装裱，或是在一幅西洋画上加了镜框，画的意趣更加焕发了。这些胡桃肉受了缘的隔离，已与实际的世间绝缘，不复是可食的胡桃肉，而成为独立的美的形体了。

⑦因这缘故，松江的胡桃云片使我特别欢喜。辞了松江的教职以后，我不能常得这种胡桃糕，但时时要想念它——例如今天凭窗闲眺而望天际散布的秋云的时候。读者也许要笑：“你在想吃松江胡桃糕，何必絮絮叨叨地说出这一大篇！”不，不，我要吃糕很容易：到江湾街上去买两百文胡桃肉，七个铜板云片糕，拿回家来用糕包裹胡桃肉，闭了眼睛塞进嘴里，嚼起来味道和松江胡桃云片完全一样。我的想念松江胡桃云片，是为了想看。至少，半是为了想看，半是为了想吃。若要说吃，我吃这种糕是并用了眼睛和嘴巴而吃的。

⑧我们中国的市上，仅用嘴巴吃的东西太多了。因此使我拿薪水的十二分之一来按星期致送松江的糕店，又使我在江湾的窗际遥遥地想念松江的胡桃云片。我希望中国到处的市上，并用眼睛和嘴巴来吃的东西渐渐多起来。不但嘴吃的东西，身体各部所用的东西，也都要教眼睛参加进去才好。我又希望中国到处的市上，并用眼睛和身体来用的东西也渐渐多起来。

（本文有删改）

(1)概括文章第①段的作用。(2分)

《胡桃云片》
—问题(1)

(2)分析文章语言的特点。(3分)

(3)通过对胡桃云片的描写，塑造了作者怎样的形象？(4分)

02 阅读下面文章,回答后面的问题。 福建真题

炉 火

臧克家

①金风换成了北风,秋去冬来了。冬天刚刚冒了个头,落了一场初雪,我满庭斗艳争娇的芳菲,顿然失色,鲜红的老来娇,还有各色的傲霜菊花,一夜全白了头。两棵丁香,叶子簌簌辞柯了,像一声声年华消失的感叹。

②每到这个季节,十一月上旬,我生上了炉火,一直到明年四月初,将近半年的时光,我进入静多动少的生活。每到安炉子和撤火的时候,我的心里总有些感触,季候的变迁,情绪的转换,打下了很鲜明、很深刻的印记。

③我的小四合院,每到冬季,至少要安六个炉子,日夜为它奔忙。我的家人总是念叨说:安上暖气多省事呵,又干净。我也总是用我的一套理由做挡箭牌:安暖气花费太大呀,开地道安管子多麻烦呵,几吨煤将放在何处?还得有人夜里起来烧锅炉……,我每年这样搪塞,一直搪塞了二十一年。其实,别的是假的,我中心的一条是:我爱炉火!

④我住北房,三明两暗。左右两间有两个炉子,而当中的会客室,却冷冷清清,娇花多盆,加上两套沙发,余地供回旋的就甚少了。客人来了,大衣也不脱,衣架子成了空摆设。到我家做客的朋友们,都说我屋子里的温度太低了。会客室里确是有点清冷,而我的写作间兼卧室却暖和和的。炉子,成为我亲密的朋友,几十年来,它的脾气我是摸透了。它,有时暴烈,有时温柔,它伴我寂寞,给我安慰和喜悦。窗外,北风呼号,雪花乱飘,这时,炉火正红,壶水正沸,恰巧一位风雪故人来,一进门,打打身上的雪花,进入了我的内室,沏上一杯龙井,泡沫喷香,相对倾谈,海阔天空。水壶嗞嗞作响,也好似参加了我们的叙谈,人间赏心乐事,有胜过如此的吗?

⑤每晚,我必卧在床上,对着孤灯,夜读至十时,或更迟些。炉火伴我,它以它的体温温暖着我,读到会心之处,忽然炉子里砰砰爆了几声,像是为我欢呼。有时失眠了,辗转不能安枕,瞥看炉子里的红光一点,像只炯炯的明眸,我心安了,悠悠然,入了朦胧的境界。

⑥暖气,当然温暖,也干净,但是呵,它不能给我以光,它缺少性格与一种活力。我要光,我要性格,我要活力。

⑦我想到七八岁上私塾的时候,冬天,带上个铜"火箱",里面放上几块烧得通红的条炭,用灰把它半掩住,"火箱"盖上全是蜂窝似的小孔,手摸上暖乎乎的,微微的火光从小孔里透露出来,给人以光辉,它不仅使人触感上感到温暖,而且透过视觉在心灵上感受到一种启示与希望的闪光。

⑧有这种生活经验的人,会饶有情味地回忆到隆冬深夜,置身在旷山大野中,几个同伴围在篝火旁边取暖的动人情景。火,以它的巨大热力使人通体舒畅,它的火柱冲天而起,在黑暗中给人以

一种巨大的鼓舞力量与向前冲击的勇气。在它的猛烈的燃烧中，迸出噼噼啪啪的爆炸，不像一声声鼓点吗？

⑨炉火当然不是铜"火箱"，也不是篝火，可是它们也有相同的性格：它们发热，它们发光，它们也能发出震撼心灵的声响。几十年来我独持异议不安暖气，始终留恋着炉火，原因就在此。

(1)最后一段写道："几十年来我独持异议不安暖气，始终留恋着炉火，原因就在此。"这里"此"指的是什么？(3分)

(2)第②段说："每到安炉子和撤火的时候，我的心里总有些感触。"请联系全文，简要分析"感触"的含义。(6分)

(3)简要分析文中的对比手法。(6分)

---

03 阅读下面文章，回答后面的问题。　广东真题

青田有奇石

传说在遥远的古时候，女娲补天剩下一块五彩顽石，这块石头觉得自己没有了价值而自惭形秽，于是主动要求下界，后来遗落到现在的浙江省青田县一带。青田县以出产青田石而闻名天下，这样的美丽传说也一代代流传下来。据说当年曹雪芹听说了青田石的故事，便把它写进了《红楼梦》里，于是就有了青埂峰下的顽石，书中主人公贾宝玉随身佩戴的通灵宝玉，或许正是青田石。

(一)古老的石雕

青田石其实是一种白垩纪流纹岩和凝灰岩经过中低温热液蚀变作用而形成的岩石，形成至今

已经有1.2亿～1.4亿年。它的质地温润，呈致密块状，具有蜡状光泽，不透明或微透明，主要矿物成分是叶蜡石。除此之外，青田石中还含有少量石英、绢云母、高岭石、蒙脱石、刚玉、红柱石以及绿帘石等其他矿物，成分较为复杂，所以青田石的颜色多有变化，虽以青色为基色主调，但也常见有红、白、灰、黄、苹果绿等颜色，深受石雕艺术家的喜爱。以青田石为材质雕刻成的花鸟虫鱼、山水风景、人物造型等神形兼备，细腻精巧，独具特色。郭沫若曾有诗赞之曰："青田有奇石，寿山足比肩。匪独青如玉，五彩竞相宜。斧凿夺神鬼，人巧胜天然。"

1989年，考古学家在江西省新干县商代墓葬遗址中发现了754件各种类型的精美玉器，其中有一件造型奇特的玉羽人(古代汉族神话中的飞仙)，它全身呈枣红色，高约11.5厘米。专家鉴定发现，这件玉羽人的石质为青田石。由此证明，人们认识并使用青田石的历史至少已经超过了3000年。

不过，真正让青田石名扬天下的不是石雕，而是印章。

(二)名贵的印石

自古以来，印章就是文人雅士的身份象征，或是达官贵人附庸风雅的玩物，在我国有着极其深厚的文化底蕴。古人制章，或用金属材料，诸如金印、银印、铜印等，或用玉料，诸如翡翠印、玛瑙印、和田玉印、独山玉印等，或用象牙、牛角一类的角质材料，或用寿山石、鸡血石、田黄石等石料，或用黄杨木等木料，五花八门，种类繁多。色泽清丽的青田石即为其中的石印。

以石为印，乃是我国独有的一门艺术。史料记载，古人早期常用金属材料或玉料制印；到了唐宋时期，才开始使用石料；明代时，石印崛起，其中的青田石是最为典型的代表。浙江青田石具有耐潮、耐热、不变形、不变色等诸多优点，与福建寿山石、浙江昌化石、内蒙古巴林石并称我国四大著名印章石。

与玉印相比，石印的价格相对低廉。而且石料硬度相对较低，易于雕刻，譬如，翡翠的莫氏硬度6.5～7，而青田石的莫氏硬度仅为2～2.5。在狭小的石面上雕刻出精细的文字，需要精湛的技艺，软硬适中的青田石料更利于雕刻者熟练地运用刀法，即便雕刻的线条细如发丝，也不易断裂。青田石印融汇雕刻与书法于一体，刀之所至，笔走龙蛇，方寸之间尽显无穷妙趣。清代的乾隆皇帝就十分喜爱青田石印，他个人收藏的青田石印多达上百方。现如今，北京故宫博物院里还珍藏着多块明清时期流传下来的青田石印章。

(三)文化的使者

作为一种古老的传统艺术，篆刻有着上千年的悠久历史，古人主要是将自己的名字刻在印章上，现在则出现了一种新型的篆刻艺术，即以人物形象为内容的印章，名曰肖像印。肖像印既有伟人或名人，也有普通人自己的形象，所选用的石材仍然倾向于青田石、昌化石等印章石。2010年上海世博会期间，一项极具中国特色的参展国与地区政要金石印象展给大家留下了深刻印象。这是由6位创作者历时两年时间完成的篆刻作品，选取青田石为篆刻石材，以联合国、参展国与地区的政要肖像为主题，创作了197方肖像印。在这小小的印章之上，名人政要的形象栩栩如生，不仅让世界人民了解了我国技术精湛的篆刻技艺，也让青田石的美名再次名扬海内外，赢得了国内外参观者的广泛赞誉。

青田石为什么会走进上海世博会呢？其实，早在清代，它就已经迈出国门走向世界了。1915年，美国为了庆祝巴拿马运河开凿通航在旧金山市举办巴拿马太平洋博览会，我国参展团携带的以青田石为材质雕刻的12件艺术品闪亮登场，其中有两件印章还获得了银牌奖章。或许，正是青田石与世博会的这种百年渊源赋予了它特殊的文化意义，使其成为我国与世界各国进行文化交流的一种符号。

(四)稀缺的资源

青田县地处浙江省东南部，属低山丘陵地貌，境内近90%的区域为山地，素有"九山半水半分田"之说。特殊的地质条件孕育出了稀有的青田石矿脉，当地人世代相传的石雕和篆刻工艺为青田县赢得了"中国石雕之乡""中国石文化之都"等诸多美誉。

不过，由于青田石的产地局限，开采历史悠久，现存资源量濒临枯竭，使得市场上的青田石价格越来越高。新闻媒体经过调查发现，最近20年来，青田石的价格上涨了几十倍，个别罕见品种甚至上涨百倍。曾有收藏家表示，他在10年前以1500元的价格卖掉的一块青田石，后来又以3万元价格收回，现在又涨到了三四十万元。

尽管我们怀疑这其中有商家炒作的可能，但资源量的日益短缺所造成的物以稀为贵的趋势是必然的。更令人不可思议的是，在青田县，竟然有房地产公司推出了"用石头换房子"的销售模式，如果你手中收藏有一块质量上乘的青田石，就能换一套房子，想想是不是很激动呢。

(本文有删改)

(1)关于文章内容，下列说法不恰当的一项是________。(请填写数字序号)(2.5分)

①青田石质地温润，呈不透明或微透明状，具有蜡状光泽，其形成时间距今久远，被人们认识并使用的时间悠久。

②青田石的成分复杂，颜色较为丰富，主要以青色为基色主调，由其雕刻而成的石雕造型精巧，独具特色。

③青田石料软硬适中，雕刻者能在上面熟练地运用刀法，制作出融雕刻与书法于一体的青田石印。

④在2010年世博会的一次展会上，青田石雕让全世界人民见识到了中国精湛的雕刻技艺，也让青田石再次名扬天下。

(2)请概述文章第一自然段的内容并分析其作用。(4分)

(3)“1989年,考古学家在江西省新干县商代墓葬遗址中发现了754件各种类型的精美玉器。其中有一件造型奇特的玉羽人(古代汉族神话中的飞仙),它全身呈枣红色,高约11.5厘米”文中这句话主要运用了哪种说明方法,有什么作用?(4分)

(4)本文分别以“古老的石雕”“名贵的印石”“文化的使者”和“稀缺的资源”四个小标题来安排文章顺序。这四个顺序能互相调换吗? 为什么?(4分)

04 阅读下面文章,回答后面的问题。 安徽真题

文　竹

贾平凹

离开我的文竹,到这闹闹嚷嚷的城市里采购,差不多是一个月的光景了。一个月里,时间的脚步儿这般踟蹰,竟裹得我走不脱这个城市,夜里都梦着回去,见到了我的文竹。

去年的春上,我去天静山上访友,主人是好花的,植得一院红的白的紫的,然而,我却一下子看定了那里边的这盆文竹了。她那时还小,一个枝儿,一拃高的来样,却微微仄了身去,未醉欲醉的样子,乍醒未醒的样子,我爱怜地扑近去,却舍不得手动,出气儿倒吹得她袅袅拂拂,是纤影儿的巧

妙了，是梦幻儿的甜美了。我不禁叫道：

“这不是一首诗吗？”主人夸我说的极是，便将她送与我了。她果然地好，每天夜里，写作疲倦，我都要对着那文竹儿坐上片刻，月光是溶溶的，从窗棂里悄没声儿地进来，文竹愈觉得清雅，长长的叶瓣儿呈着阳阴，楚楚地，似乎色调又在变幻……

她陪着我，度过了一个春天，经过了一个冬天，她开始发了新芽，抽了新叶，一天天长大起来，已经不是单枝，而是三枝四枝，盈盈地，是一大盆的了。

我真不晓得，她是什么精灵儿变的，是来净化人心的吗？是来拯救我灵魂的吗？当我快乐的时候，她将这快乐满盆摇曳，当我烦闷的时候，她将这烦闷淡化得是一片虚影，我就守在她的面前，弄起笔墨，做起我的文章了。人都说我的文章有情有韵，那全是她的，是她流进这字里行间的。啊，她就是这般地美好，在这个世界里，文竹是我的知己，我是再也离不得她了。

然而，我却告别了她，到这闹市里来采购，将她托付养育在隔壁的人家了。

这人家会精心养育吗？每天浇一次水，恐怕也是做不到的，或许记得了倒一碗半杯残茶，或许就灌一勺涮锅水呢。那文竹怎么受得了呢，她是干不得的，也是湿不得的，夕阳西下的时候，舀一碗水来，那不是净水，也不是溶着化肥的水，是在瓶子里沤了很久的马蹄皮子的水，端起来，点点滴滴地渗下去的呢……

唉，我真糊涂，怎么就托付了他们，使我的文竹受这么大的委屈啊！

采购还没有完成，身儿还不能回去。夜里歪在床上，似睡却醒，梦儿便姗姗地又来了，但来到的不是那文竹，是一个姑娘，我惊异着这女子的娟好，她却仄身伏在门上，抖抖削肩，唧唧嗒嗒地哭泣了。

“你为什么哭了？”我问。

“他们为什么这样？他们为什么要这样？”

我却淡淡地笑了：

“谁叫你长得这么美呢？”

她却睁大了眼睛，定定地看着我，有了几分愤怒；我很是窘了。她突然说：“美是我的错吗？我到这个世上来，就是来作用、贡献美的。<u>或许我是纤弱的，但我娇贵，但我任性，我不容忍任何污染！</u>”

我大大地吃惊了：“你是谁，叫什么名字？”“文竹！”

文竹？我大叫一声，睁开眼来，才知道是一场梦了。啊，是一场梦呢？往日的梦醒，使我失落，这梦，却使我这般地内疚，这般地伤感！我沉吟着，感到我托付不妥的罪过，感到我应该去保护我的责任，我一定是要回去的了，我得去看我的文竹了。

（有删改）

(1)文章开篇部分补充交代文竹的来历有何用意?请结合作品简要分析。(6分)

(2)理解文章画线句子的含义,请结合作品加以分析。(4分)

(3)从初见文竹开始,作者经历了怎样的情感变化?请简要概括。(5分)

05 阅读下面文章,完成文后试题。 湖南真题

把生命放在征途

陈 凌

①或是"怕长胖",或是"为健康",或是要"练肌肉",身边不少朋友都给自己制订了一个详细的健身计划。不过,从结果来看,却往往是刚开始热火朝天,越到后面越没啥动力,到最后只能草草结尾。真正能按计划坚持练下来的,并没有几个。不只是健身,工作、生活中,类似的前紧后松、前热后冷的现象,并不少见。

②为什么没能坚持下来?一说起原因,几个回答很有代表性,"工作太忙,没时间""生活太累,没精力""雾霾太多,没条件"。事实真是如此么?这些回答,不外乎是说,外部不可抗因素太多,心有余而力不足。但仔细想想,工作再忙,一周总能挤出个把小时去锻炼吧?生活压力大,跑跑步、出出汗,不正是舒缓压力的有效方式么?这样看来,所谓的原因,其实不过是不想坚持的托词。

③“早成者未必有成，晚达者未必不达”。这里面的道理就在于，很多事情没有做成，并不是因为目标难以达成，而是我们不想去做、没有去做。《孟子》里有一个“不能”和“不为”之辨。“挟太山以超北海，语人曰‘我不能’，是诚不能也。为长者折枝，语人曰‘我不能’，是不为也，非不能也。”前紧后松、前热后冷的情况之所以存在，并非由于“不能”，而在于“不为”。就像毛泽东同志当年所批评的那样，有的人“仅仅把箭拿在手里搓来搓去，连声赞曰：‘好箭！好箭！’却老是不愿意放出去”。如此，别说完成目标了，就是有所进步，恐怕都并非易事。

④一句话说得好，“大多数人想改造这个世界，却罕有人想改造自己”。一些人之所以会成为“语言上的巨人，行动上的矮子”，之所以会在“为”与“不为”之间打转，说到底，还是意志不够坚定。有人曾问一位企业家成功的秘诀，他回答道，关键是要提升自己的承压能力，“别人是‘不到黄河心不死，不撞南墙不回头’。我是到了黄河心也不死，因为造一座桥就可以过去；撞了南墙也不回头，因为搭个梯子就可以过去”。人一旦有了坚定的意志，就有了开垦人生荒原的犁铧，驰而不息、勇往直前，自不是难事。相反，犹犹豫豫，总想偷个懒、缓口气、歇歇脚，前程荒废不说，就算别人想拉你一把，都找不到你的手在哪里。

⑤人生处处有起点，比起畏葸（xǐ，畏惧）不前，再晚的出发都不算晚。想起了这样一个故事，有个外语学习班，报名时，来了一位老者，工作人员以为他是来给孩子报名，一问才知道，他是给自己报名。工作人员稍有不解，问他几岁，老人回答是六十八。这么大的年纪，学完课程，至少要两年，“可两年后您都七十了！”老人却不以为意，笑着反问道：“你以为我如果不学，两年后就是六十六了吗？”这一问，问到了紧要处。事实上，人生从来没有什么太晚，所谓的太晚，不过是个人意志摇摆，或自弃于晚不达，或早成而不努力，结果蹉跎岁月，消磨时光。问题是，你可以犹豫拖延，时间却不会。没有比人更高的山，没有比脚更长的路。只要挥洒了汗水，剩下的，不妨就交给时间吧。

⑥曾读到一首名为《船》的诗，诗中写道：“只要我还有一根完整的龙骨，绝不驶进避风的港湾；把生命放在征途上，让勇敢来决定道路的宽窄、长短。”我想，这才是一个想拥抱独属于自己未来的人应有的模样。

（选自《人民日报》2017年4月13日）

（1）选文中作者的论点是什么？（2分）

(2)简述第④段的论证思路。(2分)

(3)联系语境,说说你对文中第⑤段画线句子的理解。(2分)

(4)作者说"再晚的出发都不算晚"。若为这一论点补充论据,下列不能作为它的论据的一项是(　　)(2分)

A. 曹操说:"老骥伏枥,志在千里;烈士暮年,壮心不已。"

B. 近人吴兆江说:"但得夕阳无限好,何须惆怅近黄昏。"

C. 乾隆十四年,已届不惑的李绿园回到故园,以"载道"的严肃态度,开始了《歧路灯》的创作。终其一生心血,约70万字,写成108回,至70岁才脱稿刻印。

D. 华罗庚小时候家庭贫穷,初中毕业就失学,他先后在小杂货铺做工,在清华大学图书馆当管理员。他边工作边自学,28岁就当上西南联大教授。

06 阅读下面文章,完成文后试题。 江苏真题

人生需要一种化解

①金庸小说《天龙八部》中,武功最强的是一位无名老僧,他轻描淡写的几招就把数位绝顶高手全部打败。无名老僧曾这样阐释:练功者在每练成一项少林绝技的同时,自己的身体都会遭受莫大的伤害,并将有生命危险,所以,每练一种武功,都需要学习相应的佛法来化解其中的戾气。最终,越是慈悲的人,武功越是高强。

②想来,这位老僧道出了一个涵盖人生的大道理:人生中的任何事情都需要一种化解。

③我们的情绪需要化解。郁闷时,需要发泄来化解;伤心时,需要眼泪来化解;失意时,可一醉方休化解胸中块垒;仇恨时,则需胸襟与笑容来化解。化解后,心灵才会平衡,心绪才会平和,然

后，人生会重新进入阳光地带。

④我们的身体也需要化解。每天静坐室内，或写着文字，或面对着电脑屏幕，慢慢地，思维迟钝，视力下降。时间久了，身体的健康就会出现问题。这时，就需要以动“治”静。走出房间，来到自然中，用绿色养眼，用空气润肺，让鸟语叫醒耳朵，借花香恢复嗅觉。经此化解，再回到学习或工作中去，我们必会精神百倍，心情舒畅，思维灵活，工作更加高效。

⑤几天前看到一则消息，是说比尔·盖茨将从微软帝国转向慈善世界，这也是一种化解。社会财富的总量是不变的，一些人攫取了过多的财富，另一些人的财富必然会减少，进而造成贫富不均的社会现象，随之而来的是仇富等社会问题。这时，像比尔·盖茨这样的富翁就会选择用慈善来化解危机，以和谐社会关系，让别人认可自己。

⑥人生离不开化解，就像生命离不开阳光和空气。不懂化解的人，人生观必然畸形，人生道路必将狭窄，这样的人生必然存在危机；不懂化解的人，会拘泥不化，执迷不悟，钻入牛角尖，走进死胡同，以致自己四处碰壁，寸步难行，永远无法窥得人生的另一番境界，无法体会人生的精彩有趣。

⑦化解，是一种人生智慧，懂得化解之道，就会于山重水复之际，走出迷津，豁然开朗，突见柳暗花明。化解，更是对某一件事或某一生命时段的校正与反思。懂得化解之道，人生就有所悟，有所得，精神修养就达到一个新的境界。这时，我们离成功也就更近一步了。

（有删改）

(1)文章的开头部分引用《天龙八部》中无名老僧的事例，有什么作用？(4分)

(2)这篇文章的论证思路是什么？(3分)

(3)第⑤段用了什么论证方法？有何好处？(4分)

07 阅读下面文章，完成文后试题。 安徽真题

“坐得住”方能“立得住”

吴储岐

①苏联科学家尤比契夫一次接受媒体采访，摄影师给他拍照时，他开了句玩笑：“要照相不应该照脸，而应该照臀部。”一句话惹得哄堂大笑，但细细思索，大科学家这句玩笑有弦外之音：像他那样的科学家，屁股“坐得住”是成功的关键。可见，“坐得住”方能“立得住”。

②做学问讲究坐冷板凳。历史学家韩儒林曾有一联，上联便是“板凳要坐十年冷”，做学问就是要耐得住寂寞、忍得了冷清、沉得下心境。司马迁历时14年，写成52万字的辉煌巨著《史记》；李时珍呕心沥血近30年，成就《本草纲目》；小麦育种专家王辉40余年与土地为伴，为了看到麦子的“神”，在田野里一待就是一整天……大凡大学问家，无不有超常的定力。学问的天地，无边无际，行走在“无人区”和“高寒区”，只有持之以恒，沉稳务实，才能真正有所得。

③世事洞明皆学问，人行于世，做人做事也应讲究“坐得住”。李云鹤1956年在敦煌参加工作，长期从事古代壁画和彩塑的修复工作。他23岁进入洞窟修复壁画，一直做着除尘、灌胶、滚压、回帖等重复甚至有些枯燥的工作，使4000多平方米岌岌可危的精美壁画再露“花容月貌”。几十年来，李云鹤从一窍不通，到不断尝试、摸索、创新，再到技艺炉火纯青，多次开壁画修复先河，终成石窟类壁画修复界“一代宗师”。无论做哪个行业，没有点钻研精神，没有股子痴迷劲儿，恐怕很难有高境界的职业体验。一句话，只有那些“坐得住”的人，才能最终“立得住”。

④然而，在浮躁的当下，总有些人坐不住冷板凳。有不少人似乎对需要“孜孜以求”的事物缺乏耐心，总想着“一口吃成个胖子”。有一些具体的表现，学东西“三天打鱼，两天晒网”就不说了；还有一种人长着一颗“玻璃心”，稍遇困难、挫折便“鸣金收兵”，“咬咬牙坚持”“攥攥拳顶住”这样的狠劲基本看不到。最关键的是这些人没有内心的定力，别说“大器晚成”，就连“大器正常成”都等不了。

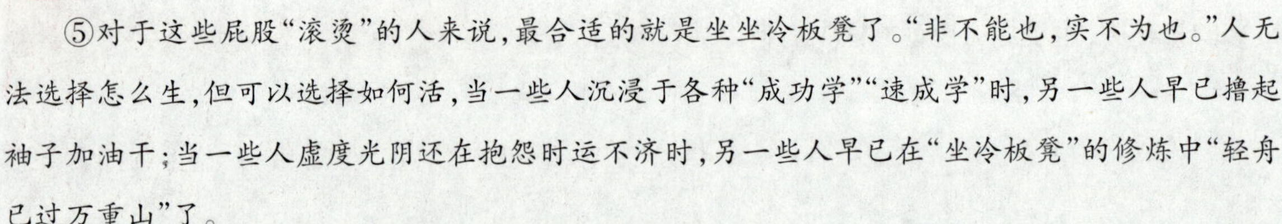

⑤对于这些屁股“滚烫”的人来说，最合适的就是坐坐冷板凳了。“非不能也，实不为也。”人无法选择怎么生，但可以选择如何活，当一些人沉浸于各种“成功学”“速成学”时，另一些人早已撸起袖子加油干；当一些人虚度光阴还在抱怨时运不济时，另一些人早已在“坐冷板凳”的修炼中“轻舟已过万重山”了。

⑥坐冷板凳不易，把冷板凳坐热更不易。很多时候，坐冷板凳不仅仅需要承受寂寞、忍耐冷清，更是与名利无缘，跟热闹无分，同淡泊清苦相随，有时甚至还得与委屈不公、冷落埋没相连。这不仅需要我们有超脱的心态、开阔的胸襟和沉稳的定力，还要对个人的名利放得下。看得透、想得通，方能把板凳坐热。

⑦“路曼曼其修远兮，吾将上下而求索”，前路漫漫，不妨下点慢功夫，先谋“坐得住”，再取“立得住”，方能行得远。

（有删改）

(1)下列关于文章的论证思路的分析，说法正确的一项是(　　)(3分)

A. 文章第②段运用了对比论证，将司马迁的事例与韩儒林的事例进行对比，继而产生了坐冷板凳的内涵。

B. 文章第③段运用了道理论证，首先指出了做人做事应讲究坐得住，然后用李云鹤的例子做道理论据，最后得出结论。

C. 文章第④段运用了举例论证，列举了两种坐不住冷板凳的人的事例，并将两者进行对比，具体有力突出地证明了“人行于世，做人做事也应讲究‘坐得住’”这一分论点。

D. 文章第⑤段运用了比喻论证，把一些人对事物缺乏耐心的形态比喻成屁股“滚烫”，进一步论证了在浮躁的当下，总有一些人坐不住冷板凳。

(2)根据文章内容，下列说法不正确的一项是(　　)(3分)

A. 学问的天地，无边天际，行走在“无人区”和“高寒区”，虽然有的人持之以恒，沉稳务实，但也始终不能得到科学研究真正的精髓。

B. 苏联科学家尤比契夫一次接受媒体采访，一句话惹得哄堂大笑，但这句话的弦外之音是：像他那样的科学家，屁股“坐得住”是成功的关键。

C. 李云鹤从对古代壁画和彩塑的修复工作一窍不通，到技艺炉火纯青，终成石窟类壁画修复界的“一代宗师”，原因在于他做人做事讲究“坐得住”。

D. 有的人学东西“三天打鱼，两天晒网”，这是对需要“孜孜以求”的事物缺乏耐心的具体表现。

(3)根据文章内容，下列说法正确的一项是(　　)(3分)

A. 前路漫漫，不妨下点慢功夫，做任何事情先谋“坐得住”，再取“立得住”，方能行得远。

B. 虽然坐冷板凳是需要承受寂寞，忍耐冷清，但能获得名利，同奢靡富贵相随。

C.“临渊羡鱼不如退而结网”告诫人们，既要有愿望又要有措施，花费一半的精力就能得到双倍的效果。

D. 司马迁在仕途不通的情况下，毅然选择退而著书，历时14年，写成52万字的辉煌巨著《本草纲目》。

08 鉴赏题。 浙江真题

塔 铺

刘震云

复习班，是学校专门为社会上大龄青年考大学办的。进复习班一看，许多人都认识。于是谈各人来复习的动机。王全说，他本不想来凑热闹，都有老婆的人了，还拉扯着俩孩子，上个什么学？可看到地方上风气恁坏，贪官污吏尽吃小鸡，便想来复习，将来一旦考中，做个州府县官啥的，也来治治这些人。“磨桌”（豫北土话，形容极矮的人）说，他不想当官，只是不想割麦子，毒日头底下割来割去，把人整个贼死！最后轮到我，我说，正是一无所有，才来复习。

这所中学的所在镇叫塔铺。镇名的由来，是因为镇后村西土坛上，竖着一座歪歪扭扭的砖塔。开学头一天，上语文课，教室后边传来鼾声。老师循声寻人。大家发现是坐在后边的“磨桌”伏在水泥板上睡着了。老师气冲冲地走了。教室炸了窝。有起哄的，有笑的，有埋怨“磨桌”的。这时我发现，乱哄哄的教室里，唯有一个人没有参加捣乱，趴在水泥板上认真学习。她是个女生，正和尚入定一般，看着眼前的书，凝神细声地诵读课文。我不禁敬佩，满坑蛤蟆叫，就这一个是好学生。

河边落日将尽，一小束水流，被晚霞染得血红，一声不响慢慢淌着。远处河滩上，有一农家姑娘在用耙子收草。只见那收草姑娘已将一大堆干草收起。仔细一打量，这姑娘竟是课堂上那独自埋头背书的女同学李爱莲。我问为什么割草，她脸蛋通红，说家中困难，爹多病，下有二弟一妹，只好割草卖钱，维持学费。我叹息一声，说不容易。她看我一眼，说：“现在好多了呢。以前家里更不容易。记得有一年，我才十五，跟爹到焦作拉煤。那是年关，到了焦作，车胎放了炮，等找人修好车，已是半夜。我们父女在路上拉车，听到附近村里人放炮过年，心里才不是滋味。现在又来上学，总得好好用心，才对得起大人……”

离高考剩两个月了。这时传来一个消息，说高考还考世界地理。学校原以为只考中国地理，没想到临到头还考世界地理。大家一下都着了慌。这时我爹来送馍，问是什么书，我简单地给他讲了，没想到他双手一拍：“你表姑家的大孩子，在汲县师范教书，说不定他那儿有呢！”爹自告奋勇要立刻走汲县。我说：“来回一百八十里呢！”

爹满有信心地说：“我年轻的时候，一天一夜走过二百三。”

说完，一撅一撅动了身。我忙追上去，把馍袋塞给他。他看看我，被胡茬包围的嘴笑了笑；从里边掏出四个馍，说："放心。我明天晚上准赶回来。"我眼中不禁冒出了泪。

晚上上自习，我悄悄把这消息告诉了李爱莲。她也很高兴。

第三天早晨，爹从县城回来了。这时我才发现，爹的鞋帮已开了裂，裂口处洇出一片殷红殷红的东西。我忙把爹的鞋扒下来，发现那满是脏土和皱皮的脚上，密密麻麻排满了血泡，有的已经破了，那是一只血脚！

"爹！"我惊叫。却是哭声。

高考结束了。和王全仅分别了一个月，他却大大变了样。我想起李爱莲，忙问："李爱莲她爹的病怎么样了？她说在新乡考学，考得怎么样？"王全叹了一口气："她根本没参加考试，她出嫁啦！她爹这次病得不一般，要死要活的，一到新乡就大吐血。没五百块钱人家不让住院，不开刀就活不了命。一家人急得什么似的，急手现抓钱，哪里借得来？这时王庄的暴发户吕奇说，只要李爱莲嫁给他，他就出医疗费。你想，人命关天的事，又不能等，于是就……"

到了吕奇的家门前，一个大红的双喜字，迎面扑来，我头脑又"轰"的一声，像被一根粗大的木头撞击了一下。我呆呆地立在那里。许久，我没动。突然，门"吱哇"一声开了，走出一个人。她大红的衬衣，绿的确良裤子，头上一朵红绒花。

李爱莲也发现了我，似被电猛然一击，浑身剧烈地一颤，呆在了那里。我没动。我动不得。我眼中甚至冒不出泪。我张张嘴，想说话，但觉得干燥，心口堵得慌，舌头不听使唤，一句话说不出来。

"别怪我，妹妹对不起你。""哥，上了大学，别忘了，你是带着咱们俩上大学的。"我忍住泪，但我忍不住，我点点头。"以后不管干什么，<u>不管到了天涯海角，是享福，是受罪，都不要忘了，你是带着咱们两个。</u>"我点点头。

暮色苍茫，西边是最后一抹血红的晚霞。我走了。走了二里路，我向回看，爱莲仍站在河堤上看我。她那身影，那被风吹起的衣襟，那身边的一棵小柳树，在蓝色中透着苍茫的天空中，在一抹血红的晚霞下，犹如一幅纸剪的画影。

后来，我进了我国北方的一所最高学府。玉阶飞檐，湖畔桃李，莘莘学子。但我的眼前始终浮动着、闪现着塔铺的一切，一切。我始终不敢忘记，我是从那里来的一个农家子弟。

（有删改）

(1)理解文中画线句子的含义。(3分)

①正是一无所有，才来复习。

②不管到了天涯海角，是享福，是受罪，都不要忘了，你是带着咱们两个。

(2)刘震云在《塔铺(余话)》中说："我总觉得我的故乡有些可怜。我嫌弃它，又有些忘不了它。忘不了并不是不嫌弃它的丑陋，而是在丑陋中，竟还蕴含着顽强的人的生力。"请结合文本，谈谈作者如何具体体现"丑陋"和"生力"的?(3分)

(3)为什么"我始终不敢忘记，我是从那里来的一个农家子弟"?(4分)

09 单项选择题。 广东真题

随着高等教育进入普及化阶段，中小学教师任职起点学历自然应相应提高，但它并不意味着，将中小学教师任职条件对应于某个固定的学历段，或仅限于某个固定学历段。教育是人类最尖端的活动和学问，它的复杂性与前沿性正好与学段高低成反比，而最尖端的领域在早期教育。换句话说，能当好小学教师的人经过学习，就有可能当好中学教师；但能当好大学教师的人却未必能当好小学或幼儿园教师。只要承认教育是专业工作，了解教育的重要性和复杂性，无论在哪所名校拿到博士学位后选择去中小学工作，都属正常。

教育家陶行知曾说："在教师手里操着幼年人的命运，便操着民族和人类的命运。"在人的发展过程中，众多方面的关键期、敏感期乃至最佳期都处在中小学阶段，在这个阶段安排优秀的教师对人的成长发展影响最为显著。一个良性运转的社会，应将优秀的人放到这个重要的岗位上。而一个真正优秀的人，相信在这个岗位上能更有效实现自己的人生价值。而从现实的必要性来看，一方面，家长对优质教育的需求愈加紧迫，呼唤更优秀的人才办出更优质的教育；另一方面，当下中小学教育中暴露出一些问题，其中不能排除与教师素质、能力欠佳或不平衡有关。因此，吸引更多优秀的人加入这一“实验场”，也是回应社会诉求、疏解教育矛盾的有效手段之一。

在关于此事的讨论中，有一种论调认为，一些中小学，尤其是发展先行地的学校招聘硕士博士，将加剧各地教育的不均衡，影响经济社会发展较为落后地区的教师招聘和教育发展。但其实，从总体来看，教师目前的待遇等条件难以吸引与实际需求数量相当的优秀人才担任中小学教师，而用人和管理部门的管理与评价方式又对这一人才流动造成了其他限制。经济发达地区的学校高薪招聘高学历教师，在一定程度上将会成为其他地区提高教师地位待遇的推力，对整体提高教师地位和待遇也是有积极作用的。

真正可能导致“大材小用”的，不是优秀的人选择去做教师，恰恰可能是这一改变未能引起足够重视，不当的管理与评价将“大材”小用了。因此，有关方面要顺应这一新变化、新情势，相应提高中小学教师工资待遇，更重要的是，要加快改进中小学管理方式与评价体系，切实保障教师教学自主权，包容教育创新及探索，充分释放这些新生力量在教育教学上的积极性与创造性，实现“大材大用”。

(1)关于这篇文章的用意，下列说法正确的是(　　)(1.55分)

A. 中小学教师需要更多优秀的人来担任。

B. 中小学教师没必要要求硕士博士。

C. 中小学教育内容比较基础，教育难度较低。

D. 现阶段我国中小学教师招聘要求过高。

(2)文段中引用教育家陶行知的话是为了论证(　　)(1.55分)

A. 幼年人是国家和民族的未来，我们要呵护幼年人的健康发展。

B. 安排优秀教师在中小学，对幼年人的成长以及民族的前途有很大的影响。

C. 现阶段的家长迫切要求国家在中小学阶段提供更为优质的教育。

D. 现阶段中小学教育中的问题都是因为教师不够优秀造成的。

(3)下列说法与文意不符的是(　　)(1.55分)

A. 有关方面要顺应新变化、新情势，在生活、工作上保障中小学教师安心教学。

B. 吸引更多优秀的人加入中小学教育，是化解教育矛盾的有效手段之一。

C. 随着高等教育进入普及化阶段，中小学教师任职条件应当限定为师范类本科生。

D. 一个好的大学教授未必能科学又有效地教育好低龄儿童。

10 阅读下面的现代文，回答后面的问题。　广东真题

楼前有清塘数亩。记得三十多年前初搬来时，池塘里好像是有荷花的，我的记忆里还残留着一些绿叶红花的碎影。后来时移事迁，岁月流逝，池塘里却变得“半亩方塘一鉴开，天光云影共徘徊”，再也不见什么荷花了。

我脑袋里保留的旧的思想意识颇多，每一次望到空荡荡的池塘，总觉得好像缺点什么。这不符合我的审美观念。有池塘就应当有点绿的东西，哪怕是芦苇呢，也比什么都没有强。最好的最理想的当然是荷花。中国旧的诗文中，描写荷花的简直是太多太多了。周敦颐的《爱莲说》，读书人不知道的恐怕是绝无仅有的。他那一句有名的“香远益清”是脍炙人口的。几乎可以说，中国没有人不爱荷花的。可我们楼前池塘中独独缺少荷花。每次看到或想到，总觉得是一块心病。

有人从湖北来，带来了洪湖的几颗莲子，外壳呈黑色，极硬。据说，如果埋在淤泥中，能够千年不烂。因此，我用铁锤在莲子上砸开了一条缝，让莲芽能够破壳而出，不至永远埋在泥中。这都是一些主观的愿望，莲芽能不能长出，都是极大的未知数。反正我总算是尽了人事，把五六颗敲破的莲子投入池塘中，下面就是听天由命了。

这样一来，我每天就多了一件工作：到池塘边上去看上几次。心里总是希望，忽然有一天，“小荷才露尖尖角”，有翠绿的莲叶长出水面。可是，事与愿违，投下去的第一年，一直到秋凉落叶，水面上也没有出现什么东西。经过了寂寞的冬天，到了第二年，春水盈塘，绿柳垂丝，一片旖旎的风光。可是，我翘盼的水面上却仍然没有露出什么荷叶。此时我已经完全灰了心，以为那几颗湖北带来的硬壳莲子，由于人力无法解释的原因，大概不会再有长出荷花的希望了。我的目光无法把荷叶从淤泥中吸出。

但是，到了第三年，却忽然出了奇迹。有一天，我忽然发现，在我投莲子的地方长出了几个圆圆的绿叶，虽然颜色极惹人喜爱，但是却细弱单薄，可怜兮兮地平卧在水面上，像水浮莲的叶子一样。而且最初只长出了五六个叶片。我总嫌这有点太少，总希望多长出几片来。于是，我盼星星，盼月亮，天天到池塘边上去观望。有校外的农民来捞水草，我总请求他们手下留情，不要碰断叶

片。但是经过了漫漫的长夏，凄清的秋天又降临人间，池塘里浮动的仍然只是孤零零的那五六个叶片。对我来说，这又是一个虽微有希望但究竟仍是令人灰心的一年。

真正的奇迹出现在第四年上。严冬一过，池塘里又溢满了春水。到了一般荷花长叶的时候，在去年飘浮着五六个叶片的地方，一夜之间，突然长出了一大片绿叶，而且看来荷花在严冬的冰下并没有停止行动，因为在离开原有五六个叶片的那块基地比较远的池塘中心，也长出了叶片。叶片扩张的速度，扩张范围的扩大，都是惊人地快。几天之内，池塘内不小一部分，已经全为绿叶所覆盖。而且原来平卧在水面上的像是水浮莲一样的叶片，不知道是从哪里聚集来了力量，有一些竟然跃出了水面，长成了亭亭的荷叶。原来我心中还迟迟疑疑，怕池中长的是水浮莲，而不是真正的荷花。这样一来，我心中的疑云一扫而光：池塘中生长的真正是洪湖莲花的子孙了。我心中狂喜，这几年总算是没有白等。

天地萌生万物，对包括人在内的动植物等有生命的东西，总是赋予一种极其惊人的求生存的力量和极其惊人的扩展蔓延的力量，这种力量大到无法抗御。只要你肯费力来观察一下，就必然会承认这一点。现在摆在我面前的就是我楼前池塘里的荷花。自从几个勇敢的叶片跃出水面以后，许多叶片接踵而至。一夜之间，就出来了几十枝，而且迅速地扩散、蔓延。不到十几天的工夫，荷叶已经蔓延得遮蔽了半个池塘。从我撒种的地方出发，向东西南北四面扩展。我无法知道，荷花是怎样在深水中淤泥里走动。反正从露出水面的荷叶来看，每天至少要走半尺的距离，才能形成眼前这个局面。

光长荷叶，当然是不能满足的。荷花接踵而至，而且据了解荷花的行家说，我门前池塘里的荷花，同燕园其他池塘里的，都不一样。其他地方的荷花，颜色浅红；而我这里的荷花，不但红色浓，而且花瓣多，每一朵花能开出十六个复瓣，看上去当然就与众不同了。这些红艳耀目的荷花，高高地凌驾于莲叶之上，迎风弄姿，似乎在睥睨一切。幼时读旧诗："毕竟西湖六月中，风光不与四时同。接天莲叶无穷碧，映日荷花别样红。"爱其诗句之美，深恨没有能亲自到杭州西湖去欣赏一番。现在我门前池塘中呈现的就是那一派西湖景象。是我把西湖从杭州搬到燕园里来了。岂不大快人意也哉！前几年才搬到朗润园来的周一良先生赐名为"季荷"。我觉得很有趣，又非常感激。难道我这个人将以荷而传吗？

前年和去年，每当夏月塘荷盛开时，我每天至少有几次徘徊在塘边，坐在石头上，静静地吸吮荷花和荷叶的清香。"蝉噪林逾静，鸟鸣山更幽。"我确实觉得四周静得很。我在一片寂静中，默默地坐在那里，水面上看到的是荷花的绿肥、红肥。倒影映入水中，风乍起，一片莲瓣堕入水中，它从上面向下落，水中的倒影却是从下边向上落，最后一接触到水面，二者合为一，像小船似的漂在那里。我曾在某一本诗话上读到两句诗："池花对影落，沙鸟带声飞。"作者深惜第二句对仗不工。这也难怪，像"池花对影落"这样的境界究竟有几个人能参悟透呢？

晚上,我们一家人也常常坐在塘边石头上纳凉。有一夜,天空中的月亮又明又亮,把一片银光洒在荷花上。我忽听扑通一声。是我的小白波斯猫毛毛扑入水中,它大概是认为水中有白玉盘,想扑上去抓住。它一入水,大概就觉得不对头,连忙矫捷地回到岸上,把月亮的倒影打得支离破碎,好久才恢复了原形。

今年夏天,天气异常闷热,而荷花则开得特欢。绿盖擎天,红花映日,把一个不算小的池塘塞得满而又满,几乎连水面都看不到了。一个喜爱荷花的邻居,天天兴致勃勃地数荷花的朵数。今天告诉我,有四五百朵;明天又告诉我,有六七百朵。但是,我虽然知道他为人细致,却不相信他真能数出确实的朵数。在荷叶底下,石头缝里,旮旮旯旯,不知还隐藏着多少骨朵儿,都是在岸边难以看到的。粗略估计,今年大概开了将近一千朵。真可以算是洋洋大观了。

连日来,天气突然变寒。好像是一下子从夏天转入秋天。池塘里的荷叶虽然仍然是绿油一片,但是看来变成残荷之日也不会太远了。再过一两个月,池水一结冰,连残荷也将消逝得无影无踪。那时荷花大概会在冰下冬眠,做着春天的梦。它们的梦一定能够圆的。"既然冬天到了,春天还会远吗?"

我为我的"季荷"祝福。

(1)下列选项中对原文内容理解最恰当的一项是(　　)(请填写数字序号)(2.5分)

①"静静地吸吮荷花和荷叶的清香"和"风乍起,一片莲瓣堕入水中"动静结合,从嗅觉和视觉的角度给读者呈现一幅安详、柔和、清新的画面。

②作者在文章中说"难道我这个人将以荷而传吗"是为了表达自己不满于因荷而流芳于世。

③作者极力描绘的都是荷塘中的自然景象,但也刻意地穿插描写人物活动,是为了证实原文对荷成长过程的猜想。

④文中对荷花的漫长期待,历经了四年失望与希望,终于等到生命的萌动,主要写了作者由失望到希望的情感变化,表达了作者对荷花的喜爱之情。

(2)文中写出了荷花哪些方面的美?请结合文章加以概述。(4分)

(3)朱自清的《荷塘月色》与季羡林的《清塘荷韵》有“双峰对峙,二荷映辉”之说。请分析二者的不同之处。(4分)

(4)生命的凋零总会给人带来伤感,但是在作者眼中,荷花的凋零如此飘逸豁达,这样的态度给人一种怎样的启示?(4分)

11 现代文阅读。　山东真题

材料一:

2020年是极不平凡的一年。面对重要时间节点和重大历史事件,纪录片从不缺席。近年来,网络空间已成为新闻宣传主阵地,纪录片在其中发挥了重要作用。尤其是2020年,纪录片以昂扬姿态全面挺进主战场,成为做大做强主流舆论的主要力量。据不完全统计,全年累计生产播出纪录片350余部;国家广播电视总局监管中心数据显示,2020年仅在互联网上线的纪录片就达259部。中国纪录片迈入了高质量发展关键期。迈入新世纪,中国纪录片更好地承担起塑造国家形象与书写中华文明的职能。《圆明园》首次在纪录片中使用数字动画技术,再现昔日“万国之园”的宏美景观,颠覆了纪实美学的定义,带领观众饱览视觉奇观。《本草中国》《茶,一片树叶的故事》等纪录片,借助中医、茶文化等广受世界瞩目的优秀内容,成功地将其中蕴含的生活智慧、思想观念和人文精神传播到海外。

只要坚持创作精品的态度,将品质扎实的原创内容和生动活泼的表达形式进行有机结合,这样的作品就能在网络上取得良好的传播效果。中国青年报社社会调查中心联合问卷调查显示,60.8%的受访者爱看人文地理纪录片,56.3%的受访者爱看人物传记片。其他还有艺术纪录片(39.5%)、文化评论片(30.0%)、新闻故事片(29.6%)和政论专题片(26.6%)等。毋庸置疑,关注受众

需求，注重创作品质，继续深耕内容高地，做有品质、有内涵、有故事的好作品，才是中国纪录片正确的打开方式。

（取材于2021年01月27日《光明日报》）

材料二：

新时代，中国纪录片出现了更多元的现实表达和呈现方式，在主流化的国家表达的同时，也关注个体命运的浅吟低唱。《八月桂花遍地开》以视听化的手段将百年前历史痕迹重新搬入荧屏，让我们走进一百年前那群年轻人的世界，尝试理解那个时代年轻人的故事与情怀；《村庄故事》记录了脱贫路上村庄中一个个真实的人物；《2020春天纪事》写出了生命个体在疫情下的坚韧……借力融媒体的联合发展，纪录片的播放渠道也更为丰富，一部《飞吧　嫦娥》在手机、电视、电脑上都能观看，引起强烈反响。越来越多的电影纪录片重返院线放映，2018年有19部，2019年则有26部，作为国内首部战疫纪录片，《武汉日夜》上映6天，累计票房已突破2021万。

以传承中华优秀传统文化为己任的中国文史纪录片更是通过创新表达方式，有温度地展示历史，有灵魂地描摹传统，有情趣地传播文化。

北京故宫是世界上现存最大最完整的古代宫殿建筑群，是近600年中国沧桑历史的见证者，也是海外观众眼中传统神秘、色彩瑰丽的东方大国的典型象征，它自然而然地成了文史纪录片拍摄题材的选择对象。值得关注的是，故宫近600年的历史景象已不复存在，史料也有限，为顾及观众的观感体验，纪录片往往通过数字技术手段，帮助观众更好地理解故宫的历史文化。央视播出的2020年至2021年的跨年之作《我在故宫600年》成功引爆荧屏，和它的姊妹篇《我在故宫修文物》一样，大量使用三维电脑动画技术逼真地“重现历史”，形成了强烈的视觉冲击，极大地丰富、美化了纪录片。

中国纪录片常常被看作国家的相册，它代表中国声音的力度越来越大，我们期待纪录片人承担起越来越多的责任和使命。

（摘编自《2020纪录片：新时代，影像志的新表达》）

材料三：

作为国家文化对外传播的有力载体，中国纪录片正经历从“讲述中国”到“认同中国”的转变。主旋律纪录片已经不仅仅是传统意义上的重大历史题材、重大革命题材的纪录片，而且是能够体现出人类命运共同体理念的纪录片。我们可以从题材、叙事、制播、平台方四方面着手，调整策略方法，加强中国纪录片在国际传播中的影响力。

国际传播语境下的纪录片在题材上注重选择不同地区、民族、国家的受众共同关注的故事、人物和现象。既可以在中国题材中挑选出具有全球性的话题，也可以积极发掘同一主题下不同情节的故事，在多元差异中体现出同一性的全球主题。

国际传播语境下的纪录片以讲述人类视角下的日常故事为叙事原则。“人类视角”下的纪录片叙事可以理解为人类通过了解和把握自己生存的世界来认识把握自己，即使是非人类的生命体也可以在人类视角基础上表现人性化的日常生活。人们从这些生活的场景中看到自己的影子，并影响自己的思考。

国际传播语境下的纪录片制播方式表现为“分离式的制播融合”和“合作式的制播融合”两种情况。前者指本国制作团队与国际播出渠道的融合，是一种传统单线式的融合；后者是以多方合作方式分别组建制作团队，搭建播出平台，是交叉互动式的融合。目前，用于国际传播的中国纪录片正在从“分离式”的制播简单融合转向“合作式”的制播深度融合。

国际传播语境下的中国要积极搭建“中国倡议下的世界对话”平台。中国纪录片要能够号召世界力量完成对话交流，中国纪录片不能局限在“中国”的单一标签上，而应体现“中国”与“世界”的互动，以“价值共享”的立场，展示出自身在“世界议题设置”上的责任和能力。

（取材于雷璐荣、胡正荣等的相关文章）

(1)下列对材料相关内容的理解和分析，正确的一项是(　　)(1.8分)

A. 不论是全年累计生产播出纪录片350余部，还是纪录片互联网上线达259部，都显示了2020年纪录片的昂扬姿态。

B. 新时代，中国纪录片的表达方式更为多元化、丰富化，比如《飞吧　嫦娥》在手机、电视、电脑上都能观看。

C.《我在故宫600年》大量使用三维电脑动画技术逼真地“重现历史”，做到了有温度地展示历史，有情趣地传播文化。

D. 国际传播语境下的纪录片“合作式的制播融合”是本国制作团队与国际播出渠道的融合，是一种交叉互动式的制播深度融合。

(2)根据材料内容，下列说法不正确的一项是(　　)(1.8分)

A. 中国纪录片在作为新闻宣传主阵地的网络空间中发挥了重要作用，已迈入高质量发展关键期。

B. 中国纪录片只有将品质扎实的原创内容和生动活泼的表达形式进行有机结合，才能在网络上取得良好的传播效果。

C. 中国纪录片常常被看作国家的相册，代表着中国的声音，纪录片人理应承担起更多的责任和使命。

D. 主旋律纪录片既包含那些关注重大历史、革命题材的纪录片，也包含能够体现人类命运共同体理念的纪录片。

(3)材料三指出中国纪录片需从四个方面调整策略方法,下列各项中不属于策略方法范畴的一项是(　　)(1.8分)

A. 中国自主拍摄的纪录片《第三极》,被美国国家地理频道采购,在其覆盖全球的200多个国家和地区的电视网络上滚动播出。

B. 纪录片《我们的男孩》围绕一场跨国医疗救助事件展开寻访,从一段六十年的感恩回馈中,娓娓道出中俄两国跨越时空的友谊。

C. 纪录片《熊猫淘淘》将动物角色置于家庭背景中,呈现出淘淘阻止女儿爬树冒险等丰富的日常生活细节,给人以强烈的代入感。

D. 为了更好地促进人类命运共同体而精心打造的系列纪录片《光阴的故事》,着力塑造了中国与世界各国之间的共同记忆。

12 现代文阅读。 山东真题

小孩子真是人生的黄金时代

丰子恺

①有一个儿童,他走进我的房间里,便给我整理东西。他看见我的挂表的面合覆在桌子上,给我翻转来。看见我的茶杯放在茶壶的环子后面,给我移到口子前面来。看见我床底下的鞋子一顺一倒,给我掉转来。看见我壁上的立幅的绳子拖出在前面,搬了凳子,给我藏到后面去。我谢他:“哥儿,你这样勤勉地给我收拾!”

②他回答我说:“不是,因为我看了那种样子,心情很不安适。”是的,他曾说:“挂表的面合覆在桌子上,看它何等气闷!”“茶杯躲在它母亲的背后,教它怎样吃奶奶?”“鞋子一顺一倒,教它们怎样谈话?”“立幅的辫子拖在前面,像一个鸦片鬼。”我实在钦佩这哥儿的同情心的丰富。从此我也着实留意于东西的位置,体谅东西的安适了。它们的位置安适,我们看了心情也安适。于是我恍然悟到,这就是美的心境,就是文学的描写中所常用的手法,就是绘画的构图上所经营的问题。这都是同情心的发展。普通人的同情只能及于同类的人,或至多及于动物,但艺术家的同情非常深广,与天地造化之心同样深广,能普及于有情、非有情的一切物类。

③我次日到高中艺术科上课,就对她们作这样的一番讲话:世间的物有各种方面,各人所见的方面不同。譬如一株树,在博物家,在园丁,在木匠,在画家,所见各人不同。博物家见其性状,园丁见其生息,木匠见其材料,画家见其姿态。

④但画家所见的,与前三者又根本不同。前三者都有目的,都想起树的因果关系,画家只是欣赏目前的树的本身的姿态,而别无目的。所以画家所见的方面,是形式的方面,不是实用的方面。

换言之,是美的世界,不是真善的世界。美的世界中的价值标准,与真善的世界中全然不同,我们仅就事物的形状、色彩、姿态而欣赏,更不顾问其实用方面的价值了。所以一枝枯木,一块怪石,在实用上全无价值,而在中国画家眼中是很好的题材。无名的野花,在诗人的眼中异常美丽。故艺术家所见的世界,可说是一视同仁的世界,平等的世界。艺术家的心,对于世间一切事物都给以热诚的同情。

⑤故普通世间的价值与阶级,入了画中便全部撤销了。画家把自己的心移入于儿童的天真的姿态中而描写儿童,又同样地把自己的心移入于乞丐的病苦的表情中而描写乞丐。画家的心,必常与所描写的对象相共鸣共感、共悲共喜、共泣共笑。倘不具备这种深广的同情心,而徒事手指的刻画,决不能成为真的画家。即使他能描画,所描的至多仅抵一幅照相。

⑥画家须有这种深广的同情心,故同时又非有丰富而充实的精神力不可。倘其伟大不足与英雄相共鸣,便不能描写英雄;倘其柔婉不足与少女相共鸣,便不能描写少女。故大艺术家必是大人格者。

⑦艺术家的同情心,不但及于同类的人物而已,又普遍地及于一切生物、无生物;犬马花草,在美的世界中均是有灵魂而能泣能笑的活物了。诗人常常听见子规的啼血、秋虫的促织,看见桃花的笑东风、蝴蝶的送春归。用实用的头脑看来,这些都是诗人的疯话。其实我们倘能身入美的世界中,而推广其同情心,及于万物,就能切实地感到这些情景了。画家与诗人是同样的,不过画家注重其形式姿态的方面而已。没有体得龙马的活力,不能画龙马;没有体得松柏的劲秀,不能画松柏。中国古来的画家都有这样的明训。西洋画何独不然?我们画家描一个花瓶,必其心移入于花瓶中,自己化作花瓶,体得花瓶的力,方能表现花瓶的精神。我们的心要能与朝阳的光芒一同放射,方能描写朝阳;能与海波的曲线一同跳舞,方能描写海波。这正是"物我一体"的境涯,万物皆备于艺术家的心中。

⑧为了要有这点深广的同情心,故中国画家作画时先要焚香默坐,涵养精神,然后和墨伸纸,从事表现。其实西洋画家也需要这种修养,不过不曾明言这种形式而已。不但如此,普通的人,对于事物的形色姿态,多少必有一点共鸣共感的天性。房屋的布置装饰,器具的形状色彩,所以要求其美观者,就是为了要适应天性的缘故。眼前所见的都是美的形色,我们的心就与之共感而觉得快适;反之,眼前所见的都是丑恶的形色,我们的心也就与之共感而觉得不快。不过共感的程度有深浅高下不同而已。对于形色的世界全无共感的人,世间恐怕没有;有之,必是天资极陋的人,或理智的奴隶,那些真是所谓"无情"的人了。

⑨在这里我们不得不赞美儿童了。因为儿童大都是最富于同情的。且其同情不但及于人类,又自然地及于猫犬、花草、鸟蝶、鱼虫、玩具等一切事物,他们认真地对猫犬说话,认真地和花接吻,认真地和人像(doll)玩耍,其心比艺术家的心真切而自然得多!他们往往能注意大人们所不能注

意的事，发现大人们所不能发现的点。所以儿童的本质是艺术的。换言之，即人类本来是艺术的，本来是富于同情的。只因长大起来受了世俗的压迫，把这点心灵阻碍或消磨了。唯有聪明的人，能不屈不挠，外部即使饱受压迫，而内部仍旧保藏着这点可贵的心。这种人就是艺术家。

⑩西洋艺术论者论艺术的心理，有“感情移入”之说。所谓感情移入，就是说我们对于美的自然或艺术品，能把自己的感情移入于其中，没入于其中，与之共鸣共感，这时候就体验到美的滋味。我们又可知这种自我没入的行为，在儿童的生活中为最多。他们往往把兴趣深深地没入在游戏中，而忘却自身的饥寒与疲劳。《圣经》中说：“你们不像小孩子，便不得进入天国。”

⑪小孩子真是人生的黄金时代！我们的黄金时代虽然已经过去，但我们可以因了艺术的修养而重新面见这幸福、仁爱而和平的世界。

（有删改）

(1)对文章内容分析鉴赏不正确的一项是(　　)(2分)

A. 小孩子的本质是艺术的，题目中“真是”二字明确地表达了作者对小孩子这种特质的赞美之情。

B. 美的世界中的价值标准，与真善世界中的标准完全不同，美的世界不是真善的世界。

C. 文章第⑦段主要通过举例论证，阐明艺术家的同情心及于万物达到“物我一体”的境界方能感知美、体味美、表现美。

D. 文章第⑩段以西洋艺术论证的理论为佐证进一步论述自己的观点，就自然或艺术而言，移入感情才能体味美。

(2)文章①②段表现了“哥儿”怎样的心性特点？以儿童“哥儿”的言行入手具有哪些“明训”。(5分)

(3)中国古代的画家都有这样的明训，纵观全文，说明真正的画家应该具有哪些“明训”。(5分)

(4)"幸福的童年治愈一生,不幸的童年用一生去治愈。"结合本文,联系现实,请你简要谈谈应从哪些方面去呵护处于人生黄金时代的小孩子。(4分)

参考答案

1. (1)文章第①段十分简短,却有统摄全篇的作用,作者说想觅一个随感的题目,马上就想到了胡桃云片,表现了作者对胡桃云片的喜爱之情。(共2分。答出"统摄全篇""喜爱之情",且表达准确得满分)

(2)①运用大量的细节描写,想象胡桃云片的制作过程,让胡桃云片的形状、纹理、线条真实可感。②运用比喻、排比等修辞手法,生动地展现了胡桃云片上画面的形象。③引用诗句,将诗与画结合起来,使胡桃云片的形象具有诗意美,也增添了文章的诗意,使文章更有韵味。(共3分。每点1分,每少答一点扣1分)

(3)①作者热爱生活,享受生活乐趣,愿意拿出每月十二分之一的薪水买糕点,不只是为了吃,还在于欣赏。②探究云片糕取名的原因,雅致适切而有韵味,充满情趣。③从小小的糕点引发对市面上的东西要有美感的呼唤,体现了作者的精神追求。(共4分。答出第一点得2分;答出后两点分别得1分)

2. (1)"此"指的是"它们发热,它们发光,它们也能发出震撼心灵的声响";指的是"炉火"带给作者的希望与勇气,温暖与活力。(共3分。答出表层含义得1分;答出深层含义"希望与勇气""温暖与活力"各得1分;每少答一点扣1分)

(2)"感触"在文中的含义:①炉火带给作者的温暖与内心的安宁。②炉火能够带给作者活力。③炉火能够带给作者启示和希望。(共6分。每点2分,每少答一点扣2分)

(3)文中用多处对比,表达作者对炉火的喜爱,描述了炉火带给人的温馨之感,赞颂了光明的力量,震撼人心。①冷暖对比,会客室和写作室温度的对比,会客室清冷,写作室暖和;②暖气和炉火对比,暖气温暖干净,但是缺少光,缺少性格,缺少活力;③铜"火箱"、篝火与炉火的对比,写出它们的共性,都发光发热,让人喜爱。(共6分。答出对比的作用得3分;答出三处对比的具体体现得3分,其中每点1分,每少答一点扣1分)

3.(1)③【解析】原文中只提到"软硬适中的青田石料更利于雕刻者熟练地运用刀法",③中"雕刻者能在上面熟练地运用刀法"说法过于绝对。

(2)第一自然段主要讲述了传说青田石是女娲补天剩下的顽石,遗落到浙江省青田县一带,据说《红楼梦》中青埂峰下的顽石也是以此为原型。引用神话传说,增强了说明的趣味性,引用在文章开头,起到引出说明对象的作用。(共4分。内容和作用各2分)

(3)主要运用了举例子和列数字的说明方法,用具体的例子和精确的数字来说明人们认识并使用青田石的历史悠久,使说明更准确,更有说服力。(共4分。答出两种说明方法得2分;答出作用得2分)

(4)不能调换。这四个小标题是按照作诠释的方法排序的,先引出青田石并对其进行介绍,再指出青田石主要用于做印章,然后说明青田石印章的文化价值,最后指出青田石现存资源量濒临枯竭,因此不能调换顺序。(共4分。判断1分,判断"能调换"本题不得分;理由3分,答出"作诠释"得1分,具体阐述得2分)

4.(1)①交代始末,使文章内容更丰富,结构更完整。

②点明初见时作者对文竹的喜爱,为下文作铺垫。

③那时小小的一个枝儿与下文盈盈的一大盆相互照应,突出文竹顽强的生命力。

(结合作品略)(共6分。每点2分,每少答一点扣2分)

(2)①运用拟人手法,通过文竹的话语表达了文竹纤弱娇贵的特点,凸显出作者对文竹的喜爱、怜惜。

②将"纤弱""娇贵"与"任性""不容忍任何污染"进行对比,突出了文竹的情操。

③这句话也是作者的托物言志,借文竹的话语表达自己对高尚情操的追求。

(共4分。答出第一点得2分;答出后两点分别得1分)

(3)初见时爱怜;相处时喜爱;渐渐成了知己,离不得她;将文竹托付给邻居后忧心、后悔;梦醒后内疚、伤感,坚定要回去的心。(共5分。每个分号里的内容1分,每少答一点扣1分)

5.(1)把生命放在征途。(共2分。表述准确、合理得满分)

(2)首先通过引用"大多数人想改造这个世界,却罕有人想改造自己"这句话来引出作者的观点;接着从正面举出了一位企业家成功的例子来进一步论证"只要有了坚定的意志,自不是难事"这一观点;再进行正反对比,强有力地论证了观点。(共2分。答出如何引出观点、正面论证和正反对比论证,且论证思路清晰得满分)

(3)山再高,只要人去攀登,就会被人踩在脚下;路再长,只要肯走,就会被走完。在这里,作者以"山""路"比喻困难,形象生动地说明了没有不可战胜的困难。(共2分。答出句子的含义和"山""路"的比喻义得满分)

(4)D【解析】D项，华罗庚28岁当上教授，已经走在了大部分人之前，不符合题干论点。

6.(1)①用故事开头，增强文章的趣味性，吸引读者的阅读兴趣。

②引出"人生中的任何事情都需要一种化解"这一中心论点。

(共4分。每点2分，每少答一点扣2分)

(2)第①②段，用《天龙八部》中无名老僧的事例，引出"人生中的任何事情都需要一种化解"这一中心论点。第③④⑤段，从情绪需要化解、身体需要化解、社会危机需要化解三个方面展开论述。第⑥⑦段采用正反对比论证的方法，强调化解能让我们走出迷津、走向成功。(共3分。段落划分正确，每部分的内容表述准确，且论证思路清晰得满分)

(3)运用了举例论证的论证方法。举比尔·盖茨从微软帝国转向慈善世界的例子来说明社会危机需要化解，使论证更加具体形象。(共4分。答出论证方法和好处各得2分；论证方法判断错误，则该题不得分)

7.(1)D【解析】A项，第②段运用了举例论证，通过司马迁、王辉等人的例子，证明"做学问讲究坐冷板凳"的观点。B项，第③段运用了举例论证，通过李云鹤的例子，论证"世事洞明皆学问，人行于世，做人做事也应讲究'坐得住'"的观点。C项，第④段运用了举例论证，但两个例子都属于反面事例，不存在对比。

(2)A【解析】A项，"虽然有的人持之以恒，沉稳务实，但也始终不能得到科学研究真正的精髓"颠倒黑白，原文中是说"学问的天地，无边无际，行走在'无人区'和'高寒区'，只有持之以恒，沉稳务实，才能真正有所得"。B项，由第①段可知该项正确。C项，由第③段可知该项正确。D项，由第④段可知该项正确。

(3)A【解析】B项，文中说"很多时候，坐冷板凳不仅仅需要承受寂寞、忍耐冷清，更是与名利无缘，跟热闹无分，同淡泊清苦相随，有时甚至还得与委屈不公、冷落埋没相连"，因此"但能获得名利，同奢靡富贵相随"说法错误。C项，"花费一半的精力就能得到双倍的效果"说法错误，且文中没有体现。D项，司马迁所著为《史记》，李时珍所著为《本草纲目》。

8.(1)①该句通过"一无所有"表现出当时百姓的贫困状态，同时也表现出作者希望通过复习，考上大学，以此来改变命运。

②这句话表现了李爱莲对因父亲生病而不得不放弃考试，嫁给吕奇的遗憾与无奈。这"带着咱们两个"到天涯海角的叮嘱，这一个人承担所有的苦水的无畏和崇高，聚合成一种内涵丰富、意蕴幽深的意境。正是在这种诗意盎然的意境中主人公走向了人生的新起点。(共3分。①答出两个"表现出"的内容得1分，每个要点0.5分。②答出"遗憾与无奈"得1分；答出意境内容和推动主人公走向新起点得1分)

(2)这里的"丑陋"具体体现在败坏的社会风气、贫困的社会环境、不知上进的同学以及无可

奈何的人生上；这里的“生力”，实质上就是生活中的诗意，是对生活的追求，是作者和李爱莲即使处于那样一个时代，仍然对未来充满希望，渴望改变命运的信念。作品在痛苦的悲剧中书写了李爱莲爱的崇高和圣洁，“丑陋”压抑不住人们对“生力”的向往。（共3分。答出“丑陋”的具体体现得1分；答出“生力”的具体体现得2分）

（3）作者之所以有现在的生活，是因为自己的努力，是因为家人的付出，所以作者不敢忘记自己成功道路上的艰难付出。作者不敢忘记，是因为作者是那一代人中进步青年的代表；是因为为了今天的生活，很多人失去了事业、爱情、尊严，很多很多，而作者只是其中一个。（共4分。答出“努力”“付出”“代表”和“失去”等关键词，且阐述合理得满分）

9.（1）A【解析】由第一自然段和最后一个自然段内容可知，本篇文章是想表明中小学教师需要更多优秀的人来担任。故选A。

（2）B【解析】由第二自然段中“在人的发展过程中，众多方面的关键期、敏感期乃至最佳期都处在中小学阶段，在这个阶段安排优秀的教师对人的成长发展影响最为显著”可知，引用陶行知的话是为了论证B项的观点。

（3）C【解析】C项，从文章第一句可以看出，中小学教师任职条件没有必需的限定。

10.（1）①【解析】②“表达自己不满于因荷而流芳于世”说法错误，作者在文中说自己“觉得很有趣，又非常感激”。③作者没有刻意地穿插描写人物活动。④从文中可以看出，前两年荷花没有长出来，到了第三年长出了五六个叶片，并非等了四年才有生命的萌动。

（2）①风姿美：荷是秀雅的，它迎风弄姿，睥睨一切。②神韵美：荷是顽强的，它深埋池底，不曾言弃。③意趣美：荷是宁静的，它优美淡然，洒脱飘逸。（共4分。答出三方面的美得3分，结合文章内容分析得1分）

（3）①朱自清笔下的荷是抚慰心灵的舞者。淡淡的月色、田田的荷叶、薄薄的清雾、蓊蓊郁郁的树木以及树上的蝉声和水里的蛙声，素淡朦胧，就像一幅意境幽美的工笔画。

②季羡林笔下的荷是张扬生命的强者。荷花的从无到有，从弱小到繁茂让我们感受到了生命的美丽和顽强，莲子暗暗地积蓄着力量，破水而出，“极其惊人的求生存的力量和极其惊人的扩展蔓延的力量”，正是生命强者的真实写照。

③朱自清在《荷塘月色》中表达了自己淡淡的喜悦与哀愁，这便与季羡林强烈的希望之心形成了鲜明的对比。同样是写荷花，朱自清在观赏美，而季羡林是在创造美。

（共4分。具体分析两人各自笔下的荷花特点各得1分，总结两人笔下荷花的不同之处得2分）

（4）生命的个体有生有灭，而生命的整体却是永远延续的。我们应该感受到那种积极向上

的大自然强大的力量,从“生存的力量”中获得人生的感悟。(共4分。启示内容积极向上,阐述合理得满分)

11.(1)C【解析】A项,说法过于绝对。原文是说“据不完全统计,全年累计生产播出纪录片350余部……2020年仅在互联网上线的纪录片就达259部”。B项,《飞吧　嫦娥》的例子说明的是纪录片的播放渠道更为丰富,并不是代表着“中国纪录片的表达方式更为多元化、丰富化”。D项,张冠李戴,文中是说“国际传播语境下的纪录片制播方式表现为‘分离式的制播融合’和‘合作式的制播融合’两种情况。前者指本国制作团队与国际播出渠道的融合,是一种传统单线式的融合;后者是以多方合作方式分别组建制作团队,搭建播出平台,是交叉互动式的融合”。

(2)B【解析】B项,缺少前提条件。原文是说“只要坚持创作精品的态度,将品质扎实的原创内容和生动活泼的表达形式进行有机结合,这样的作品就能在网络上取得良好的传播效果”。

(3)A【解析】A项,属于“分离式的制播融合”,是一种传统单线式的融合,而目前,“用于国际传播的中国纪录片正在从‘分离式’的制播简单融合转向‘合作式’的制播深度融合”。B项,属于题材选择。C项,属于叙事原则。D项,属于平台搭建。

12.(1)B【解析】B项,原文中是说“所以画家所见的方面,是形式的方面,不是实用的方面。换言之,是美的世界,不是真善的世界”,而不是“美的世界不是真善的世界”。

(2)表现了“哥儿”富于同情心的心性特点。“明训”:要富有同情心,心要真切自然,才能发现大人们注意不到的事。(共5分。答出“心性特点”得2分;答出“明训”得3分)

(3)①要富有同情心;②心要真切自然;③要将同情心及于万物,达到“物我一体”的境界;④对待作品要移入感情。⑤要有丰富而充实的精神力。(共5分。每点1分,每少答一点扣1分)

(4)①保护孩子的同情心。②保护孩子的奇思妙想。③保护孩子的天真纯粹。(共4分。分点作答,至少答出两点,内容合理,语句连贯得满分)

SHANXIANGEDU

第二部分

写 作

教师之路 从山香起步

考向分析

写作题是大部分地区语文教师招聘考试中的必考题型，如广东、山东、福建、湖南、浙江、安徽等地。

考查分类	考查频率	题量	每题分值	题型	地区示例
命题作文	13%	1	20～50	主观题	安徽、浙江部分地区等
半命题作文	2%	1	20～50	主观题	河南部分地区等
话题作文	24%	1	20～50	主观题	湖南、山东部分地区等
材料作文	61%	1	20～50	主观题	江苏、广东部分地区等

分值占比 15%～50%

地区占比

98% 考查1道
如广东、山东、福建、湖南、浙江、安徽等

2% 不考查
如山西部分地区等

专题一　写作核心法则

命题规律探究

写作核心法则从审题立意、拟写标题，开头、中间、结尾五方面进行考查，综合考查考生的写作能力。

真题示例

湖南湘潭中小学真题

阅读以下材料，按要求作文。(30分) / 写作

我国著名教育家张伯苓，1919年之后相继创办南开大学、南开女中、南开小学。他十分注重对学生进行文明礼貌教育，并且身体力行，为人师表。

一次，他发现有个学生手指被烟熏黄了，便严肃地劝告那个学生："烟对身体有害，要戒掉它。"没想到那个学生有点不服气，俏皮地说："那您吸烟就对身体没有害处吗?"张伯苓面对学生的责难，歉意地笑了笑，立即唤工友将自己所有的吕宋烟全部取来，当众销毁，还折断了自己用了多年的心爱的烟袋杆，诚恳地说："从此以后，我与诸同学共同戒烟。"果然，打那以后，他再也不吸烟了。

请以"为人师表"为话题，写一篇议论文，不少于800字。

要求：①题目自拟，观点明确。②内容充实，结构完整。③逻辑清晰，语言流畅。

答题思路

画"＝"部分点明了本题是一道话题作文，要围绕"为人师表"进行写作。

画"～"部分指明了写作的文体是议论文。

画"＿"部分规定了写作字数不少于800字。

参考例文

师者，以身立教

韩愈曾言："师者，所以传道受业解惑也。"为师者，要以身立教，为人师表；做师者，要德才兼备，终身学习；成师者，要传授人道，讲述理道；当师者，要教授学业，解答疑惑；担师者，要教之以礼，授之以渔。

新时代之下，要成为一名优秀教师，必须以身作则，爱岗敬业，关爱学生，尊重学生；新时期之下，要成为一名卓越教师，必须以满腔热情对待事业，以严谨认真对待学业，以和善友爱对待同事，以诚心诚意对待学生。

孔夫子说过："其身正，不令而行；其身不正，虽令不从。"作为人类灵魂的工程师，作为祖国花朵的园艺师，作为教育事业的研究者，作为人才培养的监督者，教师一定要自觉自谦，自信自强，严格要求自己，严谨钻研学业，时时督促自己，每每激励自己，刻刻向高标准看齐。

表里如一，为人师表的道德素养要求教师要把学生领入科学真理的殿堂，教师要做到一丝不苟地发现真理，追求真理，坚持真理；要一心一意热爱科学，寻求科学，相信科学；要勤勤恳恳努力培养出求真务实、严谨认真、虚心谦逊、刻苦学习的学生。

教书育人，知行统一的道德品质要求教师要做到热爱每一个学生，爱护每一个学生，相信每一个学生；老师要做到坚持以人为本，不挖苦学生，不嘲讽学生，不歧视学生，不体罚学生；老师要做到关注学生的学业进度，改进学生的学习方法，培养学生的学习理念，激发学生的学习兴趣，端正学生的学习态度；教师要做到关心学生的身心健康，注重学生的全面发展；满足学生的合理要求，维护学生的合法权益；教师要做到平等同等地对待学生，公平公正地善待学生，与学生保持民主、平等的师生关系。

总之，一旦决定走上教师这一岗位，那就意味着教师的整个人生路途将会面临一种人格上的严峻挑战，因此，教师必须以身作则，为人师表，率先垂范，教书育人，并且要鼓足勇气，坚持不懈地朝着教育发展的新要求奋斗，义无反顾地朝着人格发展的新高度不断攀登！

一、审题立意定主旨

审题立意很重要。

要理解题目(包括材料)含义,要弄清写作的具体要求,要确立写作中心(主旨),要确定写作范围和重点,要确定下笔的角度及感情抒发的基调,要明确写作方式和方法的过程。

(一)审题

1. 审文体:审定作文应写哪种文体。

2. 审内容:文章应该从哪些方面、什么角度、写什么内容。

3. 审中心:确定文章要赞扬什么,歌颂什么,反映什么,鞭挞什么,论证什么,批驳什么,等等。

4. 审字数:写作的字数要符合题干规定的字数。

类型	示例	审题指导
命题作文	请以“踮起脚尖”为题目,写一篇不少于800字的议论文或记叙文。	①审文体:要求写议论文或记叙文。 ②审内容:题目的题眼是“踮起”,由此可以延伸到踮起脚尖能看得更高、更远。 ③审中心:标题本身就是文章立意的中心。 ④审字数:本题要求不少于800字,在写作时一定不能少于800字,以850左右的字数为最佳。
半命题作文	请以《站在________的门口》为题写一篇文章。 要求:1. 请先将题目补充完整,并写在答题卡上,然后作文。 2. 立意自定。 3. 文体不限。可以记叙经历,抒发感情,发表议论,展开想象,等等。 4. 不少于800字。	①审文体:要求文体不限,考生在写作时可以选择自己擅长的文体。 ②审内容:横线部分即作文内容的题眼,考生要根据自己所填的词确定内容。 ③审中心:半命题作文的中心是补充完题目后,完整题目的本身。 ④审字数:本题要求不少于800字,在写作时一定不能少于800字,以850左右的字数为最佳。
话题作文	阅读下面的材料,按要求作文。 生命是一个奇迹,在这个星球上相聚、相守、相处也是一个奇迹。但是世界给予我们的还有更多的忧虑和不安:战火纷飞、环境污染、瘟疫蔓延…… 对此你一定有自己的体验或思考。请以“共享生命”为话题写一篇文章。立意自定,文体自选,题目自拟,不少于600字。	①审文体:要求文体自选,考生在写作时可以选择自己擅长的文体。 ②审内容:“以‘共享生命’为话题”,即写作要围绕“共享生命”,不得脱离该内容。 ③审中心:本题的主旨是赞扬生命,考生写作时切忌背离该中心。 ④审字数:本题要求不少于600字,在写作时一定不能少于600字,以650左右的字数为最佳。

续表

类型	示例	审题指导
材料作文	阅读下面的材料，根据要求写作。 迈克尔逊-莫雷实验(测量光速差值的实验)是相对论最有力的证据之一。有一次，爱因斯坦访问美国，在跟迈克尔逊聊天时问道："你对测光速这个实验为什么那么感兴趣，做了那么多工作?"迈克尔逊回答道："因为我觉得它很好玩儿。" 无独有偶。被誉为"中国现代语言学之父"的赵元任先生告诉女儿，自己研究语言学也是因为"好玩儿"。 世界上很多大学者研究某种现象或理论时，常常是因为"好玩儿"。在今天看来，淡淡的一句"好玩儿"背后藏着颇多深意。 请围绕上述材料的内容与含义，结合自己的感悟，写一篇文章。 要求：写一篇议论文；题目自拟；不少于800字；不要套作，不得抄袭。	①审文体：要求写议论文，明确指出了写作文体。 ②审内容：材料内容围绕"好玩儿"，故在写作中要以教育中的"好玩儿"为主要内容。 ③审中心：文章中心要围绕兴趣教育。 ④审字数：本题要求不少于800字，在写作时一定不能少于800字，以850左右的字数为最佳。

(二)立意

在写作时，立意常用的方法有以下几类：

1. 多维立意

常用于议论文写作中。

(1)从多角度、多侧面、多空间审视材料，从而决定自己文章的主旨；

(2)不应单一、片面地看问题，要视野开阔，能从多角度立论。

(3)同一事物，同一材料，不同的角度所作出的判断、所得出的主题不尽相同，要将这些不同的判断归结到一起，然后根据自己的实际情况选择其一。

> **温馨提示：**
> 写议论文要辩证的、多角度地立意，要把自己想象成辩论赛的选手，摆事实、讲道理，让阅卷老师认可你的观点。

2. 融旨于景

这是一种散文写作的立意方法，把表现的主旨融合在所写的景物中，借景物来抒发作者的情致。

3. 融旨于物

这是一种记叙文写作的立意方法，是指借助于某种事物来表现文章的主旨。这种立意方法常常通过对平凡事物的精雕细刻，以显示深远的寓意。借某事物寄情托志是“融旨于物”的主要特征。

4. 反用其意

这种方法适用于各类文体，是指借旧事物翻出新意，给人以新的启迪和感受，使读者耳目一新，收到好的艺术效果。

类型	示例	立意指导
命题作文	以“幸福”为题目写一篇作文，不少于600字。	这是一道命题作文题，从题目来看，幸福是很主观的东西，很难有统一的标准。一个人对幸福的理解，其实体现了他的价值观。 比较好的立意有： ①幸福有时是一种拥有，有时是一种等待，有时是一种感动； ②收获是一种幸福，付出也是一种幸福； ③功成名就是幸福，淡泊宁静也是幸福……其实幸福就在我们身边，在我们点点滴滴的生活中，在我们成长道路上的每一个脚印里。
半命题作文	我心中的那________（一轮太阳、一抹绿色、一份真情、一丝牵挂） 任选一个补充题目，并写一篇不少于500字的作文。	这是一道半命题作文题，该题目既有限制性，又有开放性。限制性在于，给定了四个选项来填写。命题人所提供的这四个词语中，各自有不同的含义。 “太阳”是光芒四射的，比喻（象征）温暖的关怀、人生理想的指引、高尚的品格等； “绿色”的比喻（象征）意义涉及环保、自然、纯洁、健康等方面； “真情”和“牵挂”的含义丰富，可涉及亲情、友情、师生情、爱国情等。
话题作文	书籍是前人智慧的沉淀，是人类进步的阶梯，是放飞心灵的精神家园。请以“我与书的故事”为话题，完成一篇不少于500字的文章。题目自拟，除诗歌外，文体不限。	这是一道话题作文题。立意的关键在于要理解材料写的是书对人类的影响和帮助，以“我与书的故事”为话题明确了写作对象。该题目的主旨是“我与书的故事”，考生围绕该主旨写作，一般不会跑题。本题目较适合写成记叙文、散文等文体。 可从以下几个方面立意： ①书给“我”带来的益处； ②阅读好书带来的启迪。

续表

类型	示例	立意指导
材料作文	阅读下面的材料，根据要求写一篇不少于800字的文章。 有一个小和尚耐不住禅院的寂寞，老觉得修行太慢，感觉不出自己的长进，甚至他怀疑自己究竟能不能修成正果。有一天，他再也没法忍受了，就向老禅师发牢骚，说自己没有慧根、缺少佛性，对自己失去信心了。老禅师微微一笑说："山腰的工地上，石匠们正在为本寺加工佛像，你反正也静不下心来，就跟他们去劳动吧，做个帮手，学点手艺……"小和尚一听，居然特别高兴，心想，终于可以出去透透风、乐和乐和了。 可是，三天以后，小和尚来找禅师，他满脸歉疚："师傅，我还是回来修行吧，连四角八棱的粗糙岩石都能在工匠的雕琢下变成仪态万方的石佛，何况我是一个人呢？"老禅师舒心地笑了。 上面材料引发了你怎样的思考？请选择一个角度构思作文，写一篇文章。 要求：选好角度，确定主题，明确文体，自拟标题，不要脱离材料内容及含义的范围作文。	这是一则寓言作文材料，故事内涵丰富。在作文时要找准切入点，才可以准确构思立意。这则寓言中有三个主要形象：老禅师、小和尚、"佛像"。因此作文构思立意可以从这三个主要的角度去切入。 从老禅师的角度，可以概括出"教育一定要讲求方式方法""正确引导的效果要比一味的说教要好""给予亲身体验的教育，远远胜过那些空洞的说教""教育是一门充满智慧的科学"等。 从小和尚的角度切入，可以概括出"凡事情半途而废，常常是没有恒心所致""信心是成功的关键所在""要走向成功，不仅需要信心，还需要持之以恒的毅力""欲速则不达""领悟真理，往往需要源于实践的体验""只有认清自己，才能树立雄心，激励斗志，从而走向成功""先要有心灵的顿悟，而后才能有正确地抉择乃至成就事业""舍弃中选择，选择中舍弃，人生就是不断舍弃和不断选择的过程"等。 从"佛像"的角度切入，可以概括出"在走向成功的途中，一定要懂得舍弃""舍弃是一种痛苦，更是一种智慧""不经历雕琢，石头不能成佛；不经过磨练，人不能成就大业"等。

二、拟写标题要亮眼

温馨提示：

在相对较快的阅卷环境中，标题要鲜明到让阅卷老师一眼就看出来你理解命题之意了，文章中心论点符合题意。

标题居于一篇文章之首，是文章传递重要信息的有机组成部分。

"拟就好题一半功"，作文标题是阅卷老师和考生作文的首次接触，标题的优劣直接影响着阅卷老师对作文的第一印象。在考场上较为实用的拟题方法有以下几种。

1. 直接点题法

这类标题往往是对写作内容的高度概括，切合题意，表明观点，总领全文。

在考场上运用这种拟题方法，能向阅卷老师直观、简明、清晰地展示自己作文的主题，使阅卷

老师能够准确、迅速地确定作文的等级。

这种方法适用于所有作文题。

考场再现

题一：阅读下列材料，根据要求作文。

马云说："梦想还是要有的，万一实现了呢？"每个人未来都充满梦想：梦想，是一双翅膀，带着你翱翔天空；梦想，是奋斗的目标，带着你一直前进……

请以"梦想"为话题写一篇文章。

要求：①题目自拟，选好角度，确定立意；②不得抄袭、不得少于800字；③文体不限（诗歌除外）。

考场优秀标题：《但行前路，无问西东》《划时代之桨，扬奋进之帆》《实现梦想，点亮人生》。

题二：阅读下列材料，根据要求作文。

孟懿子问孝。子曰："无违。"樊迟御，子告之曰："孟孙问孝于我，我对曰：'无违。'"樊迟曰："何谓也？"子曰："生，事之以礼；死，葬之以礼，祭之以礼。"

这则材料讲述了一个什么道理？请结合材料内容，谈谈你的感受。

要求：①题目自拟，选好角度，确定立意；②不得抄袭、不得少于800字；③文体不限（诗歌除外）。

考场优秀标题：《扬长避短》《因材施教，方能成功》。

名师点评

这两道题均适合运用直接点题法拟写标题。不仅难度较低，还可以做到直言事理，切合题意，铿锵有力，博得阅卷老师的喜爱。在考场上，拟写的标题不要过于含蓄或者抽象，因为阅卷时间太短，阅卷老师没有太多思考时间，含蓄抽象的标题容易影响阅卷老师评分。有考生将题二的标题拟写为《命运》《选择》，这种就不太好，容易让人费解。

2. 引用化用法

"他山之石，可以攻玉"，直接引用或化用我们耳熟能详的诗词歌曲、名言警句、影视剧名、新闻标题、电台栏目等作为文章的题目，可以先给文章定下一种调子，给人一种风格迥异、个性鲜明的感觉。

这种方法适用于话题作文和材料作文。

考场再现

①“青春”主题:《一笑而过》《明明白白我的心》《花儿为什么这样红》。

②“成长”主题:《无限风光在险峰》《一枝红杏出墙来》。

③“理想”主题:《我的未来不是梦》《我心永恒》《化蝶飞》。

④“考试”主题:《成也萧何、败也萧何》《莫道不销魂》。

⑤“理解”主题:《对面的老师看过来》《别说我的眼泪你无所谓》《有一点动心》。

⑥“信念”主题:《阳光总在风雨后》《我想我会成功》。

⑦“诚信”主题:《众里寻它千百度》《千呼万唤始出来》。

⑧“环保”主题:《我想有个家——一只小鸟的心声》《插翅难飞》。

名师点评

①③⑤⑥引用了大众熟知的歌曲,活泼而不失优雅,贴近学生生活,妙趣横生;②⑦引用诗词名句,既具有浓郁的文化韵致,又蕴含深刻的双关含义;④引用经典名言,典雅而深刻;⑧引用影视剧名,颇具匠心。

3. 踏雪寻梅法

对于话题作文和材料作文,顺着材料所给出的内容,将主旨适当地深化、探究,在浓缩中把观点提升到具有一定哲理的高度,让读者于钦佩中达到一种新的境界,从而获得一种审美的愉悦,也不失一种拟题的好方法。

考场再现

阅读下列材料,根据要求作文。

现代管理学之父德鲁克,被人称为大师中的大师。他有一次被人问道:“我如何才能成功?”德鲁克回答说:“如果你不改变你提问的方式,那么你注定不会成功。”

这则材料讲述了一个什么道理?请结合材料内容,谈谈你的感受。

要求:①题目自拟,选好角度,确定立意;②不得抄袭、不得少于800字;③文体不限(诗歌除外)。

考场优秀标题:《成功自有规则》《成功之道》《坚持不懈才能成功》。

名师点评

这些标题根据材料提供的内容进一步挖深、提炼出来,源于材料而高于材料。考生在拟写

标题时加入了自身的感悟与理解，充满了理性的光辉，为写议论文定下了很好的基调，很有思想深度。

4. 巧用公式法

运用数字或者运用数学、物理、化学中的方程式的形式来设计作文题目，简练精当，形式新颖，逻辑严密，给人以启示。

考场再现

①“生命”主题：《10-1=0》。

②“教育”主题：《∞×0=0》。

③“成功”主题：《成功=实力+创新+机遇》。

④“修身”主题：《100<1+冷静》。

⑤“诚信”主题：《诚实+信用=财富》。

名师点评

①强调了“生命”只有一次机会，不像网络游戏，有多次机会；②表明教育的成败得失取决于不能有本质上的失误，如品行、身体等因素不容忽视；③表明成功需要三个因素；④强调冷静的重要性；⑤表明“诚信”是一笔宝贵的财富。这五组标题运用了数字、算式相结合的形式，简明生动，给人耳目一新的感觉。

5. 妙用修辞法

妙用修辞法是指运用比喻、拟人、夸张、对偶、双关、反诘等修辞手法拟题，使标题生动、鲜明、美妙、贴切。

考场再现

题一：请以《________的脚步》为题写一篇文章。

要求：请先将题目补充完整，然后作文；立意自定；文体不限；不少于800字。

考场优秀标题：《阳光的脚步》。

题二：阅读下列材料，根据要求作文。

大自然的每一个领域都是美妙绝伦的。——亚里士多德

大地给予所有的人是物质的精华，而最后，它从人们那里得到的回赠却是这些物质的垃圾。——惠特曼

我们不要陶醉于我们对自然界的胜利，对于每一次这样的胜利，自然界都报复了我们。——恩格斯

要求：题目自拟，选好角度，确定立意；不得抄袭、不得少于800字；文体不限（诗歌除外）。

考场优秀标题：《人与自然和谐共生》。

名师点评

这两道题在命题时均运用了拟人的修辞手法。这些作文的题目，不仅彰显了材料的内涵，还能体现考生较好的文学素养和较高的语言运用能力，闪亮灵动，余味绵绵。

6. 巧设悬念法

这是文学作品中常用的一种构思方法，也适用于作文标题的拟写。设置一个诱人的悬念，或不同寻常的结局，容易抓住读者的心。这在浩如烟海的作文堆里，不失为一种间接强迫老师不要忽略你存在的妙法了。

考场再现》

①“师生关系”主题：《老师，你错了》。

②“素质教育”主题：《考场“三绝活”》。

③“保护环境”主题：《两只离了婚的鱼》。

④“网络学习”主题：《最惨烈的一场战斗》。

名师点评

老师会犯什么错误，一个学生怎么能这么说老师？考试还有什么“三绝活”？太扯了吧！鱼为什么会离婚？网络学习中会有什么惨烈的战斗？这些题目，任谁也会眼花缭乱，任谁也想一探究竟，阅卷老师也不例外。拟写充满悬念的标题，可以增强阅卷老师的阅读兴趣，认真仔细地阅读你的文章。

7. 联想煽情法

联想煽情法即创设一定的情景，把人直接引到某一件事物中去，可情景并茂，可引人深思。运用这种方法拟题，既有诗情，又有画意，韵味无穷。

考场再现»

①"机遇"主题:《犹豫=失去=失败》。

②"故乡"主题:《蓝蓝的月,蓝蓝的梦》。

③"享受"主题:《红舞鞋:蓝精灵》。

④"理想"主题:《梦的伊甸园还在那边》。

⑤"友谊"主题:《捡起你脚下的蘑菇》。

⑥"时光"主题:《有这么一个故事》。

⑦"信心"主题:《伸手就是光明》。

⑧"感悟"主题:《不经意的美丽》。

名师点评

这些标题语言优美,以有限的言辞显露出无限的生活意蕴,创造出无限的想象的空间,展现了对生活独到的人生体验,展示了深厚的文学素养,很容易就让阅卷老师随之进入作者的思想中,与之产生情感上的共鸣,具有极强的感染力。

8. 反弹琵琶法

"狗咬人不是新闻",所以见怪不怪自然无趣;"人咬狗才是新闻",因为能吸引人的兴趣。新闻中的这条规则在作文的拟题中,同样适用,把一个不可思议的观点,拿来用合理的方法论证一番,就会有一种与众不同、特立独行、超凡脱俗的味道。

考场再现»

①"失败"主题:《遗憾,其实也是一种美丽》。

②"梦想"主题:《做白日梦的感觉真好》。

③"人生"主题:《进一步海阔天空》。

④"真诚"主题:《善待谎言》。

⑤"创新"主题:《这个世界因为懒人而精彩》。

⑥"奋斗"主题:《生活中要常怀第二心》。

⑦"欣赏"主题:《不妨泼瓢冷水》。

⑧"历史"主题:《听听汪精卫的心声》。

⑨"文化"主题:《吃不到葡萄言其酸的隐士们》。

名师点评

遗憾如何是一种美丽？是不是思想太紧张，现实太沉重，异想天开的幻觉？有些困境需要拿出勇气摆脱、战胜，而不是另择他路？谎言难道也是一种美德？懒惰不是最大的恶德吗？不是提倡做人做事要专心吗？既是泼冷水，何谈欣赏？汉奸难道也有理了？说隐士们的坏话，是不是脑子坏了？这些故意与"真理"作对的标题，看似离经背道，实则暗藏机理，可以振聋发聩，极具深邃的思想魅力。

9. 自我陶醉法

"有我之境，以我观物，故物我皆着我之色彩。"自我陶醉正是个性张扬的开始，作文标题中一个"我"在，表达起来自然会给人一种轻松、愉快的感觉。

考场再现

①"欣赏"主题：《我就是春天》。

②"处世"主题：《一个人的精彩》。

③"渴望"主题：《给我一双翅膀吧》。

④"自信"主题：《我是我的天使》。

名师点评

花样年华，花样心情。这些标题有的激情飞扬，有的天真烂漫，有的真情眷眷，有的初生牛犊不怕虎，有的渴望自由……形式活泼，散发出一股青春气息，彰显着个性色彩。

10. 故事新编法

将传统的故事，赋予新的时代内容，联系生活、影视、社会现象，嬉笑怒骂皆成文章，是网络上很流行的一种写文章的方式。这类写法往往让人先是忍俊不禁，捧腹大笑，既而深思沉吟，慨然长叹，最后心有戚戚，长萦于胸。

考场再现

①"环境"主题：《三个和尚没水吃新编》。

②"诚信"主题：《狼来了新编》。

③"智慧"主题：《英明的上帝》。

④"合作"主题：《三个臭皮匠，顶个诸葛亮》。

⑤"热点"主题:《魏青刚成名后》。

⑥"名著"主题:《唐僧取经回来之后》。

名师点评

这些标题大胆而新奇,这种拟题方法通常是一些思维活跃,幽默风趣而又才华横溢、关注生活的同学喜欢采用的一种方法。

三、"凤头"文采斐然

俗话说写文章要"凤头、猪肚、豹尾",就是要求开头精彩,内容充实,结尾有力。

考试阅卷时间短,任务重,评卷人少,对于阅卷老师来说,脑力、视力劳动都很繁重,在此情况下,作文能否吸引阅卷老师的目光,让阅卷老师认真仔细地读你的作文,开篇的出语不凡就显得尤为重要。

温馨提示:

文章的开头就像凤的头。凤头美好招人看,文头亮丽引人读。文章的开头要简洁,入题要快,语言要有文采,能使人一看开头就有想往下读的欲望。

在考场上较为实用的拟题方法有以下几种:

1. 开门见山法

开头直接点题,开宗明义揭示主旨,旗帜鲜明地亮出自己的观点。

好处:不兜圈子,不枝不蔓,入题快捷,干脆利落,避免了不知所云、离题万里的弊端。

记叙文,一般都是直接进入事件的记叙,表明主旨;对于一般性的议论文或者散文,在开头就应该摆明观点。即使在第一段用一则小故事或者用一组排比句来导入,第二段一定要把你表达的中心摆出来。

温馨提示:

如果阅卷老师读完前两段(字数大约一百字),仍不能捕捉到你的观点,他就会有一定的阅读急躁情绪,所以此处点题非常必要。

考场再现

历史的点点滴滴如散落在偌大沙滩上的沙石贝壳,我们悄悄地走过,贪婪地看着这些晶莹珍贵的财富,时而拾起一两颗打动心灵的贝壳,怀着一份爱的心情、感恩的心情好好收藏,以作纪念。

——《纪念》

名师点评

本篇考场佳作以《纪念》为题，开头选择了开门见山的写法，直接点明文章是围绕历史长河中的点点滴滴来写，鲜明地亮出了观点。除此之外，这段开头写得颇具文采，运用了比喻的修辞手法，语言含蓄隽永，娓娓道来，读起来仿佛一幅历史的画卷在缓缓展开，极具魅力。

2. 妙用修辞法

在文章开头使用修辞手法可以增强文章的文采，给阅卷老师留下一个好印象。

在众多修辞手法中，比喻和排比是考场上最适合作为开头的。

比喻开头法的好处是文采飞扬，情味盎然。但是需要注意的是，所用的比喻要与全文的中心暗合，与全文的情调一致。

排比开头法可以加强文章的气势，增添文章的文采，读起来荡气回肠。

考场再现»

如果忘记是春天里消逝的冰层，那么铭记就是灼灼其华的桃花；如果忘记是夏季里落英缤纷的桃瓣，那么铭记就是映日别样红的荷花；如果忘记是秋天里已无擎雨盖的荷花，那么铭记就是犹有傲霜枝的金菊；如果忘记是冬季里比西风更瘦的残菊，那么铭记就是傲雪独立、犹有暗香的雪梅！

——《四季，镌刻心灵的石碑》

名师点评

本篇考场佳作以一组排比句开头，同时在句中运用了比喻的修辞手法，通过自然现象诠释忘记与铭记，取譬贴切，切入角度巧妙，意蕴丰厚，读起来文采飞扬，展现了该考生不凡的语言功底。

3. 整散交错法

整散句结合，能使句式灵活多变，增添文章旋律感和音韵美，给人一种审美感受。

如李清照《声声慢》中“寻寻觅觅，冷冷清清，凄凄惨惨戚戚。乍暖还寒时候，最难将息。三杯两盏淡酒，怎敌他、晚来风急！雁过也，正伤心，却是旧时相识”。读起来极具旋律感和音韵美。

温馨提示：

这类方法虽然可以给阅卷老师留下有文采的印象，但对语言功底要求极高。如果写作功力达不到，很容易变成“流水账”。

考场再现

若能掬起一捧月光，我选择最柔和的；若能采来香山红叶，我选择最艳丽的；若能摘下满天星辰，我选择最明亮的。也许你会说，我的选择不是最好，但我的选择，我相信。

——《我的选择，我喜欢》

名师点评

本篇考场佳作第一句用“月光”—“柔和”、“红叶”—“艳丽”、“星辰”—“明亮”构成排比，色彩鲜明，有先“色”夺人之妙，极具音韵之美。第二句中“但我的选择，我相信”用两个短句结尾，简短有力，充满自信。全段整散交错，句式灵活多变，将语言功底尽数展现在阅卷老师面前。

4. 名言导入法

名言导入法就是在文章开头导入古圣先贤、专家学者所说的包含着人们公认的基本原则和一般道理的话语。

这种开头法不仅使所要表达的意思简明扼要，言简意丰，而且能集中地表达文章的主旨，起到画龙点睛的作用，使文章增色不少。

温馨提示：

在考试时要注意所引用的名言一定要贴切、自然、恰到好处，避免出现知识性错误。

考场再现

一百多年前，法国的雨果曾经这样感叹：“世界上最宽广的是海洋，比海洋更宽广的是天空，而比天空更宽广的是人的胸怀。”古老的东方，人们也世代传承着一句浅白的俗语：“宰相肚里能撑船。”法国人的浪漫和中国人的实在碰撞在一起，于是人们发现，包容超越了国家、语言、民族和文明的界限；包容是这个美丽星球的子民所共同拥有和赞美的品德。

——《包容》

名师点评

本篇考场佳作用雨果的名言和中国的俗语引出文章中心论点“包容”，并且充当了道理论据。“包容”超越了国家、语言、民族和文明的界限，是地球上的子民所共同拥有和赞美的品德，证明中心论点“我们要学会包容”。既增加了文采，又可以激发阅卷老师的阅读兴趣。

5. 设置悬念法

在文章开头通过设置悬念，抛出谜团，而不进行阐释，这样的创作手法可激发读者的联想，吸引读者的好奇心，使读者萌发一探究竟的冲动，陷入作者设置的迷局不能自拔。

在作文中巧妙地设疑发问，制造悬念，更能引起阅卷老师的注意，赢得高分。

考场再现

往事如观流水，来者如仰高山。纷繁人间千万之事，人生匆匆不过数十载。时光流逝，纵然我们记住了亲人的叮咛，友人的祝福，情人的蜜语，一些伤心往事却难免淤积于胸，块垒难消。面对万千世事，我们该忘记什么，又该铭记什么呢？

——《那阵风吹过》

名师点评

本篇考场佳作先用散文化的语言铺叙，然后在段尾设疑发问，既点明了文章的中心论点，又制造了悬念，让人忍不住想一探究竟。

6. 景物传情法

如果选择记叙文，又想给文章涂染文学色彩，可在开头营造意境，借景传情，做到“一切景语皆情语”。这既为下文带有感情的叙写作好了铺垫，又能紧紧地吸引住阅卷老师的目光。

考场再现

“大风起兮云飞扬”，深秋一路放歌，来到了一片树林。枯叶正在泛黄，摇摇欲坠，经歌风震，便都化为蝴蝶飘向了四面八方。

——《枯叶与落红》

名师点评

本篇考场佳作先描写了景物，通过景物描写渲染了浓绿不在、芳菲凋零的感伤，引起下文。该考生营造的意境之美令阅卷老师折服。

7. 抒写情感法

如果想使文章饱含深情，淋漓酣畅，可以在文章的开头直抒胸臆，倾诉自己内心的真实情感。

考场再现

我是一片绿，假如我不够参天，那么就让我为你遮荫挡雨；假如我不够茂密，那么就让我在枝头缀满千红万紫；假如我不够繁花似锦，那么就让我为你青草如茵；假如……但，我始终是一片绿，可以为你光合作用，制造氧气。

——《一片绿的告白》

名师点评

本篇考场佳作开篇柔如清风，美如清波，荡动心弦。一声声深情呼告，仿佛久违的朋友浮现纸端，让读者真切感受作者那炽热而又不失含蓄的情怀，进取而又不失睿智的灼见。

8. 事例铺陈法

铺陈是运用浓墨重彩对描写对象进行渲染、呈现、讴歌等，产生文句上的形式美，表达上的激情美。

事例铺陈是把相同类型的事例通过排比的方式展示出来，其目的主要是增加论据的可信度，主要用在议论文中。

考场再现

选择是难的，更何况是心灵的选择。高渐离为了荆轲，他选择了死；马本斋的母亲为了革命，她选择了牺牲；祝英台为了真挚的爱情，她选择了化蝶。在这友情、亲情与爱情之间的选择，他们是这样做的。

——《生死之间》

名师点评

本篇考场佳作开头以名人事迹简洁铺陈：高渐离为友情选择了死亡，用自己的头颅捍卫了“士为知己者死”的至理名言，成为千古奇士；马本斋的母亲选择献身，用自己的至情——博大母爱以殉人间大义，为儿子也为后人树起一座人格丰碑；祝英台选择了化蝶，用自己的灵魂升华了与梁山伯的爱情，为有情人的天长地久树立了楷模。形式工整，举例贴切，增加了文章的说理性。

9. 梯式开头法

梯式开头法源自诗歌谋篇技巧中的楼梯式排列。

楼梯式排列由法国未来派诗人阿波里耐首创，后由苏联诗人马雅可夫斯基改造为俄国“重音诗体”的排列形式，意在加强节奏感和突出重要的词。

这种形式传入我国后，经贺敬之创造性的采用，使它既能容纳天风海涛般的感情，又具有对称美。

这类方法在写作中可以增强文章的层次感，营造视觉上的效果。

温馨提示：
本方法对考生的文采要求极高，一定要是清新流畅的文字，如果是味同嚼蜡的文字，单纯做一个阶梯没有任何意义。

考场再现

小桥流水。

亭台楼阁,掩映其中。

熙熙攘攘的人群。来来往往,过客匆匆,却如空中找不到的一丝真实。

——《孤星》

名师点评

本篇考场佳作从第一行到第三行,字数由少到多,形成视觉上的台阶效果。该考生用清新流畅的语言营造了文章的意境美,配以台阶效果,层次分明,兼具语言美和视觉美。

10. 起兴拓展法

起兴拓展法即先以简洁的语言从描绘其他事物或景物开始,然后再结合主旨阐述话题。这样由远及近,娓娓道来,令人感到亲切和舒畅。

考场再现

春天给了鲜花一扇门,于是,在鲜花的争奇斗艳中,也填补了自己寂寞的空白;黑夜给了星星一扇门,于是,在星光的闪烁眨眼中,也融化了自己的冰清和肃穆;清泉给了鱼儿一扇门,于是,在鱼儿的惬意游弋中,也增添了自己的生机和情趣……常留一扇门,常存一片心,“双赢”不是问题。

——《常留一扇门》

名师点评

本篇考场佳作先由自然中的春天与鲜花、黑夜与星星、清泉与鱼儿互补双赢的现象引入主旨,表明了文章的主题:常留一扇门,常存一片心,“双赢”不是问题。巧妙自然,读起来令人感到亲切和舒畅。

11. 阐释题目法

阐释题目法是指用简洁精辟形象的语言对作文题目的内涵及外延做简单地阐释,很快切入主题的一种方式。

考场再现

是的,“生活中,每个人的位置可能不同,但各有其价值”,我非常赞同命题人的观点。一般

说来，位置与价值可能有一定的关系，但仅仅是“可能”，而这个关系并不能决定价值。因为价值怎样不绝对取决于位置如何，位置不能左右价值的体现。

——《位置并不能左右价值》

名师点评

本篇考场佳作的观点源于“提示语”，但又有所不同。该考生有意避开“位置不同，价值也不同”的大众观点，选择从“价值与位置无关”的角度来写，观点新颖。文章开头对题目的简洁阐释，使观点更加明朗。

12. 巧用题记法

巧用题记法即在文章的开头，精心设计一个短小精炼而又意蕴丰厚的题记，既能揭示主旨，又可以向阅卷老师展示自己的才情，能一下子拨动阅卷老师的心弦。

温馨提示：

切记，不要为了写题记而写题记。

考场再现

庸者，相信别人，怀疑自己；愚者，相信自己，排斥别人；智者，相信自己，也相信别人。

——《相信自己，也相信别人》

名师点评

本篇考场佳作运用了一组排比句作为题记，分别从“庸者”“愚者”“智者”的角度论述，引出正文的内容。语言简短精悍，形式工整，是题记的优秀代表。

13. 形象刻画法

形象刻画法是指在文章的开头通过刻画描写，塑造艺术形象的一种方式，能够起到突出人物形象，展现人物性格，加深读者印象的作用。

温馨提示：

这类开头手法常用在记叙文写作中，写议论文时，该方法不适用。

考场再现》

从教育局办事回来，经过校门口的时候，见一位大叔在路边一棵树下，他瘦削的脸黑黝黝的，被刺眼的阳光照得发亮。一看脸，我便知道是农村的家长来找学生。

——《难忘的那张脸》

名师点评

本篇考场佳作开篇便用简明的语言刻画了人物形象。这一人物形象的刻画，把一个真实的、朴实的农民大叔形象烙印在阅卷老师的脑海中了，急切地想要了解下文发生了什么，扣人心弦。

在写文章开头时，不要生搬硬套，局限在以上的几种开头方法中。细心阅读上文可以发现，“考场再现”中，有很多开头并不仅仅使用了一种方法，而是多种方法的结合，如“事例铺陈法+妙用修辞法”的结合就非常适合运用在议论文的开头，排比句的使用既增加了文采，又不会使说理显得死板，事例铺陈也增加了文章的论据，使内容具有说服性。考生在复习备考时，可尝试多种形式的搭配组合，不断提高写作的能力。

四、“猪肚”锤炼语言

我们常常把作文的中间部分比喻为“猪肚”，即要求中间部分要写得像猪的肚子那样饱满、圆实。因为只有这样，文章的中心才能得到具体生动地表现。这也是作文得高分的主要因素之一。再华丽的开头也需要配以饱满的中间部分才能够得高分。那么，如何把这部分写得像猪肚那样丰满呢？实用的方法可以概括为“七多七少”。

1. 多事实少空泛

“多事实少空泛”即中间的写作材料要丰富，少写空洞的议论，要用事实说话。

这在篇幅字数都有限的作文中显得更为重要。多写了一句空泛的议论，中间就会少一些事实；相反，少用了一句空话，中间就多了一些事实。

在写作中，记叙文要多写些事例，议论文要多举些论据，应用文要多作些介绍。

考场再现》

也曾“之乎者也”翩翩儒雅风度；也曾大碗喝酒，畅快案酒果子刀切牛肉。文化熏陶渲染、陶冶心性，养育情怀。情感丰富来源于文化的底蕴。正如古语“玉在山而草木润，渊生珠而崖不枯”。恰似朗月清风，不知不觉文化融在了品性里，成为一生的底色。就好比沙龙孕育了林徽因

这样的奇女子，骨子里都带着一种动人心魄的柔美。抑或是沈从文笔下的翠翠“好似山里的黄鹿，从不想痛苦的事，从不发怒，从不伤心”。眸子里显现着山水的灵性。这种无法否认又不抗拒的文化的力量，会让异域之人赛珍珠在晚年念念不忘曾养育她的中国，带着一种文化的忧伤。

文化是一个人的魂魄，无论是信天游还是沂蒙小调或是闽音，都在生命里唱响。《雅舍谈吃》中，梁先生大谈令他魂牵梦绕的正阳楼的烤肉，薄如纸的烧饼和一鸭三吃的北平烤鸭。老北京的文化符号连同胡同与冰糖葫芦刻到了他的脑海里，在心中难以忘怀。

——《文化行囊》

名师点评

本篇考场佳作围绕“文化行囊”写出了文化的影响。先列举林徽因、翠翠、赛珍珠的例子，说明各种文化对人的影响。然后，以梁先生为例，说明地域文化对个人的生命的作用。点明文章主旨，有详有略，论据新颖。文章中蕴含历史底蕴、名著底蕴、饮食底蕴、民俗底蕴、名言底蕴等，共同组成了文化方阵，加上语言优美，文采飞扬，自然成为阅卷场的亮点，获得高分。

2. 多细节少概括

“多细节少概括”即主、次处理须恰当。重要的材料要细致写，因为细节是文章的生命。有细节则文生，无细节则文死；有细节则文丰，无细节则文松。

在写作中，记叙文要对人、景作详细地描绘；议论文要对论据作深入地分析；应用文要对事物作详细介绍。当然，有些内容需概括写，但宜少不宜多。

考场再现

认知事物当然必得有严格的理智，不能纵容自己的感情和好恶。如果仅仅以感情的亲疏远近来下结论，大多数情况下会得出错误的判断，正如《韩非子》里那个宋国的富人，他的儿子与邻居的老人说的是相同的话，而他听凭感情的亲疏远近却得出了不同的结论，这当然是没有道理的。又如《邹忌讽齐王纳谏》中，邹忌的妻子私他，姬妾畏他，而客有求于他，都说他美于城北徐公。邹忌最后排除了感情因素的干扰，悟出了一番治国平天下的大道理。

“夫祸患常积于忽微，而智勇常困于所溺。”因为有所溺，有好恶，感情上有亲疏远近，人们在认识事物时便容易迷失双眼。这时惟有理性的火光才能照亮黑暗混浊的未知世界，人类要到更高更远的地方去，健全的理性才是可靠的阶梯，布鲁诺被烧死在鲜花广场时，欢呼的人群又何尝不以为自己才是真理的掌握者呢？但是布鲁诺相信理性这个“内心的教师”，他要让“所向披靡的论据万箭齐发”，射穿习惯和感情上依赖的迷雾，把人类在认知事物的道路上引入正轨。

理性固然在认识事物中不可缺少，但我们能因此完全排除了感情因素吗？难道感情在认知过程中永远起着反面的作用吗？

康德仰望星空的时候，他的内心泛起的是崇高的感情，正是靠了这亲近永恒、亲近真理的感情，他才能在认知彼岸的道路上不断前进。没有感情的存在，人类生活会陷入刻板和抽象，我们认识事物不仅要分辨对和错，也要知道美和丑啊，没有了情感，艺术如何存在呢？只剩下了冷冰冰的法律条文，什么能做，什么不能做，一切熟悉的温情都离我们远去，我们能说我们认识了世界的本来面目吗？生活又有什么乐趣呢？即使是大物理学家爱因斯坦也是看重情感在认知中的作用的，有人向他提出一个设想时，他并不判断正误，只说："啊，真丑！"他不愿意在丑的事情上花费时间，在他眼中，即使是物理学中丑也不能立足。

——《天平和七弦琴》

名师点评

本篇考场佳作结构清晰，辩证性强，对论据进行了深入的分析。考生精选例证，用邹忌和康德、爱因斯坦的例子分别论证理智、情感的认知功能，典型贴切，给人启迪。同时，思路严密，结构严谨，由理智到情感，增强了文章的说理性。

3. 多新奇少陈旧

人们吃东西，新则爱吃，旧则厌食。人们读文章也一样，新则爱读，旧则厌看。因此，新奇则文丰，陈旧则文空。所以，写作应多选新奇事，少取陈旧物；多讲新奇语，少说陈旧言；多立新奇意，少抒陈旧情；多构新奇思，少造陈旧形。

对此，鲁迅是我们学习的榜样。单举鲁迅的选材，时而是杨二嫂偷手套，时而是阿长摆开"大"字睡大觉，令人忍俊不禁。在这一点上，最关键的是要保证主体部分"材料"的新颖，其次就是巧妙运用写作手法进行创新表达。

考场再现 »

与李白对饮

李白又在品味令他爱不释手的美酒，尽管喝得正尽兴，但我还是可以看出他内心的压抑，所谓"抽刀断水水更流，举杯消愁愁更愁"嘛。作为知己，怎会看不出来呢？他边饮酒边诉苦"行路难，行路难，多歧路，今安在？"我鼻子一酸，深深地感悟到此时他心里的痛楚，泪珠儿直在眼眶里打转儿。我真的很担心我的朋友，他究竟该怎样解脱自己呢？"嗨，哥们儿，来，干杯，别太沮丧了。"他喝了一小口，便又摇头晃脑起来："长风破浪会有时，直挂云帆济沧海。"你说，我怎能不为

朋友的大气所震撼呢？从他的身上，我读懂了君子之气，与他对饮之中，找到了前进的不竭动力。

与龚自珍共舞

“落红不是无情物，化作春泥更护花。”很喜欢吟诵这样的诗句，诗人有一颗博大的胸怀，他无微不至地关怀着下一代，他的奉献精神使我感动，可以理解诗人当时的心境。不知他有没有想到，百年之后，有一位中学生会十分欣赏他的志向，与他共舞，时时激励自己做一个乐于奉献、善良友好的人呢？

与普希金同行

“假如生活欺骗了你，不要悲伤，不要心急，忧郁的日子里需要镇静……”诗人普希金的诗句给了我很大的启迪。每当情绪低落或是遇到不开心的事时，我总会想起它，仿佛在大海的对岸，有一双大手在召唤着我勇敢地渡过去，又像是在伸手不见五指的黑夜，为失落的我指明前进的路。读它，让我更加勇敢；诵它，让我更加自信；品它，让我更加聪慧。我的“心儿也永远向往着未来”，我不会放弃任何一丁点儿的可能。我知道，普希金将与我同行，他会告诉我许多人生哲理，我的前行之路尽管崎岖，但终究会走得平安。

——《让生命的火光照亮生活》

名师点评

本篇考场佳作就是巧妙运用写作手法的一个范例。用“与李白对饮”“与龚自珍共舞”“与普希金同行”三个小标题将主体部分分成了三个并列的部分。这样的安排，不但十分有利于将主体写得充实，还能让主体在形式上给人耳目一新的愉悦感。当然，能使文章主体新颖起来的写作手法还有很多，大家在写作时不妨大胆一些，尽可能巧用到你能用到的任何写作手法。

4. 多真情少假意

感人心者，莫先乎情。但这个情应是真情。真情十句也嫌少，假意一句也嫌多。要写使自己深受感动的事，让自己切实佩服的理，令自己确实动容的物。

考场再现 »

我的父母亲几乎是一路打着、闹着勉强走完了他们婚姻的前半程，那里没有爱情，只有礼教和责任，然而命运终究是公平的，后半程虽忧患重重却也因爱情一路芬芳。

…………

一晃两年多过去了，母亲的身体在父亲的悉心照顾下日渐好转，父亲的眉峰也舒展了许多。

应该是半年前的一个夜晚吧，我偶然醒来，发现他们卧室的门漏了缝，正想悄悄上前把门合紧，却自门缝中看到月光下父亲温暖的侧脸。月光明亮抚慰着熟睡的母亲，父亲坐在床畔轻轻描摹着母亲的眉眼，那一刻，他黝黑的脸柔和得像要融进月色里。

如今，他们从不吵架，家里彼此偶尔的对视，眼里也总流泻出无尽的温柔，出门也总手挽着手，俨然是一对热恋中的年轻人。

——《忧与爱》

名师点评

本篇考场佳作是一篇随笔，因为真情实感，所以动人肺腑。短短三段，文章的生命力和感染力都在考生字里行间的“真情实感”中流露，读之动人，听之落泪。就是这样的真情实感，使这篇作文在议论文泛滥的阅卷场上脱颖而出。这篇满分的考场佳作告诉我们了一个道理，在考场上，除非文笔非常好，最好不要玩花样，质朴、以情动人永远是上上策。

5. 多角度少单一

在表现主题时，应尽量用两三个角度去反映，不要单从一个方面去反映。多角度则事丰，单角度则物缺。

其方法很多：或正面或反面；或集体或个人；或学习或生活；或古代或现实；或天上或地下；或国外或国内；如此等等。

魏巍写《谁是最可爱的人》，主题是歌颂志愿军的崇高品质的，但他在选材和表现角度上就多样。作者从“英雄主义”“爱国主义”“国际主义”三个角度去表现，又从集体、个人、前线、后方等方面去选材，因而文虽短却物丰。

考场再现»

宋人的墙为雨淋坏，儿子与邻翁对他做出了相同的提醒：“修好墙，以防盗。”盗贼果真光顾后，宋人称赞起儿子的先知先觉，却怀疑邻翁的手脚是否干净。同样的提醒，为何招来截然不同的态度，恐怕宋人正是被感情上的亲疏蒙蔽了双眼吧！自古以来，人们就颇为重视感情因素对事件成功与否的影响。“打虎亲兄弟，上阵父子兵。”诚然，感情上的亲密对事业的成功也许会起到一定作用，然而，在认知事物本质上，感情上的亲疏有时也会给人带来错觉以及误导。国外科学家曾做过试验，让试验者在一组照片中选出长相最符合审美标准的一张，结果受测者选出的容貌多与自己亲友相近。排除个人审美观念不谈，生活的耳濡目染对人的影响可见一斑。

视觉的评判尚且如此，事物本质的洞察更何以堪？自古以来多少人在感情因素上受到了蒙

蔽。西晋王室广封王，欲使天下尽归司马氏之手，殊不知诸公之中良莠不齐，终于导致八王之乱、五胡乱中原的下场。三国中孔明因对马谡偏爱有加，忘却先主对马谡“华而不实”的评价，委以重任，终使《出师表》空有“真名世”，也不免“长使英雄泪满襟”。

如今，不也有领导干部任人唯亲、从而祸起萧墙的事例吗？可见，认知事物，为人处世，若戴上感情的有色眼镜，危害大矣！

“不畏浮云遮望眼，只缘身在最高层。”若要不被感情上好恶的云雾蒙蔽，身在高处，眼观四方不失为好的方法。岳家军威震四海，正是由于岳飞超越亲情，以军规处罚岳云，军风大肃，才有了“撼泰山易，撼岳家军难”的美谈。孔明事后挥泪斩马谡，以肃军纪，才没有因感情亲疏而再误军国大事。

——《莫让浮云遮望眼》

名师点评

本篇考场佳作是一篇辩证析理的议论文。考生通过大量事例对照分析提出问题、分析问题，能够大量援引或转述所供材料作为自己的叙事部分，且能叙议结合，有的放矢，针对性强。考生所用的材料既有历史事例，又有当今科学试验及国内政治生活中一些不正常现象，从正反两方面对照论证，从而得出在认知事物的本质上，感情亲疏有时也会给人带来错觉以及误导的结论。

6. 多句式少雷同

文章的语言形式要多样。这也能使文章显得充实。或整句，或散句；或陈述，或感叹；或叙述，或抒情；或严肃，或幽默；或俗语，或英文；如此等等。

毛泽东的文章，笔调就多样：时而记叙，时而抒情，时而陈述，时而感叹，时而拟人，时而比喻……令人百读不厌。不少考生写文章最大的失败是语言太单调，几乎全是陈述句，而成功的文章语言都是异彩纷呈的。

考场再现»

理智，是一朵花，盛开于智慧的春风中；情感，是一阵雨，常常将这一朵花摧残。情与理，对立而又共生于现实世界。

…………

情感，这一人类与生俱来的元素在一代仁人贤士的一生中抒写得淋漓尽致。他们将真情吐露，活得潇潇洒洒，坦坦荡荡，屈原便是这样一位真性情的人。他高唱“长太息以掩涕兮，哀民生之多艰”。他高呼“亦余心之所善兮，虽九死其犹未悔”，他将一个臣子的心掏出来呈现在众人面前，不矫饰，不造作，终于，他的性情铸就了他的英名，他从此不朽。李白，面对贵妃研墨，力士脱靴，他高唱“安能摧眉折腰侍权贵，使我不得开心颜”，从此寄情山水，便有无数华彩奇章流传于世，他亦不朽。

冰心女士说：“雨后的青山，像泪水洗过的良心。”她告诉我们：惟有真实的情感，才是一生无悔的追求。倘若将自己的情感囚禁，人生便失去了光彩。

——《情与理》

名师点评

本篇考场佳作由点及面，内容拓展有序，主题开掘极深。语言的典雅、凝练、流畅，体现了作者良好的语言功底。长短句结合，有陈述，有感叹，简约却大气磅礴，蓄满情理之势，为文章增色不少。

7. 多波澜少平静

文似看山不喜平。文章要引人入胜，内容就要写得有波澜，有矛盾。

主要方法有：

①先抑后扬法。如鲁迅写的《阿长与〈山海经〉》先写阿长怎样使自己讨厌，后面又写阿长怎样使自己敬佩。

②设置悬念法。如《驿路梨花》这篇课文，茅屋的主人是谁，直到文章的最后才使读者明白。

③其他的还有如矛盾法，一波三折法等。

总之，中间部分要写得多姿多彩，善于变化，这样就显得丰满了。

考场再现»

几年前，我的窗户前有一棵木棉树，足有四层楼那么高，想必已经在那里生长很久了。但是，我却不大喜欢它，因为它让我的房间变得昏暗，阻碍了我眺望远景的视线。木棉树的外形也不好看，粗糙而简单，比起旁边那棵榕树的风姿，差得远了。站在窗前，务必透过它身体上的夹缝，才能看到远处的风景。为此，我懊恼了好长一段时间，曾建议将它砍掉，但这愿望最终都没有实现。

一年春天，其他的树都呈现出浓厚的绿意，唯独眼前这棵木棉树仍是光秃秃灰蒙蒙的，稀疏的枯枝顽固地向上翘着，像冬眠未尽似的。我暗自庆幸：这下可好了，它必须是枯死了！

一天早晨，我照例打开窗户透气，却意外地发现了树枝的异常：树枝上星星点点的，微微泛

着绿光。我仔细察看，原来，这棵几乎被我遗忘的树，不知什么时候开出了黄豆般大小的花苞，一层淡绿也呈现在它的枝头上。这个发现，立即拉近了我和它的距离。它也好像为了讨好我似的，很努力地绽放自我，一天比一天精妙，一天比一天深奥……从此，树的形象在我的眼里和心里都变得光辉起来。

——《木棉树》

名师点评

本篇考场佳作采用了先抑后扬的写作手法。考生先写自己对窗前木棉树的厌恶，然后写自己被木棉树强大的生命力所震撼。前后形成了鲜明的对比，文章内容十分精彩，给阅卷老师留下了深刻的印象。

五、“豹尾”响亮有力

俗话说：“编筐编篓，全在收口。”“收口”即结尾。古人在谈到文章结尾时常以“豹尾”为标准。所谓豹尾，即指文章结尾时，笔法简洁、明快、干净利落，犹如豹尾劲扫，响亮有力，且留有余味。结尾是文章的压台戏，要唱得精彩，要大音余响，荡气回肠，韵味绵绵。

一篇好文章，除了有引人入胜的开头，还应该有耐人寻味的结尾。下面结合考场作文等实例，介绍一些行之有效的结尾方法，供参考。

1. 自然式结尾

写出事情的结果，自然结尾，不再另写总结文章中心的话，这种结尾方法就叫自然式结尾。这样结尾，自然而利索。作者的写作意图都蕴含于文中，让读者自己去体会思考。

温馨提示：

自然式结尾在写作中是最常用的。

考场再现》

不知不觉中，联欢晚会结束了。同学们有说有笑地从会场散去，有的还在哼着刚才晚会中唱过的歌曲，有的还在讨论晚会的小品，有的还回头看看，仿佛希望演出还没有结束。

——《元旦联欢晚会》

名师点评

本篇考场佳作是记叙文，文章采用了自然式结尾。在描述元旦联欢晚会的开始和经过后，自然结尾，一目了然。

2. 引用式结尾

关于引用相信大家现在应该不陌生了，在前文讲怎样写出精彩的开头和中间内容时都有提到过，就是选择恰当的名言古语或一两句歌词之类的。但结尾的引用，又跟在写开头和中间内容时的引用有些许不同。结尾的引用要根据文章的内容和中心去确定，一般选用名言。这样可以表达出含义深刻、耐人寻味的哲理或者是一些警告提醒的内容，让阅卷老师印象深刻，起到“言已尽，意无穷”的效果。

温馨提示：
引用式结尾在写作中是最易模仿的。但要注意用在结尾的名句引用不可过长，要达到收束干脆、言简意丰的效果。

考场再现»

“明日复明日，明日何其多，我生待明日，万事成蹉跎……”希望大家能把握今天，创造出美好的明天。

——《美好的明天》

名师点评

本篇考场佳作选用了名言收尾，洋溢着诗意，揭示了生命的真谛，含义深刻，耐人寻味，使文章深深地印在阅卷老师的心中，意味深长。

3. 点题式结尾

在文章的结尾点明题意或中心思想，起到强调或升华主题的作用，这种结尾的方式称为点题式结尾。

这样的结尾既揭示了题意，点明了文章的中心，又增强了文章的感染力，文章的结构也会显得很严谨。

温馨提示：
点题式结尾在写作中是最易得分的。

考场再现»

时间就像手中的水，无论你怎样握紧拳头，它还是会从指缝中溜走。珍惜时间尚不能把握所有的时间，何况不去珍惜呢？朋友，不要犹豫，从现在起，珍惜时间吧！

——《时间啊时间》

名师点评

本篇考场佳作采用了点题式结尾。结尾紧紧围绕着珍惜时间来叙述，强调了时间的重要性，照应了题目，再一次点明了文章的主旨，使文章整体结构更加紧凑。

4. 总结式结尾

用简洁的语言对全文进行归纳，揭示文章中心，这种结尾方式称为总结式结尾。

这种结尾方法能起到画龙点睛的作用，使文章中心明确、深刻、突出，结构严谨，整篇文章思想境界较高。

考场再现》

读书，不光使我的生活丰富多彩，也使我增长了知识。世界之大，无奇不有。非洲的撒哈拉大沙漠，埃及的金字塔，祖国美丽的西沙群岛、敦煌壁画……知道得多了，我便更懂得了热爱生活、热爱祖国。我也更爱读书了。

——《我爱读书》

名师点评

本篇考场佳作采用了总结式结尾。考生在结尾总结了读书不仅丰富了“我”的生活，同时也增长了“我”的见识，使“我”更热爱生活，热爱祖国。也正是这个原因，考生在文章最后再次强调“我”爱读书，这种写法使文章中心明确、突出，结构十分严谨。

5. 照应式结尾

文章开头讲的内容，在结尾做相应的交代，这种结尾方式称为照应式结尾。

首尾照应，可有力地突出中心思想，使文章结构完整、严谨，上下连贯，逻辑性强，给阅卷老师以深刻的印象。

一般来说，有什么样的开头，就需要有什么样的结尾，结尾在内容和语言风格上都应该考虑与开头和谐一致。这种结尾方式能产生一种首尾圆合、浑然一体的感觉。

考场再现》

开头：都说生活的船不能没有理想的帆，都说生活的理想就是为了理想的生活，而理想的生活中最快乐的时光，便是梦想的花季。

结尾：花季中，我希望自己能永远记住先哲的那句良训：生活的船不能没有理想的帆。生活的理想就是为了理想的生活。

——《把梦想带给花季》

名师点评

本篇考场佳作采用照应式结尾，以优美的语言凸显文章主旨——理想的生活中最快乐的时光，便是梦想的花季。首尾照应，点明了中心，完美收官。

6. 卒章显志式结尾

这种结尾方式是指在文章结束时，以全文的内容为依托，运用简洁的语言，把主题思想明确地表达出来，或者在全文即将煞尾时，把写作意旨交代清楚，使文章中心鲜明突出。

考场再现 »

无论在人生中会遇到什么样的困难，都永远不会放弃，做一个生活的强者——这就是我的承诺。

——《承诺》

名师点评

本篇考场佳作采用卒章显志式结尾。考生在结尾抒发胸臆，表明心志，以高昂的笔调抒发情怀，用直率、雄逸的笔触表露心志，从而表达自己的写作意旨，使文章气势磅礴，主旨鲜明，拨人心弦，感人肺腑。

7. 联想引申式结尾

这种方法多用于记叙文或散文，指在文章的结尾运用联想式的描写，达到意韵悠长的效果，从而深化文章的主旨。

考场再现 »

多姿多彩的花朵在校园里尽情绽放，也在我的心里播下了种子……

——《花》

名师点评

本篇考场佳作采用联想引申式结尾。考生在结尾展开联想，由此及彼，由表及里，使主题得到升华，余味悠长。

8. 抒情议论式结尾

抒情议论式结尾能表达作者心中的情愫，激起读者的情感波澜。

这种结尾方式主要用于写人记事的记叙文中。

考场再现

其实宁静就是那么简单，一个浅浅的微笑，一句贴心的话语，一颗能包容一切的心灵，足以使一张紧绷的脸松弛开来，让笑容在人们脸上轻轻地绽开，那笑容就如徜徉在天边的云朵，轻轻地点缀着那片蔚蓝的天，清新而自然。

——《从天空想到的》

名师点评

本篇考场佳作采用抒情议论式结尾。考生运用了排比、比喻的修辞手法，以优美的语言抒发真实情感，并配以适当的议论，如春风拂面，暖人心扉。

9. 情景交融式结尾

情景交融式结尾是指在结尾处描绘出既富诗情画意又具丰富情感的艺术画面，使文章景中有情，情中有景，收到“意境高远”之效果。这种结尾方式主要用于记叙文和散文的写作中。

考场再现

黎明来临，太阳从山外探出头来，唤醒了山里的小村庄。山路弯弯，露珠在身旁眨着眼，鸟鸣从山林中清晰传来。他迎着阳光，向半山腰的学校走去。他相信自己的选择是对的，因为他要改变这个山村。前面的路很长，可路边总有灿烂的山花相伴！

——《那山，那月，那人》

名师点评

本篇考场佳作采用情景交融式结尾。太阳张开笑脸，露珠闪着亮光，鸟儿唱着山歌，山花铺着山路——这明丽欢畅的画面中，饱含着对献身教育事业的山村教师的热情礼赞。同时，画面作为人物活动背景，映衬出一个光彩照人的山村教师形象，真正做到了景中有情，情中有景。

10. 设疑发问式结尾

设疑发问式结尾是指在结尾中恰当地运用疑问句，使文章收到启人深思、引人警醒的表达效果。

考场再现

不同的哈哈镜有不同的成像，不同的角度有不同的视野，不同的心情会有不同的行动，不同的评价造就孩子不同的命运。何必要以自己狭小的视角不公地评价一个人、伤害一个人，何必要熄灭风中的烛光，何必要让所有的孩子都成为一个模子里刻出来的无个性模型？

——《哈哈镜中的我》

名师点评

本篇考场佳作采用设疑发问式结尾。考生在结尾针对教师的评价表达自己的看法，先以排比句说明每一个学生都有自己的个性，老师不必磨灭学生个性；后以问句结束，启示人们思考，深化文章的内涵。

11. 逆转陡转式结尾

逆转陡转式结尾是指在文章的结尾处突然使作品情节变化，出人意料，如奇峰突转。这种方法为文章增添波澜起伏的戏剧性结尾，往往会收到绝佳的艺术效果，给人非同一般的新奇享受。

考场再现»

一到厨房门口，外婆便警惕地用身子挡住众人的视线。然后，掏啊掏，从口袋里掏出刚才的菜，放到母亲手上："欣欣，快吃，快吃呀。"母亲愣住了，看着那还冒热气的菜，半晌，抬起头，使劲儿盯着外婆异样的笑脸。"哇"的一声，她大哭起来。

我想，外婆的"结尾"是响亮有力的。虽然，她的灵魂已在疾病的折磨中慢慢死去；但永远强健的，是那颗不肯死去的母亲的心。

——《不肯死去的心》

名师点评

本篇考场佳作采用逆转陡转式结尾。该作文前面着重描述得了老年痴呆症的外婆的"病状"：不认识老公，不认识外孙外孙女，只认识自己的女儿。于是，在客人面前外婆自作聪明地偷偷将菜装进口袋也就不足为奇了。但"奇"的是结尾——外婆"偷菜"竟是为女儿！奇峰突转，此时此刻，相信读者的鼻子已开始发酸。正是这巧妙的结尾凸显了伟大的母爱，带给人刻骨铭心的感动。

12. 呼唤真情式结尾

写作文提倡情感真挚，突出对真善美的呼唤，对假恶丑的鞭挞。这种对真情的呼唤，可用于作文的结尾，使文章情感真挚。

考场再现

我们是祖国的春天，热情奔放是我们的性格，打破陈规，让我们的热情燃烧得更猛烈，把我们的笑声、爱心串在一起，让全世界笼罩在爱之中。要笑就笑个痛痛快快，要哭就哭个歇斯底里，不要压抑自己，请记住我的名言："我就是我，给我一点阳光就这么灿烂。"

——《给一点阳光就这么灿烂》

名师点评

本篇考场佳作采用呼唤真情式结尾。考生言辞急切，个性十足，表情达意毫无遮掩，向所有的同龄人发出了真情的呼唤，有力地突出了主题，给阅卷老师以强烈的震撼。

作文结尾方法千万，不管怎样落笔，都应与正文一线相生。古人云："结句当如撞钟，清音有余。"可见，文章的结尾关键在于要有丰富深厚的内容，经得起咀嚼，能启发读者想象和思考，达到"余音绕梁，三日不止"的境地。

真题精解

01 请以"根"为题写一篇不少于800字的文章，文体不限，诗歌除外。(30分)

/ 命题作文

天津真题

02 写作。(20分) / 半命题作文　　河南真题

________是一种力量

要求:①将题目补充完整,自行立意;②除诗歌外,文体不限,600字以上;③不得出现真实的人名/地名/校名。

03 阅读材料,以“有趣”为话题,自拟题目,写一篇文章。(30分) / 话题作文　　湖南真题

生活中如果听说某人是个有趣的人,我们不免心驰神往,想要与此人结识。有趣和枯燥、乏味相对,是一个人身上闪闪发光的品质,是平淡生活里的“调味剂”。说一个人有趣,是很高的评价。正所谓:“好看的皮囊千篇一律,有趣的灵魂万里挑一。”

那么,何为有趣?明人袁宏道说:“世人所难得者唯趣。趣如山上之色、水中之味、花中之光、女中之态,虽善说者不能下一语,唯会心者知之。”对“什么是趣”,古今中外,尚无定论,只能见仁见智。

要求:①自选角度,定义明确,有思想性;②联系实际,不拘泥于材料;③思路清晰,语言流畅;④字数不少于800字。

04 阅读下面的材料，根据要求写作。(30分) / 材料作文 山西真题

人生犹如攀登台阶，无论在哪一层，阶下总有人在仰望你，阶上也有人在俯视你。有人认为，抬头自卑，低头自得，唯有平视，才能看到真正的自己。也有人认为，抬头不自卑，低头不自得，才是从容淡定的自己。还有人认为……

对于上述材料，你有怎样的感悟和思考？请写一篇议论文，表明你的态度，阐述你的看法。

要求：自拟标题，自选角度，确定立意；符合文体特征；不要套作，不得抄袭；不得泄露个人信息；不少于700字。

写作思路及高分作文

01 写作思路：

【审题】

①审文体：本题要求除诗歌外文体不限，所以写议论文、记叙文、散文等文体均可，考生在写作时可以选择自己擅长的文体进行写作。

②审内容：本题是命题作文，故在写作中要围绕所给题目写出自己的思考和感悟，写作内容要围绕“根”展开。

③审中心：本题要求以“根”为题目，“根”可以指树根，也可以指人的根。由此可知文章可以从文化寻根、故乡是人类的根、落叶归根等角度切入。

④审字数：本题要求不少于800字，所以在写作时一定不能少于800字，以850～950的字数为最佳。

【立意】

这是一道命题作文题。立意的关键就是题目的内涵。该题目只有一个字"根",考生可深入挖掘"根"这一事物的内涵进行写作。这样的命题作文,立意是比较容易的,一般不会写跑题,但想要拿到高分也并不容易。写作时应围绕"根"的象征意义展开作文,阐述自己对人生的感悟和思考,就能为作文增色不少。可从以下几个方面立意:①文化寻根;②故乡是人类的根。

【标题】

这是一道命题作文题。题目不需要自己拟定,只需将题干中所给的标题抄写下来即可。

【开头】

本题为命题作文,在大家的题目都是一样的时候,要想吸引阅卷老师的眼球就必须有出色的开头。"根"这个题目过于抽象,所以在写开头时一定要注意点明主旨,表现文章的内容。结合以上两点,巧用题记法无疑是最适合开头的方法。短小精炼而又意蕴丰厚的题记既能揭示主旨,又可以向阅卷老师展示自己的才情,能一下子吸引阅卷老师的眼球。

【中间】

本题的中间部分写作适合层层深入的方式。从"根"的含义上讲,基本义是树根,延伸义可以是思乡、文化等。在写作时可以从基本义写起,层层加深理解,深化文章的主旨。可以采用小标题等形式划分主体内容,将文章分为并列的几段,这样的安排,不但有利于将主体内容写得充实,还能在形式上给阅卷老师耳目一新的感觉。

【结尾】

由以上的分析可知,本题适合写抒情式的文章,故文章的结尾应是全文感情的升华。呼唤真情式的结尾无疑是最适合的,运用该方式可以将文章真挚的情感得到升华。

高分作文

根

一条根,深深地扎入泥土,汲取着大地间的精华,繁衍出千万条根须,紧紧地包围着泥土。稳健、顽强、执着是它的本性,而地上,已是枝繁叶茂,鸟语花香。

——题记

一

根,是一树之本,汲取营养和水分,造就枝繁叶茂。

中国,巧如这根。

五千年的历史奠定了中国这棵大树的浑厚根基,屹立于东方,千年不倒。

一位哲人曾经说过,属于海洋性文明的希腊文明,亦即西方文明,如同灵动的水,如同灵动的

智者，而属于大陆性文明的中国文明，却是一位长寿的“仁者”，是一座沉稳的大山。

稳健是中国的本质，犹如树木之根，一旦种子落下，就以一种沉稳的态度在四季中更新自己，在风雨中永葆生机。

一条丝绸之路穿越中亚、翻过帕米尔高原、抵达西亚，将中国的文化与印度、罗马及波斯文化联系起来，将中国的丝绸、火药、造纸及印刷术这些伟大的发明传到了西方，也将西方文明和艺术引入中国。这座大山，在以稳健的方式更新自己的同时，也创造了一个个世界奇迹，震撼了全球。

二

根，是一树之本。根须交杂着根须，造就挺拔之躯。

中国，恰如这根。

历史分分合合，有春秋战国时期的纷乱，有秦始皇统一时期的荣耀，也有唐朝太平盛世时期的辉煌，还有清朝时期列强入侵时的落魄……这些历史的根一点点沉淀，逐渐壮大，成就了一个坚强的民族。

中国，是坚强，永不言败的国度。

两万五千里长征，人类历史上的第一次，世界战争史上的第一次，中国做到了；十四年抗日战争，咬牙直挺，打得日本宣布投降，中国做到了；2008年初的大雪覆盖了大半个中国，面临大自然如此严峻的考验，人们勇敢坚强地战胜了雪灾，中国做到了；2008年5月12日汶川突如其来的地震，全世界瞩目的焦点，毁灭了曾经美丽的家园，恐惧、绝望弥漫了每个人的心头，但，中国又做到了，她再一次站了起来，顽强地面对灾难，十三亿中国人肩并肩，手挽手，心连心，使天灾又一次在她面前低下了头……

中国从屈辱走向繁荣昌盛，从软弱走向富强，从“东亚病夫”走到奥运冠军。中国，这个响亮的名字正在响彻全球，震撼世界！

三

根，是一树之本。含辛茹苦，哺育千万绿叶。树高千丈，落叶归根。

中国，正是这根。

一湾海峡，隔不断游子情深；一段分离，断不了血脉之缘。月儿圆时，想想故乡，禁不住默默吟诵“独在异乡为异客，每逢佳节倍思亲”。水是故乡清，月是故乡明，掬一把故乡水，闻一下故乡土，永远的故乡，永恒的乡恋。

所以，钱学森回来了。即使美国海军次长金布尔说：“钱学森无论走到哪里，都抵得上五个师的兵力，我宁可把他击毙在美国，也不能让他离开。”

邓稼先回来了。即使美国人提供给他比国内优越得多的报酬和待遇。

郭永怀回来了！

卢育波回来了!

…………

越来越多的人,放弃优越的环境,放弃个人的荣耀,心中只有一个信念,那就是——祖国。

中国,我们生命的根,你牵动着多少人的心啊!

中国,我们生命的根,你是那么沉稳,坚强,伟大!

名师点评

(1)在文体不限的前提下,该篇作文选用散文文体,在议论文泛滥的考场作文中脱颖而出。

(2)这篇散文运用了比喻的修辞手法,把祖国比喻成一树之根,从三个方面阐述了祖国这条根。

(3)结构层次清晰,语言慷慨激昂,情感振奋人心。

(4)拟定得分:29分。

02 写作思路:

【审题】

①审文体:本题要求除诗歌外,文体不限,所以写议论文、记叙文、散文等文体均可,考生在写作时可以选择自己擅长的文体进行写作。

②审内容:本题是半命题作文,要求将“________是一种力量”补充完整,题目的题眼就是横线处要填入的词和“力量”,故主要内容与填入的词语密不可分。

③审中心:本题的中心思想就是“________是一种力量”,可在横线处填入坚持、爱心、努力、追寻、微笑等正能量的词语。

④审字数:本题要求600字以上,在写作时一定不能少于600字,以650~750的字数为最佳。

【立意】

这是一道半命题作文题。立意的关键在于补写横线处的词语,即题眼。这样的半命题作文,立意的关键就在于如何补写。“________是一种力量”可知,本题立意的关键点应该是美好的,积极向上的,文章的基调应该是赞扬的,定准了文章的主旋律就不会写跑题。写作时可从以下几个方面立意:①微笑是一种力量;②信仰是一种力量;③坚持是一种力量。

【标题】

本题是半命题作文,相比较命题作文来说考生可发挥的空间较大。但相比较材料作文和话题作文来说,半命题作文的写作基调是固定的。针对本题目,考生要选择自己擅长的方面将题目补充完整。本题写记叙文、议论文、散文均适合。

【开头】

本题的题目可以说就是文章的主旨，所以在写开头时大部分形式均适合，考生可以选择自己最擅长的一种，如开门见山法、妙用修辞法、名言导入法，都十分适合作为写文章开头的方法。

【中间】

本题中间部分的写作形式需要根据所补题目确定。假如所补题目为“微笑是一种力量”，则可以选择写记叙文，那么中间内容就要多细节少概括，多真情少假意，选择曾经打动自己的事件来打动阅卷老师。假如所补题目为“信仰是一种力量”，则可以选择写散文，那么中间内容就要多波澜少平静，突出表现信仰带来的力量。假如所补题目为“坚持是一种力量”，则可以选择写议论文，那么中间内容就要多事实少空泛，多角度少单一，多选择材料作为论据，有理有据地论述自己的观点。

【结尾】

针对不同的文体可以选择不同的结尾方式。如果选择写记叙文，可以选择自然式结尾和点题式结尾；如果选择写散文，可以选择总结式结尾和联想引申式结尾；如果选择写议论文，可以选择引用式结尾和卒章显志式结尾。

高分作文

坚持是一种力量

大家都听过“水滴石穿”“愚公移山”和“乌鸦喝水”的故事，故事中的“水滴”“愚公”和“乌鸦”面对困难时，正是因为选择了坚持，才获得了最后的成功，创造了奇迹。所以，坚持不懈是一种美丽而伟大的精神，是一种伟大的力量。

有学生问自己的老师，怎样才能学到他那博大精深的学问。这个老师听了并未直接作答，只是说：“今天我们只学一件最简单也是最容易的事，每个人尽量把胳膊往前甩，然后再尽量往后甩。”这个老师示范了一遍说：“从今天起，每天做300下，大家能做到吗？”学生们都笑了，这么简单的事有什么做不到的？过了一个月，这个老师问学生们：“哪些人坚持了？”有九成的学生骄傲地举起了手。一年后，这个老师再一次问大家：“请告诉我最简单的甩手动作还有谁坚持了？”这时，只有一人举起了手。而在以后，这位举手的学生在学问上也有了一番伟大的成就。是啊，即使是最简单的事情，你能一直坚持做下去吗？想想自己，每学期开学，总喜欢给自己制订计划，那时踌躇满志，有着许多美好的设想，如每天背英语单词10个，每天跳绳300个，跑步2公里等。可是每到学期结束总结自己收获的时候，往往含泪悔恨自己没有持之以恒，留下无限的遗憾和悔意，真汗颜！有人说，成功与失败最终取决于意志的较量。心理学研究也表明：凡有惊人成就的人，他们所表现出来的意志品质主要有自觉性、果断性、坚持性、自制性。由于完成目标一般需要相当长的时间，所以这其中对我们考验最多的就是坚持性。

一个孩子曾经问一个亿万富翁:“你是怎样成为亿万富翁的?”“一元钱一元钱地挣呗,当你重复一亿次时,就自然而然地成为亿万富翁了。”富翁回答道。挣一元钱并不难,可是怎样坚持一亿次呢?目标有时遥遥无期,总也望不到头,面对困难,你也许已疲惫不堪,不想坚持了,但如果这时放弃,以前的努力都将付诸东流;而只要你咬紧牙关,再坚持一会儿,你就会创造奇迹,成就梦想。

世界著名昆虫学家法布尔,一生也只做了一件事,那就是研究他的昆虫。林肯虽然多次竞选总统失败,却从不气馁。爱迪生研制灯泡失败了上千次也不放弃,最终成功。所以,坚持是一种伟大的力量,可以改变际遇,改变人们的生活,是战胜一切的法宝。

马丁·路德·金说:“可以接受有限的失望,但是一定不要放弃无限的希望。”为了把希望变成现实,朋友,你坚持了没有?我可要从即刻开始行动了,让我们每个人都用美国作家奥格·曼狄诺说过的一句话来鼓励自己,那就是“坚持不懈,直到成功”。

名师点评

(1)该篇作文选用了议论文的文体进行写作,以“坚持是一种力量”做中心论点。

(2)文章开头以耳熟能详的故事引出文章观点,开门见山。

(3)中间部分采用多种论证方法——举例论证、对比论证等。材料丰富新颖,不落俗套。

(4)文章结尾引用名人名言,照应标题,首尾圆合。

(5)拟定得分:18分。

03 写作思路:

【审题】

①审文体:本题没有要求文体,考生在写作时可以选择自己擅长的文体进行写作。

②审内容:“自选角度,定义明确,有思想性”,即写作内容要围绕材料有深度地展开;“联系实际,不拘泥于材料”,故在写作中要注重自己的思考和感悟。

③审中心:通过阅读材料可知写作的中心应是“有趣”。

④审字数:本题要求不少于800字,在写作时一定不能少于800字,以850~950的字数为最佳。

【立意】

这是一道话题作文题。立意的关键是要准确理解材料内容。该材料围绕“什么是趣”展开,考生可围绕这一主题发散思维进行写作。话题作文立意是比较容易的,一般不会写跑题,但想要拿到高分也不容易。写作时如果能够结合社会现实和人生,形成自己的观点,就能为作文增色不少。可从以下几个方面立意:①有趣的人;②有趣的事;③有趣的景。

【标题】

本题是话题作文，要求题目自拟。考生要围绕材料内容及写作主旨进行命题。本题写记叙文、议论文、散文均适合。

【开头】

本题在写开头时大部分形式均适合，考生可以选择自己最擅长的一种，如开门见山法、妙用修辞法、名言导入法，都十分适合作为写文章开头的方法。

【中间】

本题中间部分的写作形式需要根据所拟题目确定。假如写记叙文，那么中间内容就要多细节少概括，多真情少假意，选择曾经打动自己的事件来打动阅卷老师。假如写散文，那么中间内容就要多波澜少平静，突出表现"有趣"。假如写议论文，那么中间内容就要多事实少空泛，多角度少单一，多选择材料作为论据，有理有据地论述自己的观点。

【结尾】

针对不同的文体可以选择不同的结尾方式。如果选择写记叙文，可以选择自然式结尾和点题式结尾；如果选择写散文，可以选择总结式结尾和联想引申式结尾；如果选择写议论文，可以选择引用式结尾和卒章显志式结尾。

高分作文

街 趣

夜幕降临，我坐在悠悠飘在河上的游船内，目力所及，两排略仿前朝的古式建筑内的灯火似乎就只在一眨眼间都明晃晃地亮了起来。

小贩的叫卖声，嘈杂的音乐声，行人们的谈笑声，混合交织到一起，这是属于老门东的一支交响曲，永不停歇。

"来，冰糖葫芦呦！"老门东那一条街上永远都是熙熙攘攘、川流不息的，我站在街中央，被拥挤的人潮推着往前走。

"美女，来一串儿吧？"搂着一大捆糖葫芦的小贩径直凑到我跟前，殷勤地笑着，边笑边拿出一根红艳艳的糖葫芦在我眼前晃了又晃。一颗颗饱满的山楂挤挤挨挨地串在木棍儿上，中间划开了一条缝，撒满了熟透了的白芝麻，乍一看上去，一个个都龇牙咧嘴尽冲着我乐。

我砸吧砸吧嘴巴，若无其事地咽了口口水，又舔了舔双唇，故作矜持地从口袋里掏出几个钱，假装只是因为那句还带着虚假和讨好意味的"美女"而给他家店铺点面子。

卖糖葫芦的人约莫五六十岁，几撮白花花的银丝从洗得都看不出来颜色的帽子里悠哉悠哉地探出头来，"味道怎么样？"我嘴里含了一颗巨大的山楂，一边拼命点头，一边含糊不清地说道："好……好……好吃……”小贩看着我狼狈的模样，把布满皱纹的手在围裙上擦了擦，乐呵呵地又去忙活下一单生意了。

老门东街上这些摆摊的店铺都算得上老字号，它们的形象不比新时代的那么干净敞亮，也没有年轻人喜欢的音乐与美酒。它们就安安静静地伫立在那里，任劳任怨，面对骄阳的曝晒，寒光的威胁，风雪的嘲讽，骤雨的蔑视，从不倾诉自己的苦衷，也没有满肚子的怨言。它们极像农村田地里勤勤恳恳的老黄牛，兢兢业业，丝毫不敢懈怠。

它们的主人也跟他们一样，安分守己地待在这条迅速发展着的街道上干着自己的老本行，周而复始地忙碌着，像水车，像秒针，分秒必争。可他们自己本身又像是老古董，见证着这里发生的一切，兴衰，悲喜，欢笑，抱怨。或许，这就是老街比美食和琳琅满目的小玩意儿更有趣、更值得回味的精神吧。

又是小贩的叫卖声，行人的谈笑声，万家灯火一明一灭间照映着街尾“德云社”的招牌。恍惚之间，我听到有人在门口吆喝着：“姑娘，捧完了云鹤九霄，龙腾四海，您还来看……”

名师点评

(1)这是一道话题作文题，考生选取“街趣”作为标题，角度新颖。

(2)作文内容散而不乱，围绕“一条街”，讲述上边的形形色色的人和形形色色的店。

(3)运用多种描写手法——对话描写、细节描写等，将“一条街”写的生动形象。热闹非凡，让人身临其境。

(4)作文结尾余味悠长，引人遐想。

(5)拟定得分：28分。

04 写作思路：

【审题】

①审文体：本题要求写一篇议论文，明确指出了写作文体，考生在写作时必须写一篇议论文，记叙文、诗歌等文体均属于跑题。

②审内容：“对于上述材料，你有怎样的感悟和思考”，即写作内容要围绕材料内容，且在写作中要注重自己对材料内容的思考和感悟。

③审中心：通过阅读材料可知写作的中心应是“平视”。

④审字数：本题要求不少于700字，在写作时一定不能少于700字，以750～850的字数为最佳。

【立意】

这是一道材料作文题。立意的关键是要准确理解材料内容，该材料以攀登台阶喻人生，点明

了平视的重要性，考生可围绕“平视”这一主题发散思维进行写作。这样的材料作文，立意还是比较容易的，一般不会写跑题，但想要拿到高分也不容易。写作时应围绕“平视”展开作文，如果能够结合社会现实和人生，形成自己的观点，就能为作文增色不少。可从以下几个方面立意：①平视自己；②最美的视角。

【标题】

本题是材料作文，要求自拟标题。考生要围绕材料内容及写作主旨进行命题。在命题时可选择能够点明文章观点的标题。

【开头】

本题在写开头时大部分形式均适合，考生可以选择自己最擅长的一种，如直接点题法、引用化用法、名言导入法，都十分适合作为写文章开头的方法。

【中间】

本题要写议论文，那么中间内容就要多事实少空泛，多角度少单一，多选择材料作为论据，有理有据地论述自己的观点。

【结尾】

写议论文，可以选择照应式结尾和卒章显志式结尾。

高分作文

平视——人生最美的视角

平视是一种严肃的人生态度，是超越功利的公正，是不带个人色彩的客观，是抛却杂念的单纯。平视，源于对自我客观冷静的评价；平视，源于对他人坦诚相待的尊重；平视，是宠辱不惊、淡泊致远的心境；平视，是不畏强权、凛然正气的坦然。

不去妄自菲薄，也不去妄自尊大，平视自我，是对自我的深刻认知，是对生命的深层思考。冷静地平视自我，会除去心灵的尘埃，让生命回归最本真的状态。“富贵不能淫，贫贱不能移，威武不能屈”，道出了平视自我的人生哲学。生活中，阳光与风雨一路随行，无论喜怒还是哀乐，我们都应当冷静地平视。

穷人渴望富人的平视，乡下人渴望城里人的平视。失意时，渴望家人的平视；失败时，渴望对手的平视；落魄时，渴望上帝的平视……其实，一切都源于自己，请站稳脚跟，挺直胸膛，平视自己，平视现实！

不去虚情假意，也不去故作姿态，平视他人，是源自内心的真诚，是兼容并蓄的博大。淡定地平视他人，会彰显你人格的魅力和不俗的修养，让灵魂从芜杂走向超脱圆融。平视超出自己的人，体现不卑不亢的自尊；平视旗鼓相当的对手，体现勤学善思的睿智；平视不如自己的人，体现海纳百川的气度。

懂得平视穷人，才有莫扎特为穷人倾情演奏的余音；懂得平视对手，才有蔺相如对廉颇屈己相让的宽容；懂得平视他人，才有钱学森礼贤下士、善待厨师的佳话；懂得平视他国，才有周总理在外交时的彬彬有礼；懂得平视平民，才有柏杨"不为君王唱赞歌，只为苍生说人话"的从容；懂得平视下属，才有"撼山易，撼岳家军难"的神话……

不懂得平视对手，就有了庞涓对孙膑的耿耿于怀；不懂得平视智者，就有了周瑜对诸葛亮郁结于心的嫉妒；不懂得平视他国，就有了清政府故步自封的千古遗恨；不懂得平视胜利，就有了拿破仑惨遭滑铁卢，在荒岛了却余生的落寞……

因此，学会平视，无论对己，还是对人，都是我们人生的必修课。学会平视，需要的是虚怀若谷的胸襟；学会平视，需要的是平等待人的心态；学会平视，需要的是善于发现美的眼睛；学会平视，需要的是一视同仁的正气；学会平视，需要的是设身处地为他人着想的情怀。

学会平视，保持人格的尊严；学会平视，坚守心灵的纯净。抬起头，挺直腰板，微笑着平视自己，微笑着平视每一个人，你会赢得同样尊重的目光！

名师点评

(1)这是一篇章法谨严的议论文。作者对"平视"的内涵进行了深入的挖掘，从平视自我和平视他人两个层面，将平视与仰视、俯视进行对比，从而突出平视的重要意义。

(2)开篇简洁有力，分论点安排井然，论证技巧娴熟，排比举例一气呵成，对比论证逻辑严谨，常例和典型相得益彰，论证语言自然流畅。

(3)作文整体丝丝入扣，端严有加，是一篇考场议论文佳作。

(4)拟定得分:29分。

专题二　写作类型全析

命题规律探究

写作题中的写作类型主要为三种，议论文、记叙文和应用文，其中应用文又主要考书信和演讲稿。

写作类型	议论文	记叙文	书信	演讲稿
重要程度	★★★★★	★★★	★	★

真题示例

陕西特岗中小学真题

阅读以下文字，请自选角度，联系实际，自拟题目，写一篇600～1000字的议论文。

人能走多远？这话不是要问两脚，而是要问志向。人能攀多高？这事不是要问双手，而是要问意志。于是，我想用青春的热血，给自己树起一个高远的目标。

——汪国真《我喜欢出发》

答题思路

画“＿”部分指出了本题是自选角度，自拟题目，在写作时要结合材料的主旨确定写作的中心。

画“＝”部分点明了本题的写作文体是议论文。

画“～”部分是对材料内容的总结，也是议论文的中心论点。

高分作文

永远的远方

凡是到达了的地方，都属于近处。哪怕那山再青，那水再秀，那风再轻柔。太深的留恋变成了一种羁绊，绊住的不仅有双脚，还有未来。

——题记

无论我们到哪里，天空总在上面，远天的星辰以常年的静默引人遐思。如果说人生是耸立的巍峨山脉,那么活着就是一连串对远方的向往与朝圣。我们到了一个远方,却又有另一个远方在召唤。无穷的远方,有限的生命,即使远方并不尽如人意,即使通向远方的道路坎坷曲折,我们还会为了远方而出发。

一位名叫巴荒的女画家,从沿海小城徒步走进西藏。她不知道远方有多远,一路穿越沙漠,攀登高峰,用她的足迹踏出了《阳光与荒原的诱惑》。

一位名叫刘雨田的探险家,独自走完万里长城,四次穿越死亡之海——塔克拉玛干沙漠,多次穿越雅鲁藏布大峡谷。他的脚步从不停歇,他对远方的向往与朝圣让他在中华大地上创造了神话。

一位名叫斯尔曼的英国残疾青年,腿患有肌肉萎缩症,但却登上了珠穆朗玛峰、阿尔卑斯山、乞力马扎罗山等著名山峰,他创造了一个个令人瞩目的奇迹。

我自然知道,大山有坎坷,大海有浪涛,大漠有风沙,森林有猛兽,即使这样,我依然向往着远方。

汪国真曾说:"人能走多远?这话不是要问两脚,而是要问志向。人能攀多高?这事不是要问双手,而是要问意志。"既然生命有限,远方无穷,那么我们就不要被现实与挫折羁绊,就应该风雨兼程奔向永远的远方!

雄鹰振翅高飞,搏击长空;飞瀑一泻千里,灵动如龙;海燕引吭高歌,大气蔚然。不要问远方究竟有多远,只要我们用青春的热血给自己树立一个高远的目标,即使不能实现,人生也会因为途中的风雨变得丰富而充实。

蓝天原本就广,世界原本很大,只要我们不断超越,不断向自我挑战,不断向远方出发,即使远方是永远的远方,也会诞生一种东西,它的名字叫奇迹。

一、议论文通关秘籍【高频考点】

(一)招式一:破解议论文

在语文招教考试的写作题中,议论文所占比重很大。要想写好一篇议论文,需要从以下两点着手:

(1)考生审题要准确,抓准最佳立意角度,精心构思,做到材料丰富;

(2)论证思维要严密,议论问题尽量深刻、透彻,抓住事物本质,从因果关系入手,写出自己的见解,不能人云亦云,泛泛而论。

1. 议论文的特点

以议论为主要的表达方式，可兼用其他表达方式；以鲜明的态度表明观点或主张；以充分的材料证明其观点或主张。

2. 议论文的三要素

（1）论点：对所论述的问题所持的观点、态度。论点有中心论点、分论点两种，有的议论文只有中心论点，有的议论文中心论点、分论点均有。

（2）论据：对论点进行论证的材料、依据。论据有事实论据（代表性的确凿的事例与史实、统计的数字等）；道理论据（自然科学的定义、定理，名言警句，俗语谚语等）。

（3）论证：用论据证明论点的过程和方法。如举例论证、对比论证等均为议论文写作中的常用论证方法。

3. 议论文的分类

（1）立论：从正面论述观点、说明观点的正确。

（2）驳论：批驳错误观点，然后确立正确观点。

（二）招式二：以不变应万变之基本模板

论证结构是议论文的关键。议论文的基本论证结构是“五段三分式”：

引论（第1段）

提出中心论点

↓

本论（第2～4段）

结合具体的事例加以论述

↓

结论（第5段）

总结中心论点，照应开头

模板范文

题目

阅读下面的材料，根据要求完成作文。

“我们现在有条件向各国学习，我们必须有正确的学习态度，既不迷信自己，也不迷信外国。迷信自己和迷信外国，都是思想不解放的表现。”

——1979年“五四”人民日报社论《解放思想走自己的道路》

“历史经验告诉我们，青春只有同科学知识结合在一起，同爱国进步结合在一起，同先进的思想理论结合在一起，同国家和人民的需要结合在一起，才能建功立业，大有作为。”

——1999年“五四”人民日报社论《承前启后继往开来》

“到基层和人民中去建功立业，让青春之花绽放在祖国最需要的地方，在实现中国梦的伟大实践中书写别样精彩的人生。”

——2014年“五四”人民日报社论《为实现中国梦激发青春力量》

一代青年有一代青年的时代使命。作为新一代时代使命的“接力者”，你有怎样的感触和思考？

要求：论点明确，论据充实，论证合理；语言流畅，书写清晰；不少于700字。

范文

奉献的青春最美丽

当五星红旗冉冉升起时，当雄壮有力的国歌响起时，当你满怀激情高唱着《义勇军进行曲》时，你想到了什么？你是否想到了自己？想到了自己肩上的历史责任与使命？你是否想让自己的青春更加美丽，更加壮观？

（排比反问，引出论点）

革命先驱李大钊先生说得好：“为世界进文明，为人类造幸福，以青年之我，创造青春之家庭，青春之国家，青春之民族，青春之人类，青春之地球，青春之宇宙。”李大钊先生既是这样说的，也是这样做的，他以强烈的奉献意识，奉献了自己的青春，甚至是奉献出自己宝贵的生命。要有高尚的思想道德品质才会更加坚定地奉献青春，才会自觉、自主地奉献青春，关键时刻，还能挺身而出奉献自己的生命。无论在生活、工作还是生产中，当人们需要你用知识的力量去战胜困难，解决困难

时，你却一无所识，还能谈得上“奉献”吗？

鲁迅先生说：“愿中国青年都摆脱冷气，只是向上走，不必听自暴自弃者流的话。能做事的做事，能发声的发声。有一分热，发一分光，就令萤火一般，也可以在黑暗里发一点光，不必等候炬火。”虽然时代不同了，但鲁迅先生这种精神依然适用，奉献青春不是一句空话，也不是高不可攀的大话，更不是只停留在嘴上动听的美语。奉献青春，就是要从一点一滴的小事做起，从现在做起。

在生命的旅途中，总会遇见一些需要你去奉献的人或事。当你的同学、朋友、父母，一切你认识或不认识的人们需要你的帮助时，当你的工作单位、家乡、祖国需要你贡献力量时，你要积极地伸出你的双手，奉献你的力量，照亮你的人生。

（三个层次，论证论点）

青春是迷人的，青春是人生的花季，是最美丽的时节，多少人在青春年华里就谱写出了辉煌灿烂的人生。青春对于每一个人来说都是公平的，每个人都拥有它。当处在青春的节点时，要想让自己的青春绽放异彩，就必须懂得奉献，奉献才是青春真正的内涵。年轻的心，属于青春的你。欢乐、忧愁、洒脱、深沉，你都拥有。好好把握这份年轻，让奉献照亮你的人生，为你的生命高声喝彩。

（归纳总结，再申论点）

模板运用分析

（1）引论：开篇运用排比和反问的修辞手法引出文章主题。

（2）本论：主体部分分别引用李大钊和鲁迅的话进行论证，并结合现今社会、结合自身进行论述。

（3）结论：总结归纳全文，得出结论。

（三）招式三：万变不离其宗之变式模板

1. 起承转合式

“起承转合式”模板的基本思路：

“起”（第1段）

点出题目要旨

↓

“承”（第2段）

以正面事例论证论点，支撑要旨

↓

"转"(第3段)

提出反面事例,并进行驳论

↓

"合"(第4段)

归纳总结,提出结论性的意见

模板范文

阅读下面的材料,根据要求完成作文。

一位老师在讲课时总是看见一名学生在画些什么,一天老师拿起来一看发现学生画的是凶神恶煞的自己,这位老师并没有批评他而是鼓励他叫他下课后再修整修整,后来这位学生成了著名漫画家。

要求:选好角度,确定立意,明确文体,自拟标题;不要脱离材料的内容及含意的范围作文;不要套作,不得抄袭;不少于800字。

宽容是一种美德

一次,理发师给周总理理发,咳嗽了一声,刀子把脸刮破了。理发师十分紧张,不知所措。周总理和蔼地说:"这不能怪你,我咳嗽前没有向你打招呼,你怎么知道我要动呢?"这桩小事,使我们看到了周总理身上的美德。

(通过小故事引出文章论点)

宽容是一种美德。留心一下,不难发现在人际交往中,凡能做到宽以待人者,一般都深受众人的欢迎。像周总理这样待人宽容、平易近人的人,当然受到全国人民的爱戴和尊敬。人与人交往,难免会有些小摩擦。只要是无恶意的,就应该设身处地地为他人着想。由于各种客观原因所致,每个人都会有这样那样的过错,如果在日常相处中对别人的过错能宽容对待,就等于给对方提供

了改过的机会。在中国历史上,李世民在一定意义上就是依靠这一点,得到众臣鼎力相助,从而开创了唐代盛世。在唐朝王室争权中,魏征曾鼓动太子李建成杀掉李世民,李世民发动玄武门政变夺得帝位后,不计旧恶,使魏征觉得"喜逢知己之主,竭其力用",为唐朝盛世立下了汗马功劳。再说秦王嬴政,若不是听取了李斯"河海不择细流,故能就其深"的喻谏,收回逐客令,实行不计前怨的政策,恐怕就会失去李斯等一大批能臣的支持,也就难以完成统一天下的大业。纵观历史与今天,如果没有"海纳百川"的宽宏气度,具备宽容的美德,开创一方事业只能是一句空话。

(通过正面事例论证论点)

有的人就不具备宽容的美德,他们心胸狭隘,遇事斤斤计较,不肯吃亏。如慈禧太后,仅因为与一大臣下棋时,对方无意中说了一句"我杀老佛爷的马",就勃然大怒,"你杀我的马,我杀你全家",于是这位大臣被满门抄斩,惨不忍睹。像这样的狭隘心胸,这样的暴行,又怎能不遭世人唾骂呢?当今社会有一些人也是这样,你不小心碰了他一下,他就会破口大骂,甚至大打出手,还有的人对别人的过失总是耿耿于怀,时时想着揪别人的小辫子。这样的人,是典型的"鸡肠小肚",心胸狭隘,待人刻薄,根本没有一点宽容之心,这种人还谈什么成大器,立大业呢?

(提出反面事例进行驳论)

宽容是一种美德,只要我们本着"和为贵"的原则,不计较别人的过失,多为别人考虑,就能确立起友善的人际关系,营造良好的社会风气。让我们大家都来讲一点宽容,共同构建我们的美好社会。

(归纳总结,提出结论性的意见)

模板运用分析

(1)"起":开篇引用周总理的小故事点明主旨,提出中心论点。

(2)"承":通过周总理、李世民和秦王嬴政的正面事例论证文章的中心论点,支撑第一部分的要旨,进行深入分析。

(3)"转":运用慈禧太后和当今社会一些人的反面事例,进行驳论,反面论证中心论点。

(4)"合":再次点明中心论点,并归纳总结,提出结论性的意见。

2. 分论点并列式

"分论点并列式"模板的基本思路:

开头(第1段)

围绕材料内容提出中心论点

↓

分论点①→分论点②→分论点③(第2~4段)

围绕中心论点,列出几个分论点,逐一论证

↓

结尾(第5段)

总结全文,深化中心论点

模板范文

题目

阅读下面的材料,根据要求完成作文。

随着中央电视台《中国汉字听写大会》的热播,重温汉字书写魅力,引起了越来越多人的关注。在当前外语热、出国热风靡的形势下,这样的一档电视节目让众多国人对中国的汉字文化产生了浓厚的兴趣。

不论是小学、初中还是高中,学校和学生都普遍把精力放在数学、英语、物理、化学上,很少在语文上花太多时间和功夫。而在大学教育中,语文更是处于被忽视的境地。全国91所高校参与了调查,其中将大学语文列为必修课的仅34.8%,62.5%的高校大学语文课时在32个或更少。中国人民大学将《大学汉语》课改为选修课的事件一度引起社会的热议。

读了上述材料,你有何感想?

要求:选好角度,确定立意,明确文体,自拟标题;不要脱离材料的内容及含意的范围作文;不要套作,不得抄袭;不少于800字。

范文

捍卫母语,迫在眉睫

近些年来,外来文化的冲击已经波及汉语,于是有知道莎士比亚而不知道汤显祖的,有见面就“哈罗”而不知说“您好”的,有懂得镭射而不知何谓激光的……母语,迫切需要我们捍卫了。

(结合近些年的社会现状提出中心论点)

捍卫母语，珍爱母语，是我们的责任。有人说："一个民族的语言就是它的历史。"的确，作为文化主要载体的语言，一旦丧失，就断了历史，断了文化之脉。汉语是世界上少有的能够沿用至今的语种之一，它的强大生命力本身就是对其价值的最好证明。汉语之于我们，更是一种感情一种精神。它连接起中华民族，是每一个华人血管里流淌的血液。面对国内高校重英语轻汉语的怪现象，不少专家人士表示忧虑。而国外逐渐兴起的汉学热，只能让我们深刻反思。一个没有语言的民族是不幸的，而一个有语言却不重视的民族是可悲的。

（提出分论点①：捍卫母语，珍爱母语，是我们的责任）

发展国语，净化母语，是我们的使命。毋庸置疑，汉语应该而且必然与时俱进。汉语只有在不断的发展变化中，注入时代的新鲜血液才能永葆生机。我们要掌握汉语发展方向。徐寿当年引进西方科学，特别是引进化学的时候，系统地整理出一套元素命名，至今仍使我们受益无穷。相比之下，当代科学界则逊色得多。时常可见科学文献中出现连串的英文字母，而在日常生活中放着"电视"不用而要用"TV"的就更加令人忧心。所谓"恐龙""粉丝""PK"，其实只是幼稚与浅薄，而非时尚。这是对汉语的亵渎。捍卫母语，必须从还母语纯洁开始。

（提出分论点②：发展国语，净化母语，是我们的使命）

弘扬母语，传承母语，是我们的荣耀。汉语要在世界语林立足，需要华人的共同努力。在这一点上，坚持讲汉语的杨振宁给我们做出了榜样。之前吵得沸沸扬扬的韩国江陵端午申遗事件已经凸现中国传统文化流失之严重，不知下一场文化侵略的矛头是否会指向汉语？

（提出分论点③：弘扬母语，传承母语，是我们的荣耀）

"关关雎鸠，在河之洲。"汉语从远古之河一路流来，浸在我们的血液里。昨夜睡梦里有诗人吟唱，我们的血脉里翻滚着长江黄河的波涛。

（引用诗句结尾，深化中心论点）

模板运用分析

（1）开头：结合近些年外来文化带来的冲击提出中心论点——"母语，迫切需要我们捍卫了"。

（2）中间：分论点①"捍卫母语，珍爱母语，是我们的责任"、分论点②"发展国语，净化母语，是我们的使命"、分论点③"弘扬母语，传承母语，是我们的荣耀"，从同一个角度列出几个分论点，逐一论证中心论点。

（3）结尾：引用《诗经》中的名句深化中心论点。

3. 阐明道理式

“阐明道理式”模板的基本思路：

观点（第1段）

明确观点（一句话，干净利落）

↓

道理（第2段）

诠释观点，力求准确、具体、深刻

↓

材料（第3段）

列举典型事例（多用公众认可的例子）

↓

分析（第4段）

紧扣中心论述

↓

小结（第5段）

归纳全文，点破主题

模板范文

题目

阅读下面的材料，根据要求完成作文。

大千世界，“原点”无所不在。“原点”可以是道路的起点，可以是长河的源头，可以是坐标的中心，可以是事物的根本……

请以“回到原点”为标题，联系生活体验与认识，写一篇文章。

要求：自定文体，不少于600字。

回到原点

回到原点，重返本真，重拾你的真性情。

（用一句话简明扼要地提出论点）

难忘毕淑敏的一句话："额头上没有一丝皱纹的美人，怕血管里流动的都是水。"的确，生活在现代社会里的人们是不是已经忘记自己不施粉黛的素颜？是不是已经遗漏了真性的原点？我们习惯于挤出言不由衷的笑容，习惯于对化妆品和面具的依赖。殊不知当我们暗自高兴以为岁月的痕迹和世故的表情统统被遮去时，自己最珍贵的一面，生命最澎湃的热度也被一同抹去。生命的原点在于个性的张扬，在于情感的表露，在于性格的突围。回到原点不是褪下成熟的外衣，而是撕掉不必要的包装；回到原点不是原地踏步，更不是退回起点，而是以淡定而真实的姿态上路。

（道理论证，进一步诠释观点）

每次坐飞机时，空乘人员都会为乘客演示应急用品的使用方法。面对乘客，本是机上空姐绽放最美丽一面的时机，但我却只看见一张张漠然而冰冷的脸，很规范但也很敷衍。

（用简洁的语言列举典型事例）

我想，再动人的面容也经不起随意的解读和虚伪的摆弄。回到原点，虽不完美亦叫人亲切；远离原点，尽管精致但让人生厌。回到生命的原点，是展现自己自然而感性的一面，是在生命的轨迹上跳动着最和谐的节奏，是在自己和他人的心中演绎着真善。

（紧扣文章内容对典型事例进行分析）

原点不是起点，坚守原点者业已登上一个道德的高台，原点又是起点，回到原点从这里再出发，再扬帆启航的人，最淋漓也最真实，最平平淡淡也是最轰轰烈烈。

在一个浮躁的社会里，我们满足于"枝枝叶叶外头寻"，但一个人人都标榜"金钱为原点""权力为原点"的社会又何尝不是一个迷失了原点的贫血社会？唯有每个人都自觉地寻找原点的坐标，重获人性的本真，才有"民德归厚"的一天。

回到原点，重拾本真，这样的要求算不算太高？

（最后三段小结，归纳文章观点）

模板运用分析

(1)观点：开篇用一句话点明文章的观点，言简意赅，干净利落。

(2)道理：用毕淑敏的话引出道理论证，进一步诠释文章的观点。

(3)材料：用简要的语言列举空姐冷漠这一典型事例。

(4)分析：紧扣文章内容对典型事例进行分析，围绕文章观点进行论述。

(5)小结：用三小段有层次的结尾归纳全文，点明观点。

4. 正反对比式

“正反对比式”模板的基本思路：

开头(第1段)

开门见山，引出论点

↓

立论(第2段)

运用正面典型事例论述观点

↓

驳论(第3段)

运用反面典型事例论述观点

↓

结尾(第4段)

前后照应，得出结论

模板范文

题目

阅读下面的材料，根据要求完成作文。

曾有一个佛陀，乘船渡江，不想风大浪高，把船打翻了。佛陀像一片树叶般地在江中沉浮了许久，才筋疲力尽爬上岸来。到了岸上的第一件事，他不是责骂船家的无能让他丢失随身携带的一

切，也不是诅咒恶风险浪差点要了他的命，而是跪在沙滩上遥拜师父："谢谢师父！"有人不解地问："你为什么不谢谢菩萨？"佛陀说："原来我并不喜欢游泳的，都是师父每次强把我拉入水中，教我学会的。不是师父，我命今日休矣！"遇了难，不是责备任何一个人，而是心存感激，人生达到了如此的超然境界，遇事如此的豁然通达，在这个世界上，还有什么事情能让你痛苦和愤恨的呢？

要求：选好角度，确定立意，明确文体，自拟标题；不要脱离材料的内容及含意的范围作文；不要套作，不得抄袭；不少于800字。

范文

幸福之花，开在感恩枝头

"落红不是无情物，化作春泥更护花。"这是花儿的感恩。"乌鸟私情，愿乞终养。"这是鸟儿的感恩。"士为知己者死，女为悦己者容。"这是人类的感恩。因为懂得感恩，他们拥有了一颗金子般的心；因为懂得感恩，他们创造了人世间温馨的传奇。

（引用诗句，运用排比，点明论点）

懂得感恩，这世界才会如此美丽。"忠则《出师表》，孝则《陈情表》"，这两表道尽了人间感恩的真谛，演绎了人世间感恩的传奇。为报刘备三顾茅庐之恩，诸葛亮七出祁山，巧计破敌军，为刘备打天下立下了汗马功劳。为报当年的知遇之恩，他用毕生的精力向后人诠释了感恩的真谛。自幼失去父母是李密的不幸，但祖母却用自己的温暖让这个可怜的孩子长大成人，且名扬四方，为官作宰是多少读书人毕生的梦想，十年寒窗不正为一朝为官？然而当这个机会真正来临，李密却不曾忘记自己的祖母。他放弃了这个机会。因为他知道"祖母无臣无以终余年"。在为官和报恩之间，他选择了后者，向世人彰显了一首伟大的诗篇——感恩。

（运用正面事例论述观点）

他们的感恩温暖了自己，感动了后人。那一刻，幸福之花，在他们感恩的枝头尽情绽放。

（用简短的语句总结正面事例）

感恩之心，是我们维系这个世界的根本，拥有感恩之心的人，才能称之为有灵性的人，然而一旦失去感恩之心后果也不堪设想。

（过渡段，向反面事例过渡）

云南大学曾震惊一时的马加爵案是多少人挥之不去的阴影。一个小矛盾让四个年轻的生命就此终结，我不想说他的残忍。我只想说，他真的不懂感恩。云南大学用知识培养他，而他却使之蒙羞；他的父母用心血把他养大，他却让他们体会白发人送黑发人的苦楚；他与同学的同学情他不懂得珍惜。如果他有一颗感恩的心，也许这一切就不会发生。当感恩的心不在，那一刻，他的幸福之花开在哪里？

（运用反面事例论述观点）

怀抱一颗感恩的心，让我们将爱传递。将别人无私的帮助，深深铭记，这世界因感恩而美丽。人世间没有不绝的风暴，感恩却有其不老的风情。幸福之花，开在感恩枝头，灼灼其华。

（收束全文，照应开头提出的论点）

模板运用分析

(1)开头：引用诗句构成排比，从花、鸟、人三个层面点明论点。

(2)立论：运用诸葛亮《出师表》和李密《陈情表》的正面典型事例论述观点。

(3)驳论：运用云南大学曾震惊一时的马加爵案这一反面典型事例论述观点。

(4)结尾：照应开头，再次指明文章的论点。

5. 辩证分析式

“辩证分析式”模板的基本思路：

观点（第1段）

结合内容，引出论点

↓

矛盾一方（第2段）

点明矛盾的一方，论证观点

↓

矛盾另一方（第3段）

点明矛盾的另一方，丰富论证

↓

结论（第4段）

得出结论

模板范文

题目

阅读下面的材料，根据要求完成作文。

植物学家发现了阿尔卑斯山脉的一个奇怪现象：最近100年来阿尔卑斯高山上的植物品种正在增加，许多山底牧场上开放的花已经开到了海拔2000米的高山雪带上，而原先雪带上的植物则超过雪带向更高处攀登。植物学家通过研究认为，造成这种情况的主要原因是阿尔卑斯山地区的气温逐渐升高，这些适宜在低气温环境里生长的植物为了寻找适宜的温度不得不向更高的山上"攀登"。

其实，许多植物自身都有对自然界灵敏的反应，并且能不断调整自身的生存状态。如干旱可让植物的根深扎于泥土中；风力大的地区的植物长势更牢固；生长快的植物材质松软，生长慢的植物材质坚硬……植物的生命如此，人也一样。

请结合材料的内容和含意写一篇作文。

要求：选好角度，确定立意，诗歌除外，题目自拟，不少于800字。

范文

逆境与成才

人们无不向往美好的环境，因为好的环境能使成才的道路畅通无阻。同时，人们也认识到，"自古雄才多磨难，从来纨绔少伟男"，顺境造就幸运儿，而逆境往往造就伟人。这是因为，顺境虽说给人的成长铺平了道路，但逆境更能催人奋进。

（辩证地提出观点）

历史事实证明，厄运能磨练人的意志。身遭腐刑摧残的司马迁，就是以身处逆境而自强不息的历代先贤为楷模，他凭惊人的毅力完成了被鲁迅先生誉为"史家之绝唱，无韵之《离骚》"的皇皇巨著《史记》，成为史家的不祧之祖。我国力学、桥梁专家李国豪教授，在恶劣的环境里，顶住各方面的压力，写出了10万字的专著《桁梁扭转理论——桁梁桥的扭转、稳定和振动》，填补了一项世界桥梁建筑学上的空白。文王拘而演《周易》；仲尼厄而作《春秋》；屈原放逐，乃赋《离骚》；左丘失明，厥有《国语》；孙子膑脚，《兵法》修列；不韦迁蜀，世传《吕览》……可见"艰难困苦，玉汝于成"，确实有道理。

（矛盾一方）

但是,逆境能够出人才,绝不意味着逆境一定出人才。一个人是否能够成才,关键在于自身主观上是否努力。巴尔扎克说得好,苦难对于天才是一块垫脚石,对能干的人是一笔财富,对弱者是一个万丈深渊。同样是贫寒的生活环境,贝利经受困难的磨练,成为一代球王,而有些人却堕落为小偷;同样是身有残疾,张海迪成了中国当代青年学习的楷模,而有些人却沦落为乞丐;同样是国民党反动派的镣铐和铁窗,江姐成了坚贞不屈的烈士,甫志高却成为可耻的叛徒……可见,面对逆境,缺乏奋斗的勇气和决心的人只会苦苦呻吟、怨天尤人,甚至自甘堕落;只有"扼住命运咽喉"的人,才能"贫贱不能移,威武不能屈",超越障碍,战胜困难,成为堪担大任的"大丈夫"。

(矛盾另一方)

我们希望自己的人生都能一帆风顺,但对于绝大多数人来说,这是不可能的。如果遭遇逆境,应该怎么办?不要动摇,不必气馁,要积极进取,大力开拓。这,就是我们应展现的态度。

(得出结论)

模板运用分析

(1)观点:开头辩证地提出观点。

(2)矛盾一方:点明矛盾的一方,运用司马迁、李国豪等事例论证观点。

(3)矛盾另一方:点明矛盾的另一方,运用正反对比丰富论证。

(4)结论:总结全文,得出结论。

6. 联系举例式

"联系举例式"模板的基本思路:

中心论点(第1段)

提出论点

↓

"三联系"(第2~4段)

联系历史、联系现实、联系自我

↓

结论(第5段)

总结论点

模板范文

题目

阅读下面的材料，根据要求完成作文。

平　凡

雪　谷

这一切都是平凡的
竹林、幽径、鸟鸣
篱笆墙和木屋
红的花、绿的叶
以及一小块菜地
或漫步柳堤湖畔
看烟雨蒙蒙
或偶尔去钓钓鱼
看白鹭轻轻地划过湖面
这一切都是平凡的——
只要望着你的浅笑安然
静静的湖面上
就会泛起一丝丝涟漪

读了上述的诗歌，你有怎样的感悟和体会？请结合诗歌的内容和含意写一篇作文。

要求：选好角度，确定立意，诗歌除外，题目自拟，不少于800字。

范文

平凡的重要

作为庞大社会结构中的个体，每一个人或许都曾希望为这个世界带来深远的影响。当我们冥思苦想，寻找着更伟大的事业时，却不曾思考过重要二字的意义。而这道难题，也曾经在一个个历史转折点考验着无数的智者和勇者。

（用论证的语言点题）

在人才辈出的世界之国古罗马，西塞罗是一位不完美的英雄。在权力至上的时代，西塞罗利用他的雄辩与口才争夺官位和名誉，最终以执政官的身份捍卫着自由体制。在他六十岁那年，凯撒大帝全面实行独裁制度，已经追求了几十年功名的老人找到了比政治博弈更为重要的事情。《演说家》《论老年》，他成为一名文思泉涌的作者，一名宁静致远的哲学家。不久以后，凯撒被密谋杀害，罗马前所未有地需要西塞罗，但这位昔日的战士选择放弃政权，回到文学与精神的世界。可是，纸上谈兵早已拯救不了动荡的罗马。眼看自己的祖国面临分裂，西塞罗，这位真正的爱国者，义无反顾，挺身而出。他铿锵有力的声音重新在演讲台上回响，他用将生死置之度外的勇气反抗一切独裁统治势力，他找到了更为重要的事情：为罗马之自由而死。

诚然，西塞罗临终前的理想看似最为伟大，当初的追名逐利、逃避尘世似乎是过于平凡的追求。实则，看似徒劳和卑微的奋斗，未必不会给世界带来深刻的改变。执政时期的西塞罗，维护了罗马的自由与公正。

年逾花甲的西塞罗，靠着纸笔，为后世留下了最珍贵的智慧。而当他走到了人生的尽头，为了自由的共和国，这个最美、最难以割舍的梦，西塞罗高昂着被割下的头颅，控诉着一个时代的罪恶。

（联系历史举例论证观点）

生活在几千年之后的我们，依然进行着关于重要性的思考。面对当下的学习和工作，人们或充满怨言，或自暴自弃，总认为自己正在做的事情枯燥、乏味、不够重要。似乎在大家看来，只有到华尔街指点江山或是在联合国派遣维和部队，才算是干了一番大事业。

（联系现实辅以论证）

然而，宏伟的蓝图假若不被付诸实际也只是虚无的幻想，是易碎的梦境。而当一个质朴的心愿被灌注了不懈的拼搏，同样也具有重要的意义。或许人们真正应该思考的是：现在的我，还能为别人多做些什么？每一天，我们都可以为了一个或大或小、或近或远的目标而付出努力：父母的一场欢笑，山区孩子的一顿午餐，或是孤寡老人的一个节日。理想不存在优劣，紧咬牙关的坚持和汗如雨下的辛苦，会让我们在实现小小梦想的时刻，感悟到生命的价值。

（联系自我进行思考）

我们要相信，我们看似平凡的每一分努力都非常重要，因为我们需要不断地积累和前行。这样一来，我们的每一个目标都会成为给这个世界带来改变的、很重要的事情。

（总结论点，照应题目）

模板运用分析

（1）中心论点：开篇用充满论证性的语言提出论点，点明主旨。

（2）“三联系”：联系历史，以古罗马的西塞罗为例论证观点；联系现实，发表自己的看法；联系自我，进行深入的思考。

（3）结论：总结论点，前后照应。

7. 层层递进式

“层层递进式”模板的基本思路：

中心论点（第1段）
提出论点
↓
分论点（第2～4段）
提出问题，分析问题，解决问题
↓
结论（第5段）
总结论点

模板范文

题目

阅读下面的材料，根据要求完成作文。

孤独，是忧愁的伴侣，也是精神活动的密友。——纪伯伦

在这城市里，我相信一定会有那么一个人，想着同样的事情，怀着相似的频率，在某站寂寞的出口，安排好了与我相遇。——张爱玲

孤独是绝对的，最深切的爱也无法改变人类最终极的孤独。绝望的孤独与其说是原罪，不如说是原罪的原罪。或许，经历绝对的孤独，才能体味人生的幸福。——卡森·麦卡勒斯

如何坚实的东西总是会由一件件脆弱的物件构筑起来，就像我们对自己身份的认同，不同的

身份带着不同的脆弱，却又有着代表其身份同一感的坚强。身份叠加就是坚强与脆弱的叠加。所以我们会注视着爱人的目光不愿离去，因为那目光是缓慢的时间，在那之中我们会放下我们的脆弱与坚强，找到孤独与幸福的爱。——米兰·昆德拉

以上名人名言带给你怎样的感悟和体会？请写一篇作文谈谈你的感受。

要求：选好角度，确定立意，诗歌除外，题目自拟，不少于800字。

范文

孤独与幸福

德国著名哲学家叔本华说："社交生活的坏处深藏不露：消遣、闲聊和其他与人交往的乐趣掩藏着巨大的、通常是难以弥补的祸害。青年人首先要学习的一课，就是承受孤独。"

（引用名人名言开头）

因为孤独是幸福、安乐的源泉。世间有无数称自己为幸福的人，却没有多少人认为自己也是一个孤独的人。"幸福"的人往往开朗、健谈、善于社交；孤独，似乎注定只是一个与阴暗、不幸甚至畸形的人生态度相伴的名词。事实上真正的孤独是鲁迅的"寄意寒星荃不察"的觉醒，是布鲁诺被烧死前大声疾呼"未来的人们会了解我……"的信念，是无法选择"出世"的苏轼的清高。

（提出中心论点，并诠释论点）

孤独即意味着超越常人的旷达与淡泊，它是幸福的前提。孤独就是走出无止境的无聊社交、闲扯、平庸的一种生活态度，它卸除了表面的浮华，追求内心的旷达与淡泊。当庄子头也不回地边钓鱼边婉言拒绝出任楚相时，我们体会到的是孤独。世事纷乱，天下名士皆各投其主，各尽其才，唯独庄子置身事外。这种孤独，实际上是一种超越常人的豁达与淡然。但庄子又是幸福的，他的一次平静的拒绝，带来了自己政治生涯的孤独，换来的却是一座矗立在无数文人志士心目中的高标。

（分论点一提出问题）

孤独让我们拥有内省的时空，它是享受幸福的条件。物质的充裕，人心的浮躁，致使更多的人越来越急功近利，人与人的关系越来越势利化，幸福感距离我们越来越远。孔子曰："见贤思齐焉，见不贤而内自省也。"《论语》中的睿语无一不是孤独困顿的孔仲尼的自我反省。孤独的时候，人才有时间和空间去进行人生的思考，追寻自己活着的价值，才会远离喧嚣、芜杂，看到自己的内心，看清自己前进的方向，这也是享受幸福的条件。

（分论点二分析问题）

孤独要求我们与现实适当地保持距离，它是享受到幸福的方法。我们可以与现实适当地保持距离，开拓一份属于自己的孤独的小天地，做许多想做的事情，展开曾被限制的想象力与创造力，不再为庸人俗事所扰。

（分论点三解决问题）

现代派代表诗人戴望舒曾在诗集《灾难的岁月》中抒写“夜坐听风，夜眠听雨”的孤独与寂寞，他的这种孤独是一种幸福的状态，让他悟到“月如何缺，天如何老”。远离现实，你的处境是孤独的，然而你的内心却是宁静而充实的，你的心不再因孤独而哭泣，反而因孤独而折射出幸福的光芒。当今的年轻一代作为独生子女，无疑常有一种孤独的心理，他们给自己取了一个名字叫“愤青”。有些年轻人以上网玩游戏为幸福，以打架滋事为快乐。他们因为逃避孤独而丧失了对幸福的感受，继而心态失衡，无处宣泄，这无疑是一种极大的悲哀。

（联系实际再次论证）

所以正视孤独，享受幸福吧！这种孤独不是消极遁世、自我封闭，而是“世人皆醉我独醒”的孤独，一种旷达的孤独，伟大的孤独。正视孤独不仅是一种哲理的思辨，更是一种对生活的感悟，是对真正幸福的一种追求。

（辩证思考，得出结论）

模板运用分析

（1）中心论点：引用德国著名哲学家叔本华的名言开头，提出论点，并对论点作诠释。

（2）分论点：分论点提出问题、分析问题、解决问题，运用“例证+论述”的形式，然后联系实际再次论证观点。

（3）结论：辩证思考，得出结论。

二、记叙文通关秘籍

（一）招式一：破解记叙文

记叙文就是记载、叙述我们在生活中看到、听到、经历过、接触过的一些有人物和事件的文章。

在语文招教考试中，要想写好一篇记叙文，需要从以下两点着手：

（1）掌握记叙文六要素。即时间、地点、人物，事件的起因、经过、结果。

（2）注意时间、地点必须具体、明确；人物的出场要能推动情节的发展，记叙的事情不论大小，都应把事情的起因、经过和结果写完整。

1. 记叙文的表达方式

(1)记叙

记载和叙述人物的经历、活动以及事物发展变化的经过。

记叙是通过一般的述说和交代，把人物或事件及其相互关系变化介绍给读者，把分散的场景、事物的片段贯穿起来，使读者对事物的发展和全貌有一个清晰的了解。

> 温馨提示：
> 记叙和描写是记叙文最基本的表达方式，记叙和描写的结合，是记叙文写作的基本要求。

(2)描写

以形象的语言对人物、事件、环境作具体入微的描写，给人以真切的感受。

描写是在记叙的基础上，用生动形象的语言，将人物、事件、景物存在与变化的具体状态作精细的描绘，造成一种如见其人、如闻其声、如临其境的感觉，使读者受到艺术感染，留下难以忘怀的印象。

记叙文如果缺少描写，就会平淡苍白，主题不突出，形象不鲜明，情景不感人，当然，描写要恰当，为中心服务。所谓恰当，即突出特征，符合身份，写出变化，运用多种表达手法。

(3)抒情

抒发、表述自己的感情。

在记叙描写的基础上适当地加以抒情，不仅能增强文章的感染力与表现力，而且能突出文章的中心。

(4)议论

讲述道理，即作者通过对客观事物的评论，表明自己的观点和态度。

记叙文中的抒情和议论，大致有三种情况：先叙(描)后议(抒)、夹叙(描)夹议(抒)、先议(抒)后叙(描)。议论和抒情的运用要从需要出发，运用过多则易使文章内容流于空泛。

2. 记叙文的描写方法

(1)从描写的对象看

①人物描写：肖像描写、动作描写、语言描写和心理描写等。

②景物描写(环境描写)：自然环境和社会环境。

③细节描写：可以和人物描写、景物描写重叠或交叉，构成人物和环境的完整描写。

(2)从描写的角度看

①正面描写(直接描写)：正面描写是作者直接对描写对象(人物、事件、环境)所作的刻画和描绘。

②侧面描写(间接描写)：侧面描写是作者通过对周围人物或环境的描绘来表现所要描写的对

象,即间接地对描写对象进行刻画、描绘,使其鲜明突出。

(3)从描写的风格来看

①白描:运用最简练的文字,不加渲染烘托,没有浓烈色彩的描写,不借助比喻、拟人等修辞手法,也不用或少用形容词,抓住描写对象的主要特点,描写出事物的本质特征或人物的精神面貌。叙事,线条分明,言简意赅;写人,三言两语就能揭示出人物的心态。

②细描:细致具体地描绘对象,运用比喻、拟人、夸张等修辞手法和象征、衬托、渲染等表现手法,使所写对象栩栩如生,逼真动人。

3. 常用的记叙顺序

(1)顺叙

按事情、人物发展变化的时间先后顺序来记叙,其优点是层次清楚,容易反映情节发展的连贯性。

运用顺叙要注意详略和情节的衔接、变化,否则会使人感到平铺直叙,呆板乏味。

(2)倒叙

把后发生的情节提前记叙、介绍,然后再叙述发生在先的情节。这种方法能突出主题或重点,给读者留下悬念,从而吸引读者往下读,引人入胜。

运用倒叙一定要把事件起因交代清楚,而且要衔接自然,如处理不当,则会使文章前后脱节,出现混乱。

(3)插叙

在记叙中心事件的过程中,为了帮助开展情节,暂时中断叙述的线索,插入一些与主要情节有关的内容的叙述方法。恰当地运用插叙,可以扩大题材,丰富内容,深化主题。

(4)补叙

在记叙过程中,用少量文字对人物或事件作简短的补充说明。

(二)招式二:情真真意切切之实用模板

1. 记人模式

“记人模式”模板的基本思路:

开头

叙述“我”和描写对象的关系,重点介绍描写对象

↓

中间

细致叙述和描写,可在发展的高潮点出主题

↓

结尾

深化情感,照应开头

模板范文

题目

请以《忘不了________》为题写一篇文章。

要求:(1)请先将题目补充完整,并写在答题卡上,然后作文。

(2)立意自定。

(3)文体不限。可以记叙经历,抒发感情,发表议论,展开想象,等等。

(4)不少于600字。

范文

忘不了她

生活中有许多事情像浮萍一样随波逝去,也有的像根一样牢牢地扎在人们的心里。是的,每当我看到一片绿叶,就更加深深地怀念起我的启蒙老师——王老师,我永远忘不了的人。

(点明本文描写的是“我”的老师)

童年时期,我是在一个小山村里度过的。王老师是我童年时最好的引路人。王老师最爱绿叶,在她的书里常常可以看到用绿叶做的书签。一次我和她在野外散步,她给我讲了一个故事。

(引出下文的故事)

一位小姑娘患了重病,自己觉得马上就要死了。她望着窗外的常青藤说:“青藤上最后一片叶子落下时,我就要离开人间了。”人们都为她伤心,这件事被一个年迈的画家知道了。老画家在一个风雨交加的夜晚,抱病握笔画了一片碧绿晶莹的叶子,把它牢牢地扎在青藤上。此后不久,老画家溘然长逝了,而那位小姑娘却坚强地活了下来。

(通过王老师的故事点明文章主旨)

听了王老师的叙述后,我才悟出了她喜欢绿叶的真正原因。后来,我进入了中学,和王老师分手时她送我一束花。我却说:“您还是送我一片绿叶吧。”王老师会心地笑了。她笑得那么甜。

去年教师节的时候，我特意去看望王老师。王老师一家四口人挤在一间小屋里，两个上小学的孩子正在床上写作业。床分上下两层。即使这样，屋里还是支不开一张桌子。看着这一切，想起老师在课堂上给我们讲课的情景，我的眼睛湿润了。

（回忆与王老师的故事）

学生时代是多么令人难忘啊！究竟老师和同学们给了我多少爱，这是无法计算的。然而给我印象最深的，令我永远忘不了的是王老师和她的事业——尽管花的事业是珍贵的，是甜美的，但我爱叶的事业，因为叶的事业是谦逊的。

花蕾待放倍思园丁苦，万紫千红更爱育花人。愿所有的人和我一样，永远记住她吧——一个从事叶的事业的人。

（升华感情，发出感慨）

模板运用分析

（1）开头：开头运用比喻句引出描写对象——王老师。

（2）中间：通过王老师讲故事、“我”希望王老师送“我”绿叶、“我”探望王老师这三件事，突出王老师无私奉献的品质，展现了浓浓的师生之情。

（3）结尾：总结全文，升华感情，表达作者对王老师的赞美。

2. 叙事模式

“叙事模式”模板的基本思路：

开头

①感情化语言概括叙述事情

②议论这件事对“我”的启发意义

↓

中间

细致叙述和描写，可在高潮部分点出主题

↓

结尾

照应开头，深化感情

模板范文

题目

请以“挫折”为题目，写一篇不少于600字的议论文或记叙文。

范文

挫 折

中考在即，校园里小树林边常有一个十四五岁的男孩在那里紧张而又稳重地复习着课本知识，这男孩就是我。

可是三年前，我并非如此，我的改变全因为那一次挫折。

（开篇点出主人公及即将描述的事件）

玩过了小学，我走过了初中，由于有几分灵气，我的成绩倒也不错，于是我持着“聪明”的护照继续逍遥。

一天，老师对我说：“过几天要举行数学竞赛，你要好好干，准备得个名次。”我一听，心想：“哼，我还用好好干吗？凭我那聪明劲儿，特等奖非我莫属。”有了这点“自信”，在别人积极翻阅各种资料时，我却活跃在篮球场上。

竞赛转眼即到。我心不在焉地拿起资料瞟了几眼，看了几道难题，就觉得不用再费劲了。

赛场上，我傻眼了，且不说试题之难，有些数学符号我也从未见过。我勉强做了几个题，在试卷上留了一大片空白。我想，自己不会做的，别人也不会比我强。下课铃响了，我信心十足地交了卷子。

颁奖仪式开始了，我静坐着，期盼着那“第一名”，和紧接着我名字的欢呼声。可是，上帝是公正的，他不会轻易地将成功赐予一个未付出艰辛的人。我垂下了头，心灰意冷，怏怏地离开会场，心中有着不可名状的迷惑：我一直是幸运儿，这回是怎么了？

（从开头、发展到结尾细致地叙述）

正在我为失败而渐渐消沉时，老师送给我萧伯纳的一句话：“人生有两个悲剧，一个是踌躇满志，一个是万念俱灰。”我恍然大悟：我曾经经历了一个悲剧，现在又进入另一个悲剧。

（在高潮部分点出主题）

自从那次挫折以后，我慢慢改变了自己，使悲剧中少了一个主人公，奋斗史册上多了一个既不自傲，也不自卑的我。

（照应开头，发出感慨）

模板运用分析

（1）开头：开门见山，交代下面描写的事件是有关挫折的。

（2）中间：从开头、发展到结尾细致地叙述所发生的事情，并在高潮部分用萧伯纳的话点出主题。

（3）结尾：照应开头，发出感慨。

3. 借景抒情模式

“借景抒情模式”模板的基本思路：

开头

①叙述自己与景物的关系

②议论景物即主题

↓

中间

描写景物，联想发挥

↓

结尾

重申景物意义

模板范文

题目

请以“雨”为话题，写一篇不少于800字的作文。

要求：题目自拟，文体不限；不得套作，不得抄袭。

柔柔的风，甜甜的雨

“好雨知时节，当春乃发生。”当淡淡的春意开始在大街小巷悄然流淌，随心所欲地信手涂抹着新绿的时候，春天的第一场雨就迫不及待地来到了这可爱的人间。淅淅沥沥，犹如断线的珍珠，牵动着我的心弦。

（引用诗句开篇，点明描写的是“雨”）

霏霏细雨，丝丝缕缕。独自漫步在河边的小径上，风儿拂面而来，夹杂着调皮的雨点，吹散我愁乱的思绪。好像出笼的鸟儿，我尽情享受着大自然的爱抚——母亲般的温柔，母亲般的呵护。我呼吸着大自然的气息，微微湿润的泥土酝酿着花的味道，沁人心脾。

经过春雨的洗礼，河畔不知名的野花竟也有了一种摄人心魄的诱惑力，犹如含泪少女的娇羞，超凡脱俗，亭亭玉立，恐怕连那花中之王也要逊色三分。

微风迎面，那河边的杨柳吟出丝丝白茫茫、虚飘飘，说也说不清、听也听不明的絮，每丝飞絮都是柳的一株分号；满天飞舞的柳絮，被调皮的雨点儿骑在脖子上，飘落在水面上尽情嬉戏。鱼儿也耐不住寂寞，你追我赶，在属于自己的世界里自由自在地畅游。折下一枝柳条，逗逗那快活的鱼儿，鱼儿似乎被这突如其来的东西吓坏了，划起一道美丽的弧线，一条大鱼“扑通”一声跳起又迅速落入水中，随之而来的波纹悠闲地一圈圈远去。我忍不住笑了。

看看花，看看树，再看看那可爱的鱼儿、无拘无束的流云，天地间的一切都那么令人心旷神怡。此时的我也犹如天地间的一个精灵，天地间的一切都属于我。

万类春天竞自由！在大自然的怀抱里，我也努力地展示真实的自我。我想起李乐薇在《我的空中楼阁》中说的一句话：“大自然是一幅天然的巨画。”的确，大自然的美是无穷无尽的，而每一个人，只不过是这幅巨画上的一点色彩罢了。

既然世界这么美好，那么我们有何理由不去用心感受它呢？繁忙的工作，紧张的节奏，在我们整日为事业拼搏、为生活奔走的忙碌之后，是否也应该多走近大自然，去领略大自然无穷无尽的美呢？

（分层次描写“雨”，文笔细腻）

凉凉的雨丝拉回了我的思绪。感谢大自然，感谢它赐予我们如此的美景，感谢它给予我们生命的启迪。

想到这，我不再抱怨世事的烦琐，我仿佛看到绚丽的彩虹在向我招手。

站在风中，任凭那温柔的雨滴不断地落下，甜甜的！

（再述“雨”带给“我”的意义）

模板运用分析

(1)开头:引用诗句开篇,运用比喻和拟人的修辞手法,将春天和雨刻画得生动形象。

(2)中间:运用比喻等修辞手法,生动形象地描绘了雨的特点,文笔细腻,读起来生动感人。

(3)结尾:运用拟人的修辞手法,赋予景物生命,照应开头,发出感慨。

4. 时空交互模式

"时空交互模式"模板的基本思路:

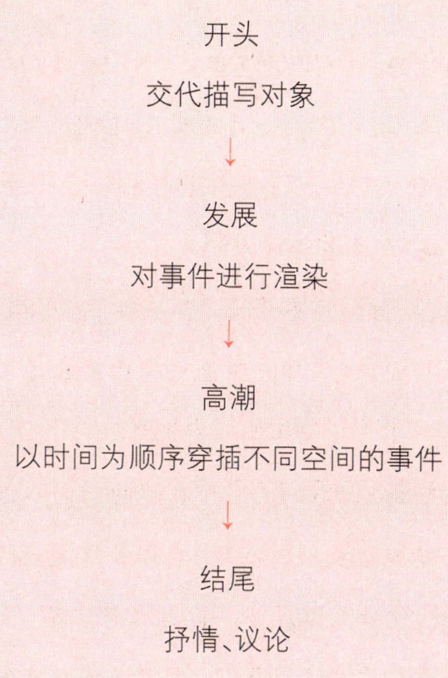

模板范文

题目

请以"精彩的________"为题写一篇文章。

要求:(1)请先将题目补充完整,并写在答题卡上,然后作文。

(2)立意自定。

(3)文体不限。可以记叙经历,抒发感情,发表议论,展开想象,等等。

(4)不少于600字。

范文

精彩的乡村夜

在乡村，最美的不是黎明，也不是盛夏的树荫，而是那美丽的夜晚。

（直抒胸臆，引出描写对象）

傍晚的太阳终于顶不住那沉重的夜幕，在昆虫和各种动物的催促下，被压下了地平线。但是太阳神是永远都不会屈服的，于是他奋力地甩下一片炫目的火烧云，气愤地消失了。

（用景物描写渲染情景）

这时，孩子们在大地母亲的呼唤下，也渐渐回到了那温暖的小家。于是，每一个火柴盒一样大小的房子开始冒烟，庆祝夜晚的来临，也庆祝一天的收获。不一会儿，各家各户都搬出了桌椅和饭菜，男的光着膀子一边喝酒一边聊天，孩子们迅速地吃完饭后一边偎依在母亲的怀抱中撒娇、玩耍，一边欣赏着那变幻莫测的火烧云，闻着那迷人的稻花香。

渐渐地，夜越来越深。这时，昆虫和月亮开始了黑夜奏鸣曲，蝙蝠和各种昆虫便借着昏暗的月光跳起了华尔兹，田野上是多么热闹呀！此时，孩子们早已不在母亲的怀抱里了，他们正借着微弱的月光玩着捉迷藏。

如果你正好走过，一定会被吓得五魂出壳，因为在你的四面八方都有晃动的黑影，不时还有一两声怪叫。也许你想逃，可刚一抬腿就被绊倒在地，紧接着便是一阵哄闹和嬉笑。等你一抬头，除了嫦娥在广寒宫朝你妩媚地一笑，便什么都没了。你也只好认了。

夜更深了，孩子们也回到家中躺在床上睡着了，嘴里还不时地发出甜美的笑声，似乎还在为刚才的恶作剧喝彩。

（以时间为顺序穿插不同空间的事件）

月更亮了，而田野上却悄无声息。

夜，也更美了。

（以情景描写过渡，引发现实的情感）

我爱这精彩的乡村之夜！

（首尾呼应）

模板运用分析

(1)开头:开篇直抒胸臆,点明下文要描画的是一个乡村梦幻般的迷人夜景。

(2)发展:以诗意的笔触对乡村的夜进行渲染。

(3)高潮:以时间推移为顺序,细致地表现了小乡村从傍晚到深夜的景、物、人的变化活动。洗练的生活图景和奇特瑰丽的想象交织,动静结合,虚实相映。既有月夜的祥和宁谧的氛围,又不乏活泼动人的场景。

(4)结尾:用简练的语句抒发赞美之情。

三、应用文通关秘籍

(一)招式一:破解应用文

在语文招教考试中,应用文常考形式有书信和演讲稿两种。

应用文作为一种实用性文体,在语言上与其他文体相比较,主要表现出朴实、明确、简练、生动等特征。

1. 书信的组成

一般可由称呼、正文、祝颂语、署名和日期五个部分组成。

(1)称呼

一般写在信纸的第一行,顶格写,后面用冒号。

(2)问候语

写在称呼的下一行,开头要空两格。问候语一般是对写信对象的问候,如写“你好”“近来身体是否安康”等。

(3)正文

写想要告诉对方的所有事。既要把话说清楚,又要简明扼要。

(4)祝颂语

又叫致敬语、祝愿语或结束语,主要是写一些表示祝愿的话。

(5)署名

名字前有的要根据开头的称呼加上对应的谦称。

(6)日期

即写信的时间,要写在署名下行,靠右写,后面一般留两格。

2. 演讲稿的组成

演讲稿的结构由标题、称呼和正文三部分构成。

(1)标题

常见的演讲稿标题有五种，分别是：提要式、寓意式、警句式、设问式、抒情式。

①提要式：概括演讲的核心内容，如《劳动，是神圣的》。

②寓意式：运用修辞手法把抽象的哲理具体化，如《扬起生命的风帆》。

③警句式：引用名言警句设置标题，如《忧劳可以兴国，逸豫可以亡身》。

④设问式：通过设问来提示演讲涉及的内容，用演讲来回答标题的提问，如《人生的价值何在》。

⑤抒情式：标题具有强烈的感情色彩，达到以情动人的效果，如《真情，让我一生守候》。

(2)称呼

提行顶格加冒号，根据受听对象和讲演内容需要决定称呼。

(3)正文

正文由开头语、主体和结语三部分构成。

①开头语。

A. 由背景和问候、感谢语开始；

B. 概括演讲内容或揭示中心论点；

C. 从演讲题目谈起；

D. 从演讲缘由引起；

E. 从另一件事引入正题；

F. 用发人深思的问题开头。

②主体。

A. 记叙性演讲稿。以对人物事件的叙述和生活画面描述行文；

B. 议论性演讲稿。以典型事例和理论为论据，用逻辑方式行文，用观点说服听众；

C. 抒情性演讲稿。用热烈的抒情性语言表明观点，以情感人，说服听众，寓情于事、寓情于理、寓情于物。

③结语。

常用的有：总结全文，加深印象；提出希望，给人鼓舞；表示决心，誓言结束；照应题目，完整文意；等等。

(二)招式二:千秋万代永不变之通用模板

1. 书信模板

给××的一封信

(补充写信对象,标题居中)

尊敬的××:(称呼写在第一行,顶格写,后面用冒号。对亲近的长辈可以用"尊敬的""敬爱的"等,"××同志"可用在平辈、关系一般的长辈或晚辈身上,"亲爱的"在书信中经常用到,但对异性通信者不能乱用)

　　您好!(问候语,空两格。根据写信对象可以用"你好""近好"等)

　　正文(空两格。如有需要,要先答复对方来信中的问题,再谈自己的事情。谈自己的事情时,要根据所说事情的轻重缓急,分段写清)

　　结语(表示歉意、祝福、勉励等话语)

　　此致

敬礼(祝颂语。一般把祝愿语"此致""谨祝""愿""盼"等词放在内容结束之后的句号后面,也可以另起一行空两格写,不加标点。"敬礼""健康"祝词则必须另行顶格写。对长辈可用"长寿""安康",对朋友可用"此致敬礼""祝你健康""祝幸福"之类,对晚辈可用"身体好""学习好""工作好""进步"等)

××

(署名。写在祝颂语下一行的右方,后面一般要空两格)

×年×月×日

(日期。写在署名下行,靠右写,后面一般要空两格)

模板范文

题目

阅读下面的材料,根据要求写一篇文章。

因父亲总是在高速路上开车时接电话,家人屡劝不改,女大学生小陈迫于无奈,更出于生命安全的考虑,通过微博私信向警方举报了自己的父亲;警方查实后,依法对老陈实行了教育和处罚,并将这起举报发在了官方微博上。此事赢得众多网友点赞,也引发一些质疑,经媒体报道后,激起了更大范围、更多角度的讨论。

对于以上事情，你怎么看？请给小陈、老陈或其他相关方写一封信，表明你的态度，阐述你的看法。

要求：综合材料内容及含意，选好角度，确定立意，完成写作任务。明确收信人，统一以“明华”为写信人，不得泄露个人信息。不少于800字。

范文

致陈先生的一封信

陈先生：

您好！您的遭遇，我在网上略有了解。我想说，如果是我，也会如您女儿一般对您实行举报。我这样做，不但是因为您的所作所为违反了交规，更是因为当您开车载着家人时，那个接通的电话已经将您自己、您的家人和路上的其他人的生命吊在了悬崖之上。下面请允许我和您谈一谈：生命关天，我们必须敬畏。

敬畏自我的生命，此生无悔。《古诗十九首》云：人生天地间，忽如远行客。每个人都仅是这天地逆旅中的暂住之客，我们的生命脆弱而又短暂，无法重新来过。也正因如此，我们才更应该对自我的生命心怀敬畏，不因任何外因而失去对它的尊重。不由想起了那个“职业是生病，业余是写作”的残疾作家史铁生，当他说出“微笑着，去唱生活的歌谣”时，当他穷四年之功利用透析后的残余时间写下《病隙碎笔》时，当他在《命若琴弦》中塑造了千弦弹断希望不灭的盲人琴师时，陈先生，希望您能够懂得，正像当代诗人郭小川所说，“但愿每次回忆，对生活都不感到负疚”，敬畏自我的生命，能够让我们无悔此生。

敬畏与自己相关的生命，此生有责。我们每个个体都与其他无数生命紧密相连，而这些与我们相关的生命，都是我们肩上的责任，我们需要对它们心怀敬畏。看，那为了让独居的母亲颐养天年而辞官奉母的潘岳挂起的官印，在提醒我们，敬畏亲人的生命；触，那落在为了给发烧的妻子降温而只穿单衣站在雪地中的荀粲肩上的雪花，在告诉我们，敬畏爱人的生命；听，那重病在床的元稹在听到挚友白居易被贬江州时吟出的“垂死病中惊坐起，暗风吹雨入寒窗”的诗句，在教导我们，敬畏友人的生命。陈先生，您一定明白，只有当我们因敬畏而为与自己相关的生命负起责任时，我们才能够俯仰无愧，坦然前行。

敬畏与自己无关的生命，此生崇高。鲁迅说：“无穷的远方，无数的人们，都和我有关。”我想，如果我们还能够对与自己无关的生命心存敬畏，则我们的生命一定能够更加崇高，正像尼采说的那样：“我的灵魂清澈而明亮，宛若清晨的群山。”如韩愈一般，为了天下苍生不受蛊惑，上《论佛骨表》，被贬潮州仍“肯将衰朽惜残年”；如东林学派一般，为了黎元百姓乐于樵苏，发出正直呼喊，惨

遭屠戮却成为“一支重整道德的十字军”；如新东方学校一般，为了汶川同胞重振希望，捐款支教，耗费巨大终获民政部“中华慈善奖”。陈先生，相信您十分清楚，这些人之所以值得我们敬佩，正是因为他们能对那些与自己无关的生命心怀敬畏。

这红尘，太污太苦太锦簇；这人情，总浮总疏总麻木。陈先生，您能够看到，当今时代，食品安全隐患多多，医患矛盾逐渐升级，老人跌倒无人搀扶，人们对生命的敬畏似乎越来越淡漠。不过，越是在这时，我们越应该自省：对自我的和与自己相关或无关的生命，我们都要心怀敬畏。大儒张载说：“为生民立命。”我真诚地希望您能够在今后的生活中将对生命的敬畏放在心头，毕竟，生命对每个人都只有一次；毕竟，这是我们等过了无尽黑暗才睁开的双眼；毕竟，这是一个不能停留太久的世界。

陈先生，您说呢？

此致

敬礼

明华

×年×月×日

名师点评

(1)本文是一篇格式严谨的书信，用语准确。

(2)文章动之以情，晓之以理。从敬畏生命的角度入手，感情真挚。

2. 演讲稿模板

××××××

(标题要能表现出演讲的主题，居中)

朋友们：(顶格加冒号，根据受听对象和讲演内容需要决定称呼。常用“同志们”“同学们”等，也可加定语渲染气氛，如“尊敬的各位老师”)

正文

①开头语。(空两格。可以写问候、感谢语，可以概括演讲内容或揭示中心论点，也可以从演讲题目和演讲缘由谈起)

②主体。(空两格。可以写成记叙性演讲稿、议论性演讲稿和抒情性演讲稿)

③结语。(空两格。总结全文，提出希望，给人鼓舞)

我的发言完毕，谢谢大家。(空两格。结束全文)

模板范文

题目

阅读下面的材料，根据要求写一篇文章。

欣赏中国书法，意义存在于忘言之境。在这种纯粹线条美与结构美的魔力的教养领悟中，中国人可有绝对自由以贯注全神于形式美而毋庸顾及其内容。在这片绝对自由的园地上，各种各样的韵律的变化，与各种不同的结构形态都经尝试而有新的发现。中国之毛笔，具有传达韵律变动形式之特殊效能；而中国的字体，以千变万化的结构布置，留待书法家自己去决定创造。如是，中国文人从书法修炼中渐渐认识线条上之美质，像笔力、笔趣、蕴蓄、精密、遒劲、简洁、厚重、波磔、谨严、洒脱；又认识结体上之美质，如长短错综、左右相让、疏密相间、计白当黑、条畅茂密、矫变飞动；有时甚至可由特意的萎颓与不整齐的姿态中显出美质。

结合材料，写一篇演讲稿，阐述你的观点与思考。

要求：自拟标题，自选角度，确定立意；不要套作，不得抄袭；不得泄露个人信息；不少于800字。

范文

忘言之美

尊敬的老师，亲爱的同学：

大家好，今天我演讲的题目是“忘言之美”。

回顾久远的历史画册，陶渊明在隐居之地的不经意一眼，对所见之景发出“采菊东篱下，悠然见南山”，这“悠然”便道出了只存在于诗意生活中的惊鸿一瞥。赏美景，享生活，人生的诗意之美尽在无言之中。

以自然之美治愈心灵。世间最美丽的风景都是不加修饰的，大自然的万物都生长于万物灵气笼罩之中，当你身处林间，每一口呼吸，每一声鸟鸣都如此沁人心脾。“久在樊笼里，复得返自然”，喧嚣的生活充满心灵，只有“采菊”“南山”之景，方能开阔心灵。

诗意的人生，是发现美的眼睛，是聆听自然之声的耳朵，是能够深入自然，感受自然的美的心灵。

以宽阔胸襟接纳万物。“问君何能尔？心远地自偏”。我们在生活的“苟且”中寻觅诗和远方，渴望逃避世俗的残酷和牢笼。鼓足勇气，离开所站的地方，踏上未知的陌生的前方，然而背后的喧

嚣仍萦绕耳畔，爱恨纠葛将我们拼命拉扯进现实的泥沼中，究竟是什么阻挡了我们自由的步伐？“世人皆晓神仙好，唯有金银忘不了。”利益仇恨，一切压在心口上的重担将我们置于黑暗之中，唯有“心远”才能地偏。陶渊明放弃了富贵官场回归自然，他以宽阔的胸襟接纳万事万物，舍弃了世俗功利的情感，让诗与美留存心间，这才是真正的隐居。处在喧嚣都市的我们，更应学会“放手”，放弃无用的情感，为心灵开启一扇诗意的天窗。

以智慧之心感悟人生。李清照“回舟”便有“争渡，争渡，惊起一滩鸥鹭”的梦一般美丽的视角；徐志摩于万人中寻觅知己“得之，我幸；不得，我命”；陶渊明隐居乡下，赏飞鸟又有“此中有真意”之感。诗意的人生中万物皆有灵，一切行动都是似真似幻，有诗的童心与美丽。做梦是“庄周梦蝶”；离别是“挥一挥衣袖，不带走一片云彩”；思念是“愿君多采撷，此物最相思”；愁绪是“杨柳丝丝弄轻柔，烟缕织成愁”……只要怀有一颗智慧诗意的心，一切情感都将被赋予生命，诗意的人生，就在感悟之中。

面对阳光，阴影将落在你的身后。让我们于诗中学会感受自然，接纳万物，抒发感悟，体会诗意生活中独有的“忘言之美”。栖居自然一隅，眼角眉梢尽显诗意之美。

我的发言完毕，谢谢大家！

名师点评

(1)本文是一篇格式严谨的演讲稿。

(2)文章语言极具文采，引用了大量诗词名句，紧扣演讲主题。

真题精解

01 语文教师在指导学生写作时，应该“下水”与学生同步作文。现要求你与学生同步写作一篇短文。题材如下： 浙江真题

有学生曾大胆质疑语文教材书编辑：(1)经过查证“一日无书，百事荒芜”并非陈寿所说。

(2)“周瑜看到诸葛亮挺有才干，心有妒忌”这句话并不准确，周瑜所忌并非诸葛亮的才干而是诸葛亮有才干而不为孙权所用。

请结合材料，自选角度，题目自拟，写一篇不少于800字的论述性文章。文章中不得出现真实的姓名、校名等。(20分) / 议论文

02 [材料]

广东真题

摩西奶奶是安娜·玛丽·罗伯逊·摩西的流行名，1860年，她出生于纽约州格林威治村的一个农场，成了一位贫穷农夫的十个孩子中的一个。后来在别人的农场工作挣钱，每天做着擦地板、挤牛奶、装蔬菜罐头等琐事，此后毕生都在农场度过。

摩西奶奶平日以刺绣乡村景色为乐，直到76岁因关节炎不得不放弃刺绣，开始绘画。

后来，她的作品在当地展览，她的女儿也将妈妈的作品带到镇上的杂货铺里。一天，陈列在杂货铺橱窗中的作品引起了一位艺术收藏家的兴趣并买了这幅画。这位艺术收藏家将摩西奶奶的作品带到纽约的画廊，这又引起一位画商的注意，随后，摩西奶奶的画被挂到画商的画廊里，这也将摩西奶奶介绍到了艺术界。

摩西奶奶80岁时在纽约举办个展，引起轰动。此后她的作品成为艺术市场中的热卖点，并且赢得了很多奖项。上百万张的问候卡纷至沓来，最热门的畅销书、电台与电视台的采访使她比任何其他艺术家都更深入到美国家庭中。她的质朴、诚实，她丰富多彩的晚年生活，无疑是解除冷战时期人们焦虑症的受人欢迎的一管清新剂。

虽然摩西奶奶从未接受过正规的艺术训练，但对美的热爱使她爆发了惊人的创作力，在二十多年的绘画生涯中，她共创作了1600幅作品。

有人说：你最愿意做的那件事，才是你真正的天赋所在。人到底该在什么时候做什么事，没有明确的规定。如果我们想做，就从现在开始。对一个真正有追求的人来说，生命的每个时期都是年轻的、及时的。

上面的材料引发了你怎样的思考？请结合自己的感悟与体验，写一篇文章。(30分) / 议论文

要求：(1)标题自拟，角度自选。(2)除诗歌外，文体自定。(3)不得套作，不得抄袭。(4)800字左右。

03 阅读下面的材料，根据要求写作。(30分) / 记叙文　山西真题

钱理群教授曾说："真正的精英应该有独立自由的创造精神，要有自我的承担，要有对自己职业的承担，要有对国家、民族、社会、人类的承担。"

要求：结合材料自选角度，自拟题目，文体不限，写一篇不少于800字的作文；不得套作，不得抄袭。

04 一个时期以来，许多家长望子成龙心切，恨铁不成钢，当孩子的表现不合自己的期望时，就批评指责，甚至怒骂，有人称之为"咆哮式教育"。以"咆哮式教育"现象为话题，以记叙文或者议论文的形式写一篇600字左右的作文。(50分) / 记叙文、议论文　福建真题

05 "手机该不该进校园"一直存在争议。有人说，学生玩手机会分散注意力，干扰教学秩序，影响学习和集体生活质量，还可能接触到不良信息。也有人说，手机可以作为学习工具，辅助教师教学，培养学生的自控能力是学校职责之一，不能一禁了之。还有人认为，课堂上和课余时间应该区别对待。对此，文德中学准备召开座谈会，广泛听取学生、教师、家长代表的意见，然后再决定是否出台相关规定。　山西真题

结合材料，以教师的身份，写一篇发言稿，阐述你的观点与思考，并提出希望与建议。要求：自拟标题，自选角度，确定立意；不要套作，不得抄袭；不得泄露个人信息；不少于800字。(40分) / 应用文

06 "六一"儿童节快到了，育英小学五年级6班准备开展一次主题活动，邀请你在主题活动中面向全班学生做演讲。演讲主题是："传承革命精神，做新时代接班人"。请你写一篇不少于600字的演讲稿。

山东真题

要求：①自拟题目；②不得透露个人信息；③不要套作、不要抄袭；④注意形式；⑤演讲主题，不作为标题。(40分) / 应用文

高分作文与名师点评

01 高分作文：

敢于质疑

那些著名的科学家所说的话常常被视为真理，我们从未去怀疑这些真理；老师们所传授的知识都被孩子们视为是无可争议的，他们也从未去怀疑这些知识的真实性。但其实，只有敢于质疑，才能不断进步。

古希腊学者亚里士多德认为重物体比轻物体下落的速度要快。世世代代的学者都接受这个论断，坚信不疑。但年轻的伽利略通过一系列实验，发现亚里士多德的说法是错误的。如果没有空气的摩擦阻力，重物体和轻物体下落的速度相同。他在比萨斜塔上同时丢下两个重量不同的球，站在塔下的千百观众亲眼看到两个球在同一时刻落地，都惊讶不已。

经过近两千年的时间，亚里士多德的错误论断才被推翻，难道这期间就没有其他科学家站出来勇敢地提出质疑吗？是的，这期间人们都只是学习亚里士多德的理论，他的所有思想都被尊为不可怀疑的真理。但不敢于怀疑"真理"的人都是在死学，这样的学习是没有效果的。

当今社会，似乎各种知识都已经完全被定论，而我们只要去记去背就行了，那是不正确的，我们要敢于质疑，提出自己的观点，有这种难能可贵的品质，我们才能学得更好。

在一本古代数学书中，出现"圆一周三"的定论。也就是直径为一的圆周长为三。这个"权威"定理一直被使用了七百多年，没有人质疑，似乎这便是完美的答案。但是数学家祖冲之却质疑了这个观点，因为生活中有太多实例与此不同了。但人们总说，也许是出了一点误差也说不定，这可是书上权威的答案。最后，祖冲之通过"割圆法"，耗时良久，终于得出了π等于3.1415926到3.1415927之间的结论，打破了权威，起初不相信他的那些"专家"们也都服气了，祖冲之因质疑而打破了权威。

只有学会了质疑权威，这个世界才会飞速进步。如果牛顿没有质疑毕达哥拉斯定理，物理学又怎会上一个台阶；如果哥白尼没有质疑“地心说”，又怎么会有后来天文学的突飞猛进；如果没有人质疑神佛妖魔，也许现在人们仍愚昧无知。

所以说质疑可以拨开层层迷雾，带着人们走向真理。不要认为教材是“权威定论”，老师讲的都是“金口玉言”。我们不但要学会听，更要学会用大脑去分析和思考，我们需要拥有敢于质疑权威的精神。

名师点评

(1)本文是一篇议论文，运用了分论点并列式。

(2)开头开门见山，引出论点。

(3)中间先以伽利略推翻亚里士多德的论断作为论点①，再以祖冲之得出圆周率作为论点②，最后以三个排比句作为论点③。考生围绕着文章的中心论点，从同一个角度列出几个分论点，逐一论证，使文章极具说服力。

(4)结尾总结全文，深化中心论点，与开头相呼应。

(5)拟定得分：18分。

02 高分作文：

做自己喜欢的事

“人生只有一次，做自己喜欢的事情。”当你听到这样的鸡汤句子，一定会觉得是哪个人又来故作高深，宣扬奋志了。

然而，摩西奶奶却做到了。摩西奶奶，在76岁才正式地专注于画画。在80岁的时候，她就开了个人画展。也正是那个时候，让她被大众所熟知。

也许你认为她的前半生都在为后半生的发光发热积攒力量，所以才会大器晚成。事实上，摩西奶奶只是一个农村妇女，她的丈夫是农场工人。她没有学过画画，就连拿起画笔，都是因为身体原因不得不放弃刺绣。而就是这样的摩西奶奶，在那个应该安享晚年的年纪，拿起了画笔，开始取悦自己，做自己喜欢的事情，做自己想做的事情。

做自己喜欢的事，是成功的阶梯和内在动力，喜欢，是幸福的源泉。有一次记者问爱因斯坦“你的成功是否因为你的天赋”时，爱因斯坦风趣地说：“有天赋的人很多，而成功与否关键看你对从事的事业的热爱与勤奋。”不管你是腰缠万贯还是勉强糊口，不管你是达官显贵还是一介草民，只要你找准了自己的位置，只要你所做的是你所喜欢的，你就会全身心地投入，你就会体悟到其中的乐趣，从而不仅会使你走向成功，还会使你获得幸福。

"你最愿意做的那件事,才是你真正的天赋所在。"也许,我们生来平凡,但是如果有喜欢做的事情,就变得不一样了。或许当我们想要去做自己喜欢的事情时,会受到质疑和阻碍,但只要相信自己,就会明白,放弃是一件多么愚蠢的事情,对某件事情的热爱会让你快乐。为了迎合别人眼里的成功,而放弃了自己的快乐,是一件悲哀的事情。

年近八十才开始画画和一开始就要成为自己想要成为的那种人一样艰难。但正因为艰难,才会更加可贵。摩西奶奶的成功一直在激励我们,不管你看不看得到成功,不管你是什么年纪,什么生活状态,都可以为梦想而活。做自己想做的事情,成为自己想要成为的人,不管早晚,不管生活现状,任何时候,都可以。

人的一生,能找到自己喜欢的事情是幸运的,当我们内心充满了热爱,生活才会充实而圆满。当你不计功利地去做一件事时,那投入的是愉悦,获得的是成就感,这便是最大的收获。

人生只有一次,去做自己喜欢的事。

名师点评

(1)本文是一篇议论文,运用了阐明道理式。

(2)开头用一句话明确观点,干净利落。

(3)中间先叙述道理,进一步诠释观点,力求准确、具体、深刻。然后用摩西奶奶与爱因斯坦的事例论证观点,叙述简洁。最后分析事例,紧扣中心论述。

(4)结尾归纳全文,点破主题。

(5)拟定得分:28分。

03 高分作文:

疫情下人民教师的担当

医生治病救人,老师教书育人。在这次疫情面前,医护人员用自己大无畏的精神谱写了一曲壮丽篇章。没有生而英勇,只有奋勇前行。都是被父母疼爱、家人牵挂的年纪,他们选择了迎难而上,直面疫情。但是,不只医生,在这个漫长的假期里,老师们也在尽自己的努力参与到这次疫情阻击战中。

中国拥有世界上数量最为庞大的学生群体,一旦学生感染,后果不堪设想。作为一名教师的女儿,我亲身感受到了一名人民教师的责任与担当。疫情发生初期,我的妈妈就参加了学校的视频会议,我在客厅听到了她的承诺:"作为一名班主任,一名人民教师,我有责任有义务对我的学生负责,尽我最大努力保障我的学生的安危,为他们参加中考保驾护航。"开完会她便一个个开始给学生家长打电话,一句"假期期间不要随便出门,出门一定要戴好口罩,做好消毒工作"重复了一遍

又一遍。有的家长并没有把这件事放在心上，妈妈就不停地给他讲道理，分析当前的形势，动之以情晓之以理。在打完电话通知完家长后，她又开始和她的同事们商量对策。“妈妈你先吃饭吧，菜都要凉了。”“你们先吃不要管我，对，我觉得应该做到每天上报统计，这样才能最大限度避免……”打着电话的妈妈下意识应了我一句就接着和同事商量措施。菜热了两次，这次电话会议进行了三个半小时。

挂了电话的妈妈坐在餐桌旁匆匆扒了几口饭，就开始制作班级成员的统计表。她对电脑操作并不熟练，平时换个电脑壁纸都要来问我的妈妈这次坚决不让我帮她：“这些都是孩子们的信息，你平时大大咧咧的万一输错怎么办。”因为不熟练键盘，她都是一个键一个键敲，因为看不清，她的脸都要贴在键盘上了，可就算这样，她还是不让我帮她，坚持要自己来做。之后的无数个早上我都是被她的电话吵醒的，学校要求上午十点前每名学生向老师汇报体温，有无接触外来人员，总有一些学生和家长忘记，妈妈就一遍又一遍地打电话询问，有的家长不接电话，打了三四个都没有打通，她心急如焚，在客厅来回踱步，眉头紧缩：“哎呀，怎么不接电话呢？干什么去了？不会发热了吧？”铃声刚响一下，她就立马接听。

假期本来是妈妈的休息时间，可在这个假期里，她没有休息，除了每天的统计，她还会对学生的心理进行疏导。妈妈不仅在学业上给我树立了榜样，并且在师德上更是我的指向标，我从妈妈身上学到如何成为一名优秀的教师。尤其是在面对这次疫情，妈妈作为教师用自己的实际行动向我展示了就算不是医护人员，同样也可以为防疫事业贡献自己的力量。

这就是人民教师在疫情面前的担当。

名师点评

(1)本文是一篇记叙文，运用了叙事模式。

(2)开头先介绍了故事的背景，引出接下来要记叙的事情。

(3)中间详细地记述妈妈作为一名人民教师在疫情面前的责任与担当，体现她关爱学生、认真负责的品质。通过细腻的语言，将一位认真负责、无私奉献、热爱学生的人民教师刻画地生动感人。

(4)结尾写出妈妈为“我”树立了榜样，点明文章主旨。

(5)拟定得分：29分。

04 高分作文：

“咆哮式教育”要不得

在我们身边，经常能看见咆哮的父母，他们望子成龙心切，每当孩子的表现不合自己的期望时，就批评指责，甚至怒骂。却不知，教育孩子，需要家长放下咆哮，重拾耐心。

记得在初二的期中测试后，父亲见我的成绩一落千丈，就怀疑我是不是在谈恋爱，对我大声斥骂，不停逼问我："如果不是谈恋爱为什么会考这么差！"然后我与父亲根本就无法沟通，所有的解释在他看来都是狡辩。

但是这件事却没有彻底的结束。期末考试的第二天，父亲便对出差归来的母亲说了我恋爱的一系列事情，并且在没有弄清楚事情的来龙去脉时就怒气冲冲指着我堂姐说是她把我带坏了。我很生气，埋怨着父亲不经过大脑就去做事情，还没有把事情弄清楚就去下结论，催促他给我和堂姐道歉。但是父亲却近乎咆哮地说："我这都是为你好！"对于父亲来说，成绩是衡量一个人好坏的标准，咆哮式的教育是为我好，殊不知家庭教育需要耐心。

耐心才能呵护孩子梦想的翅膀。第一位登上月球的宇航员阿姆斯特朗在童年时跟母亲说自己想要到月亮上去，母亲对他说："好呀，但是，可别忘记回来哦！"如果母亲当初呵斥他想法的荒谬，航天史上可能就少了一位重要人物。

耐心才能发现孩子的闪光点。爱迪生小时候被他的一个班主任当成笨学生，他的母亲却不这么认为，她把爱迪生接回家，鼓励他做各种各样的实验，保护爱迪生对做实验的兴趣，最终爱迪生成了举世闻名的发明家。

孩子是脆弱的，尤其容易受父母的影响，家长的鼓励是他们前进的勇气和动力。

咆哮不是合格的教育，恐惧只会留给孩子阴影。放下咆哮，重拾耐心，让孩子自信成长！

名师点评

(1)本文是一篇议论文，运用了"总—分—总"的模式。

(2)开头先解释了什么叫"咆哮式教育"，引出接下来的分论点。

(3)中间详细地描述了父亲对"我"的"咆哮式教育"，指出这种教育方式带给孩子的伤害。然后列举阿姆斯特朗和爱迪生的事例证明鼓励在教育中的重要性。

(4)结尾再次点明主旨，呼吁家长不要对孩子采取"咆哮式教育"。

(5)拟定得分：47分。

05 高分作文：

莫让美好年华萎于手机之下

尊敬的各位老师、各位家长，亲爱的同学们：

今天我们聚在这里，对"手机是否应该进入校园"问题展开讨论。身为教师，我认为：手机进校园，着实不应当。

前几天我看到一幅中国百年对比图，画面上的两位青年人，均是侧卧的姿势。只不过左边百年前的青年拿着烟枪吸食鸦片，眼神空洞，右边百年后的青年手捧手机不停翻阅，竟也没有半点朝气与活力。手机对日常生活的影响之大，想必大家心知肚明。相较于晦涩的文言，烧脑的计算，手机里的奇幻世界可谓勾人心魄。君曾见，多少学生因迷恋手机而熬过夜。高中生的自制力终究有限，绝大部分学生在手机面前无半点招架之力。百年前列强用鸦片损毁我们的心智，百年后我们的孩子却又臣服于手机。相比于被迫的屈从，自愿的堕落岂不是更加可怕！

此外，校内科技已足够便利。想与家人联系，座机悬挂在楼道内，插卡即拨号；想用网络查询资料，电脑在班内，开机即可用。若这样都满足不了学生对外界的向往，硬要带手机才能实现便利，那我看这是醉翁之意不在酒。这便利到底指什么，不必多说，大家也清楚。

学校既然学字开头，就当以学业为重。学生在校学习、生活，好不容易有了脱离手机的时间。虽说手机害的是自制力不强的人，但又有多少学生拥有强大的自制力呢？手机进校园，对于大部分的孩子都是弊大于利的。学习生活本应繁忙于晨兴，戴月于归途，何必以孩子们的前途作为赌注呢？

手机不是不能用，只是应区分正确使用手机的时间、地点及方式，其应用不应打破校园的良好氛围。既然明知难以自控是孩子们的通病，何不先断了这个可能，为校园书香之气保驾护航？

除了禁止学生带手机入校，学校更应注重增强学生的自控能力。科技的发展不是毁灭人类而是造福人类，科技的"正确打开方式"应从源头抓起。校方不妨加强对手机应用方面的科普，重点宣传网络游戏、不良信息对孩子们的身心危害，向他们推荐一些有益于他们成长的App、公众号，给孩子们树立正确使用手机的意识。若每个学生都能以学习为目的使用手机，即使携带也不会影响他们的日常生活，那么手机入不入校将不再是一个令人争论不休的问题。

青春少年，请让他们出彩绽放；电子产品，请让它们远离校园。

我的发言到此完毕，谢谢大家。

名师点评

(1)本文是一篇演讲稿。

(2)开头先表明了演讲的主题是"手机是否应该进入校园"，然后点明自己对此的观点是"手机进校园，着实不应当"。

(3)中间逐一论述了无节制玩手机的坏处，有理有据，最后指明了应该怎样合理地运用手机。

(4)结尾再次点明自己的观点，发出呼吁。

(5)拟定得分:37分。

06 高分作文：

争做新时代接班人

翻开历史的画卷，昔日的祖国，傲立东方，我们为此自豪；昨天的华夏，忍辱百年，我们为之愤慨；今日之中国，国泰民安，我们为之欢跃！

同学们，我们是幸运的，不曾经历战争年代的苦难，不曾目睹祖国母亲的沧桑。我们坐在宽敞明亮的教室里，了解中华民族的兴衰荣辱；我们走在平坦开阔的马路上，见证家乡日新月异的变化。

同学们，我们沐浴在党和政府的光辉下。在家长的细心呵护下，茁壮成长；在老师的谆谆教导下，奋发图强；在祖国母亲温暖的怀抱里，天天向上。我们生活在一个崭新的时代，建设美好家乡的重任将落在我们肩上，伟大的"中国梦"需要我们去描绘。我们要珍惜今天的美好时光，抓住学习机会，努力成长为建设美好家乡和富强祖国的栋梁之材。

"今日之责任，不在他人，而全在我少年。少年智则国智，少年富则国富，少年强则国强，少年独立则国独立，少年自由则国自由，少年进步则国进步。"百年之前梁启超的这番话仍在激励着我们。作为祖国的未来，民族的希望，在"富强、民主、文明、和谐，自由、平等、公正、法治，爱国、敬业、诚信、友善"24字社会主义核心价值观的指引下，树立伟大梦想，并为之艰苦奋斗是每一个人义不容辞的责任和使命，也是实现我们人生价值不可或缺的理念。

同学们，我们要认真学习和践行社会主义核心价值观，弘扬新时期的时代精神。在家里要孝敬和体贴父母长辈，做个好孩子；在学校要尊敬老师、团结同学、遵守纪律、勤奋学习，做个好学生；在社会上要爱国守法、诚实守信、团结友善，做个文明、守法的好公民。

海阔凭鱼跃，天高任鸟飞！同学们，让我们在社会主义核心价值观的指引下，团结一致、努力学习、积极进取、勇于创新，为建设美好家乡和富强祖国做好准备，为实现伟大的"中国梦"而读书！

我的演讲到此结束，谢谢大家！

名师点评

(1)本文是一篇演讲稿。

(2)开头用激扬的语言奠定了全文的情感基调，点明了文章主旨。

(3)中间从三方面论述如何争做新时代接班人，语言积极向上，振奋人心。

(4)结尾对同学们予以期许并发出呼吁。

(5)拟定得分:39分。

专题三　真题集训

01 贵州真题

材料:爱尔彼得的祖父留给他一座林园,一场山火把林园烧毁,爱尔彼得十分失落。当他走到大街上的时候发现很多人在排队买木炭,等着烤肉和取火,然后他灵机一动,回去雇用了一些工人,把那些被烧毁的树木变成了木炭。他用卖木炭的钱买了一些树苗,种在了林园中。第二年,林园又变成了原来的林园。

不管发生了什么,只要变换一个思路而不是放弃,就能有不一样的结果。

根据材料作文,不少于800字,体裁自定,诗歌除外。(30分)

02 广东真题

阅读下面材料,按要求作文。(25分)

井里的青蛙向往大海,请求大鳖带它去看大海,大鳖欣然同意。青蛙见到一望无际的大海,惊叹不已,急不可待地扑进大海的怀抱,却被一个浪头打回沙滩,摔得晕头转向。大鳖见状,就叫青蛙趴在自己的背上,背着青蛙游海。青蛙逐渐适应了海水,能自己游一会儿了。过了一阵子青蛙有些渴了,但喝不了又苦又咸的海水;它有些饿了却怎么也找不到一只可以吃的虫子。青蛙对大鳖说:“大海的确很好,但以我的身体条件,不能适应海里的生活。看来我还是要回到我的井里去,那里才是我的乐土。”

于是,青蛙向大鳖告别,回到了自己的井中,过着平安快乐的生活。

要求:

(1)自选角度,写一篇不少于800字的议论文。

(2)题目自拟。

(3)不得出现真实信息。

03 湖南真题

在汉语中，“清”原本指水纯净没有杂质。正是从水的“清”，引出了其他许多事物的“清”，从自然事物的“清”引申出了“清”的人文、社会和政治意义。于是，便有了以清贫、清白、清爽、清高、清逸、清趣等以“清”字为核心来判断人格品性、社会风气的众多词汇，从古至今影响着人们的价值观，成为中华民族传统美德中的至宝。

请根据材料，结合你的感悟与思考，围绕“清”这一话题，写一篇文章。

要求：①自选角度，自拟标题；②除诗歌外，文体不限；③总字数不少于800字；④不得抄袭，不得套作。(30分)

04 天津真题

读《在延安文艺座谈会上的讲话》选段，按要求作文。(40分)

我们决不可拒绝继承和借鉴古人和外国人，哪怕是封建阶级和资产阶级的东西，但是继承和借鉴决不可以变成替代自己的创造，这是决不能替代的。文学艺术中对于古人和外国人的毫无批判地硬搬和模仿，乃是最没有出息的最害人的文学教条主义和艺术教条主义。

根据选文的主题，结合你对继承、借鉴和创造的体会和思考，写一篇文章。

要求：

(1)自选角度，自拟标题。

(2)文体不限(诗歌除外)。

(3)不少于800字。

(4)不得抄袭，不得套作，不得透露个人信息。

05 阅读下面的材料，根据要求写作。(30分)　山西真题

材料一：北大教授戴锦华在一次中文系毕业典礼上说："愿你们有承当，首先承当起自己，进而承当起时代和社会。愿你们做个好人，利己亦利他，自我亦社会。愿你们快乐地生活，愿你们始终拥有真诚与坦荡，独自扪心，静夜自问之时，磊落心安。愿你们大胆地去爱人，以赢得被爱；愿你们去争取也坚持；愿你们必然与世界谈判并妥协之际，记得自己设定过的底线。不要理会诸如'幸福指数'一类的说辞，幸福原本不可统计，一如源自心底的微笑从不进入计量。"

材料二：路遥在《人生》中写道："人生的道路虽然漫长，但紧要处常常只有几步，特别是当人年轻的时候。没有一个人的生活道路是笔直的，没有岔道的，个人生活上的岔道口，你走错一步，可以影响人生的一个时期，也可以影响一生。"

材料三：鲁迅在《导师》中寄语青年："你们所多的是生力，遇见深林，可以辟成平地的，遇见旷野，可以栽种树木的，遇见沙漠，可以开掘井泉的。"

以上材料引发了你怎样的联想和想象？学校将举行"青春有我"主题演讲活动，请你以即将毕业的大学生的身份写一篇演讲稿。

06 请以"即将到来的日子"为题写一篇文章，不少于800字。(30分)　江苏真题

浙江真题

07 大诗人艾青曾吟出："为什么我的眼里常含泪水？因为我对这土地爱得深沉。"眼泪是无色的，但它分明有着最丰富的生命色彩！说到眼泪，你会想到什么呢？是自己曾经的软弱？抑或是坚强？眼泪有时候代表忏悔，有时候代表宽容；我们失败时有泪，成功时会喜极而泣……

现在，就让我们在一颗颗晶莹的泪水中，去感受那最真实的生命印记，以"眼泪"为话题，写一篇不少于500字的文章。文中不得出现你所在学校的校名，以及教职工、同学和本人的真实姓名。(30分)

广东真题

08 [材料]

新冠肺炎疫情暴发以来，面对人民群众的生命安全和身体健康，面对党和人民的召唤，中华大地上涌现出一批又一批的英雄的群体和个人。83岁的钟南山院士、72岁的李兰娟院士第一时间奔赴武汉；身患渐冻症的武汉金银潭医院院长张定宇顾不上被感染的妻子，一瘸一拐地坚守在抗疫一线；广大医护人员写下了请战书，发出了"不论生死，不计报酬"的铮铮誓言；不知道姓名，说叫自己中国人就行的好心人从国外背回口罩，匿名捐献；日照环卫老大爷把包着12000元的纸包拍在警局桌子上，转身离开，要求急转武汉；安徽小伙，放下500个口罩，转身就跑；37岁的火神山建设者骆名良，捐出所有工钱买了牛奶送给医护人员；80后武汉快递小哥，22天未回家，带领30多名志愿者对接1000多名医护人员的需求……他们是英雄，也是丈夫和妻子，父亲和母亲，儿子和女儿。

上面的材料引发了你怎样的思考？请结合实际，自选角度，自拟标题，写一篇文章。

要求：体裁不限(诗歌除外)，字数在800字左右。(25分)

09 你选择语文老师作为自己的职业，一定有自己的考量。请结合当前背景、专业志趣、责任担当等方面，以“新时代·新语文·新使命”为题，写一篇1000字左右的演讲稿。　**江苏真题**

要求：内容真实，切忌空泛，不要透露自己的真实姓名、家庭住址等信息。(40分)

10 阅读下面的材料，根据要求写作。(30分)　**广东真题**

据“光明网”报道，3月16日晚，一名几天前回到北京的澳大利亚籍华人引发众人关注。视频显示，这名女子在隔离期间外出跑步，还没有戴口罩。面对社区工作人员的不断劝阻，该女子竟大喊“救命，有人骚扰”，并指责工作人员无理取闹……第二天，“拜耳中国”对此作出回应——

拜耳一贯遵守经营地所在国的法律和法规，并坚定支持中国政府和民众的抗疫行动。对于网上流传的视频，拜耳在第一时间进行了核实。经查，该涉事人确为拜耳员工。对于该事件，拜耳做出如下声明：

1. 公司已根据相关规定，对该员工做出辞退处理，立刻生效。
2. 拜耳中国所有员工，都应严格遵守各地政府抗击新冠疫情的各项措施，并严格遵守当地法律和法规。
3. 拜耳将继续与中国政府和民众一道，抗击新冠肺炎疫情，为早日取得最后胜利做出贡献。

拜耳中国
2020年3月17日

针对拜耳中国辞退该女子这一事件，网友大多持肯定态度，但也有一些不同的声音。某班语文老师拟让同学们在班上交流自己的看法，请你以该班学生李华的名义写一篇发言稿参与交流。

要求：结合材料，自选角度，确定立意；符合文体特征；不要套作，不得抄袭；不得泄露个人信息；不少于800字。

11 阅读下面材料，按要求作文。(50分) 湖南真题

不忘初心，方得始终。因为忘记了初心，我们走得十分茫然，多了许多柴米油盐的奔波，少了许多仰望星空的浪漫；因为忘记了初心，我们已经不知道为什么来，要到哪里去；因为忘记了初心，时光荏苒之后，我们经常听到人们的忏悔。我们的希望，就在于初心不忘。

请以"不忘初心，方得始终"为话题，自拟题目，写一篇文章。

要求：(1)除诗歌、戏剧外，体裁不限。

(2)表达真情实感，不得套写、抄袭。

(3)文章中不得出现真实的地名、人名。

(4)字数在600字以上。

12 阅读以下材料，根据要求写作。(20分) 山东真题

凡益之道，与时偕行。——《周易》

不日新者必日退。——程颐、程颢《二程集》

中国青年要勇做走在时代前列的奋进者、开拓者、奉献者，毫不畏惧面对一切艰难险阻，在劈波斩浪中开拓前进，在披荆斩棘中开辟天地，在攻坚克难中创造业绩，用青春和汗水创造出让世界刮目相看的新奇迹！——习近平在纪念五四运动100周年大会上的讲话

以上材料触发了你怎样的联想和思考？请以"青年与创新"为话题写一篇文章。

要求：选好角度，确定立意，自定文体，自拟标题。不要套作，不得抄袭，不得泄露个人信息，不少于800字。

13 题目："冬日里的阳光"　山西真题

要求：

①结合自身的生活学习经历，写出真情实感，不少于600字；

②文中不得出现真实的人名、校名等。(30分)

14 阅读材料，根据要求作文。(20分)　陕西真题

世界上有无数关闭着的门。每一扇门里，都有一个你不了解的世界。求知和阅世的过程，就是打开这些门的过程。世界上没有打不开的门。只要你愿意花时间、花功夫，只要你对门里的世界有探索和了解的愿望，这些门一定会在你面前洞开，为你展现新奇美妙的风景。

——赵丽宏《为你打开一扇门》

要求：自选立意，题目自拟，写一篇600～1000字的议论文。

15 语文老师在指导学生写作时，应该与学生同步作文。现要求你与学生同步写一篇短文。题目自拟。(20分) 浙江真题

…………

显然，这是一棵挣扎在死亡边缘的树。

这是一颗银杏树，树龄应该在10年左右。与同院子里敦厚壮实的银杏树相比，眼前的这棵银杏树不仅年幼，而且显得纤细。所以，如果生命就此戛然而止，那实在是可惜、可叹。

对，只要还有一息希望，就坚决不能放弃。对这棵银杏树的努力抢救，事实上已经开始了。你看，在这棵树的根部向上大约一米，挂了一个营养袋，通过营养袋的一根细细的塑料管，向下分开，两只针一样的东西扎入树的根部，整个状态就像给一个站着的病人打点滴一样。

看到这种情景，我的心一下子鼓满了希望，一个信念越来越坚定，这棵树一定能够被抢救过来，一定能够再次枝繁叶茂，一定能够像其他银杏树一样，带给人们秋天的美好。

…………

请以“希望”为话题，写一篇作文，文体自选(诗歌除外)，字数不少于500字。

16 以“________的味道”为题写一篇文章。(20分) 浙江真题

要求：自选角度，补充完整题目后写作，选取一两个事件突出主题，不少于500字。

17 阅读下列材料，完成作文。(25分)　广东真题

材料一：

在国外的视频网站上，一位9岁美国男孩靠着玩具评测，就能获得千万元收入，成为当年收入最高的博主。另一位7岁的韩国儿童博主宝蓝，同样靠发布玩具评测和儿童短剧积累了4000万粉丝，许多作品播放量过亿。

材料二：

如今在各大视频平台上，儿童类账号备受欢迎。萌娃们在镜头下或反差或乖萌的表演成功吸引了大批“云养娃”的网友。儿童博主的“吸金”能力超过成年人早已不是秘密，甚至有博主通过发布孩子的短视频，月收入就超过15万，不觉间“啃小族”在悄然流行。

以上材料引发了你怎样的思考？请结合你的体验与感悟，写一篇800字左右的文章。

18 中国共产党成立100周年，在百年奋斗历程中，我们领导人民取得了举世瞩目的辉煌成就，书写了波澜壮阔的历史画卷，留下了弥足珍贵的宝贵经验和精神财富。今天的青年遇上了中华民族发展进步的最好时代，科技繁荣，文化繁茂，城市繁华，可以尽情享用现代文明的成果。但我们也要认识到，当时代带给我们前所未有的物质文明和机遇时，也给我们带来了许多诱惑和挑战。2021年4月19日，习近平总书记在清华大学考察时强调，广大青年要肩负历史使命，坚定前进信心，立大志、明大德、成大才、担大任，努力成为堪当民族复兴重任的时代新人，让青春在为祖国、为民族、为人民、为人类的不懈奋斗中绽放绚丽之花。　山东真题

请结合材料内容，以“肩负时代重任，让青春闪耀光芒”为主题，以学校青年教师的身份写一篇文章。要求：自拟标题；文体不限，诗歌除外；不要套作，不得抄袭；不能泄露个人信息；不少于800字；立意明确，中心突出，围绕主题展开。(25分)

根

牛 汉

我是根，
一生一世在地下
默默地生长，
向下，向下……
我相信
地心有一个太阳
听不见枝头鸟鸣，
感觉不到柔软的微风，
但我坦然
并不觉得委屈烦闷。
开花的季节，
我跟枝叶同样幸福，
秋天，沉甸甸的果实，
注满了我的全部心血。

读了上面的小诗，你有怎样的感悟和思考？写一篇700字作文。（30分）

20 二十多岁、年轻漂亮的师范大学毕业生李云飞，到山村做了一名教师。有一年，她接到了一笔捐款，这笔捐款的使用方式，迅速引起了社会各界的争议。她没有把钱用在"现实问题"上，比如增添一些新的教学工具、改善教学环境之类，而是在其他老师的反对下，将全班孩子"奢侈"地带到了深圳，让孩子们第一次走出山沟，切身感受了外面广阔的世界。

面对记者的一大堆问题，年轻女教师只恬淡地说了一句话："我们那里太穷了，但我想让我的学生知道山外有高楼。"

要求：选好角度，确定立意，明确文体，自拟标题；不要脱离材料内容及含意的范围作文，不要套作，不得抄袭。(20分)

参考例文

注：下面的参考例文中画横线的句子是与作文框架有关的关键句，画曲线的句子是文笔流畅、语言优美的重点句，考生在作文时可参考运用。

1.

换一种角度看问题

人生无常，心灵多少次在黑暗的抑郁中消沉，又多少次在喜极的旋涡中跳跃。然静下心来，换一种角度思考呢？

失败、挫折不都是一种收获？成功、胜利难道不会成为阻碍更高追求的桎梏？如是思之，心灵便不禁释然，于是，人生也显出了深邃、厚重和丰富。这，或许是真正读懂人生的经验吧！

萧瑟深秋，当一叶枯黄在袭人的寒风中蜷缩、颤抖时，多愁善感而潸然泪下者甚众。朋友们，你难道只看到了它枯萎的叶脉、残败的身躯？换一个角度思考吧，落叶归于泥土固然是一种结束，但这同时也是新的生命的开始啊！超越了时间和空间，来年又是一朝春晖。

数九寒冬，飘雪纷飞，真不知冻僵了多少人的心。足不出户，却大怨天气之恶劣，这实在不是明智之举。天气固然恶劣，但并不足以成为阻止人们进行正常活动的托词，相反，只要添上了一颗与困厄作斗争的心，纵使失败了，也是一种极有意义的经历。所谓“一朵飘雪，冷暖由心”，关键在于你看待它的角度。

其实，换一种角度不仅是对人心灵的解脱、生命的丰富，更是一种理性的思考、创造性的判断。

九方皋相马，不辨其雌雄、毛色，却深谙马的本性，知其能否日行千里。他不是站在常人辨马的一般角度，而是摒弃外表的迷惑，站在观马之潜力的角度上来相马：得其精而忘其粗，在其内而忘其外。此乃超乎凡夫俗子的大智。

塞翁失马，不问祸福。时人哂之，殊不知“祸兮福所倚，福兮祸所伏”之道，这是造物主神秘的规则，大自然微妙的功夫！不明白此中道理，只重视眼前表面得失，马失而恸哭，马得而喜极，子伤又复悲，免役又复喜，这难道不是一种被愚弄的悲哀吗？

诚然，世间万物纷繁复杂，且好以其表象示人，倘以单一的角度窥之，可乎？

北宋诗人苏轼有“横看成岭侧成峰，远近高低各不同”之句，充分阐明了多角度看待事物的重要性。所以，唯有懂得换一种角度思考，才能理性地面对这个纷繁复杂、变化无常的世界，而不至被外物所惑。

总而言之，换一种角度，就是给自己一次重新认识事物的机会，结果或喜或悲，这些似乎都已不重要；重要的是，在换一种角度思考的过程中，学会更多、更深的人生哲理——人生落魄时不要悲观丧气，一蹶不振；人生得意时不要沾沾自喜，忘乎所以。如此，人生才会变得厚重和精彩。

名师点评

(1)本篇作文作为议论文，打破常规，结构新颖，文采斐然。

(2)作文开头提出疑问，引人思考，照应题目，提出论点，开门见山。

(3)列举生活中常见的场景，论述平易近人又发人深思。又列举古代著名事例，加强论证，增强文章的说服力。

(4)作文中大量运用优美的语句，引用诗文，增加文采，灵活生动。

(5)拟定得分：29分。

2.

没有最好

有最好的花吗？陶潜以菊为挚友，周敦颐以荷为至爱，王子猷却以竹为知己。

有最好的女子吗？宝玉钟情于柔弱纤细的黛玉，贾母偏爱端庄贤淑的宝钗，焦大喜欢的却是健康壮实的村姑。

有最好的庭院吗？中原王侯以黄瓦红墙的皇城为傲，江南文人以曲径通幽的园林为佳，深林隐士却以柳荫柴门的茅屋为美。

人各有志趣，各有长短，适合自己的才是最好的，在适合自己的天空，我们才可以把翅膀张开到最大限度，飞到最高的地方。马克·吐温在成为知名作家之前曾立志做一名商人，像当时的成功商人一样“腰缠万贯”，但他先后两次惨败，债台高筑。最终，他清醒认识到自己的天赋在于文学创作，经商并不适合自己。

每个人都有自己最好的天空，都有不同的长处短处。试想若让余秋雨打篮球，让科比搞文学创作，其结果会怎样？社会上有人一心寻找“最好”的专业，学一门“最好”的文学，找“最好”的学习方式，这样只会造成盲从盲动，浪费光阴且收效甚微。大文豪高尔基在凌晨思维活跃，文思泉涌，难道在凌晨写作对大多数人都适用吗？偌大一个世界，漫长历史长河中又有几人如此？盲目追求最好，只能是邯郸学步，东施效颦。

没有最好，只有更好，我们对“最好”的追求没有极限。没有绝对的纯金，只有百分比更大的含金混合物；没有纯硅，科学家竭力提纯了几十年仍是枉然，但它们的纯度却随技术进步不断地提升。

人类的大脑是最急需开发的隐藏资源，它可以存储大量的信息，常人一辈子只用了其存储功能的2%，闻名于世的爱因斯坦也只用了15%，正如牛顿所说，人类面对着知识的海洋，常常为拾到沙滩上较为光洁的卵石而沾沾自喜。人类前进的道路漫漫，作为社会的一分子，唯有竭力寻找“更好”，而不能满足于所谓的“最好”。

没有最好，人人各有不同的眼光，怀藏着不同的天赋，适合自己的才是最好！

名师点评

(1)本篇作文是一篇考场议论文佳作，层层深入，文采斐然。

(2)开篇以三个问句并列，结构新颖，让人眼前一亮。且问句形式能引人思考。

(3)中间部分从三个层面来论述“什么是最好”“有没有最好”“没有最好只有更好”，没有说教式的议论，循循善诱，让自己的观点深入人心。

(4)最后亮明观点，直接点题，让人恍然大悟，心服口服。

(5)拟定得分：24分。

3.

旁观者清

“当局者迷，旁观者清”，本是一句精妙的棋语，却也渗入了生活中的认知特点，它可以引导我们跳出生活的棋局，以清醒的头脑换位思考，从而透过现象看本质，体味出人间真情，摒除不良习惯，保留一颗纯洁的心灵。

做一个旁观者，能清楚地理解父母之爱。一些青少年被父母百般呵护，却“当局者迷”，不理解他们的爱，而旁观，或许更能使他们领会父母之爱的细微和伟大。我以前常常会抱怨父母的唠叨，然而朋友总会羡慕我的幸福。天冷，父母提醒我添衣服，并不辞劳苦地跑来学校为我铺上一层又一层的棉褥，我不在意，以为这是他们的责任；头晕，父母心急而担忧，为我买药买水果送牛奶，说多吃牛奶和水果对大脑有好处，我不感动，以为这是他们的义务。然而，朋友轻轻的一句“你爸爸妈妈真好”，让我顿悟了他们的辛劳，发现了他们崇高无私的爱。或许我们作为幸福的“当局者”，“身在福中不知福”，变得迟钝，变得麻木，变得冷漠。做一个旁观者，可以用清醒的大脑和敏锐的心去感受人间真情，体味人间真情，回报人间真情。

做一个旁观者，能清楚地发现错误。明朝的著名宰相张居正，便是旁观者中的一员。明朝晚期，大明王朝危机四伏，朝中官员束手无策。而张居正出身贫民，旁观朝政腐败以及民间疾苦很多年，他比一些当朝的官员更能体察民间的疾苦县官拖欠税粮，百姓无田可耕，富者有钱不赋，他深知这是导致国贫民困的重要因素，便针对这些问题作出重大改革。他推行“万历新政”，严惩偷税漏税的官员，重新丈量全国的土地。因为新法的实施，国家的收入大大增加，明代迎来了它的又一个高峰。可见，以旁观者的角度，更能解决一些棘手的问题。处于局中，总是无法意识到事情的严重性；跳出局外，以旁观者的身份，才更能发现问题，从而彻底改正。

做一个旁观者，可以帮助我们用清醒的认识敲碎恶习的桎梏。做一个旁观者，能理智地调整人生方向。世人汲汲皆为何？采菊东篱，悠望南山，如此生活岂不惬意？何必淹没于喧嚣尘世，让浊流玷污了自身？陶渊明深陷污浊官场，却能以旁观者身份审视处境，不为五斗米折腰，毅然辞官，坚守心灵的一方净土，怀抱千百年来文人的梦想，保留最纯净的心灵家园。如今，做一个旁观者，我们需要从混浊的社会风气中跳出来，以清醒的头脑认识不良的风气，以纯净的心灵拒绝不良风气的污染。

跳出人生的棋局，以旁观者的眼光审视自己，或许能更清楚地了解他人，了解自身，了解环境，更正自己的观念，调整自己的行为，从而达到自己理想的境界。

名师点评

(1)本篇作文是一篇标准的议论文，全文以“总—分—总”的形式展开论述。

(2)文章开门见山，直接亮明观点，简单直接。

(3)从三个方面论证“旁观者清”这一论点，中间采用举例论证、事实论证等多种论证手法。

(4)最后再次照应题目，首尾圆合，结构完整。

(5)拟定得分：27分。

4.

继承与创新

对于传统文化，我们需在批判性继承的基础上创新，在创新的过程中继承。

所谓“继承”，并不是让我们盲目地去继承所有的传统文化，而是在传统文化的基础上，取其精华，去其糟粕，批判继承。

就像习主席说的：“对历史文化特别是先人传承下来的价值理念和道德规范，要坚持古为今用、推陈出新，有鉴别地加以对待，有扬弃地加以继承。”

在台湾城乡，祭祀孔子的文庙随处可见。闽剧、歌仔戏、梨园戏、木偶戏等地方戏剧深受台湾同胞的喜爱。至于清明祭祖，中秋赏月，重阳登高，除夕守夜等民俗，无不是两岸同胞同根同祖的文化证明。

对于这些优秀的传统文化，需要我们青少年去继承。而传统儒家所提倡的“重男轻女”、“三纲五常”等阻碍社会进步，妨碍人的发展的落后思想，则必须抛弃。

所谓“创新”，并不是在传统文化的表面添砖加瓦，而是需要我们继承传统，推陈出新，面向世界，博采众长。

不同特色的文化好似不同的美食，经过人们的调制，最终带有新的风味，新的特质。这种创新的方式，既表现在思想、理论的发展上，也表现在文学艺术形式的变迁中。从我国先秦时期的诗经、楚辞到汉赋、唐诗、宋词、元曲及明清小说，从古希腊神话、罗马史诗到欧洲中世纪的十四行诗、文艺复兴时期的名作，以及18、19世纪浪漫主义和现实主义的作品，都体现了一种不断创新的精神。20世纪50年代，我国音乐学院学生创作出了感动世界的经典曲目——小提琴协奏曲《梁山伯与祝英台》。这首反映中国古老而美丽传说的乐曲，展现了中华文化鲜明的风格和特点，成为通过文化融合实现文化创新的艺术典范。

继承与创新是相辅相成的，二者不可分割。一方面我们不能离开传统文化，空谈文化创新。任何时代的文化，都离不开对传统文化的继承；任何形式的文化，都不可能摒弃传统文化而从头开始。另一方面我们也不能只继承，不创新。一个民族和国家如果只知道继承，却不知道创新，故步自封，就会使文化失去原有的活力。

因此，这就需要我们在批判继承的基础上创新，在创新的过程中继承，共同将中华文化发扬光大！

名师点评

(1)本篇作文从“继承”与“创新”两方面展开论述,层次分明。

(2)开门见山,先亮明观点,然后再分开论述,最后辩证思考,循序渐进。

(3)以古今中外的众多事例证明自己的观点,说服力强。

(4)拟定得分:37分。

5.

选择与迎接未来

尊敬的各位领导、老师,亲爱的各位同学:

大家好!今天我演讲的题目是“选择与迎接未来”。

今天读到戴锦华教授的祝福话语,我受到了巨大的鼓舞,对自己未来的发展进行了思索。新时代的光速变化与新未来的多样化选择,时常令我措手不及,但今天我开始对我未来的选择有了更全面的认识和更坚定的选择方向。

面对生活突降的挑战,我们要乐观积极地面对。毕业后首先要面对的是就业问题。在茫茫的人才择优中,我们要以扎实牢固的专业知识储备迎接这场挑选,也要转变自身对部分职业的偏见,平等看待各种职业。无论以后身处什么样的工作岗位,我们都要认真负责地完成工作。若人人如此,社会各司其职,就会全面提高服务质量,社会将发展得更好,人民受到的服务质量也会更高。一种观念的转变使我更加乐观地面对未来,选择更快乐的方式工作生活。

在社会上要有人人为我,我为人人的意识。处于人类命运共同体下,只有人人团结互助,才能得以更好地发展。乐于助人、服务社会,是对社会、对自我的回馈。在社会对我们的帮助下,我们要愿意成为这场无尽的爱心接力赛中一个小小的接棒选手。无论为社会贡献多少价值,只要在个人能力范围之内,都应勇于参与。这个过程,不仅有利于自我爱心品德的形成,更能为社会增添一份微小却有力量的爱。因此,我们要在社会上做个更有价值的人。

生逢大时代,我们要勇于担起社会与时代的职责与使命。虽然不可能人人都有着完美的学历和充实的资产,但身处大时代中,小人物也可以从小事情开始做起。我们应时刻提醒自己不要被社会中浮躁、虚伪的洪流吞噬。在出国游玩或学习时,我们应当选择文明用语、文明交通;在公共交通工具上,我们应选择文明让座;在传播迅速的网络上,我们应选择文明发言。只有人人文明地选择,未来才会让文明成为国家亮丽的名片。

在未来的选择中我们不再踌躇、彷徨。面对未来,我们要选择勇敢地面对生活窘境;面对社会,我们要选择尽自己全部力量传递爱心;面对大时代,我们要选择规范自身的行为,成为文明的使者。我们将选择更好的自己,迎接更美好的未来。

我的演讲到此结束,谢谢大家!

名师点评

(1)这篇演讲稿逻辑清晰,感情真挚。

(2)从“面对、意识、承担”三个层面,层层深入,符合逻辑。

(3)所举事例都是身边小事,以小见大,揭示文章主题。

(4)拟定得分:27分。

6.

即将到来的日子

没有一个冬天不可逾越,没有一个春天不会来临。无论如何艰难,我们都要相信阳光即将到来!像以往一样充满烟火气息的日子即将到来!

十七年前,一场突如其来的非典型肺炎遭遇战在全国多个省市打响。与此同时,灾厄也悄无声息地降临在中国人民身上。而从未遇到过这种情况的人们,曾一度陷入无尽的恐慌之中。但所幸的是,在全国人民同病毒顽强斗争后,那场疫战终于艰难地胜利了。

这次的新冠病毒来势汹汹,传染性强、传播速度快,在世界范围内蔓延,严重性比起非典可以说是有过之而无不及。尽管疫情让人望而生畏,但经历过十七年前那场深重的灾难,每个中国人都蜕变成了一位勇士。疫情当前,小到清洁工人,大到国家领导,都在为人民出力。已是耄耋之年的钟南山老先生,也第一时间冒着生命危险奔赴疫情的第一线。

在这场病疫中,全国人民用自己内心的光芒,汇聚成希望的曙光!

生命重于泰山,疫情就是命令,防控就是责任!在这与病毒激斗,与时间赛跑的生死救援中,习近平总书记更是亲自指挥疫战,第一时间作出重要指示,党中央和国务院迅速作出重要部署,各地方各部门根据实际情况快速贯彻落实,作出“克服短暂的困难换取长久的平安”的决策,用七天时间建成“火神山”医院。这些举措都展现了强大的决断力和执行力,同时予以我们必胜的信心与决心。

苦难终将铸就辉煌,风雨终将造就彩虹!我们要动员起来,组织起来,凝聚起来。上下同心,共度艰难。我们不能放弃任何一个病人,必须同甘共苦,同舟共济。在这场疫情防控阻击战中,只要我们坚定信念,万众一心,就没有攀不过的山,跨不过的坎!这场斗争必须赢,因为我们的身后有着爱我们的人,和我们所爱的人。这场斗争必定赢,因为每一个人都在努力地奉献自己的力量,我们想拯救更多的人!

在全国上下众志成城的努力下,尽管病毒的威胁还未彻底消散,但是我们已经看到了黎明的曙光。我坚信,我们定会战胜疾病,战胜一切!

我相信,即将到来的日子,就是摘掉口罩,一切如常!

名师点评

(1)这篇文章结合时事,感情充沛,决心坚定,整篇文章气势磅礴,鼓舞人心。

(2)拟定得分:27分。

7.

眼泪,我们心灵的倾诉

一滴小小的液体,演绎着世间的悲欢离愁。采撷泪珠,串成了生活的交响曲。

以前我总认为眼泪是伤心的化身,只传达着难过。然而琦君女士扩展了我的视野,细心注意周围,原来眼泪如此丰富多彩。

有一种泪叫喜极而泣。祖国的宝岛台湾,一直是我们心灵的创伤,两岸人民只能隔海相望却不能团聚。随着三通政策的开放,大陆探亲成为一种热潮。当看到亲人失去昔日的光彩,晶莹的泪珠早已爬满了脸颊。为了这一刻,他们倾注了所有的努力与期待。或许在这以前亲人是死是活他们都不得而知,而此时,任凭泪水肆意徜徉,让它传递我们彼此内心的话语。

有一种泪叫悲痛欲绝。汶川那举天同泣的一震,震痛了我们的泪腺细胞,顿时泪水像都江堰决堤的洪水倾泻而下。然而它再大也冲不走压在亲人身上的那冰冷的石板。往日熟悉的身影在圆圆的液体中时隐时现,任凭我们的泪水穿越万水千山,也换不回他们的又一次灿烂的微笑。

更有一种泪叫失望。长辈们给了我们全身心的爱,而我们总是熟视无睹,并且一次又一次地伤害他们,让他们失望。

不知为什么,我与奶奶的隔膜越来越深了,总觉得奶奶不理解自己。虽然以前不太严重,但这次的莽撞让我永远不会原谅自己,我把奶奶伤得太深了。由于一些家庭琐事,我和奶奶又僵了起来,当时我的一句话直接刺痛了奶奶的心,虽记不清当时说了什么,只记得奶奶的眼泪流了下来。今天我才猛然明白,原来奶奶的眼泪是有其特殊含义的。平日里,她几乎对我倾注了所有的爱,而我只知道索取却从不知道回报,有时还会反咬一口。而奶奶除了用眼泪宣泄一切情感外别无他言。爱,可以感动一切,包括我们已麻木的心。

让我们采撷生活中的每一滴泪珠,编织成我们丰富多彩的人生。

名师点评

(1)开篇运用比喻,彰显文采,激发阅读兴趣。

(2)从三个角度讲述不同的“眼泪”的含义,所举事例贴合文章内涵,从大到小,逻辑严密。

(3)结尾呼应开头,前后照应,结构完整。

(4)拟定得分:27分。

8.

致敬最美逆行者

2020年春节期间，新型冠状病毒感染的肺炎疫情来势汹汹，一下子牵动了亿万人民的心。

这注定是一个不一样的春节。那些奋笔写下“请战书”的医护工作者；开建武汉火神山医院的施工人员；用爱搭建桥梁，日夜驰援运送物资的驾驶员……他们用行动向我们诠释了什么是大爱无疆。

面对突如其来的疫情，各相关部门和地方迅速行动，一场疫情防控战正在进行。

万众一心，共同战“疫”。2020年1月24日，各地驰援武汉的医疗队伍紧急集合，到达武汉也是第一时间投入工作。他们逆行而上，奔向疫情最前线；他们坚守岗位，用血肉之躯尽绵薄之力支援同胞；他们挑灯夜战，用“中国速度”与疫情奔跑。无数的人在国家和人民最需要的时候，做出了无怨无悔的选择。他们把对人民的爱，对祖国的爱放在心底，用一个个鲜红而又坚定的手印，表达着火热的担当与承诺；他们用最美的身影，诠释了生命的意义；他们用坚守的背影，演绎着泱泱大国的生生不息；他们用自己的行动，书写着人生最精彩最壮丽的华美篇章！

“只要坚定信心、同舟共济、科学防治、精准施策，我们就一定能打赢疫情防控阻击战！”2020年1月25日，习总书记作出重要指示。从习总书记对疫情的亲自指挥、亲自部署到李克强总理亲赴武汉对抗“疫”工作者的慰问，从城市之间的守望相助到民众之间的相互鼓励，从企业的物资捐助到个人的关心帮助。无数的人团结一心，众志成城。

医护人员冲上去，他们将个人安危置之度外，同病魔奋力搏击。

科研人员冲上去，他们夜以继日，合力攻关，力图早日攻克病毒的难关。

工厂的工人冲上去，他们忠于职守，制造口罩和防护服，为奋战在一线的人提供更多的物资……

他们在大灾当前不退缩，越是艰难越向前。他们是新时代最美的人，更是我们心中最可敬的时代英雄。他们用实际行动贡献自己的点滴力量，汇集成抗击疫情的“滚滚暖流”，构建起抗击疫情的“钢铁长城”。

“苟利国家生死以，岂因祸福避趋之。”抗击肺炎使中华民族又一次彰显出伟大的民族精神。不管是狂风骤雨还是大风大浪，中国人民始终团结一心。从“98”抗洪到“03”非典，从“08”抗震到如今的战“疫”。有困难，中国人都能一起扛。

此时，万众一心地抗疫，所有人都是手足兄弟！

有一座城叫众志成城，有一颗心叫万众一心！尽管疫情防控仍然严峻，但我们深信，只要认真做好自我防护，用实际行动维护社会和谐稳定，以科学精神迎战特殊疫情，终能共克时艰，共同守护好爱的桥梁。感谢那些为生命逆流而上的追光者们，你们是日夜奋战在一线的医护工作者，你们是空降到武汉的专家团队，你们是奋斗在火神山、雷神山医院工地上的工人，你们是无数志愿者……

虽然，这其中的绝大多数人，我们并不知道你们的姓名。但因为有你们，守在电视前握着手机的我们，多了一份战胜灾难的信心。

加油武汉，加油中国！我们相信病毒这条毒蛇，在不久的将来终会被消灭，春花依然会迎着风灿烂盛开。

名师点评

(1)这篇作文大量运用排比，读起来朗朗上口，铿锵有力。引用名人名言，增加文章文采，方便情感表达。全文感情充沛，深刻感人。

(2)拟定得分:23分。

9.

新时代·新语文·新使命

尊敬的各位领导、老师，亲爱的各位同学：

大家好，今天我演讲的题目是“新时代·新语文·新使命”。

党的十八大已明确提出“把立德树人作为教育的根本任务”，十九大进一步强调“落实立德树人任务，发展素质教育”。新课标指出：“基础教育课程承载着党的教育方针和教育思想，规定了教育目标和教育内容，是国家意志在教育领域的直接体现，在立德树人中发挥着关键作用。”新时代语文教育，无疑要围绕立德树人这一根本任务做文章，发挥语文学科的独特优势，使立德树人和社会主义核心价值观教育通过语文教育落地生根，内化为精神追求，外化为自觉行为。

语言文字是人类文明代代相传的载体，是打开沟通理解之门的钥匙，是促进文明交流互鉴的纽带，越来越成为促进人的全面发展和社会进步的重要力量。语文课教的是语言、文学与文化，教学目标是教书育人。语文教育的意识形态属性，要求语文教师必须本着对国家负责、对未来负责、对学生负责的精神，自觉服务于学生的终身发展，用古今中外的优秀作品引导学生热爱母语，热爱中华民族的语言和文化，帮助学生掌握好语言文字这一交流交际、沟通合作的工具。

学高为师，身正为范。语文教师既是经师，又是人师；既传播语文知识，培养语文能力，提升语文核心素养，又丰富内心，塑造灵魂，帮助学生打下精神的底子。语文教师的教学活动贯穿学生学习生活全过程，对学生思想、观念、言行有最直接的影响。教师不能只满足于传授语文知识，培养语文能力，更要努力塑造学生的精神品格、道德品行与做人品位。要把语文知识教学、语文能力培养同价值观教育有机结合起来，把思想引导和价值观塑造融入语文教育教学中。

我国古代读书人历来有心忧天下、经时济世的志向，今天的语文教育工作者更应该认识到语文教育的当代意义，明确自己的责任担当，以家国情怀关注社会现实，在实践中汲取养分，丰富思想。语文教育工作者要热爱自己的职业，潜心研究语文学科，改进语文教学方法，创新语文教学方式，拓展语文学习途径，为提高学生语文核心素养搭建平台，创造机会。

我们要主动适应时代和社会的变化，研究在新形势下如何改进语文教学，研究未知，探索新知，自由畅想，大胆假设，认真求证，树立学术争鸣与学术创新意识，敢于提出独到见解、创新观点，提高学生的语文核心素养和关键能力。要突破学科藩篱，跳出语文看语文，树立"大语文"教育观，增强中华文化底蕴，树立文化自信！

我的演讲完毕，谢谢大家！

名师点评

(1)这篇演讲稿以语文教师的身份，落脚教学实际，没有"假大空"，言辞真切，观点明确。结合政策方针，采用大量排比，节奏紧密。

(2)拟定得分：37分。

10.

责任和担当

亲爱的同学们：

大家好！

针对拜耳中国辞退该女子这一事件，我主要想从企业角度谈一谈自己的看法。拜耳在核实网上流传的视频后，坚定支持中国政府和民众的抗疫行动，并对涉事员工进行处理，体现了企业的责任和担当。

我们要有责任和担当意识。

责任如阳光，能激发潜能；责任如甘露，能净化心灵；责任如烛光，能照亮人生。勇于担当，源于强烈的事业心、责任感。没有干事创业的崇高追求，没有昂扬向上的精神状态，没有舍身忘我的拼搏精神，事业是不可能成功的。一个人不论职务高低，一旦走上了工作岗位，就意味着肩挑担子，身负责任。

古人云："大事难事看担当，顺境逆境看襟怀。"对于应负的责任，迎着风险也要干好，实践担当的精神，提升担当的能力，做到敢担当，能担当，会担当，善担当。自古以来，中国传统文化中就有"修身、齐家、治国、平天下"为准的责任意识、担当精神。花木兰替父从军，体现的是一位女儿对父亲、对家庭的责任；南宋名将岳飞精忠报国，体现的是对国家的责任；范仲淹"先天下之忧而忧，后天下之乐而乐”，体现的是对人民的责任。

责任是人与生俱来的一种约束、一种使命。做人有责任，做事有责任。责任是什么？责任就是分内应做的事情，是岗位职责范围内应承担的任务，是“在其位”应当完成的使命，是“食俸禄”必须不讲任何条件去做好的工作。不论其范畴多么广泛，也不论其内涵多么丰富，责任既是一种客观需要，也是一种主观追求；既是自律，也是他律。正因为如此，我们说，责任是成就事业的可靠途径，是实现人的全面发展的必由之路。

作为一个企业，必须时刻认清责任，不畏担责，勇于承担责任，乐于承担责任。作为企业的员工，我们更需要如此。因为这是对自己的工作负责！对自己负责！如果只把工作当作一件差事，或者只把目光停留在工作本身，那么即使是从事最喜欢的工作，你依然无法持久地保持对工作的激情。

记得美国前总统林肯说的一句话：“每一个人都应该有这样的信心：人所能负的责任，我必能负；人所不能负的责任，我亦能负。”如此，你才能磨练自己，求得更高的知识，进入更高的境界。

我的发言完毕，谢谢大家！

名师点评

(1)这篇演讲稿开篇点题，直接亮明观点。

(2)运用大量比喻、排比等修辞，使文章结构灵活不死板，颇有文采。

(3)引用名言和事实论据，从不同角度论证自身观点，逻辑通畅。

(4)拟定得分：27分。

11.

心灯长明

饶雪漫说：“我还是会相信，星星会说话，石头会开花，穿越夏日的栅栏和冬季的雪花后，你终会到达。”

我总是在想，人处于世，当以何种姿态面对这个世界，叩经问史，朝山谒水，回答的声音说：不忘初心，方得始终。曾经“世界那么大，我想去看看”十个大字，占据了所有网络社交平台。它像魔咒一般，袭击了一大批90后的心，就连偏僻宁静的古城也掀起了旅游热潮。

这显露出来的是一颗不够坚定、喜欢跟风的心，或许你对这个世界充满了好奇，或许你觉得这个世界还承载着你未完成的梦想，可是你还记得你来这座城市的初心吗？因为压力大，因为想增加人生阅历，你有很多想逃离这座城市的理由。可你为什么没有想到生你养你的家乡呢？也许只有当你回到那里时，才会又燃起“既然选择了远方，便只顾风雨兼程”的热血。不忘初心，方得始

终！苏轼曾曰："古之成大事者，不唯有超世之才，亦必有坚忍不拔之志。"在这个充满诱惑的时代，若想有所成就，应当放弃浮华，淡然处世，这样才能心灯长明。

城市的夜晚，灯火阑珊，不禁想到王国维先生的三境界：境界一，昨夜西风凋碧树。独上高楼，望尽天涯路。境界二，衣带渐宽终不悔，为伊消得人憔悴。境界三，众里寻他千百度，回头蓦见，那人正在灯火阑珊处。这说的是人追寻快乐的过程，与众不同过，努力奋斗过，最后的落脚点还是在平凡的生活中。这是人生必经的三个阶段，没有什么捷径可言，只能不断地为之努力，不断地奋斗，不断地探索，最后才能守得云开见月明。

社会如同一个大剧场，不断地演绎着，但总使我们记起川端康成凌晨四点钟看海棠花未眠的感动，仓央嘉措白庙踏雪和加缪垒山不止的幸福，周国平煮豆撒盐给人吃，爱默生透明眼睛的比喻，周敦颐的出淤泥而不染，王维的清泉石上流。这些人即使身处功利的尘世，仍不忘初心，不与污水同流，清霭晨流，他们放弃应有的荣华富贵，放弃本应穿着的蝉衣红袖，让我懂得了不忘初心的大气与美丽。

星星不畏太阳的不屑，在亘古的夜空中依旧闪耀着那一点微光，指引方向；水滴不畏磐石的阻拦，在时间的长河中坚持着那一份信念，终于穿石；我们不忘初心，恒定着那一份美丽的梦想，终将梦想花开，尘埃落定。

名师点评

(1)这是一篇散文，在议论文泛滥的考场作文中令人眼前一亮。

(2)文章标题充满禅意，吸引眼球。

(3)开篇引用作家充满诗意的原话，增加文章文采。

(4)文中观点反其道而行之，不人云亦云，从不同角度发表自身看法。引用大量的名人名言，文化底蕴深厚。

(5)拟定得分：48分。

12.

青年当创新

在人生中，创新是身旁的明灯，照亮前方的道路；创新是远处的山巅，激励我们登上高峰；创新是眼前的大海，任由我们畅所欲言，汇入其中。所以，当今社会，我们青年人唯有树立创新意识，不断创新，不断完善自我，才能在这竞争无比激烈的社会获得一席之地。

创新是一种选择，一种勇气，一种智慧。有这样一群贫苦的人。他们不甘于困顿，却毫无造反欲望；他们感到拥挤，却不倾轧乡亲同胞；他们不相信不劳而获，却不愿将心血仅浇灌在身边的一方焦土上。于是,他们渐渐将目光投向远方,试图以男子汉的强筋健骨踏出人生求变的第一步,他们的步伐,沉重而响亮。在变中求变,铸就自己独特的经营理念,创造出不同于他人的经营方式。“机智而不小心眼,厚实而不排他,不为蝇头小利而背信弃义。”这便是当时独特的“大商人心态”,他们也踏出了中华历史上一页光辉的篇章——“晋商神话”。创新不是盲目地抛弃传统,不是一味地标新立异,不是蛮横,不是绝对,不是极端,而是有辨别地继承,有远见地求变,有理智地提升,是用头脑,用眼光,用胸怀写就的大气。

创新是社会进步的动力。在历史长河中,人类从对世界的迷茫到对神灵的崇拜,再到对科学真理的探求,无不充满着创新的气息。在制度上,从远古时期到奴隶制,到封建制,再从封建制到资本主义,到社会主义,这一次次的变革代表着一次次的创新,创新一次次地推动人类文明的车轮向前滚动;在生产技术上,从远古的刀耕火种到铁犁牛耕,从改良蒸汽机到内燃机,从有线电话到互联网,不断的创新推动着技术的不断发展和飞跃,推动着人类社会不断向前发展。有创新,才会有进步。

创新,是一个人、一个民族、一个国家所必需的一种精神。有了创新,可以搭载莱特兄弟的飞机飞上蓝天;有了创新,可以与爱迪生在电灯下侃侃而谈;有了创新,可以与诺贝尔畅谈人类的未来;有了创新,可以与列文虎克共同观察微观世界……

创新的光华熠熠生辉,我们这一代青年肩负着伟大复兴的使命,唯有创新,才能像桃花源中的渔人那样,穿过山洞,寻找到豁然开朗的前方。为自己插上一双创新的翅膀吧,你一定会展翅飞翔,搏击长空!

名师点评

(1)这篇作文开篇点题,采用排比,气势不俗,文采斐然,让人眼前一亮。

(2)中间三段从三个方面论述何为创新,为何创新和创新的意义,循序渐进,层层深入,逻辑严谨。

(3)采用举例论证、事实论证等手法论证观点,增加可信度。

(4)拟定得分:19分。

13.

冬日里的阳光

呼,真冷!看着嘴里呼出的白雾像调皮的精灵一般在空气中隐身不见,我又把脖子使劲地缩了缩,藏进厚厚的围巾里。太阳仍旧像个睡美人一样躲在地平线下不肯出来,只有天边那抹诱人的红霞给人一点儿似有若无的暖意。

像往常一样，我穿过熙熙攘攘的人流，快步冲进了那家早餐店。

扑面而来的一股热腾腾的，裹着美味香气的雾气，让我更觉得饥肠辘辘，脚步也不自觉地加快。

一不小心，我就被桌子给绊了一下。突然失去平衡让我有点措手不及，只好靠在旁边的一位中年妇女身上。

站起身，我连忙不好意思地向她道歉。她微微地笑了笑："没关系。摔倒了就不好了，下次走路慢点。"温温柔柔的一句话，夹着些许关心，一下子就驱走了尴尬的气氛。

我在旁边的桌子坐下来，叫了一碗咸菜面后慢慢地等着。无聊之中不自觉地望向了那位妇女。我这时才注意到，她的对面还坐着一个小男孩，大大的眼睛，一副天真活泼的样子。大概是她的小儿子吧，我猜测着。

她注视着对面的儿子，脸上挂着淡淡的微笑。宽敞的餐桌上，摆着一碗豆浆，一只放着两个包子的盘子。在别人的眼中这似乎不够填饱肚子，但那个小男孩却那么高兴，他一会儿猛喝一口豆浆，一会儿又轻轻掰下一小块包子送入口中。他时不时抬起头，向母亲报以一个阳光般灿烂的微笑，举起手中的包子问她吃不吃。回答自然是否定的，可母亲眼中的光更亮，嘴边的笑更浓。他们都陶醉在幸福之中：母亲在享受着儿子的欣喜，儿子在享受着母亲的付出。

看着看着，我仿佛也融入这爱的光芒中。我不由得一笑，刚端上来的面吃着似乎也比平时更有滋味了。

走出早餐店，太阳已在天边懒洋洋地伸着腰。柔柔的光芒洒在街道上，肆意而又欢快地跳跃着。

呼，真暖！

名师点评

(1)这是一篇记叙文，开篇"呼，真冷"与题目看似南辕北辙，实则激发一探究竟的欲望。

(2)作文截取冬日里餐馆里的一个片段，讲述母子之情，以小见大，深切感人。

(3)文章结尾"呼，真暖"呼应开头，令人恍然大悟，"冷"是生理上的冷，"暖"是心理上的暖，既体现了"我"的感情变化，也由表及里，升华主题。

(4)拟定得分：28分。

14.

门其实开着

希望，吹动了梦想的风铃；希望，扬起了愿望的旗帜；希望，开启了人生的大门。

希望，一个多么阳光的词语；希望，一个多么美妙的词语；希望，一个多么神奇的词语。它是一位智者，给了我们一把钥匙，去开启我们的希望之门！

每一个人都有各自的心愿，都期望实现它。可当我们这些平凡人靠近各自的希望之门时，往往看见大门深锁，重重的铁链正朝你发威。于是，一些人躲开了，不愿去面对，认为门一直关着。

门其实开着！

还记得贝多芬吗？还记得海伦·凯勒吗？还记得霍金吗？贝多芬是一个音乐家，而音乐家最需要的是什么呢？没错，是健全的听觉，但他失去了。当时的他一定悲痛欲绝，但是他举起自己强有力的双手，推开了自己音乐殿堂的门，因为他有着希望，是希望让他跨进门去，是希望让他鼓起勇气去推开那扇其实开着的门！海伦·凯勒呢？一个集盲、聋、哑于一身的人，她从未认为自己是个悲惨者，相反，她热爱生活，积极生活，尽管她耳旁尽是一片寂静，眼前尽是一片黑暗，但她摸索着，找到了自己的希望之门，轻轻一推，门徐徐打开。嗬，门其实开着呀！霍金呢，他是个身患绝症的人，不照样打开了自己的希望之门吗？门其实真的开着！

亲爱的朋友们，我们中应该没有比贝多芬、海伦·凯勒、霍金更悲惨的吧，因为我们生活在阳光下，沐浴在雨露中，快乐地成长着，我们难道还比不上他们吗？要相信，我们能行。只要勇敢地去推开我们的希望之门，跨进我们的希望之门，我们中就一定会产生第二个贝多芬、海伦·凯勒、霍金，相信自己，你能行！

朋友们，告诉你们一个小秘密：希望之门其实一直开着！

名师点评

(1)这是一篇散文。以两个排比强势开篇，文势铿锵。

(2)化抽象为具体，全篇以“希望之门”为线索，结合名人名事，从新角度发现新观点，推陈出新。

(3)文章语言口语化，亲切感人，似朋友间的私语。

(4)拟定得分：19分。

15.

希望伴你成长

在生活中，我们不可能一直过得很平顺，生命的路途上，会有一次又一次的挫折，这些挫折就是给我们的考验。如果一遇到挫折便闷闷不乐，一遇到困难就手足无措，人生必然是黑白的，永远看不到任何的色彩。

生命如同故事，重要的不是它有多长，而是它有多精彩。尼克一出生就得了罕见的先天性四

肢切断症，没人觉得他会活下来，但是他用他残缺的肢体完成了很多事情，让人能够亲眼见证生命的奇迹。很多人都认为他会被困难击倒，但是他一次又一次让自己重新站起来，自在、快乐，面带笑容地活在阳光下！凭借着无比的恒心和毅力，他成为残障青年自我奋斗的楷模。

司马迁因坚持正义而遭受了宫刑，但他没有自暴自弃，而是重新振作，怀抱希望，最终完成了“史家之绝唱，无韵之《离骚》”的一代巨著《史记》。面对身心的痛苦和他人的议论，司马迁用希望的力量做支撑，实现了人生价值。

我们遇到挫折时，要给自己一点希望，给自己一点鼓励，多多学习小草的精神，任凭风吹雨打，也要挺直腰杆，屹立不倒！希望就是生命中的太阳，只要怀抱希望，就什么都不会怕，我们要为人生的目标奋斗，这样就可以让自己活得更有意义。

在人生路上的层层考验中，希望会始终陪着我们，只要我们不向命运屈服，那么，就可以度过重重关卡，到达最后终点。有呼吸，就有希望；有爱，就有奇迹。

名师点评

(1)这篇文章的标题和立意均符合题目要求，事例符合文章中心。语言简明扼要、通俗易懂，不失为一篇考场佳作。

(2)拟定得分:16分。

16.

阳光的味道

午后的小憩让人感到愉悦，窗外洒进来的些许阳光，更让人感受到了融融暖意。用力地吸吸鼻子，仿佛也能把阳光吸进去似的。这味道也许是苦涩的，也许是酸酸甜甜的……

春光正好，缕缕阳光温暖着复苏的万物。但我却丝毫没有被这美丽春景打动，注意力全被妈妈洗衣盆里的泡泡吸引。妹妹搬来一大桶洗衣液，向盆中倾倒着，妈妈也不阻止，笑眯眯地搓出许多泡泡，使它们在阳光下飞舞着。春日温煦的阳光中咯咯的笑声格外美好，玩够了，我却看到妈妈泡得发白、发皱的手。一个泡泡不经意间飘进了嘴里，苦涩蔓延开来。这是阳光的味道。

夏日炎炎，炽热的阳光榨取着水分。好不容易盼来一个下雨天，我和妹妹、妈妈便出去散散热意。路上一个个小水洼已经积了不少水，妹妹便欢喜地去踩。雨水落到身上、脸上，妈妈便脱下外衣为妹妹挡水。一通玩闹之后，雨也停了，妈妈的外衣上却沾满泥点。雨过天晴，阳光夹带着青草与泥土的清香，还有雨水的凉爽强烈地照射着。这是阳光的味道。

秋高气爽，秋日照耀着丰收的喜悦，把果实照得闪闪发光。妈妈知道我爱吃山楂，买了一些山楂果准备做冰糖葫芦。先是熬糖，大块的冰糖在锅中溶化，妈妈奋力地搅动着，而我则趴在窗边晒着太阳吃山楂。熬好了糖，只见妈妈轻轻巧巧把山楂串在锅里滚一圈，外表就出现一层糖皮。我大快朵颐着，秋阳透过窗子洒在妈妈欣慰的脸上，品品嘴中酸甜的糖葫芦。这是阳光的味道。

冬日里的阳光是珍稀的，它穿越阴云，驱逐寒风。与妈妈外出，在路上我们发生了争执，一气之下我走向相反的方向。正值隆冬，寒风如一把把利剑划过我的脸颊，身体愈发地冷，心情也沉重了起来，我硬着头皮漫无目的地走着。不久，吝啬的太阳竟露出了脸庞，投射下光芒。尽管寒冷驱逐了大部分温暖，但我仍然感到一丝暖意。不知不觉，我的心也融化了，转身想循着来时的路回去，却看见妈妈远远地跟着我，她默默走上前，为我围上围巾。围巾遮住了我的口鼻，轻嗅着毛线柔柔的味道。这是阳光的味道。

阳光养育万物，它的味道永远那么复杂。但在母亲的面前，它只能是赞颂者，那百味交集只是母亲的一笑。世界上的一切光荣和骄傲，都来自母亲。原来，这都是母爱的味道。

名师点评

(1)这篇作文题目就引人注目，“阳光”能有什么味道？引人一探究竟。

(2)正文从四季来讲“阳光”的味道，实则是在讲述母女之间的感情。

(3)化抽象为具体，用生活中的场景碎片，讲述母亲对孩子的包容和宠爱，以小见大，感人至深。

(4)拟定得分：19分。

17.

守护这份童真

当暮霭沉沉时，我们被劝说要相信楚天辽阔；当草长莺飞时，我们被劝说要防备前方蜀道之难；当我们成长到每一个阶段时，我们都被提醒着完成不合时宜的任务。于是童真就如那驼铃声，渐行渐远。

拍视频、做直播可以赚钱，已经成为这个时代的共识。在各种各样的视频平台上，萌娃类账号更是其中的佼佼者，儿童博主的吸金能力超过成年人早已不是秘密。当越来越多的成年观众愿意刷视频为孩子的表演“埋单”，当孩子不知不觉成为流量经济大潮中的“弄潮儿”，一些家长开始为流量“啃小”。当越来越多的孩子被彻底暴露在公众面前，终日接受外界对其日常生活的窥探，过早地踏入纷繁复杂的成人世界时，我们不得不开始担忧，这对孩子们来说，真的好吗？

我看到过一个六岁的乌克兰小女孩佳娜参加电视节目选秀的视频，她用一首感人至深的写给奶奶的诗篇，打动了在场和电视机前所有观众的心，成了当期明星。她用一颗纯真的童心告诉我们：人老不是因为衰老、体弱、多病，而是无意将自己的青春“丢掉”，丢到一个连自己也说不清楚的

地方。善良的佳娜,要帮助奶奶找回那丢失的青春。我想佳娜的诗朗诵之所以能够打动那么多人,就因为她的童真唤醒了我们的心灵。那一刻,全世界的奶奶都听到了她的呼唤;那一刻,全世界的人们都看到了她淡蓝色眼睛里的悲伤。

童年时光渐行渐远,少年的天空因为背负太多希望而变得沉重。各大视频平台上,儿童类账号备受欢迎。萌娃们在镜头下的表演成功吸引了大批“云养娃”的网友。这种表演真的是发自内心的吗?佳娜的表演打动人心是因为和奶奶的深厚感情,而靠着儿童表演“吸金”的“啃小族”们却因名利放弃守护孩子原有的童真。

今天,我们已走进多元化的科技社会。面对日益忙碌的社会环境,美好的童真早已被遗弃在黑暗的角落。在阴暗的黑幕中,有太多的钩心斗角,有太多的尔虞我诈。那份童真,它所包含的正义、善良、欢笑、快乐也已走向消失的边缘。现在,我们必须要停下忙碌的脚步,重新找寻那份被遗弃的童真,守护这份童真,创造出更加美好的生活。

名师点评

(1)这篇作文开篇用一组排比,引出观点,文采斐然。

(2)通过设置疑问,引人反思,通过对比论证,表明自身观点。

(3)结尾呼应标题,有始有终,首尾圆合。

(4)拟定得分:23分。

18.

肩负时代重任,让青春闪耀光芒

习近平总书记强调:“中国人民相信,山再高,往上攀,总能登顶;路再长,走下去,定能到达。”“今天,中国人民比历史上任何时期都更接近、更有信心和能力实现中华民族伟大复兴。”青年一代,作为社会主义事业的建设者和接班人,有责任、有义务不辱时代使命、人民期望,用踏实奋斗唱响新时代的青春之歌。

中华民族历来是勤劳勇敢、踏实奋斗的民族。5000年连绵不断的文明史,创造了博大精深的中华文化,为人类文明进步作出了不可磨灭的贡献。中华民族从站起来、富起来到强起来,克服了无数的艰难险阻,也创造了无数的人间奇迹。中华民族伟大的奋斗史揭示了一个亘古不变的真理:只有踏实奋斗才能创造人类幸福,只有踏实奋斗才能实现中华民族伟大复兴之梦。

青年兴则国家兴,青年强则国家强。青年一代有理想、有本领、有担当,国家就有前途,民族就有希望。作为一名青年教师,应秉承坚定的教育理念,担负起教书育人的责任,为祖国培养好下一代优秀的青年人,绽放出太阳底下最光辉的职业的不一样的青春光芒。

把蓝图变为现实,是一场新的长征。路虽然还很长,但时间不等人,容不得有半点懈怠。作为新时代的主力军,青年应永葆激情,以“干”字当头,以实干赢得青春,以实干创造美好未来。世界上没有坐享其成的好事,要幸福就要奋斗。从放牛娃成长为诚信民营企业家的刘勇,从普通工人历练成航空工业首席技能专家的秦世俊,身患重病却拼尽全力把几千名女孩送入大学的张桂梅校长……时代的进步、国家的发展凝聚着千千万万青年拼搏进取、踏实奋斗的精神,印刻着他们勇于担当、敢闯敢拼的足迹。

空谈误国,实干兴邦。青年有朝气、有闯劲,生活在这个伟大时代的青年应该珍惜这伟大的机遇,勇敢肩负起新时代的重任,以实干激扬青春,用奋斗书写华章。青年教师应从实处做起,关心每一名学生,备好每一堂课,上好每一堂课,认真批改每一次作业,用心总结每一次教学经验,这样才能站好方寸讲台,教好稚童学子。

现在,青春是用来奋斗的;将来,青春是用来回忆的。奋斗在当下,切莫负青春韶华。梦想在路上,责任在肩头,我们正处在一个攻坚克难、砥砺前行、创造奇迹的美好时代。我们更应解决改革发展中的问题和矛盾,呼唤青年的担当与奋斗。

新时代,春潮涌动;新征程,步履铿锵。广大青年应在踏实奋斗中释放青春激情,在美丽中国梦中实现青春理想,用自己的双手去创造时代业绩,唱响新时代的青春之歌!

名师点评

(1)这篇作文立意符合题意,角色定位准确。

(2)文章立意深刻,有理有据,语言铿锵有力。

(3)拟定得分:24分。

19.

走出自我

大树不应只看到自己的高大,而忘记根须无私的哺育。

花儿不应只看到自己的明艳,而忘记清晨雨露的滋养。

大海不应只看到自己的深邃,而忘记无数小溪的汇合。

正如大树、花儿和大海一样,我们只有走出自我的精彩,才会有更灿烂的未来。

走出自我,给他人多一份关爱。正如冰心所说:“墙角的花,你孤芳自赏时,天地便小了。”我们不要做墙角的花,我们要走出自我,开拓内心世界。欧阳修的世界是大的,他走出自我,尽管仕途多艰,但他无论到哪里,总想给当地民众带去一份安宁,带去一份雨露。而我们的社会中从不缺少这样的人。从古至今的文天祥、詹天佑、孔繁森、张桂梅等,他们都是不顾个人的利益得失,走出自

我，给他人以关爱，给民族以力量，给国家以希望的人。

走出自我，为社会奉献价值。在中国有这样一群人：端茶送水有他们忙碌的背影，接待外宾有他们灿烂的面容，碎砖瓦砾上，更有他们为抢救生命而被鲜血染红的双手，他们有一个共同的名字——志愿者。我们可以称他们是什么？他们是小草，无私地为大地装点着绿色；他们是大树，为人们带去阴凉；他们是小溪，用一点一点的爱，汇成大海，让这个社会更和谐。我们怎么称赞他们都不为过。因为在他们心中，有这样一个信念，走出自我，为社会奉献价值。“那是绿叶对根的情谊。”我们可以用这样一句话来诠释他们的大爱。他们时刻铭记走出自我，为社会奉献价值才是人生的真正意义。

走出自我，为自然增添一份绿意。我们不得不承认我们的生活变得更加美好了，但是我们也不能忽视因人类大肆开发自然而遭到自然惩罚的事实——我们开荒耕田，来收获更多粮食，于是，水土流失侵蚀我们的家园。我们使用氟利昂制冷，获得更舒适的温度，于是，臭氧层空洞使紫外线的杀伤力变大。让这一切都成为过去吧！让我们人类走出自我，去拥抱自然，给自然多一份绿意。那时，“与狼共舞”便成了人与自然和谐共处的代名词。

“天苍苍，野茫茫，风吹草低见羊牛。”这一派和谐之景，这一片绿色的波浪迎面而来！皆因人类走出了自我，保护自然的本色。

走出自我，学会奉献，让大树因根须的哺育更高大，让花儿因雨露的滋养更明艳，让大海因小溪的汇合更深邃，走出自我，让我们的生活更美好，让我们的社会更和谐！

名师点评

(1)这篇作文以排比开篇，形式统一新颖，激发阅读兴趣。

(2)借排比引出论点“走出自我的精彩，才会有更灿烂的未来”。

(3)从小到大，层层拔高，文意逐渐升华。引用名人名言，从小处着眼，以小见大。

(4)拟定得分：27分。

20.

高度决定视野

冰心先生说：“墙角的花，你孤芳自赏时，天地便小了。”

面对记者的一大堆问题，年轻女教师只恬淡地说了一句话：“我们那里太穷了，但我想让我的学生知道山外有高楼。”她是想告诉我们“高度决定视野”。

当奔腾的流水在高高的峭壁之上倾泻而下时，便有了“飞湍瀑流争喧豗，砯崖转石万壑雷”的磅礴气势；当勇猛的苍鹰在九万里的高空挥翼翱翔时，便有了展翅苍穹，谁与争锋的昂扬斗志。流水成瀑，鹰击长空，此之谓高度决定视野。

站得高，所以看得远。他们，在兵荒马乱、人心涣散的年代，独上高楼，看到了芸芸众生的喜怒哀愁。于是，屈原吟唱着“长太息以掩涕兮，哀民生之多艰”，陆游低语着“僵卧孤村不自哀，尚思为国戍轮台”，范仲淹高歌着“先天下之忧而忧，后天下之乐而乐”，杜子美感叹着“安得广厦千万间，大庇天下寒士俱欢颜！风雨不动安如山”。他们，站在那个高度，决定了他们比常人看得更远，无论穷、达，皆兼济天下。

站得高，所以看得清。常言道：当局者迷。那“仰天大笑出门去，我辈岂是蓬蒿人”的李太白，满心的踌躇壮志，满腹的才华经纶，换得了力士脱靴，贵妃研墨的非凡待遇。然而，他却独上高楼，看清了宦海的浮沉，官场的险恶，大呼“安能摧眉折腰事权贵，使我不得开心颜”“且放白鹿青崖间”“举杯邀明月”。再看那“拣尽寒枝不肯栖”的智者，“竹杖芒鞋轻胜马”的行者，经历了乌台诗案后，独上高楼，看清了人生的反复无常。于是，他豁达，他大度，他“一蓑烟雨任平生”。他们，站在那个高度，感悟到了“菩提本无树，明镜亦非台。本来无一物，何处惹尘埃”。

因为站得高，所以流放到北海牧羊的苏武未曾放大痛苦，在大汉的历史上写下了民族不屈的坚贞气节；因为站得高，所以“人比黄花瘦”的易安居士豪气地讲述着“水通南国三千里，气压江城十四州”，即使愁思连蚱蜢舟也载不动，即使“一种相思，两处闲愁，才下眉头，却上心头”。

冬去春来，花谢花开，周而复始。人生短暂，是不能改变的。我们能做的，就是用心铭记“高度决定视野”。只有站得更高，看得更远、更清，才能把对人生的热情倾注在眼前的这片土地上，浇灌生命的花儿。

名师点评

(1)这篇作文以名人名言开篇，独具匠心。

(2)直接引用材料，表明观点，水到渠成。

(3)从“看得远”“看得清”两方面论证观点，引用大量古诗文，文化底蕴深厚，文学修养展现得淋漓尽致。

(4)整篇作文文采斐然，流畅自然，是一篇考场作文佳作。

(5)拟定得分：19分。

教师招聘考试

语文专项突破

古诗文阅读与鉴赏

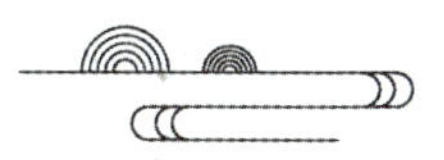

高分答题模板18个

精解对点练34篇

集训专题练51篇

山香教师招聘考试命题研究中心　主编

图书在版编目(CIP)数据

教师招聘考试．语文专项突破．古诗文阅读与鉴赏 / 山香教师招聘考试命题研究中心主编．-- 北京 ：首都师范大学出版社，2023.1

ISBN 978-7-5656-7168-5

Ⅰ．①教… Ⅱ．①山… Ⅲ．①语文课－教学法－教师－聘用－资格考试－自学参考资料 Ⅳ．①G451.1

中国版本图书馆CIP数据核字(2022)第206821号

教师招聘考试．语文专项突破

GUSHIWEN YUEDU YU JIANSHANG

古诗文阅读与鉴赏

山香教师招聘考试命题研究中心　主编

策划编辑　张文强

责任编辑　李军政　曹亮亮　　　封面设计　山香教育

首都师范大学出版社出版发行

地　　址　北京市海淀区西三环北路105号

邮　　编　100048

咨询电话　010-68418523(总编室)　　010-68982468(发行部)

网　　址　http://cnupn.cnu.edu.cn

印　　刷　河南黎阳印务有限公司

经　　销　全国新华书店

版　　次　2023年1月第1版

印　　次　2023年1月第2次印刷

开　　本　787mm×1092mm　1/16

印　　张　75.5

字　　数　1535千

定　　价　168.00元(全四册)

目录/CONTENTS

第一部分 古诗词鉴赏

第二部分　文言文阅读

第三部分　古诗文默写

SHANXIANGEDU

第一部分

古诗词鉴赏

教师之路 从山香起步

考向分析

古诗词鉴赏题是大部分地区语文教师招聘考试中的必考题型，如山东、福建、浙江、广东、江苏、湖南、江西等地均考查古诗词鉴赏。

体裁	考查频率	题量	总分值	题型
诗	45%左右	1～3	1～11	主观+客观
词	16%左右	1～3	3～15	主观+客观
曲	2%左右	1～3	8～10	主观+客观

分值占比 0～15%

地区占比

57%
考查1篇
如福建、浙江、天津、广东部分地区、山东部分地区等

6%
考查2篇
如黑龙江牡丹江、江西、湖南邵阳邵东县等

37%
不考查古诗词鉴赏
如安徽部分地区、吉林部分地区、湖北等

命题规律探究

古诗词鉴赏题主要考查题型为选择题(每题1～4分)、填空题(每空1～2分)、问答题(每题2～7分不等)。

常考方向	重要程度	每题分值
形象类	★★★	2～5
意境类	★★★	2～5
技巧类	★★★★★	2～7
篇章结构类	★	2～6
关系类	★★	2～6
炼字/诗眼类	★★★★	1～6
语言风格类	★	2～5
思想感情类	★★★★★	2～7
选择题	★★★★	1～4

专题一　知识全解

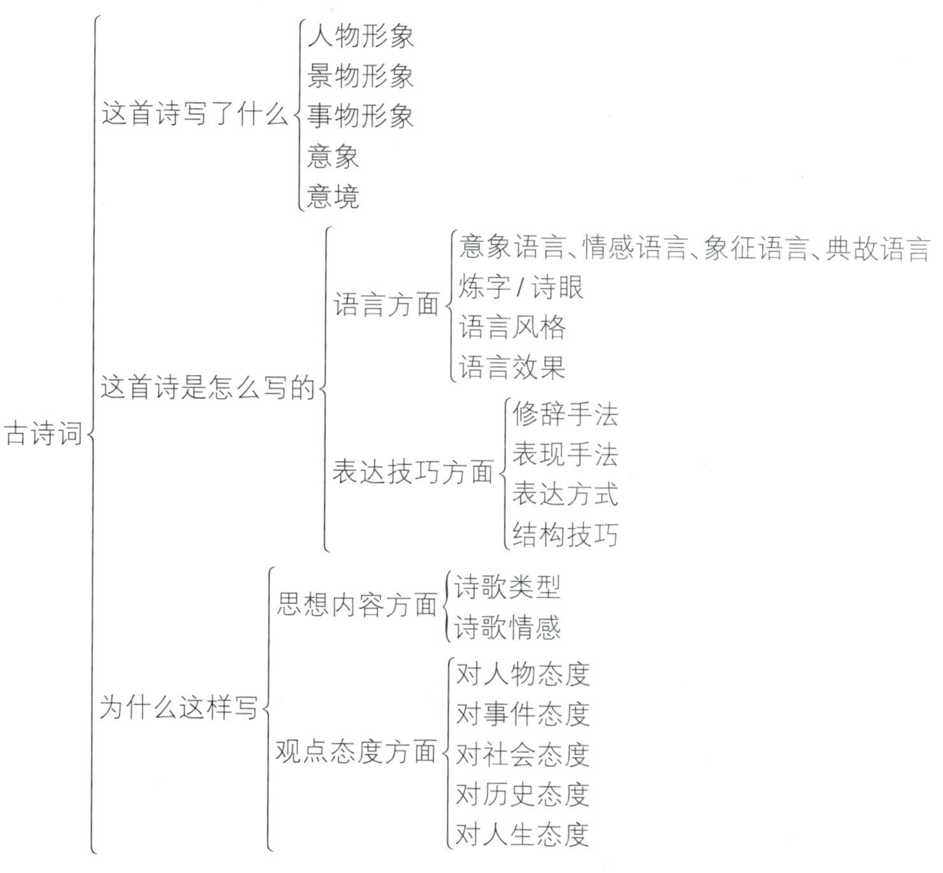

一、形象类通关

在古诗词中要分析诗中形象，通常会以分析诗词中的人物形象、事物形象、景物形象的形式呈现，考生在回答问题前，先要弄懂问题想要分析的内容。

（一）人物形象

真题示例　浙江中学真题

阅读下面一首小诗，回答后面的问题。

短歌行

曹　操

对酒当歌，人生几何！譬如朝露，去日苦多。慨当以慷，忧思难忘。何以解忧？唯有杜康。青青子衿，悠悠我心。但为君故，沉吟至今。呦呦鹿鸣，食野之苹。我有嘉宾，鼓瑟吹笙。

明明如月，何时可掇？忧从中来，不可断绝。越陌度阡，枉用相存。契阔谈讌，心念旧恩。月明星稀，乌鹊南飞。绕树三匝，何枝可依？山不厌高，海不厌深。周公吐哺，天下归心。

答题思路

前八句，强调作者借酒消愁，苦于得不到众多的“贤才”来同自己合作，一道抓紧时间建功立业。

接下来的八句，表达了曹操对“贤才”的思念，表达了“贤才”到来他会以“嘉宾”之礼相待，与他们欢快融洽地相处并合作。

接下来的八句，表达曹操的求贤之心不会终止，让人们不必顾虑，早来晚来都一样会受到优待。

最后八句，生动刻画了犹豫彷徨者的处境，并明确表达了希望人才都来归“我”的愿望，表现了作者求贤若渴的心情。

问题

1. 这首诗抒发了诗人什么样的思想感情？从中可以感受到诗人怎样的形象？(4分) / 人物形象

答案：①抒发了诗人对人生苦短的忧叹，对贤才的渴求以及对贤才难得的忧思和既得贤才的欣喜。

②诗人是一位胸襟豁达、爱才礼贤、感情豪放并拥有雄才大略的乱世枭雄。

2. 本诗在艺术手法上有哪些特色?(6分)

答案:①结构上,诗人巧设四句,不仅使各节内容完美结合,层层推进,环环相扣,脉络十分清晰,而且使激越的感情如波涛般汹涌而至,一浪高过一浪。

②言志与抒情相结合。诗歌抒发了诗人渴望招纳贤才、建功立业的宏图大愿。言志的同时也抒发了诗人的感情:有人生苦短的忧叹,有对贤才的渴求,有既得贤才的欣喜,有对犹豫徘徊的贤才的劝慰,有坚信自己礼贤下士,天下贤才定会归附自己的自信。诗人把这些复杂的感情,通过似断似续,低回沉郁的笔调表现了出来。

③引用《诗经》中的成句。

④运用比喻。以明月比喻贤才,以明月不可掇比喻贤才难得;以乌鹊择木而栖比喻贤才的徘徊歧路,表达对他们前途的关切;以“山不厌高,海不厌深”比喻自己广纳天下贤才的宽阔胸襟。

命题方向

1. 这首诗 / 词塑造了一个什么样的人物形象? 请简要分析。

2. ××句刻画了××怎样的形象?

3. 这首诗 / 词……从中可以感受到诗人怎样的形象?

4. 这首诗 / 词刻画了一个什么样的××形象? 诗 / 词人是如何刻画××形象的?

5. 赏析这首诗 / 词中××的形象。

6. 这首诗 / 词的首联 / 颔联 / 颈联 / 尾联 / 上阕 / 下阕刻画了一个怎样的××形象? 请简要分析。

答题技巧

总结一下,关于古诗词鉴赏题中人物形象类的鉴赏一般要求考生分析整首诗 / 词体现的形象,或分析某一句或几句体现的形象。鉴赏形象需要伴随具体的分析,只不过这个分析或是题干中明确写出来的,或是隐含在问题中的。

温馨提示:
少写不得分,多写不扣分。

1. 人物形象的类别

诗词中的人物形象分析有两种,分别是抒情主人公的形象(即诗人自己)和作品刻画的人物形象。

例如:《春望》中所要描写的人物形象既可以说是抒情主人公的形象也可以说是作品刻画的人物形象。

2. 具体分析思路与方法

（1）从诗词后面的注释获取相关信息了解人物当时的情境，也可以根据文中的只言片语获取。

例如：《春望》中“国破山河在”说明国都沦陷，人去物非；“感时”“恨别”说明主人公因时伤怀、苦闷沉痛的忧愁；“家书”说明诗人漂泊在外，可推测思念亲人；“白头”说明主人公已至暮年，满头白发。

温馨提示：
考试的时候一定要看诗词下面的注释，它会给你提供重要信息。

（2）分析人物的行为、语言、心理，把握人物特征。

例如：《春望》中国家破败山河仍在说明诗人伤心，看花溅泪、闻鸟惊心说明诗人苦闷沉痛，头发花白、稀疏，说明诗人愁苦。

（3）抓住表露人物情感或思想的词句，分析情感是积极的还是消极的，是高兴的还是痛苦的，等等。

例如：《春望》这首诗经过分析可知，凸显情感的词句有“破”“草木深”“感时”“恨”“惊心”，通过分析可知这一系列词句是消极的，表达的必然是痛苦、仇怨的。作者为什么要说“国破”？为什么要说“城春”？两者一个破败一个生机，就是想要表达国家灭亡的伤感。为什么要说“烽火连三月，家书抵万金”？这是忧国忧民、思家念亲的突出表现。

（4）借助意象和典故，展开联想和想象，感知形象。

例如：杜甫的《江汉》，“江汉思归客，乾坤一腐儒。片云天共远，永夜月同孤。落日心犹壮，秋风病欲苏。古来存老马，不必取长途”。诗中所写的意象有“片云”“月”“落日”“秋风”，典故有“老马识途”。“片云”“月”写自己孤独漂泊之苦，“落日”“秋风”则比喻自己虽已暮年，壮心不已。尾联用“老马识途”的典故，表明自己还可以为国家效力，也包含了对朝廷的怨愤。总结：这首诗塑造了一个漂泊异乡、孤苦无依、年老多病但仍然不忘报效国家的儒士形象。

3. 描写人物形象的方法及作用

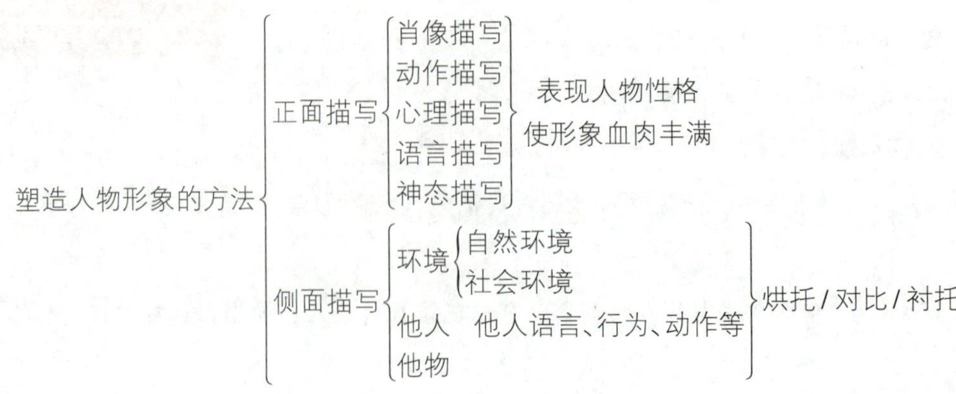

4. 古诗词中常见的人物形象

人物形象	示例	
	诗词	分析
羁旅他乡、思念故乡	王维《九月九日忆山东兄弟》：独在异乡为异客，每逢佳节倍思亲。	朴质而真切地道出了一位异乡客对故乡亲人的深切思念。
怀才不遇、壮志难酬	陈子昂《登幽州台歌》：前不见古人，后不见来者，念天地之悠悠，独怆然而涕下！	塑造了一个空怀报国为民之心却不得施展的，怀才不遇的知识分子形象。
	陆游《书愤》：塞上长城空自许，镜中衰鬓已先斑。	诗人大志落空，而揽镜自照，却发现年华不再，衰鬓先斑。此二句刻画了一位悲怆、郁愤的不遇之士的形象。
寄情山水、归隐田园	陶渊明《饮酒》：采菊东篱下，悠然见南山。	写的就是悠游自在的隐居生活，表达了诗人安贫乐道的思想。
	孟浩然《过故人庄》：故人具鸡黍，邀我至田家。	描写了山村风光和朋友欢聚的生活场面，像一幅田园风景画，使人读了乐而忘返。
矢志报国	陆游的《十一月四日风雨大作》、辛弃疾的《破阵子·为陈同甫赋壮词以寄之》	反映了作者一心报国却不被重用的情感。
心系社稷、忧国忧民	杜甫《茅屋为秋风所破歌》：安得广厦千万间，大庇天下寒士俱欢颜！风雨不动安如山。呜呼！何时眼前突兀见此屋，吾庐独破受冻死亦足！	诗人并不停留在个人的哀怨中，而是推己及人，忧国忧民。
	杜甫《春望》：国破山河在，城春草木深。	描写了一片萧条的景象，展现了诗人忧国忧民、心系社稷的形象。
零落漂泊	杜甫《旅夜书怀》	塑造了一个流落江湖、漂泊无依的诗人形象。
傲视权贵、傲岸不羁、豪放潇洒	李白《梦游天姥吟留别》：安能摧眉折腰事权贵，使我不得开心颜？	表现了李白淡泊富贵、傲视权贵的思想，也反映了李白傲岸不羁的豪迈性格。
爱恨情长、感时伤别	柳永《雨霖铃》	描写与所爱女子离别时的无限忧伤和别后相思的绵绵情意，塑造了一个多情才子形象。
情感真挚、依依惜别	李白《赠汪伦》：桃花潭水深千尺，不及汪伦送我情。	以比物手法形象地表达了李白与汪伦间真挚深厚的深情。
反对征伐	王翰《凉州词》、王昌龄《出塞》	表现了作者忠心报国、献身边塞之情。
	杜甫《兵车行》	表现了作者体察人民疾苦、反对战争的感情。
天真顽皮	辛弃疾《清平乐·村居》：最喜小儿亡赖，溪头卧剥莲蓬。	写出了小儿的天真、活泼和顽皮。
寂寞惆怅、身世飘零	韦应物《寄全椒山中道士》：今朝郡斋冷，忽念山中客。涧底束荆薪，归来煮白石。欲持一瓢酒，远慰风雨夕。落叶满空山，何处寻行迹？	塑造了一位寂寞惆怅的山中道士形象。

续表

人物形象	示例	
	诗词	分析
寂寞惆怅、身世飘零	李清照《声声慢》	描绘出一个天涯沦落、形影相吊、漂泊孤独的词人形象。亡国之痛、身世之悲、沦落之苦齐上心头。
闲适自傲	李白《独坐敬亭山》	这首诗塑造了一个闲适而孤傲的人物形象。
顾影自怜	温庭筠《菩萨蛮(小山重叠金明灭)》	塑造了一个顾影自怜的闺中妇人形象。
怡然自得	范成大《四时田园杂兴(其三十一)》	描写了一个怡然自得的劳动者形象。
安闲宁静	王维《鸟鸣涧》	刻画了一个安闲宁静的诗人形象。
历经磨难、坚持追求	屈原《离骚》:亦余心之所善兮,虽九死其犹未悔。/ 虽体解吾犹未变兮,岂余心之可惩?	塑造了不愿同流合污,执着追求真理的志士形象。
胸怀宽广、豪放洒脱	苏轼《定风波》:莫听穿林打叶声,何妨吟啸且徐行。竹杖芒鞋轻胜马,谁怕?一蓑烟雨任平生。	塑造了一个在风雨中拄着竹杖,穿着草鞋,吟啸徐行,豪放洒脱的词人形象。
征战沙场、保家卫国	王昌龄《从军行(其五)》:大漠风尘日色昏,红旗半卷出辕门。前军夜战洮河北,已报生擒吐谷浑。	塑造了一个即使战争的艰辛与磨难也不能使其改变保家卫国的雄心壮志的英雄形象。

5. 答题步骤

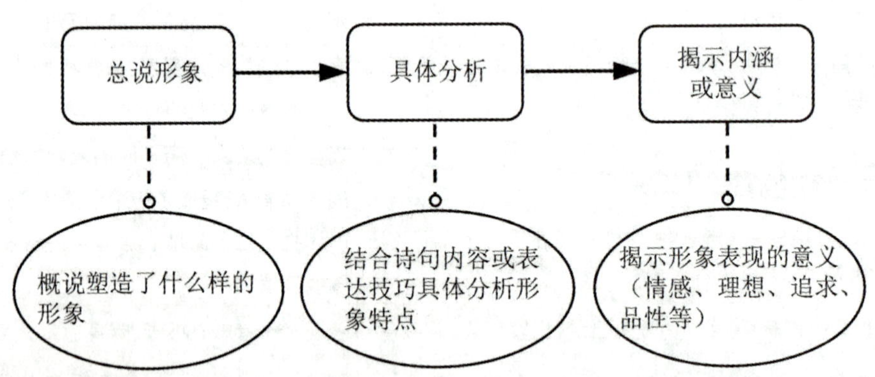

高分答题模板

这首诗塑造了一个________的形象。作者运用________的方法,通过对________的描写,塑造了一个________的形象,表达了作者________的情感 / 愿望。

1. 性格类:不慕权贵、豪放洒脱、傲岸不羁。

2. 家国情怀类:心忧天下、忧国忧民、思念故乡、献身边塞。

3. 意向、意趣类:寄情山水、归隐田园、怀才不遇、壮志难酬、慷慨愤世、矢志报国、报国无门、建功立业、反对征伐、爱恨情愁、悯农怜农、热爱山川。

4. 其他类:友人送别、哀叹昔盛今衰。

(二)景物形象

景物形象,即自然景物形象和咏物诗中被人格化了的客观物象。诗/词中的景物是浸润了作者情感的形象,是作者抒情言志的载体。因此,鉴赏诗/词中的景物形象,就要从诗/词中所写景物或事物的自然属性入手,体味其表现的社会属性。

真题示例　　湖南湘潭岳塘区小学真题

阅读以下诗歌,回答第1~2小题。

山　雨

翁　卷

一夜满林星月白,
亦无云气亦无雷。
平明忽见溪流急,
知是他山落雨来。

通读全诗可知,虽然题目为"山雨",但只有最后一句写的是"山雨",因此,分析第一句的时候不需要将其与"山雨"联系起来。

"一夜"说明写的是夜晚,"星月白"说明有星星也有月亮且夜色明亮,"满林"是说月色满林。理解了意思,就很容易明白这句话所表现的画面。

1. 用生动形象的语言描绘"一夜满林星月白"所表现的画面。(2分)/景物形象

答案:整整一个晚上,月悬天空清辉如昼,满天繁星灿烂闪烁,星月皎洁的光辉洒满浓郁的林海。

2. 本诗和李商隐的《夜雨寄北》都表现了雨的猛烈，两者在写法上有何相同之处？作用上有何不同之处？请结合诗歌简要分析。(2分)

答案：①写法上的相同点：都运用了侧面描写。本诗通过雨后湍急的溪流从侧面衬托山雨的猛烈，李诗通过池塘涨满了水，从侧面衬托山雨的大。

②作用上的不同点：本诗寓情于景，通过写山中一霎雨过的奇异景象，抒写了诗人对山雨奇景的惊异之情；李诗借凄凉的秋夜雨景抒写客愁之苦。

命题方向

1. 诗／词中展现的是一幅什么样的画面？表达了怎样的情感？
2. 诗／词人依照怎样的顺序描写了哪些景物？
3. 诗／词中描写的景物有什么特点？(简要赏析诗中景与情的关系)
4. 诗／词中运用了什么手法来描写景物？

答题技巧

1. 景物形象的类别

考试时古诗词鉴赏题中关于景物形象的分析，一般会考查两种类型的景物描写：意象类和意境类。

(1)意象类

意象类是指融入了作者主观情感的客观事物。例如：《逢雪宿芙蓉山主人》中的“日”“苍山”“屋”“柴门”“犬”“风雪”“夜归人”就是意象。

(2)意境类

意境就是诗人要表达的思想感情与诗中所描绘的生活图景有机融合而形成的艺术境界。它包括“意”与“境”两个因素，“意”就是诗人抒发的思想感情，境”就是诗中所描绘的生活图景。例如：《逢雪宿芙蓉山主人》中每一句话都能够构成一个单独的意境，表达不同的情感内容。

温馨提示：

逢雪宿芙蓉山主人

［唐］刘长卿

日暮苍山远，天寒白屋贫。
柴门闻犬吠，风雪夜归人。

温馨提示：

意象只是构成意境的一些具体的细小单位，意境是由一个个意象及其交互作用而形成的。

2. 具体的分析思路与方法

(1)借助景物意象，品味意境。

例如：《逢雪宿芙蓉山主人》中的“天寒白屋贫”点明投宿的地点，“寒”“白”“贫”三字互相映衬，渲染贫寒、清冷的气氛。

(2)把握诗中描写的画面,并分析描摹图景的方法技巧(包括远、近,声、色,动、静,明、暗等),领会写景状物的方法(比喻、比拟、衬托、对比、夸张、通感、动静结合、虚实结合、正侧结合、点面结合、远近结合、声色结合、白描等)。

例如:《逢雪宿芙蓉山主人》中的"柴门闻犬吠,风雪夜归人"两句从听觉的角度落墨,给人展示一个犬吠人归的场面。

(3)领会概括景物的特点和作用。

例如:《逢雪宿芙蓉山主人》中"日暮苍山远"一句中的"日暮"点明时间在傍晚,"苍山远"是诗人风雪途中所见,暗示跋涉的艰辛和急于投宿的心情。

3. 景物描写方法与技巧

(1)修辞手法:比喻、比拟、借代、夸张、对偶、通感等。

(2)正面描写:动静结合(以静衬动、以动写静)、虚实结合、点面结合、白描勾勒、工笔细描、列锦(意象排列)、色彩渲染(季节色彩、冷暖色调)、观察角度(高低、远近、俯仰)、感觉角度(视觉、听觉、触觉、嗅觉、味觉)。

(3)侧面描写:对比、衬托(正衬——乐景衬乐情、哀景衬哀情;反衬——乐景衬哀情、哀景衬乐情)。

(4)情景关系:借景抒情、寓情于景、情景交融、触景生情。

4. 答题步骤

(1)描绘诗中展现的图景画面。从诗句中找出描写具体形象的画面或词语,力求语言优美。

(2)概括景物所营造的氛围特点。抓住诗句中的关键词与细节,结合常见的意象含义分析其特点,一般用两至三个双音节词即可。例如:孤寂冷清、雄浑壮阔、萧瑟黯淡凄凉、恬静优美祥和等。注意,要能准确地体现景物的特点和情调。

(3)点明写作手法,分析作者的思想感情。紧扣诗中的形象和画面,明确手法,具体分析诗词直接或间接抒发了什么情感。

高分答题模板

1. 命题角度一:表述景物形象的特点

(1)单个景物形象特点的答题模式

这首诗塑造(或刻画)了________景物形象。诗中________皆说明这一景物形象特点。诗人塑造这一形象是为了抒发________情感。

(2)多个景物形象构成的意境的答题模式

①勾画描绘景物的重点词语或诗句。

②描述画面：先说本诗的描写对象（主要指什么季节的景象），抓住诗中的主要景物和景物的特点，然后连接成句，描述时一定要忠于原诗，并用自己的联想和想象加以再创造。

③概括特点：概括景物所营造的氛围特点，一般用两个双音节词即可。

④揭示情感：流露了作者什么样的情感。

注：答题要具体，不能大而空、多而滥，针对性要强。

（3）例题引导

小　松

杜荀鹤

自小刺头深草里，而今渐觉出蓬蒿。

时人不识凌云木，直待凌云始道高。

问 题

试分析诗中小松形象。

参考答案：这首诗塑造了不被统治者发现、重视但具有强大生命力终成栋梁之材的小松形象。诗中“自小刺头深草里”描写小松刚出土，的确小得可怜，路边野草都比它高，以至被掩没在“深草里”。但它虽小却并不弱，在“深草”的包围中，它不低头，而是“刺头”，显示出小松具有强大的生命力。“时人不识凌云木，直待凌云始道高”这里连说两个“凌云”，前一个指小松，后一个指小松已长成大松。大松“凌云”，已成事实，称赞它高，并不说明有眼力，也无多大意义，因为它已成栋梁之材。诗人借塑造小松形象，贬斥了统治者不重视发现和培养人才的现象，也抒发了自己怀才不遇的愤懑。

2. 命题角度二：分析刻画景物形象的方法

（1）答题模式

①在整体把握诗歌内容的基础上，指出运用了什么表达技巧；

②结合诗句，分析这种手法所表现的内容；

③分析这些手法的运用，表达了什么思想感情。

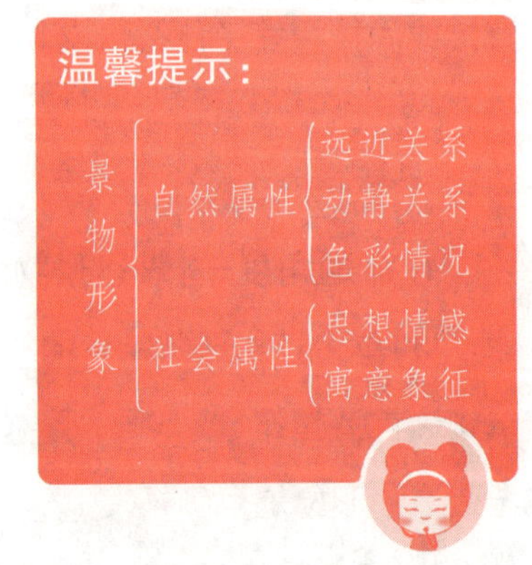

（2）例题引导

鹿　柴

［唐］王维

空山不见人，但闻人语响。

返景入深林，复照青苔上。

问 题

王维的诗往往诗中有画，试分析诗人用什么手法描绘怎样一幅画面。

参考答案：诗人通过动静结合、远近结合，并注意色彩运用，描绘了一幅幽静清新、色彩绚丽的山林图。诗人用若有若无的“人语声”反衬山中的寂静；以蓊郁广袤的森林为背景，以眼前夕阳照射树林为主体，夕阳、青苔、翠木，色彩绚丽。诗人通过描绘此幅画面，表现对鹿柴隐居闲适生活的喜爱。

3. 命题角度三：分析景物形象的作用

(1)基本思路

以所写景物的自然属性为依据，感受所渲染的客观氛围，挖掘其深刻的社会属性(即作者借以抒发的感情、表达的心志等)。

(2)景物形象的作用

①交代时令季节特征；

②奠定全诗的感情基调；

③对全诗气氛的渲染；

④景和情的关系(正衬或反衬)；

⑤景物和人物的关系。

任何景物形象都有作者的寄寓和意图，它可以渲染气氛，抒发情感，代替作者寄寓心志，化虚为实或化抽象为形象。

(3)答题模式

①分析景物形象(意境)的特点，主观感受意境氛围；

②挖掘景物形象内在的品格、精神，抓物与情、物与志的“契合点”；

③结合作者的有关常识(诗歌内容和背景知识)分析；

④从渲染气氛、抒发情感、表达心志和化实为虚四个面，选择其中一点或者几点来阐释。

(4)例题引导

月夜忆舍弟

杜 甫

戍鼓断人行，边秋一雁声。

露从今夜白，月是故乡明。

有弟皆分散，无家问死生。

寄书长不达，况乃未休兵。

问 题

试分析“月”这个意象在诗中的作用。

参考答案:“月”是中国传统诗词中典型意象,在此诗中,此意象有以下作用:引发诗人怀念家乡,思念亲人;夹杂着生离死别的焦虑;借此意象来抒发诗人忧国忧民,不满现状,渴望社会安定的情感。

4. 命题角度四:印证有关景物形象的观点

(1)问题特点

针对某首诗中的某一句(或几句),先引述前人的评价(思想内容方面、表达技巧方面、语言风格方面等),然后要求发表自己的看法或印证前人的观点。

(2)答题思路

①把握原诗的内容情感和表达技巧;

②读懂前人评价的内涵,并以此为“论点”去阐发,或赞同,或提出新见。

(3)答题模式

①赞同(或反对)题干的观点;

②阐述诗中景物形象特点;

③叙述具体的诗句内容,并总结。

(4)例题引导

春宿左省

杜　甫

花隐掖垣暮,啾啾栖鸟过。
星临万户动,月傍九霄多。
不寝听金钥,因风想玉珂。
明朝有封事,数问夜如何?

问 题

前人鉴赏此词说,“颔联大景有大寓意”,你同意这一看法吗? 请说明理由。

参考答案:同意这一看法。颔联的确写的是大景而且有大寓意。此句中“动”和“傍”,分别为“闪动、浮动”“靠着,相连”之意,前句说在星光的照耀下,宫殿中的千万户也似乎在闪动;后句说宫殿高入云霄,照到的月光仿佛也特别多。这两句不仅把星月映照下宫殿巍峨瑰丽的夜景形象地描绘了出来,并且寓含着帝居高远的颂圣味道,虚实结合,形神兼备,语意含蓄,意境阔大,寓意深远。

动	活泼、热闹、繁华、忙碌、喧闹等
静	幽静、静谧、宁静、幽清、恬静等
悲	苍凉、孤寂、凄清、萧瑟、沉郁等
壮	壮阔、雄浑、高远、壮丽、深远等
美	优美、明丽、清新、自然、质朴等

(三)事物形象

事物形象即物象,是被作者人格化了的描写对象。从全诗来说,即以象征性的形象描写来曲折地表现诗人的品格节操、思想感情或托物言志。

真题示例

福建小学真题

卜算子·咏梅

陆 游

驿外断桥边,
寂寞开无主。
已是黄昏独自愁,
更着风和雨。
无意苦争春,
一任群芳妒。
零落成泥碾作尘,
只有香如故。

答题思路

这是一首咏梅词,全词写梅花,因此梅花形象要从整首词中把握。

这首词上片着力渲染梅的落寞凄清、饱受风雨之苦的情形,下片写梅花的高尚品格及生死观。

作者写词是为了表达自身的思想感情,因此可以说写梅花也是在写诗人自己,梅花的形象也是诗人的形象。

1. 这首词最主要的表现手法是什么?(2分)

答案:这首词最主要的表现手法是托物言志,借物喻人。词人以物喻人,托物言志,以清新的笔调写出了傲然不屈的梅花,暗喻了自己虽终生坎坷却坚贞不屈的高尚品格。

2. 赏析这首词中梅花的形象。(4分) / 事物形象

答案:梅花,开在郊野的驿站外面,紧临着破败不堪的"断桥"。日落黄昏,暮色朦胧,风雨交加,它凌寒先发,开得最早,却"无意苦争春",任凭"群芳"所妒,表现出决不与争宠邀媚、阿谀奉承之徒为伍的品格和不畏严寒、坚贞自守的傲骨。在风雨侵凌下,梅花不堪雨骤风狂的摧残,纷纷凋落,被践踏成泥土,碾成尘灰。但它的香味,却永远如故,一丝一毫也改变不了。这将作者的思想感情推向了高潮,强烈地表达了诗人不肯与世俗同流合污,"虽九死其犹未悔"的自尊、自爱与自律。

命题方向

1. 诗中的语句描写体现了××形象(意象)怎样的品格特点?

2. 简要分析诗中塑造的××形象。

3. 诗中塑造的××形象有什么作用和意义?

4. 诗中××事物寄托了作者怎样的思想感情(或何种情怀)?

5. 两首诗中××形象有什么不同?分别体现了作者怎样的情感?

6. 谈一谈你对"××"(意象)的理解及其作用。

答题技巧

1. 类别

(1)具有象征意义的形象,运用托物言志(象征)的手法,通过对某一具体事物的描绘来表达自己的某种理想、人格、精神等,以物喻人。

(2)具有特定含义的形象,如柳,谐音"留",古代有折柳送别之俗,所以有惜别怀远之意。

例如:《采薇》中的"昔我往矣,杨柳依依"中的"柳"便暗含了对家乡的不舍。

2. 意象作用

(1)渲染气氛,营造意境

实例分析:

军城早秋

严　武

昨夜秋风入汉关,朔云边月满西山。

更催飞将追骄虏,莫遣沙场匹马还。

诗歌前两句的“秋风”“朔云”“边月”等意象，描绘了初秋边关阴沉凝重的夜景，渲染了边境局势的紧张，为后两句表达诗人斗志昂扬的豪迈之情作了铺垫。

(2)寓情于景，情景交融

实例分析：

采桑子

欧阳修

天容水色西湖好，云物俱鲜。鸥鹭闲眠，应惯寻常听管弦。

风清月白偏宜夜，一片琼田。谁羡骖鸾，人在舟中便是仙。

诗歌前六句的“云物”“鸥鹭”“管弦”“风”“月”等意象，描绘了如诗如画的西湖夜景，营造了宁静美好的意境，字里行间流露出诗人对西湖风光的爱恋之情，也为最后两句抒写诗人满足于现实生活的美好情感作了铺垫。

(3)借景抒情，为情铺垫

实例分析：

吴松道中(其二)

晁补之

晓路雨萧萧，江乡叶正飘。

天寒雁声急，岁晚客程遥。

鸟避征帆却，鱼惊荡桨跳。

孤舟宿何许？霜月系枫桥。

“孤舟”这个意象，联结着“雁”“鸟”“鱼”“霜月”“枫桥”等意象，把航程的所见所闻所想贯穿在一起，是全诗的线索；诗人融情于景，借“孤舟”，表达了漂泊、思乡、孤寂之感。

温馨提示：

诗人咏物都是为了体现自己的情感态度，要将物与情联系起来。

3. 描写事物形象的方法与技巧

重中之重：托物言志、借物喻人。

修辞：比喻、象征、拟人、对比等。

描写手法：正面描写、侧面烘托。

4. 分析思路

(1)分析物象的自然特征即外在特征(形态、色泽等)和环境特点(借鉴人物形象分析的方法)。

(2)分析物象的社会属性,挖掘物象的内在品格,从物人一体角度抓物与志的相似点、契合点,分析物象内在的品格、精神。

(3)分析诗人的理想情操(作者借此抒发的感情、表现的寓意等),塑造此形象的意义(体现作者的某种操行或情感,表达作者的某种向往或追求)。

5. 答题步骤

(1)分析形象类

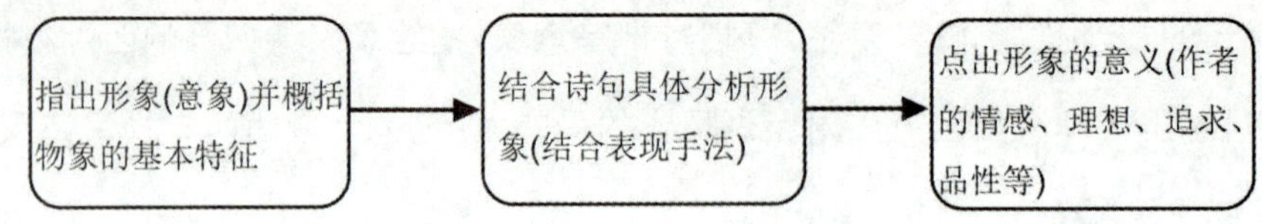

(2)比较事物形象类

比较事物形象的题目,一般从事物特征、描绘事物形象的方法技巧以及表达的感情等方面入手设计题目。考生可从以下两方面作答:

①分析每首诗各自描绘的事物形象的特点,用了哪些表现手法,表达了什么思想感情。

②求同析异,分析事物形象特点,描绘事物形象的方法技巧以及表达的感情的异同。

6. 步骤梳理

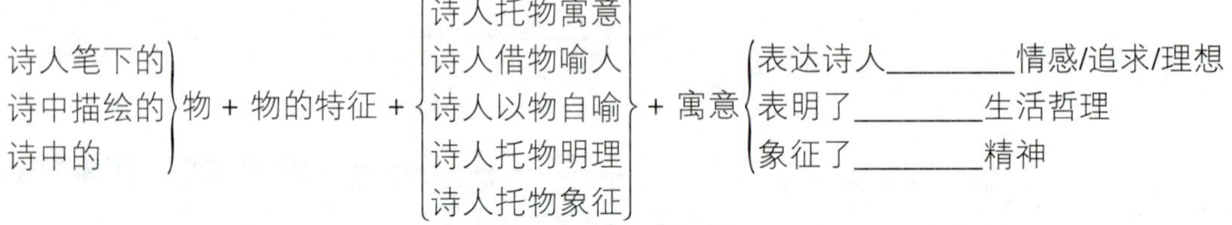

归纳:物+特征+结合诗句+诗人托物言志+表达情感 / 哲理 / 精神

高分答题模板

1. 命题角度一:分析形象类

(1)答题模版

模板一:

这首诗刻画了一个________(特点)的________(名称)形象。________(联系诗句分析形象的基本特征),抒发 / 表现了诗人________(中心)的情感 / 态度 / 性格 / 精神。

模板二：

这首诗通过________（诗句内容），赋予________（物象）以________的品格，表达了作者________的情感。

模板三：

诗歌描写了________意象，营造了________的氛围，描绘了________的画面，表达了诗人________的思想感情/给人以________的启示和思考。

（2）例题引导：

北陂杏花[注]

王安石

一陂春水绕花身，花影妖娆各占春。

纵被春风吹作雪，绝胜南陌碾成尘。

【注】王安石变法失败，被迫闲居江宁。此诗写于他晚年闲居之时。陂，水池。

问 题

前人评价这首诗说："安石遗情世外，其悲壮即寓闲谈之中。"请作简要分析。

参考答案：这首诗刻画了纵然被春风吹落水上，仍保持着纯洁，远胜于路边被碾碎的杏花形象。诗人托物言志，以水边的杏花自况，流露出悲壮的情感。表现了诗人坚持自己的理想情操，不愿同流合污的精神。

2. 命题角度二：比较事物形象类

（1）答题模板

《××》中的________（形象）通过________的描写，塑造了一个________（形象特点）的形象，表达了诗人________的情感。而《××》中的________（形象）则通过________的描写，塑造了一个________（形象特点）的形象，表达了诗人________的情感。

（2）例题引导：

病　牛[注]

李　纲

耕犁千亩实千箱，力尽筋疲谁复伤？

但得众生皆得饱，不辞羸病卧残阳。

【注】李纲，南北宋之交的一位坚决主张抗金的政治家，由于投降派的排挤而被罢相。这首诗是他被罢相之后贬到武昌时写的。

禾　熟[注]

孔平仲

百里西风禾黍香，鸣泉落窦谷登场。

老牛粗了耕耘债，啮草坡头卧斜阳。

【注】孔平仲，一位颇具才气的诗人，曾多次遭受贬谪，做过地方官吏。

问　题

这两首诗中的牛有何不同？请作简要赏析。

参考答案：《病牛》中的牛在未病之前辛勤耕耘，帮助人们收获过千万担的谷物，在它老病时却遭到冷遇无人同情，但它仍念“但得众生皆得饱”。这是一个流尽血汗仍愿奉献到底的崇高形象。诗人以牛自喻，写出了自己坎坷与辛酸的遭遇，并表达了自己甘愿奉献到底的志向。《禾熟》中的“老牛”在完成耕作后，从“禾黍香”“谷登场”的丰收中获得了“粗了耕耘债”的轻松与满足，正悠闲自得地享受着主人的奖赏，不争不怨，知足而乐，随遇而安。这是一个知足而乐，悠然自得的形象。诗人借此表达了像老牛一样早点了却“债”，放松疲惫身心的渴望，也含蓄地抒发了自己长期仕途坎坷而积于胸中的郁闷之情。

答题常用词

意象	情感意义	意象	情感意义	意象	情感意义
黄叶	凋零	松柏	挺拔傲岸	梧桐	凄苦悲伤
柳	送别留恋	竹	气节	菊	隐逸高洁
梅	坚强勇敢	兰	高洁	牡丹	富贵
草	荒凉离根	禾黍	黍离之悲（国家的昔盛今衰）	子规	悲惨凄恻
猿猴	哀伤凄厉	鸿鹄	理想追求	雁	孤独音信
沙鸥	飘零伤感	江水	时光流逝	云	漂泊自由
霜	坎坷挫折	雪	纯洁美好	露	人生短促
春风	旷达欢愉	东风	希望美好	西风	落寞惆怅
蜡烛	奉献	雨	凄切	小舟	漂泊无依
羌笛、琵琶	凄切悲壮、戍边思归	西楼	孤独寂寞、登高怀远	长亭	送别

真题精解

01 阅读下面一首诗，回答问题。

福建真题

温馨提示：
改卷老师是按点给分的，所以我们要按分答点。

小儿垂钓

胡令能

蓬头稚子学垂纶，侧坐莓苔草映身。
路人借问遥招手，怕得鱼惊不应人。

问题

这首诗刻画了一个什么样的儿童形象？诗人是如何刻画儿童形象的?(4分) / 人物形象

02 阅读以下唐诗，回答问题。

新疆维吾尔自治区真题

次北固山下

［唐］王湾

客路青山外，行舟绿水前。
潮平两岸阔，风正一帆悬。
海日生残夜，江春入旧年。
乡书何处达？归雁洛阳边。

问题

颔联用了什么修辞手法？请描述其所展现的情景。(4分) / 景物形象

03 古诗词鉴赏。　　浙江真题

春夜喜雨

[唐]杜甫

好雨知时节，当春乃发生。随风潜入夜，润物细无声。

野径云俱黑，江船火独明。晓看红湿处，花重锦官城。

问题

这首诗赋予了春雨怎样的品格？表达了诗人怎样的感情？（3分）/ 事物形象

04 阅读以下宋词，回答问题。　　四川真题

阮郎归·初夏

苏　轼

绿槐高柳咽新蝉，薰风初入弦。碧纱窗下水沉烟，棋声惊昼眠。

微雨过，小荷翻，榴花开欲然。玉盆纤手弄清泉，琼珠碎却圆。

问题

这首词的下阕刻画了一个怎样的女子形象？请简要分析。（5分）/ 人物形象

05 阅读下面的古诗,回答问题。

胡笳歌送颜真卿使赴河陇

[唐]岑参

君不闻胡笳声最悲?紫髯绿眼胡人吹。
吹之一曲犹未了,愁杀楼兰征戍儿。
凉秋八月萧关道,北风吹断天山草。
昆仑山南月欲斜,胡人向月吹胡笳。
胡笳怨兮将送君,秦山遥望陇山云。
边城夜夜多愁梦,向月胡笳谁喜闻?

(1)下列对本诗的理解与鉴赏,不正确的一项是(　　)(2分)/意象

A. 诗歌通过描写秋季边塞的景色来表现边塞的苦寒荒凉,营造出萧瑟凄清的意境。

B. 用"月欲斜"点出时间,与前面联系紧密,说明寒气逼人,北风猛烈的原因。

C. "秦山遥望陇山云"写作者对颜真卿走后的怀念,但因云遮雾障,望而不见,流露出作者的惆怅之情。

D. 诗中"萧关""天山""昆仑山"等边塞意象的运用,为全诗增加了雄浑悲壮的色彩。

(2)这首诗中的"向月胡笳谁喜闻"和范仲淹《渔家傲·秋思》中的"羌管悠悠霜满地"都写到了边地的乐器,这两句在表情达意上有何异同?请结合具体内容简要赏析。(6分)/事物形象

破题方法与参考答案

01 破题方法

解答这道题只要理解诗歌内容，从中提炼出"稚子"形象即可。

①"蓬头"写小孩的外貌，直写出山野孩子头发蓬乱的本来面目，使人觉得自然可爱与真实可信。"学"是这首诗的重点，这个小孩初学钓鱼，所以特别小心。"侧坐"带有随意坐下的意思，这也可以想见小儿不拘形迹地专心致志于钓鱼的情景。

②当路人问道，小儿害怕应答惊鱼，从老远招手而不回答。这是从动作（"遥招手"）和心理（"怕"）方面来刻画小孩机警聪明。小儿之所以要以动作来代替答话，是害怕把鱼惊散。小儿的动作是"遥招手"，说明小儿对路人的问话并非漠不关心。

参考答案

这首诗刻画了一个聪明（机灵）、初学钓鱼的小儿形象。诗人是从形、神（或从外貌、动作、心理等）两个方面对垂钓小儿的形象进行刻画的，"蓬头""侧坐"等表现小孩的天真可爱，从"遥招手""怕"等可看出小孩的聪明（机灵）。（共4分。准确概括小儿形象得2分；结合语句，指出刻画人物形象的手法得2分）

02 破题方法

首先应点出运用的修辞手法；其次勾画描绘景物的重点词语或诗句；然后描述画面，概括特点，揭示情感，即流露了作者什么样的情感。描绘应表现出平野开阔、大江直流、波平浪静的景色特点，语言流畅即可。

参考答案

颔联运用了对偶的修辞手法。潮水上涨，与两岸齐平，两岸之间水面宽阔。船在海上顺风行驶，船帆高悬，一帆风顺。该诗句描写了平野开阔、大江直流、风平浪静的景象，以白描的手法写出了江面的景象，构图精美，意境开阔，表达了诗人对祖国山河的热爱。（共4分。指出颔联运用了"对偶"的修辞手法，并结合诗句进行分析，得2分；结合诗句，展开想象，描绘画面，并点出内涵，得2分）

03 破题方法

①春雨的品格要从字句中分析，出现春雨的句子为"好雨知时节，当春乃发生。随风潜入夜，润物细无声"，其中"随风潜入夜，润物细无声"为重点。"润物细无声"是我们经常见到的，结合以往经验可知这是指默默奉献的品格，由此春雨的品格就出来了。

②关于诗人的感情，要遵循“托物言志”的原则。诗人为什么要赞美春雨？因为“春雨贵如油”，这也是诗人与民同乐的思想。

参考答案

这首诗赋予了春雨无私地滋润万物，默默奉献、不求回报的美好品格，表达了诗人乐民之乐，喜民之喜，关心人民疾苦的思想感情。(共3分。准确写出春雨品格及表达的感情可得3分，每答错一项扣1.5分)

04 破题方法

分析句子可知，下阕写少女梦醒以后，尽情地领略和享受初夏时节的自然风光。“微雨过，小荷翻，榴花开欲然”写园池夏景，小荷初长成，小而娇嫩，一阵细雨过去，轻风把荷叶翻转；石榴花色本鲜红，经雨一洗，更是红得像火焰。这生机，这秀色，大概使这位少女陶醉了，于是出现了又一个生动的场面：“玉盆纤手弄清泉，琼珠碎却圆。”这位女主人公索性采摘荷叶后到清池边玩水。水花散溅到荷叶上，像珍珠那样圆润晶亮。可以想见，此时此刻这位少女的心情也恰如这飞珠溅玉的水花一样，喜悦，兴奋，不能自持。由此下阕女子形象就呼之欲出了。

参考答案

这首词通过景物描写、环境描写和人物描写，勾勒出恬静、自然、清新、美丽的和谐生活画面，表现了女主人公单纯率真的性格以及对大自然和生活的无比热爱。(共5分。概括词中女子形象得2分；结合语句，描绘词中的生活景象及塑造人物形象的手法得3分)

05 破题方法

作答带有选择题的古诗词鉴赏题时，考生在读完古诗词之后可先读一读选项内容，选项内容能帮助你理解诗词含义。

①解答选择题时，先从整体情感方面判断，文中“悲”“愁杀”“征戍”“凉秋”等词语都具有情感指向，找出这些词语，诗词表达的情感就可大体感知到了。第一小题中A、C、D三项的内容都与情感有关，且读选项后可知三项内容所述情感具有统一性，并不冲突，由此可大体判断，A、C、D项关于情感指向的内容是正确的。由此，我们需要重点判断B项正确与否。考生要注意关联“月欲斜”前后内容，由后句“胡人向月吹胡笳”可知，诗人写月斜是为了写胡笳声，如此一来B项说法就有问题了。

②通过第一小题的四个选项，考生可大体知道该诗的表达内容与思想情感，与其进行对比的又是课内学过的词，考生只需将自己的所感所知与诗词内容结合，并整理语言即可。

参考答案

(1)B【解析】用“月欲斜”是为了与胡笳的悲声相衬，胡笳之声安排在晓月欲坠之时，那刺骨的寒气，那呼啸不停的北风，似乎使天地也为之寒栗，这边塞的荒寒之境，使得胡笳之声倍增其悲。

(2)①相同点：A. 都用凄然悲切的情调表达了思念之情。“向月胡笳谁喜闻”以问句作结，意思并没有那么肯定，其中也包含着“不喜闻”而不得不“闻”之意。“羌管悠悠霜满地”远方传来羌笛悠悠之声，天气寒冷，军营里早已结满寒霜。都给人以凄清、悲凉之感。B. 都写了夜景。“向月胡笳谁喜闻”写月下胡笳的声音那么催人泪下又那么富于魅力；“羌管悠悠霜满地”，写深夜大地上铺满了秋霜。

②不同点：岑诗表达的是与友人的依惜别情；范诗表达的是边塞军人想家思乡的情绪，并由此而写出全体将士忧国的情怀和感慨。

(共6分。指出两个相同点各得2分，指出1个不同点得2分，共答出3点即可。仅答出相同点和不同点，没有结合诗句具体分析，每点扣1分)

二、意境类通关

意境通常指整首诗，几句诗或一句诗所营造的境界。

真题示例

安徽中学真题

阅读下面两首诗，完成1～2题。

江楼旧感

赵　嘏

独上江楼思渺然，月光如水水如天。
同来望月人何处？风影依稀似去年。

中秋月

苏　轼

暮云收尽溢清寒，银汉无声转玉盘。
此生此夜不长好，明月明年何处看。

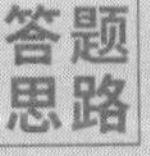

答题思路

“月光如水”说月光的清澈，“水如天”说水面的清与静，营造出静谧幽深的意境。

“银汉无声转玉盘”突出天空的清净辽远、月光的皎洁与月亮的明亮。

1.“月光如水水如天”“银汉无声转玉盘”两句同是写月，请分别揭示“月”意象在诗中所营造的意境。(4分) / 意境类

答案: ①“月光如水水如天”意境分析：登上江楼，放眼望去，但见清澈如水的月光，倾泻在波光荡漾的江面上，因为江水是流动的，月光就更显得在熠熠闪动；月光如水，波柔色浅，宛若有声，静中见动，动愈衬静；诗人由月而望到水，只见月影倒映，恍惚觉得幽深的苍穹在脚下浮涌，意境显得格外幽美恬静。

②“银汉无声转玉盘”意境分析：银河流泻无声，皎洁的月亮，就像转动的玉盘；这景观不是静止的、平面的，而是动态的、立体的，银河流水无声，明月冉冉升起；诗人因为相距遥远，天宇寥廓，听不到水声，而玉盘喻圆月，给人的是冰清玉洁的美感。

2. 这两首诗的三、四句均因景生情，请结合诗句简析情感上的不同。(4分)

答案:《江楼旧感》后两句抒写了对朋友的怀念之情以及对物是人非的惆怅、感慨之情。《中秋月》后两句既抒发了作者与胞弟聚后不久又要分开的哀伤与感慨，更借中秋夜望月、颂月时抒发人生浮沉、世事多变、后事莫测的忧伤心境。

命题方向

1. 这首诗营造了一个怎样的意境氛围？表达了诗人什么样的思想？
2. 这首诗为我们展示了一幅怎样的画面？起到了什么样的效果？
3. 这首诗描写了什么样的景物？抒发了诗人怎样的情怀？
4. 请选择角度简要分析作者表达情感的方法。

答题技巧

1. 失分点

(1)描摹景物时采用直译的方法，变描摹为翻译。例如：

“竹喧归浣女，莲动下渔舟”

竹林传来喧响知是洗衣姑娘归来，莲叶轻摇想是上游荡下轻舟。×

竹林里传来了一阵阵歌声笑语，那是一些天真无邪的姑娘洗罢衣服笑逐着归来了；亭亭玉立的荷叶纷纷向两旁披分，那是顺流而下的渔舟划破了荷塘月色的宁静。√

总结：结合诗句进行再造想象，增加形容词。

温馨提示：

意象(诗的基础)
↓(组成)
意境(诗的画面)
↓(组成)
诗情(诗的内涵)
‖
古诗词

(2)着重于“思与境偕、情景相融”的正衬模式,而忽略一些诗歌是通过景物反衬思想感情,就会造成理解思想感情的错误。例如:

“竹喧归浣女,莲动下渔舟”

竹林喧响,莲叶轻摇,描绘出了一幅热闹景象。×

竹林喧响,莲叶轻摇,反衬出田园生活的安静悠然及作者对官场的厌恶。√

2. 答题步骤

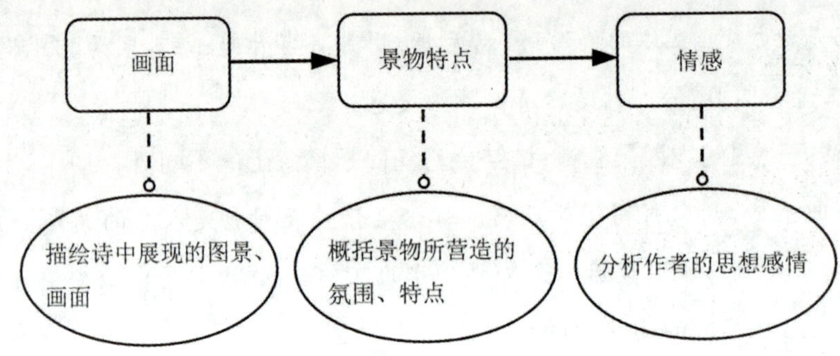

例题引导:

天净沙·秋思

马致远

枯藤老树昏鸦,小桥流水人家,古道西风瘦马。夕阳西下,断肠人在天涯。

问 题

这首诗歌描绘了一幅怎样的画面?抒发了诗人怎样的情感?

第一步:描摹诗歌图景

天色昏黄,一群乌鸦落在枯藤缠绕的老树上,发出凄厉的哀鸣。小桥下流水哗哗作响,小桥边庄户人家炊烟袅袅。古道上一匹瘦马,顶着西风艰难地前行。夕阳渐渐地失去了光泽,从西边落下。这一切组成了一幅秋郊夕照图。

第二步:概括意境特点

作者借助“枯藤、老树、昏鸦、小桥、流水、人家、古道、西风、瘦马”九种景物,营造了一种凄凉、清幽、寂寞的意境。

第三步:剖析作者思想感情

表达了天涯沦落人悲凉凄苦的心情。

江宁夹口(其三)

王安石

落帆江口月黄昏,小店无灯欲闭门。

侧出岸沙枫半死,系船应有去年痕。

问题

诗的首句借“月黄昏”营造了一种什么氛围?表达了怎样的心绪?请结合诗的具体内容简要赏析。

第一步:描摹诗歌图景

首句中描写了客船、小店、门这些意象,这一切都笼罩在昏黄的月光中,暗淡朦胧。

第二步:概括意境特点

营造了一种凄迷、萧索、沉寂的氛围。

第三步:剖析作者思想感情

表达了诗人孤寂怅惘的心绪。

高分答题模板

模板一:

该诗抓住(采用)________(意象列举)等意象,运用了________的表达方式/表现手法,描绘了________的画面,营造了________的氛围,表达了作者________的思想感情,达到了________的效果。

模板二:

这首诗描绘了________的画面,营造了一种________的氛围,抒发了作者________的感情。

答题常用词

古诗词中常见的意境

幽	清净幽远、宁静恬淡、清净悠闲、冷森幽僻等
悲	苍凉悲壮、孤寂冷清、萧瑟凄凉、凄寒萧条等
壮	雄浑开阔、恢宏高远、浩瀚辽阔、博大新奇等
美	优美迷人、清新明丽、雄奇瑰丽、空灵高远等

真题精解

阅读以下宋词，回答问题。　　广东真题

蝶恋花

欧阳修

庭院深深深几许？杨柳堆烟，帘幕无重数。玉勒雕鞍游冶处，楼高不见章台路[注]。

雨横风狂三月暮。门掩黄昏，无计留春住。泪眼问花花不语，乱红飞过秋千去。

【注】章台路：汉代长安有章台街，后人以章台指歌伎聚居的地方。

问题

"庭院深深深几许？杨柳堆烟，帘幕无重数"描绘了一幅怎样的画面？请进行简要赏析。(5分) / 意境类

破题方法与参考答案

破题方法

①解答这类题要先理解句子。"庭院深深深几许"是说庭院很深，这里既可以是指庭院确实很深，也可以是指主人公的主观情感觉得庭院深；"杨柳堆烟，帘幕无重数"是说杨树、柳树上面堆着烟雾，遵循拓展想象的原则，可以说烟雾笼罩杨柳，造成了云遮雾罩的感觉，说明主人公视线被阻隔。

②在分析意境时，可以结合整首词的内容进行。通读全词可知，主人公是困在深院中，伤春悲秋的形象，由此推断这可能是一个深闺妇人。又由"庭院深""雨横风狂""无计""泪眼"等词可知主人公心情并不好。总结一下，词中的主人公是一个困在深院中的心情不好的深闺妇人。如此，"庭院深深深几许？杨柳堆烟，帘幕无重数"营造的意境便昭然若揭。

③在判断思想感情的时候同样要结合诗词内容。主人公被困在深闺是哀怨，帘幕重重是寂寥。

参考答案

庭院幽深不可测，烟雾笼罩着杨柳，形成重重帘幕，闺妇远望的视线被阻隔，见不到良人，也等不到良人归来。这三句表面上是描写庭院幽深，实则营造了闺妇孤寂的哀怨意境，渲染了冷漠寂寥的氛围，表达了闺妇内心的悲凉。(共5分。描绘诗中展现的图景、画面得2分，概括景物营造的氛围、特点得1分，分析作者情感得2分)

三、技巧类通关【高频考点】

真题示例

天津北辰区、津南区、武清区中小学真题

阅读下面这首宋词，完成1~2题。

西江月[①]

[宋]苏轼

照野弥弥浅浪，横空隐隐层霄。障泥[②]未解玉骢骄，我欲醉眠芳草。

可惜一溪风月，莫教踏碎琼瑶。解鞍攲枕绿杨桥，杜宇一声春晓。

【注】①此词为苏轼被贬黄州作。顷在黄州，春夜行蕲水中。过酒家，饮酒醉。乘月至一溪桥上，解鞍曲肱，醉卧少休。及觉已晓，见乱山攒拥，流水锵然，疑非尘世也，书此词桥柱上。②障泥：马鞯，垂于马两侧以挡泥土。

答题思路

读题可知这首词是写“月”的。

“弥弥”“隐隐”属于字的重复，是运用了叠字。

第一句没有明着写月，但月的明亮皎洁却隐于文中，这是侧面描写。从注释中可以看出作者虽被贬，却并不伤感，而句中的野外是广袤的，天宇是寥廓的，溪水是清澈的，这无一不显示出作者愉悦的心情，而这句话却没有一字表情，这是借景抒情的手法。

问题

1. 下列对本词的理解，不正确的两项是(　　)(2分)[多选]

A.“障泥未解玉骢骄，我欲醉眠芳草”，写词人濒临溪流，从马上下来，等不及卸下马鞯，即欲眠于芳草。既侧面描绘出月下溪景之美，又表现了词人的喜悦心情。

B.“可惜一溪风月，莫教踏碎琼瑶”一句运用了借代的修辞手法。琼瑶，本是美玉，这里代指月色，水月交辉，有如晶莹剔透的珠玉。此句传神地写出水月之静美。

C.“解鞍欹枕绿杨桥，杜宇一声春晓”一句用“解鞍欹枕”这个特写镜头表现出词人的随意豁达，而“杜宇春晓”写出空山春晨的喧闹和生机。

D. 本词写作者爱惜一溪风月，不让马踏碎溪月，解鞍酣眠直至春晓，描写了一个醉心自然、随性洒脱、乐观豁达的诗人形象。

答案：BC

解析：B项是借喻，不是借代。C项，“喧闹和生机”说法错误，应为“表现了空山春晨的万籁俱寂”。

2.“照野弥弥浅浪，横空隐隐层霄”两句精妙，请简要赏析。(2分) / 表达技巧

答案：①侧面描写(或侧面烘托)：写月下细浪涟漪层层涌起，空中云朵依稀，侧面烘托月光朗照，月色美好。

②借景抒情，通过写景营造出清爽明丽的意境，凸显诗人愉悦之情。

③“弥弥”“隐隐”使用叠词，两句对仗工整，在形式上构成美感。

补充设问

分析“可惜一溪风月，莫教踏碎琼瑶”的修辞手法及其表达效果。 / 修辞手法

答案：“琼瑶”是美玉，这里运用了借喻的修辞手法，将皎洁的水上月色比作“琼瑶”，由于感情的浓挚，使比喻的客体升到了突出的地位，因而它的形象显得更鲜明，更生动。

命题方向

1. 这首诗用了怎样的表达技巧(表现手法、艺术效果、艺术技巧)?

2. 请分析这首诗的表现手法(艺术手法、表达技巧)及表达效果。

3. 诗人是怎样抒发自己的情感的? 有何效果?

温馨提示：

表达技巧与艺术技巧、艺术效果、艺术手法说的是一样的内容，合并记忆就行。

4. 这首诗（××句）在写景（抒情、描写人物 / ××）上有什么特点？

5. 这首散曲主要运用了哪些修辞方法？试作赏析。

6. 请从“虚实”关系的角度赏析这首诗。

7. 请从“景”和“情”的角度对这首词作一赏析。

8. 这首诗是怎样融情于景的？请作简要赏析。

9. 两首诗在××的手法上有哪些异同？请具体分析。

答题技巧

1. 设题角度

（1）“小角度”设题

此类设问的“切入点”较小，题干明确规定了从表达技巧中的某一个具体方面鉴赏，如命题方向4～8。答题时我们只要根据题干所要求的相关表达技巧知识，并结合诗歌的具体内容作出分析说明即可。

温馨提示：
有时候，即使是“小角度”设题，在答题时也可以涉及其他表达技巧相关内容，但要注意轻重有度。

（2）“大角度”设题

此类设题往往没有具体的角度要求，出现在题干中的关键词通常是“表现手法”“艺术手法”或“手法”等较为宽泛的概念，如命题方向1～3。答题时，可以整体分析→按需要→有重点。

2. 表达技巧的内容

- 表达技巧
  - 修辞手法
    - 常用：比喻 / 夸张 / 比拟 / 借代 / 对偶 / 双关 / 互文……
    - 其他：设问 / 反问 / 通感……
  - 表现手法
    - 衬托 → 正衬 + 反衬
    - 对比 / 对照
    - 渲染 / 烘托
    - 点染
    - 象征
    - 比兴
    - 想象 / 联想
    - 托物言志
    - 用典

温馨提示：
关于表达技巧中的各类划分，各家说法不一，因此在答题时要灵活一点，千万不要框死在一个区域。

- 表达技巧
  - 表达方式
    - 描写手法
      - 正侧描写 → 正面描写/侧面描写(烘托)
      - 白描
      - 细节描写
      - 动静描写 → 以动衬静/以静衬动/动静相生
      - 虚实结合
      - 色彩渲染
      - 感官描写
      - 角度变化
    - 抒情手法
      - 直接抒情
      - 间接抒情
        - 触景生情
        - 借景抒情/寓情于景/情景交融
          - 哀景写哀情
          - 哀景写乐情
          - 乐景写乐情
          - 乐景写哀情
        - 托物言志
        - 借古抒怀/借古讽今
        - 借事抒怀
        - 用典抒怀
    - 叙述
    - 议论
  - 结构技巧

(1)修辞手法

修辞手法	表达效果	例子
比喻	突出事物特征，把抽象的事物形象化	“遥望洞庭山水翠，白银盘里一青螺”巧妙地以“螺”作比，将皓月银辉下的山色比作银盘里的青螺，色调淡雅，山水浑然一体。
夸张	更突出、鲜明地表达事物	“白发三千丈，缘愁似个长”用夸张的手法写白发竟有“三千丈”那么长，可见愁思的深重。
比拟	使读者产生联想，使描写的人、物、事表现得更形象、生动	“霜禽欲下先偷眼，粉蝶如知合断魂”采用拟人的手法。“先偷眼”极写白鹤爱梅之甚，它还未来得及飞下，就迫不及待地先偷看梅花几眼；“合断魂”一词写粉蝶因爱梅而至销魂，把粉蝶对梅的喜爱之情夸张到极点。
借代	使语言简练、含蓄	“知否，知否？应是绿肥红瘦”用“绿”和“红”两种颜色分别代替叶和花，写叶的茂盛和花的凋零。
对偶	从形式看，语言简练，整齐对称；从内容看，意义集中含蓄	“无边落木萧萧下，不尽长江滚滚来”中“无边落木”对“不尽长江”使诗的意境显得广阔深远，“萧萧”的落叶声对“滚滚”的水势更使人觉得气象万千。更重要的是，从这里感受到诗人韶华易逝，壮志难酬的苦痛。
双关	委婉含蓄	“东边日出西边雨，道是无晴却有晴”中“晴”与“情”同音双关，委婉含蓄地表达出男女之间的感情。

续表

修辞手法	表达效果	例子
互文	使诗句语言明快，结构工整，声韵和谐	“迢迢牵牛星，皎皎河汉女”上句省去了“皎皎”，下句省去了“迢迢”，即“迢迢”不仅指牵牛星，亦指河汉女，“皎皎”不仅指河汉女，亦指牵牛星。
设问	带动全篇。中间设问，承上启下；结尾设问，深化主题，令人回味	“问人间谁是英雄？有酾酒临江，横槊曹公”以设问开篇，点明题旨，领起下面分层次地叙述三国人物的英雄业绩。
反问	加强语气，表达强烈感情	“江东弟子今虽在，肯为君王卷土来？”使用反问句式，语气冷峻，强调了历史之必然。
通感	营造意境	“红杏枝头春意闹”从视觉感受来写红杏，还不能写出春意盎然的可感性，于是就凭借属于听觉感受的“闹”字来表现。

(2)表现手法

表现手法	表达效果	例子
衬托	以乙衬托甲，使甲的特点或特质更加突出，有正衬和反衬两种。衬托或烘托是为了突显一方	“天姥连天向天横，势拔五岳掩赤城。天台四万八千丈，对此欲倒东南倾”中用以高峻著称的五岳、天台山来衬托天姥山，从而把天姥山写得耸立天外，直插云霄，壮丽非凡。
对比／对照	为了突显两方，把两种不同的事物或情形作对照，互相比较	“美人自刎乌江岸，战火曾烧赤壁山，将军空老玉门关。伤心秦汉，生民涂炭，读书人一声长叹”以英雄美人的穷途末路和民生疾苦作对比，表达了对普通百姓的深切同情。
渲染／烘托	对环境、景物作多方面的描写形容，以突出形象，增强艺术效果	“风急天高猿啸哀，渚清沙白鸟飞回”一连出现六个特写镜头，渲染秋江景物的特点。
点染	“点”点明主旨、观点或情感，“染”用意象来烘托渲染。点染能创造出优美的意境抒发强烈的感情，给读者留下深刻的印象	“念去去，千里烟波，暮霭沉沉楚天阔”点出离别之情，又通过“烟波”“暮霭”“天”三种景物来渲染，衬托出山高水长和离情的深沉凝重。
象征	通过特定的、容易引起联想的具体形象，表现与之相似或有相近特点的概念、思想和感情	“青山似欲留人住，百匝千遭绕郡城”描写青山环绕，层峦叠嶂，自己所处的郡城正在重重阻隔之中，象征了作者被政敌迫害的境况，抒发了思归不得的忧伤。
比兴	收到托物言志、寓情于景的效果	“孔雀东南飞，五里一徘徊”从孔雀因顾恋配偶徘徊不前的情形，引出焦仲卿和刘兰芝不忍分离而又不得不分离，最后双双殉情的故事。
想象	赋予诗歌中抽象的事物以形体，使平凡的事物显得奇特	“湖光秋月两相和，潭面无风镜未磨。遥望洞庭山水翠，白银盘里一青螺”通过极富想象力的描写，将洞庭的湖光山色别出心裁地展现出来。
联想	拓展诗歌的意境，扩大诗歌的内涵，丰富诗人创造的情感世界	“碧玉妆成一树高，万条垂下绿丝绦”由柳枝的纷披下垂、婀娜多姿联想到翠绿的丝带，运用巧妙的比喻，塑造出一个别具浪漫色彩的形象。

续表

表现手法	表达效果	例子
托物言志	在描摹事物以尽其妙的基础上融入诗人的感情，寄托诗人的心志	“垂緌饮清露，流响出疏桐。居高声自远，非是藉秋风”写的是蝉但暗示着诗人高洁清远的品行、志趣。
用典	借用历史故事来表达诗人的思想感情；化用前人诗句，深化诗歌中的意境，促使人联想而寻意于言外	“想当年，金戈铁马，气吞万里如虎”借赞扬刘裕，讽刺南宋王朝主和派屈辱求和的无耻行径，表现出词人抗金的主张和收复中原的决心。

(3)表达方式

①描写手法

描写方法	表达效果	例子
正侧描写	正面描写能对所描写的对象进行正面直接的描写；侧面描写能使描写对象更鲜明、更突出	“一树春风千万枝，嫩于金色软于丝。永丰西角荒园里，尽日无人属阿谁”从正面描写了春天柳树的娇美形态；“大漠风尘日色昏，红旗半卷出辕门”的第二句从侧面描写战况，把战事的紧张状态突显出来。
白描	抓住描写对象，用准确有力的笔触，明快简洁的语言，朴素平易的文字，干净利索地勾画出事物的形状、光暗（声响）等，以表现作者对事物的感受	马致远的《天净沙·秋思》用九个名词简笔勾勒成一幅苍凉寂寥的秋景图，表现出浓烈的思乡之情。
细节描写	刻画人物栩栩如生，使人物形象更加丰满；见微知著、言少而意丰，给读者留下想象空间；画龙点睛	“一骑红尘妃子笑，无人知是荔枝来”摄取杨贵妃看到跑马飞送荔枝的人发出会心一笑的细节入诗，起到了画龙点睛的作用。
动静描写	动静结合，营造了画面感，体现作者情感	“泥融飞燕子，沙暖睡鸳鸯”尾句与前一句动态的飞燕对照，动静相间，相映成趣。
虚实结合	使作品的结构更加紧凑，形象更加鲜明，并使作品增加容量	“可怜无定河边骨，犹是春闺梦里人”一边是现实，一边是梦境，虚实相对，造成强烈的艺术效果，凝聚了诗人对战死者及其家人的无限同情。
色彩渲染	传达出愉快的情感或反衬出思归的感伤	杜甫的《绝句》中凸显的四种鲜明的颜色新鲜而且明丽，构成了绚丽的图景。
感官描写	从自身的听觉、视觉、嗅觉等角度去写，更直观，引人身临其境	“已讶衾枕冷，复见窗户明。夜深知雪重，时闻折竹声”依次从触觉、视觉、感觉、听觉四个层次叙写，说尽夜雪其貌其势、其情其状，诗意含蓄，韵味悠长。
角度变化	从不同角度描写，使读者对所描写的景物产生更加全面的认识，获得更完美的感受	“凉月如眉挂柳湾，越中山色镜中看”先以仰视的角度写天上如眉的清月，后又写俯视的水面上的越中山色，多角度地勾勒出月色秀朗、溪水清澈的兰溪山色。

②抒情手法

抒情手法	表达效果	例子
直接抒情	直接地表白和倾吐自己的思想感情，以感染读者，引起共鸣	“安能摧眉折腰事权贵，使我不得开心颜”直接表现了诗人的傲气和不屈，也流露出对权贵的蔑视。
触景生情	先写景后写情，缘景生情，使景中有情，从而营造意境	李清照的《一剪梅》上阕写所触之景，下阕写所生之情，最后三句尤其精巧别致，在全篇景物描写的烘托下，只觉其愁思在眉头心间流动荡漾，有了更大的艺术吸引力。
借景抒情	委婉含蓄	“江碧鸟逾白，山青花欲燃。今春看又过，何日是归年”借对清新美好的春光景色的描写，透露出了诗人思归的感伤，以乐景写哀情，别具韵致。
托物言志	借富有特征的事物来寄托、传达某种感情、抱负和志趣，诗中的物带有人格化的色彩	于谦的《石灰吟》借物咏怀，通过开采石头烧成石灰的过程及结果，抒发了自己不畏艰难困苦的坚贞情操和清正磊落的高洁思想。
借古抒怀	借历史上的事件来讽喻当朝	“台城六代竞豪华，结绮临春事最奢。万户千门成野草，只缘一曲后庭花”描写了六朝纵情作乐的荒淫生活，和野草丛生的凄凉景象形成了鲜明的对比，把严肃的历史教训化作触目惊心的具体形象，寄托了作者吊古伤今的无限感慨。
借事抒怀	选取生活中的一些细节、场景、片段和事件来抒情达意	“洛阳城里见秋风，欲作家书意万重。复恐匆匆说不尽，行人临发又开封”通篇叙事，借助日常生活中一件内蕴丰富的小事，真切细腻地表达了作客他乡的人对家乡亲人的思念之情。
用典抒怀	借用典故来抒发自己的感情，讽刺时事	“随意春芳歇，王孙自可留”化用王孙典故，本来是：“王孙兮归来，山中兮不可久留！”诗人的体会恰好相反，他觉得“山中”比“朝中”好，洁净纯朴，可以远离官场而洁身自好，所以就决然归隐了。

3. 答题步骤

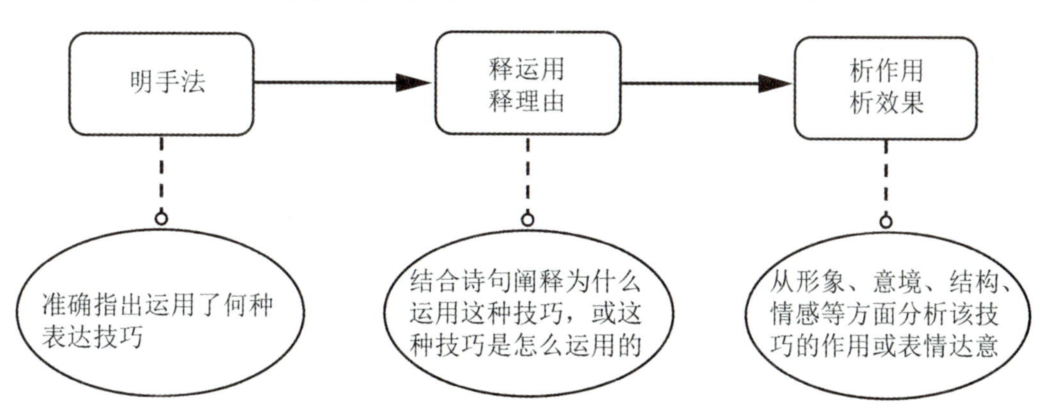

高分答题模板

模板一：

本诗 / 词(或某句)运用了________的修辞手法，________(该修辞的作用术语)地写出了________(诗句解说)，表达了诗人________的情感。

模板二：

本诗 / 词成功地运用________描写，写出了________(诗句解说)，烘托了诗 / 词人________的感情。

模板三：

本诗 / 词在景物描写上的特色是________，这样的描写使景物________(答作用，如动静结合，虚实相生)，同时渲染了________的气氛，表达出诗 / 词人________的感情。

模板四：

这首诗 / 词运用了________的抒情方式，全诗 / 词主要写了________(内容)，抒发了________的感情(这种方式使诗 / 词人情感的抒发显得________)。

【公式】表现手法赏析的表述：具体手法+作用术语+诗句内容+表达情感。

真题精解

01 阅读以下词作，回答问题。　山东真题

夜游宫·记梦寄师伯浑

[宋]陆游

雪晓清笳乱起，梦游处，不知何地。铁骑无声望似水，想关河，雁门西，青海际。

睡觉寒灯里，漏声断、月斜窗纸。自许封侯在万里，有谁知，鬓虽残，心未死。

问题

陆游与辛弃疾同为南宋著名爱国词人，本词与辛弃疾《破阵子·为陈同甫赋壮词以寄之》表达的思想感情和主要运用的艺术手法都非常相似。请问，两首词都主要运用了什么艺术手法？请简要分析。(3分) / 艺术手法

02 阅读以下词作，回答问题。

山西真题

湖口望庐山瀑布水

张九龄

万丈红泉落，迢迢半紫氛。

奔流下杂树，洒落出重云。

日照虹霓似，天清风雨闻。

灵山多秀色，空水共氤氲。

问 题

本诗主要运用了哪些修辞手法？结合诗句简要分析。(4分) / 修辞手法

03 阅读下面这首诗，然后回答问题。

河南真题

闻　雁

韩　洽

朔风吹雁渡江干，月白霜清响尚寒。

孤客几回愁里听，故乡何处报平安？

【注】诗人韩洽生活的时代正当明清易代之际的动乱之秋。

问 题

诗歌是怎样描绘江畔深秋月夜之景的？结合诗句简要赏析。(3分) / 表达技巧

04 阅读以下元曲，回答问题。　　四川真题

卖花声·怀古

[元]张可久

美人自刎乌江岸，战火曾烧赤壁山，将军空老玉门关。

伤心秦汉，生民涂炭，读书人一声长叹！

问 题

诗歌前半部分运用的主要表现手法是什么？有何作用？(5分) / 表现手法

破题方法与参考答案

01 破题方法

在语文教师招聘考试中，对比类的古诗词鉴赏一般是以课外的古诗词与课内的古诗词进行对比。

①分析可知，该题是让回答两首诗共同的艺术手法，而辛弃疾的《破阵子·为陈同甫赋壮词以寄之》又是我们学过的一首词，因此考生可以先分析出学过的这首词的相关艺术手法。

②将辛弃疾的《破阵子·为陈同甫赋壮词以寄之》中出现的艺术手法与《夜游宫·记梦寄师伯浑》进行一一对照，找出相同的内容。

③作答时，先写出共同的艺术手法，再分别进行分析。

参考答案

两首词都主要运用了虚实结合的艺术手法。辛弃疾的《破阵子》中“梦回吹角连营。八百里分麾下炙，五十弦翻塞外声，沙场秋点兵。马作的卢飞快，弓如霹雳弦惊”写沙场征战的场景，是虚写；“醉里挑灯看剑”“可怜白发生”写自身实际的境况，是实写。陆游的《夜游宫》上阕写梦中在边塞之地，“清笳”“铁骑”相伴，是虚写；下阕写自己寒夜梦醒，感慨“鬓虽残，心未死”，是实写。(共3分。准确指出所运用的艺术手法得1分，分别结合两首词的内容进行分析各得1分)

02 破题方法

分析写景类古诗词的修辞手法时，可根据要求确定是否需要写答题模板中的表情达意这一步骤。

①题干要求分析全诗的修辞手法，因此考生需要逐句分析。

②首先可判断首联的“万丈”不是实写，为夸张的修辞手法；其次“颈联”的“似”是比喻词，该句是比喻。

参考答案

①夸张，如“万丈红泉落”的“万丈”，用夸张手法突出了瀑布的气势不凡；②比喻，如“日照虹霓似”，将阳光下的瀑布喻为天上的虹霓，突出了瀑布的神采。（共4分。每点修辞手法2分，答出2点即可；需结合诗句进行分析，否则每点扣1分）

03 破题方法

让考生赏析诗歌是怎样描绘某个景色的问题，需要考生分析描绘景色所运用的表达技巧，考生可通过分析诗句进行作答。

①表达技巧的分析需要考生逐字逐句分析诗歌内容。通过分析可知，前两句是写景，后两句抒情。但前两句在写景的同时又蕴含了“寒”这个具有主观情感的形容词，由此“寓情于景”就出来了。

②“朔风”“渡江干”“月白”“霜清”等词语塑造出了一个特定的氛围，由此“渲染”就出来了。

③“寒”字是对前两句的一个总结，因此可以说“朔风”“江干”寒、“月”“霜”寒、“响”寒。前两个好理解，最后一个“响”是声音，说声音寒冷，就是听觉与触觉的“通感”。

参考答案

开头两句描绘江畔深秋月明之夜的特定环境，渲染出一派凄清岑寂的氛围。朔风阵阵，繁霜满天，冷月清幽，征雁南渡。写景之中运用了通感手法，嘹唳的雁鸣，响彻江空，而传来寒栗之感，由听觉形象转为触觉形象。同时还运用了反衬手法，以雁鸣之“响”来反衬出环境的荒寂。两句诗着意在一个“寒”字：“朔风”“霜”是寒冷的，秋冬时节的“江干”是寒冷的，“白”和“清”的色彩也是冷色调，甚至连声音也“响尚寒”。情景之中包含着诗人丰富的情感，表现了诗人惨淡凄怆的情绪，折射出当时社会动乱、民生凋敝的苦难现实。（共3分。能准确答出两个表达技巧并结合诗句分析得2分，进行深入分析得1分）

04 破题方法

解答该题需要考生有相关的文化积累。前半部分三句话实际上是连用了三个典故，最后一个“将军空老玉门关”可能会较难理解，但考生可以通过前两句推断出第三句也是用了典故。分析可知“美人自刎”“战火曾烧”“将军空老”都有不得志的含义，所以可根据用典“借历史故事来表达诗人的思想感情”这一表达效果来分析其作用。

参考答案

诗歌前半部分运用了用典的表现手法。“美人自刎乌江岸”化用“霸王别姬”的典故，“战火曾烧赤壁山”化用赤壁之战中孙刘联军火烧赤壁大败曹军的典故，“将军空老玉门关”化用班超从戎的典故，连续化用三个与英雄人物失败不得志有关的典故，意在说明历史上这些英雄人物不过是过眼云烟。作者对历史上这些英雄人物的成败、际遇无所感叹，而是着眼于“生民涂炭”，体现了作者悯民生、体民苦的思想。(共5分。指出运用的表现手法得1分，结合语句内容分析表现手法得2分，答出作用得2分)

四、篇章结构类通关

真题示例

过贾谊旧居

戴叔伦

楚乡卑湿叹殊方，鹏赋人非宅已荒。
谩有长书忧汉室，空将哀些吊沅湘。
雨余古井生秋草，叶尽疏林见夕阳。
过客不须频太息，咸阳宫殿亦凄凉。

答题思路

“楚乡”说的是地点，“卑湿”说的是环境低洼、潮湿，“叹”是感叹，蕴涵情感色彩。

“鹏赋”是贾谊的作品《鹏鸟赋》，“鹏赋人非”是说贾谊已经不在了，“宅已荒”说明贾谊旧居已经荒芜。这一句与标题照应。

首联荒芜环境的描写与尾联“咸阳宫殿亦凄凉”相互照应，表达朝代尚且更迭，何况个人命运的慨叹。

问题

1. 首联在全诗中有何作用？请简要分析。(4分) / 句子结构作用

答案：①点明贾谊旧宅的地点和现状，照应诗歌标题；

②渲染悲凉、伤感的气氛，奠定全诗的感情基调；

③为下文写贾谊的遭遇、贾宅的凄凉之景以及尾联的抒情作铺垫。

2. 全诗表达了诗人什么样的情感？(3分)

答案：①对贾谊怀才不遇的同情和哀叹；

②对人世沧桑和自身际遇的感叹；

③对历史兴衰、个人荣辱的超然。

命题方向

1. 这首诗是怎样构思的？试作简要分析。
2. 这首诗写了几个层次？请简要分析。
3. 这首诗是以什么为线索来写的？请简要说明。
4. ××句在结构上有什么作用？请简要分析。
5. 这首诗开篇有何特点？
6. 诗中×字 / 词在结构上起什么作用？请简要分析。
7. ××内容反映出作者的思想感情有何变化？

答题技巧

结构技巧
- 情景关系角度
  - 先景后情
  - 以景结情
- 行文线索：人 / 物 / 景 / 情
- 从前后句角度
  - 重章叠句
  - 铺垫(伏笔)
  - 照应
  - 过渡
  - 承上启下
  - 悬念
- 从诗歌主旨角度
  - 开篇点题
  - 卒章显志
  - 以小见大
  - 对比
- 从诗歌情感变化角度：抑扬 → 欲抑先扬、欲扬先抑

1. 整体结构

通常结构形式：先写景叙事，后议论抒情，写景叙事为议论抒情作铺垫，而观点态度、思想感情也一定在写景叙事的基础上阐发。

特殊结构形式：先情后景，下笔即写情，类似开门见山。

具体结构形式：时间空间结构、前后文形成转折、前后照应、层层深入。

注：对诗歌整体结构的考查，注重对诗歌构思特点、构思脉络、结构层次等的分析。

(1)设问方式

命题方向1、2。

(2)分析思路

起——承——转——合

景(事)——情(思)

“起”：写眼前所见之景或心中所思之事，从某种契合点引起所咏之辞。

“承”：承接起句的契合点，对所要描写或叙述的对象进行具体刻画，与下文紧密联系。

“转”：在上文基础上，转向与作者思想情感紧密关联的、与上文构成波澜的、触发作者思想情感的具体触发点，为下文所表达的思想情感作准备。

“合”：作者在上文写景或叙事的基础上，所表达或抒发的合理合情的思想情感。

回答这类“构思脉络”题要弄清楚各层次的内容，对各层次的层意按照先后顺序进行概括，说清先写了什么，再写了什么，然后写了什么，最后写了什么。

(3)解题思路

①概述诗句内容。

②揭示诗句间的联系。

③指出这种构思传达出的思想感情。

(4)例题引导

山房春事

岑　参

梁园日暮乱飞鸦，极目萧条三两家。

庭树不知人去尽，春来还发旧时花。

问　题

请简析本诗的构思之妙。

参考答案：一、二句写梁园的繁盛不在，三、四句以“旧时花开”反衬现在的人去园空。这样，一、二句烘托出凄凉的气氛，为全诗奠定了感情基调；三、四句就在此基础上抒发感慨，显示主旨。从而表达了物是人非、世事沧桑的悲凉之感。

2. 行文线索

(1)设问方式

命题方向3。

(2)分析思路

古代诗词主线：人／物／景／情。

线索位置：诗词的关键词语或句子中。

作用：
- 叙事诗：线索把显示人物性格发展的各个事件连成一个整体
- 抒情诗：线索把意境联结成整体

行文线索考查重点：注重对诗歌情感变化层次和一篇之纲的分析。

(3)解答思路

①寻找诗词中的标志性语言，如在以时空为序的诗词中要注意寻找表示时空转换的词句。

②写景抒情或托物言志的诗词，要注意诗歌关键位置上的抒情议论句。

(4)例题引导

关河令

周邦彦①

秋阴时晴渐向暝，变一庭凄冷。伫听寒声②，云深无雁③影。

更深人去寂静，但照壁孤灯相映。酒已都醒，如何消夜永！

【注】①周邦彦：字美成，号清真居士，钱塘(今浙江杭州)人。②寒声：指秋声，如风声、落叶声、虫鸣声等。③雁：古人认为雁能传书。

问题

从上、下两阕的首句看，这首词是以什么为线索来写的？请简要说明。

参考答案：这首词是以时间推移为线索写的。上阕写的情景发生在日间“渐向暝”时；下阕写作者难以入眠的情景已经推移至“更深”、“人去”、夜“寂静”时。

3. 句子结构作用

(1)设问方式

命题方向4。

(2)分析思路

①开头句总领全文,一般有渲染气氛、埋下伏笔、提示下文、奠定基调、点明题旨等方面的作用。

②中间的句子一般为承上启下,为下文铺垫和蓄势。

③意思发生转折的句子是文本的思路和作者的情路转换的明显的语言标志,通常是诗歌的关键处。

④结尾句多为总结全诗、点明主题、画龙点睛。

温馨提示:

切记:在篇章结构类问题中如果题目没有明确说明回答哪个方面的作用,就要从内容和结构两个方面考虑。

(3)例题引导

微雨登城

刘　敞

雨映寒空半有无,重楼闲上倚城隅。

浅深山色高低树,一片江南水墨图。

望湖楼晚景

苏　轼

横风吹雨入楼斜,壮观应须好句夸。

雨过潮平江海碧,电光时掣紫金蛇。

问　题

两诗第三句都描写相对静止的画面,请分别说说它们在结构上的作用。

参考答案:刘诗第三句承接前两句,并与蒙蒙细雨叠加以形成下句江南水墨图意境。苏诗第三句从“横风吹雨”转入“雨过潮平”为描写雷电蓄势,承上启下。

4. 开头结尾特点

(1)设问方式

命题方向5。

(2)分析思路

可从结构特点、表达特点上分析,也可从语言特点上考虑。

(3)例题引导

蝶恋花·出塞

[清]纳兰性德

今古河山无定据,画角声中,牧马频来去。满目荒凉谁可语?西风吹老丹枫树。

从前幽怨应无数,铁马金戈,青冢黄昏路。一往情深深几许,深山夕照深秋雨。

问　题

这首词开篇有何特点?

参考答案:“今古河山无定据”指古往今来,大好河山并没有一定属于谁的准则。首句破空而来,对苍茫大地之变化无常作了诗哲式思考,奠定了全诗的深沉雄浑的格调。诗歌以议论开篇,其作用在结构上是引领全文;在内容上是奠定了全词的格调,或揭示主旨。

5. 关键字词句结构作用

(1)设问方式

命题方向6。

(2)分析思路

关键字词句在诗中的作用:
- 诗眼
- 统摄全篇
- 收束全诗
- 线索
- 烘托、对比、衬托

在语文教师招聘考试篇章结构的考查中,命题者往往着眼于关键字词句在结构上的主要作用,从各个角度设置题目。

(3)例题引导

闻王昌龄左迁龙标遥有此寄

李　白

扬花落尽子规啼,闻道龙标过五溪。

我寄愁心与明月,随风直到夜郎西。

龙标野宴

王昌龄

沅溪夏晚足凉风,春酒相携就竹丛。

莫道弦歌愁远谪,青山明月不曾空。

【注】龙标:古地名,今属湖南黔阳。

问　题

两首诗都有一“愁”字,但其在诗中的含义和所起的作用各不相同,请简要分析。

参考答案:李白诗中的“愁”是怀人之愁,它是全诗的“诗眼”,作者以此统摄全诗。王昌龄诗中的“愁”是远谪之愁,作者以“愁”衬托自己不以远谪为念,寄情山水的旷达之情。

6. 情感变化脉络

(1)设问方式

命题方向7。

(2)分析思路

情感变化脉络的分析主要从诗词中能体现作者心情的词语入手,分析作者的情感变化。

(3)例题指导

满江红·登黄鹤楼有感

岳　飞

遥望中原,荒烟外,许多城郭。想当年,花遮柳护,凤楼龙阁。万岁山前珠翠绕,蓬壶殿里笙歌作[注]。到而今,铁骑满郊畿,风尘恶。

兵安在?膏锋锷。民安在?填沟壑。叹江山如故,千村寥落。何日请缨提锐旅,一鞭直渡清河洛。却归来,再续汉阳游,骑黄鹤。

【注】万岁山、蓬壶殿:指宋徽宗时构筑的土山苑囿、亭台宫殿。

问题

词的开头写作者登黄鹤楼遥望中原,结尾说"再续汉阳游,骑黄鹤",反映出作者的思想感情有何变化?

参考答案:由开头对昔盛今衰的悲慨,对外敌入侵践踏大好河山的愤恨,对统治阶层奢侈误国的隐隐痛心,对抗击敌人收复失地的决心,转到想象中"提锐旅""清河洛"之后再登黄鹤楼的舒畅心情。

7. 常见结构技巧及其表达效果

结构技巧	表达效果	例子
重章叠句	上下句或上下段用相同的结构形式反复咏唱。能加深印象,渲染气氛,深化诗的主体,增强诗的音乐性和节奏感,使感情得到尽情的抒发。	"少年不识愁滋味,爱上层楼。爱上层楼,为赋新词强说愁。而今识尽愁滋味,欲说还休。欲说还休,却道天凉好个秋"上片写年轻时候无所事事,无病呻吟的"闲愁",下片写而今关怀国事报国无门的"哀愁"。上下两片采用了重章叠句的结构形式,在反复咏唱中,既使语言具有音乐美,又在内容上形成鲜明对比。
开门见山	开头进入正题,不拐弯抹角,开宗明义,直接点题。	杜甫的《蜀相》首联"丞相祠堂何处寻?锦官城外柏森森"就点明要写的主要内容,简明扼要,进入主题。
曲笔入题	开头不马上点明主题,先来一个发端,能使诗歌有跌宕起伏之感,造成悬念,吸引读者。	杜牧的《泊秦淮》首联"烟笼寒水月笼沙,夜泊秦淮近酒家"就是曲笔,后两句"商女不知亡国恨,隔江犹唱后庭花"才是主旨所在。

续表

结构技巧	表达效果	例子
伏笔铺垫	在情节发生前进行交代、暗示。伏笔能起到暗示、点题、沟通诗歌内部联系、逆转人物关系的作用；铺垫以前面一系列非主要情节做后面主要情节的准备或高潮到来前的气氛酝酿。	杜牧的《山行》"远上寒山石径斜，白云生处有人家。停车坐爱枫林晚，霜叶红于二月花"中，前三句的描写为第四句描绘背景、创造气氛起铺垫和烘托作用。
首尾照应	照应是篇章间的伏笔照应，又叫呼应，是诗中对前面所写的做必要的回应。照应能使情节连贯、脉络清晰、结构紧凑严谨。	杜甫的《月夜忆舍弟》起句"戍鼓断人行"与尾句"况乃未休兵"首尾照应，承转圆熟，结构严谨。
卒章显志	往往在诗歌的结尾表达自己的心志或情怀，点明主旨。	李白的《行路难》最后两句"长风破浪会有时，直挂云帆济沧海"卒章显志，表达了豁达超脱之情。

8. 答题步骤

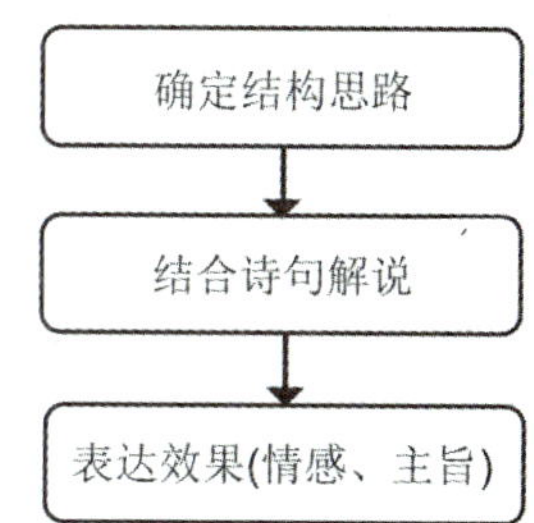

高分答题模板

古诗词鉴赏的篇章结构类没有固定的答题模板，需要考生根据古诗词的具体内容及答题步骤进行作答。

答题常用词

1. 诗题：点明内容、主题等。

2. 首句：统领全诗、开门见山、照应题目、渲染氛围、设置悬念、伏笔铺垫、重章叠句、先景后情、先情后景、比兴、奠定感情基调等。

3. 中间诗句：过渡、铺垫、蓄势、承上启下等。

4. 尾句：点明中心、升华感情、深化主题、以景结情、卒章显志、画龙点睛、言有尽而意无穷、呼应、总结等。

5. 整体结构：以小见大、抑扬、照应、对比等。

真题精解»

01 山东真题

高都护骢马行

杜　甫

安西都护胡青骢，声价欻然来向东。
此马临阵久无敌，与人一心成大功。
功成惠养随所致，飘飘远自流沙至。
雄姿未受伏枥恩，猛气犹思战场利。
腕促蹄高如踣铁，交河几蹴曾冰裂。
五花散作云满身，万里方看汗流血。
长安壮儿不敢骑，走过掣电倾城知。
青丝络头为君老，何由却出横门道。

问　题

本诗四段布局颇具匠心，请简要分析其巧妙的艺术构思。（6分）/ 整体结构

02 阅读以下唐诗，回答问题。 江苏真题

访戴天山道士不遇

［唐］李白

犬吠水声中，桃花带露浓。
树深时见鹿，溪午不闻钟。
野竹分青霭，飞泉挂碧峰。
无人知所去，愁倚两三松。

问　题

诗人寻访道士而不遇，其心情有怎样的变化？请结合诗句简要概括。（3分）/ 情感变化

破题方法与参考答案

01 破题方法

①题干已表明本诗分四部分，分析内容可知四句为一部分。起四句为第一部分，叙写骢马立功西域；“功成”四句为第二部分，写骢马的性格；“腕促”四句为第三部分，写骢马的骨相才气；末四句为第四部分，写骢马的志向。层层相扣，结构严谨。

②分析部分与部分间的关系可知，前后衔接紧凑，既有联系又有区别，共同构成了马的生动形象。

参考答案

首先，结构独到。此诗的篇幅虽然不长，但在结构上，颇见诗人的匠心。分段布局，不但层次清楚，而且很注重前后的关联，达到了“寓情于物”的审美效果。诗人将马的来历、形貌、品性、志向融合起来描写，分插各段中，其结构方法适应了连接联想的构思特征。其次，前后照应。诗人在段与段之间，衔接紧凑，前后相互照应，情感线索蕴含其中，筋脉联络，使马的形象生动，也有利于表现思想情感。（共6分。每点3分，没有结合诗歌内容进行分析的每点扣2分）

02 破题方法

①分析诗人的情感变化要从具体的词句中体会。通读全诗我们可以知道，诗中明确表达感情的只有尾联的“愁”，那么我们可以确定，作者心情变化的重点与“愁”有关。

②前三联中“犬吠”“桃花”“见鹿”“飞泉”等属于“乐景”，而作者寻访道士也属于“乐情”。因此，前阶段，作者寻访途中一定是轻松愉快的，所以才能观察到周边的风景。

参考答案

诗人的心情由轻松愉悦变为失望惆怅。诗歌前三联写景，首联以景切入，写流水淙淙，犬吠声入耳，桃花微湿，“带露浓”三字点明入山的时间在早晨；颔联写诗人走入山中深处，遇见小鹿，时间已是正午，却“不闻钟”，暗示了道士不在道院；颈联写道院前的野竹、青霭、飞泉、碧峰。诗人一路所见之景，既优美宜人，又雄奇壮丽，可见此时诗人到山中寻访的心情是轻松愉悦的。尾联中的“无人知所去”说明“访道士而不遇”，“愁倚两三松”描写了诗人在松树之间徘徊的情形，表达了诗人访道士不遇之焦躁不安的心绪和怅然若失的愁情，侧面折射出诗人对道士的渴慕。（共3分。准确答出思想感情的转变得1分，结合诗句具体分析得2分）

五、关系类通关

真题示例

安徽中学真题

阅读下面这首唐诗，完成1～2题。

送友人入蜀

李　白

见说[①]蚕丛路，崎岖不易行。
山从人面起，云傍马头生。
芳树笼秦栈，春流绕蜀城。
升沉应已定，不必问君平[②]。

【注】①见说：唐代俗语，即"听说"。②君平：汉代严遵，字君平，隐居不仕，曾在成都以卖卜为生。

答题思路

颔联写蜀道艰难崎岖，拔地高峰，忽然当人而立；万山环合，处处生云。写景中为行者分忧。

颈联用"芳树""春流"来点缀秦栈和蜀城的可爱。表达纵然偏远也有可取之处的观念。

再结合尾联升沉已定可知，作者借景抒情，表达对友人的慰藉劝解之辞。

问题

1. 品析诗歌颈联中"笼"字的妙处。（4分）

答案："笼"是笼罩之意，贴切而形象传神，一下就把沿路之景写活了。林木枝叶婆娑，笼罩着栈道，形象地表现了蜀道繁盛芳茂的景象。在看似"畏途巉岩不可攀"的艰难境地中，将朋友的心情带入另一种境界。

2. 本诗尾联抒发了"升沉已定"之情，请结合颔联和颈联分析景情关系。（4分）／景情关系

答案：颔联的景物表现出入蜀路途上的险峻，使人感受到路途的艰辛；颈联则描绘出蜀地多姿的春景和秀美的风光，让人感受到蜀地的美好。文章借景抒情，体现出作者对友人的劝诫——升沉已定，劝勉友人不要担心仕途或人生的沉浮。

命题方向

1. 从A与B的角度分析这首诗 / 词。

2. 这首诗 / 词在A、B上有什么特点?

3. 这首诗 / 词是如何运用A、B来写的? 试作分析。

答题技巧

1. 关系类型

此类提问主要针对的是景情关系、虚实关系、动静关系、抑扬关系等,提问时一般会明确说出,解答时要结合诗句内容分析说明其具体关系,相对来说难度较低。

(1)景情关系:触景生情、借景抒情、寓情于景、情景交融。

(2)动静关系:动静结合(以动衬静、以静衬动)。

(3)虚实关系:虚实结合 / 虚实相生(由实到虚、由虚到实)。

(4)抑扬关系:抑扬结合(先抑后扬 / 欲扬先抑、先扬后抑 / 欲抑先扬)。

2. 答题步骤

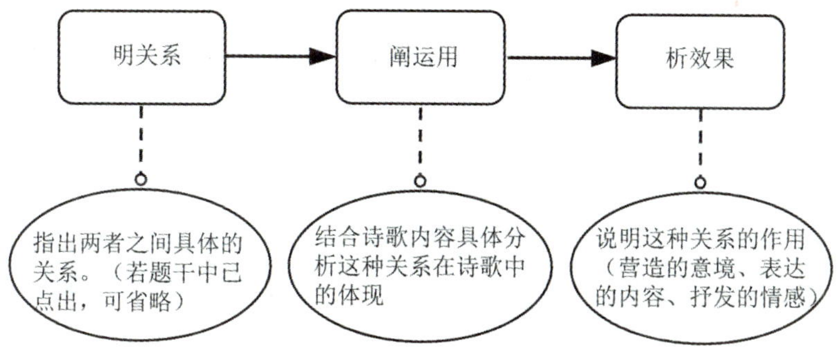

高分答题模板

该首诗(某句诗)________(点出具体关系)。诗人通过________(其中一个角度)________(内容分析)和________(另一个角度)________(内容分析)的,表达出 / 营造出 / 抒发了________(表达效果)。

真题精解》

阅读下面这首唐诗，回答问题。　山东真题

送路六侍御入朝

杜　甫

童稚情亲四十年，中间消息两茫然。
更为后会知何地？忽漫相逢是别筵！
不分[①]桃花红似锦，生憎[②]柳絮白于棉。
剑南春色还无赖，触忤愁人到酒边。

【注】①不分：不满，嫌恶之意。“分”，一作“忿”。②生憎，犹言偏憎、最憎。

问题

请从景情关系的角度，对本诗后四句加以赏析。(6分) / 景情关系

破题方法与参考答案

破题方法

①首先确定景情关系可回答为情景交融、借景抒情、寓情于景，更具体的为以乐景衬哀情、以乐景衬乐情、以哀景衬哀情、以哀景衬乐情。

②其次判断景物情感色彩。由“桃花红似锦”“柳絮白于棉”“春色”可知，景物是乐景。

③接着分析情感的特点。由“不分”“生憎”“愁人”可知，情感是哀情。

参考答案

颈联、尾联以乐景衬哀情。诗人通过对“红似锦”的桃花、“白于棉”的柳絮等色彩明丽的意象的描绘，展现出给人以视觉愉悦感受的剑南春色，结合诗人“分”“憎”与“愁”等心绪的表达，反衬出诗人送别友人时的无尽哀愁，离愁难遣。(共6分。指出“以乐景衬哀情”的手法得2分，结合具体诗句分析得2分，结合语句内容分析思想情感得2分)

六、炼字／诗眼类通关【高频考点】

真题示例

江苏常州中小学真题

感遇十二首·其一

张九龄

兰叶春葳蕤，桂华秋皎洁。
欣欣此生意，自尔为佳节。
谁知林栖者，闻风坐相悦。
草木有本心，何求美人折！

答题思路

三、四句，写兰桂充满活力却荣而不媚，不求人知之品质。“自”就是自然，这里说兰桂不刻意追求，遵循本心。

问题

1. 颔联中“自”字用得好，请简要赏析。（3分）／炼字／诗眼类

答案：“自”是“自然”的意思，这里一个“自”字，不但指兰桂象征了春秋美好的时节，还表明了兰桂按各自的本性生长荣枯，荣而不媚、不求人知的品质，替下文的“草木有本心，何求美人折”埋下了伏笔。

2. 尾联寄寓了诗人怎样的思想感情？（2分）

答案：“林栖者”既然闻风相悦，那么，兰桂若有知觉，应该很乐意接受美人折花欣赏了。然而诗人却不顺此理而下，而是又开新意。兰逢春而葳蕤，桂遇秋而皎洁，这是它们的本性，并非为了博得美人的折取欣赏。诗人以此来比喻贤人君子的洁身自好，进德修业，也只是尽他作为一个人的本分，而并非借此来博得外界的称誉、提拔，以求富贵显达，表达了诗人对高尚品德的追求与热爱。

命题方向

1. 这首诗的“诗眼”（“关键字”）是哪一个？为什么？请简要分析。
2. ×字（词）历来为人称道，你认为它好在哪里？谈谈你的理解
3. 你认为××一联中最生动传神的字（词）是哪个？为什么？
4. 这个词与另一个词比较哪个更好？为什么？

5. 有人认为，×句中的×字改成×字更好，你是否同意这一观点？请结合诗的具体内容简要赏析。

6. 从×句诗（词）中找出最能体现诗（词）人感情的一个字，并作具体分析。

7. ×字在表情达意上的作用是什么？请作具体分析。

8. 诗（词）中×个字，你认为写得好不好？为什么？

9. 本诗是怎样以×字（词）统摄全篇或贯穿全篇的？请结合全诗进行简要赏析。

10. 诗题为×字（词），通篇虽无×字（词），但句句紧扣×字（词）。请作简要分析。

答题技巧

1. 类型

（1）全诗的诗眼：诗的凝聚点，提示诗的主旨。（诗眼类，一般需要考生自己找）

例如：《题三闾大夫庙》"沅湘流不尽，屈子怨何深"中的"怨"字就点出了全诗的情感。

（2）局部的诗眼：最精练传神的词语→增强诗歌的形象 / 给人以丰富的想象 / 使诗意更精确 / 使诗句翻出新意。（炼字类，一般在题干中已经给出）

2. 怎么找

（1）找主旨

抓能揭示诗的主旨，能体现作者的思想观点、情感态度，能笼罩或点染全句、全联、全阕甚至全篇的字眼。

例如：《赠汪伦》这首诗主要写友情，但是它突出的却是一个"深"字，以水之深喻情之深，既形象又浪漫，既夸张又恰当地流露了对汪伦情谊的赞美。所以"深"是诗眼。它不仅概括了诗的内容，而且将"潭水之深"与"友谊之深"巧妙地联系起来。

（2）抓字词

抓描写事物生动、形象、准确的字词。

①动词

例如："羌笛何须怨杨柳，春风不度玉门关"中的"怨"字，意为埋怨，这里运用了拟人的修辞手法，写出笛曲之幽怨，更是写出人心的离别之哀怨。

"红杏枝头春意闹"中的"闹"字，意为喧闹，这里化静为动，写出了春天的勃勃生机。

"云破月来花弄影"中的"弄"字，意为抚弄，运用拟人手法，把诗人欣赏月下花枝在轻风中舞动的美写出来了。

②形容词

例如："黄河远上白云间，一片孤城万仞山"中的"孤"字，意为孤独，这里写环境之孤苦，由此可知人心之孤独。

“随风潜入夜，润物细无声”中的“细”字脉脉绵绵，呼应前句的“潜”，写出自然造化之悄无声息。

“流光容易把人抛，红了樱桃，绿了芭蕉”中的“红”“绿”，为形容词的使动用法，写出景物随时光而变化，道出了时间匆匆，春光易逝的感叹。

③数量词

例如：张桔轩有诗云“半篙流水夜来雨，一树早梅何处春”，元好问认为既指明了“一树”，就不能又说表疑问的“何处”，同时，一树梅花也绝非早梅。于是他就把“一树”改为“几点”，“几点”本身并没有什么奇特之处，但用在这里描绘逐水而流的梅花，却符合生活的真实，也使全诗气机流畅，韵味平添。

④虚词

例如：“落霞与孤鹜齐飞，秋水共长天一色”，去掉“与”“共”二字就会大为减色。

“洛阳城里见秋风，欲作家书意万重。复恐匆匆说不尽，行人临发又开封”中的“复”和“又”字把游子那种复杂而细腻的心理活动充分表现出来了。

“万里悲秋常作客，百年多病独登台”中的“常”字写时间之长，频率之高，强化了诗人因遭遇坎坷、长期漂泊而产生的孤苦与悲凉的心境。

(3)抓修辞

抓住能凸显修辞手法的主要字词。

例如：“红杏枝头春意闹”中的“闹”字运用了拟人的手法，不仅形容出红杏的众多和纷繁，而且把生机勃勃的大好春光全都点染出来了。“闹”字不仅有色，而且似乎有声。

(4)抓叠词

例如：“寻寻觅觅，冷冷清清，凄凄惨惨戚戚”增强语言的韵律，强调深化感情。

“车辚辚，马萧萧，行人弓箭各在腰”写现场壮烈，队伍浩浩荡荡，突出所征丁壮之多。

“无边落木萧萧下，不尽长江滚滚来”中“萧萧”对“滚滚”，声势浩大。写出了落叶无情，流水不止，韶华易逝，壮志难酬。

(5)查字数

潘大临说“七言诗第五字要响”“五言诗第三字要响”。古人有所谓五言诗以第三字为眼、七言诗以第五字为眼的说法。

例如：“泉声咽危石，日色冷青松”以第三字“咽”和“冷”为眼；“映阶碧草自春色，隔叶黄鹂空好音”中以第五字“自”和“空”为眼。

注意，这只是给考生一个大致方向，并不一定框死在第三字、第五字上，要灵活分析。

例如：“气蒸云梦泽，波撼岳阳城”中就是以第二字“蒸”和“撼”为眼。

(6)抓“诗题”

有的诗，诗题起到提示全诗中心的作用。通过“诗题”即可找到“诗眼”，并从这一“诗眼”中体会诗歌情感。

例如：陆游的《书愤》全诗不着一个“愤”字，却字字含“愤”，句句联“愤”，因此标题上的“愤”即为诗眼。

3. 表达效果

(1)动静结合，使画面感丰富。

例如：苏轼《蝶恋花》“花褪残红青杏小，燕子飞时，绿水人家绕”中的“绕”字，切实具体地描绘出了绿水环抱人家的场景，生动形象，具有动态美。

(2)运用想象、联想，追求化无形为有形的可感性。

例如：王安石《泊船瓜洲》“春风又绿江南岸”中的“绿”字把看不见的春风转换成鲜明的视觉形象，春风拂煦，百草始生，千里江岸，一片新绿，写出了春风的精神。

温馨提示：

一定一定要注意，答题时不能把字孤立起来谈，得放在句中或诗中分析。

(3)语义双关，追求表达的含蓄与丰富之美。

例如：苏轼《西江月》“人生几度新凉”中的“凉”字，既指出了自然气候的变化，营造了一种情景交融的意境；又借写气候之“凉”，抒写了人生之“悲凉”，指出了人生命运的起伏不定，表达了作者对人生的深沉思考。

(4)表达作者独特的个体感受，常常收到妙趣横生之效。

例如：王驾《雨晴》“蛱蝶飞来过墙去，却疑春色在邻家”中的“疑”字，不仅把蛱蝶追逐春色的神态写得活灵活现，更把春色写活，一个“疑”字让小园蛱蝶、春色焕发异彩，新鲜生动。

4. 答题步骤

步骤一：诗中炼字／诗眼鉴赏类

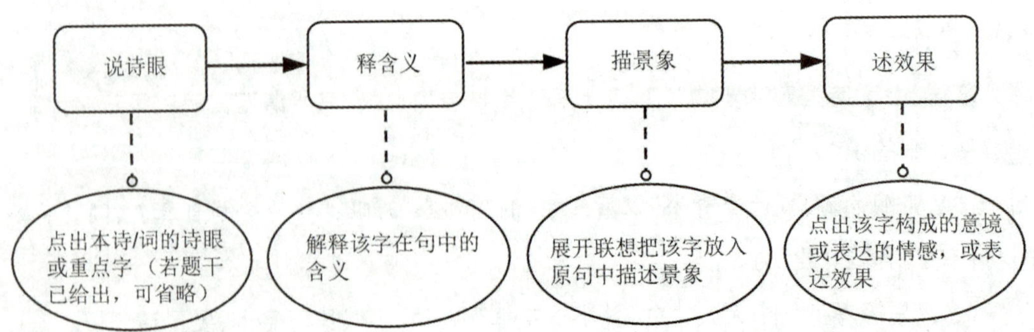

注：最后两点可根据实际情况改变顺序。

步骤二:炼字/诗眼对比鉴赏类

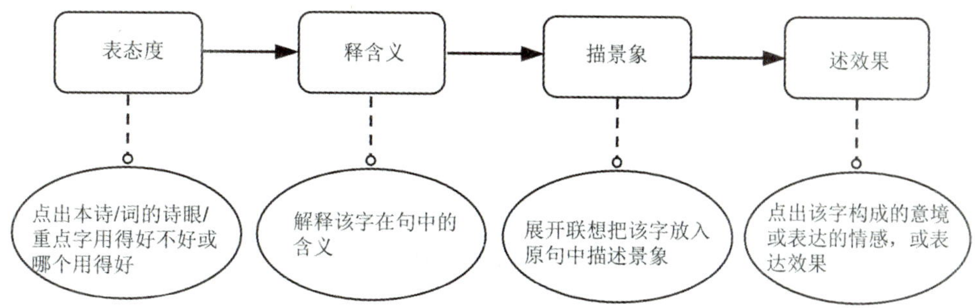

注:最后两点可根据实际情况改变顺序。

高分答题模板

1. 命题角度一:诗中炼字/诗眼鉴赏类

本诗/词中的诗眼/关键字/最生动传神的字是________(诗眼),意为________(诗眼在句中的意思)。________(诗眼)字写出了________(诗句内容分析),让人体会到了/表达了诗人________(表达效果)。

2. 命题角度二:炼字/诗眼对比鉴赏类

________(诗眼/关键字)字用得好/不好,________(诗眼/关键字)意为________(在句中的意思),准确地/形象地写出了________(诗句内容分析),表达了/体现出________(表达效果),而________(另一个字)字却不能写出________(内容分析)。因此,我认为________(诗眼/关键字)字用得好/不好。

温馨提示:

划重点:关于某个字用得好不好的问题,我们通常答好;关于哪个字用得好的问题,我们通常答原诗中的字用得好。但如果你能有更精彩的解析,也可以反向答。

答题常用词

1. 用语工整,形象地勾画出……的画面。
2. 全诗用语平易,没有刻意求工,却含意隽永,极富艺术感染力。
3. 绘声绘色,精练传神地显示……意境,生动形象,极富美感。
4. 写出了……的过程/生动情景,使诗歌达到情景交融的境界,使思想感情表达得更为深切。
5. 增加了诗的音律美。
6. 深刻、含蓄突出、生动、形象、传神等。

真题精解

01 阅读下面这首诗，完成后面的问题。 福建真题

雨过山村

[唐]王建

雨里鸡鸣一两家，竹溪村路板桥斜。

妇姑相唤浴蚕去，闲着中庭栀子花。

问题

试分析“闲着中庭栀子花”中的“闲”字。(3分) / 炼字 / 诗眼鉴赏类

02 阅读以下唐诗，回答问题。 江苏真题

访戴天山道士不遇

[唐]李白

犬吠水声中，桃花带露浓。

树深时见鹿，溪午不闻钟。

野竹分青霭，飞泉挂碧峰。

无人知所去，愁倚两三松。

问题

“飞泉挂碧峰”一句中“挂”字历来深得好评，请赏析其妙处。(3分) / 炼字 / 诗眼鉴赏类

湖南真题

03 阅读以下诗歌,回答问题。

过分水岭

[唐]温庭筠

溪水无情似有情,入山三日得同行。

岭头便是分头处,惜别潺湲一夜声。

问题

有人认为,"溪水无情似有情"中的"似"字改成"却"字更好,你是否同意这一观点?请结合诗的具体内容简要赏析。(4分)/炼字/诗眼对比鉴赏类

破题方法与参考答案

01 破题方法

①分析重点字要在全句或全诗中分析,因此要先理解这首诗的意思。

②前句说"妇姑"在下雨时仍要去"浴蚕",体现了农家生活的忙,而下文却又说"中庭"的"栀子花""闲",两相对比,更加突出了农家的忙。

③"闲"本是人特有的生活状态,这里却说栀子花"闲",所以可确定这里是运用了拟人的修辞手法。

参考答案

①"闲"是本诗的诗眼。田家少闲月,即使是雨天,妇姑也相约去"浴蚕",冒雨浴蚕,就把农忙时节的气氛表现得更加浓厚。"闲着中庭栀子花",唯有栀子花悠然无事地独自"闲"在庭院里,诗人用"中庭栀子花"之"闲"来衬托农家之忙,饶有情趣。②"闲"字用了拟人的手法,栀子花独自悠闲,烘托出庭院中一片幽静气氛。作者写雨过山村所见情景,既富有诗情画意,又充满劳动生活的气息。(共3分。结合语句分析"闲"字在诗句中的意思得1分,指出"闲"字的手法及作用各得1分)

02 破题方法

①考生要注意题干中已经点出“挂”字用得好，那在答题的时候就要往“好”处说。

②解题时可先思考“挂”字我们在平时是怎么用的，通常是“挂衣服”“挂地图”“挂画”等，通过分析可知“衣服”“地图”“画”都属于静物。那么这里说飞泉挂在碧峰上，就是把飞泉当作了静物来写，由此很容易便能得出，这里是化动为静。

③作者是怎样得出“挂”这个状态的？是远观还是近看？从逻辑上分析，只有远观才能看出“飞泉”与“碧峰”全貌，才能得出“挂”。

④回到整首诗中，作者是为了“访戴天山道士”才看到的“飞泉挂碧峰”的景色，由此就可分析道士所居之地的特点及道士本人的特点。

参考答案

“挂”是悬挂的意思，一线泉水，凌空飞泻，这本来是一幅动景，然而诗人用一个“挂”字，就由动化静了。一方面写出视距之远，一方面以白泉与碧峰相映衬，生动形象，写出了道士所居之地景色的奇丽壮观，表现了道院的幽静，突出了道士的高雅志趣。（共3分。结合字义理解句子得1分，答出“化动为静”的手法得1分，结合语句分析得1分）

03 破题方法

①关于对比类炼字的问题，考生首先要分别将两个字代入原句理解其含义。

②诗句中某个字用得好必定是因为这个字有与另一个字不一样的作用，所以考生在解答该题时要找出“似”与“却”表达效果的不同之处。

参考答案

①不同意。溪水本无情，但眼前这条溪水，却又似乎有情。“似”字暗透出这只是诗人的一种主观感觉，语意灵动轻妙，并设置悬念，引导读者去体悟作者的感情。换成“却”字便觉过于强调，缺少朦胧意境。

②同意。在“入山三日”的旅程中，溪水与旅人一路相伴，慰藉他的寂寞；而将别之际，又一夜潺湲，依依惜别。“却”字肯定并强调了溪水的有情，赋予溪水一种动人的人情美。而“似”字无此意味。

（共4分。明确表达自己的观点得1分，将字带入句子分析得1分，答出该字好在哪里得2分）

七、语言风格类通关

真题示例

江苏连云港灌云县小学真题

春　望

杜　甫

国破山河在，城春草木深。
感时花溅泪，恨别鸟惊心。
烽火连三月，家书抵万金。
白头搔更短，浑欲不胜簪。

这首诗围绕“望”字展开，前四句描绘国都萧索的景色，到眼观春花而泪流，耳闻鸟鸣而怨恨，借景抒情，情景结合，感情由弱到强，含蓄地传达出诗人的感叹忧愤。再写战事持续很久，以致家里音信全无，最后写到自己的哀怨和衰老，环环相生、层层递进。表现了在典型的时代背景下所生成的典型感受，展示出诗人忧国忧民、感时伤怀的高尚情感。

问　题

1. 首联中的“深”字用得极妙，请简要赏析。(2分)

答案：“深”在诗句中指草木茂密丛生。诗人用一个“深”字，令人满目凄然。诗人在此明为写景，实为抒情，寄情于物，托感于景，为全诗创造了气氛，生动形象地描写出战乱下的长安城草木丛生、满目凄凉的景象，流露出强烈的黍离之悲。

2. 杜甫的诗风被称作“沉郁顿挫”。“沉郁”指的是情感，“顿挫”指的是方法。结合诗句“感时花溅泪，恨别鸟惊心”，试作分析。(2分) / 语言风格

答案：此句“沉郁”体现在诗的字里行间充斥着作者对于国家衰落，百姓流离失所的悲痛；“顿挫”体现在作者并没有直接抒发感情，而是运用拟人手法，移情于物，通过写“花溅泪”和“鸟惊心”来间接表现出内心情感。

命题方向

1. 请分析这首诗的语言风格。
2. 谈谈此诗的语言艺术。
3. 这首诗 / 词在语言上有何特色？

4. 作家×××在《×××》中评论本诗/词的艺术特色说："……。"请谈谈你对上述评论的理解，结合具体词句作简要阐释。

5. 比较这两首诗/词在语言风格上的异同。

答题技巧

1. 语言风格及特点

语言风格	内容特点
豪迈雄奇	用具有气势和节奏奔放的语言来塑造博大新奇的形象，营造恢宏阔远的意境，表现积极向上的思想感情
沉郁顿挫	沉郁就是深沉蕴藉。作者似乎有千言万语积压在胸，而后沉吟再三，勃发于笔端
慷慨悲壮	含思悲壮，出语高昂，充满着对时代的感慨，或雄才不得志于时，或感时伤乱，忧国忧民，心中郁结，愤慨不平
朴素自然	语言力求平淡，不追求辞藻的华丽，显现出质朴无华的特点，但于平淡中蕴含着深意
婉约细腻	曲径通幽，情调缠绵，表达感情细如抽丝
含蓄委婉	含有深意，藏而不露。这种风格往往不把意思直接说出来，而是藏在形象中，让读者自己展开想象，思而得之
清新明丽	用清丽的语言来营造优美的意境，表达怡然喜悦的感情
幽默讽刺	多指诙谐、风趣或辛辣的笔调和趣味
生动形象	状物描形，使人读了富有实感，如入其境
平淡质朴	选用确切的字眼直接叙述，多用白描，不加修饰，显得真切深刻、平易近人。平淡不同于平庸与淡而无味，是深厚的感情和丰富的思想用朴素的语言说出，富有情味
清新	语言浅显而有新意
明快	指直接、明朗、爽快的，往往是斩钉截铁，一语破的
凝练	语言简洁而含意丰富
含蓄	意在言外，常常不是直接叙述，而是曲曲折折地倾诉，言在此而意在彼，或引而不发，或欲说还休，让读者去体味
华丽	有富丽的辞藻，绚丽的文采，奇幻的情思
晦涩	语言艰涩、冷僻、难懂
简洁	干净利落，言简意赅
工丽	辞藻华丽，对仗工整
隽永	语意深长，耐人咀嚼

2. 常见作家的语言风格

作家	风格	作家	风格	作家	风格
陶渊明	朴素自然	杜甫	沉郁顿挫	王昌龄	雄健高昂
白居易	通俗易懂	李白	豪迈飘逸	辛弃疾	慷慨悲壮
李商隐	朦胧隐晦	王维	恬淡优美	温庭筠	绮丽香艳
高适	悲壮苍凉	李清照	婉约含蓄	陆游	悲壮爱国
李贺	奇丽瑰秀	柳永	缠绵悱恻	苏轼	豪放旷达

3. 不同类型诗的风格

宫廷诗缠绵婉转、田园诗恬淡宁谧、山水诗清新优美、边塞诗悲凉慷慨、讽喻诗沉郁激愤、咏史诗雄浑壮阔、怀古诗幽深绵长、送别诗意蕴深远。

4. 答题步骤

(1)名家点评语言风格类

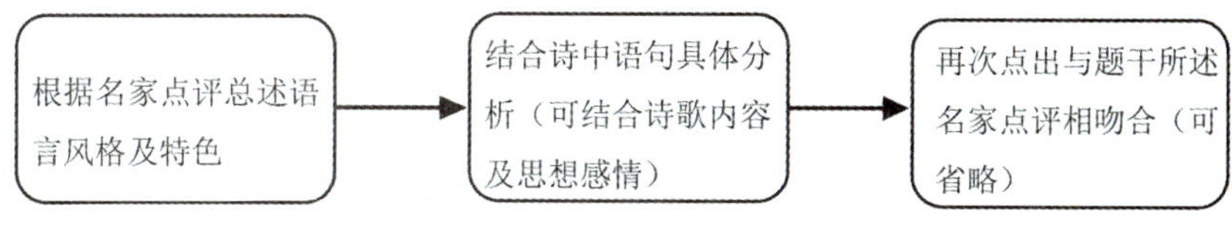

(2)赏析作者语言风格类

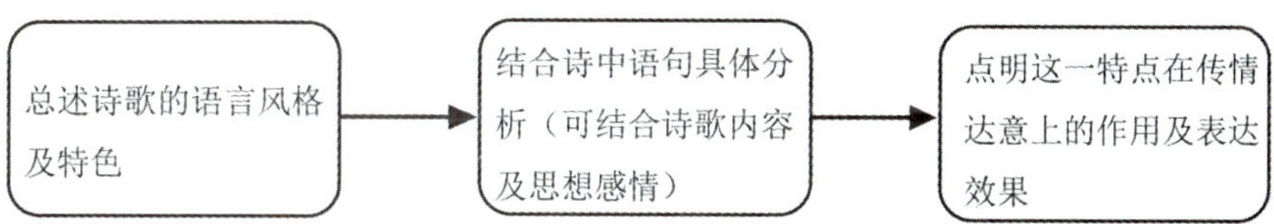

(3)比较两诗不同的语言风格类

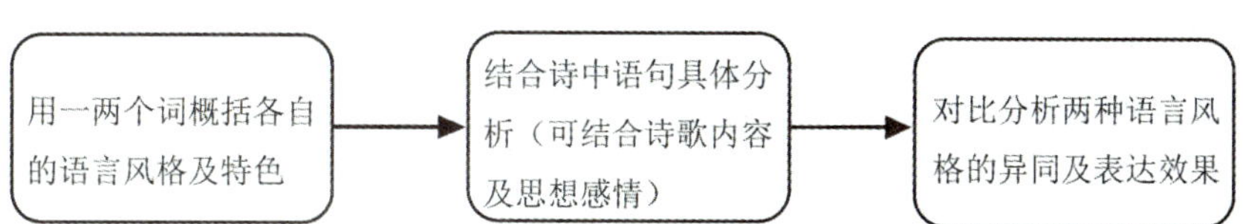

高分答题模板

模板一：点评、赏析语言风格类

本诗语言________(语言风格及特色)，通过________的描写，写出了________(主要内容)，表达了作者________的思想感情，起到了________的作用。

模板二:比较语言风格类

________(作者)诗的语言________(语言风格及特色),通过________的描写,写出了________(主要内容),表达了作者________的思想感情,起到了________的作用。而________(作者)诗的语言________(语言风格及特色),通过________的描写,写出了________(主要内容),表达了作者________的思想感情,起到了________的作用。两者虽都是描写的________(描写内容),但却各不相同/异曲同工,前者________(风格特点),后者________(风格特点)/都________(表达特点)。

答题常用词

1. 清新自然、朴实无华、华美绚丽、明白晓畅、多用口语、简练生动、婉约缠绵、委婉含蓄、雄浑豪放、慷慨悲凉等。

2. 清淡、工丽、绚丽、直率、婉约、明快、自然、清幽、雄奇、豪放、悲壮、凝练、沉郁等。

真题精解

01 阅读下面的诗歌,回答问题。　福建真题

又呈吴郎

杜　甫

堂前扑枣任西邻,无食无儿一妇人。
不为困穷宁有此?只缘恐惧转须亲。
即防远客虽多事,便插疏篱却甚真。
已诉征求贫到骨,正思戎马泪盈巾。

问　题

简要分析本首诗歌的语言特色或表达方式。(3分)/赏析作者语言风格类

02 阅读下面这首唐诗，回答问题。　天津真题

衡阳与梦得[①]分路赠别

柳宗元

十年憔悴到秦京，谁料翻为岭外行。

伏波[②]故道风烟在，翁仲[③]遗墟草树平。

直以慵疏招物议，休将文字占时名。[④]

今朝不用临河别，垂泪千行便濯缨。

【注】①梦得即刘禹锡。安史之乱后，唐政权动荡，国势衰落。刘、柳二人受政敌排挤连遭贬谪。②伏波：这里指东汉伏波将军马援，其在抵御外侮、平定叛乱上功勋卓著。③翁仲：古时称石像或墓道石为翁仲。此处指伏波将军庙前的石像。④刘禹锡曾写诗暗刺朝廷政治危机及得势新贵。

问　题

有人评价本诗“至怨至悲”，请结合诗词简要分析。(4分) / 名家点评语言风格类

破题方法与参考答案

01 破题方法

①理解全诗大意：劝吴郎让西邻打枣。

②感悟整体：这首诗内容简单易懂，很容易理解，劝吴郎让西邻打枣，却又辗转叙述了原因，而不是直接叙述结果，含蓄委婉。

③感悟细节：“不为”“只缘”“即防”“便插”“已诉”“正思”句式整齐，有节奏感，没有一般诗词的字字珠玑，却抑扬顿挫，耐人寻味。

参考答案

①以诗代书信，用词表义，明白如话却又含蓄委婉。②运用散文中常用的虚词来转接。如“不为”“只缘”“已诉”“正思”以及“即”“便”“虽”“却”等，因而能化呆板为活泼，既有律诗的形式美、节奏感，又有散文的灵活性，抑扬顿挫，耐人寻味。(共3分。答出2点即得满分，每少答一点扣1.5分)

02 破题方法

(1)确定分析方向:至怨至悲。

(2)结合诗词内容分析:①这是一首赠别诗;②根据注释可知诗人受到排挤,遭贬;③由首联可知作者辛苦十年到了秦京,接着便被贬至岭外;④由颔联的典故可知人非物非;⑤由诗人被排挤、贬谪,推知诗人报国无门;⑥由人非物非可推知国家破败。

(3)将分析与"至怨至悲"相结合,梳理语言。

参考答案

①身世悲凄,命运坎坷。作者谪边十年方回到秦京,转眼又被改谪到岭南。②生离死别,会见难期。此次和友人分别,不知相见何期。③权贵迫害,国家衰微。借古时伏波将军庙前的萧索苍凉暗指安史之乱后国家的衰败。国家满目疮痍,自己又受到排挤而无能为力,内心悲苦至极。④仕路堵塞,报国无门。表面上写自己因懒散粗疏而遭非议,劝诫友人不要因议政文章出风头,实则表达自己被排挤非议,报国之志不得伸张的苦闷。(共4分。1个要点得1分,答出4点即可;只答出要点没有结合诗歌内容进行分析,扣2分)

八、思想感情类通关【高频考点】

山东日照岚山区中小学真题

古风·碧荷生幽泉[注]

李　白

碧荷生幽泉,朝日艳且鲜。
秋花冒绿水,密叶罗青烟。
秀色空绝世,馨香竟谁传。
坐看飞霜满,凋此红芳年。
结根未得所,愿托华池边。

【注】此诗作于李白应诏入京为官之前。

答题思路

首句点明"碧荷"生在偏僻处,不为人知。

"空绝世""竟谁传"写荷花如此美,却无人欣赏,颇为幽怨。

第四联写年华虚度,容颜空逝。

第五联为重点,"愿托华池边"写"碧荷"希望能被人欣赏的愿望。

结合注释及李白生平可知,作者表面写"碧荷"其实是在写自己。

问题

1. 下列对本诗的理解，不正确的一项是(　　)(3分)

A. 诗歌语言清新自然，节奏轻快，充满奇特的想象和夸张，极富抒情性，体现了李白诗歌的浪漫主义风格。

B. 写荷之美，先总写其“艳”“鲜”，然后分写“花”“叶”“色”“香”，并用“幽泉”“朝日”“绿水”“青烟”加以衬托。

C. 三、四两句中“冒”“罗”二字用得巧妙：“冒”赋予出水芙蓉以动态美；“罗”将青烟笼罩绿叶的形态写得生动传神。

D. “坐看飞霜满，凋此红芳年”，写芬芳艳丽的荷花，尽管无比美丽，也只能在满天飞霜中凋零。诗人触景生情，感慨万端。

答案：A

解析：此诗以幽泉碧荷自比，喻贤者不得其位，空怀其志，徒悲老大，希望能有人引荐，为国效力。首四句极言碧荷之鲜丽华盛；中四句悲盛年将逝，无人赏识；末二句叹所生非所。A项“节奏轻快，充满奇特的想象和夸张”说法不当。

2. 这首咏物诗，表达了诗人哪些情感？请简要分析。(6分) / 思想情感

答案：诗歌整体运用了托物言志手法。

①表达了对自己高洁品性的自信。写荷花秀丽的花容，清香的气息，绝世空前，暗示了自己才高道洁。

②怀才不遇、空任时光流逝的慨叹。写荷花，纵然有绝世的美丽，因“结根未得所”，无人为它传递馨香，只能凋零，表达自己空有才华，却因没人举荐不能建功立业，只能坐看年华流逝，心生感慨。

③对得到朝廷重用的渴望。结尾“愿托华池边”表达了自己也像荷花希望生长在华美的池子里一样，期盼得到举荐和朝廷垂青。

命题方向

1. 这首诗/词的×句(×联、×片、×细节、×典故、×意象)表达了诗人什么样的感情？请简要分析。(局部考查)

2. 这首诗/词表达了怎样的思想感情？请简要分析。(整体考查)

答题技巧

1. 分类

(1)从诗词内容分

题材	常用字词	情感内容
赠友送别诗词	杨柳、酒、长亭、南浦、日暮、秋等。	①依依惜别的情谊; ②情深意长的劝勉; ③真挚情谊的抒发; ④坦陈心志的告白; ⑤离别时的依依不舍; ⑥别后的相思担忧。
羁旅行役诗词	梧桐、猿啼、杜鹃鸟、油灯、鸡鸣、木铎、板桥、山路、落日、秋风、孤帆、归雁、圆月、客船、天涯、他乡、孤灯、无眠、晚钟、醉酒、凄风、苦雨、慈母等。	①羁旅愁思,游子漂泊在外的凄凉、孤独愁苦、寂寞及思乡之情; ②思念亲人,感念亲情之深,表达对亲人的热爱与思念; ③感慨身世,抒发独居他乡、不得重用、怀才不遇、报国无门的孤独寂寞和幽怨愤慨之情。
边塞军旅诗词	烽火、狼烟、马、宝剑、铠甲、孤城、羌笛、胡雁、鹰、夕阳、大漠、长河、长城、边城、杨柳、胡天等。	①戍边将士的乡愁、家中思妇的别离之情; ②塞外戍边生活的艰辛、连年征战的残酷; ③黩武开边的不满、将军贪功起衅的怨情; ④慷慨从军与久戍思乡的无奈; ⑤卫国激情与艰苦生活的冲突; ⑥为国献身与痛恨庸将无能的悲慨; ⑦讴歌边关将士对奉献精神、报效国家的激情; ⑧战争带给人们的痛苦,对百姓的同情; ⑨对当朝统治者的讽刺。
山水田园诗词	绿树、明月、春山、桂花、白鹭、稻香、白云、空山、海棠、黄鹂、细雨、蛙声等。	①热爱自然,钟情山水; ②向往自由,归隐田园; ③远离世俗,厌恶官场; ④厌弃官场黑暗,书写闲情逸致; ⑤丰收喜悦; ⑥天伦之乐; ⑦表达不与世俗同流合污的高洁品质。

续表

题材	常用字词	情感内容
咏史怀古诗词	古人、古事、古迹，例如：金陵、赤壁、吴钩、乌衣巷等。	①赞扬古人英雄事迹，表达对古人的缅怀之情，抒发自己渴望像古人那样建立功业的志向； ②悲叹年华消逝，怀才不遇，壮志难酬； ③抒发昔盛今衰的感慨，或者感慨世事沧桑、物是人非，暗含对现实的不满甚至批判，借古讽今； ④忧国伤时，怀古伤今，揭露统治者的昏庸腐朽，同情下层人民的疾苦，担忧国家民族的前途命运； ⑤抒发物是人非之情。
咏物抒怀诗词	落花、流水、夕阳、大雁、杜鹃、燕子、寒蝉、月亮、松、竹、梅、兰、菊、莲、柳、凤凰。	①显示出自己的志向、志趣或品质； ②抒发怀才不遇的伤感； ③抒发对某事物的赞美或批判； ④表达自己对生活的思考和对人事的评价。
闺怨爱情诗词	鸳鸯、双飞燕、水晶帘、西楼、乱红、罗幕、娥眉、芳草等。	①描写男女之间的深厚感情，歌颂真挚的爱情； ②表达闺中生活的孤寂，或对丈夫家人的思念； ③对虚度光阴、青春易逝的哀怨，对自由自在、幸福生活的向往； ④被丈夫冷落、抛弃之后的怨情，或借此表示自己不被朝廷重用。
思乡怀远诗词	故园、中秋、重阳、月、登高、望远、遥、客、舟、柳、天涯、子规、沙鸥、浮云、雁	①表达对家乡、亲人的思念； ②表现游子异地生活的凄楚辛酸； ③羁旅愁思； ④征人思乡，游子思归； ⑤思妇怀远、闺中怀人。
谈禅说理	自然景物、生活细节	表达某种禅趣或哲理。

(2)从情感内容分

分类	表达情感	例子
忧国伤时	①揭露统治者的穷奢极欲、荒淫误国。	杜牧《过华清宫》
	②反映离乱的痛苦。	杜甫《春望》
	③同情人民的疾苦。	白居易《卖炭翁》
	④对国家民族前途命运的担忧。	杜甫《登楼》
建功报国	①建功立业的渴望。	曹操《龟虽寿》
	②保家卫国的决心。	王昌龄《从军行》
	③报国无门的悲伤。	辛弃疾《永遇乐·京口北固亭怀古》

续表

分类	表达情感	例子
建功报国	④年华消逝、壮志难酬的悲叹。	苏轼《念奴娇·赤壁怀古》
	⑤理想不为人知的愁苦心情。	屈原《涉江》
	⑥山河沦丧的痛苦。	陆游《示儿》
思乡怀人	①羁旅愁思。	孟浩然《宿建德江》
	②思亲念友。	王维《九月九日忆山东兄弟》
	③边关思乡。	范仲淹《渔家傲·秋思》
	④闺中怀人。	王昌龄《闺怨》
生活杂感	①寄情山水、田园的悠闲。	王维《山居秋暝》
	②昔盛今衰的感慨。	姜夔《扬州慢·淮左名都》
	③借古讽今的情怀。	杜牧《赤壁》
	④青春易逝的伤感。	李清照《如梦令·昨夜雨疏风骤》
	⑤仕途失意的苦闷。	白居易《琵琶行》
	⑥表现喜悦心情。	杜甫《春夜喜雨》
送别	①依依不舍的留念。	柳永《雨霖铃》
	②情深意长的勉励。	王勃《送杜少府之任蜀州》
	③坦陈心志的告白。	王昌龄《芙蓉楼送辛渐》

2. 分析思路

(1)抓注释

注释是命题者给考生的暗示。

注释分类	提示内容
介绍写作背景	暗示诗 / 词人的创作动机及诗词的思想内容
介绍相关词句	解释诗句含义,暗示诗词的用典或意境
介绍作者	暗示诗词的写作风格,可从中揣摩出诗词的感情基调;或介绍作者的基本经历,提示诗词写作背景
介绍别人评价	暗示诗词的艺术特色或思想内容

(2)抓景物形象特点

景物形象可分为“乐景”(优美闲适、色彩明丽、壮观奇伟、气势雄浑)和“哀景”(冷清凄凉、色彩暗淡、低沉萧瑟)两类。“乐景”多表现“乐情”,“哀景”则多表现“哀情”。不过特别要留意的是古诗常用“以乐景写哀情”的手法。

例如:杜甫《岁暮》“烟尘犯雪岭,鼓角动江城”中的“烟尘”“鼓角”是战争中常用的景物形象,而“雪岭”则是描写边境环境常用的景物形象,所以这句话就隐晦地描写出了边关战乱的情形,而作者写边关战乱则突出了作者忧心时事的爱国之情。

(3)抓关键词

有些古诗，诗人在诗中用一两个词语来点明诗的感情。

例如：李白的《春夜洛城闻笛》中“此夜曲中闻折柳，何人不起故园情”一句，由“故园情”一语可推知此诗表达的是思乡之情。

(4)抓表达技巧

古诗词中表达技巧的运用，有时也是作者思想感情的体现。

例如：李华《春行即兴》“宜阳城下草萋萋，涧水东流复向西。芳树无人花自落，春山一路鸟空啼”这首诗借乐景抒哀情，借助绿草、芳树、涧水和春山等意象描绘出诗人行经宜阳时即目所见的暮春景象，透露出诗人国破山河在、花落鸟空啼的愁绪，情景交融，感染力强。

(5)抓诗题

古诗的诗题常常是诗眼或中心事件。许多古诗的诗题本身就透露出了感情基调。

例如：李白的《送友人》《黄鹤楼送孟浩然之广陵》，一个“送”字，说明了此诗表现的是惜别之情。

(6)抓典型意象

意象融入了诗人主观情感，分析诗中意象可揣摩诗人情感。

例如：“古道”“落日”“冷雨”等多抒发凄凉、惆怅的感情，“清风”“明月”“花草”等多抒发闲情雅致，“登高”“凭栏”等多传达相思之情、报国之志或壮志难酬的愤激之情。

3. 答题步骤

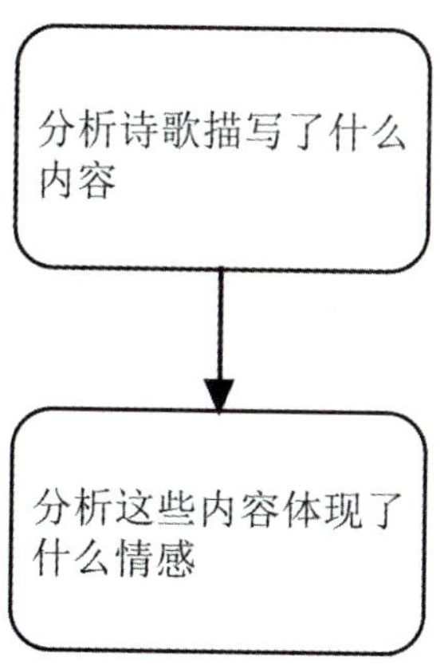

注：如果涉及艺术手法，需要指出手法的运用。

高分答题模板

本诗通过________的表达技巧，描写了________(诗歌内容分析)，抒发/表现了诗人________(思想情感)的感情/态度。

答题常用词

思想情感总结一：

忧国忧民之感慨、国破家亡之痛楚、游子逐客之凄凉、征夫思妇之幽怨、怀才不遇之寂寞、报国无门之激愤、建功立业之豪迈、自由悠闲之恬淡、秀美山河之热爱、亲情友情之真挚、归耕隐居之怡乐、黑暗官场之苦闷、离别思念之愁绪、贬官谪居之悲恨、韶光易逝之感慨等。

思想情感总结二：

忧国忧民、怀古伤今、蔑视权贵、愤世嫉俗、怀才不遇、寄情山水、归隐田园、登高览胜、惜春悲秋、忆友怀旧、思乡念亲、相知相思、离愁别恨、杀敌报国、建功立业、孤独惆怅、寂寞伤感、闲适愉悦、遭贬激愤、坚守节操、感奋振作、激励友人等。

真题精解

01　山西真题

和谈校书秋夜感怀，呈朝中亲友

白居易

遥夜凉风楚客悲，清砧繁漏月高时。
秋霜似鬓年空长，春草如袍位尚卑。
词赋擅名来已久，烟霄得路去何迟。
汉庭卿相皆知己，不荐扬雄欲荐谁。

问题

请分析诗人在结尾借用典故所表达的情感。(5分) / 思想情感

02　广东真题

千秋岁·水边沙外

[宋]秦观[①]

水边沙外，城郭春寒退。花影乱，莺声碎。飘零疏酒盏，离别宽衣带。人不见，碧云暮合空相对。

忆昔西池会，鹓鹭[②]同飞盖[③]。携手处，今谁在？日边清梦断，镜里朱颜改。春去也，飞红万点愁如海。

【注】①秦观，字少游，一字太虚，江苏人，政治上倾向旧党，哲宗时为新党执政。②鹓鹭：指朝廷百官，这里指宾朋云集。③飞盖：状车辆之疾行。

问题

这首词表达了怎样的思想感情？词人是如何表现的？(4分) ／思想情感

破题方法与参考答案

01 破题方法

①题干中已经直接点出尾联用了典故，这时候考生要想到"用典抒怀"。

②接下来要思考作者抒的什么怀。上文有两个关键词"年空长"和"位尚卑"，作者给朝中亲友写诗说自己"年空长"和"位尚卑"，想要表达的是什么意思呢？想要得到重用。而尾联说"不荐扬雄欲荐谁"，不举荐扬雄还想要举荐谁？经过这些分析，我们即使没有明白尾联用的是哪个典故，也基本上明白了作者想要表达的意思，即希望朝中亲友能够引荐。

参考答案

尾联借用西汉扬雄擅长辞赋，曾受大司马王音举荐的典故，表达了诗人文才卓绝，却无伯乐引荐的苦闷之情，抒发诗人年华易逝、位卑职小、前途渺茫以及希望朝中官员援引之情。(共5分。准确解释典故内容得2分，指出作者思想感情得3分)

02 破题方法

字面上看，此词以"春"贯穿全篇，"今春"和"昔春"，"盛春"到"暮春"，以时间的跨度，将不同的时空和昔盛今衰等感受融合为一，创造出完整的意境。实质上，该词也将今与昔，政治上的不快和爱情上的失意交织在一起，或谈政治理想破灭，或说个人容颜衰老，反复咏叹，缠绵凄恻，最终落脚点在无边无际的"愁"上，感情极其忧伤，催人泪下。

参考答案

这首词借描写春景春情，集中表现昔盛今衰之感，表达了词人的贬谪之痛和飘零之愁。词人在上片着重写今日生活情景，下片由昔而今，由喜而悲，景物依旧，诸友却已漂泊云散。委婉曲折，缠绵凄恻。整首词一波三折，一唱三叹，蕴藉含蓄，感人肺腑；以景结情，境界深远，余味无穷。（共4分。答出"昔盛今衰之感""贬谪之痛""飘零之愁"相关内容，得2分；结合诗句分析表情达意的方法，得2分）

九、选择题解题技巧【高频考点】

真题示例

山西忻州一中中学真题

阅读下面的诗歌，完成1～2题。

送元二使安西

［唐］王维

渭城朝雨浥轻尘，客舍青青柳色新。
劝君更尽一杯酒，西出阳关无故人。

别董大

［唐］高适

千里黄云白日曛，北风吹雁雪纷纷。
莫愁前路无知己，天下谁人不识君。

答题思路

▎捕捉信息：描写对象、表达技巧、表达情感。

▎抓住关键词：找出能体现作者感情倾向性的动词、形容词、名词等，具体分析。

▎将选项内容一一对应在诗句中，关注结论性的话语。

▎先排除有把握的选项。

问　题

1. 对这两首诗的赏析，下列说法不正确的一项是（　　）／选择题解题技巧

A. 王维选取"客舍""柳"两个与离别相关的事物，因为"青青"与"柳"的修饰，透漏出一种轻快而富于希望的情调。

B. "千里黄云白日曛，北风吹雁雪纷纷"通过用典的手法再现了离别的场景。

C.“劝君更尽一杯酒”，诗人不仅于酒中注入了对友人的情谊，还有意无意通过劝酒拖延离别的时间，更表现出对友人的不舍。

D.“天下谁人不识君”一句，表达了对朋友的劝慰和赞美之情。一方面劝慰朋友无畏孤独，另一方面赞美了朋友的才华。

答案：B

解析：B项，这两句诗以内心之真，写别离心绪；以胸襟之阔，叙眼前景色。没有使用用典的手法。

2. 关于两首诗在写作手法与抒情格调上的异同，下列说法中不正确的一项是（　　）／选择题解题技巧

A.《送元二使安西》一诗采用了借景抒情的写作手法。

B.《送元二使安西》通过劝酒与展望友人的处境，表现出真挚的依依惜别之情。

C.《别董大》一诗采用了夸张讽刺的写作手法。

D.《别董大》通过鼓励友人勇敢踏上征途，表现出开阔的胸襟与满怀的激情。

答案：C

解析：C项，《别董大》运用质朴真诚的语言表达诗人的依依惜别之情与豪迈豁达的胸襟，没有采用夸张讽刺的写作手法。

命题方向

1. 阅读诗歌，下列对诗歌的赏析有误的一项。

2. 下列对××（朝代）××（作家）《×××》（作品）的理解，不正确的一项。

3. 下列对这首诗的理解与赏析，恰当的一项。

4. 下列对这首诗××××（形象、技巧、语言、情感等）的赏析，说法中不正确的一项。

答题技巧

（一）错因归类

1. 语言语风类错误：或故意译错实词虚词；或对诗歌的语言风格判断错误。

2. 意境意象类错误：对诗歌意象的含义判断错误；或对意境的概括错误。

3. 技巧手法类错误：对诗歌运用的写作技巧的类型或作用判断错误。

4. 思想情感类错误：拔高情感（对诗歌中描写的情感故意妄加引申，添上某种光环）；或转移情感。

5. 观点内容类错误：扩大范围（把作家的某一具体作品风格用其整体作品风格来代替）。

6. 基础知识运用错误。

7. 词句解说曲解原意：错误理解词句意思。

（二）解题前提

1. 读懂诗歌，疏通诗意，把握、理解诗歌中的“景”和“情”。

2. 熟知考点（形象、语言、表达技巧、思想内容和观点态度）。

3. 三个关注：

（1）关注术语——技巧术语、情感术语、诗歌专门术语（如送别诗、律诗等）。

（2）关注修饰词——对景物特点、人物特点等进行概括的形容词，对语言特色进行概括的修饰词等。

（3）关注命题语——如范围、程度词（只、都、全、一些），是非词（无、没有），关联词，术语连接词（和、或、还有等），结论词“表现出”“表达了”“描绘了”“营造了”“运用了”。

温馨提示：
同学们注意一下，古诗词鉴赏的选择题和前面的八项内容都是有联系的，千万不能割裂开。

（三）设误点及解题方法

设误点		解题方法
语言语风类错误	词句翻译不准，内容理解有误	①回归诗歌词句，从整体上把握诗歌内容。 ②关注景物描写的时节、地点、特点。 ③关注事件、人物、动作或评价。 ④关注选项中的“意思是”“状写”“描绘”“刻画”等词。
	混淆视听：弄错对象或动作的双方	①厘清诗中的人物关系。尤其是送别诗、怀人诗中，要注意主客问题。 ②关注选项中提到的人名和代词。
	语言特色分析有误	①初读过程中注意整体感知诗歌语言特点，学会判断诗歌的语言特色。 ②注意对诗歌语言特色的概括词。
意境意象类错误		①找出诗句中出现的意象，分析其各自的特征。 ②把握意象特点，关注意象的空间、色彩、声响、冷暖等词。 ③整体感知营造的氛围。
情感分析有误，不明诗人意图		①探究诗人写作意图，抓准诗中的感情词。 ②关注注释，关注诗中可能存在的多种感情及感情变化。 ③关注选项中的“表达”“抒发”等词及感情术语，如“落寞”“无奈”“孤寂”等。
诗歌基本知识分析有误		注意选项中对诗歌体裁、题材等知识的表述。
手法判断失误，效果分析不准		①注意结合诗句准确判断手法（明确有无手法、何种手法）。 ②了解相近手法的区别，细心体察、辨析。 ③关注选项中的手法判定术语，还需注意手法效果与用意的分析是否准确。
结构分析不当，谋篇乱加阐释		①整体理解诗歌，了解词与词、句与句间的逻辑关系。 ②关注选项中的“起承转合”“线索”“照应”“对照”“伏笔”“铺垫”等词。

（四）知识积累

1. 诗

（1）诗的分类

①古体诗

古体诗又称“古风”“古诗”，有“歌”“行”“吟”等体裁。古体诗不讲对仗，押韵较自由，篇幅长短不限，有四言、五言、六言、七言、杂言之分。

古体诗的发展轨迹：《诗经》→楚辞→汉乐府→魏晋南北朝民歌→建安诗歌→陶诗等文人五言诗→唐代的古风、新乐府。（部分说法也将楚辞体视为赋体）

②近体诗

近体诗与古体诗相对，又称“今体诗”“格律诗”，是初唐之后形成的一种诗歌体裁，其字数、句数、平仄、用韵等都有严格规定，讲究平仄对仗。主要分为以下两种：

“绝句”每首四句，五言的简称五绝，七言的简称七绝。

“律诗”每首八句，五言的简称五律，七言的简称七律，超过八句的称为排律（或长律）。

（2）诗律

①近体诗的押韵

近体诗的押韵很严格，一般上句不用韵（首句可用可不用），下句用韵。用韵的地方在诗句的句末，称为韵脚。

近体诗在用韵上的两个特点：

A. 只押平声韵，押仄声韵的极少，可视为例外。

B. 不能“出韵”，必须一韵到底，中间不得换韵，并且邻韵一般不得通押。

②近体诗的平仄

平指平声，仄指上、去、入三声。

五言律诗的四种基本平仄格式是：仄仄仄平平；仄仄平平仄；平平仄仄平；平平平仄仄。

七言律诗是在五言律诗前加上相反的平仄构成，它的基本平仄格式是：平平仄仄仄平平；平平仄仄平平仄；仄仄平平仄仄平；仄仄平平平仄仄。

③近体诗的对仗

对仗是把同类或对立概念的词语放在相对应的位置上使之出现相互映衬的状态，使语句更具韵味，增加词句表现力。

对仗的要求有：

A. 上下两句平仄必须相反。

B. 相对的句子句型应该相同，句法结构要一致，如主谓结构对主谓结构，偏正结构对偏正结构，有的对仗的句式结构不一定相同，但要求字面要相对。

C. 要求词语所属的词类（词性）相一致，如名词对名词，动词对动词，形容词对形容词，等等。

D. 词语的词汇意义要相同，如同是名词，它们所属的词义范围要相同，天文、地理、动作等同一意义范围内的词方可为对。

2. 词

词又称为诗余、长短句、曲子词、乐府等。其特点是调有定格，句有定数，字有定声。

按字数不同可分为：长调（91字及以上）、中调（59～90字）、小令（58字以内）。

词有单调和双调之分，双调就是分两段，两段的平仄、字数是相等或大致相等的，单调只有一段。

词的一段叫一阕或一片，第一段叫前阕、上阕、上片，第二段叫后阕、下阕、下片。

词牌，就是词的格式的名称。词的格式和律诗的格式不同：律诗只有四种格式，而词总共有一千多种格式（这些格式称为词谱）。人们不便把它们称为第一式、第二式等，所以给它们起了一些名字。这些名字就是词牌。

常见的词牌有：踏莎行、卜算子、蝶恋花、水调歌头、如梦令、沁园春、鹧鸪天、江城子、渔家傲。

绝大多数的词都不是用词牌“本意”的，因此，词牌之外还有词题。一般是在词牌下面用较小的字注出词题。一首《浪淘沙》可以完全不讲浪，也不讲沙；一首《忆江南》也可以完全不讲江南。

3. 曲

曲又称为词余、乐府。曲的体制具体表现为宫调、曲牌、曲韵、平仄、对仗、衬字六个方面，着重介绍以下两个方面：

（1）宫调

宫调是指中国古代音乐的调式，南北曲常用的有五宫四调，通称九宫或南北九宫，曲的每一个宫调都有各自的风格，或伤悲或雄壮，或缠绵或沉重。元曲中的戏曲套数和散曲套数是由两支同一宫调的不同曲牌相连而成。

（2）曲牌

曲牌，俗称“曲子”，是对各种曲调的泛称，各有专名，如“点绛唇”“山坡羊”，每一个曲牌都有一定的曲调、唱法，同时也规定了该曲的字数、句法、平仄等。

真题精解

01 阅读下面这首宋诗，回答问题。 山西真题

山 家

陆 游

白石青莎一径斜，断无人迹到山家。

梁间归燕避微雨，池面游鱼争落花。

雪鬓但增新感慨，金鞭那复旧豪华。

明窗睡起浑无事，篝火风炉自试茶。

下列对本诗的赏析，不正确的一项是（　　）（2分）／选择题解题技巧

A. 这首诗围绕标题“山家”展开，写景、抒情、叙事相结合，清新自然。

B. 诗歌从白石嶙峋、青莎掩映的斜径写起，营造出一种宁静清幽的意境。

C. 颔联描写归燕避雨栖于梁间、游鱼池面争抢落花两幅画面，意境盎然。

D. 尾联写起床后无事可做，于是生炉火煮茶，悠然自得，内心无比愉悦。

02 阅读诗歌，下列对诗歌的赏析有误的一项是（　　）（2分）／选择题解题技巧 河南真题

月下独酌

李 白

花间一壶酒，独酌无相亲。

举杯邀明月，对影成三人。

月既不解饮，影徒随我身。

暂伴月将影，行乐须及春。

我歌月徘徊，我舞影零乱。

醒时同交欢，醉后各分散。

永结无情游，相期邈云汉。

A. 诗歌描述了诗人在月夜花下独酌无人亲近的冷落情景。

B. 诗人运用丰富的想象力表现出了由孤独到不孤独，由不孤独到孤独，再由孤独到不孤独的一种复杂心情。

C. 诗人仙才旷达，物我之间，合二为一，此诗充分表达了他的天人合一的胸襟。

D. 全诗表现了诗人兼济天下的信念与抱负，同时也表现了他放浪形骸、狂放不羁的性格。

破题方法与参考答案

01 破题方法

①A项,重点在“写景、抒情、叙事相结合”,需在诗中找是否有写景、抒情、叙事的内容。

②B项,重点在“营造出一种宁静清幽的意境”,需体会诗中的景物描写,看其塑造的意境。

③C项,重点在“颔联”“两幅画面”,需准确找出颔联为第二联,并准确理解其内容。

④D项,重点在表达情感的“悠然自得,内心无比愉悦”,需根据全文内容,分析作者的情感态度。

参考答案

答案:D

解析:D项,“悠然自得,内心无比愉悦”有误,诗人睡醒后闲得百无聊赖,品茶是一种消遣方式,也可以用来清神,但由“雪鬓但增新感慨,金鞭那复旧豪华”两句可知,诗人的内心并不是愉悦的。

02 破题方法

①A项,重点在描绘的情景上,需要重点理解前两联的内容。

②B项,重点在“运用丰富的想象力”“复杂心情”上,需要找出诗中是否有想象的画面,并梳理主人公的心理变化。

③C项,重点在“物我之间,合二为一”“天人合一的胸襟”,需要先理解这两者所表达的意思,再根据其意思反推文中内容,判断是否有相关内涵。

④D项,重点在“兼济天下的信念与抱负”“放浪形骸、狂放不羁的性格”,需要找出诗中体现诗人信念抱负与性格的内容,判断作者表达的思想感情,及从中体现的人物形象。

参考答案

答案:D

解析:这首诗表达了诗人由政治失意而产生的一种孤寂忧愁的情怀,并不是兼济天下的信念与抱负。

专题二　真题集训

01 阅读下面这两首诗，回答问题。 山东真题

菊

[唐]郑谷

王孙莫把比蓬蒿，九日枝枝近鬓毛。

露湿秋香满池岸，由来不羡瓦松①高。

野人饷菊有感

[明]张煌言②

战罢秋风笑物华，野人偏自献黄花。

已看铁骨经霜老，莫遣金心③带雨斜。

【注】①瓦松：寄生在高屋瓦檐上的植物，"高不及尺，下才如寸"，没有什么用处。②张煌言：明末抗清英雄，他率众坚持抗清达十九年。③金心：菊的花朵。

(1)下列对这两首诗的赏析，不正确的一项是(　　)(3分)

A. 郑谷诗题为"菊"，虽通篇不着一个"菊"字，却每一句均不离菊花。

B. 郑诗第三句的"满"字，形象表现出菊花的清香沁人心脾，绵绵不绝。

C. 张诗第二句写居于乡野的百姓出于对诗人品格的敬佩，而赠予他菊花。

D. 张诗的前两句直抒胸臆，后两句托物言志，全诗既是写菊，又是写人。

(2)同样是写菊，但两首诗的思想感情却不同，请结合诗句简要分析。(4分)

02 阅读以下词作，回答问题。 山东真题

忆少年

曹　组

年时酒伴，年时去处，年时春色。清明又近也，却天涯为客。

念过眼，光阴难再得。想前欢，尽成陈迹。登临恨无语，把阑干暗拍。

(1)下列对这首词的赏析,不恰当的两项是(　　)(5分)

A.起首三句皆以“年时”开头,年时即当年,尽管用语平实,但是强调意味尽显,说明当年人、地、景乃至情,刻骨铭心,记忆犹新。

B.“清明又近也,却天涯为客”写临近清明,旧地重游,风景依旧,往日的酒伴客走远地,蕴含着对漂泊在外浪迹天涯的友人的深切同情和担忧。

C.“念过眼,光阴难再得”则是通过上阕所写之事发出来的感慨,慨叹岁月如过眼云烟,大好时光,转眼就过去了,失而不可复得。

D.“想前欢,尽成陈迹”所表达的感情同书法家王羲之的《兰亭集序》中的“向之所欣,俯仰之间,已为陈迹,犹不能不以之兴怀”如出一辙。

E.此词是词人清明之前登临旧游之地时所作,全词以浅显的语言,抓住季节特点,借景抒情,层层烘托,于字里行间传递出无限的深情。

(2)结合全词,简要说明“登临恨无语”中的“恨”有哪些含义。(6分)

03 阅读下面这首词,回答问题。　山东真题

长相思

[清]纳兰性德

山一程,水一程,身向榆关那畔行[①],夜深千帐灯。

风一更,雪一更,聒碎乡心梦不成,故园无此声[②]。

【注】①榆关:山海关。那畔:那边,指关外。②聒:喧闹,嘈杂。故园:故乡,家园。

(1)填空:此词写于作者从京城(北京)赴关外盛京(沈阳)的行军途中,写出了(　　)之苦及(　　)之情。(2分)

(2)词中两处运用反复的修辞手法,请简要分析两处反复所要表达的内容。(6分)

04 阅读李白的《将进酒》,回答问题。

山东真题

将进酒

李 白

君不见黄河之水天上来,奔流到海不复回。君不见高堂明镜悲白发,朝如青丝暮成雪。人生得意须尽欢,莫使金樽空对月。天生我材必有用,千金散尽还复来。烹羊宰牛且为乐,会须一饮三百杯。 岑夫子,丹丘生,将进酒,杯莫停。与君歌一曲,请君为我倾耳听。钟鼓馔玉不足贵,但愿长醉不愿醒。古来圣贤皆寂寞,惟有饮者留其名。陈王昔时宴平乐,斗酒十千恣欢谑。主人何为言少钱,径须沽取对君酌。五花马、千金裘,呼儿将出换美酒,与尔同销万古愁。

《而庵说唐诗》说:“太白此歌,最为豪放,才气千古无双。”请结合这一评价对全诗进行赏析。(5分)

05

山东真题

沁园春

陈维崧

题徐渭文《钟山梅花图》,同云臣、南耕、京少赋。

十万琼枝,矫若银虬,翩如玉鲸。正困不胜烟,香浮南内;娇偏怯雨,影落西清。夹岸亭台,接天歌板,十四楼中乐太平。谁争赏?有珠珰贵戚,玉佩公卿。

如今潮打孤城,只商女船头月自明。叹一夜啼乌,落花有恨;五陵石马,流水无声。寻去疑无,看来似梦,一幅生绡泪写成。携此卷,伴水天闲话,江海余生。

(1)上阕是从哪些方面来描写“梅”的?简要概括。(4分)

(2)简要分析下阕中词人情感的变化过程。(6分)

06　山西真题

离亭燕[①]

[宋]张昪

一带[②]江山如画，风物向秋潇洒。水浸碧天何处断，霁色冷光相射。蓼屿荻花洲[③]，掩映竹篱茅舍。

云际客帆高挂，烟外酒旗低亚[④]。多少六朝兴废事，尽入渔樵闲话。怅望倚层楼，寒日无言西下。

【注】①离亭燕：词牌名。②一带：指金陵(今南京)一带地区。③蓼屿：指长满蓼花的高地。荻花洲：长满荻草的水中沙地。④低亚：低垂。

(1)开头两句，词人鸟瞰金陵，运用了________修辞手法，生动形象地写出此地秋日山水之美。(3分)

A. 衬托、层叠　　B. 对比、反复　　C. 比喻、拟人　　D. 通感、顶真

(2)这是一首写景兼怀古的词。词的上片描绘金陵一带的山水，在雨过天晴的秋色里，显得分外明净、爽朗；下片通过怀古，寄托了词人对六朝________的深沉感慨。(3分)

A. 被迫投降　　B. 收复失地　　C. 对外扩张　　D. 兴亡盛衰

---

07 阅读下面的唐诗，完成(1)～(2)题。　山西真题

晨　雨

杜　甫

小雨晨光闪，初来叶上闻。

雾交才洒地，风逆旋随云。

暂起柴荆色，轻沾鸟兽群。

麝香山一半，亭午未全分。

(1)下列对这首诗的赏析，不恰当的两项是(　　)(4分)

A. 首联寓情于景，视听结合，将雨置于晨曦、树木的背景中，富有诗情画意。

B. 颔联中一个“逆”字，用笔雄健，既写雨，又突出风之力。

C. 颈联写灌木丛经雨清秀，鸟兽群沐雨安闲，一切都显得恬静且生机盎然。

D. 尾联“亭午未全分”照应了首联的“晨光”，写出了时间的推移，暗示了生命的短暂。

E. 这首诗由远及近，由晨至午，较好地体现了杜甫“沉郁顿挫”的主要艺术风格。

(2)这首诗是从哪几方面突出雨之小的？请结合全诗分析。(6分)

08 河南真题

浣溪沙·一曲新词酒一杯

晏　殊

一曲新词酒一杯，去年天气旧亭台。夕阳西下几时回？

无可奈何花落去，似曾相识燕归来。小园香径独徘徊。

(1)结合全词，谈一谈你对"夕阳"的理解及其作用。(2分)

(2)杨慎的《词品》中说"无可奈何"二语工丽，天然奇偶。试分析"奇"在哪里？(2分)

09 阅读以下唐诗，回答第(1)～(2)小题。 重庆真题

扬州春词(其一)

姚　合

广陵寒食天，无雾复无烟。

暖日凝花柳，春风散管弦。

园林多是宅，车马少于船。

莫唤游人住，游人困不眠。

(1)下列对这首诗的赏析,不正确的一项是(　　)(3分)

A.诗歌开头两句交代了写作的地点和时令,描写了扬州寒食节安静宁谧的景象。

B.三、四两句由首联的远景过渡到近景,描写了阳光和煦、乐声阵阵的和谐景象。

C.五、六两句写扬州城树木繁多,遮蔽屋舍,车马少而船只多,反映了扬州城的冷清。

D.七、八两句,诗人通过游人的内心感受,侧面表现了扬州初春的美丽景色。

(2)颔联中"凝""散"二字用得极妙,请结合诗句简要分析。(6分)

10 阅读下面这首宋词,然后回答问题。　贵州真题

清平乐

[宋]李清照

年年雪里。常插梅花醉。挼[注]尽梅花无好意,赢得满衣清泪。

今年海角天涯。萧萧两鬓生华。看取晚来风势,故应难看梅花。

【注】挼,读ruó,"揉搓"之意。

(1)这首词处处跳动着词人生活的脉搏。词人对"赏梅"的感受因生活阶段不同而不同,请结合词句说明作者写了哪几个阶段的什么感受?(4分)

(2)这首词运用了多种艺术手法来表现赏梅的不同感受,请选择其中一种手法来说明。(6分)

11 阅读以下诗歌,回答第(1)~(2)小题。 广东真题

子规[注]

余 靖

一叫一春残,声声万古冤。

疏烟明月树,微雨落花村。

易堕将干泪,能伤欲断魂。

名缰惭自束,为尔忆家园。

【注】范仲淹上书朝廷,要求对旧制进行整顿和改革,遭到守旧派反对,被贬为陕西四路宣抚使。当时诗人为集贤校理天章阁待制,与范仲淹交往甚密,于是上奏章为范仲淹辩护,也被贬。这首诗即为此事所感而作。

(1)下列对这首诗的理解有误的一项是(   )(请填写数字序号)(3.1分)

①首联写子规声嘶力竭地鸣冤叫屈,这其实是余靖自己的化身,采用了暗写的手法。

②颔联描写了一幅由疏烟明月、微雨落花构成的盛春之景,以乐景衬哀情,表达诗人的伤感与愤怒。

③颈联和尾联,明写作者自己的处境和打算:除了哭向家园之外,没有别的出路。

④尾联中的"名"在诗中指科举考试,"名缰"意喻把追求功名富贵当作束缚身躯的缰绳。

(2)"一叫一春残,声声万古冤"构思极富艺术匠心,可以视为余靖诗歌在思想性和艺术性结合方面趋向成熟的标志。它的构思巧在哪些方面?(3分)

广东真题

大风留金山两日[1]

苏　轼

塔上一铃独自语，明日颠风当断渡。
朝来白浪打苍崖，倒射轩窗作飞雨。
龙骧万斛不敢过，渔舟一叶从掀舞。
细思城市有底[2]忙，却笑蛟龙为谁怒？
无事久留童仆怪，此风聊得妻孥许。
潜山道人[3]独何事，半夜不眠听粥鼓。

【注】①此诗是苏轼由徐州改知湖州赴任途中经镇江金山时作。②底：什么。③潜山道人：北宋诗僧，与诗人交好，诗人赴任途中与之相会，并载之同行。

(1)下列对这首诗的赏析，不正确的一项是(　　)(3分)

A. 开篇叙事，借塔铃自语预告大风将至、船只应当停渡的消息；“颠风”是全诗的诗眼。

B. 风无形，借浪以状写风大，“打”“射”“飞”三字，把疾风写得有力有形，可触可感。

C. 五、六两句无论是写大船不敢行走还是小舟任随风浪翻腾，都是为了突出风浪的险恶。

D. 诗分两部分，前六句写“大风”，后六句写人事，诗人一行因风浪被迫“留金山两日”。

(2)诗歌最后四句运用了怎样的抒情方式？抒发了作者怎样的情感？请结合内容简要分析。(6分)

13 阅读下面的这首词,完成(1)~(2)题。 广东真题

渔家傲·题玄真子图

张元干

钓笠披云青嶂绕,绿蓑细雨春江渺。白鸟飞来风满棹。收纶了,渔童拍手樵青笑。

明月太虚同一照,浮家泛宅忘昏晓。醉眼冷看城市闹。烟波老,谁能惹得闲烦恼。

(1)下列对本词的理解有误的一项是________(请填写数字序号)(3.75分)

①词的上片主要写景,由景入情,下片着重抒情,融情入景。

②"明月太虚同一照,浮家泛宅忘昏晓"描述了清静幽远的境界,一定程度上反映了词人怀才不遇的愤懑之情。

③"浮家泛宅"指以船为家,漂泊不定。

④"醉眼冷看城市闹。烟波老,谁能惹得闲烦恼"不仅表现出词人蔑视"城市闹"的繁华景象的深层意念,又是词人忘却一切世俗烦恼的落脚点。

(2)"钓笠披云青嶂绕,绿蓑细雨春江渺"一句描绘了怎样的画面?请简要描写,并指出词人所表达的感情。(6分)

14 阅读以下诗歌,回答第(1)~(2)小题。 广东真题

悟道诗

某　尼

尽日寻春不见春,芒鞋踏遍陇头云。

归来笑拈梅花嗅,春在枝头已十分。

(1)下列对诗歌的理解,有误的一项是(　　)(4.5分)

A. 前两句分别从时间、空间两个方面写寻春之事,"尽日"言历时久,"踏遍"言行程广。

B. 由诗人陆凯所写的《赠范晔诗》"折花逢驿使,寄与陇头人。江南无所有,聊赠一枝春"可知,"陇头云"属于用典,借指梅花。

C. 第三句中的"笑"字,是诗人的一种自嘲,反衬出诗人在悟道过程中内心的苦闷。

D. 末句写"春已十分",写出了梅花的烂漫、春色的浓烈。

(2)请赏析"归来笑拈梅花嗅"中"嗅"字的作用。(6分)

---

15 读杜甫诗《赠李白》,完成(1)~(3)题。 天津真题

赠李白

杜　甫

二年客东都,所历厌机巧。

野人对膻腥,蔬食常不饱。

岂无青精饭,使我颜色好。

苦乏大药资,山林迹如扫。

李侯金闺彦,脱身事幽讨。

亦有梁宋游,方期拾瑶草。

(1)请概括这首诗歌的主题。(2分)

(2)根据叙述对象,可将整首诗分成哪两个部分?简要说明各部分的主要内容。(3分)

(3)请写出诗歌第二句中的“机巧”的含义。(1分)

16 阅读下面这首唐诗,回答问题。　天津真题

秋日题窦员外崇德里新居

刘禹锡

长爱街西风景闲,到君居处暂开颜。

清光门外一渠水,秋色墙头数点山。

疏种碧松通月朗,多栽红药待春还。

莫言堆案[注]无余地,认得诗人在此间。

【注】堆案:堆积案头,谓文书甚多。

(1)联系全诗,概括作者“开颜”的原因。(4分)

(2)简要赏析颔联和颈联的写景艺术。(4分)

17 阅读下面这首诗，回答(1)～(2)题。　江苏真题

赋得暮雨送李胄

[唐]韦应物

楚江微雨里，建业暮钟时。
漠漠帆来重，冥冥鸟去迟。
海门深不见，浦树远含滋。
相送情无限，沾襟比散丝。

(1)下列对这首诗的理解和赏析，不正确的一项是(　　)(3分)

A. 这是一首咏暮雨的送别诗，虽是送别，却重在写景。

B. 首联写送别之地，起句点“雨”，次句点“暮”，直切诗题中的“暮雨”二字。

C. 颔联中运用叠词“漠漠”“冥冥”，生动形象地展现了水汽迷茫和天色昏暗的景象。

D. 全诗经过铺写渲染烟雨、暮色、重帆、迟鸟、海门、浦树，连同诗人的情怀，交织起来，形成了豁然开朗的氛围。

(2)尾联蕴含了诗人怎样的情感？请简要分析。(4分)

18　江苏真题

野　望

王　绩

东皋薄暮望，徙倚欲何依。
树树皆秋色，山山唯落晖。
牧人驱犊返，猎马带禽归。
相顾无相识，长歌怀采薇。

(1)请简要赏析诗歌的颈联。(4分)

(2)该诗表现了怎样的主旨?请结合诗句具体分析。(5分)

19 阅读下面两首唐诗,然后回答问题。 江苏真题

塞上闻笛

张 祜

一夜梅花笛里飞,冷沙晴槛月光辉。

北风吹尽向何处,高入塞云燕雁稀。

夜笛词

施肩吾

皎洁西楼月未斜,笛声寥亮入东家。

却令灯下裁衣妇,误剪同心一半花。

(1)第一首诗末句中的"稀"字十分精妙,请简要赏析。(3分)

(2)请联系已学诗词,简要分析第二首诗中的"西楼"意象的作用。(4分)

(3)两首诗在描写笛声的艺术技巧上有何异同?(4分)

20 浙江真题

江南逢李龟年

［唐］杜甫

岐王宅里寻常见，崔九堂前几度闻。

正是江南好风景，落花时节又逢君。

（1）填空。（4分）

这是一首七言绝句，前两句为下文作________，后两句写________，时代沧桑，人生巨变，尽寓其中。

（2）这首诗表达了诗人________的思想情感。（3分）

（3）对这首诗赏析不正确的一项是（　　）（3分）

A. 诗的前两句中，“寻常见”“几度闻”，既写出李和杜交往甚密，又从侧面表现了“开元盛世”的繁华。

B. 诗的最后一句中，“落花时节”比喻诗人和李龟年潦倒凄凉的处境和唐王朝国运的衰落。

C. 诗的前两句叙事，后两句直抒胸臆，全诗运用映衬对照的手法来凸显主题。

D. 诗中作者抚今思昔，世境的离乱，人情的聚散，是杜甫绝句中最有情韵的一首。

---

21 阅读下面这首诗，回答问题。 浙江真题

塞下曲·其一

王昌龄

蝉鸣空桑林，八月萧关道。

出塞入塞寒，处处黄芦草。

从来幽并客，皆共尘沙老。

莫学游侠儿，矜夸紫骝好。

（1）试简要分析“莫学游侠儿，矜夸紫骝好”这两句的内涵。（3分）

(2)这首诗抒发了作者怎样的思想感情?(3分)

22 阅读下面两首题画诗,回答问题。　浙江真题

题高克恭《墨竹坡石图》

[元]赵孟頫

高侯[1]落笔有生意,玉立两竿烟雨中。

天下几人能解此,萧萧寒碧起秋风。

潍县署中画竹呈年伯包大中丞括[2]

[清]郑燮

衙斋卧听萧萧竹,疑是民间疾苦声。

些小吾曹州县吏,一枝一叶总关情。

【注】①高侯,即高克恭,元代著名画家,工山水,善墨竹,官至刑部尚书。②此诗是郑板桥任山东潍县县令时所作。包大中丞括:包括,时任山东布政使,署理巡抚。清代巡抚又称中丞。

(1)两首诗的表现手法有什么不同?(4分)

(2)两首诗各体现出怎样的思想境界?(3分)

23 阅读以下诗作,回答第(1)~(2)小题。　湖南真题

初授官题高冠草堂

岑　参

三十始一命,宦情多欲阑。
自怜无旧业,不敢耻微官。
涧水吞樵路,山花醉药栏。
只缘五斗米,辜负一渔竿。

(1)颈联上下两句中各有一个字最为精练传神,请找出并简要赏析。(5分)

(2)解析尾联所运用的修辞手法,表达了诗人怎样的心情。(5分)

---

24 阅读以下词作,回答(1)~(2)题。　湖南真题

临江仙·夜登小阁忆洛中旧游

陈与义

忆昔午桥桥上饮,坐中多是豪英。长沟流月去无声。杏花疏影里,吹笛到天明。

二十余年如一梦,此身虽在堪惊。闲登小阁看新晴。古今多少事,渔唱起三更。

(1)对比是本词中最突出的表现手法,请分析其表达效果。(2分)

(2)清代词学家陈廷焯评论这首词时,称其"'长沟流月',七字警绝"。试分析"长沟流月去无声"一句妙在何处。(3分)

25 下列语句赏析不正确的一项是(　　)(1分)　江西真题

A."海日生残夜,江春入旧年"作者从炼意着眼,把"日"和"春"作为新生的美好事物的象征,并且用"生"字和"入"字使之拟人化,赋予它们以人的意志和情趣。

B."造化钟神秀,阴阳割昏晓"写远望中所见泰山的神奇秀丽和巍峨高大的形象,"钟"字将大自然写得有神,"割"本是普通字,但用在这里,确是奇险。

C."何夜无月?何处无竹柏?但少闲人如吾两人者耳"寥寥数笔,摄取了一个生活片段,叙事、写景、抒情,又都集中于写人,写人又突出特点"闲"。

D."鸢飞戾天者,望峰息心;经纶世务者,窥谷忘反"写的是山水,用拟人化的动物和人对山水的反应来衬托山水的奇异。

26 赏析下面这首唐诗的艺术效果。(6分)　江西真题

塞下曲

卢　纶

月黑雁飞高,单于夜遁逃。

欲将轻骑逐,大雪满弓刀。

27 阅读以下宋词，写一篇赏析性短文。可以鉴赏词的意象、意境、语言或表现技巧，也可以鉴赏几个方面。不少于400字，题目自拟。(15分) 山东真题

水调歌头

苏 轼

丙辰中秋，欢饮达旦，大醉，作此篇，兼怀子由。

明月几时有？把酒问青天。不知天上宫阙，今夕是何年。我欲乘风归去，又恐琼楼玉宇，高处不胜寒。起舞弄清影，何似在人间。

转朱阁，低绮户，照无眠。不应有恨，何事长向别时圆？人有悲欢离合，月有阴晴圆缺，此事古难全。但愿人长久，千里共婵娟。

---

28 阅读以下古诗，回答(1)~(2)小题。 安徽真题

石灰吟

于 谦

千锤万凿出深山，烈火焚烧若等闲。

粉骨碎身浑不怕，要留清白在人间。

竹 石

郑 燮

咬定青山不放松，立根原在破岩中。

千磨万击还坚劲，任尔东西南北风。

(1)从内容上看，这两首诗属于哪一类？这类诗歌的特点是什么？(2分)

(2)这两首诗分别侧重表达了诗人怎样的追求?(2分)

29 阅读下面这首诗,完成(1)~(2)题。 安徽真题

村 行

王禹偁

马穿山径菊初黄,信马悠悠野兴长。

万壑有声含晚籁,数峰无语立斜阳。

棠梨叶落胭脂色,荞麦花开白雪香。

何事吟余忽惆怅?村桥原树似吾乡。

(1)“万壑有声含晚籁,数峰无语立斜阳”两句历来受到诗家称道,请从表现手法的角度对其进行赏析。(4分)

(2)诗的最后两句表达了作者什么样的思想感情?请简要分析。(4分)

30 阅读以下宋词，回答问题。　福建真题

浣溪沙

[宋]苏轼

软草平莎过雨新，轻沙走马路无尘。何时收拾耦耕身？

日暖桑麻光似泼，风来蒿艾气如薰。使君元是此中人。

简要赏析这首词中景与情的关系。(5分)

31　福建真题

浣溪沙

苏　轼

风压轻云贴水飞，乍晴池馆燕争泥。沈郎多病不胜衣。

沙上不闻鸿雁信，竹间时听鹧鸪啼。此情惟有落花知。

(1)下列对这首词的赏析，不正确的一项是(　　)(3分)

A. 第一句写和风吹拂，薄云贴水迅飞，连用3个动词，使整个画面都鲜活起来。

B. 第二句点明时空，天气初晴，池馆周围，新燕衔泥，软语呢喃，春意盎然。

C. 第三句词人自比多病的沈约，瘦损不堪，词风从明快变为阴郁，诗人情感出现转折。

D. 上片开头两句写盎然春景，第三句抒情，自伤消瘦体弱，用的是融情入景的手法。

(2)简要赏析词的末句“此情惟有落花知”。(5分)

32 阅读下面这首诗，完成后面的问题。 福建真题

别相饯诸友

何景明

双井山边送客时，满林风雪倍相思。

西行万里遥回首，太华终南落日迟。

请赏析该诗后两句的表达技巧以及表达的思想情感。(5分)

33 阅读下面这首诗，完成第(1)~(2)小题。 云南真题

岁　旦

[宋]宋伯仁

居闲无贺客，早起只如常。

桃版随人换，梅花隔岁香。

春风回笑语，云气卜丰穰。

柏酒[注]何劳劝，心平寿自长。

【注】柏酒：柏叶酒，汉族传统习俗，谓春节饮之，可以避邪。

(1)请判断此诗为格律诗还是古体诗，并简要说明其体裁在形式上的基本特征。(5分)

(2)全诗表达了诗人怎样的思想感情？诗的第二联和第三联对表现诗人的情感起什么作用?(5分)

34 宁夏回族自治区真题

阮郎归·初夏

苏 轼

绿槐高柳咽新蝉,薰风初入弦。碧纱窗下水沉烟,棋声惊昼眠。

微雨过,小荷翻,榴花开欲燃。玉盆纤手弄清泉,琼珠碎却圆。

(1)词还有什么名字?(1分)

(2)对作品赏析不恰当的一项(　　)(3分)

A. 全篇语言清新,感情细腻,境界开阔,韵味悠远。

B. 作者从视觉、听觉、触觉等角度描写夏景,显得鲜明生动。

C. “棋声惊昼眠”一句以棋声来衬托周围环境的幽静闲雅。

D. “榴花开欲燃”表现了石榴花色的红艳,突出了石榴的生机。

(3)联系下片内容,从情景关系的角度,赏析“琼珠碎却圆”。(4分)

35 河北真题

感 鹤

[唐]白居易

鹤有不群者,飞飞在野田。

饥不啄腐鼠,渴不饮盗泉①。

贞姿自耿介,杂鸟何翩翾②。

同游不同志,如此十余年。

一兴嗜欲念,遂为矰缴③牵。

委质小池内,争食群鸡前。

不惟怀稻粱,兼亦竞腥膻;

不惟恋主人，兼亦狎乌鸢④。

物心不可知，天性有时迁。

一饱尚如此，况乘大夫轩。

【注】①盗泉：古泉名，故址在今山东泗水县东北。《淮南子·说山训》："曾子立廉，不饮盗泉。"②翾(xuān)：低空飞翔。③矰(zēng)：古代用来射鸟的拴着丝绳的短箭。缴(zhuó)：拴在箭上的生丝绳，用于射鸟，可以靠它收回来。④鸢(yuān)：一种小型的鹰，以昆虫和小型爬行动物为食，也吃腐肉。

(1)下列对本诗的理解，不正确的一项是(　　)(3分)

A. 本诗落笔即写鹤的耿介贞姿，高翔于田野之上的野鹤与翩翩轻飞的杂鸟形成鲜明对比。

B. "一兴嗜欲念，遂为矰缴牵"是说野鹤不幸被捕获，偶然变故引发了后来命运的逆转。

C. 作者以"不惟""兼亦"反复表现野鹤自甘堕落，与群鸡争食，与乌鸢为伍，令人唏嘘。

D. 作为一首寓言诗，本诗以生动的故事性描述为主，兼有议论，以浅映深，抑扬跌宕。

(2)本诗以鹤喻人，托物言志。下列诗歌没有运用这种手法的两项是(　　)(4分)

A. 布谷飞飞劝早耕，春锄扑扑趁春晴。千层石树通行路，一带山田放水声。(姚鼐《山行》)

B. 咬定青山不放松，立根原在破岩中。千磨万击还坚劲，任尔东西南北风。(郑燮《竹石》)

C. 燕语如伤旧国春，宫花旋落已成尘。自从一闭风光后，几度飞来不见人。(李益《隋宫燕》)

D. 耕犁千亩实千箱，力尽筋疲谁复伤？但得众生皆得饱，不辞羸病卧残阳。(李纲《病牛》)

E. 乱条犹未变初黄，倚得东风势便狂。解把飞花蒙日月，不知天地有清霜。(曾巩《咏柳》)

---

36 阅读以下宋词，回答第(1)~(2)小题。　　黑龙江真题

孤雁儿[注]

李清照

藤床纸帐朝眠起，说不尽、无佳思。沉香断续玉炉寒，伴我情怀如水。笛声三弄，梅心惊破，多少春情意。

小风疏雨萧萧地，又催下、千行泪。吹箫人去玉楼空，肠断与谁同倚？一枝折得，人间天上，没个人堪寄。

【注】《孤雁儿》写于李清照晚年，赵明诚去世之后。

鹧鸪天·暮春

黄　升

沉水香销梦半醒，斜阳恰照竹间亭。戏临小草书团扇，自拣残花插净瓶。

莺宛转，燕丁宁。晴波不动晚山青。玉人只怨春归去，不道槐云绿满庭。

(1)你认为《鹧鸪天·暮春》上阕的"自拣残花插净瓶"一句中哪个字用得好？请简要分析。(5分)

(2)两首词中的女主人公都充满了愁思，但心境不同。请结合语句进行分析。(6分)

参考答案

1.(1)D【解析】D项，张诗的前两句是叙事，不是直抒胸臆。

(2)①郑诗把池岸边的菊花与高屋上的瓦松作对比，写出菊花的高洁、清幽，表现了自己不求高位、不慕荣利的高尚品格。②张诗写菊花的枝茎虽饱经风霜，但仍像铁骨那样坚硬，支撑花朵不因风雨侵袭而偏斜，表达了自己抗清爱国的坚贞志气。(共4分。写出郑诗思想感情+分析得2分，写出张诗思想感情+分析得2分)

2.(1)BE【解析】B项，"清明又近也，却天涯为客"表达的是词人对友人的思念，而不是深切同情和担忧。E项，"抓住季节特点，借景抒情，层层烘托"说法错误，全词先追忆往日与友人的游宴，再抒发对作客他乡的友人的思念之情，并未"抓住季节特点"展开景物描写并借景抒情。

(2)"登临恨无语"中的"恨"既指词人找不到投契的朋友的遗憾，也饱含词人对过往光阴失而不可复得的慨叹。(共6分。点出遗憾得3分，点出慨叹得3分)

3.(1)征途；思乡。(每空1分)

(2)"山一程，水一程""风一更，雪一更"两处使用反复的修辞手法。前句通过对"一程"二字的重复使用，突出路途的漫漫修远；后句则以"一更"二字的反复出现，凸显出塞外环境的荒寒以及风雪的彻夜不停，让人夜不能寐。两句前后两相映照，既表现出词人在恶劣天气奔波行军的无奈与疲倦，又表达了其远离家乡的凄寒苦楚与思乡之情。(共6分。点出运用反复修辞手法的地方得2分，写出两处反复所要表达的内容分别得2分)

4.这首诗是李白"赐金放还"后所作，全诗情感饱满，无论喜怒哀乐，其奔涌迸发均如江河流泻，不可遏止，且起伏跌宕，变化剧烈。在手法上多用夸张，以巨额数量词进行修饰，既表现出诗人豪迈洒脱的情怀，又使诗作笔墨酣畅，抒情有力。在结构上大开大合，充分体现了李白的创作特色。正如《而庵说唐诗》中所说："太白此歌，最为豪放，才气千古无双。"这首诗非常形象地表

现了李白桀骜不驯的性格:一方面对自己充满自信,孤高自傲;一方面在政治前途出现波折后,又流露出纵情享乐之情。在这首诗里,李白演绎着庄子的乐生哲学,表示对富贵的藐视。而在豪饮行乐中,实则深含怀才不遇之情。诗人借题发挥,借酒浇愁,抒发自己的激愤情绪。全诗气势豪迈,感情奔放,语言流畅,具有很强的感染力。(共5分。就“豪放”展开,结合内容分析得3分,点出情感态度与表达技巧得2分)

5.(1)从数量、颜色、姿态、气味等方面来正面描写,同时游人争赏也从侧面描写了梅花的繁盛美丽。(共4分。结合诗句答出“正面描写”“侧面描写”,每个要点得2分)

(2)首先写出了孤城寂寞,亡国有恨的悲叹;接着由“用泪画成”的《梅花图》慨叹梅花开放时节人们争赏的情景已无踪影(人生如梦般虚幻);最后表达携带此画,漂泊江海,度过余生的隐逸情怀。(共6分。共3个要点,每个要点2分,大概意思准确即可)

6.(1)C【解析】词句中“江山如画”运用了比喻的修辞手法,“向秋潇洒”运用了拟人的修辞手法。

(2)D【解析】这是一首写景兼怀古的词,词的上片描绘金陵一带的山水,雨过天晴的秋色里显得分外明净而爽朗;下片通过怀古,寄托了词人对六朝兴亡盛衰的感慨。“多少六朝兴废事”,这里在历史上短短的三百多年里历经了六个朝代的兴盛和衰亡,它们是怎样兴盛起来的,又是怎样衰亡的,这许许多多的往事,却是“尽入渔樵闲话”。

7.(1)DE【解析】D项,“暗示了生命的短暂”说法错误。这首诗精心绘出一幅优美的晨雨图,既反映出诗人深厚的艺术功力,又于毫发之处显见他对生活强烈的爱。E项,“体现了杜甫‘沉郁顿挫’的主要艺术风格”说法错误。

(2)该诗首联通过“晨光”写出雨丝反照晨光,突出雨之小;领联中通过“逆”字写出雨遇风便逆,突出了雨之小;颈联中描写雨后恬静且生机盎然之景,通过“暂”“轻”等字刻画雨小;尾联视角由近及远,雨中依然能见麝香山的影子凸显了雨小。(共6分。结合“雨之小”这一特点,分别从四联分析,每个要点得1.5分,共4个要点)

8.(1)从“夕阳”这个意象,可体会到全词的感情基调是抒写词人对人事变迁的无比惆怅之情。就其不变者而言,天气、亭台与去年毫无二致;就其变者而言,夕阳虽美好,但终究要沉没。好鸟相鸣似有意,落花流水却无情。词人在好鸟娇花中感叹人生虽然美好,但终将消亡。(共2分。答出意象具体体现的内容得1分,结合意象和内容分析所体现的词人的思想感情得1分)

(2)“无可奈何花落去,似曾相识燕归来”为天然奇偶句。此句工巧而浑成、流利而含蓄,声韵和谐,寓意深婉,缠绵哀感,用虚字构成工整的对仗、唱叹传神方面表现出词人的巧思深情,宛如天成。花落、燕归虽也是眼前景,但一与“无可奈何”“似曾相识”相联系,它们的内涵便变得非常广泛,意境非常深刻,带有美好事物的象征意味。惋惜与欣慰的交织中,蕴含着某种生活哲理：一切必然要消逝的美好事物都无法阻止其消逝，但消逝的同时仍然有美好事物的再现，生活不会因消逝而变得一片虚无。人间生死，同花开花落一样，不由自主，所以说无可奈何，透露作者的一种人生惆怅。（共2分。结合“奇”对“无可奈何”所在句子进行分析得1分，分析“奇”在何处得1分）

9.（1）C【解析】C项，“反映了扬州城的冷清”说法错误，“车马少于船”是因为扬州具有南方水镇特色，反映了扬州城的繁华景象。

（2）和暖的阳光凝照着百花和细柳，和煦的春风吹送着乐曲声。“凝”“散”二字都运用了拟人的修辞手法，赋予阳光和春风人的情感，阳光专注于照耀花柳，春风也热情地传送管弦之声，这样写，把春天的寻常景象描摹得富有情态。（共6分。将“凝”“散”分别带入句子进行解释得2分，结合诗歌内容分析两字运用的修辞手法得2分，指出两字的表达效果得2分）

10.（1）写了三个阶段的生活感受：“常插梅花醉”写了词人早年陶醉于赏梅；“赢得满衣清泪”写了词人中年在赏梅时伤心流泪；“故应难看梅花”则写了词人晚年没有心思赏梅。（共4分。回答几个阶段得1分，准确指出每个阶段及感受得3分）

（2）例如：①采用了对比的手法，写出了作者早年因生活的欢乐闲适而陶醉于赏梅，中年因生活的幽怨而在赏梅时伤心流泪以及晚年因生活的沦落飘零而没有心思赏梅这三个不同阶段的不同感受。表现了词人生活的巨大变化和飘零沦落、饱经磨难的忧郁心情。

②运用了衬托的手法，上阕写过去，下阕写现在，以昔衬今，表现出当时作者飘零沦落、衰老孤苦的处境和饱经磨难的忧郁心情。（今昔之感和家国之忧）

（共6分。指明手法得2分，结合语句内容分析得4分）

11.（1）②【解析】颔联是残春之景。明月、树在暮色的薄烟中时隐时现，朦朦胧胧，在风和雨的摧残下花落满地，子规啼叫其间，使人倍感凄婉。因此，颔联写的是残春之景，用的是哀景衬哀情的手法。

（2）开头两句，诗人借子规的啼叫声，直接昭示了诗的主旨。子规声起，一春即残，其声之凄厉可知。如此的凄厉之音，而又“声”不息，则此鸟必有万古的沉冤在。这开首二句，托物起兴，沉郁凄凉，暗示出范仲淹被贬是“万古”奇冤，这里的“万古冤”三字，充分表现出诗人对这位贤相抱负未展的满腔同情，对这位知己的不幸遭遇的无比愤慨。（共3分。点出首联作用得1分，指出运用的手法得1分，分析表达情感得1分）

12.（1）A【解析】A项，“颠风”是全诗的诗眼，表述有误。诗眼，应该是诗歌中最能开拓意旨和表现力最强的关键词句，“颠风”即“狂风”，并非全诗诗眼；此外开篇是在写景并非“叙事”。

（2）间接抒情（或“借事抒情”“叙事抒情”）。通过童仆“怪”、妻孥“许”和道人专心倾听金寺粥鼓声的衬托，来表达诗人随缘自适、不以风浪为意的超脱情怀。（共6分。点出诗歌最后四句运用的抒情方式得2分，结合诗句内容分析得2分，答出诗人情感得2分）

13.（1）②【解析】该句承上写渔翁以舟为家的生涯。反映了作者不愿与世俗同流的高逸情致。

（2）【参考答案】该句勾勒出一幅远山环绕，春江烟雾迷蒙而渔翁独钓的优美画面。该句描写的是静景，但静中有动，如闻喧闹之声而不见其来自何处，表现了词人对充满诗情画意的江南景色的喜爱。（共6分。指出首联描绘的画面得2分，点出表现手法得2分，结合诗句内容分析表达感情得2分）

14.（1）C【解析】C项，“内心的苦闷”的说法错误。第三句中的“笑”字，表现了诗人的顿悟，有柳暗花明之妙。

（2）①“嗅”字使全句更加生动形象。归来拈花，这是动作描写，梅花则是强调了花的种类，使读者眼前出现花的形象，而“嗅”字则表现了梅花暗香浮动的特征。

②“嗅”为感官动词，这一动作，传达出了诗人内心的喜悦，展现了诗人对梅花的喜爱与赏玩不已的痴迷情态。另外，“嗅”字表明“梅花”与诗人距离之近，突显了“道不远人”的深刻哲理。（共6分。每点作用3分，答出两点即可；若只答出作用没有结合诗歌内容分析，每点扣2分）

15.（1）该诗热情讴歌了李白的高洁志向，表达了诗人对污浊尘世的愤恨之情，字里行间充盈着诗人超凡脱俗的高尚情操。（共2分。准确写出主题得2分）

（2）此诗共分两部分，前八句为一部分，后四句为一部分。前八句为自叙，表达厌都市而羡山林之情；后四句方提及李白，表明愿同李白一同归隐之志。（共3分。指出每个部分得1分，分别说明两部分内容得2分）

（3）“机巧”指奸刁巧诈，钩心斗角。（共1分。准确写出含义得1分）

16.（1）朋友新居落成，周围景色优美，自己心情闲适，主人品位高雅，宾主志同道合。（共4分。每写出一条得1分，写出4条即可）

（2）从写景的艺术来看，颔联和颈联选取“一渠水”“数点山”“碧松”“红药”等景物进行铺陈描摹。颔联写院外的远景，然后移步换景，由院外写到院内，颈联写院内的近景。描写由远及近，由外而内，富有层次。这两联前三句是实景，第四句是虚景，虚实结合，寓情于景。（共4分。点出写景艺术得2分，结合诗句内容具体分析2分）

17.（1）D【解析】D项，“形成了豁然开朗的氛围”表述不当。这首雨中送别友人的诗以写暮雨抒离别。全诗紧扣暮雨，描写暮雨中的景象，形成了浓重的、阴沉压抑的氛围，表现了诗人的依依不舍之情。

（2）尾联两句是直接抒情，用“散丝”一词并指雨丝和泪水，表达了离别时的怅惘难舍之意，渲染了诗人送别友人时浓重、压抑的氛围。用“比”字将离别之泪与雨丝融在一起，诗人的离别愁绪喷涌而出。（共4分。指出情感得2分，结合诗句内容分析得2分）

18.(1)颈联描写了傍晚时分人的活动,描绘了一幅乡野之人放牧、打猎归来的动态场景,从反面衬托诗人郁闷孤单的心境。放牛的人赶着牛儿返回家中,猎人骑着骏马,带着猎物满意而归,多么安逸的场景,多么令人陶醉的画面啊。但是这些热闹是他们的,诗人有的只是惆怅和孤寂。(共4分。描绘诗句内容得1分,指出手法技巧得2分,点出诗人情感得1分)

(2)这首诗于萧瑟宁静的景色描写中流露出孤独抑郁的心情,抒发了作者惆怅、孤寂的情怀,表达了作者渴望解脱的心愿。前三联写诗人黄昏时刻在岸边远望,满目萧瑟的落日秋景,心中孤苦无依。最后以"相顾无相识,长歌怀采薇"写出诗人从美好而热闹的场景中回过神,又回到了起始的心境之中,平添了一种茫然若失、孤独无依、苦闷惆怅的心绪。(共5分。写出主旨得2分,结合诗句分析得3分)

19.(1)既写出了笛声吹向高远之处渐渐消逝的情态,又写出了边地大雁渐高渐远渐稀少的情形,形象地表达出了征夫内心的孤独凄凉和无边的思乡之愁。(共3分。答出表达效果得2分,答出表达作用得1分)

(2)"西楼"常指女子闺房或伤心地,也是相思与愁绪的代名词,如李清照的"雁字回时,月满西楼",李煜的"无言独上西楼,月如钩"。在本诗中"西楼"指女子居所,和"月"的意象组合在一起,暗示了"裁衣妇"的思远闺情。(共4分。指出"西楼"的含义得1分,联系已学诗词写出其作用得2分)

(3)相同:两首诗都运用了正面描写和侧面描写(环境烘托)相结合的手法。

不同:第一首还运用了设问的修辞手法;第二首还运用了细节描写的手法。

(结合诗句内容分析略)(共4分。答出相同点并结合诗句分析得2分,答出不同点并结合诗句分析得2分)

20.(1)对比;对国事凋零、艺人颠沛流离的感慨(每空2分)

(2)对时世之凋敝丧乱与人生凄凉飘零

(3)C【解析】C项,诗歌前两句诗人虽然是在追忆往昔与李龟年的接触,流露的却是对"开元全盛日"的怀念。后两句没有直抒胸臆,而是暗喻了世运的衰颓、社会的动乱和诗人的衰病漂泊。诗人丝毫没有在刻意设喻,这种写法显得浑成无迹。

21.(1)以对比作结,通过对自恃勇武,炫耀紫骝善于驰骋,耀武扬威地游荡,甚至惹是生非而扰民的所谓"游侠"的讽刺,深刻地表达了作者对于战争的厌恶,对于和平生活的向往。(共3分。内容分析1分,表达内容2分)

(2)全诗表达了诗人对献身沙场的壮士豪杰的惋惜和对自恃勇武、炫耀紫骝的所谓"游侠儿"的讽刺,抒发了诗人对战争的厌恶和对和平生活的向往之情。(共3分。结合诗句分析1分,思想情感2分)

22.(1)①赵诗运用了以景写情的写作手法，写墨竹的审美效果，枝枝翠竹，萧萧风声，送来阵阵凉风，带来秋意，进一步表现"有生意"的题旨，高度赞许高克恭的《墨竹坡石图》生意浓郁、充满活力的美学特征。②郑诗运用了以物写人的写作手法，通过对竹子的描写，表现出郑燮关心百姓疾苦的胸襟，表达其不畏权贵，不阿谀奉承，耿直廉洁，不向世俗献媚的精神。(共4分。写作手法方面，赵诗答出"以景写情"，郑诗答出"以物写人"，得2分；分别结合诗句分析表现手法的作用得2分)

(2)①赵诗用赞语发端，热情称赞高克恭的《墨竹坡石图》充溢着勃勃生机，虽是写竹，实是写人，亭亭傲立之竹象征着君子德风，体现出作者对竹子般的君子之风的推崇。②郑板桥的这首题画诗，由风吹竹摇之声而联想到百姓生活疾苦，寄予了作者对百姓命运的深切地关注和同情。(共3分。分别写出思想情感并结合诗句进行分析各得1.5分，没有结合诗句进行分析，各扣0.5分)

23.(1)本诗的颈联中"吞"字和"醉"字最为精练传神。一个"吞"字，把春末夏初山涧涨溢的情景淋漓尽致地刻画了出来；一个"醉"字，则将景物拟人化，使其仿佛具有了生命。(共5分。找出两个精炼传神的字得1分，分别分析该字表达作用或表达效果各得2分)

(2)尾联"只缘五斗米，辜负一渔竿"两句运用了用典、借代的修辞手法。用"五斗米"使人想起陶渊明的故事，用以指"微薄的俸禄"，是用典；"渔竿"是借物指"隐逸生活"。表达了作者对安逸、淡然的隐居田园生活的向往，以及无法摆脱现实生活的忧郁、无奈之情。表现诗人为微官薄禄不得不割舍闲适自得生活的矛盾心情。(共5分。点出2个修辞手法得2分，给出具体解释得2分，写出表现的诗人心情得1分)

24.(1)运用今昔对比的手法。词的上片以"忆昔"总领，写洛中旧游时群英聚会的盛景；下片回归现实，写国破家亡、颠沛流离，抒发了词人的无限怅惘之情。(共2分。需结合语句分析两个对比项)

(2)"长沟流月"，流水滔滔，月影摇曳，境界优美；"去无声"既渲染出聚会时的美好，也象征华年盛世悄然而逝。"长沟流月去无声"用语奇妙，寄寓词人怅惘悲凉的情绪。(共3分。对句子进行解释得1分，指出表达效果得2分)

25. B【解析】B项，"造化钟神秀，阴阳割昏晓"写近望中所见泰山的神奇秀丽和巍峨高大的形象。

26. 该诗运用情景交融的手法描绘了雪夜追歼逃敌的场面，全诗没有写冒雪追敌的过程，也没有直接写激烈的战斗场面，但留给了读者广阔的想象空间，营造了诗歌意蕴悠长的氛围。

诗由写景开始，"月黑雁飞高"并非眼中之景，而是意中之景，寥寥五字，既交代了时间为冬季，又烘托出了战前的紧张气氛。"单于夜遁逃"，诗句语气肯定，判断明确，充满了对敌人的蔑视和我军的必胜信念,令读者为之振奋。三、四句写敌军的举动被将军发觉,他率领将士准备乘胜追击穷寇,体现出将士们杀敌的豪情,其中“大雪满弓刀”一句表现了将士雄壮的军容,同时也体现出边境苦寒,守边防之不易。

此诗用字精练,节奏明快,给人一种豪迈洒脱的感觉,整首诗表现了将军以及麾下士兵的英雄气概。

(共6分。点出“情景交融”的手法,营造氛围、烘托相关手法与技巧得3分,结合诗句内容分析表达效果得3分)

27.

千里明月意,天下离人情

此词是中秋望月怀人之作。

词的上阕一开始就提出一个问题:“明月几时有?”这个问题像是追溯明月的起源,又像是惊叹造化的巧妙,蕴含着词人对明月的赞美与向往。接下来两句:“不知天上宫阙,今夕是何年。”词人不知道月宫里今晚是什么日子,很想去看一看,所以接着说“我欲乘风归去”,苏轼设想自己前生是月中人,因而起“乘风归去”之念。接着明写月宫的高寒,把那种既向往天上又留恋人间的矛盾心理十分含蓄地写了出来,更表露出词人对人间生活的热爱,显示了词人开阔的心胸与高远的志向。这首词从幻想上天写起,又回到热爱人间的情感上来,展示了词人情感的波澜起伏。

下阕由中秋的圆月联想到人间的离别,同时感慨人生离合的无常。词中“无眠”的人既指怀念弟弟的自己,又可以泛指那些因不能与亲人团圆而难以入眠的一切离人。而对明月故意与人为难埋怨,进一步衬托出词人与弟弟的手足情深,含蓄地表达了对不幸的离人们的同情。接着,词人从人到月、从古到今做了高度的概括。从人、月对立过渡到人、月融合,表现出对人、事的达观态度,同时寄托对未来的希望——月有圆时,人也有相聚之时,具有哲理意味。最后说但愿人们年年平安,相隔千里也能共享美好的月光,表达了词人对亲人的思念和对天下人的祝福,再次体现了其旷达的态度和乐观的精神。

全词设景清丽雄阔,立意高远,最后以旷达情怀收束,是词人情怀的自然流露。此词全篇皆是佳句,典型地体现出苏轼词旷达的风格。

(共15分。准确理解词作情感内容得5分;准确指出词作意象、意境内涵,语言风格,表现技巧,得5分;语言表达流畅,有文采,条理清晰,结构严谨,得5分)

28.(1)这两首诗属于托物言志诗。这类诗的特点是常运用象征或起兴等手法,通过描写客观事物,寄托、传达作者的某种感情、抱负或志趣。(共2分。类别1分,特点1分)

(2)①《石灰吟》一诗作者以石灰作比喻,表达了自己为国尽忠、不怕牺牲的意愿和坚持高洁

情操的决心。②《竹石》一诗表面上写竹，其实是写人，表现了作者正直倔强的性格和决不向任何邪恶势力低头的高傲风骨。(共2分。《石灰吟》1分，《竹石》1分)

29. (1)这两句分别从听觉与视觉方面下笔。前句写傍晚秋声万壑起，这是耳闻；后句写数峰默默伫立在夕阳里，这是目睹。这里，"有声"与"无语"两种截然不同的境界相映成趣，越发显示出山村傍晚的沉寂。尤其值得一提的是："数峰"句写数峰宁静，不从正面着墨，而从反面出之，读来饶有情趣。(共4分。指出表现手法得2分，结合诗句赏析得2分)

(2)最后两句真切地抒发了诗人的思乡之情。前三联表达游览自然山水的兴致和惬意，尾联则触景生情，采用一问一答的形式直抒胸臆，表达诗人强烈的思乡之情。(共4分。指出思想感情得2分，结合诗句分析表现手法及表达效果得2分)

30. 这首词是用写景和抒情互相错综层递的形式来写的。

上片首二句写作者于道中所见之景，接着触景生情，自然引出他希冀归耕田园的愿望；下片首二句写作者所见田园之景，又自然触景生情，照应"何时收拾耦耕身?"而想到自己"元是此中人"。这样写，不仅使全词情景交融，浑然一体，而且使词情逐层深化升华。特别是"软草平莎过雨新，轻沙走马路无尘"和"日暖桑麻光似泼，风来蒿艾气如薰"几句更是出神入化，有含蓄隽永之妙。(共5分。点出景情关系得2分，结合内容分析得3分)

31. (1)D【解析】"融情入景"，顾名思义是说把诗人的主观情感完全融入景物的描写之中或者说隐藏在景物描写的背后。也就是说，文本中只用到"景语"，而"情语"隐没不露，或只露蛛丝马迹。而该句诗人明显是用的"借乐景写哀情"的手法。

(2)①落花本无知，但由于作者的移情作用，竟使无知的落花变成了深知作者心情的知己。融情入景，情景交融，其中的"韵外之致"耐人寻味。②用拟人的修辞，说只有"落花"知晓"此情"，除了落花无人理解这种感情，足见诗人之孤独。而落花之所以知道，是因为诗人命运与落花相似，同病相怜。虽然落花理解诗人的心情，但是花落无言，更凸显了诗人心情之孤寂，无法排解。(共5分。结合语句展开联想，描述落花的情感意义，得1分；表达技巧方面，答出"融情入景，情景交融""拟人"，得2分；结合语句分析思想情感，得2分)

32. ①后两句运用了想象的表现手法。作者想象自己在西行万里的路途中，回首遥望，表达了诗人即将远行之时对朋友的依依不舍之情。②后两句的虚写与前两句景色的实写交相辉映。作者写于满林风雪中与友人分别的情景，渲染了"倍相思"的情感氛围，虚实结合，借景抒情，抒发了诗人对友人的不舍，流露出与友人分离的感伤情怀。(共5分。每结合诗句内容答出一点表达技巧及其思想感情得2.5分，答出2点即可)

33. (1)此诗为格律诗。格律诗也称近体诗，是古代汉语诗歌的一种，是唐以后成型的诗体，四句的为绝句，八句的为律诗。按照每句的字数，可分为五言和七言。篇式、句式有一定规格，音韵有一定规律，变化使用也要求遵守一定的规则。(共5分。诗的类型1分，基本特征4分)

(2)全诗表达了诗人与世无争,追求自由自在生活的感情。诗歌第二、三联描写春节时的热闹景象,与第一联诗人"如常"形成对比,衬托了诗人生活的宁静,突出诗人心境的平和,为第四联抒情作铺垫。(共5分。答出思想感情得2分;结合第二、三联分析对表达情感的作用,答出"对比""衬托""铺垫"相关内容,得3分)

34.(1)词,又称"诗余""长短句"等。

(2)A【解析】"境界开阔"错误。《阮郎归·初夏》写的是初夏时节的闺阁生活,采用从反面落笔的手法,用一幅幅无声画来展示大自然的生机。整首词淡雅清新而又富于生活情趣。

(3)下片运用了借景抒情的手法,通过细致地描绘水花四溅(在荷叶上),水珠圆润晶莹的画面,真切地展现了主人公轻快、喜悦的心情。(共4分。指出运用了"借景抒情"的手法得2分,结合具体诗句分析思想感情得2分)

35.(1)B【解析】"一兴嗜欲念,遂为矰缴牵"是说野鹤一旦兴起贪欲之念,被箭射下来后被捕获,从前那种鹤立鸡群的卓然不俗,就都成为过眼烟云,被抛到了九霄云外。是讽刺那些立志不坚、为口腹之欲抛弃宏愿的人,并不是"偶然变故引发了后来命运的逆转"。

(2)AC【解析】A项,姚鼐的《山行》通过描绘山间环境的恬谧安静、和谐美好表达自己对闲适的田园生活的憧憬和向往,并没有运用托物言志的手法。C项,李益的《隋宫燕》前两句写燕子倾诉的画面,后两句从燕子的角度着笔写隋朝灭亡后隋宫的冷清与萧条,抒发了诗人对人世沧桑的叹息及对隋王朝的衰亡之感,并没有运用托物言志的手法。

36.(1)"残"字用得好。"残"字表面上写暮春时节的花的"残败",借花的"残败"写春的"残败",实则写出女主人公的青春将"残"。女主人公特意拣取快要凋谢的花朵插到花瓶里,流露出的是对红颜易老、芳颜易逝的感叹,淋漓尽致地抒写了女主人公的伤感情绪。(共5分。指出"残"字用得好得1分,结合语句说明"残"的表层和深层含义得2分,分析表达效果得2分)

(2)①《孤雁儿》含蓄地写出了女主人公思念亡夫的愁绪:"情怀如水"的女主人公因"梅心惊破"而心生波澜,《梅花三弄》的笛曲吹开了枝头的梅花,春天虽然来临了,却引起了女主人公无限的幽恨愁思。在"小风疏雨"的凄清环境里,当年的吹箫人早已无处可寻,个人悲欢早已倾注于笔端;词末三句写出女主人公寻寻觅觅之形及怅然若失之感,表达了女主人公的无限孤独寂寞之情,借梅花寄托了对亡夫的悼念。

②《鹧鸪天·暮春》主要表现了女主人公青春被禁锢的失落与寂寞之情。词的上阕,描写女主人公春昼梦醒的无聊之状,"戏临小草""书团扇""自拣残花"等举动无不透露出闺阁女子的寂寞情怀,以及内心对红颜将去、年华易逝的哀叹;下阕写景抒情,表现了女主人公留春无计、怨春不语的失落心境。

(共6分。《孤雁儿》的心境1分,结合语句分析2分;《鹧鸪天·暮春》的心境1分,结合语句分析2分)

SHANXIANGEDU

第二部分

文言文阅读

教师之路 从山香起步

考向分析

文言文阅读是大部分地区语文教师招聘考试中的必考题型，如山东、安徽、江苏、湖南、广东、江西、山西等地。

文体分类	考查频率	题量	每题分值	题型	地区示例
人物传记	59%	3～6	12～21	客观题	山西、浙江、江西部分地区
				主观题	浙江部分地区
				客观题+主观题	江苏、山西、浙江、天津、安徽、广东、山东部分地区
历史事件	9%	3～5	11～16	客观题	江西、安徽部分地区等
				主观题	福建
				客观题+主观题	浙江、江苏、山东部分地区
治国劝谕	8%	2～5	5～16	客观题	云南
				主观题	福建、江苏部分地区
				客观题+主观题	江苏、浙江部分地区
山水游记	8%	3～5	9～15	客观题	云南、江苏部分地区
				主观题	江苏部分地区
				客观题+主观题	福建、安徽、湖南、广东部分地区
寓言故事	8%	2～5	5～16	主观题	福建、浙江、江西、江苏部分地区
				客观题+主观题	广东部分地区等
学习言志	8%	2～5	6～14	主观题	福建、安徽、山东、贵州部分地区
				客观题+主观题	山东、江苏、安徽、湖南部分地区

分值占比 0~21%

地区占比

75% 考查1篇
如天津、云南、福建、山西等

20% 考查2篇
如安徽、浙江杭州、湖南湘潭、江苏盐城、山东威海等

5% 考查3篇
如湖南邵阳等

注：本部分考查篇数以试卷中文言文篇数为准（部分地区是组合阅读，由两篇或三篇文言文组成一道大题），不以题量为准。

专题一　读文技巧

命题规律探究

文言文阅读题型中的文章一般选取的是名人名家的作品。因围绕人物展开叙述的文言文考查频率较高，所以文言文阅读题考查的文章大部分从《史记》《左传》等史书中选取。

文体分类	常考出处	主旨
人物传记	《史记》《汉书》	赞扬所记人物，宣传其品格教化
历史事件	《春秋》《左传》	叙述历史事件，表达作者看法
治国劝谕	《国语》《战国策》	汲取经验教训，匡正执政者过失
山水游记	《唐宋八大家文集》	寄情于景，抒发心中喜忧
寓言故事	《列子》《世说新语》	深入浅出，揭示现实意义
学习言志	《论语》《资治通鉴》	学习圣贤，表现个人志向

一、人物传记篇【高频考点】

真题示例

江苏常州中小学真题

阅读以下文言文，完成1～3小题。

【陆游字务观，越州山阴人。年十二能诗文，荫补登仕郎。】锁厅荐送第一，秦桧孙埙适居其次，桧怒，至罪主司。明年，试礼部，主司复置游前列，桧显黜之，由是为所嫉。桧死，始赴福州宁德簿，以荐者除敕令所删定官。

时杨存中久掌禁旅，游力陈非便，上嘉其言，遂罢存中。中贵人有市北方珍玩以进者，游奏："陛下以'损'名斋，自经籍翰墨外，屏而不御。小臣不体圣意，辄私买珍玩，亏损圣德，乞严行禁绝。"

孝宗即位，迁枢密院编修官兼编类圣政所检讨官。史浩、黄祖舜荐游善词章，谙典故，召见，上曰："游力学有闻，言论剀切。"遂赐进士出身。入对，言："陛下初即位，乃信诏令以示人之时，而官吏将帅一切玩习，宜取其尤沮格者，与众弃之。"

答题思路

文章开头"【】"部分，点明传主为陆游，写陆游年少有为，为下文陆游遭秦桧嫉妒、孝宗召见陆游之事作铺垫，突出了陆游的才华过人、备受推崇。

第二自然段，以杨存中、朝中贵人之事，体现了陆游的敢于进谏、关心国事。

和议将成，游又以书白二府曰："江左自吴以来，未有舍建康他都者。驻跸[注]临安出于权宜，形势不固，馈饷不便，海道逼近，凛然意外之忧。一和之后，盟誓已立，动有拘碍。【今当与之约，建康、临安皆系驻跸之地，北使朝聘，或就建康，或就临安，如此则我得以暇时建都立国，彼不我疑。】"

后累迁江西常平提举。江西水灾。奏："拨义仓振济，檄诸郡发粟以予民。"

绍熙元年，迁礼部郎中兼实录院检讨官。嘉泰二年，以孝宗、光宗《两朝实录》及《三朝史》未就，诏游权同修国史、实录院同修撰，免奉朝请，寻兼秘书监。三年，书成，遂升宝章阁待制，致仕。

（选自《宋史·陆游传》，有删改）

【注】驻跸：帝王出行时沿途停留暂住。

▍第四自然段的画"【】"部分，写出了陆游是一个有谋略的人。

▍第五自然段的画"_"部分，写出了陆游时刻心系、爱护百姓。

▍第六自然段，以时间顺序，对陆游的官职变迁作简要交代，体现出陆游深受朝廷重用。

问题

1. 下列加点字的解释，不正确的一项是（　　）（2分）/ 字词类

A. 游力陈非便　便：合适　　B. 谙典故　谙：熟知

C. 馈饷不便　馈：运送　　D. 诏游权　权：掌握

答案：D

解析：D项，权：暂且。

2. 将文中画横线的句子翻译成现代汉语。（8分）/ 句子类

（1）如此则我得以暇时建都立国，彼不我疑。

（2）拨义仓振济，檄诸郡发粟以予民。

答案：（1）这样我们就能够在空余时间建都立国，他们也不会怀疑我们。

（2）调拨官家的粮食赈济（灾民），下发公文给各郡（让他们）分发粟米给百姓。

3. 陆游多次向朝廷上奏谏言，这些建议体现了陆游怎样的品德？请简要概括。（3分）/ 篇章类

答案：①不畏权势，敢于直言。陆游多次向朝廷上奏谏言，体现了陆游不畏权势，敢于直言的品德。

②关心国事。陆游针对杨存中久掌禁旅、朝中贵人购买北方珍玩、建立都城等事务向皇帝谏言，体现了陆游关心国事的品德。

③爱护百姓。陆游在担任江西常平提举一职时，面对灾情，上书朝廷“拨义仓”“檄诸郡发粟”赈济灾民，体现了陆游爱护百姓的品德。

（一）读文导引

【叙述内容】传主的生平、生活、精神等领域。

【类型】自传、他传、评传等。

【出处】《史记》《汉书》《后汉书》《新五代史》《新唐书》《晋书》《资治通鉴》《元史》《明史》等。

（二）技法归纳

人物传记近几年的考频极高，为了读懂这类文章，可以从以下几个方面进行分析：

1. 了解文章选材

【人物类型】帝王将相、清官廉吏、良母孝子、义士隐士、贩夫走卒等。考试选文大多为文臣武将。

【人物品格】忠、孝、仁、义、礼、智、信、勇等。

2. 厘清文章脉络

传记文体结构固定，行文线索明显。

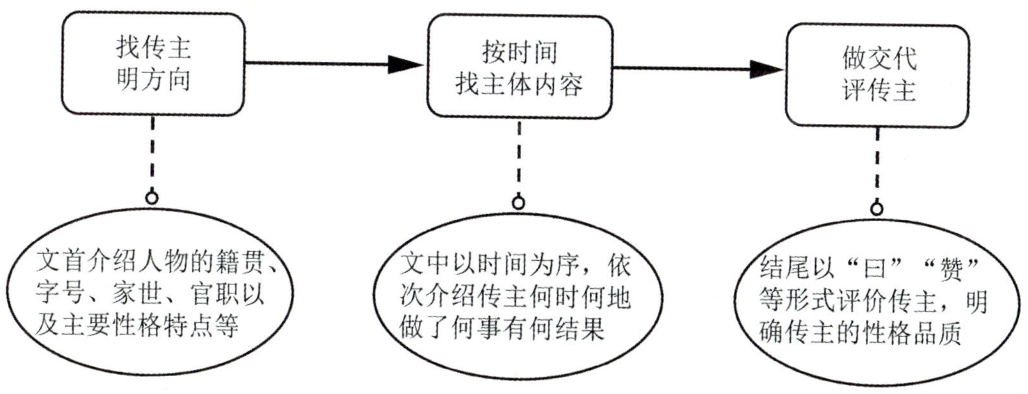

3. 把握语言特色

传记的语言通常凝练概括，间有细节描写，对传主的评价则用“春秋笔法”，或最具概括性的几个字词。

传记中惯常出现的专有名词（官职名、朝代名、人名等）在翻译时不要拆开硬译，可直接引用。

4. 体会文章思想

选文以叙事为主，含有一定的议论和抒情，一般突出的是人物敬业奉公的品行和卓异的才能，肯定赞扬所记人物，具有一定现实意义。

【小结】人物传记由人物(Who)、时间(When)、地点(Where)、发生的事件(What)、为什么发生(Why)五个要素组成，弄清这五个W，再结合以上的阅读技巧，便能读懂整篇人物传记了。

速记秘籍

身份为人在前面，典型事件跟后边，

经历官位会多变，品格教化文中见。

真题精解

阅读以下文言文，完成1～3小题。

山东真题

原文呈现

陈咸，字逢儒。登淳熙二年进士第，调①内江县尉。县吏受贿，赋②民不均③。咸以闻④于部使者，为下令听民自陈利病，而委咸均其赋。改知果州南充县，转运司辟主管文字。岁旱，税司免下户两税，转运使安节以为亏漕计，咸白⑤安节曰："苟利于民，违之不可。"安节从之。蜀岁收输绢钱，民以为病⑥，咸白安节，核入节出，奏岁减二十余万缗。大修学宫，政以最⑦闻，改知普州。开禧元年，边事兴，四川宣抚使程松奇其才，辟⑧主管机宜文字。咸贻书劝松捐金帛，募死士，搜人才；考⑨图籍⑩以疏财用之源，视险要以决攻守之计。松复书深⑪纳⑫，然实不能用。副使吴曦蔑视松易置将兵不白正使咸忧之复说松收义士为缓急用据险厄⑬立关堡以备不虞⑭松又不能用。迁⑮利路转运判官。曦叛臣于金，关外四州继没，人情大骇。咸留大安军督军粮，檄其守杨震仲振⑯流民，备奸盗，众稍安。安丙密以曦反谋告咸，咸即遣人告松，松不之察。曦以咸蜀名士，欲首胁之

注释

①调：选调，调遣。

②赋：征收(赋税)。

③均：平均，公平。

④闻：听到，听见。这里用作使动用法，使……听到(听见)。

⑤白：禀告，报告。

⑥病：苦，困乏。

⑦最：功劳最高，这里指功绩最大。

⑧辟：召，征召。

⑨考：考核。

⑩图籍：地图与户籍。

⑪深：表程度深。

⑫纳：接纳。

⑬险厄：险阻之地。

⑭虞：猜度，料想。在这里指意外的变故。

⑮迁：晋升。

⑯振：救济，后作"赈"。

以令其余，檄[17]咸议事，咸不往，遂之[18]利州。安丙寻奏以咸总蜀赋，从之。时僭乱后，帑藏赤立。咸至武兴，与丙商榷利病，兵政财计，合为一家。核诸司羡余[19]，移支常平广惠米。汰弱兵二万余，规画[20]备至，故军兴增支之数，皆不取于民。咸昼夜精勤，调度有方，不二岁，钱粮布帛饶足。嘉陵江流忽浅，或云金人截上流，咸不动，疏而导之，自益昌至于鱼梁，馈运无阻。金州地险，咸增馈米以实之，人皆曰："金州之险，金人不可向，何益之为？"咸曰："敌至而虑，无及矣。"未几[21]，金人犯[22]上津，赖[23]以固。召为司农少卿，卒。丙列奏其功，赐谥勤节。

（节选自《宋史列传第一百七十一》，有删改）

⑰檄：用檄文征召、晓谕。

⑱之：往，到……去。

⑲羡余：盈余，剩余。

⑳规画：规划，谋划。

㉑未几：不久，没多久。

㉒犯：侵犯。

㉓赖：依靠，凭借。

问题

1. 下列对文中画波浪线部分的断句，正确的一项是（　　）（3分）/ 句子类

A. 副使吴曦蔑视松／易置将兵／不白正使／咸忧之／复说松收义士为缓急用／据险厄立／关堡以备不虞／松又不能用。

B. 副使吴曦蔑视松／易置将兵／不白正使／咸忧之／复说松收义士为缓急用／据险厄／立关堡／以备不虞／松又不能用。

C. 副使吴曦蔑视松／易置将兵不白／正使咸忧之／复说松收义士为缓急／用据险厄／立关堡／以备不虞／松又不能用。

D. 副使吴曦蔑视松／易置将兵不白／正使咸忧之／复说松收义士为缓急用／据险厄／立关堡／以备不虞／松又不能用。

2. 下列对原文有关内容的概括和分析，不正确的一项是(　　)(3分)／篇章类

A. 陈咸长于政事，体恤百姓。内江县官员贪贿无为，赋民不均。陈咸陈情部使，部使让他听准百姓自陈利病，并让他来做调整赋税的工作。

B. 陈咸应变有方，效果显著。吴曦叛宋投金，多地失守，民心震惊。他督促收集军粮、发布文告赈济流民、防备奸盗，百姓最终安定下来。

C. 陈咸总理蜀赋，调度有方。安丙推荐他总理蜀地赋税，他和安丙一同研究财政现状，把兵政财计合为一家，合理调度，收到明显效果。

D. 陈咸面对困境，积极有为。面对嘉陵江被金人上游截流的传闻，他并不惊慌，而是积极疏导航道，使得从益昌到鱼梁的航运保持畅通。

3. 把文中画横线的句子翻译成现代汉语。(8分)／句子类

(1)安丙密以曦反谋告咸，咸即遣人告松，松不之察。

(2)咸曰："敌至而虑，无及矣。"未几，金人犯上津，赖以固。

读文思路与参考答案

读文思路：

【阅读步骤】

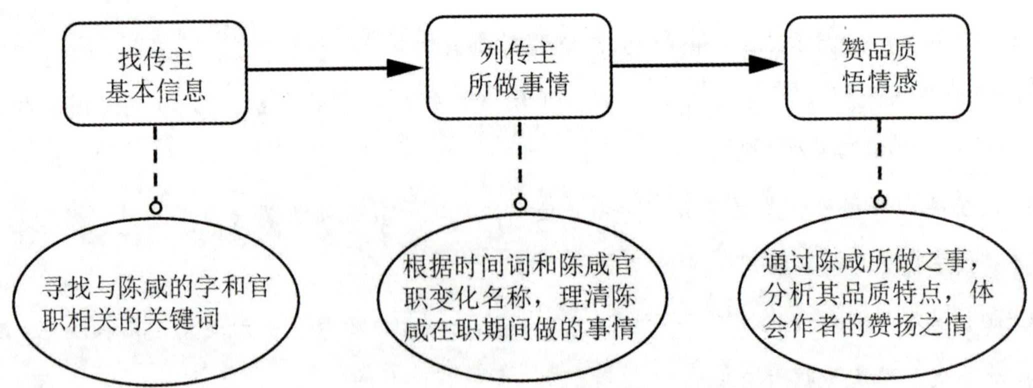

【内容总述】陈咸做官时认为减税对百姓有益，并在大旱时请求发放粮食，赈济百姓。后来吴曦叛变，受到胁迫时宁可削发也不屈服。在军事上也能够未雨绸缪，提前赠送粮食补充精力抵抗金人入侵。体现了陈咸心系百姓、恪守节义的美好品质。

参考答案

1. B【解析】“不白正使”为动宾搭配，不可断开；“为缓急用”中的“为……用”为固定搭配，排除C、D两项。“据险厄”“立关堡”为并列的举措，且结构一样；“以备不虞”为目的，排除A项。

2. B【解析】B项，具体的“赈济流民、防备奸盗”的行为都是“太守杨震仲”所为。原文为“民稍安”，“百姓最终安定下来”的表述不准确。

3. (1)安丙暗中把吴曦投金弃宋的谋反计划告诉陈咸，陈咸马上就派人告诉程松，程松却没有察觉。

(2)陈咸说：“敌人来了再去考虑，就来不及了。”不久，金人(果然)侵犯上津，金州依靠提前做好的准备固守不失。

参考译文：

陈咸，字逢儒。南宋淳熙二年中进士，(初)调内江县(属四川)尉。当时县吏受贿，不能公平收取民赋。陈咸把这种情况上报部使，部使官员下达命令让他听取百姓反映陈述弊端，委托陈咸平均民赋。后改果州南充(属四川)知县，转运司征召陈咸主管文书。那年大旱，朝廷税司部门免除下户百姓两种税赋，转运使安节认为这样会影响朝廷的漕运收入，陈咸禀告安节说：“如果这项措施是对下户平民有好处的，违背它是不应该的。”安节听从了陈咸的建议。蜀地每年强行征收绢钱，致百姓怨声载道，陈咸禀告安节，应该核定收入，节约开支，并奏请税司每年减免二十余万缗钱。陈咸还大修学宫，政绩卓著，改任普州(今四川)知州。开禧元年边关发生战事，四川宣抚使程松视其才华出众，授陈咸主管机宜文字，他向程松写书信建议其拿出金帛，招募为国效死的将士，网罗人才；考查地图和户籍以疏理财用之源，根据险要的地势情况来决定攻守的策略。程松复信深表接受，实际上没有采用。副使吴曦瞧不起程松，调动将兵，不禀告正使。陈咸对此深感忧虑，又劝程松收纳义士作为战情紧急的备用，要据守险要扼口，建立关隘战堡，来防备意外的变故，程松仍然没有采纳。陈咸后来迁任利路转运判官。吴曦叛宋投金，关外四州相继被割给金国，民情大惊。陈咸留下大安地区的军队来督促军粮，发布文告给大军地区的太守杨震仲让他赈济流民，防备奸盗，百姓才稍稍安定。安丙暗中把吴曦投金弃宋的谋反计划告诉陈咸，陈咸马上就派人告诉程松，程松却没有察觉。吴曦觉得陈咸是蜀地名士，就想先胁迫他让他来影响其他将士(投降金人)。他用公文征召陈咸来议事，陈咸(觉察到其中的阴谋)没有前往，于是就去了利州。安丙不久又上奏朝廷让陈咸总理蜀地赋税财政，陈咸接受了这个建议。当时国家动乱之后，国库出现赤字。陈咸到武兴，与安丙商讨赋税政策的利弊，把军事和行政、财政合为一体。(陈咸)又查核诸司财政盈余，移支常平广惠粮仓的米粮。减弱兵二万多，规划周到，所以用于发展军队的新增支出的资金,都不从百姓那里收取。陈咸日夜精心理财,调度有方,不到两年,钱粮布帛充盈富足。嘉陵江流量突然减小,有人说这是金人在上游截流造成,陈咸并不为所动,在当地疏通河道引导流向,从宜昌到鱼梁,确保粮草运输无阻。金州地势险要,陈咸增拨金州粮草来充实战斗力,人们都说:"金州地势那么险要,金人根本不可能有进攻的可能,那给金州增加粮食有什么必要呢?"陈咸说:"敌人来了再去考虑,就来不及了。"不久,金人(果然)侵犯上津,金州依靠提前做好的准备固守不失。(后来陈咸)被朝廷征召为司农少卿,去世后,安丙上报他的功劳,赐谥"勤节"。

二、历史事件篇

真题示例

江苏无锡中学真题

阅读以下文言文,完成1~4小题。

《陈轸为秦使于齐》

陈轸为秦使于齐,过魏,求见犀首。犀首谢陈轸。陈轸曰:"轸之所以来者,事也。公不见轸,轸且行,不得待异日矣。"犀首乃见之。

陈轸曰:"公恶事乎?何为饮食而无事?无事必来。"犀首曰:"衍不肖,不能得事焉,何敢恶事?"陈轸曰:"请移天下之事于公。"犀首曰:"奈何?"陈轸曰:"魏王使李从以车百乘使于楚,公可以居其中而疑之。公谓魏王曰:'臣与燕、赵故矣,数令人召臣也,曰无事必来。今臣无事请谒而往无久旬五之期。'王必无辞以止公。公得行,因自言于廷曰:'臣急使燕、赵,急约车为行具。'"犀首曰:"诺。"谒魏王,王许之,即明言使燕、赵。

诸侯客闻之,皆使人告其王曰:"李从以车百乘使楚,犀首又以车三十乘使燕、赵。"齐王闻之,恐后天下得魏,以事属犀首,犀首受齐事。魏王止其行使。燕、赵闻之,亦以事属犀首。楚王闻之,曰:"李从约寡人,今燕、齐、赵皆以事因犀首,犀首必欲寡人,寡人欲之。"乃倍李从,而以事因犀首。魏王曰:"所以不使犀首者,以为不可。令四国属以事。寡人亦以事因焉。"犀首遂主天下之事,复相魏。

(选自《战国策·卷二十二》,有删改)

答题思路

题目交代了本文的主要人物和事件。

第一至二自然段通过陈轸和犀首的对话,表现了陈轸的善于谋划、以诚动人和精于分析成败。

文末画"_"部分,以犀首掌管天下、复任魏相,说明了陈轸为秦使于齐一事的结果。

问题

1. 下列句子加点字的解释不正确的一项是(　　)(3分)/字词类

A. 犀首谢陈轸　谢:感谢

B. 臣与燕、赵故矣　故:有交情

C. 乃倍李从,而以事因犀首　倍:背叛

D. 令四国属以事　属:托付,交给

答案:A

解析:A项,谢:推辞,拒绝。

2. 下列各组加点字词意义和用法相同的一项是(　　)(3分)/字词类

A. 陈轸为秦使于齐　请移天下之事于公

B. 王必无辞以止公　李从以车百乘使楚

C. 因自言于廷　皆以事因犀首

D. 轸之所以来者　所以不使犀首者

答案:D

解析:A项,动词,到/介词,给。B项,介词,来/动词,率领。C项,动词,趁机/动词,托付。D项,都译为"……的原因"。

3. 请用斜线"/"为文中画单横线的句子断句(限3处)。(3分)/句子类

今臣无事请谒而往无久旬五之期。

答案:今臣无事/请谒而往/无久/旬五之期。

4. 同为史书,从体例上看,《战国策》与《史记》有所不同,《战国策》属于________,《史记》则属于________。(2分)/篇章类

答案:国别体史书;纪传体史书。

(一)读文导引

【名称】史传类文言文,也叫历史散文。

【叙述内容】一般围绕不同人物推动的核心历史事件的发展来展开叙述。

【体例】编年体、纪传体、国别体。

【出处】《春秋》《左传》《史记》《汉书》《战国策》《三国志》等。

易混知识点辨析

编年体、纪传体、国别体三者的区别

编年体,以年代为线索记述历史事件。以时间为经,以史事为纬,线索清晰,背景明确,系

统性比较强，比较容易反映出同一时期各个历史事件的联系。例如：《曹刿论战》等。

纪传体，以人物为中心记述历史事件。这种体例便于集中、具体地描写历史人物。例如：《廉颇蔺相如列传》《陈涉世家》等。

国别体，以国家为单元分别记述历史事件。例如：《荆轲刺秦王》等。

(二)技法归纳

历史事件类文言文，在一般情况下会以人物为经线，以事件为纬线，按时间的先后顺序来结构全文。阅读历史事件类文言文，要以时间为序，以文章所记叙的不同事件为切分点。

1. 主次人物

(1)人物描写

①明确文章具体写了几个人，其中主要人物是谁，次要人物是谁，他们之间的关系如何，作者对他们的评价是什么。

②进一步弄清文章几次写到主要人物，人物的命运有怎样的变化发展，人物身上最为突出的性格特点是什么，等等。

(2)写作手法

一般采用故事化手法，将人物置于矛盾的风口浪尖上来刻画不同人物的性格。

(3)基本依据

差异性是概括人物个性的基本依据。体现在：

①在紧张的故事情节中对不同人物外在语言、行为和活动的细节的正面描写。

②在同一事件中，不同人物对待同一问题处理的不同方式以及心理反应。

2. 核心事件

(1)文章开头一般会点明此篇文言文描写的核心事件是什么，并说明此事件发生的时间、地点和原因。

(2)人物对话和情节描写，透视出作者对主次要人物的描写与核心事件的叙述及详略的安排，帮助考生判断作者的思想感情是爱还是憎，倾向是肯定还是否定，意图是歌颂赞扬还是鞭挞讽刺等，把握作者态度。

(3)议论性语句表达了作者对谈论的人、事、物所持的看法，帮助考生明确作者对该历史事件的观点。

3. 关键语句

关键语句指文章的中心句，段落起句、结句，以及带有评论性的语句，帮助考生把握作者对人事的观点、情感、态度等。

4. 写作目的

作者的观点、态度与其写作目的有着紧密联系。有些写作目的，作者在文章首尾明确交代(较常见)；有的则隐含在文章的选材，情节的安排，人物的描写，事件的叙述中。

速记秘籍

核心事件开头找，时地缘故都不少。

人物关系文中聊，比较突出是技巧。

议论评述少不了，观点态度见分晓。

真题精解

阅读以下文言文，完成1~5小题。 山东真题

原文呈现

秦假①道韩、魏以攻齐，齐威王使②章子将而应之。与秦交和而舍，使者数相往来，章子为变其徽章，以杂③秦军。候者言章子以④齐入秦，威王不应⑤。顷之间⑥候者复⑦言章子以齐兵降秦威王不应。而此者三⑧。有司请曰："言章子之败者，异人而同辞。王何不发将而击⑨之？"王曰："此不叛寡人明矣，曷⑩为击之？"

顷间，言齐兵大胜，秦军大败，于是秦王拜⑪西藩之臣而谢⑫于齐。左右曰："何以知之？"曰："章子之母启得罪其父，其父杀之而埋马栈之下。吾使章子将也。勉之曰：'夫子之强，全兵而还，必更⑬葬将军之母。'对曰：'臣非不能更葬先妾也。臣之母启得罪臣之父。臣之父未教⑭而死。夫不得父之教而更葬母，是欺死父也。故不敢。'夫为人子而不欺死父，岂为人臣欺生君哉？"

(选自《战国策》)

注释

①假：借。

②使：命令，派遣。

③杂：混杂。

④以：率领。

⑤应：回答。

⑥顷之间：顷刻之间。

⑦复：再，又。

⑧而此者三：如此经过几次报告。

⑨击：攻击，进攻。

⑩曷：何，什么。

⑪拜：古代一种表示敬意的礼节。

⑫谢：认错，道歉。

⑬更：改，改变。

⑭教：告诉。这里指允许改葬先母的事情。

问 题

1. 下列加点字的解释不正确的一项是( )(2分)/字词类

A. 齐威王使章子将而应之 将:将帅、将领

B. 有司请曰 有司:官吏

C. 顷间,言齐兵大胜 顷间:少时、片刻

D. 于是秦王拜西藩之臣而谢于齐 谢:认错、道歉

2. 加点字的意义、用法相同的一项( )(2分)/字词类

A. 秦假道韩、魏以攻齐 愿夫子辅吾志,明以教我

B. 候者言章子以齐入秦 知之者不如好之者

C. 言章子之败者 曾不能损魁父之丘

D. 全兵而还 青,取之于蓝,而青于蓝

3. 下列选项中,对文中画波浪线的句子断句正确的一项是( )(2分)/句子类

A. 顷之/间候者复言章子以齐兵降秦/威王不应。

B. 顷之间/候者复言章子以齐兵降秦/威王不应。

C. 顷之间/候者复/言章子以齐兵降秦/威王不应。

D. 顷之/间候者复/言章子以齐兵降秦/威王不应。

4. 将文中画横线的句子翻译成现代汉语。(6分)/句子类

(1)与秦交和而舍,使者数相往来。

(2)夫不得父之教而更葬母,是欺死父也。

5. 齐威王对待诋毁和诽谤章子的做法,对你有哪些启示?(4分)/篇章类

读文思路与参考答案

读文思路：

【阅读步骤】

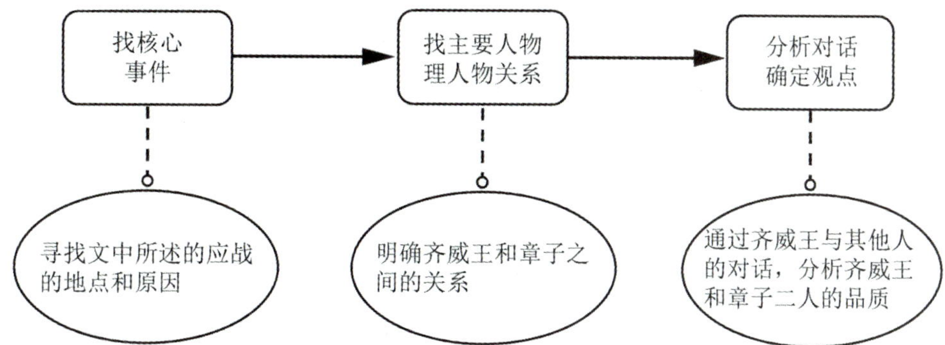

【内容总述】本文是一个关于齐威王识人用人的历史事件，主要介绍了秦借道攻齐，齐威王派章子应战，章子变其徽章以混入秦军，候者们却说章子降秦，而齐威王却一直信任章子的故事情节。表现了齐威王不仅很会识人、鉴人，而且极其坚信自己的判断。

【写作意图】借助该历史事件肯定并赞扬了用人不疑，坚定立场的行为。

参考答案

1. A【解析】A项，将：率领。

2. B【解析】A项，连词，表目的，来／连词，用在状语与中心语之间，表修饰。B项，均为代词，用于动词、形容词等词语后面，指人或事物。C项，助词，用于主语和谓语之间，取消句子独立性／助词，的。D项，连词，表方式或状态／连词，表转折，相当于“却、但是”。

3. B【解析】“顷之间”意为“顷刻之间，不一会儿”，中间不能断开，排除A、D两项。“复言”意为“又说”，不能断开，排除C项。

4. (1)章子与秦军两军对垒驻扎下来，军使来往频繁。

(2)我没有得到父亲的允许就改葬母亲，这是在欺骗死去的父亲。

5. 疑人不用，用人不疑，决策者要立场清晰，明辨是非，有一定的判断力和识人之术。

参考译文：

秦军要借道韩、魏两国攻打齐国，齐威王派章子率领军队应战。章子与秦军两军对垒驻扎下来，军使来往频繁，章子把将士佩戴的标志换成秦军的样子，然后派部分将士混入秦军。这时齐国探兵回来说章子率齐降秦，齐威王听了之后没有什么回应。不一会儿，又一个探兵来报告，说章子已经率齐军降秦，齐威王听了之后(依然)没有什么回应。如此经过几次报告，一个朝臣就请示齐威王：“都说章子叛国，报告的人虽然不同，可是内容却相同。大王为什么不派军攻打他？”齐威王回答说："章子绝对不会背叛我，为什么要派兵去攻打他呢？"

不一会儿传来捷报，齐军大获全胜，秦军大败，秦惠王只好自称西藩之臣，并向齐国谢罪。这时齐威王的左右侍臣就说："大王怎么知道章子绝对不会背叛您呢？"齐威王回答说："章子的母亲启得罪了他的父亲，就被他的父亲杀死并埋在马棚下。当我任命章子为将军时，曾勉励他说：'先生的能力很强，过几天率领全部军队回来时，一定要改葬将军的母亲。'当时章子说：'臣并非不能改葬先母，只因臣的先母得罪先父，而臣的父亲没有说要改葬先母就去世了。我没有得到父亲的允许就改葬母亲，这是在欺骗死去的父亲。所以臣才不敢为亡母改葬。'作为人子竟不敢欺骗死去的父亲，难道他做人臣还能欺骗活着的君王吗！"

三、治国劝谕篇

真题示例

江苏南京中小学真题

阅读以下文言文，完成1～4小题。

《子思谏卫侯》

子思言苟变于卫侯曰："其才可将五百乘。"公曰："吾知其可将。然变也尝为吏，赋于民而食人二鸡子，故弗用也。"子思曰："【夫圣人之官人，犹匠之用木也，取其所长，弃其所短。故杞梓连抱而有数尺之朽，良工不弃。】今君处战国之世，选爪牙之士，而以二卵弃干城之将，此不可使闻于邻国也。"公再拜曰："谨受教矣！"

卫侯言计非是，而群臣和者如出一口。子思曰："以吾观卫，所谓'君不君，臣不臣'者也。"公丘懿子曰："何乃若是？"子思曰："人主自臧，则众谋不进。事是而臧之，犹却众谋，况和非以长恶乎！夫不察事之是非而悦人赞己，暗莫甚焉；不度理之所在而阿谀求容，谄莫甚焉。君暗臣谄，以居百姓之上，民不与也。若此不已，国无类矣！"

子思言于卫侯曰："君之国事将日非矣！"公曰："何故？"对曰："有由然焉。君出言自以为是，而卿大夫莫敢矫其非；卿大夫出言亦自以为是，而士庶人莫敢矫其非。君臣既自贤矣，而群下同声贤之，贤之则顺而有福，矫之则逆而有祸，如此则善安从生！《诗》曰：'具曰予圣，谁知乌之雌雄？'抑亦似君之君臣乎？"

（选自《资治通鉴·卷一》，有删改）

答题思路

▎题目点明文章主要人物：劝谕者为子思，执政者为卫侯。

▎文章"【】"部分，把圣人选人任官比作木匠使用木料，把深奥的道理简单化。运用比喻说理，说明子思采用了婉言劝谏的方式。

▎第二至三自然段，在"群臣和"时，子思直接表明态度，认为君臣皆自以为是，表现了子思的刚正不阿。

▎画"_"部分，引用《诗经》中的话，使说理更加深刻。

问题

1. 下列句子中,加点字的解释不正确的一项是( )(2分)/字词类

A. 夫圣人之官人 官:以……为官 B. 人主自臧 臧:善、美

C. 暗莫甚焉 暗:昏昧 D. 民不与也 与:给予

答案:D

解析:D项,与:亲附,跟随。

2. 下列对文化常识的相关解说,不正确的一项是( )(2分)/篇章类

A. “其才可将五百乘”,古代兵车以乘为单位,《过秦论》中用“万乘”代指天子。

B. “君不君,臣不臣”出自《孟子》,君不像君,臣不像臣,是对当时礼崩纲弛、政局混乱做出的抨击。

C. “而士庶人莫敢矫其非”,“庶人”是西周以后主要对农业生产者的称谓,秦汉以后泛指平民百姓,也称“庶民”。

D. “《诗》曰”中的“《诗》”即《诗经》,是我国现存最早的一部诗歌总集,共305篇,取其整数,故又称“诗三百”。

答案:B

解析:B项,“君不君,臣不臣”这句话的意思是“做国君的不像国君,做大臣的不像大臣”,在《论语》齐景公问政于孔子的对话中出现过,因此不是出自《孟子》。

3. 把文中画单横线的句子翻译成现代汉语。(8分)/句子类

(1)然变也尝为吏,赋于民而食人二鸡子,故弗用也。

(2)贤之则顺而有福,矫之则逆而有祸,如此则善安从生!

答案:(1)然而苟变担任官吏时,向百姓征收赋税时吃了百姓两个鸡蛋,所以不用他。

(2)称赞(其)贤能(的人)则和顺而有福,指出错误(的人)则忤逆而有祸,这样,好的情况从哪里产生?

4. 子思对卫侯前后用了两种不同的劝谏方式,请简要分析。(4分)/篇章类

答案:①前一次委婉劝谏。子思通过“夫圣人之官人,犹匠之用木也,取其所长,弃其所短。故杞梓连抱而有数尺之朽,良工不弃”的故事表明“用人要取长弃短”,劝谏卫侯任用苟变,劝谏方式比较委婉。

②后一次直接劝谏。子思在劝谏卫侯要明辨是非,广开言路,不可自以为是时,用了直接劝谏的方式。

(一)读文导引

【叙述内容】劝谕者对执政者治国的思想、方式等提出的批评或劝告。

【写作目的】匡正执政者的过失。

【选文人物】大多为君主或臣子。

【文体】以叙述为主,语言精练简洁。

【出处】《国语》《战国策》等。

(二)技法归纳

纵观历史,治国劝谕类文言文不仅为后人留下了大量真实的历史史料,还让后人从中借鉴治国的思想,劝谕的方法、技巧和语言艺术等。

1. 结构

(1)构成形式

①由执政者和劝谕者人物的两段及其以上的对话构成,以劝谕者为主,执政者为辅。

②或是由一个人物的多段话语构成的一篇独立完整的文章,人物多为劝谕者。

(2)基本结构

①开篇在执政者和劝谕者的对话中表明各自的态度,或作者直接表明中心论点,帮助考生找出主要人物和其展开对话的原因或作者写作本文的原因。

②文中采取说理、用典、论辩等方式从各个角度论证各自观点,帮助考生了解执政者存在的问题和劝谕者劝谕的理由。

③文末劝谕者劝谏执政者及时停止错误的行为,或呈现出执政者接纳谏言改善自身、国家的结果,或作者再次表明观点,帮助考生明确人物的做法和收到的效果或作者所要论述的道理。

2. 劝谏类型

(1)直言劝谏

劝谕者针对执政者存在的问题,直接表明态度,说出自己的意见,指出对方的错误,并提出改善的方法。

这种方式往往难以让执政者接受,并会出现疏远劝谕者的情况。因此,在治国劝谕类文言文的历年考题中,较少涉及。

(2)婉言劝谏

①一般有以自身切身感受设喻,把生活小事同国家大事之间进行类比,巧妙讽喻。

②以典故为例,在反复强调中类推出自己要说明的道理。

温馨提示:

关注点可放在劝谕者的语言上,尤其是富有鼓动性、感染性和运用比喻、排比等手法的语言,这样有利于考生了解文章大意,明确文章要表达的观点。

③运用比喻说理，将恰当生动的比喻与严肃认真的议论有机结合，把抽象的事物具体化，深奥的道理简单化。

④运用幽默的讽刺手法，讲述一些戏剧性的情节以达到劝谏的目的。

治国劝谕看劝谕，语言一般在善诱。

直言不讳指要害，君主大多不接受。

谏言婉转且谦虚，引用论证环相扣，

循序渐进讲何故，由浅入深道理收。

真题精解

阅读以下文言文，完成1～2小题。 福建真题

原文呈现

呜呼！盛衰之理，虽曰天命，岂非人事[①]哉！原[②]庄宗之所以得天下，与其所以失之者，可以知之矣。

世言晋王之将终也，以三矢赐庄宗而告之曰："梁，吾仇也；燕王吾所立，契丹与吾约为兄弟，而皆背晋以归梁。此三者，吾遗恨也。与尔三矢，尔其[③]无忘乃父之志！"庄宗受而藏之于庙。其后用兵，则遣从事[④]以一少牢[⑤]告庙，请[⑥]其矢，盛以锦囊，负而前驱，及凯旋而纳之。

方其系[⑦]燕父子以组[⑧]，函[⑨]梁君臣之首，入于太庙，还矢先王，而告以成功，其意气之盛，可谓壮哉！及仇雠[⑩]已灭，天下已定，一夫夜呼，乱者四应，仓皇东出，未及见贼而士卒离散，君臣相顾，不知所归，至于誓天断发，泣下沾襟，何其衰也！岂得之难而失之易欤？抑[⑪]本[⑫]其成败之迹，而皆自于人欤[⑬]？《书》曰："满招损，谦得益。"忧劳可以兴国，逸豫[⑭]可以亡身，自然之理也。

注释

①人事：人的作为。

②原：推其根本。

③其：副词，表示祈使语气。

④从事：官名，这里泛指一般属官。

⑤一少牢：羊、猪各一头。

⑥请：敬辞，用以代替某些动词，表示恭敬、慎重。

⑦系：缚。

⑧组：丝带、丝绳，这里泛指绳索。

⑨函：匣子，这里用作动词，用匣子装。

⑩仇雠(chóu)：仇人。雠，与"仇"同义。

⑪抑：或者，还是。

⑫本：考察，探究。

⑬皆自于人欤：都出自人的原因吗？

⑭逸豫：安乐。指李存勖喜好音律，宠用伶人，以至自傅粉墨，与伶人共戏于庭。

故方其盛也，举⑮天下之豪杰，莫能与之争；及其衰也，数十伶人困之，而身死国灭，为天下笑。夫祸患常积于忽微⑯，而智勇多困于所溺⑰，岂独伶人也哉？

（欧阳修《五代史伶官传序》）

⑮举：全，整个。

⑯忽微：极小的事。忽，一寸的十万分之一。微，一寸的百万分之一。

⑰所溺：所溺爱的人或物。溺，沉湎、无节制。

问题

1. 解释加点字的意思。（2分）/ 字词类

（1）函梁君臣之首　函：________

（2）抑本其成败之迹　抑：________

2. 解释文中画线句子的意思。（3分）/ 句子类

（1）原庄宗之所以得天下，与其所以失之者，可以知之矣。

（2）与尔三矢，尔其无忘乃父之志！

读文思路与参考答案

读文思路：

【文意理解】（1）第一自然段开门见山，提出全文主旨“盛衰之理，决定于人事”，并提出庄宗得天下和失天下的事例作为这一立论的根据。一“得”一“失”，与论点中的一“盛”一“衰”相照应，以此领起下文，劝谏北宋王朝执政者。

（2）第二自然段承上叙事，详述庄宗接受并执行晋王遗命的事例；第三自然段转而议论，评论庄宗的盛衰，阐明中心论点。这两段从“人事”下笔，叙述庄宗由盛转衰、骤兴骤亡的过程，以史实具体论证主旨进行劝谕。

（3）第四自然段进一步议论，引出教训，总结全文。

【艺术特色】全文紧扣“盛衰”二字，融叙事、议论、抒情为一体，采用先扬后抑和对比论证的方法，史论结合，叙事生动晓畅，论证层层深入，语调顿挫多姿，感情深沉浓烈，有利于达到劝谕的效果。

【写作意图】通过对五代时期的后唐盛衰过程的具体分析，说明国家兴衰败亡不由天命而取决于“人事”，告诫当时北宋王朝执政者要吸取历史教训，居安思危，防微杜渐，力戒骄侈纵欲。

参考答案

1. (1)名词用作动词，用匣子装。

(2)或者，还是。

2. (1)(通过)推究庄宗取得天下的原因与他失去天下的原因，就可以知道了。

(2)给你三支箭，你一定不要忘记你父亲的志向啊！

参考译文：

唉！国家兴盛与衰亡的道理，虽然说是天命，难道不是由于人的作为吗？(通过)推究庄宗取得天下的原因与他失去天下的原因，就可以知道了。

世人说晋王将死的时候，拿三支箭赐给庄宗，告诉他说：“梁国，是我的仇敌；燕王，是我扶持建立起来的；契丹与我订立盟约，结为兄弟，他们却都背叛晋而归顺梁。这三件事，是我的遗憾。给你三支箭，你一定不要忘记你父亲的志向啊！”庄宗接了箭，把它收藏在宗庙里。此后出兵，就派随从官员用猪、羊各一头祭告宗庙，恭敬地取出那三支箭，用锦囊盛着，背着它走在前面，等到凯旋时再把箭藏入宗庙。

当庄宗用绳子捆绑着燕王父子，用匣子装着梁君臣的首级，进入太庙，把箭还给先王，向先王禀告成功的时候，他意气骄盛，多么雄壮啊。等到仇敌已经消灭，天下已经平定，一个人在夜间呼喊，作乱的人便四方响应，他仓皇向东出逃，还没有看到叛军，士卒就离散了，君臣相对而视，不知回到哪里去。以至于对天发誓，割下头发，大家的泪水沾湿了衣襟，又是多么衰颓啊！难道是得天下艰难而失天下容易吗？或者说探究他成功与失败的事迹，都出自人的原因吗？《尚书》上说：“自满招来损害，谦虚得到好处。”忧患辛劳可以使国家兴盛，安闲享乐可以使自身灭亡，这是自然的道理。

因此，当庄宗强盛的时候，普天下的豪杰，都不能跟他抗争；等到他衰败的时候，几十个伶人，就可使他命丧国亡，为天下人所耻笑。可见祸患常常是由细微的事情积累而成的，聪明勇敢的人反而常被所溺爱的人或事困扰，难道仅仅是因为伶人才会这样吗？

四、山水游记篇

真题示例

广东广州黄埔区中小学真题

阅读以下文言文，完成1～4小题。

【登百丈山三里许，】右俯绝壑，左控垂崖，叠石为磴，十余级乃得度。山之胜，盖自此始。

循磴而东，即得小涧。石梁跨于其上。皆苍藤古木，虽盛夏亭午无暑气。水皆清澈，自高淙下，其声溅溅然。度石梁，循两崖曲折而上，得山门。小屋三间，不能容十许人，然前瞰涧水，后临石池，风来两峡间，终日不绝。门内跨池又为石梁。度而北，蹑石梯，数级入庵。庵才老屋数间，卑庳迫隘，无足观。独其西阁为胜。水自西谷中循石罅奔射出阁下，南与东谷水并注池中。自池而出，乃为前所谓小涧者。阁据其上流，当水石峻激相搏处，最为可玩。乃壁其后，无所睹。独夜卧其上，则枕席之下，终夕潺潺。久而益悲，为可爱耳。

出山门而东十许步，得石台。下临峭岸，深昧险绝。于林薄间东南望，见瀑布自前岩穴瀵涌而出，投空下数十尺。其沫乃如散珠喷雾，日光烛之，璀璨夺目，不可正视。台当山西南缺，前揖芦山，一峰独秀出，而数百里间峰峦高下亦皆历历在眼。日薄西山，余光横照，紫翠重叠，不可殚数。旦起下视，白云满川，如海波起伏。而远近诸山出其中者，皆若飞浮来往。或涌或没，顷刻万变。台东径断，乡人凿石容磴以度，而作神祠于其东，水旱祷焉。畏险者或不敢度。然山之可观者，至是则亦穷矣。

答题思路

▍文章开头“【】”部分，直接点明描述对象。加点字凸显地势险要，表现了作者对险奇美的欣赏。

▍画“_”部分，写出作者是循水游览的，为下文详写涧水美的形貌和作者由此萌生的审美情趣作铺垫。

▍第三自然段，依次描写了壮美的瀑布和美姿美态的山峰。

▍画“_”部分，描绘了两幅充满色彩绚烂美和云海变幻美的图画，进一步渲染了百丈山的壮美。

余与刘充父、平父、吕叔敬、表弟徐周宾游之。既皆赋诗以纪其胜，余又叙次其详如此。而其最可观者，石磴、小涧、山门、石台、西阁、瀑布也。因各别为小诗以识其处，呈同游诸君。又以告夫欲往而未能者。

第四自然段，点明了作者写作此文的目的。

画“_”部分，既是作者的游后结论，也是对全文内容的总括。

问题

1. 下列对句子中加点字的解释，不正确的一项是(　　)(1.5分) / 字词类

A. 盖自此始　盖：大概

B. 循磴而东　循：顺着

C. 阁据其上流　据：倚仗

D. 深昧险绝　昧：昏暗

答案：C

解析：C项，据：位居，处于。

2. 下列各组句子中，加点字的意义和用法相同的一项是(　　)(1.5分) / 字词类

A. 度而北 / 侣鱼虾而友麋鹿

B. 阁据其上流 / 秦有余力而制其弊

C. 于林薄间东南望 / 余威震于殊俗

D. 既皆赋诗以纪其胜 / 申之以孝悌之义

答案：B

解析：A项，连词，表顺承 / 连词，表并列。B项，均为人称代词，意为它的，他们的。C项，介词，从 / 介词，在，对。D项，动词，来，用来 / 介词，用。

3. 下列对原文有关内容的理解与分析，表述不正确的一项是(　　)(1.5分) / 篇章类

A. 这篇游记采用了移步换景的方式，引导人们去游览百丈山的胜景。

B. 文章第二自然段以“涧”为中心，贯串着水的描写，详写涧水美的形貌和作者由此而萌生的审美情趣。

C. 第三自然段主要写瀑布凌空而泻，气势磅礴，水珠在阳光照射下，璀璨夺目，五彩缤纷，煞是壮观。

D.本文详略得宜，可观处详写，反之则从略。略写处一笔带过，详写处细描深绘，多层次、多方位地显现百丈山的美姿。

答案：C

解析：C项，第三自然段还有较大篇幅描写了山峰的美姿美态。

4.翻译原文中下列句子。(6分) / 句子类

(1)登百丈山三里许，右俯绝壑，左控垂崖，叠石为磴，十余级乃得度。

(2)台东径断，乡人凿石容磴以度，而作神祠于其东，水旱祷焉。

答案：(1)登上百丈山三里来路，向右边俯视，是又深又险的山沟，路的左边靠着陡峭的山崖，路面是叠起来的石级，上了十几个台阶才过去(这段险区)。

(2)石台东面，小路断绝，乡里的人在山壁上凿出石级为路，用以行走，并且在它的东面修造祭神的祠堂，水涝或天旱时在这里祈祷。

(一)读文导引

【叙述内容】山川胜景和自然风物。

【类型】记事描景类、抒情类、言志类、说理类等。

【写作目的】展示景物的表象，表达作者的情感。

【表达方式】叙述、描写、抒情、议论。

【出处】《水经注》《唐宋八大家文集》等。

(二)技法归纳

考试所选的山水游记类文言文一般以“记”的形式出现。“记”是古代的一种文体。主要用来记载事物，通过记事、记物、写景、记人来抒发作者的感情或见解，即景抒情，托物言志。

1.把握写景、抒情和议论的关系

(1)景物描写

①手法：移步换景。一般以行踪为线索，作者的视点不固定，按照地点的转移和一定的视角变化，把所看到的不同景物叙述和说明出来，视点随着叙述、说明的景物移换。

②角度：形状、声音、色彩，远近、俯仰、内外，动静、虚实，感官。

③作用：交代游览的背景，介绍游览的进程，渲染气氛，衬托人物心情，突出人物思想。

(2)议论句

在景物描写的基础上，起到画龙点睛，揭示或深化主题的作用，同时也用来抒发感情。

温馨提示：
山水游记中的议论一般不能摆脱具体的景物描写，如范仲淹在描写岳阳楼胜景的基础上，用一段议论句水到渠成地揭示出“先天下之忧而忧，后天下之乐而乐”的政治抱负。

(3)三者关系

以写景状物为前提，达到景、情、议的有机统一。其中，景与情融合，情有时通过议来抒发。有的山水游记是先写景抒情，后议论(较常见)；有的是先议论，后写景抒情；有的是夹叙夹议；有的则完全不用议论。

2. 把握写实与写虚的关系

(1)写实

记叙的真实性、具体性是山水游记的基本特色。文章所记叙、描写的名胜古迹、山川大泽、人情风物基本上在当时都是可以考证的。

(2)写虚

以写实为基础，借山水自然之美谈及生活之事，将所写之景浸染上个人情感，突出游记所描写的景与物这一主体，提升文章境界，彰显、深化主题，增强作品的艺术感染力。

(3)二者关系

山水游记中的“景”既是现实之景，又是作者心中之景，是作者创造的艺术之景。所以，写景的佳句都是经过作者的集中概括和创造，实中有虚、虚实相生。

【小结】山水游记，景为象，游为踪，感是魂；内容的复杂决定了表达的复杂。

①了解文章所叙述的事情，知道是何人游何景点；

②找出文章所描写的景物，注意景物的特点和变化；

③画出文章所表现的人物性格、思想、行为、态度、品德、命运和影响；

④领悟文章所蕴含的情理，即对人、事、景的态度和情感，作者的人生态度、生活情趣和所要表达的人生哲理。

速记秘籍

何人何故看何景，一步一景表游踪。

景物特征随人变，其实是在表情感。

思想命运有表现，情感理趣议论见。

真题精解

阅读以下文言文，完成1～4小题。

安徽真题

原文呈现

凡物皆有可观[①]，苟有可观，皆有可乐，非必怪奇伟丽者也。餔[②]糟啜[③]醨，皆可以醉[④]；果蔬草木，皆可以饱[⑤]。推此类也，吾安往而不乐[⑥]？

夫所为求福而[⑦]辞祸者[⑧]，以福可喜而祸可悲也。人之所欲无穷，而物之可以足吾欲者有尽，美恶之辨战于中，而去取之择交乎前。则可乐者常少，而可悲者常多，是谓求祸而辞福。夫求祸而辞福，岂[⑨]人之情[⑩]也哉？物有以[⑪]盖[⑫]之矣。彼游于物之内，而不游于物之外。物非有大小也，自其内而观之，未有不高且大者也。彼挟其高大以临我，则我常眩乱反复，如隙中之观斗，又焉[⑬]知胜负之所在？是以美恶横[⑭]生，而[⑮]忧乐出焉[⑯]，可不大哀乎！

予自钱塘移守胶西，释舟楫之安，而服车马之劳；去雕墙之美，而庇采椽之居；背[⑰]湖山之观，而行桑麻之野。始至之日，岁比[⑱]不登[⑲]，盗贼满野，狱讼充斥；而斋厨索然，日食杞菊。人固疑予之不乐也。处之期年，而貌加丰，发之白者，日以反黑。予既乐其风俗之淳，而其吏民亦安予之拙也。于是治其园圃，洁其庭宇，伐安丘高密之木，以修补破败，为苟完[⑳]之计。而园之北，因城以为台者旧矣，稍葺[㉑]而新之。

注释

①凡物皆有可观：值得观赏的地方。此句为省略句，省略“者”，即可观者。

②餔：吃。

③啜：饮。

④醉：在这里用作使动用法。

⑤饱：在这里用作使动用法。

⑥吾安往而不乐：倒装句，即“吾往安而不乐”。而，表顺承，相当于“就”。

⑦而：表并列，相当于“和”“与”。

⑧者：用于主语后，引出原因、解释等。

⑨岂：表示反问，怎么，难道。

⑩情：志向，意志。在这里指心愿。

⑪有以：能够。

⑫盖：掩盖，遮蔽。这里指蒙蔽。

⑬焉：疑问代词，哪里。

⑭横：意外，突然。

⑮而：表顺承，相当于“就”。

⑯焉：相当于介词结构，于此。

⑰背：离开。

⑱比：连，连续。

⑲登：特指五谷成熟。在这里指丰收。

⑳完：完备。

㉑葺(qì)：修缮。

时相与登览，放意肆志焉。南望马耳、常山，出没隐见，若近若远，庶几[22]有隐君子乎？而其东则庐山，秦人卢敖之所从遁也。西望穆陵，隐然如城郭，师尚父、齐桓公之遗烈[23]，犹有存者。北俯潍水，慨然太息，思淮阴之功，而吊其不终。台高而安，深而明，夏凉而冬温。雨雪之朝，风月之夕，予未尝不在，客未尝不从。撷[24]园蔬，取池鱼，酿秫酒，瀹[25]脱粟而食之，曰："乐哉游乎！"

方是时，予弟子由适在济南，闻而赋之，且名其台曰"超然"，以见予之无所往而不乐者，盖游于物之外也。

（苏轼《超然台记》）

㉒庶几：或许，差不多。

㉓烈：功业，功绩。

㉔撷(xié)：摘取。

㉕瀹(yuè)：煮。

问题

1. 下列句子中加点词语解释正确的一项是(　　)(3分) / 字词类

A. 而去取之择交乎前　去：前往

B. 予自钱塘移守胶西　守：守卫

C. 背湖山之观　背：离开

D. 予弟子由，适在济南　适：到……去

2. 下列句子中加点词语意义和用法相同的一项是(　　)(3分) / 字词类

A. 吾安往而不乐　是谓求祸而辞福

B. 而斋厨索然　慨然太息

C. 而物之可以足吾欲者有尽　人固疑予之不乐也

D. 以福可喜而祸可悲也　以见予之无所往而不乐者

3. 下列对原文内容分析和概括正确的一项是(　　)(3分) / 篇章类

A. 开头两段虚写，以正反两方面论述，游于"物之外"和"物之内"，则无往而不乐；否则"美恶横生"，一定会有许多悲哀。

B. 第三自然段写胶西的条件非常恶劣，庄稼连年没有收成，到处都是盗贼，监狱里关着许多罪犯，众人都以为“我”不快乐。

C. 第四自然段写“修台游乐”，作者登台“四望”时，想到东西南北都有影响很大的名人，因而经常登台畅游，心灵得到安慰。

D. 全文以“乐”字为主线，是一篇“一字主骨”的典范文章。结尾画龙点睛，点明“乐”的根本原因在于“超然物外”。

4. 将文中画线的句子翻译成现代汉语。(4分) / 句子类

处之期年，而貌加丰，发之白者，日以反黑。予既乐其风俗之淳，而其吏民亦安予之拙也。

读文思路与参考答案

读文思路：

【文意理解】全文以“乐”字为主线，贯穿始终。

(1)第一自然段从正面论述超然于物外的快乐，第二自然段是从反面论述不超然于物外必会悲哀的道理。这两段正反对照，从理论上为记超然台的事实奠定了基础。

(2)第三自然段步入正题，叙述移守胶西，生活初安，治园修台，游而得乐的情景。用具体的事实说明了超然于物外，必得其乐的道理。

(3)结尾段交代了其弟苏辙(子由)为此台命名并作赋的事。文章到此方点明“超然”二字，具有画龙点睛之妙。

【内容总述】这篇文章以“记”的形式先议论后写景抒情，从虚实两个方面记载了作者到超然台前中后的感受，借超然台表现了作者超然的人生态度。

参考答案

1. C【解析】A项，去：舍弃。B项，守：官职。D项，适：恰逢，正赶上。

2. B【解析】A项，连词，表顺承 / 连词，表并列。B项，都是用在形容词、副词之后，表示状态。C项，助词，定语后置的标志 / 助词，主谓之间，取消句子独立性。D项，介词，因为 / 连词，表示后一行动是前一行动的目的。

3. D【解析】A项，从文中第二自然段“彼游于物之内，而不游于物之外”及下文可知，游于“物之内”会令人产生悲哀，而不是“无往而不乐”。B项，文中“狱讼充斥”指案件很多，并不是“监狱里关着许多罪犯”。C项，“想到东西南北都有影响很大的名人”表述有误，文中向南望“庶几有隐君子乎”，可知南望没有写出哪位影响很大的名人。

4.【参考答案】在这儿住了一年,我的脸渐渐丰润起来,白发也一天天返黑了。我已经喜欢上这里淳厚的民风,而这里的官吏和百姓也习惯了我的拙朴。

参考译文:

任何事物都有可观赏的地方。如有可观赏的地方,那么都可使人快乐,不一定要是怪异、新奇、雄伟、瑰丽的景观。吃酒糟、喝薄酒,都可以使人醉,水果、蔬菜、草木,都可以使人充饥。以此类推,我到哪儿会不快乐呢?

人们之所以要追求幸福,避开灾祸,是因为幸福可使人欢喜,而灾祸却使人悲伤。人的欲望是无穷的,而能满足我们欲望的东西却是有限的。如果美好和丑恶的区别在胸中激荡,选取和舍弃的选择在眼前交织,那么能使人快活的东西就很少了,而令人悲哀的事就很多,这叫作求祸避福。追求灾祸,躲避幸福,难道是人们的心愿吗?这是外物蒙蔽人呀!他们这些人局限在事物之中,而不能自由驰骋在事物之外。事物本无大小之别,如果人拘于从它内部来看待它,那么没有一件事物不是高大的。它以高大的形象横在我们面前,那么我常常会眼花缭乱反复不定了,就像在缝隙中看人争斗,又哪里能知道谁胜谁负呢?因此,心中区别对待美好和丑恶,忧愁也就由此产生了,这不令人非常悲哀吗!

我从杭州调移到密州任知州,放弃了乘船的舒适快乐,而承受坐车骑马的劳累;放弃墙壁雕绘的华美漂亮的住宅,而蔽身在粗木造的屋舍里;远离杭州湖光山色的美景,来到桑麻丛生的荒野。刚到之时,连年收成不好,盗贼到处都有,案件也数不胜数;而厨房里空荡无物,每天都以枸杞、菊花充饥,人们一定都怀疑我会不快乐。在这儿住了一年,我的脸渐渐丰润起来,白发也一天天返黑了。我已经喜欢上这里淳厚的民风,而这里的官吏和百姓也习惯了我的拙朴。于是,在这里修整花园菜圃,打扫干净庭院屋宇,砍伐安丘、高密的树木,用来修补破败的房屋,以便勉强度日。在园子的北面,靠着城墙筑起的高台已经很旧了,稍加整修,让它焕然一新。

我不时和大家一起登台观览,在那儿尽情游玩。从台上向南望去,马耳山、常山时隐时现,有时似乎很近,有时又似乎很远,或许有隐士住在那里吧!台的东面就是庐山,秦人卢敖就是在那里隐遁的。向西望去是穆陵关,隐隐约约像一道城墙,姜太公、齐桓公的英雄业绩,尚有留存。向北俯视潍水,不禁慨叹万分,想起了淮阴侯韩信的赫赫战功,又哀叹他不得善终。这台虽然高,但却非常安稳,这台上居室幽深,却又明亮,夏凉冬暖。雨落雪飞的早晨,风清月明的夜晚,我没有不在那里的,朋友们也没有不在这里跟随着我的。我们采摘园子里的蔬菜,钓取池塘里的游鱼,酿高粱酒,煮糙米,大家一边吃一边赞叹:“多么快活的游乐啊!”

这个时候,我的弟弟子由恰好在济南做官,听说了这件事,写了一篇文章,并且给这个台子取名“超然”,以说明我之所以到哪儿都快乐的原因,大概就是我的心能超乎事物之外啊!

五、寓言故事篇

真题示例

江西南昌红谷滩区小学真题

阅读以下文言文,完成1~3小题。

有富室,【偶得二小狼,】与家犬杂畜,亦与犬相安。稍长,亦颇驯,竟忘其为狼。一日,主人昼寝厅事,闻群犬呜呜作怒声,惊起周视,无一人。再就枕,将寐,犬又如前。乃伪睡以俟[(1)]则二狼伺其未觉将啮其喉犬阻之不使前也。乃杀而取其革。此事从侄虞敦言:"狼子野心,信不诬哉!然野心不过遁逸[(2)]耳。阳为亲昵,而阴怀不测,更不止于野心矣。兽不足道,此人何取而自贻患耶?"

(选自清·纪昀《阅微草堂笔记》)

【注】(1)俟:等待。(2)遁逸:原指逃跑,这里指"隐蔽"之意。

答题思路

▍文章开头画"【】"部分,交代了事件发生的起因。

▍画"_"部分,写出了狼的阴险狡诈,并对主人不识狼的阴险本性表示嘲讽。

▍画"_"部分,写出人与狼的相似之处,告诉我们要警惕像狼一样的坏人。

▍画"_"部分,以问句形式揭示文章寓意,引人深思。

问题

1. 解释下列句子中画线的字。(2分) / 字词类

(1)将啮其喉　啮:________

(2)信不诬哉　信:________

答案:(1)啮:咬。(2)信:确实,的确。

2. 文章画单横线的句子没有标点符号,请在需要加标点的地方用"/"标出来。(2分) / 句子类

乃伪睡以俟则二狼伺其未觉将啮其喉犬阻之不使前也。

答案:乃伪睡以俟/则二狼伺其未觉/将啮其喉/犬阻之/不使前也。

3. 本文通过“狼子野心”这个故事告诉我们什么道理？请用自己的话概括。(2分) / 篇章类

答案：①我们不能被表面现象所迷惑，要看清事物的本质。

②江山易改，本性难移，防人之心不可无。

(一)读文导引

【特点】寓言，就是“寓意于言”。一般来说，寓言故事都是虚构的，语言浅显，篇幅比较短小。在结构上由故事和教训(即寓意)组成。

【考试类型】文章思想性强，所表现的寓意偏向正面，赞扬某种行为或品格等，有一定的现实意义。

【出处】《列子》《聊斋志异》《阅微草堂笔记》《世说新语》等。

(二)技法归纳

寓言故事类文言文一般故事性较强，可读性也比较强。对寓言故事类文言文的阅读理解，除了准确理解文言知识之外，还需要把握寓意，知晓故事内涵及弦外之音。

1. 通篇浏览，了解故事内容

(1)把寓言当作一个故事来读，弄清寓言叙述的是一件什么事及该事件的起因、经过、结果。

(2)关注故事中的人物，故事中有哪些人物，主要人物是谁，次要人物是谁，他们各自扮演了什么角色。

(3)明确作者的观点、态度。

2. 了解寓言采用的表现手法

(1)表现手法

比喻、拟人、夸张、对比。

(2)理解步骤

①标记出运用表现手法的语句，注重对其表现手法的理解。

②联系生活实际去深入体会它的教育意义，即将其中的艺术色彩、形象和情景进行转换，对善恶、美丑和好坏进行分辨，弄清楚寓言故事所要体现的道理。

3. 挖掘寓意，辨明观点

寓言故事类文言文的寓意(教训)通常以议论句、总结句或人物对话的形式出现在文章的结尾，是揭示寓意的精华所在。

在理解寓意时，不能只停留在故事本身，最重要的是通过对故事的分析由浅入深、由表及里地领悟寓言所讲述的道理。

故事在前教训后，表现手法要关注。

情景转换是必须，寓言哲理弄清楚。

真题精解

阅读以下文言文，完成1~3小题。　福建真题

原文呈现

郭橐驼，不知始何名。病偻①，隆然②伏行③，有类橐驼者，故乡人号之“驼”。驼闻之曰：“甚善，名我固当④。”因⑤舍其名，亦自谓“橐驼”云⑥。

其乡曰丰乐乡，在长安西。驼业⑦种树，凡长安豪富人为观游及卖果者，皆争迎取养⑧。视驼所种树，或移徙，无不活；且硕茂，早实以蕃⑨。他植者虽窥伺效慕⑩，莫能如也。

有问之，对曰：“橐驼非能使木寿且孳⑪也，能顺木之天，以致其性⑫焉尔。凡植木之性⑬，其本欲舒，其培欲平，其土欲故⑭，其筑欲密。既然已，勿动勿虑，去不复顾⑮。其莳⑯也若子，其置⑰也若弃，则其天者全而其性得矣。故吾不害其长而已，非有能硕茂之也；不抑耗其实而已，非有能早而蕃之也。他植者则不然。根拳而土易，其培之也，若不过焉则不及。苟⑱有能反是者，则又爱之太恩⑲，忧之太勤。旦视而暮抚，已去而复顾。甚者，爪其肤以验其生枯，摇其本以观其疏密⑳，而木之性日以离㉑矣。虽曰爱之，其实害之；虽曰忧之，其实仇之；故不我若㉒也。吾又何能为哉！”

注释

①病偻：患了脊背弯曲的病。

②隆然：脊背高起的样子。

③伏行：弯着腰走。

④名我固当：用这个名字称呼我确实很恰当。

⑤因：于是，就。

⑥云：句末语助词，无实义。

⑦业：意动用法，以……为业。

⑧养：用、使。

⑨蕃：多。

⑩效慕：仿效。

⑪孳(zī)：繁殖。

⑫致其性：使它按照本性生长。致，使达到。

⑬性：性质、方法。

⑭其土欲故：意思是种树要用旧土。

⑮顾：照看。

⑯莳(shì)：栽种。

⑰置：放下。

⑱苟：连词，假如，如果。

⑲恩：宠爱。

⑳疏密：指土的松紧。

㉑离：背离。

㉒不我若：不如我，比不上我。

问者曰："以子之道，移之官理[23]，可乎？"驼曰："我知种树而已，理，非吾业也。然吾居乡，见长[24]人者好烦[25]其令，若甚怜焉，而卒以祸。旦暮吏来而呼曰：'官命促尔耕，勖[26]尔植，督尔获，早缫而[27]绪，早织而缕，字[28]而幼孩，遂而鸡豚。'鸣鼓而聚之，击木而召之，吾小人辍飧饔以劳吏者，且不得暇，又何以蕃吾生而安吾性耶？故病[29]且怠。若是，则与吾业者其亦有类乎？"

问者曰："嘻，不亦善夫！吾问养树，得养人术。"传其事以为官戒也。

（柳宗元《种树郭橐驼传》）

㉓官理：做官治民。理，治。

㉔长：统治、治理。

㉕烦：繁多。

㉖勖：勉励。

㉗而：你们的。

㉘字：养育。

㉙病：困苦。

问题

1. 解释下列句中加点词语的意思。（2分）/ 字词类

（1）早实以蕃　实：________

（2）故病且怠　病：________

2. 将下列句子翻译为现代汉语。（6分）/ 句子类

（1）驼业种树，凡长安豪富人为观游及卖果者，皆争迎取养。

（2）若是，则与吾业者其亦有类乎？

3. 文中第三自然段是使用什么方法介绍"养树"的？（3分）/ 篇章类

读文思路与参考答案

读文思路：

【思想内容】①针对当时官吏繁政扰民的现象，通过对郭橐驼的命名及他的种树专长和种树之道的记叙，说明“顺木之天，以致其性”是“养树”的法则。

②推论出“养人”的道理，指出为官治民不能“好烦其令”，批评当时唐朝地方官吏扰民、伤民的行为，反映出作者同情人民的思想和改革弊政的愿望。

【艺术特色】本文融叙事说理于一体，运用婉而多讽的写法和对举、类比、引申的说理方式，前宾后主，上下相应，事理相生，发挥了寓言体杂文笔法的艺术表现力，讽喻性极强。

参考答案

1.（1）动词，结果实。（2）困苦。

2.（1）郭橐驼以种树为职业，凡是长安城里经营园林游览和做水果买卖的豪富人，都争着迎接和雇用郭橐驼。

（2）像这样，它与我从事的种树这种职业大概也有相似的地方吧？

3. 使用对比的方法介绍养树。先从种植树木的方法对与不对进行对比，再从后来的管理善与不善进行对比。

参考译文：

郭橐驼，不知道他最初叫什么名字。他患了脊背弯曲的病，脊背高高突起，弯着腰走路，就像骆驼一样，所以乡里人称呼他为“驼”。橐驼听说后，说：“这个名字很好啊，这样称呼我确实恰当。”于是他舍弃了他原来的名字，也自称起“橐驼”来。

他的家乡叫丰乐乡，在长安城西边。郭橐驼以种树为职业，凡是长安城里经营园林游览和做水果买卖的豪富人，都争着迎接和雇用郭橐驼。人们观察橐驼种的树，或者移植的树，没有不成活的；而且长得高大茂盛，果实结得早还多。其他种植的人即使暗中观察效仿，也没有谁能比得上他的。

有人问他种树种得好的原因，他回答说：“我并不能使树木活得长久而且长得很快，不过是能够顺应树木的自然生长规律，使它的本性充分发展而已。凡是种植的树木，它的本性是树木的树根要舒展，它的培土要均匀，它根下的土要用原来培育树苗的土，根周围的捣土要紧实。这样做了之后，就不要再动它，不要再考虑它，离开后就不再管它。栽种时要像对待子女一样细心，栽好后要像丢弃它一样放在一边，那么树木的天性就得以保全，它的本性也就能够得到充分发展。所以我只不过不妨碍它的生长罢了，并不是有能使它长得高大茂盛的办法；只不过不抑制、减少它的结果罢了，也并不是有能力使它果实结得早又多。别的种树人却不是这样。种树时，树根拳曲着，又

换了生土，给树培土的时候，不是过紧就是太松。如果有能够和这种做法相反的人，就又太过于爱惜它们了，担心它太过分了。早晨去看了，晚上又去摸摸，已经离开了，又回来望望。更严重的，甚至掐破树皮来观察它是死是活着的，摇动树的根部来看培土是松还是紧的，这样树木的天性就一天天远去了。虽然说是喜爱它，这实际上是害它；虽说是担心它，这实际上是仇视它。所以他们种植的树都不如我。我又哪里有什么特殊本领呢？"

问的人说："把你种树的方法，转用到做官治民上，可行吗？"橐驼说："我只知道种树罢了，做官治民，不是我的职业。但是我住在乡里，看见那些官吏喜欢不断地发号施令，好像是很怜爱百姓啊，但百姓最终反因此受到祸害。从早到晚那些小吏跑来大喊：'长官命令催促你们耕地，勉励你们种植，督促你们收获，早些煮茧抽丝，早些织好你们的布，养育好你们的孩子，喂养好你们的家禽牲畜。'一会儿打鼓招聚大家，一会儿鼓梆召唤大家，我们这些小百姓停止吃早、晚饭去慰劳那些小吏尚且忙不过来，又怎能增加我们的生产，使我们生活安定呢？所以我们既困苦又疲乏。像这样，它与我从事的种树这种职业大概也有相似的地方吧？"

问的人说："不也是很好吗！我问种树的方法，得到了治民的方法。"我为这件事作传把它作为官吏们的鉴戒。

六、学习言志篇

真题示例

贵州特岗中小学真题

阅读以下文言文，完成1～3小题。

养竹记

［唐］白居易

竹似贤，何哉？竹本固，固以树德；君子见其本则思建善不拔者。竹性直，直以立身；君子见其性则思中立不倚者。竹心空，空以体道；君子见其心则思应用虚受者。竹节贞，贞以立志；君子见其节则思砥砺名行，夷险一致者。夫如是，故君子人多树之为庭实焉。

答题思路

第一自然段，先提出疑问，借竹子喻贤人；再作解释，引出竹子和贤人共有的四种美德，为作者养竹、向贤人学习埋下伏笔。

贞元十九年春，居易以拔萃选及第，授校书郎。始于长安求假居处，得常乐里故关相国私第之东亭而处之。明日，履及于亭之东南隅，见丛竹于斯，枝叶殄瘁，无声无色。询于关氏之老，则曰："此相国之手植者。自相国捐馆，他人假居，繇是筐篚者斩焉，篲箒者刈焉，刑余之材，长无寻焉，数无百焉。又有凡草木杂生其中，菶茸荟郁，有无竹之心焉。"居易惜其尝经长者之手，而见贱俗人之目，剪弃若是，本性犹存，乃芟蘙荟，除粪壤，疏其间，封其下，不终日而毕。于是，日出有清阴，风来有清声，依依然，欣欣然，若有情于感遇也。

▌第二自然段，写作者与竹相知相处的经过，表现了作者对竹的爱惜，表达了作者对贤人高贵品质的仰慕。

▌画"＝"部分，表面在写竹的秉性不变，实则在写贤人坚守本性的高贵品质。

嗟乎！竹，植物也，于人何有哉？以其有似于贤，而人爱惜之，封植之；况其真贤者乎！然则竹之于草木，犹贤之于众庶。呜呼！竹不能自异，惟人异之；贤不能自异，惟用贤者异之。故作《养竹记》，书于亭之壁，以贻其后之居斯者，亦欲以闻于今之用贤者云。

▌画"＝"部分，描写了贤人不自我张扬的优点，表达了作者仰慕贤人的心情，同时流露出对人才不被重视的现实的隐忧。

问题

1. 解释下列句中加点的词。(2分) / 字词类

(1)空以体道　体：________

(2)故君子人多树之　故：________

答案：(1)体现。(2)因此。

2. 翻译。(2分) / 句子类

君子见其性则思中立不倚者。

答案：君子看见它的这种秉性，就想到做一个正直无私，不趋炎附势的人。

3. 请从文章中找出最准确表达“竹似贤”的四个词，填在横线上：________、________、________、________。(2分) / 篇章类

答案：本固；性直；心空；节贞。

(一)读文导引

【叙述内容】阐述古人对学习的看法，包含关于学习重要性、学习态度、学习方法等的观点，并讲述情感、行动等对学习效果的影响，从而表现所写人物的意志。

【出处】《论语》《荀子》《资治通鉴》等。

(二)技法归纳

学习言志类文言文表现了古人在学习中的做法和意志，对后世影响深远，且具有重要的借鉴价值。接下来，将从以下几个方面指导考生如何读懂该类文言文：

1. 明确文章所写人物

该类文言文所写人物类型，一般是师者或学习者或二者兼有。

(1)师者

文章的开头或结尾会以议论句的形式，明确指出要表达的核心思想和观点，说明师者的言论是为了以自身为例，激励后生重视学习。

(2)学习者

注重对比学习者在学习前后的变化，这种变化一般表现在学习者对待学习的态度、行为和思想上。

(3)二者兼有

在写法上，会以对话为主，以言简义丰的人物对话突出学习的重要性，体现人物意志；或者叙事议论相结合，借助具体人物说明学习言志的重要性。

2. 把握学习目的、态度和方法

(1)学习目的

通过向圣贤学习，完善自己，将成为圣贤作为学习的最高目标，实现自己的某种意志。学习目的从侧面表现所写人物的思想感情、理想追求和意志情趣。

(2)学习态度

①以记言的形式，在师者个人言论或师者和学习者多个人物对话中直接表明学习态度。

②借事说理，以具体的人物为例，完整叙述该人物学习的变化过程，说明学习态度的重要性。

温馨提示：
当所写人物随着个人意志的转变而恰当改变学习的方法时，要着重关注所写人物做出改变的过程。

③在夹叙夹议中，介绍所写人物的学习经历和学习态度等。

(3)学习方法

向经典学；求贤师择良友而学；学以致用。

注：该类文言文的考试选文一般为正面的，具有激励、鼓舞后人学习的积极意义。但当遇到负面文言文，考生要明白其所写人物的学习是为了取悦他人，该文传达的信息是学习要为了自己，只有由内而外提高自己，才能坚定自己的意志。

速记秘籍

人多有对话，勿要忽略它。单人文章里，则看其变化。学习是重点，言志头尾见。

目的关乎己，态度会转变，方法多样化，意志永不变。

真题精解

阅读以下文言文，完成1～3小题。　安徽真题

原文呈现

江之南有贤人焉，字子固[①]，非今所谓贤人者，予慕[②]而友[③]之。淮之南有贤人焉，字正之[④]，非今所谓贤人者，予慕而友之。二贤人者，足未尝相过[⑤]也，口未尝相语也，辞[⑥]币[⑦]未尝相接也。其师若[⑧]友，岂尽同哉？予考[⑨]其言行，其不相似者何其少也！曰：学圣人而已矣。学圣人，则其师若友，必学圣人者。圣人之言行，岂有二哉？其相似也适然[⑩]。

予在淮南，为正之道子固，正之不予疑也。还江南，为子固道正之，子固亦以为然。予又知所谓贤人者，既相似，又相信不疑也。子固作《怀友》一首遗[⑪]予，其大略[⑫]欲相扳[⑬]以至乎中庸而后已。正之盖亦常云尔。夫安驱徐行，轥[⑭]中庸之庭，而造[⑮]于其室，舍二贤人者而谁哉？予昔非敢自必其有至也，亦愿从事于左右焉尔。辅而进之，其可也。

注释

①子固：曾巩的字。

②慕：敬仰，仰慕。

③友：交友，与……交朋友。

④正之：孙侔的字。

⑤过：拜访，探望。

⑥辞：言辞，文辞。这里指书信往来。

⑦币：古人用作馈赠或祭祀的丝织品，这里指礼品。

⑧若：与，和。

⑨考：考察。

⑩适然：当然。这里指理所当然的事情。

⑪遗(wèi)：给予，馈赠。

⑫大略：大要，大概。

⑬扳：同“攀”，攀登，攀援。

⑭轥(lìn)：车轮辗压。

⑮造：至，到。

噫！官有守，私[16]有系[17]，会合不可以常也，作《同学一首别子固》，以相警[18]，且相慰云。

（王安石《同学[19]一首别子固》）

⑯私：私人，个人。与“公”相对。

⑰系：牵涉，关联。

⑱警：告诫。这里指警告，勉励。

⑲同学：这里指共同学习圣人之道。

问题

1. 解释下列句中的加点字。（4分） / 字词类

（1）岂尽同哉　岂：________

（2）子固亦以为然　亦：________

（3）子固作《怀友》一首遗予　遗：________

（4）且相慰云　慰：________

2. 将文中画线的句子翻译成现代汉语。（4分） / 句子类

予在淮南，为正之道子固，正之不予疑也。

3. 下列对原文有关内容的分析与概括，不正确的一项是（　　）（3分） / 篇章类

A. 此文为王安石青年时期的作品，表达了“至乎中庸而后已”的远大志向。

B. “中庸”是儒家的一种主张，要求待人接物采取不偏不倚、调和折中的态度。

C. 王安石和子固、正之是同学，是好朋友，此文表达了朋友之间的真挚情感。

D. 孙侔和曾巩，两人虽未谋面，但能相互信任，说明共同“学圣人”的效果。

读文思路与参考答案

读文思路：

【内容总述】从曾巩和孙侔虽素不相互交往，但言行相似入手，自然引出同学圣人之意。再紧扣“同学”二字，从共同学习圣人之道上立意，表现向圣人学习的重要性。后说明回赠的意图，以相互攀引而共同学习圣人来互相勉励。

【思想内容】既表明作者的人生志趣和对文学的态度，又道出人生天地间，知己不必曾相逢的人生哲理，显示作者高远的精神境界、宽广的胸襟以及君子应有的操守。

参考答案

1.（1）难道（表疑问语气）。（2）也。（3）给予，馈赠。（4）安慰，劝勉。

2. 我在淮河之南，向正之谈及子固，正之没有怀疑我说的话。

3. C【解析】C项，文章表达了作者想和友人建立共同进步的君子之谊，而不是表达朋友之间的情感。

参考译文：

江南有一位贤人，字子固，他不是世俗所称道的那种贤人，我敬慕他，并和他交朋友。淮南有一位贤人，字正之，他也不是世俗所称道的那种贤人，我敬慕他，也和他交朋友。这两位贤人，不曾互相往来，不曾互相交谈，也没有互相赠送过礼品。他们的老师和朋友，难道都是相同的吗？我注意考察他们的言行，他们之间的不同之处竟是何等少呀！应该说，这是他们学习圣人的结果。学习圣人，那么他们的老师和朋友，也必定是学习圣人的人。圣人的言行难道会呈现两种样子吗？他们的相似就是必然的了。

我在淮河之南，向正之谈及子固，正之没有怀疑我说的话。回到江南，向子固提起正之，子固也很相信我的话。于是我知道被人们认为是贤人的人，他们的言行既相似，又互相信任而不猜疑。子固写了一篇《怀友》赠给我，其大意是希望互相攀引，以便达到中庸的标准才肯罢休。正之也经常这样说过。驾着车子稳步前进，碾过中庸的门庭而进入内室，除了这两位贤人还能有谁呢？我过去不敢肯定自己有可能达到中庸的境地，但也愿意跟在他们左右奔走。在他们的帮助下前进，大概能够达到目的。

唉，做官的各有自己的职守，由于个人私事的牵挂，我们之间不能经常相聚，作《同学一首别子固》，用来互相告诫，并且互相慰勉。

专题二 考点探究

命题规律探究

文言文阅读考点会从字、词、句、篇的角度进行考查，主要考查题型为客观题，分值在4～26分，题量在1～5小题，偶有地区辅以主观题综合考查。

常考方向	高频大分值考点	每题分值
字词类	古今异义	2～3
	词类活用	2～3
	常见实词	2～4
	常见虚词	2～4
句子类	断句	2～4
	翻译	2～12
篇章类	文化常识	2～3
	内容理解	2～6

一、字词类

真题示例

山西特岗真题

阅读下面的文言文，完成对应的练习题。

《越州赵公救灾记》①

曾巩

熙宁八年夏，吴越大旱。九月，资政殿大学士、右谏议大夫、知越州赵公，前民之②未饥，为书问属县："灾所被者几乡？民能自食者有几？"使各书以对，而谨其备。

州县吏录民之孤老疾弱不能自食者，二万一千九百余人以告。故事③，岁廪穷人，当给粟三千石而止。公敛富人所输及僧道士食之羡者，得粟四万八千余石，佐其费。使自十月朔，人受粟日一升，幼小半之。忧其众相蹂也，使

答题思路

①本篇文章描述了宋时越州发生严重旱灾和疫情，主人公赵公临事从容、治理有方，本文重在总结与推广其救灾经验。

②之：结构助词，用于取消句子的独立性，不译。

③故事：古今异义词，古义为先例；今义为真实的或虚构的用作讲述对象的事情，有连贯性，富吸引力，能感染人。

受粟者男女异日，而人受二日之食。忧其且[④]流亡也，于城市郊野，为给粟之所，凡五十有七，使各以便受之，而告以去其家者勿给。能自食者，为之告富人，无得闭粜[⑤]；又为之出官粟，得五万二千余石，平其价予民。弃男女者，使人得收养之。

明年春，大疫。为病坊，处疾病之无归者。募僧二人，属以视医药饮食，令无失所恃[⑥]。凡死者，使在处随收瘗之。

法廪穷人尽三月当止是岁尽五月而止事有非便文者公一以自任不以累其属有上请者或便宜多辄行。公于此时，蚤[⑦]夜惫心力不少懈，事细巨必躬亲。给病者药食，多出私钱。民不幸罹[⑧]旱疫，得免于转死；虽[⑨]死，得无失敛埋，皆公力也。

（选自曾巩《元丰类稿》卷十九，有删改）

④且：将要。

⑤粜：卖出粮食。

⑥恃：依赖。

⑦蚤：通“早”，早晨。

⑧罹：遭受。

⑨虽：即使。

问题

1. 下列对文中画波浪线部分的断句，正确的一项是(　　)(2分) / 句子类

A. 法／廪穷人尽三月当止／是岁尽五月而止／事有非便文者／公一以自任／不以累其／属有上请者／或便宜多辄行

B. 法／廪穷人尽三月当止／是岁尽五月而止／事有非便文者／公一以自任／不以累其属／有上请者／或便宜多辄行

C. 法廪穷人尽三月／当止是岁／尽五月而止事／有非便文者／公一以自任／不以累其属／有上请者／或便宜多辄行

D. 法廪穷人尽三月当止是岁／尽五月而止／事有非便文者／公一以自任／不以累其／属有上请者或便宜多辄行

答案:B

解析:根据上下文大致推断画波浪线部分讲述了赵公救灾时的利民做法。依据相关词语进行断句。法:名词用作动词,意为依照法律规定。由前文的“故事”可知,“法”后面应停顿,排除C、D两项。其:代词,指他的(赵公的)。属:指赵公的下属。所以“其”后面要紧跟着“属”,排除A项。此句的大意:依照法律规定,给穷人发救济粮,到三个月就应停止,这一年发了五个月才停止。凡是不合公文规定需要处理的事情,赵公都揽到自己身上了,不因此而连累下属。凡下面有提出请求的,只要有利于救灾,大多立即执行。

2. 下列对文中加点的字词的解释,不正确的一项是(　　)(2分) / 篇章类

A. 记,古代的一种散文体裁,可以叙事、写景、状物,也可以抒发情感、阐述观点。

B. 吴越,范围大致相当于今天的浙江一带,此名称来自春秋时期吴国、越国的国名。

C. 孤,指幼年丧父或父母双亡者。常与孤一起出现的“独”,可用来指无子的老人。

D. 朔,农历每月初一,用的是干支纪日法,每月十五叫“望”,每月最后一天叫“晦”。

答案:D

解析:D项,以“朔、望、晦”为单位的历法是阴历。干支纪日法是汉族民间使用天干地支记录日序的方法。干支是天干(甲乙丙丁戊己庚辛壬癸)、地支(子丑寅卯辰巳午未申酉戌亥)的合称,它与干支纪年法一样,用干支相匹配的六十甲子来记录日序,从甲子开始到癸亥结束,六十天为一周,循环记录。

3. 对下列句子中加点的字词的解释,不正确的一项是(　　)(2分) / 字词类

A. 故事,岁廪穷人,当给粟三千石而止　故事:先例,旧制度

B. 为之告富人,无得闭粜　粜:买入粮食

C. 属以视医药饮食,令无失所恃　恃:依靠,依赖

D. 民不幸罹旱疫,得免于转死　罹:遭遇

答案:B

解析:A项,“故事,岁廪穷人,当给粟三千石而止”大意为“按照旧例,官府每年救济穷人,应当发到三千石粮米就停止”。“故事”在这里为古今异义词,古义为先例,旧日的典章制度。B项,“为之告富人,无得闭粜”大意为“就替他们告诫富人,不能囤积米粮不卖给他们”。这句话为省略句,省略介词,应为“为之告(于)富人”。联系前文语境“能自食者(能够买得起粮食的人)”可知“粜”应为“卖出粮食”,选项释义有误。C项,“属以视医药饮食,令无失所恃”大意为“把照料病人的医药和饮食委托给他们,让那些病人不失去依靠”。成语“有恃无恐”中的“恃”与该句中的“恃”意思一致,均为“依赖、依仗”。D项,“民不幸罹旱疫,得免于转死”大意为“百姓不幸遭遇旱灾瘟疫,能避免在流浪逃亡中死去”。该句中的“罹”与“无罪者罹其毒”(《狱中杂记》)意思一致,均为“遭受”。

4. 把文中画横线的句子翻译成现代汉语。(8分) / 句子类

(1)公敛富人所输及僧道士食之羡者,得粟四万八千余石,佐其费。

(2)公于此时,蚤夜惫心力不少懈,事细巨必躬亲。给病者药食,多出私钱。

答案:(1)赵公征收富户人家上缴的粮米与和尚、道士的余粮,共得谷物四万八千多石,用它来补助救济的费用。

(2)赵公在这段时间,早晚身心疲惫、劳心费力,从未稍微懈怠,事无巨细必定亲自处理。给病人吃药吃饭的开销,花的多是自己的钱。

解析:(1)公:赵公。富人:富户人家。僧道士:和尚和道士。(以上称谓等一类的词在翻译时可不译)敛:收取租税。输:交纳,献纳。羡:盈余。石:为重量单位,结合前面的数词"四万八千"可知。

(2)于此时:时间词,指在这段时间。蚤:通"早",早晨。(通假字在翻译时要翻译出来)少:稍,略微。躬:亲自。药:名词作动词,吃药。食:名词作动词,吃饭。

补充设问

下列各组句子中加点的词的意义和用法,相同的一项是(　　) / 字词类

A. 前民之未饥,为书问属县　蚓无爪牙之利

B. 忧其且流亡也　臣死且不避

C. 是岁尽五月而止　吾尝终日而思矣

D. 虽死,得无失敛埋　虽杀臣,不能绝也

答案:D

解析:A项,助词,用于取消句子的独立性,不译(句意:在百姓还没有遭受饥荒之前)/助词,定语后置的标志,不译(句意:蚯蚓没有锐利的爪牙)。B项,副词,表示动作、行为即将出现,将、将要(句意:他又担心他们将要流亡)/相当于"尚且"(句意:臣死尚且不怕)。C项,连词,表示顺承,相当于"才"(句意:这一年发放到五月才结束)/连词,表修饰,不译(句意:我曾经一天到晚地冥思苦想)。D项,两个"虽"都是连词,表示假设或让步关系,相当于"即使"(句意:即使死了,也不会无人收敛埋葬)/(句意:即使杀了我,守御的人却是杀不尽的)。

(一)通假字

"通假"就是"通用、借代"的意思,即用读音或字形相同或者相近的字代替本字。通假字所代替的那个字我们把它叫作"本字"。

1. 技法归纳★

(1)分类

①同音通假(占通假的大多数)

例:终老不复**取**("取"通"娶")

②双声通假（声母相同）

例：**莫**春者，春服既成（“莫”通“暮”）

③叠韵通假（韵母相同）

例：举酒**属**客（“属”通“嘱”）

④形近通假（字形相近）

例：将军身**被**坚执锐（“被”通“披”）

（2）通假字的辨析——形声辨义

①声旁字代替形声字

例：北**冥**有鱼，其名为鲲（“冥”通“溟”）

②形声字代替声旁字

例：其称文小而其**指**极大（“指”通“旨”）

③同声旁形声字进行替代

例：此小大之**辩**也（“辩”通“辨”）

2. 字词积累

学而时习之，不亦**说**乎？（说：通“悦”，愉快）

吾十**有**五而志于学。（有：通“又”，用于整数和零数之间）

孤岂欲卿治经为博士**邪**！（邪：通“耶”，语气词）

当窗理云鬓，对镜**帖**花黄。（帖：通“贴”）

无他，但手熟**尔**。（尔：通“耳”，相当于“罢了”）

徐以**杓**酌油沥之。（杓：通“勺”）

两岸连山，略无**阙**处。（阙：通“缺”，空隙、缺口）

蝉则千**转**不穷。（转：通“啭”，鸟鸣，这里指蝉鸣）

经纶世务者，窥谷忘**反**。（反：通“返”，返回）

寡助之至，亲戚**畔**之。（畔：通“叛”，背叛）

曾益其所不能。（曾：通“增”，增加）

困于心，**衡**于虑。（衡：通“横”，梗塞、不顺）

入则无法家**拂**士。（拂：通“弼”，辅佐）

寒暑易节，始一**反**焉。（反：通“返”，往返）

甚矣，汝之不**惠**。（惠：通“慧”，聪明）

军士吏**被**甲。（被：通“披”，穿着）

天子为动，改容**式**车。（式：通“轼”，车前横木。这里用作动词，指扶轼）

便**要**还家，设酒杀鸡作食。（要：通“邀”，邀请）

左手倚一**衡**木，右手攀右趾，若啸呼状。（衡：通“横”）

学学半。（学：通“敩”，教导）

选贤**与**能，讲信修睦。（与：通“举”）

矜、寡、孤、独、废疾者皆有所养。（矜：通“鳏”，老而无妻）

衹辱于奴隶人之手，骈死于槽枥之间。（衹：通“衹（只）”，只、仅）

食马者不知其能千里而食也。（食：通“饲”，喂）

才美不外**见**。（见：通“现”）

系向牛头充炭**直**。（直：通“值”，价钱）

越明年，政通人和，百废**具**兴。（具：通“俱”，全、皆）

属予作文以记之。（属：通“嘱”，嘱托）

故患有所不**辟**也。（辟：通“避”，躲避）

万钟则不**辩**礼义而受之。（辩：通“辨”，辨别）

所识穷乏者**得**我**与**?（得：通“德”，感恩、感激。与：通“欤”，语气词）

乡为身死而不受。（乡：通“向”，先前、从前）

故不**错**意也。（错：通“措”）

仓鹰击于殿上。（仓：通“苍”）

至舍，四**支**僵劲不能动。（支：通“肢”）

同舍生皆**被**绮绣。（被：通“披”）

与之论**辨**，言和而色夷。（辨：通“辩”）

孰视之，自以为不如。（孰：通“熟”，仔细）

发闾左**適**戍渔阳。（適：通“谪”）

为天下**唱**。（唱：通“倡”，倡导、发起）

固**以**怪之矣。（以：通“已”）

（二）古今异义【高频考点】

所谓“古今异义”词，主要是指那些古今字形相同而意义用法已经不同的词，尤其是差别细微、容易被忽略的词。

1. 技法归纳★

①词义扩大

词义扩大是指同样的词语在古代词义范围较小，而在现代词义范围扩大了。

例：长**河**落日圆（古义：黄河；今义：天然的或人工的大水道）

②词义缩小

词义缩小是指同样的词语在古代词义范围较大，而在现代词义范围缩小了。

例：**饿**其体肤，空乏其身（古义：严重的饥饿，特指饿死，已达到受死亡威胁的程度；今义：指肚子空，想吃东西，即一般的肚子饿）

③词义转移

同样的词语在古代是一个意思，到了今天却变成另外一个意思，这就叫词义转移。

例：长太息以掩**涕**兮（古义：多指眼泪；今义：多指鼻涕）

④词义感情色彩的变化

在词义演变过程中，部分词语所包含的感情色彩发生了变化。

例：先帝不以臣**卑鄙**（古义：卑贱鄙陋；今义：语言、行为等恶劣，不道德）

⑤名称说法改变

在古代用来表示某一含义的词语，到现代已经不再使用，而是换用其他词语来表示。

例："目"现在已改用"眼睛"一词，"寡不敌众"中的"寡"现在已改用"少"字。

2. 字词积累

注：仅收录常考的古义及今义。

亲戚

古义：内外亲属。

今义：跟自己家庭有婚姻关系或血统关系的家庭或它的成员。

例：臣所以去亲戚而事君者，徒慕君之高义也。

妻子

古义：妻子儿女。

今义：男女两人结婚后，女子是男子的妻子。

例：率妻子邑人来此绝境。

所以

古义：①用来……的。

今义：①表示因果关系的连词。②实在的情由或适宜的举动。

例：师者，所以传道受业解惑也。

牺牲

古义：供祭祀用的纯色体全牲畜。

今义：①为了正义的目的舍弃自己的生命。②放弃或损害某些利益。

例：牺牲玉帛，弗敢加也，必以信。

故事

古义：①旧事，以往的事情。②先例，旧日的典章制度。

今义：①真实的或虚构的用作讲述对象的事情，有连贯性，富吸引力，能感染人。②文艺作品中用来体现主题的情节。

例：苟以天下之大，下而从六国破亡之故事，是又在六国下矣。

可怜

古义：①可爱。②可惜。

今义：①值得怜悯。②（数量少或质量坏到）不值得一提。③怜悯。

例：可怜体无比，阿母为汝求。

夫人

古义：[夫(fū)人]①诸侯之妻。②天子之妾。③对已婚妇女的尊称。[夫(fú)人]④众人，人人。

今义：尊称一般人的妻子。

例：微夫人之力不及此。

会计

古义：①核计，计算。②管理财物及其出纳等事情。

今义：①担任会计工作的人员。②监督和管理财务的工作。

例：号令召三老、豪杰与皆来会计事。

可以

古义：可，可以；以，凭借。

今义：①表示可能或能够。②表示许可。③表示值得。

例：可以一战。

明年

古义:第二年。

今义:时间词,今年的下一年。

例:明年复攻赵,杀二万人。

行李

古义:使者。

今义:出门所带的包裹、箱子等。

例:若舍郑以为东道主,行李之往来,共其乏困。

丈人

古义:对年长男子的尊称。

今义:岳父。

例:乞丈人一言而生。

(三)一词多义

有两个或两个以上意义的词,且几个意义之间往往有联系。多义词的几个意义主要为本义(最初造字时表示的意义)、引申义(由本义引申出来的意义)、比喻义(用打比方而形成的新的意义)。

1. 技法归纳★

①抓住词的本义,进行推衍联想

例:《说文解字》说:"亡,逃也",可见"亡"字的本义是"逃跑"。由"逃跑"这个意义可以推衍联想出许多其他的意思。

今亡亦死,举大计亦死(逃跑)。

此诚危急存亡之秋也(指国家的灭亡)。

暮而果大亡其财(丢失、失去)。

②抓住词义引申的一般趋势

A. 由具体到抽象:"蚓无爪牙之利,筋骨之强"中的"爪牙"本指人或动物的爪脚和牙齿,后来比喻卫士、武臣。用久了新的意义便固定了下来,不再是临时的比喻手法了。

B. 由个别到一般:如"末",本义是树梢,引申为物体的端或尾。

C. 由实到虚:如"果",由果实引申为结局,再虚化为副词、连词。

③了解一词多义演变的联想方法

A. 类似联想:引(本义"拉弓"—延长—牵引—引导)

B. 接近联想:兵(本义"兵器"—士兵—军队—军事—战争)

C. 对比联想:去(本义"离开"—除去—舍弃)

④集中记忆,做好日常积累

2. 字词积累

从

①跟随：一狼得骨止，一狼仍从。

②听从、顺从：小惠未遍，民弗从也。

③介词，向：从乡之先达执经叩问。

④介词，自、由：便舍船，从口入。

具

①详细：此人一一为具言所闻。

②齐备、完备：鸾皇为余先戒兮，雷师告余以未具。

③同"俱"，皆、全：政通人和，百废具兴。

发

①兴起、起用：舜发于畎亩之中。

②送出：大王欲得璧，使人发书至赵王。

③出发、启行：有时朝发白帝，暮到江陵。

④开仓赈民：涂有饿莩而不知发。

⑤启发、阐明：不愤不启，不悱不发。

恨

①怨恨、仇恨：商女不知亡国恨，隔江犹唱后庭花。

②遗憾、后悔：先帝在时，每与臣论此事，未尝不叹息痛恨于桓、灵也。

书

①名词，书信：上书谏寡人者，受中赏。

②名词，文书：军书十二卷，卷卷有爷名。

③动词，书写：乃丹书帛曰"陈胜王"。

食

①动词，供养，给……吃：寓逆旅，主人日再食。

②名词，食物：设酒杀鸡作食。

③通"饲"，给吃、喂养：食之不能尽其材。

或

①名词，有时：而或长烟一空，皓月千里。

②副词，或者、也许：越人语天姥，云霞明灭或可睹。

③代词，代人或代事物。有人，有的：或百步而后止，或五十步而后止。

行

①行动，作为：女也不爽，士贰其行。

②动词，经历：行年四岁，舅夺母志。

③前往：赵王畏秦，欲毋行。

④德行、品行：君子博学而日参省乎己，则知明而行无过矣。

⑤行走：三人行，必有我师焉。

见

①加在动词前称代自己：君既若见录，不久望君来。

②谒见、拜见：项伯即入见沛公。

③加在动词前表被动：欲予秦，秦城恐不可得，徒见欺。

④看见：我见相如，必辱之。

⑤接见：秦王坐章台见相如。

迁

①变更、变易：齐人未尝赂秦，终继五国迁灭，何哉？

②晋升或调动官职，也有贬谪、放逐之意：感斯人言，是夕始觉有迁谪意。

使

①命令、派遣：秦昭王闻之，使人遗赵王书。

②出使：臣窃以为其人勇士，有智谋，宜可使。

③致使、让：使天下之人，不敢言而敢怒。

④连词，假使、假如：使六国各爱其人，则足以拒秦。

徒

①只，仅仅：而蔺相如徒以口舌为劳。

②副词，白白地、徒然：欲予秦，秦城恐不可得，徒见欺。

③刑徒，即被判服劳役的犯人：高祖以亭长为县送徒骊山，徒多道亡。

④党徒、同类或同一派别的人：郯子之徒，其贤不及孔子。

相

（读“xiāng”）

①表示动作偏指一方：便可白公姥，及时相遣归（代“我”）。

②互相、交互：臣以为布衣之交尚不相欺，况大国乎？

（读“xiàng”）

③动词，辅助、扶助：至于幽暗昏惑而无物以相之，亦不能至也。

④省视、察看：悔相道之不察兮，延伫乎吾将反。

⑤形貌、状貌：儿已薄禄相，幸复得此妇。

⑥使为相，当相：沛公欲王关中，使子婴为相。

谢

①认错、道歉：秦王恐其破璧，乃辞谢。

②感谢、酬谢：哙拜谢，起，立而饮之。

③推辞、拒绝：阿母谢媒人。

素

①未经染色的生绢：十三能织素，十四学裁衣。

②一向、平素：吴广素爱人，士卒多为用者。

（四）词类活用【高频考点】

词类活用是指某些词在特定的语言环境中，临时改变了基本的用法和意思，被当成另一类词去使用。

1. 技法归纳★

（1）名词的词类活用

①名词活用为一般动词

a. 两个名词连用，不存在并列、同位和修饰关系时，第一个名词活用为动词

例：陈太丘与友期行，期日中。（期：约定）

b. 放在副词后面

例：中通外直，不蔓不枝。（蔓：藤蔓，这里用作动词，长藤蔓。枝：枝节，这里用作动词，长枝节）

c. 名词+补语

例：沛公军霸上。（军：驻军）

d. 名词在代词 / 介宾短语之前

例：五亩之宅，树之以桑。（树：种）

e.能愿动词+名词

例:假舟楫者,非能水也,而绝江河。(水:游泳)

②名词的使动用法

有些名词带宾语后,表示“使(让)宾语怎么样(做什么)”,使它的宾语成为该名词所指称的人或事物,可译为“使……怎么样(名词换成动词)”“让……怎么样”。

例:域民不以封疆之界。(域:使……定,居)

③名词的意动用法

名词用作意动词,后面带宾语,表示主观上认为宾语所代表的人或事物就是这个名词所表示的人或事物,可译为“认为…… / 以……为…… / 把……当作……”。

例:况吾与子渔樵于江渚之上,侣鱼虾而友麋鹿。(侣:名词的意动用法,以……为伴侣)

④名词作状语

a.表示动作行为的状态,比喻用法,译为“像……一样”。

例:其一犬坐于前。(犬:像狗一样)

b.表示动作行为所涉及的对象或动作进行的方式,译为“用 / 依据 / 在……”。

例:箕畚运于渤海之尾。(箕畚:用箕畚)

c.表示动作行为的时间,译为“每……”,这里的名词为时间名词。

例:君子博学而日参省乎己。(日:每天)

d.表示动作行为的方向、趋向,译为“向……”等,这里的名词为方位名词。

例:东临碣石。(东:向东)

e.表示动作行为的处所,译为“在……”等,这里的名词为处所名词。

例:东市买骏马,西市买鞍鞯,南市买辔头,北市买长鞭。(东:在东边)

f.表对人的态度,译为“把……当作……来怎么样”“像对……那样如何”。

例:君为我呼入,吾得兄事之。(兄:把……当作兄长)

(2)动词的词类活用

①动词活用为名词

动词的主要作用是充当谓语,但有时也出现在主语或宾语的位置上,表示与这个动词的动作行为有关的人或事,这时它就活用为名词了。

例:吾射不亦精乎?(射:射箭的技术)

②动词的使动用法

文言文中,有些动词所表示的动作,其发出者是后面的宾语所表示的人或物,表示主语使宾语产生某种动作行为，动词的使动用法一般只限于不及物动词。可译为“使……怎样”“让……怎样”。

例：项伯杀人，臣活之。（活：使……活下来）

（3）形容词的词类活用

①形容词活用为一般动词

形容词用在宾语前，句中又无其他动词作谓语中心语（即处在谓语的位置上），而又没有使动、意动的意味，这个形容词就活用为动词。

例：亲贤臣，远小人，此先汉所以兴隆也。（远：疏远）

②形容词活用为名词

在文言文中，形容词如果处在主语或宾语的位置上，具有明显的表示人或事物的特征和意义，它就活用为名词。翻译时，一般要补出中心词（名词），且以这个形容词作定语。

例：侍中、侍郎郭攸之、费祎、董允等，此皆良实。（良实：忠良诚实的人）

③形容词的使动用法

形容词带上宾语以后，如果使得宾语具有这个形容词的性质和状态，那么这个形容词就活用为使动词。可译为“使……怎么样”“让……怎么样”。

例：春风又绿江南岸。（绿：使……变绿）

④形容词的意动用法

形容词用作意动，主语所表示的人主观上认为后面的宾语所代表的人或事物具有这个形容词所表示的性质或状态。可译为“认为（觉得）……怎么样”“对……感到怎么样”。

例：吾妻之美我者，私我也。（美：认为……美）

2. 字词积累

学而**时**习之，不亦说乎？（时：名词用作状语，按时）

意将**隧**入以攻其后也。（隧：名词活用为状语，从隧道）

雄州**雾**列，俊采**星**驰。（雾：名词作状语，像雾一样。星：名词作状语，像星一样）

策勋十二转，赏赐百千强。（策：名词活用作动词，登记）

于其身也，则耻**师**焉，惑矣。（师：名词活用作动词，学习）

先破秦入咸阳者**王**之。（王：名词的使动用法，使……称王）

侣鱼虾而**友**麋鹿。（友：名词的意动用法，以……为朋友）

急湍甚箭，猛浪若**奔**。（奔：动词用作名词，指飞奔的马）

凄神寒骨，悄怆幽邃。（凄：形容词的使动用法，使……悲伤）

否泰如天地，足以**荣**汝身。（荣：形容词的使动用法，使……荣耀）

渔人甚**异**之，复前行。（异：形容词的意动用法，以……为异）

巫医乐师百工之人，不**耻**相师。（耻：形容词的意动用法，以……为耻）

将军身被**坚**执锐。（坚：形容词用作名词，坚固的铠甲）

是故**圣**益圣，**愚**益愚。（圣：形容词用作名词，圣人。愚：形容词用作名词，愚人）

亲贤臣，远小人。（亲：形容词用作动词，亲近）

（五）常见实词【高频考点】

1. 技法归纳

①语境推断（可以通过短语的词性特征和结构特征、句子的结构特征和特定句意限定、上下文的语境推断字词含义）

例：会天大雨，道不通。（“会”本意是“会合”，“会合大雨”解释不通，结合下文语境，“会”应为“适逢”之意）

②语法分析（词在句中所处的语法位置：主语、宾语多由名词、代词充当；谓语多由动词、形容词充当；状语多由副词充当）

例：将军身披坚执锐。（“坚”“锐”均为形容词，在这里要活用为名词才能作宾语）

③联想推断（联系课本和所学的成语进行推断）

例：谢太傅寒雪日内集。（“集”的意思和“集腋成裘”中“集”的意思一致，都是“聚集”的意思）

④字形分析（主要是形声字的形旁）

汉字属于表意体系的文字，且形声字占80%以上，“形旁”给我们推断词义带来有利的条件。

常见形旁的词义指向：从“木、火、土”者词义与五行有关；从“弓、矛、戈”者与兵器有关；从“马、牛、羊、豕、鸟、虫”者与动物有关；其他还有：禾（五谷）、贝（金钱）、皿（器具）、户（房舍）、求（毛皮）、隹（鸟雀）、月（肉）、目（眼）……

例：农人告余以春及，将有事于西畴。（“畴”的形旁是“田”，表示该字的意义，再联系上下文语境可推断出“畴”为“田地”之意）

2. 字词积累

爱其子，择师而教之。（爱：喜爱，宠爱）

项王曰：“沛公**安**在？”（安：表示反问，哪里，哪儿）

于是入朝见威王，曰：“臣**诚**知不如徐公美。”（诚：副词，确实、的确）

度我至军中，公乃入。（度：揣测、估量）

人**非**生而知之者，孰能无惑？（非：副词，不，不是）

于是项伯**复**夜去。（复：副词，再、又）

且以一璧之**故**逆强秦之欢，不可。（故：缘故、原因）

君子博学而日参省乎己，则知明而行无**过**

矣。(过:过错、犯错误)

君美甚,徐公何能**及**君也?(及:比得上、赶得上)

验之以事,合契**若**神。(若:如同,像)

君子生非异也,**善**假于物也。(善:擅长,善于)

然视其左右,来而记之者已**少**。(少:数量小,不多)

于是赵王乃斋戒五日,**使**臣奉璧,拜送书于庭。(使:命令、派遣)

率疲弊之卒,将数百之众,转而攻秦。(率:率领、带领)

素善留侯张良。(素:一向,平素)

曾不若孀妻弱子。(曾:副词,表示出乎意料。相当于"竟""却""简直")

一鼓作气,**再**而衰,三而竭。(再:第二次)

(六)常见虚词【高频考点】

1. 必背重点虚词——技法归纳

(1)"之"

片段阅读:

曾子之①妻之②市,其子随之③而泣。其母曰:"女还,顾反为女杀彘。"妻适市来,曾子欲捕彘杀之④。妻止之⑤曰:"特与婴儿戏耳。"

【注释】①之:结构助词,的。②之:动词,到……去。③之:代词,曾子的妻子。④之:代词,彘。⑤之:代词,曾子。

【译文】曾子的妻子到集市上去,她的儿子哭着闹着要跟着去。他的母亲对他说:"你先回家待着,待会儿我回来杀猪给你吃。"妻子刚从集市上回来,曾子就要捉猪去杀。妻子劝止说:"只不过是跟孩子开玩笑罢了。"

①代词

谓语+之(代人、事、物)

②动词

之+地点/处所名词且句中缺少相应的谓语(往、到……去)

③助词

A. 定语+之+名词(结构助词,的)

B. 主语+之+谓语(结构助词,取消句子的独立性,不译)

例:莲之出淤泥而不染。

C. 形容词/时间副词+之(结构助词,调节音节,不译)

例:久之,目似瞑。

D. 宾语+之+谓语动词(宾语前置的标志,不译)

例:宋何罪之有?

E. 中心语+之+定语(定语后置的标志,不译)

例:马之千里者。

F. 中心语+之+补语(补语的标志,相当于"得")

例:以其求思之深而无不在也。

速记秘籍

之字可代人事物，定名之间可译“的”，中补之间可译“得”。用作动词“去、往、到”，其他助词可不译。

(2)“其”

片段阅读：

狐谓狼曰：“羊肉其①鲜乎！君其②有意，叼其③一而啖之，得饱其④口福。”狼曰：“其⑤如猛犬何？”狐间于犬曰：“羊数詈君，其⑥言不堪入耳，君乃无所怒，其⑦无闻邪，其⑧畏主人邪？及其⑨嬉逐，愿为一雪其⑩耻。君其⑪许之！”犬笑曰：“欲加之罪，其⑫无辞乎？”护羊愈谨。狐与狼愤然而去。

【注释】①其：副词，表示推测，大概、或许。②其：连词，表示假设，如果。③其：人称代词，其中的。④其：第一人称代词，自己。⑤其：副词，加强疑问语气。⑥其：第三人称代词。⑦⑧两个其连用，表选择，“是……还是……”。⑨其：第三人称代词，它们。⑩其：指示代词，那、那些。⑪其：副词，表示祈使，可要，当。⑫其：副词，表示反诘，岂，难道。

【译文】狐狸对狼说：“羊肉大概很鲜美吧！您如果想尝一尝，叼来其中的一只吃掉它，就能够一饱自己的口福了。”狼说：“那如何对付猛犬呢？”狐狸就到猛犬那里离间说：“羊好多次说你坏话，他们说的话不堪入耳，您却一点不生气，是没听到呢，还是害怕主人呢？等到他们嬉戏打闹的时候，我愿意为您把那些耻辱全部洗刷掉。您可要答应我！”猛犬笑着说：“想要给人加上罪名，难道还找不到借口？”(之后)看护羊群更加严密。狐狸和狼愤恨离去。

①代词

A. 第一人称代词(我、我的、自己、自己的)

例：而余亦悔其随之而不得极夫游之乐也。

B. 第三人称代词(表示领属关系，相当于“她的、他的、它的、她们的、他们的、它们的”)

例：郯子之徒，其贤不及孔子。

C. 第三人称代词(其+动词/形容词，相当于“她、他、它、它们”)

例：秦王恐其破壁，乃辞谢，固请。

D. 人称代词(其中的)

例：其一犬坐于前。

E. 指示代词(表远指，那、那些)

例：问其深，则其好游者不能穷也。

②副词

A. 表示反诘(岂、难道)

例：其真无马邪？

B. 表示推测(大概、或许)

例：其真不知马也！

C. 表示祈使(可要、当)

例：安陵君其许寡人！

D. 表示商量语气(还是)

例：吾其还也。

③连词

A. 表示选择(或者、还是)

例：天之苍苍，其正色邪？其远而无所至极邪？

B. 表示假设(如果)

例：其业有不精、德有不成者，非天质之卑，则心不若余之专耳。

速记秘籍

其字可代我和他，近指远指“这”和“那”；后带数词译“其中”，表示反诘译“难道”。

(3)“而”

片段阅读：

兵者，诡道也，须勠力同心。蟹六跪而[①]二螯，非蛇鳝之穴无可寄托者也，而况[②]战乎？故冯婉贞曰：“诸君而[③]有意，瞻予马首可也。”婉贞，而[④]翁豪杰者，然青取之于蓝而[⑤]青于蓝。婉贞博学而[⑥]日参省乎己，非特效书生终日而[⑦]思也。众应之。既而[⑧]，婉贞率诸少年结束而[⑨]出，果大捷。众皆叹：婉贞，小女子而已[⑩]；其行，乃巾帼英杰而[⑪]。

【注释】①而：连词，表示并列。②而况：连词，即“何况”。③而：连词，表示假设。④而：代词。你，你的。⑤而：连词，表示转折。⑥而：连词，表示递进。⑦而：连词，表示修饰。⑧既而：复音虚词，不久。⑨而：连词，表示承接。⑩而已：语气词，相当于“罢了”。⑪而：语气助词，表肯定语气。

【译文】兵法，是一门讲究变幻莫测的学问，并且需要齐心协力。螃蟹有六条腿和两个钳子，但它没有蛇鳝的洞穴就无法藏身，更何况是打仗呢？所以冯婉贞说：“大家如果有抗敌的想法，看我的马头就可以了。”婉贞，你的父亲就是一位英雄豪杰，但是你就像靛青，从兰草中提取却比兰草的颜色更深。婉贞博学多才而且每天反省自己的言行，不是特意效仿读书人整天地枯坐思考啊。大家纷纷响应她。不久婉贞率领众少年穿戴好服装出来(打仗)，果然大获全胜。众人都赞叹：婉贞，只是小女子罢了；她的行为，却是巾帼豪杰啊。

①连词

A. 表示并列(相当于“和、与”)

例：故其国富而兵强。

B. 表示递进关系(并且、而且)

例：饮少辄醉，而年又最高，故自号曰醉翁也。

C. 表示顺承(相当于“就、才、接着”)

例：置之地，拔剑撞而破之。

D. 表示转折(相当于“却、但是”)

例：予独爱莲之出淤泥而不染，濯清涟而不妖。

E. 表示假设(相当于“如果”)

例：死而有知，其几何离？

F. 表示因果(相当于“因而、所以”)

例：遏其生气，以求重价，而江浙之梅皆病。

G. 表示修饰(状语+而+动词，不译)

例：北山愚公者，年且九十，面山而居。

②代词

人称代词(你的、你、你们、你们的)

例：而翁归，自与汝覆算耳！

③复音虚词(由两个或两个以上的音节构

成，这两个或两个以上的音节只表示一个整体意义的虚词）

A. 而已（罢了）

例：闻道有先后，术业有专攻，如是而已。

B. 已而（不久）

例：已而夕阳在山。

C. 俄而（不久）

例：俄而雪骤。

D. 而后（才、方才）

例：臣鞠躬尽瘁，死而后已。

E. 而况（何况）

例：虽大风浪不能鸣也，而况石乎！

F. 既而（不久）

例：既而得其尸于井，因而化怒为悲，抢呼欲绝。

速记秘籍

而作连词要分清，并列顺承与转折；承译“接着”转译“但”，状语后头表修饰。

(4)“以”

片段阅读：

“秉烛夜游，良有以①也。”若以②己美于潘安，则出无伤；否则，以③如吾之容现于当衢，则恐惊人。故自当以④书卷为伴，弃夷以⑤近则随众而游，险以远则独不敢至之怯，慕“拥火以⑥入深穴”之勇，醉“木欣欣以⑦向荣，泉涓涓而始流”之美……

【注释】①以：名词，原因。②以：动词，认为。③以：介词，表示动作、行为凭借的工具，可译为“拿、用”。④以：介词，把。⑤以：连词，相当于“而”，表示并列。⑥以：连词，相当于“而”，表示承接关系。⑦以：连词，相当于“而”，表示修饰关系，连接状语和中心词。

【译文】“古人持烛在夜晚出行，也是有原因的。”如果凭借我貌赛潘安（古时美男子），则出行可以不用顾虑。不然，以我现在的容貌出现在当地，则怕吓到别人。所以自然应当以书为伴，舍弃那种平坦而路程近的就跟随众人游览，险峻而路程遥远的就独自不敢前往的心，羡慕那种“拿着火把进入很深的洞穴”的勇气，沉醉在“树木欣欣向荣的生长，泉水慢慢流下”的美景中……

①连词

A. 表示并列（并且）

例：惟夫党人之偷乐兮，路幽昧以险隘。

B. 表示承接（而，也可不译）

例：樊哙侧其盾以撞。

C. 表示目的（用来、以致）

例：东临碣石，以观沧海。

D. 表示修饰（状语+以+中心词，而，也可不译）

例：摇其本以观其疏密，而木之性日以离矣。

E. 表示因果（因而、因为）

例：诸侯以公子贤，多客，不敢加兵谋魏十余年。

②介词

A. 表示动作、行为直接涉及的对象（把）

例：秦亦不以城予赵，赵亦终不予秦璧。

B. 表示动作、行为凭借的工具（拿、用）

例：愿以十五城请易璧。

C. 表示动作、行为发生的原因（因为）

例：赵王岂以一璧之故欺秦邪？

D. 表示动作、行为发生的时间、处所（在、从）

例：余以乾隆三十九年十二月，自京师乘风雪。

E. 表示动作、行为凭借的身份（凭借……身份）

例：以相国守代。

F. 按照、依照

例：策之不以其道，食之不能尽其材。

③动词

A. 认为

例：皆以美于徐公。

B. 用、使用

例：忠不必用兮，贤不必以。

④副词

通“已”，已经

例：得鱼腹中书，固以怪之矣。

⑤名词

原因

例：古人秉烛夜游，良有以也。

“以”作介词“把、拿、用”，因为、按照、在、凭、从；又作连词如同“而”，偶尔通假要分清。

（5）“于”

片段阅读：

“黄鸟于[①]飞，差池其羽”，何其美也。然于[②]吾等，则久别矣。自十年前偶见之，于[③]今已十载，未睹其姿。今造林还草，生态渐复，黄鸟复见，其鸣之美则倍于[④]昔。吾乡之美誉于[⑤]四方。世人皆欲老于[⑥]吾乡，此乃多人言于[⑦]我也，非吾杜撰耳。于[⑧]是吾等畅饮抒怀，陶然醉于[⑨]是，不亦乐乎？

【注释】①于：助词，动词词头，不译。②于：介词，对于。③于：介词，引出动作行为发生的时间，至。④于：介词，引出事物比较的对象，表示比较。⑤于：介词，引出被动行为的施事者，表示被动，被。⑥于：介词，引出动作行为发生的处所，在。⑦于：介词，引出动作行为涉及的对象，对。⑧于：与“是”构成复音虚词“于是”，相当于“对此”。⑨于：介词，引出动作行为发生的处所，在。

【译文】“黄雀缓缓地飞，美丽的翅膀参差翩然”，多么美好啊。然而对于我们来说，是长久没有看到的了。自从十年前偶尔见过一次，至今已经十年，没有看到它们的身影。如今造林还草，生态渐渐恢复，黄鸟又可以见到了，它的鸣叫比以前更美。我家乡的美被四方称赞。世人都想在我们这里养老，这是好多人对我说的，不是我杜撰的。对此我们畅饮几杯酒来抒发情怀，陶然沉醉在这里，不是很好吗？

①介词

A. 引出动作、行为发生的时间、处所(到、在、从)

例:青,取之于蓝,而青于蓝。

B. 引出动作、行为的直接对象(跟、同)

例:故燕王欲结于君。

C. 引出动作、行为涉及的对象(对、对于)

例:爱其子,择师而教之;于其身也,则耻师焉。

D. 引出动作、行为旁及的对象(向)

例:事急矣,请奉命求救于孙将军。

E. 引出动作、行为产生的原因(由于)

例:业精于勤,荒于嬉;行成于思,毁于随。

F. 引出事物比较的对象(形容词+于,比)

例:人固有一死,或重于泰山,或轻于鸿毛。

G. 引出被动行为的施事者(相当于“被”)

例:故内惑于郑袖,外欺于张仪。

②助词

A. 宾语前置的标志

例:四国于蕃,四方于宣。

B. 用于句首或句中以凑足音节(不译)

例:于疆于理,至于南海。

③复音虚词

于是(在这时)

例:于是余有叹焉。

速记秘籍

于字可译到、在、从,也可翻作对、跟、同;形容词后表比较,动词之后表被动。

2. 掌握常见虚词——技法归纳

(1)“乎”

①语气词

A. 表示疑问(吗、呢)

例:丈夫亦爱怜其少子乎?

B. 表示推测(吧、呢)

例:圣人之所以为圣,愚人之所以为愚,其皆出于此乎?

C. 表示反问(吗、呢)

例:臣以为布衣之交尚不相欺,况大国乎?

D. 表示赞美或感叹(啊、呀)

例:嗟乎! 燕雀安知鸿鹄之志哉!

②助词

A. 用于形容词后

例:故今之墓中全乎为五人也。

B. 用于句中表示停顿

例:于从政乎何有?

③介词(相当于“于”)

A. 表示动作发生的时间(在、从)

例:生乎吾前,其闻道也固先乎吾。

B. 表示动作涉及的对象(对、向)

例:君子博学而日参省乎己,则知明而行无过矣。

C. 表示动作、行为发生的处所(在)

例:千乘之国,摄乎大国之间。

(2)“且”

①连词,连接前后两项

A. 形容词+且+形容词(表示并列,相当于“又”)

例:河水清且涟漪。

B. 动词+且+动词（表示并列，“一边……一边……”）

例：又有若老人咳且笑于山谷中者。

C. 表示递进（相当于“况且、而且”）

例：且以一璧之故逆强秦之欢，不可。

D. 表示让步关系（相当于“尚且”）

例：臣死且不避，卮酒安足辞！

②副词

A. 表示动作、行为的时间状态（暂且、姑且）

例：存者且偷生，死者长已矣！

B. 表示动作、行为即将出现（将、将要）

例：以为且噬己也，甚恐。

C. 且+数词（表示接近某一数字，将近、大约、几近）

例：北山愚公者，年且九十。

D. 但、只

例：峌峒小麦熟，且愿休王师。

③助词

用于句首，相当于“夫”，表示以下要发表议论。

例：且庸人尚羞之，况于将相乎？

(3)“为”

①动词(wéi)

A. 做、作

例：且立石于其墓之门，以旌其所为。

B. 治、治理

例：为国者无使为积威之所劫哉！

C. 变为、变作

例：鲲之大，不知其几千里也；化而为鸟，其名为鹏。

D. 担任、充当

例：陈胜、吴广皆次当行，为屯长。

E. 叫作，称为

例：北冥有鱼，其名为鲲。

F. 算作，算是

例：齐卿之位不为小矣。

②介词(wéi)

被，表示被动语气

例：身死人手，为天下笑者，何也？

③介词(wèi)

A. 表示动作、行为的对象（给、替）

例：于是为长安君约车百乘，质于齐。

B. 表示动作、行为的目的（由于、为了）

例：天下熙熙，皆为利来；天下攘攘，皆为利往。

C. 表示动作、行为的朝向（跟、同）

例：不足为外人道也。

(4)“焉”

①语气词

A. 常用在句末（啊、呢，也可不译）

例：可远观而不可亵玩焉。

B. 用于句中，表示停顿（可不译）

例：句读之不知，惑之不解，或师焉，或不焉，小学而大遗。

C. 用在形容词或副词后面表示状态（然）

例：盘盘焉，囷囷焉，蜂房水涡。

②代词

A. 表第三人称（他、他们、它、它们）

例：故为之说，以俟夫观人风者得焉。

B. 疑问代词（哪里、怎么）

例：且焉置土石？

C. 指示代词(此、是)

例:所谓伊人,于焉逍遥。

③相当于介词结构(于是、于此)

例:积土成山,风雨兴焉。

(5)“因”

①介词

A. 表示动作行为发生的原因(因为)

例:恩所加则思无因喜以谬赏。

B. 从、由

例:西倾因桓是来。

②连词

表示顺接上文(于是、就)

例:因拔刀斫前奏案。

③动词

A. 依靠、凭借

例:益州险塞……高祖因之以成帝业。

B. 因袭、沿袭

例:孝公既没,惠文、武、昭襄蒙故业,因遗策。

C. 表示动作、行为发生所借助的时机(趁、趁机)

例:寿毕,请以剑舞,因击沛公于坐。

(6)“与”

①介词

A. 对、向、和

例:沛公军霸上,未得与项羽相见。

B. 为、替

例:陈涉少时,尝与人佣耕。

②连词

和、同

例:蜩与学鸠笑之曰。

③动词

A. 给予

例:与尔三矢,尔其无忘乃父之志!

B. 亲附、跟随

例:因人之力而敝之,不仁;失其所与,不知。

④语助词(yú),后作“欤”

A. 用于句末,表示疑问、感叹或反诘

例:归与归与!

B. 用于句中,表示停顿

例:于予与何诛?

⑤“孰与”表比较,两者相比,询问哪个更甚

例:我孰与城北徐公美?

(7)“者”

①语气词

A. 用于时间词或否定词后,表示“……时候”或“……的话”

例:不者,若属皆且为所虏!

B. 用在主语后,引出原因、解释等

例:人所以谓尧贤者,以其让天下于许由。

C. 用于判断句,放在主语后,引出判断

例:廉颇者,赵之良将也。

②代词

A. 用于动词、形容词等词语后面,指人或事物

例:知之者不如好之者,好之者不如乐之者。

B. 用于数词后面,指代事物

例:君请择于斯二者。

(8)“也”

语气词

A. 用在句末,表示判断和肯定

例:不战而屈人之兵,善之善者也。

B. 用在因果句尾表示解释

例:置杯焉则胶,水浅而舟大也。

C. 用在疑问句尾加强疑问语气

例:公子畏死邪? 何泣也?

D. 用在句中,表示语气的停顿

例:是说也,人常疑之。

(9)“则”

①连词

A. 表示承接(就、便、那么)

例:故木受绳则直,金就砺则利。

B. 表示假设(假如)

例:今则来,沛公恐不得有此。

C. 表示出乎意外,发现了新的情况(竟、却)

例:使子路反见之,至则行矣。

D. 表示转折(然而、反倒)

例:于其身也,则耻师焉。

E. 表示让步关系(倒是)

例:难则难矣,然而未仁也。

②副词

用于加强判断(乃、即)

例:此则寡人之罪也。

(10)“所”

①助词

和“为”字配合使用,表示被动

例:今不速往,恐为操所先。

②名词

A. 表处所、地方、位置

例:乐土乐土,爰得我所。

B. 意态、情态

例:此非不足君所乎?

③代词

用在动词之前,构成名词性的词组,指代人或事物

例:管仲,曾西之所不为也。

(11)“若”

①代词

A. 表人称(你、你的)

例:若毒之乎?

B. 表近指(这、这样)

例:君子哉若人!

②连词

A. 假如

例:若能以吴、越之众与中国抗衡。

B. 或

例:以万人若一郡降者,封万户。

C. 与、和

例:愿取吴王若将军头,以报父之仇。

D. 至于

例:若臣,则不可以入矣。

③形容词词尾(……的样子)

例:桑之未落,其叶沃若。

④与“夫”“至”结合,组成“若夫”“至若”,放在一段或另一层意思的开头,表示他转

例:若夫淫雨霏霏,连月不开。

(12)“乃”

①副词

A. 表示两事顺承(才)

例:两刃相割,利钝乃知。

B. 表示两事情理相悖或事出意外(却、反而、竟然)

例:问今是何世,乃不知有汉。

C. 表示范围的限定(仅仅、只)

例:至东城,乃有二十八骑。

D. 表示初始

例:古之王者,太子乃生,固举之礼。

E. 表示肯定(就是、原来是)

例:乃歌夫长铗归来者也。

F. 表示时间的紧相衔接(就)

例:乃相与为约。

②代词

A. 人称代词(你、你们)

例:王师北定中原日,家祭无忘告乃翁。

B. 指示代词(这样、如此)

例:子无乃称。

(13)“何”

①疑问代词

A. 何故、为什么

例:何者? 严大国之威以修敬也。

B. 何处、哪里

例:阁中帝子今何在? 槛外长江空自流。

C. 什么、谁、哪一个

例:其间旦暮闻何物? 杜鹃啼血猿哀鸣。

D. 怎么、怎么样

例:徐公何能及君也?

②副词

多么

例:蚕丛及鱼凫,开国何茫然!

3. 虚词释义基本方法

①语境推断(结合上下文、文意推断字词含义)

例:积善成德,而神明自得,圣心备焉。(“焉”用在陈述语境中,是语气助词)

②句位分析(注意虚词所在位置,以“其”为例)

A. “其”在句首一般是语气副词,不能作主语

例:其李将军之谓也。

B. “其”在动词后一般是代词

例:秦王恐其(蔺相如)破璧。

C. “其”在名词/代词后一般是语气副词

例:尔其(语气副词)无忘乃父之志!

③语法分析(词语在句子中所作的成分)

例:相如因(连词)持璧却立。

④对称分析(结构相同/相似的词句,其对应位置上的词语用法往往相同/相似)

例:舟遥遥以轻飏,风飘飘而(与“以”处于对应位置,表修饰)吹衣。

易混知识点辨析

实词与虚词的区别

实词一般指意义比较具体的词，包括名词、动词、形容词、数词、量词、代词六类。例如："燕雀安知鸿鹄之志哉"一句中"燕雀（名词）""安（代词）""知（动词）""鸿鹄（名词）""志（名词）"均为实词。虚词一般不能单独成句，意义比较抽象，有帮助造句作用的词，包括副词、介词、连词、助词、叹词、拟声词六类。例如："策之不以其道"一句中"不（副词）""以（介词）"均为虚词。辨析文言文句子中的实词、虚词，要注意字词的词性、句法成分等，也要做好日常的积累。

真题精解

01 阅读下面的文言文，完成练习题。　安徽真题

送李愿归盘谷序

韩　愈

太行之阳有盘谷。盘谷之间，泉甘而土肥，草木丛茂，居民鲜少。或曰："谓其环两山之间，故曰盘。"或曰："是谷也，宅幽而势阻，隐者之所盘旋。"友人李愿居之。

愿之言曰："人之称大丈夫者，我知之矣！利泽施于人，名声昭于时，坐于庙朝，进退百官，而佐天子出令。其在外，则树旗旄，罗弓矢，武夫前呵，从者塞途，供给之人，各执其物，夹道而疾驰。喜有赏，怒有刑。才畯满前，道古今而誉盛德，入耳而不烦。曲眉丰颊，清声而便体，秀外而惠中，飘轻裾，翳长袖，粉白黛绿者，列屋而闲居，妒宠而负恃，争妍而取怜。大丈夫之遇知于天子，用力于当世者之所为也。吾非恶此而逃之，是有命焉，不可幸而致也。"

"穷居而野处，升高而望远，坐茂树以终日，濯清泉以自洁。采于山，美可茹；钓于水，鲜可食。起居无时，惟适之安。与其有誉于前，孰若无毁于其后；与其有乐于身，孰若无忧于其心。车服不维，刀锯不加，理乱不知，黜陟不闻。大丈夫不遇于时者之所为也，我则行之。"

"伺候于公卿之门，奔走于形势之途，足将进而趑趄，口将言而嗫嚅，处污秽而不羞，触刑辟而诛戮，侥幸于万一，老死而后止者，其于为人贤不肖何如也？"

昌黎韩愈闻其言而壮之，与之酒而为之歌曰："盘之中，维子之宫。盘之土，可以稼；盘之泉，可濯可沿。盘之阻，谁争子所？窈而深，廓其有容；缭而曲，如往而复。嗟盘之乐兮，乐且无央；虎豹远迹兮，蛟龙遁藏；鬼神守护兮，呵禁不祥。饮且食兮寿而康，无不足兮奚所望！膏吾车兮秣吾马，从子于盘兮，终吾生以徜徉！"

（选自《古文观止》，有删改）

问　题

下列加点字解释不正确的一项是(　　)(3分) / 字词类

A. 太行之阳有盘谷　阳:山的南面

B. 濯清泉以自洁　濯:洗涤

C. 黜陟不闻　陟:攀登

D. 盘之土,可以稼　稼:种庄稼

补充设问

下列句子中,加点字的意义和用法相同的一项是(　　) / 字词类

A. 泉甘而土肥　窈而深,廓其有容

B. 利泽施于人　钓于水,鲜可食

C. 与之酒而为之歌　奔走于形势之途

D. 其在外,则树旗旄　与其有誉于前

---

02 阅读下面的文言文,完成练习题。 山东真题

阴兴字君陵,光烈皇后同母弟也。建武二年,为黄门侍郎,典将武骑,从征伐,平定郡国。兴每从出入,常操持小盖,障翳风雨,躬履涂泥,率先期门。光武所幸之处,辄先入清宫,甚见亲信。与同郡张宗、上谷鲜于裒不相好,知其有用,犹称所长而达之;友人张汜、杜禽与兴厚善,以为华而少实,但私之以财,终不为言。是以世称其忠平。

九年,迁侍中,赐爵关内侯。帝后召兴,欲封之,置印绶于前,兴固让曰:"臣未有先登陷阵之功,而一家数人并蒙爵士,诚为盈溢。臣蒙陛下、贵人[注]恩泽至厚,富贵已极,不可复加,至诚不愿。"帝嘉兴之让,不夺其志。贵人问其故,兴曰:"贵人不读书记邪?'亢龙有悔',夫外戚家苦不知谦退,嫁女欲配侯王,取妇眄睨公主,愚心实不安也。富贵有极,人当知足,夸奢益为观听所讥。"贵人感其言,深自降挹,卒不为宗亲求位。十九年,拜卫尉,亦辅导皇太子。二十年夏,帝风眩疾甚,后以兴领侍中,受顾命于云台广室。会疾瘳,召见兴,欲以代吴汉为大司马。兴叩头流涕,固让曰:"臣不敢惜身,诚亏损圣德,不可苟冒。"至诚发中,感动左右,帝遂听之。

二十三年,卒,时年三十九。兴素与从兄嵩不相能,然敬其威重。兴疾病,帝亲临,问以政事及群臣能不。兴顿首曰:"臣愚,不足以知之。然伏见议郎席广、谒者阴嵩,并经行明深,逾于公卿。"兴没后,帝思其言,遂擢广为光禄勋,嵩为中郎将。嵩监羽林十余年,以谨敕见幸。明帝即位,拜长乐卫尉,迁执金吾。

明帝永平元年诏曰："故侍中卫尉关内侯兴，典领禁兵，从平天下，当以军功显受封爵，又诸舅比例，应蒙恩泽，兴皆固让，安乎里巷。辅导朕躬，有周昌之直；在家仁孝，有曾、闵之行。不幸早卒，朕甚伤之。贤者子孙，宜加优异。封兴子庆为鲖阳侯，庆弟博为滠强侯。"庆卒，子琴嗣。万全卒，子桂嗣。

（选自《后汉书·阴兴传》，有删改）

【注】贵人：即光武皇后，明帝生母。

问题

下列各组句子中，加点字的意义和用法相同的一组是（　　）（2分）/ 字词类

A. 以为华而少实　我腾跃而上

B. 卒不为宗亲求位　为击破沛公军

C. 欲以代吴汉为大司马　但以刘日薄西山

D. 兴皆固让，安乎里巷　其闻道也固先乎吾

补充设问

对下列句子中加点词的解释，不正确的一项是（　　）/ 字词类

A. 躬履涂泥，率先期门　躬：弯腰

B. 犹称所长而达之　称：称赞

C. 兴叩头流涕，固让曰　固：坚决

D. 兴素与从兄嵩不相能　能：和睦

参考答案及解析

01 C【解析】A项，"太行之阳有盘谷"译为"太行山的南面有个（山谷叫）盘谷"。"阳"在古文中多指"山的南面或水的北面"，是需要考生掌握的文化常识，与之对应的"阴"为"山的北面或水的南面"。B项，"濯清泉以自洁"译为"可以用清泉洗涤以自我洁净"。该句中的"濯"与"濯清涟而不妖"（《爱莲说》）意思一致，均为"洗涤"。C项，"黜陟不闻"译为"也不打听官吏的升降"。该句中的"陟"与"陟罚臧否，不宜异同"（《出师表》）意思相似，可译为"提升"，选项释义有误。D项，"盘之土，可以稼"译为"盘谷的土，可以种庄稼"。"稼"在这里为词类活用，名词活用作动词，译为"种庄稼"。

补充设问

A【解析】A项，连词，均为并列关系（句意：泉水甘甜，土地肥沃）/（句意：盘谷曲折幽深，空阔

广大可以容身)。B项,介词,引出对象,给(句意:他们把利益恩惠施给别人)/介词,从(句意:从水中钓来的鱼虾,鲜嫩可口)。C项,代词,他(句意:为他斟上酒,并为他作了一首歌)/助词,的(句意:在通往权势的道路上奔走)。D项,代词,代前文"大大夫"(句意:大丈夫在朝廷外,就树起旗帜)/代助词,无实意(句意:与其当面受到称赞)。

02 B【解析】A项,连词,表并列(句意:认为二人华而不实)/连词,表修饰(句意:我飞腾向上)。B项,均为"替"(句意:始终不替家族亲友求官求爵)/(句意:替我打败刘邦的军队)。C项,让(句意:想让阴兴代替吴汉任大司马)/连词,因为(句意:只是因为祖母刘氏寿命即将终了)。D项,介词,在(句意:阴兴都坚定推辞了,安居在里巷之中)/介词,比(句意:他懂得道理本来就比我早)。

补充设问

A【解析】A项,"躬履涂泥,率先期门"译为"脚踩泥涂,率先期门"。该句中的"躬"与"臣本布衣,躬耕于南阳"(《出师表》)意思一致,均为"亲身、亲自",选项释义有误。B项,"犹称所长而达之"译为"同样称其所长而推荐其任官"。联系前文语境"他和同郡的张宗、上谷的鲜于裒并不相好,但知其有用就推荐他们",可知"称"为"颂赞"之意。C项,"兴叩头流涕,固让曰"译为"阴兴叩头流涕,坚决辞让说"。该句中的"固"与"蔺相如固止之"(《廉颇蔺相如列传》)意思一致,可译为"坚定、坚决"。D项,"兴素与从兄嵩不相能"译为"阴兴和堂兄阴嵩平时不友好"。联系后文语境"不过敬重阴嵩的严肃有威"与前文为转折关系,所以"能"可以理解为"宽容、和睦"之意。

二、句子类

真题示例

山东日照中小学真题

阅读下面的文言文,完成下面小题。

崔彭①,字子彭,博陵安平人也。祖楷,魏殷州刺史。父谦,周荆州总管。彭少孤,事母以孝闻。性刚毅,有武略,工骑射。善《周官》《尚书》,略通②大义。周武帝时,为侍伯上士,累转门正上士。

答题思路

①本文是一篇人物传记类的文章,传主为崔彭,主要描述了崔彭有勇有谋,敬职敬责,擅长骑射的特点。

②通:通晓、懂得。

及高祖为丞相，周陈王宇文纯镇齐州，高祖恐纯为变，遣彭以两骑征纯入朝。彭未至齐州三十里因诈病止传舍遣人谓纯曰天子有诏书至王所彭苦疾不能强步愿王降临之。纯疑有变，多将从骑至彭所。彭出传舍迎之，察纯有疑色，恐不就征，因诈纯曰："王可避人，将密有所道。"纯麾[3]从骑，彭又曰："将宣诏，王可下马。"纯遽[4]下，彭顾其骑士曰："陈王不从诏征，可执[5]也。"骑士因执而锁之。彭乃大言曰："陈王有罪，诏征入朝，左右不得辄动。"其从者愕然而去。高祖见而大悦，拜上仪同。及践阼，迁监门郎将，兼领右卫长史，赐爵安阳县男。数岁，转车骑将军，俄转骠骑，恒典宿卫。性谨密，在省闼二十余年，每当上在仗，危坐[6]终日，未尝有怠惰之容，上甚嘉之。上尝谓彭曰："卿当上日，我寝处自安。卿弓马固以绝人，颇知学不?"彭曰："臣少爱《周礼》《尚书》，每于休沐之暇[7]，不敢废也。"上曰："试为我言之。"彭因说君臣戒慎之义，上称善。观者以为知言。后加上开府，迁备身将军。

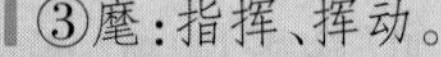

上尝宴达头可汗使者于武德殿，有鸽鸣于梁上[8]。上命彭射之，既发而中。上大悦，赐钱一万。及使者反，可汗复遣使于上曰："请得崔将军一与相见。"上曰："此必善射闻于虏庭，所以来请耳。"遂遣之。及至匈奴中，可汗召善射者数十人，因掷肉于野，以集飞鸢[9]，遣其善射者射之，多不中。复请彭射之，彭连发数矢，皆应弦而落，突厥相顾，莫不叹服。可汗留彭不遣百余日，上赂以缯彩，然后得归。仁寿末，进爵安阳县公，邑二千户。

炀帝即位，迁[10]左领军大将军。从幸洛阳，彭督后军。时汉王谅初平，余党往往屯聚，令彭率众数万镇遏山东，复领慈州事。帝以其清，赐绢五百匹。未几而卒，时年六十三。帝遣使吊祭，赠大将军，谥[11]曰肃。子宝德嗣。

（选自《隋书·崔彭传》，有删改）

③麾：指挥、挥动。

④遽：迅速、急忙。

⑤执：逮捕，捉拿。

⑥危坐：古人以两膝着地、腰伸直而坐叫危坐，表示严肃恭敬，后泛指端端正正地坐。

⑦暇：空闲、闲暇。

⑧有鸽鸣于梁上：这句话为倒装句，正确语序应为"有鸽于梁上鸣"，可译为：有鸽子在殿梁上鸣叫。

⑨因掷肉于野，以集飞鸢：通过把肉抛投在郊野，来聚集飞鸢。

⑩迁：晋升或调动官职。

⑪谥：古代帝王、贵族、大臣或其他有地位的人死后加给的带有褒贬意义的称号。

问题

1. 文中画线句子，断句正确的一项是(　　)(3分) / 句子类

A. 彭未至齐州三十里／因诈病／止传舍／遣人谓纯曰／天子有诏书至王所／彭苦疾／不能强步／愿王降临之

B. 彭未至齐州三十里／因诈病／止传舍遣人谓纯曰／天子有诏书至王所／彭苦疾／不能强步／愿王降临之

C. 彭未至齐州／三十里因诈病止／传舍／遣人／谓纯曰／天子有诏书至王所／彭苦疾／不能强步／愿王降临之

D. 彭未至齐州三十里／因诈病止传舍／遣人谓纯曰／天子有诏书至王所／彭苦疾／不能强步／愿王降临之

答案:A

解析:根据上下文大致推断画线部分讲述了崔彭设计抓陈王。依据相关字词进行断句。“因诈病”“止传舍”是两个独立短语，需断开，排除C、D两项。“遣人谓纯曰”意思是“派人对宇文纯说”，前面省略了主语“崔彭”，后面对应的是说话的内容，须前后断开，排除B项。此句的大意：崔彭到距离齐州三十里远的地方，假装生病，在驿站停留下来，派人对宇文纯说：“天子有诏书下达到陈王处，崔彭苦于疾病，不能勉强走路，希望陈王屈尊到这里来。”

2. 下列对原文有关内容的概括和分析，不正确的一项是(　　)(3分) / 篇章类

A. 崔彭喜爱读书，能学以致用。年少时喜欢读《周官》《尚书》，能够在守卫皇宫时给皇上讲君臣警惕谨慎的道理，并得到观者的肯定。

B. 崔彭胸有胆略，才智非凡。崔彭奉命带两人去召回镇守齐州的宇文纯的过程，充分展现了他的才智，最终捉住宇文纯，成功完成任务。

C. 崔彭有军事才能，多受倚重。周武帝时，官至门正上士。高祖即位，被任命为监门郎将。去世后，高祖派使者吊唁祭奠，赠封为大将军。

D. 崔彭射术高明，闻名于突厥。曾在武德殿一箭射中殿梁上的鸽子，因此被可汗请去。到达突厥国中后，再展射箭绝技，突厥人无不叹服。

答案:C

解析:C项，崔彭去世后，是炀帝派使者吊唁，赠封崔彭为大将军，而不是高祖。

3. 翻译下列句子。(4分) / 句子类

(1)纯遽下，彭顾其骑士曰：“陈王不从诏征，可执也。”

(2)上曰：“试为我言之。”彭因说君臣戒慎之义，上称善。

答案:(1)宇文纯急忙下马,崔彭回头对自己的两位从骑说:"陈王不听从皇上诏书召唤,可以把他抓起来。"

(2)皇上说:"试着给我说说。"崔彭就谈了君臣恭谨慎重的义理,皇上称好。

解析:(1)遽:迅速、急忙。顾:回头,回头看。诏:帝王的命令或文告。征:召,征召。执:逮捕,捉拿。

(2)为:给。戒慎之义:警惕谨慎的道理。善:美好,认为好。

补充设问

把文言文阅读材料中的句子翻译成现代汉语。/句子类

(1)性谨密,在省闼二十余年,每当上在仗,危坐终日,未尝有怠惰之容,上甚嘉之。

(2)上尝谓彭曰:"卿当上日,我寝处自安。卿弓马固以绝人,颇知学不?"

答案:(1)他生性谨慎缜密,在宫中二十多年,凡是给皇上执仗时,整天端坐着,从未有疲倦松懈的样子,皇上很满意他。

(2)皇上曾经对崔彭说:"你当值的时候,我休息睡觉很安稳。你射箭骑马的本领确已超人,还稍懂学问吗?"

解析:(1)谨密:谨慎缜密。省闼:宫中;宫禁。又称禁闼。古代中央政府诸省设于禁中,后因作中央政府的代称。危坐:古人以两膝着地、腰伸直而坐叫危坐,表示严肃恭敬,后泛指端端正正地坐。怠惰:懒惰。嘉:喜欢、赞许。

(2)弓马:弓箭术与驭马术。绝:超过。颇:稍微。

(一)文言句式

1. 被动句——技法归纳★

在古汉语中,主语是谓语所表示行为的被动者的句式。

(1)有标志被动句

①谓语+于(介词)

例:夫赵强而燕弱,而君幸于赵王,故燕王欲结于君。

②见+谓语/见+谓语+于

例:A. 见犯乃死,重负国。

B. 臣诚恐见欺于王而负赵。

③为+主动者/为……所……/……为所……

例:A. 既自以心为形役。

B. 为仲卿母所遣。

C. 不者,若属皆且为所虏!

④被+动词

例:信而见疑,忠而被谤,能无怨乎?

⑤受+谓语/受+谓语+于(介词)

例:A. 其次毁肌肤、断肢体受辱。

B. 吾不能举全吴之地,十万之众,受制于人。

(2)无标志被动句

该类被动句无任何表示被动的词，需通过语义分析。

例：一夫作难而七庙(被)隳。

2. 判断句——技法归纳★

用名词或名词性短语表示判断的句子。

(1)有标志判断句

①……者，……也

例：廉颇者，赵之良将也。

②……者，……

例：柳敬亭者，扬之泰州人，本姓曹。

③……，……也

例：项脊轩，旧南阁子也。

④……，……者也

例：城北徐公，齐国之美丽者也。

⑤……为……

例：如今人方为刀俎，我为鱼肉。

⑥表肯定副词的“乃、即、则、皆、必、本、悉”；表否定副词的“非”。

例：A. 当立者乃公子扶苏。

B. 予本非文人画士。

⑦……是……(较少见)

例：臣是凡人，偏在远郡。

(2)无标志判断句

“者”“也”都不用，译成现代汉语时，在主谓之间加“是”。

例：七略四库，天子之书。

3. 省略句——技法归纳★

在一定的语言环境中，省略某一词语或某种成分的句子。

(1)省略主语

①承前省略

例：廉颇为赵将，(廉颇)伐齐，大破之。

②蒙后省略

例：(公)度我至军中，公乃入。

③自述省略或对话中省略

例：(孟子)曰／(王)曰。

(2)省略谓语

①承前省略

例：军中无以为乐，请以剑舞(为乐)。

②蒙后省略

例：杨子之邻人亡羊，既率其党(追之)，又请杨子之竖追之。

③共喻省略

例：公之视廉将军孰与秦王(厉害)?

(3)省略修饰语

例：吾妻之美我者，私我也；(吾)妾之美我者，畏我也；(吾)客之美我者，欲有求于我也。

(4)省略中心词

例：行一不义(事)，杀一无罪(人)，而得天下。

(5)省略宾语

①省略动词后的宾语

例：项伯乃夜驰之沛公军，私见张良，具告(之)以事。

②省略介词后的宾语

例：敢以(之)烦执事。

(6)省略兼语

常见的兼语动词:使、命、令。

例:不如因而厚遇之,使(之)归赵。

(7)省略介词

常见的介词:于、以。

例:或王命急宣,有时朝发(于)白帝,暮到江陵。

(8)省略分句

例:然力足以至焉(而未至),于人为可讥,而在己为有悔。

4. 倒装句——技法归纳★

为了强调、突出词语的目的而颠倒原有语序的句式。

(1)主谓倒装

例:甚矣,汝之不惠!

(2)宾语前置

①动词宾语前置

A. 否定句中代词作宾语+动词

常见的表否定的词:不、弗、未、非、否、毋、无、莫等。

例:古之人不余欺也!

B. 疑问代词作宾语+动词

常见的疑问代词:何、谁、孰、恶、安、焉、胡、奚、曷。

例:沛公安在?

C. 用“之”或“是”把宾语提到动词前

例:夫晋,何厌之有?

②介词宾语前置

A. 疑问代词作宾语+介词

例:微斯人,吾谁与归?

B. 介词宾语+介词

常见:介词“以”的宾语前置。

例:一言以蔽之。

C. 方位词+介词

例:项王、项伯东向坐;亚父南向坐。

(3)定语后置

①中心词+定语+者

例:太子及宾客知其事者,皆白衣冠以送之。

②中心词+之+定语+者

例:马之千里者,一食或尽粟一石。

③中心词+而+定语+者

例:缙绅而能不易其志者,四海之大,有几人欤?

④中心词+之+定语

例:居庙堂之高则忧其民,处江湖之远则忧其君。

⑤中心词+数量词

例:尝贻余核舟一。

(4)状语后置

①谓语+介宾短语(以+宾语)

例:故临崩寄臣以大事也。

②谓语+介宾短语(于+宾语)

例:事急矣,请奉命求救于孙将军。

易混知识点辨析

六大句子成分

句子的组成部分，包括主语、谓语、宾语、定语、状语、补语六种。

主语：谓语的陈述对象，指出谓语说的是谁或者是什么的句子成分。例如：秦伯（主语）说，与郑人盟。

谓语：对主语加以陈述，说明主语怎样或者是什么的句子成分。例如：湖中人鸟声俱绝（谓语）。

宾语：动词的一种连带成分，用来回答“谁”或“什么”之类的问题。例如：忌不自（宾语）信。

定语：名词或代词前边的表示领属、性质、数量等的修饰成分。名词、代词、形容词、数词等都可以做定语。例如：尝贻余核舟一（定语）。

状语：动词或形容词前边的表示状态、程度、时间、处所等的修饰成分。形容词、副词、时间词、处所词都可以做状语。例如：私见张良，具告以事（状语）。

补语：动词或形容词后边的一种补充成分，用来回答“怎么样”之类的问题。例如：旦日飨士卒，为击破（补语）沛公军！

基本成分主谓宾，附加成分定状补；主语讲谁或什么，陈述主语是谓语；动词涉及人或物，涉及成分叫宾语；修饰限定算定状，补充说明就是补；定语用在主宾前，谓前为状谓后补。

5. 固定句——技法归纳★

又称“固定词组”或“固定结构”，指在句子中用法和格式比较固定的词组。

固定句	标志	例句
表陈述语气	有所、无所、无从、有以、无以	家贫，无从致书以观。
表疑问语气	何所、安所、何以、奚以、如……何	如太行、王屋何？
表反诘语气	何（奚）为、何（奚）……为、何（奚）以……为、何……之有、何有于……、奚有于……、于……何有、何有、不亦……乎、何用……、焉用、奚用	①如今人方为刀俎，我为鱼肉，何辞为？ ②有朋自远方来，不亦乐乎？
表推测语气	得毋、得无、得微、得非、毋乃、无乃	无乃尔是过与？
表感叹语气	何其、何……之、何	至于誓天断发，泣下沾襟，何其衰也！
表否定语气	独唯、唯独、非独、非徒、非直	非直适戍之众。
表比较语气	孰与、与……孰、与其……孰若（不若、不如）、与其……宁（抑、亦）	吾孰与徐公美？

(二)断句

1. 断句原则

(1)通读全文,把握文章内容和主题;

(2)注意词语和词语之间的关系;

(3)先易后难,逐步缩小范围,直至断开全文。

2. 技法归纳★

(1)例:芝[①]坐爽下狱/当死/而[②]口不讼直/志不苟免/宣帝嘉之/赦而不诛/俄而[③]起为并州刺史。

【分析】①名词或代词领句断句。

常见词:人名、谦辞、敬辞等。

②虚词领句断句。

常见词:而、以、则、乃、何、何为、岂独、乃遂、难以、未必、无乃等。

③时间词领句断句。

常见词:俄而、是时、后、昔者、既而、向者、有顷、未几等。

(2)例:子曰[①]/见贤思齐焉[②]/见不贤而内自省也。

【分析】①对话标志断句。

常见词:曰、云、言等。

②语气词句尾断句。

常见词:焉、与(欤)、邪(耶)、乎、哉、也、矣、耳等。

(3)例:夫[①]立策决胜之术/其要有三/一[②]曰形/二曰势/三曰情/形者[③]/言其大体得失之数也[③]/势者/言其临时之宜进退之机也/情者/言其心志可否之实也/故[④]策同事等而功殊者/三术不同也。

【分析】①发语词领句断句。

常见词:夫、且夫、今夫、唯、若夫等。

②序数词断句。

③固定格式断句。

常见格式:……者……也,非……则……,如……何,不亦……乎,宁……无……,尚……况……,等等。

④“故”“然”领句断句。

(4)例：若跨有荆益／保其岩阻／西和诸戎／南抚夷越。

【分析】方位词领句断句。

常见词：西、东、北、内、外、中等。

温馨提示：
方位词在文言文中常连用或对用。

(5)例：呜呼／盛衰之理／虽曰天命／岂非人事哉！

【分析】叹词独立断句。

常见词：呜呼、嗟夫、悲夫、呜呼哀哉、嘻等。

(6)例：此四君者／皆明智而忠信／宽厚而爱人／尊贤而重士。(排比)

【分析】根据修辞技巧断句。

常见修辞：排比、比喻、对比、对偶、顶真等。

标名代，找动词，接着再去找虚词；

看对话，辨句式，修辞也是种方式。

(三)翻译【高频考点】

1. 翻译标准

(1)信：忠于原文；

(2)达：行文顺畅；

(3)雅：文字优美有文采。

2. 技法归纳★

(1)例：乃下令："群臣吏民能面刺寡人①之过者，受上赏；上书谏寡人者，受中赏；能谤讥于市朝②，闻寡人之耳者，受下赏。"

【译文】(齐威王)就下了命令："所有的大臣、官吏和百姓，能够当面指责我的过错的，受到上等奖赏；上书劝谏我的，受到中等奖赏；在公众场所指责讥刺(寡人的)过失，使我听到的，受到下等奖赏。"

【分析】①古今意义相同的词可不译。(常见词：古代的人名、地名、物名、官名、国号、年号、度量衡单位等)

②把古汉语倒装句调整为现代汉语句式。

(2)例：所以遣将守关者，备他盗之出入与非常①也②。

【译文】派遣将领把守函谷关的原因，是防备其他盗贼进来和意外的变故。

【分析】①注意词的古今异义。

②判断句翻译时要加上"是"。

(3)例:天下云[①]集响应,赢粮而景[②]从。

【译文】天下豪杰像云那样聚集,像回声那样应和他,(许多人)担着粮食如影随形地跟着(陈涉)。

【分析】①注意词类活用的现象。

②注意通假字。(景:通"影")

(4)例:屈贾谊于长沙,非无圣主;窜梁鸿于海曲,岂乏明时?

【译文】使贾谊这样有才华的人屈居于长沙,并不是当时没有圣明的君主;使梁鸿逃匿到海滨,难道不是在政治昌明的时代吗?

【分析】注意带有修辞的语句,常见修辞:比喻、借代、互文、对偶等;带典故的语句要译出它在文中的用意。

(5)例:生孩六月,慈父见背;行年四岁,舅夺母志。

【译文】刚出生六个月,父亲就弃我而去;我四岁的时候,舅父强行改变了母亲守节的志向。

【分析】注意有委婉说法的语句的翻译。

(6)例:怨不在大,可畏惟人;载舟覆舟,所宜深慎。

【译文】怨恨不在大小,可怕的是老百姓;(老百姓像水一样)能够承载船只,也能够颠覆船只,这应当谨慎地对待。

【分析】注意并提句的翻译,要分开表述;翻译省略句时要补充省略成分。

(7)例:夫庸知其年之先后生于吾乎?

【译文】哪管他是生在我之前还是生在我之后呢?

【分析】疑问句要翻译出疑问语气。

(8)例:为巡船所物色。

【译文】我被敌人的巡逻船搜寻。

【分析】要将表被动的词译为现代汉语的"被"。

(9)例:句读之不知,惑之不解。

【译文】不晓得标点断句,不能解决疑难问题。

【分析】特殊句式中要凝缩或扩充一些词语。

规律总结

①"留"字法:对原文中的专有名词翻译时可保留不变。

②"删"字法:删掉仅有语法作用、无实际意义的文言虚词。

③"补"字法:补充省略句中的省略成分;补充省略了的语句。(注意:补出省略的成分或语句,要加括号)

④"换"字法:用现代词汇替换古代词汇。

⑤"调"字法:对一些特殊句式,翻译时必须按现代汉语的语言习惯顺句。

⑥"对"字法:变单音词为双音词。

⑦"缩"字法:将为了增强气势而故意用繁笔的句子意思凝缩。

⑧"选"字法:对古今异义、一词多义等情况,翻译时要根据语境选用恰当的词义。

文言语句重直译,把握大意斟词句,人名地名不必译,古义现代词语替。

倒装成分位置移,被动省略译规律,碰见虚词因句译,领会语气重流利。

真题精解

01 阅读下面的文言文,完成练习题。　湖南真题

周执羔,字表卿,信州弋阳人,宣和六年举进士,授湖州司士曹事,俄除太学博士。

建炎初,乘舆南渡,调抚州宜黄县丞。时四境俶扰,溃卒相挺为变,令大恐,不知所为,执羔谕以祸福,皆敛手听命。执首谋者斩以徇。邑人德之,至绘像立祠。

擢权礼部侍郎,充贺金生辰使。往岁奉使官得自辟其属,赏典既厚,愿行者多纳金以请,执羔始拒绝之。知贡举。旧例,进士试礼部下,历十八年得免举。秦桧既以科第私其子,士论喧哗,为减三年以悦众。执羔言祖宗法不可乱,繇此忤桧,御史劾罢之。

起知眉州,改夔州,兼夔路安抚使。夔部地接蛮獠,易以生事。或告溱、播夷叛,其豪帅请遣兵致讨,执羔谓曰朝廷用尔为长今一方绎骚责将焉往能尽力则贳尔一兵不可得也豪惧斩叛者以献夷人自是皆惕息。

召还,复为礼部侍郎。孝宗患人才难知,执羔曰:"今一介干进,亦蒙赐召,口舌相高,殆成风俗,岂可使之得志哉!"上曰:"卿言是也。"一日侍经筵,自言"学《易》知数,臣事陛下之日短",已乃垂涕,上恻然。即拜本部尚书,固辞,不许。

告老,上谕曰:"祖宗时,近臣有年逾八十尚留者,卿之齿未也。"命却其章。复申前请。上度不可夺,赐茶、药、御书,恩礼尤渥,缙绅荣之。时闽、粤、江西岁饥盗起,执羔陛辞以为言,诏遣太府丞马希言使诸路振救之。乾道六年卒,年七十七。

执羔有雅度,立朝无朋比。治郡廉恕,有循吏风。手不释卷,尤通于《易》。

(选自《宋史·周执羔传》,有删改)

问题

对文中画波浪线部分的断句,正确的一项是( )(2分)/句子类

A. 执羔谓曰/朝廷用尔为长/今一方绎骚/责将焉往/能尽力则贳尔/一兵不可得也/豪惧斩叛者/以献夷人自是皆惕息。

B. 执羔谓曰/朝廷用尔为长/今一方绎骚/责将焉往/能尽力则贳尔一兵/不可得也/豪惧/斩叛者以献/夷人自是皆惕息。

C. 执羔谓曰/朝廷用尔为长/今一方绎骚责将焉/往能尽力则贳尔/一兵不可得也/豪惧/斩叛者以献/夷人自是皆惕息。

D. 执羔谓曰/朝廷用尔为长/今一方绎骚/责将焉往/能尽力则贳尔/一兵不可得也/豪惧/斩叛者以献/夷人自是皆惕息。

补充设问

将文中画横线的句子翻译成现代汉语。/句子类

执羔有雅度,立朝无朋比。治郡廉恕,有循吏风。手不释卷,尤通于《易》。

02 阅读下面的文言文,回答问题。 广东真题

李浩,字德远,其先居建昌,迁临川。浩早有文称。绍兴十二年,擢进士第。

时秦熺[①]挟宰相子以魁多士,同年皆见之,或拉浩行,毅然不往。调饶州司户参军、襄阳府观察推官,连丁内外艰,继调金州教授,改太常寺主簿,寻兼光禄寺丞。

乞外,得台州。州有禁军五百人,训练官贪残失众心,不逞者因谋作乱,忽露刃于庭,浩谓之曰:"汝等欲为乱乎?请先杀我。"众骇曰:"不敢。"乃徐推其为首者四人黥徙之,迄无事。除直秘阁。并海有宿寇,久不获,浩募其徒,自缚赎罪,即得其魁。

明年,除司农少卿。时朝廷和籴米八万,董其事者贱籴湿恶,隐克官钱,户部不敢诘。浩白发其奸,下有司穷竟。户部欲就支稽见数,大理附会之,浩争曰:"非但惠奸,且亏军食。"上是其言。会大理[②]奏结他狱,上顾辅臣曰:"棘寺官得刚正如李浩者为之。"已而卿缺,又曰:"无以易浩。"遂除大理卿。

浩至郡旧有灵渠通漕运及灌溉岁久不治命疏而通之民赖其利。邕管所隶安平州,其酋恃险,谋聚兵为边患,浩遣单使谕以祸福,且许其引赦自新,即日叩头谢过,焚彻水栅,听太府约束。

浩天资质直,涵养浑厚,不以利害动其心。少力学为文辞,及壮益沈潜理义。立朝慨然以时事

为己任,忠愤激烈,言切时弊,以此见忌于众。平居未尝假人以辞色,不知者以为傲,或谮于上前,上谓:"斯人无他,在朕前亦如此,非为傲者。"小人惮之,诱以禄利,正色不回。谋害之者无所不至,独赖上察其衷,始终全之。为郡尤洁己,自海右归,不载南海一物。平生奉养如布衣时,风裁素高,人不敢干以私云。

(选自《宋史·李浩传》,有删改)

【注】①秦熺:秦桧养子。②大理:官署名,掌管刑狱,又名大理寺、棘寺。

问 题

把文中画横线的句子翻译成现代汉语。/句子类

(1)并海有宿寇,久不获,浩募其徒,自缚赎罪,即得其魁。(6分)

(2)浩白发其奸,下有司穷竟。(6分)

补充设问

下列对文中画波浪线部分的断句,正确的一项是(　　)/句子类

A. 浩至郡/旧有灵渠通漕运及灌溉/岁久不治/命疏而通之/民赖其利。

B. 浩至郡旧/有灵渠通漕运/及灌溉/岁久不治命/疏而通之/民赖其利。

C. 浩至郡/旧有灵渠通漕运/及灌溉岁久不治命疏/而通之民赖其利。

D. 浩至郡旧/有灵渠/通漕运及灌溉/岁久不治/命疏而通之/民赖其利。

参考答案及解析

01 D【解析】根据上下文大致推断画波浪线部分讲述了周执羔处理蛮夷叛乱时对豪门首领的要求,及此要求带来的结果。依据相关词进行断句。骚:名词,在文中指骚动、扰乱。责:名词,在文中指责任、职责。再由前文的蛮夷叛乱,豪门首领请求讨伐可知,"骚"和"责"中间要断开,排除C项。"惧""斩"都是动词,且主语为豪门首领,故两者中间需要断开。另外,根据名词或代词领句断句。由名词"夷人"和"皆惕息"的主语为夷人可知,"夷人"前要断开,排除A项。根据句式关系断句。贳:赦免,宽免。"尽力"的结果是"贳尔",而"一兵不可得也"是"不尽力"的结果,故两句之间要断开,排除B项。此句的大意:周执羔对豪门首领说:"朝廷任用你做长官,现在这一带奔走骚动,责任该由谁负?你若能尽力就饶恕你,一个兵也不派。"豪门首领害怕,斩了叛乱的人的头献来,夷人从此都感到恐惧屏息。

补充设问

参考答案:周执羔有高尚的气度,在朝廷上做官没有勾结依附。治理地方廉洁宽厚,有奉公守法的官员的风格。(他)勤奋好学,尤其精通《易经》。

解析:雅度:高尚的气度。朋比:互相勾结,阿附。廉恕:廉洁宽厚。有循吏风:有奉公守法的官员的风格。

02 **参考答案**:(1)沿海一带长久以来就有贼寇,很长时间都没有抓获,李浩招募他们的党羽,(让他们)自己绑着自己赎罪,很快就抓到了他们的头领。(共6分。准确翻译"并海""宿寇""获""募"各得1分,语句通顺有条理得2分)

(2)李浩揭发了他们的罪行,(皇上)让有关官吏追查到底。(共6分。准确翻译"白""奸""下""穷竟"各得1分,语句通顺有条理得2分)

解析:(1)并海:沿海一带。宿寇:惯匪。不获:不得、不能。浩募其徒:李浩招募他们的党羽。自缚:自己绑着自己。其魁:其,他们的;魁,首领。

(2)白:告发、控告。有司:指官吏。古代设官分职,各有专司,故称。穷竟:深入追究。

补充设问

A【解析】根据上下文大致推断画线部分讲述李浩派人疏通灵渠,造福百姓。依据相关词进行断句。"浩至郡"是一句完整的话,应于后文断开,排除B、D两项。"漕运及灌溉"意思是"漕运和灌溉",为并列短语,中间不应断开,排除C项。此句的大意:李浩到郡中后,从前用来漕运和灌溉的灵渠,年久失修,他命人去疏通,百姓得以享受它的好处。

三、篇章类

真题示例

湖南特岗真题

请阅读下面的文言文,并完成对应的习题。

魏能①,郓人也。少应募,隶云骑军,后选补日骑左射,又隶殿前班,七迁②散员左班都知。旧制,诸军辞见,才器勇敢或迥异出群者,许将校交③举以任,使毋枉其志。能时戍外藩,咸未有举者。太宗曰:"能材勇过人,朕可自保。"由是进用之。端拱二年,加御前忠佐马军副都军头,历殿前左班都虞候、领溪州刺史,加秩转马步军都军头。咸平

答题思路

①本篇文章通过描写魏能生平及击退敌军的事例,体现了主人公有勇有谋、骁勇善战的特点。

②迁:晋升。

③交:交互、交相。

三年，真拜黄州刺史。明年，为镇、定、高阳关三路前阵钤辖[④]。五年，知郑州团练使，复任威虏军。

契丹入寇，能当城西，与诸将合战，无惮[⑤]色，大败其众，斩首二万级。契丹统军铁林相公来薄阵，能发矢殪之，并其将十五人，夺甲马、兵械益众。契丹复入能率州军逆战南关门遣其子正与都监刘知训间道绝敌行势战数十合退薄西山下破走之获器甲十八万。契丹尝谋入钞，能侦知，即发兵逆击，生擒酋帅，殄灭殆尽。

六年，改威虏军部署、知军事。士民诣阙下乞留能，诏嘉之。会浚顺安军营田河道以扼寇，徙莫州路部署。石普屯兵顺安之西境，诏能与杨延昭、田敏掎角[⑥]为备。景德初，破敌长城口，追越阳山，斩首级、获兵器益众，诏赐锦袍、金带。复以所部御寇于顺安。

六月，召拜防御使，复出为宁边军路部署。诏推能果略，再任以威虏，使副精兵伺敌动止。边人百余掠居民，树蕃僧为帅，能与田敏、杨勋合兵设伏击之，擒其帅。贼来逼城，能出兵拒之，少衄[⑦]，即却阵入城，张凝以兵击却之。明年，以自陈，特改官右骁卫大将军、虢州都监，累迁加领康州团练使。大中祥符八年，卒。录其子正为阁门祗候，靖为三班奉职。

（选自《宋史·卷二百七十九列传第三十八》，有删改）

④钤辖：统辖。

⑤惮：害怕。

⑥掎角：作战时分兵牵制或夹击敌人。

⑦少衄：小败。

问题

1. 下列各组句子中，加点词解释有误的一项是（　　）（3分）／字词类

A. 七迁散员左班都知　迁：晋升或调动官职。

B. 为镇、定、高阳关三路前阵钤辖　钤辖：管束、统辖。

C. 与诸将合战，无惮色　惮：畏惧，害怕。

D. 诏能与杨延昭、田敏掎角为备　掎角：牛角。

答案:D

解析:A项,“七迁散员左班都知”大意为“七次升迁任散员左班都知”。“迁”的意思有“迁移、离散、晋升或调动官职、贬谪”等,在这里联系前后文分析,其意应为“晋升或调动官职”。B项,“为镇、定、高阳关三路前阵钤辖”大意为“任镇、定、高阳关三路前阵的统辖”。“钤辖”的意思是“管束、统辖”。C项,“与诸将合战,无惮色”大意为“与诸将一起作战,毫无惧色”。成语“肆无忌惮”中的“惮”与该句中的“惮”意思一致,均为“畏惧,害怕”。D项,“诏能与杨延昭、田敏掎角为备”大意为“诏令魏能与杨延昭、田敏成掎角之势保持戒备”。“掎角”大意为“作战时分兵牵制或夹击敌人”,选项理解有误。

2. 下列对文中加点词语的相关内容的解说,不正确的一项是(　　)(3分)/ 篇章类

A. 端拱,是宋太宗在位期间的年号,皇帝在位期间可以有多个年号。

B. 酋帅,古时称少数民族或者叛乱者的首领,带有一定的贬义色彩。

C. 阙下,即宫阙之下,借指帝王居住的宫廷,在文中用来代指皇帝。

D. 蕃,通“番”,周代指九州之外的夷服、蕃服,后泛指域外或外族。

答案:C

解析:C项,“阙下”本义为“帝王宫阙之下”,“在文中用来代指皇帝”与文意不符,这里用来代指朝廷。

3. 把文中画横线的句子翻译成现代汉语。(3分)/ 句子类

(1)旧制,诸军辞见,才器勇敢或迥异出群者,许将校交举以任,使毋枉其志。

(2)贼来逼城,能出兵拒之,少衄,即却阵入城,张凝以兵击却之。

答案:(1)按照成例,诸军在朝廷辞别或谒见天子时,对于才器勇敢或迥异出众的人,允许将校交相举荐以任职,使他们不徒有其志。

(2)贼寇前来逼近城池,魏能出兵拒敌,小败,立即退兵入城,张凝率军将敌寇击退。

解析:(1)旧制:旧时的典章制度。辞:告别。见:谒见、拜见。交:交互、交相。举:提拔、推举。(2)衄:伤败。却:退。以:率领。

补充设问

下列对原文有关内容的概括和分析,不正确的一项是(　　)/ 篇章类

A. 魏能勇猛过人,年轻应征入伍。他年轻时便响应朝廷招募,得到多次升迁,由于戍守边境,没有受到诸军举荐,但其才能勇猛过人,得到太宗的器重。

B. 魏能抗击契丹,屡屡大获全胜。面对强敌契丹的屡次入侵,他毫无惧色,与诸将一起冲锋陷阵,并运用计谋,大破敌军,杀敌无数,并缴获大量军用物资。

C. 魏能深得民心，受到朝廷嘉奖。他在职期间深得民心，以致离任之时使得百姓将士上京城向朝廷请求让他留任，皇帝为此下诏表彰他，并赏赐给他锦袍、金带。

D. 魏能平定动乱，立下赫赫战功。边境一伙贼寇聚众掠夺，危害百姓，他与其他将领便合兵一处，设下妙计，击溃贼寇，并生擒其首领。

答案：C

解析：C项，赏赐给他锦袍、金带是在他与人合兵，击溃贼寇之后的事情。

（一）文化常识篇

1. 官职变迁类

（1）授予类

封：帝王以名号、爵位或土地赐人。例：以赂秦之地封天下之谋臣。

拜：授予官职。例：拜相如为上大夫。

除：任命，授职（指辞旧职任新职）。例：寻蒙国恩，除臣洗马。

征：由君王征聘社会知名人士充任官职。例：公车特征拜郎中。

辟：由中央官署征聘，然后向上荐举，任以官职。例：连辟公府不就。

荐、举：由地方官向中央推荐品行端正的人，任以官职。例：举孝廉不行。

授：授予官职。例：贾雨村授了应天府。

（2）罢免类

夺：剥夺，削去权力。例：使者遂逮守，胁服夺其官。

罢、免：罢黜、免职。例：免官削爵。

黜、绌：废，贬退。例：屈平既绌。

（3）提升类

拔：提升本来没有官职的人。例：是以先帝简拔以遗陛下。

擢、陟、升、提：提升，提拔。例：陟罚臧否。

晋、进：晋升官职，提高职位或级别。例：加官进爵。

加：加封，即在原来官衔上增加某种荣衔。例：平剧盗赖文政有功，加秘阁修撰。

超迁：越级升迁。例：拿获强盗者，破格超迁。

超擢：破格提拔。例：至玄宗超擢力士为将军。

（4）降低类

贬：降职。例：贬连州刺史。

左迁、左除、左降、左转：降职（贬官）。例：予左迁九江郡司马。

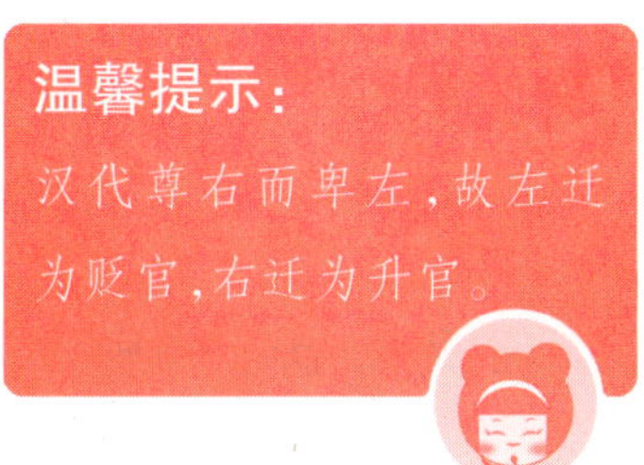

谪、适(zhé):被罚流放或降职。例:滕子京谪守巴陵郡。

窜:放逐。例:暂为御史,遂窜南夷。

放:驱逐,流放。一般指由京官改任地方官。例:屈原既放,三年不得复见。

出宰:京官外放出任地方官。例:太守臣宁入参机省,出宰名郡。

(5)调动类

移:特指调任。例:贬潮州刺史,移袁州刺史。

徙:调动。例:所居之官辄积年不徙。

转:转移,调动。例:再转复为太史令。

改:改任官职。例:改集庆军节度推官,始还姓,更其名。

调:选调,调遣。例:事文帝,十年不得调。

补:补充缺职。例:至二十余,调补辰阳长。

(6)兼代类

假:临时的、代理的。例:武与副中郎将张胜及假吏常惠等募士斥候百余人俱。

署:暂任、代理官职。例:以亮为军师将军,署左将军府事。

兼:兼任,同时监管。一般兼任的是较为低级的官职。例:予除右丞相兼枢密使。

判:高位兼任低职。例:除镇安武胜军节度使、司徒兼侍中,判相州。

权:暂时代理官职。例:时韩愈吏部权京兆。

行、摄:代理官职。例:太祖行奋武将军。

守:暂时署理官职,多指官阶低的人署理官阶高的职务。例:县宰缺者,数年守兼。

领:兼任、代理。例:又领扬州刺史。

(7)辞官类

致仕:交还官职,即退休。例:以刑部尚书致仕。

乞骸骨:古代官吏请求退职,意思是使骸骨归葬故乡。例:视事三年,上书乞骸骨,征拜尚书。

告老、请老:官员年老辞职。例:晋韩献子告老。

解官:辞去官职。例:公解官,举五丧为三墓。

乞身:古时认为官吏做官是委身事君,因此称请求退职为"乞身"。例:时年八十,不任兵马,上疏乞身。

移病:上书称病,为官者请求退职的委婉语。例:于鳞不乐,移病乞归。

谢:辞去官职。"谢病"指托病引退或谢绝宾客来访。"谢事"指辞去官职。例:郡数以礼请,谢不肯应。

速记秘籍

授予官职封拜除，征召朝觐入国都。举荐察选推贤才，荫补嗣位祖功殊。

拔擢陟升真可喜，夺罢贬黜实当哭。移徙转改属调动，晋加超迁多功著。

丁忧服阕起复职，秩满致仕乞骸骨，请老谢病隐仕途，加封谥赠人敬服。

2. 常见官职名称

【爵】

即爵位、爵号，是古代皇帝对贵戚功臣的封赐。旧说周代有公、侯、伯、子、男五种爵位，后代爵称和爵位制度往往因时而异。例：王安石封荆国公。

【丞相】

封建官僚机构中的最高官职，是秉承君主旨意总理全国政务的人。有时称相国，常与宰相通称，简称"相"。例：王侯将相宁有种乎？

【太师、太傅、太保】

指两种官职，其一，古代称太师、太傅、太保为"三公"，后多为大官加衔，表示恩宠而无实职。其二，古代又称太子太师、太子太傅、太子太保为"东宫三师"，都是太子的老师，太师是太子太师的简称，后来也逐渐成为虚衔。

【少师、少傅、少保】

指两种官职，其一，古代称少师、少傅、少保为"三孤"，后逐渐成为虚衔。其二，古代称太子少师、太子少傅、太子少保为"东宫三少"，后来也逐渐成为虚衔。

【尚书】

最初是掌管文书奏章的官员。隋代始设六部，唐代确定六部为吏、户、礼、兵、刑、工，各部以尚书、侍郎为正副长官。

【学士】

魏晋时是掌管典礼、编撰诸事的官职。唐以后指翰林学士，成为皇帝的秘书、顾问，参与机要，因而有"内相"之称。明清时承旨、侍读、侍讲、编修、庶吉士等虽亦为翰林学士，但与唐宋时翰林学士的地位和职掌都不同。

【参知政事】

简称"参政"，唐代始设，宋时为最高政务长官之一，与同平章事、枢密使、枢密副使合称"宰执"。

【军机大臣】

军机处是清代辅佐皇帝的政务机构。军机处的任职者无定员，一般由亲王、大学士、尚书、侍郎或京堂兼任，称为军机大臣。军机大臣少则三、四人，多则六、七人，被称为"枢臣"。

【御史】

本为史官，秦以后设置御史大夫，职位仅次于丞相，主管弹劾、纠察官员过失诸事。

【枢密使】

枢密院的长官。唐时由宦官担任，宋以后改由大臣担任，枢密院是管理军国要政的最高国务机构之一，枢密使的权力与宰相相当，清代军机大臣往往被尊称为“枢密”。

【太尉】

秦代至元代的官职名称。是辅佐皇帝的武官，汉代称大司马。宋代定为最高一级武官。

【大夫】

各个朝代所指的内容不尽相同，常见的有：指中央机关的要职，如御史大夫、谏议大夫等；指职官等级名，三代时，官分卿、大夫、士三级，大夫之中又分上、中、下三等；也是对有官位者的通称。

【士大夫】

旧时指官吏或较有声望、地位的知识分子。

【太史】

西周、春秋时为地位很高的朝廷大臣，掌管起草文书、策命诸侯卿大夫、记载史事，兼管典籍、历法、祭祀等事。秦汉以后设太史令，其职掌范围渐小，其地位渐低。

【侍郎】

初为宫廷近侍。东汉以后成为尚书的属官。唐代始以侍郎为三省（中书、门下、尚书）各部长官（尚书）的副职。

【侍中】

原为正规官职外的加官之一。因侍从皇帝左右，地位渐高，等级超过侍郎。

【郎中】

战国时为宫廷侍卫。自唐至清成为尚书、侍郎以下的高级官员，分掌各司事务。

【令尹】

战国时楚国执掌军政大权的长官，相当于丞相。

【司马】

各个朝代所指官位不尽相同。战国时为掌管军政、军赋的副官，隋唐时是州郡太守（刺史）的属官。

【节度使】

唐代总揽数州军政事务的总管，原只设在边境诸州，后内地也遍设，造成割据局面，因此世称“藩镇”。

【刺史】

原为巡察官名，东汉以后成为州郡最高军政长官，有时称为太守。

【都督】

军事长官或领兵将帅的官名，有的朝代地方最高长官亦称“都督”，相当于节度使或州郡刺史。

【巡抚】

明初指京官巡察地方。清代正式成为省级地方长官，地位略次于总督，别称“抚院”“抚台”“抚军”。

【知府】

即“太守”，又称“知州”。

【县令】

一县的行政长官，又称“知县”。

【三省六部】

三省为中书省、门下省、尚书省。隋唐时，三省同为最高政务机构，一般中书省管决策，门下省管审议，尚书省管执行，三省的长官都是宰相。中书省长官称中书令，下有中书侍郎、中书舍人等官职；门下省长官称侍中，下有门下侍郎、给事中等官职；尚书省长官为尚书令，下有左右仆射等官职。

尚书省下辖六部：吏部（管官吏的任免、考核等，相当于现在的组织部）、户部（管土地户口、赋税财政等）、礼部（管典礼、科举、学校等）、兵部（管军事，相当于现在的国防部）、刑部（管司法刑狱，相当于现在的司法部）、工部（管工程营造、屯田水利等）。各部长官称尚书，副职称侍郎，下有郎中、员外郎、主事等官职。六部制从隋唐开始实行，一直延续到清末。

3. 称谓类

（1）年龄

婴儿出生三日——汤饼之期

不满周岁——襁褓

2～3岁——孩提

7～8岁，刚刚换牙——始龀

幼年泛称——总角、垂髫

幼儿——黄口

13～14岁（女）——豆蔻年华

15岁（女）——及笄之年

15岁（男）——束发、成童

16岁（女）——破瓜年华、碧玉年华

20岁（女）——桃李年华

20岁（男）——弱冠

30岁——而立之年

40岁——不惑之年

50岁——年逾半百、知非之年、知命之年、艾服之年、大衍之年

60岁——花甲、平头甲子、耳顺之年

70岁——古稀、杖国之年、致事之年

80岁——杖朝之年

80～90岁——耄耋之年

90岁——鲐背之年

100岁——期颐

(2)谦称、敬称

①谦称

【王侯臣类】

朕:秦始皇始,皇帝的自称。例:朕为始皇帝。

寡人:后用作皇帝的谦称。例:寡人窃闻赵王好音。

孤:古代王侯的自称。例:权叹息曰:"诸人持议,甚失孤望。"

臣:谦称自己不如对方的身份地位高。例:愿陛下托臣以讨贼兴复之效。

老臣:官吏对君主的自称,多指年长者。例:老臣贱息舒祺,最少。

【家眷类】

家父、家严、家尊:称自己的父亲。

家母、家慈:称自己的母亲。

家兄、家姐:称自己的兄姐。

舍弟、舍妹:称自己的弟弟和妹妹。

内人、内助、拙荆:称自己的妻子。

贱息、弱息:称自己的子女。

犬子、小子:称自己的儿子。

息女、小女:称自己的女儿。

【一般人自称类】

愚、不敏:谦称自己不聪明。例:愚谓大计不如迎之。

鄙:谦称自己学识浅薄。例:鄙人寡道气,在困无独立。

敝:谦称自己或自己的事物不好。例:故敝邑秦王,使使臣献书大王之从车下风,须以决事。

某:用来代替自己的名字。例:如曰今日当一切不事事,守前所为而已,则非某之所敢知。

卑:谦称自己身份低微。例:先帝不以臣卑鄙,猥自枉屈。

窃:有私下、私自之意,使用它常有冒失、唐突的含义在内。例:窃闻众口铄金,浮石沉木。

仆:谦称自己是对方的仆人,使用它含有为对方效劳之意。例:仆非敢如此也。

【女子自称类】

妾:古代妇女对自己的谦称。例:妾不堪驱使,徒留无所施。

贱妾:女子自称。例:贱妾留空房。

②敬称

【王侯臣类】

陛下:对帝王的尊称。例:是以先帝简拔以遗陛下。

足下：下称上或同辈相称。例：秦兵旦暮渡易水，则虽欲长侍足下，岂可得哉？

执事：管事的人。例：若亡郑而有益于君，敢以烦执事。

阁下、君：尊称，译为“您”。例：侧闻阁下抱不世之才，特立而独行。

左右：身边侍候的人，近臣。例：秦王大喜，传以示美人及左右。

【家眷类】

令尊：尊称对方的父亲。

令堂：尊称对方的母亲。

令兄、令姐：尊称对方的兄姐。

令弟、令妹：尊称对方的弟弟和妹妹。

令正、贤阁、尊夫人：尊称对方的妻子。

令郎、令子、令嗣：尊称对方的儿子。

令爱、令媛、千金：尊称对方的女儿。

令侄：称人侄儿。

【师、长类】

夫子：尊称，译为“老师”或“您”。例：夫子焉不学？而亦何常师之有？

老：对老年人的尊称。例：张老、谢老等。

父(fǔ)：作为对老年男子之尊称或称呼从事某种行业的人。例：渔父、田父等。

亚父：古代侯王对自己尊敬的贤臣的尊称。例：亚父者，范增也。

先考(先君子)、先妣：对已故父亲、母亲的敬称。例：先妣尝一至。

高足：对别人的学生的敬称。例：高阳许静民，镇军参军，善隶草，羲之高足。

(3)人称姓名

【直称姓名或名】

①自称姓名或名。例：五步之内，相如请得以颈血溅大王矣！

②用于介绍或为人作传。例：侍中、侍郎郭攸之、费祎、董允等，此皆良实。

③称所厌恶、所轻视的人。例：我见相如必辱之。

④尊者对卑者称名。例：求，尔何如？

⑤在尊者面前，卑者互称用名。例：夫子何哂由也？

【称字】

古人幼时命名，成年(男20岁、女15岁)取字，字和名有意义上的联系。字是为了便于他人称谓，对平辈或尊辈称字出于礼貌和尊敬。例：屈平字原，称屈原。

温馨提示：

名、字与号的根本区别是：名由父亲或尊长取定；字由自己、师友或尊长等取定；号一般只用于自称，以显示某种志趣或抒发某种情感。

【称号】

号又叫别号、表号。对人称号是一种敬称。例:陶潜号五柳先生。

【称谥号】

古代帝王、贵族、大臣或其他有地位的人死后加给的带有褒贬意义的称号。例:陶渊明谥号为靖节先生;而奸臣秦桧谥号为缪丑,则是一种“恶谥”。

【称斋名】

指用斋号或室号来称呼。例:蒲松龄的书室名叫聊斋,故世人称蒲松龄为聊斋先生。

【称籍贯】

指用作家的籍贯来称呼。例:唐代文学家柳宗元籍贯河东,故人称柳河东。

【称官名】

指用作家的官职来称呼。例:杜甫曾任左拾遗,故而被称为杜拾遗,又因任过检校工部员外郎,故又被称为杜工部。

【特殊称谓】

①职业+人名。例:庖丁,庖在古代指厨师。

②姓+之+人名。例:烛之武,烛地叫武的人。

③封地+人名。例:商鞅姓卫,商为其封地。

4. 人文地理类

(1)天干地支

天干:甲、乙、丙、丁、戊、己、庚、辛、壬、癸;地支:子、丑、寅、卯、辰、巳、午、未、申、酉、戌、亥。十干和十二支依次相配,组成六十个基本单位,古人以此作为年、月、日、时的序号。

“六十甲子”的顺序(从左至右读)是:

甲子	乙丑	丙寅	丁卯	戊辰	己巳	庚午	辛未	壬申	癸酉
甲戌	乙亥	丙子	丁丑	戊寅	己卯	庚辰	辛巳	壬午	癸未
甲申	乙酉	丙戌	丁亥	戊子	己丑	庚寅	辛卯	壬辰	癸巳
甲午	乙未	丙申	丁酉	戊戌	己亥	庚子	辛丑	壬寅	癸卯
甲辰	乙巳	丙午	丁未	戊申	己酉	庚戌	辛亥	壬子	癸丑
甲寅	乙卯	丙辰	丁巳	戊午	己未	庚申	辛酉	壬戌	癸亥

(2)纪年法

【王公年次纪年法】

以王公在位年数来纪年。例:赵惠文王十六年,廉颇为赵将。

【年号纪年法】

汉武帝起开始有年号。此后每个皇帝即位都要改元,并以年号纪年。例:庆历四年春。

【干支纪年法】

例：辛未三月念六夜四鼓。

【年号干支兼用法】

纪年时皇帝年号置前，干支列后。例：天启壬戌秋日。“天启”是明熹宗朱由校年号，“壬戌”是干支纪年。

(3)时节纪月法

中国古代一种记录月份的方法。这种方法是利用四季(古称四时)或者节气物候的特点来给月份命名或代称月份。例：“孟冬”是利用初冬命名十月、“菊月”是用物候代称九月。

(4)特定称谓纪日法

【朔】

农历每月的第一天。例：诸生许用德者，以闰六月朔。

【望】

通常农历每月的十五叫望，十六叫既望。例：壬戌之秋，七月既望。

【晦】

农历每月的最后一天。例：戊申晦，五鼓，与子颍坐日观亭。

(5)纪时法

【天色纪时法】

古人最初是根据天色的变化将一昼夜划分为十二个时辰，它们的名称是：夜半、鸡鸣、平旦、日出、食时、隅中、日中、日昳、晡时、日入、黄昏、人定。

【地支纪时法】

以十二地支来表示一昼夜十二时辰的变化。

古天色纪时、地支纪时与今天的序数纪时对应关系见下表：

天色	地支	现代时间	天色	地支	现代时间
夜半	子	23:00～1:00	日中	午	11:00～13:00
鸡鸣	丑	1:00～3:00	日昳	未	13:00～15:00
平旦	寅	3:00～5:00	晡时	申	15:00～17:00
日出	卯	5:00～7:00	日入	酉	17:00～19:00
食时	辰	7:00～9:00	黄昏	戌	19:00～21:00
隅中	巳	9:00～11:00	人定	亥	21:00～23:00

(6)节气

二十四节气是我国古代历法的重要组成部分。古人根据太阳一年内的位置变化以及所引起的地面气候的演变次序，把一年三百六十五又四分之一的天数分成二十四段，分列在十二个月中，每月分为两段，月首叫“节气”，月中叫“中气”，以反映四季、气温、物候等情况。

①反映四季变化的节气有：立春、春分、立夏、夏至、立秋、秋分、立冬、冬至。其中立春、立夏、立秋、立冬齐称“四立”，表示四季开始的意思。

②反映温度变化的节气有：小暑、大暑、处暑、小寒、大寒。

③反映天气现象的节气有：雨水、谷雨、白露、寒露、霜降、小雪、大雪。

④反映物候现象的节气有：惊蛰、清明、小满、芒种。

二十四节气歌

春雨惊春清谷天，夏满芒夏暑相连，秋处露秋寒霜降，冬雪雪冬小大寒。

(7)传统节日

【社日】

古人祭祀土地神的节日。每年立春后的第五个戊日为春社日，立秋后的第五个戊日为秋社日。例：箫鼓追随春社近，衣冠简朴古风存。

【花朝】

农历二月十五，相传为百花的生日。例：春江花朝秋月夜。

【寒食】

农历清明前一或二日，又谓“寒令”，须禁火三日。例：寒食今年二月晦，树林深翠已生烟。

【清明】

按农历算在三月上半月，按阳历算则在每年的四月四日至六日之间。其习俗有扫墓、踏青、荡秋千、放风筝、插柳戴花等。例：清明时节雨纷纷，路上行人欲断魂。

【端午】

又称端阳、重午、重五。一般认为，该节日与纪念屈原有关。屈原忠而被黜，投水自尽，于是人们以吃粽子、赛龙舟等方式来悼念他。端午习俗有喝雄黄酒、挂香袋、吃粽子、插花和菖蒲、斗百草、驱“五毒”等。

【中秋】

又称团圆节。农历八月十五，八月十五又在秋季八月之中，故称中秋。

【重阳】

《易经》将“九”定为阳数，两九相重，故农历九月初九为“重阳”。有登高望远、赏菊、赋诗、喝菊花酒、插茱萸等习俗。例：待到重阳日，还来就菊花。

【冬至】

古人把冬至看成是节气的起点，从冬至日起，北半球的白昼一天天长起来，阳气慢慢回升，叫作“冬至一阳生”。

【除夕】

农历一年最后一天晚上，“除”是除旧布新之意。一年的最后一天叫“岁除”或“除日”，所以那天晚上叫“除夕”。例：爆竹声中一岁除，春风送暖入屠苏。

(8)地名

【中原】

又称中土、中州。狭义上指今河南省一带，广义上指黄河中下游地区或整个黄河流域。例：当奖率三军，北定中原。

【九州】

冀州、兖州、青州、徐州、扬州、荆州、豫州、梁州和雍州。同时，用来代指整个中国。例：九州生气恃风雷，万马齐喑究可哀。

【八荒】

四面八方遥远的地方，指“天下”。例：囊括四海之意，并吞八荒之心。

【七闽】

指今福建。古指今福建和浙南少数民族地区。

【六合】

上下和四方，泛指天下或宇宙。例：然后以六合为家，崤函为宫。

【五岳】

中国五大名山的总称，指东岳泰山、西岳华山、中岳嵩山、南岳衡山、北岳恒山。例：天姥连天向天横，势拔五岳掩赤城。

【五湖】

专指太湖，或太湖及其附近的湖泊。例：襟三江而带五湖。

【四海】

指天下、全国。例：六王毕，四海一。

【三秦】

指潼关以西的关中地区。例：城阙辅三秦，风烟望五津。

【两都】

汉代指长安、洛阳。又叫“两京”。

【江】

指长江。例：大江东去，浪淘尽，千古风流人物。

【河】

指黄河，也作为河流的通称。例：然后践华为城，因河为池。

【阴】

山北水南为阴。例：其阴，济水东流。

【阳】

山南水北为阳。例：泰山之阳，汶水西流。

【山东】

战国、秦、汉时称崤山或华山以东的地区，一说指太行山以东地区。也指战国时除秦以外的六国。例：沛公居山东时，贪于财货。

【江东】

自汉至隋唐指安徽芜湖以下的长江下游南岸地区，也泛指长江下游地区。例：至今思项羽，不肯过江东。

【江南】

指长江中下游以南，也泛指“长江以南”。例：江南好，风景旧曾谙。

【关中】

函谷关以西。例：沛公欲王关中，使子婴为相。

【河东】

黄河以东。

【河内】

黄河以北。

5. 其他类

【伯(孟)仲叔季】

兄弟行辈中长幼排行的次序。伯(孟)是老大，仲是老二，叔是老三，季是老四或最小的。古代贵族男子的字前常加伯(孟)、仲、叔、季表示排行，字的后面加“父”或“甫”字表示男性，构成男子字的全称，如伯禽父、仲尼父等。

【十二生肖】

又称属相。古代术数家拿十二种动物来配十二地支，子为鼠，丑为牛，寅为虎，卯为兔，辰为龙，巳为蛇，午为马，未为羊，申为猴，酉为鸡，戌为狗，亥为猪。

【牺牲】

古代祭祀用的牲畜，色纯为“牺”，体全为“牲”。

【三牲】

指古代用于祭祀的牛、羊、猪，后来也称鸡、鱼、猪为三牲。一指夏商周三代所用牺牲的总称。

【太牢、少牢】

古代帝王祭祀社稷时，牛、羊、豕全备为“太牢”。少牢只有羊、豕，没有牛。由于祭祀者和祭祀对象不同，天子祭祀社稷用太牢，诸侯祭祀用少牢。

【讳称】

古人对“死”有许多称谓，主要有：

天子、太后、公卿、王侯之死称：薨、崩、百岁、千秋、晏驾、山陵崩等。

父母之死称：见背、孤露、弃养等。

佛道徒之死称：涅槃、圆寂、坐化、羽化、仙游、仙逝等。“仙逝”现也用于称受人尊敬的人物的死。

一般人的死称：亡故、长眠、长逝、过世、谢世、寿终、殒命、捐生、就木、溘逝、老、故、逝、终等。

【五谷】

古代所指的五种谷物。最主要的有两种说法：一种指稻、黍、稷、麦、菽，另一种指麻、黍、稷、麦、菽。两者的区别是：前者有稻无麻，后者有麻无稻。

【五味】

指酸、咸、甜（甘）、苦、辣（辛）五种味道。

【六畜】

指马、牛、羊、猪、狗、鸡六种家畜。

【五声】

也称“五音”，即我国古代五声音阶中的宫、商、角、徵、羽五个音阶。“变徵”是角、徵二音之间接近徵音的声音，声调悲凉。

【宫调】

音乐术语。凡以宫声为音阶的起点的调式称“宫”，即宫调式，而以其他各声为主者则称“调”，如商调、角调等，统称为“宫调”。

【文房四宝】

旧时对笔、墨、纸、砚四种文具的总称。文房，即书房。

【书法】

中国传统艺术之一，是以汉字为表现对象、以毛笔为表现工具的一种线条造型艺术。

【六书】

古人分析汉字而归纳出来的六种构成方式，即象形、指事、会意、形声、转注、假借。今人一般认为后两种与造字无关。

(二)内容理解篇

1. 客观题技法归纳★

(1)审读选项,抓住各个选项的关键词。

(2)通读全文,整体感知,归纳内容要点。

(3)在原文一一找出选项的对应信息区。

(4)注意选项叙述或分析出现的错误类型:

①曲解词句(较多见)

故意对文中某一词句加以错误地解释,导致叙述出错。

②无中生有(较多见)

将原文中没有的信息或不能从原文材料中推断出来的结论任意写进选项中。

③以偏概全

在大体准确的概括中夹杂一两处故意夸大或缩小判断对象的地方作为干扰。

④张冠李戴

在叙述时错置故事的主体,把发生在乙身上的事说在甲身上。

⑤事件杂糅

将文段叙述的几件事情或事情的细节进行有意识的杂糅混编。

2. 主观题技法归纳★

(1)通读全文,归纳文章主要内容和主旨。

(2)审清题干要求,审准所考知识点:

①人物形象分析类

通过文中具体事件、直接描写、人物评价、环境描写等进行分析。

②分析作者情感类

观察开头、中间、结尾段,注意抒情议论句,文中事件要分析。

③概括相关内容类

浏览全文找人事,概括局部锁范围,选择贴切字词句,分条概括得高分。

④谈谈看法观点类

分析文章始末段和文中的议论句,明确作者对所写内容的态度。

⑤分析写作手法类

理解相关语句的含义,分析其表达方式、表现手法、修辞手法等。

(3)筛选信息,组织语言作答。

①摘录法:有可用的关键词句,可直接选摘原词句作答;

②句意(层意)提取法:无明显关键词句,可提炼意思后概括作答。

真题精解

01 阅读下面的文言文,完成练习题。 山东真题

卢渊传

卢渊,性温雅寡欲,有祖父之风,敦尚学业,闺门和睦。袭侯爵,拜主客令,典属国。迁秘书令、始平王师。以例降爵为伯。给事黄门侍郎,迁兼散骑常侍、秘书监、本州大中正。

是时,高祖将立冯后,方集朝臣议之。高祖先谓渊曰:"卿意以为何如?"对曰:"此自古所慎,如臣愚意,宜更简卜。"高祖曰:"以先后之侄,朕意已定。"渊曰:"虽奉敕如此,然于臣心实有未尽。"及朝臣集议,执意如前。冯诞有盛宠,深以为恨,渊不以介怀。

及车驾南伐,赵郡王干督关右诸军事,诏加渊使持节、安南将军为副,勒众七万将出子午。寻以萧赜死,停师。是时泾州羌叛,残破城邑,渊以步骑六千众号三万,徐行而进。未经三旬,贼众逃散,降者数万口,唯枭首恶,余悉不问。诏兼侍中。初,渊年十四,尝诣长安。将还,诸相饯送者五十余人,别于渭北。有相者扶风人王伯达曰:"诸君皆不如此卢郎,虽位不副实,然德声甚盛,望逾公辅。后二十余年,当制命关右,愿不相忘。"此行也,相者年过八十,诣军门请见,言叙平生。未几,拜仪曹尚书。高祖考课在位,降渊以王师守常侍、尚书,夺常侍禄一周。寻除豫州刺史,以母老固辞。

寻遭母忧,高祖遣谒者诣宅宣慰。服阕,兼太尉长史。高祖南讨,又兼彭城王中军府长史。寻为徐州京兆王愉兼长史,赐绢百匹。愉既年少,事无巨细,多决于渊。渊以诚信御物,甚得东南民和。南徐州刺史沈陵密谋外叛,渊觉其萌渐,潜敕诸戍,微为之备。屡有表闻,朝廷不纳。陵果杀将佐,勒宿豫之众逃叛。滨淮诸戍,由备得全。陵在边历年,阴结既广,二州人情,咸相扇惑。陵之余党,颇见执送,渊皆抚而赦之,惟归罪于陵,由是众心乃安。

景明初,除秘书监。二年卒官,年四十八。赠安北将军、幽州刺史,复本爵固安伯,谥曰懿。

(选自《魏书·卢渊传》,有删改)

问题

下列对文中加点词语相关内容的解说,不正确的一项是(　　)(1分) / 篇章类

A."车驾"本指马驾的车;后来也指帝王所乘的车,常用为帝王的代称,颜师古曾注"凡言车驾者,谓天子乘车而行"。

B.“考课”就是朝廷依照相关法令，在一定的年限内，对各级官吏进行考核，区别不同等级，予以升降赏罚。

C.“谥”，古代君主、大臣等具有一定地位的人死去之后，根据他们的生平与品德，而给予一个带有赞美性质的称号。

D.“服阕”的意思是守丧期满除服。按照封建礼制，父母死后必须穿丧服守孝三年，三年后才能除去丧服。

补充设问

下列对原文有关内容的分析和概括，**不正确**的一项是（　　）/篇章类

A.卢渊性情温和文雅，崇尚学业，家庭和睦，后继承侯爵位，官职屡有升迁，做了始平王的老师后，按照惯例降爵位为伯爵。

B.高祖要册立冯氏为皇后，先征询卢渊的意见，卢渊认为这是朝廷大事，应该择日占卜再定夺，但他的意见未被皇帝接受。

C.卢渊对待叛乱的态度是诛杀首恶，宽宥其余。在羌人叛乱时和南徐州刺史沈陵叛逃时均采取这种方法，成功地化解了危机。

D.高祖考核在职官员政绩时，卢渊被降职，并被罚了俸禄。不久又被授予豫州刺史，因为母亲去世，卢渊坚决地推辞。

02 阅读下面的文言文，完成练习题。　　广东真题

留侯论

苏　轼

古之所谓豪杰之士者，必有过人之节。人情有所不能忍者，匹夫见辱，拔剑而起，挺身而斗，此不足为勇也。天下有大勇者，卒然临之而不惊，无故加之而不怒。此其所挟持者甚大，而其志甚远也。

夫子房[注]受书于圯上之老人也，其事甚怪；然亦安知其非秦之世，有隐君子者出而试之。观其所以微见其意者，皆圣贤相与警戒之义；而世不察，以为鬼物，亦已过矣。且其意不在书。

当韩之亡，秦之方盛也，以刀锯鼎镬待天下之士。其平居无罪夷灭者，不可胜数。虽有贲、育，无所获施。夫持法太急者，其锋不可犯，而其势未可乘。子房不忍忿忿之心，以匹夫之力而逞于一击之间；当此之时，子房之不死者，其间不能容发，盖亦已危矣。

千金之子，不死于盗贼，何者？其身之可爱，而盗贼之不足以死也。子房以盖世之才，不为伊尹、太公之谋，而特出于荆轲、聂政之计，以侥幸于不死，此圯上老人所为深惜者也。是故倨傲鲜腆

而深折之。彼其能有所忍也，然后可以就大事，故曰："孺子可教也。"

楚庄王伐郑，郑伯肉袒牵羊以迎。庄王曰："其主能下人，必能信用其民矣。"遂舍之。勾践之困于会稽，而归臣妾于吴者，三年而不倦。且夫有报人之志，而不能下人者，是匹夫之刚也。夫老人者，以为子房才有余，而忧其度量之不足，故深折其少年刚锐之气，使之忍小忿而就大谋。何则？非有生平之素，卒然相遇于草野之间，而命以仆妾之役，油然而不怪者，此固秦皇之所不能惊，而项籍之所不能怒也。

观夫高祖之所以胜，而项籍之所以败者，在能忍与不能忍之间而已矣。项籍唯不能忍，是以百战百胜而轻用其锋；高祖忍之，养其全锋而待其弊，此子房教之也。当淮阴破齐而欲自王，高祖发怒，见于词色。由此观之，犹有刚强不忍之气，非子房其谁全之？

太史公疑子房以为魁梧奇伟，而其状貌乃如妇人女子，不称其志气。呜呼！此其所以为子房欤！

【注】子房：指秦末汉初谋臣，张良，字子房。

问题

下列对原文有关内容的理解与分析，正确的一项是(　　)(2分) / 篇章类

A. 本文开篇就点明主旨，苏轼认为古时候被人称作豪杰的志士，一定具有胜人的节操，有一般人所无法忍受的度量。

B. 张良不满秦国屠戮天下义士的暴政，因而学荆轲、聂政行刺之策，虽没有成功但勇气可嘉，桥上老人也被他的正义行为所打动。

C. 苏轼认为，桥上老人并非司马迁之所谓鬼物，而是秦代有远见卓识的隐君子，他的出现其意也不在授书，而是有意测试张良的隐忍度。

D. 本文的主旨在于阐发"忍小忿而就大谋"，为使论点具有说服力，作者不仅用了郑伯肉袒迎楚，勾践卧薪尝胆等善于隐忍的正面典型，而且引用项羽、刘邦等不善于隐忍的反面典型，从正反两方面加以论证。

补充设问

结合你所了解的苏轼生平及其创作成就，谈谈你对"卒然临之而不惊，无故加之而不怒。此其所挟持者甚大，而其志甚远也"的理解。 / 篇章类

参考答案及解析

01 C【解析】C项,“赞美性质”说法错误。谥号是指古代帝王、贵族、大臣或其他有地位的人死后,朝廷或后人根据他们的生平行为,加给的带有褒贬意义的称号。谥号按照性质分为三类:表扬性的、批判性的、表同情的。表扬性的常见的有:文、景、武、惠、昭、宣、成、康、明、桓等。批判性的常见的有:灵、厉、炀等。表同情的常见的有:哀、怀、愍等。

补充设问

D【解析】D项,“因为母亲去世”表述有误,卢渊推辞豫州刺史的官职是因为当时母亲年老,他的母亲是之后才去世的。

02 A【解析】B项,曲解文意。原文“子房以盖世之才,不为伊尹、太公之谋,而特出于荆轲、聂政之计,以侥幸于不死,此圯上老人所为深惜者也”是指张良有盖世无双的才干,不效法伊尹、太公,考虑如何安邦治国,却学习荆轲、聂政去搞暗杀,这大概就是圯上老人为他深感惋惜的原因。C项,“而是有意测试张良的隐忍度”属于无中生有,文中只说了“且其意不在书”。D项,刘邦是善于隐忍的正面典型,选项属于张冠李戴。

补充设问

参考答案:①此句的意思是:(天下那些真正勇敢的人)当面临意外时不会惊慌失措,无缘无故受到侮辱时也不会发怒,这是由于他们的抱负很大,而他们的志向又很高远。

②本文是苏轼应试科考时所作的一篇历史人物评论,阐明张良能够取得成功、辅佐汉高祖成就大业的原因,是能够做到“忍小忿而就大谋”。而苏轼本身也确实是这样践行的。他一生奔走潦倒,政治上不得意,但始终持有为后代文人所景仰的人生态度:面对挫折仍不放弃,并在诗、词、散文、书、画等方面都取得了很高的成就,成为我国历史上影响深远的巨匠,就是因为他一直有心怀天下的伟大理想抱负。

③告诫我们要始终树立远大的理想和抱负,经得起磨炼,积极乐观,负重前行。

解析:①首先要理解本句话的意思。卒然:突然。卒,通“猝”。所挟持者甚大:谓胸怀广阔,志意高远。挟持,在这里指抱负。

②结合本文所要表达的中心思想和苏轼的生平及其创作成就,阐述苏轼在这方面的做法。

③根据已得信息,用总结性语言表达自己的看法。

专题三　真题集训

01 阅读以下文言文，回答第(1)~(6)小题。(15分)　山西真题

王昭远，形质魁伟，色黑，继昇名之“铁山”。有膂力，善骑射。少时，入山捕鹰鹘，值涧水暴涨十余丈，昭远升大树，经宿得免。尝涉河，冰陷，二公傍共援出之，昭远神色自若。喜与里中恶少游处。一日，众祀里神，昭远适至，有以博投授之，谓曰：“汝他日倘有节钺，试掷以卜之。”昭远一掷，六齿皆赤。

南游京师，事太宗于晋邸，特被亲遇，常呼其小字。及即位，补殿前指挥使，稍迁都知。从征太原，先登，为流矢所中，血渍甲缕，战益急。会刘继元降，命守城门，籍兵仗。又从征范阳，多所擒获，超散员指挥使。

涪王之迁房陵也，禁卫诸校杨均、王荣等以依附被谴，独昭远无所预，太宗以为忠，屡称其能，可备急使。

端拱初，召为殿前都虞候，领勤州防御使。命有司治绫锦院为公署掘地得铁若山形或言此地即铁山故营又与昭远幼名合闻者异之太宗尝草书纨扇作古诗赐诸将意多比讽其赐昭远尤加赏遇。二年，领沙州观察使，再为并代副都部署。至道中，李继迁扰西鄙，绝灵武粮道，命昭远为灵州路都部署，护二十五州刍粟，竟达灵武，继迁不敢犯。

真宗即位，徙定州行营都部署。未几，拜保静军节度使，充天雄军都部署，知府事。咸平二年，移知河阳，数月卒，年五十六。时车驾在大名，为废朝，赠太尉，谥惠和，中使护葬。

昭远颇知书，性吝啬，所至无善政。母弟昭懿亦事晋邸，至捧日都虞候。弟昭逊，西京作坊使。初，祖母郭氏尝对昭远母指昭远曰：“此儿有贵相，他日必至公侯。”指昭懿曰：“此儿奉钱过二万，不能胜矣。”果皆如其言。

(选自《宋史·列传第三十五》，有删改)

(1)对下列各句中加点词的解释，不正确的一项是(　　)

A. 昭远升大树，经宿得免　升：登上

B. 事太宗于晋邸，特被亲遇　遇：相待

C. 命守城门，籍兵仗　籍：登记

D. 此儿奉钱过二万，不能胜矣　胜：战胜

(2)下列各项中①②句加点词的意义和用法，相同的一组是(　　)

A. ①二公傍共援出之　②涪王之迁房陵也

B. ①试掷以卜之　②愿以十五城请易璧

C. ①命昭远为灵州路都部署　②时车驾在大名，为废朝

D. ①所至无善政　②道之所存，师之所存也

(3)下列对文中画波浪线部分的断句，正确的一项是(　　)

A. 命有司治绫锦院为公署／掘地得铁若山形／或言此地即铁山／故营又与昭远幼名合／闻者异之／太宗尝草书纨扇／作古诗赐诸将／意多比讽／其赐昭远／尤加赏遇。

B. 命有司治绫锦院为公署／掘地得铁若山形／或言此地即铁山故营／又与昭远幼名合／闻者异之／太宗尝草书纨扇／作古诗赐诸将／意多比讽／其赐昭远／尤加赏遇。

C. 命有司治绫锦院／为公署掘地得铁若山形／或言此地即铁山故营／又与昭远幼名合／闻者异之／太宗尝草书纨扇／作古诗赐诸将／意多比／讽其赐昭远／尤加赏遇。

D. 命有司治绫锦院／为公署掘地得铁若山形／或言此地即铁山／故营又与昭远幼名合／闻者异之／太宗尝草书纨扇／作古诗赐诸将／意多比讽／其赐昭远／尤加赏遇。

(4)下列对文中加点词语相关内容的解说，不正确的一项是(　　)

A. 里，即乡里、街坊，古代编制，五家为邻，五邻为里。

B. 节钺，指符节与斧钺，古代皇帝授予将帅，具有较高权威。

C. 京师，是中国古代对都城的称呼，此处指今天的南京。

D. 车驾，指马拉的车，此处指皇帝所乘的车，为皇帝的代称。

(5)下列句子分为四组，其中全部直接表现王昭远美好品德的一组是(　　)

①值涧水暴涨十余丈，昭远升大树，经宿得免

②冰陷，二公傍共援出之，昭远神色自若

③先登，为流矢所中，血渍甲缕，战益急

④禁卫诸校杨均、王荣等以依附被谴，独昭远无所预

⑤赠太尉，谥惠和，中使护葬

⑥性吝啬，所至无善政

A. ①②⑤　B. ①④⑥　C. ②③④　D. ③⑤⑥

(6)下列对原文有关内容的概括和分析，不正确的一项是(　　)

A. 王昭远强壮有力，胆量过人。年轻时敢于一人入深山捕猎，被洪水围困，在山中过夜而平安无事。又曾陷入冰河之中被救起，毫无惊慌之态。

B. 王昭远作战勇猛，颇有战功。跟随太宗征战，敢于冲锋在前，直至身受重伤后才回到后方。除奋勇杀敌外，擒获敌军也很多，受到越级提拔。

C. 王昭远对上忠诚，很受信赖。多次跟随太宗四处征战，表现突出，受到太宗器重。粮道受阻时，他受命护送粮草而不辱使命。

D. 王昭远异于常人，堪称传奇。年轻时遇到人们祭祀里神，有人说他以后可能成为武将，占卜后果然出现与众不同的情况。其未成名时，祖母便非常看好他，认为其必有富贵，后来果然应验。

---

02 阅读以下文言文，回答(1)～(4)小题。 广东真题

庖丁为文惠君解牛，手之所触，肩之所倚，足之所履，膝之所踦，砉然向然，奏刀騞然，莫不中音。合于《桑林》之舞，乃中《经首》之会。

文惠君曰："嘻，善哉！技盖至此乎？"

庖丁释刀对曰："臣之所好者道也，进乎技矣。<u>始臣之解牛之时所见无非牛者三年之后未尝见全牛也方今之时臣以神遇而不以目视官知止而神欲行</u>。依乎天理，批大郤，导大窾，因其固然，技经肯綮之未尝，而况大軱乎！良庖岁更刀，割也；族庖月更刀，折也。今臣之刀十九年矣，所解数千牛矣，而刀刃若新发于硎。彼节者有间，而刀刃者无厚；以无厚入有间，恢恢乎其于游刃必有余地矣！是以十九年而刀刃若新发于硎。虽然，每至于族，吾见其难为，怵然为戒，视为止，行为迟，动刀甚微。謋然已解，如土委地。提刀而立，为之四顾，为之踌躇满志，善刀而藏之。"

文惠君曰："善哉！吾闻庖丁之言，得养生焉。"

（选自《庖丁解牛》，有删改）

(1)下列句子中，加点字注音或解释不正确的一项是(　　)(3分)

A. 庖丁为文惠君解牛　为：wèi，表目的，替，给

B. 莫不中音　中：zhòng，合乎，符合

C. 臣之所好者道也　好：hào，爱好，喜欢

D. 良庖岁更刀　更：gēng，更换，替换

(2)下列成语中，不是出自《庖丁解牛》的一项是(　　)(2.5分)

A. 目无全牛　　B. 切中肯綮

C. 熟能生巧　　D. 游刃有余

(3)将文中画横线句子进行断句，正确的一项是(　　)(2.5分)

A. 始臣／之解牛之时／所见无非牛者／三年之后／未尝见全／牛也方今／之时臣以神遇／而不以目视／官知止而神欲行

B. 始臣之解牛之时/所见无非牛者/三年之后/未尝见全牛也/方今之时/臣以神遇而不以目视/官知止而神欲行

C. 始臣之解/牛之时/所见无非牛者/三年之后/未尝见全牛也/方今之时臣以神遇/而不以目视/官知止/而神欲行

D. 始臣/之解牛之时/所见无非牛者/三年之后/未尝见全牛/也方今之时/臣以神遇而不以目视官知止/而神欲行

(4)将下列句子翻译成现代汉语。

①以无厚入有间,恢恢乎其于游刃必有余地矣!是以十九年而刀刃若新发于硎。(4分)

②动刀甚微。謋然已解,如土委地。(4分)

---

03 阅读以下文言文,回答(1)~(4)小题。 湖南真题

阅江楼记

宋 濂

金陵为帝王之州。自六朝迄于南唐,类皆偏据一方,无以应山川之王气。逮我皇帝,定鼎于兹,始足以当之。由是声教所暨,罔间朔南;存神穆清,与天同体。虽一豫一游,亦可为天下后世法。

京城之西北,有狮子山,自卢龙蜿蜒而来。长江如虹贯,蟠绕其下。上以其地雄胜,诏建楼于巅,与民同游观之乐。遂锡嘉名为"阅江"云。

登览之顷,万象森列,千载之秘,一旦轩露。岂非天造地设,以俟大一统之君,而开千万世之伟观者欤?当风日清美,法驾幸临,升其崇椒,凭栏遥瞩,必悠然而动遐思。见江汉之朝宗,诸侯之述职,城池之高深,关阨之严固,必曰:"此朕栉风沐雨、战胜攻取之所致也。"中夏之广,益思有以保之。见波涛之浩荡,风帆之上下,番舶接迹而来庭,蛮琛联肩而入贡,必曰:"此朕德绥威服,覃及内外之所及也。"四陲之远,益思有以柔之。见两岸之间,四郊之上,耕人有炙肤皲足之烦,农女有捋桑行馌之勤,必曰:"此朕拔诸水火,而登于衽席者也。"万方之民,益思有以安之。触类而思,不一而足。臣知斯楼之建,皇上所以发舒精神,因物兴感,无不寓其致治之思,奚止阅夫长江而已哉!

彼临春、结绮,非不华矣;齐云、落星,非不高矣。不过乐管弦之淫响,藏燕赵之艳姬。不旋踵间而感慨系之,臣不知其为何说也。虽然,长江发源岷山,委蛇七千余里而入海,白涌碧翻,六朝之

时，往往倚之为天堑。今则南北一家，视为安流，无所事乎战争矣。然则果谁之力欤？逢掖之士，有登斯楼而阅斯江者，当思圣德如天，荡荡难名，与神禹疏凿之功同一罔极，忠君报上之心，其有不油然而兴耶？

臣不敏，奉旨撰记，欲上推宵旰图治之功者，勒诸贞珉。他若留连光景之辞，皆略而不陈，惧亵也。

（有删改）

(1)下列对句中加点词的解释，不正确的一项是（　　）(3分)

A. 由是声教所暨　暨：及，到　　B. 遂锡嘉名为"阅江"云　锡：赐

C. 覃及内外之所及也　覃：延长　　D. 勒诸贞珉　勒：统帅

(2)下列各组句子中，加点词的意义和用法相同的一项是（　　）(3分)

A. ①金陵为帝王之州　②忠君报上之心

B. ①无不寓其致治之思　②其有不油然而兴耶

C. ①上以其地雄胜　②皇上所以发舒精神

D. ①亦可为天下后世法　②臣不知其为何说也

(3)下列对原文的理解与分析，不准确的一项是（　　）(3分)

A. 文章开篇即言："金陵为帝王之州。"然而，从六朝至南唐，历代帝王都偏安一方。无法与当地的"山川之王气"相称。

B. 皇上之所以"诏建楼于巅"，一是因"其地雄胜"，二是为了"与民同游观之乐"。

C. 本文是典型的应制文，有大量对明王朝歌功颂德的溢美之词，并且通过对六朝危乱与当朝安定的对比，盛赞当今皇帝的文治武功。

D. 文章结构严谨，转接自如，写景、叙事和议论穿插得十分自然。而铺陈排比手法的运用，与内容相谐，更增强了文章的气势和力度。

(4)将文中画横线的句子翻译成现代汉语。(6分)

①岂非天造地设，以俟大一统之君，而开千万世之伟观者欤？

②虽然，长江发源岷山，委蛇七千余里而入海，白涌碧翻，六朝之时，往往倚之为天堑。今则南北一家，视为安流，无所事乎战争矣。

04 阅读以下文言文，回答(1)～(4)小题。　山东真题

送方希则序

欧阳修

蒙庄以绅笏为柴栅，班伯以名声为缰锁。夫轩裳、辉华，人之所甚欲，彼岂恶之邪？盖将有激云尔。是以君子轻去就，随卷舒，富贵不可诱。故其气浩然，勇过乎贲、育[①]，毁誉不以屑，其量恬然不见于喜愠。能及是者，达人之节而大方之家乎！

希则茂才入官，三举进士不利，命乎数奇。时不见用，宜其夷然拂衣，师心自往，推否泰以消息，轻寄物之去来。渊乎其大雅之君子，而几类于昔贤者乎！

余自来上都，寓谒舍，化衣京尘、穿履金门者，再见春矣。会天子方向儒学，招徕俊良，开贤科，命乡举，而四方之杰赍贡函诣公车者，十百千数。余虽后进晚出，而掎裳摩趺攘臂以游其间，交者固已多矣。晚方得君，倾盖道涂，一笑相乐，形忘乎外，心照乎内，虽濠梁之游不若是也。未几，君召试中台，以枉于有司，夺席见罢。缙绅议者咸伤冤之，君方澹乎冲襟，竟于使人不能窥也。后数日，赍装具舟，泛然东下。以余辱交者，索言以为赠。

夫恢识宇以见乎远，穷倚伏以至于命，此非可为浅见寡闻者道也。希则，达人尔，可一言之。

昔公孙尝退归，乡人再推，射策遂第一，更生书数十上，每闻报罢，而终为汉名臣。以希则之资材识业而沉冥郁堙[②]者，岂非天将张之而固翕之邪？不然，何邅回而若此也？夫良工晚成者器之大，后发先至者骥之良。异日垂光虹蜺，濯发云汉，使诸儒后生企仰而不暇，此固希则褚囊中所畜尔岂假予详言之哉觞行酒半坐者皆欲去操觚率然辞不逮意。同年景山、钦之、识之，亦赋诗以为别，则祖离[③]道旧之情备之矣，此不复云。

（选自《欧阳修集》，有删改）

【注】①贲、育：战国时勇士孟贲和夏育的并称。②沉冥郁堙：埋没，湮没。③祖离：谓饯别出行之人。

(1)下列对文中画波浪线部分句子的断句正确的一项是(　　)(2分)

A. 此固希则／褚囊中所畜／尔岂假予详言之哉／觞行酒半／坐者皆欲去／操觚率然／辞不逮意。

B. 此固希则褚囊中所畜尔／岂假予详言之哉／觞行酒半坐者／皆欲去操觚／率然辞不逮意。

C. 此固希则／褚囊中所畜尔／岂假予详言之哉／觞行酒半坐者／皆欲去／操觚率然／辞不逮意。

D. 此固希则褚囊中所畜尔／岂假予详言之哉／觞行酒半／坐者皆欲去／操觚率然／辞不逮意。

(2)下列对文中加点词语的相关内容的解说,不正确的一项是(　　)(2分)

A.“绅笏”:大带与笏板,古代做官者佩用的物品,在文中代指官位。

B.“进士”:中国古代科举制度中通过最后一级中央政府朝廷考试者。进士根据成绩高低分为一甲、二甲、三甲,共三等,一甲第一名叫“状元”,第二名叫“探花”,第三名叫“榜眼”。

C.“公车”:最早为汉代官署名,后因汉代曾用公家车马接送应举的人,所以也代指入京应试的举人或举人进京应试。

D.“射策”:以经术为内容的考试方法。主试者提出问题,书之于策,覆置案头,受试人拈取其一,叫作“射”;受试人按所射的策上的题目作答。“射策”在文中泛指应试。

(3)下列对原文有关内容的概括和分析不正确的一项是(　　)(2分)

A.作者在文中简单介绍了自己的经历,对方希则的不幸遭遇报以深深的同情,也对方希则面对挫折时的淡然旷达表示了钦佩。

B.作者认为,方希则虽然命运坎坷,但他以庄子、班固自比,志向高洁,相信他将来有一天会像彩虹一样光芒四射。

C.作者旅居京城,广泛交友,与方希则一见如故,成为知音,所以,离别之时应方希则的要求写下这篇序赠送给他。

D.本文语言恳切,感情深挚,既表达了作者与方希则之间的深厚情谊,也表达了作者对方希则人品学识的高度赞扬。

(4)翻译以下句子。

①是以君子轻去就,随卷舒,富贵不可诱。(4分)

②以希则之资材识业而沉冥郁堙者,岂非天将张之而固翕之邪?(4分)

05 阅读以下文言文,回答(1)~(4)小题。　江苏真题

太宗初践阼,即于正殿之左置弘文馆,精选天下文儒,令以本官兼署学士,给以五品珍膳,更日宿直,以听朝之隙引入内殿,讨论坟典,商略政事,或至夜分乃罢。又诏勋贤三品以上子孙为弘文学生。

贞观二年，诏停周公为先圣，始立孔子庙堂于国学，稽式旧典，以仲尼为先圣，颜子为先师，两边俎豆干戚之容，始备于兹矣。是岁大收天下儒士，赐帛给传，令诣京师，擢以不次，布在廊庙者甚众。学生通一大经以上，咸得署吏。国学增筑学舍四百余间，国子、太学、四门、广文亦增置生员，其书、算各置博士、学生，以备众艺。太宗又数幸国学，令祭酒、司业、博士讲论，毕，各赐以束帛。四方儒生负书而至者，盖以千数。俄而吐蕃及高昌、高丽、新罗等诸夷酋长，亦遣子弟请入于学。于是国学之内，鼓箧升讲筵者，几至万人，儒学之兴，古昔未有也。

贞观十四年诏曰："梁皇侃、褚仲都，周熊安生、沈重，陈沈文阿、周弘正、张讥，隋何妥、刘炫等，并前代名儒，经术可纪，加以所在学徒，多行其讲疏，宜加优赏，以劝后生，可访其子孙见在者，录姓名奏闻。"二十一年诏曰："左丘明、卜子夏、公羊高、谷梁赤、伏胜、高堂生、戴圣、毛苌、孔安国、刘向、郑众、杜子春、马融、卢植、郑玄、服虔、何休、王肃、王弼、杜预、范宁等二十有一人，并用其书，垂于国胄，既行其道，理合褒崇。自今有事于太学，可并配享尼父庙堂。"其尊儒重道如此。

贞观二年，太宗谓侍臣曰："为政之要，惟在得人。用非其才，必难致治。今所任用，必须以德行、学识为本。"谏议大夫王珪曰："人臣若无学业，不能识前言往行，岂堪大任？汉昭帝时，有人诈称卫太子，聚观者数万人，众皆致惑。隽不疑断以蒯聩之事。昭帝曰：'公卿大臣，当用经术明于古义者，此则固非刀笔俗吏所可比拟。'"上曰："信如卿言。"

贞观四年，太宗以经籍去圣久远，文字讹谬，诏前中书侍郎颜师古于秘书省考定五经。及功毕，复诏尚书左仆射房玄龄集诸儒重加详议。时诸儒传习师说，舛谬已久，皆共非之，异端蜂起。而师古辄引晋、宋以来古本，随方晓答，援据详明，皆出其意表，诸儒莫不叹服。太宗称善者久之，赐帛五百匹，加授通直散骑常侍，颁其所定书于天下，令学者习焉。太宗又以文学多门，章句繁杂，诏师古与国子祭酒孔颖达等诸儒，撰定五经疏义，凡一百八十卷，名曰《五经正义》，付国学施行。

（选自《贞观政要·崇儒学》，有删改）

(1)下列句子中加点词的解释，不正确的一项是(　　)(3分)

A. 兼署学士　署：委任　　B. 稽式旧典　稽：考查

C. 信如卿言　信：相信　　D. 援据详明　援：引用

(2)下列对文中相关内容的解说，正确的一项是(　　)(3分)

A. 唐太宗着意文治，设置弘文馆，崇尚儒学，确立周公、仲尼为先圣，颜回为先师。

B. 贞观二年，唐太宗广收天下儒士，加以赏赐，下令他们聚集到京师，破格提拔了不少儒生。

C. 唐太宗于贞观十四年下诏对梁代、北周、陈代和隋代的诸多名儒，以及卜子夏、公羊高等二十一人，给予褒扬和尊崇。

D. 贞观四年，唐太宗下诏让颜师古考定五经，考定完毕，又下诏让房玄龄召集诸位儒生讨论，大家一致认同并叹服颜师古，太宗也大加赞赏。

(3)把文中画线句子翻译成现代汉语。(2分)

为政之要,惟在得人。用非其才,必难致治。

(4)根据文本,请简要概括唐太宗在“尊儒重道”方面做了哪些事情。(5分)

06 阅读以下文言文,回到(1)~(4)小题。 山西真题

张衡字平子,南阳西鄂人也。衡少善属文,游于三辅,因入京师,观太学,遂通五经,贯六艺。虽才高于世,而无骄尚之情。常从容淡静,不好交接俗人。永元中,举孝廉不行,连辟公府不就。时天下承平日久,自王侯以下莫不逾侈。衡乃拟班固《两都》作《二京赋》,因以讽谏。精思傅会,十年乃成。大将军邓骘奇其才,累召不应。

衡善机巧,尤致思于天文阴阳历算。安帝雅闻衡善术学,公车特征拜郎中,再迁为太史令。遂乃研核阴阳,妙尽璇机之正,作浑天仪,著《灵宪》《算罔论》,言甚详明。

顺帝初,再转复为太史令。衡不慕当世,所居之官辄积年不徙。自去史职,五载复还。

阳嘉元年,复造候风地动仪。以精铜铸成,员径八尺,合盖隆起,形似酒尊,饰以篆文山龟鸟兽之形。中有都柱,傍行八道,施关发机。外有八龙,首衔铜丸,下有蟾蜍,张口承之。其牙机巧制,皆隐在尊中,覆盖周密无际。如有地动,尊则振龙,机发吐丸,而蟾蜍衔之。振声激扬,伺者因此觉知。虽一龙发机,而七首不动,寻其方面,乃知震之所在。验之以事,合契若神。自书典所记,未之有也。尝一龙机发而地不觉动,京师学者咸怪其无征。后数日驿至,果地震陇西,于是皆服其妙。自此以后,乃令史官记地动所从方起。

时政事渐损,权移于下,衡因上疏陈事。后迁侍中,帝引在帷幄,讽议左右。尝问天下所疾恶者。宦官惧其毁己,皆共目之。衡乃诡对而出。阉竖恐终为其患,遂共谗之。衡常思图身之事,以为吉凶倚伏,幽微难明,乃作《思玄赋》以宣寄情志。

永和初,出为河间相。时国王骄奢,不遵典宪;又多豪右,共为不轨。衡下车,治威严,整法度,阴知奸党名姓,一时收禽,上下肃然,称为政理。视事三年,上书乞骸骨,征拜尚书。年六十二,永和四年卒。

(1)下列加点词的解释不正确的一项是(　　)(3分)

A. 不好交接俗人　交接:与……交往

B. 连辟公府不就　辟:征召

C. 帝引在帷幄　引:延请

D. 视事三年　视事:看,观察

(2)下列文化常识解说有误的一项是(　　)(3分)

A. 三辅:汉朝以京兆尹、左冯翊、右扶风为三辅,这三个地区在今陕西西安附近。

B. 孝廉:汉朝由地方官向中央举荐品行端正的人任以官职,被举荐之人称为孝廉。

C. 班固《两都赋》中的"两都"指长安、洛阳,而张衡《二京赋》中的"二京"则不然。

D. 乞骸骨:封建社会,大臣年老,请求辞职为"乞骸骨",意思是请求赐还自己的身体,回家乡去。

(3)下列对第四自然段的概要分析,不正确的一项是(　　)(3分)

A. 本段重点介绍了代表张衡科学成就的候风地动仪,不足两百字,文字精简平实而又清楚明白。

B. 本段文字详尽论述了地动仪的制造时间、质地材料、形状大小、内外结构、外表装饰、工作过程、功能作用等内容。

C. 介绍地动仪构造特点时,以"中""傍""外""下"四个方位词为序,从外到里,从上到下简明地写出了其构造部件。

D. 关于候风地动仪的说明和记叙,条理分明,准确清楚,使没见过它的人,都能大体了解它的构造。

(4)翻译。

①大将军邓骘奇其才,累召不应。(3分)

②衡下车,治威严,整法度,阴知奸党名姓,一时收禽,上下肃然,称为政理。(5分)

07 阅读以下文言文，回答(1)~(4)小题。　安徽真题

过济宁别杨千木

方　苞

余与海内士大夫往还近五十年，自成童侍先君子，百年中耆旧犹间及焉。其间博记诵、富文藻、天性醇良、操行孤洁者皆有之；至于修身慎独，而以圣贤为必可几，与夫材识确然足以立事者，则未见其人也。中岁，得清涧白玫玉，其疏节矣古豪俊，其后得长沙陈公沧洲，又其后得吾千木。初定交时，以是语之，瞿然曰："吾非其人也。吾观汉唐中智之仕任将相者，其于设施数变之后，皆究知其利害。往者，武进赵司农劾商人冒滥，请以采铜责督抚，吾心快之。不知令朝下而吏夕困，吏困而民又甚焉。以是而承国事，则偾事而枉民也必甚矣。"然余以是益喜千木用心于物理之实者，盖非一日，而果足以有立也。间语沧洲，沧洲亦以余为知言。

千木久困公车，求试于南河，久之，分司高堰。高堰自梁以来千余年，为淮扬二郡利害甚剧。千木甫受事，而洪泽湖涨，下河居民当其冲者，日夜装载离居，穷民倚担以俟。千木昼夜立水中，率吏车修救，水深没踝，凡四旬有七日，堰得不溃。时沧洲奉命巡河，叹曰："方某果知人！"因与定交，慷慨相勖，时康熙五十九年也。今皇帝嗣位，沧洲实授河督，以高堰地重，非千木莫属。三举监司而不与，或诧之，千木曰："若是者乃深知我也。"及陈公卒，逾岁北上，而千木移官济宁，过其治所，河以北之诸司，民誉莫并焉。大府监司之贤者，狱有疑必付之，政有疑必咨之。<u>余既喜所期于千木之不谬，而又以叹天之生才之难，与生而用之而竟之之尤难也。</u>以玫玉之气，而老死于穷巷；沧洲则屡进而屡踬，晚达而遽亡，曾不得展措于期月之间，惟千木今始见其端倪耳。

夫命于天者不可知，君子所自定，存于己者而已。千木之致功于险艰，动协乎众志，皆其畴昔不敢自信之心所淬砺而出之者也。然是心也，疑谤交加则易动，而声实既著则易弛，时省而力充焉，庶其终有立乎？千木乞言于余屡矣，行有日，申以勖之。

（选自《方望溪遗集》，有删改）

(1)下列句中加点字解释不正确的一项是(　　)(3分)

A. 百年中耆旧犹间及焉　间：间或，有时

B. 千木甫受事　甫：刚刚，才

C. 民誉莫并焉　并：一起，一并

D. 沧洲则屡进而屡踬　踬：受挫，不顺

(2)下列各组句子中加点字意义和用法相同的一项是(　　)(3分)

A. 则未见其人也　疑谤交加则易动

B. 请以采铜责督抚　穷民倚担以俟

C. 吏困而民又甚焉　晚达而遽亡

D. 下河居民当其冲者　大府监司之贤者

(3)下列对原文内容分析和概括不正确的一项是(　　)(3分)

A.作者在开篇提到自己跟随父亲读书的经历,强调修身慎独、以圣贤为高、有真才实学且能够成大事的人世所罕见,借此来表达对杨千木的赞赏。

B.杨千木在分管高堰时,遇洪泽湖涨水,不分白天黑夜奋战在洪水中,终保高堰无恙;陈沧洲奉命巡河感叹有加,二人于是结交,从此相互勉励。

C.杨千木被举荐为监司,陈沧洲多次反对,众人对此感到惊诧,杨千木却认为陈公深知己心,毫不在意,在陈公去世后,竭心尽力地料理善后事宜。

D.本文夹叙夹议,或采撷交往点滴事迹,或表达期许之情,或寄寓对人才、命运的慨叹之意,皆悉意写出,通篇不事藻饰,而事理关合,语语入情。

(4)把文中画线的句子翻译成现代汉语。(4分)

余既喜所期于千木之不谬,而又以叹天之生才之难,与生而用之而竟之之尤难也。

08 阅读以下文言文,回答(1)~(5)小题。　江苏真题

【甲】若夫日出而林霏开,云归而岩穴暝,晦明变化者,山间之朝暮也。野芳发而幽香,佳木秀而繁阴,风霜高洁,水落而石出者,山间之四时也。朝而往,暮而归,四时之景不同,而乐亦无穷也。

至于负者歌于途,行者休于树,前者呼,后者应,伛偻提携,往来而不绝者,滁人游也。临溪而渔,溪深而鱼肥,酿泉为酒,泉香而酒洌,山肴野蔌,杂然而前陈者,太守宴也。宴酣之乐,非丝非竹,射者中,弈者胜,觥筹交错,起坐而喧哗者,众宾欢也。苍颜白发,颓然乎其间者,太守醉也。

(节选自欧阳修《醉翁亭记》)

【乙】燕地寒,花朝节后余寒犹厉。冻风时作,作则飞沙走砾。局促一室之内,欲出不得。每冒风驰行,未百步辄返。

廿二日,天稍和,偕数友出东直,至满井。高柳夹堤,土膏微润,一望空阔,若脱笼之鹄。于时冰皮始解,波色乍明,鳞浪层层,清澈见底,晶晶然如镜之新开,而冷光之乍出于匣也。山峦为晴雪所洗,娟然如拭,鲜妍明媚,如倩女之靧面,而髻鬟之始掠也。柳条将舒未舒,柔梢披风。麦田浅鬣寸许。游人虽未盛,泉而茗者,罍而歌者,红装而蹇者,亦时时有。风力虽尚劲,然徒步则汗出浃背。凡曝沙之鸟,呷浪之鳞,悠然自得,毛羽鳞鬣之间皆有喜气。始知郊田之外未始无春,而城居者未之知也。

夫不能以游堕事，而潇然于山石草木之间者，惟此官也。而此地适与余近，余之游将自此始，恶能无纪？己亥之二月也。

（袁宏道《满井游记》）

(1)断句(限一处)。(1分)

花朝节后余寒犹厉

(2)解释下列加点字的意思。(4分)

①若夫日出而林霏开(　　)

②泉香而酒洌(　　)

③泉而茗者(　　)

④惟此官也(　　)

(3)翻译下列句子。(4分)

①野芳发而幽香，佳木秀而繁阴。

②柳条将舒未舒，柔梢披风。

(4)乙文全文写满井游记，第一段却只字未提"满井"二字，说说这样写的用意。(2分)

(5)甲乙两文在情感表达上有什么异同点?(4分)

---

09 阅读下面的文言文，完成(1)~(4)题。 浙江真题

王裒[①]，字伟元，城阳营陵人也。祖修，有名魏世。父仪，高亮雅直，为文帝司马。东关之役，帝问于众曰："近日之事，谁任其咎？"仪对曰："责在元帅。"帝怒曰："司马欲委罪于孤邪！"遂引出斩之。

裒少立操尚，行己以礼，身长八尺四寸，容貌绝异，音声清亮，辞气雅正，博学多能。痛父非命，未尝西向而坐，示不臣朝廷也。于是隐居教授，三征七辟皆不就。庐于墓侧，旦夕常至墓所拜跪，

攀柏悲号，涕泪著树，树为之枯。母性畏雷，母没，每雷，辄到墓曰："裒在此。"及读《诗》至"哀哀父母，生我劬劳"，未尝不三复流涕，门人受业者并废《蓼莪》之篇。

家贫，躬耕，计口而田，度身而蚕。或有助之者，不听。诸生密为刈麦，裒遂弃之。知旧有致遗者，皆不受。门人为本县所役，告裒求属令。裒曰："卿学不足以庇身，吾德薄不足以荫卿，属之何益！且吾不执笔已四十年矣。"乃步担干饭，儿负盐豉草屩，送所役生到县，门徒随从者千余人。安丘令以为诣己，整衣出迎之。裒乃下道至土牛旁，磬折而立，云："门生为县所役，故来送别。"因执手涕泣而去。令即放之，一县以为耻。

乡人管彦少有才而未知名裒独以为必当自达拔而友之男女各始生便共许为婚。彦后为西夷校尉，卒而葬于洛阳，裒后更嫁其女。彦弟馥问裒，裒曰："吾薄志毕愿山薮，昔嫁姊妹皆远，吉凶断绝，每以此自誓。今贤兄子葬父于洛阳，此则京邑之人也，岂吾结好之本意哉?"馥曰："嫂，齐人也，当还临淄。"裒曰："安有葬父河南而随母还齐！用意如此，何婚之有！"

北海邴春少立志操，寒苦自居，负笈游学，乡邑佥[②]以为邴原[③]复出。裒以春性险狭慕名，终必不成。其后春果无行，学业不终，有识以此归之。裒常以为人之所行期于当归善道，何必以所能而责人所不能。

及洛京倾覆，寇盗蜂起，亲族悉欲移渡江东，裒恋坟垄不去。贼大盛，方行，犹思慕不能进，遂为贼所害。

【注】①裒：读作póu。②佥：皆。③邴原：汉末学者。

(1)下列对画线句子断句正确的一项是(　　)(1分)

A. 乡人管彦／少有才而未知名／裒独以为必当自达／拔而友之／男女各始生便共许为婚。

B. 乡人管彦／少有才而未知名／裒独以为必当自达／拔而友之／男女各始生／便共许为婚。

C. 乡人管彦／少有才而未知名／裒独以为必当自达／拔而友之／男女各始生便／共许为婚。

D. 乡人管彦少有才而未知名／裒独以为必当自达／拔而友之男女各始生便共／许为婚。

(2)下列加点词语的词类活用与例句不相同的一项是(　　)(1分)

例句：裒乃下道至土牛旁

A. 及洛京倾覆，寇盗蜂起　　B. 母没，每雷，辄到墓曰

C. 计口而田，度身而蚕　　D. 示不臣朝廷也

(3)下列句式与例句相同的一项是(　　)(1分)

例句：裒少立操尚，行己以礼

A. 王裒，字伟元，城阳营陵人也　　B. 犹思慕不能进，遂为贼所害

C. 知旧有致遗者，皆不受　　D. 今贤兄子葬父于洛阳

(4)下列句子中全都说明王裒注重亲情的一项是(　　)(1分)

①每雷,辄到墓曰:"裒在此。"

②未尝西向而坐,示不臣朝廷也。

③辞气雅正,博学多能。

④于是隐居教授,三征七辟皆不就。

⑤因执手涕泣而去。

⑥攀柏悲号,涕泪著树,树为之枯。

A. ④⑤⑥　　B. ②③⑤　　C. ①③④　　D. ①②⑥

---

10 阅读下面的文言文,完成(1)~(5)题。　山西真题

吕祖俭字子约,受业祖谦如诸生。监明州仓将上会祖谦卒部法半年不上者为违年祖俭必欲终期丧朝廷从之诏违年者以一年为限自祖俭始。终更赴铨选。

中丞何澹所生父继室周氏死,澹欲服伯母服,下太常百官杂议。祖俭贻书宰相曰:"《礼》曰:'为伋也妻者,是为白也母。'今周氏非中丞父之妻乎?将不谓之母而谓之何?中丞为风宪首,而以不孝令,百僚何观焉。"除司农簿,已而乞补外,通判台州。宁宗即位,除太府丞。

时韩侂胄浸用事,正言李沐论右相赵汝愚罢之。祖俭奏:"汝愚亦不得无过,然未至如言者所云。"韩侂胄怒曰:"吕寺丞乃预我事邪?"会祭酒李祥、博士杨简皆上书讼汝愚,沐皆劾罢之。祖俭乃上封事曰:"陛下初政清明,登用忠良,然曾未逾时,朱熹老儒也,有所论列,则亟使之去;彭龟年旧学也,有所论列,亦亟许之去;至于李祥老成笃实,非有偏比,盖众听所共孚者,今又终于斥逐。臣恐自是天下有当言之事,必将相视以为戒,钳口结舌之风一成而未易反,是岂国家之利邪?"

又曰:"今之能言之士,其所难非在于得罪君父,而在忤意权势。臣恐事势浸淫,政归幸门,不在公室。私忧过计,深虑陛下之势孤,而相与维持宗社者浸寡也。"疏既上,束檐待罪。有旨:吕祖俭朋比罔上,安置韶州。中书舍人邓驲缴奏,祖俭罪不至贬。御笔:"祖俭意在无君,罪当诛。窜逐已为宽恩。"会楼钥进读吕公著元祐初所上十事,因进曰:"如公著社稷臣,犹将十世宥之,前日太府寺丞吕祖俭以言事得罪者,其孙也。今投之岭外,万一即死,圣朝有杀言者之名,臣窃为陛下惜之。"上问:"祖俭所言何事?"然后知前日之行不出上意。侂胄谓人曰:"复有救祖俭者,当处以新州矣。"众莫敢出口。有谓侂胄曰:"自赵丞相去,天下已切齿,今又投祖俭瘴乡,不幸或死,则怨益重,曷若少徙内地。"侂胄亦悟。祖俭至庐陵,将趋岭,得旨改送吉州。遇赦,量移高安。二年卒,诏令归葬。

(1)下列对文中画波浪线部分的断句,正确的一项是(　　)(3分)

A.监明州仓将上/会祖谦卒/部法/半年不上者为违年/祖俭必欲终/期丧朝廷从之/诏违年者以一年为限/自祖俭始。

B.监明州仓/将上/会祖谦卒/部法半年不上者为违年/祖俭必欲终期丧/朝廷从之/诏违年者以一年为限/自祖俭始。

C.监明州仓/将上/会祖谦卒/部法半年不上者为违年/祖俭必欲终/期丧朝廷从之/诏违年者以一年为限/自祖俭始。

D.监明州仓将上/会祖谦卒/部法/半年不上者为违年/祖俭必欲终期丧/朝廷从之/诏违年者以一年为限/自祖俭始。

(2)对以下加点字的解释,不正确的一项是(　　)(3分)

A.澹欲服伯母服　服:穿上　　B.除司农簿　除:授予官职

C.登用忠良　登:登记　　D.则亟使之去　亟:马上

(3)以下对文中加点词的理解不正确的一项是(　　)(3分)

A.铨选,唐宋至清选用官吏的制度。凡经考试、捐纳或原官起复具有资格的人均须到吏部听候铨选。

B.祭酒,古代主管国子监或太学的教育行政长官。战国时荀子曾三任稷下学宫的祭酒,相当于现在的大学校长。

C.博士,古为官名,现为学位名称。秦汉时是掌管书籍文典、通晓史事的官职,后成为学术上专通一经或精通一艺、从事教授生徒的官职。

D.宗社,指古时供奉社神的宗庙。古人会在秋季和冬季去祭祀社神。

(4)下列对原文有关内容的概括和分析不正确的一项是(　　)(3分)

A.祖俭重孝道,自幼像学生一样受学于吕祖谦。将要上任时恰逢吕祖谦去世,祖俭守满一年丧后赴铨选。

B.祖俭明礼教。祖俭送《礼》书给宰相,并以《礼》劝他称父亲的继室周氏为母亲。

C.祖俭敢谏言,在赵汝愚将被罢免时,祖俭为其说情,被韩侂胄怒斥,之后,吕祖俭就用袋封缄上书奏章,请求陛下不要堵塞言路。

D.祖俭蒙冤难。祖俭上呈奏疏,却被认为是与人互相勾结欺罔皇帝,皇帝认为祖俭罪责当杀,贬逐已经是宽待他了。

(5)以下对“中丞为风宪首,而以不孝令,百僚何观焉”一句翻译最准确的一项是(　　)(3分)

A.中丞作为讽谏的御史台长官,却命令大家行不孝之事,使百官僚臣如何看待啊。

B. 中丞作为最受重用的御史台长官,却命令大家行不孝之事,百官僚臣怎么对待啊。

C. 中丞作为最受重用的御史台长官,却以不孝行事,使百官僚臣如何看待这件事啊。

D. 中丞作为讽谏的御史台长官,却以不孝行事,会使百官僚臣如何看待这件事啊。

11 阅读下面的文言文,完成(1)~(4)题。 天津真题

杨津字罗汉,少端谨,除侍御中散。津以身在禁密,不外交游,至宗族姻表罕相参候。司徒冯诞与津少结交友,而津见其贵宠,每恒退避,及相招命,多辞疾不往。后迁长水校尉,仍直阁。出除岐州刺史,有武功人赍绢三匹,去城十里,为贼所劫。时有使者驰驿而至,被劫人因以告之。使者到州,以状白津。津乃下教,云有人着某色衣乘某色马,在城东十里被杀,不知姓名。若有家人,可速收视。有一老母行哭而出,云是己子。于是遣骑追收,并绢俱获。自是阖境畏服。至于守令僚佐有浊货者,未曾公言其罪,常以私书切责之。于是官属感厉,莫有犯法者。延昌末,起为华州刺史。先是,受调绢度尺特长在事因缘共相进退百姓苦之津乃令依公尺度其输物尤好者赐以杯酒而出其所输少劣者为受之但无酒以示其耻。于是竞相劝厉,官调更胜。除定州刺史。初,津兄椿得罪此州,由赵略投书所致。及津至,略举家逃走。津乃下教慰喻,令其还业。于是阖州愧服,远近称之。孝昌中,北镇扰乱,侵逼旧京。时贼帅鲜于修礼、杜洛周残掠州境,孤城独立。在两寇之间。津修理战具,更营雉堞。又于城中去城十步,掘地至泉,广作地道,潜兵涌出,置炉铸铁,持以灌贼。贼遂相告曰:"不畏利槊坚城,唯畏杨公铁星。"津与贼帅元洪业等书喻之,并授铁券,许之爵位,令图贼帅毛普贤。洪业等感寤,复书云欲杀普贤,又云:"贼欲围城,正为取北人,城中所有北人,必须尽杀。"津以城内北人,虽是恶党,然掌握中物,未忍便杀,但收内子城,防禁而已。将吏无不感其仁恕。卒,谥曰孝穆。

(选自《北史·卷四十一》,有删改)

(1)下列对文中画波浪线部分的断句,正确的一项是( )(3分)

A. 受调绢度尺特长/在事因缘/共相进退/百姓苦之/津乃令依公尺度其输物/尤好者赐以杯酒而出/其所输少劣者/为受之/但无酒/以示其耻。

B. 受调绢度尺特长/在事因缘/共相进退/百姓苦之/津乃令依公尺/度其输物尤好者赐以杯酒而出/其所输少/劣者为受之/但无酒/以示其耻。

C. 受调绢度尺特长/在事因缘/共相进退/百姓苦之/津乃令依公尺度其输物/尤好者赐以杯酒而出/其所输少/劣者为受之/但无酒/以示其耻。

D. 受调绢度尺特长/在事因缘/共相进退/百姓苦之/津乃令依公尺/度其输物尤好者赐以杯酒而出其所输少劣者/为受之/但无酒/以示其耻。

(2)下列对文中加点词语的相关内容的解说,不正确的一项是(　　)(3分)

A.直阁,原意为值勤殿阁,南北朝时为禁卫武官,侍卫在皇帝左右,负责其安全。

B.官调,是指官府按户征收的布、绢或绵等,与田租一起构成了国家的正式赋税。

C.雉堞,由女墙、垛墙和垛墙之间形成的垛口组成,作战时用于掩护守城的将士。

D.铁券,是外形如筒瓦状的铁制品,是我国古代皇帝颁赏赐给臣子的钱财和礼物。

(3)下列对原文有关内容的概括和分析,不正确的一项是(　　)(3分)

A.杨津严于律己,为人端正谨慎。他因为身在禁密,所以不和外人交往,即使是宗族姻亲也少有往来;对已得贵宠的少时好友,亦尽量避而不见。

B.杨津治境有方,得到官民敬服。在岐州,他迅速破案,因此地方官吏不敢再为非作歹;在华州,采取有力措施,解除了百姓长期以来受到的欺压。

C.杨津宽厚仁慈,有君子的风范。赵略举报了他的兄长,他以德报怨,让赵略还家就业;对待城中的北镇乱党,不忍心处死他们,而设法保全他们。

D.杨津善用谋略,平定地方叛乱。在定州受两军围困时,他开挖地道,巧设伏兵;设炉冶铁,持以灌敌;他又劝降洪业,有效地分化瓦解了敌军。

(4)把文中画横线的句子翻译成现代汉语。

①时有使者驰驿而至,被劫人因以告之。使者到州,以状白津。(2分)

②至于守令僚佐有浊货者,未曾公言其罪,常以私书切责之。(2分)

12 阅读下面的文言文,完成(1)~(4)题。　安徽真题

徐文长传

袁宏道

徐渭,字文长,为山阴诸生,声名籍甚。薛公蕙校越时,奇其才,有国士之目。然数奇,屡试辄蹶。中丞胡公宗宪闻之,客诸幕。文长每见,则葛衣乌巾,纵谈天下事,胡公大喜。是时公督数边兵,威镇东南,介胄之士,膝语蛇行,不敢举头,而文长以部下一诸生傲之,议者方之刘真长、杜少陵云。会得白鹿,属文长作表,表上,永陵喜。公以是益奇之,一切疏计,皆出其手。文长自负才略,

好奇计，谈兵多中，视一世事无可当意者。然竟不偶。

文长既已不得志于有司，遂乃放浪曲糵，恣情山水，走齐、鲁、燕、赵之地，穷览朔漠。其所见山奔海立、沙起云行、雨鸣树偃、幽谷大都、人物鱼鸟，一切可惊可愕之状，一一皆达之于诗。其胸中又有勃然不可磨灭之气，英雄失路、托足无门之悲，故其为诗，如嗔如笑，如水鸣峡，如种出土，如寡妇之夜哭、羁人之寒起。虽其体格时有卑者，然匠心独出，有王者气，非彼巾帼而事人者所敢望也。文有卓识，气沉而法严，不以模拟损才，不以议论伤格，韩、曾之流亚也。文长既雅不与时调合，当时所谓骚坛主盟者，文长皆叱而奴之，故其名不出于越，悲夫！

喜作书，笔意奔放如其诗，苍劲中姿媚跃出，欧阳公所谓"妖韶女老自有余态"者也。间以其余，旁溢为花鸟，皆超逸有致。

卒以疑杀其继室，下狱论死。张太史元汴力解，乃得出。晚年愤益深，佯狂益甚，显者至门，或拒不纳。时携钱至酒肆，呼下隶与饮。或自持斧击破其头，血流被面，头骨皆折，揉之有声。或以利锥锥其两耳，深入寸余，竟不得死。周望言："晚岁诗文益奇，无刻本，集藏于家。"余同年有官越者，托以钞录，今未至。余所见者，《徐文长集》《阙编》二种而已。然文长竟以不得志于时，抱愤而卒。

石公曰：先生数奇不已，遂为狂疾；狂疾不已，遂为囹圄。古今文人，牢骚困苦，未有若先生者也。虽然，胡公间世豪杰，永陵英主，幕中礼数异等，是胡公知有先生矣；表上，人主悦，是人主知有先生矣，独身未贵耳。先生诗文崛起，一扫近代芜秽之习，百世而下，自有定论，胡为不遇哉？

梅客生尝寄予书曰："文长吾老友，病奇于人，人奇于诗。"余谓文长无之而不奇者也。无之而不奇，斯无之而不奇也。悲夫！

（有删改）

(1)下列句中加点字解释不正确的一项是(　　)(3分)

A. 会得白鹿，属文长作表　属：嘱咐，交待

B. 文长自负才略，好奇计，谈兵多中　负：背弃，辜负

C. 非彼巾帼而事人者所敢望也　事：服侍，侍奉

D. 故其名不出于越　名：名声，名气

(2)下列各组句子中加点字意义和用法相同的一项是(　　)(3分)

A. 然数奇，屡试辄蹶　其胸中又有勃然不可磨灭之气

B. 然文长竟以不得志于时　托以钞录

C. 气沉而法严　文长皆叱而奴之

D. 走齐、鲁、燕、赵之地　一切可惊可愕之状

(3)下列对原文内容分析与概括不正确的一项是(　　)(3分)

A.徐文长在山阴时较有名气,薛蕙对他的才能十分惊奇,把他看作国士,然而徐文长在此后的科举考试中却运气不佳,屡屡落第。

B.徐文长深得胡宗宪赏识,被胡宗宪招为幕下,他为胡宗宪起草的奏章,皇上看了很满意,徐文长因此深得皇上宠信。

C.徐文长科场失意,一度放浪形骸,纵情山水,游历见闻都表现在诗中,诗作体格虽时有卑下,却往往匠心独运,有王者之气。

D.徐文长在诗文创作方面取得了不俗的成就,同时他的书法笔意奔放苍劲,一如其诗,花鸟画也超逸有致,都得到了作者的肯定。

(4)把文中画线的句子翻译成现代汉语。(4分)

公以是益奇之,一切疏计,皆出其手。

---

13 阅读下面的文言文,完成(1)~(4)题。 湖南真题

至言

贾山

臣闻忠臣之事君也,言切直则不用而身危,不切直则不可以明道。故切直之言,明主所欲急闻,忠臣之所以蒙死而竭知也。地之硗[①]者,虽有善种,不能生焉;江皋河濒,虽有恶种,无不猥大。昔者夏、商之季世,虽关龙逄、比干[②]之贤,身死亡而道不用。文王之时,豪俊之士皆得竭其智,刍荛采薪之人皆得尽其力。此周之所以兴也。故地之美者善养禾,君之仁者善养士。雷霆之所击,无不摧折者;万钧之所压,无不糜灭者。今人主之威,非特雷霆也;势重,非特万钧也。开道而求谏,和颜色而受之,用其言而显其身,士犹恐惧而不敢自尽,又乃况于纵欲恣行暴虐,恶闻其过乎?震之以威,压之以重,则虽有尧舜之智,孟贲[③]之勇,岂有不摧折者哉?如此,则人主不得闻其过失矣;弗闻,则社稷危矣。

今陛下念思祖考,术追厥功,图所以昭光洪业休德,使天下举贤良方正之士。天下皆訢訢[④]焉,曰将兴尧舜之道,三王之功矣。天下之士,莫不精白[⑤]以承休德。今方正之士皆在朝廷矣。又选其贤者,使为常侍诸吏,与之驰驱射猎,一日再三出。臣恐朝廷之解弛,百官之堕于事也,诸侯闻之,又必怠于政矣。

陛下即位,亲自勉以厚天下,损食膳,不听乐,减外徭卫卒,止岁贡;去诸苑以赋农夫,出帛十万余匹以振贫民;平狱缓刑,天下莫不说喜。是以元年膏雨降,五谷登,此天之所以相陛下也。刑轻

于它时,而犯法者寡,衣食多于前年,而盗贼少,此天下之所以顺陛下也。臣闻山东吏布诏令,民虽老羸癃疾,扶杖而往听之,愿少须臾毋死,思见德化之成也。今功业方就,名闻方昭,今从豪俊之臣,方正之士,直与之日日猎射,击兔伐狐,以伤大业,绝天下之望,臣窃悼之!

《诗》曰:"靡不有初,鲜克有终。"臣愿少衰射猎,以夏岁二月,定明堂,造太学,修先王之道。风行俗成,万世之基定,然后唯陛下所幸耳。大臣不得与宴游,方正修洁之士不得从射猎,使皆务其方,以高其节,则群臣莫敢不正身修行,尽心以称大礼。如此,则陛下之道尊敬,功业施于四海,垂于万世子孙矣。

(选自《汉书·列传第二十一》,有删改)

【注】①硗:土地坚硬不肥沃。②关龙逄、比干:关龙逄,夏朝末年的大臣,因忠谏被君王桀所杀。比干,商朝忠臣,直言进谏,被纣王剖心。③孟贲:战国时期卫国的勇士,传说能生拔牛角。④訢訢:欣喜。⑤精白:精诚,纯洁。

(1)下列句子中加点词的解释不正确的一项是(　　)(3分)

A. 忠臣之所以蒙死而竭知也　　蒙:蒙受

B. 士犹恐惧而不敢自尽　　自尽:自杀

C. 图所以昭光洪业休德　　图:目的

D. 靡不有初,鲜克有终　　克:能够

(2)下列各组句子中,加点词的意义和用法相同的一项是(　　)(3分)

A. ①昔者夏、商之季世　　②直与之日日猎射

B. ①扶杖而往听之　　②用其言而显其身

C. ①今功业方就　　②使皆务其方,以高其节

D. ①出帛十万余匹以振贫民　　②尽心以称大礼

(3)请将文中画波浪线的句子翻译成现代汉语。(3分)

臣闻山东吏布诏令,民虽老羸癃疾,扶杖而往听之,愿少须臾毋死,思见德化之成也。

(4)结合全文,简要分析作者的劝谏艺术。(3分)

14 阅读下面的文言文,完成(1)~(5)题。 江西真题

信数与萧何语,何奇之。至南郑,诸将行道亡者数十人,信度何等已数言上,上不我用,即亡。何闻信亡,不及以闻,自追之。人有言上曰:"丞相何亡。"上大怒。居一二日,何来谒上,上且怒且喜,骂何曰:"若亡,何也?"何曰:"臣不敢亡也,臣追亡者耳。"上曰:"若所追者谁?"何曰:"韩信也。"上复骂曰:"诸将亡者以十数,公无所追;追信,诈也。"何曰:"诸将易得耳至如信者国士无双王必欲长王汉中无所事信必欲争天下非信无所与计事者。"王曰:"吾为公以为将。"何曰:"虽为将,信必不留。"王曰:"以为大将。"何曰:"幸甚。"于是王欲召信拜之。何曰:"王素慢无礼,今拜大将如呼小儿耳,此乃信所以去也。王必欲拜之,择良日,斋戒,设坛场,具礼,乃可耳。"王许之。诸将皆喜,人人各自以为得大将。至拜大将,乃韩信也,一军皆惊。

信拜礼毕,上坐。王曰:"丞相数言将军,将军何以教寡人计策?"信谢,因问王曰:"今东乡争权天下,岂非项王邪?"汉王曰:"然。"曰:"大王自料勇悍仁强孰与项王?"汉王默然良久,曰:"不如也。"信再拜贺曰:"惟信亦为大王不如也。然臣尝事之,请言项王之为人也。项王喑恶叱咤,千人皆废,然不能任属贤将,此特匹夫之勇耳。项王见人恭敬慈爱,言语呕呕(言语温和的样子),人有疾病,涕泣分食饮,至使人有功当封爵者,印刓敝,忍不能予,此所谓妇人之仁也。项王虽霸天下而臣诸侯,不居关中而都彭城。有背义帝之约,而以亲爱王,诸侯不平。诸侯之见项王迁逐义帝置江南,亦皆归逐其主而自王善地。项王所过无不残灭者,天下多怨,百姓不亲附,特劫于威彊耳。名虽为霸,实失天下心。故曰其强易弱。今大王诚能反其道:任天下武勇,何所不诛!以天下城邑封功臣,何所不服!以义兵从思东归之士,何所不散!且三秦王为秦将,将秦子弟数岁矣,所杀亡不可胜计,又欺其众降诸侯,至新安,项王诈坑秦降卒二十余万,唯独邯、欣、翳得脱,秦父兄怨此三人,痛入骨髓。今楚强以威王此三人,秦民莫爱也。大王之入武关,秋毫无所害,除秦苛法,与秦民约法三章耳,秦民无不欲得大王王秦者。于诸侯之约,大王当王关中,关中民咸知之。大王失职入汉中,秦民无不恨者。今大王举而东,三秦可传檄而定也。"于是汉王大喜,自以为得信晚。遂听信计,部署诸将所击。

(1)下列各句加点字意思解释不正解的一项是(　　)(3分)

A. 若所追者谁　　若:如果

B. 项王虽霸天下而臣诸侯　　臣:征服

C. 此特匹夫之勇耳　　特:只是

D. 诸将亡者以十数　　数:计算

(2)下列各组加点字意义或用法相同的一组是(　　)(3分)

A. ①设坛场,具礼,乃可耳　　②此乃信所以去也

B. ①吾为公以为将　　②人人各自以为得大将

C. ①大王之入武关,秋毫无所害　　②四方之民归之,若水之归下也

D. ①项王虽霸天下而臣诸侯　　②虽为将,信必不留

(3)下列各句中加点字的用法与例句相同的一项是(　　)(3分)

例:项伯杀人,臣活之

A. 信数与萧何语,何奇之　　B. 今大王举而东

C. 大王当王关中　　D. 何闻信亡,不及以闻

(4)下列对文章内容的理解和分析不正确的一项是(　　)(3分)

A. 刘邦行军至南郑时,军中许多将士纷纷逃走。韩信揣度萧何屡次推荐自己,却终不能被重用,也逃离了大军。

B. 萧何认为刘邦若要图天下,必须要有韩信这样的人才。诸将易得,韩信难求。若挽留韩信,需拜他为大将。

C. 韩信认为项羽为人虽喑恶叱咤却是匹夫之勇;虽恭敬慈爱,却是妇人之仁。而刘邦素来对人轻慢无礼。

D. 刘邦入关废除苛法,约法三章,深得秦地百姓拥戴,项羽则不得人心。因此韩信认为秦中地区唾手可得。

(5)文中画横线的句子断句正确的一项是(　　)(3分)

A. 诸将/易得耳至/如信者/国士无双/王必欲长王汉中无所事/信必欲争天下非信/无所与计事者。

B. 诸将易得耳/至如信者/国士无双/王必欲长王汉中/无所事信/必欲争天下/非信无所与计事者。

C. 诸将/易得耳/至如信者/国士无双/王必欲长王汉中/无所事信/必欲争天下非信/无所与计事者。

D. 诸将易得耳/至如信者国士无双/王/必欲长王汉中/无所事信/必欲争天下非信无/所与计事者。

15 阅读下面的文言文,完成(1)~(4)题。　广东真题

王鉷,太原祁人也。天宝二年,充京和市和籴使。时右相李林甫怙权用事。志谋不利于东储,以除不附己者,而鉷有吏干,倚之转深,以为己用。既为户口色役使,时有敕给百姓一年复。鉷即奏征其脚钱,广张其数,又市轻货,乃甚于不放。输纳物者有浸渍,折估皆下本郡征纳。又敕本郡高户为租庸脚士,皆破其家产,弥年不了。恣行割剥,以媚于时,人用嗟怨。玄宗在位多载,妃御承恩多赏赐,不欲频于左右藏取之。鉷探旨意,岁进钱宝百亿万,便贮于内库,以恣主恩锡赉[注]。鉷云:"此是常年额外物,非征税物。"玄宗以为鉷有富国之术,利于王用,益厚待之。

鉷威权转盛,兼二十余使,近宅为使院,文案堆积,胥吏求押一字,即累日不遂。中使赐遗,不绝于门,虽晋公林甫亦畏避之。林甫子岫为将作监,供奉禁中;鉷子准卫尉少卿,亦斗鸡供奉,每谑岫,岫常下之。万年尉韦黄裳,长安尉贾季邻常于厅事贮钱数百绳,名倡珍馔,常有备拟,以候准所适。又于宅侧自有追欢之所。鉷与弟户部郎中銲,召术士任海川游其门,问其相命,言有王否。海川震惧,潜匿不出。鉷惧泄其事,令逐之,至冯翊郡,得,诬以他事杖杀之。定安公主男韦会任王府司马,闻之,话于私庭,乃被侍儿说于佣保者。或有憾于会,告于鉷,鉷遣贾季邻收于长安狱,入夜缢之,明辰载尸还其家,会皇堂外甥,同产兄王繇尚永穆公主,而惕息不敢言。

十一载四月,銲与故鸿胪少卿刑璹子縡情密累年,縡潜构逆谋。先期二日事发,玄宗以鉷委任深必不与之知情鉷与銲别生嫉其富贵故欲陷鉷耳遂特原銲不问然意欲鉷请罪之。上密令国忠讽之,国忠不敢泄上意,讽鉷曰:"且主上眷大夫深,今日大夫须割慈存门户,但抗疏请罪郎中。郎中亦未必至极刑,大夫必存,如何并命!"鉷俯首久曰:"小弟先人馀爱,平昔频有处分,义不欲舍之而谋存。"乃进状。季邻为鉷所引用,亦证其罪。及日暮,奏之,銲决杖死于朝堂,赐鉷自尽于三卫厨。初,鉷与御史中丞、户部侍部杨慎矜亲,且情厚,颇为汲引,及贵盛争权,鉷附于李林甫,为所诱,陷慎矜家。经五年而鉷至赤族,岂天道欤!

【注】锡赉(lài):指赏赐或赏赐之物。

(1)下列对加点字词的解释,不正确的一项是________(请填写数字序号)(3.75分)

①时右相李林甫怙权用事　怙:依靠,依仗

②同产兄王繇尚永穆公主　同产:同母所生,指亲兄弟

③不欲频于左右藏取之　左右:身边

④不绝于门　绝:绝情

(2)下列对文中画线部分的断句,正确的一项是________(请填写数字序号)(3.75分)

①玄宗以鉷委任/深必不与之知情/鉷与銲别生嫉/其富贵故/欲陷鉷耳/遂特原銲不问然意欲/鉷请罪之。

②玄宗以鉷委任深/必不与之知情/鉷与銲别生/嫉其富贵/故欲陷鉷耳/遂特原銲不问/然意欲鉷请罪之。

③玄宗以鉷委任/深必不与之知情/鉷与銲别生/嫉其富贵/故欲陷鉷耳/遂特原銲不问/然意欲鉷请罪之。

④玄宗以鉷委任深/必不与之知情/鉷与銲别生嫉/其富贵故/欲陷鉷耳/遂特原銲不问/然意欲鉷请罪之。

(3)以下句子中表现王鉷"恣行割剥"的有________(请填写数字序号)(4分)

①鉷即奏征其脚钱,广张其数

②常于厅事贮钱数百缗,名倡珍馔,常有备拟

③输纳物者有浸渍,折估皆下本郡征纳

④胥吏求押一字,即累日不遂

⑤又敕本郡高户为租庸脚士

⑥召术士任海川游其门,问其相命

(4)将下列句子翻译成现代汉语。

①海川震惧,潜匿不出。鉷惧泄其事,令逐之,至冯翊郡,得,诬以他事杖杀之。(5分)

②玄宗以为鉷有富国之术,利于王用,益厚待之。(4分)

参考答案及解析

1.(1)D【解析】D项,胜:胜任。

(2)D【解析】A项,第三人称代词,他/用于主语和谓语之间,取消句子的独立性。B项,连词,表目的,来/介词,拿,用。C项,担任/为了。D项,均用在动词之前,构成名词性的词组,指代人或事物。

(3)B【解析】"治……为……"表达意思完整不可断开,"比讽"与下文的"赏遇"形成对比,显示两种不同的待遇,两个词语中间不应断开,排除C、D两项。"铁山故营"可译为"铁山的旧营垒",联系前文语境,中间不可断开,排除A项。此句的大意:命令有关部门修建绫锦院做公署,

挖地获得像山形状的铁，有人说此地就是铁山的旧营垒，又与王昭远的小名相合，听说的人都认为奇异。太宗曾经在绢织团扇上写草书、作古诗赐给将领们，诗意多为讽喻，而送给王昭远的，更多为赏识和礼遇。

(4)C【解析】C项，“京师”在此处指开封，是北宋的都城，也称汴京。

(5)C【解析】第②句“昭远神色自若”体现了他的镇定。第③句“为流矢所中，血渍甲缕，战益急”体现了他的勇敢坚持。第④句“独昭远无所预”，联系后文“太宗以为忠”体现了他的忠诚。故符合题干要求“全部直接表现王昭远美好品德”的是②③④，故选C。

(6)B【解析】B项，“直至身受重伤后才回到后方”无中生有，文中有“血渍甲缕，战益急”之语，可见他在受伤后作战更加勇猛。

参考译文：

王昭远，形体魁伟，肤色黝黑，王继昇给他取名“铁山”。王昭远有过人的体力，擅长骑马射箭。年少时，进山捕捉鹰鹘，恰逢山涧的水暴涨十多丈，昭远爬上大树，过了一夜得以幸免。曾经过河，冰塌陷了，两个人从旁边一起把他拉了出来，他脸色一点也没有改变。王昭远喜欢与乡里的不良青年一起游玩。一天，大家祭祀乡神，王昭远恰好来到，有人把博投交给他，对他说：“你以后可能成为武将，请试着投掷来占卜一下。”昭远投掷了一下，六齿都是红色。

王昭远南游京城，在晋王府侍奉太宗，特别被信任优待，常常称呼他的小名。等到太宗即位之后，王昭远被补为殿前指挥使，慢慢地升为都知。跟随太宗征伐太原，率先登城，被流箭射中，鲜血浸透战袍，而他作战更加勇猛。恰逢刘继元投降，命令他把守城门，登记兵器。又跟随太宗征伐范阳，擒敌很多，越级提升为散员指挥使。

涪王被贬到房陵时，宫禁侍卫校官杨均、王荣等人因为依附而被贬谪，唯独王昭远没有受到牵连，太宗认为他忠诚，多次称赞他有才能，能够在应对紧急情况时任用。

端拱初年，王昭远被征召为殿前都虞候，兼任勤州防御使。命令有关部门修建绫锦院做公署，挖地获得像山形状的铁，有人说此地就是铁山的旧营垒，又与王昭远的小名相合，听说的人都认为奇异。太宗曾经在绢织团扇上写草书、作古诗赐给将领们，诗意多为讽喻，而送给王昭远的，更多为赏识和礼遇。端拱二年，王昭远兼任沙州观察使，再任并、代副都部署。至道年间，李继迁扰乱西部边境，断绝灵武粮道。太宗任命王昭远为灵州路都部署，护送二十五州的粮草，最终到达灵武，李继迁不敢进犯。

真宗即位，王昭远调任为定州行营都部署。不久，担任保静军节度使，充任天雄军都部署，掌管府事。咸平二年，调任河阳知府，几个月后去世，享年五十六岁。当时皇帝在大名，为他停止朝会，赠官太尉，谥号惠和，派宦官护丧。

王昭远读书很多，生性吝啬，所到之处没有好的政绩。同母兄弟王昭懿也在晋王府任职，官至捧日都虞候。弟弟王昭逊，为西京作坊使。当初，祖母郭氏曾经指着王昭远对他的母亲说："这个孩子有富贵相，以后必定成为公侯。"又指着王昭懿说："这个孩子的俸钱超过两万，就不能胜任了。"果然都如她所说。

2.（1）A【解析】A项，"为"是介词，意为"替，给"。

（2）C【解析】C项，"熟能生巧"意为"熟练了就能产生巧办法，或找出窍门"，是一个来源于寓言故事的成语，成语有关典故最早见于宋代欧阳修的《归田录·卖油翁》。

（3）B【解析】根据上下文，画横线的句子讲述了庖丁解牛技术的循序渐进。根据固定句式"……者""……也"，可排除A、D两项。根据表时间的词"……时"，可排除C项。此句的大意：我最初宰牛的时候，看到的没有不是完整的牛的；三年之后，未曾看到完整的牛了。现在，我只用精神去和牛接触，而不用眼睛去看，感觉器官的作用停止了，而精神在活动。

（4）①用没有厚度（的刀刃）切入有空隙（的牛骨节），很宽绰，刀刃在里面运转必然是有余地的！所以十九年了（我的）刀刃仍像刚从磨刀石上磨出来的。（共4分。答出"无厚""恢恢乎""发"的意思各得1分，特殊句式翻译正确得1分，省略成分可酌情补充完整）

②动起刀来非常轻。謋一声，牛的骨和肉就分解开了，像泥土一样卸落在地上。（共4分。答出"微""謋""委地"的意思各得1分，语句通顺得1分）

参考译文：

有个名叫丁的厨师给文惠君宰牛，他的手接触的地方，肩膀靠着的地方，脚踩着的地方，膝盖顶住的地方，都砉砉作响，进刀时发出"騞"的声音。没有哪一种声音不合乎音律。既合乎《桑林》舞乐的节拍，又合乎《经首》乐曲的节奏。

文惠君说："嘿，好哇！你的技术怎么高明到这种地步呢？"

厨师丁放下屠刀，答道："我所喜好的是'道'，它超过了技术。我最初宰牛的时候，看到的没有不是完整的牛的；三年之后，未曾看到完整的牛了。现在，我只用精神去和牛接触，而不用眼睛去看，感觉器官的作用停止了，而精神在活动。顺着牛体的自然结构，击入大的缝隙，引刀进入骨节之间的空处；顺着牛体本来的结构，脉络相连、筋骨相结合的地方，不曾拿刀去尝试，何况那粗大的骨头呢！好的厨师，每年换一把刀，因为他们用刀割肉；一般的厨师，每月换一把刀，因为他们用刀砍断骨头。现在，我的这把刀用了十九年啦，它宰的牛有几千头了，可是刀口像刚从磨石上磨出来一样。那牛骨节间有空隙，刀口却薄得像没有厚度；用没有厚度（的刀刃）切入有空隙（的牛骨节），很宽绰，刀刃在里面运转必然是有余地的！所以十九年了（我的）刀刃仍像刚从磨刀石上磨出来的。虽说是这样，每当遇到筋骨交错聚结的地方，我看到它难以处理，因此小心翼翼地警惕起来，目光因此集中到一点，动作也因此放慢了，动起刀来非常轻。謋一声，牛的骨和肉就分解开了，像泥土一样卸落在地上。我提着刀站起来，为此我环顾四周，为此我悠然自得，心满意足，把刀擦拭干净，收藏起来。”

文惠君说：“好哇！我听了庖丁的这些话，从中获得了养生之道。”

3.（1）D【解析】D项，勒：雕刻。

（2）A【解析】A项，两个“之”均为结构助词，可译为“的”。B项，指代第三人称，他/副词，表示反诘，岂，难道。C项，介词，因为/连词，表目的，用来。D项，介词，被/助词，无实意。

（3）C【解析】C项，文章开头一笔带过六朝帝王城邑所在，第四自然段承接上文的三见三思，引起对历史陈迹的回顾，作者对安危系于一江的山川分合的感慨之情，亦包曲其中。继而用“今则”二字一转，折回到对大明皇帝的赞颂。因此，并没有将六朝的危乱与当朝的安定进行对比。

（4）①这难道不是天地有意造就了美景，以等待一统天下的明君，展现千秋万世的壮丽景色吗？（共3分。答出“岂非”“俟”“开”的意思各得1分）

②虽然这样，长江发源于岷山，曲折蜿蜒七千多里才流入东海，白波汹涌、碧浪翻腾，六朝时候，往往将它倚为天然壕堑。如今已是南北统一，长江被视为维系国家安定的河流，不再利用它的条件进行战争了。（共3分。答出“虽然”“委蛇”各得1分，特殊句式被动句翻译正确得1分）

参考译文：

金陵是帝王建都的地方。从六朝以至南唐，大都是偏安一方，无法与当地山川所呈现的王气相适应。直到当今皇上，建国定都于此，才足以与之相当。从此，声威教化所及，不因地分南北而有所阻隔；涵养精神和穆而清明，几乎与天道融为一体。即使一次巡游、一次娱乐，也想到怎样被天下后世效法。

京城的西北方有座狮子山，是从卢龙山蜿蜒伸展而来。长江犹如一线长虹，盘绕着流过山脚下。皇上因为这里地势雄伟壮观，下诏在山顶上建楼，与百姓同享游览观景之乐，于是赐给它美妙的名字叫“阅江”。

登上楼极目四望，万千景色次第罗列，千年的大地秘藏，似乎顷刻显露无遗。这难道不是天地有意造就了美景，以等待一统天下的明君，展现千秋万世的壮丽景色吗？每当风和日暖的时候，皇上的车驾降临，登上山巅，倚着栏杆远眺，必定神情悠悠而启动遐想。看见长江、汉江的流水滔滔东去，诸侯赴京朝见天子，高深的城池，严密固防的关隘，必定说：“这是我栉风沐雨，战胜强敌、攻城取地所获得的啊。”广阔的中华大地，更要想办法来保全它。看见波涛的浩荡起伏，帆船的上下颠簸，海外船只连续前来朝见，四方珍宝争相进贡奉献，必定说：“这是我用恩德安抚、以威力镇服，声望延及内外所达到的啊。”四方僻远的边陲，更想到要设法有所安抚它们。看见

大江两岸之间、四郊田野之上，耕夫有烈日烘烤皮肤、寒气冻裂脚趾的烦劳，农女有采桑送饭的辛勤，必定说："这是我拯救于水火之中，而安置于床席之上的人啊。"对于天下的黎民，更想到要让他们安居乐业。由看到这类现象而触发的感慨推及起来，真是不胜枚举。我知道这座楼的兴建，是皇上用来舒展自己的怀抱，凭借着景物而触发感慨，无不寄寓着他志在治理天下的思绪，哪里仅仅是为了观赏长江的风景呢！

那临春阁、结绮阁，不是不华美啊；齐云楼、落星楼，不是不高大啊。但无非是因为演奏了靡靡的歌曲，藏匿着燕赵的美女。但转瞬之间便与无穷的感慨联结在一起了，我真不知怎样来解释它啊。虽然这样，长江发源于岷山，曲折蜿蜒七千多里才流入东海，白波汹涌、碧浪翻腾，六朝时候，往往将它倚为天然壕堑。如今已是南北统一，长江被视为维系国家安定的河流，不再利用它的条件进行战争了。然而，这到底是谁的力量呢？读书人有登上此楼观看此江的，应当想到皇上的恩德有如苍天，浩浩荡荡难以形容它的广阔，简直与大禹凿山疏水拯救万民的功绩同样地无边无际。忠君报国的心情，难道还有不油然而生的吗？

我没有才能，奉皇上旨意撰写这篇记文，于是准备将心中替皇上考虑到的昼夜辛劳操持国事的功劳，铭刻于碑石。至于其他流连光景的言辞，一概略而不言，唯恐有所亵渎。

4.(1)D【解析】根据虚词"岂"领句断句和叹词"哉"句尾断句，可排除A项。"皆欲去"的主语为"坐者"，所以应在"坐者"前断开，排除B、C两项。此句的大意：这本来就是方希则所拥有的学识和才华，难道还用借我来详细说吗？践行的酒已经进行到一半，在座的人都要离开，我轻率贸然地写下这些文字，言辞不能准确地表达自己的心意。

(2)B【解析】B项，状元、榜眼、探花是科举时代的一种称号，明清两代称殿试考取一甲第二名的人叫"榜眼"，第三名的人叫"探花"。

(3)B【解析】B项，无中生有，作者仅在文章开头引用庄子和班固的典故，而并未提到方希则"以庄子、班固自比"。

(4)①因此君子把担任或不担任官职看得很轻，行为顺应自己的心境，荣华富贵不能诱惑他们。(共4分。答出"是以""就""随"的意思各得1分，语意通顺得1分)

②凭着方希则的禀赋学识却被埋没湮灭，难道不是上天将要让他显扬却一定(先)让他收敛吗？(共4分。答出"以""岂非""张""翕"的意思各得1分)

参考译文：

庄子把大带和笏板(官位)当作栅栏，班固把名声当作缰绳和锁链。官位爵禄、显耀的名声，是人们非常希望得到的，他们怎么会憎恶呢？大概只是有激发的作用罢了。因此君子把担任或不担任官职看得很轻，行为顺应自己的心境，荣华富贵不能诱惑他们。所以，他们的气节正大恢宏，他们的勇气超过孟贲、夏育，别人的毁谤或赞誉都不放在心上，他们的气量宽阔泰然，欢喜或怨恨的感情不表现出来。能达到这种境界的人，就具有了事理通达人士的节操，博学多才人士的风范！

方希则凭秀才的身份被举荐担任官职，多次参加进士考试都没有考中，命运不好。不被当朝所用，当然要平静地离开，顺遂自己的心意做事，推求好坏运气的征兆，看淡身外之物的去留。比那些学识渊博的君子深广，很像过去那些贤能的人啊！

我自从来到上都，寓居在旅舍，为尘俗之事奔波劳顿，已经过去两个春天了。恰好赶上皇上此时正倾心于儒学，招揽贤能优良之士，广开官吏选拔之道，命令乡里举荐人才，因而各地的有才能的前往参加科举的人，成百上千。我虽然是后辈，出生较晚，但我也前搭后连挤在他们中间，兴奋地与他们交往，结交的人确实已经很多了。后来才遇到方希则，一见如故，相见甚欢，行为上不拘形迹，内心里相知默契，即使是庄子和惠子那样的交往也比不上啊！不久，方希则经由皇帝面试选拔做了中台，因被有司冤枉，而被罢免官职。那些议政的官绅们都为他痛心鸣冤，方希则襟怀正直恬淡，以至于让人无法窥探。此后几天，整顿好装束，准备好船只，飘然向东而去。因为和我是朋友，向我索要文章作为赠物。

扩大见识和器宇来放远自己的眼光，穷尽祸福依存的道理来知晓命运，这不是能给那些目光短浅见闻不广的人说的。方希则是通达的人，完全可以和他谈。

当初公孙弘曾经退隐归居乡里，乡里人再次推荐他，射策应试取得第一；刘向几十次上书皇帝，常听说不被准奏，然而，最终他成为汉代名臣。凭着方希则的禀赋学识却被埋没湮灭，难道不是上天将要让他显扬却一定（先）让他收敛吗？如果不是这样的话，为什么会困顿到这种地步呢？手艺高明的工匠最晚做成的是珍贵的器物，最后出发却最先到达的是马中的良骏。将来有一天像彩虹一样光芒四射，平步青云，让那些读书的年轻人仰慕都来不及，这本来就是方希则所拥有的学识和才华，难道还用借我来详细说吗？践行的酒已经进行到一半，在座的人都要离开，我轻率贸然地写下这些文字，言辞不能准确地表达自己的心意。同年景山、钦之、识之也分别写诗表达送别之意，那么，饯行叙旧的深情都详尽地说出来了，在这里就不再重复说了。

5.（1）C【解析】C项，信：确实。

（2）B【解析】A项，“确立周公、仲尼为先圣，颜回为先师”说法错误。由“诏停周公为先圣，始立孔子庙堂于国学，稽式旧典，以仲尼为先圣，颜子为先师”可知，文中并未说明以周公为先圣，而是先停止尊崇周公为先圣，继而以仲尼为先圣，颜回为先师。C项，由第三自然段“二十一年诏曰”的内容可知，卜子夏、公羊高等二十一人是在贞观二十一年下诏褒扬的。D项，“大家一致认同并叹服颜师古”说法错误。由“时诸儒传习师说，舛谬已久，皆共非之，异端蜂起。而师古辄引

晋、宋以来古本，随方晓答，援据详明，皆出其意表，诸儒莫不叹服”可知，房玄龄召集诸儒讨论，他们并未一下子就认同和叹服颜师古，先是不同意，然后颜师古对他们的疑义进行引经据典，详细说明之后，他们才认同叹服。

(3)治国的关键，在于使用合适的人才。用人不当，就必然难以治理好国家。(共2分。答出“要”“惟”“用非”“致治”的意思各得2分)

(4)①设置弘文馆，招揽天下通晓儒学人士，增筑国学学舍；②建立孔子庙堂，尊崇孔子为先圣；③不拘一格提拔儒生；④褒扬和奖赏名儒；⑤下令重新考定五经，并撰定《五经正义》。(共5分。答出“设置弘文馆”“建立孔子庙堂”“不拘一格提拔儒生”“褒扬和奖赏名儒”“下令重新考定五经”等关键词且阐述合理得5分，每个关键词1分，每少答一点扣1分)

参考译文：

唐太宗刚刚即位，就在正殿左侧设置了弘文馆，精心挑选天下通晓儒学的人，保留他们现任的官职，并让他们兼任弘文馆学士，供给他们五品官员才能享用的精美的膳食，排定当值的日子，并让他们在宫内歇息留宿。唐太宗在上朝听政的闲暇时间，就把他们引进内殿，讨论古代典籍，商议谋划政事，有时到半夜才结束。后来，他又下诏让三品以上的皇亲贵族、贤臣良将的子孙充任弘文馆的学生。

贞观二年，唐太宗下令停止尊崇周公为先圣，在国子监里建立孔子庙堂，查考典籍并依照过去的规定，尊崇孔子为先圣，颜子为先师。在孔子庙堂里，供台两边祭祀用的俎豆、干戚等礼具和乐舞之具也开始齐备。这一年，唐太宗还招纳大批天下儒士，赏赐给他们布帛，供给车马食宿，下令让他们都集聚到京师。这些儒生大都被破格提升为大小不等的官，在朝廷上任官的很多。学者如果读通一大经以上的经书，就可以入仕做官。在这之后，国子监增筑学舍四百多间，国子学、太学、四门学、广文馆也增加了学生的名额。另外，书学、算学分别设置了博士和学生，使国学的各种技艺都设置齐备了。唐太宗还几次亲临国子监，叫祭酒、司业、博士讲说经术，讲毕，每人赐给帛一束。儒学之盛，致使全国各地的儒生纷纷携经书前往京城，人数达数千之多。不久，吐蕃和高昌、高丽、新罗等族的首领，也派子弟到长安求学。于是，国子监之内，带着书箱和登上讲席的，几乎有上万人，如此大兴儒学，在古代还不曾有过。

贞观十四年，唐太宗下诏说：“梁代的皇侃、褚仲都，北周的熊安生、沈重，陈代的沈文阿、周弘正、张讥，隋代的何妥、刘炫等，都是前代的著名儒生，他们精通经术，广收门徒，对经书有许多继承和发展，应该对他们加以赏赐，以鼓励后学之士，还应当寻访他们的后人。请有关部门把他们的姓名记录下来，上奏朝廷。”贞观二十一年，唐太宗又下诏说：“左丘明、卜子夏、公羊高、谷梁赤、伏胜、高堂生、戴圣、毛苌、孔安国、刘向、郑众、杜子春、马融、卢植、郑玄、服虔、何休、王肃、王弼、杜预、范宁等二十一人,他们注解经书的著作都被采用,教育太学里的学生,既然遵循他们的学说,理应给予褒扬和尊崇。从现在起,太学里凡举行祭祀之典时,可使他们配享孔子庙堂。"太宗就是这样尊儒重道的。

贞观二年,唐太宗对侍臣们说:"治国的关键,在于使用合适的人才。用人不当,就必然难以治理好国家。如今,任用人才必须以德行、学识为本。"谏议大夫王珪说:"臣子如果没有学问,不能记住前人的言行,怎能担当大任呢?汉昭帝时,有人冒充卫太子,围观的人达到好几万,大家都不知道该怎么办。后来,大臣隽不疑用古代蒯聩的先例来处理,将那个人逮捕。对此,汉昭帝说:'公卿大臣,应当由通晓经术、懂得古义的人来担任,这本不是俗吏之辈所能相比的。'"太宗说:"确实像你所说的那样。"

贞观四年,唐太宗认为古代圣人的时代离现在很远,圣人的经典在后世流传的过程中,出现了很多文字讹误,难以考证。于是,唐太宗下令前中书侍郎颜师古在秘书省考定《五经》。考订完毕之后,又下令尚书左仆射房玄龄召集许多儒生再次详细讨论、审定。当时,这些儒生拘泥于旧说,而这些旧说错乱讹误相传已久,他们都不同意颜师古的考定,一时之间,各种异说蜂起。但是,颜师古引用晋、宋以来的古本,对他们提出的疑义一一引经据典,详细地加以说明,使得这些儒生无不叹服。唐太宗对颜师古的学识也大为称赞,赏赐给他帛五百匹,加授他为通直散骑常侍,还将他考定的经书颁行天下,让读书人都来学习。后来,唐太宗又因为经术师承不同,解释各异,下令颜师古和国子祭酒孔颖达等大儒,撰定《五经》的疏义,共一百八十卷,名为《五经正义》,交付国子监作教材使用。

6. (1)D【解析】D项,视事:治事,任职。

(2)C【解析】C项,张衡《二京赋》包括《西京赋》《东京赋》两篇。《西京赋》中的西京指长安,《东京赋》中的东京指洛阳。

(3)C【解析】C项,"从外到里"说法错误。由"中有都柱,傍行八道,施关发机。外有八龙,首衔铜丸,下有蟾蜍,张口承之"可知,介绍地动仪构造特点时,以"中""傍""外""下"四个方位词为序,从里到外,从上到下简明地写出了其构造部件。

(4)①大将军邓骘认为他的才能出众,屡次征召他,他也不去应召。(共3分。答出"奇""累"的意思各得1分,语意通顺得1分)

②张衡一上任,治理严厉,整饬法令制度,暗中探得奸党的姓名,一下子同时逮捕,拘押起来,于是上下敬畏恭顺,称赞(张衡)政事处理得好。(共5分。答出"下车""治""阴知""肃然"的意思各得1分,语句翻译通顺流畅得1分)

参考译文:

张衡字平子,是南阳郡西鄂县人。张衡年轻时就擅长写文章,曾到"三辅"一带游学,因而进

了洛阳，在太学学习，于是通晓五经，贯通六艺。虽然才学渊博超出世人，但并不因此骄傲自大。(他)平时举止从容，态度平静，不喜欢与庸俗的人交往。永元年间，(他)被推举为孝廉，却不去赴任，屡次被公府征召，都没有就任。当时社会长期太平无事，从王公贵族到一般官吏，没有不过度奢侈的。张衡于是模仿班固的《两都赋》写了《二京赋》，用它来(向朝廷)讽喻规劝。精心构思润色，用了十年才完成。大将军邓骘认为他的才能出众，屡次征召他，他也不去应召。

张衡善于器械制造方面的巧思，尤其在天文阴阳和历法推算等方面很用心。汉安帝常听说他擅长术数方面的学问，命公车特地征召他，任命他为郎中，两次迁升为太史令。于是(张衡)就精心研究考核阴阳之学(包括天文气象历法诸种学问)，精辟地研究透了测天文仪器的道理，制作浑天仪，著成《灵宪》《算罔论》，论述极其详尽。

(汉)顺帝初年，(张衡)又两次转任，做了太史令。张衡不趋附当时的那些达官显贵，他所担任的官职，总是多年得不到提升。自他从太史令上离任后，过了五年，又回到这里。

(汉顺帝)阳嘉元年，(张衡)又制造了候风地动仪。这个地动仪是用纯铜铸造的，直径有八尺，上下两部分相合盖住，中央凸起，样子像个大酒樽，外面用篆体文字和山龟鸟兽的图案装饰。内部中央有根粗大的铜柱，铜柱的周围伸出八条滑道，还装置着枢纽，用来拨动机件。外面有八条龙，龙口各含一枚铜丸，龙头下面各有一个蟾蜍，张着嘴巴，准备接住龙口吐出的铜丸。仪器的枢纽和机件制造得很精巧，都隐藏在酒樽形的仪器中，覆盖严密得没有一点缝隙。如果发生地震，仪器外面的龙就震动起来，机关发动，龙口吐出铜丸，下面的蟾蜍就把它接住。铜丸震击的声音清脆响亮，守候机器的人因此得知发生地震的消息。地震发生时只有一条龙的机关发动，另外七个龙头丝毫不动，按照震动的龙头所指的方向去寻找，就能知道地震的方位。用实际发生的地震来检验仪器，彼此相符，真是灵验如神。从古籍的记载中，还从来没有见过这样的仪器。有一次，一条龙的机关发动了，可是洛阳并没有感到地震，京城的学者都奇怪它这次没有应验。几天后，驿站上传送文书的人来了，证明果然在陇西地区发生地震，大家这才都叹服地动仪的绝妙。从此以后，朝廷就责成史官根据地动仪记载每次地震发生的方位。

当时政治昏暗，中央权力向下转移，张衡于是给皇帝上书陈述这些事。后来被升为侍中，皇帝让他进皇宫，在皇帝左右，对国家的政事提意见。皇帝曾经向张衡问起天下人所痛恨的是谁。宦官害怕张衡说出他们，都给他使眼色，张衡于是没对皇帝说实话。但那些宦党终究害怕张衡成为祸患，于是一起诋毁他。张衡常常思谋自身安全的事，认为福祸相因，幽深微妙，难以看清，于是写了《思玄赋》表达和寄托自己的情思。

(汉顺帝)永和初年，张衡调离京城，担任河间王的相。当时河间王骄横奢侈，不遵守制度法令；又有很多豪族大户，一起胡作非为。张衡一上任，治理严厉，整饬法令制度，暗中探得奸党的

姓名，一下子同时逮捕，拘押起来，于是上下敬畏恭顺，称赞(张衡)政事处理得好。(张衡)在河间相位上任职三年，给朝廷上书，请求辞职回家，朝廷任命他为尚书。张衡活了六十二岁，于永和四年去世。

7.(1)C【解析】C项，并：通"屏"，抛弃。

(2)D【解析】A项，连词，表示转折关系，相当于"然而"/连词，表示承接关系，相当于"就"。B项，介词，拿，用/连词，用在状语与中心语之间，表示修饰。C项，连词，表示因果，相当于"因而"/连词，表示转折，相当于"却"。D项，两个"者"都是代词，用于动词、形容词等词语后面，指人或事物。

(3)C【解析】C项，由"及陈公卒，逾岁北上，而千木移官济宁，过其治所，河以北之诸司，民誉莫并焉"可知，"竭心尽力地料理善后事宜"属于无中生有。

(4)我既为自己对杨千木的期望没错而感到欣喜，而又感叹上天产生人才是多么艰难，至于上天产生人才还能使其得到任用并能一直用到底就更难了。(共4分。答出"喜""谬""竟"的意思各得1分，特殊句式语序翻译正确得1分)

参考译文：

我与本国的众士大夫交往将近有五十年时间，自从八岁侍奉先父开始，多年来还能接触到德高望重之士。在这期间，博闻强记、文采富赡、品性淳朴良善、操行孤直高洁的人都遇到过；但从没见到过品德上砥砺磨炼、谨慎不苟且，几乎接近古代圣贤，且材具见识必然足够建立事业的人。直到中年时，我认识了清涧县的白玫玉，他品节疏朗，像古代的英雄豪俊，然后又认识了长沙的陈沧州，再往后认识了我的挚友杨千木。刚开始结为朋友时，就对他(杨千木)说过这样(夸赞)的话，他惊恐地回应："我并非这样的人。我看汉唐时期那些出将入相的智慧之士，在经历政策剧变之后，都详细透彻地领悟了其中的危险利害。曾经，恃武冒进的赵思农揭露吏治腐败，批判大批不合格而滥予任用的商人，并用这种如同采铜般的用人方式来质问督抚，我心下为此感到畅快。却不知道早上政令颁布，到晚上百官就倍感痛苦；官员痛苦，百姓就将面临更严峻的艰难。以此来处理国家事务，无疑会使国事败坏，并让百姓承受苦果。"然而我更加欣赏杨千木潜心研究事物本身的道理的品质，他没有一日不坚持的，其研究成果也足以自成一派。我有时对陈沧州说起这话，沧州也认为我说的有道理。

千木中举后困守科场多年，到南河寻求用世之路。很久之后，被派分管理高堰地区。高堰自梁代到如今一千余年，被淮扬两郡的形势的便利与险要影响深重。千木刚刚上任时，洪湖水位暴涨，下流的居民刚好处在被冲击的位置，于是百姓不分日夜地搬家避险，贫穷的人家只能倚着扁担等待。千木不分昼夜地坚持在防洪一线，率领官吏动用车辆修缮防洪工事，当时水位已

淹没脚踝，一共奋战了四十七日，最终高堰没有被冲决。当时陈沧州奉命巡视河道，对此赞叹道："方苞实在是了解这个人啊！"因此便与千木结交为友，慷慨激昂地加以勉励，那是康熙五十九年的事情了。现今新皇即位，陈沧州被授予河督之职，（众官员）认为高堰的地理位置十分重要，非杨千木不能管理。（众官员）多次举荐杨千木为监司而不被（陈沧州）允许，有的人感到惊诧，千木却说："陈公才是真正了解我的人啊！"等到陈沧州去世，一年后我北上，而千木被调任到了济宁，我路过他的管辖地，（了解到）黄河以北的众官员，在人民的称誉中从没有遗漏过杨千木。督抚监察部门的贤良之士，遇到有疑惑的案件都会托付给千木，在政治上有疑问的会咨询千木的意见。我既为自己对杨千木的期望没错而感到欣喜，而又感叹上天产生人才是多么艰难，至于上天产生人才还能使其得到任用并能一直用到底就更难了。白玫玉有那样的英雄气骨，却终老于穷巷；沧州多次升迁又多次被贬谪，晚年通达却又突然离世，施展才干的时间竟然连一个月都不到，现在只有杨千木的事业开始略见起色。

天命是不可知的，君子自己能决定的，只有一己之身。杨千木之所以能在艰险中建立功业，团结众人之志，都是他之前从不断自省的心灵中所淬炼出来的。然而人的内心，遭受到怀疑毁谤就容易动摇，功成名就后就容易松懈，时时反省就能够充满力量，或许这样能最终有所成就？千木多次希望我能为他写点东西，现在离开已有些日子了，写出此文来记录千木的功勋。

8.（1）花朝节后／余寒犹厉

【解析】根据时间词"节后"可断句。此句的大意：花朝节过后，余寒仍然很厉害。

（2）①霏：弥漫的云气。②洌：清。③泉：汲取泉水。④惟：只，只有。

（3）【参考答案】①野花开放，有一股清幽的香味。好的树木枝叶繁茂，形成浓密的绿荫。（共2分。答出"发""秀"的意思各得1分）

②柳条将要舒展却还没有舒展开来，柔软的梢头在风中散开。（共2分。答出"舒""披"的意思各得1分）

（4）以城内气候的恶劣反衬下文满井早春景色的美好，侧面表现出城里人偏居一隅，不识野趣，也反衬出下文作者热爱自然，潇洒自由的形象。（共2分。答出其反衬用意和作者的形象各得1分，每少答一点扣1分）

（5）相同点：都抒发了对大自然的喜爱之情。

不同点：甲文抒发与民同乐的欢愉之情，并借山水之乐来排遣谪居生活的苦闷。乙文借景抒情，表达作者旷达乐观的人生态度，以及对自由的向往。（共4分。答出两文的相同点得1分；答出甲文的不同点的关键词"与民同乐的欢愉之情""排遣谪居生活的苦闷"得1分，答出乙文的不同点的关键词"借景抒情""旷达乐观"得2分）

参考译文：

【甲】至于太阳的升起，山林里的雾气散了；烟云聚拢来，山谷就显得昏暗了；朝则自暗而明，暮则自明而暗，或暗或明，变化不一，这就是山中的朝暮。野花开放，有一股清幽的香味；好的树木枝繁叶茂，形成浓密的绿荫；风高霜洁，天高气爽，水落石出，这就是山中的四季。清晨前往，黄昏归来，四季的风光不同，乐趣也是无穷无尽的。

至于背着东西的人在路上欢唱，走路的人在树下休息，前面的人招呼，后面的人答应；老人弯着腰走，小孩子由大人领着走。来来往往不断的行人，是滁州的游客。到溪边钓鱼，溪水深并且鱼肉肥美；用酿泉造酒，泉水香并且酒也清；野味野菜，横七竖八地摆在面前的，那是太守主办的宴席。宴会喝酒的乐趣，不在于音乐，投射的中了，下棋的赢了，酒杯和酒筹交互错杂，时起时坐大声喧闹的人，是欢乐的宾客们。一位容颜苍老，头发花白的人醉醺醺地坐在众人中间，是喝醉了的太守。

【乙】燕地一带气候寒冷，花朝节过后，余寒仍然很厉害。冷风时常刮起，一刮就沙砾飞扬。只能拘束在室内，想出去都不可能。每次冒风疾行，不到百步就被迫返回。

二十二日天气略微暖和，跟几个朋友一起出东直门，到满井。高大的柳树夹立堤旁，肥沃的土地有些湿润，一望空旷开阔，自己就好像是逃脱笼子的天鹅。这时河的冰面已经开始融化，波光才刚刚开始明亮，像鱼鳞似的浪纹一层一层，清澈得可以看到河底，光亮的样子，好像新打开的明镜，清冷的光辉突然从镜匣中射出来一样。山峦被晴天融化的积雪洗过，美好的样子，好像刚擦过一样；娇艳光亮，又像美丽的少女洗了脸刚梳好的髻鬟一样。柳条将要舒展却还没有舒展开来，柔软的梢头在风中散开，麦苗破土而出，短小如兽颈上的毛，才一寸左右。游人虽然还不是很多，但是汲泉水煮茶喝的，端着酒杯唱歌的，穿着艳装骑驴的，也时时能看到。虽然风依旧吹的猛烈，然而走路就汗流浃背。凡那些在沙滩上晒太阳的鸟，浮到水面上戏水的鱼，都悠然自得，动物都透出喜悦的气息。我这才知道郊外未尝没有春天，然而住在城里的人却不知道。

不会因为游玩而耽误公事，能无拘无束潇洒在山石草木之间游玩的，恐怕只有我这个身居闲职的人了吧。而此地正好离我近，我的郊游打算从这里开始，怎能没有记述？这是明万历二十七年二月啊。

9.(1)B【解析】结合语义可知“便共许为婚”前省略主语“两人”，应和前文内容断开，采用排除法，故选B。此句的大意：同乡人管彦自幼有才能却不被人知，唯独王裒认为他必定会声名显达。在众人中择他为友，正值两人的儿女刚出生，于是共同约定结为儿女亲家。

(2)A【解析】例句中的“下”是名词活用为动词。A项，蜂：名词作状语，像蜜蜂一样涌来。B项，雷：名词作动词，打雷。C项，田：名词作动词，耕田。D项，臣：名词作动词，称臣。

(3)D【解析】例句为状语后置句。A项是判断句,B项是被动句,C项为省略句,D项是状语后置句。

(4)D【解析】③句说的是王裒的气度、才学,⑤句说的是师生情。根据排除法,选D项。

参考译文:

王裒,字伟元,是城阳营陵人,他的祖父王修,在魏国时就是个名士,父亲王仪,高风亮节,文雅正直,做文帝的司马。东关战役时,文帝向众人说:"最近的事情,谁应该承担罪责。"王仪回答说:"罪责在元帅身上。"文帝大怒说:"司马想把罪过加在我身上吗?"于是让人把他拉出去斩了。

王裒从小就具备良好的道德操行,按礼节行事,身高八尺四寸,容貌与众不同,说话声音清脆响亮,气质谈吐文雅刚正,博学多才能。悲痛父亲被杀,从不面向西面坐卧,以显示自己决不做朝廷臣子的决心。于是隐居起来教授学业,朝廷多次征召他做官,都不去任职。在父亲墓旁建草庐而居,从早到晚经常到墓前跪拜,扶着柏树悲声哀号,泪水洒落在树上,树也为之干枯。母亲怕听雷声,母亲死后,每次打雷时,王裒就到母亲的墓前说:"我在这里。"读《诗经》时读到"哀哀父母,生我劬劳"时,总是多次痛哭流涕,他的学生怕触及老师的思亲之情,干脆不读《蓼莪》一诗。

家里贫穷,亲身耕种,根据人口来耕田,度量身材大小来养蚕。别人要帮助他,都不答应。他的学生偷着为他割麦,王裒就不要这些麦子了。老朋友中有来赠送钱物的,他都不接受。学生中有人被县里役使,就告诉老师王裒委托他向县令求情,王裒说:"你求得的学问不够用来庇护自己。我的德望轻微还不够用来庇护你,向县令求情没有什么用处!况且我不动笔已经有四十多年了。"于是担着干饭,让儿子背着盐巴、豆豉和草鞋,送那个被役使的学生到县里,跟随他的学生门徒有千余人。安丘县令以为是来拜访自己,就整好衣服来迎候他。王裒就走到土牢旁的道上,站在一块断裂的竖石上说:"学生被县里役使,专门来为他送别。"于是握着学生的手哭着告别离去。县令就放了他,全县都为这事感到羞耻。

同乡人管彦自幼有才能却不被人知,唯独王裒认为他必定会声名显达。在众人中择他为友,正值两人的儿女刚出生,于是共同约定结为儿女亲家。管彦后来做西夷校尉,死后葬在洛阳,王裒后来又将女儿改嫁。管彦的弟弟管馥问王裒为什么这么做,王裒说:"我微薄的志向都寄托在偏远山野中,过去姐妹都远嫁,吉凶消息都听不到,我常发誓坚持按这种方式来嫁女。现在你的侄子把他父亲葬在洛阳。这说明他是属于京都人呀,哪里符合我当初和他结亲的本意呀!"管馥说:"我的嫂子,是齐地人。应当回到临淄去。"王裒说:"哪里有把父亲葬在河南,却跟母亲回到齐国的道理!如此行事,我家与他家还能有什么婚姻关系!"

北海的邴春年少就很有志向节操,安于贫寒的生活窘境,背着书籍到处求学,乡里的人都以为他是汉末学者邴原的再生。王裒认为邴春性格狭隘贪慕虚名，最终定会一事无成。后来果然邴春品行不端，学业不成。自此人都认为王裒是有识之人。王裒常主张人的品行只要回归善良的本性即可，何必用自己能做到的责求别人做不到的呢。

等到京城洛阳倾覆，贼寇强盗蜂拥而起时，亲族都想移渡到江东，王裒却极恋祖父的坟茔而不离开。等到贼人越来越多想要走时，还在留恋不舍导致没及时前行，于是被贼人所害。

10.(1)B【解析】根据文言句式特点可判断“期丧”为“终”的宾语，“朝廷”为“从之”的主语，其间应断开，排除A、C两项。“监”“上”皆为动词，作谓语省略了主语，“明州仓”为“监”的宾语，“将”作状语修饰“上”，中间应断开，排除D项。此句的大意：监明州仓，将要上任，恰逢吕祖谦去世。按照吏部四选注授官员差遣的规定半年不上任的为逾限过犯，吕祖俭决心打算服满为期一年的丧期，朝廷同意了他的请求，诏官员上任逾限以一年为期限，从吕祖俭开始。

(2)C【解析】C项，登：进用，提升。

(3)D【解析】D项，“宗社”是“宗庙”和“社稷”的合称，泛指国家。“社”为土神，“稷”为谷神。

(4)B【解析】B项，不是“送《礼》书给宰相”，而是“写信给宰相”。

(5)C【解析】根据上下文语境，“令”翻译为“命令”不妥，排除A、B两项。古代御史掌纠弹百官，正吏治之职，故以“风宪”称御史。“首”表重要，实词含义，需译，排除D项，故选C。

参考译文：

吕祖俭字子约，像学生一样受学于吕祖谦。监明州仓，将要上任，恰逢吕祖谦去世。按照吏部四选注授官员差遣的规定半年不上任的为逾限过犯，吕祖俭决心打算服满为期一年的丧期，朝廷同意了他的请求，诏官员上任逾限以一年为期限，从吕祖俭开始。吕祖俭守满一年丧赴铨选。

中丞何澹亲生父亲的继室周氏死，何澹打算穿哀悼伯母的丧服，传送太常礼院百官讨论。吕祖俭写信给宰相说：“《礼记》中讲道：‘作为伋的妻子，是为白的母亲。’现在周氏不是中丞父亲的妻子吗？打算不称她为母亲而称什么呢？中丞作为最受重用的御史台长官，却以不孝行事，使百官僚臣如何看待这件事啊。”被任命为司农簿，不久以后请求补任外官，通判台州。宁宗即皇帝位，任命他为太府丞。

当时韩侂胄渐渐当权，正言李沐议论右相赵汝愚要求罢免他。吕祖俭上奏：“赵汝愚也不是没有过错，但是没有到像议论的人所讲的那样的地步。”韩侂胄愤怒地说：“吕寺丞难道要干预我的事情吗？”适逢祭酒李祥、博士杨简都上书为赵汝愚辩冤，李沐一一弹劾罢免他们。吕祖俭就用袋封缄上书奏事说：“陛下刚开始政治清明，选拔重用忠良之士，然而未执行多久，朱熹是耆宿儒臣，有所议论，就赶快使他离开朝廷；彭龟年是旧时学者，有所议论，就赶快答应他离开朝廷；

至于李祥阅历多而练达世事、笃敬诚实，没有偏私结党，这是众人所共同信服的，现在又终于被斥责放逐。我恐怕从此天下有应当说的事情，必将会相视以为告诫，闭口不敢进言的风气一旦形成就不容易纠正过来，这难道对国家有利吗？”

吕祖俭又说：“现在的敢于讲话的士人，他们所犯难的不是在于得罪君王，而在于忤逆权势。我担心事态积渐而扩及，政归宠臣，不在朝廷。私下担忧太甚，很担心陛下势单力孤，而相与维持国家的人渐少。”奏疏已上呈，祖俭在家待罪。有圣旨说：吕祖俭与人互相勾结欺罔皇帝，贬谪到韶州居住。中书舍人邓驲交奏，祖俭罪不至贬。皇帝御笔批示：“祖俭意在没有君主，罪责当杀，流窜贬逐已经是宽恩他了。”恰逢楼钥给皇帝进读吕公著元初年所上陈十事，因此进言说：“像吕公著是国家大臣，还可十代宽宥其家，前不久太府寺丞吕祖俭因言事得罪，他是吕公著的孙子。现在把他投贬岭外，万一倘若死去，圣朝有杀害言官的名声，我私下替陛下怜惜。”皇帝问：“吕祖俭所说的是什么事？”楼钥然后才知前不久对吕祖俭的贬谪不是出自皇帝的意思。韩侂胄对他人说：“再有救助吕祖俭的，当把他安置在新州居住了。”众人不敢说话。有人对韩侂胄说：“自从赵丞相离开朝廷，天下已经愤恨到极点，现在又把吕祖俭贬投瘴气之地，如果不幸死亡，那么怨恨愈加严重，不如稍稍徙往内地。”韩侂胄也醒悟了。吕祖俭到达庐陵，将要往岭外，得朝旨改送吉州居住。遇朝廷大赦，酌量移往高安。庆元二年去世，诏令归家安葬。

11. (1)A【解析】“度其输物”与前文“津乃令依公尺”是一句完整的话，不能从中间断开，故排除B、D两项。“其所输少劣者”意为“那些上缴调绢质劣量少的”，“少劣者”中间不能断开，排除C项。此句的大意：官府收调绢使用的尺特别长，执事者们由此行事，互相争着使手段，老百姓苦不堪言。杨津便下令按公平尺来测量上交的绢物，质量好的赐给一杯酒再出去；那些上缴调绢质劣量少的，也接受下来，但没有酒喝以让他感到羞耻。

(2)D【解析】D项，铁券是外形如筒瓦状的铁制品，是我国古代皇帝颁赏赐给臣子的信物和凭证。

(3)B【解析】B项，“地方官吏不敢再为非作歹”的原因是杨津“私书切责”，而不是“迅速破案”。

(4)①当时有位使者骑着驿马急驰到此，被抢的人便把这件事告诉了他。使者来到州府，把情况禀告给了杨津。(共2分。答出“驿”“白”的意思得1分，答出大意得1分)

②至于说下边的郡守县令及其属官中有贪污受贿的人，杨津从来没有公开宣布他们的罪过，总是用写私人信函的方式严厉责备他们。(共2分。答出“浊货”“切责”的意思得1分，答出大意得1分)

参考译文：

杨津字罗汉，从小端正谨慎，被任命为侍御中散。杨津因自己处在皇宫禁地，不与别人交游，以至宗族姻亲和朋友都很少见面问候。司徒冯诞与杨津是从小结交的朋友，但杨津见他富贵尊宠，每次遇上总是退后躲避他，等到招呼请他前往，也多以身体不适推辞不去。后来改任长水校尉，仍旧担任直阁事务。外任岐州刺史，有（一个）武功地方的人带了三匹绢，在离城十里远的地方，被强盗抢走。当时有位使者骑着驿马急驰到此，被抢的人便把这件事告诉了他。使者来到州府，把情况禀告给了杨津。杨津便写下告示，说有人穿着怎样的衣服，乘着怎样的马，在城东面十里远的地方被杀，不知道是谁。如果是谁的家人，可尽早辨认收尸。有一位老母亲边走边哭出城来，说是自己的儿子。杨津于是派骑兵追捕，人赃俱获。从此全境的人都因害怕而守法。至于说下边的郡守县令及其属官中有贪污受贿的人，杨津从来没有公开宣布他们的罪过，总是用写私人信函的方式严厉责备他们。因此官员僚属们都感激勉励，没有再犯法的了。延昌末年，起用为华州刺史。此前，官府收调绢使用的尺特别长，执事者们由此行事，互相争着使手段，老百姓苦不堪言。杨津便下令按公平尺来测量上交的绢物，质量好的赐给一杯酒再出去；那些上缴调绢质劣量少的，也接受下来，但没有酒喝以让他感到羞耻。因此老百姓互相劝告勉励，收的调绢反而比以前更好了。不久任命为定州刺史。起初，杨津的哥哥杨椿在定州获罪，是由于钜鹿人赵略上书所致。等到杨津到定州，赵略带全家逃走。杨津便告知赵略，叫他回来。因此全州的人都叹服，远近称赞杨津。孝昌年间，北方的边镇骚乱，侵犯进逼代京。当时叛军首领鲜于修礼、杜洛周在定州境内掠夺，州城孤立在两边的敌寇之间。杨津修理战具，重修城墙。又在城中离城墙十步的地方，挖地至地下水，开通了许多地道，潜伏士兵，设置炉火冶铁，用铁熔液灌敌军。叛军因而相互告诫说："不怕锋利的铁矛坚固的城池，只怕杨公的铁浆火星。"杨津写信劝说叛军首领元洪业等，并且授给他可免死的铁券证书，答应授他爵位，让他图谋杀掉另一位叛军首领毛普贤。洪业等人感悟，回信说想杀普贤，又说："叛军围城，正是为抓北人，城中所有的北人，都要杀掉。"杨津认为城中的北人，虽然是作恶的叛党，但已是掌握控制之中的人，不忍就此杀掉，只是将他们收于子城内，将他们软禁而已。北人都感激他的宽厚仁恕。杨津死后，谥号为孝穆。

12.（1）B【解析】B项，负：依恃，凭仗。

（2）D【解析】A项，连词，表转折，可是/表示状态，……的样子。B项，连词，表原因，因为/连词，表目的，来。C项，连词，表并列/连词，表递进。D项，均为助词，相当于"的"。

（3）B【解析】B项，徐文长并没有得到皇上的宠信，而是胡宗宪更加器重他，一切疏计都让徐文长写。

（4）胡宗宪于是更加器重徐渭，所有奏本和其他文书都交给他办理。（共4分。答出"益""疏计"的意思各得1分，答出大意得2分）

参考译文：

徐渭，字文长，是山阴县县学生员，名声很大。薛蕙主持越中考试，认为他是奇才，把他看作国士。可是他命运不好，屡次应试都失败。中丞胡宗宪听说了，延请他为幕府宾客。徐文长拜见时，常常穿粗布衣服，戴黑色头巾，纵谈天下大事，胡宗宪非常高兴。这时，胡宗宪统领多方军队，威震东南，(在他面前)军队将士，跪着说话匍匐前行，不敢抬头，而徐文长凭着一个诸生的身份傲视他，议论的人把他比作刘真长和杜甫。适逢(胡宗宪)得到白鹿，吩咐他作表文。表文送上，嘉靖皇帝很高兴。胡宗宪于是更加器重徐渭，所有奏本和其他文书都交给他办理。徐文长以才略自负，喜好谋划奇计，谈论兵法深得要领，看当时之士，没有一个看上眼的。然而最终一直遭遇不顺利。

徐文长已经不被考官赏识，就放浪饮酒，纵情山水，奔走于齐、鲁、燕、赵之地，尽览北方沙漠。他所看到的山崩海啸、沙起云飞、风鸣树倒、深谷大都、人物鱼鸟，一切可惊可愕的行状，都一一用诗抒写出来。他的胸中又有不可磨灭的豪气，英雄无路、寄身无门的悲伤，所以他作诗，如怒如笑，如水鸣峡谷，如种子出土，如寡妇夜哭、旅人寒起。虽然他的诗作体式时常有低下的，可是匠心独出，有王者气度，不是那些像女人一样伺候人的人所能企及的。文章有卓识，文气沉郁而法度严整，不因为模拟而损失才华，不因为议论而伤格调，是韩愈、曾巩一类的人物。徐文长既然高雅，不与流行风气相合，当世所谓文坛主盟的人，徐文长都大声呵斥，视为奴仆，所以他的名气没有超出越地。可悲啊！

(他)喜欢写书法，笔意奔放，风格和他的诗作一样，苍劲中跳跃出姿媚，正是欧阳修所说的“妖韶女老自有余态”。有时在他的业余时间，随意画些花鸟，也都高超飘逸，很有情致。

最终因为疑忌，徐文长杀了自己的继室，被捕入狱判处死刑。太史张元汴极力解救，才得以出狱。晚年悲愤更深，有意作出一种更为狂放的样子。显贵登门，有时拒不接纳。时常带钱到酒店，叫下人仆隶和他一起饮酒。他有时自己拿斧子打破头，血流满面，头骨破碎，用手揉摩，碎骨咔咔有声。有时用锋利的锥子扎自己两耳，深入一寸多，竟然没有死去。周望说：“文长的诗文到晚年愈加奇异，但没有刻本行世，诗文集稿都藏在家中。”我有在越中做官的科举同年，我曾委托他们抄录文长的诗文，至今没有得到。我所见到的，只有《徐文长集》《阙编》二种罢了。可是徐文长最终因为在当时不得志，抱愤而死。

袁石公说：“先生命运一直不好，以致得了癫狂病；癫狂病一直没有痊愈，以致犯罪入狱。古今文人，忧愁困苦没有像先生那样的。虽然如此，胡宗宪，是一世豪杰；嘉靖皇帝，是英明君主。幕府中(给他)与身份不相称的礼节，这表明胡宗宪赏识先生；上奏的表文博得皇帝欢心，这表明皇帝也认识到了他的价值，只是他未能显贵罢了。先生诗文崛起，一扫近代芜秽的风气，百年之后,自有定论,怎么会怀才不遇呢!”

梅客生曾经寄信给我说:“徐文长是我老友,他的病比人奇特,人比诗奇特。”我认为徐文长无处不奇特。无处不奇特,这就无处不命运坎坷,可悲啊!

13.(1)B【解析】B项,自尽:竭尽自己的力量。

(2)D【解析】A项,助词,相当于“的”/代词,代指“豪俊之臣,方正之士”。B项,表顺承/表并列。C项,副词,刚刚/名词,准则。D项,均为连词,来,用来。

(3)臣听说崤山以东的官吏颁布诏令(的时候),即使是百姓中那些老弱病残的人,也要拄着拐杖前去聆听,他们都希望能多活一些时间,不(那么快地)死去,想要能够见到陛下德政教化的成功。(共3分。答出“老羸癃疾”“德化之成”的意思得2分,答出大意得1分)

(4)①运用多种手段展开说理,具有说服力。作者在第一段设喻说理,将深奥的道理寓于日常经验之中;以史为鉴,旁征博引,以史实说理;以夏、商的衰落与周王朝的兴盛形成对比,强调君主善待士人的重要性。

②以退为进,富有策略。作者肯定皇帝在招贤纳士方面的做法,用词委婉,晓之以理,顺势提出皇帝应使贤能之辈将全部精力用在治国安民上。作者先是对当朝皇帝采取的爱民惠民措施予以肯定,然后再说对其日日射猎游玩感到伤心,以情动人,这样进谏更容易让皇帝接受。

③引用经典,以理服人。作者引用《诗经》中的话,意在劝诫皇帝做事要持之以恒,善始善终。

(共3分。答出“设喻说理、以史实说理”“以退为进、用词委婉”“引用经典”等关键词且阐述合理得3分,每个关键词1分,少答或错答一点扣1分)

参考译文:

我听说忠臣侍奉君主,言语深切诚恳却不被采用就会危及性命,言语不深切诚恳就不能说明正道。所以深切诚恳的谏言,是贤明的君主着急地想要听到的,也是忠臣竭诚尽智不惜牺牲生命所要说的。贫瘠的土地,即使有优良的种子,也不会长出庄稼;江河岸边的淤地,即使很差的种子,也能长出众多的禾苗。以前夏代、商代的末世,即使有关龙逄、比干这样的贤人,为了正道而献出生命,可他们的正道也得不到推行。周文王的时候,豪杰贤明的人都能充分发挥自己的聪明才智,割草采薪的平民也都能尽他们的一份力量。这是周朝兴盛的原因。所以肥沃的土地有利于禾苗的生长,仁爱的君主善于培养优秀的人才。雷霆所击,无不摧折;万钧所压,无不破碎。现在君主的威力,不只是雷霆;权势之重,不仅仅是万钧。广开言路以求谏言,和颜悦色地接受它,采用他们的建议,并且使他们的身份显赫,士人尚且害怕,不敢尽自己的全力进谏,更何况对那些放纵私欲、任意施暴、厌恶听到自己过错的君主(竭力进谏)呢?用强力和权势威慑、

压制他们，即使有像尧舜那样的智慧的人，像孟贲那样勇猛的人，有谁不会被摧残而慑服呢？这样的话，君主就听不到自己的过错了；听不到自己的过错，那么国家就危险了。

现在陛下您思念先祖，追述他们的功德，是为了向天下显示他们赫赫的功业和美好的品德，命令天下推举贤良方正之士。天下官民都欢欣鼓舞，说陛下将要实行尧舜之道，创立三王的功业了。天下之士，没有不努力修养自己的品德以便承蒙陛下的恩德的。现在方正之士都在朝廷了。又选拔其中贤明的人为常侍诸吏，然而陛下却和他们放纵射猎，一天之中出游两三次。我担心今后朝政松弛，百官做事懈怠，诸侯听说这些事，又将怠惰于政事了。

陛下您即位以来，勉励自己施恩于天下，减少膳食开支，不听靡靡之乐，减少戍卫边境和宿卫宫殿的士卒，停止郡国每年向朝廷贡献礼品；废除游玩打猎的园林拿来给农民，拿出十万多匹布帛来救济贫民；公正判案放宽刑罚，天下百姓没有不高兴喜欢的。因此元年时普降喜雨，五谷丰登，这是上天以此来帮助您啊。刑罚比其他时候都轻，而犯法的人却很少，衣食比往年多，而盗贼却很少，这是天下之人顺从您的缘故。臣听说崤山以东的官吏颁布诏令(的时候)，即使是百姓中那些老弱病残的人，也要拄着拐杖前去聆听，他们都希望能多活一些时间，不(那么快地)死去，想要能够见到陛下德政教化的成功。现在功业刚刚有所成就，德政之名刚刚昭示于天下，而陛下您却带领贤俊之臣，方正之士，天天与他们打猎射箭，追兔逐狐，而损伤大的功业，让天下之人失望，我暗自为此伤心。

《诗经》中说："人在开始时无不讲得很好，却很少有人能说到做到。"臣希望您减少射猎活动，在夏历的二月，在明堂宣布政令，到太学看望太学生，学习先王的正道。仁义的风尚形成了，万世的基业奠定了，然后您才可以从容游乐。大臣不能和君主一起游乐，方正廉洁之士不能跟随君主射箭打猎，而是让他们各自致力于自己的职守，以培养他们高尚的节操，这样群臣就不敢不端正自己的品行加强自身的修养，都竭尽心力来符合大的礼仪。这样您的君道才会受到尊敬，功业推行于天下，并流传给万世子孙了。

14. (1)A【解析】A项，若：你。

(2)C【解析】A项，才／就是。B项，把……看作／认为。C项，都是用在主谓之间取消句子的独立性。D项，虽然／即使。

(3)D【解析】例句中"活"为使动用法，译为"使……活下来"。A项，意动用法，认为……奇。B项，名词作动词，向东。C项，名词作动词，称王。D项，使动用法，使……听闻。

(4)C【解析】C项，"而刘邦素来对人轻慢无礼"是萧何的说法。

(5)B【解析】文言断句可通过句尾语气词进行停顿，故在"耳"后应断开，"易得"作"诸将"的谓语，中间不应停顿，排除A、C两项。"王"作"必欲长王汉中"的主语，中间不应停顿，排除D项。

此句的大意：那些军官是容易得到的，像韩信这样的人才，是普天下也找不出第二个来的。大王假如只想做汉中王，当然用不上他；假如要想争夺天下，除了韩信就再也没有可以商量大计的人。

参考译文：

韩信多次与萧何谈话，萧何觉得他不寻常。去南郑，各位将领走在路上逃走的有几十个，韩信估计萧何等人已经多次向汉王(刘邦)说自己的事，汉王不任用自己，就逃走了。萧何听说韩信逃走，来不及把这件事告知汉王，自己去追他。有人向汉王说："丞相萧何逃走了。"汉王大怒，像失去了左右手。过了一两天，萧何回来拜见汉王，汉王又生气又高兴，斥责萧何道："你逃走是为什么？"萧何说："我不敢逃走，我是追逃走的人。"汉王说："你追的是谁？"萧何说："是韩信。"汉王又斥责说："各位将领逃走的有几十个，你不追；追韩信，欺骗人。"萧何说："那些军官是容易得到的，像韩信这样的人才，是普天下也找不出第二个来的。大王假如只想做汉中王，当然用不上他；假如要想争夺天下，除了韩信就再也没有可以商量大计的人。"汉王说："我为了你让他做将军。"萧何说："即使做将军，韩信一定不会留下。"汉王说："让他做大将。"萧何说："好极了！"于是汉王想要召见韩信任命他。萧何说："大王一向傲慢没有礼节，现在任命大将像喊小孩一样，这就是韩信离开的原因。大王一定想要任命他，选择良日，斋戒，设立坛场，具备礼仪，才行。"汉王答应了。各位将领都很高兴，人人各自以为能当大将。到了任命大将时，才知道是韩信，全军都很惊讶。

任命韩信的仪式结束后，就到上座坐了下来。汉王说："丞相多次称赞将军，将军用什么计策指教我呢？"韩信谦让了一番，趁势问汉王说："如今向东争夺天下，难道敌人不是项王吗？"汉王说："是。"韩信说："大王自己估计在勇敢、强悍、仁厚、兵力方面与项王相比，谁强？"汉王沉默了好长时间，说："不如项王。"韩信拜了两拜赞成地说："我也认为大王比不上他呀。然而，我曾经侍奉过他，请让我说说项王的为人吧。项王震怒咆哮时，吓得千百人不敢稍动，但不能放手任用有才能的将领，这只不过是匹夫之勇罢了。项王待人恭敬慈爱，言语温和，有生病的人，心疼的流泪，将自己的饮食分给他，等到有的人立下战功，该加封晋爵时，把刻好的大印放在手里玩磨的失去了棱角，舍不得给人，这就是所说的妇人的仁慈啊。项王即使是称霸天下，使诸侯臣服，但他放弃了关中的有利地形，而建都彭城。又违背了与义帝的约定，将自己的亲信分封为王，诸侯们愤愤不平。诸侯们看到项王把义帝迁移到江南僻远的地方，也都回去驱逐自己的国君，占据了好的地方自立为王。项王军队所经过的地方，没有不横遭摧残毁灭的，天下的人大都怨恨，百姓不愿归附，只不过迫于威势，勉强服从罢了。虽然名义上是霸主，实际上却失去了天下的民心。所以说他的优势很容易转化为劣势。如今大王果真能够与他反其道而行：任用天下

英勇善战的人才,有什么不可以被诛灭的呢?用天下的城邑分封给有功之臣,有什么人不心服口服呢?以正义之师,顺从将士东归的心愿,有什么样的敌人不能击溃呢?况且项羽分封的三个王,原来都是秦朝的将领,率领秦地的子弟打了好几年仗,被杀死和逃跑的多到没法计算,又欺骗他们的部下向诸侯投降,到达新安,项王狡诈地活埋了已投降的秦军二十多万人,唯独章邯、司马欣和董翳得以留存,秦地的父老兄弟对这三个人恨入骨髓。而今项羽凭恃着威势,强行封立这三个人为王,秦地的百姓没有谁爱戴他们。而大王进入武关,秋毫无犯,废除了秦朝的苛酷法令,与秦地百姓约法三章,秦地百姓没有不想要大王在秦地做王的。根据诸侯的成约,大王理当在关中做王,关中的百姓都知道这件事,大王失掉了应得的爵位进入汉中,秦地百姓没有不遗憾的。如今大王发动军队向东挺进,只要一道文书三秦封地就可以平定了。"于是汉王特别高兴,自认为得到韩信太晚了。就听从韩信的谋划,部署各路将领攻击的目标。

15.(1)④【解析】绝:断。

(2)②【解析】"必不与之知情"省略主语,应与前文断开,排除①③两项。"别生"可译为"不是亲生兄弟",其主语为"鉷与銲",故应与后文断开,排除④。此句的大意:玄宗认为鉷身负重任,一定不会让他知道内情,鉷与銲不是亲生兄弟,銲嫉妒其富贵,因而想陷害鉷,于是特地赦免銲不问罪,其意图想让鉷为他请罪。

(3)①③⑤【解析】②是描写长安尉贾季邻的。④描写了王鉷权力之大、政事之多。⑥写的是王鉷召任海川看相,问自己是否能当皇帝,体现了其野心。这三项与题干要求"表现王鉷'恣行割剥'"不相符合,故排除。

(4)①任海川非常震惊害怕,藏起来不出现。王鉷怕他会泄露他们的事情,下令追捕他,在冯翊郡抓获,用别的事诬陷他并将他杀死。(共5分。答出"潜匿""逐""诬以他事"的意思得3分,答出大意得2分)

②唐玄宗认为王鉷有聚财富国的能力,有利于皇室的理财,越来越厚待他。(共4分。答出"富国之术""利于王用"的意思得2分,答出大意得2分)

参考译文:

王鉷,太原祁人。天宝二年,充任京和市和籴使,此时右相李林甫依仗权势行事,其志向谋略不利于东储,用以除去不利于自己的人,而鉷有吏官才能,依附他较深,因而将鉷为自己所用。鉷此时作为户口色役使,当时有免除百姓一年的赋税的敕令。鉷于是上奏征收其运输费,扩充其数量,对于街市上买卖的货物,也不肯放过。缴纳的贡品有浸渍,便将其损失折算下达给本郡征纳。又敕令本郡高等户为运送租庸的劳动力,使他们倾家荡产,终年没有停止。恣行盘剥,用以讨好,受到当时人们怨恨。玄宗在位多年,妃妾御史承蒙恩宠,时常给予赏赐,皇上不想将赐物储藏在身边而多次去取出。鉷探得皇上旨意后，每年进献钱财宝物百亿万，将其储藏在内库，以任凭皇上用以赏赐。鉷说："这是每年的额外物品，不是征税来的。"唐玄宗认为王鉷有聚财富国的能力，有利于皇室的理财，越来越厚待他。

鉷权势越来越大，兼使职二十多个，住宅附近为使院，文件堆积，小官吏请求签押一个字，也是多日不行。中使受皇上委托赐予的东西络绎不绝，即使晋公林甫也因害怕回避他。林甫的儿子岫为了做监官，向皇上供奉；鉷的儿子准是卫尉少卿，也斗鸡供奉皇上，每次都戏谑岫，岫常常甘拜下风。万年尉官韦黄裳，长安尉官贾季邻经常处理贮钱数以百绳，名倡、珍馔，往往有所准备，用以提供准所用。又在住宅旁边设置寻欢作乐的场所。鉷与其弟户部郎中銲，召见术士任海川游览其门第，同时让他看相，问能否当皇帝。任海川非常震惊害怕，藏起来不出现。王鉷怕他会泄露他们的事情，下令追捕他，在冯翊郡抓获，用别的事诬陷他并将他杀死。定安公主的儿子韦会任王府司马，听说这件事，在私人场所提起此事，于是被侍奉的小孩向受雇佣的人说了。有的人对会不满，于是告诉了鉷，鉷派遣贾季邻将会打入长安监狱，夜晚将他吊死，第二天凌晨将其尸体载回他的家中。会是皇上的堂外甥，娶永穆公主为妻的同父兄王繇，(家人)恐惧不敢言语。

十一年四月，銲与过去的鸿胪少卿邢璹的儿子縡感情深厚多年，縡暗中密谋策反。此事在约定时间前二天泄露，玄宗认为鉷身负重任，一定不知道内情，鉷与銲不是亲生兄弟，銲嫉妒其富贵，因而想陷害鉷，于是特地赦免銲不问罪，但是意图想让鉷为他请罪。皇上密令国忠暗示规劝他，国忠不敢泄露皇上的旨意，对鉷规劝说："皇上宠爱大夫深厚，现在大夫必须割舍门户的慈念，不过抗疏替郎中请罪，郎中也未必去死，大夫必须活下来，为何不同命！"鉷低头很久说："小弟他蒙受前辈的余爱，过去多次遭责备，按仁义说不应舍去他而谋图自己生存。"于是递进状表。季邻被鉷引荐任用，证明其罪。到了晚上，向皇上进奏。銲在朝堂被乱杖打死，赐予鉷在三卫厨自尽。当初，鉷与御史中丞、户部侍郎杨慎矜亲善而且情谊深厚，两人相互非常友好，等到富贵时争夺权力，鉷依附于李林甫，为他所利诱，陷害慎矜家人。五年后鉷也沦落到家破人亡，这难道是天意吗？

第三部分

古诗文默写

SHANXIANGEDU

教师之路 从山香起步

考向分析

古诗文默写题是大部分地区语文教师招聘考试中的必考题型，如安徽、福建、江西、浙江、天津、山西、江苏、湖南、山东等地。

题型分类	考查频率	题量	分值	题型	地区示例
直接性默写	46%	3～12	每题2分	主观题	福建、河南部分地区、江苏部分地区、黑龙江部分地区
			每空1分		安徽、江西、云南昆明、浙江、江苏部分地区、湖南部分地区、山东部分地区
			每题1分		福建、山西部分地区、江苏部分地区、湖南部分地区、四川
理解性默写	15%	2～10	每题2分	主观题	浙江杭州、山东泰安、重庆大足区、山西部分地区
			每空1分		江西南昌、浙江绍兴、天津静海区、广东惠州、湖南部分地区、山东部分地区
			每题1分		安徽亳州、江西部分地区、湖南部分地区

分值占比 2%～12%

地区占比

6% 考查10题
如四川、湖南岳阳、云南昆明、山东潍坊等

11% 考查8题
如天津、贵州、山东菏泽等

21% 考查5题
如湖南长沙、江苏、安徽等

19% 考查4题
如福建、浙江杭州、山西等

4% 考查3题
如黑龙江、广东清远等

39% 不考查古诗词默写
如云南曲靖、山西忻州、广东广州等

命题规律探究

古诗文默写题中的古诗文主要分布在小学课本、初中课本和高中课本中，根据不同学段有不同的侧重点。

考查内容	小学古诗文	初中古诗文	高中古诗文
考查频率	19%	52%	29%

注：本部分收集了中小学语文教材中出现的古诗文内容，由于篇幅限制，文言文部分只收录重点句及常考句。在以下古诗文内容中，我们在部分句子下面加了曲线，并对其内容做了简要的分析，便于考生理解，解答理解性古诗文默写题。同时对于易错字我们还以改变字体的方法标注，考生在复习备考时要重点掌握易错字的写法，避免考试中失分。

专题一　小学阶段古诗文常考重点句

1. 咏鹅／骆宾王

鹅，鹅，鹅，曲项向天歌。

白毛浮绿水，红掌拨清波。

· 描绘了一幅白鹅戏水时欢娱自得的景象。

2. 悯农(其二)／李绅

锄禾日当午，汗滴禾下土。

谁知盘中餐，粒粒皆辛苦。

· 表现了对农民的同情，劝慰人们要珍惜粮食。

3. 古朗月行(节选)／李白

小时不识月，呼作白玉盘。

又疑瑶台镜，飞在青云端。

· 将月亮比作“白玉盘”“瑶台镜”，生动地描绘出月亮的形状和月光的皎洁可爱。“呼”“疑”两个词语，传达出儿童的天真烂漫之态。

4. 风／李峤

解落三秋叶，能开二月花。

过江千尺浪，入竹万竿斜。

· 描述风的魅力，突出风的威力，表现出自然界物象在风的作用下所产生的变幻。

5. 春晓／孟浩然

春眠不觉晓，处处闻啼鸟。

夜来风雨声，花落知多少。

· 由昨夜回忆到眼前，由喜春到惜春，抒发了诗人热爱春天、珍惜春光的美好心情。

6. 赠汪伦 / 李白

李白乘舟将欲行，忽闻岸上踏歌声。

桃花潭水深千尺，不及汪伦送我情。

·表现了诗人与汪伦之间纯真诚挚的惜别之情。

7. 静夜思 / 李白

床前明月光，疑是地上霜。

举头望明月，低头思故乡。

·通过对诗人动作的刻画，深化了诗人的思乡之情。

8. 寻隐者不遇 / 贾岛

松下问童子，言师采药去。

只在此山中，云深不知处。

·展现了诗人对隐者的钦慕之情。

9. 人之初

人之初，性本善，性相近，习相远。

苟不教，性乃迁，教之道，贵以专。

子不学，非所宜，幼不学，老何为？

玉不琢，不成器，人不学，不知义。

·强调人的习性受所处环境和所受教育影响。

·强调人如果不学习，就不懂得礼仪和为人处世的道理。

10. 池上 / 白居易

小娃撑小艇，偷采白莲回。

不解藏踪迹，浮萍一道开。

·描写小孩偷采白莲撑船归来的情景，塑造了小孩天真烂漫的形象。

11. 小池 / 杨万里

泉眼无声惜细流，树阴照水爱晴柔。

小荷才露尖尖角，早有蜻蜓立上头。

·描绘了一幅充满生命力和生活情趣的生动画面，表现了诗人对自然景物的热爱。

12. 敏而好学，不耻下问。(《论语》)

·强调人要谦虚好学。

13. 读书百遍，而义自见。(董遇)

·强调精读和多读在学习中的重要性。

14. 读万卷书，行万里路。(董其昌)

·说的是学习者的最高境界，要理论结合实际，学以致用。

15. 画鸡 / 唐寅

头上红冠不用裁，满身雪白走将来。

平生不敢轻言语，一叫千门万户开。

·该句根据雄鸡报晓的习性，描写了雄鸡的高洁的形象，抒发了诗人渴望一鸣惊人、名扬天下的抱负和气概。

16. 梅花 / 王安石

墙角数枝梅，凌寒独自开。

遥知不是雪，为有暗香来。

·以梅花的坚强和高洁品格喻示那些像诗人一样，处于艰难、恶劣的环境中依然能坚持操守、主张正义，为国家强盛而不畏排挤和打击的人。

17. 湖上杂诗／袁枚

葛岭花开二月天，游人来往说神仙。

老夫心与游人异，不羡神仙羡少年。

18. 与朋友交，言而有信。(《论语》)

·讲信用，守信义，是立身处世之本。

19. 不以规矩，不能成方圆。(《孟子》)

·孟子阐述仁政可以成为治国的规与矩。

20. 小儿垂钓／胡令能

蓬头稚子学垂纶，侧坐莓苔草映身。

路人借问遥招手，怕得鱼惊不应人。

·展现了儿童学垂钓时的情态，体现了儿童的天真有趣。

21. 登鹳雀楼／王之涣

白日依山尽，黄河入海流。

欲穷千里目，更上一层楼。

·比喻要想取得更大的成功，就要付出更多的努力；要想在某一个问题上有所突破，可以在一个更高的角度审视它；也表达了只有积极向上才能高瞻远瞩。

22. 望庐山瀑布／李白

日照香炉生紫烟，遥看瀑布挂前川。

飞流直下三千尺，疑是银河落九天。

·后两句用比喻和夸张的修辞手法，进一步描绘瀑布的形象和气势，洋溢着诗人昂扬激进的思想，蕴含着他对祖国大好河山的热爱。

23. 江雪／柳宗元

千山鸟飞绝，万径人踪灭。

孤舟蓑笠翁，独钓寒江雪。

·这首诗把江上雪景描绘得十分绝妙，透过渔翁的孤舟独钓，写尽了作者的落寞情绪，表达了诗人孑然一身、清冷孤高的心境。

24. 有志者事竟成。(《后汉书》)

·说的是只要立定志向去做，事情终究会成功。

25. 志当存高远。(诸葛亮)

·说的是只有志向远大，才能克服眼前的困难和自身的弱点，去实现宏伟的志愿。

26. 夜宿山寺／李白

危楼高百尺，手可摘星辰。

不敢高声语，恐惊天上人。

·借助大胆想象，用夸张的修辞手法渲染山寺之奇高，给人以身临其境之感。

27. 敕勒歌／北朝民歌

敕勒川，阴山下，天似穹庐，笼盖四野。

天苍苍，野茫茫，风吹草低见牛羊。

·描绘了北方草原辽阔苍茫的景色，气势雄浑。

28. 村居／高鼎

草长莺飞二月天，拂堤杨柳醉春烟。

儿童散学归来早，忙趁东风放纸鸢。

·描述了一群活泼的儿童在大好春光里放风筝的生动画面，为美好的春光平添了几分生机和希望。

29. 咏柳／贺知章

碧玉妆成一树高，万条垂下绿丝绦。

不知细叶谁裁出，二月春风似剪刀。

·运用比喻的修辞手法，生动传神地表现出春柳的风韵。

30. 赋得古原草送别（节选）／白居易

离离原上草，一岁一枯荣。

野火烧不尽，春风吹又生。

·对春草顽强生命力的赞美，蕴含着万物生生不息的哲理。

31. 轻诺必寡信。（《老子》）

·教育我们不要轻易许诺，一旦许诺就要认真践行，否则就会失去信义。

32. 小信成则大信立。（《韩非子》）

·教育人要有坚守信用的处事态度。

33. 弟子规（节选）

冠必正，纽必结，袜与履，俱紧切。

置冠服，有定位，勿乱顿，致污秽。

唯德学，唯才艺，不如人，当自砺。

若衣服，若饮食，不如人，勿生戚。

34. 晓出净慈寺送林子方／杨万里

毕竟西湖六月中，风光不与四时同。

接天莲叶无穷碧，映日荷花别样红。

·运用互文与夸张的修辞手法，一“碧”一“红”给人以强烈的视觉冲击力，“映日”与“荷花”相衬，又使整幅画面绚烂生动。

35. 绝句／杜甫

两个黄鹂鸣翠柳，一行白鹭上青天。

窗含西岭千秋雪，门泊东吴万里船。

·运用对偶的修辞手法，以一幅富有生机的自然美景切入，给人营造出一种清新轻松的情调氛围。

36. 悯农（其一）／李绅

春种一粒粟，秋收万颗子。

四海无闲田，农夫犹饿死。

·反映了农民辛勤劳动却两手空空、惨遭饿死的社会现实，表达了诗人对农民真挚的同情。

37. 舟夜书所见／查慎行

月黑见渔灯，孤光一点萤。

微微风簇浪，散作满河星。

•动态描写，写孤灯倒影的瞬间美景，渲染了宁静舒适的气氛。

38. 所见 / 袁枚

牧童骑黄牛，歌声振林樾。

意欲捕鸣蝉，忽然闭口立。

39. 山行 / 杜牧

远上寒山石径斜，白云生处有人家。

停车坐爱枫林晚，霜叶红于二月花。

•描绘了一幅动人的山林秋色图，体现出诗人豪爽向上的精神。

40. 赠刘景文 / 苏轼

荷尽已无擎雨盖，菊残犹有傲霜枝。

一年好景君须记，最是橙黄橘绿时。

•通过“橙黄橘绿”来勉励友人困难只是一时，要乐观向上，切莫意志消沉。表现诗人开阔的胸襟和其对同处窘境中的友人的劝勉和支持。

41. 夜书所见 / 叶绍翁

萧萧梧叶送寒声，江上秋风动客情。

知有儿童挑促织，夜深篱落一灯明。

42. 望天门山 / 李白

天门中断楚江开，碧水东流至此回。

两岸青山相对出，孤帆一片日边来。

•这两句诗在描绘出天门山雄伟景色的同时突出了诗人豪迈、奔放、自由洒脱、无拘无束的自我形象。

43. 饮湖上初晴后雨 / 苏轼

水光潋滟晴方好，山色空蒙雨亦奇。

欲把西湖比西子，淡妆浓抹总相宜。

44. 望洞庭 / 刘禹锡

湖光秋月两相和，潭面无风镜未磨。

遥望洞庭山水翠，白银盘里一青螺。

•运用比喻的修辞手法，表现了诗人对大自然的热爱，也表现了诗人壮阔不凡的气度，寄托了诗人高卓清奇的情致。

45. 早发白帝城 / 李白

朝辞白帝彩云间，千里江陵一日还。

两岸猿声啼不住，轻舟已过万重山。

•以舟行的轻捷迅速，表现了诗人遇赦后的欢快愉悦之情。

46. 采莲曲 / 王昌龄

荷叶罗裙一色裁，芙蓉向脸两边开。

乱入池中看不见，闻歌始觉有人来。

•将采莲少女与自然融为一体，显得生动活泼，描绘了一幅少女采莲图景。

47. 不迁怒，不贰过。(《论语》)

48. 仁者爱人，有礼者敬人。(《孟子》)

·仁爱和礼让体现了最高的道德规范和人性之美，“仁”和“礼”都是儒家所尊崇的理念。

49. 与人善言，暖于布帛；伤人以言，深于矛戟。(《荀子》)

·恶言恶语会给人带来巨大的伤害，告诫人们不可恶语伤人，要善言以对。

50. 绝句／杜甫

迟日江山丽，春风花草香。

泥融飞燕子，沙暖睡鸳鸯。

51. 惠崇春江晚景／苏轼

竹外桃花三两枝，春江水暖鸭先知。

蒌蒿满地芦芽短，正是河豚欲上时。

·洋溢着春天的气息和生命的活力，表达了诗人对早春的喜爱和赞美之情。

52. 三衢道中／曾几

梅子黄时日日晴，小溪泛尽却山行。

绿阴不减来时路，添得黄鹂四五声。

53. 忆江南／白居易

江南好，风景旧曾谙。日出江花红胜火，春来江水绿如蓝。能不忆江南？

·描绘江南水乡的旖旎风光，抒发了作者虽不能至，却心向往之的感喟。

54. 元日／王安石

爆竹声中一岁除，春风送暖入屠苏。

千门万户曈曈日，总把新桃换旧符。

·描绘春节的热闹与焕然一新的景象，表达了诗人希望以变法使国家焕然一新的雄心壮志。

55. 清明／杜牧

清明时节雨纷纷，路上行人欲断魂。

借问酒家何处有？牧童遥指杏花村。

56. 九月九日忆山东兄弟／王维

独在异乡为异客，每逢佳节倍思亲。

遥知兄弟登高处，遍插茱萸少一人。

·表达了诗人身处异乡，每逢佳节时浓烈的思乡怀亲之情，反映了诗人在佳节异乡时孤独、凄惶的感受。

57. 滁州西涧／韦应物

独怜幽草涧边生，上有黄鹂深树鸣。

春潮带雨晚来急，野渡无人舟自横。

·“急”字写出了潮和雨的动态，“无人”说明渡口的“野”，“自”字却体现着诗人的悠闲和自得。该句侧重描写荒津野渡之景，衬托闲淡宁静之情。

58. 见善则迁，有过则改。(《周易》)

59. 过而不改，是谓过矣。(《论语》)

•告诉人们犯错并不可怕，可怕的是反复犯同样的错误。

60. 人谁无过？过而能改，善莫大焉。(《左传》)

•劝诫人们要正视自己的缺点、错误，并努力改正。

61. 大林寺桃花 / 白居易

人间四月芳菲尽，山寺桃花始盛开。

长恨春归无觅处，不知转入此中来。

62. 浪淘沙(其七) / 刘禹锡

八月涛声吼地来，头高数丈触山回。

须臾却入海门去，卷起沙堆似雪堆。

63. 鹿柴 / 王维

空山不见人，但闻人语响。

返景入深林，复照青苔上。

•描写了空山的杳无人迹，侧重表现山的空寂清冷。

64. 好问则裕，自用则小。(《尚书》)

•说的是善于求教的人知识就充裕，刚愎自用的人思想就狭小，强调做人要谦虚谨慎。

65. 博学之，审问之，慎思之，明辨之，笃行之。(《礼记》)

•总结了学习的方法，指要博学多才，就要对学问详细地询问，要慎重地思考，要明白地辨别，要坚定地实行。

66. 智能之士，不学不成，不问不知。(王充)

•即使是有智力与能力的人，不学习就不会成功，不请教就不会知道。意在强调人要多学多问。

67. 暮江吟 / 白居易

一道残阳铺水中，半江瑟瑟半江红。

可怜九月初三夜，露似真珠月似弓。

•通过描写夜晚的“露”和“月”，创造出和谐、宁静的意境，蕴含着诗人对大自然的喜爱之情，反映出诗人离开朝廷后轻松愉快的心情。

68. 题西林壁 / 苏轼

横看成岭侧成峰，远近高低各不同。

不识庐山真面目，只缘身在此山中。

•借景说理，指出观察问题应该客观全面，如果主观片面，就不能得出正确的结论。

69. 雪梅 / 卢钺

梅雪争春未肯降，骚人阁笔费评章。

梅须逊雪三分白，雪却输梅一段香。

70. 嫦娥 / 李商隐

云母屏风烛影深，长河渐落晓星沉。

嫦娥应悔偷灵药，碧海青天夜夜心。

71. 出塞／王昌龄

秦时明月汉时关，万里长征人未还。

但使龙城飞将在，不教胡马度阴山。

·融抒情与议论为一体，直接抒发戍边战士巩固边防的愿望和保卫国家的壮志，洋溢着爱国激情和民族自豪感。

72. 凉州词／王翰

葡萄美酒夜光杯，欲饮琵琶马上催。

醉卧沙场君莫笑，古来征战几人回？

·描写出征前的场景，表达了将士们奔赴战场时悲壮从容的心情和将生死置之度外的旷达。

73. 夏日绝句／李清照

生当作人杰，死亦为鬼雄。

至今思项羽，不肯过江东。

·"至今"两字从时间与空间上将古与今、历史与现实巧妙地勾连起来，通过歌颂项羽的悲壮之举来讽刺南宋当权者不思进取、苟且偷生的无耻行径。

74. 别董大／高适

千里黄云白日曛，北风吹雁雪纷纷。

莫愁前路无知己，天下谁人不识君？

·该句是对朋友的劝慰，表达了诗人对朋友的信心和称赞，充满盛唐诗人积极进取的精神和开朗的胸襟。

75. 四时田园杂兴（其二十五）／范成大

梅子金黄杏子肥，麦花雪白菜花稀。

日长篱落无人过，惟有蜻蜓蛱蝶飞。

·描写了农村夏天清新优美的景色，侧面透露出农民劳动的艰辛。

76. 宿新市徐公店／杨万里

篱落疏疏一径深，树头新绿未成阴。

儿童急走追黄蝶，飞入菜花无处寻。

·描绘了儿童捕蝶的欢乐场面，写出了儿童的天真活泼、好奇好胜的神态和心理，表现了诗人对农村自然景物的依恋与喜爱之情。

77. 清平乐·村居／辛弃疾

茅檐低小，溪上青青草。醉里吴音相媚好，白发谁家翁媪？

大儿锄豆溪东，中儿正织鸡笼。最喜小儿亡赖，溪头卧剥莲蓬。

·描写了小儿剥莲蓬吃的神情状貌，表现了小儿的天真活泼和顽皮，表达了词人对农村和平宁静生活的喜爱。

78. 江畔独步寻花／杜甫

黄师塔前江水东，春光懒困倚微风。

桃花一簇开无主，可爱深红爱浅红？

79. 蜂／罗隐

不论平地与山尖，无限风光尽被占。

采得百花成蜜后，为谁辛苦为谁甜？

·热情歌颂了勤劳的人们，讽刺了那些不劳而获的剥削者。

80. 独坐敬亭山 / 李白

众鸟高飞尽，孤云独去闲。

相看两不厌，只有敬亭山。

81. 芙蓉楼送辛渐 / 王昌龄

寒雨连江夜入吴，平明送客楚山孤。

洛阳亲友如相问，一片冰心在玉壶。

·道出了对朋友的深情，也是诗人自己屡遭贬谪而志向不改的真情表白。

82. 塞下曲 / 卢纶

月黑雁飞高，单于夜遁逃。

欲将轻骑逐，大雪满弓刀。

·描写了守边将士不畏严寒乘胜追击，衬托出将士们杀敌斗志的昂扬热情，侧面赞扬了边疆战士的骁勇善战。

83. 墨梅 / 王冕

我家洗砚池头树，朵朵花开淡墨痕。

不要人夸好颜色，只留清气满乾坤。

·通过歌颂梅花的高风亮节来表现自己的节操，表现了诗人不愿与统治者同流合污的志向。

84. 天行健，君子以自强不息。(《周易》)

·阐释了天道与人道相通相融的真理。君子应该像天宇一样运行不止，即使颠沛流离，也不屈不挠。强调人要有自强不息的奋斗精神。

85. 胜人者有力，自胜者强。(《老子》)

·要求人要克服自己的贪欲与野心，克服自身的缺点和不足。

86. 不怨天，不尤人。(《论语》)

·孔子认为遇到事情不应怨声载道，而应以一种积极的态度去解决问题。

87. 蝉 / 虞世南

垂緌饮清露，流响出疏桐。

居高声自远，非是藉秋风。

·品格高尚的人，并不需要外在的凭借便能声名远播。

88. 乞巧 / 林杰

七夕今宵看碧霄，牵牛织女渡河桥。

家家乞巧望秋月，穿尽红丝几万条。

·由牛郎织女的民间故事唤起人们的美好愿望和丰富想象，展示了人们乞取智巧、追求幸福的心愿。

89. 示儿 / 陆游

死去元知万事空，但悲不见九州同。

王师北定中原日，家祭无忘告乃翁。

·表达了诗人对收复中原失地、实现国家统一的渴望和至死不渝的爱国深情。

90. 题临安邸 / 林升

山外青山楼外楼，西湖歌舞几时休？

暖风熏得游人醉，直把杭州作汴州。

·表达了诗人对南宋统治者不思收复北方失地的愤慨和对国家命运的担忧，讽刺了只知苟且偷安、纵情声色的南宋统治者。

91. 己亥杂诗 / 龚自珍

九州生气恃风雷，万马齐喑究可哀。

我劝天公重抖擞，不拘一格降人材。

·表达了作者对国家未来命运的关切，希望当政者能够广纳人才。

92. 山居秋暝 / 王维

空山新雨后，天气晚来秋。

明月松间照，清泉石上流。

竹喧归浣女，莲动下渔舟。

随意春芳歇，王孙自可留。

93. 枫桥夜泊 / 张继

月落乌啼霜满天，江枫渔火对愁眠。

姑苏城外寒山寺，夜半钟声到客船。

·描绘了孤舟客子的景象，抒发了诗人旅途寂寞的愁思。

94. 长相思 / 纳兰性德

山一程，水一程，身向榆关那畔行，夜深千帐灯。

风一更，雪一更，聒碎乡心梦不成，故园无此声。

·描写了将士在外对故乡的思念，抒发词人情思深苦的绵长心境。

95. 渔歌子 / 张志和

西塞山前白鹭飞，桃花流水鳜鱼肥。青箬笠，绿蓑衣，斜风细雨不须归。

96. 知之为知之，不知为不知，是知也。（《论语》）

·孔子强调实事求是的精神。懂就是懂，不懂就是不懂，这才是真正的智慧。

97. 默而识之，学而不厌，诲人不倦。（《论语》）

·该句是孔子治学精神和教育理念的反映。说的是默默地记住所学的知识，学习不觉得满足，教导人不知道疲倦。

98. 余尝谓读书有三到，谓心到、眼到、口到。心不在此，则眼不看仔细，心眼既不专一，却只漫浪诵读，决不能记，记亦不能久也。三到之中，心到最急。心既到矣，眼口岂不到乎？（朱熹）

99. 盖士人读书，第一要有志，第二要有识，第三要有恒。有志则断不甘为下流；有识则知学问无尽，不敢以一得自足，如河伯之观海，如井蛙之窥天，皆无识者也；有恒者则断无不成之事。此三者缺一不可。（曾国藩）

100. 观书有感(其一)/朱熹

半亩方塘一鉴开，天光云影共徘徊。

问渠那得清如许？为有源头活水来。

·该句用自然事物阐明要不断接受新事物的道理，告诉人们要不断地补充新知识，不断地学习才能达到一种新的境界。

101. 观书有感(其二)/朱熹

昨夜江边春水生，蒙冲巨舰一毛轻。

向来枉费推移力，此日中流自在行。

102. 四时田园杂兴(其三十一)/范成大

昼出耘田夜绩麻，村庄儿女各当家。

童孙未解供耕织，也傍桑阴学种瓜。

·描写了农村儿童的活动，表现了孩童的天真可爱和勤劳的品质。

103. 稚子弄冰/杨万里

稚子金盆脱晓冰，彩丝穿取当银钲。

敲成玉磬穿林响，忽作玻璃碎地声。

104. 村晚/雷震

草满池塘水满陂，山衔落日浸寒漪。

牧童归去横牛背，短笛无腔信口吹。

·描绘了一幅牧童骑牛晚归图，塑造了一个自由自在、天真可爱的牧童形象，表达了诗人对田园生活的无限向往与赞美之情。

105. 游子吟/孟郊

慈母手中线，游子身上衣。

临行密密缝，意恐迟迟归。

谁言寸草心，报得三春晖。

·直抒胸臆，赞颂了母爱，寄托了赤子欲报慈母的炽热深情。

106. 鸟鸣涧/王维

人闲桂花落，夜静春山空。

月出惊山鸟，时鸣春涧中。

107. 从军行/王昌龄

青海长云暗雪山，孤城遥望玉门关。

黄沙百战穿金甲，不破楼兰终不还。

·表明了将士们保家卫国的雄心壮志。

108. 秋夜将晓出篱门迎凉有感/陆游

三万里河东入海，五千仞岳上摩天。

遗民泪尽胡尘里，南望王师又一年。

·为遗民呼号，目的是引起南宋统治者的警觉，表达了诗人对收复祖国山河的渴望。

109. 闻官军收河南河北/杜甫

剑外忽传收蓟北，初闻涕泪满衣裳。

却看妻子愁何在，漫卷诗书喜欲狂。

白日放歌须纵酒，青春作伴好还乡。

即从巴峡穿巫峡，便下襄阳向洛阳。

·写“狂”态，表达了诗人急于返乡的欣喜若狂的心情。

110. 凉州词 / 王之涣

黄河远上白云间，一片孤城万仞山。

羌笛何须怨杨柳，春风不度玉门关。

• 表达了戍边将士的羁旅之思。

111. 黄鹤楼送孟浩然之广陵 / 李白

故人西辞黄鹤楼，烟花三月下扬州。

孤帆远影碧空尽，唯见长江天际流。

• 表达了诗人对朋友依依不舍的真挚友情。

112. 乡村四月 / 翁卷

绿遍山原白满川，子规声里雨如烟。

乡村四月闲人少，才了蚕桑又插田。

• 描写了江南农村初夏农忙时节的景象，表现了劳动的紧张与繁忙。

113. 君子坦荡荡，小人长戚戚。（《论语》）

• 孔子认为，作为君子，应当有宽广的胸怀，可以容忍别人，不计较个人利害得失。

114. 多行不义，必自毙。（《左传》）

• 说的是经常干坏事的人必然自取灭亡。

115. 人有耻，则能有所不为。（《朱子语类》）

• 说的是一个人做人行事，要有知耻之心。

116. 宿建德江 / 孟浩然

移舟泊烟渚，日暮客愁新。

野旷天低树，江清月近人。

• 借景抒情，抒发了诗人暮宿建德江边的思乡之情和孤独之感。

117. 六月二十七日望湖楼醉书 / 苏轼

黑云翻墨未遮山，白雨跳珠乱入船。

卷地风来忽吹散，望湖楼下水如天。

118. 西江月·夜行黄沙道中 / 辛弃疾

明月别枝惊鹊，清风半夜鸣蝉。稻花香里说丰年，听取蛙声一片。

七八个星天外，两三点雨山前。旧时茅店社林边，路转溪桥忽见。

119. 过故人庄 / 孟浩然

故人具鸡黍，邀我至田家。

绿树村边合，青山郭外斜。

开轩面场圃，把酒话桑麻。

待到重阳日，还来就菊花。

120. 春日 / 朱熹

胜日寻芳泗水滨，无边光景一时新。

等闲识得东风面，万紫千红总是春。

• 诗人将圣人之道比作催发生机、点染万物的春风，表达了诗人于乱世中追求圣人之道的美好愿望。

121. 回乡偶书 / 贺知章

少小离家老大回，乡音无改鬓毛衰。

儿童相见不相识，笑问客从何处来。

•抒发了诗人对于山河依旧，人生易老且世事沧桑的感慨。

122. 浪淘沙(其一) / 刘禹锡

九曲黄河万里沙，浪淘风簸自天涯。

如今直上银河去，同到牵牛织女家。

•描写黄河的雄壮绵长与蜿蜒多沙，借“黄河九曲”来比喻人生道路的坎坷多变。

123. 江南春 / 杜牧

千里莺啼绿映红，水村山郭酒旗风。

南朝四百八十寺，多少楼台烟雨中。

•描绘了明媚的江南春光，表达了诗人对历史兴亡盛衰的感慨和对晚唐国运的担忧。

124. 书湖阴先生壁 / 王安石

茅檐长扫净无苔，花木成畦手自栽。

一水护田将绿绕，两山排闼送青来。

•展示了湖阴先生的志趣高洁，表现了诗人与他的深厚友谊。

125. 寒食 / 韩翃

春城无处不飞花，寒食东风御柳斜。

日暮汉宫传蜡烛，轻烟散入五侯家。

•描写了寒食节夜晚宫中传蜡烛的情景，讽刺宦官当权，朝廷日渐败坏。

126. 迢迢牵牛星

迢迢牵牛星，皎皎河汉女。

纤纤擢素手，札札弄机杼。

终日不成章，泣涕零如雨。

河汉清且浅，相去复几许。

盈盈一水间，脉脉不得语。

•借牛郎织女相爱却很难相见的悲剧，暗写思妇离别的愁绪，含蓄地表达思君的情感。

127. 十五夜望月 / 王建

中庭地白树栖鸦，冷露无声湿桂花。

今夜月明人尽望，不知秋思落谁家。

•抒发了诗人的相思之情。

128. 长歌行 / 汉乐府

青青园中葵，朝露待日晞。

阳春布德泽，万物生光辉。

常恐秋节至，焜黄华叶衰。

百川东到海，何时复西归？

少壮不努力，老大徒伤悲！

•告诫人们要趁年轻好好努力，不要到老了的时候还一事无成，这样只能留下悲伤和悔恨。

129. 马诗 / 李贺

大漠沙如雪，燕山月似钩。

何当金络脑，快走踏清秋。

130. 石灰吟 / 于谦

千锤万凿出深山，烈火焚烧若等闲。

粉骨碎身浑不怕，要留清白在人间。

•表现了诗人不怕艰险、勇于牺牲的大无畏精神和为人清白正直的崇高志向。

131. 竹石／郑燮

咬定青山不放松，立根原在破岩中。

千磨万击还坚劲，任尔东西南北风。

·塑造了一个百折不挠、顶天立地的强者形象，表达了诗人绝不随波逐流的高尚的思想情操。

132. 采薇（节选）

昔我往矣，杨柳依依。

今我来思，雨雪霏霏。

行道迟迟，载渴载饥。

我心伤悲，莫知我哀！

133. 送元二使安西／王维

渭城朝雨浥轻尘，客舍青青柳色新。

劝君更尽一杯酒，西出阳关无故人。

·以举杯劝酒来表达诗人内心强烈深沉的惜别之情。

134. 春夜喜雨／杜甫

好雨知时节，当春乃发生。

随风潜入夜，润物细无声。

野径云俱黑，江船火独明。

晓看红湿处，花重锦官城。

·热情讴歌滋润万物的春雨，表达了诗人的喜悦之情。

135. 早春呈水部张十八员外／韩愈

天街小雨润如酥，草色遥看近却无。

最是一年春好处，绝胜烟柳满皇都。

·在对早春景物的仔细体察中，充溢着诗人对大自然的喜爱与赞美之情。

136. 江上渔者／范仲淹

江上往来人，但爱鲈鱼美。

君看一叶舟，出没风波里。

137. 泊船瓜洲／王安石

京口瓜洲一水间，钟山只隔数重山。

春风又绿江南岸，明月何时照我还。

·表达了诗人希望凭借变法开创新局面，也表达了诗人希望早日辞官归家的心愿。

138. 游园不值／叶绍翁

应怜屐齿印苍苔，小扣柴扉久不开。

春色满园关不住，一枝红杏出墙来。

·既渲染了浓郁的春色，又揭示了新事物终将代替旧事物的深刻哲理。

139. 卜算子·送鲍浩然之浙东／王观

水是眼波横，山是眉峰聚。欲问行人去那边？眉眼盈盈处。

才始送春归，又送君归去。若到江南赶上春，千万和春住。

140. 浣溪沙／苏轼

山下兰芽短浸溪，松间沙路净无泥。萧萧暮雨子规啼。

谁道人生无再少？门前流水尚能西！休将白发唱黄鸡。

141. 清平乐／黄庭坚

春归何处？寂寞无行路。若有人知春去处，唤取归来同住。

春无踪迹谁知？除非问取黄鹂。百啭无人能解，因风飞过蔷薇。

142. 江南／汉乐府

江南可采莲，莲叶何田田。鱼戏莲叶间。

鱼戏莲叶东，鱼戏莲叶西，鱼戏莲叶南，鱼戏莲叶北。

143. 卜算子·咏梅／毛泽东

风雨送春归，飞雪迎春到。已是悬崖百丈冰，犹有花枝俏。

俏也不争春，只把春来报。待到山花烂漫时，她在丛中笑。

144. 少年不知勤学苦，老来方知读书迟。

·告诫年轻人要抓住好时光好好读书，不要等老了再后悔。

145. 书山有路勤为径，学海无涯苦作舟。

·说的是学习贵在勤奋刻苦。活到老学到老是每一个向上者必备的品质。

146. 芭蕉不展丁香结，同向春风各自愁。（李商隐《代赠》）

147. 殷勤解却丁香结，纵放繁枝散诞春。（陆龟蒙《丁香》）

148. 霜树尽空枝，肠断丁香结。（冯延巳《醉花间》）

149. 青鸟不传云外信，丁香空结雨中愁。（李璟《摊破浣溪沙》）

150. 七律·长征／毛泽东

红军不怕远征难，万水千山只等闲。

五岭逶迤腾细浪，乌蒙磅礴走泥丸。

金沙水拍云崖暖，大渡桥横铁索寒。

更喜岷山千里雪，三军过后尽开颜。

·描绘了“巧渡金沙江”和“强渡大渡河”两幅“长征图”。表现了红军的不畏艰险的英雄气概，也是红军高度乐观主义精神的象征。

151. 春日偶成／程颢

云淡风轻近午天，傍花随柳过前川。

时人不识余心乐，将谓偷闲学少年。

152. 冬夜读书示子聿／陆游

古人学问无遗力，少壮工夫老始成。

纸上得来终觉浅，绝知此事要躬行。

·强调在努力的基础上，还必须有坚持不懈的精神，要理论与实践相结合。

153. 大风歌 / 刘邦

大风起兮云飞扬，威加海内兮归故乡，安得猛士兮守四方！

154. 过分水岭 / 温庭筠

溪水无情似有情，入山三日得同行。

岭头便是分头处，惜别潺湲一夜声。

155. 秋浦歌 / 李白

炉火照天地，红星乱紫烟。

赧郎明月夜，歌曲动寒川。

156. 春游湖 / 徐俯

双飞燕子几时回？夹岸桃花蘸水开。

春雨断桥人不度，小舟撑出柳阴来。

157. 忆秦娥·娄山关 / 毛泽东

西风烈，长空雁叫霜晨月。霜晨月，马蹄声碎，喇叭声咽。

雄关漫道真如铁，而今迈步从头越。从头越，苍山如海，残阳如血。

·突出了夺取雄关的艰辛，抒发了作者的一腔英雄豪气以及对获胜的信心。

注：毛泽东不属于古代诗（词）人，但其诗词常以古诗词的形式呈现，在考试中偶有考查，因此将其诗词列入本部分内容，考生在复习备考中需注意。

专题二　初中阶段古诗文常考重点句

1. 观沧海 / 曹操

东临碣石，以观沧海。
水何澹澹，山岛竦峙。
树木丛生，百草丰茂。
秋风萧瑟，洪波涌起。
日月之行，若出其中；
星汉灿烂，若出其里。
幸甚至哉，歌以咏志。

2. 闻王昌龄左迁龙标遥有此寄 / 李白

杨花落尽子规啼，闻道龙标过五溪。
我寄愁心与明月，随君直到夜郎西。

·诗人通过丰富的想象，表达了对朋友的思念和宽慰。

3. 次北固山下 / 王湾

客路青山外，行舟绿水前。
潮平两岸阔，风正一帆悬。
海日生残夜，江春入旧年。
乡书何处达？归雁洛阳边。

·描写拂晓行船的情景，隐含新事物终将取代旧事物的哲理，表达了积极向上的感情。

4. 天净沙·秋思 / 马致远

枯藤老树昏鸦，小桥流水人家，古道西风瘦马。
夕阳西下，断肠人在天涯。

·表达了飘零天涯的游子思念故乡、倦于漂泊的愁楚凄苦之情。

5. 学而时习之，不亦说乎？有朋自远方来，不亦乐乎？人不知而不愠，不亦君子乎？(《论语·学而》)

6. 吾日三省吾身：为人谋而不忠乎？与朋友交而不信乎？传不习乎？(《论语·学而》)

7. 吾十有五而志于学，三十而立，四十而不惑，五十而知天命，六十而耳顺，七十而从心所欲，不逾矩。(《论语·为政》)

8. 温故而知新，可以为师矣。(《论语·为政》)

9. 学而不思则罔，思而不学则殆。(《论语·为政》)

·认为“学”与“思”当互相结合，不可偏废。

10. 贤哉，回也！一箪食，一瓢饮，在陋巷，人不堪其忧，回也不改其乐。贤哉，回也！(《论语·雍也》)

·这是孔子对颜回安贫乐道的高尚品格的赞许。

11. 知之者不如好之者，好之者不如乐之者。（《论语·雍也》）

·强调兴趣对学问和事业的重要性。

12. 饭疏食，饮水，曲肱而枕之，乐亦在其中矣。不义而富且贵，于我如浮云。（《论语·述而》）

13. 三人行，必有我师焉。择其善者而从之，其不善者而改之。（《论语·述而》）

·孔子强调要随时随地学习别人的优点，并以别人的缺点来警醒自己。

14. 逝者如斯夫，不舍昼夜。（《论语·子罕》）

·孔子感叹时光流逝，劝人要珍惜时间。

15. 三军可夺帅也，匹夫不可夺志也。（《论语·子罕》）

·强调坚守志向的重要性。

16. 子夏曰：“博学而笃志，切问而近思，仁在其中矣。”（《论语·子张》）

·子夏认为广博地求取学问、坚定自己的意志、切实地向人请教、仔细地思考，这是求取学问应有的功夫。

17. 峨眉山月歌／李白

峨眉山月半轮秋，影入平羌江水流。

夜发清溪向三峡，思君不见下渝州。

18. 江南逢李龟年／杜甫

岐王宅里寻常见，崔九堂前几度闻。

正是江南好风景，落花时节又逢君。

·表达了诗人对国事凋零、友人颠沛流离的感慨。

19. 行军九日思长安故园／岑参

强欲登高去，无人送酒来。

遥怜故园菊，应傍战场开。

·寄托着诗人对饱经战乱的人民的同情，对和平生活的渴望。

20. 夜上受降城闻笛／李益

回乐烽前沙似雪，受降城外月如霜。

不知何处吹芦管，一夜征人尽望乡。

·表达了征夫内心的清冷孤寂和急切的思乡之情。

21. 诫子书／诸葛亮

夫君子之行，静以修身，俭以养德。非淡泊无以明志，非宁静无以致远。夫学须静也，才须学也，非学无以广才，非志无以成学。淫慢则不能励精，险躁则不能治性。年与时驰，意与日去，遂成枯落，多不接世，悲守穷庐，将复何及！

22. 秋词（其一）／刘禹锡

自古逢秋悲寂寥，我言秋日胜春朝。

晴空一鹤排云上，便引诗情到碧霄。

·以明丽的秋景引出豪迈的诗情,表现了诗人奋发进取的豪情和豁达乐观的情怀。

23. 夜雨寄北 / 李商隐

君问归期未有期,巴山夜雨涨秋池。

何当共剪西窗烛,却话巴山夜雨时。

·通过想象来日聚首之时的幸福欢乐,表达了诗人孤寂的情怀和对妻子的思念。

24. 十一月四日风雨大作(其二) / 陆游

僵卧孤村不自哀,尚思为国戍轮台。

夜阑卧听风吹雨,铁马冰河入梦来。

·借写风雨梦境,抒发诗人的报国之志和忧国忧民的拳拳之心。

25. 潼关 / 谭嗣同

终古高云簇此城,秋风吹散马蹄声。

河流大野犹嫌束,山入潼关不解平。

·描写西北地区的旷远景象,表现出诗人豪迈的情怀。

26. 士别三日,即更刮目相待,大兄何见事之晚乎!(《孙权劝学》)

·说的是人每天都在进取,我们应用发展的眼光去看他人。

27. 万里赴戎机,关山度若飞。朔气传金柝,寒光照铁衣。将军百战死,壮士十年归。/ 雄兔脚扑朔,雌兔眼迷离;双兔傍地走,安能辨我是雄雌?(北朝民歌《木兰诗》)

28. 竹里馆 / 王维

独坐幽篁里,弹琴复长啸。

深林人不知,明月来相照。

·描绘了诗人隐居生活的悠闲,表现了清幽的环境氛围,传达出诗人淡泊的心志。

29. 春夜洛城闻笛 / 李白

谁家玉笛暗飞声,散入春风满洛城。

此夜曲中闻折柳,何人不起故园情。

·表达了诗人客居洛阳时被深夜笛声唤发的思乡之情。

30. 逢入京使 / 岑参

故园东望路漫漫,双袖龙钟泪不干。

马上相逢无纸笔,凭君传语报平安。

·表现了诗人渴望建功立业的豪迈胸襟和思念亲人却又不愿让亲人牵挂的复杂情感。

31. 晚春 / 韩愈

草树知春不久归,百般红紫斗芳菲。

杨花榆荚无才思,惟解漫天作雪飞。

32. 陋室铭 / 刘禹锡

山不在高,有仙则名。水不在深,有龙则灵。斯是陋室,惟吾德馨。苔痕上阶绿,草色入帘青。谈笑有鸿儒,往来无白丁。可以调素琴,阅金经。无丝竹之乱耳,无案牍之劳形。南阳诸葛庐,西蜀子云亭。孔子云:何陋之有?

·通过描写陋室恬静、雅致的环境和主人高雅的风度，表现了作者高洁傲岸的情操和安贫乐道的情怀。

33. 爱莲说／周敦颐

水陆草木之花，可爱者甚蕃。晋陶渊明独爱菊。自李唐来，世人甚爱牡丹。予独爱莲之出淤泥而不染，濯清涟而不妖，中通外直，不蔓不枝，香远益清，亭亭净植，可远观而不可亵玩焉。

予谓菊，花之隐逸者也；牡丹，花之富贵者也；莲，花之君子者也。噫！菊之爱，陶后鲜有闻。莲之爱，同予者何人？牡丹之爱，宜乎众矣。

- “出淤泥而不染”象征君子身处污浊环境而不同流合污、不随俗浮沉的高洁品质；“濯清涟而不妖”象征君子庄重、质朴，不哗众取宠，不炫耀自己；“中通外直，不蔓不枝”象征君子正直不苟，豁达大度；“香远益清，亭亭净植”象征君子美好的姿态气质。

34. 登幽州台歌／陈子昂

前不见古人，后不见来者。

念天地之悠悠，独怆然而涕下！

- 抒发了诗人怀才不遇、孤寂郁闷的心情。

35. 望岳／杜甫

岱宗夫如何？齐鲁青未了。

造化钟神秀，阴阳割昏晓。

荡胸生曾云，决眦入归鸟。

会当凌绝顶，一览众山小。

- 颔联用虚实结合的手法，表达了诗人对泰山的喜爱、赞美之情。尾联体现了诗人勇于攀登高峰、敢于挑战极限的大无畏精神。

36. 登飞来峰／王安石

飞来山上千寻塔，闻说鸡鸣见日升。

不畏浮云遮望眼，自缘身在最高层。

- 表现了诗人在政治上高瞻远瞩、不畏奸邪的勇气和决心。

37. 游山西村／陆游

莫笑农家腊酒浑，丰年留客足鸡豚。

山重水复疑无路，柳暗花明又一村。

箫鼓追随春社近，衣冠简朴古风存。

从今若许闲乘月，拄杖无时夜叩门。

- 既写出了山环水绕、花团锦簇的美景，又表现了在逆境中往往蕴含着无限希望的哲理。

38. 己亥杂诗（其五）／龚自珍

浩荡离愁白日斜，吟鞭东指即天涯。

落红不是无情物，化作春泥更护花。

- 托物言志。表达诗人虽脱离官场，但仍关心国家的前途命运，愿为国效力的情感和献身精神。

39. 泊秦淮／杜牧

烟笼寒水月笼沙，夜泊秦淮近酒家。

商女不知亡国恨，隔江犹唱后庭花。

- 揭露了当时的统治阶级只知寻欢作乐，不以

国事为重的状态，表现了诗人对国家命运的深切忧虑和关怀。

40. 贾生 / 李商隐

宣室求贤访逐臣，贾生才调更无伦。

可怜夜半虚前席，不问苍生问鬼神。

• 托古讽今。揭示了晚唐皇帝求仙访道、不顾国计民生的社会现实，寄寓了诗人怀才不遇的感慨。

41. 过松源晨炊漆公店（其五）/ 杨万里

莫言下岭便无难，赚得行人错喜欢。

政入万山围子里，一山放出一山拦。

• 诗人通过写山区行路的感受，寄寓了无论做什么事都要放眼长远，认真对待，不要被眼前顺境所迷惑的道理。

42. 约客 / 赵师秀

黄梅时节家家雨，青草池塘处处蛙。

有约不来过夜半，闲敲棋子落灯花。

• 表现了诗人孤独苦闷的心情和落寞失望的情怀。

43. 春冬之时，则素湍绿潭，回清倒影，绝巘多生怪柏，悬泉瀑布，飞漱其间，清荣峻茂，良多趣味。/ 故渔者歌曰："巴东三峡巫峡长，猿鸣三声泪沾裳。"（郦道元《三峡》）

44. 晓雾将歇，猿鸟乱鸣；夕日欲颓，沉鳞竞跃。（陶弘景《答谢中书书》）

• 以"乱"渲染早晨热烈欢快的气氛；以"竞"写"跃"的状态，表现热闹的气氛。

45. 庭下如积水空明，水中藻、荇交横，盖竹柏影也。何夜无月？何处无竹柏？但少闲人如吾两人者耳。（苏轼《记承天寺夜游》）

46. 急湍甚箭，猛浪若奔。/ 泉水激石，泠泠作响；好鸟相鸣，嘤嘤成韵。蝉则千转不穷，猿则百叫无绝。鸢飞戾天者，望峰息心；经纶世务者，窥谷忘反。（吴均《与朱元思书》）

47. 野望 / 王绩

东皋薄暮望，徙倚欲何依。

树树皆秋色，山山唯落晖。

牧人驱犊返，猎马带禽归。

相顾无相识，长歌怀采薇。

• 表达了诗人心中的彷徨和孤独无依。

48. 黄鹤楼 / 崔颢

昔人已乘黄鹤去，此地空余黄鹤楼。

黄鹤一去不复返，白云千载空悠悠。

晴川历历汉阳树，芳草萋萋鹦鹉洲。

日暮乡关何处是？烟波江上使人愁。

• 写晴日在黄鹤楼所见之景和烟波江上的日暮之景，抒发了诗人的思乡之情。

49. 使至塞上／王维

单车欲问边，属国过居延。

征蓬出汉塞，归雁入胡天。

大漠孤烟直，长河落日圆。

萧关逢候骑，都护在燕然。

·描绘了边陲大漠中壮阔雄奇的景象，境界阔大，气象雄浑。

50. 渡荆门送别／李白

渡远荆门外，来从楚国游。

山随平野尽，江入大荒流。

月下飞天镜，云生结海楼。

仍怜故乡水，万里送行舟。

·通过写辽阔的景象，表达了诗人的万丈豪情和喜悦开朗的心情。

51. 钱塘湖春行／白居易

孤山寺北贾亭西，水面初平云脚低。

几处早莺争暖树，谁家新燕啄春泥。

乱花渐欲迷人眼，浅草才能没马蹄。

最爱湖东行不足，绿杨阴里白沙堤。

·这两联描绘了西湖春行所见景物，透露出早春的气息，表达了诗人对初春景色的喜爱。

52. 庭中有奇树／《古诗十九首》

庭中有奇树，绿叶发华滋。

攀条折其荣，将以遗所思。

馨香盈怀袖，路远莫致之。

此物何足贵？但感别经时。

53. 龟虽寿／曹操

神龟虽寿，犹有竟时；腾蛇乘雾，终为土灰。

老骥伏枥，志在千里；烈士暮年，壮心不已。

盈缩之期，不但在天；养怡之福，可得永年。

幸甚至哉，歌以咏志。

·表达了诗人老当益壮、锐意进取的精神。

54. 赠从弟（其二）／刘桢

亭亭山上松，瑟瑟谷中风。

风声一何盛，松枝一何劲！

冰霜正惨凄，终岁常端正。

岂不罹凝寒？松柏有本性。

·诗人以不畏风霜的松树为喻，勉励其堂弟要有独立的人格和坚贞不屈的操守。

55. 梁甫行／曹植

八方各异气，千里殊风雨。

剧哉边海民，寄身于草野。

妻子象禽兽，行止依林阻。

柴门何萧条，狐兔翔我宇。

·感叹家园荒芜，表达了诗人对深受战乱之苦的劳动人民的同情。

56. 天时不如地利，地利不如人和。／域民不以封疆之界，固国不以山溪之险，威天下不以兵革之利。／得道者多助，失道者寡助。寡助之至，亲戚畔之；多助之至，天下顺之。（《得道多助，失道寡助》）

·孟子通过“得道”和“失道”的后果——“多助”

和“寡助”的鲜明对比，充分说明了“人和”在治国中的重要作用。

57. 富贵不能淫，贫贱不能移，威武不能屈。（《富贵不能淫》）

· 孟子认为，大丈夫的“大”，并不是凭着财富、地位和权力得到的，而是要心志坚强，行为合乎礼法，为人处世顺应道义。

58. 故天将降大任于是人也，必先苦其心志，劳其筋骨，饿其体肤，空乏其身，行拂乱其所为，所以动心忍性，曾益其所不能。/入则无法家拂士，出则无敌国外患者，国恒亡。然后知生于忧患而死于安乐也。（《生于忧患，死于安乐》）

· 困境、磨难可以造就人才；国家没有内忧外患，往往容易灭亡。

59. 饮酒（其五）/陶渊明

结庐在人境，而无车马喧。

问君何能尔？心远地自偏。

采菊东篱下，悠然见南山。

山气日夕佳，飞鸟相与还。

此中有真意，欲辨已忘言。

· 表现了诗人恬淡闲适、对生活无所求的心境，表达了诗人超脱尘世、热爱自然的情趣。

60. 春望/杜甫

国破山河在，城春草木深。

感时花溅泪，恨别鸟惊心。

烽火连三月，家书抵万金。

白头搔更短，浑欲不胜簪。

· 以“感时花溅泪”应首联“国破”之叹，以“恨别鸟惊心”应颈联思家之忧，体现了诗人忧国忧民、感时伤怀的高尚情操。

61. 雁门太守行/李贺

黑云压城城欲摧，甲光向日金鳞开。

角声满天秋色里，塞上燕脂凝夜紫。

半卷红旗临易水，霜重鼓寒声不起。

报君黄金台上意，提携玉龙为君死。

· 引用燕昭王以重金招揽天下名士的典故，写出将士们报效朝廷的决心。

62. 赤壁/杜牧

折戟沉沙铁未销，自将磨洗认前朝。

东风不与周郎便，铜雀春深锁二乔。

· 从反面落笔，抒发了诗人怀才不遇的激愤和苦闷。

63. 渔家傲/李清照

天接云涛连晓雾，星河欲转千帆舞。仿佛梦魂归帝所，闻天语，殷勤问我归何处。

我报路长嗟日暮，学诗谩有惊人句。九万里风鹏正举。风休住，蓬舟吹取三山去！

· 下片反映了词人晚年孤独无依的痛苦经历，流露出对现实的不满和郁闷。

64. 浣溪沙／晏殊

一曲新词酒一杯，去年天气旧亭台。夕阳西下几时回？

无可奈何花落去，似曾相识燕归来。小园香径独徘徊。

• 抒发了词人伤春惜时之情，表达了词人对时光易逝、难以挽回的伤感。

65. 采桑子／欧阳修

轻舟短棹西湖好，绿水逶迤。芳草长堤，隐隐笙歌处处随。

无风水面琉璃滑，不觉船移。微动涟漪，惊起沙禽掠岸飞。

66. 相见欢／朱敦儒

金陵城上西楼，倚清秋。万里夕阳垂地大江流。

中原乱，簪缨散，几时收？试倩悲风吹泪过扬州。

67. 如梦令／李清照

常记溪亭日暮，沉醉不知归路。兴尽晚回舟，误入藕花深处。争渡，争渡，惊起一滩鸥鹭。

• 全词表达了词人早期生活的情趣和心境，洋溢着生活的气息和欢快的旋律。

68. 忽逢桃花林，夹岸数百步，中无杂树，芳草鲜美，落英缤纷。／土地平旷，屋舍俨然，有良田、美池、桑竹之属。阡陌交通，鸡犬相闻。其中往来种作，男女衣着，悉如外人。黄发垂髫，并怡然自乐。（陶渊明《桃花源记》）

• 描绘了桃花源的优美环境、和平安定和自由快乐。

69. 潭中鱼可百许头，皆若空游无所依，日光下澈，影布石上。佁然不动，俶尔远逝，往来翕忽，似与游者相乐。／潭西南而望，斗折蛇行，明灭可见。其岸势犬牙差互，不可知其源。（柳宗元《小石潭记》）

70. 关雎／《诗经》

关关雎鸠，在河之洲。窈窕淑女，君子好逑。

参差荇菜，左右流之。窈窕淑女，寤寐求之。

求之不得，寤寐思服。悠哉悠哉，辗转反侧。

参差荇菜，左右采之。窈窕淑女，琴瑟友之。

参差荇菜，左右芼之。窈窕淑女，钟鼓乐之。

• 描写了“君子”对“淑女”的追求，表现了他求而不得的痛苦。

71. 蒹葭／《诗经》

蒹葭苍苍，白露为霜。所谓伊人，在水一方。

溯洄从之，道阻且长。溯游从之，宛在水中央。

蒹葭萋萋，白露未晞。所谓伊人，在水之湄。

溯洄从之，道阻且跻。溯游从之，宛在水中坻。

蒹葭采采，白露未已。所谓伊人，在水之涘。

溯洄从之，道阻且右。溯游从之，宛在水中沚。

• 表现了主人公对心目中的爱人的执着追求和求之不得的惆怅心境。

72. 七夕／李商隐

鸾扇斜分凤幄开，星桥横过鹊飞回。

争将世上无期别，换得年年一度来。

- 描写了诗人与亡妻相见无期，表现了诗人悼念亡妻的悲痛心情。

73. 路曼曼其修远兮，吾将上下而求索。（屈原《离骚》）

- 表现了在追求理想过程中百折不挠、不断探索的精神。

74. 月夜／杜甫

今夜鄜州月，闺中只独看。

遥怜小儿女，未解忆长安。

香雾云鬟湿，清辉玉臂寒。

何时倚虚幌，双照泪痕干？

- 儿女随母望月而不理解其母的思念亲人之情，表现了诗人想念儿女、体贴妻子之情。

75. 细雨鱼儿出，微风燕子斜。（杜甫《水槛遣心·其一》）

76. 沾衣欲湿杏花雨，吹面不寒杨柳风。（志南和尚《绝句》）

77. 明月不谙离恨苦，斜光到晓穿朱户。（晏殊《蝶恋花》）

78. 桃之夭夭，灼灼其华。（《诗经·桃夭》）

79. 五月榴花照眼明，枝间时见子初成。（韩愈《榴花》）

80. 唯有牡丹真国色，花开时节动京城。（刘禹锡《赏牡丹》）

81. 开花占得春光早，雪缀云装万萼轻。（李绅《北楼樱桃花》）

82. 朵朵精神叶叶柔，雨晴香拂醉人头。（杜牧《蔷薇花》）

83. 暗暗淡淡紫，融融冶冶黄。（李商隐《菊》）

84. 疏影横斜水清浅，暗香浮动月黄昏。（林逋《山园小梅·其一》）

85. 纵被春风吹作雪，绝胜南陌碾成尘。（王安石《北陂杏花》）

86. 式微／《诗经·邶风》

式微式微，胡不归？微君之故，胡为乎中露？

式微式微，胡不归？微君之躬，胡为乎泥中？

87. 子衿／《诗经·郑风》

青青子衿，悠悠我心。纵我不往，子宁不嗣音？

青青子佩，悠悠我思。纵我不往，子宁不来？

挑兮达兮，在城阙兮。一日不见，如三月兮！

- 表达了女子对恋人的思念之情。

88. 送杜少府之任蜀州／王勃

城阙辅三秦，风烟望五津。

与君离别意，同是宦游人。

海内存知己，天涯若比邻。

无为在歧路，儿女共沾巾。

• 表现友谊不受时间的限制和空间的阻隔，抒发了诗人乐观豁达的情感。

89. 望洞庭湖赠张丞相／孟浩然

八月湖水平，涵虚混太清。

气蒸云梦泽，波撼岳阳城。

欲济无舟楫，端居耻圣明。

坐观垂钓者，徒有羡鱼情。

• 描写了洞庭湖壮丽的景象和磅礴的气势。

90. 鹏之背，不知其几千里也；怒而飞，其翼若垂天之云。／《谐》之言曰："鹏之徙于南冥也，水击三千里，抟扶摇而上者九万里，去以六月息者也。"野马也，尘埃也，生物之以息相吹也。(《北冥有鱼》)

• 运用夸张的修辞手法描写大鹏起飞的气势，阐明万物都有所凭借的道理。

91. 惠子曰："子非鱼，安知鱼之乐？"庄子曰："子非我，安知我不知鱼之乐？"惠子曰："我非子，固不知子矣；子固非鱼也，子之不知鱼之乐，全矣！"(《庄子与惠子游于濠梁之上》)

92. 是故学然后知不足，教然后知困。知不足，然后能自反也；知困，然后能自强也。故曰："教学相长也。"(《虽有嘉肴》)

• 指出教和学是互相促进、相辅相成的关系。

93. 伯牙善鼓琴，钟子期善听。伯牙鼓琴，志在高山。钟子期曰："善哉，峨峨兮若泰山！"志在流水，钟子期曰："善哉，洋洋兮若江河！"／伯牙乃舍琴而叹曰："善哉，善哉，子之听夫！志想象犹吾心也。吾于何逃声哉？(《伯牙善鼓琴》)

• 写出了钟子期的善听，表现了他们心意相通、惺惺相惜的深厚情感，阐述了知音难觅的道理。

94. 大道之行也

大道之行也，天下为公。选贤与能，讲信修睦。故人不独亲其亲，不独子其子，使老有所终，壮有所用，幼有所长，矜、寡、孤、独、废疾者皆有所养，男有分，女有归。货恶其弃于地也，不必藏于己；力恶其不出于身也，不必为己。是故谋闭而不兴，盗窃乱贼而不作，故外户而不闭。是谓大同。

95. 祗辱于奴隶人之手，骈死于槽枥之间。／食马者不知其能千里而食也。是马也，虽有千里之能，食不饱，力不足，才美不外见，且欲与常马等不可得，安求其能千里也？／策之不以其道，食之不能尽其材，鸣之而不能通其意，执策而临之，曰："天下无马！"呜呼！其

真无马邪？其真不知马也！（韩愈《马说》）

·第一处画线句叙述千里马未遇伯乐的悲惨遭遇，讽刺了封建统治者摧残人才的愚昧和昏庸。第二处画线句刻画出“食马者”愚昧蛮横的丑态，是对封建统治者的辛辣嘲讽。

96. 石壕吏／杜甫

暮投石壕村，有吏夜捉人。老翁逾墙走，老妇出门看。

吏呼一何怒！妇啼一何苦！

听妇前致词：三男邺城戍。一男附书至，二男新战死。存者且偷生，死者长已矣！室中更无人，惟有乳下孙。有孙母未去，出入无完裙。老妪力虽衰，请从吏夜归，急应河阳役，犹得备晨炊。

夜久语声绝，如闻泣幽咽。天明登前途，独与老翁别。

97. 茅屋为秋风所破歌／杜甫

八月秋高风怒号，卷我屋上三重茅。茅飞渡江洒江郊，高者挂罥长林梢，下者飘转沉塘坳。

南村群童欺我老无力，忍能对面为盗贼。公然抱茅入竹去，唇焦口燥呼不得，归来倚杖自叹息。

俄顷风定云墨色，秋天漠漠向昏黑。布衾多年冷似铁，娇儿恶卧踏里裂。床头屋漏无干处，雨脚如麻未断绝。自经丧乱少睡眠，长夜沾湿何由彻！

安得广厦千万间，大庇天下寒士俱欢颜！风雨不动安如山。呜呼！何时眼前突兀见此屋，吾庐独破受冻死亦足！

·表达了诗人推己及人的博爱情怀及希望天下寒士都能安居乐业的美好愿望。

98. 卖炭翁／白居易

卖炭翁，伐薪烧炭南山中。满面尘灰烟火色，两鬓苍苍十指黑。卖炭得钱何所营？身上衣裳口中食。可怜身上衣正单，心忧炭贱愿天寒。夜来城外一尺雪，晓驾炭车辗冰辙。牛困人饥日已高，市南门外泥中歇。

翩翩两骑来是谁？黄衣使者白衫儿。手把文书口称敕，回车叱牛牵向北。一车炭，千余斤，宫使驱将惜不得。半匹红纱一丈绫，系向牛头充炭直。

99. 题破山寺后禅院／常建

清晨入古寺，初日照高林。

曲径通幽处，禅房花木深。

山光悦鸟性，潭影空人心。

万籁此都寂，但余钟磬音。

·描绘了静谧祥和的氛围，表现了诗人寄情山水、淡泊宁静的生活态度。

100. 送友人／李白

青山横北郭，白水绕东城。

此地一为别，孤蓬万里征。

浮云游子意，落日故人情。

挥手自兹去，萧萧班马鸣。

•描述了送别的情景，表现了诗人与朋友的深厚情谊和依依惜别之情。

101. 卜算子·黄州定慧院寓居作／苏轼

缺月挂疏桐，漏断人初静。谁见幽人独往来，缥缈孤鸿影。

惊起却回头，有恨无人省。拣尽寒枝不肯栖，寂寞沙洲冷。

•表现了词人心境的孤独和志趣的高洁。

102. 卜算子·咏梅／陆游

驿外断桥边，寂寞开无主。已是黄昏独自愁，更着风和雨。

无意苦争春，一任群芳妒。零落成泥碾作尘，只有香如故。

•写梅花的品格精神，意在表现词人不流于世俗，坚守自我的高洁情操。

103. 登斯楼也，则有去国怀乡，忧谗畏讥，满目萧然，感极而悲者矣。／至若春和景明，波澜不惊，上下天光，一碧万顷，沙鸥翔集，锦鳞游泳，岸芷汀兰，郁郁青青。／登斯楼也，则有心旷神怡，宠辱偕忘，把酒临风，其喜洋洋者矣。／嗟夫！予尝求古仁人之心，或异二者之为，何哉？不以物喜，不以己悲，居庙堂之高则忧其民，处江湖之远则忧其君。是进亦忧，退亦忧。然则何时而乐耶？其必曰"先天下之忧而忧，后天下之乐而乐"乎！（范仲淹《岳阳楼记》）

•第一处画线句表现了作者不以自己的利益为重，而以天下为己任。第二处画线句表达了作者的政治抱负。

104. 醉翁之意不在酒，在乎山水之间也。山水之乐，得之心而寓之酒也。／若夫日出而林霏开，云归而岩穴暝，晦明变化者，山间之朝暮也。野芳发而幽香，佳木秀而繁阴，风霜高洁，水落而石出者，山间之四时也。（欧阳修《醉翁亭记》）

•第一处画线句表明了作者对山水之景的热爱。第二、三处画线句描写了山间朝暮和春夏之景，为下文写人叙事作铺垫。

105. 雾凇沆砀，天与云与山与水，上下一白，湖上影子，惟长堤一痕、湖心亭一点、与余舟一芥、舟中人两三粒而已。（张岱《湖心亭看雪》）

106. 行路难（其一）／李白

金樽清酒斗十千，玉盘珍羞直万钱。

停杯投箸不能食，拔剑四顾心茫然。

欲渡黄河冰塞川，将登太行雪满山。

闲来垂钓碧溪上，忽复乘舟梦日边。

行路难，行路难，多歧路，今安在？

长风破浪会有时，直挂云帆济沧海。

•表现了诗人追求理想的执着和乐观自信的人生态度。

107. 酬乐天扬州初逢席上见赠／刘禹锡

巴山楚水凄凉地，二十三年弃置身。

怀旧空吟闻笛赋，到乡翻似烂柯人。

沉舟侧畔千帆过，病树前头万木春。

今日听君歌一曲，暂凭杯酒长精神。

·表现出诗人对人事变迁和仕宦升沉的豁达、豪迈的胸襟。借用自然景物的变化，暗示社会的发展，蕴含着新事物必将取代旧事物的哲理。

108. 水调歌头／苏轼

明月几时有？把酒问青天。不知天上宫阙，今夕是何年。我欲乘风归去，又恐琼楼玉宇，高处不胜寒。起舞弄清影，何似在人间。

转朱阁，低绮户，照无眠。不应有恨，何事长向别时圆？人有悲欢离合，月有阴晴圆缺，此事古难全。但愿人长久，千里共婵娟。

·抒发对亲人的思念，表明人生不会完美无缺。表达了词人乐观旷达的人生态度和对亲人的美好祝愿。

109. 月夜忆舍弟／杜甫

戍鼓断人行，边秋一雁声。

露从今夜白，月是故乡明。

有弟皆分散，无家问死生。

寄书长不达，况乃未休兵。

·点明时节，以写景引出对弟弟的思念之情。

110. 长沙过贾谊宅／刘长卿

三年谪宦此栖迟，万古惟留楚客悲。

秋草独寻人去后，寒林空见日斜时。

汉文有道恩犹薄，湘水无情吊岂知？

寂寂江山摇落处，怜君何事到天涯！

111. 左迁至蓝关示侄孙湘／韩愈

一封朝奏九重天，夕贬潮州路八千。

欲为圣明除弊事，肯将衰朽惜残年！

云横秦岭家何在？雪拥蓝关马不前。

知汝远来应有意，好收吾骨瘴江边。

·抒发了诗人为国除弊的心志和横遭贬谪的愤慨。

112. 商山早行／温庭筠

晨起动征铎，客行悲故乡。

鸡声茅店月，人迹板桥霜。

槲叶落山路，枳花明驿墙。

因思杜陵梦，凫雁满回塘。

·选取有特征的景物，从侧面写“早行”，为下文抒发思乡之情作铺垫。

113. 咸阳城东楼／许浑

一上高城万里愁，蒹葭杨柳似汀洲。

溪云初起日沉阁，山雨欲来风满楼。

鸟下绿芜秦苑夕，蝉鸣黄叶汉宫秋。

行人莫问当年事，故国东来渭水流。

·用云、日、雨、风层层推进，营造出一种萧条凄凉的氛围。

114. 无题／李商隐

相见时难别亦难，东风无力百花残。

春蚕到死丝方尽，蜡炬成灰泪始干。

晓镜但愁云鬓改，夜吟应觉月光寒。

蓬山此去无多路，青鸟殷勤为探看。

·运用比喻和双关的修辞手法，写出对爱情的至死不渝。该句也经常用来形容教师的无私奉献。

115. 相见欢／李煜

无言独上西楼，月如钩。寂寞梧桐深院锁清秋。

剪不断，理还乱，是离愁。别是一般滋味在心头。

·描绘了登楼所见之景，烘托出词人孤独悲凉的内心世界，抒发了词人的亡国哀思。

116. 行香子／秦观

树绕村庄，水满陂塘。倚东风，豪兴徜徉。小园几许，收尽春光。有桃花红，李花白，菜花黄。

远远围墙，隐隐茅堂。飏青旗，流水桥旁。偶然乘兴，步过东冈。正莺儿啼，燕儿舞，蝶儿忙。

117. 丑奴儿·书博山道中壁／辛弃疾

少年不识愁滋味，爱上层楼。爱上层楼，为赋新词强说愁。

而今识尽愁滋味，欲说还休。欲说还休，却道"天凉好个秋"！

118. 鱼，我所欲也；熊掌，亦我所欲也。二者不可得兼，舍鱼而取熊掌者也。生，亦我所欲也；义，亦我所欲也。二者不可得兼，舍生而取义者也。／一箪食，一豆羹，得之则生，弗得则死。呼尔而与之，行道之人弗受；蹴尔而与之，乞人不屑也。万钟则不辩礼义而受之，万钟于我何加焉！／乡为身死而不受，今为宫室之美为之；乡为身死而不受，今为妻妾之奉为之；乡为身死而不受，今为所识穷乏者得我而为之：是亦不可以已乎？此之谓失其本心。（《鱼我所欲也》）

119. 行者见罗敷，下担捋髭须。少年见罗敷，脱帽著帩头。耕者忘其犁，锄者忘其锄。来归相怨怒，但坐观罗敷。（《陌上桑》）

120. 余立侍左右，援疑质理，俯身倾耳以请；或遇其叱咄，色愈恭，礼愈至，不敢出一言以复；俟其欣悦，则又请焉。故余虽愚，卒获有所闻。／当余之从师也，负箧曳屣行深山巨谷中。／余则缊袍敝衣处其间，略无慕艳意，以中有足乐者，不知口体之奉不若人也。（宋濂《送东阳马生序》）

121. 渔家傲·秋思／范仲淹

塞下秋来风景异，衡阳雁去无留意。四面边声连角起，千嶂里，长烟落日孤城闭。

浊酒一杯家万里，燕然未勒归无计。羌管悠悠霜满地，人不寐，将军白发征夫泪。

·“浊酒一杯”与“家万里”对比悬殊，后句化用典故，表现了将士们渴望建功立业又思乡怀家的矛盾心理。

122. 江城子·密州出猎 / 苏轼

老夫聊发少年狂，左牵黄，右擎苍，锦帽貂裘，千骑卷平冈。为报倾城随太守，亲射虎，看孙郎。

酒酣胸胆尚开张。鬓微霜，又何妨！持节云中，何日遣冯唐？会挽雕弓如满月，西北望，射天狼。

·含蓄地表达了词人希望重新得到朝廷重用的愿望，抒发了词人想要杀敌报国、建功立业的豪情壮志。

123. 破阵子·为陈同甫赋壮词以寄之 / 辛弃疾

醉里挑灯看剑，梦回吹角连营。八百里分麾下炙，五十弦翻塞外声，沙场秋点兵。

马作的卢飞快，弓如霹雳弦惊。了却君王天下事，赢得生前身后名。可怜白发生！

·第一处画线句营造了雄浑阔大的意境，衬托出军容的威严和气氛的肃穆。第二处画线句运用了比喻的修辞手法，视听结合，描写了激烈的战斗场面，刻画了一个杀敌报国、冲锋陷阵的英雄形象。表现了词人渴望率师北伐，统一南北的美好愿望，表达了词人的爱国激情和雄心壮志。

124. 满江红 / 秋瑾

小住京华，早又是中秋佳节。为篱下黄花开遍，秋容如拭。四面歌残终破楚，八年风味徒思浙。苦将侬强派作蛾眉，殊未屑！

身不得，男儿列，心却比，男儿烈！算平生肝胆，因人常热。俗子胸襟谁识我？英雄末路当磨折。莽红尘何处觅知音？青衫湿！

125. 定风波 / 苏轼

莫听穿林打叶声，何妨吟啸且徐行。竹杖芒鞋轻胜马，谁怕？一蓑烟雨任平生。

料峭春风吹酒醒，微冷，山头斜照却相迎。回首向来萧瑟处，归去，也无风雨也无晴。

·上片写词人雨中潇洒徐行的举动，下片表现了词人乐观旷达的生活态度。

126. 临江仙·夜登小阁，忆洛中旧游 / 陈与义

忆昔午桥桥上饮，坐中多是豪英。长沟流月去无声。杏花疏影里，吹笛到天明。

二十余年如一梦，此身虽在堪惊。闲登小阁看新晴。古今多少事，渔唱起三更。

127. 太常引·建康中秋夜为吕叔潜赋 / 辛弃疾

一轮秋影转金波，飞镜又重磨。把酒问姮娥：被白发，欺人奈何？

乘风好去，长空万里，直下看山河。斫去桂婆娑，人道是，清光更多。

128. 浣溪沙／纳兰性德

身向云山那畔行，北风吹断马嘶声，深秋远塞若为情！

一抹晚烟荒戍垒，半竿斜日旧关城。古今幽恨几时平！

• 表现了战地风光的萧索之气。

129. 对曰："夫战，勇气也。一鼓作气，再而衰，三而竭。彼竭我盈，故克之。夫大国，难测也，惧有伏焉。吾视其辙乱，望其旗靡，故逐之。"（《曹刿论战》）

• 说明运用正确的战略战术并掌握战机是弱国战胜强国的必要条件。

130. 群臣吏民能面刺寡人之过者，受上赏；上书谏寡人者，受中赏；能谤讥于市朝，闻寡人之耳者，受下赏。（《邹忌讽齐王纳谏》）

131. 陈涉太息曰："嗟乎！燕雀安知鸿鹄之志哉！"／陈胜、吴广乃谋曰："今亡亦死，举大计亦死；等死，死国可乎？"／且壮士不死即已，死即举大名耳，王侯将相宁有种乎！（司马迁《陈涉世家》）

• 表现了陈胜远大的志向和强烈的反抗意识，反映了古代劳动人民不甘忍受黑暗统治和敢于革命的大无畏英雄气概。

132. 宫中府中，俱为一体，陟罚臧否，不宜异同。若有作奸犯科及为忠善者，宜付有司论其刑赏。／亲贤臣，远小人，此先汉所以兴隆也；亲小人，远贤臣，此后汉所以倾颓也。／臣本布衣，躬耕于南阳，苟全性命于乱世，不求闻达于诸侯。先帝不以臣卑鄙，猥自枉屈，三顾臣于草庐之中，咨臣以当世之事，由是感激，遂许先帝以驱驰。后值倾覆，受任于败军之际，奉命于危难之间，尔来二十有一年矣。（诸葛亮《出师表》）

• 前两处画线句意在提醒后主要赏罚分明、信任贤臣。后两处画线句追忆往事，表明诸葛亮是临危受命的。

133. 十五从军征／《乐府诗集》

十五从军征，八十始得归。
道逢乡里人："家中有阿谁？"
"遥看是君家，松柏冢累累。"
兔从狗窦入，雉从梁上飞。
中庭生旅谷，井上生旅葵。
舂谷持作饭，采葵持作羹。
羹饭一时熟，不知饴阿谁。
出门东向看，泪落沾我衣。

134. 白雪歌送武判官归京／岑参

北风卷地白草折，胡天八月即飞雪。
忽如一夜春风来，千树万树梨花开。
散入珠帘湿罗幕，狐裘不暖锦衾薄。
将军角弓不得控，都护铁衣冷难着。
瀚海阑干百丈冰，愁云惨淡万里凝。
中军置酒饮归客，胡琴琵琶与羌笛。

纷纷暮雪下辕门，风掣红旗冻不翻。

轮台东门送君去，去时雪满天山路。

山回路转不见君，雪上空留马行处。

·第一处画线句运用比喻的修辞手法，将雪花比作梨花，形象、准确地表现了早晨起来突然看到雪景时的惊异神情。第二处画线句写出了边塞的空旷苍凉，表现了诗人对友人的依依惜别之情和无限惆怅的心情。

135. 南乡子·登京口北固亭有怀 / 辛弃疾

何处望神州？满眼风光北固楼。千古兴亡多少事？悠悠。不尽长江滚滚流。

年少万兜鍪，坐断东南战未休。天下英雄谁敌手？曹刘。生子当如孙仲谋。

·慨叹历史兴亡之事远逝难追。

136. 过零丁洋 / 文天祥

辛苦遭逢起一经，干戈寥落四周星。

山河破碎风飘絮，身世浮沉雨打萍。

惶恐滩头说惶恐，零丁洋里叹零丁。

人生自古谁无死？留取丹心照汗青。

·第一处画线句表达了诗人国破家亡的悲哀和对自己坎坷命运的悲叹。第二处画线句表现了诗人的忧国之痛及愿以死明志、为国捐躯的豪情壮志。

137. 山坡羊·潼关怀古 / 张养浩

峰峦如聚，波涛如怒，山河表里潼关路。望西都，意踌躇。伤心秦汉经行处，宫阙万间都做了土。兴，百姓苦；亡，百姓苦。

138. 南安军 / 文天祥

梅花南北路，风雨湿征衣。

出岭同谁出？归乡如此归！

山河千古在，城郭一时非。

饿死真吾志，梦中行采薇。

·表达了诗人誓不投降的决心和强烈的爱国之情。

139. 别云间 / 夏完淳

三年羁旅客，今日又南冠。

无限山河泪，谁言天地宽。

已知泉路近，欲别故乡难。

毅魄归来日，灵旗空际看。

·表现了诗人坚贞不屈的战斗精神和精忠报国的赤子情怀。

140. 山坡羊·骊山怀古 / 张养浩

骊山四顾，阿房一炬，当时奢侈今何处？只见草萧疏，水萦纡。至今遗恨迷烟树。列国周齐秦汉楚。赢，都变做了土；输，都变做了土。

141. 朝天子·咏喇叭 / 王磐

喇叭，唢呐，曲儿小腔儿大。官船来往乱如麻，全仗你抬声价。军听了军愁，民听了民怕。哪里去辨甚么真共假？眼见的吹翻了这家，吹伤了那家，只吹的水尽鹅飞罢！

·批判了宦官作威作福、鱼肉百姓的罪恶行径，流露出作者的愤激之情。

142. 秋夕 / 杜牧

银烛秋光冷画屏，轻罗小扇扑流萤。

天阶夜色凉如水，卧看牵牛织女星。

·描绘了一个宫女在深宫之中百无聊赖的生活图景，反映了她孤独寂寞的心情和凄凉的心境。

143. 沁园春·雪 / 毛泽东

北国风光，千里冰封，万里雪飘。望长城内外，惟余莽莽；大河上下，顿失滔滔。山舞银蛇，原驰蜡象，欲与天公试比高。须晴日，看红装素裹，分外妖娆。

江山如此多娇，引无数英雄竞折腰。惜秦皇汉武，略输文采；唐宗宋祖，稍逊风骚。一代天骄，成吉思汗，只识弯弓射大雕。俱往矣，数风流人物，还看今朝。

·第一处画线句以“惜”字定下对历代英雄人物的评论基调，表达了作者的惋惜和批判。结尾画线句抒发了作者伟大的抱负及坚定的自信。

144. 君子求诸己，小人求诸人。(《论语·卫灵公》)

·孔子认为，无论遇到什么问题，君子都是先检查自身的原因，严格要求自己；小人则是推卸责任。

145. 盖石性坚重，沙性松浮，水不能冲石，其反激之力，必于石下迎水处啮沙为坎穴，渐激渐深，至石之半，石必倒掷坎穴中。/ 然则天下之事，但知其一，不知其二者多矣，可据理臆断欤？(纪昀《河中石兽》)

·第一处画线句写老河兵对河中石兽方位的推断过程。第二处画线句告诉人们要理论联系实际，遵循客观规律，不宜主观武断，妄下结论。

146. 不愤不启，不悱不发。举一隅不以三隅反，则不复也。(《论语·述而》)

·孔子提倡启发式教学，认为应在学生认真思考后再去适时启发。

147. 归园田居(其三) / 陶渊明

种豆南山下，草盛豆苗稀。

晨兴理荒秽，带月荷锄归。

道狭草木长，夕露沾我衣。

衣沾不足惜，但使愿无违。

·描写了诗人归隐后的田间生活和劳动感受。

148. 观刈麦 / 白居易

田家少闲月，五月人倍忙。

夜来南风起，小麦覆陇黄。

妇姑荷箪食，童稚携壶浆，

相随饷田去，丁壮在南冈。

足蒸暑土气，背灼炎天光，

力尽不知热，但惜夏日长。

复有贫妇人，抱子在其旁，

右手秉遗穗，左臂悬敝筐。

听其相顾言，闻者为悲伤。

家田输税尽，拾此充饥肠。

今我何功德，曾不事农桑。

吏禄三百石，岁晏有余粮，

念此私自愧，尽日不能忘。

149. 宣州谢朓楼饯别校书叔云 / 李白

弃我去者，昨日之日不可留；

乱我心者，今日之日多烦忧。

长风万里送秋雁，对此可以酣高楼。

蓬莱文章建安骨，中间小谢又清发。

俱怀逸兴壮思飞，欲上青天览明月。

抽刀断水水更流，举杯消愁愁更愁。

人生在世不称意，明朝散发弄扁舟。

•表现了诗人渴望摆脱烦恼却不得的苦闷。

150. 论诗 / 赵翼

李杜诗篇万口传，至今已觉不新鲜。

江山代有才人出，各领风骚数百年。

•呼唤创新意识，赞颂人才辈出，抒发了诗人睥睨千古、舍我其谁的雄心壮志。

151. 采桑子·重阳 / 毛泽东

人生易老天难老，岁岁重阳。今又重阳，战地黄花分外香。

一年一度秋风劲，不似春光。胜似春光，寥廓江天万里霜。

•感慨年华易逝，应当努力进取。歌颂土地革命战争，抒发作者豪迈旷达的情怀。

152. 浪淘沙·北戴河 / 毛泽东

大雨落幽燕，白浪滔天，秦皇岛外打鱼船。一片汪洋都不见，知向谁边？

往事越千年，魏武挥鞭，东临碣石有遗篇。萧瑟秋风今又是，换了人间。

153. 题李凝幽居 / 贾岛

闲居少邻并，草径入荒园。

鸟宿池边树，僧敲月下门。

过桥分野色，移石动云根。

暂去还来此，幽期不负言。

•响中寓静，刻画了环境的幽静，表达了诗人对隐逸生活的向往之情。

154. 西江月·遣兴 / 辛弃疾

醉里且贪欢笑，要愁那得工夫。近来始觉古人书，信着全无是处。

昨夜松边醉倒，问松“我醉何如”？只疑松动要来扶，以手推松曰“去”。

•写词人酒醉后的狂言，表面是在抒写悠闲的心情，实际是在发泄内心的愤懑和对时局的不满。

155. 陪侍郎叔游洞庭醉后(其三) / 李白

刬却君山好，平铺湘水流。

巴陵无限酒，醉杀洞庭秋。

156. 把酒问月 / 李白

青天有月来几时？我今停杯一问之。

人攀明月不可得，月行却与人相随。
皎如飞镜临丹阙，绿烟灭尽清辉发。
但见宵从海上来，宁知晓向云间没？
白兔捣药秋复春，嫦娥孤栖与谁邻？
今人不见古时月，今月曾经照古人。
古人今人若流水，共看明月皆如此。
唯愿当歌对酒时，月光长照金樽里。

157. 渡汉江 / 宋之问

岭外音书断，经冬复历春。
近乡情更怯，不敢问来人。

• 表达了久别故乡的游子，将要归返家乡时内心既矛盾又复杂的心情。

158. 渔翁 / 柳宗元

渔翁夜傍西岩宿，晓汲清湘燃楚竹。
烟销日出不见人，欸乃一声山水绿。
回看天际下中流，岩上无心云相逐。

159. 望江南 / 温庭筠

梳洗罢，独倚望江楼。过尽千帆皆不是，斜晖脉脉水悠悠。肠断白蘋洲。

• 表现了痴情女子盼望伊人归来的失望与痛苦。

160. 武陵春 / 李清照

风住尘香花已尽，日晚倦梳头。物是人非事事休，欲语泪先流。

闻说双溪春尚好，也拟泛轻舟。只恐双溪舴艋舟，载不动许多愁。

• 第一处画线句表现了词人心情的凄苦之极。第二处画线句进一步表现其悲愁之深重。这两处充满了物是人非的痛苦和对故国故人的忧思。

161. 庄子往见之，曰：“南方有鸟，其名为鹓雏，子知之乎？夫鹓雏发于南海，而飞于北海，非梧桐不止，非练实不食，非醴泉不饮。于是鸱得腐鼠，鹓雏过之，仰而视之曰：‘吓！’今子欲以子之梁国而吓我邪？”（《惠子相梁》）

• 讽刺了醉心于功名利禄且无端猜忌别人的丑态，表现了庄子对功名利禄的淡泊态度。

专题三　高中阶段古诗文常考重点句

1. 沁园春·长沙 / 毛泽东

独立寒秋，湘江北去，橘子洲头。看万山红遍，层林尽染；漫江碧透，百舸争流。鹰击长空，鱼翔浅底，万类霜天竞自由。怅寥廓，问苍茫大地，谁主沉浮？

携来百侣曾游。忆往昔峥嵘岁月稠。恰同学少年，风华正茂；书生意气，挥斥方遒。指点江山，激扬文字，粪土当年万户侯。曾记否，到中流击水，浪遏飞舟！

• 第一处画线句表现了作者对自由解放的向往与追求。第二处画线句概括了早期革命者雄姿英发的战斗风貌和豪迈气概。

2. 芣苢 /《诗经·周南》

采采芣苢，薄言采之。

采采芣苢，薄言有之。

采采芣苢，薄言掇之。

采采芣苢，薄言捋之。

采采芣苢，薄言袺之。

采采芣苢，薄言襭之。

• 表达了人们采芣苢时的欢乐心情。

3. 文氏外孙入村收麦 / 苏辙

欲收新麦继陈谷，赖有诸孙替老人。

三夜阴霪败场圃，一竿晴日舞比邻。

急炊大饼偿饥乏，多博村酤劳苦辛。

闭廪归来真了事，赋诗怜汝足精神。

• 颔联以对比手法写出久雨忽晴、宜事农桑的喜悦。颈联所呈现的充满乡村气息的饮食，侧面展现出劳动场面的热烈。

4. 短歌行 / 曹操

对酒当歌，人生几何！譬如朝露，去日苦多。

慨当以慷，忧思难忘。何以解忧？唯有杜康。

青青子衿，悠悠我心。但为君故，沉吟至今。

呦呦鹿鸣，食野之苹。我有嘉宾，鼓瑟吹笙。

明明如月，何时可掇？忧从中来，不可断绝。

越陌度阡，枉用相存。契阔谈䜩，心念旧恩。

月明星稀，乌鹊南飞。绕树三匝，何枝可依？

山不厌高，海不厌深。周公吐哺，天下归心。

• 这三处画线句抒发了诗人求贤若渴的心情，表现出诗人欲统一天下的雄心壮志和自强不息的进取精神。

5. 归园田居（其一）/ 陶渊明

少无适俗韵，性本爱丘山。误落尘网中，一去三十年。羁鸟恋旧林，池鱼思故渊。开荒南野际，守拙归园田。方宅十余亩，草屋八九间。榆柳荫后檐，桃李罗堂前。暧暧远人村，依依墟里烟。狗吠深巷中，鸡鸣桑树颠。户庭无尘杂，虚室有余闲。久在樊笼里，复得返自然。

·第一处画线句表现了诗人对官场生活的厌倦。第二处画线句既表达了诗人对自然美景的热爱，又表达了诗人对顺适本性、无所扭曲的生活的喜爱。

6. 梦游天姥吟留别／李白

海客谈瀛洲，烟涛微茫信难求；越人语天姥，云霞明灭或可睹。天姥连天向天横，势拔五岳掩赤城。天台四万八千丈，对此欲倒东南倾。

我欲因之梦吴越，一夜飞度镜湖月。湖月照我影，送我至剡溪。谢公宿处今尚在，渌水荡漾清猿啼。脚著谢公屐，身登青云梯。半壁见海日，空中闻天鸡。千岩万转路不定，迷花倚石忽已暝。熊咆龙吟殷岩泉，栗深林兮惊层巅。云青青兮欲雨，水澹澹兮生烟。列缺霹雳，丘峦崩摧。洞天石扉，訇然中开。青冥浩荡不见底，日月照耀金银台。霓为衣兮风为马，云之君兮纷纷而来下。虎鼓瑟兮鸾回车，仙之人兮列如麻。忽魂悸以魄动，恍惊起而长嗟。惟觉时之枕席，失向来之烟霞。

世间行乐亦如此，古来万事东流水。别君去兮何时还？且放白鹿青崖间，须行即骑访名山。安能摧眉折腰事权贵，使我不得开心颜？

·抒发了作者对名山仙境的向往，表现了作者对权贵的蔑视及对现实处境的不满。

7. 登高／杜甫

风急天高猿啸哀，渚清沙白鸟飞回。

无边落木萧萧下，不尽长江滚滚来。

万里悲秋常作客，百年多病独登台。

艰难苦恨繁霜鬓，潦倒新停浊酒杯。

·首联和颔联写登高见闻，紧扣秋天的季节特色，描绘了江边空旷寂寥的景致。尾联抒发了诗人穷困潦倒、年老多病的悲哀之情和忧国伤时之情。

8. 千呼万唤始出来，犹抱琵琶半遮面。转轴拨弦三两声，未成曲调先有情。弦弦掩抑声声思，似诉平生不得志。低眉信手续续弹，说尽心中无限事。轻拢慢捻抹复挑，初为《霓裳》后《六幺》。大弦嘈嘈如急雨，小弦切切如私语。嘈嘈切切错杂弹，大珠小珠落玉盘。间关莺语花底滑，幽咽泉流冰下难。冰泉冷涩弦凝绝，凝绝不通声暂歇。别有幽愁暗恨生，此时无声胜有声。银瓶乍破水浆迸，铁骑突出刀枪鸣。／同是天涯沦落人，相逢何必曾相识！／座中泣下谁最多？江州司马青衫湿。(白居易《琵琶行 并序》)

·前三处画线句写琵琶女及其高超的弹奏技艺。后两处画线句表达了诗人对她的深切同情，也抒发了诗人对自己无故被贬的愤懑之情。

9. 念奴娇·赤壁怀古／苏轼

大江东去，浪淘尽，千古风流人物。故垒西边，人道是，三国周郎赤壁。乱石穿空，惊涛拍岸，卷起千堆雪。江山如画，一时多少豪杰。

遥想公瑾当年，小乔初嫁了，雄姿英发。羽扇

纶巾，谈笑间，樯橹灰飞烟灭。故国神游，多情应笑我，早生华发。人生如梦，一尊还酹江月。

·前两处画线句表达了词人对“风流人物”的赞颂，最后一处画线句表达了词人怀才不遇、功业未就、老大未成的忧愤之情，同时表现了词人对人生的感悟。

10. 永遇乐·京口北固亭怀古／辛弃疾

千古江山，英雄无觅，孙仲谋处。舞榭歌台，风流总被，雨打风吹去。斜阳草树，寻常巷陌，人道寄奴曾住。想当年，金戈铁马，气吞万里如虎。

元嘉草草，封狼居胥，赢得仓皇北顾。四十三年，望中犹记，烽火扬州路。可堪回首，佛狸祠下，一片神鸦社鼓。凭谁问：廉颇老矣，尚能饭否？

·画线句皆引用典故，表达了词人想要为国杀敌、建功立业的爱国热情。

11. 声声慢／李清照

寻寻觅觅，冷冷清清，凄凄惨惨戚戚。乍暖还寒时候，最难将息。三杯两盏淡酒，怎敌他、晚来风急！雁过也，正伤心，却是旧时相识。

满地黄花堆积，憔悴损，如今有谁堪摘？守着窗儿，独自怎生得黑！梧桐更兼细雨，到黄昏、点点滴滴。这次第，怎一个愁字了得！

·以朴素清新的口语入词，表达了词人在国破家亡遭受劫难后的忧愁苦闷。

12. 古今之成大事业、大学问者，必经过三种之境界：“昨夜西风凋碧树。独上高楼，望尽天涯路”，此第一境也。“衣带渐宽终不悔，为伊消得人憔悴”，此第二境也。“众里寻他千百度，回头蓦见，那人正在灯火阑珊处”（也说“众里寻他千百度，蓦然回首，那人却在灯火阑珊处”），此第三境也。此等语皆非大词人不能道。然遽以此意解释诸词，恐为晏欧诸公所不许也。（王国维《人间词话》卷上）

·这三句词形容了做事业、做大学问的人所必须经过的三种境界：站得高，确定自己努力的方向；专心致志、废寝忘食；经过努力地探求，事业、学问终于有所成就。

13. 故木受绳则直，金就砺则利，君子博学而日参省乎己，则知明而行无过矣。／故不积跬步，无以至千里；不积小流，无以成江海。骐骥一跃，不能十步；驽马十驾，功在不舍。锲而舍之，朽木不折；锲而不舍，金石可镂。（《劝学》）

·第一处画线句论述了学习在改变人的素质、提高人的智力方面的重大意义。第二处画线句强调学习重在积累。第三处画线句阐述学习必须专心一致、锲而不舍。

14. 古之学者必有师。师者，所以传道受业解惑也。／是故无贵无贱，无长无少，道之所存，师之所存也。／彼童子之师，授之书而习其句读者，非吾所谓传其道解其惑者也。／士大夫之族，曰师曰弟子云者，则群聚而笑之。问之，则曰：“彼与彼年相若也，道相似也，位卑则足羞，官盛则近谀。”/孔子曰：三人行，则必有我师。是故弟子不必不如师，师不必贤于弟子，闻道有先后，术业有专攻，如是而已。（韩愈《师说》）

- 画线句论述了从师学习的必要性和原则，批判了当时社会上“耻学于师”的陋习，表现出作者非凡的勇气和斗争精神，也表现出作者不顾世俗、独抒己见的精神。

15. 月出于东山之上，徘徊于斗牛之间。白露横江，水光接天。纵一苇之所如，凌万顷之茫然。浩浩乎如冯虚御风，而不知其所止；飘飘乎如遗世独立，羽化而登仙。/渺渺兮予怀，望美人兮天一方。/舞幽壑之潜蛟，泣孤舟之嫠妇。/方其破荆州，下江陵，顺流而东也，舳舻千里，旌旗蔽空，酾酒临江，横槊赋诗，固一世之雄也，而今安在哉？况吾与子渔樵于江渚之上，侣鱼虾而友麋鹿，驾一叶之扁舟，举匏樽以相属。寄蜉蝣于天地，渺沧海之一粟。哀吾生之须臾，羡长江之无穷。挟飞仙以遨游，抱明月而长终。知不可乎骤得，托遗响于悲风。/盖将自其变者而观之，则天地曾不能以一瞬；自其不变者而观之，则物与我皆无尽也，而又何羡乎！（苏轼《赤壁赋》）

- 前两处画线句写客人对人生短促无常的感叹。最后一处画线句表现了苏轼豁达的宇宙观、人生观和豁达、超脱、乐观、随缘自适的精神状态。

16. 及既上，苍山负雪，明烛天南。望晚日照城郭，汶水、徂徕如画，而半山居雾若带然。/极天云一线异色，须臾成五采。日上，正赤如丹，下有红光动摇承之，或曰，此东海也。（姚鼐《登泰山记》）

- 描绘了深冬泰山雪景和泰山日出时瑰丽奇妙的景象，表现了作者对祖国大好河山的热爱之情。

17. 静女/《诗经·邶风》

静女其姝，俟我于城隅。爱而不见，搔首踟蹰。
静女其娈，贻我彤管。彤管有炜，说怿女美。
自牧归荑，洵美且异。匪女之为美，美人之贻。

- 借“彤管”表现了男子对静女的爱。

18. 涉江采芙蓉/《古诗十九首》

涉江采芙蓉，兰泽多芳草。
采之欲遗谁？所思在远道。
还顾望旧乡，长路漫浩浩。
同心而离居，忧伤以终老。

- 第一处画线句充满了羁旅怀乡的思绪。第二处画线句流露出漂泊他乡和分隔两地的无奈之情。

19. 虞美人/李煜

春花秋月何时了，往事知多少。小楼昨夜又东风，故国不堪回首月明中。
雕栏玉砌应犹在，只是朱颜改。问君能有几多愁，恰似一江春水向东流。

- 将抽象的愁绪具象化，表现了词人的亡国之痛和故国之思。

20. 鹊桥仙／秦观

纤云弄巧，飞星传恨，银汉迢迢暗度。金风玉露一相逢，便胜却人间无数。

柔情似水，佳期如梦，忍顾鹊桥归路！两情若是久长时，又岂在朝朝暮暮。

- 第一处画线句表达了词人对坚贞不渝爱情的歌颂。第二处画线句揭示了爱情的真谛，表现了词人对爱情的独特见解。

21. 千乘之国，摄乎大国之间，加之以师旅，因之以饥馑；由也为之，比及三年，可使有勇，且知方也。／方六七十，如五六十，求也为之，比及三年，可使足民。如其礼乐，以俟君子。／莫春者，春服既成，冠者五六人，童子六七人，浴乎沂，风乎舞雩，咏而归。(《子路、曾皙、冉有、公西华侍坐》)

22. 殆有甚焉。缘木求鱼，虽不得鱼，无后灾；以若所为，求若所欲，尽心力而为之，后必有灾。／然则小固不可以敌大，寡固不可以敌众，弱固不可以敌强。(《齐桓晋文之事》)

- 第一处画线句以“缘木求鱼”的比喻论述霸业的危害。第二处画线句以小不敌大、寡不敌众、弱不敌强劝谏齐宣王彻底放弃“霸道”。

23. 臣之所好者道也，进乎技矣。／良庖岁更刀，割也；族庖月更刀，折也。／彼节者有间，而刀刃者无厚；以无厚入有间，恢恢乎其于游刃必有余地矣！(《庖丁解牛》)

24. 越国以鄙远，君知其难也。焉用亡郑以陪邻？邻之厚，君之薄也。若舍郑以为东道主，行李之往来，共其乏困，君亦无所害。／公曰：“不可。微夫人之力不及此。因人之力而敝之，不仁；失其所与，不知；以乱易整，不武。吾其还也。”(《烛之武退秦师》)

25. 良曰：“甚急！今者项庄拔剑舞，其意常在沛公也。”／樊哙曰：“大行不顾细谨，大礼不辞小让。如今人方为刀俎，我为鱼肉，何辞为？”(司马迁《鸿门宴》)

- 揭示做大事者不拘小节的道理，并说明了刘邦现在所处的境地。

26. 袅袅兮秋风，洞庭波兮木叶下。(屈原《湘夫人》)

- 以写景表现了主人公久候湘夫人而不得的失望、焦急和不安的心情。

27. 闺怨／王昌龄

闺中少妇不知愁，春日凝妆上翠楼。

忽见陌头杨柳色，悔教夫婿觅封侯。

- 先写情思后写省悟，表现了少妇的愁怨之深重。

28. 柳／罗隐

灞岸晴来送别频，相偎相倚不胜春。

自家飞絮犹无定，争解垂丝绊路人。

- 以柳喻人，点名季节和送别双方的身份，表现了诗人对人生甘苦的喟叹。

29. 君人者，诚能见可欲则思知足以自戒，将有作则思知止以安人，念高危则思谦冲而自牧，惧满溢则思江海下百川，乐盘游则思三驱以为度，忧懈怠则思慎始而敬终，虑壅蔽则思虚心以纳下，想谗邪则思正身以黜恶，恩所加则思无因喜以谬赏，罚所及则思无因怒而滥刑。总此十思，弘兹九德，简能而任之，择善而从之，则智者尽其谋，勇者竭其力，仁者播其惠，信者效其忠。（魏征《谏太宗十思疏》）

•这两处画线句意在劝谏太宗居安思危，戒奢以俭，积其德义。

30. 某则以谓受命于人主，议法度而修之于朝廷，以授之于有司，不为侵官；举先王之政，以兴利除弊，不为生事；为天下理财，不为征利；辟邪说，难壬人，不为拒谏。/盘庚之迁，胥怨者民也，非特朝廷士大夫而已；盘庚不为怨者故改其度，度义而后动，是而不见可悔故也。（王安石《答司马谏议书》）

•第一处画线句作者从“生事、征利、拒谏”三方面逐一加以驳斥，尖锐地批评了只顾私利、不顾国家大计的社会风气。第二处画线句以历史上改革的事例说明当前变法的合理性与正义性，表明作者不因怨诽之多而改变决心的坚定态度。

31. 廊腰缦回，檐牙高啄；各抱地势，钩心斗角。/鼎铛玉石，金块珠砾，弃掷逦迤，秦人视之，亦不甚惜。/奈何取之尽锱铢，用之如泥沙？/使六国各爱其人，则足以拒秦；使秦复爱六国之人，则递三世可至万世而为君，谁得而族灭也？秦人不暇自哀，而后人哀之；后人哀之而不鉴之，亦使后人而复哀后人也。（杜牧《阿房宫赋》）

•前两处画线句写出了秦人的腐败堕落。第三处画线句意在劝唐统治者应以史为鉴，不要重蹈覆辙。

32. 古人云：“以地事秦，犹抱薪救火，薪不尽，火不灭。”/呜呼！以赂秦之地封天下之谋臣，以事秦之心礼天下之奇才，并力西向，则吾恐秦人食之不得下咽也。/夫六国与秦皆诸侯，其势弱于秦，而犹有可以不赂而胜之之势。苟以天下之大，下而从六国破亡之故事，是又在六国下矣。（苏洵《六国论》）

•第一处画线句运用比喻，表明了赂秦的严重危害。第二处画线句用设想为六国筹划对付秦国的计策。这两处画线句意在警告北宋统治者不要采取妥协、苟安的外交政策。

33. 登岳阳楼/杜甫

昔闻洞庭水，今上岳阳楼。
吴楚东南坼，乾坤日夜浮。
亲朋无一字，老病有孤舟。
戎马关山北，凭轩涕泗流。

•第一处画线句描绘洞庭湖的恢宏景象。后两处画线句表现了诗人孤寂凄凉的身世，表达了他对亲人的怀念和对国事的深切忧思。

34. 桂枝香·金陵怀古／王安石

登临送目，正故国晚秋，天气初肃。千里澄江似练，翠峰如簇。归帆去棹残阳里，背西风，酒旗斜矗。彩舟云淡，星河鹭起，画图难足。

念往昔，繁华竞逐，叹门外楼头，悲恨相续。千古凭高对此，谩嗟荣辱。六朝旧事随流水，但寒烟衰草凝绿。至今商女，时时犹唱，后庭遗曲。

• 通过对历史兴亡的感叹，寄托了作者对当时朝政的担忧和对国家政治大事的关心。

35. 念奴娇·过洞庭／张孝祥

洞庭青草，近中秋，更无一点风色。玉鉴琼田三万顷，着我扁舟一叶。素月分辉，明河共影，表里俱澄澈。悠然心会，妙处难与君说。

应念岭海经年，孤光自照，肝肺皆冰雪。短发萧骚襟袖冷，稳泛沧浪空阔。尽挹西江，细斟北斗，万象为宾客。扣舷独啸，不知今夕何夕！

• 这两处画线句通过描写洞庭夜月之景，体现了词人高洁的人格，隐隐透露出其被贬谪的悲凉。

36.【皂罗袍】原来姹紫嫣红开遍，似这般都付与断井颓垣。良辰美景奈何天，赏心乐事谁家院！朝飞暮卷，云霞翠轩；雨丝风片，烟波画船——锦屏人忒看的这韶光贱！（汤显祖《游园》）

• 由景及人，表现杜丽娘的无限惆怅。

37. 君子食无求饱，居无求安，敏于事而慎于言，就有道而正焉，可谓好学也已。（《论语·学而》）

• 告诫人们要注重现实生活中的为人处世，不追求物质生活的享受。

38. 人而不仁，如礼何？人而不仁，如乐何？（《论语·八佾》）

• 礼乐是外在表现，而仁心才是本质。

39. 君子喻于义，小人喻于利。（《论语·里仁》）

• 阐明君子与小人不同的义利观，批判见利忘义的行为。

40. 朝闻道，夕死可矣。（《论语·里仁》）

• 告诉人们应怀有“学如不及，犹恐失之”的心态，并为求得知识而感到欣慰。

41. 见贤思齐焉，见不贤而内自省也。（《论语·里仁》）

• 要以人为镜，择人长处而学，见人不好的方面要学会反省自身。

42. 质胜文则野，文胜质则史。文质彬彬，然后君子。（《论语·雍也》）

• 一个人的文采与质朴应该达到一种和谐的统一。

43. 曾子曰：“士不可以不弘毅，任重而道远。

仁以为己任，不亦重乎？死而后已，不亦远乎？”(《论语·泰伯》)

· 人要有坚韧的品质和强烈的责任感。

44. 譬如为山，未成一篑，止，吾止也。譬如平地，虽覆一篑，进，吾往也。(《论语·子罕》)

· 强调做任何事都要持之以恒，成功需要辛勤努力和付出。

45. 知者不惑，仁者不忧，勇者不惧。(《论语·子罕》)

· 孔子希望自己的学生能具备知、仁、勇这三德，成为真正的君子。

46. 颜渊问仁。子曰：“克己复礼为仁。一日克己复礼，天下归仁焉。为仁由己，而由人乎哉？”颜渊曰：“请问其目。”子曰：“非礼勿视，非礼勿听，非礼勿言，非礼勿动。”颜渊曰：“回虽不敏，请事斯语矣。”(《论语·颜渊》)

· 孔子以礼来规定仁，认为依礼而行就是仁的根本要求。

47. 子贡问曰：“有一言而可以终身行之者乎？”子曰：“其‘恕’乎！己所不欲，勿施于人。”(《论语·卫灵公》)

· 揭示了处理人际关系的重要原则，人应当以对待自身的行为为参照去对待他人。

48. 小子何莫学夫《诗》?《诗》可以兴，可以观，可以群，可以怨。迩之事父，远之事君。多识于鸟兽草木之名。(《论语·阳货》)

· 孔子认为《诗》有兴观群怨的作用，可以让人懂得君父之道、增长见识。

49. 大学之道，在明明德，在亲民，在止于至善。/致知在格物。物格而后知至，知至而后意诚，意诚而后心正，心正而后身修，身修而后家齐，家齐而后国治，国治而后天下平。自天子以至于庶人，壹是皆以修身为本。(《大学之道》)

· 画线句是为达到“三纲”而设计的“八目”，也是儒学为人们所展示的人生进修阶梯。

50. 由是观之，无恻隐之心，非人也；无羞恶之心，非人也；无辞让之心，非人也；无是非之心，非人也。恻隐之心，仁之端也；羞恶之心，义之端也；辞让之心，礼之端也；是非之心，智之端也。人之有是四端也，犹其有四体也。/凡有四端于我者，知皆扩而充之矣，若火之始然，泉之始达。苟能充之，足以保四海；苟不充之，不足以事父母。(《人皆有不忍人之心》)

· 孟子认为“仁义礼智”的发端是“四心”，为下文推断“人皆有不忍人之心”作铺垫。

51. 三十辐共一毂，当其无，有车之用。埏埴以为器，当其无，有器之用。凿户牖以为室，当其无，有室之用。故有之以为利，无之以为用。(《老子》第十一章)

· 老子认为“有”之所以能成为有用的东西，是因为“无”发挥了作用。

52. 企者不立，跨者不行，自见者不明，自是者不彰，自伐者无功，自矜者不长。其在道也，曰余食赘行，物或恶之，故有道者不处。(《老子》第二十四章)

•老子从反面论证要遵行自然无为之道，不可主观妄为。

53. 知人者智，自知者明。胜人者有力，自胜者强。知足者富，强行者有志。不失其所者久，死而不亡者寿。(《老子》第三十三章)

•强调了提升自身修养的重要性。

54. 其安易持，其未兆易谋，其脆易泮，其微易散。为之于未有，治之于未乱。合抱之木，生于毫末；九层之台，起于累土；千里之行，始于足下。为者败之，执者失之。是以圣人无为，故无败；无执，故无失。民之从事，常于几成而败之。慎终如始，则无败事。是以圣人欲不欲，不贵难得之货，学不学，复众人之所过，以辅万物之自然而不敢为。(《老子》第六十四章)

•强调积累的重要性。

55. 虽父之不慈子，兄之不慈弟，君之不慈臣，此亦天下之所谓乱也。／若使天下兼相爱，国与国不相攻，家与家不相乱，盗贼无有，君臣父子皆能孝慈，若此则天下治。／故天下兼相爱则治，交相恶则乱。(《兼爱》)

•第一处画线句写天下乱的原因。第二处画线句提出了“兼爱”与否的两种截然不同的结局。

56. 武曰：“事如此，此必及我，见犯乃死，重负国。”／单于愈益欲降之。乃幽武置大窖中，绝不饮食。天雨雪，武卧啮雪，与旃毛并咽之，数日不死。／武曰：“武父子亡功德，皆为陛下所成就，位列将，爵通侯，兄弟亲近，常愿肝脑涂地。今得杀身自效，虽蒙斧钺汤镬，诚甘乐之。臣事君，犹子事父也；子为父死，亡所恨，愿勿复再言！”(班固《苏武传》)

•突出了苏武不受威逼利诱，对国家、民族忠贞不渝的崇高品质。

57. 今子有五石之瓠，何不虑以为大樽而浮乎江湖，而忧其瓠落无所容？则夫子犹有蓬之心也夫！(《五石之瓠》)

•表现出庄子与众不同的思维方式，同时这句话可用以讽喻世人拙于用大，导致大材小用、良材遭受摧折。

58. 无衣／《诗经·秦风》

岂曰无衣？与子同袍。王于兴师，修我戈矛，与子同仇。

岂曰无衣？与子同泽。王于兴师，修我矛戟，与子偕作。

岂曰无衣？与子同裳。王于兴师，修我甲兵，与子偕行。

•既表现了秦国士兵们团结友爱的情谊，又表现了秦国士兵们同仇敌忾、慷慨从军的豪情。

59. 春江花月夜／张若虚

春江潮水连海平，海上明月共潮生。

滟滟随波千万里，何处春江无月明。
江流宛转绕芳甸，月照花林皆似霰。
空里流霜不觉飞，汀上白沙看不见。
江天一色无纤尘，皎皎空中孤月轮。
江畔何人初见月？江月何年初照人？
人生代代无穷已，江月年年望相似。
不知江月待何人，但见长江送流水。
白云一片去悠悠，青枫浦上不胜愁。
谁家今夜扁舟子？何处相思明月楼？
可怜楼上月裴回，应照离人妆镜台。
玉户帘中卷不去，捣衣砧上拂还来。
此时相望不相闻，愿逐月华流照君。
鸿雁长飞光不度，鱼龙潜跃水成文。
昨夜闲潭梦落花，可怜春半不还家。
江水流春去欲尽，江潭落月复西斜。
斜月沉沉藏海雾，碣石潇湘无限路。
不知乘月几人归，落月摇情满江树。

• 第一处画线句勾勒出一幅春江月夜的壮丽画面。后两处画线句诗人虽流露出对人生短暂的感伤，但更侧重表现对人生的追求与热爱。

60. 将进酒／李白

君不见黄河之水天上来，奔流到海不复回。君不见高堂明镜悲白发，朝如青丝暮成雪。人生得意须尽欢，莫使金樽空对月。天生我材必有用，千金散尽还复来。烹羊宰牛且为乐，会须一饮三百杯。

岑夫子，丹丘生，将进酒，杯莫停。与君歌一曲，请君为我倾耳听。钟鼓馔玉不足贵，但愿长醉不愿醒。古来圣贤皆寂寞，惟有饮者留其名。陈王昔时宴平乐，斗酒十千恣欢谑。主人何为言少钱，径须沽取对君酌。五花马、千金裘，呼儿将出换美酒，与尔同销万古愁。

• 第一处画线句表达了作者豁达乐观的思想感情。第二处画线句写出了自身的寂寞和忧愤之情。第三处画线句写出了作者狂放乐观掩盖下的内心之愁，有韶华已逝的无奈，也有怀才不遇的悲愤。

61. 江城子·乙卯正月二十日夜记梦／苏轼

十年生死两茫茫。不思量，自难忘。
千里孤坟，无处话凄凉。纵使相逢应不识，尘满面，鬓如霜。
夜来幽梦忽还乡。小轩窗，正梳妆。
相顾无言，惟有泪千行。料得年年肠断处，明月夜，短松冈。

• 第一处画线句抒发词人对妻子诚笃的感情。第二处画线句表现了死别之悲，表达了词人对亡妻的怀念之情。

62. 屈平之作《离骚》，盖自怨生也。《国风》好色而不淫，《小雅》怨诽而不乱。若《离骚》者，可谓兼之矣。／自疏濯淖污泥之中，蝉蜕于浊秽，以浮游尘埃之外，不获世之滋垢，皭然泥而不滓者也。推此志也，虽与日月争光可也。（司马迁《屈原列传》）

• 歌颂了屈原不与世俗同流合污的高尚品德。

63. 于是废先王之道，焚百家之言，以愚黔首；隳名城，杀豪杰；收天下之兵，聚之咸阳，销锋

镝，铸以为金人十二，以弱天下之民。/良将劲弩守要害之处，信臣精卒陈利兵而谁何。天下已定，始皇之心，自以为关中之固，金城千里，子孙帝王万世之业也。/蹑足行伍之间，而倔起阡陌之中，率疲弊之卒，将数百之众，转而攻秦；斩木为兵，揭竿为旗，天下云集响应，赢粮而景从。/锄櫌棘矜，非铦于钩戟长铩也；谪戍之众，非抗于九国之师也；深谋远虑，行军用兵之道，非及乡时之士也。/试使山东之国与陈涉度长絜大，比权量力，则不可同年而语矣。然秦以区区之地，致万乘之势，序八州而朝同列，百有余年矣；然后以六合为家，崤函为宫；一夫作难而七庙隳，身死人手，为天下笑者，何也？仁义不施而攻守之势异也。（贾谊《过秦论》）

· 前两处画线句论述秦能够吞并六国的原因。第三处和第四处画线句写秦国的暴戾引发人们的反抗。第五处画线句意在提醒汉朝统治者以秦为鉴，施行仁政。

64. 燕歌行并序 / 高适

汉家烟尘在东北，汉将辞家破残贼。
男儿本自重横行，天子非常赐颜色。
摐金伐鼓下榆关，旌旆逶迤碣石间。
校尉羽书飞瀚海，单于猎火照狼山。
山川萧条极边土，胡骑凭陵杂风雨。
战士军前半死生，美人帐下犹歌舞。
大漠穷秋塞草腓，孤城落日斗兵稀。
身当恩遇常轻敌，力尽关山未解围。
铁衣远戍辛勤久，玉箸应啼别离后。
少妇城南欲断肠，征人蓟北空回首。
边庭飘飖那可度，绝域苍茫无所有。
杀气三时作阵云，寒声一夜传刁斗。
相看白刃血纷纷，死节从来岂顾勋！
君不见沙场征战苦，至今犹忆李将军。

· 第一处画线句表现了战况的危急。第二处画线句将战士作战的残酷场面与将军贪图享乐的行为进行鲜明对比，揭露将军与战士之间的矛盾，暗示了必败的原因。第三处画线句赞颂士兵视死如归的精神。

65. 李凭箜篌引 / 李贺

吴丝蜀桐张高秋，空山凝云颓不流。
江娥啼竹素女愁，李凭中国弹箜篌。
昆山玉碎凤凰叫，芙蓉泣露香兰笑。
十二门前融冷光，二十三丝动紫皇。
女娲炼石补天处，石破天惊逗秋雨。
梦入神山教神妪，老鱼跳波瘦蛟舞。
吴质不眠倚桂树，露脚斜飞湿寒兔。

· 这两处画线句都表现了李凭弹箜篌的超凡技艺与神奇魅力。

66. 锦瑟 / 李商隐

锦瑟无端五十弦，一弦一柱思华年。
庄生晓梦迷蝴蝶，望帝春心托杜鹃。
沧海月明珠有泪，蓝田日暖玉生烟。
此情可待成追忆，只是当时已惘然。

· 首联流露出诗人的嗔怨，表达了他对青春年华的怀想。尾联与首联相呼应，抒写诗人哀怨感伤之情。

67. 书愤／陆游

早岁那知世事艰，中原北望气如山。

楼船夜雪瓜洲渡，铁马秋风大散关。

塞上长城空自许，镜中衰鬓已先斑。

出师一表真名世，千载谁堪伯仲间！

·诗人用典意在贬斥那朝野上下主降的碌碌小人，抒发了诗人壮志难酬、功业难成的悲愤之气。

68. 氓／《诗经·卫风》

氓之蚩蚩，抱布贸丝。匪来贸丝，来即我谋。

送子涉淇，至于顿丘。匪我愆期，子无良媒。

将子无怒，秋以为期。

乘彼垝垣，以望复关。不见复关，泣涕涟涟。

既见复关，载笑载言。尔卜尔筮，体无咎言。

以尔车来，以我贿迁。

桑之未落，其叶沃若。于嗟鸠兮，无食桑葚！

于嗟女兮，无与士耽！士之耽兮，犹可说也。

女之耽兮，不可说也！

桑之落矣，其黄而陨。自我徂尔，三岁食贫。

淇水汤汤，渐车帷裳。女也不爽，士贰其行。

士也罔极，二三其德。

三岁为妇，靡室劳矣。夙兴夜寐，靡有朝矣。

言既遂矣，至于暴矣。兄弟不知，咥其笑矣。

静言思之，躬自悼矣。

及尔偕老，老使我怨。淇则有岸，隰则有泮。

总角之宴，言笑晏晏。信誓旦旦，不思其反。

反是不思，亦已焉哉！

69. 日月忽其不淹兮，春与秋其代序。惟草木之零落兮，恐美人之迟暮。不抚壮而弃秽兮，何不改此度？乘骐骥以驰骋兮，来吾道夫先路！／长太息以掩涕兮，哀民生之多艰。余虽好修姱以鞿羁兮，謇朝谇而夕替。既替余以蕙纕兮，又申之以揽茝。亦余心之所善兮，虽九死其犹未悔。怨灵修之浩荡兮，终不察夫民心。众女嫉余之蛾眉兮，谣诼谓余以善淫。固时俗之工巧兮，偭规矩而改错。背绳墨以追曲兮，竞周容以为度。忳郁邑余侘傺兮，吾独穷困乎此时也。宁溘死以流亡兮，余不忍为此态也！鸷鸟之不群兮，自前世而固然。／制芰荷以为衣兮，集芙蓉以为裳。不吾知其亦已兮，苟余情其信芳。高余冠之岌岌兮，长余佩之陆离。芳与泽其杂糅兮，唯昭质其犹未亏。忽反顾以游目兮，将往观乎四荒。佩缤纷其繁饰兮，芳菲菲其弥章。民生各有所乐兮，余独好修以为常。虽体解吾犹未变兮，岂余心之可惩?【屈原《离骚(节选)》】

·画线句皆展现了诗人追求真理的崇高理想和高尚的人格，表达了热爱祖国、关怀人民的思想感情。

70. 鸡鸣外欲曙，新妇起严妆。著我绣夹裙，事事四五通。足下蹑丝履，头上玳瑁光。腰若流纨素，耳著明月珰。指如削葱根，口如含朱丹。纤纤作细步，精妙世无双。／君当作磐石，妾当作蒲苇，蒲苇纫如丝，磐石无转移。／府吏谓新妇："贺卿得高迁！磐石方且厚，可以卒千年；蒲苇一时纫，便作旦夕间。"／揽裙脱丝履，

举身赴清池。/府吏闻此事,心知长别离。徘徊庭树下,自挂东南枝。两家求合葬,合葬华山傍。东西植松柏,左右种梧桐。枝枝相覆盖,叶叶相交通。中有双飞鸟,自名为鸳鸯。仰头相向鸣,夜夜达五更。(《孔雀东南飞(并序)》)

·第一处画线句是对刘兰芝的外貌描写。第二处画线句运用比喻,表现了两人对爱情的忠贞。

71. 蜀道难/李白

噫吁嚱,危乎高哉!蜀道之难,难于上青天!蚕丛及鱼凫,开国何茫然!尔来四万八千岁,不与秦塞通人烟。西当太白有鸟道,可以横绝峨眉巅。地崩山摧壮士死,然后天梯石栈相钩连。上有六龙回日之高标,下有冲波逆折之回川。黄鹤之飞尚不得过,猿猱欲度愁攀援。青泥何盘盘,百步九折萦岩峦。扪参历井仰胁息,以手抚膺坐长叹。

问君西游何时还?畏途巉岩不可攀。但见悲鸟号古木,雄飞雌从绕林间。又闻子规啼夜月,愁空山。蜀道之难,难于上青天,使人听此凋朱颜!连峰去天不盈尺,枯松倒挂倚绝壁。飞湍瀑流争喧豗,砯崖转石万壑雷。其险也如此,嗟尔远道之人胡为乎来哉!

剑阁峥嵘而崔嵬,一夫当关,万夫莫开。所守或匪亲,化为狼与豺。朝避猛虎,夕避长蛇,磨牙吮血,杀人如麻。锦城虽云乐,不如早还家。蜀道之难,难于上青天,侧身西望长咨嗟!

·第一处画线句融汇五丁开山的神话,渲染了蜀道的神奇色彩,写出了山势的高危。第二处画线句表现人行其上的艰难情状和畏惧心理。第三处画线句写出水石激荡、山谷轰鸣的惊险场景。第四处画线句意在从剑阁的险要引出后文对政治形势的描写。

72. 蜀相/杜甫

丞相祠堂何处寻?锦官城外柏森森。

映阶碧草自春色,隔叶黄鹂空好音。

三顾频烦天下计,两朝开济老臣心。

出师未捷身先死,长使英雄泪满襟。

·抒发诗人对诸葛亮才智品德的崇敬和功业未成的感慨。

73. 望海潮/柳永

东南形胜,三吴都会,钱塘自古繁华。烟柳画桥,风帘翠幕,参差十万人家。云树绕堤沙,怒涛卷霜雪,天堑无涯。市列珠玑,户盈罗绮,竞豪奢。

重湖叠巘清嘉,有三秋桂子,十里荷花。羌管弄晴,菱歌泛夜,嬉嬉钓叟莲娃。千骑拥高牙,乘醉听箫鼓,吟赏烟霞。异日图将好景,归去凤池夸。

74. 扬州慢/姜夔

淮左名都,竹西佳处,解鞍少驻初程。过春风十里,尽荠麦青青。自胡马窥江去后,废池乔木,犹厌言兵。渐黄昏,清角吹寒,都在空城。杜郎俊赏,算而今,重到须惊。纵豆蔻词工,青楼梦好，难赋深情。二十四桥仍在，波心荡，冷月无声。念桥边红药，年年知为谁生？

- 以哀景抒写词人哀时伤乱、怀昔感今的情怀。

75. 外无期功强近之亲，内无应门五尺之僮，茕茕孑立，形影相吊。/但以刘日薄西山，气息奄奄，人命危浅，朝不虑夕。臣无祖母，无以至今日；祖母无臣，无以终余年。母、孙二人，更相为命，是以区区不能废远。/臣生当陨首，死当结草。臣不胜犬马怖惧之情，谨拜表以闻。（李密《陈情表》）

- 前两处画线句写出了作者家庭的不幸和与祖母的相依为命。第三处画线句以期感动晋武帝，达到陈情的目的。

76. 虽无丝竹管弦之盛，一觞一咏，亦足以畅叙幽情。/是日也，天朗气清，惠风和畅。仰观宇宙之大，俯察品类之盛，所以游目骋怀，足以极视听之娱，信可乐也。/夫人之相与，俯仰一世。或取诸怀抱，悟言一室之内；或因寄所托，放浪形骸之外。虽趣舍万殊，静躁不同，当其欣于所遇，暂得于己，快然自足，不知老之将至；及其所之既倦，情随事迁，感慨系之矣。/固知一死生为虚诞，齐彭殇为妄作。后之视今，亦犹今之视昔，悲夫！（王羲之《兰亭集序》）

- 画线句批判“齐彭殇”论调，引发关于人生的感慨。

77. 实迷途其未远，觉今是而昨非。舟遥遥以轻飏，风飘飘而吹衣。问征夫以前路，恨晨光之熹微。/引壶觞以自酌，眄庭柯以怡颜。/策扶老以流憩，时矫首而遐观。云无心以出岫，鸟倦飞而知还。景翳翳以将入，抚孤松而盘桓。/木欣欣以向荣，泉涓涓而始流。善万物之得时，感吾生之行休。/富贵非吾愿，帝乡不可期。怀良辰以孤往，或植杖而耘耔。登东皋以舒啸，临清流而赋诗。聊乘化以归尽，乐夫天命复奚疑！（陶渊明《归去来兮辞（并序）》）

- 画线句表现了作者对田园生活的喜爱与向往。

78. 拟行路难（其四）/鲍照

泻水置平地，各自东西南北流。
人生亦有命，安能行叹复坐愁！
酌酒以自宽，举杯断绝歌《路难》。
心非木石岂无感？吞声踯躅不敢言。

- 表现了诗人怀才不遇的愤懑和对社会不公平现象的控诉。

79. 客至/杜甫

舍南舍北皆春水，但见群鸥日日来。
花径不曾缘客扫，蓬门今始为君开。
盘飧市远无兼味，樽酒家贫只旧醅。
肯与邻翁相对饮，隔篱呼取尽余杯。

80. 登快阁/黄庭坚

痴儿了却公家事，快阁东西倚晚晴。
落木千山天远大，澄江一道月分明。

朱弦已为佳人绝，青眼聊因美酒横。

万里归船弄长笛，此心吾与白鸥盟。

•透露了诗人工作时的尽心尽力，为后人登快阁抒情感作铺垫。

81. 临安春雨初霁／陆游

世味年来薄似纱，谁令骑马客京华。

小楼一夜听春雨，深巷明朝卖杏花。

矮纸斜行闲作草，晴窗细乳戏分茶。

素衣莫起风尘叹，犹及清明可到家。

82. 前辟四窗，垣墙周庭，以当南日，日影反照，室始洞然。又杂植兰桂竹木于庭，旧时栏楯，亦遂增胜。借书满架，偃仰啸歌，冥然兀坐，万籁有声；而庭阶寂寂，小鸟时来啄食，人至不去。三五之夜，明月半墙，桂影斑驳，风移影动，珊珊可爱。／迨诸父异爨，内外多置小门墙，往往而是。东犬西吠，客逾庖而宴，鸡栖于厅。／庭有枇杷树，吾妻死之年所手植也，今已亭亭如盖矣。（归有光《项脊轩志》）

83. 古者富贵而名摩灭，不可胜记，唯倜傥非常之人称焉。盖文王拘而演《周易》；仲尼厄而作《春秋》；屈原放逐，乃赋《离骚》；左丘失明，厥有《国语》；孙子膑脚，《兵法》修列；不韦迁蜀，世传《吕览》；韩非囚秦，《说难》《孤愤》；《诗》三百篇，大底圣贤发愤之所为作也。／亦欲以究天人之际，通古今之变，成一家之言。草创未就，会遭此祸，惜其不成，是以就极刑而无愠色。【司马迁《报任安书（节选）》】

•第一处画线句列举了历史上历经磨难而奋发有为的杰出人才，第二处表明了作者要以他们为榜样，矢志进取、成就伟业的坚强意志。

84. 橐驼非能使木寿且孳也，能顺木之天，以致其性焉尔。凡植木之性，其本欲舒，其培欲平，其土欲故，其筑欲密。／苟有能反是者，则又爱之太恩，忧之太勤，旦视而暮抚，已去而复顾。甚者，爪其肤以验其生枯，摇其本以观其疏密，而木之性日以离矣。虽曰爱之，其实害之；虽曰忧之，其实仇之；故不我若也。（柳宗元《种树郭橐驼传》）

85. 岂得之难而失之易欤？抑本其成败之迹，而皆自于人欤？《书》曰：“满招损，谦得益。”忧劳可以兴国，逸豫可以亡身，自然之理也。／夫祸患常积于忽微，而智勇多困于所溺，岂独伶人也哉？（欧阳修《五代史伶官传序》）

•第一处画线句借《书》之言引出“忧劳可以兴国，逸豫可以亡身”的论点，增强了本文的说服力，第二处画线句为点睛之笔，阐明了作者的写作目的，具有醒世意义，希望北宋统治者能够以史为鉴。

86. 至唐李渤始访其遗踪，得双石于潭上，扣而聆之，南声函胡，北音清越，桴止响腾，余韵徐歇。／事不目见耳闻，而臆断其有无，可乎？郦元之所见闻，殆与余同，而言之不详；士大夫

终不肯以小舟夜泊绝壁之下，故莫能知；而渔工水师虽知而不能言。此世所以不传也。（苏轼《石钟山记》）

87. 上善若水。水善利万物而不争，处众人之所恶，故几于道。（《老子》第八章）

· 老子认为一个人要有至净、能容的胸襟和气度。

88. 五色令人目盲，五音令人耳聋；五味令人口爽；驰骋畋猎，令人心发狂；难得之货，令人行妨；是以圣人为腹不为目，故去彼取此。（《老子》第十二章）

· 老子希望人能善于用物，不为物累，劝诫人们要摒弃物欲。

89. 古之善为士者，微妙玄通，深不可识。夫唯不可识，故强为之容。豫兮若冬涉川，犹兮若畏四邻，俨兮其若客，涣兮其若释，敦兮其若朴，旷兮其若谷，混兮其若浊。孰能浊以静之徐清？孰能安以动之徐生？保此道者不欲盈，夫唯不盈，故能蔽而新成。（《老子》第十五章）

· 通过对行道之人行为的叙述，为人们提供范例，劝诫人们要善于行道。

90. 曲则全，枉则直，洼则盈，敝则新，少则得，多则惑。是以圣人抱一为天下式。不自见，故明；不自是，故彰；不自伐，故有功；不自矜，故长。夫唯不争，故天下莫能与之争。古之所谓曲则全者，岂虚言哉！诚全而归之。（《老子》第二十二章）

· 老子阐述了事物运动中的辩证规律。劝诫圣人要守中，有所为有所不为。

91. 善行无辙迹，善言无瑕谪；善数不用筹策；善闭无关楗而不可开，善结无绳约而不可解。是以圣人常善救人，故无弃人；常善救物，故无弃物。是谓袭明。故善人者，不善人之师；不善人者，善人之资。不贵其师，不爱其资，虽智大迷，是谓要妙。（《老子》第二十七章）

· 借“道”告诫圣人要无为而治。

92. 信言不美，美言不信。善者不辩，辩者不善。知者不博，博者不知。（《老子》第八十一章）

· 告诫人们要用辩证的眼光看问题。

93. 求！君子疾夫舍曰欲之而必为之辞。丘也闻有国有家者，不患寡而患不均，不患贫而患不安。盖均无贫，和无寡，安无倾。／既来之，则安之。今由与求也，相夫子，远人不服，而不能来也；邦分崩离析，而不能守也，而谋动干戈于邦内。吾恐季孙之忧，不在颛臾，而在萧墙之内也。（《季氏将伐颛臾》）

· 画线句是孔子的君臣有分、社会和谐、秩序井然、公平稳定的社会理想和治国以礼、为政以德的政治主张。

94. 喜怒哀乐之未发，谓之中；发而皆中节，谓之和。中也者，天下之大本也；和也者，天下之达道也。致中和，天地位焉，万物育焉。【《中庸（节选）》】

• 认为“中和”是最高的准则，为人处世要懂“中和”之道。

95. 博学之，审问之，慎思之，明辨之，笃行之。有弗学，学之弗能，弗措也；有弗问，问之弗知，弗措也；有弗思，思之弗得，弗措也；有弗辨，辨之弗明，弗措也；有弗行，行之弗笃，弗措也。人一能之，己百之；人十能之，己千之。【《中庸（节选）》】

• 论述知与行的关系，知与行相辅相成、互为因果。

96. 天下之不助苗长者寡矣。以为无益而舍之者，不耘苗者也；助之长者，揠苗者也，——非徒无益，而又害之。／曰：“诐辞知其所蔽，淫辞知其所陷，邪辞知其所离，遁辞知其所穷——生于其心，害于其政；发于其政，害于其事。圣人复起，必从吾言矣。”（《孟子·公孙丑上》）

97. 今陛下致昆山之玉，有随、和之宝，垂明月之珠，服太阿之剑，乘纤离之马，建翠凤之旗，树灵鼍之鼓。／然则是所重者在乎色、乐、珠玉，而所轻者在乎人民也。此非所以跨海内、制诸侯之术也。／是以太山不让土壤，故能成其大；河海不择细流，故能就其深；王者不却众庶，故能明其德。／今逐客以资敌国，损民以益仇，内自虚而外树怨于诸侯，求国无危，不可得也。（李斯《谏逐客书》）

98. 落霞与孤鹜齐飞，秋水共长天一色。渔舟唱晚，响穷彭蠡之滨；雁阵惊寒，声断衡阳之浦。／穷睇眄于中天，极娱游于暇日。天高地迥，觉宇宙之无穷；兴尽悲来，识盈虚之有数。／关山难越，谁悲失路之人？萍水相逢，尽是他乡之客。／冯唐易老，李广难封。／老当益壮，宁移白首之心？穷且益坚，不坠青云之志。（王勃《滕王阁序》）

• 第一处画线句描写了滕王阁周围的景色。第二处和第三处画线句，借用典故，隐喻作者命运坎坷。第四处画线句表现作者不畏险阻、壮心不已的坚强信念。

99. 远吞山光，平挹江濑，幽阒辽夐，不可具状。／待其酒力醒，茶烟歇，送夕阳，迎素月，亦谪居之胜概也。／四年之间，奔走不暇；未知明年又在何处，岂惧竹楼之易朽乎！幸后之人与我同志，嗣而葺之，庶斯楼之不朽也！（王禹偁《黄冈竹楼记》）

100. 孟子曰：“我善养吾浩然之气。”今观其文章，宽厚宏博，充乎天地之间，称其气之小大。／且夫人之学也，不志其大，虽多而何为？辙之来也，于山见终南、嵩、华之高，于水见黄河之大且深，于人见欧阳公，而犹以为未见太尉也。故愿得观贤人之光耀，闻一言以自壮，

然后可以尽天下之大观而无憾者矣。(苏辙《上枢密韩太尉书》)

101. 诗者,志之所之也。在心为志,发言为诗。情动于中而形于言,言之不足故嗟叹之,嗟叹之不足故永歌之,永歌之不足,不知手之舞之,足之蹈之也。(《毛诗序》)

102. 盖文章,经国之大业,不朽之盛事。年寿有时而尽,荣乐止乎其身,二者必至之常期,未若文章之无穷。是以古之作者,寄身于翰墨,见意于篇籍,不假良史之辞,不托飞驰之势,而声名自传于后。(曹丕《典论·论文》)

103. 若乃春风春鸟,秋月秋蝉,夏云暑雨,冬月祁寒,斯四候之感诸诗者也。嘉会寄诗以亲,离群托诗以怨。至于楚臣去境,汉妾辞宫。或骨横朔野,或魂逐飞蓬。或负戈外戍,杀气雄边。塞客衣单,孀闺泪尽。或士有解佩出朝,一去忘返。女有扬蛾入宠,再盼倾国。凡斯种种,感荡心灵,非陈诗何以展其义?非长歌何以骋其情?故曰:"诗可以群,可以怨。"(钟嵘《诗品序》)

104. 感人心者,莫先乎情,莫始乎言,莫切乎声,莫深乎义。诗者,根情,苗言,华声,实义。(白居易《与元九书》)

105. 题画/郑燮

江馆清秋,晨起看竹,烟光日影露气,皆浮动于疏枝密叶之间。胸中勃勃,遂有画意。其实胸中之竹,并不是眼中之竹也。因而磨墨展纸,落笔倏作变相,手中之竹又不是胸中之竹也。总之,意在笔先者,定则也;趣在法外者,化机也。独画云乎哉!

106. 词以境界为最上。有境界则自成高格,自有名句。(王国维《〈人间词话〉十则》)

107. 境非独谓景物也。喜怒哀乐,亦人心中之一境界。故能写真景物、真感情者,谓之有境界。否则谓之无境界。(王国维《〈人间词话〉十则》)

108. 菩萨蛮/温庭筠

小山重叠金明灭,鬓云欲度香腮雪。懒起画蛾眉,弄妆梳洗迟。

照花前后镜,花面交相映。新帖绣罗襦,双双金鹧鸪。

·第一处画线句描写女子懒起前后的状态。第二处画线句含蓄委婉地表现了女子内心的幽怨和孤独。

109. 苏幕遮/周邦彦

燎沉香,消溽暑。鸟雀呼晴,侵晓窥檐语。叶上初阳干宿雨,水面清圆,一一风荷举。

故乡遥,何日去?家住吴门,久作长安旅。五月渔郎相忆否?小楫轻舟,梦入芙蓉浦。

·描写荷花的神态,刻画出水上荷花的绰约姿态。

110. 菩萨蛮·书江西造口壁 / 辛弃疾

郁孤台下清江水，中间多少行人泪？西北望长安，可怜无数山。

青山遮不住，毕竟东流去。江晚正愁余，山深闻鹧鸪。

•词人忆及当年事情，满怀激愤之情。

111. 水龙吟·登建康赏心亭 / 辛弃疾

楚天千里清秋，水随天去秋无际。遥岑远目，献愁供恨，玉簪螺髻。落日楼头，断鸿声里，江南游子。把吴钩看了，栏杆拍遍，无人会，登临意。

休说鲈鱼堪脍，尽西风，季鹰归未？求田问舍，怕应羞见，刘郎才气。可惜流年，忧愁风雨，树犹如此！倩何人唤取，红巾翠袖，揾英雄泪？

112. 贺新郎 / 刘克庄

国脉微如缕。问长缨何时入手，缚将戎主？未必人间无好汉，谁与宽些尺度？试看取当年韩五。岂有谷城公付授，也不干曾遇骊山母。谈笑起，两河路。

少时棋柝曾联句。叹而今登楼揽镜，事机频误。闻说北风吹面急，边上冲梯屡舞。君莫道投鞭虚语，自古一贤能制难，有金汤便可无张许？快投笔，莫题柱。

113.【正宫】【端正好】碧云天，黄花地，西风紧，北雁南飞。晓来谁染霜林醉？总是离人泪。（王实甫《长亭送别》）

•借秋日的萧索凄凉来描写离情别绪，引出主人公崔莺莺的离愁别恨。

114. 悠悠乎与颢气俱，而莫得其涯；洋洋乎与造物者游，而不知其所穷。引觞满酌，颓然就醉，不知日之入。/ 心凝形释，与万化冥合。然后知吾向之未始游，游于是乎始。（柳宗元《始得西山宴游记》）

•第一处画线句描写了西山的怪异奇特，给读者以心胸开阔之感。第二处画线句表现了作者达到了物我合一的忘我境界。

115. 而五人生于编伍之间，素不闻诗书之训，激昂大义，蹈死不顾，亦曷故哉？/ 由是观之，则今之高爵显位，一旦抵罪，或脱身以逃，不能容于远近，而又有剪发杜门，佯狂不知所之者，其辱人贱行，视五人之死，轻重固何如哉？/ 而五人亦得以加其土封，列其姓名于大堤之上，凡四方之士无不有过而拜且泣者，斯固百世之遇也。不然，令五人者保其首领，以老于户牖之下，则尽其天年，人皆得以隶使之，安能屈豪杰之流，扼腕墓道，发其志士之悲哉？（张溥《五人墓碑记》）

116. 顾吾念之，强秦之所以不敢加兵于赵者，徒以吾两人在也。今两虎共斗，其势不俱生。吾所以为此者，以先国家之急而后私仇也。（司马迁《廉颇蔺相如列传》）

•作者歌颂了蔺相如的智勇双全和“先国家之急而后私仇”的高贵品格。

117. 于是焉河伯始旋其面目，望洋向若而叹曰："野语有之曰：'闻道百，以为莫己若者。'我之谓也。且夫我尝闻少仲尼之闻而轻伯夷之义者，始吾弗信；今我睹子之难穷也，吾非至于子之门则殆矣，吾长见笑于大方之家。"(《庄子·秋水》)

118. 苟亏人愈多，其不仁兹甚矣，罪益厚。当此，天下之君子皆知而非之，谓之不义。今至大为不义攻国，则弗知非，从而誉之，谓之义。此可谓知义与不义之别乎?(《墨子·非攻上》)

- 第一处画线句意在劝诫人们要多行仁义之事。第二处画线句举例说明义与不义的区别，反映了墨子的"非攻"主张。

119. 孟子对曰："王好战，请以战喻。填然鼓之，兵刃既接，弃甲曳兵而走。或百步而后止，或五十步而后止。以五十步笑百步，则何如?"／养生丧死无憾，王道之始也。五亩之宅，树之以桑，五十者可以衣帛矣。鸡豚狗彘之畜，无失其时，七十者可以食肉矣。百亩之田，勿夺其时，数口之家可以无饥矣。谨庠序之教，申之以孝悌之义，颁白者不负戴于道路矣。七十者衣帛食肉，黎民不饥不寒，然而不王者，未之有也！(《孟子·梁惠王上》)

- 第一处画线句讽刺了那些跟别人有同样的缺点错误，只是程度上轻一些，却毫无自知之明地去讥笑别人的行为。第二处画线句强调要注重学校教育和孝敬长辈。

120. 雨霖铃／柳永

寒蝉凄切，对长亭晚，骤雨初歇。都门帐饮无绪，留恋处，兰舟催发。执手相看泪眼，竟无语凝噎。念去去，千里烟波，暮霭沉沉楚天阔。多情自古伤离别，更那堪，冷落清秋节！今宵酒醒何处？杨柳岸，晓风残月。此去经年，应是良辰好景虚设。便纵有千种风情，更与何人说？

- 上片的画线句表现了离别的难分难舍。下片的画线句描摹了想象离别后的凄楚情状，抒发了难以割舍的离愁。

121. 屈原曰："举世皆浊我独清，众人皆醉我独醒，是以见放。"／渔父曰："圣人不凝滞于物，而能与世推移。世人皆浊，何不淈其泥而扬其波？众人皆醉，何不餔其糟而歠其釃？何故深思高举，自令放为？"／屈原曰："吾闻之，新沐者必弹冠，新浴者必振衣；安能以身之察察，受物之汶汶者乎？宁赴湘流，葬于江鱼之腹中。安能以皓皓之白，而蒙世俗之尘埃乎？"／渔父莞尔而笑，鼓枻而去。／乃歌曰："沧浪之水清兮，可以濯吾缨；沧浪之水浊兮，可以濯吾足。"遂去，不复与言。(《楚辞·渔父》)

122. 春夜别友人二首·其一／陈子昂

银烛吐青烟，金樽对绮筵。
离堂思琴瑟，别路绕山川。
明月隐高树，长河没晓天。
悠悠洛阳道，此会在何年。

- 充满了诗人对朋友的恋恋不舍，流露了离人之间的隐隐哀愁。

123. 和晋陵陆丞早春游望 / 杜审言

独有宦游人，偏惊物候新。

云霞出海曙，梅柳渡江春。

淑气催黄鸟，晴光转绿蘋。

忽闻歌古调，归思欲沾巾。

124. 从军行 / 杨炯

烽火照西京，心中自不平。

牙璋辞凤阙，铁骑绕龙城。

雪暗凋旗画，风多杂鼓声。

宁为百夫长，胜作一书生。

· 颔联写军队辞京后的出战，表现了出师场面的隆重和庄严，渲染了紧张的战争气氛。尾联抒发从戎书生保边卫国的壮志豪情。

125. 望月怀远 / 张九龄

海上生明月，天涯共此时。

情人怨遥夜，竟夕起相思。

灭烛怜光满，披衣觉露滋。

不堪盈手赠，还寝梦佳期。

· 表达了诗人对亲人思念之情。

126. 送魏万之京 / 李颀

朝闻游子唱离歌，昨夜微霜初渡河。

鸿雁不堪愁里听，云山况是客中过。

关城树色催寒近，御苑砧声向晚多。

莫见长安行乐处，空令岁月易蹉跎。

· 表达了诗人送别晚辈的伤感离愁，劝诫晚辈要珍惜宝贵的时光。

127. 与诸子登岘山 / 孟浩然

人事有代谢，往来成古今。

江山留胜迹，我辈复登临。

水落鱼梁浅，天寒梦泽深。

羊公碑尚在，读罢泪沾襟。

· 蕴含着人事总是在不停变化的哲理，流露出诗人的无限惆怅，饱含着沧桑之感。

128. 走马川行奉送出师西征 / 岑参

君不见走马川行雪海边，平沙莽莽黄入天。

轮台九月风夜吼，一川碎石大如斗，随风满地石乱走。

匈奴草黄马正肥，金山西见烟尘飞，汉家大将西出师。

将军金甲夜不脱，半夜军行戈相拨，风头如刀面如割。

马毛带雪汗气蒸，五花连钱旋作冰，幕中草檄砚水凝。

虏骑闻之应胆慑，料知短兵不敢接，车师西门伫献捷。

· 第一处画线句描写了环境的险恶。第二处画线句描写了将士艰苦的征战生活，体现出将士们不畏艰苦、作战勇猛的豪迈气概。

129. 月下独酌·其一 / 李白

花间一壶酒，独酌无相亲。

举杯邀明月，对影成三人。

月既不解饮，影徒随我身。

暂伴月将影，行乐须及春。

我歌月徘徊，我舞影零乱。

醒时同交欢，醉后各分散。

永结无情游，相期邈云汉。

·第一处画线句写邀月共饮，为冷清的场面增添了几分热闹。第二处画线句表现了诗人孤独、冷清的感受。

130. 兵车行 / 杜甫

车辚辚，马萧萧，行人弓箭各在腰。

耶娘妻子走相送，尘埃不见咸阳桥。

牵衣顿足拦道哭，哭声直上干云霄。

道旁过者问行人，行人但云点行频。

或从十五北防河，便至四十西营田。

去时里正与裹头，归来头白还戍边。

边庭流血成海水，武皇开边意未已。

君不闻汉家山东二百州，千村万落生荆杞。

纵有健妇把锄犁，禾生陇亩无东西。

况复秦兵耐苦战，被驱不异犬与鸡。

长者虽有问，役夫敢申恨？

且如今年冬，未休关西卒。

县官急索租，租税从何出？

信知生男恶，反是生女好。

生女犹得嫁比邻，生男埋没随百草。

君不见，青海头，古来白骨无人收。

新鬼烦冤旧鬼哭，天阴雨湿声啾啾！

·这两处画线句，诗人用哀痛的笔调，揭露了唐王朝穷兵黩武的罪恶，表现了对战争的痛恨和厌恶。

131. 旅夜书怀 / 杜甫

细草微风岸，危樯独夜舟。

星垂平野阔，月涌大江流。

名岂文章著，官应老病休。

飘飘何所似，天地一沙鸥。

·第一处画线句描写了雄浑壮阔的景象。第二处画线句表现出诗人心中的不平，同时揭示出政治上失意是其漂泊、孤寂的根本原因。

132. 咏怀古迹（其三）/ 杜甫

群山万壑赴荆门，生长明妃尚有村。

一去紫台连朔漠，独留青冢向黄昏。

画图省识春风面，环珮空归夜月魂。

千载琵琶作胡语，分明怨恨曲中论。

·借昭君之怨表明对朝廷的不满，寄托了诗人的身世家国之情。

133. 寄李儋元锡 / 韦应物

去年花里逢君别，今日花开已一年。

世事茫茫难自料，春愁黯黯独成眠。

身多疾病思田里，邑有流亡愧俸钱。

闻道欲来相问讯，西楼望月几回圆。

·即景勾起往事，突显时光流逝之快，表现了对别后境况萧索的感慨。

134. 登柳州城楼寄漳汀封连四州 / 柳宗元

城上高楼接大荒，海天愁思正茫茫。

惊风乱飐芙蓉水，密雨斜侵薜荔墙。

岭树重遮千里目，江流曲似九回肠。

共来百越文身地，犹自音书滞一乡。

·以“岭树”重重，“江流”回曲表现诗人远望之难，表达了其哀怨忧愁之情。

135. 西塞山怀古 / 刘禹锡

王濬楼船下益州，金陵王气黯然收。

千寻铁锁沉江底，一片降幡出石头。

人世几回伤往事，山形依旧枕寒流。

今逢四海为家日，故垒萧萧芦荻秋。

•怀古慨今，告诫唐王朝要吸取六朝覆灭的教训，戒骄侈腐败。

136. 望月有感 / 白居易

时难年荒世业空，弟兄羁旅各西东。

田园寥落干戈后，骨肉流离道路中。

吊影分为千里雁，辞根散作九秋蓬。

共看明月应垂泪，一夜乡心五处同。

•描绘了一幅五地望月共生乡愁的图景，揭示了饱经战乱的零落之苦，抒发了思亲之情。

137. 天上谣 / 李贺

天河夜转漂回星，银浦流云学水声。

玉宫桂树花未落，仙妾采香垂珮缨。

秦妃卷帘北窗晓，窗前植桐青凤小。

王子吹笙鹅管长，呼龙耕烟种瑶草。

粉霞红绶藕丝裙，青洲步拾兰苕春。

东指羲和能走马，海尘新生石山下。

•借助具体的形象，表现了尘世变化之大和变化之速，表达了诗人对当时社会现实和个人遭遇的不满。

138. 安定城楼 / 李商隐

迢递高城百尺楼，绿杨枝外尽汀洲。

贾生年少虚垂泪，王粲春来更远游。

永忆江湖归白发，欲回天地入扁舟。

不知腐鼠成滋味，猜意鹓雏竟未休。

139. 九日齐山登高 / 杜牧

江涵秋影雁初飞，与客携壶上翠微。

尘世难逢开口笑，菊花须插满头归。

但将酩酊酬佳节，不用登临恨落晖。

古往今来只如此，牛山何必独霑衣。

•兴寄高远，表达了诗人及时行乐之意。

140. 寄扬州韩绰判官 / 杜牧

青山隐隐水迢迢，秋尽江南草未凋。

二十四桥明月夜，玉人何处教吹箫？

•表达对昔日同僚韩绰判官的思念之情的同时，也透露出诗人对过往扬州生活的深切怀念。

141. 长安晚秋 / 赵嘏

云物凄清拂曙流，汉家宫阙动高秋。

残星几点雁横塞，长笛一声人倚楼。

紫艳半开篱菊静，红衣落尽渚莲愁。

鲈鱼正美不归去，空戴南冠学楚囚。

•借西晋张翰事和春秋钟仪事表示自己毅然归去的决心。

142. 菩萨蛮（其二） / 韦庄

人人尽说江南好，游人只合江南老。春水碧于天，画船听雨眠。

垆边人似月，皓腕凝霜雪。未老莫还乡，还乡须断肠。

•抒发了词人的漂泊之感和故乡之思。

143. 鹊踏枝／冯延巳

谁道闲情抛掷久。每到春来，惆怅还依旧。日日花前常病酒，敢辞镜里朱颜瘦。

河畔青芜堤上柳。为问新愁，何事年年有？独立小桥风满袖，平林新月人归后。

144. 浣溪沙／李璟

菡萏香销翠叶残，西风愁起绿波间。还与韶光共憔悴，不堪看。

细雨梦回鸡塞远，小楼吹彻玉笙寒。多少泪珠无限恨，倚阑干。

• 下片画线句写思妇怀人，映衬了词人的寂寞孤清。

145. 乌夜啼／李煜

林花谢了春红，太匆匆。无奈朝来寒雨晚来风。

胭脂泪，相留醉，几时重。自是人生长恨水长东。

146. 浪淘沙令／李煜

帘外雨潺潺，春意阑珊。罗衾不耐五更寒。梦里不知身是客，一晌贪欢。

独自莫凭栏，无限江山。别时容易见时难。流水落花春去也，天上人间。

• 第一处画线句写追忆梦中情事是为了衬托梦醒之后的痛苦。后两处画线句写与亲友相见之难、再见故土之难，叹息春归何处，表现了词人的亡国之痛和囚徒之悲。

147. 破阵子·春景／晏殊

燕子来时新社，梨花落后清明。池上碧苔三四点，叶底黄鹂一两声。日长飞絮轻。

巧笑东邻女伴，采桑径里逢迎。疑怪昨宵春梦好，元是今朝斗草赢。笑从双脸生。

• 着重写少女在斗草前后的活动和心情，刻画了一个纯洁活泼的少女形象。

148. 踏莎行／欧阳修

候馆梅残，溪桥柳细。草薰风暖摇征辔。离愁渐远渐无穷，迢迢不断如春水。

寸寸柔肠，盈盈粉泪。楼高莫近危阑倚。平芜尽处是春山，行人更在春山外。

• 以水喻愁，写离家远行之人在旅途中的愁绪。

149. 蝶恋花／欧阳修

庭院深深深几许。杨柳堆烟，帘幕无重数。玉勒雕鞍游冶处。楼高不见章台路。

雨横风狂三月暮。门掩黄昏，无计留春住。泪眼问花花不语。乱红飞过秋千去。

• 表现了闺中少妇的幽恨怨愤之情。

150. 苏幕遮／范仲淹

碧云天，黄叶地，秋色连波，波上寒烟翠。山映斜阳天接水，芳草无情，更在斜阳外。

黯乡魂，追旅思，夜夜除非，好梦留人睡。明月楼高休独倚，酒入愁肠，化作相思泪。

• 抒写了词人羁旅思乡之情。

151. 天仙子 / 张先

水调数声持酒听，午醉醒来愁未醒。送春春去几时回？临晚镜，伤流景，往事后期空记省。

沙上并禽池上暝，云破月来花弄影。重重帘幕密遮灯，风不定，人初静，明日落红应满径。

•下片通过"并禽"写自己孤独，月弄花影烘托出人生之无奈；以"落红应满径"暗喻词人情绪的低落。

152. 八声甘州 / 柳永

对潇潇暮雨洒江天，一番洗清秋。渐霜风凄惨，关河冷落，残照当楼。是处红衰翠减，苒苒物华休。唯有长江水，无语东流。

不忍登高临远，望故乡渺邈，归思难收。叹年来踪迹，何事苦淹留。想佳人、妆楼颙望，误几回、天际识归舟。争知我、倚阑干处，正恁凝愁！

•第一处画线句描绘了一幅暮秋傍晚的秋江雨景，烘托凄凉、萧索的气氛。第二处画线句表达了强烈的思归情绪。

153. 水龙吟·次韵章质夫杨花词 / 苏轼

似花还似非花，也无人惜从教坠。抛家傍路，思量却是，无情有思。萦损柔肠，困酣娇眼，欲开还闭。梦随风万里，寻郎去处，又还被莺呼起。

不恨此花飞尽，恨西园、落红难缀。晓来雨过，遗踪何在？一池萍碎。春色三分，二分尘土，一分流水。细看来，不是杨花，点点是离人泪。

•词人借杨花的表象，哀叹自身遭遇贬谪的无奈。

154. 临江仙 / 晏几道

梦后楼台高锁，酒醒帘幕低垂。去年春恨却来时。落花人独立，微雨燕双飞。

记得小蘋初见，两重心字罗衣。琵琶弦上说相思。当时明月在，曾照彩云归。

•第一处画线句表现了绵长的春恨。第二处画线句抒写词人因怀人不见而产生的怅惘之情。

155. 鹧鸪天 / 晏几道

彩袖殷勤捧玉钟。当年拚却醉颜红。舞低杨柳楼心月，歌尽桃花扇底风。

从别后，忆相逢。几回魂梦与君同。今宵剩把银釭照，犹恐相逢是梦中。

•抒写久别相思不期而遇的惊喜之情。

156. 踏莎行 / 秦观

雾失楼台，月迷津渡。桃源望断无寻处。可堪孤馆闭春寒，杜鹃声里斜阳暮。

驿寄梅花，鱼传尺素。砌成此恨无重数。郴江幸自绕郴山，为谁流下潇湘去。

•第一处画线句以哀景奠定全文的哀情。第二处画线句表现词人心中的孤苦凄凉。

157. 横塘路 / 贺铸

凌波不过横塘路，但目送、芳尘去。锦瑟华年谁与度？月桥花院，琐窗朱户，只有春知处。

飞云冉冉蘅皋暮，彩笔新题断肠句。若问闲情都几许？一川烟草，满城风絮，梅子黄时雨。

· 运用比喻的修辞手法，表现了词人的无尽闲愁。

158. 如梦令 / 李清照

昨夜雨疏风骤，浓睡不消残酒。试问卷帘人，却道海棠依旧。知否，知否？应是绿肥红瘦。

· 借酒消除心中的烦闷，表达了词人的伤春惜花之情。

159. 醉花阴 / 李清照

薄雾浓云愁永昼，瑞脑销金兽。佳节又重阳，玉枕纱厨，半夜凉初透。

东篱把酒黄昏后，有暗香盈袖。莫道不销魂，帘卷西风，人比黄花瘦。

· 写赏菊秋景，抒发了词人重阳佳节思念丈夫的心情，烘托了凄清寂寥的气氛。

160. 满江红 / 岳飞

怒发冲冠，凭栏处、潇潇雨歇。抬望眼，仰天长啸，壮怀激烈。三十功名尘与土，八千里路云和月。莫等闲、白了少年头，空悲切！

靖康耻，犹未雪。臣子恨，何时灭。驾长车，踏破贺兰山缺。壮志饥餐胡虏肉，笑谈渴饮匈奴血。待从头、收拾旧山河，朝天阙。

· 第一处画线句意在激励自己珍惜光阴，表现了词人积极进取的精神。第二处画线句表现了词人意欲收复山河的宏愿，传达了一种乐观主义精神。

161. 鬲西梅令 / 姜夔

好花不与殢香人，浪粼粼。又恐春风归去绿成阴，玉钿何处寻。

木兰双桨梦中云，小横陈。漫向孤山山下觅盈盈，翠禽啼一春。

教师招聘考试

语文专项突破

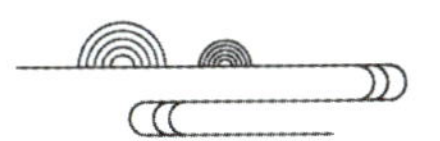

热点事件42个

名人故事69个

名人名言96句

妙语隽言95句

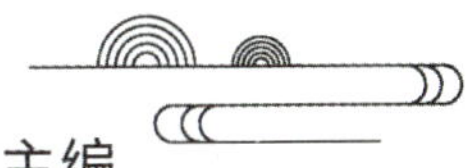

山香教师招聘考试命题研究中心　主编

目录/CONTENTS

一、热点事件

(一)科学创新

1. 河南郑州春霖职业培训学校校长郭萍发表的关于熟鸡蛋返生、煮熟绿豆返生发芽、物体隐形传输的论文引发广泛争议。后郑州市人社局介入调查，吉林省新闻出版局也派工作组进驻相关杂志出版单位调查。

这些观点，违背了最基本的科学原理，也有悖于人们日常生活的常理，带有明显的“反智”色彩，其荒谬荒唐，本不值一驳。但令人震惊的是，如此公然“反智”，竟能以“论文”形式发表在正式出版的中文期刊上。这说明，还应继续在全社会推动形成讲科学、爱科学、学科学、用科学的良好氛围，使蕴藏在亿万人民中间的创新智慧充分释放、创新力量充分涌流。

【适用主题】①科学精神；②行业规范；③实事求是。

2. 国家主席习近平发表的重要文章《全面加强知识产权保护工作激发创新活力推动构建新发展格局》中强调，创新是引领发展的第一动力，保护知识产权就是保护创新；我国知识产权事业不断发展，走出了一条中国特色知识产权发展之路，全社会尊重和保护知识产权意识明显提升，对激励创新、打造品牌、规范市场秩序、扩大对外开放发挥了重要作用。

【适用主题】①创新；②创新引领发展；③知识产权。

3. 2021年2月3日至5日，国家主席习近平在贵州考察调研时，强调全面建设社会主义现代化国家，必须坚持科技为先，发挥科技创新的关键和中坚作用；创新发展是构建新发展格局的必然选择。要着眼于形成新发展格局，推动大数据和实体经济深度融合，要发挥好改革的先导和突破作用；要结合即将开展的党史学习教育，从长征精神和遵义会议精神中深刻感悟共产党人的初心和使命，落实新时代党的建设总要求，实事求是、坚持真理，科学应变、主动求变，咬定目标、勇往直前，走好新时代的长征路。

【适用主题】①坚持科技为先；②科技创新。

4. 中国制造曾一度被贴上“价廉质低”的标签。随着中国经济实力的增强，近年来，我国大力实施“增品种、提品质、创品牌”的“三品”战略，使得中国制造的整体形象得到改善和提升。如今，中国制造不再是“大路货”的代名词，而是在全球高端制造产业中拥有了一席之地。

中国的高铁、核电等“大国重器”已经走出国门，移动支付、共享单车、无人机、智能手机等饱含中国人智慧的创新理念与产品已风靡全球，这体现了质量是制造业的核心竞争力，为中国成为制造强国奠定了坚实基础。

制造业是国民经济的主体，是立国之本、兴国之器、强国之基。我们要撸起袖子加油干，努力推动中国制造业在新征程中奋勇前进，使中国制造成为中国骄傲。

【适用主题】①中国制造；②中国骄傲。

5. 湖南湘阴，毕业于北京大学法学院的硕士生罗勇，2017年辞掉公务员当“农民”，融资800多万元创业开展智慧种植，减轻农户劳作压力的同时，为农户每亩增收200多元。如今，罗勇团队托管农田超8万亩，培训专业人才5千多人次。他说，我本身就很喜欢农业，工作后身边朋友都在讲农业难做，就想知道到底难在哪。

北大法学硕士都回家种地了，每个成年人都有自己的选择，每个选择也都值得尊重，换个心态看，也许你的一个选择未来可以带动家乡的超前发展。

【适用主题】①认知与实践；②个人选择与价值观；③科技与发展。

6. 2021年10月16日0时23分，搭载神舟十三号载人飞船的长征二号F遥十三运载火箭，在酒泉卫星发射中心按照预定时间精准点火发射，约582秒后，神舟十三号载人飞船与火箭成功分离，进入预定轨道，顺利将翟志刚、王亚平、叶光富3名航天员送入太空，飞行乘组状态良好，发射取得圆满成功。这是我国载人航天工程立项实施以来的第21次飞行任务，也是空间站阶段的第2次载人飞行任务。

【适用主题】①科技；②航天；③发展。

7. 2022年中国再次用高端制造、智能科技实力霸屏，站在全球舞台的聚光灯下。2022北京冬奥会开幕式上的8K技术，“无人化”餐厅里的机器人厨师，可以监测健康数据的智能床等一系列高端智能产品刷屏外国社交平台。本次冬奥会的官方合作伙伴，某中国品牌将自主研发的“炽热科技”植入“冠军龙服”，帮助中国运动员抵御户外零下20摄氏度的低温天气，兼顾美观、舒适、保暖和防水性能。

【适用主题】①中国制造；②科技。

8. 中国航天科技集团有限公司2022年2月9日发布的《中国航天科技活动蓝皮书（2021年）》显示：2021年，中国航天发射活动继续取得重大突破。全年共执行55次发射任务，发射航天器总质量再创新高，达到191.19吨，同比增长85.5%。

根据蓝皮书，2021年全球共实施146次发射任务，为1957年以来最高发射次数；发射航天器总数量1846个，创历史新高，总质量777.70吨，为航天飞机退役以来的最大值。

中国航天科技集团有限公司有关方面负责人介绍，2021年，中国航天科技集团长征系列运载火箭完成48次发射任务，全部取得成功，发射次数居世界宇航企业第一，发射航天器总数量103个，总质量189.65吨。年度内，长征系列运载火箭实现第400次发射，百次发射周期缩短至33个月，实现连续75次成功发射，已具备发射低、中、高不同轨道，不同类型载荷的能力，运载能力、可靠性、成功率迈入世界前列。航天科工集团快舟一号甲运载火箭实施4次发射，其中3次成功，共发射5颗卫星。

据悉，2022年中国航天发射次数将继续维持高位，计划开展一系列重大任务。全年载人航天工程计划实施6次发射任务，以天和核心舱为控制中心，问天、梦天实验舱为主要实验平台，全面建成常年有人照料的空间站。

【适用主题】①科技；②航天；③发展。

9. 2021年夏天，一条“利用步态算法优化身份识别助刑侦破案”的消息引发关注，该算法可在找寻丢失儿童等领域发挥积极作用。“这是我指导的博士生的科研成果，论文发表在一个国际学术会议上，还获得最佳论文提名奖。”颜成钢言语间满是自豪。学生的学术成果有了实际应用，让他很开心：“能将学术研究与大众生活结合起来，感觉很有意义。”

颜成钢的实验室研究范围包括图像处理、计算机视觉、计算机图形学、医学影像处理、生物信息处理等诸多方面。“实验室的研究领域比较广阔，也是为了给学生提供更大发挥空间，只要学生感兴趣、有潜力的领域，我都支持他们去探索。”颜成钢说。

【适用主题】①智能信息化；②科研结合生活；③因材施教；④青年发展；⑤超越。

（二）家国情怀

1. “有国才有家，希望吾儿在部队安心工作。我与你爸在家一切安好，请勿想念！在新闻上看到边防战士，希望你向他们学习，甘愿为祖国和人民奉献一切！”这是西藏军区日喀则军分区某团战士黄磊的家书。看到家书后的他潸然泪下。无数人的坚守都离不开家人的支持。

【适用主题】①保家卫国；②奉献精神；③青春风采；④家国情怀。

2. 国庆期间，电影《长津湖》持续引发观影热潮，打破多项中国影史纪录，获得了高票房，观众好评如潮，实现了票房与口碑齐飞。

春节期间，电影《长津湖之水门桥》继续引发观影热潮。随着《长津湖之水门桥》释出更多画面信息，期待良久的观众直呼：“场面恢宏、情感动人、更加热血沸腾，期待三炸水门桥！”“第一部被雷公牺牲整破防，这一次没看已经开始破防。”影片由中宣部电影局主抓、电影《长津湖》原班人马倾力打造，在春节团圆之际，人们纷纷来影院感受荡气回肠的家国情怀、和平温暖，同时也不忘保家卫国的英雄将士，他们纷纷表示向革命先辈致敬！

【适用主题】①保家卫国；②奉献精神；③家国情怀；④不忘初心；⑤思想教育。

3. 2021年国庆期间，电影《我和我的父辈》引发观影热潮，该影片采用中国式的浪漫，用四个故事，四种风格，以家写国，家国同构，电影在革命、建设、改革开放和新时代的时间坐标中，铺展开父辈的奋斗画卷。电影为我们推开了时光的旋转门，父辈，不再是模糊的“背影”，而是如山伟岸、如水温柔的群像。

【适用主题】①奉献精神；②家国情怀；③爱国之情。

4. 经中国政府不懈努力，2021年9月24日，孟晚舟女士已经乘坐中国政府包机离开加拿大，即将回到祖国，并与家人团聚。在归国的包机上，孟晚舟写下一篇感言——《月是故乡明，心安是归途》。

人民日报评孟晚舟事件：政治打压不会遮蔽正义，更不会阻挡中国科技进步。孟晚舟事件是美国胁迫华为的一个棋子，是美国为了打压中国高科技发展、阻止中国领导下一代通信技术而刻意制造的政治杠杆。这样一种科技霸凌主义，目的就是要阻断中国的科技进步和经济升级，维护美国的科技霸权和经济霸权。

【适用主题】①科技自主；②科研报国；③爱国精神；④国与家；⑤归属。

5. 2021年2月，中印加勒万河谷冲突现场视频公开，视频中中国人民解放军某边防团团长祁发宝面对数倍外军张开双臂阻拦的背影，令无数网友感动落泪。在这场冲突中，营长陈红军，战士陈祥榕、肖思远、王焯冉4人不幸在战斗和营救战友的过程中牺牲，其中最小的陈祥榕才19岁。

在肖思远的战地日记中有这样一句话："我们就是祖国的界碑，脚下的每一寸土地，都是祖国的领土。""清澈的爱，只为中国。"这是陈祥榕写下的战斗口号，他用生命践行了这句话。2020年底，这个团服役期满的战士全部主动申请留队，继续在英雄曾经战斗过的地方战斗。战士付忠义说："经历了去年的边防斗争，我更加认清了边防军人的价值。边关虽苦，但总要有人守。只要边防一天需要，我就一天不走。"

【适用主题】①保家卫国；②爱国精神；③家国情怀；④奉献；⑤价值；⑥信念。

（三）不抛弃不放弃

1. 贵州的孙小军9岁时因意外右腿截肢，他没有自暴自弃，拄着拐杖一路考上博士，毕业后开始创业，用5年时间研发出一款智能电动假肢，不仅能爬山跳舞，甚至还帮他实现了幼年时踢足球的梦想。孙小军说，希望自己能帮助更多的残疾人。

【适用主题】①梦想；②医学研发；③身残志坚；④回馈社会；⑤挫折；⑥立志；⑦坚持与放弃；⑧成功。

2. 2020年9月25日，电影《夺冠》在经历了一波三折后，终于上映了。245天的漫长等待，似乎并未打消观众观看《夺冠》的热情，观众直呼"从过年盼到现在""一定要看""坐等上映""我请我父母看"。是什么让大家如此期待一部电影的上映？答案是女排精神！从1981年老一代女排首登世界之巅，五连冠的霸气到2004年黄金一代雅典惊天逆袭，高唱胜利之歌的激动，再到2019年新一代女排开疆扩土，里约绝地反击和2019年世界杯两连冠。41年10个世界冠军，一次次传奇夺冠振奋一代又一代中国人。这些奇迹都是由"女排精神"创造的。

【适用主题】①精神的传承；②女排精神和中国精神；③不抛弃，不放弃；④团结；⑤拼搏；⑥刻苦。

3. 北京时间2022年2月6日晚，2022女足亚洲杯决赛拉开战幕。这次夺冠一路走来并不容易，从半决赛战胜日本队，到决赛战胜韩国队，中国女足都是在身处劣势的情况下，咬紧牙关、逆风翻盘，正所谓“唯其艰难，更显勇毅”！支撑她们最终获胜的，是实力和技术，更是意志和勇气。女足姑娘们完美诠释了什么是“体育精神”。

竞技体育比赛要想赢，实力、技术固然是非常重要的方面，但意志品质、信念决心也不可忽视，有时甚至是逆风翻盘、以弱胜强的决定性因素。面对实力强劲的对手，女足姑娘们没有给自己找理由、找借口、找退路，他们不畏强敌、敢于求胜、勇于进取，迎来了铿锵玫瑰的一次又一次绽放，最终获得了胜利，时隔十六年重夺亚洲杯冠军。

【适用主题】①不抛弃，不放弃；②巾帼不让须眉；③努力就会有收获；④意志；⑤信念；⑥压力与动力；⑦胜利与失败；⑧成功。

（四）传承文化

1. 党的十九届五中全会高度重视文化建设，从战略全局上作出了高瞻远瞩的规划和部署，并明确提出到2035年建成文化强国的战略目标。其中，文化传承的作用进一步凸显，因为这直接关乎着实现“中华文化影响力进一步提升，中华民族凝聚力进一步增强”的宏伟目标。传承优秀传统文化，需要找到其中与新时代青年文化热点契合之处。比如，近年在年轻人中流行的“博物馆热”，就是很值得品味的典型案例。从《我在故宫修文物》《中国诗词大会》《国家宝藏》到《上新了·故宫》，当下的青年群体对于文化遗产、非物质文化遗产等优秀传统文化，表现出了令人惊叹的巨大热情。不仅是故宫、天坛等知名的文化景点，陕西博物馆、新疆博物馆、四川杜甫草堂博物馆等地方博物馆也都已成为“网红打卡”的热门地点。究其原因，显然与这些博物馆或相关节目“有趣且有料”有关，让年轻人在乐趣中学习，在求知中获得更多精神享受，这对帮助年轻人养成对传统文化的兴趣、获得更多传统文化的精神养料，有非常关键的意义。

【适用主题】①传统文化；②传承；③继承与发扬；④转变观念；⑤换一个角度看问题。

2. 2021年2月12日大年初一，河南卫视春晚荣登微博综艺榜晚会栏目类第一，“河南春晚舞蹈唐宫夜宴”话题在微博有近亿次阅读量。河南春晚真正是火了一把。不仅科技“炫”，文化也“靓”。其中，在河南元宵节晚会中，《唐宫夜宴》节目运用5G+AR的技术，将虚拟场景和现实舞台结合，把歌舞放进了博物馆场景。以诙谐幽默又不失庄重的方式，将唐朝少女的博物馆奇妙夜之旅呈现在观众面前，以东方气韵打动人心、传颂四海。2021年河南卫视传统节日的“奇妙游”系列，引人回望生生不息的历史文化，再次体悟文化内涵、民族品格，也让人直面当下，思考如何以文艺更好地涵养和传承传统文化。

【适用主题】①传播文化，传承文明；②守护精神家园；③摒弃功利，理性继承；④别让传统文化渐行渐远；⑤创新。

3. 抖音博主"张同学"的短视频火了，一个东北农村小伙，起床、做饭、喂狗、养鸡、嘎肉……满屏质朴、土味的农村日常；六味地黄丸、破袜子、藏钥匙、洗手只洗三根指头，处处埋着回忆杀和青春梗。

两个多月涨粉破千万，单个视频播放量过亿，网友戏称"全抖音都在刷张同学"，更引来模仿者无数。爆红的同时，随之而来的则是媒体对"张同学"的集体关注和网友的质疑。有人说他的背后有强大的专业团队，也有人说他本身是一名导演、制作人，曾长期从事自媒体幕后工作。也有网友指出他已准备"变现"，将"流量密码"导向"财富密码"。不过，更多的网友则是关注起"张同学"背后的乡村生活。

2021年12月4日，澎湃新闻探访短视频博主"张同学"的家，揭秘爆款短视频的拍摄幕后。"张同学"介绍，拍摄视频的小屋是爷爷的。对于为何要"取材家乡，展现乡土人情"，"张同学"称，自己的初心就是助农，把家乡的风貌和特色展现给网友。"我曾经告诉过别人我的初心，别人觉得我是一个农村人，想法没有这么高大上，很多人也在质疑我。"2020年7月，"张同学"回到家乡，看到每到夏秋，道路两旁的村民都在卖豆角、土豆、山上的蘑菇和其他一些农产品，"那时候我想，线上流量还可以，我也想干点事"。"张同学"萌生了创作视频涨粉，带动销售家乡农产品的想法。

【适用主题】①乡土人情；②乡村文化；③振兴家乡；④选择。

4. 在春节来临之际，中央文明办、全国妇联、民政部2022年1月26日发布《弘扬美德传家风移风易俗树新风》倡议书，向广大家庭发出倡议，倡导广大家庭弘扬家庭美德，践行移风易俗，共同过一个和谐年、文明年、健康年。

倡议强调，文明家庭、五好家庭、最美家庭等家庭典型要带头树文明新风，在弘扬家庭美德、践行移风易俗方面作表率，以千千万万家庭的好家风支撑起全社会的好风气。

【适用主题】①传承文化；②好家风；③引领作用；④榜样。

5. 自2021年3月起，中宣部出版局组织开展"青少年期刊讲党史"主题宣传活动，从广大青少年期刊申报项目中遴选100个优秀选题。各地各单位组织相关期刊精心推出符合青少年特点的党史宣传作品，并开展形式多样的主题采访、红色阅读推广等活动。有关青少年期刊紧密围绕党史学习教育和"四史"宣传教育要求，推出160余个专栏专题专刊和一大批优秀文章，组织开展近400场次线上线下活动，影响覆盖青少年1.4亿人次。

【适用主题】①传承文化；②树立正确党史观。

6. 由文化和旅游部非物质文化遗产司、中央网信办网络传播局主办的"文化进万家——视频直播家乡年"活动于2022年1月启动。活动以线上形式开展，发动年俗非遗项目所在地区的非遗保护机构、保护单位和非遗传承人，将在符合疫情防控要求下正常开展的年俗非遗传承活动用镜头记录下来，上传至平台活动专区集中展播，并支持网友参与拍摄上传、互动交流。

据了解，上一年度春节、元宵节期间的2021年“文化进万家——视频直播家乡年”活动有6500余个非遗年俗短视频在网络平台集中展播，12场专场直播活动吸引了大量网友在线参与；文化和旅游部官方网站精选了61个优质短视频宣传推广，活动整体曝光量超3.7亿次。

【适用主题】①传承文化；②继承传统文化；③文化发展；④新时代，新发展。

（五）工匠精神

1. 一丝不苟调试设备、精益求精解决技术难题、手把手帮带徒弟……在云南冶金昆明重工有限公司，首席技师耿家盛每天扎在车间工作。这个集全国技术能手、全国劳动模范、全国最美职工、云岭工匠等荣誉于一身的“大国工匠”，穿上工装、走进车间、摸到机器，就像一个普通的老工人。

进厂30多年，不论是当学徒还是首席技师，他都经常向其他工种的同事请教，掌握了车床、刨床、铣床、镗床、钳工等机床操作方法，成为“全能工匠”。“一项技术不能吃一辈子，在时代发展面前，必须不断挑战自己、提升自己。”耿家盛说，遇到技术难题，自己经常彻夜难眠，一直思索解决问题的途径。正是这样的“痴迷”，让他攻克了大量技术难关，先后完成拉丝机、轧机等产品工艺编制和图纸改进500余项，零件生产工艺改进400余项，获国家专利16项，还练就一个人同时开3台车床加工不同零件等绝技。

耿家盛理解的劳动精神内核就是吃苦耐劳，而工匠精神的精髓在于爱岗敬业、认真负责。耿家盛一直在平凡的积累中突破自我，也将老一代工人最朴素的匠人情怀、最宝贵的敬业精神传递给后人。

【适用主题】①工匠精神；②爱岗敬业；③专注；④品质；⑤钻研。

2. 十九大报告中提出“建设知识型、技能型、创新型劳动者大军，弘扬劳模精神和工匠精神，营造劳动光荣的社会风尚和精益求精的敬业风气”。2020年6月13日，中铁北京工程局集团有限公司举办了以“中国中铁诚信敬业道德讲堂之合肥片区工匠精神讲堂”为主题的2020年第一期“道德讲堂”活动。2020年12月10日首届全国职业技能大赛在广州开幕，习近平总书记致贺信强调，大力弘扬劳模精神、劳动精神、工匠精神，培养更多高技能人才和大国工匠。俗话说：天下大事，必作于细；天下难事，必成于精。中国作为工匠制度和工匠精神的发源地之一，古代文人将工匠精神的内涵凝练为“尽精微”。木匠、铜匠、铁匠、石匠、篾匠……工匠是一个中国老百姓日常生活须臾不可离的职业，虽然社会进入后工业时代，集聚在老工艺、老工匠中的手艺不再适用，但工匠精神永不过时。

【适用主题】①工匠精神；②精益求精。

(六)绿色发展

1. 在2021年两会上,“2030年前实现碳达峰、2060年前实现碳中和”的发展目标首次被写入政府工作报告,随后《关于完整准确全面贯彻新发展理念做好碳达峰碳中和工作的意见》和《2030年前碳达峰行动方案》也陆续出台。企业无可回避地面临着“绿色转型升级”的挑战,亟待从能源、技术与产品结构上进行调整优化,实现“3060”双碳目标和可持续发展的愿景。

【适用主题】①环保;②绿色发展;③节能减排。

2. 2022年1月,发改委发布关于印发《促进绿色消费实施方案》的通知。促进绿色消费是消费领域的一场深刻变革,必须在消费各领域全周期全链条全体系深度融入绿色理念,全面促进消费绿色低碳转型升级。2022年冬奥会践行绿色办奥的理念,为相关行业绿色消费转型做出了示范。

“可持续向未来”是2022年北京冬奥会和冬残奥会的愿景,也是全世界人类命运共同体的愿景。在这种时代背景下,2022年北京冬奥会践行绿色办奥的理念,以各种新技术的实施和突破落实了理念,同时体现了我国对双碳战略的高度重视。《促进绿色消费实施方案》的制定进一步印证了冬奥会中提出的新理念和新技术不仅仅是一个空中楼阁,而是推进双碳战略过程中一个扎扎实实的脚印。

【适用主题】①环保;②绿色奥运会;③节能减排。

3. 埃及南部的阿斯旺省,气候炎热,阳光充足,全年日照超3000小时。阿斯旺沙漠中,埃及首个“太阳能村”、全球最大的光伏产业园之一——本班光伏产业园正有序运转,为埃及绿色能源发展提供新动能。

上午9时刚过,产业园电站内,现场运维经理赫夏姆·马吉德准时上线参加视频会议,与浙江正泰新能源开发有限公司(以下简称“浙江正泰”)团队就设备运维进行交流:光伏组件清洁要注意哪些事项?逆变器检修维护时遇到的困难该怎么解决?……这些问题很快得到解决,沟通顺畅而高效。

2020年1月,浙江正泰承建的165.5兆瓦本班光伏项目顺利移交埃方运营维护。此后,中方团队定期通过视频方式为埃方提供技术支持。“中企精益求精的施工建设、稳定持久的技术服务等,确保了项目平稳运行。”马吉德表示,中企在系统设计、设备研发组装等方面,为埃及光伏产业发展提供了宝贵经验。

“中国光伏技术处于全球领先行列,我们从项目合作中受益匪浅。”当地员工侯萨姆·侯赛因说,中国技术和产品质量过硬,具有较强竞争力,产业园内还有不少其他国家建设的项目,大部分都采用了中国制造的太阳能电池板、组件等。“项目投运后,还创造了上百个稳定就业岗位,在为埃及提供强大能源支持的同时,也有助于保护生态环境。”

“埃及政府一直在努力解决电力短缺问题，如今问题得到有效缓解。”埃及《金字塔报》网站刊文说，在共建“一带一路”框架下，埃中清洁能源合作取得丰硕成果，有效改善埃及能源结构，为埃及绿色发展和经济可持续增长提供重要保障。

【适用主题】①环保；②绿色发展；③节能减排；④中国发展；⑤质量。

4. 2021年，我国可再生能源新增装机1.34亿千瓦，占全国新增发电装机的76.1%；可再生能源发电量稳步增长，达到2.48万亿千瓦时，占全社会用电量的29.8%。水电、风电、光伏发电和生物质发电量分别占全社会用电量的16.1%、7.9%、3.9%和2%。

同时，可再生能源持续保持高利用率水平。2021年，全国主要流域水能利用率约97.9%，较上年同期提高1.5个百分点；全国风电平均利用率96.9%，较上年同期提高0.4个百分点；全国光伏发电平均利用率98%，较上年同期基本持平。

2021年整县屋顶分布式光伏开发试点工作启动以来，分布式光伏开发明显加速，2021年新增光伏发电装机中，分布式光伏新增2928万千瓦，约占全部新增光伏发电装机的55%，历史上首次超过集中式电站。

【适用主题】①环保；②绿色发展；③节能减排；④新能源。

5. 2021年5月，生态环境部开展黄河流域固体废物倾倒排查整治工作，及时消除环境污染隐患，保障黄河流域生态环境安全。黄河流域“清废行动”，充分利用无人机和卫星遥感影像，结合群众信访举报线索，延用长江经济带“清废行动”“遥感排查—分批交办—地方整改—专家帮扶—遥感再看”工作模式，推动非现场监管执法，提高执法效能。根据工作安排，黄河流域“清废行动”拟用2年完成，其中2021年已排查整治内蒙古、四川、甘肃、青海、宁夏5省份。

在整治过程中，各地共清理垃圾堆放点位459个，清理量882.6万吨，通过清理整治，发现并清理历史遗留煤矸石、尾渣27.7万吨，整治危险废物2.1万吨，有效防范了黄河中上游沿线生态环境安全风险。

2022年，生态环境部将定期开展“遥感再看”，扎实推进整改成效，防止问题反弹回潮。同时，将聚焦突出问题，举一反三，有序推进陕西、山西、河南、山东4省“清废行动”开展。

【适用主题】①保护环境；②绿色发展；③科技发展。

（七）脱贫攻坚

1. 习近平总书记主持召开中央政治局常委会会议专题研究“三农”工作并发表重要讲话时强调，“耕地保护要求要非常明确，18亿亩耕地必须实至名归，农田就是农田，而且必须是良田”。落实最严格的耕地保护制度，坚决遏制耕地“非农化”、防止“非粮化”，势在必行。

黑龙江、广西、福建等地正因地制宜探索耕地保护有效举措，努力提升地力，大力改造中低产田，通过社会化服务提升农民种粮意愿，力争用足、用好宝贵耕地。

【适用主题】①“三农”；②保护耕地；③全面小康。

2. 习近平总书记强调，我们推动经济社会发展，归根到底是为了不断满足人民群众对美好生活的需要。要始终把人民安居乐业、安危冷暖放在心上，用心用情用力解决群众关心的就业、教育、社保、医疗、住房、养老、食品安全、社会治安等实际问题，一件一件抓落实，一年接着一年干，努力让群众看到变化、得到实惠。

2022年春节期间，不少地方的社区食堂做好相关保障工作，为社区（村）的老人以及周边居民、就地过年人员等提供实惠周到的服务，送上融融暖意。

【适用主题】①和谐社会；②幸福感；③为人民服务。

3. 彩灯高高挂，处处年味浓。驾车从宁夏银川一路向南，大道两旁，鳞次栉比的农房张灯结彩，喜气洋洋。远远望见一片片农业大棚、光伏电板在阳光下泛着金光，闽宁镇便到了。

20世纪90年代初，这里还是片未开发的荒土，来自西海固山区的贫困群众迁居至此。1996年，福建开始对口帮扶宁夏，扶贫产业在这个由两地名字命名的地方加速发展。20多年间，“田里无肥料，地里不长草”的“干沙滩”转变为农业发达、商贸繁荣的“金沙滩”。

【适用主题】①脱贫；②共同富裕；③建设新农村；④社会发展。

4. 2022年的春节，红台子村的村民们比往年多了一笔进账。王军义说：“大棚里种蒲公英，一亩一年能收两万多斤，这就是近5万元。”收完了蒲公英，王军义招呼村民们装车，准备把这些蒲公英送到准格尔旗准露山野菜加工专业合作社。

在合作社整洁宽敞的车间里，成吨的蒲公英进入流水线，经过清洗、挤压、杀菌、调配，最终灌装成一瓶瓶饮料。记者打开一罐尝了一下，入口微苦，略有回甘，是一种颇为新奇的味道。合作社负责人王子义说这些饮料在南方市场卖得很好。“我们现在主要做的是代加工，将来我们想加大力度打造自己的品牌。”

目前，合作社收购范围已覆盖当地19个行政村，受益农户达1.2万人，平均每户增收3000元。“到2025年，准格尔旗的蒲公英人工种植面积将达到200亩。”准格尔旗农牧业综合服务管理中心主任乔治表示，“我们要做好蒲公英等山野菜的人工繁育研究工作，实现规模化与集约化管理，打造具有地方特色的自主品牌。”

【适用主题】①脱贫；②共同富裕；③建设新农村；④小处着手，大处发展。

5. 2021年，罗勇成立了南昌润鳝农业发展有限公司，提供鱼苗、饲料和冷库储存等服务，带动大家一起养殖、务工。曾经的贫困户罗新鹏干活最踏实，靠着禁渔补贴和基地务工，一年收入两三万元。

如今，三里乡1500户渔民已有320余户转行养鳝，湖区农民人均增收5000元。全乡养鳝水面从2019年的5000余亩发展到现在的1.3万余亩，产值超10亿元。招牌一打响，湖北、四川、广东的商家直接到塘头收购。新一年三里乡将成立养鳝协会，以“党建+协会”的形式带着大家抱团发展。

【适用主题】①脱贫；②共同富裕；③团结致富；④先进带后进；⑤共同发展。

6. 习近平总书记2021年2月7日给北庄村全体党员回信，向乡亲们致以新春的祝福。“到今年2月7日，是习近平总书记给村里党员回信整一年。2021年，村集体收入达到100多万元，村民人均纯收入2万元，是2012年的10倍多。”北庄村党支部书记封红卷，忙着招呼乡亲们，“这是村里历史上第一次分红，总书记鼓励我们党员充分发挥先锋模范作用，把乡亲们更好团结起来、凝聚起来，心往一处想，劲往一处使，让日子过得越来越红火。”

【适用主题】①脱贫；②小康社会；③共同发展；④团结。

（八）和平发展

1. 2022年2月24日，乌克兰局势急剧恶化，俄罗斯的军事行动已在展开。飞机、坦克、导弹这些现代化武器，出现在了战场上，也带来了伤亡。据报道，在交火中，俄罗斯和乌克兰都已经出现士兵阵亡。此外，俄罗斯的攻击，还导致了乌克兰平民的伤亡……战争之下，更显和平的可贵。随着俄罗斯军事行动的展开，乌克兰境内安全风险陡然上升。

【适用主题】①和平发展；②世界共同体；③尊重生命。

2. 北海海事局发布航行警告，3月22日8时至3月23日18时，北部湾部分水域进行军事训练，禁止船舶驶入。第72集团军某旅探索创新装备智能化管理模式，科技赋能增强战备训练质效。东部战区海军某潜艇支队紧贴实战展开模拟训练，专攻精练提升特情处置能力。

【适用主题】①和平发展；②领土神圣不可侵犯。

（九）敬畏生命

1. 2022年3月21日14时38分许，东方航空公司MU5735航班执行昆明—广州任务时，在广西梧州市上空失联并坠毁。机上载有乘客123人、机组人员9人。

广西壮族自治区党委书记刘宁赶赴现场，要求全力搜救。东航坠机航班旅客名单已出，家属接待组已成立。MU5735航班家属情绪失控在白云机场大哭，家属被安排在临时接待区。东航客机坠毁前3分钟内快速下降8000米，相关机型曾曝出安全隐患。有目击者称飞机没冒烟没着火，就直直地往下掉。

东航飞机坠落最后画面：机头朝下垂直坠进树林。连线东航客机坠毁救援现场：失事地点三面环山，只有一条小路进出。

武警第一批救援部队抵达坠机事故现场。坠机事故现场明火已扑灭。东航专项工作组已赶赴现场。

【适用主题】①敬畏生命;②安全问题;③生命可贵;④珍惜。

2. 2021年10月,国家卫健委消息,“千县工程”最近启动,到2025年,全国至少1000家县医院达到三级医院医疗服务水平。

【适用主题】①敬畏生命;②尊重生命。

(十)素质教育

1. 2022年1月10日,教育部印发了《普通高中学校办学质量评价指南》,明确评价内容主要包括办学方向、课程教学、教师发展、学校管理、学生发展等5个方面,共18项关键指标和48个考查要点。

【适用主题】①素质教育;②学生全面发展。

2. 2021年7月《关于进一步减轻义务教育阶段学生作业负担和校外培训负担的意见》(以下简称“双减”)正式发布。政策发布后,在社会上引起广泛影响:多家大型教育培训机构股价一落千丈,开始大规模裁员,引发劳资纠纷;广大教师群体对增加学生在校时间对于自身待遇造成的影响褒贬不一;家长们一方面对于国家帮助大家降低培训辅导负担表示认同,但另一方面,又担心补课行为被打压后,孩子们的成绩下降影响升学结果。

一个政策,终结了愈演愈烈的校外补课竞赛;一纸文件,勾勒出中国教育的众生百态。在中国这样一个有着一千多年科举文化、考试传统的土地上,教育一直以来都是上至庙堂,下至江湖都不能回避的重要命题。国家、学校、企业、家长为此纷纷发声,但主题还是一个:为了孩子。

【适用主题】①素质教育;②减负。

二、名人故事

(一)奥运专栏

1. 苏炳添:为亚洲人的速度代言

东京奥运会男子百米决赛,起跑线前的8位选手中,苏炳添是唯一一个黄皮肤。此前的半决赛,他以9.83秒的成绩获得小组第一,创造个人最好成绩,大幅刷新亚洲纪录。中国人第一次挺进奥运男子百米决赛!苏炳添,一举创造了历史!

32岁的苏炳添在短跑界已是“高龄”。田径赛事就是如此残酷,身体这项“资源”无法持续挖掘。过了28岁这道门槛,大部分选手会新陈代谢变慢,体能下降,成绩也将止步不前。就像此次“飞人大战”,苏炳添是唯一的“80后”。在他之外,年龄最大的选手是27岁,而那正是黄金年龄。

早在2015年,曾有记者问苏炳添:“你觉得你现在的弱点是什么?”他回答说:“年龄。我今年26岁,再过两年就28岁了。”虽然6年前,他就视年龄为弱点,但6年来,他硬是跑赢了时间,超越了年龄的局限！梳理媒体报道，这6年，他遭遇低迷、伤病，一次次考虑退役。但他又一次次选择相信，选择留下，选择坚持。他说："我觉得上天在一直考验我，但是没关系我有这个耐心……我想我真的还可以跑，选择留下来，希望继续突破。"这份坚持、坚韧，让他以近32岁的年龄惊艳世界。

勤能补拙，事在人为。在田径圈，公认的黄金身高在1.85米左右，比如加特林1.85米，鲍威尔1.88米。而苏炳添只有1.72米，没有明显的"身体天赋"。早在中学时，老师曾带他几次去市体校，但都没有被教练看中，因为"觉得他身材太矮，将来没有发展空间"。然而苏炳添日复一日，认真、专注，把每一次训练做足、做好。教练袁国强曾这样评价："他是我带过的最自觉的队员。十年来，在训练场地上他只要出现在我的视线范围内，就绝对是在训练，从不偷懒。"

作息规律，按时起床睡觉，从不抽烟喝酒，即便在家庭聚会上也不吃禁忌食物，即便在外参加活动也会坚持做基本训练……在苏炳添一次次打破纪录的背后，是一个关于勤奋的，经年累月的"漫长"故事。

突破自我，挑战极限。在半决赛前，苏炳添面对镜头，把大拇指和食指摆出一个"一厘米"的手势。有网友调侃，这是"拿捏得死死的"。其实呢？苏炳添说，就是想提醒自己"进步一点点就好"。一点点，哪怕是0.01秒，背后都是千难万难，是精雕细琢，是全力突破。2014年，他以偶像刘翔为参考，调整了起跑脚；2018年，他改变了摆臂动作，尝试改善脚掌落地后的发力——那时，他已经29岁了。

百米10秒是黄种人的极限？苏炳添第一个冲进10秒大关。百米半决赛就是亚洲人的决赛？他成为进入电子计时时代的首位亚洲选手。更快、更高、更强，"老男孩"苏炳添做到了。他的不懈坚持、突破自我、挑战极限，正是中国人对体育精神的最佳诠释。

【素材关键词】拓荒、创造、新天地、改变、突破、自律、坚持。

2. 苏翊鸣：一飞冲天，勇于跨界

2021年10月28日，苏翊鸣在奥地利完成内转1980度抓板超高难度动作，成为世界第一人并获得吉尼斯世界纪录认证。

2021年12月4日，苏翊鸣获得单板滑雪大跳台世界杯美国斯廷博特站冠军。这是他的首个国际比赛冠军，同时也是中国男子单板滑雪第一个世界冠军。

2022年2月7日，北京冬奥会单板滑雪男子坡面障碍技巧赛上，17岁的小将苏翊鸣两次挑战高难度的1800动作，拿下88.70高分，最终获得银牌。这是中国体育代表团北京冬奥会首枚雪上项目奖牌，也是中国单板滑雪首枚冬奥会男子项目奖牌。

2022年2月15日，苏翊鸣在单板滑雪男子大跳台比赛中夺得冠军，成为冬奥会历史上最年轻的单板大跳台冠军以及首位赢得冬奥会单板滑雪金牌的中国运动员。

苏翊鸣的精彩表现被网友称为"横跨CCTV6和CCTV5的男子"。因为在运动员身份之余，他还是一名演员，在徐克执导的电影《智取威虎山》中，"小栓子"的扮演者正是10岁的苏翊鸣。后来还参演过《狼殿下》《林海雪原》等影视作品，在同龄人中，也算是一个小有名气的童星。

明明可以靠演技，却要在冰天雪地里拼命。而让苏翊鸣人生轨迹发生转变的，也正是北京冬奥会。"得知冬奥会要在北京举办，我就梦想能够参加。但想参加冬奥会，需要通过一些职业比赛拿积分以获取资格。从那时候开始，我决定做一名职业滑雪运动员。"

【素材关键词】努力、年轻一代、爱好、超越。

3. 羽生结弦：冰上人如玉，公子世无双

2018年2月17日午时，韩国平昌冬奥会，花样滑冰男子单人滑项目，冠军角逐而出，是上一届索契冬奥该项的金牌得主，没错，羽生结弦，成功卫冕！这一刻，现场震耳欲聋的欢呼通过现场直播，传到了每位通过媒体观看比赛的人们耳中，全世界瞩目。故事的主人公，那个倔强的小孩儿，哭得让人心疼。是了，这是喜悦的泪水，为梦想终于实现的雀跃，为一直以来拼搏的不易，这拼上一切换来的金牌，足够被历史铭记。

2022年2月10日上午，在北京冬奥会花样滑冰男单自由滑的比赛中，日本选手羽生结弦以一曲《与天共地》挑战历史级难度的4A跳，在落冰时摔倒，与"冬奥三连冠"失之交臂。但他让4A这个突破人类极限的地狱级难度动作首次出现在正式比赛中，成为奥运历史上首个得到正式认定的4A动作，被裁判在分数表上予以打分。

奥运会2连冠，世锦赛2冠，总决赛4冠，前无古人，历史第一人。从17岁缔造SP最高分之后，18岁、19岁、20岁、21岁、22岁，持续更新自我记录12次，在他身上，存在着无尽可能。

从挑战者，一开始重新起步，凭自己力量哪怕用指尖抠着也要爬上去在壁垒上开扇门。比起用尽全力一丝丝攀爬到找到突破方法为后面人开辟更容易的道路，他做到了，短节目破100，长节目破200，总分300+，他把花样滑冰提到了一个前所未有的高度。而他，作为开拓者，不拘于仅此，而是向着更高更远的目标前进着，不断在追求的道路上究极进化。

【素材关键词】努力、拼搏、超越、开拓、目标。

4. 陈滢：辞藻优美，精彩非凡

2014年索契冬奥会花样滑冰女子单人滑的比赛中，夺冠热门选手日本名将浅田真央在短节目大失水准落到第16名，自由滑中凭借全场最高难度完美救赎。滑完最后一个动作之后，浅田真央流下了热泪，眼泪中满含遗憾和激动，令所有观众动容。陈滢略带哽咽，激情洋溢地解说道："人生目标是可以通过坚守信念，而不是屈服来实现的。在追求高难度的路上，浅田真央从未放弃！尽管这条路注定会走得很艰难，很孤单，但是上天不会辜负你的勤奋和坚持！"这段励志解说，通过网络在日本引起极大反响。

在2014年索契冬奥会花样滑冰双人滑的比赛中，中国双人滑名将庞清/佟健获得第四名，职业生涯的最后一战与奥运奖牌无缘。央视解说陈滢继温哥华冬奥会后再次为庞清/佟健的表演奉献了一段感人肺腑的解说，陈滢解说道："自由滑节目《我曾有梦》表达了这对牵手21年的老将对赛场的眷恋与不舍，以及对职业生涯站上最高巅峰的渴望。本届奥运会是他们的谢幕表演，他们的职业生涯让我想起了1933年在索契，盲人作家奥斯特洛夫斯基完成的著作《钢铁是怎样炼成的》中的那句话'人的一生应当这样度过，当他回首往事，不因虚度年华而悔恨，不因碌碌无为而羞愧'。34岁的他们用他们21年的青春，实践了对事业的追求。我想说，命运赋予每个人不同的轨迹，不是所有的付出都会如愿得到回报。纵使未获金牌，他们也依然身披华彩！"这段解说催人泪下，让观众在对这对老将充满钦佩的同时，也赞叹于陈滢解说的精准专业，更佩服她出众的文采。

2018年平昌冬奥会花滑，陈滢在现场解说日本选手羽生结弦的比赛时，充满诗意的语言打动了众多观众，甚至令很多日本观众倾倒。羽生结弦获自由滑冠军时，陈滢用富有诗意的语言赞美道："容颜如玉，身姿如松，翩若惊鸿，婉若游龙。他让我想起了一句话——命运，对勇士低语：你无法抵御风暴。勇士低声回应：我就是风暴。羽生结弦，一位不待扬鞭自奋蹄的选手，他取得今天的成就，值得全场观众全体起立鼓掌的回馈。他把自己的人生活成了一部热血动漫。"这段解说词被日本网民翻译成了日语，获得了6000多的转发和1.4万次的点赞。一位日本网友留言说："以高洁的教养，不分国籍地对拥有努力、实力和美的对象加以称赞，表示敬意，这是多么美好的事情！"

2022年2月10日，日本花滑名将羽生结弦在北京冬奥会赛场未能成功挑战阿克塞尔四周跳（4A），他在做这个跳跃动作时摔倒在地。陈滢解说道："没有感情你就不会痛苦，没有表演你就不会失误。守一座守不住的城，打一场打不赢的仗，他依然渴望战斗。他愿意为美付出所有，他做到了极致，成败也当笑看。"

加拿大华裔老将陈伟群完成比赛之后，陈滢感叹道："名将如美人，自古怕白头，曾经惊鸿的容颜，又怎敌岁月的侵蚀？"对西班牙选手，陈滢说："梦幻骑士，堂吉诃德。"解说申雪/赵宏博比赛："1998年长野冬奥会，申雪/赵宏博初出茅庐，惊艳；2002年盐湖城冬奥会，四周跳没有成功，铩羽而归；2006年都灵冬奥会带伤上阵，悲壮；2010年的温哥华冬奥会，有一句话我特别感动，形容申雪/赵宏博一点都不为过，'真的勇士，敢于直面惨淡的人生，敢于正视淋漓的鲜血'，在竞争如此激烈的奥运会赛场，申雪/赵宏博用一种境界滑到了最后。"解说庞清/佟健的比赛："对抗无法匹敌的对手，承受难以承受的悲痛，去往勇者以畏惧之地。不管多么绝望，不管多么遥远，毫不犹豫地为梦想而战。为了那光荣的使命，即使向地狱进发也毫不退缩，坚守这光荣的使命，闭上双眼，内心必能得到安宁与平静。无所畏惧，带着伤疤的人，将战斗到最后，直到摘取梦想中的那颗星。"

陈滢用语言用她的才华与专业水准，铸就了一块金牌。

【素材关键词】感人至深、专业、才华、诗意的语言、素养。

5. 郎平：重夺冠军的女排主教练

郎平1978年入选女排国家队，多次获得全国“十佳运动员”称号。20世纪80年代，她是世界女子排球界“三大主攻手”之一，凭借强劲而精确的扣杀赢得“铁榔头”绰号。20世纪末，她和队友创下五连冠的佳绩，女排精神被运动员们视为刻苦奋斗的标杆和座右铭，更被强烈地升华为民族面貌的代名词。2002年郎平以100%的得票，正式入选排球名人堂，成为亚洲排球运动员中获此殊荣第一人。2010年7月，郎平入选2010年《中国国家形象宣传片》人物。

郎平退役后，赴国外进修、打球，2013年4月25日，执掌中国女排帅印，2014年带队获得了女排世锦赛亚军。2015年，郎平带领困境中的中国队以10胜1负积30分的战绩时隔12年第四次夺得世界杯冠军，这也是郎平执教生涯的首个世界三大赛冠军，中国女排的第八个世界冠军。2016年8月21日，郎平以主教练身份率领中国女排获得里约奥运会冠军。2018年8月，郎平入围第二届国际奥委会终身教练奖候选人，10月，郎平率领中国女排战胜荷兰女排，获得2018女排世锦赛季军。2019年9月，率领中国女排以11场连胜战绩夺取女排世界杯冠军。2021年东京奥运会，郎平率领中国女排取得两连胜的成绩。

2021年9月1日，郎平宣布卸任中国女排主教练。

【素材关键词】拼搏、努力、不放弃、成功。

6. 杨倩：趁着暑假拿金牌

2021年7月24日，在东京奥运会女子10米气步枪决赛中，中国选手杨倩以251.8环为中国代表团夺得首枚金牌，这也是本届奥运会的首枚金牌。

回顾杨倩的夺金历程，沉稳是其最引人注目的特点。在资格赛上，杨倩以628.7环的成绩排名第六，晋级决赛。她并非赛前公认夺金的热门选手，赛中亦有失误，最后一轮前还落后0.2环，但她的沉稳让她一枪绝杀，笑到最后，并以251.8环创造了新的奥运会纪录。

杨倩2000年出生，于2018年进入清华大学经管学院就读。曾夺得2019年第二届全国青运会女子气步枪60发个人冠军；2019年多哈亚洲锦标赛中获得女子10米气步枪个人冠军；2020年全国射击冠军赛中获得女子10米气步枪个人冠军，决赛成绩破全国纪录，超世界纪录。

如果说“沉稳”是杨倩的制胜法宝，那么领奖时的“比心”动作，则显示出00后特有的“萌”。杨倩的精彩亮相让我们恍然发现，中国的00后已经长大，青春可爱的他们正在用自己的方式登上时代的舞台。

【素材关键词】努力、不放弃、青春、沉稳。

7. 王濛:奥运冠军"金句出圈"

王濛1984年7月9日出生于黑龙江省七台河市,前短道速滑国家队选手,曾出任速度滑冰和短道速滑国家队教练组长。毕业于哈尔滨体育学院。

2010年2月,在温哥华冬奥会上,王濛先后在500米赛事的预赛及半决赛两度刷新奥运纪录,并在决赛实现了对女子短道速滑500米金牌的蝉联,之后在重感冒的情况下获得女子1000米以及3000米接力的冠军,成为中国短道历史上第一个三冠王。2013年2月,王濛在世界杯德累斯顿站以42秒597的成绩打破女子500米世界纪录。2014年1月16日,王濛因意外造成右脚内外踝骨双骨折,无缘索契冬奥会。

曾经,短道速滑是韩国人的天下,直到王濛横空出世,打碎了韩国人的傲慢。"我让你跟不上我,我看你怎么判我犯规!"这是王濛的经典名言。把自己发挥到极致,让对手无可挑剔,凭借着这股精神她7次打破世界纪录,获得114枚奖牌。2016年,获得CCTV体坛风云人物年度最佳女运动员。2018年王濛担任速度滑冰队主教练,以另一种方式继续为祖国奉献。

2022年北京冬奥会开幕以来,赛场上运动员挥洒汗水,赛场外的网络平台也热闹非凡。王濛在解说席上频出金句,运动员身份之后,解说位置上的王濛,再度成为互联网新"顶流"。事实上,王濛并非运动员中参与解说的"第一人",但却是第一个通过解说如此引爆全网的体育明星。作为咪咕视频邀请的冬奥赛事解说员之一,王濛亮相当晚,便贡献多个解说名场面,连上7个微博热搜。网友调侃她为"沉浸式解说""唠嗑式解说""被滑冰事业耽误的相声演员"。

有网友表示,在王濛的解说中,观众能够感受到她对短道项目的理解非常透彻,解说深入浅出,直接易懂。"就像是一位厉害的老师在你身边随时点拨,比官方答案来得更快更具针对性。"在专业实力的基础上,王濛充满激情的沉浸式解说,充分地调动起观众情绪,降低观赛门槛,丰富观赛体验。事实上,只有少数体育资深爱好者能够做到了解项目规则、看懂比赛细节,对于大多普通观众而言,关注国家队伍及全球赛事,更多来自一种民族荣誉感和自豪感。更何况,相比其他体育赛事,我国开展冬季赛事的时间较晚,冬季体育项目的普及尚需时日。

对王濛本人来讲,这样的走红有些意外。她不过是把自己的专业能力和表达能力淋漓尽致地表现出来,所谓"专业人干专业事",收到的却是破圈的影响力。她对短道,一如既往地真爱。观众对她,则是爱屋及乌,乐意去发掘短道更多的魅力。

【素材关键词】坚持不懈、精益求精、专业的人干专业的事、热爱祖国、另辟蹊径。

8. 武大靖:从女队陪练到奥运冠军

武大靖出生于黑龙江佳木斯,10岁开始练习短道速滑。2007年进入省队,2010年11月入选国家队。一开始,他只能担任国家队女队陪练,几乎没人看好他可以练出来。

2018年平昌冬奥会上，武大靖一举夺冠，随后成为短道速滑队的“一哥”。2019年11月4日，短道速滑世界杯盐湖城站500米第二次决赛中，武大靖以39秒702夺冠。

北京冬奥会时，武大靖一刻都不敢放松：“要付出120%的努力，对我来说，我不是去守，我也是去争冠军，因为能拿冠军的人太多了。”

“这四年，经历得太多了”“今天圆梦了”……2022年2月5日，短道速滑混合团体2000米接力决赛，中国队成功夺冠。作为参加了3届冬奥会的老队员，武大靖当时忍不住哽咽，令人动容。2022年2月16日，北京冬奥会短道速滑迎来收官日，中国队未能在男子5000米接力中收获奖牌。对27岁的武大靖来说，这很有可能是他最后一届冬奥会。从索契到平昌，再到家门口的北京，连战3届冬奥会的武大靖拿下2金2银1铜。

在赛后，武大靖发微博这样说道：“曾经有考虑过北京冬奥会之后是不是退役，但当我真的站在赛场上的那一刻，我发现自己根本舍不得说再见，舍不得离开这个我深深爱着的项目，只要国家需要，只要身体允许，我还会一直站在冰场上，绝不认怂。”

短道速滑的赛场上，没有永久的王者，绝地反杀、逆袭赶超的情形屡屡上演，这也是其魅力所在。接下来的比赛，在充满变数的赛场，面对更多强劲对手，期待武大靖放松心态、放手一搏，能超越自己，再上巅峰。

【素材关键词】天赋与努力、逆袭、坚持不懈、超越自己。

9. 齐广璞：老将不老，壮志犹在

北京冬奥会是32岁老将齐广璞参加的第四届冬奥会，在此之前，他曾多次获得自由式滑雪世界杯空中技巧赛年度总冠军和自由式滑雪世锦赛冠军。奥运会的金牌也就成为齐广璞“大满贯”拼图的最后一个缺口。在2022年2月16日晚的比赛中，齐广璞用实力填补了“缺口”，以129.00分拿下金牌。

随着《我相信》的歌曲响起，冠军齐广璞身披国旗，热泪盈眶，仰天长啸。4届冬奥的坚持，他终于站上了最高领奖台。这位号称“空中技巧之王”的中国老将，在决赛里拿出了5.0的全场最高难度，然而和以往不同的是，这次他表现完美，无懈可击。

4届冬奥，16年时间，齐广璞经历了创造世界最高难度的高光，经历了世界大赛的辉煌，经历了冬奥会的一次次折戟，也经历了暂时的告别与沉淀。但高峰和低谷，他都一路拼了过来。这一次，他再一次成为“风暴中的王者”。老将不老，壮志犹在。

【素材关键词】勇气、努力、不放弃、坚持、成功。

10. 徐梦桃：向着梦想的方向奔跑

北京冬奥会是徐梦桃第四次踏上冬奥会赛场，此前，32岁的她几乎拿遍了女子空中技巧项目能拿的奖项，唯独缺少一枚奥运会金牌。2018年平昌冬奥会，状态正佳的徐梦桃离实现梦想只差一步，决赛中的一次摔倒，让她与金牌失之交臂。

平昌冬奥会上冲金的失利提醒徐梦桃，想成为冬奥会冠军并非易事，这在4年后的北京冬奥会上得到验证。在决赛中，每一名竞争者都使出了全部的本领，纷纷向高难度动作发起挑战。但徐梦桃丝毫不憷，因为过去4年，她每一天都在“拼”。每一滴汗水，都是她努力的见证，她说向着梦想的方向奔跑，自己动力十足。

决赛的最后一跳，站在出发区的徐梦桃目光坚定。她像鹰一样冲了出去，在空中翻腾三周外加转体三周，最后稳稳落地。屏幕上亮出108.61分，全场最高分！

高高的赛道，是多少人梦想的起点。有圆梦后尽情挥洒热烈的泪，有挂上金牌听到国歌奏响时激动的泪，也有讲述拼搏奋斗故事时动情的泪——这一次，眼泪中不再有遗憾。获得金牌，是徐梦桃追梦20年来无惧挑战、勇敢突破的结果，是一代代中国空中技巧项目运动员迎难而上、接续奋斗的结果。

【素材关键词】奋斗、梦想、拼搏、不放弃。

（二）无私奉献

1. 张桂梅：大山女孩的守护者

云南华坪女子高级中学党支部书记、校长张桂梅，一个人坚持十几年，在大山深处办起一座免费女子高中，改变了许多人的人生。2021年2月17日，被评为“感动中国2020年度人物”，2021年2月25日，荣获“全国脱贫攻坚楷模”荣誉称号，2021年6月29日，中共中央授予“七一勋章”并在“七一勋章”颁授仪式上发言。

张桂梅老师教育自己的学生要懂得感恩，华坪女高教学楼的一楼贴满捐款人的名字和捐款数额，每当有女孩不听教导，她就会指着墙上说：“姑娘，你要好好读书，要不然对不起那些帮助我们的人。”

张桂梅老师对学生的爱是无私的，不求回报的。华坪县民族中学的学生基本上来自边远贫困山区，家庭普遍困难。当学生因冬天衣服单薄受冻时，张老师捐出了自己的衣服、鞋子、被子、毛毯，还捐出自己的工资为学生购置过冬衣物。当学生因家庭贫困准备退学时，张老师从自己的工资里每周拿出30元钱给学生，帮助学生完成学业。

张桂梅老师扎根云南贫困山区40多年，推动创建了中国第一所免费女子高中——华坪女高，2008年建校以来已帮助1800多位女孩圆梦大学校园。张桂梅老师认为，对于大山里的女孩子来说，读书是可以救命的。只有女孩子接受教育，才会拥有幸福的家庭，张老师正是要解决大山深处“女孩子无法上学之后导致的低素质母亲和低素质孩子的恶性循环”。

65岁的她早已过了退休年龄，积劳成疾，身患骨瘤、肺纤维化、小脑萎缩等23种疾病，但是张桂梅老师依然坚持在教学。

【素材关键词】感恩、关爱、坚守、教育公平、爱岗敬业、无私奉献。

2. 樊锦诗：根入石窟蟠

樊锦诗，敦煌研究院名誉院长，1963年北大毕业后的樊锦诗，把大半辈子的光阴都奉献给了大漠上的敦煌石窟。人们亲切地喊她“敦煌的女儿”。

为了敦煌，樊锦诗和丈夫两地分居长达19年，两个儿子出生后都没有得到很好的照料，但她却视敦煌石窟的安危如生命，扎根大漠，潜心石窟考古研究和创新管理，完成了敦煌莫高窟的分期断代、构建“数字敦煌”等重要文物研究和保护工程。她还推动立法和制定莫高窟总体保护规划，按百年大计、千年大计来规范敦煌保护。

2019年，她被授予“文物保护杰出贡献者”国家荣誉称号勋章和“最美奋斗者”称号。八十多岁的樊锦诗一直还在为敦煌忙碌着。

【素材关键词】传统文化、潜心、奉献、文物保护、专心、信仰、坚持。

3. 张富清：淡泊名利，坚守初心

张富清老人是一位老党员，他是原西北野战军的战士，在解放战争的枪林弹雨中九死一生，先后荣立一等功三次、二等功一次，被西北野战军记“特等功”，两次获得“战斗英雄”荣誉称号。

1955年，张富清退役转业，他主动选择到湖北省最偏远的来凤县工作，为贫困山区奉献一生。60多年来，张富清刻意尘封功绩连儿女也不知情。2018年底，在退役军人信息采集中张富清的事迹被发现，这段英雄往事重现人们面前……

熟识张富清的人知道他是一个顽强的老人，在88岁高龄截肢后靠假肢又坚强站了起来。交往多一些的人也只晓得他从来凤县建设银行来凤支行副行长位置上离休，谁也没有想到这位出生于1924年的老人曾立下赫赫战功，深藏功名六十余载。在他的职业生涯中，九十多岁的张富清老人除向组织如实填报个人情况外，从未对身边人说起过战功。他，就是张富清！

在漫长的岁月里，张富清的家里曾遭遇无数困难。在平常人看来，他只要亮出军功章就可以名正言顺地享受各种待遇，家人也可以得到相应的照顾，但张富清一直深藏功与名。他说：“我有什么资格拿出立功证件去显摆自己？比起牺牲的战友，他们连向党提要求的机会都没有……我现在吃的、穿的、住的都很好，很满足了。”

老英雄张富清六十多年深藏功名，一辈子坚守初心、不改本色，事迹感人。在部队，他保家卫国；到地方，他为民造福。他用自己的朴实纯粹、淡泊名利书写了精彩人生，是广大部队官兵和退役军人学习的榜样。要积极弘扬奉献精神，凝聚起万众一心奋斗新时代的强大力量。

淡泊名利，坚守初心。不改本色，无私奉献。致敬老兵！致敬英雄！

【素材关键词】奉献、爱国、奋斗、致敬英雄、榜样力量、淡泊、沉潜。

4. 叶连平：方寸讲台，为爱“留守”

九十多岁高龄的叶连平，家住安徽马鞍山市和县乌江镇卜陈村，一头白发、勾驼着背，至今还坚持上课、批改作业。2000年，叶连平义务办起“留守儿童之家”，20多年来天天到岗，分文不取。

三尺讲台，一间教室，一间图书室，几十个留守儿童，这就是卜陈留守儿童之家，也是九十一岁退休教师叶连平的家。从教二十一载，退休后本可以享受天伦之乐，但他却是退而不休，不顾年高体迈，淡泊名利，倾尽心力，义务辅导学生二十余载，用知识改变农村孩子的命运，被人们誉为余热生辉的“乡村烛光”。

他对教育事业的热爱与坚守，让人肃然起敬。叶老在平凡的岗位上兢兢业业，努力用知识改变农村孩子的命运，先后获得“全国德育教育先进个人”“中国好人”“省优秀共产党员”和“省五一劳动奖章”等荣誉。

【素材关键词】教育、坚守、责任、敬业、奉献、师德、大爱。

5. 蓝天野：红色艺术家

蓝天野，“七一勋章”获得者，著名戏剧表演艺术家。他毕生致力于人民文艺事业，青年时期就投身进步文艺活动。1952年，蓝天野成为北京人民艺术剧院第一批演员。他出演或导演了《茶馆》《家》等数十部优秀文艺作品，塑造了众多经典人物形象。蓝天野传承艺术艺德，为中国话剧艺术繁荣发展作出重大贡献。

七十多年的从艺道路，正如蓝天野自己所言，“只要党需要我、观众需要我，我就要发好光和热”；这颗“人民艺术为人民”的初心，始终滚烫。

时光回到1945年，18岁的北平艺专油画系学生王润森参加革命，光荣入党。他在抗战烽火中涉险送信，担当地下尖兵；在进步浪潮中登台演出，投身戏剧战线。1948年，在前往解放区的路上，他为自己改名“蓝天野”。1949年10月1日，蓝天野在天安门广场参加了开国大典。回首当年，他感慨颇多：“我知道这新中国和旧中国不一样，新中国得来不易。”如同翻开新的一页，蓝天野开启了他新的艺术人生。

自1952年起，在北京人民艺术剧院的舞台上，蓝天野演戏、导戏，几十年如一日，把“最好的生活”留给话剧。从《北京人》里沉默寡言的曾文清，到《茶馆》里意气风发的秦仲义，到《王昭君》里孔武有力的呼韩邪单于……蓝天野从真实的生活提纯出彩的艺术，用扎实的功底表达丰富的层次，让鲜活的人物形象直抵观众心灵。他执导的话剧《吴王金戈越王剑》彰显家国情怀、《大讼师》歌颂人间正义，以穿透时空、烛照现实的魅力，启迪观众、引发共鸣。

在北京人民艺术剧院的排练场里，“戏比天大”四个字格外醒目。对艺术永怀敬畏之心、在表演上精益求精，以蓝天野为代表的一代代“人艺人”创造着一段段艺术佳话：出演、执导《雷雨》《李白》等保留剧目的苏民，将《茶馆》里的王利发塑造成一代经典的于是之，饰演蔡文姬、武则天等众多女性角色的“一代青衣”朱琳……时代有更迭，经典永流传。一部部炉火纯青的戏剧鸿篇，一幕幕灌注心血的表演传奇，历经岁月积淀和观众检验，在匠心独运中传承与弘扬，成为不朽的经典。

伟大的时代呼唤伟大的文学家、艺术家。广大文艺工作者应以前辈为榜样，观照人民的生活、命运、情感，表达人民的心愿、心情、心声，创作出在群众中传之久远的精品力作，努力为筑就新时代文艺高峰作出新的贡献。

【素材关键词】文化艺术、无私奉献、爱国、职业操守、敬业、热爱。

6. 汪金权：大爱无私

汪金权1987年毕业于华中师范大学，放弃留城工作机会，主动来到湖北蕲春山区从事基础教育工作，在大山深处播撒期待的种子。汪金权扎根山区二十余年，坚守三尺讲台，倾心教书育人。虽然家境贫寒，他仍然从微薄的工资收入中，拿出十多万元，无私资助200多名贫困学生完成学业。这位山村老师，以无私铸就了人间大爱，展示了新阶段人民教师的伟大品格。

【素材关键词】无私奉献、大爱无疆、师心。

7. 蔡卫敏：两次出征的抗疫“高龄”战士

2020年初，在援鄂北京医疗队当中，有这样一位43岁“高龄”的护士。她叫蔡卫敏，曾经作为北京急救中心朝阳分中心的一员，全程参加过2003年北京抗击非典的医护工作。43岁的蔡卫敏，面对新冠肺炎疫情，再次主动请缨，来到武汉战“疫”的最前线。

【素材关键词】无私奉献、白衣天使、逆行者。

8. 黄大发：水过不去，拿命来铺

黄大发，贵州贫困山村的一位老支书。为了解决村里的吃水难题，三十多年间，黄大发带领村民，靠着锄头、钢钎、铁锤和双手，在绝壁上凿出一条长10公里，地跨3个村的“生命渠”。“水过不去，拿命来铺。”这是一个老党员为人民许下的誓言。三十多年，为梦想跋涉，僵直了手指，沧桑了面孔，但初心不变。

【素材关键词】无私奉献、坚守岗位、坚守初心。

9. 沈安娜：女版“余则成”

2010年6月16日，一位95岁的老人因病医治无效于北京逝世，在她去世前的昏迷状态中，还经常喃喃自语，一直重复着这几句话：“我暴露了……他们来了……来抓人了……赶紧从后门跑……”当她身边守护的一些医护人员和护工听到她说这句话时，都感觉莫名其妙，摸不着头脑。只有站在一旁的罗援(战略文化促进会常务副会长)听懂了,他哽咽了,只有他明白躺在病床上的这位老人,一生承载太多的使命,承载太多的惊险,她背负了太多的秘密,这一次,她终于可以好好休息了。

这位老人不是别人,她就是打入国民党内部14年,潜伏在蒋介石身边的,被中共誉为"按住蒋介石脉搏的人"——中共秘密情报员沈安娜。

在武汉会战败北,国民党行政当局相继撤至重庆市时,沈安娜成功进入国民党,成为蒋介石的大会速记员。在内战期间,蒋介石谈到一些机密之谜时,会突然说:"下边的话不必记了。"这时,全体职员都要停笔了,沈安娜也不例外。沈安娜心里记住了蒋介石的话,等到他歇息的时候,再悄悄地记下来。

1949年,国民党逐渐逃往中国台湾,接到指示的沈安娜离开南京市返回上海市,在那里她长达14年的地下情报生涯宣告结束。在蒋介石离开内地之前,仍不清楚身边这位速记员是地下党员,逃到中国台湾后才了解到沈安娜是对手的谍报人员。

沈安娜对待工作一丝不苟,兢兢业业,不管是作为国民党的速记员,还是共产党的秘密情报员,她都能完美地完成工作,这也是她在国民党潜伏了14年没被发现的重要原因。

【素材关键词】无私奉献、坚守岗位、一丝不苟。

10. 崔道植:与痕迹较量的刑侦技术专家

1955年5月,崔道植从部队转业来到黑龙江省公安厅工作,成了中国第一代刑事技术警察,从此开始了他六十多年的岗位坚守。崔道植的主要研究领域为犯罪现场痕迹检验,包括足迹、指纹、枪弹等,从警生涯累计鉴定痕迹物证7000余件,无一差错,鉴定结果大多成为侦破疑难案件的点睛之笔。

崔道植是一名警察,却是一名经历特殊的警察。自1949年身为儿童团团长的崔道植申请参军开始,崔道植一路走来初心不改,用持之以恒的坚韧信念书写了一名中国共产党员的传奇。1994年自黑龙江省公安厅退休以来,崔道植退而不休,始终工作在刑侦一线,公安部、黑龙江省公安厅时常会抽调崔老参与疑难案件侦破工作。1999年崔道植被公安部聘为首批特邀刑侦专家,2006年荣获全国公安科技突出贡献奖。近年来,曾在甘肃白银案、张某特大系列抢劫杀人案、白某袭军袭警案件中做出重要贡献,被誉为中国公安刑侦战线的"瑰宝"、中国"刑警之魂"。

如今他已经是到了耄耋之年,却依然奋战在刑事侦破的第一线。他说:"余生我要毫无保留地把我的知识、我的技能全部回报给社会,回报给党。"

【素材关键词】无私奉献、为人民服务、初心、持之以恒、汇报。

11. 邓清明:"备份航天员"

截至2021年,邓清明是唯一一个没上过太空的现役首批航天员。他训练了23年,备份了23

年，至今仍在一线等待着。

进入航天员大队的第12年，邓清明才作为“神九”的备份，进入强化训练队，第一次真正有机会去执行飞天任务。备份航天员的工作和主份的训练并无差别，从科目、时间、内容、强度及考核标准。一个能够独立执行载人航天飞行任务的航天员，必须通过八大类、上百个科目训练的严格考核。但遗憾的是，邓清明最终以微小的分差落选此次飞天任务。

“神九”发射升空后，邓清明在地面按照手册，跟天上的航天员一起把所有程序都走了一遍，做到哪一步就打一个勾。他说：“作为备份的任务，不是从基地回来了，任务就结束了。我的战友安全回来了，这才是做备份的结束。”

他把神九当作一次积累，觉得自己离飞天又近了一步。然而，神舟十号任务，邓清明因微乎其微的分差，再次与梦想失之交臂。

2014年，航天员大队有五名航天员因为年龄原因停航了。停航停训仪式后，同是“神九”“神十”飞行任务备份的陈全对邓清明说：“不管主份还是备份，都是航天员的本分。老邓，你要努力，不要放弃。”

2016年神舟十一号任务，邓清明再次作为备份航天员来到酒泉卫星发射中心。在“神十一”最具挑战的33天模拟验证试验中，他和另一名航天员陈冬住进了不到10平方米的密闭舱内，与外界完全隔绝。灯一直开着，机器的震动与噪声环绕不歇。不能出去，不能洗澡，无聊时他只能与陈冬两两相对。发射前一天，总指挥部召开会议，宣布由景海鹏、陈冬执行神舟十一号任务。

如今，55岁的邓清明依旧坚持训练，时刻准备着。他说，任务的成功即是他的成功，自己宁愿做一块默默无闻的基石，也绝不容忍自己在号角催征时，还没有准备好。邓清明用23年，做一件事，寻一个梦。这梦太远，远在九天银河之外；这梦很近，近在每一分每一秒的奋斗之中。“无论主份还是备份，都是航天员的本分”，一句话道出了邓清明的职业操守与责任担当。

【素材关键词】无私奉献、责任与担当、爱岗敬业、职业操守、坚守、不放弃。

12. 王继才、王仕花夫妇：捍卫着祖国的神圣尊严

开山岛位于我国黄海前哨，距离最近的陆地燕尾港12海里，面积只有0.013平方公里，战略位置十分重要。1985年部队撤防后，县人武部曾先后派过4批10多位民兵守岛，都因条件艰苦不愿长期值守。1986年7月，时任人武部政委找到王继才，作为民兵营长，面对组织挑选，他毫不犹豫接受了守岛任务。48天后，妻子王仕花来到岛上，看到“野人”般的丈夫，眼泪夺眶而出，拉着王继才要回去，他平静却坚定地说：“你回去吧，我决定留下！你不守我不守，谁守？”20多天后，妻子辞去了村小学教师的工作，将两岁大的女儿托付给了婆婆，毅然上岛与丈夫并肩值守。从那以后，王继才夫妻每天做的第一件事就是升国旗。守岛32年，他们自己掏钱更换国旗近200面。有一次，

海上刮起12级台风，王继才为了把山顶国旗降下来，一脚踩空，摔断了两根肋骨。王继才经常讲："人与外界隔离了，心要时刻与祖国连在一起。"三十多年来，他们听坏的收音机就有20多台。每次听到海防形势有微妙变化，他们都会提高警惕，自觉加强巡逻。

开山岛环境恶劣，生活异常艰苦。三十多年来，他们以孤岛为家，与海水为邻，和孤独做伴，战胜了常人难以承受的风雨和艰险。三十多年来，在与违法犯罪的斗争中，王继才夫妇练就了一双"火眼金睛"，先后发现并协助公安边防部门破获了6起走私、偷渡案件。在渔民们眼里，他们是"亲人"和"恩人"。渔民们晚上出海时，他们会亮起信号灯；过往渔民缺粮少药，他们就拿出自己备用的粮食、药品赠送；如果有船只遇险，他们必定想方设法施救。守岛以来，王继才夫妇上报了许多重要海防信息，出色完成了战备值勤任务。

多年来，王继才夫妇始终不辱使命、不负重托，忠于职守、履职尽责，在平凡的岗位上奉献着自己对国家的挚爱和忠诚。王继才夫妇先后获得"时代楷模""全国优秀共产党员""感动中国2018年度人物""全国十大海洋人物""全国爱国拥军模范""全国十大正义人物""江苏省优秀共产党员"等称号。

2015年2月11日，习主席在全国军民迎新春茶话会上亲切会见了王继才，王继才当场向习主席承诺："请主席放心，我一定把开山岛守好！"多年来，王继才初心不改，誓守国土，始终坚定"守岛是我们的本职，我们一定守好开山岛的每一天，直到守不动为止"的理想信念和价值追求，把青春年华全部献给了祖国的海防事业。

【素材关键词】无私奉献、爱国精神、忠于职守、坚守、执着。

13. 巨晓林：铁路小巨人

巨晓林，生于1962年，陕西岐山人，中国中铁电气化局一公司高铁分公司技术员、工匠技师，全国创先争优优秀共产党员，全国劳动模范，全国五一劳动奖章获得者，北京市劳动模范，中华技能大奖获得者。

高中学历的巨晓林刚到工地，看着铁路电气化专业技术知识的图纸犹如"天书"，心里直发怵。他暗下决心要在这个行业闯出名堂，上班跟着师傅学，下班追着师傅问，记下70多本、230多万字的笔记，经过30多年锲而不舍的努力，他累计创新施工方法143项，给公司创造巨大经济效益。巨晓林还主编了《接触网施工经验和方法》书稿，填补了我国铁路接触网施工技能培训教材的空白，这本书成为铁路施工一线技术工人的学习"宝典"。

【素材关键词】无私奉献、工匠精神、创新、不放弃。

（三）科研巨人

1. 屠呦呦：青蒿素救治亿万人

"在艰难时刻仍然秉持科学理想，砥砺前行亦不忘回望过去，其成就跨越东西。"2015年10月，屠呦呦因开创性地从中草药中分离出青蒿素，应用于疟疾治疗而获得诺贝尔生理或医学奖，用事实证明了中国土生土长的科学家靠自己的奋斗、拼搏也能取得令世界瞩目的成绩。

1971年，在失败了190次之后，项目组终于通过低温提取、乙醚冷浸等方法，成功提取出青蒿素，并在接下来的反复实验中得出了青蒿素对疟疾抑制率达到100%的结果。在没有先进实验设备、科研条件艰苦的情况下，屠呦呦带领着团队攻坚克难，面对失败不退缩，终于胜利完成科研任务。青蒿素自问世以来，使数百万人逃离疟疾的魔掌。屠呦呦带领团队几十年如一日地重复着同样的事情，只为了治病救人，他们的存在就是人间的一道光，驱散了黑暗。

【素材关键词】坚持、创新、协作、拼搏。

2. 徐立平：雕刻火药的大国工匠

徐立平，中国航天科技集团公司第四研究院7416厂员工。自1987年入厂，一直为导弹固体燃料发动机的火药进行微整形。在上千道制造工序中，发动机固体燃料微整形极为关键。在火药上动刀，稍有不慎蹭出火花，就会引起燃烧甚至爆炸。

目前，火药整形在全世界都是一个难题，无法完全用机器代替。下刀的力道，完全要靠工人自己判断，药面精度是否合格，直接决定导弹能否在预定轨道达到精准射程。0.5毫米是固体发动机药面精度允许的最大误差，而经徐立平之手雕刻出的火药药面误差不超过0.2毫米，堪称完美，这让他的师傅都望尘莫及。

为了杜绝安全隐患，徐立平还自己发明设计了20多种药面整形刀具，有两种获得国家专利，一种还被单位命名为“立平刀”。

长年一个姿势雕刻火药以及火药中毒后遗症，徐立平的身体变得向一边倾斜，头发也掉了大半。多年来，他甘于寂寞，冒着巨大的危险雕刻火药，被人们誉为“大国工匠”。

【素材关键词】大国工匠、工匠精神、钻研、细节、奉献。

3. 袁隆平：喜看稻菽千重浪

袁隆平被誉为“杂交水稻之父”，正因为他的努力与付出，在中国粮食最匮乏的年代，大米的产量得到提升，切切实实地解决了很多人的吃饭问题。他不仅是我国杂交水稻研究的开创者，也是我国杂交水稻研究的最主要的学术带头人。袁隆平一直在稻田里耕耘、拓荒，从壮年走到了老年，一路走来，梦想伴随着奋斗，既有探索的艰辛，又充满奉献的快乐。当他还是一个乡村教师的时候，已经具有颠覆世界权威的胆识；当他名满天下的时候，却仍然只专注于田畴。他梦想在禾下乘凉，梦想让全世界人远离饥饿，如今，“海水稻”试种成功，超级杂交水稻亩产达1150公斤，那个令我们永远仰视、永远崇敬的田间的身影，是一座永恒的丰碑，他填饱了我们的肚子，更充盈了我们的心灵。

【素材关键词】梦想、创新、实践、求实、勤奋。

4. 钟南山:国士无双

钟南山,1960年毕业于北京医学院。

2003年,作为中国抗击非典型肺炎的领军人物,在SARS(中国大陆地区民间通称为"非典型肺炎")猖獗的非常时期,钟南山不但始终在医疗最前线救死扶伤,还积极奔赴各疫区指导开展医疗工作,倡导与国际卫生组织之间的密切合作,因功勋卓著,荣获全国五一劳动奖章,同时被广东省荣记特等功,被广州市授予"抗非英雄"称号。

2020年1月18日,84岁的钟南山乘坐G1102高铁紧急赶赴武汉。他接受采访时说,"肯定存在人传人""14名医务人员感染""没有特殊的情况,不要去武汉"。警报拉响,战疫开始。同年8月,被誉为"国士无双"的钟南山先生,荣获共和国勋章。

【素材关键词】科研精神、逆行者、科学精英、奉献、承担。

5. 李兰娟:巾帼不让须眉

封城,在中国的疾控史上从未有过,连2003年非典时期也没有。万一疫情没什么大事,李兰娟一生的名誉和声望恐都将毁于一旦。她不是不知道事关重大,但在她心里,人民高于一切,生命重于泰山。有网友慨叹,钟南山、李兰娟是可以托付国运的大医,与其称之为院士,不如誉之为国士,发大医国士之良知灼见,一能断论新型冠状病毒人传人,二敢第一个提出建议封城,三是亲赴第一线抗击病毒。鲁迅先生说过,我们自古以来,就有埋头苦干的人,有拼命硬干的人,有为民请命的人,有舍身求法的人……这就是中国的脊梁。倘若先生在世,他必会赞誉这位绍兴老乡为巾帼英雄、新时代的民族脊梁。

【素材关键词】逆行者、科学精英、民族脊梁、责任、承担、奉献。

6. 何小虎:火箭心脏钻刻师

"我们经常把发动机称为火箭的'心脏',研发液体火箭发动机燃烧系统相关产品更是'心脏之中的心脏'。"

何小虎,现任中国航天科技集团有限公司第六研究院7103厂高级技师。他独创了微小孔高效加工法、极限加工稳定性控制法、首件标定参数法,有效提升了新一代运载火箭发动机喷注燃烧系统工作可靠性,在长征五号、天问一号、北斗组网、探月工程等任务中作出了突出贡献。

何小虎说,青年人只要不给自己设限,多想、多努力、多突破、多创作,就有可能为事业多贡献一份力量。"我们航天事业上有很多的航天青年,在他们的工作岗位上追求卓越、默默付出,为自己心中的理想、梦想而努力奋斗着。"

【素材关键词】科学创新、中国梦、大国工匠、奋斗、追求。

7. 吴天一:高原上"生命的保护神"

耄耋之年的吴天一院士精神矍铄,声音铿锵,精干的身体里散发出抑制不住的力量与光芒。

谁能想到这个神采奕奕的老人其实遍体鳞伤。

在50多年的高原科研工作中，吴天一的大部分时间都是在马背上度过的。他说："我的马术比医术更出名。"为了进行高原研究，20世纪90年代，吴天一设计了大型高低压综合氧舱，舱体上升可至海拔1.2万米，下降可至水下30米。建成之初，为了核检氧舱的设计，吴天一亲自进舱进行人体实验。实验中，当压力上升到海拔5000多米时，操作人员由于经验不足，在减压时速度过快。"蹦"的一声，吴天一的鼓膜被压力击穿，什么都听不到了。就这样，吴天一的鼓膜长好了，再实验，又穿了，又长好了，再实验，又穿了，前后四次，导致他现在的听力非常不好。在海拔4660米到5620米的阿尼玛卿雪山作了5年的高山生理研究，吴天一日日面对一片冰雪世界，紫外线致其双眼都患了严重的白内障，通过手术植入了人工晶体才有好转。目前，他一只眼睛视力很差，全靠另一只眼工作。

虽然忍受着各种痛苦的折磨，吴天一在壁立千仞的高海拔环境和高原病较劲的信念却丝毫没有动摇。用生命守护生命，就是在这种环境里，吴天一提出了高原病防治救治国际标准，开创"藏族适应生理学"研究，诊疗救治藏族群众上万名。青海藏族牧民大部分都知道他的名字，并亲切地称他为"马背上的好曼巴(好医生)"。

青藏铁路建设期间，为了确保筑路工人的生命安全，吴天一在选择工人时就提出糖尿病、冠心病等14种疾病患者能否参加高原高强度劳动的具体指标，并在建设中也提出配备暖气卫生车以降低感冒及肺水肿、脑水肿等高原病的发病率。吴天一和同事研制的抗缺氧药物和保健品也在建设中发挥了至关重要的作用。

针对青藏铁路工人多、工期长、环境极端等特殊性，吴天一和团队提出了"高压舱、高压袋、高流量吸氧"和"低转、低转、再低转"的"三高三低"急救措施，以及一系列的卫生保障方案。在5年的铁路建设期间，十四余万的筑路工人无一例因急性高山病死亡。人们称赞吴天一是14万"天路大军"的"生命保护神"，创下了"高原医学史上的奇迹"，被称为"生命的保护神"。

【素材关键词】坚持奋斗、不怕困难、医学奇迹、坚守、奉献、付出、挫折。

8. 胡双钱：航空手艺人

胡双钱，生于1960年7月，中国商飞上海飞机制造有限公司数控机加车间钳工组组长，被称为"航空手艺人"。2015年，胡双钱在第五届全国道德模范评选中被授予全国敬业奉献模范称号。

1980年，胡双钱进入当时的上海飞机制造厂，亲身参与并见证了中国人在民用航空领域的第一次尝试——运10飞机研制和首飞。那一刻他强烈感受到"造飞机是一件很神圣的事"。然而，20世纪80年代初运10项目下马了，这聚集了各路中国航空制造精英的工厂转眼间冷清了下来，争抢飞机技师的公司专车竟开到了工厂门口，面对私营企业老板开出的优越工资，胡双钱谢绝了。选择留下后，胡双钱与同事一起陆续参与了中美合作组装麦道飞机和波音、空客飞机零部件的转包生产，并抓住这些机遇练就了技术上的过硬本领。20多年后，当我国启动ARJ21新支线飞机和大型客机研制项目后，胡双钱几十年的积累和沉淀终于有了用武之地。

【素材关键词】坚持不懈、吃苦耐劳、精益求精。

9. 顾诵芬：矢志报国的飞机设计专家

顾诵芬出生于江苏苏州的书香世家，5岁那年，父亲应邀到燕京大学任职，顾诵芬全家迁居北京。

1937年7月7日，卢沟桥事变发生。7月28日日本飞机编队轰炸中国兵营。7岁的顾诵芬第一次看到了飞机。第二次看到飞机，是七八年后。已经搬到上海生活的顾诵芬目睹日本兵营被美国飞机轰炸。高中毕业后，顾诵芬分别报考了浙江大学、清华大学和上海交通大学，志愿都是航空系，三所学校都录取了他。最后，他选择了上海交大。大学毕业时，抗美援朝开始，华东地区航空系的毕业生全部被调到北京工作。在与母亲的离愁中，顾诵芬告别了上海。

1967年，顾诵芬参与歼-8战斗机的研制工作。歼-8战斗机是我国自行设计的第一款双发高空高速歼击机，顾诵芬担任副总设计师，负责气动方面的科研设计。1969年7月5日，歼-8完成首飞，安全降落。虽然首飞成功，但在跨音速飞行试验中，出现了因气流分离导致的抖振问题，抖振问题直接影响飞行速度，甚至会导致飞机解体，在多次地面试验无果后，顾诵芬做出了一个大胆的决定——自己上天，亲自观察抖振原因。经过三次上天观察，顾诵芬找到了问题的症结所在，通过后期的技术研发和改进，成功解决了歼-8跨音速飞行时的抖振问题。从决定冒险亲自坐上飞机上天观测，到顺利结束最后一次飞行，顾诵芬始终没把这件事告诉家里人。

2021年11月3日，一年一度的国家科学技术奖励大会在北京举行。在热烈的掌声中，中共中央总书记，国家主席、中央军委主席习近平向获得2020年度国家最高科学技术奖的中国航空工业集团有限公司顾诵芬院士颁发奖章、证书。

在35年的飞机设计生涯中，顾诵芬先后参与主持了歼教-1、初教-6、歼-8和歼-8Ⅱ等机型的设计研发，成为我国飞机空气动力设计奠基人。他主持建立了我国飞机设计体系，致力于推动中国航空科技事业的发展。

【素材关键词】坚持不懈、科技创新、研发精神、实践。

10. 王小云：中国密码女神

2004年夏天，美国加州圣巴巴拉召开国际密码学会议，这是密码学研究领域中水平很高、影响广泛的标识性会议。一位中国女科学家有条不紊地走到台上，语气平静地向全世界宣布：包括MD5在内的四大国际密码算法全部存在漏洞。此言一出，举座皆惊。随后，她的报告数次被雷鸣般的掌声打断，其中更有一名教授因左手骨折无法鼓掌，就一直用右手猛拍大腿。她就是中国的“密码女王”王小云。国际著名密码学家在她的评价信里写道：“我参加了美密会所有的密码会议，从来没有经历过这样的场景。”

在会议上有不少人对王小云说，你的结果算错了，但她却不为所动，仍旧坚持：“肯定没错，你放心好了。”事实也证明，她真的没错。

MD5被公认为“最安全的密码”，想要破解它可能需要上百万年的时间。然而，随着王小云的破解，其安全性降到了最低。在王小云看来，科学没有运气，更没有巧合，破译MD5背后，是自己多年的坚持与努力。

2019年，王小云成为未来科学大奖设立4年以来首位获奖的女科学家。在颁奖典礼现场，她特意准备了英语演讲，即便她的英语并不流利，但她觉得：“就跟我的科研一样，人是需要不断挑战的。”

王小云连破多个国际密码算法，在密码学界名声远扬，许多国家相继朝她抛出了橄榄枝。但她却说，科学家要把国家的责任摆在第一位，任何条件都比不上祖国的需要。她转而投身于国内密码算法的开发，在破译MD5两年之后，国内第一个基于Hash函数设计的算法SM3诞生了。SM3算法的安全性非常高，一直沿用至今，为我国在交通、电力系统和金融等多个行业保驾护航。在中国航天工程所用到的通信加密上，也同样运用到了王小云设计的算法。

【素材关键词】精益求精、科学创新、国家安全、自信、坚定、挑战。

11. 杨元喜：运筹北斗，丈量天地

杨元喜，江苏泰州人，中国科学院院士，大地测量与卫星导航领域资深专家，现任我国北斗导航系统的副总设计师。他所从事的研究工作，大幅提高了航天器、舰船和车辆导航定位的速度和精度，为我国建立从深空到深海的全域定位导航授时服务体系奠定了理论基础。

20世纪70年代中期，美国已经成功发射了第一颗GPS试验卫星，但那时对于刚刚起步的中国卫星事业来说，导航还是一个遥不可及的梦想。在杨元喜的脑海里，指南针、烽火就是导航的全部含义。

1977年10月21日，中国各大媒体公布了恢复高考的消息。当年冬天，杨元喜和570多万考生一起走上了考场。杨元喜以高考数学满分的成绩，考入了郑州测绘学院。等到他毕业时，正好是80年代初期，随着我国不断加大改革开放的步伐，中国卫星导航事业开始萌芽，以“两弹一星”元勋陈芳允院士为首的专家团队，第一次提出了双星定位方案。此时，初出茅庐的杨元喜已在相关领域崭露头角，展现了“拼命三郎”的劲头。

20世纪90年代以来，伴随着卫星技术的进步，美国的GPS、俄罗斯的“格洛纳斯”全球卫星导航系统日趋成熟,在航空、航海、测绘、导航等军民领域发挥着越来越重要的支撑作用,中国自主研发卫星导航系统已是迫在眉睫。杨元喜等一批科学家把科研的目光从大地投向了苍穹。杨元喜不仅在理论上为北斗未来发展构建了宏观蓝图,而且在北斗系统推广应用上也做出了突出贡献。

2018年11月19日深夜,随着长征三号乙运载火箭将第42、43颗北斗导航卫星成功送入了预定轨道,北斗三号基本系统星座部署圆满完成。它不仅进一步提高了定位、导航、授时的精度,而且可实现全球短报文通信,能为全球用户提供更为舒适便捷的服务。北斗导航系统副总设计师杨元喜说,中国北斗已经迈出了从国内走向国际、从区域走向全球的"关键一步"。

中国北斗的代言人杨元喜院士奋斗四十余载,使我们的原子钟达到了三百万年误差1秒的水平,比西方系统还要精准。他不仅改变了自己的人生,也和千千万万的北斗人一起改变了中国卫星导航受制于他人的历史。北斗在为世人导航的时候,也让我们看到了民族精神和时代精神在航天领域的最生动的阐释。

【素材关键词】科研精神、民族精神、钻研。

(四)励志作家

1. 杨绛:一世皆独立百年无二人

2016年5月25日凌晨1时10分,著名女作家、文学翻译家和外国文学研究家、钱锺书夫人杨绛在北京协和医院病逝,享年105岁。

杨绛,1911年7月17日生于北京,本名杨季康,江苏无锡人。杨绛通晓英语、法语、西班牙语,由她翻译的《堂吉诃德》被公认为最优秀的翻译佳作。杨绛92岁出版散文随笔《我们仨》,风靡海内外,再版达一百多万册,96岁出版哲理散文集《走到人生边上——自问自答》,103岁出版《杨绛文集》八卷。

"我和谁都不争,和谁争我都不屑。"这是杨绛先生翻译的英国诗人蓝德的一句话,也是她一生的人生哲学。也正是有着"不争哲学",她才能把不平常的岁月当成平常的日子,始终以宁静的心情对待这忙碌甚至庸俗的世界。理解了这一点,我们也就能理解,为什么杨绛会留下这么多文字,会有这么多虔诚的读者,会被人由衷地称为先生。

【素材关键词】励志、感悟、抒情、独立。

2. 村上春树:文字战士与跑步健将

作家村上春树,相信很多人就算不熟识,也听过他的名字。他的作品多年来风靡中国,被称为市场的骄子。然而他也有另一个称呼——文学界的弃子,因为他连续几年被视为诺贝尔文学奖热门人选,却从来没能获奖。但诺贝尔的登顶失败,不代表文学的创作失败。尽管缺少诺奖的皇冠加冕,他依然是文坛星河中熠熠生辉的明珠。

在30岁前，村上春树还没成为作家。他和妻子两人经营着靠岳父资助而起家的爵士乐酒吧，起早贪黑，省吃俭用。

1978年4月，一个晴朗的午后，一场偶然观看的棒球赛点燃了村上内心创作的火焰。在之后的日子里，没有电脑，没有键盘，村上春树用钢笔和稿纸，每天深夜里奋笔疾书。半年后，30岁的村上春树完成了处女作《且听风吟》。回忆往事时，村上说："每日早晨4点起便进行写作，至上午10点前终止当日的写作工作。我没有一天不写作，随笔也好，翻译也罢，总是要写些什么。"

33岁那年秋天，他决定以写小说为生。为了保持健康，更好地写作，村上开始跑步，每天凌晨4点起床，写作4小时，跑10公里。这一跑就是三十多年，在此期间，他成功戒掉了烟瘾和多余的体重，还一不小心跑成了专业的马拉松运动员。在之后长达数十载的创作生涯中，他写下了《挪威的森林》《1Q84》等现象级作品，名声随之响彻国内外。

【素材关键词】坚持不懈、刻苦努力、追求、自律、选择。

3. 陈忠实：做一本死后可以做枕头的书

陈忠实说："一次，和朋友聊起《白鹿原》构思时，我借着酒劲儿说，希望能够为自己写一本垫棺作枕的书。有一天我去世了，棺材里放这么一本书，也就够了，不管它是否会对世界产生影响，只要能让自己满意，能对得起自己喜爱文学这大半辈子。"

于是陈忠实就远离城市，大部分时间都躲在西安市东郊灞桥区西蒋村的老家旧屋里，一求耳根清净，二求读书弥补文学专业上的残缺，三求消化他所拥有的生活资源。在此期间，他创作出数量上越来越多、质量上越来越高的文学作品，直至1992年以发表第一部长篇小说《白鹿原》而一鸣惊人。

【素材关键词】初心、梦想、静心、沉潜、专注。

4. 史铁生：我与地坛

史铁生1972年不幸瘫痪，后来身患尿毒症，需要靠透析来维持生命，命运对史铁生不能不用残酷来形容。每周3次的透析，1000次针刺，让他的血管变成了蚯蚓状。史铁生却用笔来超越生命的困境，写出了大量优秀作品，其诗性的语言和深邃的哲思吸引了众多读者。

青年时期因病瘫痪的史铁生坚强乐观，曾以《我与地坛》等作品，打动千千万万读者。他曾表示：对待生死我选择一种乐观的态度，让我如此幽默地看待生死还得感谢卓别林。

对于他来说，生命的意义更加特别，他在作品里思考着生与死，残缺与爱，苦难与信仰，写作与艺术等重大问题，并展现了他自己如何在生活中活出了意义，这些或许都是他过往经历留给他的精神财富。

【素材关键词】乐观积极、生与死、苦难与信仰、挫折、坚强、命运。

5. 金庸：传承优秀文化，展现文化自信

金庸的武侠小说将江湖、武林与中国历史编织在一起，充满浓厚的中国传统文化气息：儒的至大至刚，道的恬淡无为，佛的悲天悯人。那些为国为民的英雄气概、重信然诺的君子风度、快意恩仇的人生境界，照亮了我们平庸琐碎的生活。金庸以文为笔，书写着家国情怀，他的小说让我们看到了对中华优秀传统文化最真实的传承。

【素材关键词】传统文化、家国情怀。

6. 许渊冲：笔耕不辍的译界泰斗

许渊冲，为翻译事业奉献终身，即使身处鲐背之年，依旧伏案研究，苦心孤诣翻译著作。93岁时，译界泰斗许渊冲为自己制定并践行了新的目标：“每天翻译一页纸，一百岁译完莎士比亚全集。”他笔耕不辍，力争“一生使中国的美，变为世界的美；使西方的美，变成中国的美。”

【素材关键词】文化传承、文化传播、目标、人生。

（五）正能量“网红”

1. 兰会云：“80后硬核”网红老师

山西朔州一位“80后”老师兰会云，以“班主任带全班学生通宵玩游戏”“班主任带毕业生骑行1800公里”等话题走红网络，其独特的教育理念和师生相处方式引发社会热议，被网友称作“别人家的班主任”。

兰会云老师2012年毕业于西南大学地理科学学院地理科学专业，现为山西省朔州市朔城区一中地理老师兼班主任。朴素的兰老师怎么也想不到自己会成为网红。关于他的报道有“网红歌曲作班歌”“班主任带全班学生通宵打游戏”“班主任带学生骑行1800公里”，这些看似大胆、另类的行为，让他显得和其他老师不一样。

高考结束后，兰会云老师包下全市最好的网吧，带全班同学通宵打游戏。接着他又带着11名高中毕业生从家乡山西朔州骑到上海，17天穿行5个省份，骑行距离1800多公里。一路上，孩子们经历了艰难爬坡、频频爆胎，还学会了修车、换胎，一起精打细算旅途费用，和商家砍价。

孩子们抵达了目的地上海，这也是兰会云老师给学生们上的最后一课，他说，希望学生们沉淀高中三年的时光，不管成绩怎样，都有更好的未来值得去奋斗。

“这两件事其实都是履行对学生的承诺。”兰会云老师没想到在他看来十分寻常的师生交往，却将他一次次送上热搜。关于包场打游戏，他说：“3年前我和学生们有个约定，如果他们高中时期少去网吧，等高考结束后，就选一个比较好的网吧，带他们一起去打游戏。这在心理学上叫‘延迟满足’。”

毕业骑行，是1年前兰老师在课堂上的许诺。他希望通过骑行，让学生们不仅可以面对面接触社会、扩展视野，也能锻炼吃苦耐劳的品格。

【素材关键词】教育、责任与担当、生命体验、意志力、守诺。

2. 刘增盛："勿需让座"的硬核大爷

辽宁大连一位老人腰部别着"勿需让座"LED显示牌乘地铁的照片，刷爆朋友圈，被网友称为"硬核大爷"。满头银丝如雪，他斜挎着深绿色的布包，身姿笔挺地站在地铁车厢里，腰部挂着的LED小牌上，"勿需让座"四个字分外显眼……

据了解，这位老人名叫刘增盛，今年76岁。老人表示，此举是怕给其他乘客增加负担。他说："现在的年轻人不易，我身体还可以，站着也没有问题。"实际上，老人腰挂"勿需让座"的牌子已有两年时间，只是这次被网友拍了下来。

老人曾在部队工作，年轻时当过3年兵，退休后在旅顺太阳沟胶片电影工作室做放映员，平时也负责这里的机械维修、保养等工作。老人每天都乘坐公共交通工具，往返于市区与旅顺之间。尽管老人身上挂着"勿需让座"的牌子，可还是经常有年轻人主动为他让座。

大连地铁工作人员表示，"硬核大爷"身上展现出来的精神令人敬佩。为了鼓励这种为人着想、自尊自强的精神，大连地铁将赠送其四周年纪念卡一套。

【素材关键词】尊重、善意、城市文明、自信自强、正能量。

3. 张翰：宝贵的两分钟

张翰是大连529路区间车的专职司机，一向守时尽责的他，最近在三八广场站，会比原定发车时间多等两分钟。原来，他了解到，高中生小刘和小杨每晚下课后，要在此站换乘区间车回家，如果错过了这一班，只能再等半小时。考虑到分秒时间对高中生太珍贵，夜晚等车也存在安全隐患，张师傅向领导汇报沟通后，决定延迟发车两分钟，将等待化作暖心守护。这一举动，也得到了其他乘客的理解和支持，"给公交司机一个大大的赞"。

【素材关键词】正能量、温暖教育、善举大爱。

4. 周玲：92岁"荷花奶奶"的"硬核"人生

"她是西湖边拍荷花出名的网红奶奶，今年92岁了！但你知道吗，她还是个学习力爆棚的女神哎。"这位网红老太太名叫周玲，尽管她的身上早已留下岁月的印记，但并不能阻挡她成为中国年龄最大、最美的"网红"。

"荷花奶奶"在人群中总是很醒目，因为服饰穿搭很精致——印着大花朵的蓝色长裙，白色蕾丝的披肩，裤脚边和手套边也呼应了白色蕾丝。还有头顶的遮阳草帽上，也有垂下来的黑色蕾丝。大家都称她为"荷花奶奶"。

周围的人们经常看着她拖着一只橙色行李箱风雨无阻地来老年大学上课，总是那么健健康康、漂漂亮亮的样子，好像时光在她那里静止了。无论是诗情画意的写作、二胡、舞蹈，还是年轻人专属的博客、微信、摄影、走T台，“荷花奶奶”都玩得不亦乐乎。“我在这里学过摄影、音乐、旅游，还有一门PS技术。现在又学古诗词，课本我都翻烂了，已经能写诗啦。”“荷花奶奶”其实曾经当了25年的音乐老师，没想到退休后，她又重回学生时代。在学习这件事上，可以说相当硬核了。

“荷花奶奶”非常爱美，随身带自拍杆抓拍风景，P图、发朋友圈，不难看出她是一位对美有着相当追求的老人。不断地学习新东西，增进了她的精神享受，涂抹了她生活的色彩，让她的人生获得了更大满足。“荷花奶奶”实现了自我价值，活出了精彩人生。一位耄耋老人，拥有不输年轻人的风采，这才是一个真正的传奇！

【素材关键词】学习、自信乐观、榜样力量、人生、生活方式。

5. 郑心意：“中国阿甘”

没上过一天学，但会写几千个汉字；脖颈和双手不听使唤，但能自食其力；自己没钱治病，却对地震灾区的同胞倾囊相助；靠着自己养活自己的信念，用脚趾头踩着键盘开起网店……自幼患上奇怪脑病“扭转性痉挛”的湖北省罗田县青年郑心意，一次偶然的机会被人拍了视频发到网上，不仅感动了网友，还被称作是“中国阿甘”。

他家里一贫如洗，还有一个残疾的母亲。在512汶川地震中，郑心意将平时省下来的钱和好心人捐给他的5元、10元的钱，共计500元，捐给了灾区群众。他说：“我也是社会中的一员，我要尽我的一份努力。”电视的镜头中，郑心意一直都是微笑着讲述自己辛酸的经历，唯独提到妈妈的时候，他闭上了眼睛，笑容凝固在脸上。“我曾经说过，只要有一线希望，我也不会放弃。”郑心意郑重地说：“我治好病以后，就可以照顾父母，就可以自食其力，才有机会像正常人一样成家立业，不会成为社会的负担。”

【素材关键词】乐观、自食其力、信念。

6. 陈贝儿：从娱乐主播到感动中国

2022年3月3日，《感动中国2021年度人物颁奖盛典》播出，获奖名单中包括TVB主持人陈贝儿。提起“陈贝儿”这个名字，也许有些网友会觉得很陌生，但她和团队拍摄的纪录片《无穷之路》一度很受大众关注，豆瓣评分也高达9.5分。42岁的陈贝儿是TVB里首屈一指的主持人，身材与颜值出众，还多次获得台内最佳女主持奖。

2021年，她从中国香港奔赴内地多个贫困地区，用镜头记录下了最真实的脱贫攻坚故事，展现包括交通、教育、企业等多方面的扶贫措施。3个月的拍摄，跨越数千公里跋山涉水，陈贝儿镜头里的故事，获得了超出她预期的关注度和好口碑，还成为TVB2021年最受瞩目的节目。TVB万千星辉颁奖典礼期间，白岩松还在央视平台与她连线，公开为她拉票，她也不负所望地成为最佳主持人。

"感动中国"颁奖典礼上,白岩松也称赞她的《无穷之路》意义非凡,一方面代表脱贫攻坚太艰难,另一方面也意味着电视人想要真实地记录这一切,无异于踏上一条不归路。

《无穷之路》播出后,内地观众赞不绝口,香港观众也好评如潮。陈贝儿说很多香港观众朋友表示看完后很感动,还从这个节目中知道了现在国家发生的变化,这给了她莫大的鼓励。

【素材关键词】出彩人生、扶贫、中国形象。

7. 郭志红:用"笨方法"练就"活地图"

90分钟内,默画出全国铁路示意图的北京客运段京沪高铁列车长郭志红令人惊叹。807个车站,站名一字不错,就连每条线路的长短、角度都与原图基本吻合。

"梅花香自苦寒来"。一张默画的铁路示意图,是从略显"笨拙"的办法开始,默画线路、背诵站名,这些在他人看来略显"笨拙"的办法,郭志红坚持了3年(每天至少要花五个小时来练习)。一笔一线,步步为营,犹如铁路的工作,单调而重复,但是把每一项平凡的工作做到极致,才能绽放光芒。

【素材关键词】坚持、勤能补拙、爱岗敬业。

8. 任士民:"行走的打印机"

不打模板,信手挥就,在墙上写出的字如同喷绘印刷一般……安徽省合肥市的写墙体字的任士民被人们称为"行走的打印机"。

写墙体字是个室外活,十分辛苦。夏天,天气炎热,个把小时下来,全身湿透;冬天,寒风凛冽,手都冻得拿不住笔。但因为热爱,任士民坚持了二十多年。他把自己的兴趣爱好发挥到极致,变成自己一生的事业。

【素材关键词】热爱、不畏辛苦、坚持不懈。

9. 刘传健:中国机长

2018年5月14日,川航3U8633航班突遇险情。在9800米高空,驾驶舱右侧风挡玻璃破损脱落,导致座舱失压。生死关头,机长刘传健果断应对,带领机组成员临危不乱、正确处置,确保了机上119名旅客和9名机组人员的安全。正是凭借过硬的操作技术与心理素质,刘传健挽救了乘客的宝贵生命和飞机安全。

中国机长刘传健说,很多人都把"平凡"理解为"不作为"。其实平凡就是在你的工作岗位上,把每一件事情做好,做到在关键时候能拿得出手,关键时候能够挺身而出,关键时候能够解决问题。

【素材关键词】爱岗敬业、技术过硬、临危不乱、"强心脏"。

10. 廖俊波:新时期扶贫攻坚的"时代楷模"

面对贫困县、革命老区、经济发展长期全省倒数第一的政和县,全国优秀县委书记廖俊波不打退堂鼓，不当太平官，把担当放在首位，率领全县党员干部撸起袖子加油干，用勤奋、实干、严谨描绘出一幅幅美丽画卷，成为新时期扶贫攻坚的楷模。

【素材关键词】爱岗敬业、扶贫攻坚。

11. 曾孝濂：用严谨为“生命”作画

中国植物科学画第一人曾孝濂为中华大地上的植物树碑立传，编纂出世界上种类颇为丰富的《中国植物志》。他以自己的严谨、坚毅、勤奋铸造了植物科学画领域的一座重器。这个重器里，浸透了曾孝濂对植物的一次次观察与体悟，承载着一个植物科学画家的心血和智慧。

从20世纪50年代开始，他和全国三百多位植物分类学家，以及当时能够参与绘画工作的164位插图师一起，一共用了45年的时间，编纂出了全世界最大型的、种类最丰富的一套巨著——《中国植物志》。全书共80卷126册，超过五千万字。

如今，随着数码电子技术的发展，植物科学画可以用电脑合成了，也越来越为人所重视。然而，曾孝濂却依旧坚持用手作画，在他看来，用电脑做出来的画，始终缺少了一些生命力。

生命力，是曾孝濂一直强调的。他的言辞和举手投足间，也似乎都带着些植物的空灵。他的气质那样超然那样淡泊，却总能透出一股蓬勃的生命力来。而这种生命力，与贾平凹笔下的《落叶》交相辉映：“欢乐到来，欢乐又归去，这正是天地间欢乐的内容；世间万物，正是寻求着这个内容，而各自完成着它的存在。”

【素材关键词】尊重生命、热爱、生命力。

12. 许凯：上千张照片记录最美笑容

一名叫作许凯的90后年轻人，开车到农村等偏远地区，“搭讪”老年人。他用这种拉家常的方式，跟老年人拉近距离、聊聊天，然后给老人们拍张照片，冲洗出来，放在定制的相框里，郑重地送给他们。视频里面，小伙身上散发着“自来熟”的气质，但言语却很真诚，老人们笑容纯真、自然温暖。

许凯的走红，很大程度上也在启示我们思考：在一个流量至上的时代，什么样的流量才是值得追求的流量？什么样的作品才能持续打动人心？如何将流量变成温暖人心的正能量？

无论是给农村老年人拍照片，还是通过镜头弘扬传统文化，抑或是通过直播带货为贫困山区的农产品找出路，事实证明，流量不应该是利益的代名词，更应该是正能量的“扩音器”。

【素材关键词】真诚、温暖、爱心、正能量。

13. 汪勇：“最美快递员”

汪勇是湖北顺丰速运在武汉的一名普通快递小哥、网约车兼职司机。新冠肺炎疫情暴发后，汪勇牵头建起了医护服务群，从调配医疗物品、保障医护人员日常出行、协调1.5万份盒饭，再到给医护人员修眼镜、买拖鞋……一个多月来，汪勇成了医护人员的“大管家”。他主动承担接送医护人员的重任，并组织了一支志愿者服务团队，不顾个人安危，主动帮助医护人员解难题、化烦忧，为打赢疫情防控阻击战作出了突出贡献。

汪勇参与建立餐食供配体系，自行募集资金为医护人员提供泡面和水，通过“扫街”找餐馆为医护人员和滴滴司机及时供餐，快速搭建起一个应急餐食的免费配送备用网络，解决了7800名医护人员及司机的供餐问题。针对医护人员生活需求，他尽最大努力组织志愿者积极采购羽绒服、护士鞋、洗漱用品等急需物品，协调购买、运送和分发口罩、鞋套、紫外线灯等医疗用品，承担眼镜、手机、电动车易耗物品等维修服务，组织为援助医疗队购买生日蛋糕等暖心活动。汪勇和他的志愿者团队将温暖聚拢，守护着冬日里逆行的医务英雄。汪勇说：“我做了力所能及的事，我不后悔。”

2020年2月26日，国家邮政局授予汪勇“最美快递员”称号，对他主动投身没有硝烟的战场，把个人安危置之度外，共战疫情、共克时艰、守望相助的优秀表现给予充分肯定。2020年2月28日，武汉市江汉区委组织部批准江汉经济开发区工委“火线”发展汪勇为中国共产党预备党员。

汪勇说：“作为武汉市民，我只是履行了应尽的责任和义务，党和国家却给予我崇高的荣誉。服务他人，就是成就自我；奉献社会，才有无愧人生。我将倍加珍惜这份荣誉，以满腔的热情投身志愿服务工作，不断践行见义勇为精神，弘扬新风正气，为实现中华民族伟大复兴的中国梦贡献自己的力量。”

【素材关键词】正能量、付出、大爱、责任担当。

（六）坚强意志

1. 张顺东李国秀夫妇：没脚走出致富路，无手绣出幸福花

张顺东、李国秀夫妇二人加起来只有一只手，两条腿，但他们用残缺的身体，书写了世间最美家庭的模样。他们用辛勤的劳作，把儿女养大成人，他们用坚强的意志，甩掉了贫困帽子，创造了来之不易的幸福生活。

张顺东1974年出生在云南省昆明市东川区乌龙镇坪子村，他6岁放羊时被高压电击伤，失去了右手，双脚重伤。19岁那年，他认识了邻村的姑娘李国秀。1993年，张顺东、李国秀喜结连理。

庄稼人，有耕种才能有饭吃。两个人只有一只手，他们有能力、有决心面对以后的生活吗？女儿和儿子相继出生，健康的孩子是安慰，更是这个家庭的希望。李国秀说，别人的孩子用手抱大，而我们的孩子是用双脚抱大的。一双儿女渐渐长大，原本仅够填饱肚子的生活，越来越捉襟见肘。每天天不亮，村里人还在睡梦中，张顺东、李国秀夫妇就开始忙碌了。想让日子好一点儿，就要付出常人千百倍的努力。李国秀练出了绣花的本领贴补家用，他们养殖的鸡鸭猪仔也越来越多。

懂事的女儿没有辜负父母的厚望，考上了师范大学。但同时，张顺东原本受伤的两只脚因为过度劳累而溃烂，不得不先后截肢。命运再次给这个不幸的家庭以沉重打击。截肢后的张顺东没有倒下，装上假肢继续耕作于田间地头。夫妻二人更加珍爱对方，你就是我的手，我就是你的脚。

坚强，自信，乐观的张顺东、李国秀，没有向命运屈服，在困苦中相互扶持，相亲相爱。在乌龙镇，张顺东夫妇身残志坚的故事被传为佳话，只要有需要，村民们都会来搭把手，国家又给报销了两万多元医药费。2017年，在国家危房改造资金的扶持下，家里盖上了新房，年收入逐步提高，张顺东家成为村里最早一批脱贫户。

如今，他们的女儿大学毕业，成为一名人民教师，也有了自己的宝宝，四世同堂，尽享天伦。对张顺东、李国秀而言，因为加倍努力了，所以倍感幸福。

【素材关键词】坚强的意志、身残志坚、乐观。

2. 朱彦夫：中国的“保尔·柯察金”

1933年，朱彦夫出生在山东沂源县张家泉村，因没有粮食家里7个孩子饿死4个，朱彦夫的童年可以说是压抑的、灰暗的。更为不幸的是，在朱彦夫10岁那年，父亲惨死在日本人手中。

1947年，14岁的朱彦夫瞒着母亲报名参加了人民解放军，参军后不久，朱彦夫就参加了孟良崮战役和淮海战役，曾三次立功。

1950年，抗美援朝大战正式打响，朱彦夫所在的第九兵团在宋时轮的率领下，跨过鸭绿江正式进入朝鲜，开始了“保家卫国”的战斗。时年12月，第九兵团和美军两支王牌军在长津湖进行了一场激战。朱彦夫看到战友们，要么死在敌人的炮弹下，要么被冻死，他的心无比悲痛，可战场无情，他面前还有敌人，只有进攻才是军人的天职。在一次又一次的阵地争夺战中，全连的战友相继牺牲，整个250高地最后只剩下遍体鳞伤的朱彦夫一个人了。不知过了多久，昏迷中的朱彦夫被钻心的疼痛唤醒，若是原地不动，等待朱彦夫的就只有死亡，出于对生命的本能渴望，朱彦夫决定爬出雪堆，往前移动。因为四肢已经失去知觉，朱彦夫只能在雪地上匍匐前行，爬累了就停下喘口气，渴了、饿了，他就趴在地上吃几口雪，如果身体实在太冷，他就抱起离自己最近的尸体取暖。不知爬了多久，也不知道昏迷过多少次。最终，朱彦夫终于遇到了增援部队，被两名志愿军战士发现并救起。

因为伤势过于严重，朱彦夫被送回国内医院进行救治和手术。医生先后对朱彦夫进行了47次手术，他的坚强让医生感到意外，尽管一直处于昏迷状态，但他的生命体征却一直都在。时间一天一天地划过，昏迷了整整93天的朱彦夫终于醒来了，命虽然保住了，但朱彦夫失去了四肢，左眼失明，右眼的视力仅有0.3。

1956年，朱彦夫毅然决然地放弃了国家的优厚待遇，回到了家乡山东省沂源县张家泉村。经过多日不停地训练，朱彦夫的自理能力有了飞跃般的进步，吃饭、如厕、装卸假肢等，但朱彦夫却不甘心就这么平庸地走完一生，他要为家乡做点什么。有了这个念头之后，朱彦夫开始将想法落实到行动，首先想到的就是带领乡亲们学习文化知识。朱彦夫主动腾出自己家的一间屋子，买了200多本书，成立了村里第一个图书室，因为识字的人少，来图书室的人并不多。治标要治本，为了帮助村民读书认字，朱彦夫又张罗着办起了夜校，自己则亲自担任老师，刚开始没人来，他就挨家挨户地劝说，最终村民都被他的执着劲儿打动了。作为老师的朱彦夫，每天夜晚都要步行1公里给村民们上课。

1957年，因为朱彦夫的特殊经历和他的积极勇敢，他被全村的8名党员推选为村党支部书记。为了带领村民发家致富，他带领所有人在山坡上开出了80多亩“大寨田”，治理了3条大山沟，经过三年的努力，全村的粮田多出了110多亩，年增产粮食10余万斤。同时，朱彦夫还自己绘制图纸，带领大家修建灌溉渠，在寒冷的冬天，井越打越深，温度越来越低。朱彦夫就穿着假肢，走下近10米的深井，挥动着残臂，与壮劳力们一同奋战，除了开地、打井外，朱彦夫还在村里成立了林业队，建起了果园。功夫不负有心人，在朱彦夫当村支书的25年间，全村人的日子越过越红火，他也是村民心中不可替代的英雄。

1982年，朱彦夫从工作岗位上退了下来，他又开始了另一场战斗，那就是将战友们的故事写下来。他用嘴衔笔、双臂抱笔、单臂绑笔，三种方法交替使用，每天只能写几百字，经常累到汗流浃背。因为太用力，他的视力开始下降，伤口也在发炎，心脏也不好，医生和家人都劝他放弃吧，可朱彦夫不听劝告。作为全连唯一的幸存者，他有责任和义务让后人知道战友经历了什么。最终，历时7年之久，朱彦夫终于完成了33万字的《极限人生》。在身体抱恙的情况下，朱彦夫又凭借惊人的毅力，完成了另一部自传体小说《男儿无悔》。

也正因为如此，参加过上百次战斗，三次立功，十次负伤，动过四十七次手术的特等伤残英雄朱彦夫，被誉为当代“中国的保尔·柯察金”！

如今的朱彦夫，已经88岁高龄，在和死神赛跑时，他成了最后的胜利者；在和伤残赛跑时，他用毅力成了最后的成功者。

【素材关键词】坚强的意志、毅力、致敬英雄。

3. 江梦南：从无声里突围

1992年，江梦南出生在郴州莽山一个叫永安的小山村，父亲赵长军、母亲江文革都是乡中学的教师。6个月后，和江梦南一样大的孩子张嘴“啊啊”发声了，她也跟着张嘴、做手势，但没有声音。赵长军夫妇带着江梦南四处求医问药，吃中药“偏方”，扎针灸，但无济于事。9个月大时，赵长军夫妇带着她到湘雅医院检查，被诊断为“极重度神经性耳聋”——因肺炎用药不当，导致右耳失聪，左耳损失105分贝，几乎相当于直升机起飞时的声响。赵长军夫妇无法接受这个事实，带着女儿到另一家大型医院做了同一套检查，结论还是一样。“世界医学还无法治愈，言语康复的可能性极小。”医生建议他们尽早教孩子学习手语。

赵长军夫妇不死心，每逢周末、假期，就带着江梦南去长沙、北京等地看病，一次次满怀希望而去，却总是失望而归。那个时候，“十聋九哑”还是民间流行的说法。“孩子耳朵已失聪，再也不能让她失去说话的权利。”赵长军夫妇决定教会女儿唇语。

江梦南说：“父母亲学习、模仿、改进莎莉文培养海伦·凯勒的那一套方法，让我手摸着他们的喉咙感受声带的振动，眼睛看着他们的口型学习发声。一个音节一个音节地教，一个字一个字地学。”江梦南不是靠听觉记忆对比、纠正自己的发声，而是需要记住每个音节、每个字的口型，以及舌头的开关和摆放位置。经过两年艰苦练习，江梦南终于喊出了“爸……爸，妈……妈……”，赵长军夫妇喜极而泣。

转眼间江梦南就上小学了，她坐在教室前排中间位置。她需要看老师口型“听课”，有时老师讲到慷慨激昂的地方，语速一快她就懵了。第一个学期下来，江梦南的成绩不是很理想。父母有点着急，她安慰道：“难道你们忘了给我讲过的丑小鸭的故事了吗？虽然我现在还是一只丑小鸭，但总有一天我要变成白天鹅。”江梦南说到做到，她向班里的第一、二名学习，字写得越来越好。读三年级时，她的写作天赋也显现出来了，有一天，终于得到了老师的表扬。此后，江梦南更加发奋努力，提前预习功课，课堂上没听明白的，课后拉着老师再讲一遍，成绩一步步提高。

2011年，江梦南从郴州市明星学校考入吉林大学药学系，并在该校读完了计算机辅助药物设计硕士研究生。2018年5月，她又以优异成绩考上清华大学生命科学学院博士研究生，当年的丑小鸭终于变成了白天鹅。

“人生就是一场马拉松，比拼的是速度，更是决心和毅力。”江梦南说，她会继续努力，做最好的自己。

【素材关键词】坚强的意志、坚持不懈、毅力。

4. 王亚平：迈出中国女性太空行走第一步

2021年11月7日18时51分，航天员翟志刚成功开启天和核心舱节点舱出舱舱门，截至20时28分，航天员翟志刚、王亚平身着我国新一代“飞天”舱外航天服，先后从天和核心舱节点舱成功出舱。

这是中国首位出舱航天员翟志刚时隔13年后再次进行出舱活动。王亚平成为中国首位进行出舱活动的女航天员，迈出了中国女性舱外太空行走第一步。其间，在舱内的航天员叶光富配合支持两名出舱航天员开展舱外操作。

11月8日1时16分，经过约6.5小时的出舱活动，神舟十三号航天员乘组密切协同，圆满完成出舱活动全部既定任务，航天员翟志刚、王亚平安全返回天和核心舱，出舱活动取得圆满成功。

相比于男航天员臂力、体型和臂展的先天优势，对加压后舱外航天服的操控，王亚平需要花费更多的努力才能做到。面对挑战，王亚平只是一个字："练"！日复一日大过载、重负荷、高强度的训练，不仅是"男航天员坚持多久，她同样坚持多久"，更是每次都在规定课时外自己加练1小时。如今，这场完美的太空行走，让人们清晰地看到——当一位女性用最大的诚意与卓越的付出，向宇宙递交"名片"时，宇宙，也向这朵来自地球的铿锵玫瑰，敞开了大门。

【素材关键词】坚强的意志、坚持不懈、努力。

（七）坚守信念

1. 徐振明：守护永远的精神高地

徐振明是吉林省通化市革命烈士陵园管理中心离休干部，通化市革命烈士陵园管理所原所长。战争年代，他毅然从戎，九死一生，多次荣立战功；转业后，他毫不犹豫地选择了为抗日英雄杨靖宇守陵。离休后，又动员儿子徐永军在陵园工作，继续为英烈守陵。父子两代人默默付出，守护英雄陵墓六十余载。

1942年，年少的徐振明眼看着家乡沦陷，立志要打跑日本侵略者，于是辗转找到了山东抗日根据地。参加新兵培训时，徐振明听教导员说了很多抗日英雄的事迹，发誓要向英雄们学习，保家卫国、抗战到底。

1950年，徐振明随38军跨过鸭绿江参加抗美援朝战争，在一线作战长达29个月，参加过"飞虎山阻击战""松骨峰阻击战"等著名战役。

1958年，营职干部徐振明在通化转业。摆在他面前的有三个岗位：招待所所长、福利院院长和通化市革命烈士陵园管理所（杨靖宇烈士陵园）所长。招待所、福利院待遇好，工作环境好，他却决定去陵园。

1965年6月，通化雨季，陵园屋顶的琉璃瓦坏了。为修好琉璃瓦，徐振明蹲守半月有余，以诚心感动了北京古建筑队，请回两名瓦匠修缮。经过一周的细致维修，陵园里的琉璃瓦不仅不再漏水，还增添几分美丽。直到今天，即便狂风骤雨，严丝合缝的琉璃瓦再也没漏过雨。

1980年，徐振明面临离休。他动员儿子徐永军到陵园工作，继续为杨靖宇将军守陵。离休后，徐振明继续为陵园清扫落叶、清理积雪，还经常给参观的人讲杨靖宇将军的英雄事迹，"要时刻记住这些英雄，没有他们就没有我们现在的幸福生活。"

徐振明既是英雄的守陵人，也是英雄事迹的宣传者。他常挂在嘴边的一句话是"无论什么时代，无论什么情况，我们都不能忘记那些为国家、为民族奋斗牺牲的英雄"。父亲的言传身教深深触动了徐永军，他也深深理解了父亲对杨靖宇将军那份难以割舍的情结。

每天早早来到陵园，徐永军都会把杨靖宇将军铜像擦拭得一尘不染。种植花草，浇灌树木，维护秩序，“继续爱陵、护陵，我责无旁贷。”

英雄守护英雄，英雄传承英雄。徐振明用信念守忠诚，用忠诚铸军魂，用行动践行了一名共产党员的使命与担当。

【素材关键词】坚守信念、忠诚、守护、致敬英雄、传承精神。

2. 王兰花：一朵“兰花”香沁宁夏川

在宁夏吴忠市，曾经有句传遍全城的顺口溜：“吴忠有个王兰花，身后跟着一群‘傻’大妈。”说的就是吴忠市利通区金星镇“王兰花热心小组”党支部书记王兰花和她的伙伴们。“入行”16年来，“王兰花们”以“靠近我、温暖你”的精神将志愿服务和温暖关怀洒遍全城，志愿者也从7人发展到6万多人，已然满城尽是“兰花”香。

在吴忠市利通区裕西社区，王兰花的名字响当当。退休前，她在该社区居委会工作了近12年。今天这家暖气不热，明天那家下水道堵塞，小两口吵架要人说和，婆媳干仗也得人劝……王兰花是居民眼中的“好管家”“大靠山”。

2004年，从社区岗位上退下来后，“感觉精神一下子没了寄托，我还关起门哭了好几鼻子”，王兰花说。她亲历了社区每个新家庭组建、孩子出生成长、老人离开世界，社区3000多户居民早把她当亲人了。

“一个人的力量有限，大家的力量才是无穷的。”退休第二年，王兰花联系6名离退休干部和爱心人士，成立了吴忠市首个社区志愿者服务小组——“王兰花热心小组”，“上管天文地理，下管鸡毛蒜皮，内管柴米油盐，外管斗殴扯皮”。这一“管”，就是16个年头。

王兰花的热心肠感动着无数受助的人，也如磁铁般吸引着更多志愿者向她靠拢。

2012年，“王兰花热心小组”成立了党支部，通过组团开展微宣讲等形式，引导退休党员参与进来、居民党员跟上来、在职党员动起来，现在热心小组在册志愿者中有党员一百多人。王兰花还积极探索“党建+”模式，成功引进7个社会组织和爱心企业，组建了文明劝导、治安巡逻、矛盾纠纷调解等10支志愿服务队。利通区28个社区中，每个社区都设有兰花志愿者服务队和兰花志愿者工作室。

“王兰花热心小组”的志愿服务组织，从“星星之火”发展成“燎原之势”，志愿者也从最初的7人发展到如今的6万多人，从原来仅服务裕西社区一个点到遍布全城。

一朵“王兰花”、一群“红马甲”、一个个动人故事，温暖了一座城。

【素材关键词】坚守信念、温暖、为人民服务。

3. 陈陆:救民于水火,助民于危难

2008年,合肥遭遇50年一遇雪灾,陈陆带队在救灾一线奋战救援48小时,脚趾严重冻伤,险些截肢。同年汶川大地震,他主动前往灾区增援,双腿被毒虫叮咬,起泡流脓,他咬牙拖着伤腿,背着30多公斤的破拆器材,连续10天在震区搜救生命。

2016年庐江县遭受洪灾,陈陆连续奋战35小时,带队营救和疏散群众2400余人,自己却当场晕倒,经历2个小时的抢救才脱离危险。

2020年3月,庐江县布满沼气的大型垃圾处理场附近发生山火,危及县城20余万人的生命安全,当天并不值班的陈陆便装直接赶赴火场,带队冒险死守,胶靴被烧穿,双腿被高温烫伤。

2020年7月22日,历史极值的暴雨下,庐江县境内的巢湖防洪大堤决口,6500余名村民被困,生命危在旦夕。此时,庐江县消防救援大队政治教导员陈陆已在抗洪抢险一线连续奋战了几个昼夜,和队友一同解救和疏散群众逾2600人。面对扩大的决口和被困的群众,陈陆在救出沈芳之夫妻之后,再次奋不顾身冲入洪水领航,却再也没能回来,英雄的生命定格在36岁。

陈陆在15年的消防救援工作中,曾在救援一线1次病危、2次晕厥、8次负重伤。救民于水火,助民于危难,他的挺身而出最终定格在逆行救援群众的洪流之中,诠释了他“人民至上”的信念。

陈陆从未离去,也不会离去。人民早已在心底为他矗立丰碑。

【素材关键词】坚守信念、无私奉献、忠诚、担当。

4. 艾爱国:焊接行业“领军人”

全国劳动模范、全国十大杰出工人、湖南华菱湘钢焊接技术顾问艾爱国获颁“七一勋章”。艾爱国是工匠精神的杰出代表,在焊工岗位奉献50多年,精益求精,追求卓越,勇于自主创新,攻克了数百项技术难关,成为一身绝技的焊接行业“领军人”。

“当工人,就要当个好工人!”艾爱国始终记得父亲曾说过的这句话。从投身湘钢建设,到勇攀技术高峰,艾爱国在焊工岗位上几十年如一日,不曾停下脚步。

1968年,18岁的艾爱国在湖南攸县黄丰桥公社插队当知青。那时大家眼中的艾爱国就是个“拼命三郎”。知青要扛树,大家暗中比力气。人家干8个小时,艾爱国总能干上10个小时;别人扛50公斤,他偏要多一些。有一天他扛了截86.5公斤的木头回来,再也没人能超过他。1年后,湘钢招工。公社推荐了艾爱国,他就这么成了一名工人。

1982年,32岁的艾爱国以8项考核全部优异的成绩,考取气焊、电焊合格证,成为湘潭市当时唯一持有“两证”的焊工。

1983年,冶金工业部组织全国多家钢铁企业联合研制新型贯流式高炉风口。如何将风口的锻造紫铜与铸造紫铜牢固地焊接在一起,成为项目的最大难题。艾爱国不气馁,他提出采用当时尚未普及的手工氩弧焊工艺。对于这种大型特殊材质部件，采用氩弧焊接，国内尚无先例。艾爱国把交流氩弧焊机改造成直流焊机，焊枪也加以改进，使之能够承受高温。这一次，他成功了。作为项目组中唯一的普工，艾爱国在这次攻关中发挥了突出作用，荣获国家科技进步二等奖。

2002年，艾爱国再次改进风口焊接工艺，用自动熔化极氩弧焊取代手工氩弧焊，焊接质量更有保障，工效大大提高，同时又减轻了工人的劳动强度。

艾爱国在技术突破上从不满足。全国职工自学成才奖、中华技能大奖、全国五一劳动奖章……半个多世纪以来，他凭借高超技能为冶金、矿山、机械、电力等行业攻克技术难关400多个，获得数不清的奖项。

艾爱国还无偿地向200多名下岗工人和农村青年传授焊接技术，其中有100多名工人考入南方电力机车集团、湖南三一重工集团等大企业。他常说："做好传、帮、带，实现高技能人才的传承是我的责任。"

退休后，艾爱国继续留在湘钢生产科研第一线。不少企业高薪聘请他，每次都被艾爱国坚定拒绝："湘钢需要我，我不能离开湘钢。"

有人问他："你不知疲倦工作，生活方式如此简单，依照的是一个什么样的标准呀?"

"一个共产党员的标准呗!"艾爱国回答道。

【素材关键词】坚守信念、无私奉献、坚持不懈。

(八)文化传承

1. 王芳：昆苑幽兰自芬芳

王芳，国家级非物质文化遗产代表性项目昆曲国家级代表性传承人。

发源于苏州本土的苏剧、昆曲与评弹并称"苏州文艺三朵花"，昔日被称为"天下第一团"的苏剧在新世纪初却遭遇无单位建制、无人员编制、无财政经费的岌岌可危地步，王芳身负老一辈艺术家的殷切希望和嘱托，同时也带着对复兴苏剧的使命感，充分利用全国人代会、市人代会等各种平台和机会，踏上了恢复苏剧的漫漫长路。

王芳说："作为党员，非常高兴在这个特殊日子里为党献上充满诚意的生日礼物；作为一名非遗传承人，将继续努力弘扬优良传统，坚持守正创新，把传承传播工作做好!"

【素材关键词】文化传承、不忘初心。

2. 朱世慧：誉满四海的国粹传承者

朱世慧，国家级非物质文化遗产代表性项目京剧国家级代表性传承人。

潮剧更"潮"，丑角不"丑"。"京剧第一丑角"朱世慧这样理解自己的角色和初心："京剧有生、旦、净、丑四大行当，各个行当有各个行当的美。丑角就是京剧中的喜剧演员，我们就要磨炼和精进自己的表演，让丑角也有自己的艺术美，为观众带去笑声和欢乐。”

2021年9月，75岁的丑角名角朱世慧受邀登台表演京剧《徐九经升官记》，斜嘴、歪脖、高低肩，他用精湛的表演塑造了一个“体歪心正”的好官。

著名京剧表演艺术家朱世慧：“京剧这个格局是这样的，老生和旦角始终是我们的大行当，你看我们排行当的顺序，他们也是排在前面，生旦净丑。就说干一行，你首先就得热爱它。”

【素材关键词】文化传承、热爱、精益求精。

3. 乔进双梅：一针一线绣出致富小康路

乔进双梅，四川省级非物质文化遗产代表性项目彝族手工刺绣县级代表性传承人。

乔进双梅来自川西南小凉山区马边彝族自治县，18岁就因“绣资”出众享誉县城。让彝绣走出深山，让彝族妇女通过彝绣脱贫致富，是她长期以来的梦想。

2015年，乔进双梅等5人利用自身特长和优势，成立马边县首个刺绣专业合作社——马边花间刺绣专业合作社，生产彝绣服饰、手绣工艺品等。带动周边几百名绣娘实现居家灵活就业，人均年增收达8000元以上。

在带领当地妇女通过彝绣脱贫致富的同时，乔进双梅还致力于推动彝绣传承，让彝绣文化不断发扬光大，代代相传。从2017年起，乔进双梅带着“女子绣班”走进当地小学开展培训，“不仅能让彝族孩子从小掌握一门技艺，还可以传承并发扬我们本民族的文化”。

“我和彝绣的故事，三天三夜讲不完，我心里感恩的话，三天三夜也讲不完！”接过“中国非遗年度人物”奖杯，她的语调有些激动，“非遗，改变了深山里妇女的命运；小小的绣花针成了脱贫致富的秘密武器。”

【素材关键词】文化传承、脱贫致富、勤劳、民族文化。

4. 孙淮滨：胸怀理想，做完美的纺织人

孙淮滨，中国纺织工业联合会副会长。

孙淮滨主管中国纺织联合会非遗工作，思路清晰、作风务实、敢于创新、成绩突出，在行业内外形成较大影响，成为纺织非遗事业领军人物。孙淮滨认为，随着纺织服装产业链向高端迈进，加大纺织类非遗资源的发掘力度，非遗时尚化、产业化、国际化，将不断为纺织业高质量发展注入新活力。

【素材关键词】文化传承、继承与发展。

5. 杨先让：为传统民艺奔走

杨先让，中央美术学院“民间美术系”创办者、中央美术学院民间美术系原主任、教授。

1930年，杨先让出生于山东烟台养马岛，幼时父亲收藏的许多美术作品，成为他最初的艺术启蒙。1948年，杨先让考入国立北平艺专，师从徐悲鸿、孙宗慰、蒋兆和、李瑞年、冯法祀等先生，四年的专业训练为他打下了扎实的写实造型基础。毕业后被分配到人民美术出版社工作，杨先让出色的造型能力很快得到了发挥，其第一幅套色木刻作品《出圈》在1957年全国青年美展上获奖，这让他逐渐成为20世纪50年代版画创作队伍中青年一代的代表人物。1960年，调回母校中央美院版画系任教后，杨先让开始专注于版画创作，其间创作的如《会师大庆》《刘胡兰像》等作品，采用现实主义的表现手法，同时饱含浪漫主义的诗情意蕴，成为时代经典。而他与传统民间艺术的情缘，要从一次探亲经历说起。

20世纪80年代初，杨先让在出国探望父亲的途中，拜访、参观了众多名校和博物馆。让他印象最深刻的，便是这些文化机构对于原生态艺术在当代学术研究与展示中的重视程度。诸多本土民间艺术的价值被充分挖掘并再现，这启发了杨先让对于中国丰富多彩的传统民间艺术的重新审视。回国后，在他的积极努力下，中央美术学院民间美术系应运而生。

将中国民间艺人请入美院课堂，传播中国传统民间艺术的精髓，这对于当时的学院来说无疑是件“新鲜事”。为了探寻中华文化之源，杨先让带领团队走访中华文明的重要发源地黄河流域，对年画、剪纸、布虎、刺绣、皮影、面花、脸谱等众多民间艺术进行考察，足迹遍布黄河沿岸8个省、100多个县镇，最终向世人呈现出皇皇巨著《黄河十四走》，这是关于黄河流域传统民间艺术极为重要的考察实录成果。

20世纪90年代后，杨先让将大量精力投入到彩绘作品的创作中。“乡情”“小城春秋”“家门”等系列作品在中国传统水墨画的基础上，将油画的写实技巧、版画的形式语言以及壁画的斑驳肌理融为一体，创生出独具特色的绘画样式。那些寻常可见的钟楼古墙、城镇街道、胡同小巷，以及中国传统民居建筑中的木格门窗、石阶瓦顶皆是杨先让创作灵感的来源。用他自己的话说：“画画总要有点自己的特点，与别人拉开距离，用中国传统的笔墨，画西方光色写实的物象，再加点版画线条的效果，四不像，就称它为‘彩绘’了。”

如今，年逾九旬的杨先让依然醉心于美术创作，这份执着始终贯穿他的艺术人生，正如他在一段自述中所写：“我自己都未曾想过，会走向为中国传统民间艺术呐喊之路，眼见一些传统民艺将走向消失，便产生了责任感，看准了方向，这都是我的感情所为，我无怨无悔。”

【素材关键词】文化传承、文化自信、民族精神。

6. 张伯礼：传中华岐黄之术

张伯礼，国家级非物质文化遗产代表性项目中医传统制剂方法国家级代表性传承人。

在抗疫战场上，张伯礼院士和武汉“肝胆相照”，感人至深。他多次获奖，但以中医传统制剂方法国家级代表性传承人的身份获奖却是第一次。

因公务不能到活动现场，张伯礼便早早地等在了连线屏幕的那一头，他激动地说："中医药全程参与抗击疫情，在各个阶段都发挥了非常重要的作用，可以说，中医药也成为中国抗疫的亮点。"

的确，在惊心动魄的抗疫斗争中，古老的中医药贡献了杰出的东方力量。中西医结合、中西药并用，是疫情防控的一大特点，也是中国智慧、中国方案的生动实践。

"作为一个大国，我们的科技进步、产业进步了，我们的文化也同样要进步。传统文化得到发扬光大，才是一个大国的立国基础。"张伯礼坚定地说，"非遗具有重要的文化价值，非遗年度人物活动是个很有意义的活动，我为获得这个荣誉而感到荣幸，也将继续为传播中华优秀文化而努力。"

【素材关键词】文化传承、传统、悬壶济世。

7. 陈正雷：走出太极文化国际之途

陈正雷，国家级非物质文化遗产代表性项目太极拳（陈氏太极拳）国家级代表性传承人。

太极拳、送王船被正式列入联合国教科文组织人类非物质文化遗产代表作名录，成为2022年中国非遗的里程碑式事件。至此，我国人类非遗数量增至42个，居世界第一，凝结着一代代非遗人的传承、坚守和奉献。

获得"中国非遗年度人物"，是对陈正雷60多年来苦练不辍、传艺不停的最高褒奖。从一个人、一个家庭，带领一个团队，一套拳走遍世界；从河南陈家沟到60多个国家的100多个教学点。从书本只有中文到翻译成9种文字、在100多个国家出版发行，陈正雷坦言"一路走来满是艰辛"，但支撑这位陈氏太极拳第十一代嫡宗传人的"初心"是："要把老祖宗留下的太极拳发扬光大，要为人类健康做出更大的贡献。"

【素材关键词】文化传承、不忘初心。

8. 姚璇秋："演好戏就是为人民服务"

姚璇秋，国家级非物质文化遗产代表性项目潮剧国家级代表性传承人。

不同的剧种、不同的表演，但相同的角色都是"传承人"，有着相同的"初心"：戏大于天，要演好每一出戏、每一个角色；既要在舞台上唱念做打，还要带弟子，口传心授、代代传承。

2020年10月，习近平总书记在潮州考察指出，以潮剧、潮绣、潮州菜和工夫茶等为代表的潮州非物质文化遗产，是中华文化的瑰宝。

"潮剧是用地方方言来演唱的，潮剧的故事就是潮汕人的故事，深受海内外潮汕人的热爱。"潮剧国家级代表性传承人姚璇秋退休20余年，但退而不休，还一直忙于传承工作。她带领的一批批潮剧人不懈努力，让有着500多年历史的潮剧越来越受到年轻人的喜爱。

【素材关键词】文化传承、不懈努力、戏剧传承。

三、名人名言

1. 变坏的绝不是新生的一代，只有在年长的人已经腐化之后，他们才会败坏下去。——孟德斯鸠

2. 没有血气的人苍白，没有理想的人懈怠。——谚语

3. 忿怒二字，圣贤亦有之；特能少忍须臾，便不伤生。——曾国藩

4. 心的陶冶，心的修养和锻炼是替美的发现和体验做准备。——宗白华

5. 每种首创事业的成功，最要紧的还是所有当事人的基本训练。——马明·西比利亚克

6. 先天下之忧而忧，后天下之乐而乐。——范仲淹

7. 一种理想，就是一种力！——罗曼·罗兰

8. 少年得志，这正是人生的不幸。从内部来说，它会使他恃才自傲并阻碍他的成才；从外部来说，不论干什么事都会引起众人的妒忌。——佐藤春夫

9. 所谓青春，就是心理的年轻。——松下幸之助

10. 一个人只能为别人引路，不能代替他们走路。——罗曼·罗兰

11. 竭力履行你的义务，你应该就会知道，你到底有多大价值。——列夫·托尔斯泰

12. 勇敢产生在斗争中，勇气是在每天对困难的顽强抵抗中养成的。我们青年的箴言就是勇敢、顽强、坚定，就是排除一切障碍。——奥斯特洛夫斯基

13. 我知道什么是劳动：劳动是世界上一切欢乐和一切美好事情的源泉。——高尔基

14. 一个人如果把从别人那里学来的东西算作自己的发现，这也很接近于虚骄。——黑格尔

15. 太阳是幸福的，因为它光芒四照；海也是幸福的，因为它反射着太阳欢乐的光芒。——高尔基

16. 如果说工业是主脑，那么农业就是工业发展的基础。——斯大林

17. 一个人的知识如果只限于学校学习到的那一些，这个人的知识必然是十分贫乏的。——于光远

18. 把语言化为行动，比把行动化为语言困难得多。——高尔基

19. 蠢材妄自尊大，他自鸣得意的，正好是受人讥笑奚落的短处，而且往往把应该引为奇耻大辱的事，大吹大擂。——克雷洛夫

20. 安得万里裘，盖裹周四垠；稳暖皆如我，天下无寒人。——白居易

21. 你要记得，永远要愉快地多给别人，少从别人那里拿取。——高尔基

22. 上天赋予的生命，就是要为人类的繁荣、和平和幸福而奉献。——松下幸之助

23. 给予的最需要的方面不在物质财富范围内，它存在于人性特有的领域。——弗罗姆

24. 构成我们学习最大障碍的是已知的东西，而不是未知的东西。——贝尔纳

25. 我之所以能在科学上成功，最重要的一点就是对科学的热爱，坚持长期探索。——达尔文

26. 言无常信，行无常贞，惟利所在，无所不倾，若是则可谓小人矣。——荀子

27. 劳动是人类存在的基础和手段，是一个人在体格、智慧和道德上臻于完善的源泉。——乌申斯基

28. "未来"是青年人的一个天堂。——塞拉

29. 正确的结果，是从大量错误中得出来的；没有大量错误作台阶，也就登不上最后正确结果的高座。——钱学森

30. 万事开头难，每门科学都是如此。——马克思

31. 大自然是善良的母亲，也是冷酷的屠夫。——雨果

32. 学和行本来是有联系着的，学了必须要想，想通了就要行，要在行的当中才能看出自己是否真正学到了手。否则读书虽多，只是成为一座死书库。——谢觉哉

33. 劳动永远是人类生活的基础，是创造人类文化幸福的基础。——马卡连柯

34. 痛苦和寂寞对年轻人是一剂良药，它们不仅使灵魂更加地美好，更崇高，还保持了它青春的色泽。——大仲马

35. 正是劳动本身构成了你追求的幸福的主要因素，任何不是靠辛勤努力而获得的享受，很快就会变得枯燥无聊，索然无味。——休谟

36. 书到用时方恨少，事非经过不知难。——陆游

37. 没有人会因学问而成为智者。学问或许能由勤奋得来，而机智与智慧却有赖于天赋。——约翰·塞尔登

38. 不管我们的成绩有多么大，我们仍然应该清醒地估计敌人的力量，提高警惕，决不容许在自己的队伍中有骄傲自大、安然自得和疏忽大意的情绪。——斯大林

39. 青春终究是幸福，因为它有未来。——果戈理

40. 天才在于积累，聪明在于勤奋。——华罗庚

41. 坦白是使人心地轻松的妙药。——裴斯泰洛齐

42. 恢宏志士之气，不宜妄自菲薄。——诸葛亮

43. 有过必悛，有不善必惧。——《国语·楚语下》

44. 假如你认为能够，你便能够；假如你认为不能够，你便不能够。——戴维斯

45. 青春是生命中最美好的一段时间。——黑格尔

46. 自尊心是一个人灵魂中的伟大杠杆。——别林斯基

47. 举一而反三，闻一而知十，及学者用功之深，穷理之熟，然后能融会贯通，以至于此。——朱熹

48. 爱情存在于奉献的欲望之中，并把情人的快乐视作自己的快乐。——斯韦登伯格

49. 诚实是人生的命脉，是一切价值的根基。——德莱

50. 怜悯是一个人遭受厄运而引起的，恐惧是这个遭受厄运的人与我们相似而引起的。——亚里士多德

51. 当你往前走的时候，要一路撒下花朵，因为同样的道路你决不会再走第二回。——欧文

52. 要紧的事情是别浪费你的青春和元气。——契诃夫

53. 壮士临阵决死，哪管些许伤痕，向千年老魔作战，为百代新风斗争，慷慨掷此身。——华罗庚

54. 贝壳虽然死了，却把它的美丽留给了整个世界。——张笑天

55. 当我们是大为谦卑的时候，便是我们最近于伟大的时候。——泰戈尔

56. 没有力量的意志就如同假装士兵的孩子。——坎宁

57. 即使最无足轻重的今天和最无足轻重的昨天相比，也具有现实性这一优势。——叔本华

58. 让我们享受人生的滋味吧，如果我们感受得越多，我们就会生活得越长久。——法朗士

59. 在生活中是没有旁观者的。我爱生活，并且为它战斗。——伏契克

60. 少说些漂亮话，多做些日常平凡的事情。——列宁

61. 先苦后甜要比先甜后苦的味道迷人得多。——王绍男

62. 珍视劳动，珍视人才，人才难得呀。——邓小平

63. 时间是衡量事业的标准。——培根

64. 时间是个常数，但也是个变数。勤奋的人无穷多，懒惰的人无穷少。——字严

65. 在生活的路上，将血一滴一滴地滴过去，以饲别人，虽自觉渐渐瘦弱，也以为快活。——鲁迅

66. 人总是在接近幸福时倍感幸福，在幸福进行时却患得患失。——张爱玲

67. 记忆的梗上，谁不有两三朵娉婷，披着情绪的花。——林徽因

68. 我从没被谁知道，所以也没被谁忘记。在别人的回忆中生活，并不是我的目的。——顾城

69. 雨下给富人，也下给穷人；下给义人，也下给不义的人；其实，雨并不公道，因为下落在一个没有公道的世界上。——老舍

70. 想写一本戏，名曰最悲的悲剧，里面充满了无耻的笑声。——老舍

71. 把握住今天，胜过两个明天。——拉美谚语

72. 一个有志气的人，他为之奋斗的目标应该是远大的，高尚的，而绝不是被私利障住眼睛的懦夫。——殷庆功

73. 人生活的世界上好比一只船在大海中航行，最重要的是要辨清前进的方向。——潘菽

74. 心小了，所有的小事就大了；心大了，所有的大事都小了；看淡世事沧桑，内心安然无恙。——丰子恺

75. 一个人至少拥有一个梦想，有一个理由去坚强。心若没有栖息的地方，到哪里都是在流浪。——三毛

76. 朋友这种关系，最美在于锦上添花；最可贵，贵在雪中送炭；朋友中的极品，便如好茶，淡而不涩，清香但不扑鼻，缓缓飘来，似水长流。——三毛

77. “读万卷书，行万里路，两者关系如何?”这是我碰到最多的提问。我回答：“没有两者。路，就是书。”——余秋雨

78. 人啊，活着时受了再多的苦，到了快死的时候也会想个法子来宽慰自己。——余华

79. 谦卑的心是宛如野草小花的心，不取笑外面的世界，也不在意世界的嘲讽。——林清玄

80. 人，有了物质才能生存；人，有了理想才谈得上生活。——雨果

81. 记住该记住的，忘记该忘记的。改变能改变的，接受不能改变的。——塞林格

82. 花开半看，酒饮微醉，此中大有佳趣。若至烂漫酕醄，便成恶境矣。履盈满者，宜思之。——洪应明

83. 少年时我们追求激情，成熟后却迷恋平静，在我们寻找、伤害、背离之后，还能一如既往地相信爱情，这是一种勇气。——村上春树

84. 不同的青春，同样的迷惘。然而，青春会成长，迷惘会散去，黑夜过后，太阳照常升起。——海明威

85. 一个人记得事情太多真不幸，知道事情太多也不幸，体会到太多事情也不幸。——沈从文

86. 世事茫茫，光阴有限，算来何必奔忙? 人生碌碌，竞短论长，却不道荣枯有数，得失难量。——沈复

87. 如果不幸福，如果不快乐，那就放手吧；如果舍不得、放不下，那就痛苦吧。——柏拉图

88. 进则安居以行其志，退则安居以修其所未能，则进亦有为，退亦有为也。——张养浩

89. 我什么也没忘，但是有些事只适合收藏。不能说，也不能想，却又不能忘。——史铁生

90. 在一回首间，才忽然发现，原来，我一生的种种努力，不过只为了要使周遭的人对我满意而已。为了博得他人的称许与微笑，我战战兢兢地将自己套入所有的模式、所有的桎梏。走到中途，才忽然发现，我只剩下一副模糊的面目，和一条不能回头的路。——席慕蓉

91. 人生不过如此，且行且珍惜。自己永远是自己的主角，不要总在别人的戏剧里充当着配角。——林语堂

92. 我所有的自负都来自我的自卑，所有的英雄气概都来自我内心的软弱，所有的振振有词都因为心中满是怀疑。我假装无情，其实是痛恨自己的深情，我以为人生的意义在于四处游荡流亡，其实只是掩饰至今没有找到愿意驻足的地方。——卡尔维诺

93. 去爱吧，就像不曾受过伤一样；跳舞吧，像没有人会欣赏一样；唱歌吧，像没有人会聆听一样；干活吧，像是不需要金钱一样；生活吧，就像今天是末日一样。——艾佛列德·德索萨

94. 人只有，将寂寞坐断，才能重拾喧嚣；把悲伤过尽，才能重见欢颜；把苦涩尝遍，才能自然回甘。——林徽因

95. 生如夏花之灿烂，死如秋叶之静美。——泰戈尔

96. 今是生活，今是动力，今是行为，今是创作。——李大钊

四、妙语隽言

1. 梅花傲雪，桃李争春，大自然中，有许许多多，数不尽的美的存在，然而，真正让我觉得美得惊心动魄的，是学校教学楼前那棵白玉兰。它的美，让我沉醉。

2. 夜静静的，星星月亮都去睡觉了。闷热的夏天，蝉时不时地叫两声，仿佛老在提醒星星不要睡得太沉似的。但无论它怎样提醒，还是万籁俱寂了。

3. 年年有风，风吹年年，慢慢即漫漫；日日无事，事复日日，忙忙亦茫茫；日日升日，日落日日，旧旧依久久；岁岁落暮，暮坠轮轮，暮暮即慕慕；朝朝辞暮，尔尔辞晚，碎碎念安安。

4. 巷子里的猫很自由，但没有归宿，屋檐下的狗有归宿，却始终低着头，人生这道题怎么选都有遗憾。

5. 那些美好的记忆，甜的，收藏在我的世界里。时光流逝，书页泛黄，内心的记忆情义长存。父亲，一生的教导者，指引者。父爱如山，不如母爱细柔，但它深远巍峨。大概这就是他最好的表达吧！

6. 静心不易，原因之一：被名利所困。汲汲于名利，汲汲于富贵，乃世人常态，而潜心于学识研究，倾心于本职工作的人少之又少。如此物欲横流、金钱至上的社会，如果你视金钱、地位、权利如粪土的话，那人们会认为你是个傻子、呆子、头脑有病的人。“淡泊名利、清廉高洁”好像是多么遥远的事情。

7. 当你抛弃了名利之争、私欲之念的时候，你的心会自然而然地沉静下来，心胸也会宽阔无比。“海纳百川，有容乃大，壁立千仞，无欲则刚。”自然、从容、淡定、谦虚、正直、廉洁、奉公等就会成为你的优良品质，你就会成为“一个高尚的人，一个纯粹的人，一个有道德的人，一个脱离了低级趣味的人，一个有益于人民的人”。

8. 想到亲友送别，多数人的反应或心绪凝重，或泪眼涔涔，古人骆宾王“寂寥心事晚，摇落岁时秋”，今者席慕蓉“一去千里，世间种种终必成空”，很少有人能像李商隐“却话巴山夜雨时”这样坦荡面对离别，希冀再会。

9. 秋天的落叶缓缓落下，古朴的钟声慢慢响起，走在阳光明媚的路上，听着让人沉迷的音乐，我的人生才能够算是更加完美，音乐给了我第二次生命，音乐带给我骄傲和自豪，伴随着婉转的旋律，细腻的音符缓缓流转，音乐总是能够带给我心灵上的震撼。

10. 我喜欢倾听山间的小溪潺潺流淌的声音，每当听到这种声音时，我仿佛看到那清澈透明的溪水顺着弯弯曲曲的山谷流下来，时而急，时而缓。它一边奔流一边玩耍。一会儿拍拍岸边五颜六色的卵石，一会儿又摸摸沙地上才伸出脑袋来的小草，一会儿让那漂浮的树叶打个转，一会儿又挠挠那些追赶它的小蝌蚪的痒痒。

11. 山有雄壮的风采，山也有朴素的品格。山豪迈，山也俊秀。奇险是山，逶迤是山，平坦是山，突兀是山，温柔是山，呼啸是山。山，时而鬼斧神工，时而又平淡无奇。山的性格是刚强的，不惧怕任何压力，但平素却显得和蔼慈祥，文质彬彬，英俊而柔情。因为有山，流水乃为之改道；因为有山，城市才缘依环绕。大山以浑厚坦荡容纳万世、汇聚百川。

12. 人生则是从不必回头的旅程。走过的路，错过的风景，何以有再来一次的价值？与其把时间浪费在过往的岁月里，倒不如用心走好余下的旅程，毕竟未来永远比过去重要，不是吗？也许这一次的失去也预示着新的收获，也许这一次的结束也代表着下一轮新的开始。

13. 用知识的浪花去推动思考的风帆，用智慧的火星去点燃思想的火花，用浪漫的激情去创造美好的生活，用科学的力量去强劲腾飞的翅膀！

14. 古人云：“人无信不立，国无信不强。”是诚信创写了历史佳绩，是诚信树立了威严，是诚信让人可以在社会上立足，诚信是金。孔子说：“人而无信，不知其可也。”巴尔扎克也说过“遵守诺言就像保卫你的荣誉一样。”可想而知，诚信是多么重要。

15. 不要等到美好社会来临，才决心做一个美好的人。做一个辛勤的人，但不要日日忙于浇水，却忘了为未来播种。生活，是实实在在的一种生存。不甘寂寞也好，甘于寂寞也罢，生活，只要适合自己，就是幸福。

16. 不要忘记那些曾让你开心过的事情。把别人看得太重，结果到头来自己什么都不是。快乐是一种心情，无关物欲。心怀豁达、宽容与感恩，生活就会阳光明媚。人生有得有失，聪明的人懂得放弃，幸福的人懂得超脱。

17. 草把绿色献给春天，使它的生命变得精彩；清泉，把它的甘醇流淌入干渴者的心田，使它的生命变得精彩；红日，把它的温暖传递到严寒的隆冬，使它的生命变得精彩。花开不是为了凋谢，而是为了结果，结果也不是为了终结，而是为了重生。

18. 生活就如沧海，有时恣意咆哮，排山倒海；有时收敛狰狞，波澜不兴。人正如这生活在大海上的一叶扁舟，摇曳不定又如秋风中萧瑟的黄叶，经历了生的困惑与死的彷徨，人生的航道该何去何从?

19. 放逐一份心情，不为繁华只为遇见，不言离殇，只为感动的那一瞬间。伴一程流年，红尘胭脂妩媚的不只是春天，还有不变的温暖。流年烟雨温婉的不只是惦念，还有永恒的誓言。岁月会老去我们容颜，会消瘦我们的身躯，却无法抹去刻在生命里的点点斑斑，记忆的心灯总在漆黑的午夜，照亮了此岸、彼岸。

20. 一直很喜欢夜晚的路灯，那种散发着昏黄光芒的路灯。总会觉得那种形象太过适合夜的氛围，适合每个在夜间行走的人们的心情。总会觉得，路灯是一个守望者，它的灯光，是照在心底最温暖的光芒。不管你是在何方，有着何种心情，那种昏黄，总是泻下一丝慰藉，抚慰着一颗心。

21. 在生命的阡陌纵横，踽踽而行，或见落花翩跹、衰草盘桓，或经流水人家、榆柳娉婷，或恍然听见悠远山谷中传来的黄鹂鸣叫声声清啼，或一路尘满客袍。在行途的终止，我站定身子，蓦然回首，曾经的舟车劳顿原来是用以抵化一个明媚的春颜，红了樱桃，绿了芭蕉。

22. 分享不在乎多与少。哪怕是和别人分享一块面包，那也是莫大的快乐。生活中，处处充满分享。我们可以把上学路上的奇闻分享给大家，可以分享我们成功后的喜悦，也可以分享我们所做的梦……只要把我们所拥有的，所知道的分享给别人，那么你得到的将会比分享出去的更多。

23. 诚信是一面铿亮的明镜，照应出你我的内心；诚信是一股清澈的泉水，洗去肮脏、流淌洁净；诚信是一块不朽的基石，让我们踏它前行。以诚待人、以信律己是我们一直以来必须实行的宗旨。可以说：诚信也是我们做人的根本。

24. 生命是盛开的花朵，它绽放得美丽，舒展，绚丽多姿；生命是精美的小诗，清新流畅，意蕴悠长；生命是优美的乐曲，音律和谐，宛转悠扬；生命是流淌的江河，奔流不息，滚滚向前。

25. 不要因为小事遮住视线，我们还有更大的世界。当明天变成了今天，成为昨天，最后成为记忆里不再重要的某一天，我们突然发现自己在不知不觉中，已被时间推着向前走，这不是在静止的火车里与相邻列车交错时，生出仿佛自己在前进的错觉，而是我们真实地在成长，在这件事里成了另一个自己。

26. 生活是一首歌，吟唱着人生的节奏和旋律；生活是一条路，延伸着人生的足迹和希望；生活是一杯酒，饱含着人生的清醇与忧愁；生活是一团麻，交织着人生的烦恼与快乐；生活是一幅画，描绘着人生经历的红绿蓝；生活是一团火，燃烧着人生的憧憬和梦想。

27. 芝兰生于幽谷，不因无人问津而不芳，这是一种淡泊；梅花开于墙隅，不因阳光冷落而不香，这是一种优雅；流水绕石而过，不因山石之阻而纷争，这是一种低调。

28. 面对误解和仇恨，一笑而过是一种坦然宽容，然后保持本色，这是一种达观；面对赞扬和激励，一笑而过是一种谦虚清醒，然后不断进取，这是一种力量；面对烦恼和忧愁，一笑而过是一种平和释然，然后努力化解，这是一种境界。

29. 人生如花，有开必有谢；人生如树，有茂必有疏；人生如赛场，有胜必有负；人生如月亮，有圆必有缺，这些全都掌握在自己的手中，就看你是否找到机遇，来实现你的人生之旅……

30. 生活是一面镜子，我们如何面对它，它就会如何馈赠我们。背不动的，要放下；伤不起的，要看淡；想不通的，要不想；恨不过的，要抚平。有时，尽管我们已经很努力，仍然得不到幸运之神的青睐，只能说明，该转弯了。付出不一定有收获，收获却一定要付出努力。

31. 青春是人生中最重要的基石，它暗示着我们的未来。我们只有不断地为它添砖加瓦，最终才能盖起一座属于自己的城堡。同时，它也是一把代表着希望的钥匙，打开城堡的大门，开启我们美好的未来！

32. 一抹落日的余晖刚洒落在东汉历经沧桑的斜阳古道，又渲染着盛唐平沙落雁的小桥流水人家；一枝傲雪的寒梅刚绽放在明末柳岸闻莺的大明湖畔，又芬芳在晚清长河落日的悲壮与苍凉。时光荏苒，岁月蹉跎，人生易逝，悲欢离合。俯察人生百味，静观世态炎凉。人们不禁要拷问："何为人生，何为诚信?"

33. 人生如一盏茶，需要慢慢地品尝，刚开始可能平淡无味，可是到了最后，你会发现茶起了变化。不再是那平淡的清水，而变得时而苦涩，时而甘甜爽口，有着说不完道不尽的味道，就看你是如何抉择。

34. 生命中唯一不可丢弃的财富就是诚信，没有了诚信，你所拥有的一切不过是水中月，镜中花，如过眼云烟，终会随风而逝。在许多人看来，诚信并没财富来得重要，但他们忘了，没有诚信，即便现下财富再多，欺骗会把它压榨得一分不剩。丢弃了诚信，就像本该属于天空的雄鹰放弃自己的翅膀，等待它的只有死亡。因为生命不可能从谎言开出灿烂的鲜花。

35. 有一把伞撑了很久，雨停了也不肯收；有一朵花闻了很久，枯萎了也不肯丢；有一种亲情，直到青丝变成白发，也在心底深深保留，母亲的味道，是我终身的幸福。

36. 终于迎来了秋天的第一场雨。淅淅沥沥，交织着一片片网。密密的，像牛毛，像花针，像细丝。世界好像变新了，变成一片闪亮亮的天地。

37. 人生最美丽的事情，莫过于聆听心灵。它把生命中最感人的音符，以及人性最原始纯朴的律动，演绎得荡气回肠。旋律化作涓涓细流，缓缓滑入灵魂深处，在心中漾起圈圈涟漪，心随悠扬的旋律飞扬，独享音乐之韵，独听心灵之声，享受这份轻松自在、恬静美丽！

38. 曾经有一位哲人立于河边，面对奔流不息的河水，想起逝去的时间与事物，发出了一个千古流传的感叹——“逝者如斯夫”。人生百年，几多春秋。向前看，仿佛时间悠悠无边；猛回首，方知生命挥手瞬间。

39. 我赞美松的坚强，比起那柳树，也许它算不上婀娜多姿，比起那果树，也许它没有香甜的果实。然而，它朴素坚强。它虽然没有华丽的外表，但它有充实的内心。你看，它不畏严寒酷暑，不畏风霜雪雨，总是身着绿色战袍，笔直地站在那里，默默地忍受着大自然的考验。它把环境对它的锤炼，当作自己最大的快乐。

40. 平淡的日子淡然地过，生活如水，人生似茶，再好的茶放到水中一泡，时间久了，也就淡了。也许是棱角磨平了，或许是成熟稳重了，脚步越来越踏实，日子越来越平淡。人生步入另外一种境界——淡然。得与失，成和败，聚或散，虽然一直渴望一切都好，但也能安然地接受一切不好。淡然，是人生的一种成长。

41. 岁月静好，浅笑安然。打开记忆的闸门，仿佛又回到了那年那月那时光，仿佛又见到你送给我的那盆清香茉莉，在细雨潇潇的夜晚，所呈现出来的洁净和楚楚动人。过往总是在记忆深处，以固有的姿态，执着地提醒我，生命中有一种存在，叫从前。

42. 青春，没有永远的快乐，也没有永远的忧伤。煎熬，无论好与不好，都是平等的。就像人生一样，我们不可能一帆风顺，风平浪静的，总会经历我们的春夏秋冬，有开心，有失落，有挫折，有成功。

43. 春花秋月，夏萤冬雪，怀一心宁淡，安然度日。在花开的日子，曾从百花丛中走过，看尽缤纷花朵娇艳盛开；叶落的时候，曾踩着斑驳的记忆，找寻逝去的时光。年华流转，转身，原来从不曾丢了自己，只是让时光变得更加安静，对待过往，也不再追问。

44. 其实人生也如四季，天真烂漫的童年是人生的春天，血气方刚的青年是人生的夏天，沉稳持重的中年是人生的秋天，蹒跚伛偻的老年是人生的冬天。但只要保持心灵的春天，生命将永远年轻。

45. 静是一种品格，可以沉淀浮躁，过滤那些浅薄，调节人的精神。静是一种善良，能解读生命的安宁，感悟人生的大慈大悲。静是一种修养，拥有了然于心的平静，那么你就是拥有了高品位的人生。

46. 花开花落，那么多的故事都埋在黄沙里。有人以为也许是一场凄美，有人以为也许是一声叹息，若用另外一种心情去看待，何尝不是另一种成全，何尝不是人生的另一种圆满。似笑非笑的嫣然，执迷不悔的凛然，心照不宣的释然，让我们在悲喜交加中恍然。

47. 优雅的人生，是用平静的内心、平和的心态、平淡的活法，滋养出来的从容和恬淡。简单是福。众生之苦，苦于繁忙。忙财富，忙名利，忙着争抢，忙于计较得失荣辱。争来抢去终是空。

48. 我梦想，去到塞外的大漠中，在夕阳的余晖中，感受“长河落日圆”的情怀；我梦想，坐在家乡的明月下，在满月的银辉中，体会“月是故乡明”的感慨；我梦想，置身于江南的古镇中，在绵绵的细雨里，体味“沾衣欲湿杏花雨”的情调；我梦想，徜徉在东海之滨，在阵阵海浪声中，感受“烟雨莽苍苍”的气魄。

49. 生活是蜿蜒在山中的小径，坎坷不平，沟崖在侧。摔倒了，要哭就哭吧，怕什么，不用装模作样！这是直率，不是软弱，因为哭一场并不影响赶路，反而能增添一份留意。山花烂漫，景色宜人，如果陶醉了，想笑就笑吧，不用故作矜持！这是直率，不是骄傲，因为笑一次并不影响赶路，反而能增添一份信心。

50. 人的一生，时间有限，学会取舍，是生命的重点。我们每一个人都要懂得，让我们的时间围绕重要的人和事运转。学会放弃，懂得珍惜，如果不放弃次要，就不能珍惜重要。

51. 喜欢一种情意，浅浅淡淡，不远不近。念起便有一种沁人心脾的暖，知心的柔。岁月轮转，韶华渐逝，唯愿人依旧安静温雅。世事经年，唯愿情怀依旧宁静如初。静默时光的彼岸，就让我静心等待一场必然来临的春暖花开。即使偶尔会有心潮澎湃，亦是沉寂中的安恬与端庄。

52. 站在人生的驿站前，我仿佛看见了春天层层叠叠的翠绿，在碧海波涛里蕴藏着一个温柔的梦的海湾；我仿佛看见春风来了，一笔笔，总是写入惠风的颤动里；我仿佛嗅到无数春花的芳香，那些被冰封的花朵，在春天的原野中争相怒放。

53. 几许惆怅，几许思量，又觉风嘶又感秋凉。白墙黑瓦，边歌边荡。朱梅绿柳，一咏一觞。古道无尽，看数缕残阳斜照雁门关上，天涯有角，听几声觱篥音传凤凰岭旁。且悲且喜且鸣且放，亦颦亦怒亦乖亦张。梅须逊雪三分白，雪却输梅一段香。

54. 当世界闭上喧嚣的眼眸，月光画在黑夜里，若一幅空明的画卷铺在乡间小路上。微风暧昧地扯着夜的衣袖，留下一许月光；倾听清光写在碧波上的哀婉曲调。我仿佛置身于笼罩轻纱的梦，惊艳了刹那繁华。

55. 流年的风轻轻吹过，多少不可触及的故事，渐行渐远；多少不离不弃的誓言，终成等待。记忆是流动的风景，总会在辗转中心伤，有些心情，只适合在无人的夜里摇曳；有些爱，需要时间来成全。雨落湿人心，风过吹人醒，如若生命是一幅水墨丹青，岁月带走的是一笔留白，所有的故事，都是生命给予的回味。

56. 心淡了，寂寞也是一种美。心无所依，谓之寂寞。人生有期盼，就会寂寞。期盼让心萌芽，现实让心坠入寂寞。盼花花不开，盼人人不来，求功功不成，希望越大，失望越大。摒除执念，一切随缘。花开，喜于结果；不开，喜于过程。太依赖于结果的美丽，路上再美的风景也只能错过。静享时光，则寂寞也美。

57. 有一个清醒的头脑比有一个聪明的头脑更重要；有一种良好的习惯比有一种熟练的技巧更实用；有一股青春活力比有一副健全的臂膀更有力；有一身勇气和胆识比有一门知识更强劲。

58. 风掠过记忆的年轮，却带不走岁月留下的斑驳；阡陌年华，驻足回眸，季节已悄然流逝，倾听白昼遗落在黑夜的惆怅，任思绪狂妄飘洒，叹红尘错落，情缘深重，任点滴的思念独自飘零。

59. 心，人人都有，却人人不识。心，生生世世、永永远远跟随我们，我们却常常忽视它。宇宙间一切万象，人生中一切际遇，莫不是由这颗心所变换、所幻化。不识本心，心随物转，迷障重重；了知自心，境由心转，得大自在。凡圣间的唯一差别，就在于是否有意识、有毅力、有目标地来修正这颗心。

60. 心不静，即使乐山乐水，也是徒然；心静了，大隐隐于市，未尝不可。你看林清玄，你看雪小禅，那些带有松脂青草香味儿的文章，闭上眼，恍若坐在古松下满地青苔的幽深泉水旁。露珠顺着叶脉，静静打湿洁白的裙裾，像洇染上去的淡色的花。淙淙泉水叮咚悦耳，素风拂面，如筝如埙，空灵旷远，那是文字独有的魅力。

61. 赏尽春花，再想秋月，心有余闲，幸福常在。人生没有真正的绝境，无论遭受多少艰辛、多少苦难，只要心存希望，就总有一天能走出困境，让生命重新开花结果。谁的时光，掌握在谁的手里，心若不动，世界无恙，人生静好。静，流淌出智慧，智慧丰盈着生活。静，让人看清世界，看清自己，看清未来的路。

62. 三月小雨，清润如酥，淅淅沥沥，滴滴答答，如泣如诉。这一场三月雨，持久不息，打湿了烟雨中的江南，亭台楼阁，青瓷朱瓦，衔着远山氤氲，近看却成了虚无。层雾朦胧，久绕额头，慢慢浸染，浅浅淡淡，如鱼嬉浅塘，草长莺飞的三月，在这春日里，经久不退。

63. 每一滴水都折射出一个多彩的世界，每一双眼睛都嵌进一个多彩的世界，每一条响着清丽旋律的小溪都闪烁着美的光辉。不要空叹人世的无奈，且用美丽的心情来看待人世的繁华多彩，细细品味那无处不在的美吧！

64. 没有蓝天的深邃，可以有白云的飘逸；没有大海的壮阔，可以有小溪的优雅；没有原野的芬芳，可以有小草的翠绿。生活中没有旁观者的席位，我们总可以找到自己的位置，自己的光源，自己的声音。

65. 听流年如歌，或悲或喜，从指尖滑落。成功的起点是在山穷水尽时，希望的萌生是在峰回路转时，只要心中有一轮太阳，又何惧世事沧桑。若能一切随它去，便是人间好时节，人生的最美心境，就是回眸一笑的洒脱。

66. 微笑着，去唱生活的歌谣，不要埋怨生活给予了太多的磨难，不必抱怨生命中有太多的曲折。大海如果失去了巨浪的翻滚，就会失去雄浑；沙漠如果失去了飞沙的狂舞，就会失去壮观；人生如果仅去求得两点一线的一帆风顺，生命也就失去了存在的意义。

67. 幸福是什么，幸福就是令人感到高兴或欢乐的事情或境遇。在人的一生中，每一件事情都可能让你感到幸福，有的人认为取得一个优异的成绩是幸福，有的人认为在寒冷中获得一声祝福是一种幸福，有的人认为赚到一份靠自己努力得来的金钱是一种幸福。而在我眼里，倾听别人和向别人诉说则是一种幸福。

68. 生活就像波澜壮阔的大海，海面上波涛起伏，看起来令人恐惧，实际上在海水的下面，却是一个神奇、美丽、有趣的世界。小学只是人生中的一小站，后面的路还很长，虽然漂亮，有趣，但充满了艰辛。我们一起背起沉重的行囊，向下一站进发吧！

69. “读书点亮人生，学习改变命运，诚信沟通心灵，习惯成就未来。”这24个字是指导我们全校师生健康追求，奋发向上的人生箴言。而要成长为一个博学多识，乐观向上，对社会有用的人，就离不开读书。书是知识的宝库，书是进步的阶梯，书是快乐的源泉。

70. 爱笑的孩子，运气不会太差。做自己的决定，然后准备好承担后果。想得到一样东西一定会失去另一样东西。痛苦是一个挑战，它让人成长，是进步的一个机会。

71. 也许每个人在尘世行走，开始的时候都是年少轻狂，只因入世久了，经历了太多的事，与太多的人相处后，才把心境打磨成了淡如止水的优雅。这是一个从烦躁到安静，由繁复到简单的过程，也是人生必经的路途。

72. 让自己心情更平和一点，更豁达一点，人生难能懂得珍惜与把握。正如一些人，在你拥有的时候，却不懂得珍惜，往往等到失去时才倍加怀念。让自己一边成熟，一边寻找时机。等时机成熟时，理想就可以实现了。

73. 快乐，像一颗价值连城的珍珠，在阳光下，散发出银白色的光辉，温暖了我的心；快乐，像山涧中的清泉，永远不会消失；快乐，像一只小船，载着我们驶向远方；快乐，像一朵玫瑰花，散发着淡淡的清香；快乐，像一弯皎洁的新月，让我们一看见它就觉得十分放松。

74. 雪知道自己一生寒苦，但还是用优美的舞姿为天空纷扬出浪漫，用纯洁的身躯为世界舞出美丽。雪，总是不作一声道别就悄然而去，用短暂的生命坚守着一份纯洁却伤痛的痴恋。

75. 月满则亏，水满则溢。得到中总会失去些什么，这是世之常理。所以，在生活中，面对失去的，我们应该平静如水，面对得到的，也应该保持一颗平常心。笑看人生，才能拥有海阔天空的人生境界。

76. 青春属于有梦想有追求的人，青春不分男女老少，只要保持一颗积极向上的心，青春就属于你。时间带不走年轮，流年带不走青春，青春永不散场。

77. 秋风渐渐，满天飞叶坠落于土壤之中。夕阳将温和的余晖洒在它们的身上，叶子金灿灿的，绽放出最后一道光芒。那是它们留给尘世间不可磨灭的风景线。紧闭双眼，忽然想起："落红不是无情物，化作春泥更护花。"

78. 岁月极美，在于它必然的流逝。在人生的道路上，在人们的生活中，只有平淡才能坦然，坦然使人心胸开阔，平淡使你幸福一生。

79. 我看到了，看到了，看到了日月星辰；我听到了，听到了，听到了天际回音；我想到了，想到了，想到了万物生灵；我闻到了，闻到了，闻到了天地间人的芳香！站在窗前的我仰望天空，仰望那日月星辰，瞬息万变；我俯视大地，俯视那芸芸众生，和泰安康！

80. 人生就像一张白纸，白纸上到底是漂亮的作品还是难看的涂鸦，都要靠自己来决定。如果人生是美丽的图画，烦恼就是一个墨点，我们可以把这难看的墨点改成美丽的图案，让本来美丽的人生变得更加美丽；如果人生是难看的涂鸦，那烦恼就是一点墨水，它会掉在整幅画的重点位置，让本来就难看的画变得更难看。

81. 印象中的秋应该是杂草枯萎、树叶飘落、满目萧条的景象。如今眼前还是一片郁郁葱葱的景色，不免有几分反常。虽然说清晨起来能感到丝丝凉意，日落黄昏能体会到朦胧的悲凉，但感觉秋还是离我们那么遥远。可能面对同一片蓝天，察觉不出秋那轻轻的脚步声，或许处在温暖和谐的生活环境中，秋来得特别漫长。

82. 不是树的冷漠无情，也不是风的追随，只因为叶的无奈……所以选择了离别。它知道选择离别，让它的母亲伤心难过，让它的母亲被别人说成了一个冷漠无情的人。但是它也没有办法，它也没有能力去改变这一切，因为从它长出来以后，就被上帝安排好了命运，上帝的使命，无人能改变。

83. 西边的落日，在天边的云霄中沉浮。火红的晚霞，早已染红半边天空。踏着田间的石子小路，来到你身边，放眼望去，你依旧是那样地变幻莫测。看着你永不停息地沉下山底，坐在河道旁的草地上，抚摸着那富有青春活力的溪水，欣赏那河水与晚霞共长天一色，闻着小草下泥土的气息，嗅着夕阳下泥土的味道，我的思绪早已飘到了远方。

84. 秋已来临，可确实感觉不到秋的存在，其实是自己心境的原因。如果你保持一颗愉悦的心，生活就到处风景如画。我想到了我们老师说的一句话："心在哪里，哪里就有亮丽的风景。"

85. 脚不小心踩倒了几株小草，我蹲下身将它们扶起。草地是碧绿的，绿得含烟，绿得滴翠，仿佛一块无瑕的绿毡，轻盈地铺在地上，为大地穿上了绿衣，为世界带来了生机，将青翠欲滴的绿色送至每一个角落。无论是贫瘠的荒野，还是肥沃的土壤，哪里都有你的身影，"野火烧不尽，春风吹又生。"火烧不尽你，雨打不倒你，小草啊，是不是什么都阻挡不了你？荆棘丛生的成长之路上，若是也有小草这般闯劲，纵使鲜血淋漓，也能凭借顽强的毅力，开辟出属于自己的新天地。

86. 真正的友情，无论是挑拨离间的阴风，还是天灾人祸的霹雳，无论是阴谋诡计的浓雾，还是贫困潦倒的严霜，都不能使你胆怯，都不能使你疏远，都不能使你背叛。你坚韧若高山的岩石，你连绵如不绝的流水。

87. 承受是一种真诚，一种用心铸成的领悟；承受是一种涵养，一种处变不惊、处乱不慌的气度和坦荡；承受是一种力量，一种不同于流俗、弘扬正气的凸显和舒展。承受如一杯陈年老酒，醇香而清冽；承受像一盆羞涩的朝花，含苞待放；承受似一支乡音俚曲，粗朴而深厚；承受是一位哲学家的絮语，含蓄而隽永。

88. 做不了大江大河，就做一条小小的溪流吧；做不了参天大树，就做一株小小的野草吧；做不了顶天立地的英雄，就做一个平凡的百姓吧。只要不停地奔流、生长、努力，也一样走过山高水远，也一样绿遍天涯，也一样活得光明磊落。

89. 悲悯，是人情感中的一脉活水，有时漾开柔波，有时惊起阵痛；悲悯，是人心灵上的一场甘霖，可以滋润干涸的心田，可以净化污浊的世风。

90. 用友谊写一本书，一本厚厚的书。在书里，友谊如珍珠，我们共同穿缀，联成一串串璀璨的项链；友谊如彩绸，我们共同剪裁，缝制成一件件绚丽的衣衫；友谊如油彩，我们共同调色，描绘出一幅幅美妙的图画。

91. 爱心，是一束严冬里的阳光，使贫困交迫的人感到人间的温暖；爱心，是一股流在沙漠里的泉水，使口渴难忍的人感到生命的再生。

92. 生命原是要不断地受伤，不断地复原，不断地创造，不断地被创造的。世界上没有永恒的东西，烦恼和痛苦也是如此，因为生活不会停顿。

93. 春雨啊，哗哗地下，雨珠落在湖面上，像珍珠落在玉盘里似的四面溅射；雨珠落在干土上，地皮上陷下一个小坑，像草原姑娘脸上的笑靥。雨好牧草就好，牧草好牲口就好，牲口好牧民的生活就好。

94. 无论是经两代人写《汉书》的班氏父子，还是付出一生辛劳完成《人间喜剧》的巴尔扎克；无论是徒步穿行南极的秦大河，还是靠轮椅周游世界的里克·汉森，他们的经历告诉我们，只有不断拼搏才能成功。无论是抗元卫国，历经千辛誓死南归的文天祥，还是忠义不屈，殉难江东的史可法；无论是视死如归，抛头颅于变法维新的谭嗣同，还是献身革命，洒热血于黄花岗的林觉民，他们的人生告诉我们，忠心为国，不畏牺牲，乃英雄所为。

95. 在荆棘铺路的时候，你要用理想的利刃披荆斩棘；在漆黑围绕的时候，你要用信念的明灯照亮前程；在风雨狂作的时候，你要用坚强的大伞撑起晴空。人，在困境面前决不能丧失意志。